D0536513

THE CONCISE ITALIAN DICTIONARY

THE CONCISE ITALIAN DICTIONARY

Italian-English, English-Italian

Wordsworth Editions

This edition published 1991 by Wordsworth Editions Ltd,
8b East Street, Ware, Hertfordshire, under licence
from the proprietor.

Copyright © William Collins Sons & Co. Ltd. 1982.

All rights reserved. No part of this publication may
be reproduced, stored in a retrieval system,
or transmitted, in any form or by any means, electronic,
mechanical, photocopying, recording or otherwise,
without the prior permission of the publishers.

ISBN 1-85326-961-1

Printed and bound in Great Britain by Mackays of Chatham.

INTRODUCTION

The user whose aim is to read and understand Italian will find in this dictionary a comprehensive and up-to-date wordlist including numerous phrases in current use. He will also find listed alphabetically the main irregular forms with a cross-reference to the basic form where a translation is given, as well as some of the most common abbreviations, acronyms and geographical names.

The user who wishes to communicate and to express himself in Italian will find clear and detailed treatment of all the basic words, with numerous indications pointing to the appropriate translation, and helping him to use it correctly.

INTRODUZIONE

Questo dizionario offre a chi deve leggere e comprendere l'inglese una nomenclatura dettagliata e aggiornata, con vocaboli e locuzioni idiomatiche parlate e scritte della lingua inglese contemporanea. Vi figurano anche, in ordine alfabetico, le principali forme irregolari, con un rimando alla forma di base dove si trova la traduzione, così come i più comuni nomi di luogo, le sigle e le abbreviazioni.

A loro volta, quanti hanno la necessità di esprimersi in inglese trovano in questo dizionario una trattazione chiara ed essenziale di tutti i vocaboli di base, con numerose indicazioni per una esatta traduzione e un uso corretto ed appropriato.

Abbreviations		Abbreviazioni
adjective	**a**	aggettivo
abbreviation	**abbr**	abbreviazione
adverb	**ad**	avverbio
administration	**ADMIN**	amministrazione
flying, air travel	**AER**	aeronautica, viaggi aerei
adjective	**ag**	aggettivo
agriculture	**AGR**	agricoltura
administration	**AMM**	amministrazione
anatomy	**ANAT**	anatomia
architecture	**ARCHIT**	architettura
astronomy, astrology	**ASTR**	astronomia, astrologia
the motor car and motoring	**AUT**	l'automobile
adverb	**av**	avverbio
flying, air travel	**AVIAT**	aeronautica, viaggi aerei
biology	**BIOL**	biologia
botany	**BOT**	botania
British English	**Brit**	inglese di Gran Bretagna
consonant	**C**	consonante
conjunction	**cj**	congiunzione
colloquial usage (! particularly offensive)	**col(!)**	familiare (! da evitare)
commerce, finance, banking	**COMM**	commercio, finanza, banca
conjunction	**cong**	congiunzione
compound element: noun used as adjective and which cannot follow the noun it qualifies	**cpd**	sostantivo usato come aggettivo, non può essere usato né come attributo, né dopo il sostantivo qualificato
cookery	**CULIN, CUC**	cucina
before	**dav**	davanti a
determiner: article, demonstrative etc	**det**	determinativo: articolo, aggettivo dimostrativo o indefinito etc
law	**DIR**	diritto
economics	**ECON**	economia
building	**EDIL**	edilizia
electricity, electronics	**ELEC, ELETTR**	elettricità, elettronica
exclamation	**excl, escl**	esclamazione

feminine	**f**	femminile
colloquial usage (! particularly offensive)	**fam(!)**	familiare (! da evitare)
railways	**FERR**	ferrovia
figurative use	**fig**	figurato
physiology	**FISIOL**	fisiologia
photography	**FOT**	fotografia
(phrasal verb) where the particle cannot be separated from main verb	**fus**	(verbo inglese) la cui particella è inseparabile dal verbo
in most or all senses; generally	**gen**	nella maggior parte dei sensi; generalmente
geography, geology	**GEO**	geografia, geologia
geometry	**GEOM**	geometria
computers	**INFORM**	informatica
schooling, schools and universities	**INS**	insegnamento, sistema scolastico e universitario
invariable	**inv**	invariabile
irregular	**irg**	irregolare
grammar, linguistics	**LING**	grammatica, linguistica
masculine	**m**	maschile
mathematics	**MAT(H)**	matematica
medical term, medicine	**MED**	termine medico, medicina
the weather, meteorology	**METEOR**	il tempo, meteorologia
either masculine or feminine depending on sex	**m/f**	maschile o femminile, secondo il sesso
military matters	**MIL**	esercito, lingua militare
music	**MUS**	musica
noun	**n**	sostantivo
sailing, navigation	**NAUT**	nautica
numeral adjective or noun	**num**	numerale (aggettivo, sostantivo)
oneself	**o.s.**	
derogatory, pejorative	**pej, peg**	peggiorativo
photography	**PHOT**	fotografia
physiology	**PHYSIOL**	fisiologia
plural	**pl**	plurale
politics	**POL**	politica
past participle	**pp**	participio passato
preposition	**prep**	preposizione
psychology, psychiatry	**PSYCH, PSIC**	psicologia, psichiatria

past tense	**pt**	tempo del passato
uncountable noun: not used in the plural	**q**	sostantivo che non si usa al plurale
	qc	qualcosa
	qd	qualcuno
religions, church service	**REL**	religione, liturgia
noun	**s**	sostantivo
somebody	**sb**	
schooling, schools and universities	**SCOL**	insegnamento, sistema scolastico e universitario
singular	**sg**	singolare
(grammatical) subject	**sog**	soggetto (grammaticale)
something	**sth**	
subjunctive	**sub**	congiuntivo
(grammatical) subject	**subj**	soggetto (grammaticale)
technical term, technology	**TECH, TECN**	termine tecnico, tecnologia
telecommunications	**TEL**	telecomunicazioni
typography, printing	**TIP**	tipografia
television	**TV**	televisione
typography, printing	**TYP**	tipografia
American English	**US**	inglese degli Stati Uniti
vowel	**V**	vocale
verb	**vb**	verbo
verb or phrasal verb used intransitively	**vi**	verbo o gruppo verbale con funzione intransitiva
reflexive verb	**vr**	verbo riflessivo
verb or phrasal verb used transitively	**vt**	verbo o gruppo verbale con funzione transitiva
zoology	**ZOOL**	zoologia
registered trademark	®	marca depositata
introduces a cultural equivalent	≈	introduce un'equivalenza culturale
auxiliary verb 'essere' in compound tenses	**2**	verbo ausiliare 'essere' nei tempi composti

TRASCRIZIONE FONETICA

PHONETIC TRANSCRIPTION

CONSONANTS CONSONANTI

NB. The pairing of some vowel sounds only indicates approximate equivalence/La messa in equivalenza di certi suoni indica solo una rassomiglianza approssimativa.

puppy	p	padre
baby	b	bambino
tent	t	tutto
daddy	d	dado
cork kiss chord	k	cane che
gag guess	g	gola ghiro
so rice kiss	s	sano
cousin buzz	z	svago esame
sheep sugar	ʃ	scena
pleasure beige	ʒ	
church	tʃ	pece lanciare
judge general	dʒ	giro gioco
farm raffle	f	afa faro
very rev	v	vero bravo
thin maths	θ	
that other	ð	
little ball	l	letto ala
	ʎ	gli
rat brat	r	rete arco
mummy comb	m	ramo madre
no ran	n	no fumante
	ɲ	gnomo
singing bank	ŋ	
hat reheat	h	
yet	j	buio piacere
wall bewail	w	uomo guaio
loch	x	

VOWELS VOCALI

NB. **p, b, t, d, k, g** are not aspirated in Italian/sono seguiti da un'aspirazione in inglese.

heel bead	i: i	vino idea
hit pity	ɪ	
	e	stella edera
set tent	ɛ	epoca eccetto
apple bat	æ a	mamma amore
after car calm	ɑ:	
fun cousin	ʌ	
over above	ə	
urn fern work	ə:	
wash pot	ɔ	rosa occhio
born cork	ɔ:	ponte ognuno
full soot	u	utile zucca
boon lewd	u:	

DIPHTHONGS DITTONGHI

ɪə	beer tier
ɛə	tear fair there
eɪ	date plaice day
aɪ	life buy cry
au	owl foul now
əu	low no
ɔɪ	boil boy oily
uə	poor tour

MISCELLANEOUS VARIE

* per l'inglese: la 'r' finale viene pronunciata se seguita da una vocale.

ˈ precedes the stressed syllable/precede la sillaba accentata.

ITALIAN PRONUNCIATION

Vowels

Where the vowel **e** or the vowel **o** appears in a stressed syllable it can be either open [ɛ], [ɔ] or closed [e], [o]. As the open or closed pronunciation of these vowels is subject to regional variation, the distinction is of little importance to the user of this dictionary. Phonetic transcription for headwords containing these vowels will therefore only appear where other pronunciation difficulties are present.

Consonants

c before 'e' or 'i' is pronounced *tch*.

ch is pronounced like the 'k' in 'kit'.

g before 'e' or 'i' is pronounced like the 'j' in 'jet'.

gl before 'e' or 'i' is normally pronounced like the 'lli' in 'million', and in a few cases only like the 'gl' in 'glove'.

gn is pronounced like the 'ny' in 'canyon'.

sc before 'e' or 'i' is pronounced *sh*.

z is pronounced like the 'ts' in 'stetson', or like the 'd's' in 'bird's-eye'.

Headwords containing the above consonants and consonantal groups have been given full phonetic transcription in this dictionary.

NB. All double written consonants in Italian are fully sounded: eg. the *tt* in 'tutto' is pronounced as in 'ha*t* *t*rick'.

ITALIANO - INGLESE
ITALIAN - ENGLISH

A

a *prep* (*a + il* = **al**, *a + lo* = **allo**, *a + l'* = **all'**, *a + la* = **alla**, *a + i* = **ai**, *a + gli* = **agli**, *a + le* = **alle**) (*stato in luogo, tempo*) at; in; (*moto a luogo, complemento di termine*) to; (*mezzo*) with, by; **essere ~ Roma/alla posta/~ casa** to be in Rome/at the post office/at home; **~ 18 anni** at 18 (years of age); **~ mezzanotte/Natale** at midnight/Christmas; **alle 3** at 3 (o'clock); **~ maggio** in May; **~ piedi/cavallo** on foot/horseback; **una barca ~ motore** a motorboat; **alla milanese** the Milanese way, in the Milanese fashion; **~ 500 lire il chilo** 500 lire a *o* per kilo; **viaggiare ~ 100 chilometri l'ora** to travel at 100 kilometres an *o* per hour; **~ 10 chilometri da Firenze** 10 kilometres from Florence; **~ domani!** see you tomorrow!; **~ uno ~ uno** one by one.

a'bate *sm* abbot.

abbacchi'ato, a [abbak'kjato] *ag* downhearted, in low spirits.

abbagli'ante [abbaʎ'ʎante] *ag* dazzling; **~i** *smpl* (AUT): **accendere gli ~i** to put one's headlights on full beam.

abbagli'are [abbaʎ'ʎare] *vt* to dazzle; (*illudere*) to delude; **ab'baglio** *sm* blunder; **prendere un abbaglio** to blunder, make a blunder.

abbai'are *vi* to bark.

abba'ino *sm* dormer window; (*soffitta*) attic room.

abbando'nare *vt* to leave, abandon, desert; (*trascurare*) to neglect; (*rinunciare a*) to abandon, give up; **~rsi** *vr* to let o.s. go; **~rsi a** (*ricordi, vizio*) to give o.s. up to; **abban'dono** *sm* abandoning; neglecting; (*stato*) abandonment; neglect; (SPORT) withdrawal; (*fig*) abandon.

abbas'sare *vt* to lower; (*radio*) to turn down; **~rsi** *vr* (*chinarsi*) to stoop; (*livello, sole*) to go down; (*fig: umiliarsi*) to demean o.s.; **~ i fari** (AUT) to dip one's lights.

ab'basso *escl*: **~ il re!** down with the king!

abbas'tanza [abbas'tantsa] *av* (*a sufficienza*) enough; (*alquanto*) quite, rather, fairly; **un vino ~ dolce** quite a sweet wine, a fairly sweet wine; **averne ~ di qd/qc** to have had enough of sb/sth.

ab'battere *vt* (*muro, casa*) to pull down; (*ostacolo*) to knock down; (*albero*) to fell; (: *sog: vento*) to bring down; (*bestie da macello*) to slaughter; (*cane, cavallo*) to destroy, put down; (*selvaggina, aereo*) to shoot down; (*fig: sog: malattia*) to leave prostrate; **~rsi** *vr* (*avvilirsi*) to lose heart.

abba'zia [abbat'tsia] *sf* abbey.

abbece'dario [abbetʃe'darjo] *sm* primer.

abbel'lire *vt* to make beautiful; (*ornare*) to embellish.

abbeve'rare *vt* to water; **abbevera'toio** *sm* drinking trough.

'abbi, 'abbia, abbi'amo, 'abbiano, abbi'ate *forme del vb* **avere.**

abbicci [abbit'tʃi] *sm inv* alphabet; (*sillabario*) primer; (*fig*) rudiments *pl*.

abbi'ente *ag* well-to-do, well-off.

abbi'etto, a *ag* = **abietto.**

abbiglia'mento [abbiʎʎa'mento] *sm* dress *q*; (*indumenti*) clothes *pl*; (*industria*) clothing industry.

abbigli'are [abbiʎ'ʎare] *vt* to dress up.

abbi'nare *vt* to combine, put together.

abbindo'lare *vt* (*fig*) to cheat, trick.

abbocca'mento *sm* talks *pl*, meeting.

abboc'care *vt* (*tubi, canali*) to connect, join up // *vi* (*pesce*) to bite; (*fig*) to swallow the bait; (*tubi*) to join.

abbona'mento *sm* subscription; (*alle ferrovie etc*) season ticket; **fare l'~** to take out a subscription (*o* season ticket).

abbo'nare *vt* = **abbuonare**; **~rsi** *vr*: **~rsi a un giornale** to take out a subscription to a newspaper; **~rsi al teatro/alle ferrovie** to take out a season ticket for the theatre/the train; **abbo'nato, a** *sm/f* subscriber; season-ticket holder.

abbon'dante *ag* abundant, plentiful; (*giacca*) roomy.

abbon'danza [abbon'dantsa] *sf* abundance.

abbon'dare *vi* to abound, be plentiful; **~ in** *o* **di** to be full of, abound in.

abbor'dabile *ag* (*persona*) approachable; (*prezzo*) reasonable.

abbor'dare *vt* (*nave*) to board; (*persona*) to approach; (*argomento*) to tackle; **~ una curva** to take a bend.

abbotto'nare *vt* to button up, do up.

abboz'zare [abbot'tsare] *vt* to sketch, outline; (SCULTURA) to rough-hew; **~ un sorriso** to give a ghost of a smile; **ab'bozzo** *sm* sketch, outline; (DIR) draft.

abbracci'are [abbrat'tʃare] *vt* to embrace; (*persona*) to hug, embrace; (*professione*) to take up; (*contenere*) to include; **~rsi** *vr* to hug *o* embrace (one another); **~rsi a qd/qc** to cling to sb/sth; **ab'braccio** *sm* hug, embrace.

abbrevi'are *vt* to shorten; (*parola*) to abbreviate, shorten; **abbreviazi'one** *sf* abbreviation.

abbron'zante [abbron'dzante] *ag* tanning, sun *cpd.*
abbron'zare [abbron'dzare] *vt* (*pelle*) to tan; (*metalli*) to bronze; **~rsi** *vr* to tan, get a tan; **abbronza'tura** *sf* tan, suntan.
abbrusto'lire *vt* (*pane*) to toast; (*caffè*) to roast.
abbui'are *vi* (*annottare*) to grow dark; **~rsi** *vr* to grow dark; (*vista*) to grow dim; (*fig*) to grow sad.
abbuo'nare *vt* (*perdonare*) to forgive.
abbu'ono *sm* (COMM) allowance, discount; (SPORT) handicap.
abdi'care *vi* to abdicate; **~ a** to give up, renounce; **abdicazi'one** *sf* abdication.
aberrazi'one [aberrat'tsjone] *sf* aberration.
a'bete *sm* fir (tree); **~ rosso** spruce.
abi'etto, a *ag* despicable, abject.
'abile *ag* (*idoneo*) suitable, fit; (*capace*) able; (*astuto*) clever; (*accorto*) skilful; (MIL): **~ alla leva** fit for military service; **abilità** *sf inv* ability; cleverness; skill.
abili'tato, a *ag* qualified; **abilitazi'one** *sf* qualification.
a'bisso *sm* abyss, gulf.
abi'tante *sm/f* inhabitant.
abi'tare *vt* to live in, dwell in // *vi*: **~ in campagna/a Roma** to live in the country/in Rome; **abi'tato, a** *ag* inhabited; lived in // *sm* built-up area; **abitazi'one** *sf* residence; house.
'abito *sm* dress *q*; (*da uomo*) suit; (*da donna*) dress; (*abitudine, disposizione,* REL) habit; **~i** *smpl* clothes; **in ~ da sera** in evening dress.
abitu'ale *ag* usual, habitual.
abitu'are *vt*: **~ qd a** to get sb used *o* accustomed to; **~rsi a** to get used to, accustom o.s. to.
abitudi'nario, a *ag* of fixed habits; **~i** *smpl* regular customers.
abi'tudine *sf* habit; **d'~** usually; **per ~** from *o* out of habit.
abiu'rare *vt* to renounce.
abnegazi'one [abnegat'tsjone] *sf* (self-)abnegation, self-denial.
abo'lire *vt* to abolish; (DIR) to repeal; **abolizi'one** *sf* abolition; repeal.
abomi'nevole *ag* abominable.
abo'rigeno [abo'ridʒeno] *sm* aborigine.
abor'rire *vt* to abhor, detest.
abor'tire *vi* (MED: *accidentalmente*) to miscarry, have a miscarriage; (*: deliberatamente*) to have an abortion; (*fig*) to miscarry, fail; **a'borto** *sm* miscarriage; abortion; (*fig*) freak.
abrasi'one *sf* abrasion; **abra'sivo, a** *ag*, *sm* abrasive.
abro'gare *vt* to repeal, abrogate.
A'bruzzo *sm*: **l'~, gli ~i** the Abruzzi.
'abside *sf* apse.
abu'sare *vi*: **~ di** to abuse, misuse; (*alcool*) to take to excess; (*approfittare, violare*) to take advantage of; **~ dei cibi** to eat to excess; **a'buso** *sm* abuse, misuse; excessive use.
a.C. (*abbr di* **avanti Cristo**) B.C.
'acca *sf* letter H.
acca'demia *sf* (*società*) learned society; (*scuola: d'arte, militare*) academy; **acca'demico, a, ci, che** *ag* academic // *sm* academician.
acca'dere *vb impers* (*2*) to happen, occur; **acca'duto** *sm* event; **raccontare l'accaduto** to describe what has happened.
accalappi'are *vt* to catch; (*fig*) to trick, dupe.
accal'care *vt* to crowd, throng.
accal'darsi *vr* to grow hot.
accalo'rarsi *vr* (*fig*) to get excited.
accampa'mento *sm* camp.
accam'pare *vt* to encamp; (*fig*) to put forward, advance; **~rsi** *vr* to camp.
accani'mento *sm* fury; (*tenacia*) tenacity, perseverance.
acca'nirsi *vr* (*infierire*) to rage; (*ostinarsi*): **~ in** to persist in; **acca'nito, a** *ag* (*odio, gelosia*) fierce, bitter; (*lavoratore*) assiduous, dogged; (*fumatore*) inveterate.
ac'canto *av* near, nearby; **~ a** *prep* near, beside, close to.
accanto'nare *vt* (*problema*) to shelve; (*somma*) to set aside.
accaparra'mento *sm* (COMM) cornering, buying up.
accapar'rare *vt* to corner, buy up; (*versare una caparra*) to pay a deposit on; **~rsi qc** (*fig: simpatia, voti*) to secure sth (for o.s.).
accapigli'arsi [akkapiʎ'ʎarsi] *vr* to come to blows; (*fig*) to quarrel.
accappa'toio *sm* bathrobe.
accappo'nare *vi*: **mi si accappona la pelle per il freddo** the cold is giving me goosepimples *o* gooseflesh.
accarez'zare [akkaret'tsare] *vt* to caress, stroke, fondle; (*fig*) to toy with.
acca'sarsi *vr* to set up house; to get married.
accasci'arsi [akkaʃ'ʃarsi] *vr* to collapse; (*fig*) to lose heart.
accatto'naggio [akkatto'naddʒo] *sm* begging.
accat'tone, a *sm/f* beggar.
accaval'lare *vt* (*gambe*) to cross; **~rsi** *vr* (*sovrapporsi*) to overlap; (*addensarsi*) to gather.
acce'care [attʃe'kare] *vt* to blind // *vi* (*2*) to go blind.
ac'cedere [at'tʃedere] *vi* (*2*): **~ a** to enter; (*richiesta*) to grant, accede to.
accele'rare [attʃele'rare] *vt* to speed up // *vi* (AUT) to accelerate; **~ il passo** to quicken one's pace; **accele'rato, a** *ag* quick, rapid; accelerated // *sm* (FERR) slow train; **accelera'tore** *sm* (AUT) accelerator; **accelerazi'one** *sf* acceleration.
ac'cendere [at'tʃɛndere] *vt* (*fuoco, sigaretta*) to light; (*luce, televisione*) to put *o* switch *o* turn on; (AUT: *motore*) to switch on; (COMM: *conto*) to open; (*fig: suscitare*) to inflame, stir up; **~rsi** *vr* (*luce*) to come *o* go on; (*legna*) to catch fire, ignite; **accen-**

'dino *sm*, **accendi'sigaro** *sm* (cigarette) lighter.
accen'nare [attʃen'nare] *vt* to indicate, point out; (*disegno*) to sketch; (*MUS*) to pick out the notes of; to hum // *vi*: ~ **a** to beckon to; (*col capo*) to nod to; (*fig*: *alludere a*) to hint at; (*: parlare brevemente di*) to touch on; (*: far vista di*) to look as if; (*: far atto di*) to make as if.
ac'cenno [at'tʃenno] *sm* (*cenno*) sign; nod; (*allusione*) hint.
accensi'one [attʃen'sjone] *sf* (*vedi accendere*) lighting; switching on; opening; (*AUT*) ignition.
accen'tare [attʃen'tare] *vt* (*parlando*) to stress; (*scrivendo*) to accent.
ac'cento [at'tʃɛnto] *sm* accent; (*FONETICA, fig*) stress; (*inflessione*) tone (of voice).
accen'trare [attʃen'trare] *vt* to centralize.
accentu'are [attʃentu'are] *vt* to stress, emphasize; **~rsi** *vr* to become more noticeable.
accerchi'are [attʃer'kjare] *vt* to surround, encircle.
accerta'mento [attʃerta'mento] *sm* check; assessment.
accer'tare [attʃer'tare] *vt* to ascertain; (*verificare*) to check; (*reddito*) to assess.
ac'ceso, a [at'tʃeso] *pp di* **accendere** // *ag* lit; on; open; (*colore*) bright.
acces'sibile [attʃes'sibile] *ag* (*luogo*) accessible; (*persona*) approachable; (*prezzo*) reasonable; (*idea*): ~ **a qd** within the reach of sb.
ac'cesso [at'tʃɛsso] *sm* access; (*MED*) attack, fit; (*impulso violento*) fit, outburst.
acces'sorio, a [attʃes'sɔrjo] *ag* secondary, of secondary importance; **~i** *smpl* accessories.
ac'cetta [at'tʃetta] *sf* hatchet.
accet'tabile [attʃet'tabile] *ag* acceptable.
accet'tare [attʃet'tare] *vt* to accept; ~ **di fare qc** to agree to do sth; **accettazi'one** *sf* acceptance; (*locale di servizio pubblico*) reception.
ac'cetto, a [at'tʃɛtto] *ag* agreeable; (*persona*) liked.
accezi'one [attʃet'tsjone] *sf* meaning.
acchiap'pare [akkjap'pare] *vt* to catch.
acci'acco, chi [at'tʃakko] *sm* ailment.
acciaie'ria [attʃaje'ria] *sf* steelworks *sg*.
acci'aio [at'tʃajo] *sm* steel.
acciden'tale [attʃiden'tale] *ag* accidental.
acciden'tato, a [attʃiden'tato] *ag* (*terreno etc*) uneven.
acci'dente [attʃi'dɛnte] *sm* (*caso imprevisto*) accident; (*disgrazia*) mishap; (*MED*) stroke; **~i!** (*fam*: *per rabbia*) damn (it)!; (*: per meraviglia*) good heavens!
ac'cidia [at'tʃidja] *sf* (*REL*) sloth.
accigli'ato, a [attʃiʎ'ʎato] *ag* frowning.
ac'cingersi [at'tʃindʒersi] *vr*: ~ **a fare** to be about to do.
acciuf'fare [attʃuf'fare] *vt* to seize, catch.
acci'uga, ghe [at'tʃuga] *sf* anchovy.
accla'mare *vt* (*applaudire*) to applaud; (*eleggere*) to acclaim; **acclamazi'one** *sf* applause; acclamation.
acclima'tare *vt* to acclimatize; **~rsi** *vr* to become acclimatized.
ac'cludere *vt* to enclose; **ac'cluso, a** *pp di* **accludere** // *ag* enclosed.
accocco'larsi *vr* to crouch.
accogli'ente [akkoʎ'ʎɛnte] *ag* welcoming, friendly; **accogli'enza** *sf* reception; welcome.
ac'cogliere [ak'kɔʎʎere] *vt* (*ricevere*) to receive; (*dare il benvenuto*) to welcome; (*approvare*) to agree to, accept; (*contenere*) to hold, accommodate.
accol'lato, a *ag* (*vestito*) high-necked.
accoltel'lare *vt* to knife, stab.
ac'colto, a *pp di* **accogliere.**
accoman'dita *sf* (*DIR*) limited partnership.
accomia'tare *vt* to dismiss; **~rsi** *vr*: **~rsi (da)** to take one's leave (of).
accomoda'mento *sm* agreement, settlement.
accomo'dante *ag* accommodating.
accomo'dare *vt* (*aggiustare*) to repair, mend; (*riordinare*) to tidy; (*conciliare*) to settle; **~rsi** *vr* to make o.s. comfortable *o* at home; (*adattarsi*) to make do; **~rsi a sedere/in casa** to sit down/come in.
accompagna'mento [akkompaɲɲa'mento] *sm* (*MUS*) accompaniment.
accompa'gnare [akkompaɲ'ɲare] *vt* to accompany, come *o* go with; (*MUS*) to accompany; (*unire*) to couple.
accomu'nare *vt* to pool, share; (*avvicinare*) to unite.
acconcia'tura [akkontʃa'tura] *sf* hairstyle.
ac'concio, a, ci, ce [ak'kontʃo] *ag* suitable.
accondi'scendere [akkondiʃ'ʃɛndere] *vi*: ~ **a** to agree *o* consent to; **accondi'sceso, a** *pp di* **accondiscendere.**
acconsen'tire *vi*: ~ **(a)** to agree *o* consent (to).
acconten'tare *vt* to satisfy; **~rsi di** to be satisfied with, content o.s. with.
ac'conto *sm* part payment; **pagare una somma in ~** to pay a sum of money as a deposit.
accoppia'mento *sm* coupling, pairing off; mating.
accoppi'are *vt* to couple, pair off; (*BIOL*) to mate; **~rsi** *vr* to pair off; to mate.
accorci'are [akkor'tʃare] *vt* to shorten; **~rsi** *vr* to become shorter.
accor'dare *vt* to reconcile; (*colori*) to match; (*MUS*) to tune; (*LING*): ~ **qc con qc** to make sth agree with sth; (*DIR*) to grant; **~rsi** *vr* to agree, come to an agreement; (*colori*) to match.
ac'cordo *sm* agreement; (*armonia*) harmony; (*MUS*) chord; **essere d'~** to agree; **andare d'~** to get on well together; **d'~!** all right!, agreed!
ac'corgersi [ak'kɔrdʒersi] *vr*: ~ **di** to notice; (*fig*) to realize; **accorgi'mento** *sm* shrewdness *q*; (*espediente*) trick, device.

ac'correre *vi* (*2*) to run up.
ac'corto, a *pp di* **accorgersi** // *ag* shrewd; **stare ~** to be on one's guard.
accos'tare *vt* (*avvicinare*): **~ qc a** to bring sth near to, put sth near to; (*avvicinarsi a*) to approach; (*socchiudere: imposte*) to half-close; (*: porta*) to leave ajar // *vi* (NAUT) to come alongside; **~rsi a** to draw near, approach; (*fig*) to support.
accovacci'arsi [akkovat'tʃarsi] *vr* to crouch.
accoz'zaglia [akkot'tsaʎʎa] *sf* jumble, hotchpotch; (*peg: di persone*) mob.
accredi'tare *vt* (*notizia*) to confirm the truth of; (COMM) to credit; (*diplomato*) to accredit; **~rsi** *vr* (*fig*) to gain credit.
ac'crescere [ak'kreʃʃere] *vt* to increase; **~rsi** *vr* to increase, grow; **accresci'mento** *sm* increase, growth; **accresci'uto, a** *pp di* **accrescere**.
accucci'arsi [akkut'tʃarsi] *vr* (*cane*) to lie down.
accu'dire *vt* (*anche*: *vi*: **~ a**) to attend to.
accumu'lare *vt* to accumulate; **accumula'tore** *sm* (ELETTR) accumulator; **accumulazi'one** *sf* accumulation.
accura'tezza [akkura'tettsa] *sf* care; accuracy.
accu'rato, a *ag* (*diligente*) careful; (*preciso*) accurate.
ac'cusa *sf* accusation; (DIR) charge.
accu'sare *vt*: **~ qd di qc** to accuse sb of sth; (DIR) to charge sb with sth; **~ ricevuta di** (COMM) to acknowledge receipt of.
accu'sato, a *sm/f* accused; defendant.
accusa'tore, 'trice *sm/f* accuser // *sm* (DIR) prosecutor.
a'cerbo, a [a'tʃɛrbo] *ag* bitter; (*frutta*) sour, unripe.
'acero ['atʃero] *sm* maple.
a'cerrimo, a [a'tʃɛrrimo] *ag* very fierce.
a'ceto [a'tʃeto] *sm* vinegar.
A.C.I. *sm* (*abbr di Automobile Club d'Italia*) ≈ A.A.
acidità [atʃidi'ta] *sf* acidity; sourness.
'acido, a ['atʃido] *ag* (*sapore*) acid, sour; (CHIM) acid // *sm* (CHIM) acid.
'acino ['atʃino] *sm* berry; **~ d'uva** grape.
'acne *sf* acne.
'acqua *sf* water; (*pioggia*) rain; **~e** *sfpl* waters; **fare ~** (NAUT) to leak, take in water; **~ corrente** running water; **~ dolce** fresh water; **~ minerale** mineral water; **~ potabile** drinking water; **~ salata** salt water; **~ tonica** tonic water.
acqua'forte, *pl* **acque'forti** *sf* etching.
a'cquaio *sm* sink.
acqua'ragia [akkwa'radʒa] *sf* turpentine.
a'cquario *sm* aquarium; (*dello zodiaco*): **A~** Aquarius.
acqua'santa *sf* holy water.
acqua'vite *sf* brandy.
acquaz'zone [akkwat'tsone] *sm* cloudburst, heavy shower.
acque'dotto *sm* aqueduct; waterworks *pl*, water system.
acque'rello *sm* watercolour.
acque'rugiola [akkwe'rudʒola] *sf* drizzle.
acquie'tare *vt* to appease; (*dolore*) to ease; **~rsi** *vr* to calm down.
acqui'rente *sm/f* purchaser, buyer.
acqui'sire *vt* to acquire.
acquis'tare *vt* to purchase, buy; (*fig*) to gain; **a'cquisto** *sm* purchase; **fare acquisti** to go shopping.
acqui'trino *sm* bog, marsh.
acquo'lina *sf*: **far venire l'~ in bocca a qd** to make sb's mouth water.
a'cquoso, a *ag* watery.
'acre *ag* acrid, pungent; (*fig*) harsh, biting.
a'crobata, i, e *sm/f* acrobat.
acro'batica *sf* acrobatics *sg*.
acroba'zia [akrobat'tsia] *sf* acrobatic feat.
acu'ire *vt* to sharpen.
a'culeo *sm* (ZOOL) sting; (BOT) prickle.
a'cume *sm* acumen, perspicacity.
a'custica *sf* (*scienza*) acoustics *sg*; (*di una sala*) acoustics *pl*.
a'cuto, a *ag* (*appuntito*) sharp, pointed; (*suono, voce*) shrill, piercing; (MAT, LING, MED) acute; (MUS) high-pitched; (*fig: dolore, desiderio*) intense; (*: perspicace*) acute, keen.
ad *prep* (*dav V*) = **a.**
adagi'are [ada'dʒare] *vt* to lay *o* set down carefully; **~rsi** *vr* to lie down, stretch out.
a'dagio [a'dadʒo] *av* slowly // *sm* (MUS) adagio; (*proverbio*) adage, saying.
adatta'mento *sm* adaptation.
adat'tare *vt* to adapt; (*applicare*) to fit; **~rsi (a)** (*ambiente, tempi*) to adapt (to).
a'datto, a *ag*: **~ (a)** suitable (for), right (for).
addebi'tare *vt*: **~ qc a qd** to debit sb with sth; (*fig: incolpare*) to blame sb for sth.
adden'sare *vt* to thicken; **~rsi** *vr* to thicken; (*folla, nuvole*) to gather.
adden'tare *vt* to bite into.
adden'trarsi *vr*: **~ in** to penetrate, go into.
ad'dentro *av* inside, within; (*fig*) deeply; **essere molto ~ in qc** to be well-versed in sth.
addestra'mento *sm* training.
addes'trare *vt*, **~rsi** *vr* to train; **~rsi in qc** to practise sth.
ad'detto, a *ag*: **~ a** assigned to; (*occupato in un lavoro*) employed in, attached to // *sm* employee; (*funzionario*) attaché; **~ commerciale/stampa** commercial/press attaché.
addì *av* (AMM): **~ 3 luglio 1978** on the 3rd of July 1978.
addi'etro *av* (*indietro*) behind; (*nel passato, prima*) before, ago.
ad'dio *sm, escl* goodbye, farewell.
addirit'tura *av* (*veramente*) really, absolutely; (*perfino*) even; (*direttamente*) directly, right away.
ad'dirsi *vr*: **~ a** to suit, be suitable for.
addi'tare *vt* to point out; (*fig*) to expose.

addi'tivo *sm* additive.
addizio'nare [addittsjo'nare] *vt* (MAT) to add (up); **addizi'one** *sf* addition.
addob'bare *vt* to decorate; **ad'dobbo** *sm* decoration.
addol'cire [addol'tʃire] *vt* (*caffè etc*) to sweeten; (*acqua, fig: carattere*) to soften; **~rsi** *vr* (*fig*) to mellow, soften.
addolo'rare *vt* to pain, grieve; **~rsi (per)** to be distressed (by).
ad'dome *sm* abdomen.
addomesti'care *vt* to tame.
addormen'tare *vt* to put to sleep; **~rsi** *vr* to fall asleep.
addos'sare *vt* (*appoggiare*): **~ qc a qc** to lean sth against sth; (*fig*): **~ qc a qd** to saddle sb with sth; **~ la colpa a qd** to lay the blame on sb; **~rsi qc** (*responsabilità etc*) to shoulder.
ad'dosso *av* (*sulla persona*) on; **mettersi ~ il cappotto** to put one's coat on; **~ a** *prep* (*sopra*) on; (*molto vicino*) right next to.
ad'durre *vt* (DIR) to produce; (*citare*) to cite.
adegu'are *vt*: **~ qc a** to adjust *o* relate sth to; **~rsi** *vr* to adapt; **adegu'ato, a** *ag* adequate; (*conveniente*) suitable; (*equo*) fair.
a'dempiere, adem'pire *vt* to fulfil, carry out.
ade'rente *ag* adhesive; (*vestito*) close-fitting // *sm/f* follower; **ade'renza** *sf* adhesion; **aderenze** *sfpl* (*fig*) connections, contacts.
ade'rire *vi* (*stare attaccato*) to adhere, stick; **~ a** to adhere to, stick to; (*fig: società, partito*) to join; (*: opinione*) to support; (*richiesta*) to agree to; **adesi'one** *sf* adhesion; (*fig*) agreement, acceptance; **ade'sivo, a** *ag, sm* adhesive.
a'desso *av* (*ora*) now; (*or ora, poco fa*) just now; (*tra poco*) any moment now.
adia'cente [adja'tʃɛnte] *ag* adjacent.
adi'bire *vt* (*usare*): **~ qc a** to turn sth into.
adi'rarsi *vr*: **~ (con** *o* **contro qd per qc)** to get angry (with sb over sth).
a'dire *vt* (*tribunale*) to resort to; **~ le vie legali** to take legal proceedings.
'adito *sm* entrance; access.
adocchi'are [adok'kjare] *vt* (*scorgere*) to catch sight of; (*occhieggiare*) to eye.
adole'scente [adoleʃ'ʃɛnte] *ag, sm/f* adolescent; **adole'scenza** *sf* adolescence.
adom'brare *vt* (*fig*) to veil, conceal; **~rsi** *vr* (*cavallo*) to shy; (*persona*) to grow suspicious; (*: aversene a male*) to be offended.
adope'rare *vt* to use; **~rsi** *vr* to strive; **~rsi per qd/qc** to do one's best for sb/sth.
ado'rare *vt* to adore; (REL) to adore, worship; **adorazi'one** *sf* adoration; worship.
ador'nare *vt* to adorn.
adot'tare *vt* to adopt; (*decisione, provvedimenti*) to pass; **adot'tivo, a** *ag* (*genitori*) adoptive; (*figlio, patria*) adopted; **adozi'one** *sf* adoption.
adri'atico, a, ci, che *ag* Adriatic // *sm*: **l'A~, il mare A~** the Adriatic, the Adriatic Sea.
adu'lare *vt* to adulate, flatter.
adulte'rare *vt* to adulterate.
adul'terio *sm* adultery; **a'dultero, a** *ag* adulterous // *sm/f* adulterer/adulteress.
a'dulto, a *ag* adult; (*fig*) mature // *sm* adult, grown-up.
adu'nanza [adu'nantsa] *sf* assembly, meeting.
adu'nare *vt*, **~rsi** *vr* to assemble, gather; **adu'nata** *sf* (MIL) parade, muster.
a'dunco, a, chi, che *ag* hooked.
a'ereo, a *ag* air *cpd*; (*radice*) aerial // *sm* aerial; (*abbr di* **aeroplano**) plane; **aerodi'namico, a, ci, che** *ag* aerodynamic; (*affusolato*) streamlined // *sf* aerodynamics *sg*; **aero'nautica** *sf* (*scienza*) aeronautics *sg*; **aeronautica militare** air force; **aero'plano** *sm* aeroplane; **aero'porto** *sm* airport; **aero'sol** *sm inv* aerosol; **aerospazi'ale** *ag* aerospace.
'afa *sf* sultriness.
af'fabile *ag* affable.
affaccen'darsi [affattʃen'darsi] *vr*: **~ intorno a qc** to busy o.s. with sth; **affaccen'dato, a** *ag* busy.
affacci'arsi [affat'tʃarsi] *vr*: **~ (a)** to appear (at).
affa'mare *vt* to starve; **affa'mato, a** *ag* starving; (*fig*): **affamato (di)** eager (for).
affan'nare *vt* to leave breathless; (*fig*) to worry; **~rsi** *vr*: **~rsi per qd/qc** to worry about sb/sth; **af'fanno** *sm* breathlessness; (*fig*) anxiety, worry; **affan'noso, a** *ag* (*respiro*) difficult; (*fig*) troubled, anxious.
af'fare *sm* (*cosa, faccenda*) matter, affair; (COMM) piece of business, (business) deal; (DIR) case; (*fam: cosa*) thing; **~i** *smpl* (COMM) business *sg*; **ministro degli A~i esteri** Foreign Secretary; **affa'rista, i** *sm* profiteer, unscrupulous businessman.
affasci'nare [affaʃʃi'nare] *vt* to bewitch; (*fig*) to charm, fascinate.
affati'care *vt* to tire; **~rsi** *vr* (*durar fatica*) to tire o.s. out.
af'fatto *av* completely; **non ... ~** not ... at all.
affer'mare *vi* (*dire di sì*) to say yes // *vt* (*dichiarare*) to maintain, affirm; **~rsi** *vr* to assert o.s., make one's name known; **affermazi'one** *sf* affirmation, assertion; (*successo*) achievement.
affer'rare *vt* to seize, grasp; (*fig: idea*) to grasp; **~rsi** *vr*: **~rsi a** to cling to.
affet'tare *vt* (*tagliare a fette*) to slice; (*ostentare*) to affect; **affet'tato, a** *ag* sliced; affected // *sm* sliced cold meat; **affettazi'one** *sf* affectation.
affet'tivo, a *ag* emotional, affective.
af'fetto *sm* affection; **affettu'oso, a** *ag* affectionate.

affezio'narsi [affettsjo'narsi] *vr*: ~ **a** to grow fond of.
affezi'one [affet'tsjone] *sf* (*affetto*) affection; (*MED*) ailment, disorder.
affian'care *vt* to place side by side; (*MIL*) to flank; (*fig*) to support; ~ **qc a qc** to place sth next to *o* beside sth; ~**rsi a qd** to stand beside sb.
affia'tarsi *vr* to get on well together.
affibbi'are *vt* to buckle, do up; (*fig: dare*) to give.
affida'mento *sm* (*fiducia*) confidence, trust; (*garanzia*) assurance; **fare** ~ **su qd** to rely on sb.
affi'dare *vt*: ~ **qc a qd** to entrust sb with sth; ~**rsi** *vr*: ~**rsi a** to place one's trust in.
affievo'lirsi *vr* to grow weak.
af'figgere [af'fiddʒere] *vt* to stick up, post up.
affi'lare *vt* to sharpen.
affili'are *vt* to affiliate; ~**rsi** *vr*: ~**rsi a** to become affiliated to.
affi'nare *vt* to sharpen.
affinché [affin'ke] *cong* in order that, so that.
af'fine *ag* similar; **affinità** *sf inv* affinity.
affio'rare *vi* to emerge.
affissi'one *sf* bill-posting.
af'fisso, a *pp di* **affiggere** // *sm* bill, poster; (*LING*) affix.
affit'tare *vt* (*dare in affitto*) to let, rent (out); (*prendere in affitto*) to rent; **af'fitto** *sm* rent; (*contratto*) lease.
af'fliggere [af'fliddʒere] *vt* to torment; ~**rsi** *vr* to grieve; **af'flitto, a** *pp di* **affliggere**; **afflizi'one** *sf* distress, torment.
afflosci'arsi [affloʃ'ʃarsi] *vr* to go limp; (*frutta*) to go soft.
afflu'ente *sm* tributary; **afflu'enza** *sf* flow; (*di persone*) crowd.
afflu'ire *vi* (*2*) to flow; (*fig: merci, persone*) to pour in; **af'flusso** *sm* influx.
affo'gare *vt, vi* to drown; ~**rsi** *vr* to drown; (*deliberatamente*) to drown o.s.
affol'lare *vt*, ~**rsi** *vr* to crowd; **affol'lato, a** *ag* crowded.
affon'dare *vt* to sink.
affran'care *vt* to free, liberate; (*AMM*) to redeem; (*lettera*) to stamp; (*automaticamente*) to frank; ~**rsi** *vr* to free o.s.; **affranca'tura** *sf* (*di francobollo*) stamping; franking; (*tassa di spedizione*) postage.
af'franto, a *ag* (*esausto*) worn out; (*abbattuto*) overcome.
af'fresco, schi *sm* fresco.
affret'tare *vt* to quicken, speed up; ~**rsi** *vr* to hurry; ~**rsi a fare qc** to hurry *o* hasten to do sth.
affron'tare *vt* (*pericolo etc*) to face; (*assalire: nemico*) to confront; ~**rsi** *vr* (*reciproco*) to come to blows.
af'fronto *sm* affront, insult.
affumi'care *vt* to fill with smoke; to blacken with smoke; (*alimenti*) to smoke.
affuso'lato, a *ag* tapering.
a'foso, a *ag* sultry, close.
'Africa *sf*: **l'**~ Africa; **afri'cano, a** *ag, sm/f* African.
afrodi'siaco, a, ci, che *ag, sm* aphrodisiac.
a'genda [a'dʒɛnda] *sf* diary.
a'gente [a'dʒɛnte] *sm* agent; ~ **di cambio** stockbroker; ~ **di polizia** police officer; ~ **di vendita** sales agent; **agen'zia** *sf* agency; (*succursale*) branch; **agenzia immobiliare** estate agent's (office); **agenzia pubblicitaria/viaggi** advertising/travel agency.
agevo'lare [adʒevo'lare] *vt* to facilitate, make easy.
a'gevole [a'dʒevole] *ag* easy; (*strada*) smooth.
agganci'are [aggan'tʃare] *vt* to hook up; (*FERR*) to couple.
ag'geggio [ad'dʒeddʒo] *sm* gadget, contraption.
agget'tivo [addʒet'tivo] *sm* adjective.
agghiacci'are [aggjat'tʃare] *vt* to freeze; (*fig*) to make one's blood run cold; ~**rsi** *vr* to freeze.
aggior'nare [addʒor'nare] *vt* (*opera, manuale*) to bring up-to-date; (*seduta etc*) to postpone; ~**rsi** *vr* to bring (*o* keep) o.s. up-to-date.
aggi'rare [addʒi'rare] *vt* to go round; (*fig: ingannare*) to trick; ~**rsi** *vr* to wander about; **il prezzo s'aggira sul milione** the price is around the million mark.
aggiudi'care [addʒudi'kare] *vt* to award; (*all'asta*) to knock down; ~**rsi qc** to win sth.
ag'giungere [ad'dʒundʒere] *vt* to add; **aggi'unto, a** *pp di* **aggiungere** // *ag* assistant *cpd* // *sm* assistant // *sf* addition; **sindaco aggiunto** deputy mayor.
aggius'tare [addʒus'tare] *vt* (*accomodare*) to mend, repair; (*riassettare*) to adjust; (*fig: lite*) to settle; ~**rsi** *vr* (*arrangiarsi*) to make do; (*con senso reciproco*) to come to an agreement.
agglome'rato *sm* (*di rocce*) conglomerate; (*di legno*) chipboard; ~ **urbano** built-up area.
aggrap'parsi *vr*: ~ **a** to cling to.
aggra'vare *vt* (*aumentare*) to increase; (*appesantire: anche fig*) to weigh down, make heavy; (*fig: pena*) to make worse; ~**rsi** *vr* (*fig*) to worsen, become worse.
aggrazi'ato, a [aggrat'tsjato] *ag* graceful.
aggre'dire *vt* to attack, assault.
aggre'gare *vt*: ~ **qd a qc** to admit sb to sth; ~**rsi** *vr* to join; ~**rsi a** to join, become a member of; **aggre'gato, a** *ag* associated // *sm* aggregate; **aggregato di case** block of houses.
aggressi'one *sf* aggression; (*atto*) attack, assault.
aggres'sivo, a *ag* aggressive.
aggres'sore *sm* aggressor, attacker.
aggrot'tare *vt*: ~ **le sopracciglia** to frown.
aggrovigli'are [aggroviʎ'ʎare] *vt* to

tangle; **~rsi** *vr* (*fig*) to become complicated.
aggru'marsi *vr* to clot.
agguan'tare *vt* to catch, seize.
aggu'ato *sm* trap; (*imboscata*) ambush; **tendere un ~ a qd** to set a trap for sb.
agi'ato, a [a'dʒato] *ag* (*vita*) easy; (*persona*) well-off, well-to-do.
'agile ['adʒile] *ag* agile, nimble; **agilità** *sf* agility, nimbleness.
'agio ['adʒo] *sm* ease, comfort; **~i** *smpl* comforts; **mettersi a proprio ~** to make o.s. at home *o* comfortable.
a'gire [a'dʒire] *vi* to act; (*esercitare un'azione*) to take effect; (*TECN*) to work, function; **~ su** (*influire su*) to affect; **~ contro qd** (*DIR*) to take action against sb.
agi'tare [adʒi'tare] *vt* (*bottiglia*) to shake; (*mano, fazzoletto*) to wave; (*fig: turbare*) to disturb; (*: incitare*) to stir (up); (*: dibattere*) to discuss; **~rsi** *vr* (*mare*) to be rough; (*malato, dormitore*) to toss and turn; (*bambino*) to fidget; (*emozionarsi*) to get upset; (*POL*) to agitate; **agi'tato, a** *ag* rough; restless; fidgety; upset, perturbed; **agitazi'one** *sf* agitation; (*POL*) unrest, agitation; **mettere in agitazione qd** to upset *o* distress sb.
'agli ['aʎʎi] *prep + det vedi* **a**.
'aglio ['aʎʎo] *sm* garlic.
a'gnello [aɲ'ɲɛllo] *sm* lamb.
'ago, *pl* **aghi** *sm* needle.
ago'nia *sf* agony.
ago'nistico, a, ci, che *ag* athletic; (*fig*) competitive.
agoniz'zare [agonid'dzare] *vi* to be dying.
agopun'tura *sf* acupuncture.
a'gosto *sm* August.
a'grario, a *ag* agrarian, agricultural; (*riforma*) land *cpd* // *sm* landowner // *sf* agriculture.
a'gricolo, a *ag* agricultural, farm *cpd*; **agricol'tore** *sm* farmer; **agricol'tura** *sf* agriculture, farming.
agri'foglio [agri'fɔʎʎo] *sm* holly.
agrimen'sore *sm* land surveyor.
'agro, a *ag* sour, sharp.
a'grume *sm* (*spesso al pl: pianta*) citrus; (*: frutto*) citrus fruit.
aguz'zare [agut'tsare] *vt* to sharpen; **~ gli orecchi** to prick up one's ears.
a'guzzo, a [a'guttso] *ag* sharp.
'ai *prep + det vedi* **a**.
'aia *sf* threshing-floor.
'Aia *sf*: **l'~** the Hague.
ai'rone *sm* heron.
aiu'ola *sf* flower bed.
aiu'tante *sm/f* assistant // *sm* (*MIL*) adjutant; (*NAUT*) master-at-arms; **~ di campo** aide-de-camp.
aiu'tare *vt* to help.
ai'uto *sm* help, assistance, aid; (*aiutante*) assistant; **venire in ~ di qd** to come to sb's aid; **~ chirurgo** assistant surgeon.
aiz'zare [ait'tsare] *vt* to incite; **~ i cani contro qd** to set the dogs on sb.
al *prep + det vedi* **a**.

'ala, *pl* **'ali** *sf* wing; **fare ~** to fall back, make way; **~ destra/sinistra** (*SPORT*) right/left wing.
ala'bastro *sm* alabaster.
'alacre *ag* quick, brisk.
a'lano *sm* Great Dane.
a'lare *ag* wing *cpd*; **~i** *smpl* firedogs.
'alba *sf* dawn.
Alba'nia *sf*: **l'~** Albania.
'albatro *sm* albatross.
albeggi'are [albed'dʒare] (*2*) *vi, vb impers* to dawn.
albera'tura *sf* (*NAUT*) masts *pl*.
alberga'tore, 'trice *sm/f* hotelier, hotel-keeper.
alberghi'ero, a [alber'gjɛro] *ag* hotel *cpd*.
al'bergo, ghi *sm* hotel.
'albero *sm* tree; (*NAUT*) mast; (*TECN*) shaft; **~ di Natale** Christmas tree; **~ maestro** mainmast; **~ di trasmissione** transmission shaft.
albi'cocca, che *sf* apricot; **albi'cocco, chi** *sm* apricot tree.
'albo *sm* (*registro*) register, roll; (*AMM*) notice board.
'album *sm* album; **~ da disegno** sketch book.
al'bume *sm* albumen.
albu'mina *sf* albumin.
'alce ['altʃe] *sm* elk.
al'chimia [al'kimia] *sf* alchemy; **alchi'mista, i** *sm* alchemist.
al'colico, a, ci, che *ag* alcoholic // *sm* alcoholic drink.
alcoliz'zato, a [alcolid'dzato] *sm/f* alcoholic.
'alcool *sm* alcohol; **alco'olico** *etc vedi* **alcolico** *etc*.
al'cova *sf* alcove.
al'cuno, a *det* (*dav sm:* **alcun** *+C, V,* **alcuno** *+ s impura, gn, pn, ps, x, z; dav sf:* **alcuna** *+C,* **alcun'** *+V*) (*nessuno*): **non ... ~** no, not any; **~i(e)** *det pl, pronome pl* some, a few; **non c'è ~a fretta** there's no hurry, there isn't any hurry; **senza alcun riguardo** without any consideration.
a'letta *sf* (*TECN*) fin; tab.
alfa'beto *sm* alphabet.
alfi'ere *sm* standard-bearer; (*MIL*) ensign; (*SCACCHI*) bishop.
al'fine *av* finally, in the end.
'alga, ghe *sf* seaweed *q*, alga.
'algebra ['aldʒebra] *sf* algebra.
Alge'ria [aldʒe'ria] *sf*: **l'~** Algeria.
ali'ante *sm* (*AER*) glider.
'alibi *sm inv* alibi.
alie'nare *vt* (*DIR*) to alienate, transfer; (*rendere ostile*) to alienate; **~rsi qd** to alienate sb; **alie'nato, a** *ag* alienated; transferred; (*fuor di senno*) insane // *sm* lunatic, insane person; **alienazi'one** *sf* alienation; transfer; insanity.
ali'eno, a *ag* (*avverso*): **~ (da)** opposed (to), averse (to).
alimen'tare *vt* to feed; (*TECN*) to feed; to supply; (*fig*) to sustain // *ag* food *cpd*;

alimentazi'one *sf* feeding; supplying; sustaining; (*gli alimenti*) diet.
ali'mento *sm* food; **~i** *smpl* food *sg*; (*DIR*) alimony.
a'liquota *sf* share; (*d'imposta*) rate.
alis'cafo *sm* hydrofoil.
'alito *sm* breath.
all. (*abbr di* **allegato**) encl.
'alla *prep + det vedi* **a.**
allacci'are [allat'tʃare] *vt* (*scarpe*) to tie, lace (up); (*cintura*) to do up, fasten; (*due località*) to link; (*luce, gas*) to connect; (*amicizia*) to form.
allaga'mento *sm* flooding *q*; flood.
allar'gare *vt* to widen; (*vestito*) to let out; (*aprire*) to open; (*fig: dilatare*) to extend.
allar'mare *vt* to alarm.
al'larme *sm* alarm; **~ aereo** air-raid warning.
allat'tare *vt* to feed.
'alle *prep + det vedi* **a.**
alle'anza [alle'antsa] *sf* alliance.
alle'arsi *vr* to form an alliance; **alle'ato, a** *ag* allied // *sm/f* ally.
alle'gare *vt* (*accludere*) to enclose; (*DIR: citare*) to cite, adduce; (*denti*) to set on edge; **alle'gato, a** *ag* enclosed // *sm* enclosure; **in allegato** enclosed.
allegge'rire [alleddʒe'rire] *vt* to lighten, make lighter; (*fig: sofferenza*) to alleviate, lessen; (*: lavoro, tasse*) to reduce; **~rsi** *vr* to put on lighter clothes.
allego'ria *sf* allegory.
alle'gria *sf* gaiety, cheerfulness.
al'legro, a *ag* cheerful, merry; (*un po' brillo*) merry, tipsy; (*vivace: colore*) bright // *sm* (*MUS*) allegro.
allena'mento *sm* training.
alle'nare *vt*, **~rsi** *vr* to train; **allena'tore** *sm* (*SPORT*) trainer, coach.
allen'tare *vt* to slacken; (*disciplina*) to relax; **~rsi** *vr* to become slack; (*ingranaggio*) to work loose.
aller'gia, 'gie [aller'dʒia] *sf* allergy; **al'lergico, a, ci, che** *ag* allergic.
alles'tire *vt* (*cena*) to prepare; (*esercito, nave*) to equip, fit out; (*spettacolo*) to stage.
allet'tare *vt* to lure, entice.
alleva'mento *sm* breeding, rearing; (*luogo*) stock farm.
alle'vare *vt* (*animale*) to breed, rear; (*bambino*) to bring up.
allevi'are *vt* to alleviate.
alli'bire *vi* (*2*) to be astounded.
allie'tare *vt* to cheer up, gladden.
alli'evo *sm* pupil; (*apprendista*) apprentice; (*MIL*) cadet.
alliga'tore *sm* alligator.
alline'are *vt* (*persone, cose*) to line up; (*TIP*) to align; (*fig: economia, salari*) to adjust, align; **~rsi** *vr* to line up; (*fig: a idee*): **~rsi a** to come into line with.
'allo *prep + det vedi* **a.**
al'locco, a, chi, che *sm* tawny owl // *sm/f* dolt.
allocuzi'one [allokut'tsjone] *sf* address, solemn speech.
al'lodola *sf* (sky)lark.
alloggi'are [allod'dʒare] *vt* to put up, give accommodation to; (*MIL*) to quarter; to billet // *vi* to live; (*MIL*) to be quartered; to be billeted; **al'loggio** *sm* lodging, accommodation; (*appartamento*) flat; (*MIL*) quarters *pl*; billet.
allontana'mento *sm* removal; dismissal.
allonta'nare *vt* to send away, send off; (*impiegato*) to dismiss; (*pericolo*) to avert, remove; (*estraniare*) to alienate; **~rsi** *vr*: **~rsi (da)** to go away (from); (*estraniarsi*) to become estranged (from).
al'lora *av* (*in quel momento*) then // *cong* (*in questo caso*) well then; (*dunque*) well then, so; **la gente d'~** people then *o* in those days; **da ~ in poi** from then on.
al'loro *sm* laurel.
'alluce ['allutʃe] *sm* big toe.
allucinazi'one [allutʃinat'tsjone] *sf* hallucination.
al'ludere *vi*: **~ a** to allude to, hint at.
allu'minio *sm* aluminium.
allun'gare *vt* to lengthen; (*distendere*) to prolong, extend; (*diluire*) to water down; **~rsi** *vr* to lengthen; (*ragazzo*) to stretch, grow taller; (*sdraiarsi*) to lie down, stretch out.
allusi'one *sf* hint, allusion.
alluvi'one *sf* flood.
alma'nacco, chi *sm* almanac.
al'meno *av* at least // *cong* if only; **~ piovesse!** if only it would rain!
a'lone *sm* halo.
'Alpi *sfpl*: **le ~** the Alps.
alpi'nismo *sm* mountaineering, climbing; **alpi'nista, i, e** *sm/f* mountaineer, climber.
al'pino, a *ag* Alpine; mountain *cpd*.
al'quanto *av* rather, a little; **~, a** *det* a certain amount of, some // *pronome* a certain amount, some; **~i(e)** *det pl, pronome pl* several, quite a few.
alt *escl* halt!, stop!
alta'lena *sf* (*a funi*) swing; (*in bilico, anche fig*) seesaw.
al'tare *sm* altar.
alte'rare *vt* to alter, change; (*cibo*) to adulterate; (*registro*) to falsify; (*persona*) to irritate; **~rsi** *vr* to alter; (*cibo*) to go bad; (*persona*) to lose one's temper; **alterazi'one** *sf* alteration, change; adulteration; falsification; annoyance.
al'terco, chi *sm* altercation, wrangle.
alter'nare *vt*, **~rsi** *vr* to alternate; **alterna'tivo, a** *ag* alternating // *sf* (*avvicendamento*) alternation; (*scelta*) alternative; **alterna'tore** *sm* alternator.
al'terno, a *ag* alternate; **a giorni ~i** on alternate days, every other day.
al'tezza [al'tettsa] *sf* height; width, breadth; depth; pitch; (*GEO*) latitude; (*titolo*) highness; (*fig: nobiltà*) greatness; **essere all'~ di** to be on a level with; (*fig*) to be up to *o* equal to; **altez'zoso, a** *ag* haughty.
alti'tudine *sf* altitude.
'alto, a *ag* high; (*persona*) tall; (*tessuto*)

wide, broad; (*sonno, acque*) deep; (*suono*) high(-pitched); (*GEO*) upper; (*: settentrionale*) northern // *sm* top (part) // *av* high; (*parlare*) aloud, loudly; **il palazzo è ~ 20 metri** the building is 20 metres high; **il tessuto è ~ 70 cm** the material is 70 cm wide; **ad ~a voce** aloud; **a notte ~a** in the dead of night; **in ~** up, upwards; at the top; **dall'~ in** *o* **al basso** up and down; **degli ~i e bassi** (*fig*) ups and downs; **~a fedeltà** high fidelity, hi-fi; **~a moda** haute couture.

alto'forno *sm* blast furnace.

altopar'lante *sm* loudspeaker.

altret'tanto, a *ag, pronome* as much; (*pl*) as many // *av* equally; **tanti auguri! — grazie, ~** all the best! — thank you, the same to you.

'altri *pronome inv* (*qualcuno*) somebody; (*: in espressioni negative*) anybody; (*un'altra persona*) another (person).

altri'menti *av* otherwise.

'altro, a *det* other; **un ~ libro** (*supplementare*) another book, one more book; (*diverso*) another book, a different book; **un ~** another (one); **l'~** the other (one); **gli ~i** (*la gente*) others, other people; **desidera ~?** do you want anything else?; **aiutarsi l'un l'~** to help one another; **l'uno e l'~** both (of them); **l'~ giorno** the other day; **l'~ ieri** the day before yesterday; **domani l'~** the day after tomorrow; **quest'~ mese** next month; **da un giorno all'~** from day to day; (*qualsiasi giorno*) any day now; **d'~a parte** on the other hand; **tra l'~** among other things; **ci mancherebbe ~!** that's all we need!; **non faccio ~ che studiare** I do nothing but study; **sei contento? — ~ che!/tutt'~!** are you pleased? — and how!/on the contrary!; **noi/voi ~i** us/you (lot).

al'tronde *av*: **d'~** on the other hand.

al'trove *av* elsewhere, somewhere else.

al'trui *ag inv* other people's // *sm* other people's belongings *pl*.

altru'ista, i, e *ag* altruistic.

al'tura *sf* (*rialto*) height, high ground; (*alto mare*) open sea; **pesca d'~** deep-sea fishing.

a'lunno, a *sm/f* pupil.

alve'are *sm* hive.

al'zare [al'tsare] *vt* to raise, lift; (*issare*) to hoist; (*costruire*) to build, erect; **~rsi** *vr* to rise; (*dal letto*) to get up; (*crescere*) to grow tall (*o* taller); **~ le spalle** to shrug one's shoulders; **~ le carte** to cut the cards; **~rsi in piedi** to stand up, get to one's feet; **al'zata** *sf* lifting, raising; **un'alzata di spalle** a shrug.

a'mabile *ag* lovable; (*vino*) sweet.

a'maca, che *sf* hammock.

amalga'mare *vt*, **~rsi** *vr* to amalgamate.

a'mante *ag*: **~ di** (*musica etc*) fond of // *sm/f* lover/mistress.

a'mare *vt* to love; (*amico, musica, sport*) to like.

ama'rena *sf* sour black cherry.

ama'rezza [ama'rettsa] *sf* bitterness.

a'maro, a *ag* bitter // *sm* bitterness; (*liquore*) bitters *pl*.

ambasce'ria [ambaʃʃe'ria] *sf* embassy.

am'bascia, sce [am'baʃʃa] *sf* (*MED*) difficulty in breathing; (*fig*) anguish.

ambasci'ata [ambaʃ'ʃata] *sf* embassy; (*messaggio*) message; **ambascia'tore, 'trice** *sm/f* ambassador/ambassadress.

ambe'due *ag inv*: **~ i ragazzi** both boys // *pronome inv* both.

ambien'tare *vt* to acclimatize; (*romanzo, film*) to set; **~rsi** *vr* to get used to one's surroundings.

ambi'ente *sm* environment; (*fig: insieme di persone*) milieu; (*stanza*) room.

ambiguità *sf inv* ambiguity.

am'biguo, a *ag* ambiguous; (*persona*) shady.

am'bire *vt* (*anche: vi*: **~ a**) to aspire to.

'ambito *sm* sphere, field.

ambizi'one [ambit'tsjone] *sf* ambition; **ambizi'oso, a** *ag* ambitious.

'ambra *sf* amber; **~ grigia** ambergris.

ambu'lante *ag* travelling, itinerant.

ambu'lanza [ambu'lantsa] *sf* ambulance.

ambula'torio *sm* (*studio medico*) surgery.

amenità *sf inv* pleasantness *q*; (*facezia*) pleasantry.

a'meno, a *ag* pleasant; (*strano*) funny, strange; (*spiritoso*) amusing.

A'merica *sf*: **l'~** America; **l'~ latina** Latin America; **ameri'cano, a** *ag, sm/f* American.

ame'tista *sf* amethyst.

a'mica *sf vedi* **amico.**

ami'chevole [ami'kevole] *ag* friendly.

ami'cizia [ami'tʃittsja] *sf* friendship; **~e** *sfpl* (*amici*) friends.

a'mico, a, ci, che *sm/f* friend; (*amante*) boyfriend/girlfriend; **~ del cuore** *o* **intimo** bosom friend.

'amido *sm* starch.

ammac'care *vt* (*pentola*) to dent; (*persona*) to bruise; **~rsi** *vr* to bruise; **ammacca'tura** *sf* dent; bruise.

ammaes'trare *vt* (*animale*) to train; (*persona*) to teach.

ammai'nare *vt* to lower, haul down.

amma'larsi *vr* to fall ill; **amma'lato, a** *ag* ill, sick // *sm/f* sick person; (*paziente*) patient.

ammali'are *vt* (*fig*) to enchant, charm; **ammalia'tore, 'trice** *sm/f* enchanter/enchantress.

am'manco, chi *sm* (*ECON*) deficit.

ammanet'tare *vt* to handcuff.

ammas'sare *vt* (*ammucchiare*) to amass; (*raccogliere*) to gather together; **~rsi** *vr* to pile up; to gather; **am'masso** *sm* mass; (*mucchio*) pile, heap; (*ECON*) stockpile.

ammat'tire *vi* (2) to go mad.

ammaz'zare [ammat'tsare] *vt* to kill; **~rsi** *vr* (*uccidersi*) to kill o.s.; (*rimanere ucciso*) to be killed; **~rsi di lavoro** to work o.s. to death.

am'menda *sf* amends *pl*; (*DIR, SPORT*) fine; **fare ~ di qc** to make amends for sth.
am'messo, a *pp di* **ammettere** // *cong*: **~ che** supposing that.
am'mettere *vt* to admit; (*riconoscere: fatto*) to acknowledge, admit; (*permettere*) to allow, accept; (*supporre*) to suppose; **ammettiamo che ...** let us suppose that ... .
ammic'care *vi*: **~ (a)** to wink (at).
amminis'trare *vt* to run, manage; (*REL, DIR*) to administer; **amministra'tivo, a** *ag* administrative; **amministra'tore** *sm* administrator; (*direttore di azienda*) manager; (*consigliere di società*) director; **amministratore delegato** managing director; **amministrazi'one** *sf* management; administration.
ammiragli'ato [ammiraʎ'ʎato] *sm* admiralty.
ammi'raglio [ammi'raʎʎo] *sm* admiral.
ammi'rare *vt* to admire; **ammira'tore, 'trice** *sm/f* admirer; **ammirazi'one** *sf* admiration.
ammis'sibile *ag* admissible, acceptable.
ammissi'one *sf* admission; (*approvazione*) acknowledgment.
ammobili'are *vt* to furnish.
am'modo, a 'modo *av* properly // *ag inv* respectable, nice.
ammol'lare *vt* (*panni etc*) to soak.
ammo'niaca *sf* ammonia.
ammoni'mento *sm* warning; admonishment.
ammo'nire *vt* (*avvertire*) to warn; (*rimproverare*) to admonish; (*DIR*) to caution.
ammon'tare *vi* (*2*): **~ a** to amount to // *sm* (total) amount.
ammonticchi'are [ammontik'kjare] *vt* to pile up, heap up.
ammorbi'dire *vt* to soften.
ammortiz'zare [ammortid'dzare] *vt* (*ECON*) to pay off, amortize; (*: spese d'impianto*) to write off; (*AUT, TECN*) to absorb, deaden; **ammortizza'tore** *sm* (*AUT, TECN*) shock-absorber.
ammucchi'are [ammuk'kjare] *vt*, **~rsi** *vr* to pile up, accumulate.
ammuf'fire *vi* (*2*) to go mouldy.
ammutina'mento *sm* mutiny.
ammuti'narsi *vr* to mutiny.
ammuto'lire *vi* to be struck dumb.
amne'sia *sf* amnesia.
amnis'tia *sf* amnesty.
'amo *sm* (*PESCA*) hook; (*fig*) bait.
a'more *sm* love; **~i** *smpl* love affairs; **il tuo bambino è un ~** your baby's a darling; **fare l'~** *o* **all'~** to make love; **per ~ o per forza** by hook or by crook; **amor proprio** self-esteem, pride; **amo'revole** *ag* loving, affectionate.
a'morfo, a *ag* amorphous; (*fig: persona*) lifeless.
amo'roso, a *ag* (*affettuoso*) loving, affectionate; (*d'amore: sguardo*) amorous; (*: poesia, relazione*) love *cpd*.
ampi'ezza [am'pjettsa] *sf* width, breadth; spaciousness; (*fig: importanza*) scale, size.
'ampio, a *ag* wide, broad; (*spazioso*) spacious; (*abbondante: vestito*) loose; (*: gonna*) full; (*: spiegazione*) ample, full.
am'plesso *sm* (*eufemismo*) embrace.
ampli'are *vt* (*ingrandire*) to enlarge; (*allargare*) to widen.
amplifi'care *vt* to amplify; (*magnificare*) to extol; **amplifica'tore** *sm* (*TECN, MUS*) amplifier.
am'polla *sf* (*vasetto*) cruet.
ampol'loso, a *ag* bombastic, pompous.
ampu'tare *vt* (*MED*) to amputate; **amputazi'one** *sf* amputation.
anabbagli'ante [anabbaʎ'ʎante] *ag* (*AUT*) dipped; **~i** *smpl* dipped headlights.
a'nagrafe *sf* (*registro*) register of births, marriages and deaths; (*ufficio*) registry office.
analfa'beta, i, e *ag, sm/f* illiterate.
a'nalisi *sf inv* analysis; (*MED: esame*) test; **~ grammaticale** parsing; **ana'lista, i, e** *sm/f* analyst; (*PSIC*) (psycho)analyst.
analiz'zare [analid'dzare] *vt* to analyse; (*MED*) to test.
analo'gia, 'gie [analo'dʒia] *sf* analogy.
a'nalogo, a, ghi, ghe *ag* analogous.
'ananas *sm inv* pineapple.
anar'chia [anar'kia] *sf* anarchy; **a'narchico, a, ci, che** *ag* anarchic(al) // *sm/f* anarchist.
ana'tema, i *sm* anathema.
anato'mia *sf* anatomy; **ana'tomico, a, ci, che** *ag* anatomical; (*sedile*) contoured.
'anatra *sf* duck.
'anca, che *sf* (*ANAT*) hip; (*ZOOL*) haunch.
'anche ['anke] *av* also; (*perfino*) even; **vengo anch'io!** I'm coming too!; **~ se** even if.
an'cora *av* still; (*di nuovo*) again; (*di più*) some more; (*: in frasi negative*) any more; (*persino*): **~ più forte** even stronger; **non ~** not yet; **~ un po'** a little more; (*di tempo*) a little longer.
'ancora *sf* anchor; **gettare/levare l'~** to cast/weigh anchor; **anco'raggio** *sm* anchorage; **anco'rare** *vt*, **ancorarsi** *vr* to anchor.
anda'mento *sm* progress, movement; course; state.
an'dante *ag* (*corrente*) current; (*di poco pregio*) cheap, second-rate // *sm* (*MUS*) andante.
an'dare *sm* (*l'andatura*) walk, gait; **a lungo ~** in the long run // *vi* (*2*) to go; (*essere adatto*): **~ a** to suit; (*moneta*) to be legal tender; (*piacere*): **il suo comportamento non mi va** I don't like the way he behaves; **ti va di andare al cinema?** do you feel like going to the cinema?; **andarsene** to go away; **questa camicia va lavata** this shirt needs a wash *o* should be washed; **~ a cavallo** to ride; **~ in macchina/aereo** to go by car/plane; **~ a male** to go bad; **come va? — bene, grazie!** how are you? — fine, thanks!; **ne va della nostra vita** our

lives are at stake; **an'data** *sf* going; (*viaggio*) outward journey; **biglietto di sola andata/di andata e ritorno** single/return ticket; **anda'tura** *sf* (*modo di andare*) walk, gait; (*SPORT*) pace; (*NAUT*) tack.
an'dazzo [an'dattso] *sm* (*peg*) current (bad) practice.
andirivi'eni *sm inv* coming and going.
'andito *sm* corridor, passage.
an'drone *sm* entrance-hall.
a'neddoto *sm* anecdote.
ane'lare *vi*: ~ **a** (*fig*) to long for, yearn for.
a'nelito *sm* (*fig*): ~ **di** longing *o* yearning for.
a'nello *sm* ring; (*di catena*) link.
ane'mia *sf* anaemia; **a'nemico, a, ci, che** *ag* anaemic.
a'nemone *sm* anemone.
aneste'sia *sf* anaesthesia; **anes'tetico, a, ci, che** *ag, sm* anaesthetic.
an'fibio, a *ag* amphibious.
anfite'atro *sm* amphitheatre.
an'fratto *sm* ravine.
an'gelico, a, ci, che [an'dʒeliko] *ag* angelic(al).
'angelo ['andʒelo] *sm* angel; ~ **custode** guardian angel.
anghe'ria [ange'ria] *sf* vexation.
an'gina [an'dʒina] *sf* angina.
angli'cano, a *ag* Anglican.
angli'cismo [angli'tʃizmo] *sm* anglicism.
anglo'sassone *ag* Anglo-Saxon.
ango'lare *ag* angular.
'angolo *sm* corner; (*MAT*) angle.
an'goscia, sce [an'gɔʃʃa] *sf* deep anxiety, anguish *q*; **angosci'oso, a** *ag* (*d'angoscia*) anguished; (*che dà angoscia*) distressing, painful.
angu'illa *sf* eel.
an'guria *sf* watermelon.
an'gustia *sf* (*ansia*) anguish, distress; (*povertà*) poverty, want.
angusti'are *vt* to distress; ~**rsi** *vr*: ~**rsi (per)** to worry (about).
an'gusto, a *ag* (*stretto*) narrow; (*fig*) mean, petty.
'anice ['anitʃe] *sm* (*CUC*) aniseed; (*BOT*) anise.
'anima *sf* soul; (*fig: persona*) person, soul; (*: abitante*) inhabitant.
ani'male *sm, ag* animal.
ani'mare *vt* to give life to, liven up; (*incoraggiare*) to encourage; ~**rsi** *vr* to become animated, come to life; **ani'mato, a** *ag* animate; (*vivace*) lively, animated; (*: strada*) busy; **anima'tore, 'trice** *sm/f* guiding spirit; (*CINEMA*) animator; (*di festa*) life and soul; **animazi'one** *sf* liveliness; (*di strada*) bustle; (*CINEMA*) animation.
'animo *sm* (*mente*) mind; (*cuore*) heart; (*coraggio*) courage; (*disposizione*) character, disposition; (*inclinazione*) inclination; (*proposito*) intention; **avere in** ~ **di fare qc** to intend *o* have a mind to do sth; **fare qc di buon/mal** ~ to do sth willingly/unwillingly; **perdersi d'**~ to lose heart; **animosità** *sf* animosity; **ani'moso, a** *ag* hostile; (*coraggioso*) spirited, bold.
'anitra *sf* = **anatra.**
anna'cquare *vt* to water down, dilute.
annaffi'are *vt* to water; **annaffia'toio** *sm* watering can.
an'nali *smpl* annals.
an'nata *sf* year; (*importo annuo*) annual amount.
annebbi'are *vt* (*fig*) to cloud; ~**rsi** *vr* (*tempo*) to become foggy, become misty; (*vista*) to become dim.
annega'mento *sm* drowning.
anne'gare *vt, vi* (*2*) to drown; ~**rsi** *vr* (*accidentalmente*) to drown; (*deliberatamente*) to drown o.s.
anne'rire *vt* to blacken // *vi* (*2*) to become black.
an'nessi *smpl* (*edifici*) outbuildings; ~ **e connessi** appurtenances.
annessi'one *sf* (*POL*) annexation.
an'nesso, a *pp di* **annettere.**
an'nettere *vt* (*POL*) to annex; (*accludere*) to attach.
annichi'lare, annichi'lire [anniki'lare, anniki'lire] *vt* to annihilate.
anni'darsi *vr* to nest.
annienta'mento *sm* annihilation, destruction.
annien'tare *vt* to annihilate, destroy.
anniver'sario, a *ag*: **giorno** ~ anniversary // *sm* anniversary.
'anno *sm* year; ~**i fa** years ago.
anno'dare *vt* to knot, tie; (*fig: rapporto*) to form.
annoi'are *vt* to bore; (*seccare*) to annoy; ~**rsi** *vr* to be bored; to be annoyed.
anno'tare *vt* (*registrare*) to note, note down; (*commentare*) to annotate; **annotazi'one** *sf* note; annotation.
annove'rare *vt* to number.
annu'ale *ag* annual.
annu'ario *sm* yearbook.
annu'ire *vi* to nod; (*acconsentire*) to agree.
annulla'mento *sm* annihilation, destruction; cancellation; annulment; quashing.
annul'lare *vt* to annihilate, destroy; (*contratto, francobollo*) to cancel; (*matrimonio*) to annul; (*sentenza*) to quash; (*risultati*) to declare void.
annunci'are [annun'tʃare] *vt* to announce; (*dar segni rivelatori*) to herald; **annuncia'tore, 'trice** *sm/f* (*RADIO, TV*) announcer; **l'Annunciazi'one** *sf* the Annunciation.
an'nuncio [an'nuntʃo] *sm* announcement; (*fig*) sign; ~ **pubblicitario** advertisement; ~**i economici** classified advertisements, small ads.
'annuo, a *ag* annual, yearly.
annu'sare *vt* to sniff, smell; (*fig*) to smell, suspect.
anoma'lia *sf* anomaly.
a'nomalo, a *ag* anomalous.

a'nonimo, a *ag* anonymous // *sm* (*autore*) anonymous writer (*o* painter *etc*).
anor'male *ag* abnormal // *sm/f* subnormal person; (*eufemismo*) homosexual; **anormalità** *sf inv* abnormality.
'ansa *sf* (*manico*) handle; (*di fiume*) bend, loop.
'ansia, ansietà *sf* anxiety.
ansi'mare *vi* to pant.
ansi'oso, a *ag* anxious.
antago'nismo *sm* antagonism; **antago'nista, i, e** *sm/f* antagonist.
an'tartico, a, ci, che *ag* Antarctic // *sm*: **l'A ~** the Antarctic.
antece'dente [antetʃe'dente] *ag* preceding, previous.
ante'fatto *sm* previous events *pl*; previous history.
antegu'erra *sm* pre-war period.
ante'nato *sm* ancestor, forefather.
an'tenna *sf* (RADIO, TV) aerial; (ZOOL) antenna, feeler; (NAUT) yard.
ante'prima *sf* preview.
anteri'ore *ag* (*ruota, zampa*) front; (*fatti*) previous, preceding.
antia'ereo, a *ag* anti-aircraft.
antibi'otico, a, ci, che *ag, sm* antibiotic.
anti'camera *sf* anteroom; **fare ~** to wait (for an audience).
antichità [antiki'ta] *sf inv* antiquity; (*oggetto*) antique.
antici'clone [antitʃi'klone] *sm* anticyclone.
antici'pare [antitʃi'pare] *vt* (*consegna, visita*) to bring forward, anticipate; (*somma di denaro*) to pay in advance; (*notizia*) to disclose // *vi* to be ahead of time; **anticipazi'one** *sf* anticipation; (*di notizia*) advance information; (*somma di denaro*) advance; **an'ticipo** *sm* anticipation; (*di denaro*) advance; **in anticipo** early, in advance.
an'tico, a, chi, che *ag* (*quadro, mobili*) antique; (*dell'antichità*) ancient.
anticoncezio'nale [antikontʃettsjo'nale] *sm* contraceptive.
an'tidoto *sm* antidote.
An'tille *sfpl*: **le ~** the West Indies.
an'tilope *sf* antelope.
anti'pasto *sm* hors d'œuvre.
antipa'tia *sf* antipathy, dislike; **anti'patico, a, ci, che** *ag* unpleasant, disagreeable.
an'tipodi *smpl*: **gli ~** the antipodes.
antiquari'ato *sm* antique trade.
anti'quario *sm* antique dealer.
anti'quato, a *ag* antiquated, old-fashioned.
anti'settico, a, ci, che *ag, sm* antiseptic.
an'titesi *sf* antithesis.
antolo'gia, 'gie [antolo'dʒia] *sf* anthology.
'antro *sm* cavern; (*fig*) hole.
antro'pofago, gi *sm* cannibal.
antropolo'gia [antropolo'dʒia] *sf* anthropology.
anu'lare *ag* ring *cpd* // *sm* ring finger.
'anzi ['antsi] *av* (*invece*) on the contrary; (*o meglio*) or rather, or better still; (*di più*) indeed; **~ che = anziché**.
anzianità [antsjani'ta] *sf* old age; (AMM) seniority.
anzi'ano, a [an'tsjano] *ag* old; (AMM) senior // *sm/f* old person; senior member.
anziché [antsi'ke] *cong* rather than.
anzi'tutto [antsi'tutto] *av* first of all.
apa'tia *sf* apathy, indifference; **a'patico, a, ci, che** *ag* apathetic, indifferent.
'ape *sf* bee.
aperi'tivo *sm* aperitif.
a'perto, a *pp di* **aprire** // *ag* open; **all'~** in the open (air).
aper'tura *sf* opening; (*ampiezza*) width, spread; (POL) approach; (FOT) aperture; **~ alare** wing span; **~ mentale** open-mindedness.
'apice ['apitʃe] *sm* apex; (*fig*) height.
apicol'tore *sm* beekeeper.
a'polide *ag* stateless.
apoples'sia *sf* (MED) apoplexy.
a'postolo *sm* apostle.
a'postrofo *sm* apostrophe.
appa'gare *vt* to satisfy; **~rsi** *vr*: **~rsi di** to be satisfied with.
appai'are *vt* to couple, pair.
ap'palto *sm* (COMM) contract; **dare/prendere in ~ un lavoro** to let out/undertake a job on contract.
appan'nare *vt* (*vetro*) to mist; (*metallo*) to tarnish; (*vista*) to dim; **~rsi** *vr* to mist over; to tarnish; to grow dim.
appa'rato *sm* (*messinscena*) display; (ANAT, TECN) apparatus; **~ scenico** (TEATRO) props *pl*.
apparecchi'are [apparek'kjare] *vt* to prepare; (*tavola*) to set // *vi* to set the table.
appa'recchio [appa'rekkjo] *sm* piece of apparatus, device; (*aeroplano*) aircraft *inv*; **~ televisivo/telefonico** television set/telephone.
appa'rente *ag* apparent; **appa'renza** *sf* appearance; **in *o* all'apparenza** apparently, to all appearances.
appa'rire *vi* (2) to appear; (*sembrare*) to seem, appear; **appari'scente** *ag* (*colore*) garish, gaudy; (*bellezza*) striking; **apparizi'one** *sf* apparition.
apparta'mento *sm* flat, apartment (US).
appar'tarsi *vr* to withdraw; **appar'tato, a** *ag* secluded.
apparte'nere *vi*: **~ a** to belong to.
appassio'nare *vt* to thrill; (*commuovere*) to move; **~rsi a qc** to take a great interest in sth; to be deeply moved by sth; **appassio'nato, a** *ag* passionate; **appassionato per la musica** passionately fond of music.
appas'sire *vi* (2) to wither.
appel'lare *vi* (DIR) to appeal; **~rsi** *vr* (*ricorrere*): **~rsi a** to appeal to; (DIR): **~rsi contro** to appeal against; **ap'pello** *sm* roll-call; (*implorazione, DIR*) appeal;

fare appello a to appeal to.
ap'pena *av* (*a stento*) hardly, scarcely; (*solamente, da poco*) just // *cong* as soon as; **~ furono arrivati ...** as soon as they had arrived ...; **~ ... che** *o* **quando** no sooner ... than.
ap'pendere *vt* to hang (up).
appen'dice [appen'ditʃe] *sf* appendix.
appendi'cite [appendi'tʃite] *sf* appendicitis.
Appen'nini *smpl*: **gli ~** the Apennines.
appesan'tire *vt* to make heavy; **~rsi** *vr* to grow stout.
ap'peso, a *pp di* **appendere.**
appe'tito *sm* appetite; **appeti'toso, a** *ag* appetising; (*fig*) attractive, desirable.
appia'nare *vt* to level; (*fig*) to smooth away, iron out.
appiat'tire *vt* to flatten; **~rsi** *vr* to become flatter; (*farsi piatto*) to flatten o.s.; **~rsi al suolo** to lie flat on the ground.
appicci'care [appittʃi'kare] *vt* to stick; (*fig*): **~ qc a qd** to palm sth off on sb; **~rsi** *vr* to stick; (*fig: persona*) to cling.
appigli'arsi [appiʎ'ʎarsi] *vr*: **~ a** (*afferrarsi*) to take hold of; (*fig*) to cling to; **ap'piglio** *sm* hold; (*fig*) pretext.
appiso'larsi *vr* to doze off.
applau'dire *vt, vi* to applaud; **ap'plauso** *sm* applause.
appli'care *vt* to apply; (*regolamento*) to enforce; **~rsi** *vr* to apply o.s.; **applica-zi'one** *sf* application; enforcement.
appoggi'are [appod'dʒare] *vt* (*mettere contro*): **~ qc a qc** to lean *o* rest sth against sth; (*fig: sostenere*) to support; **~rsi** *vr*: **~rsi a** to lean against; (*fig*) to rely upon; **ap'poggio** *sm* support.
ap'porre *vt* to affix.
appor'tare *vt* to bring.
ap'posito, a *ag* appropriate.
ap'posta *av* on purpose, deliberately.
appos'tare *vt* to lie in wait for; **~rsi** *vr* to lie in wait.
ap'prendere *vt* (*imparare*) to learn; (*comprendere*) to grasp.
appren'dista, i, e *sm/f* apprentice.
apprensi'one *sf* apprehension; **appren-'sivo, a** *ag* apprehensive.
ap'presso *av* (*accanto, vicino*) close by, near; (*dietro*) behind; (*dopo, più tardi*) after, later; **~ a** *prep* (*vicino a*) near, close to.
appres'tare *vt* to prepare, get ready; **~rsi** *vr*: **~rsi a fare qc** to prepare *o* get ready to do sth.
apprez'zabile [appret'tsabile] *ag* noteworthy, significant.
apprezza'mento [apprettsa'mento] *sm* appreciation; (*giudizio*) opinion.
apprez'zare [appret'tsare] *vt* to appreciate.
ap'proccio [ap'prɔttʃo] *sm* approach.
appro'dare *vi* (*NAUT*) to land; (*fig*): **non ~ a nulla** to come to nothing; **ap'prodo** *sm* landing; (*luogo*) landing-place.
approfit'tare *vi*: **~ di** to make the most of, profit by.
approfon'dire *vt* to deepen; (*fig*) to study in depth.
appropri'ato, a *ag* appropriate.
approssi'marsi *vr*: **~ a** to approach.
approssima'tivo, a *ag* approximate, rough; (*impreciso*) inexact, imprecise.
appro'vare *vt* (*condotta, azione*) to approve of; (*candidato*) to pass; (*progetto di legge*) to approve; **approvazi'one** *sf* approval.
approvvigiona'mento [approvvidʒona-'mento] *sm* supplying; stocking up; **~i** *smpl* (*MIL*) supplies.
approvvigio'nare [approvvidʒo'nare] *vt* to supply; **~rsi** *vr* to lay in provisions, stock up; **~ qd di qc** to supply sb with sth.
appunta'mento *sm* appointment; (*amoroso*) date; **darsi ~** to arrange to meet (one another).
appun'tare *vt* (*rendere aguzzo*) to sharpen; (*fissare*) to pin, fix; (*annotare*) to note down.
ap'punto *sm* note; (*rimprovero*) reproach // *av* (*proprio*) exactly, just; **per l'~!, ~!** exactly!
appu'rare *vt* to check, verify.
apribot'tiglie [apribot'tiʎʎe] *sm inv* bottleopener.
a'prile *sm* April.
a'prire *vt* to open; (*via, cadavere*) to open up; (*gas, luce, acqua*) to turn on // *vi* to open; **~rsi** *vr* to open; **~rsi a qd** to confide in sb, open one's heart to sb.
apris'catole *sm inv* tin opener.
a'quario *sm* = **acquario.**
'aquila *sf* (*ZOOL*) eagle; (*fig*) genius.
aqui'lone *sm* (*giocattolo*) kite; (*vento*) North wind.
A'rabia 'Saudita *sf*: **l'~** Saudi Arabia.
'arabo, a *ag, sm/f* Arab // *sm* Arabic.
a'rachide [a'rakide] *sf* peanut.
ara'gosta *sf* crayfish; lobster.
a'raldica *sf* heraldry.
a'raldo *sm* herald.
a'rancia, ce [a'rantʃa] *sf* orange; **aran-ci'ata** *sf* orangeade; **a'rancio** *sm* (*BOT*) orange tree; (*colore*) orange // *ag inv* (*colore*) orange.
a'rare *vt* to plough.
a'ratro *sm* plough.
a'razzo [a'rattso] *sm* tapestry.
arbi'traggio [arbi'traddʒo] *sm* (*SPORT*) refereeing; umpiring; (*DIR*) arbitration.
arbi'trare *vt* (*SPORT*) to referee; to umpire; (*DIR*) to arbitrate.
arbi'trario, a *ag* arbitrary.
ar'bitrio *sm* will; (*abuso, sopruso*) arbitrary act.
'arbitro *sm* arbiter, judge; (*DIR*) arbitrator; (*SPORT*) referee; (*: TENNIS, CRICKET*) umpire.
ar'busto *sm* shrub.
'arca, che *sf* (*sarcofago*) sarcophagus; **l'~ di Noè** Noah's ark.

ar'caico, a, ci, che *ag* archaic.
ar'cangelo [ar'kandʒelo] *sm* archangel.
ar'cano, a *ag* arcane, mysterious.
ar'cata *sf* (ARCHIT, ANAT) arch; (*ordine di archi*) arcade.
archeolo'gia [arkeolo'dʒia] *sf* archaeology; **arche'ologo, a, gi, ghe** *sm/f* archaeologist.
ar'chetto [ar'ketto] *sm* (MUS) bow.
archi'tetto [arki'tetto] *sm* architect; **architet'tura** *sf* architecture.
ar'chivio [ar'kivjo] *sm* archives *pl*.
arci'ere [ar'tʃɛre] *sm* archer.
ar'cigno, a [ar'tʃiɲɲo] *ag* grim, severe.
arci'pelago, ghi [artʃi'pɛlago] *sm* archipelago.
arci'vescovo [artʃi'veskovo] *sm* archbishop.
'arco *sm* (*arma*, MUS) bow; (ARCHIT) arch; (MAT) arc.
arcoba'leno *sm* rainbow.
arcu'ato, a *ag* curved, bent; **dalle gambe ~e** bow-legged.
ar'dente *ag* burning; (*fig*) burning, ardent.
'ardere *vt, vi* (*2*) to burn.
ar'desia *sf* slate.
ar'dire *vi* to dare; **ar'dito, a** *ag* brave, daring, bold; (*sfacciato*) bold.
ar'dore *sm* blazing heat; (*fig*) ardour, fervour.
'arduo, a *ag* arduous, difficult.
'area *sf* area; (EDIL) land, ground.
a'rena *sf* arena; (*sabbia*) sand.
are'narsi *vr* to run aground.
areo'plano *sm* = **aeroplano.**
'argano *sm* winch.
argente'ria [ardʒente'ria] *sf* silverware, silver.
argenti'ere [ardʒen'tjɛre] *sm* silversmith.
Argen'tina [ardʒen'tina] *sf*: **l'~** Argentina.
ar'gento [ar'dʒɛnto] *sm* silver; **~ vivo** quicksilver.
ar'gilla [ar'dʒilla] *sf* clay.
'argine ['ardʒine] *sm* embankment, bank; (*diga*) dyke.
argomen'tare *vi* to argue.
argo'mento *sm* argument; (*motivo*) motive; (*materia, tema*) subject.
argu'ire *vt* to deduce.
ar'guto, a *ag* sharp, quick-witted; (*spiritoso*) witty; **ar'guzia** *sf* wit; (*battuta*) witty remark.
'aria *sf* air; (*espressione, aspetto*) air, look; (MUS: *melodia*) tune; (*: di opera*) aria; **mandare all'~ qc** to ruin *o* upset sth; **all'~ aperta** in the open (air).
'arido, a *ag* arid.
arieggi'are [arjed'dʒare] *vt* (*cambiare aria*) to air; (*imitare*) to imitate.
ari'ete *sm* ram; (MIL) battering ram; (*dello zodiaco*): **A~** Aries.
a'ringa, ghe *sf* herring *inv*.
'arista *sf* (CUC) chine of pork.
aristo'cratico, a, ci, che *ag* aristocratic.
aristocra'zia [aristokrat'tsia] *sf* aristocracy.
arit'metica *sf* arithmetic.
arlec'chino [arlek'kino] *sm* harlequin.
'arma, i *sf* weapon, arm; (*parte dell'esercito*) arm; **chiamare alle ~i** to call up; **sotto le ~i** in the army (*o* forces); **alle ~i!** to arms!; **~ da fuoco** firearm.
ar'madio *sm* cupboard; (*per abiti*) wardrobe.
armamen'tario *sm* equipment, instruments *pl*.
arma'mento *sm* (MIL) armament; (*: materiale*) arms *pl*, weapons *pl*; (NAUT) fitting out; manning.
ar'mare *vt* to arm; (*arma da fuoco*) to cock; (NAUT: *nave*) to rig, fit out; to man; (EDIL: *volta, galleria*) to prop up, shore up; **~rsi** *vr* to arm o.s.; (MIL) to take up arms; **ar'mata** *sf* (MIL) army; (NAUT) fleet; **arma'tore** *sm* shipowner; **arma'tura** *sf* (*struttura di sostegno*) framework; (*impalcatura*) scaffolding; (STORIA) armour *q*, suit of armour.
armis'tizio [armis'tittsjo] *sm* armistice.
armo'nia *sf* harmony; **ar'monico, a, ci, che** *ag* harmonic; (*fig*) harmonious; **armoni'oso, a** *ag* harmonious.
armoniz'zare [armonid'dzare] *vt* to harmonize; (*colori, abiti*) to match // *vi* to be in harmony; to match.
ar'nese *sm* tool, implement; (*oggetto indeterminato*) thing, contraption; **male in ~** (*malvestito*) badly dressed; (*di salute malferma*) in poor health; (*di condizioni economiche*) down-at-heel.
'arnia *sf* hive.
a'roma, i *sm* aroma; fragrance; **~i** *smpl* herbs and spices; **aro'matico, a, ci, che** *ag* aromatic; (*cibo*) spicy.
'arpa *sf* (MUS) harp.
ar'peggio [ar'peddʒo] *sm* (MUS) arpeggio.
ar'pia *sf* (*anche fig*) harpy.
arpi'one *sm* (*gancio*) hook; (*cardine*) hinge; (PESCA) harpoon.
arrabat'tarsi *vr* to do all one can, strive.
arrabbi'are *vi* (*2*) (*cane*) to be affected with rabies; **~rsi** *vr* (*essere preso dall'ira*) to get angry, fly into a rage; **arrabbi'ato, a** *ag* rabid, with rabies; furious, angry.
arrampi'carsi *vr* to climb (up).
arran'giare [arran'dʒare] *vt* to arrange; **~rsi** *vr* to manage, do the best one can.
arre'care *vt* to bring; (*causare*) to cause.
arreda'mento *sm* (*studio*) interior design; (*mobili etc*) furnishings *pl*.
arre'dare *vt* to furnish; **ar'redo** *sm* fittings *pl*, furnishings *pl*.
ar'rendersi *vr* to surrender.
arres'tare *vt* (*fermare*) to stop, halt; (*catturare*) to arrest; **~rsi** *vr* (*fermarsi*) to stop; **ar'resto** *sm* (*cessazione*) stopping; (*fermata*) stop; (*cattura*, MED) arrest; **subire un arresto** to come to a stop *o* standstill; **mettere agli arresti** to place under arrest.
arre'trare *vt, vi* (*2*) to withdraw; **arre'trato, a** *ag* (*lavoro*) behind schedule;

(*paese, bambino*) backward; (*numero di giornale*) back *cpd.*
arric'chire [arrik'kire] *vt* to enrich; **~rsi** *vr* to become rich.
arricci'are [arrit'tʃare] *vt* to curl; **~ il naso** to turn up one's nose.
ar'ringa, ghe *sf* harangue; (DIR) address by counsel.
arrischi'are [arris'kjare] *vt* to risk; **~rsi** *vr* to venture, dare; **arrischi'ato, a** *ag* risky; (*temerario*) reckless, rash.
arri'vare *vi* (2) to arrive; (*accadere*) to happen, occur; **~ a** (*livello, grado etc*) to reach; **lui arriva a Roma alle 7** he gets to *o* arrives at Rome at 7; **non ci arrivo** I can't reach it; (*fig: non capisco*) I can't understand it.
arrive'derci [arrive'dertʃi] *escl* goodbye!
arrive'derla *escl* (*forma di cortesia*) goodbye!
arri'vista, i, e *sm/f* go-getter.
ar'rivo *sm* arrival; (SPORT) finish, finishing-line.
arro'gante *ag* arrogant.
arro'lare *vb* = **arruolare.**
arros'sire *vi* (*per vergogna, timidità*) to blush, flush; (*per gioia, rabbia*) to flush.
arros'tire *vt* to roast; (*pane*) to toast; (*ai ferri*) to grill.
ar'rosto *sm, ag inv* roast.
arro'tare *vt* to sharpen; (*investire con un veicolo*) to run over.
arroto'lare *vt* to roll up.
arroton'dare *vt* (*forma, oggetto*) to round; (*stipendio*) to add to; (*somma*) to round off.
arruf'fare *vt* to ruffle; (*fili*) to tangle; (*fig: questione*) to confuse.
arruggi'nire [arruddʒi'nire] *vt* to rust; **~rsi** *vr* to rust; (*fig*) to become rusty.
arruola'mento *sm* (MIL) enlistment.
arruo'lare (MIL) *vt* to enlist; **~rsi** *vr* to enlist, join up.
arse'nale *sm* (MIL) arsenal; (*cantiere navale*) dockyard.
ar'senico *sm* arsenic.
'arso, a *pp di* **ardere** // *ag* (*bruciato*) burnt; (*arido*) dry; **ar'sura** *sf* (*calore opprimente*) burning heat; (*siccità*) drought.
'arte *sf* art; (*abilità*) skill.
ar'tefice [ar'tefitʃe] *sm/f* craftsman/woman; (*autore*) author.
ar'teria *sf* artery.
'artico, a, ci, che *ag* Arctic.
artico'lare *ag* (ANAT) of the joints, articular // *vt* to articulate; (*suddividere*) to divide, split up.
ar'ticolo *sm* article; **~ di fondo** (STAMPA) leader, leading article.
'Artide *sf*: **l'~** the Arctic.
artifici'ale [artifi'tʃale] *ag* artificial.
arti'ficio [arti'fitʃo] *sm* (*espediente*) trick, artifice; (*ricerca di effetto*) artificiality; **artifi'cioso, a** *ag* cunning; (*non spontaneo*) affected.
artigia'nato [artidʒa'nato] *sm* craftsmanship; craftsmen *pl.*
artigi'ano, a [arti'dʒano] *sm/f* craftsman/woman.
artiglie'ria [artiʎʎe'ria] *sf* artillery.
ar'tiglio [ar'tiʎʎo] *sm* claw; (*di rapaci*) talon.
ar'tista, i, e *sm/f* artist; **ar'tistico, a, ci, che** *ag* artistic.
'arto *sm* (ANAT) limb.
ar'trite *sf* (MED) arthritis.
ar'zillo, a [ar'dzillo] *ag* lively, sprightly.
a'scella [aʃ'ʃɛlla] *sf* (ANAT) armpit.
ascen'dente [aʃʃen'dɛnte] *sm* ancestor; (*fig*) ascendancy.
ascensi'one [aʃʃen'sjone] *sf* (ALPINISMO) ascent; (REL): **l'A~** the Ascension.
ascen'sore [aʃʃen'sore] *sm* lift.
a'scesa [aʃ'ʃesa] *sf* ascent; (*al trono*) accession.
a'scesso [aʃ'ʃɛsso] *sm* (MED) abscess.
a'sceta, i [aʃ'ʃɛta] *sm* ascetic.
'ascia, *pl* **'asce** ['aʃʃa] *sf* axe.
asciugaca'pelli [aʃʃugaka'pelli] *sm* hair-drier.
asciuga'mano [aʃʃuga'mano] *sm* towel.
asciu'gare [aʃʃu'gare] *vt* to dry; **~rsi** *vr* to dry o.s.; (*diventare asciutto*) to dry.
asci'utto, a [aʃ'ʃutto] *ag* dry; (*fig: magro*) lean; (*: burbero*) curt; **restare a bocca ~a** (*fig*) to be disappointed; **restare all'~** (*fig*) to be left penniless.
ascol'tare *vt* to listen to; **ascolta'tore, 'trice** *sm/f* listener; **as'colto** *sm*: **essere** *o* **stare in ascolto** to be listening; **dare** *o* **prestare ascolto (a)** to pay attention (to).
as'falto *sm* asphalt.
asfis'sia *sf* asphyxia, asphyxiation.
'Asia *sf*: **l'A~** Asia; **asi'atico, a, ci, che** *ag, sm/f* Asiatic, Asian.
a'silo *sm* refuge, sanctuary; **~ (d'infanzia)** nursery(-school); **~ politico** political asylum.
'asino *sm* donkey, ass.
'asma *sf* asthma.
'asola *sf* buttonhole.
as'parago, gi *sm* asparagus *q.*
asperità *sf inv* roughness *q*; (*fig*) harshness *q.*
aspet'tare *vt* to wait for; (*anche* COMM) to await; (*aspettarsi*) to expect // *vi* to wait; **~rsi** *vr* to expect; **~ un bambino** to be expecting (a baby); **questo non me l'aspettavo** I wasn't expecting this; **aspetta'tiva** *sf* wait; expectation; **inferiore all'aspettativa** worse than expected.
as'petto *sm* (*apparenza*) aspect, appearance, look; (*punto di vista*) point of view.
aspi'rante *ag* (*attore etc*) aspiring // *sm/f* candidate, applicant.
aspira'polvere *sm inv* vacuum cleaner.
aspi'rare *vt* (*respirare*) to breathe in, inhale; (*sog: apparecchi*) to suck (up) // *vi*: **~ a** to aspire to; **aspira'tore** *sm* extractor fan.
aspi'rina *sf* aspirin.

aspor'tare *vt* (*anche MED*) to remove, take away.
as'prezza [as'prettsa] *sf* sourness, tartness; pungency; harshness; roughness; rugged nature.
'aspro, a *ag* (*sapore*) sour, tart; (*odore*) acrid, pungent; (*voce, clima, fig*) harsh; (*superficie*) rough; (*paesaggio*) rugged.
assaggi'are [assad'dʒare] *vt* to taste; **as'saggio** *sm* tasting; (*piccola quantità*) taste; (*campione*) sample.
as'sai *av* (*abbastanza*) enough; (*molto*) a lot, much // *ag inv* (*quantità*) a lot of, much; (*numero*) a lot of, many; ~ **contento** very pleased.
assa'lire *vt* to attack, assail.
as'salto *sm* attack, assault.
assassi'nare *vt* to murder; to assassinate; (*fig*) to ruin; **assas'sinio** *sm* murder; assassination; **assas'sino, a** *ag* murderous // *sm/f* murderer; assassin.
'asse *sm* (*TECN*) axle; (*MAT*) axis // *sf* board; ~ *f* **da stiro** ironing board.
assedi'are *vt* to besiege; **as'sedio** *sm* siege.
asse'gnare [asseɲ'ɲare] *vt* to assign, allot.
as'segno [as'seɲɲo] *sm* allowance; (*anche*: ~ **bancario**) cheque; **contro** ~ cash on delivery; ~ **circolare** bank draft; ~ **sbarrato** crossed cheque; ~ **a vuoto** dud cheque; ~**i familiari** family allowance *sg*
assem'blea *sf* assembly.
assen'nato, a *ag* sensible.
as'senso *sm* assent, consent.
as'sente *ag* absent; (*fig*) faraway, vacant; **as'senza** *sf* absence.
asses'sore *sm* (*POL*) councillor.
assesta'mento *sm* (*sistemazione*) arrangement; (*EDIL*) settlement.
asses'tare *vt* (*mettere in ordine*) to put in order, arrange; ~**rsi** *vr* to settle in; ~ **un colpo a qd** to deal sb a blow.
asse'tato, a *ag* thirsty, parched.
as'setto *sm* order, arrangement; (*NAUT, AER*) trim.
assicu'rare *vt* (*accertare*) to ensure; (*infondere certezza*) to assure; (*fermare, legare*) to make fast, secure; (*fare un contratto di assicurazione*) to insure; ~**rsi** *vr* (*accertarsi*): ~**rsi (di)** to make sure (of); (*contro il furto etc*): ~**rsi (contro)** to insure o.s. (against); **assicurazi'one** *sf* assurance; insurance.
assidera'mento *sm* exposure.
as'siduo, a *ag* (*costante*) assiduous; (*regolare*) regular.
assi'eme *av* (*insieme*) together; ~ **a** *prep* (together) with.
assil'lare *vt* to pester, torment.
as'sillo *sm* (*fig*) worrying thought.
assimi'lare *vt* to assimilate.
as'sise *sfpl* (*DIR*) assizes; **Corte** *f* **d'A**~ Court of Assizes.
assis'tente *sm/f* assistant; ~ **sociale** social worker.
assis'tenza [assis'tɛntsa] *sf* assistance, help; treatment; (*presenza*) presence; ~ **sociale** welfare services *pl*.
as'sistere *vt* (*aiutare*) to assist, help; (*curare*) to treat // *vi*: ~ **(a qc)** (*essere presente*) to be present (at sth), to attend (sth).
'asso *sm* ace; **piantare qd in** ~ to leave sb in the lurch.
associ'are [asso'tʃare] *vt* to associate; (*rendere partecipe*): ~ **qd a** (*affari*) to take sb into partnership in; (*partito*) to make sb a member of; ~**rsi** *vr* to enter into partnership; ~**rsi a** to become a member of, join; (*dolori, gioie*) to share in.
associazi'one [assotʃat'tsjone] *sf* association; (*COMM*) association, society.
assogget'tare [assoddʒet'tare] *vt* to subject, subjugate.
asso'lato, a *ag* sunny.
assol'dare *vt* to recruit.
as'solto, a *pp di* **assolvere.**
assoluta'mente *av* absolutely.
asso'luto, a *ag* absolute.
assoluzi'one [assolut'tsjone] *sf* (*DIR*) acquittal; (*REL*) absolution.
as'solvere *vt* (*DIR*) to acquit; (*REL*) to absolve; (*adempiere*) to carry out, perform.
assomigli'are [assomiʎ'ʎare] *vi*: ~ **a** to resemble, look like.
asso'pirsi *vr* to doze off.
assor'bente *ag* absorbent // *sm*: ~ **igienico** sanitary towel.
assor'bire *vt* to absorb; (*fig: far proprio*) to assimilate.
assor'dare *vt* to deafen.
assorti'mento *sm* assortment.
assor'tito, a *ag* assorted; matched, matching.
as'sorto, a *ag* absorbed, engrossed.
assottigli'are [assottiʎ'ʎare] *vt* to make thin, to thin; (*aguzzare: anche fig*) to sharpen; (*ridurre*) to reduce; ~**rsi** *vr* to grow thin; (*fig: ridursi*) to be reduced.
assue'fare *vt* to accustom; ~**rsi a** to get used to, accustom o.s. to.
as'sumere *vt* (*impiegato*) to take on, engage; (*responsabilità*) to assume, take upon o.s.; (*contegno, espressione*) to assume, put on; **as'sunto, a** *pp di* **assumere** // *sm* (*tesi*) proposition.
assurdità *sf inv* absurdity; **dire delle** ~ to talk nonsense.
as'surdo, a *ag* absurd.
'asta *sf* pole; (*modo di vendita*) auction.
as'temio, a *ag* abstemious.
aste'nersi *vr*: ~ **(da)** to abstain (from), refrain (from); (*POL*) to abstain (from); **astensi'one** *sf* abstention.
aste'risco, schi *sm* asterisk.
asti'nenza [asti'nɛntsa] *sf* abstinence.
'astio *sm* rancour, resentment.
as'tratto, a *ag* abstract.
'astro *sm* star.
'astro... *prefisso*: **astrolo'gia** [astrolo'dʒia] *sf* astrology; **as'trologo, a, ghi, ghe** *sm/f* astrologer; **astro'nauta, i, e** *sm/f*

astronaut; **astro'nave** *sf* space ship; **astrono'mia** *sf* astronomy; **astro'nomico, a, ci, che** *ag* astronomic(al); **as'tronomo** *sm* astronomer.
as'tuccio [as'tuttʃo] *sm* case, box, holder.
as'tuto, a *ag* astute, cunning, shrewd; **as'tuzia** *sf* astuteness, shrewdness; (*azione*) trick.
ate'ismo *sm* atheism.
A'tene *sf* Athens.
'ateo, a *ag, sm/f* atheist.
at'lante *sm* atlas.
at'lantico, a, ci, che *ag* Atlantic // *sm*: **l'A~, l'Oceano A~** the Atlantic, the Atlantic Ocean.
at'leta, i, e *sm/f* athlete; **at'letica** *sf* athletics *sg*.
atmos'fera *sf* atmosphere; **atmos'ferico, a, ci, che** *ag* atmospheric.
a'tomico, a, ci, che *ag* atomic; (*nucleare*) atomic, atom *cpd*, nuclear.
'atomo *sm* atom.
'atrio *sm* entrance-hall, lobby.
a'troce [a'trotʃe] *ag* (*che provoca orrore*) dreadful; (*terribile*) atrocious; **atrocità** *sf inv* atrocity.
attacca'mento *sm* (*fig*) attachment, affection.
attacca'panni *sm* hook, peg; (*mobile*) hall stand.
attac'care *vt* (*unire*) to attach; (*far aderire*) to stick (on); (*appendere*) to hang (up); (*assalire: anche fig*) to attack; (*iniziare*) to begin, start; (*fig: contagiare*) to pass on // *vi* to stick, adhere; **~rsi** *vr* to stick, adhere; (*trasmettersi per contagio*) to be contagious; (*afferrarsi*): **~rsi (a)** to cling (to); (*fig: affezionarsi*): **~rsi (a)** to become attached (to); **~ discorso** to start a conversation; **at'tacco, chi** *sm* (*punto di unione*) junction; (*azione offensiva: anche fig*) attack; (MED) attack, fit.
atteggia'mento [atteddʒa'mento] *sm* attitude.
atteggi'arsi [atted'dʒarsi] *vr*: **~ a** to pose as.
at'tendere *vt* to wait for, await // *vi*: **~ a** to attend to.
atte'nersi *vr*: **~ a** to keep *o* stick to.
atten'tare *vi*: **~ a** to make an attempt on; **atten'tato** *sm* attack; **attentato alla vita di qd** attempt on sb's life.
at'tento, a *ag* attentive; (*accurato*) careful, thorough; **stare ~ a qc** to pay attention to sth // *escl* be careful!
attenu'ante *sf* (DIR) extenuating circumstance.
attenu'are *vt* to attenuate; (*dolore, rumore*) to lessen, deaden; (*pena, tasse*) to alleviate; **~rsi** *vr* to ease, abate.
attenzi'one [atten'tsjone] *sf* attention // *escl* watch out!, be careful!
atter'raggio [atter'raddʒo] *sm* landing.
atter'rare *vt* to bring down // *vi* to land.
atter'rire *vt* to terrify; **~rsi** *vr* to be terrified.
at'teso, a *pp di* **attendere** // *sf* waiting; (*tempo trascorso aspettando*) wait.
attes'tato *sm* certificate.
'attico, ci *sm* attic.
at'tiguo, a *ag* adjacent, adjoining.
attil'lato, a *ag* (*vestito*) close-fitting, tight; (*persona*) dressed up.
'attimo *sm* moment; **in un ~** in a moment.
atti'nente *ag*: **~ a** relating to, concerning.
atti'rare *vt* to attract.
atti'tudine *sf* (*disposizione*) aptitude; (*atteggiamento*) attitude.
atti'vare *vt* to activate; (*far funzionare*) to set going, start.
attività *sf inv* activity; (COMM) assets *pl*.
at'tivo, a *ag* active; (COMM) profit-making, credit *cpd* // *sm* (COMM) assets *pl*.
attiz'zare [attit'tsare] *vt* (*fuoco*) to poke; (*fig*) to stir up.
'atto *sm* act; (*azione, gesto*) action, act, deed; (DIR: *documento*) deed, document; **~i** *smpl* (*di congressi etc*) proceedings; **mettere in ~** to put into action.
at'tonito, a *ag* dumbfounded, astonished.
attorcigli'are [attortʃiʎ'ʎare] *vt*, **~rsi** *vr* to twist.
at'tore, 'trice *sm/f* actor/actress.
at'torno *av*, **~ a** *prep* round, around, about.
attra'ente *ag* attractive.
at'trarre *vt* to attract; **attrat'tiva** *sf* (*fig: fascino*) attraction, charm; **at'tratto, a** *pp di* **attrarre.**
attraver'sare *vt* to cross; (*città, bosco, fig: periodo*) to go through; (*sog: fiume*) to run through.
attra'verso *prep* through; (*da una parte all'altra*) across.
attrazi'one [attrat'tsjone] *sf* attraction.
attrez'zare [attret'tsare] *vt* to equip; (NAUT) to rig; **attrezza'tura** *sf* equipment *q*; rigging; **at'trezzo** *sm* tool, instrument; (SPORT) piece of equipment.
attribu'ire *vt*: **~ qc a qd** (*assegnare*) to give *o* award sth to sb; (*quadro etc*) to attribute sth to sb; **attri'buto** *sm* attribute.
at'trice [at'tritʃe] *sf vedi* **attore.**
attu'ale *ag* (*presente*) present; (*di attualità*) topical; (*che è in atto*) actual; **attualità** *sf inv* topicality; (*avvenimento*) current event; **essere di attualità** to be topical; to be fashionable.
attu'are *vt* to carry out; **~rsi** *vr* to be realized.
attu'tire *vt* to deaden, reduce; **~rsi** *vr* to die down.
au'dace [au'datʃe] *ag* audacious, daring, bold; (*provocante*) provocative; (*sfacciato*) impudent, bold; **au'dacia** *sf* audacity, daring; boldness; provocativeness; impudence.
audiovi'sivo, a *ag* audiovisual.
audi'torio *sm* auditorium.
audizi'one [audit'tsjone] *sf* hearing; (MUS) audition.
augu'rare *vt* to wish; **~rsi qc** to hope for sth.

au'gurio *sm* (*presagio*) omen; (*voto di benessere etc*) (good) wish; **fare gli ~i a qd** to give sb one's best wishes; **tanti ~i!** all the best!
'aula *sf* (*scolastica*) classroom; (*universitaria*) lecture-theatre; (*di edificio pubblico*) hall.
aumen'tare *vt, vi* (*2*) to increase; **au'mento** *sm* increase.
au'reola *sf* halo.
au'rora *sf* dawn.
ausili'are *ag, sm, sm/f* auxiliary.
aus'picio [aus'pitʃo] *sm* omen; (*protezione*) patronage; **sotto gli ~i di** under the auspices of.
austerità *sf inv* austerity.
aus'tero, a *ag* austere.
Aus'tralia *sf*: **l'A~** Australia; **australi'ano, a** *ag, sm/f* Australian.
'Austria *sf*: **l'A~** Austria; **aus'triaco, a, ci, che** *ag, sm/f* Austrian.
autenti'care *vt* to authenticate.
au'tentico, a, ci, che *ag* (*quadro, firma*) authentic, genuine; (*fatto*) true, genuine.
au'tista, i *sm* driver.
'auto *sf inv* car.
autobiogra'fia *sf* autobiography.
'autobus *sm inv* bus.
auto'carro *sm* lorry.
au'tografo, a *ag, sm* autograph.
auto'linea *sf* bus route.
au'toma, i *sm* automaton.
auto'matico, a, ci, che *ag* automatic // *sm* (*bottone*) snap fastener; (*fucile*) automatic.
auto'mezzo [auto'mɛddzo] *sm* motor vehicle.
auto'mobile *sf* (motor) car.
autono'mia *sf* autonomy; (*di volo*) range.
au'tonomo, a *ag* autonomous.
autop'sia *sf* post-mortem (examination), autopsy.
auto'radio *sf inv* (*apparecchio*) car radio; (*autoveicolo*) radio car.
au'tore, 'trice *sm/f* author; **l'~ del furto** the person who committed the robbery.
auto'revole *ag* authoritative; (*persona*) influential.
autori'messa *sf* garage.
autorità *sf inv* authority.
autoriz'zare [autorid'dzare] *vt* (*permettere*) to authorize; (*giustificare*) to allow, sanction; **autorizzazi'one** *sf* authorization.
autoscu'ola *sf* driving school.
autos'top *sm* hitchhiking; **autostop'pista, i, e** *sm/f* hitchhiker.
autos'trada *sf* motorway.
auto'treno *sm* articulated lorry.
autove'icolo *sm* motor vehicle.
au'tunno *sm* autumn.
avam'braccio, *pl(f)* **cia** [avam'brattʃo] *sm* forearm.
avangu'ardia *sf* vanguard.
a'vanti *av* (*stato in luogo*) in front; (*moto: andare, venire*) forward; (*tempo: prima*) before // *escl* (*entrate*) come (*o* go) in!; (*MIL*) forward!; (*suvvia*) come on! // *ag inv* (*precedente*) before; **il giorno ~** the day before; (*che si trova davanti*) front *cpd* // *sm inv* (*SPORT*) forward; **~ e indietro** backwards and forwards; **andare ~** to go forward; (*precedere*) to go ahead; (*continuare*) to go on; (*orologio*) to be fast; **essere ~ negli studi** to be well advanced with one's studies.
avanza'mento [avantsa'mento] *sm* progress; promotion.
avan'zare [avan'tsare] *vt* (*spostare in avanti*) to move forward, advance; (*domanda*) to put forward; (*superare*) to surpass; (*vincere*) to beat; (*promuovere*) to promote; (*essere creditore*): **~ qc da qd** to be owed sth by sb // *vi* (*2*) (*andare avanti*) to move forward, advance; (*fig: progredire*) to make progress; (*essere d'avanzo*) to be left, remain; **~rsi** *vr* to move forward, advance; **avan'zata** *sf* (*MIL*) advance; **a'vanzo** *sm* (*residuo*) remains *pl*, leftovers *pl*; (*MAT*) remainder; (*COMM*) surplus; **averne d'avanzo di qc** to have more than enough of sth.
ava'ria *sf* (*guasto*) damage; (*: meccanico*) breakdown.
ava'rizia [ava'rittsja] *sf* avarice.
a'varo, a *ag* avaricious, miserly // *sm* miser.
a'vena *sf* oats *pl*.
a'vere *sm* (*COMM*) credit; **~i** *smpl* (*ricchezza*) wealth *sg*, possessions // *vt, vb ausiliare* to have; *vedi* **freddo, fame** *etc*; **~ da mangiare/bere** to have something to eat/drink; **~ da** *o* **a fare qc** to have to do sth; **~ (a) che fare** *o* **vedere con qd/qc** to have to do with sb/sth; **ho 28 anni** I am 28 (years old); **avercela con qd** to have something against sb.
avia'tore, 'trice *sm/f* aviator, pilot.
aviazi'one [avjat'tsjone] *sf* aviation; (*MIL*) air force.
avidità *sf* eagerness; greed.
'avido, a *ag* eager; (*peg*) greedy.
'avi *smpl* ancestors, forefathers.
avo'cado *sm* avocado.
a'vorio *sm* ivory.
Avv. *abbr di* **avvocato**.
avvalla'mento *sm* sinking *q*; (*effetto*) depression.
avvalo'rare *vt* to confirm.
avvantaggi'are [avvantad'dʒare] *vt* to favour; **~rsi** *vr* (*trarre vantaggio*): **~rsi di** to take advantage of; (*prevalere*): **~rsi negli affari/sui concorrenti** to get ahead in business/of one's competitors.
avvelena'mento *sm* poisoning.
avvele'nare *vt* to poison.
avve'nente *ag* attractive, charming.
avveni'mento *sm* event.
avve'nire *vi, vb impers* (*2*) to happen, occur // *sm* future.
avven'tarsi *vr*: **~ su** *o* **contro qd/qc** to hurl o.s. *o* rush at sb/sth.
avven'tato, a *ag* rash, reckless.

av'vento *sm* advent, coming; (*REL*): **l'A~** Advent.
avven'tura *sf* adventure; (*amorosa*) affair.
avventu'rarsi *vr* to venture.
avventuri'ero, a *sm/f* adventurer/adventuress.
avventu'roso, a *ag* adventurous.
avve'rarsi *vr* to come true.
av'verbio *sm* adverb.
avver'sare *vt* to oppose.
avver'sario, a *ag* opposing // *sm* opponent, adversary.
avversi'one *sf* aversion.
avversità *sf inv* adversity, misfortune.
av'verso, a *ag* (*contrario*) contrary; (*sfavorevole*) unfavourable.
avver'tenza [avver'tɛntsa] *sf* (*ammonimento*) warning; (*cautela*) care; (*premessa*) foreword; **~e** *sfpl* (*istruzioni per l'uso*) instructions.
avverti'mento *sm* warning.
avver'tire *vt* (*avvisare*) to warn; (*rendere consapevole*) to inform, notify; (*percepire*) to feel.
av'vezzo, a [av'vettso] *ag*: **~ a** used to.
avvia'mento *sm* (*atto*) starting; (*effetto*) start; (*AUT*) starting; (*: dispositivo*) starter; (*COMM*) goodwill.
avvi'are *vt* (*mettere sul cammino*) to direct; (*impresa*) to begin, start; (*motore*) to start; **~rsi** *vr* to set off, set out.
avvicina'mento [avvitʃina'mento] *sm* approach.
avvici'nare [avvitʃi'nare] *vt* to bring near; (*trattare con: persona*) to approach; **~rsi** *vr*: **~rsi (a qd/qc)** to approach (sb/sth), draw near (to sb/sth).
avvili'mento *sm* humiliation; disgrace; discouragement.
avvi'lire *vt* (*umiliare*) to humiliate; (*degradare*) to disgrace; (*scoraggiare*) to dishearten, discourage; **~rsi** *vr* (*abbattersi*) to lose heart.
avvinaz'zato, a [avvinat'tsato] *ag* drunk.
av'vincere [av'vintʃere] *vt* to charm, enthral.
avvinghi'are [avvin'gjare] *vt* to clasp; **~rsi** *vr*: **~rsi a** to cling to.
avvi'sare *vt* (*far sapere*) to inform; (*mettere in guardia*) to warn; **av'viso** *sm* warning; (*annuncio*) announcement; (*: affisso*) notice; (*inserzione pubblicitaria*) advertisement; **a mio avviso** in my opinion.
avvi'tare *vt* to screw down (*o* in).
avviz'zire [avvit'tsire] *vi* (*2*) to wither.
avvo'cato, 'essa *sm/f* (*DIR*) barrister; (*fig*) defender, advocate.
av'volgere [av'voldʒere] *vt* to roll up; (*avviluppare*) to wrap up; **~rsi** *vr* (*avvilupparsi*) to wrap o.s. up; **avvol'gibile** *sm* roller blind.
avvol'toio *sm* vulture.
azi'enda [ad'dzjɛnda] *sf* business, firm, concern; **~ agricola** farm.
azi'one [at'tsjone] *sf* action; (*COMM*) share; **azio'nista, i, e** *sm/f* (*COMM*) shareholder.
azzan'nare [attsan'nare] *vt* to sink one's teeth into.
azzar'darsi [addzar'darsi] *vr* to dare; **azzar'dato, a** *ag* (*impresa*) risky; (*risposta*) rash.
az'zardo [ad'dzardo] *sm* risk.
azzuf'farsi [attsuf'farsi] *vr* to come to blows.
az'zurro, a [ad'dzurro] *ag* blue // *sm* (*colore*) blue; **gli ~i** (*SPORT*) the Italian national team.

B

bab'beo *sm* simpleton.
'babbo *sm* (*fam*) dad, daddy; **B~ natale** Father Christmas.
bab'buccia, ce [bab'buttʃa] *sf* slipper; (*per neonati*) bootee.
ba'bordo *sm* (*NAUT*) port side.
ba'cato, a *ag* worm-eaten, rotten.
'bacca, che *sf* berry.
baccalà *sm* dried salted cod.
bac'cano *sm* din, clamour.
bac'cello [bat'tʃɛllo] *sm* pod.
bac'chetta [bak'ketta] *sf* (*verga*) stick, rod; (*di direttore d'orchestra*) baton; (*di tamburo*) drumstick; **~ magica** magic wand.
baci'are [ba'tʃare] *vt* to kiss; **~rsi** *vr* to kiss (one another).
baci'nella [batʃi'nɛlla] *sf* basin.
ba'cino [ba'tʃino] *sm* basin; (*MINERALOGIA*) field, bed; (*ANAT*) pelvis; (*NAUT*) dock.
'bacio ['batʃo] *sm* kiss.
'baco, chi *sm* worm; **~ da seta** silkworm.
ba'dare *vi* (*fare attenzione*) to take care, be careful; (*occuparsi di*): **~ a** to look after, take care of; (*dar ascolto*): **~ a** to pay attention to; **bada ai fatti tuoi!** mind your own business!
ba'dia *sf* abbey.
ba'dile *sm* shovel.
'baffi *smpl* moustache *sg*; (*di animale*) whiskers; **ridere sotto i ~** to laugh up one's sleeve; **leccarsi i ~** to lick one's lips.
bagagli'aio [bagaʎ'ʎajo] *sm* luggage-van; (*AUT*) boot.
ba'gagli [ba'gaʎʎi] *smpl* luggage *sg*.
bagat'tella *sf* trifle, trifling matter.
bagli'ore [baʎ'ʎore] *sm* flash, dazzling light; **un ~ di speranza** a sudden ray of hope.
ba'gnante [baɲ'ɲante] *sm/f* bather.
ba'gnare [baɲ'ɲare] *vt* to wet; (*inzuppare*) to soak; (*innaffiare*) to water; (*sog: fiume*) to flow through; (*: mare*) to wash, bathe; **~rsi** *vr* (*al mare*) to go swimming *o* bathing; (*in vasca*) to have a bath.
ba'gnino [baɲ'ɲino] *sm* lifeguard.
'bagno ['baɲɲo] *sm* bath; (*locale*) bathroom; **~i** *smpl* (*stabilimento*) baths; **fare il ~** to have a bath; (*nel mare*) to go swimming *o* bathing; **fare il ~ a qd** to give sb a bath.

'baia *sf* bay.
baio'netta *sf* bayonet.
balaus'trata *sf* balustrade.
balbet'tare *vi* to stutter, stammer; (*bimbo*) to babble // *vt* to stammer out.
balbuzi'ente [balbut'tsjɛnte] *ag* stuttering, stammering.
bal'cone *sm* balcony.
baldac'chino [baldak'kino] *sm* canopy.
bal'danza [bal'dantsa] *sf* self-confidence, boldness.
'baldo, a *ag* bold, daring.
bal'doria *sf* merrymaking *q*; noisy party.
ba'lena *sf* whale.
bale'nare (2) *vb impers*: **balena** there's lightning // *vi* to flash; **mi balenò un'idea** an idea flashed through my mind; **ba'leno** *sm* flash of lightning; **in un baleno** in a flash.
ba'lestra *sf* crossbow.
'balia *sf* wet-nurse.
ba'lia *sf*: **in ~ di** at the mercy of; **cadere in ~ di qd** to fall into sb's hands.
'balla *sf* (*di merci*) bale; (*fandonia*) (tall) story.
bal'lare *vt, vi* to dance; **bal'lata** *sf* ballad.
balle'rina *sf* dancer; ballet dancer; (*scarpa*) ballet shoe.
balle'rino *sm* dancer; ballet dancer.
bal'letto *sm* ballet.
'ballo *sm* dance; (*azione*) dancing *q*; **essere in ~** (*fig: persona*) to be involved; (*: cosa*) to be at stake.
ballot'taggio [ballot'taddʒo] *sm* (POL) second ballot.
balne'are *ag* seaside *cpd*; (*stagione*) bathing.
ba'locco, chi *sm* toy.
ba'lordo, a *ag* stupid, senseless; (*stordito*) stupefied, dopey.
'balsamo *sm* (*aroma*) balsam; (*lenimento, fig*) balm.
'Baltico *sm*: **il (mar) ~** the Baltic (Sea).
balu'ardo *sm* bulwark.
'balza ['baltsa] *sf* (*dirupo*) crag; (*di stoffa*) frill.
bal'zare [bal'tsare] *vi* to bounce; (*lanciarsi*) to jump, leap; **'balzo** *sm* bounce; jump, leap; (*del terreno*) crag.
bam'bagia [bam'badʒa] *sf* (*ovatta*) cotton wool; (*cascame*) cotton waste.
bam'bina *ag, sf vedi* **bambino.**
bambi'naia *sf* nanny, nurse(maid).
bam'bino, a *ag* child *cpd*; (*non sviluppato*) immature // *sm/f* child.
bam'boccio [bam'bɔttʃo] *sm* plump child; (*pupazzo*) rag doll.
'bambola *sf* doll.
bambù *sm* bamboo.
ba'nale *ag* banal, commonplace; **banalità** *sf inv* banality.
ba'nana *sf* banana; **ba'nano** *sm* banana tree.
'banca, che *sf* bank.
banca'rella *sf* stall.
ban'cario, a *ag* banking, bank *cpd* // *sm* bank clerk.
banca'rotta *sf* bankruptcy; **fare ~** to go bankrupt.
ban'chetto [ban'ketto] *sm* banquet.
banchi'ere [ban'kjɛre] *sm* banker.
ban'china [ban'kina] *sf* (*di porto*) quay; (*per pedoni, ciclisti*) path; (*di stazione*) platform; **~ spartitraffico** (AUT) central reservation; **~e non transitabili** (AUT) soft verges.
'banco, chi *sm* bench; (*di negozio*) counter; (*di mercato*) stall; (*di officina*) (work-)bench; (GEO, *banca*) bank; **~ degli imputati** dock; **~ di prova** (*fig*) testing ground; **~ dei testimoni** witness box.
banco'nota *sf* banknote.
'banda *sf* band; (*di stoffa*) band, stripe; (*lato, parte*) side.
banderu'ola *sf* pennant; (METEOR) weathercock, weathervane.
bandi'era *sf* flag, banner.
ban'dire *vt* to proclaim; (*esiliare*) to exile; (*fig*) to dispense with.
ban'dito *sm* outlaw, bandit.
bandi'tore *sm* (*di aste*) auctioneer.
'bando *sm* proclamation; (*esilio*) exile, banishment.
bar *sm inv* bar.
'bara *sf* coffin.
ba'racca, che *sf* shed, hut; (*peg*) hovel; **mandare avanti la ~** to keep things going; **far ~** to make merry.
bara'onda *sf* hubbub, bustle.
ba'rare *vi* to cheat.
'baratro *sm* abyss.
barat'tare *vt*: **~ qc con** to barter sth for, swap sth for; **ba'ratto** *sm* barter.
ba'rattolo *sm* (*di latta*) tin; (*di vetro*) jar; (*di coccio*) pot.
'barba *sf* beard; **farsi la ~** to shave; **farla in ~ a qd** (*fig*) to do sth to sb's face; **che ~!** what a bore!
barbabi'etola *sf* beetroot; **~ da zucchero** sugar beet.
bar'barico, a, ci, che *ag* barbarian; barbaric.
bar'barie *sf* barbarity.
'barbaro, a *ag* barbarous; **~i** *smpl* barbarians.
barbi'ere *sm* barber.
bar'bone *sm* (*cane*) poodle; (*vagabondo*) tramp.
bar'buto, a *ag* bearded.
'barca, che *sf* boat; **~ a remi** rowing boat; **barcai'olo** *sm* boatman; (*noleggiatore*) boat hirer.
barcol'lare *vi* to stagger.
bar'cone *sm* (*per ponti di barche*) pontoon.
ba'rella *sf* (*lettiga*) stretcher.
ba'rile *sm* barrel, cask.
ba'rista, i, e *sm/f* barman/maid; bar owner.
ba'ritono *sm* baritone.
bar'lume *sm* glimmer, gleam.
ba'rocco, a, chi, che *ag, sm* baroque.
ba'rometro *sm* barometer.
ba'rone *sm* baron; **baro'nessa** *sf* baroness.

'barra *sf* bar; (*NAUT*) helm; (*linea grafica*) line, stroke.
barri'care *vt* to barricade; **barri'cata** *sf* barricade.
barri'era *sf* barrier; (*GEO*) reef.
ba'ruffa *sf* scuffle.
barzel'letta [bardzel'letta] *sf* joke, funny story.
ba'sare *vt* to base, found; **~rsi** *vr*: **~rsi su** (*sog: fatti, prove*) to be based *o* founded on; (*: persona*) to base one's arguments on.
'basco, schi *sm* (*copricapo*) beret.
'base *sf* base; (*fig: fondamento*) basis; (*POL*) rank and file; **di ~** basic; **in ~ a** on the basis of, according to; **a ~ di caffè** coffee-based.
ba'setta *sf* sideburn.
ba'silica, che *sf* basilica.
ba'silico *sm* basil.
'basso, a *ag* low; (*di statura*) short; (*meridionale*) southern // *sm* bottom, lower part; (*MUS*) bass; **la ~a Italia** southern Italy.
basso'fondo, *pl* **bassifondi** *sm* (*GEO*) shallows *pl*; **bassifondi** *smpl* (*fig*) dregs.
bassorili'evo *sm* bas-relief.
'basta *escl* (that's) enough!, that will do!
bas'tardo, a *ag* (*animale, pianta*) hybrid, crossbreed; (*persona*) illegitimate, bastard (*peg*) // *sm/f* illegitimate child, bastard (*peg*).
bas'tare *vi, vb impers* (*2*) to be enough, be sufficient; **~ a qd** to be enough for sb; **basta chiedere a un vigile** you have only to *o* need only ask a policeman.
basti'mento *sm* ship, vessel.
basto'nare *vt* to beat, thrash.
bas'tone *sm* stick; **~ da passeggio** walking stick.
bat'taglia [bat'taʎʎa] *sf* battle; fight.
bat'taglio [bat'taʎʎo] *sm* (*di campana*) clapper; (*di porta*) knocker.
battagli'one [battaʎ'ʎone] *sm* battalion.
bat'tello *sm* boat.
bat'tente *sm* (*imposta: di porta*) wing, flap; (*: di finestra*) shutter; (*batacchio: di porta*) knocker; (*: di orologio*) hammer.
'battere *vt* to beat; (*grano*) to thresh; (*percorrere*) to scour // *vi* (*bussare*) to knock; (*urtare*): **~ contro** to hit *o* strike against; (*pioggia, sole*) to beat down; (*cuore*) to beat; (*TENNIS*) to serve; **~rsi** *vr* to fight; **~ le mani** to clap; **~ i piedi** to stamp one's feet; **~ le ore** to strike the hours; **~ su un argomento** to hammer home an argument; **~ a macchina** to type; **~ bandiera italiana** to fly the Italian flag; **~ in testa** (*AUT*) to knock; **in un batter d'occhio** in the twinkling of an eye.
bat'teri *smpl* bacteria.
batte'ria *sf* battery; (*MUS*) drums *pl*.
bat'tesimo *sm* baptism; christening.
battez'zare [batted'dzare] *vt* to baptize; to christen.
batticu'ore *sm* palpitations *pl*; **avere il ~** to be frightened to death.
batti'mano *sm* applause.
batti'panni *sm inv* carpet-beater.
battis'tero *sm* baptistry.
battis'trada *sm inv* (*di pneumatico*) tread; (*di gara*) pacemaker.
'battito *sm* beat, throb; **~ cardiaco** heartbeat; **~ della pioggia/dell'orologio** beating of the rain/ticking of the clock.
bat'tuta *sf* blow; (*di macchina da scrivere*) stroke; (*MUS*) bar; beat; (*TEATRO*) cue; (*di caccia*) beating; (*POLIZIA*) combing, scouring; (*TENNIS*) service.
ba'ule *sm* trunk; (*AUT*) boot.
'bava *sf* dribble; (*di cane etc*) slaver, slobber; (*di vento*) breath.
bava'glino [bavaʎ'ʎino] *sm* bib.
ba'vaglio [ba'vaʎʎo] *sm* gag.
'bavero *sm* collar.
ba'zar [bad'dzar] *sm inv* bazaar.
baz'zecola [bad'dzekola] *sf* trifle.
bazzi'care [battsi'kare] *vt* to frequent // *vi*: **~ in/con** to frequent.
beati'tudine *sf* bliss.
be'ato, a *ag* blessed; (*fig*) happy; **~ te!** lucky you!
bec'caccia, ce [bek'kattʃa] *sf* woodcock.
bec'care *vt* to peck; (*fig: raffreddore*) to pick up, catch; **~rsi** *vr* (*fig*) to squabble.
beccheggi'are [bekked'dʒare] *vi* to pitch.
bec'chino [bek'kino] *sm* gravedigger.
'becco, chi *sm* beak, bill; (*di caffettiera etc*) spout; lip.
Be'fana *sf old woman who, according to legend, brings children their presents at the Epiphany*; (*Epifania*) Epiphany; (*donna brutta*): **b~** hag, witch.
'beffa *sf* practical joke; **bef'fardo, a** *ag* scornful, mocking; **bef'fare** *vt* (*anche*: **beffarsi di**) to make a fool of, mock.
'bega, ghe *sf* quarrel.
'begli ['bɛʎʎi] **'bei, bel** *ag vedi* **bello.**
be'lare *vi* to bleat.
'belga, gi, ghe *ag, sm/f* Belgian.
'Belgio ['bɛldʒo] *sm*: **il ~** Belgium.
bel'lezza [bel'lettsa] *sf* beauty.
belli'coso, a *ag* warlike.
bellige'rante [bellidʒe'rante] *ag* belligerent.
'bello, a *ag* (*dav sm* **bel** *+C*, **bell'** *+V*, **bello** *+ s impura, gn, pn, ps, x, z, pl* **bei** *+C*, **begli** *+ s impura etc o V*) beautiful, fine, lovely; (*uomo*) handsome // *sm* (*bellezza*) beauty; (*tempo*) fine weather // *sf* (*SPORT*) decider // *av*: **fa ~** the weather is fine, it's fine; **una ~a cifra** a considerable sum of money; **un bel niente** absolutely nothing; **è una truffa ~a e buona!** it's a real fraud!; **è bell'e finito** it's already finished; **sul più ~** at the crucial point; **belle arti** fine arts.
'belva *sf* wild animal.
belve'dere *sm inv* panoramic viewpoint.
benché [ben'ke] *cong* although.
'benda *sf* bandage; (*per gli occhi*) blindfold; **ben'dare** *vt* to bandage; to blindfold.
'bene *av* well; (*completamente, affatto*): **è**

ben difficile it's very difficult // *ag inv*: **gente ~** well-to-do people // *sm* good; **~i** *smpl* (*averi*) property *sg*, estate *sg*; **io sto ~/poco ~** I'm well/not very well; **va ~** all right; **volere un ~ dell'anima a qd** to love sb very much; **un uomo per ~** a respectable man; **fare ~** to do the right thing; **fare ~ a** (*salute*) to be good for; **fare del ~ a qd** to do sb a good turn; **~i di consumo** consumer goods.
bene'detto, a *pp di* **benedire** // *ag* blessed, holy.
bene'dire *vt* to bless; to consecrate; **benedizi'one** *sf* blessing.
benedu'cato, a *ag* well-mannered.
benefat'tore, 'trice *sm/f* benefactor/benefactress.
benefi'care *vt* to help, benefit.
benefi'cenza [benefi'tʃɛntsa] *sf* charity.
bene'ficio [bene'fitʃo] *sm* benefit.
be'nefico, a, ci, che *ag* beneficial; charitable.
bene'merito, a *ag* meritorious.
be'nessere *sm* well-being.
benes'tante *ag* well-to-do.
benes'tare *sm* consent, approval.
benevo'lenza [benevo'lɛntsa] *sf* benevolence.
be'nevolo, a *ag* benevolent.
be'nigno, a [be'niɲɲo] *ag* kind, kindly; (*critica etc*) favourable; (*MED*) benign.
benin'teso *av* of course.
bensì *cong* but (rather).
benve'nuto, a *ag, sm* welcome; **dare il ~ a qd** to welcome sb.
ben'zina [ben'dzina] *sf* petrol; **fare ~** to get petrol; **benzi'naio** *sm* petrol pump attendant.
'bere *vt* to drink; (*assorbire*) to soak up.
ber'lina *sf* (*AUT*) saloon (car).
Ber'lino *sf* Berlin.
ber'noccolo *sm* bump; (*inclinazione*) bent, flair.
ber'retto *sm* cap.
bersagli'are [bersaʎ'ʎare] *vt* to shoot at; (*colpire ripetutamente, fig*) to bombard; **bersagliato dalla sfortuna** dogged by ill fortune.
ber'saglio [ber'saʎʎo] *sm* target.
bes'temmia *sf* blasphemy; oath, curse, swearword.
bestemmi'are *vi* to blaspheme; to curse, swear // *vt* to blaspheme; to curse, swear at.
'bestia *sf* animal; **~ da soma** beast of burden; **besti'ale** *ag* bestial; brutal: **besti'ame** *sm* livestock; (*bovino*) cattle *pl*.
'bettola *sf* (*peg*) dive.
be'tulla *sf* birch.
be'vanda *sf* drink, beverage.
bevi'tore, 'trice *sm/f* drinker.
be'vuto, a *pp di* **bere** // *sf* drink.
bi'ada *sf* fodder.
bianche'ria [bjanke'ria] *sf* linen; **~ intima** underwear; **~ da donna** ladies' underwear, lingerie.
bi'anco, a, chi, che *ag* white; (*non scritto*) blank // *sm* white; blank, blank space; (*intonaco*) whitewash // *sm/f* white, white man/woman; **in ~** (*foglio, assegno*) blank; **mangiare in ~** to follow a bland diet; **pesce in ~** boiled fish; **~ dell'uovo** egg-white.
biasi'mare *vt* to disapprove of, censure; **bi'asimo** *sm* disapproval, censure.
'bibbia *sf* bible.
bibe'ron *sm inv* feeding bottle.
'bibita *sf* (soft) drink.
biblio'teca, che *sf* library; (*mobile*) bookcase; **bibliote'cario, a** *sm/f* librarian.
bicarbo'nato *sm*: **~ (di sodio)** bicarbonate (of soda).
bicchi'ere [bik'kjɛre] *sm* glass.
bici'cletta [bitʃi'kletta] *sf* bicycle.
bidé *sm inv* bidet.
bi'dello, a *sm/f* (*INS*) janitor.
bi'done *sm* drum, can; (*anche:* **~ dell'immondizia**) (dust)bin; (*fam: truffa*) swindle.
bien'nale *ag* biennial.
bi'etola *sf* beet.
bifor'carsi *vr* to fork; **biforcazi'one** *sf* fork.
biga'mia *sf* bigamy.
bighello'nare [bigello'nare] *vi* to loaf (about).
bigiotte'ria [bidʒotte'ria] *sf* costume jewellery; (*negozio*) jeweller's (*selling only costume jewellery*).
bigli'ardo [biʎ'ʎardo] *sm* = **biliardo.**
bigliette'ria [biʎʎette'ria] *sf* (*di stazione*) ticket office; booking office; (*di teatro*) box office.
bigli'etto [biʎ'ʎetto] *sm* (*per viaggi, spettacoli etc*) ticket; (*cartoncino*) card; (*anche:* **~ di banca**) (bank)note; **~ d'auguri/da visita** greetings/visiting card.
bigo'dino *sm* roller, curler.
bi'gotto, a *ag* over-pious // *sm/f* church fiend.
bi'lancia, ce [bi'lantʃa] *sf* (*pesa*) scales *pl*; (*: di precisione*) balance; (*dello zodiaco*): **B~** Libra; **~ commerciale/dei pagamenti** balance of trade/payments; **bilanci'are** *vt* (*pesare*) to weigh; (*: fig*) to weigh up; (*pareggiare*) to balance.
bi'lancio [bi'lantʃo] *sm* (*COMM*) balance(-sheet); (*statale*) budget; **fare il ~ di** (*fig*) to assess; **~ consuntivo** (final) balance; **~ preventivo** budget.
'bile *sf* bile; (*fig*) rage, anger.
bili'ardo *sm* billiards *sg*; billiard table.
'bilico, chi *sm* unstable equilibrium; **in ~** in the balance; **tenere qd in ~** to keep sb in suspense.
bi'lingue *ag* bilingual.
bili'one *sm* (*mille milioni*) thousand million; (*milione di milioni*) billion.
'bimbo, a *sm/f* little boy/girl.
bimen'sile *ag* fortnightly.
bimes'trale *ag* two-monthly, bimonthly.
bi'nario *sm* (railway) track *o* line;

(*piattaforma*) platform; ~ **morto** dead-end track.
bi'nocolo *sm* binoculars *pl.*
bio... *prefisso*: **bio'chimica** [bio'kimika] *sf* biochemistry; **biodegra'dabile** *ag* biodegradable; **biogra'fia** *sf* biography; **biolo'gia** *sf* biology; **bio'logico, a, ci, che** *ag* biological.
bi'ondo, a *ag* blond, fair.
bir'bante *sm* rogue, rascal.
biri'chino, a [biri'kino] *ag* mischievous // *sm/f* scamp, little rascal.
bi'rillo *sm* skittle; **~i** *smpl* (*gioco*) skittles *sg.*
'birra *sf* beer; **a tutta ~** (*fig*) at top speed; **birre'ria** *sf* ≈ bierkeller.
bis *escl, sm inv* encore.
bisbigli'are [bisbiʎ'ʎare] *vt, vi* to whisper; **bis'biglio** *sm* whisper; (*notizia*) rumour; **bisbi'glio** *sm* whispering.
'bisca, sche *sf* gambling-house.
'biscia, sce ['biʃʃa] *sf* snake; **~ d'acqua** grass snake.
bis'cotto *sm* biscuit.
bises'tile *ag*: **anno ~** leap year.
bis'lungo, a, ghi, ghe *ag* oblong.
bis'nonno, a *sm/f* great-grandfather/grandmother.
biso'gnare [bizoɲ'ɲare] *vb impers*: **bisogna che tu parta/lo faccia** you'll have to go/do it; **bisogna parlargli** we'll (*o* I'll) have to talk to him // *vi* (*esser utile*) to be necessary; **mi bisognano quei fogli** I need those sheets of paper.
bi'sogno [bi'zoɲɲo] *sm* need; **~i** *smpl*: **fare i propri ~i** to relieve o.s.; **avere ~ di qc/di fare qc** to need sth/to do sth; **al ~, in caso di ~** if need be; **biso'gnoso, a** *ag* needy, poor; **bisognoso di** in need of, needing.
bis'tecca, che *sf* steak, beefsteak.
bisticci'are [bistit'tʃare] *vi*, **~rsi** *vr* to quarrel, bicker; **bis'ticcio** *sm* quarrel, squabble; (*gioco di parole*) pun.
'bisturi *sm* scalpel.
bi'sunto, a *ag* very greasy.
'bitter *sm inv* bitters *pl.*
bi'vacco, chi *sm* bivouac.
'bivio *sm* fork; (*fig*) dilemma.
'bizza ['biddza] *sf* tantrum; **fare le ~e** (*bambino*) to be naughty.
biz'zarro, a [bid'dzarro] *ag* bizarre, strange.
biz'zeffe [bid'dzɛffe]: **a ~** *av* in plenty, galore.
blan'dire *vt* to soothe; to flatter.
'blando, a *ag* mild, gentle.
bla'sone *sm* coat of arms.
blate'rare *vi* to chatter, blether.
'blatta *sf* cockroach.
blin'dato, a *ag* armoured.
bloc'care *vt* to block; (*isolare*) to isolate, cut off; (*porto*) to blockade; (*prezzi, beni*) to freeze; (*meccanismo*) to jam.
'blocco, chi *sm* block; (MIL) blockade; (*dei fitti*) restriction; (*quadernetto*) pad; (*fig: unione*) coalition; (*il bloccare*) blocking; isolating, cutting-off; blockading; freezing; jamming; **in ~** (*nell'insieme*) as a whole; (COMM) in bulk.
blu *ag inv, sm* dark blue.
'blusa *sf* (*camiciotto*) smock; (*camicetta*) blouse.
'boa *sm inv* (ZOOL) boa constrictor; (*sciarpa*) feather boa // *sf* buoy.
bo'ato *sm* rumble, roar.
bo'bina *sf* reel, spool; (*di pellicola*) spool; (*di film*) reel; (ELETTR) coil.
'bocca, che *sf* mouth; **in ~ al lupo!** good luck!
boc'caccia, ce [bok'kattʃa] *sf* (*smorfia*) grimace.
boc'cale *sm* jug; **~ da birra** tankard.
boc'cetta [bot'tʃetta] *sf* small bottle.
boccheggi'are [bokked'dʒare] *vi* to gasp.
boc'chino [bok'kino] *sm* (*di sigaretta, sigaro: cannella*) cigarette-holder; cigar-holder; (*di pipa, strumenti musicali*) mouthpiece; **~ con filtro** filter tip.
'boccia, ce ['bottʃa] *sf* bottle; (*da vino*) decanter, carafe; (*palla*) bowl; **gioco di ~ce** bowls *sg.*
bocci'are [bot'tʃare] *vt* (*respingere*) to reject; (*: INS*) to fail; (*nel gioco delle bocce*) to hit; **boccia'tura** *sf* failure.
bocci'olo [bot'tʃɔlo] *sm* bud.
boc'cone *sm* mouthful, morsel.
boc'coni *av* face downwards.
'boia *sm inv* executioner; hangman.
boi'ata *sf* botch.
boicot'tare *vt* to boycott.
Bo'livia *sf*: **la ~** Bolivia.
'bolla *sf* bubble; (MED) blister; **~ papale** papal bull.
bol'lare *vt* to stamp; (*fig*) to brand.
bol'lente *ag* boiling; boiling hot.
bol'letta *sf* bill; (*ricevuta*) receipt; **essere in ~** to be hard up.
bollet'tino *sm* bulletin; (COMM) note; **~ di spedizione** consignment note.
bol'lire *vt, vi* to boil; **bol'lito** *sm* (CUC) boiled meat; **bolli'tura** *sf* boiling.
'bollo *sm* stamp.
bol'lore *sm* boiling (point); (*caldo intenso*) torrid heat; **~i di gioventù** youthful enthusiasm *sg.*
'bomba *sf* bomb; **tornare a ~** (*fig*) to get back to the point; **~ atomica** atom bomb.
bombarda'mento *sm* bombardment; bombing.
bombar'dare *vt* to bombard; (*da aereo*) to bomb.
bombardi'ere *sm* bomber.
bom'betta *sf* bowler (hat).
'bombola *sf* cylinder.
bo'naccia, ce [bo'nattʃa] *sf* dead calm.
bo'nario, a *ag* good-natured, kind.
bo'nifica, che *sf* reclamation; reclaimed land.
bo'nifico, ci *sm* (COMM: *abbuono*) discount; (*: versamento*) credit transfer.
bontà *sf* goodness; (*cortesia*) kindness; **aver la ~ di fare qc** to be good *o* kind enough to do sth.

borbot'tare *vi* to mumble; (*stomaco*) to rumble.
'borchia ['borkja] *sf* stud.
borda'tura *sf* (SARTORIA) border, trim.
'bordo *sm* (NAUT) ship's side; (*orlo*) edge; (*striscia di guarnizione*) border, trim; **prendere a ~** to take on board; **a ~ della macchina** inside the car.
bor'dura *sf* border.
bor'gata *sf* hamlet.
bor'ghese [bor'geze] *ag* (*spesso peg*) middle-class; bourgeois; **abito ~** civilian dress; **borghe'sia** *sf* middle classes *pl*; bourgeoisie.
'borgo, ghi *sm* (*paesino*) village; (*quartiere*) district.
'boria *sf* self-conceit, arrogance; **bori'oso, a** *ag* arrogant.
boro'talco *sm* talcum powder.
bor'raccia, ce [bor'rattʃa] *sf* canteen, water-bottle.
'borsa *sf* bag; (*anche:* **~ da signora**) handbag; (ECON): **la B~ (valori)** the Stock Exchange; **~ nera** black market; **~ della spesa** shopping bag; **~ di studio** grant; **borsai'olo** *sm* pickpocket; **borsel'lino** *sm* purse; **bor'setta** *sf* handbag; **bor'sista, i, e** *sm/f* (ECON) speculator; (INS) grant-holder.
bos'caglia [bos'kaʎʎa] *sf* woodlands *pl*.
boscai'olo *sm* woodcutter; forester.
'bosco, schi *sm* wood; **bos'coso, a** *ag* wooded.
'bossolo *sm* cartridge-case.
bo'tanico, a, ci, che *ag* botanical // *sm* botanist // *sf* botany.
'botola *sf* trap door.
'botta *sf* blow; (*rumore*) bang.
'botte *sf* barrel, cask.
bot'tega, ghe *sf* shop; (*officina*) workshop; **botte'gaio, a** *sm/f* shopkeeper; **botte'ghino** *sm* ticket office; (*del lotto*) public lottery office.
bot'tiglia [bot'tiʎʎa] *sf* bottle; **bottiglie'ria** *sf* wine shop.
bot'tino *sm* (*di guerra*) booty; (*di rapina, furto*) loot.
'botto *sm* bang; crash; **di ~** suddenly.
bot'tone *sm* button; (BOT) bud; **botton d'oro** buttercup.
bo'vino, a *ag* bovine; **~i** *smpl* cattle.
boxe [bɔks] *sf* boxing.
'bozza ['bɔttsa] *sf* draft; sketch; (TIP) proof; **boz'zetto** *sm* sketch.
'bozzolo ['bɔttsolo] *sm* cocoon.
brac'care *vt* to hunt.
brac'cetto [brat'tʃetto] *sm*: **a ~** arm in arm.
bracci'ale [brat'tʃale] *sm* bracelet; (*distintivo*) armband; **braccia'letto** *sm* bracelet, bangle.
bracci'ante [brat'tʃante] *sm* (AGR) day labourer.
bracci'ata [brat'tʃata] *sf* armful; (*nel nuoto*) stroke.
'braccio ['brattʃo] *sm* (*pl(f)* **braccia**: ANAT) arm; (*pl(m)* **bracci**: *di gru, fiume*) arm; (*: di edificio*) wing; **~ di mare** sound; **~ di terra** promontory; **bracci'olo** *sm* (*appoggio*) arm.
'bracco, chi *sm* hound.
bracconi'ere *sm* poacher.
'brace ['bratʃe] *sf* embers *pl*; **braci'ere** *sm* brazier.
braci'ola [bra'tʃɔla] *sf* (CUC) chop.
'branca, che *sf* branch.
'branchia ['brankja] *sf* (ZOOL) gill.
'branco, chi *sm* (*di cani, lupi*) pack; (*di uccelli, pecore*) flock; (*mandria*) herd; (*peg: di persone*) gang, pack.
branco'lare *vi* to grope, feel one's way.
'branda *sf* camp bed.
bran'dello *sm* scrap, shred; **a ~i** in tatters, in rags.
bran'dire *vt* to brandish.
'brano *sm* piece; (*di libro*) passage.
bra'sare *vt* to braise.
Bra'sile *sm*: **il ~** Brazil; **brasili'ano, a** *ag, sm/f* Brazilian.
'bravo, a *ag (abile)* clever, capable, skilful; (*buono*) good, honest; (*: bambino*) good; (*coraggioso*) brave; **~!** well done!; (*al teatro*) bravo!
bra'vura *sf* cleverness, skill.
'breccia, ce ['brettʃa] *sf* breach.
bre'tella *sf* (AUT) link; **~e** *sfpl* braces.
'breve *ag* brief, short; **in ~** in short.
brevet'tare *vt* to patent.
bre'vetto *sm* patent; **~ di pilotaggio** pilot's licence.
brevità *sf* brevity.
'brezza ['breddza] *sf* breeze.
'bricco, chi *sm* jug, pot; **~ del caffè** coffeepot.
bric'cone, a *sm/f* rogue, rascal.
'briciola ['britʃola] *sf* crumb.
'briciolo ['britʃolo] *sm* bit.
'briga, ghe *sf* (*fastidio*) trouble, bother; **pigliarsi la ~ di fare qc** to take the trouble to do sth.
brigadi'ere *sm* (*dei carabinieri etc*) ≈ sergeant.
bri'gante *sm* bandit.
bri'gare *vi* to scheme.
bri'gata *sf* (MIL) brigade; (*gruppo*) group, party.
'briglia ['briʎʎa] *sf* rein; **a ~ sciolta** at full gallop; (*fig*) at full speed.
bril'lante *ag* bright; brilliant; (*che luccica*) shining // *sm* diamond.
bril'lare *vi* to shine; (*mina*) to blow up.
'brillo, a *ag* merry, tipsy.
'brina *sf* hoarfrost.
brin'dare *vi*: **~ a qd/qc** to drink to *o* toast sb/sth.
'brindisi *sm inv* toast.
'brio *sm* liveliness, go; **bri'oso, a** *ag* lively.
bri'tannico, a, ci, che *ag* British.
'brivido *sm* shiver; (*di ribrezzo*) shudder; (*fig*) thrill.
brizzo'lato, a [brittso'lato] *ag* (*persona*) going grey; (*barba, capelli*) greying.
'brocca, che *sf* jug.
broc'cato *sm* brocade.

'broccolo *sm* broccoli *sg.*
'brodo *sm* broth; (*per cucinare*) stock; ~ **ristretto** consommé.
'brogli ['brɔʎʎi] *smpl* (DIR) malpractices.
brogli'accio [broʎ'ʎattʃo] *sm* scribbling pad.
bron'chite [bron'kite] *sf* (MED) bronchitis.
'broncio ['brontʃo] *sm* sulky expression; **fare il** ~ to sulk.
bronto'lare *vi* to grumble; (*stomaco*) to rumble.
'bronzo ['brondzo] *sm* bronze.
bru'care *vt* to browse on, nibble at.
brucia'pelo [brutʃa'pelo]: **a** ~ *av* point-blank.
bruci'are [bru'tʃare] *vt* to burn; (*scottare*) to scald // *vi* (2) to burn; **brucia'tore** *sm* burner; **brucia'tura** *sf* burning *q*; burn; (*scottatura*) scald; **bruci'ore** *sm* burning *o* smarting sensation.
'bruco, chi *sm* caterpillar; grub.
brughi'era [bru'gjɛra] *sf* heath, moor.
bruli'care *vi* to swarm.
'brullo, a *ag* bare, bleak.
'bruma *sf* mist.
'bruno, a *ag* brown, dark; (*persona*) dark(-haired).
'brusco, a, schi, sche *ag* (*sapore*) sharp; (*modi, persona*) brusque, abrupt; (*movimento*) abrupt, sudden.
bru'sio *sm* buzz, buzzing.
bru'tale *ag* brutal; **brutalità** *sf inv* brutality.
'bruto, a *ag* brute *cpd*; brutal // *sm* brute.
brut'tezza [brut'tettsa] *sf* ugliness.
'brutto, a *ag* ugly; (*cattivo*) bad; (*malattia, strada, affare*) nasty, bad; ~ **tempo** bad weather; **brut'tura** *sf* (*cosa brutta*) ugly thing; (*sudiciume*) filth; (*azione meschina*) mean action.
Bru'xelles [bry'sɛl] *sf* Brussels.
'buca, che *sf* hole; (*avvallamento*) hollow; ~ **delle lettere** letterbox.
buca'neve *sm inv* snowdrop.
bu'care *vt* (*forare*) to make a hole (*o* holes) in; (*pungere*) to pierce; (*biglietto*) to punch; ~ **una gomma** to have a puncture.
bu'cato *sm* (*operazione*) washing; (*panni*) wash, washing.
'buccia, ce ['buttʃa] *sf* skin, peel; (*corteccia*) bark.
bucherel'lare [bukerel'lare] *vt* to riddle with holes.
'buco, chi *sm* hole.
bu'dello *sm* intestine; (*fig: tubo*) tube; ~**a** *sfpl* bowels, guts.
bu'dino *sm* pudding.
'bue *sm* ox; (*anche:* **carne di** ~) beef.
'bufalo *sm* buffalo.
bu'fera *sf* storm; ~ **di vento** gale.
'buffo, a *ag* funny; (TEATRO) comic.
buf'fone *sm* buffoon.
bu'gia, 'gie [bu'dʒia] *sf* lie; (*candeliere*) candleholder; **bugi'ardo, a** *ag* lying, deceitful // *sm/f* liar.
bugi'gattolo [budʒi'gattolo] *sm* poky little room.
'buio, a *ag* dark // *sm* dark, darkness; **fa** ~ **pesto** it's pitch-dark.
'bulbo *sm* (BOT) bulb; ~ **oculare** eyeball.
Bulga'ria *sf*: **la** ~ Bulgaria.
bul'lone *sm* bolt.
buongus'taio, a *sm/f* gourmet.
buon'gusto *sm* good taste.
bu'ono, a *ag* (*dav sm* **buon** + *C o V*, **buono** + *s impura, gn, pn, ps, x, z*; *dav sf* **buon'** +*V*) good; (*benevolo*): ~ **(con)** good (to), kind (to); (*adatto*): ~ **a/da** fit for/to // *sm* good; (COMM) voucher, coupon; **alla buona** *ag* simple // *av* in a simple way, without any fuss; **buona fortuna** good luck; **buona notte** good night; **buona sera** good evening; **buon compleanno** happy birthday; **buon divertimento** have a nice time; **buon giorno** good morning (*o* afternoon); **a buon mercato** cheap; **di buon'ora** early; ~ **di cassa** cash voucher; ~ **fruttifero** bond bearing interest; ~ **a nulla** good-for-nothing; ~ **del tesoro** Treasury bill; **buon riposo** sleep well; **buon senso** common sense; **buon viaggio** bon voyage, have a good trip.
buontem'pone, a *sm/f* jovial person.
burat'tino *sm* puppet.
'burbero, a *ag* surly, gruff.
'burla *sf* prank, trick; **bur'lare** *vt*: **burlare qc/qd, burlarsi di qc/qd** to make fun of sth/sb.
bu'rocrate *sm* bureaucrat; **buro'cratico, a, ci, che** *ag* bureaucratic; **burocra'zia** *sf* bureaucracy.
bur'rasca, sche *sf* storm; **burras'coso, a** *ag* stormy.
'burro *sm* butter.
bur'rone *sm* ravine.
bus'care *vt* (*anche:* ~**rsi**: *raffreddore*) to get, catch; **buscarle** (*fam*) to get a hiding.
bus'sare *vi* to knock.
'bussola *sf* compass; **perdere la** ~ (*fig*) to lose one's bearings.
'busta *sf* (*da lettera*) envelope; (*astuccio*) case; **in** ~ **aperta** in an unsealed envelope; ~ **paga** pay packet.
busta'rella *sf* bribe, backhander.
'busto *sm* bust; (*indumento*) corset, girdle.
but'tare *vt* to throw; (*anche:* ~ **via**) to throw away; ~ **giù** (*scritto*) to scribble down, dash off; (*cibo*) to gulp down; (*edificio*) to pull down, demolish; (*pasta, verdura*) to put into boiling water; ~**rsi dalla finestra** to jump *o* throw o.s. out of the window.

C

ca'bina *sf* (*di nave*) cabin; (*da spiaggia*) beach hut; (*di autocarro, treno*) cab; (*di aereo*) cockpit; (*di ascensore*) cage; ~ **telefonica** call box, (tele)phone box *o* booth.
ca'cao *sm* cocoa.
'caccia ['kattʃa] *sf* hunting; (*con fucile*)

shooting; (*inseguimento*) chase; (*cacciagione*) game; ~ **grossa** big-game hunting; ~ **all'uomo** manhunt // *sm inv* (*aereo*) fighter; (*nave*) destroyer.

cacciabombardi'ere [kattʃabombar'djɛre] *sm* fighter-bomber.

cacciagi'one [kattʃa'dʒone] *sf* game.

cacci'are [kat'tʃare] *vt* to hunt; (*mandar via*) to chase away; (*ficcare*) to shove, stick // *vi* to hunt; ~**rsi** *vr* (*mettersi*): ~**rsi tra la folla** to plunge into the crowd; **dove s'è cacciata la mia borsa?** where has my bag got to?; ~ **fuori qc** to whip *o* pull sth out; ~ **un urlo** to let out a yell; **caccia'tore** *sm* hunter; **cacciatore di frodo** poacher.

caccia'vite [kattʃa'vite] *sm inv* screwdriver.

'cactus *sm inv* cactus.

ca'davere *sm* (dead) body, corpse.

ca'dente *ag* falling; (*casa*) tumbledown; (*persona*) decrepit.

ca'denza [ka'dɛntsa] *sf* cadence; (*andamento ritmico*) rhythm; (*MUS*) cadenza.

ca'dere *vi* (*2*) to fall; (*denti, capelli*) to fall out; (*tetto*) to fall in; **questa gonna cade bene** this skirt hangs well; **lasciar cadere** (*anche fig*) to drop; ~ **dal sonno** to be falling asleep on one's feet; ~ **ammalato** to fall ill.

ca'detto *sm* cadet.

ca'duta *sf* fall; ~ **di temperatura** drop in temperature.

caffè *sm inv* coffee; (*locale*) café; ~ **macchiato** coffee with a dash of milk; ~ **macinato** ground coffee.

caffel'latte *sm inv* white coffee.

caffetti'era *sf* coffeepot.

cagio'nare [kadʒo'nare] *vt* to cause, be the cause of.

cagio'nevole [kadʒo'nevole] *ag* delicate, weak.

cagli'are [kaʎ'ʎare] *vi* (*2*) to curdle.

'cagna ['kaɲɲa] *sf* (*ZOOL, peg*) bitch.

ca'gnesco, a, schi, sche [kaɲ'ɲesko] *ag* (*fig*): **guardare qd in** ~ to scowl at sb.

cala'brone *sm* hornet.

cala'maio *sm* inkpot; inkwell.

cala'maro *sm* squid.

cala'mita *sf* magnet.

calamità *sf inv* calamity, disaster.

ca'lare *vt* (*far discendere*) to lower; (*MAGLIA*) to decrease // *vi* (*2*) (*discendere*) to go (*o* come) down; (*tramontare*) to set, go down; ~ **di peso** to lose weight.

'calca *sf* throng, press.

cal'cagno [kal'kaɲɲo] *sm* heel.

cal'care *sm* limestone // *vt* (*premere coi piedi*) to tread, press down; (*premere con forza*) to press down; (*mettere in rilievo*) to stress.

'calce ['kaltʃe] *sm*: **in** ~ at the foot of the page // *sf* lime; ~ **viva** quicklime.

calces'truzzo [kaltʃes'truttso] *sm* concrete.

calci'are [kal'tʃare] *vt, vi* to kick; **calcia'tore** *sm* footballer.

cal'cina [kal'tʃina] *sf* (lime) mortar.

'calcio ['kaltʃo] *sm* (*pedata*) kick; (*sport*) football, soccer; (*di pistola, fucile*) butt; (*CHIM*) calcium; ~ **di punizione** (*SPORT*) free kick.

'calco, chi *sm* (*ARTE*) casting, moulding; cast, mould.

calco'lare *vt* to calculate, work out, reckon; (*ponderare*) to weigh (up); **calcola'tore, 'trice** *ag* calculating // *sm* calculator; (*fig*) calculating person // *sf* calculator; **calcolatore elettronico** computer.

'calcolo *sm* (*anche MAT*) calculation; (*infinitesimale etc*) calculus; (*MED*) stone; **fare i propri** ~**i** (*fig*) to weigh the pros and cons; **per** ~ out of self-interest.

cal'daia *sf* boiler.

caldeggi'are [kalded'dʒare] *vt* to support warmly, favour.

'caldo, a *ag* warm; (*molto caldo*) hot; (*fig: appassionato*) keen; hearty // *sm* heat; **ho** ~ I'm warm; I'm hot; **fa** ~ it's warm; it's hot.

calen'dario *sm* calendar.

'calibro *sm* (*di arma*) calibre, bore; (*TECN*) callipers *pl*; (*fig*) calibre; **i grossi** ~**i** (*anche fig*) the big guns.

'calice ['kalitʃe] *sm* goblet; (*REL*) chalice.

ca'ligine [ka'lidʒine] *sf* fog; (*mista con fumo*) smog.

'callo *sm* callus; (*ai piedi*) corn; **fare il** ~ **a qc** to get used to sth.

'calma *sf* calm.

cal'mante *sm* sedative, tranquillizer.

cal'mare *vt* to calm; (*lenire*) to soothe; ~**rsi** *vr* to grow calm, calm down; (*vento*) to abate; (*dolore*) to ease.

calmi'ere *sm* controlled price.

'calmo, a *ag* calm, quiet.

'calo *sm* (*COMM: di prezzi*) fall; (*: di volume*) shrinkage; (*: di peso*) loss.

ca'lore *sm* warmth; heat; **essere in** ~ (*ZOOL*) to be on heat.

calo'ria *sf* calorie.

calo'roso, a *ag* warm.

calpes'tare *vt* to tread on, trample on; **'è vietato** ~ **l'erba'** 'keep off the grass'.

ca'lunnia *sf* slander; (*scritta*) libel.

cal'vario *sm* (*fig*) affliction, cross.

cal'vizie [kal'vittsje] *sf* baldness.

'calvo, a *ag* bald.

'calza ['kaltsa] *sf* (*da donna*) stocking; (*da uomo*) sock.

cal'zare [kal'tsare] *vt* (*scarpe, guanti: mettersi*) to put on; (*: portare*) to wear // *vi* (*2*) to fit; **calza'tura** *sf* footwear.

calzet'tone [kaltset'tone] *sm* heavy knee-length sock.

cal'zino [kal'tsino] *sm* sock.

calzo'laio [kaltso'lajo] *sm* shoemaker; (*che ripara scarpe*) cobbler; **calzole'ria** *sf* (*negozio*) shoe shop.

calzon'cini [kaltson'tʃini] *smpl* shorts.

cal'zone [kal'tsone] *sm* trouser leg; (*CUC*)

savoury turnover made with pizza dough; **~i** *smpl* trousers.
camale'onte *sm* chameleon.
cambi'ale *sf* bill (of exchange); (*pagherò cambiario*) promissory note.
cambia'mento *sm* change.
cambi'are *vt* to change; (*modificare*) to alter, change; (*barattare*) to exchange // *vi* (2) to change, alter; **~rsi** *vr* (*variare abito*) to change; **~ casa** to move (house); **~ idea** to change one's mind; **~ aspetto** to change (in appearance); **~ treno** to change trains.
'cambio *sm* change; (*modifica*) alteration, change; (*scambio*, COMM) exchange; (*corso dei cambi*) rate (of exchange); (TECN, AUT) gears *pl*; **in ~ di** in exchange for; **dare il ~ a qd** to take over from sb.
'camera *sf* room; (*anche*: **~ da letto**) bedroom; (COMM, TECN) chamber; (POL) chamber, house; (FOT) camera; **~ ardente** mortuary chapel; **~ d'aria** inner tube; (*di pallone*) bladder; **C~ dei Deputati** Chamber of Deputies, ≈ House of Commons; **~ a gas** gas chamber; **~ a un letto/a due letti/matrimoniale** single/twin-bedded/double room; **~ oscura** (FOT) dark room.
came'rata, i, e *sm/f* companion, mate // *sf* dormitory; **camera'tismo** *sm* comradeship.
cameri'era *sf* (*domestica*) maid; (*che serve a tavola*) waitress; (*che fa le camere*) chambermaid.
cameri'ere *sm* (man)servant; (*di ristorante*) waiter.
came'rino *sm* (TEATRO) dressing room.
'camice ['kamitʃe] *sm* (REL) alb; (*per medici etc*) white coat.
cami'cetta [kami'tʃetta] *sf* blouse.
ca'micia, cie [ka'mitʃa] *sf* (*da uomo*) shirt; (*da donna*) blouse; **~ di forza** straitjacket; **camici'otto** *sm* smock; workman's top.
ca'mino *sm* chimney; (*focolare*) fireplace, hearth.
'camion *sm inv* lorry; **camion'cino** *sm* van.
cam'mello *sm* (ZOOL) camel; (*tessuto*) camel hair.
cam'meo *sm* cameo.
cammi'nare *vi* to walk; (*funzionare*) to work, go.
cam'mino *sm* walk; (*sentiero*) path; (*itinerario, direzione, tragitto*) way; **mettersi in ~** to set *o* start off; **cammin facendo** on the way.
camo'milla *sf* camomile; (*infuso*) camomile tea.
ca'morra *sf* camorra; racket.
ca'moscio [ka'moʃʃo] *sm* chamois.
cam'pagna [kam'paɲɲa] *sf* country, countryside; (POL, COMM, MIL) campaign; **in ~** in the country; **fare una ~** to campaign; **campa'gnolo, a** *ag* country *cpd* // *sf* (AUT) land rover.
cam'pale *ag* field *cpd*; (*fig*): **una giornata ~** a hard day.
cam'pana *sf* bell; (*anche*: **~ di vetro**) bell jar; **campa'nella** *sf* small bell; (*di tenda*) curtain ring; (*di porta*) (ring-shaped) knocker; **campa'nello** *sm* (*all'uscio, da tavola*) bell.
campa'nile *sm* bell tower, belfry; **campani'lismo** *sm* parochialism.
cam'pare *vi* (2) to live; (*tirare avanti*) to get by, manage; **~ alla giornata** to live from day to day.
cam'pato, a *ag*: **~ in aria** unsound, unfounded.
campeggi'are [kamped'dʒare] *vi* to camp; (*risaltare*) to stand out; **cam'peggio** *sm* camping; (*terreno*) camp site; **fare (del) campeggio** to go camping.
cam'pestre *ag* country *cpd*, rural.
campio'nario, a *ag*: **fiera ~a** trade fair // *sm* collection of samples.
campio'nato *sm* championship.
campi'one, 'essa *sm/f* (SPORT) champion // *sm* (COMM) sample.
'campo *sm* field; (MIL) field; (: *accampamento*) camp; (*spazio delimitato: sportivo etc*) ground; field; (*di quadro*) background; **i ~i** (*campagna*) the countryside; **~ da aviazione** airfield; **~ di concentramento** concentration camp; **~ di golf** golf course; **~ da tennis** tennis court; **~ visivo** field of vision.
campo'santo, *pl* **campisanti** *sm* cemetery.
camuf'fare *vt* to disguise.
'Canada *sm*: **il ~** Canada; **cana'dese** *ag*, *sm/f* Canadian.
ca'naglia [ka'naʎʎa] *sf* rabble, mob; (*persona*) scoundrel, rogue.
ca'nale *sm* (*anche fig*) channel; (*artificiale*) canal.
'canapa *sf* hemp.
cana'rino *sm* canary.
cancel'lare [kantʃel'lare] *vt* (*con la gomma*) to rub out, erase; (*con la penna*) to strike out; (*annullare*) to annul, cancel; (*disdire*) to cancel.
cancelle'ria [kantʃelle'ria] *sf* chancery; (*quanto necessario per scrivere*) stationery.
cancelli'ere [kantʃel'ljɛre] *sm* chancellor; (*di tribunale*) clerk of the court.
can'cello [kan'tʃɛllo] *sm* gate.
can'crena *sf* gangrene.
'cancro *sm* (MED) cancer; (*dello zodiaco*): **C~** Cancer.
can'dela *sf* candle; **~ (di accensione)** (AUT) sparking plug.
cande'labro *sm* candelabra.
candeli'ere *sm* candlestick.
candi'dato, a *sm/f* candidate; (*aspirante a una carica*) applicant.
'candido, a *ag* white as snow; (*puro*) pure; (*sincero*) sincere, candid.
can'dito, a *ag* candied.
can'dore *sm* brilliant white; purity; sincerity, candour.
'cane *sm* dog; (*di pistola, fucile*) cock; **fa un freddo ~** it's bitterly cold; **non c'era un ~** there wasn't a soul; **quell'attore è un**

~ he's a rotten actor; ~ **da guardia** guard dog; ~ **lupo** alsatian.
ca'nestro *sm* basket.
cangi'ante [kan'dʒante] *ag* iridescent; **seta** ~ shot silk.
can'guro *sm* kangaroo.
ca'nile *sm* kennel; (*di allevamento*) kennels *pl*; ~ **municipale** dog pound.
ca'nino, a *ag, sm* canine.
'canna *sf* (*pianta*) reed; (: *indica, da zucchero*) cane; (*bastone*) stick, cane; (*di fucile*) barrel; (*di organo*) pipe; ~ **fumaria** chimney flue; ~ **da pesca** (fishing) rod; ~ **da zucchero** sugar cane.
can'nella *sf* (CUC) cinnamon.
can'nibale *sm* cannibal.
cannocchi'ale [kannok'kjale] *sm* telescope.
can'none *sm* (MIL) gun; (: STORIA) cannon; (*tubo*) pipe, tube; (*piega*) box pleat; (*fig*) ace.
can'nuccia, ce [kan'nuttʃa] *sf* (drinking) straw.
ca'noa *sf* canoe.
'canone *sm* canon, criterion; (*mensile, annuo*) rent; fee; **ca'nonico, ci** *sm* (REL) canon.
canoniz'zare [kanonid'dzare] *vt* to canonize.
ca'noro, a *ag* (*uccello*) singing, song *cpd.*
canot'taggio [kanot'taddʒo] *sm* rowing.
canotti'era *sf* vest.
ca'notto *sm* small boat, dinghy; canoe.
cano'vaccio [kano'vattʃo] *sm* (*tela*) canvas; (*strofinaccio*) duster; (*trama*) plot.
can'tante *sm/f* singer.
can'tare *vt, vi* to sing; **cantau'tore, 'trice** *sm/f* singer-composer.
canterel'lare *vt* to hum, sing to oneself.
canti'ere *sm* (EDIL) (building) site; (*anche:* ~ **navale**) shipyard.
canti'lena *sf* (*filastrocca*) lullaby; (*fig*) sing-song voice.
can'tina *sf* (*locale*) cellar; (*bottega*) wine shop.
'canto *sm* song; (*arte*) singing; (REL) chant; chanting; (*poesia*) poem, lyric; (*parte di una poesia*) canto; (*angolo di due muri*) corner; (*parte, lato*) side; **d'altro** ~ on the other hand.
can'tone *sm* (*in Svizzera*) canton.
can'tuccio [kan'tuttʃo] *sm* corner, nook.
ca'nuto, a *ag* white, whitehaired.
canzo'nare [kantso'nare] *vt* to tease.
can'zone [kan'tsone] *sf* song; (POESIA) canzone; **canzoni'ere** *sm* (MUS) songbook; (LETTERATURA) collection of poems.
'caos *sm inv* chaos; **ca'otico, a, ci, che** *ag* chaotic.
C.A.P. *abbr vedi* **codice.**
ca'pace [ka'patʃe] *ag* able, capable; (*ampio, vasto*) large, capacious; **sei** ~ **di farlo?** can you *o* are you able to do it?; **capacità** *sf inv* ability; (DIR, *di recipiente*) capacity; **capaci'tarsi** *vr*: **capacitarsi di** to make out, understand.
ca'panna *sf* hut.
capan'none *sm* (AGR) barn; (*fabbricato industriale*) (factory) shed.
ca'parbio, a *ag* stubborn.
ca'parra *sf* deposit, down payment.
ca'pello *sm* hair; ~**i** *smpl* (*capigliatura*) hair *sg*; **capel'luto, a** *ag* having thick hair.
capez'zale [kapet'tsale] *sm* bolster; (*fig*) bedside.
ca'pezzolo [ka'pettsolo] *sm* nipple.
capi'enza [ka'pjɛntsa] *sf* capacity.
capiglia'tura [kapiʎʎa'tura] *sf* hair.
ca'pire *vt* to understand.
capi'tale *ag* (*mortale*) capital; (*fondamentale*) main, chief // *sf* (*città*) capital // *sm* (ECON) capital; **capita'lismo** *sm* capitalism; **capita'lista, i, e** *ag, sm/f* capitalist.
capi'tano *sm* captain.
capi'tare (2) *vi* (*giungere casualmente*) to happen to go, find o.s.; (*accadere*) to happen; (*presentarsi: cosa*) to turn up, present itself // *vb impers* to happen.
capi'tello *sm* (ARCHIT) capital.
capito'lare *vi* to capitulate.
ca'pitolo *sm* chapter.
capi'tombolo *sm* headlong fall, tumble.
'capo *sm* head; (*persona*) head, leader; (: *in ufficio*) head, boss; (: *in tribù*) chief; (*di oggetti*) head; top; end; (GEO) cape; **andare a** ~ to start a new paragraph; **da** ~ over again; ~ **di bestiame** head *inv* of cattle; ~ **di vestiario** item of clothing.
'capo... *prefisso*: **Capo'danno** *sm* New Year; **capo'fitto**: **a capofitto** *av* headfirst, headlong; **capo'giro** *sm* dizziness *q*; **capola'voro, i** *sm* masterpiece; **capo'linea,** *pl* **capi'linea** *sm* terminus; **capolu'ogo,** *pl* **ghi** *o* **capi-lu'oghi** *sm* chief town, administrative centre; **capo'mastro,** *pl* **i** *o* **capi'mastri** *sm* master builder.
capo'rale *sm* (MIL) lance corporal.
'capo... *prefisso*: **capo'saldo,** *pl* **capi'saldi** *sm* stronghold; (*fig: fondamento*) basis, cornerstone; **capostazi'one,** *pl* **capistazi'one** *sm* station master; **capo-'treno,** *pl* **capi'treno** *o* **capo'treni** *sm* guard.
capo'volgere [kapo'vɔldʒere] *vt* to overturn; (*fig*) to reverse; ~**rsi** *vr* to overturn; (*barca*) to capsize; (*fig*) to be reversed.
capo'volto, a *pp di* **capovolgere.**
'cappa *sf* (*mantello*) cape, cloak; (*del camino*) hood.
cap'pella *sf* (REL) chapel; **cappel'lano** *sm* chaplain.
cap'pello *sm* hat.
'cappero *sm* caper.
cap'pone *sm* capon.
cap'potto *sm* (over)coat.
cappuc'cino [kapput'tʃino] *sm* (*frate*) Capuchin monk; (*bevanda*) frothy white coffee.
cap'puccio [kap'puttʃo] *sm* (*copricapo*) hood; (*della biro*) cap.

'capra *sf* (she-)goat; **ca'pretto** *sm* kid.
ca'priccio [ka'prittʃo] *sm* caprice, whim; (*bizza*) tantrum; **fare i ~i** to be very naughty; **capricci'oso, a** *ag* capricious, whimsical; naughty.
Capri'corno *sm* Capricorn.
capri'ola *sf* somersault.
capri'olo *sm* roe deer.
'capro *sm* billy-goat; **~ espiatorio** (*fig*) scapegoat.
'capsula *sf* capsule; (*di proiettile*) primer; cap.
cap'tare *vt* (RADIO, TV) to pick up; (*cattivarsi*) to gain, win.
carabini'ere *sm* carabiniere.
ca'raffa *sf* carafe.
cara'mella *sf* sweet.
ca'rattere *sm* character; (*caratteristica*) characteristic, trait; **avere un buon ~** to be good-natured; **caratte'ristico, a, ci, che** *ag* characteristic // *sf* characteristic, trait, peculiarity; **caratteriz'zare** *vt* to characterize, distinguish.
car'bone *sm* coal.
carbu'rante *sm* (motor) fuel.
carbura'tore *sm* carburettor.
car'cassa *sf* carcass.
carce'rato, a [kartʃe'rato] *sm/f* prisoner.
'carcere ['kartʃere] *sm* prison; (*pena*) imprisonment.
carci'ofo [kar'tʃɔfo] *sm* artichoke.
car'diaco, a, ci, che *ag* cardiac, heart *cpd*.
cardi'nale *ag, sm* cardinal.
'cardine *sm* hinge.
'cardo *sm* thistle.
ca'rena *sf* (NAUT) bottom, hull.
ca'renza [ka'rɛntsa] *sf* lack, scarcity; (*vitaminica*) deficiency.
cares'tia *sf* famine; (*penuria*) scarcity, dearth.
ca'rezza [ka'rettsa] *sf* caress; **carez'zare** *vt* to caress, stroke, fondle.
'carica *sf vedi* **carico.**
cari'care *vt* to load; (*aggravare: anche fig*) to weigh down; (*orologio*) to wind up; (*batteria*, MIL) to charge.
carica'tura *sf* caricature.
'carico, a, chi, che *ag* (*che porta un peso*): **~ di** loaded *o* laden with; (*fucile*) loaded; (*orologio*) wound up; (*batteria*) charged; (*colore*) deep; (*caffè, tè*) strong // *sm* (*il caricare*) loading; (*ciò che si carica*, ELETTR) load; (*fig: peso*) burden, weight // *sf* (*mansione ufficiale*) office, position; (MIL, TECN, ELETTR) charge; (*fig: energia*) drive; **persona a ~** dependent; **essere a ~ di qd** (*spese etc*) to be charged to sb.
'carie *sf* (*dentaria*) decay.
ca'rino, a *ag* lovely, pretty, nice; (*simpatico*) nice.
carità *sf* charity; **per ~!** (*escl di rifiuto*) good heavens, no!
carnagi'one [karna'dʒone] *sf* complexion.
car'nale *ag* (*amore*) carnal; (*fratello*) blood *cpd*.
'carne *sf* flesh; (*bovina, ovina etc*) meat; **~ di manzo/maiale/pecora** beef/ pork/mutton; **~ tritata** mince, minced meat.
car'nefice [kar'nefitʃe] *sm* executioner; hangman.
carne'vale *sm* carnival.
car'nivoro, a *ag* carnivorous.
car'noso, a *ag* fleshy.
'caro, a *ag* (*amato*) dear; (*costoso*) dear, expensive.
ca'rogna [ka'roɲɲa] *sf* carrion; (*fig: fam*) swine.
caro'sello *sm* merry-go-round.
ca'rota *sf* carrot.
caro'vana *sf* caravan.
caro'vita *sm* high cost of living.
carpenti'ere *sm* carpenter.
car'pire *vt*: **~ qc a qd** (*segreto etc*) to get sth out of sb.
car'poni *av* on all fours.
car'rabile *ag* suitable for vehicles.
car'raio, a *ag*: **passo ~** vehicle entrance.
carreggi'ata [karred'dʒata] *sf* carriageway.
car'rello *sm* trolley; (AER) undercarriage; (CINEMA) dolly; (*di macchina da scrivere*) carriage.
car'retto *sm* cart.
carri'era *sf* career; **fare ~** to get on; **a gran ~** at full speed.
carri'ola *sf* wheelbarrow.
'carro *sm* cart, wagon; **~ armato** tank.
car'rozza [kar'rɔttsa] *sf* carriage.
carrozze'ria [karrottse'ria] *sf* body, coachwork; (*officina*) coachbuilder's workshop.
carroz'zina [karrot'tsina] *sf* pram.
'carta *sf* paper; (*al ristorante*) menu; (GEO) map; plan; (*documento, da gioco*) card; (*costituzione*) charter; **~e** *sfpl* (*documenti*) papers, documents; **~ assorbente** blotting paper; **~ di credito** credit card; **~ (geografica)** map; **~ d'identità** identity card; **~ igienica** toilet paper; **~ da lettere** writing paper; **~ da parati** wallpaper; **~ verde** (AUT) green card; **~ vetrata** sandpaper.
cartacar'bone, *pl* **cartecar'bone** *sf* carbon paper.
car'taccia, ce [kar'tattʃa] *sf* waste paper.
cartamo'neta *sf* paper money.
carta'pecora *sf* parchment.
carta'pesta *sf* papier-mâché.
car'teggio [kar'teddʒo] *sm* correspondence.
car'tella *sf* (*scheda*) card; (*custodia: di cartone*) folder; (*: di uomo d'affari etc*) briefcase; (*: di scolaro*) schoolbag, satchel.
car'tello *sm* sign; (*pubblicitario*) poster; (*stradale*) sign, signpost; (ECON) cartel; (*in dimostrazioni*) placard; **cartel'lone** *sm* (*pubblicitario*) advertising poster; (*della tombola*) scoring frame; (TEATRO) playbill; **tenere il cartellone** (*spettacolo*) to have a long run.

carti'era *sf* paper mill.
carti'lagine [karti'ladʒine] *sf* cartilage.
car'toccio [kar'tɔttʃo] *sm* paper bag.
cartole'ria *sf* stationer's (shop).
carto'lina *sf* postcard.
car'tone *sm* cardboard; (ARTE) cartoon; **~i animati** *smpl* (CINEMA) cartoons.
car'tuccia, ce [kar'tuttʃa] *sf* cartridge.
'casa *sf* house; (*specialmente la propria casa*) home; (COMM) firm, house; **essere a ~** to be at home; **vado a ~ mia/tua** I'm going home/to your house; **~ di cura** nursing home; **~ dello studente** student hostel; **~e popolari** ≈ council houses (*o* flats).
ca'sacca, che *sf* military coat; (*di fantino*) blouse.
casalingo, a, ghi, ghe *ag* household, domestic; (*fatto a casa*) home-made; (*semplice*) homely; (*amante della casa*) home-loving // *sf* housewife; **~ghi** *smpl* household articles; **cucina ~a** plain home cooking.
cas'care *vi* to fall; **cas'cata** *sf* fall; (*d'acqua*) cascade, waterfall.
'casco, schi *sm* helmet; (*del parrucchiere*) hair-drier.
ca'sella *sf* pigeon-hole; **~ postale (C.P.)** post office box (P.O. box).
ca'sello *sm* (*di autostrada*) toll-house.
ca'serma *sf* barracks *pl*.
ca'sino *sm* (*confusione*) row, racket; (*casa di prostituzione*) brothel.
casinò *sm inv* casino.
'caso *sm* chance; (*fatto, vicenda*) event, incident; (*possibilità*) possibility; (MED, LING) case; **a ~** at random; **per ~** by chance, by accident; **in ogni ~, in tutti i ~i** in any case, at any rate; **al ~** should the opportunity arise; **nel ~ che** in case; **~ mai** if by chance; **~ limite** borderline case.
'cassa *sf* case, crate, box; (*bara*) coffin; (*mobile*) chest; (*involucro: di orologio etc*) case; (*macchina*) cash register; (*luogo di pagamento*) cash desk; (*fondo*) fund; (*istituto bancario*) bank; **~ mutua** *o* **malattia** health insurance scheme; **~ toracica** (ANAT) chest; **~ di risparmio** savings bank.
cassa'forte, *pl* **casseforti** *sf* safe.
cassa'panca, *pl* **cassapanche** *o* **cassepanche** *sf* settle.
casseru'ola, casse'rola *sf* saucepan.
cas'setta *sf* box; (*per registratore*) cassette; (CINEMA, TEATRO) box-office takings *pl*; **~ di sicurezza** strongbox; **~ delle lettere** letterbox.
cas'setto *sm* drawer; **casset'tone** *sm* chest of drawers.
cassi'ere, a *sm/f* cashier; (*di banca*) teller.
'casta *sf* caste.
cas'tagna [kas'taɲɲa] *sf* chestnut.
cas'tagno [kas'taɲɲo] *sm* chestnut (tree).
cas'tello *sm* castle; (TECN) scaffolding.
casti'gare *vt* to punish; **cas'tigo, ghi** *sm* punishment.
castità *sf* chastity.
'casto, a *ag* chaste, pure.
cas'toro *sm* beaver.
cas'trare *vt* to castrate; to geld; to doctor.
casu'ale *ag* chance *cpd*.
cata'comba *sf* catacomb.
ca'talogo, ghi *sm* catalogue.
catarifran'gente [catarifran'dʒɛnte] *sm* (AUT) reflector.
ca'tarro *sm* catarrh.
ca'tasta *sf* stack, pile.
ca'tasto *sm* land register; land registry office.
ca'tastrofe *sf* catastrophe, disaster.
cate'chismo [kate'kizmo] *sm* catechism.
catego'ria *sf* category; **cate'gorico, a, ci, che** *ag* categorical.
ca'tena *sf* chain; **~ di montaggio** assembly line; **~e da neve** (AUT) snow chains; **cate'naccio** *sm* bolt.
cate'ratta *sf* cataract; (*chiusa*) sluice-gate.
cati'nella *sf*: **piovere a ~e** to pour, rain cats and dogs.
ca'tino *sm* basin.
ca'trame *sm* tar.
'cattedra *sf* teacher's desk; (*di università*) chair.
catte'drale *sf* cathedral.
catti'veria *sf* malice, spite; naughtiness; (*atto*) spiteful act; (*parole*) malicious *o* spiteful remark.
cattività *sf* captivity.
cat'tivo, a *ag* bad; (*malvagio*) bad, wicked; (*turbolento: bambino*) bad, naughty; (*: mare*) rough; (*odore, sapore*) nasty, bad.
cattoli'cesimo [kattoli'tʃezimo] *sm* Catholicism.
cat'tolico, a, ci, che *ag, sm/f* (Roman) Catholic.
cat'tura *sf* capture.
cattu'rare *vt* to capture.
caucciù [kaut'tʃu] *sm* rubber.
'causa *sf* cause; (DIR) lawsuit, case, action; **fare** *o* **muovere ~ a qd** to take legal action against sb.
cau'sare *vt* to cause.
'caustico, a, ci, che *ag* caustic.
cau'tela *sf* caution, prudence.
caute'lare *vt* to protect.
'cauto, a *ag* cautious, prudent.
cauzi'one [kaut'tsjone] *sf* security; (DIR) bail.
cav. *abbr di* **cavaliere.**
'cava *sf* quarry; (*di carbone*) open-cast mine.
caval'care *vt* (*cavallo*) to ride; (*muro*) to sit astride; (*sog: ponte*) to span; **caval'cata** *sf* ride; (*gruppo di persone*) riding party.
cavalca'via *sm inv* flyover.
cavalcioni [kaval'tʃoni]: **a ~ di** *prep* astride.
cavali'ere *sm* rider; (*feudale, titolo*) knight; (*soldato*) cavalryman; (*che accompagna una donna*) escort; (*: al ballo*) partner; **cavalle'resco, a, schi, sche** *ag*

chivalrous; **cavalle'ria** *sf* chivalry; (*milizia a cavallo*) cavalry.
cavalle'rizzo, a [kavalle'rittso] *sm/f* horseman/woman.
caval'letta *sf* grasshopper.
caval'letto *sm* (FOT) tripod; (*da pittore*) easel.
ca'vallo *sm* horse; (SCACCHI) knight; (AUT: *anche:* ~ **vapore**) horsepower; (*dei pantaloni*) crotch; **a** ~ on horseback; **a** ~ **di** astride, straddling; ~ **da corsa** racehorse.
ca'vare *vt* (*togliere*) to draw out, extract, take out; (*: giacca, scarpe*) to take off; (*: fame, sete, voglia*) to satisfy; **cavarsela** to get away with it; to manage, get on all right.
cava'tappi *sm inv* corkscrew.
ca'verna *sf* cave.
ca'vezza [ka'vettsa] *sf* halter.
'cavia *sf* guinea pig.
cavi'ale *sm* caviar.
ca'viglia [ka'viʎʎa] *sf* ankle.
cavil'lare *vi* to quibble.
cavità *sf inv* cavity.
'cavo, a *ag* hollow // *sm* (ANAT) cavity; (*grossa corda*) rope, cable; (ELETTR, TEL) cable.
cavolfi'ore *sm* cauliflower.
'cavolo *sm* cabbage; ~ **di Bruxelles** Brussels sprout.
cazzu'ola [kat'tswɔla] *sf* trowel.
c/c *abbr di* **conto corrente.**
ce [tʃe] *pron, av vedi* **ci.**
cecità [tʃetʃi'ta] *sf* blindness.
Cecoslo'vacchia [tʃekoslo'vakkja] *sf*: **la** ~ Czechoslovakia; **cecoslo'vacco, a, chi, che** *ag, sm/f* Czechoslovakian.
'cedere ['tʃɛdere] *vt* (*concedere: posto*) to give up; (DIR) to transfer, make over // *vi* (*cadere*) to give way, subside; ~ **(a)** to surrender (to), yield (to), give in (to); **ce'devole** *ag* (*terreno*) soft; (*fig*) yielding.
'cedola ['tʃɛdola] *sf* (COMM) coupon; voucher.
'cedro ['tʃɛdro] *sm* cedar; (*albero da frutto*) lime tree.
C.E.E. *abbr f vedi* **comunità.**
cef'fone [tʃef'fone] *sm* slap, smack.
ce'larsi [tʃe'larsi] *vr* to hide.
cele'brare [tʃele'brare] *vt* to celebrate; **celebrazi'one** *sf* celebration.
'celebre ['tʃɛlebre] *ag* famous, celebrated; **celebrità** *sf inv* fame; (*persona*) celebrity.
'celere ['tʃɛlere] *ag* fast, swift; (*corso*) crash *cpd.*
ce'leste [tʃe'lɛste] *ag* celestial; heavenly; (*colore*) sky-blue.
celi'bato [tʃeli'bato] *sm* bachelorhood; (REL) celibacy.
'celibe ['tʃɛlibe] *ag* single, unmarried // *sm* bachelor.
'cella ['tʃɛlla] *sf* cell.
'cellula ['tʃɛllula] *sf* (BIOL, ELETTR, POL) cell.
cemen'tare [tʃemen'tare] *vt* (*anche fig*) to cement.
ce'mento [tʃe'mento] *sm* cement; ~ **armato** reinforced concrete.
'cena ['tʃena] *sf* dinner; (*leggera*) supper.
ce'nare [tʃe'nare] *vi* to dine, have dinner.
'cencio ['tʃentʃo] *sm* piece of cloth, rag; (*da spolverare*) duster.
'cenere ['tʃenere] *sf* ash.
'cenno ['tʃenno] *sm* (*segno*) sign, signal; (*gesto*) gesture; (*col capo*) nod; (*con la mano*) wave; (*allusione*) hint, mention; (*spiegazione sommaria*) short account; **far** ~ **di sì/no** to nod (one's head)/shake one's head.
censi'mento [tʃensi'mento] *sm* census.
cen'sore [tʃen'sore] *sm* censor.
cen'sura [tʃen'sura] *sf* censorship; censor's office; (*fig*) censure; **censu'rare** *vt* to censor; to censure.
cente'nario, a [tʃente'narjo] *ag* (*che ha cento anni*) hundred-year-old; (*che ricorre ogni cento anni*) centennial, centenary *cpd* // *sm/f* centenarian // *sm* centenary.
cen'tesimo, a [tʃen'tezimo] *ag, sm* hundredth.
cen'tigrado, a [tʃen'tigrado] *ag* centigrade; **20 gradi ~i** 20 degrees centigrade.
cen'timetro [tʃen'timetro] *sm* centimetre.
centi'naio, *pl(f)* **aia** [tʃenti'najo] *sm*: **un** ~ **(di)** a hundred; about a hundred.
'cento ['tʃɛnto] *num* a hundred, one hundred.
cen'trale [tʃen'trale] *ag* central // *sf*: ~ **telefonica** (telephone) exchange; ~ **elettrica** electric power station; **centra'lino** *sm* (telephone) exchange; (*di albergo etc*) switchboard; **centrali'nista** *sm/f* operator; **centraliz'zare** *vt* to centralize.
cen'trare [tʃen'trare] *vt* to hit the centre of; (TECN) to centre.
cen'trifuga [tʃen'trifuga] *sf* spin-drier.
'centro ['tʃɛntro] *sm* centre.
'ceppo ['tʃeppo] *sm* (*di albero*) stump; (*pezzo di legno*) log.
'cera ['tʃera] *sf* wax; (*aspetto*) appearance, look.
ce'ramica, che [tʃe'ramika] *sf* ceramic; (ARTE) ceramics *sg.*
'cerca ['tʃerka] *sf*: **in** *o* **alla** ~ **di** in search of.
cer'care [tʃer'kare] *vt* to look for, search for // *vi*: ~ **di fare qc** to try to do sth.
'cerchia ['tʃerkja] *sf* circle.
'cerchio ['tʃerkjo] *sm* circle; (*giocattolo, di botte*) hoop.
cere'ale [tʃere'ale] *sm* cereal.
cere'brale [tʃere'brale] *ag* cerebral.
ceri'monia [tʃeri'mɔnja] *sf* ceremony; **cerimoni'ale** *sm* etiquette, ceremonial; **cerimoni'oso, a** *ag* formal, ceremonious.
ce'rino [tʃe'rino] *sm* wax match.
'cernia ['tʃɛrnja] *sf* (ZOOL) stone bass.
cerni'era [tʃer'njɛra] *sf* hinge; ~ **lampo** zip (fastener).
'cernita ['tʃɛrnita] *sf* selection.
'cero ['tʃero] *sm* (church) candle.
ce'rotto [tʃe'rɔtto] *sm* sticking plaster.

cer'tezza [tʃer'tettsa] *sf* certainty.
certifi'care [tʃertifi'kare] *vt* to certify.
certifi'cato *sm* certificate; ~ **medico/di nascita** medical/birth certificate.
'certo, a ['tʃɛrto] *ag* certain; (*sicuro*): ~ **(di/che)** certain *o* sure (of/that) // *det* certain // *av* certainly, of course; **~i** *pronome pl* some; **un ~ non so che** an indefinable something; **di una ~a età** past one's prime, not so young; **sì ~** yes indeed; **no ~** certainly not; **di ~** certainly.
cer'tuni [tʃer'tuni] *pronome pl* some (people).
cer'vello, *pl* **i** (*anche: pl(f)* **a** *o* **e**) [tʃer'vɛllo] *sm* brain.
'cervo, a ['tʃɛrvo] *sm/f* stag/hind // *sm* deer; ~ **volante** stag beetle.
cesel'lare [tʃezel'lare] *vt* to chisel; (*fig*) to polish, finish with care.
ce'sello [tʃe'zɛllo] *sm* chisel.
ce'soie [tʃe'zoje] *sfpl* shears.
'cespite ['tʃɛspite] *sm* source of income.
ces'puglio [tʃes'puʎʎo] *sm* bush.
ces'sare [tʃes'sare] *vi* (2), *vt* to stop, cease; ~ **di fare qc** to stop doing sth; **cessate il fuoco** *sm* ceasefire.
'cesso ['tʃɛsso] *sm* (*fam*) bog.
'cesta ['tʃesta] *sf* (large) basket.
ces'tino [tʃes'tino] *sm* basket; (*per la carta straccia*) wastepaper basket.
'cesto ['tʃesto] *sm* basket.
'ceto ['tʃɛto] *sm* (social) class.
cetrio'lino [tʃetrio'lino] *sm* gherkin.
cetri'olo [tʃetri'ɔlo] *sm* cucumber.
cfr. (*abbr di confronta*) cf.
che [ke] *pronome* (*relativo: persona: soggetto*) who; (*: oggetto*) whom; (*: cosa*) which, that; **l'uomo ~ io vedo** the man (whom) I see; **il libro ~ è sul tavolo** the book which *o* that is on the table; **il giorno ~** ... the day (that) ...; **la sera ~ ti ho visto** the evening I saw you; (*interrogativo, esclamativo*) what; **~ (cosa) fai?** what are you doing?; **a ~ (cosa) pensi?** what are you thinking about?; **non sa ~ fare** he doesn't know what to do // *det* what; (*di numero limitato*) which; **~ vestito ti vuoi mettere?** what (*o* which) dress do you want to put on?; **~ tipo di film hai visto?** what sort of film did you see?; **~ bel vestito!** what a lovely dress!; **~ buono!** how delicious! // *cong* that; **so ~ tu c'eri** I know (that) you were there; **voglio ~ tu studi** I want you to study; (*affinché*): **vieni qua, ~ ti veda** come here, so that I can see you; (*temporale*): **arrivai ~ eri già partito** you had already left when I arrived; **sono anni ~ non lo vedo** I haven't seen him in years; (*in frasi imperative*): **~ venga pure** let him come by all means; **non ~ sia stupido** not that he's stupid; *vedi* **non, più, meno** *etc.*
cheru'bino [keru'bino] *sm* cherub.
cheti'chella [keti'kɛlla]: **alla ~** *av* stealthily, unobtrusively.
'cheto, a ['keto] *ag* quiet, silent.
chi [ki] *pronome* (*interrogativo: soggetto*) who; (*: oggetto*): **di ~ è questo libro?** whose book is this?; **con ~ parli?** to whom are you talking?, who are you talking to?; (*relativo: colui/colei che*) he/she who; (*: complemento*): **dillo a ~ vuoi** tell it to whoever you like; **~ dice una cosa ~ un'altra** some say one thing some another.
chiacchie'rare [kjakkje'rare] *vi* to chat; (*discorrere futilmente*) to chatter; (*far pettegolezzi*) to gossip; **chi'acchiere** *sfpl* chatter *q*; gossip *q*; **fare due** *o* **quattro chiacchiere** to have a chat; **chiacchie'rone, a** *ag* talkative, chatty; gossipy.
chia'mare [kja'mare] *vt* to call; (*rivolgersi a qd*) to call (in), send for; **~rsi** *vr* (*aver nome*) to be called; **mi chiamo Paolo** my name is Paolo, I'm called Paolo; **~ alle armi** to call up; **~ in giudizio** to summon; **chia'mata** *sf* call; (*MIL*) call-up; **chiamata interurbana** (*TEL*) trunk call.
chia'rezza [kja'rettsa] *sf* clearness; clarity.
chiarifi'care [kjarifi'kare] *vt* (*anche fig*) to clarify.
chia'rire [kja'rire] *vt* to make clear; (*fig: spiegare*) to clear up, explain; **~rsi** *vr* to become clear.
chi'aro, a ['kjaro] *ag* clear; (*luminoso*) clear, bright; (*colore*) pale, light.
chiaroveg'gente [kjaroved'dʒɛnte] *sm/f* clairvoyant.
chi'asso ['kjasso] *sm* uproar, row; **chias'soso, a** *ag* noisy, rowdy.
chi'ave ['kjave] *sf* key // *ag inv* key *cpd*; **~ inglese** monkey wrench; **chiavis'tello** *sm* bolt.
chi'azza ['kjattsa] *sf* stain; splash.
chic [ʃik] *ag inv* chic, elegant.
'chicco, chi ['kikko] *sm* (*di cereale, riso*) grain; (*di caffè*) bean; **~ d'uva** grape.
chi'edere ['kjɛdere] *vt* (*per sapere*) to ask; (*per avere*) to ask for // *vi*: **~ di qd** to ask after sb; (*chiamare: al telefono*) to ask for *o* want sb; **~ qc a qd** to ask sb sth; to ask sb for sth.
chi'erico, ci ['kjɛriko] *sm* cleric; altar boy.
chi'esa ['kjɛza] *sf* church.
chi'esto, a *pp di* **chiedere.**
'chiglia ['kiʎʎa] *sf* keel.
'chilo ['kilo] *sm* (*abbr di* **chilogrammo**) kilo; **chilo'grammo** *sm* kilogram(me); **chi'lometro** *sm* kilometre.
'chimico, a, ci, che ['kimiko] *ag* chemical // *sm/f* chemist // *sf* chemistry.
'china ['kina] *sf* (*pendio*) slope, descent; **(inchiostro di) ~** Indian ink.
chi'nare [ki'nare] *vt* to lower, bend; **~rsi** *vr* to stoop, bend.
chincaglie'ria [kinkaʎʎe'ria] *sf* fancy-goods shop; **~e** *sfpl* fancy goods, knick-knacks.
chi'nino [ki'nino] *sm* quinine.
chi'occia, ce ['kjɔttʃa] *sf* brooding hen.
chi'occiola ['kjɔttʃola] *sf* snail.
chi'odo ['kjɔdo] *sm* nail; (*fig*) obsession.

chi'oma ['kjɔma] *sf* (*capelli*) head of hair; (*di albero*) foliage.
chi'osco, schi ['kjɔsko] *sm* kiosk.
chi'ostro ['kjɔstro] *sm* cloister.
chirur'gia [kirur'dʒia] *sf* surgery; **chi'rurgo, ghi** *o* **gi** *sm* surgeon.
chissà [kis'sa] *av* who knows, I wonder.
chi'tarra [ki'tarra] *sf* guitar; **chitar'rista, i, e** *sm/f* guitarist, guitar player.
chi'udere ['kjudere] *vt* to close, shut; (*luce, acqua*) to put off, turn off; (*definitivamente: fabbrica*) to close down, shut down; (*strada*) to close; (*recingere*) to enclose; (*porre termine*) to end // *vi* to close, shut; to close down, shut down; to end; **~rsi** *vr* to shut, close; (*ritirarsi: anche fig*) to shut o.s. away; (*ferita*) to close up.
chi'unque [ki'unkwe] *pronome* (*relativo*) whoever; (*indefinito*) anyone, anybody.
chi'uso, a ['kjuso] *pp di* **chiudere** // *sf* (*di corso d'acqua*) sluice, lock; (*recinto*) enclosure; (*di discorso etc*) conclusion, ending; **chiu'sura** *sf* closing; shutting; closing *o* shutting down; enclosing; putting *o* turning off; ending; (*dispositivo*) catch; fastening; fastener.
ci [tʃi] (*dav lo, la, li, le, ne diventa* **ce**) *pronome* (*personale*) us; (*: complemento di termine*) (to) us; (*: riflessivo*) ourselves; (*: reciproco*) one another; (*dimostrativo: di ciò, su ciò, in ciò etc*) about (*o* on *o* of) it; **non so cosa far~** I don't know what to do about it; **che c'entro io?** what have I got to do with it? // *av* (*qui*) here; (*lì*) there; **esser~** *vedi* **essere.**
C.ia (*abbr di* **compagnia**) Co.
cia'batta [tʃa'batta] *sf* mule, slipper.
ci'alda ['tʃalda] *sf* (*CUC*) wafer.
ciam'bella [tʃam'bɛlla] *sf* (*CUC*) ring-shaped cake; (*salvagente*) rubber ring.
ci'ao ['tʃao] *escl* (*all'arrivo*) hello!; (*alla partenza*) cheerio!, bye!
ciarla'tano [tʃarla'tano] *sm* charlatan.
cias'cuno, a [tʃas'kuno] (*dav sm:* **ciascun** *+C, V,* **ciascuno** *+s impura, gn, pn, ps, x, z; dav sf:* **ciascuna** *+C,* **ciascun'** *+V*) *det, pronome* each.
'cibo ['tʃibo] *sm* food.
ci'cala [tʃi'kala] *sf* cicada.
cica'trice [tʃika'tritʃe] *sf* scar; **cicatriz'zarsi** *vr* to form a scar, heal (up).
'cicca ['tʃikka] *sf* cigarette end.
'ciccia ['tʃittʃa] *sf* (*fam: carne*) meat; (*: grasso umano*) fat, flesh.
cice'rone [tʃitʃe'rone] *sm* guide.
cicla'mino [tʃikla'mino] *sm* cyclamen.
ci'clismo [tʃi'klizmo] *sm* cycling; **ci'clista, i, e** *sm/f* cyclist.
'ciclo ['tʃiklo] *sm* cycle; (*di malattia*) course.
ciclomo'tore [tʃiklomo'tore] *sm* moped.
ci'clone [tʃi'klone] *sm* cyclone.
ciclos'tile [tʃiklos'tile] *sm* cyclostyle.
ci'cogna [tʃi'koɲɲa] *sf* stork.
ci'coria [tʃi'kɔria] *sf* chicory.
ci'eco, a, chi, che ['tʃɛko] *ag* blind // *sm/f* blind man/woman.
ci'elo ['tʃɛlo] *sm* sky; (*REL*) heaven.
'cifra ['tʃifra] *sf* (*numero*) figure; numeral; (*somma di denaro*) sum, figure; (*monogramma*) monogram, initials *pl*; (*codice*) code, cipher; **ci'frare** *vt* to embroider with a monogram; to code.
'ciglio ['tʃiʎʎo] *sm* (*margine*) edge, verge; (*pl(f)* **ciglia**: *delle palpebre*) eye(lash); eye(lid); (*sopracciglio*) eyebrow.
'cigno ['tʃiɲɲo] *sm* swan.
cigo'lare [tʃigo'lare] *vi* to squeak, creak.
'Cile ['tʃile] *sm*: **il ~** Chile.
cilecca [tʃi'lekka] *sf*: **far ~** to fail.
cili'egia, gie *o* **ge** [tʃi'ljɛdʒa] *sf* cherry; **cili'egio** *sm* cherry tree.
cilin'drata [tʃilin'drata] *sf* (*AUT*) (cubic) capacity; **una macchina di grossa ~** a big-engined car.
ci'lindro [tʃi'lindro] *sm* cylinder; (*cappello*) top hat.
'cima ['tʃima] *sf* (*sommità*) top; (*di monte*) top, summit; (*estremità*) end; **da ~ a fondo** from top to bottom; (*fig*) from beginning to end.
cimen'tare [tʃimen'tare] *vt* to put to the test.
'cimice ['tʃimitʃe] *sf* (*ZOOL*) bug; (*puntina*) drawing pin.
ciminі'era [tʃimi'njɛra] *sf* chimney; (*di nave*) funnel.
cimi'tero [tʃimi'tɛro] *sm* cemetery.
ci'murro [tʃi'murro] *sm* (*di cani*) distemper.
'Cina ['tʃina] *sf*: **la ~** China.
'cinema ['tʃinema] *sm inv* cinema; **cinematogra'fare** *vt* to film; **cine'presa** *sf* cine-camera.
ci'nese [tʃi'nese] *ag, sm/f, sm* Chinese *inv*.
ci'netico, a, ci, che [tʃi'nɛtiko] *ag* kinetic.
'cingere ['tʃindʒere] *vt* (*attorniare*) to surround, encircle; **~ la vita con una cintura** to put a belt round one's waist.
'cinghia ['tʃingja] *sf* strap; (*cintura, TECN*) belt.
cinghi'ale [tʃin'gjale] *sm* wild boar.
cinguet'tare [tʃingwet'tare] *vi* to twitter.
'cinico, a, ci, che ['tʃiniko] *ag* cynical // *sm/f* cynic.
cin'quanta [tʃin'kwanta] *num* fifty; **cinquan'tesimo, a** *num* fiftieth.
cinquan'tina [tʃinkwan'tina] *sf* (*serie*): **una ~ (di)** about fifty; (*età*): **essere sulla ~** to be about fifty.
'cinque ['tʃinkwe] *num* five; **avere ~ anni** to be five (years old); **il ~ dicembre 1982** the fifth of December 1982; **alle ~** (*ora*) at five (o'clock).
cinque'cento [tʃinkwe'tʃɛnto] *num* five hundred // *sm*: **il C~** the sixteenth century.
'cinto, a ['tʃinto] *pp di* **cingere**.
cin'tura [tʃin'tura] *sf* belt; **~ di salvataggio** lifebelt; **~ di sicurezza** (*AUT, AER*) safety belt.
ciò [tʃɔ] *pronome* this; that; **~ che** what; **~ nondimeno** in spite of this (*o* that).

ci'occa, che ['tʃɔkka] *sf* (*di capelli*) lock.
ciocco'lata [tʃokko'lata] *sf* chocolate; (*bevanda*) (hot) chocolate; **cioccola'tino** *sm* chocolate; **ciocco'lato** *sm* chocolate.
cioè [tʃo'ɛ] *av* that is (to say).
ciondo'lare [tʃondo'lare] *vi* to dangle; (*fig*) to loaf (about); **ci'ondolo** *sm* pendant.
ci'otola ['tʃɔtola] *sf* bowl.
ci'ottolo ['tʃɔttolo] *sm* pebble; (*di strada*) cobble(stone).
ci'polla [tʃi'polla] *sf* onion; (*di tulipano etc*) bulb.
ci'presso [tʃi'prɛsso] *sm* cypress (tree).
'cipria ['tʃiprja] *sf* (face) powder.
cipri'ota, i, e [tʃipri'ɔta] *ag, sm/f* Cypriot.
'Cipro ['tʃipro] *sm* Cyprus.
'circa ['tʃirka] *av* about, roughly // *prep* about, concerning; **a mezzogiorno ~** about midday.
'circo, chi ['tʃirko] *sm* circus.
circo'lare [tʃirko'lare] *vi* to circulate; (AUT) to drive (along), move (along) // *ag* circular // *sf* (AMM) circular; (*di autobus*) circle (line); **circolazi'one** *sf* circulation; (AUT): **la circolazione** (the) traffic.
'circolo ['tʃirkolo] *sm* circle.
circon'dare [tʃirkon'dare] *vt* to surround.
circonfe'renza [tʃirkonfe'rɛntsa] *sf* circumference.
circonvallazi'one [tʃirkonvallat'tsjone] *sf* ring road; (*per evitare una città*) by-pass.
circos'critto, a [tʃirkos'kritto] *pp di* **circoscrivere.**
circos'crivere [tʃirkos'krivere] *vt* to circumscribe; (*fig*) to limit, restrict; **circoscrizi'one** *sf* (AMM) district, area; **circoscrizione elettorale** constituency.
circos'petto, a [tʃirkos'pɛtto] *ag* circumspect, cautious.
circos'tante [tʃirkos'tante] *ag* surrounding, neighbouring.
circos'tanza [tʃirkos'tantsa] *sf* circumstance; (*occasione*) occasion.
cir'cuito [tʃir'kuito] *sm* circuit.
'ciste ['tʃiste] *sf* = **cisti.**
cis'terna [tʃis'tɛrna] *sf* tank, cistern.
'cisti ['tʃisti] *sf* cyst.
C.I.T. [tʃit] *abbr f di Compagnia Italiana Turismo.*
ci'tare [tʃi'tare] *vt* (DIR) to summon; (*autore*) to quote; (*a esempio, modello*) to cite; **citazi'one** *sf* summons *sg*; quotation; (*di persona*) mention.
ci'tofono [tʃi'tɔfono] *sm* entry phone; (*in uffici*) intercom.
città [tʃit'ta] *sf inv* town; (*importante*) city; **~ universitaria** university campus.
cittadi'nanza [tʃittadi'nantsa] *sf* citizens *pl*, inhabitants *pl* of a town (*o* city); (DIR) citizenship.
citta'dino, a [tʃitta'dino] *ag* town *cpd*; city *cpd* // *sm/f* (*di uno Stato*) citizen; (*abitante di città*) towndweller.
ci'uco, a, chi, che ['tʃuko] *sm/f* ass, donkey.
ci'uffo ['tʃuffo] *sm* tuft.
ci'vetta [tʃi'vetta] *sf* (ZOOL) owl; (*fig: donna*) coquette, flirt.
'civico, a, ci, che ['tʃivico] *ag* civic; (*museo*) municipal, town *cpd*; municipal, city *cpd*.
ci'vile [tʃi'vile] *ag* civil; (*non militare*) civilian; (*nazione*) civilized // *sm* civilian.
civiliz'zare [tʃivilid'dʒare] *vt* to civilize; **civilizzazi'one** *sf* civilization.
civiltà [tʃivil'ta] *sf* civilization; (*cortesia*) civility.
ci'vismo [tʃi'vizmo] *sm* public spirit.
'clacson *sm inv* (AUT) horn.
cla'more *sm* (*frastuono*) din, uproar, clamour; (*fig*) outcry; **clamo'roso, a** *ag* noisy; (*fig*) sensational.
clandes'tino, a *ag* clandestine; (POL) underground, clandestine // *sm/f* stowaway.
clari'netto *sm* clarinet.
'classe *sf* class; **di ~** (*fig*) with class; of excellent quality.
classi'cismo [klassi'tʃizmo] *sm* classicism.
'classico, a, ci, che *ag* classical; (*tradizionale: moda*) classic(al) // *sm* classic; classical author.
clas'sifica *sf* classification; (SPORT) placings *pl*.
classifi'care *vt* to classify; (*candidato, concorrente*) to grade; (*compito*) to mark; **~rsi** *vr* to be placed; **classificazi'one** *sf* classification; grading; marking.
'clausola *sf* (DIR) clause.
'clava *sf* club.
clavi'cembalo [klavi'tʃembalo] *sm* harpsichord.
cla'vicola *sf* (ANAT) collar bone.
cle'mente *ag* merciful; (*clima*) mild; **cle'menza** *sf* mercy, clemency; mildness.
cleri'cale *ag* clerical.
'clero *sm* clergy.
cli'ente *sm/f* customer, client; **clien'tela** *sf* customers *pl*, clientèle.
'clima, i *sm* climate; **cli'matico, a, ci, che** *ag* climatic; **climatizzazi'one** *sf* (TECN) air conditioning.
'clinico, a, ci, che *ag* clinical // *sm* (*medico*) clinician // *sf* (*scienza*) clinical medicine; (*casa di cura*) clinic, nursing home; (*ospedale*) clinic.
clo'aca, che *sf* sewer.
cloro'filla *sf* chlorophyll.
cloro'formio *sm* chloroform.
club *sm inv* club.
coabi'tare *vi* to live together, live under the same roof.
coagu'lare *vt* to coagulate // *vi* (2), **~rsi** *vr* to coagulate; (*latte*) to curdle.
coalizi'one [koalit'tsjone] *sf* coalition.
co'atto, a *ag* (DIR) compulsory, forced.
'cobra *sm inv* cobra.
coca'ina *sf* cocaine.
cocci'nella [kottʃi'nɛlla] *sf* ladybird.
'coccio ['kɔttʃo] *sm* earthenware; (*vaso*) earthenware pot; **~i** *smpl* fragments (of pottery).

cocci'uto, a [kot'tʃuto] *ag* stubborn, pigheaded.
'cocco, chi *sm* (*pianta*) coconut palm; (*frutto*): **noce di ~** coconut // *sm/f* (*fam*) darling.
cocco'drillo *sm* crocodile.
cocco'lare *vt* to cuddle, fondle.
co'cente [ko'tʃɛnte] *ag* (*anche fig*) burning.
co'comero *sm* watermelon.
co'cuzzolo [ko'kuttsolo] *sm* top; (*di capo, cappello*) crown.
'coda *sf* tail; (*fila di persone, auto*) queue; (*di abiti*) train; (*dell'occhio*) corner; **mettersi in ~** to queue (up); to join the queue; **~ di cavallo** (*acconciatura*) ponytail.
co'dardo, a *ag* cowardly // *sm/f* coward.
'codice ['kɔditʃe] *sm* code; **~ di avviamento postale (C.A.P.)** postal code; **~ della strada** highway code.
codifi'care *vt* (DIR) to codify; (*cifrare*) to code.
coe'rente *ag* coherent; **coe'renza** *sf* coherence.
coesi'one *sf* cohesion.
coe'sistere *vi* (2) to coexist.
coe'taneo, a *ag, sm/f* contemporary.
'cofano *sm* (AUT) bonnet; (*forziere*) chest.
'cogli ['koʎʎi] *prep + det vedi* **con**.
'cogliere ['kɔʎʎere] *vt* (*fiore, frutto*) to pick, gather; (*sorprendere*) to catch, surprise; (*bersaglio*) to hit; (*fig: momento opportuno etc*) to grasp, seize, take; (*: capire*) to grasp; **~ qd in flagrante** *o* **in fallo** to catch sb red-handed.
co'gnato, a [koɲ'ɲato] *sm/f* brother-/sister-in-law.
cognizi'one [koɲɲit'tsjone] *sf* knowledge.
co'gnome [koɲ'ɲome] *sm* surname.
'coi *prep + det vedi* **con**.
coinci'denza [kointʃi'dɛntsa] *sf* coincidence; (FERR, AER, *di autobus*) connection.
coin'volgere [koin'vɔldʒere] *vt*: **~ in** to involve in.
col *prep + det vedi* **con**.
cola'brodo *sm inv* strainer.
cola'pasta *sm inv* colander.
co'lare *vt* (*liquido*) to strain; (*pasta*) to drain; (*oro fuso*) to pour // *vi* (*sudore*) to drip; (*botte*) to leak; (*cera*) to melt; **~ a picco** *vt, vi* (*nave*) to sink.
co'lata *sf* (*di lava*) flow; (FONDERIA) casting.
colazi'one [kolat'tsjone] *sf* (*anche*: **prima ~**) breakfast; (*anche*: **seconda ~**) lunch; **fare ~** to have breakfast (*o* lunch).
co'lei *pronome vedi* **colui**.
co'lera *sm* (MED) cholera.
'colica *sf* (MED) colic.
'colla *sf* glue; (*di farina*) paste.
collabo'rare *vi* to collaborate; **~ a** to collaborate on; (*giornale*) to contribute to; **collabora'tore, 'trice** *sm/f* collaborator; contributor; **collaborazi'one** *sf* collaboration; contribution.
col'lana *sf* necklace; (*collezione*) collection, series.
col'lant [kɔ'lã] *sm inv* tights *pl*.
col'lare *sm* collar.
col'lasso *sm* (MED) collapse.
collau'dare *vt* to test, try out; **col'laudo** *sm* testing *q*; test.
'colle *sm* hill.
col'lega, ghi, ghe *sm/f* colleague.
collega'mento *sm* connection; (MIL) liaison.
colle'gare *vt* to connect, join, link; **~rsi** *vr* (RADIO, TV) to link up; **~rsi con** (TEL) to get through to.
col'legio [kol'lɛdʒo] *sm* college; (*convitto*) boarding school; **~ elettorale** (POL) constituency.
'collera *sf* anger.
col'lerico, a, ci, che *ag* quick-tempered, irascible.
col'letta *sf* collection.
collettività *sf* community.
collet'tivo, a *ag* collective; (*interesse*) general, everybody's; (*biglietto, visita etc*) group *cpd* // *sm* (POL) (political) group.
col'letto *sm* collar.
collezio'nare [kollettsjo'nare] *vt* to collect.
collezi'one [kollet'tsjone] *sf* collection.
colli'mare *vi* to correspond, coincide.
col'lina *sf* hill.
col'lirio *sm* eyewash.
collisi'one *sf* collision.
'collo *sm* neck; (*di abito*) neck, collar; (*pacco*) parcel; **~ del piede** instep.
colloca'mento *sm* (*impiego*) employment; (*disposizione*) placing, arrangement.
collo'care *vt* (*libri, mobili*) to place; (*persona: trovare un lavoro per*) to find a job for, place; (COMM: *merce*) to find a market for; **~rsi** *vr* to take one's place; to find a job.
col'loquio *sm* conversation, talk; (*ufficiale*) interview, talk; (INS) preliminary oral exam.
col'mare *vt*: **~ di** (*anche fig*) to fill with; (*dare in abbondanza*) to load *o* overwhelm with; **'colmo, a** *ag*: **colmo (di)** full (of) // *sm* summit, top; (*fig*) height; **al colmo della disperazione** in the depths of despair; **è il colmo!** it's the last straw!
co'lombo, a *sm/f* dove; pigeon.
co'lonia *sf* colony; (*per bambini*) holiday camp; **acqua di ~** (eau de) cologne; **coloni'ale** *ag* colonial // *sm/f* colonist, settler.
coloniz'zare [kolonid'dzare] *vt* to colonize.
co'lonna *sf* column; **~ vertebrale** spine, spinal column.
colon'nello *sm* colonel.
co'lono *sm* (*coltivatore*) tenant farmer.
colo'rante *sm* colouring.
colo'rare *vt* to colour; (*disegno*) to colour in.
co'lore *sm* colour; **a ~i** in colour, colour

cpd; **farne di tutti i ~i** to get up to all sorts of mischief.

colo'rito, a *ag* coloured; (*viso*) rosy, pink; (*linguaggio*) colourful // *sm* (*tinta*) colour; (*carnagione*) complexion.

co'loro *pronome pl vedi* **colui.**

colos'sale *ag* colossal, enormous.

co'losso *sm* colossus.

'colpa *sf* fault; (*biasimo*) blame; (*colpevolezza*) guilt; (*azione colpevole*) offence; (*peccato*) sin; **di chi è la ~?** whose fault is it?; **per ~ di** through, owing to; **col'pevole** *ag* guilty.

col'pire *vt* to hit, strike; (*fig*) to strike; **rimanere colpito da qc** to be amazed *o* struck by sth.

'colpo *sm* (*urto*) knock; (*: affettivo*) blow, shock; (*: aggressivo*) blow; (*di pistola*) shot; (*SPORT*) stroke; shot; blow; (*MED*) stroke; **di ~** suddenly; **fare ~** to make a strong impression; **~ di grazia** coup de grâce; **~ di sole** sunstroke; **~ di Stato** coup d'état; **~ di telefono** phone call; **~ di testa** (sudden) impulse *o* whim; **~ di vento** gust (of wind).

coltel'lata *sf* stab.

col'tello *sm* knife; **~ a serramanico** clasp knife.

colti'vare *vt* to cultivate; (*verdura*) to grow, cultivate; (*MINERALOGIA*) to work; **coltiva'tore** *sm* farmer; **coltivazi'one** *sf* cultivation; growing; working.

'colto, a *pp di* **cogliere** // *ag* (*istruito*) cultured, educated.

'coltre *sf* blanket.

col'tura *sf* (*di terra*) cultivation; (*di verdura*) growing; cultivation.

co'lui, co'lei, *pl* **co'loro** *pronome* the one; **~ che parla** the one *o* the man *o* the person who is speaking; **colei che amo** the one *o* the woman *o* the person (whom) I love.

'coma *sm inv* coma.

comanda'mento *sm* (*REL*) commandment.

coman'dante *sm* (*MIL*) commander, commandant; (*di reggimento*) commanding officer; (*NAUT, AER*) captain.

coman'dare *vt* to command; (*imporre*) to order, command; (*meccanismo*) to control; **co'mando** *sm* (*ingiunzione*) order, command; (*autorità*) command; (*TECN*) control.

combaci'are [kombat'tʃare] *vi* to meet; (*fig: coincidere*) to coincide, correspond.

combat'tente *ag* fighting // *sm* combatant; **ex-~** ex-serviceman.

com'battere *vt* to fight; (*fig*) to combat, fight against // *vi* to fight; **combatti'mento** *sm* fight; fighting *q*; (*di pugilato*) match.

combi'nare *vt* to combine; (*organizzare*) to arrange; (*fam: fare*) to make, cause; **~rsi** *vr* to combine; (*mettersi d'accordo*) to come to an agreement; **combinazi'one** *sf* combination; (*caso fortuito*) coincidence; (*biancheria*) combinations *pl*; (*tuta: da aviatore*) flying suit; (*: da operaio*) boiler suit; **per combinazione** by chance.

combus'tibile *ag* combustible // *sm* fuel.

combusti'one *sf* combustion.

com'butta *sf* (*peg*) gang; **in ~** in league.

'come *av* like; (*in qualità di*) as; (*interrogativo, esclamativo*) how; (*che cosa, prego*): **~?** pardon?, sorry? // *cong* as; (*che, in quale modo*) how; (*appena che, quando*) as soon as; **~ stai?** how are you?; **~ sei cresciuto!** how you've grown!; **~ se** as if, as though; *vedi* **così, tanto.**

co'meta *sf* comet.

'comico, a, ci, che *ag* (*TEATRO*) comic; (*buffo*) comical // *sm* (*attore*) comedian, comic actor; (*comicità*) comic spirit, comedy.

co'mignolo [ko'miɲɲolo] *sm* chimney top.

cominci'are [komin'tʃare] *vt, vi* to begin, start; **~ a fare/col fare** to begin to do/by doing.

comi'tato *sm* committee.

comi'tiva *sf* party, group.

co'mizio [ko'mittsjo] *sm* (*POL*) meeting, assembly.

com'mando *sm inv* commando (squad).

com'media *sf* comedy; (*opera teatrale*) play; (*: che fa ridere*) comedy; (*fig*) playacting *q*; **commedi'ante** *sm/f* (*peg*) third-rate actor/actress; (*: fig*) sham.

commemo'rare *vt* to commemorate; **commemorazi'one** *sf* commemoration.

commen'tare *vt* to comment on; (*testo*) to annotate; (*RADIO, TV*) to give a commentary on; **commenta'tore, 'trice** *sm/f* commentator; **com'mento** *sm* comment; (*a un testo*) commentary, notes *pl*; (*RADIO, TV*) commentary.

commerci'ale [kommer'tʃale] *ag* commercial, trading; (*peg*) commercial.

commerci'ante [kommer'tʃante] *sm/f* trader, dealer; (*bottegaio*) shopkeeper.

commerci'are [kommer'tʃare] *vi*: **~ in** to deal *o* trade in.

com'mercio [kom'mɛrtʃo] *sm* trade, commerce; **essere in ~** (*prodotto*) to be on the market *o* on sale; **essere nel ~** (*persona*) to be in business; **~ all'ingrosso/al minuto** wholesale/retail trade.

com'messo, a *pp di* **commettere** // *sm/f* shop assistant // *sm* (*impiegato subalterno*) clerk // *sf* (*COMM*) order; **~ viaggiatore** commercial traveller.

commes'tibile *ag* edible.

com'mettere *vt* to commit.

commi'nare *vt* (*DIR*) to threaten; to inflict.

commise'rare *vt* to sympathize with, commiserate with.

commissari'ato *sm* (*AMM*) commissionership; (*: sede*) commissioner's office; (*: di polizia*) police station.

commis'sario *sm* commissioner; (*di pubblica sicurezza*) ≈ police superintendent; (*SPORT*) steward; (*membro di commissione*) member of a committee *o* board.

commissio'nario *sm* (*COMM*) selling agent.
commissi'one *sf* (*incarico*) message; errand; (*comitato, percentuale*) commission; (*COMM: ordinazione*) order; **~i** *sfpl* (*acquisti*) shopping *sg*.
commit'tente *sm/f* (*COMM*) purchaser, buyer.
com'mosso, a *pp di* **commuovere**.
commo'vente *ag* moving.
commozi'one [kommot'tsjone] *sf* emotion, deep feeling; **~ cerebrale** concussion.
commu'overe *vt* to move, affect; **~rsi** *vr* to be moved.
commu'tare *vt* (*pena*) to commute; (*ELETTR*) to change *o* switch over.
comò *sm inv* chest of drawers.
como'dino *sm* bedside table.
comodità *sf inv* comfort; convenience.
'comodo, a *ag* comfortable; (*facile*) easy; (*conveniente*) convenient; (*utile*) useful, handy; (*persona*) easy-going // *sm* comfort; convenience; **con ~** at one's convenience *o* leisure; **fare il proprio ~** to do as one pleases; **far ~** to be useful *o* handy.
compae'sano, a *sm/f* fellow-countryman; person from the same town.
com'pagine [kom'padʒine] *sf* (*squadra*) team.
compa'gnia [kompaɲ'ɲia] *sf* company; (*gruppo*) gathering.
com'pagno, a [kom'paɲɲo] *sm/f* (*di classe, gioco*) companion; (*POL*) comrade; (*COMM: socio*) partner; **~ di squadra** team mate.
compa'rare *vt* to compare.
compara'tivo, a *ag, sm* comparative.
comparazi'one [komparat'tsjone] *sf* comparison.
compa'rire *vi* (2) to appear; (*spiccare: persona*) to stand out; **com'parso, a** *pp di* **comparire** // *sf* appearance; (*TEATRO*) walk-on; (*CINEMA*) extra.
compartecipazi'one [kompartetʃipat'tsjone] *sf* sharing; (*quota*) share; **~ agli utili** profit-sharing.
comparti'mento *sm* (*suddivisione*) division, compartment; (*FERR*) compartment; (*AMM*) department.
compassi'one *sf* compassion, pity; **avere ~ di qd** to feel sorry for sb, to pity sb; **compassio'nevole** *ag* compassionate.
com'passo *sm* (pair of) compasses *pl*; callipers *pl*.
compa'tibile *ag* (*scusabile*) excusable; (*conciliabile*) compatible.
compati'mento *sm* compassion; indulgence.
compa'tire *vt* (*aver compassione di*) to sympathize with, feel sorry for; (*scusare*) to make allowances for.
compatri'ota, i, e *sm/f* compatriot.
com'patto, a *ag* compact; (*roccia*) solid; (*folla*) dense; (*fig: partito*) united, close-knit.
compendi'are *vt* to summarize.
com'pendio *sm* summary; (*libro*) compendium.
compene'trare *vt* to permeate.
compen'sare *vt* (*equilibrare*) to compensate for, make up for; **~ qd di** (*rimunerare*) to pay *o* remunerate sb for; (*risarcire*) to pay compensation to sb for; (*fig: fatiche, dolori*) to reward sb for; **com'penso** *sm* compensation; payment, remuneration; reward; **in compenso** in compensation; (*in cambio*) in return.
'compera *etc* = **compra** *etc*.
compe'tente *ag* competent; (*mancia*) apt, suitable; **compe'tenza** *sf* competence; **competenze** *sfpl* (*onorari*) fees.
com'petere *vi* to compete, vie; (*DIR: spettare*): **~ a** to lie within the competence of; **competi'tore, 'trice** *sm/f* competitor; **competizi'one** *sf* competition.
compia'cente [kompja'tʃɛnte] *ag* courteous, obliging; **compia'cenza** *sf* courtesy.
compia'cere [kompja'tʃere] *vi*: **~ a** to gratify, please // *vt* to humour; **~rsi** *vr* (*provare soddisfazione*): **~rsi di** *o* **per qc** to be delighted at sth; (*rallegrarsi*): **~rsi con qd** to congratulate sb; (*degnarsi*): **~rsi di fare** to be so good as to do; **compiaci'uto, a** *pp di* **compiacere**.
compi'angere [kom'pjandʒere] *vt* to sympathize with, feel sorry for; **compi'anto, a** *pp di* **compiangere**.
'compiere *vt* (*concludere*) to finish, end, complete; (*adempiere*) to carry out, fulfil; **~rsi** *vr* (*avverarsi*) to be fulfilled, come true; **~ gli anni** to have one's birthday.
compi'lare *vt* to compile.
com'pire *vb* = **compiere**.
compi'tare *vt* to spell out.
'compito *sm* (*incarico*) task, duty; (*dovere*) duty; (*INS*) exercise; (*: a casa*) homework.
com'pito, a *ag* well-mannered, polite.
comple'anno *sm* birthday.
complemen'tare *ag* complementary; (*INS: materia*) subsidiary.
comple'mento *sm* complement; (*MIL*) reserve (troops); **~ oggetto** (*LING*) direct object.
complessità *sf* complexity.
comples'sivo, a *ag* (*globale*) comprehensive, overall; (*totale: cifra*) total.
com'plesso, a *ag* complex // *sm* (*PSIC, EDIL*) complex; (*MUS: corale*) ensemble; (*: orchestrina*) band; (*: di musica pop*) group; **in** *o* **nel ~** on the whole.
comple'tare *vt* to complete.
com'pleto, a *ag* complete; (*teatro, autobus*) full // *sm* suit; **al ~** full; (*tutti presenti*) all present.
compli'care *vt* to complicate; **~rsi** *vr* to become complicated; **complicazi'one** *sf* complication.
'complice ['kɔmplitʃe] *sm/f* accomplice.
complimen'tarsi *vr*: **~ con** to congratulate.
compli'mento *sm* compliment; **~i** *smpl*

(*cortesia eccessiva*) ceremony *sg*; (*ossequi*) regards, compliments; **~i!** congratulations!; **senza ~i!** don't stand on ceremony!; make yourself at home!; help yourself!
complot'tare *vi* to plot, conspire.
com'plotto *sm* plot, conspiracy.
compo'nente *sm/f* member // *sm o f* component (part).
componi'mento *sm* (DIR) settlement; (INS) composition; (*poetico, teatrale*) work.
com'porre *vt* (*musica, testo*) to compose; (*formare*) to make up, form; (*motore*) to make up, put together; (*mettere in ordine*) to arrange; (DIR: *lite*) to settle; (TIP) to set.
comporta'mento *sm* behaviour.
compor'tare *vt* (*implicare*) to involve; (*consentire*) to permit, allow (of); **~rsi** *vr* (*condursi*) to behave.
composi'tore, 'trice *sm/f* composer; (TIP) compositor, typesetter.
composizi'one [kompozit'tsjone] *sf* composition; (DIR) settlement.
com'posta *sf vedi* **composto.**
compos'tezza [kompos'tettsa] *sf* composure; decorum.
com'posto, a *pp di* **comporre** // *ag* (*persona*) composed, self-possessed; (: *decoroso*) dignified; (*formato da più elementi*) compound *cpd* // *sm* compound // *sf* (CUC) stewed fruit *q*; (AGR) compost.
'compra *sf* purchase.
com'prare *vt* to buy; **compra'tore, 'trice** *sm/f* buyer, purchaser.
com'prendere *vt* (*contenere*) to comprise, consist of; (*capire*) to understand.
comprensi'one *sf* understanding.
compren'sivo, a *ag* (*prezzo*): **~ di** inclusive of; (*indulgente*) understanding.
com'preso, a *pp di* **comprendere** // *ag* (*incluso*) included.
com'pressa *sf vedi* **compresso.**
compressi'one *sf* compression; (*pressione*) pressure.
com'presso, a *pp di* **comprimere** // *ag* pressed; compressed; repressed // *sf* (MED: *garza*) compress; (: *pastiglia*) tablet.
com'primere *vt* (*premere*) to press; (FISICA) to compress; (*fig*) to repress.
compro'messo, a *pp di* **compromettere** // *sm* compromise.
compro'mettere *vt* to compromise.
compro'vare *vt* to confirm.
com'punto, a *ag* contrite; **compunzi'one** *sf* compunction.
compu'tare *vt* to calculate; (*addebitare*): **~ qc a qd** to debit sb with sth; **computiste'ria** *sf* accounting, book-keeping; **'computo** *sm* calculation.
comu'nale *ag* municipal; town *cpd*, ≈ borough *cpd*.
comu'nanza [komu'nantsa] *sf* community.
co'mune *ag* common; (*consueto*) common, everyday; (*di livello medio*) average; (*ordinario*) ordinary // *sm* (AMM) commune, ≈ town council; (: *sede*) town hall // *sf* (*di persone*) commune; **fuori del ~** out of the ordinary; **mettere in ~** to share.
comuni'care *vt* (*notizia*) to pass on, convey; (*malattia*) to pass on; (*ansia etc*) to communicate; (*trasmettere: calore etc*) to transmit, communicate; (REL) to administer communion to // *vi* to communicate; **~rsi** *vr* (*propagarsi*): **~rsi a** to spread to; (REL) to receive communion; **comunica'tivo, a** *ag* (*sentimento*) infectious; (*persona*) communicative.
comuni'cato *sm* communiqué.
comunicazi'one [komunikat'tsjone] *sf* communication; (TEL): **~ (telefonica)** (telephone) call; **dare la ~ a qd** to put sb through; **ottenere la ~** to get through.
comuni'one *sf* communion.
comu'nismo *sm* communism; **comu'nista, i, e** *ag, sm/f* communist.
comunità *sf inv* community; **C~ Economica Europea (C.E.E.)** European Economic Community (EEC).
co'munque *cong* however, no matter how // *av* (*in ogni modo*) in any case; (*tuttavia*) however, nevertheless.
con *prep* (*nei seguenti casi* **con** *può fondersi con l'articolo definito: con + il =* **col,** *con + gli =* **cogli,** *con + i =* **coi**) with; **partire col treno** to leave by train; **~ mio grande stupore** to my great astonishment; **~ tutto ciò** for all that.
co'nato *sm*: **~ di vomito** retching.
'conca, che *sf* (GEO) valley.
'concavo, a *ag* concave.
con'cedere [kon'tʃɛdere] *vt* (*accordare*) to grant; (*ammettere*) to admit, concede; **~rsi qc** to treat o.s. to sth, to allow o.s. sth.
concentra'mento [kontʃentra'mento] *sm* concentration.
concen'trare [kontʃen'trare] *vt*, **~rsi** *vr* to concentrate; **concentrazi'one** *sf* concentration.
concepi'mento [kontʃepi'mento] *sm* conception.
conce'pire [kontʃe'pire] *vt* (*bambino*) to conceive; (*progetto, idea*) to conceive (of); (*metodo, piano*) to devise; (*affetto, speranze*) to entertain.
con'cernere [kon'tʃɛrnere] *vt* to concern.
concer'tare [kontʃer'tare] *vt* (MUS) to harmonize; (*ordire*) to devise, plan; **~rsi** *vr* to agree.
con'certo [kon'tʃɛrto] *sm* (MUS) concert; (: *componimento*) concerto.
concessio'nario [kontʃessjo'narjo] *sm* (COMM) agent, dealer.
concessi'one [kontʃes'sjone] *sf* concession.
con'cesso, a [kon'tʃɛsso] *pp di* **concedere.**
con'cetto [kon'tʃɛtto] *sm* (*pensiero, idea*) concept; (*opinione*) opinion.
concezi'one [kontʃet'tsjone] *sf* conception.
con'chiglia [kon'kiʎʎa] *sf* shell.
'concia ['kɔntʃa] *sf* (*di pelle*) tanning; (*di*

tabacco) curing; (*sostanza*) tannin.
conci'are [kon'tʃare] *vt* (*pelle*) to tan; (*tabacco*) to cure; (*fig: ridurre in cattivo stato*) to beat up; **~rsi** *vr* (*sporcarsi*) to get in a mess; (*vestirsi male*) to dress badly.
concili'abolo [kontʃi'ljabolo] *sm* clandestine meeting.
concili'are [kontʃi'ljare] *vt* to reconcile; (*contravvenzione*) to pay on the spot; (*favorire: sonno*) to be conducive to, induce; (*procurare: simpatia*) to gain; **~rsi qc** to gain *o* win sth (for o.s.); **~rsi qd** to win sb over; **~rsi con** to be reconciled with; **conciliazi'one** *sf* reconciliation; (*DIR*) settlement.
con'cilio [kon'tʃiljo] *sm* (*REL*) council.
con'cime [kon'tʃime] *sm* manure; (*chimico*) fertilizer.
con'ciso, a [kon'tʃizo] *ag* concise, succinct.
conci'tato, a [kontʃi'tato] *ag* excited, emotional.
concitta'dino, a [kontʃitta'dino] *sm/f* fellow citizen.
con'clave *sm* conclave.
con'cludere *vt* to conclude; (*portare a compimento*) to conclude, finish, bring to an end; (*operare positivamente*) to achieve // *vi* (*essere convincente*) to be conclusive; **~rsi** *vr* to come to an end, close; **conclusi'one** *sf* conclusion; (*risultato*) result; **conclu'sivo, a** *ag* conclusive; (*finale*) final; **con'cluso, a** *pp di* **concludere.**
concor'danza [konkor'dantsa] *sf* (*anche LING*) agreement.
concor'dare *vt* (*tregua*) to agree on; (*LING*) to make agree // *vi* to agree; **concor'dato** *sm* agreement; (*DIR*) composition; (*REL*) concordat.
con'corde *ag* (*d'accordo*) in agreement; (*simultaneo*) simultaneous.
con'cordia *sf* harmony, concord.
concor'rente *ag* competing; (*MAT*) concurrent // *sm/f* competitor; (*INS*) candidate; **concor'renza** *sf* competition.
con'correre *vi*: **~ (in)** (*MAT*) to converge *o* meet (in); **~ (a)** (*competere*) to compete (for); (*: INS: a una cattedra*) to apply (for); (*partecipare: a un'impresa*) to take part (in), contribute (to); **con'corso, a** *pp di* **concorrere** // *sm* competition; (*INS*) competitive examination.
con'creto, a *ag* concrete.
concussi'one *sf* (*DIR*) extortion.
con'danna *sf* sentence; conviction; condemnation.
condan'nare *vt* (*DIR*): **~ a** to sentence to; **~ per** to convict of; (*disapprovare*) to condemn; **condan'nato, a** *sm/f* convict.
conden'sare *vt*, **~rsi** *vr* to condense; **condensazi'one** *sf* condensation.
condi'mento *sm* seasoning; dressing.
con'dire *vt* to season; (*insalata*) to dress.
condiscen'dente [kondiʃʃen'dɛnte] *ag* compliant; indulgent, easy-going.
condi'scendere [kondiʃ'ʃendere] *vi*: **~ a** to agree to; **condi'sceso, a** *pp di* **condiscendere.**
condi'videre *vt* to share; **condi'viso, a** *pp di* **condividere.**
condizio'nale [kondittsjo'nale] *ag* conditional // *sm* (*LING*) conditional // *sf* (*DIR*) suspended sentence.
condizio'nare [kondittsjo'nare] *vt* to condition; (*determinare*) to determine.
condizi'one [kondit'tsjone] *sf* condition; **~i** *sfpl* (*di pagamento etc*) terms, conditions; **a ~ che** on condition that, provided that.
condogli'anze [kondoʎ'ʎantse] *sfpl* condolences.
condo'minio *sm* joint ownership; (*edificio*) jointly-owned building.
condo'nare *vt* (*DIR*) to remit; **con'dono** *sm* remission.
con'dotta *sf vedi* **condotto.**
con'dotto, a *pp di* **condurre** // *ag*: **medico ~** local authority doctor (*in country district*) // *sm* (*canale, tubo*) pipe, conduit; (*ANAT*) duct // *sf* (*modo di comportarsi*) conduct, behaviour; (*di un affare etc*) handling; (*di acqua*) piping; (*incarico sanitario*) *country medical practice controlled by a local authority.*
condu'cente [kondu'tʃɛnte] *sm* driver.
con'durre *vt* to conduct; (*azienda*) to manage; (*accompagnare: bambino*) to take; (*automobile*) to drive; (*trasportare: acqua, gas*) to convey, conduct; (*fig*) to lead // *vi* to lead; **condursi** *vr* to behave, conduct o.s.; **~ una vita felice** to lead a happy life.
condut'tore *sm* (*conducente*) driver; (*FERR*) guard; (*ELETTR, FISICA*) conductor.
con'farsi *vr*: **~ a** to suit, agree with.
confederazi'one [konfederat'tsjone] *sf* confederation.
confe'renza [konfe'rɛntsa] *sf* (*discorso*) lecture; (*riunione*) conference; **conferenzi'ere, a** *sm/f* lecturer.
confe'rire *vt*: **~ qc a qd** to give sth to sb, bestow sth on sb // *vi* to confer.
con'ferma *sf* confirmation.
confer'mare *vt* to confirm.
confes'sare *vt*, **~rsi** *vr* to confess; **confessio'nale** *ag*, *sm* confessional; **confessi'one** *sf* confession; (*setta religiosa*) denomination; **confes'sore** *sm* confessor.
con'fetto *sm* sugared almond; (*MED*) pill.
confezio'nare [konfettsjo'nare] *vt* (*vestito*) to make (up); (*merci, pacchi*) to package.
confezi'one [konfet'tsjone] *sf* tailoring; dressmaking; packaging; **~i** *sfpl* garments, clothes; **~ regalo** gift pack.
confic'care *vt*: **~ qc in** to hammer *o* drive sth into; **~rsi** *vr* to stick.
confi'dare *vi*: **~ in** to confide in, rely on // *vt* to confide; **~rsi con qd** to confide in sb; **confi'dente** *sm/f* (*persona amica*) confidant/confidante; (*spia*) informer; **confi'denza** *sf* (*familiarità*) intimacy, familiarity; (*fiducia*) trust, confidence; (*rivelazione*)

confidence; **confidenzi'ale** *ag* familiar, friendly; (*notizia*) confidential.
configu'rarsi *vr*: ~ **a** to assume the shape *o* form of; **configurazi'one** *sf* configuration.
confi'nare *vi*: ~ **con** to border on // *vt* (*POL*) to intern; (*fig*) to confine; ~**rsi** *vr* (*isolarsi*): ~**rsi in** to shut o.s. up in; (*fig: limitarsi*): ~**rsi a** to confine o.s. to.
con'fine *sm* boundary; (*di paese*) border, frontier.
con'fino *sm* internment.
confis'care *vt* to confiscate.
conflagrazi'one [konflagrat'tsjone] *sf* conflagration.
con'flitto *sm* conflict.
conflu'enza [konflu'ɛntsa] *sf* (*di fiumi*) confluence; (*di strade*) junction.
conflu'ire *vi* (*fiumi*) to flow into each other, meet; (*strade*) to meet.
con'fondere *vt* to mix up, confuse; (*imbarazzare*) to embarrass; ~**rsi** *vr* (*mescolarsi*) to mingle; (*turbarsi*) to be confused; (*sbagliare*) to get mixed up.
confor'mare *vt* (*adeguare*): ~ **a** to adapt *o* conform to // *vr*: ~**rsi (a)** to conform (to).
conforme'mente *av* accordingly; ~ **a** in accordance with.
confor'mista, i, e *sm/f* conformist.
confor'tare *vt* to comfort, console; **confor'tevole** *ag* (*consolante*) comforting; (*comodo*) comfortable; **con'forto** *sm* comfort, consolation; comfort.
confron'tare *vt* to compare.
con'fronto *sm* comparison; **in** *o* **a** ~ **di** in comparison with, compared to; **nei miei** (*o* **tuoi** *etc*) ~**i** towards me (*o* you *etc*).
confusi'one *sf* confusion; (*imbarazzo*) embarrassment.
con'fuso, a *pp di* **confondere** // *ag* (*vedi confondere*) confused; embarrassed.
confu'tare *vt* to refute.
conge'dare [kondʒe'dare] *vt* to dismiss; (*MIL*) to demob; ~**rsi** *vr* to take one's leave; **con'gedo** *sm* (*anche MIL*) leave; **prendere congedo da qd** to take one's leave of sb; **congedo assoluto** (*MIL*) discharge.
conge'gnare [kondʒeɲ'ɲare] *vt* to construct, put together; **con'gegno** *sm* device, mechanism.
conge'lare [kondʒe'lare] *vt* to freeze; **congela'tore** *sm* freezer.
con'genito, a [kon'dʒɛnito] *ag* congenital.
congestio'nare [kondʒestjo'nare] *vt* to congest.
congesti'one [kondʒes'tjone] *sf* congestion.
conget'tura [kondʒet'tura] *sf* conjecture, supposition.
con'giungere [kon'dʒundʒere] *vt* to join (together); (*porre in comunicazione*) to connect, link (up); ~**rsi** *vr* to join (together); to connect, link (up).
congiunti'vite [kondʒunti'vite] *sf* conjunctivitis.
congiun'tivo [kondʒun'tivo] *sm* (*LING*) subjunctive.
congi'unto, a [kon'dʒunto] *pp di* **congiungere** // *ag* (*unito*) joined; (*: da parentela*) related.
congiun'tura [kondʒun'tura] *sf* (*giuntura*) junction, join; (*ANAT*) joint; (*circostanza*) juncture; (*ECON*) economic situation.
congiunzi'one [kondʒun'tsjone] *sf* (*LING*) conjunction.
congi'ura [kon'dʒura] *sf* conspiracy; **congiu'rare** *vi* to conspire.
conglome'rato *sm* (*GEO*) conglomerate; (*fig*) conglomeration; (*EDIL*) concrete.
congratu'larsi *vr*: ~ **con qd per qc** to congratulate sb on sth.
congratulazi'oni [kongratulat'tsjoni] *sfpl* congratulations.
congrega, ghe *sf* band, bunch.
congregazi'one [kongregat'tsjone] *sf* congregation.
con'gresso *sm* congress.
conguagli'are [kongwaʎ'ʎare] *vt* to balance; **congu'aglio** *sm* balancing, adjusting; (*somma di denaro*) balance.
coni'are *vt* to mint, coin; (*fig*) to coin.
'conico, a, ci, che *ag* conical.
co'nifera *sf* conifer.
co'niglio [ko'niʎʎo] *sm* rabbit.
coniu'gare *vt* (*LING*) to conjugate; ~**rsi** *vr* to get married; **coniugazi'one** *sf* (*LING*) conjugation.
'coniuge ['kɔnjudʒe] *sm/f* spouse.
connazio'nale [konnattsjo'nale] *sm/f* fellow-countryman/woman.
connessi'one *sf* connection.
con'nesso, a *pp di* **connettere.**
con'nettere *vt* to connect, join // *vi* (*fig*) to think straight.
conni'vente *ag* conniving.
conno'tati *smpl* distinguishing marks.
'cono *sm* cone; ~ **gelato** ice-cream cone.
cono'scente [konoʃ'ʃɛnte] *sm/f* acquaintance.
cono'scenza [konoʃ'ʃɛntsa] *sf* (*il sapere*) knowledge *q*; (*persona*) acquaintance; (*facoltà sensoriale*) consciousness *q*; **perdere** ~ to lose consciousness.
co'noscere [ko'noʃʃere] *vt* to know; **ci siamo conosciuti a Firenze** we (first) met in Florence; **conosci'tore, 'trice** *sm/f* connoisseur; **conosci'uto, a** *pp di* **conoscere** // *ag* well-known.
con'quista *sf* conquest.
conquis'tare *vt* to conquer; (*fig*) to gain, win.
consa'crare *vt* (*REL*) to consecrate; (*: sacerdote*) to ordain; (*dedicare*) to dedicate; (*fig: uso etc*) to sanction; ~**rsi a** to dedicate o.s. to.
consangu'ineo, a *sm/f* blood relation.
consa'pevole *ag*: ~ **di** aware *o* conscious of; **consapevo'lezza** *sf* awareness, consciousness.
'conscio, a, sci, sce ['kɔnʃo] *ag*: ~ **di** aware *o* conscious of.
consecu'tivo, a *ag* consecutive;

(*successivo: giorno*) following, next.
con'segna [kon'seɲɲa] *sf* delivery; (*merce consegnata*) consignment; (*custodia*) trust, custody; (MIL: *ordine*) orders *pl*; (: *punizione*) confinement to barracks; (DIR: *di malfattore*) handing over; **alla ~** on delivery; **dare qc in ~ a qd** to entrust sth to sb.
conse'gnare [konseɲ'ɲare] *vt* to deliver; (*affidare*) to entrust, hand over; (MIL) to confine to barracks.
consegu'ente *ag* consequent.
consegu'enza [konse'gwɛntsa] *sf* consequence; **per** *o* **di ~** consequently.
consegu'ire *vt* to achieve // *vi* (2) to follow, result.
con'senso *sm* consent; (*fra due o più persone*) agreement.
consen'tire *vi*: **~ a** to consent *o* agree to // *vt* to allow, permit.
con'serva *sf* (CUC) preserve; **~ di frutta** jam; **~ di pomodoro** tomato purée.
conser'vare *vt* (CUC) to preserve; (*custodire*) to keep; (: *dalla distruzione etc*) to preserve, conserve; **~rsi** *vr* to keep; **~rsi sano** to keep healthy.
conserva'tore, 'trice *sm/f* (POL) conservative.
conservazi'one [konservat'tsjone] *sf* preservation.
conside'rare *vt* to consider; (*reputare*) to consider, regard; **~ molto qd** to think highly of sb; **considerazi'one** *sf* consideration; regard, esteem; **conside'revole** *ag* considerable.
consigli'are [konsiʎ'ʎare] *vt* (*persona*) to advise; (*metodo, azione*) to recommend, advise, suggest; **~rsi con qd** to ask sb for advice; **consigli'ere, a** *sm/f* adviser // *sm*: **consigliere d'amministrazione** board member; **consigliere comunale** town councillor; **con'siglio** *sm* (*suggerimento*) advice *q*, piece of advice; (*assemblea*) council; **consiglio d'amministrazione** board; **il Consiglio dei Ministri** (POL) ≈ the Cabinet.
consis'tente *ag* thick; solid; (*fig*) sound, valid; **consis'tenza** *sf* consistency, thickness; solidity; validity.
con'sistere *vi*: **~ in** to consist of; **consis'tito, a** *pp di* **consistere.**
conso'lare *ag* consular // *vt* (*confortare*) to console, comfort; (*rallegrare*) to cheer up; **~rsi** *vr* to be comforted; to cheer up.
conso'lato *sm* consulate.
consolazi'one [konsolat'tsjone] *sf* consolation *q*, comfort *q*.
'console *sm* consul.
consoli'dare *vt* to strengthen, reinforce; (MIL, *terreno*) to consolidate; **~rsi** *vr* to consolidate.
conso'nante *sf* consonant.
conso'nanza [konso'nantsa] *sf* consonance.
con'sorte *sm/f* consort.
con'sorzio [kon'sɔrtsjo] *sm* consortium.
con'stare (2) *vi*: **~ di** to consist of // *vb impers*: **mi consta che** it has come to my knowledge that, it appears that.
consta'tare *vt* to establish, verify; (*notare*) to notice, observe.
consu'eto, a *ag* habitual, usual; **consue'tudine** *sf* habit, custom; (*usanza*) custom.
consu'lente *sm/f* consultant; **consu'lenza** *sf* consultancy.
consul'tare *vt* to consult; **~rsi con qd** to seek the advice of sb; **consultazi'one** *sf* consultation; **consultazioni** *sfpl* (POL) talks.
consu'mare *vt* (*logorare: abiti, scarpe*) to wear out; (*usare*) to consume, use up; (*mangiare, bere*) to consume; (DIR) to consummate; **~rsi** *vr* to wear out; to be used up; (*anche fig*) to be consumed; (*combustibile*) to burn out; **consuma'tore** *sm* consumer; **consumazi'one** *sf* consumption; (*bibita*) drink; (*spuntino*) snack; (DIR) consummation; **con'sumo** *sm* consumption; wear; use.
consun'tivo *sm* (ECON) final balance.
con'sunto, a *ag* worn-out; (*viso*) wasted.
con'tabile *ag* accounts *cpd*, accounting // *sm/f* accountant; **contabilità** *sf* (*attività, tecnica*) accounting, accountancy; (*insieme dei libri etc*) books *pl*, accounts *pl*; (*ufficio*) accounts department.
conta'dino, a *sm/f* countryman/woman; farm worker; (*peg*) peasant.
contagi'are [konta'dʒare] *vt* to infect.
con'tagio [kon'tadʒo] *sm* infection; (*per contatto diretto*) contagion; **contagi'oso, a** *ag* infectious; contagious.
contami'nare *vt* to contaminate; **contaminazi'one** *sf* contamination.
con'tante *sm* cash; **pagare in ~i** to pay cash.
con'tare *vt* to count; (*considerare*) to consider // *vi* to count, be of importance; **~ su qd** to count *o* rely on sb; **~ di fare qc** to intend to do sth; **conta'tore** *sm* meter.
contat'tare *vt* to contact.
con'tatto *sm* contact.
'conte *sm* count.
conteggi'are [konted'dʒare] *vt* to charge, put on the bill; **con'teggio** *sm* calculation; **conteggio alla rovescia** countdown.
con'tegno [kon'teɲɲo] *sm* (*comportamento*) behaviour; (*atteggiamento*) attitude; **conte'gnoso, a** *ag* reserved, dignified.
contem'plare *vt* to contemplate, gaze at; (DIR) to make provision for.
contempo'raneo, a *ag, sm/f* contemporary.
conten'dente *sm/f* opponent, adversary.
con'tendere *vi* (*competere*) to compete; (*litigare*) to quarrel // *vt* to contest.
conte'nere *vt* to contain; **conteni'tore** *sm* container.
conten'tare *vt* to please, satisfy; **~rsi di** to be satisfied with, content o.s. with.
conten'tezza [konten'tettsa] *sf* contentment.
con'tento, a *ag* pleased, glad; **~ di** pleased with.

conte'nuto *sm* contents *pl*; (*argomento*) content.
con'teso, a *pp di* **contendere** // *sf* dispute, argument.
con'tessa *sf* countess.
contes'tare *vt* (DIR) to notify; (*fig*) to dispute.
con'testo *sm* context.
con'tiguo, a *ag*: ~ **(a)** adjacent (to).
continen'tale *ag, sm/f* continental.
conti'nente *ag* continent // *sm* (GEO) continent; (: *terra ferma*) mainland; **conti'nenza** *sf* continence.
contin'gente [kontin'dʒɛnte] *sm* (COMM) quota; (MIL) contingent; **contin'genza** *sf* circumstance.
continu'are *vt* to continue (with), go on with // *vi* to continue, go on; ~ **a fare qc** to go on *o* continue doing sth; **continuazi'one** *sf* continuation.
continuità *sf* continuity.
con'tinuo, a *ag* (*numerazione*) continuous; (*pioggia*) continual, constant; (ELETTR): **corrente ~a** direct current; **di ~** continually.
'conto *sm* (*calcolo*) calculation; (COMM, ECON) account; (*di ristorante, albergo*) bill; (*fig: stima*) consideration, esteem; **fare i ~i con qd** to settle one's account with sb; **fare ~ su qd/qc** to count *o* rely on sb; **rendere ~ a qd di qc** to be accountable to sb for sth; **tener ~ di qd/qc** to take sb/sth into account; **per ~ di** on behalf of; **per ~ mio** as far as I'm concerned; **~ corrente** current account; **a ~i fatti, in fin dei ~i** all things considered.
con'torcere [kon'tortʃere] *vt* to twist; (*panni*) to wring (out); **~rsi** *vr* to twist, writhe.
contor'nare *vt* to surround.
con'torno *sm* (*linea*) outline, contour; (*ornamento*) border; (CUC) vegetables *pl*.
contorsi'one *sf* contortion.
con'torto, a *pp di* **contorcere.**
contrabbandi'ere, a *sm/f* smuggler.
contrab'bando *sm* smuggling, contraband; **merce di ~** contraband, smuggled goods *pl*.
contraccambi'are *vt* (*favore etc*) to return; **contrac'cambio** *sm* return; **in contraccambio di** in return *o* exchange for.
contrac'colpo *sm* rebound; (*di arma da fuoco*) recoil; (*fig*) repercussion.
contrad'detto, a *pp di* **contraddire.**
contrad'dire *vt* to contradict; **contraddit'torio, a** *ag* contradictory // *sm* debate; **contraddizi'one** *sf* contradiction.
contraf'fare *vt* (*persona*) to mimic; (*alterare: voce*) to disguise; (*firma*) to forge, counterfeit; **contraf'fatto, a** *pp di* **contraffare** // *ag* counterfeit; **contraffazi'one** *sf* mimicking *q*; disguising *q*; forging *q*; (*cosa contraffatta*) forgery.
con'tralto *sm* (MUS) contralto.
contrap'peso *sm* counterbalance, counterweight.
contrap'porre *vt* (*opporre*) to oppose, set against; **contrap'posto, a** *pp di* **contrapporre.**
contraria'mente *av*: ~ **a** contrary to.
contrari'are *vt* (*contrastare*) to thwart, oppose; (*irritare*) to annoy, bother; **~rsi** *vr* to get annoyed.
contrarietà *sf* adversity; (*fig*) aversion.
con'trario, a *ag* opposite; (*sfavorevole*) unfavourable // *sm* opposite; ~ **a** contrary to; **al ~** on the contrary.
con'trarre *vt*, **contrarsi** *vr* to contract.
contrasse'gnare [kontrasseɲ'ɲare] *vt* to mark; **contras'segno** *sm* mark; (*distintivo*) distinguishing mark.
contras'tante *ag* contrasting.
contras'tare *vt* (*avversare*) to oppose; (*impedire*) to bar; (*negare: diritto*) to contest, dispute // *vi*: ~ **(con)** (*essere in disaccordo*) to contrast (with); (*lottare*) to struggle (with); **con'trasto** *sm* contrast; (*conflitto*) conflict; (*litigio*) dispute.
contrat'tacco *sm* counterattack.
contrat'tare *vt, vi* to negotiate.
contrat'tempo *sm* hitch.
con'tratto, a *pp di* **contrarre** // *sm* contract; **contrattu'ale** *ag* contractual.
contravve'leno *sm* antidote.
contravve'nire *vi*: ~ **a** (*legge*) to contravene; (*obbligo*) to fail to meet; **contravvenzi'one** *sf* contravention; (*ammenda*) fine.
contrazi'one [kontrat'tsjone] *sf* contraction; (*di prezzi etc*) reduction.
contribu'ente *sm/f* taxpayer; ratepayer.
contribu'ire *vi* to contribute; **contri'buto** *sm* contribution; (*tassa*) tax.
con'trito, a *ag* contrite, penitent.
'contro *prep* against; ~ **di me/lui** against me/him; ~ **pagamento** (COMM) on payment // *prefisso*: **contro'battere** *vt* (*fig: a parole*) to answer back; (: *confutare*) to refute; **controfi'gura** *sf* (CINEMA) double; **controfir'mare** *vt* to countersign.
control'lare *vt* (*accertare*) to check; (*sorvegliare*) to watch, control; (*tenere nel proprio potere, fig: dominare*) to control; **con'trollo** *sm* check; watch; control; **controllo delle nascite** birth control; **control'lore** *sm* (FERR, AUTOBUS) (ticket) inspector.
controprodu'cente [kontroprodu'tʃɛnte] *ag* producing the opposite effect.
contro'senso *sm* (*contraddizione*) contradiction in terms; (*assurdità*) nonsense.
controspio'naggio [kontrospio'naddʒo] *sm* counterespionage.
contro'versia *sf* controversy.
contro'verso, a *ag* controversial.
contro'voglia [kontro'vɔʎʎa] *av* unwillingly.
contu'macia [kontu'matʃa] *sf* (DIR) default.
contur'bare *vt* to disturb, upset.

contusi'one *sf* (*MED*) bruise.
convale'scente [konvaleʃ'ʃɛnte] *ag, sm/f* convalescent; **convale'scenza** *sf* convalescence.
convali'dare *vt* to confirm.
con'vegno [kon'veɲɲo] *sm* (*incontro*) meeting; (*congresso*) convention, congress; (*luogo*) meeting place.
conve'nevoli *smpl* civilities.
conveni'ente *ag* suitable; (*pratico*) convenient, handy; (*vantaggioso*) profitable, advantageous; (*prezzo*) cheap; **conveni'enza** *sf* suitability; convenience; advantage; **le convenienze** *sfpl* social conventions.
conve'nire *vi* (*2: riunirsi*) to gather, assemble; (*concordare*) to agree; (*essere opportuno, addirsi*) to be suitable; (*tornare utile*) to be worthwhile // *vb impers* (*2*): **conviene fare questo** it is advisable to do this; **conviene andarsene** we should go; **ne convengo** I agree.
con'vento *sm* (*di frati*) monastery; (*di suore*) convent.
convenzio'nale [konventsjo'nale] *ag* conventional.
convenzi'one [konven'tsjone] *sf* (*DIR*) agreement; (*nella società*) convention; **le ~i** *sfpl* convention *sg*, social conventions.
conver'gente [konver'dʒɛnte] *ag* convergent.
con'vergere [kon'vɛrdʒere] *vi* (*2*) to converge.
conver'sare *vi* to converse.
conversazi'one [konversat'tsjone] *sf* conversation.
conversi'one *sf* conversion.
con'verso, a *pp di* **convergere**.
conver'tire *vt* (*trasformare*) to change; (*POL, REL*) to convert; **~rsi** *vr*: **~rsi (in)** to change (to); **~rsi (a)** to be converted (to); **conver'tito, a** *sm/f* convert.
con'vesso, a *ag* convex.
con'vincere [kon'vintʃere] *vt* to convince; **~ qd di qc** to convince sb of sth; **~ qd a fare qc** to persuade sb to do sth; **con'vinto, a** *pp di* **convincere**; **convinzi'one** *sf* conviction, firm belief.
convis'suto, a *pp di* **convivere**.
con'vitto *sm* (*INS*) boarding school; **convit'tore, 'trice** *sm/f* boarder.
con'vivere *vi* to live together.
convo'care *vt* to call, convene; (*DIR*) to summon; **convocazi'one** *sf* meeting; summons *sg*.
convogli'are [konvoʎ'ʎare] *vt* to convey; (*dirigere*) to direct, send; **con'voglio** *sm* (*di veicoli*) convoy; (*FERR*) train; **convoglio funebre** funeral procession.
convulsi'one *sf* convulsion.
con'vulso, a *ag* (*pianto*) violent, convulsive; (*attività*) feverish.
coope'rare *vi*: **~ (a)** to cooperate (in); **coopera'tiva** *sf* cooperative; **cooperazi'one** *sf* cooperation.
coordi'nare *vt* to coordinate; **coordi'nate** *sfpl* (*MAT, GEO*) coordinates; **coordinazi'one** *sf* coordination.
co'perchio [ko'pɛrkjo] *sm* cover; (*di pentola*) lid.
co'perta *sf* cover; (*di lana*) blanket; (*da viaggio*) rug; (*NAUT*) deck.
coper'tina *sf* (*STAMPA*) cover, jacket.
co'perto, a *pp di* **coprire** // *ag* covered; (*cielo*) overcast // *sm* place setting; (*posto a tavola*) place; (*al ristorante*) cover charge; **~ di** covered in *o* with.
coper'tone *sm* (*telo impermeabile*) tarpaulin; (*AUT*) rubber tyre.
coper'tura *sf* (*anche ECON, MIL*) cover; (*di edificio*) roofing.
'copia *sf* copy; (*stesura*) draught, copy; **brutta/bella ~** rough/final draft.
copi'are *vt* to copy; **copia'trice** *sf* copier, copying machine.
copi'one *sm* (*CINEMA, TEATRO*) script.
'coppa *sf* (*bicchiere*) goblet; (*per frutta, gelato*) dish; (*trofeo*) cup, trophy; **~ dell'olio** oil sump.
'coppia *sf* couple.
coprifu'oco, chi *sm* curfew.
copri'letto *sm* bedspread.
co'prire *vt* to cover; (*occupare: carica, posto*) to hold; **~rsi** *vr* (*cielo*) to cloud over; (*vestirsi*) to wrap up, cover up; (*ECON*) to cover o.s.; **~rsi di** (*fiori, muffa*) to become covered in.
co'raggio [ko'raddʒo] *sm* courage, bravery; **coraggi'oso, a** *ag* courageous, brave.
co'rale *ag* choral; (*approvazione*) unanimous.
co'rallo *sm* coral.
co'rano *sm* (*REL*) Koran.
co'razza [ko'rattsa] *sf* armour; (*di animali*) carapace, shell; (*MIL*) armour(-plating); **coraz'zata** *sf* battleship.
corbelle'ria *sf* stupid action; howler; **~e** *sfpl* nonsense *q*.
'corda *sf* cord; (*fune*) rope; (*spago, MUS*) string; **tenere sulla ~ qd** to keep sb on tenterhooks; **tagliare la ~** to slip away, sneak off; **~e vocali** vocal cords.
cordi'ale *ag* cordial, warm // *sm* (*bevanda*) cordial.
cor'doglio [kor'dɔʎʎo] *sm* grief; (*lutto*) mourning.
cor'done *sm* cord, string; (*linea: di polizia*) cordon; **~ ombelicale** umbilical chord.
coreogra'fia *sf* choreography.
core'ografo, a *sm/f* choreographer.
cori'andoli *smpl* confetti *sg*.
cori'care *vt* to put to bed; **~rsi** *vr* to go to bed.
'corna *sfpl vedi* **corno**.
cor'nacchia [kor'nakkja] *sf* crow.
corna'musa *sf* bagpipes *pl*.
'cornea *sf* (*ANAT*) cornea.
cor'netta *sf* (*MUS*) cornet; (*TEL*) receiver.
cor'netto *sm* (*CUC*) croissant; **~ acustico** ear trumpet.
cor'nice [kor'nitʃe] *sf* frame.
'corno *sm* (*ZOOL*: *pl(f)* **~a**, *MUS*) horn; **fare le ~a a qd** to be unfaithful to sb; **cor'nuto, a** *ag* (*con corna*) horned; (*fam!:*

marito) cuckolded // *sm* (*fam!*) cuckold; (*: insulto*) bastard (*!*).

'coro *sm* chorus; (*REL*) choir.

co'rona *sf* crown; (*di fiori*) wreath; ~ **del rosario** rosary, rosary beads *pl*; **coro'nare** *vt* to crown.

'corpo *sm* body; (*cadavere*) (dead) body; (*militare, diplomatico*) corps *inv*; (*di opere*) corpus; **prendere** ~ to take shape; **a** ~ **a** ~ hand-to-hand; ~ **di ballo** corps de ballet; ~ **di guardia** guardroom; ~ **insegnante** teaching staff.

corpo'rale *ag* bodily; (*punizione*) corporal.

corpora'tura *sf* build, physique.

corporazi'one [korporat'tsjone] *sf* corporation.

cor'poreo, a *ag* bodily, physical.

corpu'lento, a *ag* stout.

corre'dare *vt*: ~ **di** to provide *o* furnish with; **cor'redo** *sm* equipment; (*di sposa*) trousseau.

cor'reggere [kor'rɛddʒere] *vt* to correct; (*compiti*) to correct, mark.

cor'rente *ag* (*fiume*) flowing; (*acqua del rubinetto*) running; (*moneta, prezzo*) current; (*comune*) everyday // *sm*: **essere al** ~ to be well-informed // *sf* (*movimento di liquido*) current, stream; (*spiffero*) draught; (*ELETTR, METEOR*) current; (*fig*) trend, tendency.

'correre *vi* (*2*) to run; (*precipitarsi*) to rush; (*partecipare a una gara*) to race, run; (*fig: diffondersi*) to go round // *vt* (*SPORT: gara*) to compete in; (*rischio*) to run; (*pericolo*) to face; ~ **dietro a qd** to run after sb.

cor'retto, a *pp di* **correggere** // *ag* (*comportamento*) correct, proper.

correzi'one [korret'tsjone] *sf* correction; marking; ~ **di bozze** proofreading.

corri'doio *sm* corridor.

corri'dore *sm* (*SPORT*) runner; (*: su veicolo*) racer.

corri'era *sf* coach, bus.

corri'ere *sm* (*diplomatico, di guerra*) courier; (*posta*) mail, post; (*COMM*) carrier.

corri'gendo, a [korri'dʒɛndo] *sm/f* (*DIR*) young offender.

corrispon'dente *ag* corresponding // *sm/f* correspondent.

corrispon'denza [korrispon'dɛntsa] *sf* correspondence.

corris'pondere *vi* to correspond; (*stanze*) to communicate; (*fig: contraccambiare*): ~ **a** to return; **corris'posto, a** *pp di* **corrispondere.**

corrobo'rare *vt* to strengthen, fortify; (*fig*) to corroborate, bear out.

cor'rodere *vt*, **~rsi** *vr* to corrode.

cor'rompere *vt* to corrupt; (*comprare*) to bribe.

corrosi'one *sf* corrosion.

corro'sivo, a *ag* corrosive.

cor'roso, a *pp di* **corrodere.**

cor'rotto, a *pp di* **corrompere** // *ag* corrupt.

corrucci'arsi [korrut'tʃarsi] *vr* to grow angry *o* vexed.

corru'gare *vt* to wrinkle; ~ **la fronte** to knit one's brows.

corruzi'one [korrut'tsjone] *sf* corruption; bribery.

'corsa *sf* running *q*; (*gara*) race; (*di autobus, taxi*) journey, trip; **fare una** ~ to run, dash; (*SPORT*) to run a race.

cor'sia *sf* (*AUT, SPORT*) lane; (*di ospedale*) ward.

cor'sivo *sm* cursive (writing); (*TIP*) italics *pl*.

'corso, a *pp di* **correre** // *sm* course; (*strada cittadina*) main street; (*di unità monetaria*) circulation; (*di titoli, valori*) rate, price; **dar libero** ~ **a** to give free expression to; **in** ~ in progress, under way; (*annata*) current; ~ **serale** evening class.

'corte *sf* (court)yard; (*DIR, regale*) court; **fare la** ~ **a qd** to court sb; ~ **marziale** court-martial.

cor'teccia, ce [kor'tettʃa] *sf* bark.

corteggi'are [korted'dʒare] *vt* to court.

cor'teo *sm* procession.

cor'tese *ag* courteous; **corte'sia** *sf* courtesy.

cortigi'ano, a [korti'dʒano] *sm/f* courtier // *sf* courtesan.

cor'tile *sm* (court)yard.

cor'tina *sf* curtain; (*anche fig*) screen.

'corto, a *ag* short; **essere a** ~ **di qc** to be short of sth; ~ **circuito** short-circuit.

'corvo *sm* raven.

'cosa *sf* thing; (*faccenda*) affair, matter, business *q*; **(che)** **~?** what?; **a** ~ **pensi?** what are you thinking about?; **a ~e fatte** when it's all over.

'coscia, sce ['kɔʃʃa] *sf* thigh.

cosci'ente [koʃ'ʃɛnte] *ag* conscious; ~ **di** conscious *o* aware of; **cosci'enza** *sf* conscience; (*consapevolezza*) consciousness; **coscienzi'oso, a** *ag* conscientious.

cosci'otto [koʃ'ʃɔtto] *sm* (*CUC*) leg.

cos'critto *sm* (*MIL*) conscript.

coscrizi'one [koskrit'tsjone] *sf* conscription.

così *av* so; (*in questo modo*) like this, like that; ~ **lontano** so far away; **un ragazzo** ~ **intelligente** such an intelligent boy // *ag inv* (*tale*): **non ho mai visto un film** ~ I've never seen such a film // *cong* (*perciò*) so, therefore; ~ **... come** as ... as; **non è** ~ **bravo come te** he's not as good as you; **come stai?** — ~ ~ how are you? — so-so; **non ho detto** ~ I didn't say that; **e** ~ **via** and so on; **per** ~ **dire** so to speak.

cosid'detto, a *ag* so-called.

cos'metico, a, ci, che *ag, sm* cosmetic.

'cosmo *sm* cosmos.

cosmo'nauta, i, e *sm/f* cosmonaut.

cosmopo'lita, i, e *ag* cosmopolitan.

cos'pargere [kos'pardʒere] *vt*: ~ **di** to sprinkle with; **cos'parso, a** *pp di* **cospargere.**

cos'petto *sm*: **al** ~ **di** in front of; in the presence of.

cos'picuo, a *ag* conspicuous, remarkable; (*grande*) considerable, large.
cospi'rare *vi* to conspire; **cospira'tore, 'trice** *sm/f* conspirator; **cospirazi'one** *sf* conspiracy.
'costa *sf* (*tra terra e mare*) coast(line); (*litorale*) shore; (*pendio*) slope; (ANAT) rib.
costà *av* there.
cos'tante *ag* constant; (*persona*) steadfast // *sf* constant.
cos'tare *vi* (*2*), *vt* to cost; ~ **caro** to be expensive, cost a lot.
costeggi'are [kosted'dʒare] *vt* to be close to; to run alongside.
cos'tei *pronome vedi* **costui.**
costellazi'one [kostellat'tsjone] *sf* constellation.
costernazi'one [kosternat'tsjone] *sf* dismay, consternation.
costi'ero, a *ag* coastal, coast *cpd* // *sf* stretch of coast.
costitu'ire *vt* (*comitato, gruppo*) to set up, form; (*collezione*) to put together, build up; (*sog: elementi, parti: comporre*) to make up, constitute; (*rappresentare*) to constitute; (DIR) to appoint; **~rsi alla polizia** to give o.s. up to the police.
costituzio'nale [kostituttsjo'nale] *ag* constitutional.
costituzi'one [kostitut'tsjone] *sf* setting up; building up; constitution.
'costo *sm* cost; **a ogni** *o* **qualunque ~, a tutti i ~i** at all costs.
'costola *sf* (ANAT) rib; (*di libro, pettine*) spine.
costo'letta *sf* (CUC) cutlet.
cos'toro *pronome pl vedi* **costui.**
cos'toso, a *ag* expensive, costly.
cos'tretto, a *pp di* **costringere.**
cos'tringere [kos'trindʒere] *vt*: ~ **qd a fare qc** to force sb to do sth; **costrizi'one** *sf* coercion.
costru'ire *vt* to construct, build; **costruzi'one** *sf* construction, building.
cos'tui, cos'tei, *pl* **cos'toro** *pronome* (*soggetto*) he/she; *pl* they; (*complemento*) him/her; *pl* them.
cos'tume *sm* (*uso*) custom; (*foggia di vestire, indumento*) costume; **~i** *smpl* morals, morality *sg*; **il buon ~** public morality; **~ da bagno** bathing *o* swimming costume, swimsuit; (*da uomo*) bathing *o* swimming trunks *pl.*
co'tenna *sf* hide; (*di maiale*) pigskin; (*del lardo*) rind.
co'togna [ko'toɲɲa] *sf* quince.
co'tone *sm* cotton; ~ **idrofilo** cotton wool.
'cotta *sf* (REL) surplice; (*fam: innamoramento*) crush.
'cottimo *sm* piecework; **lavorare a ~** to do piecework.
'cotto, a *pp di* **cuocere** // *ag* cooked; (*fam: innamorato*) head-over-heels in love.
cot'tura *sf* cooking; (*in forno*) baking; (*in umido*) stewing.
co'vare *vt* to hatch; (*fig: malattia*) to be sickening for; (*: odio, rancore*) to nurse // *vi* (*fuoco, fig*) to smoulder.
'covo *sm* den.
co'vone *sm* sheaf.
'cozza ['kɔttsa] *sf* mussel.
coz'zare [kot'tsare] *vi*: ~ **contro** to bang into, collide with; **'cozzo** *sm* collision.
C.P. *abbr vedi* **casella.**
'crampo *sm* cramp.
'cranio *sm* skull.
cra'tere *sm* crater.
cra'vatta *sf* tie.
cre'anza [kre'antsa] *sf* manners *pl.*
cre'are *vt* to create; **cre'ato** *sm* creation; **crea'tore, 'trice** *ag* creative // *sm* creator; **crea'tura** *sf* creature; (*bimbo*) baby, infant; **creazi'one** *sf* creation; (*fondazione*) foundation, establishment.
cre'dente *sm/f* (REL) believer.
cre'denza [kre'dɛntsa] *sf* belief; (*credito*) credit; (*armadio*) sideboard.
credenzi'ali [kreden'tsjali] *sfpl* credentials.
'credere *vt* to believe // *vi*: ~ **in,** ~ **a** to believe in; ~ **qd onesto** to believe sb (to be) honest; ~ **che** to believe *o* think that; **~rsi furbo** to think one is clever; **cre'dibile** *ag* credible, believable.
'credito *sm* (*anche* COMM) credit; (*reputazione*) esteem, repute; **comprare a ~** to buy on credit.
'credo *sm inv* credo.
'credulo, a *ag* credulous.
'crema *sf* cream; (*con uova, zucchero etc*) custard.
cre'mare *vt* to cremate; **cremazi'one** *sf* cremation.
Crem'lino *sm*: **il ~** the Kremlin.
'crepa *sf* crack.
cre'paccio [kre'pattʃo] *sm* large crack, fissure; (*di ghiacciaio*) crevasse.
crepacu'ore *sm* broken heart.
cre'pare *vi* (*2*) (*fam!: morire*) to snuff it, kick the bucket; (*spaccarsi*) to crack; ~ **dalle risa** to split one's sides laughing; ~ **dall'invidia** to be green with envy.
crepi'tare *vi* (*fuoco*) to crackle; (*pioggia*) to patter.
cre'puscolo *sm* twilight, dusk.
cre'scendo [kreʃ'ʃɛndo] *sm* (MUS) crescendo.
'crescere ['krɛʃʃere] *vi* (*2*) to grow; **'crescita** *sf* growth; **cresci'uto, a** *pp di* **crescere.**
'cresima *sf* (REL) confirmation; **cresi'mare** *vt* to confirm.
'crespo, a *ag* (*capelli*) frizzy; (*vestito*) wrinkled // *sm* crêpe.
'cresta *sf* crest; (*di polli, uccelli*) crest, comb.
'creta *sf* chalk; clay.
'Creta *sf* Crete.
cre'tino, a *sm/f* idiot, fool.
cric *sm inv* (TECN) jack.
'cricca, che *sf* clique.
'cricco, chi *sm* = **cric.**
crimi'nale *ag, sm/f* criminal.

'crimine *sm* (DIR) crime.
'crine *sm* horsehair; **crini'era** *sf* mane.
'cripta *sf* crypt.
crisan'temo *sm* chrysanthemum.
'crisi *sf inv* crisis; (MED) attack, fit; ~ **di nervi** attack *o* fit of nerves.
cristalliz'zare [kristalid'dʒare] *vi* (2), **~rsi** *vr* to crystallize; (*fig*) to become fossilized.
cris'tallo *sm* crystal.
cristia'nesimo *sm* Christianity.
cristianità *sf* Christianity; (*i cristiani*) Christendom.
cristi'ano, a *ag, sm/f* Christian.
'Cristo *sm* Christ.
cri'terio *sm* criterion; (*buon senso*) (common) sense.
'critica, che *sf vedi* **critico.**
criti'care *vt* to criticize.
'critico, a, ci, che *ag* critical // *sm* critic // *sf* criticism; **la ~a** (*attività*) criticism; (*persone*) the critics *pl.*
cri'vello *sm* riddle.
'croce ['krotʃe] *sf* cross; **in** ~ (*di traverso*) crosswise; (*fig*) on tenterhooks; **la C~ Rossa** the Red Cross.
croce'figgere [krotʃe'fiddʒere] *etc* = **crocifiggere** *etc.*
croce'via [krotʃe'via] *sm inv* crossroads *sg.*
croci'ata [kro'tʃata] *sf* crusade.
cro'cicchio [kro'tʃikkjo] *sm* crossroads *sg.*
croci'era [kro'tʃɛra] *sf* (*viaggio*) cruise; (ARCHIT) transept.
croci'figgere [krotʃi'fiddʒere] *vt* to crucify; **crocifissi'one** *sf* crucifixion; **croci'fisso, a** *pp di* **crocifiggere.**
crogi'olo, crogiu'olo [kro'dʒɔlo] *sm* crucible; (*fig*) melting pot.
crol'lare *vi* (2) to collapse; **'crollo** *sm* collapse; (*di prezzi*) slump, sudden fall.
cro'mato, a *ag* chromium-plated.
'cromo *sm* chrome, chromium.
cromo'soma, i *sm* chromosome.
'cronaca, che *sf* chronicle; (STAMPA) news *sg*; (: *rubrica*) column; (TV, RADIO) commentary; **fatto** *o* **episodio di** ~ news item; ~ **nera** crime news *sg*; crime column.
'cronico, a, ci, che *ag* chronic.
cro'nista, i *sm* (STAMPA) reporter, columnist.
cronolo'gia [kronolo'dʒia] *sf* chronology.
'crosta *sf* crust.
cros'tacei [kros'tatʃei] *smpl* shellfish.
'cruccio ['kruttʃo] *sm* worry, torment.
cruci'verba *sm inv* crossword (puzzle).
cru'dele *ag* cruel; **crudeltà** *sf* cruelty.
'crudo, a *ag* (*non cotto*) raw; (*aspro*) harsh, severe.
cru'miro *sm* (*peg*) blackleg, scab.
'crusca *sf* bran.
crus'cotto *sm* (AUT) dashboard.
'Cuba *sf* Cuba.
'cubico, a, ci, che *ag* cubic.
'cubo, a *ag* cubic // *sm* cube; **elevare al** ~ (MAT) to cube.
cuc'cagna [kuk'kaɲɲa] *sf*: **paese della** ~ land of plenty; **albero della** ~ greasy pole (*fig*).
cuc'cetta [kut'tʃetta] *sf* (FERR) couchette; (NAUT) berth.
cucchiai'ata [kukja'jata] *sf* spoonful.
cucchia'ino [kukkja'ino] *sm* teaspoon; coffee spoon.
cucchi'aio [kuk'kjajo] *sm* spoon.
'cuccia, ce ['kuttʃa] *sf* dog's bed; **a ~!** down!
'cucciolo ['kuttʃolo] *sm* puppy.
cu'cina [ku'tʃina] *sf* (*locale*) kitchen; (*arte culinaria*) cooking, cookery; (*le vivande*) food, cooking; (*apparecchio*) cooker; **fare da** ~ to cook; ~ **componibile** fitted kitchen; **cuci'nare** *vt* to cook.
cu'cire [ku'tʃire] *vt* to sew, stitch; **cuci'tura** *sf* sewing, stitching; (*costura*) seam.
cucù *sm inv*, **cu'culo** *sm* cuckoo.
'cuffia *sf* bonnet, cap; (*da bagno*) (bathing) cap; (*per ascoltare*) headphones *pl*, headset.
cu'gino, a [ku'dzino] *sm/f* cousin.
'cui *pronome* (*nei complementi indiretti*): **la persona a ~ accennava** the person you were referring to *o* to whom you referred; **il libro di ~ parlavo** the book I was talking about *o* about which I was talking; **il quartiere in ~ abito** the district where I live; (*inserito tra l'articolo e il sostantivo*) whose; **il ~ nome** whose name; **la ~ madre** whose mother.
culi'naria *sf* cookery.
'culla *sf* (*anche fig*) cradle.
cul'lare *vt* to rock.
culmi'nare *vi* to culminate.
'culmine *sm* top, summit.
'culo *sm* (*fam!*) arse (*!*), bum.
'culto *sm* (*religione*) religion; (*adorazione*) worship, adoration; (*venerazione: anche fig*) cult.
cul'tura *sf* culture; education, learning; **cultu'rale** *ag* cultural.
cumu'lare *vt* to accumulate, amass; **cumula'tivo, a** *ag* cumulative; (*prezzo*) inclusive; (*biglietto*) group *cpd.*
'cumulo *sm* (*mucchio*) pile, heap; (METEOR) cumulus.
'cuneo *sm* wedge.
cu'ocere ['kwɔtʃere] *vt* (*alimenti*) to cook; (*mattoni etc*) to fire // *vi* (2) to cook; **cu'oco, a, chi, che** *sm/f* cook; **primo cuoco** chef.
cu'oio *sm* leather; ~ **capelluto** scalp.
cu'ore *sm* heart; **~i** *smpl* (CARTE) hearts; **avere buon** ~ to be kind-hearted; **di (buon)** ~ willingly.
cupi'digia [kupi'didʒa] *sf* greed, covetousness.
'cupo, a *ag* dark; (*fig*) gloomy, dismal.
'cupola *sf* dome; cupola.
'cura *sf* care; (MED: *trattamento*) (course of) treatment; **aver ~ di** (*occuparsi di*) to look after; **a ~ di** (*libro*) edited by.
cu'rare *vt* (*malato, malattia*) to treat; (: *guarire*) to cure; (*aver cura di*) to take care

of; (*testo*) to edit; **~rsi** *vr* to take care of o.s.; (*MED*) to follow a course of treatment; **~rsi di** to pay attention to.
cu'rato *sm* parish priest; (*protestante*) vicar.
cura'tore, 'trice *sm/f* (*DIR*) trustee; (*di antologia etc*) editor.
'curia *sf* (*REL*): **la ~ romana** the Roman curia.
curiosità *sf inv* curiosity; (*cosa rara*) curio, curiosity.
curi'oso, a *ag* (*che vuol sapere*) curious, inquiring; (*ficcanaso*) curious, inquisitive; (*bizzarro*) strange, curious.
'curva *sf* curve; (*stradale*) bend, curve.
cur'vare *vt* to bend // *vi* (*veicolo*) to take a bend; (*strada*) to bend, curve; **~rsi** *vr* to bend; (*legno*) to warp.
'curvo, a *ag* curved; (*piegato*) bent.
cusci'netto [kuʃʃi'netto] *sm* pad; (*TECN*) bearing // *ag inv*: **stato ~** buffer state; **~ a sfere** ball bearing.
cu'scino [kuʃ'ʃino] *sm* cushion; (*guanciale*) pillow.
'cuspide *sf* (*ARCHIT*) spire.
cus'tode *sm/f* keeper, custodian.
cus'todia *sf* care; (*DIR*) custody; (*astuccio*) case, holder.
custo'dire *vt* (*conservare*) to keep; (*assistere*) to look after, take care of; (*fare la guardia*) to guard.
'cute *sf* (*ANAT*) skin.
cu'ticola *sf* cuticle.
C.V. (*abbr di* **cavallo vapore**) h.p.

D

da *prep* (*da + il* = **dal**, *da + lo* = **dallo**, *da + l'* = **dall'**, *da + la* = **dalla**, *da + i* = **dai**, *da + gli* = **dagli**, *da + le* = **dalle**) (*agente*) by; (*provenienza*) from; (*causale*) with; (*moto a luogo: riferito a persone*): **vado ~ Pietro/dal giornalaio** I'm going to Pietro's (house)/to the newsagent's; (*stato in luogo: riferito a persone*): **sono ~ Pietro** I'm at Pietro's (house); (*moto per luogo*) through; (*fuori da*) out of, from; (*tempo*): **vivo qui ~ un anno** I have been living here for a year; **è dalle 3 che ti aspetto** I've been waiting for you since 3 (o'clock); **comportarsi ~ bambino** to behave like a child; **~ bambino piangevo molto** I cried a lot as a *o* when I was a child; **una ragazza dai capelli biondi** a girl with blonde hair; **un vestito ~ 100,000 lire** a 100,000 lire dress; **~ ... a** from ... to; **~ oggi in poi** from today onwards; **l'ho fatto ~ me** I did it myself; **macchina ~ corsa** racing car.
dab'bene *ag inv* honest, decent.
dac'capo, da 'capo *av* (*di nuovo*) (once) again; (*dal principio*) all over again, from the beginning.
dacché [dak'ke] *cong* since.
'dado *sm* (*da gioco*) dice *o* die (*pl* dice); (*CUC*) stock cube; **~i** *smpl* (game of) dice.
daf'fare, da 'fare *sm* work, toil.
'dagli ['daʎʎi], **'dai** *prep + det vedi* **da**.
'daino *sm* (fallow) deer *inv*; (*pelle*) buckskin.
dal, dall', 'dalla, 'dalle, 'dallo *prep + det vedi* **da**.
'dama *sf* lady; (*nei balli*) partner; (*gioco*) draughts *sg*.
damigi'ana [dami'dʒana] *sf* demijohn.
da'naro *sm* = **denaro**.
da'nese *ag* Danish // *sm/f* Dane // *sm* (*LING*) Danish.
Dani'marca *sf*: **la ~** Denmark.
dan'nare *vt* (*REL*) to damn; **far ~ qd** to drive sb mad; **dannazi'one** *sf* damnation.
danneggi'are [danned'dʒare] *vt* to damage; (*rovinare*) to spoil; (*nuocere*) to harm.
'danno *sm* damage; (*a persona*) harm, injury; **~i** *smpl* (*DIR*) damages; **dan'noso, a** *ag*: **dannoso (a)** harmful (to), bad (for).
Da'nubio *sm*: **il ~** the Danube.
'danza ['dantsa] *sf*: **la ~** dancing; **una ~** a dance.
dan'zare [dan'tsare] *vt, vi* to dance.
dapper'tutto *av* everywhere.
dap'poco *ag inv* inept, worthless.
dap'presso *av* (*vicino*) near, close at hand; (*da vicino*) closely.
dap'prima *av* at first.
'dardo *sm* dart.
'dare *sm* (*COMM*) debit // *vt* to give; (*produrre: frutti, suono*) to produce // *vi* (*guardare*): **~ su** to look (out) onto; **~rsi** *vr*: **~rsi a** to dedicate o.s. to; **~rsi al commercio** to go into business; **~rsi al bere** to take to drink; **~rsi a correre** to start to run; **~ per certo qc** to consider sth certain; **~ per morto qd** to give sb up for dead.
'darsena *sf* dock; dockyard.
'data *sf* date.
da'tare *vt* to date // *vi*: **~ da** to date from.
'dato, a *ag* given // *sm* datum; **~i** *smpl* data *pl*; **~ che** given that.
'dattero *sm* date.
dattilogra'fare *vt* to type; **dattilogra'fia** *sf* typing; **datti'lografo, a** *sm/f* typist.
da'vanti *av* in front; (*dirimpetto*) opposite // *ag inv* front // *sm* front; **~ a** *prep* in front of; facing, opposite; (*in presenza di*) before, in front of.
davan'zale [davan'tsale] *sm* windowsill.
da'vanzo, d'a'vanzo [da'vantso] *av* more than enough.
dav'vero *av* really, indeed.
'dazio ['dattsjo] *sm* (*somma*) duty; (*luogo*) customs *pl*.
d. C. (*abbr di* **dopo Cristo**) A.D.
'dea *sf* goddess.
'debito, a *ag* due, proper // *sm* debt; (*COMM: dare*) debit; **a tempo ~** at the right time; **debi'tore, 'trice** *sm/f* debtor.
'debole *ag* weak, feeble; (*suono*) faint; (*luce*) dim; **debo'lezza** *sf* weakness.
debut'tare *vi* to make one's début; **de'butto** *sm* début.
deca'dente *ag* decadent, in decline; **deca-**

'**denza** *sf* decline; (*DIR*) loss, forfeiture.
decaffei'nare *vt* to decaffeinate.
de'cano *sm* (*REL*) dean.
decapi'tare *vt* to decapitate, behead.
decappot'tabile *ag, sf* convertible.
dece'duto, a [detʃe'duto] *ag* deceased.
de'cenne [de'tʃɛnne] *ag* ten-year-old; (*predicativo*) ten years old; **de'cennio** *sm* decade.
de'cente [de'tʃɛnte] *ag* decent, respectable, proper; (*accettabile*) satisfactory, decent; **de'cenza** *sf* decency, propriety.
de'cesso [de'tʃɛsso] *sm* death; **atto di ~** death certificate.
de'cidere [de'tʃidere] *vt*: **~ qc** to decide on sth; (*questione, lite*) to settle sth; **~ di fare/che** to decide to do/that; **~ di qc** (*sog: cosa*) to determine sth; **~rsi (a fare)** to decide (to do), make up one's mind (to do).
deci'frare [detʃi'frare] *vt* to decode; (*fig*) to decipher, make out.
deci'male [detʃi'male] *ag* decimal.
deci'mare [detʃi'mare] *vt* to decimate.
'**decimo, a** ['dɛtʃimo] *num* tenth.
de'cina [de'tʃina] *sf* ten; (*circa dieci*): **una ~ (di)** about ten.
decisi'one [detʃi'zjone] *sf* decision; **prendere una ~** to make a decision.
de'ciso, a [de'tʃizo] *pp di* **decidere**.
declas'sare *vt* to downgrade; to lower in status.
decli'nare *vi* to go down; (*fig: diminuire*) to decline; (*tramontare*) to set, go down // *vt* to decline; **declinazi'one** *sf* (*LING*) declension; **de'clino** *sm* decline.
de'clivio *sm* (downward) slope.
decol'lare *vi* (*AER*) to take off; **de'collo** *sm* take-off.
decolo'rare *vt* to bleach.
decom'porre *vt*, **decomporsi** *vr* to decompose; **decomposizi'one** *sf* decomposition; **decom'posto, a** *pp di* **decomporre**.
deconge'lare [dekondʒe'lare] *vt* to defrost.
deco'rare *vt* to decorate; **decora'tore, 'trice** *sm/f* (interior) decorator; **decorazi'one** *sf* decoration.
de'coro *sm* decorum; **deco'roso, a** *ag* decorous, dignified.
de'correre *vi* (*2*) to pass, elapse; (*avere effetto*) to run, have effect; **de'corso, a** *pp di* **decorrere** // *sm* passing; (*evoluzione: anche MED*) course.
de'crepito, a *ag* decrepit.
de'crescere [de'kreʃʃere] *vi* (*2*) (*diminuire*) to decrease, diminish; (*acque*) to subside, go down; (*prezzi*) to go down; **decresci'uto, a** *pp di* **decrescere**.
de'creto *sm* decree.
'**dedalo** *sm* maze, labyrinth.
'**dedica, che** *sf* dedication.
dedi'care *vt* to dedicate.
'**dedito, a** *ag*: **~ a** (*studio etc*) dedicated *o* devoted to; (*vizio*) addicted to.
de'dotto, a *pp di* **dedurre**.
de'durre *vt* (*concludere*) to deduce; (*defalcare*) to deduct; **deduzi'one** *sf* deduction.
defal'care *vt* to deduct.
defe'rente *ag* respectful, deferential.
defe'rire *vt* (*DIR*) to refer.
defezi'one [defet'tsjone] *sf* defection, desertion.
defici'ente [defi'tʃɛnte] *ag* (*mancante*) insufficient; (*minorato*) mentally deficient; (*stupido*) idiotic // *sm/f* mental defective; idiot; **defici'enza** *sf* shortage; (*lacuna*) gap; (*MED*) mental deficiency.
'**deficit** ['dɛfitʃit] *sm inv* (*ECON*) deficit.
defi'nire *vt* to define; (*risolvere*) to settle; **defini'tivo, a** *ag* definitive, final; **definizi'one** *sf* definition; settlement.
deflazi'one [deflat'tsjone] *sf* (*ECON*) deflation.
de'flusso *sm* (*della marea*) ebb.
defor'mare *vt* (*alterare*) to put out of shape; (*corpo*) to deform; (*pensiero, fatto*) to distort; **~rsi** *vr* to lose its shape.
de'forme *ag* deformed; disfigured; **deformità** *sf inv* deformity.
defrau'dare *vt*: **~ qd di qc** to defraud sb of sth, cheat sb out of sth.
de'funto, a *ag* late *cpd* // *sm/f* deceased.
degene'rare [dedʒene'rare] *vi* to degenerate; **de'genere** *ag* degenerate.
de'gente [de'dʒɛnte] *ag* bedridden.
'**degli** ['deʎʎi] *prep + det vedi* **di**.
de'gnarsi [deɲ'ɲarsi] *vr*: **~ di fare** to deign *o* condescend to do.
'**degno, a** *ag* dignified; **~ di** worthy of; **~ di lode** praiseworthy.
degra'dare *vt* (*MIL*) to demote; (*privare della dignità*) to degrade; **~rsi** *vr* to demean o.s.
degus'tare *vt* to sample, taste; **degustazi'one** *sf* sampling, tasting.
'**dei, del** *prep + det vedi* **di**.
dela'tore, 'trice *sm/f* police informer.
'**delega, ghe** *sf* (*procura*) proxy.
dele'gare *vt* to delegate; **dele'gato** *sm* delegate; **delegazi'one** *sf* delegation.
del'fino *sm* dolphin.
delibe'rare *vt, vi* to deliberate.
delica'tezza [delika'tettsa] *sf* (*anche CUC*) delicacy; frailty; thoughtfulness; tactfulness.
deli'cato, a *ag* delicate; (*salute*) delicate, frail; (*fig: gentile*) thoughtful, considerate; (*: pieno di tatto*) tactful.
delimi'tare *vt* to circumscribe, define.
deline'are *vt* to outline; **~rsi** *vr* to be outlined; (*fig*) to emerge.
delin'quente *sm/f* criminal, delinquent; **delin'quenza** *sf* criminality, delinquency; **delinquenza minorile** juvenile delinquency.
deli'rare *vi* to be delirious, rave; (*fig*) to rave.
de'lirio *sm* delirium; (*ragionamento insensato*) raving; (*fig*) frenzy.

de'litto *sm* crime; **delittu'oso, a** *ag* criminal.
de'lizia [de'littsja] *sf* delight; **delizi'oso, a** *ag* delightful; (*cibi*) delicious.
dell', 'della, 'delle, 'dello *prep + det vedi* **di**.
'delta *sm inv* delta.
delta'plano *sm* hang-glider; **volo col ~** hang gliding.
de'ludere *vt* to disappoint; **delusi'one** *sf* disappointment; **de'luso, a** *pp di* **deludere**.
dema'gogo, ghi *sm* demagogue.
de'manio *sm* state property.
de'mente *ag* (MED) demented, mentally deranged; **de'menza** *sf* dementia; (*stupidità*) foolishness.
demo'cratico, a, ci, che *ag* democratic.
democra'zia [demokrat'tsia] *sf* democracy.
democristi'ano, a *ag, sm/f* Christian Democrat.
demo'lire *vt* to demolish; **demolizi'one** *sf* demolition.
'demone *sm* demon.
de'monio *sm* demon, devil; **il D~** the Devil.
demoraliz'zare [demoralid'dzare] *vt* to demoralize.
de'naro *sm* money.
deni'grare *vt* to denigrate, run down.
denomi'nare *vt* to name; **~rsi** *vr* to be named *o* called; **denomina'tore** *sm* (MAT) denominator; **denominazi'one** *sf* name; denomination.
deno'tare *vt* to denote, indicate.
densità *sf inv* density.
'denso, a *ag* thick, dense.
den'tale *ag* dental.
den'tario, a *ag* dental.
'dente *sm* tooth; (*di forchetta*) prong; (GEO: *cima*) jagged peak; **al ~** (CUC: *pasta*) *cooked so as to be firm when eaten*; **~i del giudizio** wisdom teeth; **denti'era** *sf* (set of) false teeth *pl*.
denti'fricio [denti'fritʃo] *sm* toothpaste.
den'tista, i, e *sm/f* dentist.
'dentro *av* in, inside; (*fig: nell'intimo*) inwardly, in one's mind // *prep* in, inside; (*entro*) within; **~ a, ~ in** in, inside; within; **qui/là ~** in here/there; **~ di sé** (*pensare, brontolare*) to oneself; **di ~** from inside.
de'nuncia, ce *o* **cie** [de'nuntʃa], **de'nunzia** [de'nuntsja] *sf* denunciation; accusation; declaration; **~ del reddito** (income) tax return.
denunci'are [denun'tʃare], **denunzi'are** [denun'tsjare] *vt* to denounce; (*accusare*) to accuse; (*dichiarare*) to declare.
denutrizi'one [denutrit'tsjone] *sf* malnutrition.
deodo'rante *sm* deodorant.
depe'rire *vi* to waste away.
depila'torio *sm* depilatory.
deplo'rare *vt* to deplore; to lament; **deplo'revole** *ag* deplorable.
de'porre *vt* (*depositare*) to put down; (*rimuovere: da una carica*) to remove; (*: re*) to depose; (DIR) to testify.
depor'tare *vt* to deport.
deposi'tare *vt* (GEO, ECON) to deposit; (*lasciare*) to leave; (*merci*) to store.
de'posito *sm* deposit; (*luogo*) warehouse; depot; (*: MIL*) depot; **~ bagagli** left-luggage office.
deposizi'one [depozit'tsjone] *sf* deposition; (*da una carica*) removal.
de'posto, a *pp di* **deporre**.
depra'vare *vt* to corrupt, deprave.
depre'care *vt* to deprecate, disapprove of.
depre'dare *vt* to rob, plunder.
depressi'one *sf* depression.
de'presso, a *pp di* **deprimere** // *ag* depressed.
deprez'zare [depret'tsare] *vt* (ECON) to depreciate.
de'primere *vt* to depress.
depu'rare *vt* to purify.
depu'tare *vt* to delegate; **~ qd a** to send sb (as a representative) to; **depu'tato, a** *o* **'essa** *sm/f* (POL) deputy, ≈ Member of Parliament; **deputazi'one** *sf* deputation; (POL) position of deputy, ≈ parliamentary seat.
deraglia'mento [deraʎʎa'mento] *sm* derailment.
deragli'are [deraʎ'ʎare] *vi* to be derailed; **far ~** to derail.
dere'litto, a *ag* derelict.
dere'tano *sm* bottom, buttocks *pl*.
de'ridere *vt* to mock, deride; **derisi'one** *sf* derision, mockery; **de'riso, a** *pp di* **deridere**.
de'riva *sf* (NAUT, AER) drift; **andare alla ~** (*anche fig*) to drift.
deri'vare *vi* (2): **~ da** to derive from // *vt* to derive; (*corso d'acqua*) to divert; **derivazi'one** *sf* derivation; diversion.
dero'gare *vi*: **~ a** to go against, depart from; (*legge*) to repeal in part.
der'rate *sfpl* commodities; **~ alimentari** foodstuffs.
deru'bare *vt* to rob.
des'critto, a *pp di* **descrivere**.
des'crivere *vt* to describe; **descrizi'one** *sf* description.
de'serto, a *ag* deserted // *sm* (GEO) desert; **isola ~a** desert island.
deside'rare *vt* to want, wish for; (*sessualmente*) to desire; **~ fare/che qd faccia** to want *o* wish to do/sb to do; **desidera fare una passeggiata?** would you like to go for a walk?
desi'derio *sm* wish; (*forte, carnale*) desire.
deside'roso, a *ag*: **~ di** longing *o* eager for.
desi'gnare [desiɲ'ɲare] *vt* to designate, appoint; (*data*) to fix.
desi'nare *vi* to dine, have dinner // *sm* dinner.
de'sistere *vi*: **~ da** to give up, desist from; **desis'tito, a** *pp di* **desistere**.

deso'lare *vt* (*affliggere*) to distress, grieve.
deso'lato, a *ag* (*paesaggio*) desolate; (*persona: spiacente*) sorry; **desolazi'one** *sf* desolation.
'despota, i *sm* despot.
des'tare *vt* to wake (up); (*fig*) to awaken, arouse; **~rsi** *vr* to wake (up).
desti'nare *vt* to destine; (*assegnare*) to appoint, assign; (*indirizzare*) to address; **~ qc a qd** to intend to give sth to sb, intend sb to have sth.
destinazi'one [destinat'tsjone] *sf* destination; (*uso*) purpose.
des'tino *sm* destiny, fate.
destitu'ire *vt* to dismiss, remove.
'desto, a *ag* (wide) awake.
'destra *sf vedi* **destro**.
destreggi'arsi [destred'dʒarsi] *vr* to manoeuvre.
des'trezza [des'trettsa] *sf* skill, dexterity.
'destro, a *ag* right, right-hand; (*abile*) skilful, adroit // *sf* (*mano*) right hand; (*parte*) right (side); (*POL*): **la ~** the Right; **a ~a** on the right.
dete'nere *vt* (*incarico, primato*) to hold; (*un bene*) to be in possession of; (*in prigione*) to detain, hold; **dete'nuto, a** *sm/f* prisoner; **detenzi'one** *sf* holding; possession; detention.
deter'gente [deter'dʒɛnte] *sm* detergent.
deterio'rare *vt* to damage; **~rsi** *vr* to deteriorate.
determi'nare *vt* to determine; **~rsi a fare qc** to make up one's mind to do sth; **determinazi'one** *sf* determination; (*decisione*) decision.
deter'sivo *sm* detergent.
detes'tare *vt* to detest, hate.
deto'nare *vi* to detonate.
de'trarre *vt*: **~ (da)** to deduct (from), take away (from); **de'tratto, a** *pp di* **detrarre.**
detri'mento *sm* detriment, harm; **a ~ di** to the detriment of.
de'trito *sm* (*GEO*) detritus.
dettagli'ante [dettaʎ'ʎante] *sm/f* (*COMM*) retailer.
dettagli'are [dettaʎ'ʎare] *vt* to detail, give full details of.
det'taglio [det'taʎʎo] *sm* detail; (*COMM*): **il ~** retail; **al ~** (*COMM*) retail; separately.
det'tare *vt* to dictate; **det'tato** *sm* dictation; **detta'tura** *sf* dictation.
'detto, a *pp di* **dire** // *ag* (*soprannominato*) called, known as; (*già nominato*) above-mentioned // *sm* saying; **~ fatto** no sooner said than done.
detur'pare *vt* to disfigure; (*moralmente*) to sully.
devas'tare *vt* to devastate; (*fig*) to ravage; **devastazi'one** *sf* devastation; ravages *pl*.
devi'are *vi* to swerve, veer off // *vt* to divert; **deviazi'one** *sf* (*anche AUT*) diversion.
devo'luto, a *pp di* **devolvere**.
devoluzi'one [devolut'tsjone] *sf* (*DIR*) devolution, transfer.
de'volvere *vt* (*DIR*) to transfer, devolve.
de'voto, a *ag* (*REL*) devout, pious; (*affezionato*) devoted.
devozi'one [devot'tsjone] *sf* devoutness; (*anche REL*) devotion.
di *prep* (*di + il* = **del**, *di + lo* = **dello**, *di + l'* = **dell'**, *di + la* = **della**, *di + i* = **dei**, *di + gli* = **degli**, *di + le* = **delle**) of; (*causa*) with; for; of; (*mezzo*) with; (*provenienza*) from // *det*: **del pane** (some) bread; **dei libri** (some) books; **la sorella ~ mio padre** my father's sister; **un sacchetto ~ plastica/orologio d'oro** a plastic bag/gold watch; **tremare ~ paura** to tremble with fear; **un bambino ~ tre anni** a child of three, a three-year-old child; **~ primavera/giugno** in spring/June; **~ mattina/sera** in the morning/evening; **~ notte** by night; at night; in the night; **~ domenica** on Sundays; **~ ... in** from ... to; *vedi* **più, meno** *etc*.
dia'bete *sm* diabetes *sg*.
dia'bolico, a, ci, che *ag* diabolical.
di'acono *sm* (*REL*) deacon.
dia'dema, i *sm* diadem; (*di donna*) tiara.
dia'framma, i *sm* (*divisione*) screen; (*ANAT, FOT*) diaphragm.
di'agnosi [di'aɲɲozi] *sf* diagnosis *sg*; **diagnosti'care** *vt* to diagnose.
diago'nale *ag, sf* diagonal.
dia'gramma, i *sm* diagram.
dia'letto *sm* dialect.
di'alogo, ghi *sm* dialogue.
dia'mante *sm* diamond.
di'ametro *sm* diameter.
di'amine *escl*: **che ~ ... ?** what on earth ... ?
diaposi'tiva *sf* transparency, slide.
di'ario *sm* diary.
diar'rea *sf* diarrhoea.
di'avolo *sm* devil.
di'battere *vt* to debate, discuss; **~rsi** *vr* to struggle; **di'battito** *sm* debate, discussion.
di'cembre [di'tʃɛmbre] *sm* December.
dicas'tero *sm* ministry.
dichia'rare [dikja'rare] *vt* to declare; **dichiarazi'one** *sf* declaration.
dician'nove [ditʃan'nɔve] *num* nineteen.
dicias'sette [ditʃas'sɛtte] *num* seventeen.
dici'otto [di'tʃɔtto] *num* eighteen.
dici'tura [ditʃi'tura] *sf* words *pl*, wording.
di'dattico, a, ci, che *ag* didactic.
di'eci ['djɛtʃi] *num* ten; **die'cina** *sf* = **decina**.
'diesel ['dizəl] *sm inv* diesel engine.
di'eta *sf* diet; **essere a ~** to be on a diet.
di'etro *av* behind // *prep* behind; (*tempo: dopo*) after // *sm* back, rear; **le zampe di ~** the back legs, the hind legs; **~ richiesta** on demand; (*scritta*) on application.
di'fendere *vt* to defend; **difen'sivo, a** *ag* defensive // *sf*: **stare sulla difensiva**

(*anche fig*) to be on the defensive; **difen'sore, a** *sm/f* defender; **avvocato difensore** counsel for the defence; **di'feso, a** *pp di* **difendere** // *sf* defence.
difet'tare *vi* to be defective; ~ **di** to be lacking in, lack; **difet'tivo, a** *ag* defective.
di'fetto *sm* (*mancanza*): ~ **di** lack of; shortage of; (*di fabbricazione*) fault, flaw, defect; (*morale*) fault, failing, defect; (*fisico*) defect; **far** ~ to be lacking; **in** ~ at fault; in the wrong; **difet'toso, a** *ag* defective, faulty.
diffa'mare *vt* to defame, slander; to libel.
diffe'rente *ag* different.
diffe'renza [diffe'rɛntsa] *sf* difference; **a** ~ **di** unlike.
differenzi'ale [differen'tsjale] *ag, sm* differential.
differenzi'are [differen'tsjare] *vt* to differentiate; ~**rsi da** to differentiate o.s. from; to differ from.
diffe'rire *vt* to postpone, defer // *vi* to be different.
dif'ficile [dif'fitʃile] *ag* difficult; (*persona*) hard to please, difficult (to please); (*poco probabile*): **è** ~ **che sia libero** it is unlikely that he'll be free // *sm* difficult part, difficulty; **difficoltà** *sf inv* difficulty.
dif'fida *sf* (DIR) warning, notice.
diffi'dare *vi*: ~ **di** to be suspicious *o* distrustful of // *vt* (DIR) to warn; **diffi'dente** *ag* suspicious, distrustful; **diffi'denza** *sf* suspicion, distrust.
dif'fondere *vt* (*calore*) to diffuse; (*notizie*) to spread, circulate; ~**rsi** *vr* to spread; **diffusi'one** *sf* diffusion; spread; (*anche di giornale*) circulation; (FISICA) scattering; **dif'fuso, a** *pp di* **diffondere**.
difi'lato *av* (*direttamente*) straight, directly; (*subito*) straight away.
difte'rite *sf* (MED) diphtheria.
'diga, ghe *sf* dam; (*argine litoraneo*) dyke.
dige'rire [didʒe'rire] *vt* to digest; **digesti'one** *sf* digestion; **diges'tivo, a** *ag* digestive // *sm* (after-dinner) liqueur.
digi'tale [didʒi'tale] *ag* digital; (*delle dita*) finger *cpd*, digital // *sf* (BOT) foxglove.
digiu'nare [didʒu'nare] *vi* to starve o.s.; (REL) to fast; **digi'uno, a** *ag*: **essere digiuno** not to have eaten // *sm* fast; **a digiuno** on an empty stomach.
dignità [diɲɲi'ta] *sf inv* dignity; **digni'tario** *sm* dignitary; **digni'toso, a** *ag* dignified.
digressi'one *sf* digression.
digri'gnare [digriɲ'ɲare] *vt*: ~ **i denti** to grind one's teeth.
dila'gare *vi* to flood; (*fig*) to spread.
dilapi'dare *vt* to squander, waste.
dila'tare *vt* to dilate; (*gas*) to cause to expand; (*passaggio, cavità*) to open (up); ~**rsi** *vr* to dilate; (FISICA) to expand.
dilazio'nare [dilattsjo'nare] *vt* to delay, defer; **dilazi'one** *sf* delay; (COMM: *di pagamento etc*) extension; (*rinvio*) postponement.
dileggi'are [diled'dʒare] *vt* to mock, deride.
dilegu'are *vi*, ~**rsi** *vr* to vanish, disappear.
di'lemma, i *sm* dilemma.
dilet'tante *sm/f* dilettante; (*anche* SPORT) amateur.
dilet'tare *vt* to give pleasure to, delight; ~**rsi** *vr*: ~**rsi di** to take pleasure in, enjoy.
di'letto, a *ag* dear, beloved // *sm* pleasure, delight.
dili'gente [dili'dʒɛnte] *ag* (*scrupoloso*) diligent; (*accurato*) careful, accurate; **dili'genza** *sf* diligence; care; (*carrozza*) stagecoach.
dilu'ire *vt* to dilute.
dilun'garsi *vr* (*fig*): ~ **su** to talk at length on *o* about.
diluvi'are *vb impers* to pour (down).
di'luvio *sm* downpour; (*inondazione, fig*) flood.
dima'grire *vi* (*2*) to get thinner, lose weight.
dime'nare *vt* to wave, shake; ~**rsi** *vr* to toss and turn; (*fig*) to struggle; ~ **la coda** (*sog: cane*) to wag its tail.
dimensi'one *sf* dimension; (*grandezza*) size.
dimenti'canza [dimenti'kantsa] *sf* forgetfulness; (*errore*) oversight, slip; **per** ~ inadvertently.
dimenti'care *vt* to forget; ~**rsi di qc** to forget sth.
di'messo, a *pp di* **dimettere** // *ag* (*voce*) subdued; (*uomo, abito*) modest, humble.
dimesti'chezza [dimesti'kettsa] *sf* familiarity.
di'mettere *vt*: ~ **qd da** to dismiss sb from; (*dall'ospedale*) to discharge sb from; ~**rsi (da)** to resign (from).
dimez'zare [dimed'dzare] *vt* to halve.
diminu'ire *vt* to reduce, diminish // *vi* (*2*) to decrease, diminish, go down; **diminuzi'one** *sf* decreasing, diminishing.
dimissi'oni *sfpl* resignation *sg*; **dare** *o* **presentare le** ~ to resign, hand in one's resignation.
di'mora *sf* residence.
dimo'rare *vi* to reside.
dimos'trare *vt* to demonstrate, show; (*provare*) to prove, demonstrate; ~**rsi** *vr*: ~**rsi molto abile** to show o.s. *o* prove to be very clever; **dimostra'tivo, a** *ag* (*anche* LING) demonstrative; **dimostrazi'one** *sf* demonstration; proof.
di'namico, a, ci, che *ag* dynamic // *sf* dynamics *sg*.
dina'mismo *sm* dynamism.
dina'mite *sf* dynamite.
'dinamo *sf inv* dynamo.
di'nanzi [di'nantsi]: ~ **a** *prep* in front of.
dinas'tia *sf* dynasty.
dini'ego, ghi *sm* refusal; denial.
din'torno *av* round, (round) about; ~**i** *smpl* outskirts; **nei** ~**i di** in the vicinity *o* neighbourhood of.
'dio, *pl* **'dei** *sm* god; **D**~ God; **gli dei** the gods.

di'ocesi [di'ɔtʃezi] *sf* diocese.
dipa'nare *vt* (*lana*) to wind into a ball; (*fig*) to disentangle, sort out.
diparti'mento *sm* department.
dipen'dente *ag* dependent // *sm/f* employee; **dipen'denza** *sf* dependence; **essere alle dipendenze di qd** to be employed by sb *o* in sb's employ.
di'pendere *vi* (2): ~ **da** to depend on; (*finanziariamente*) to be dependent on; (*derivare*) to come from, be due to; **di'peso, a** *pp di* **dipendere**.
di'pingere [di'pindʒere] *vt* to paint; ~**rsi** *vr* to make up, put on makeup; **di'pinto, a** *pp di* **dipingere** // *sm* painting.
di'ploma, i *sm* diploma.
diplo'matico, a, ci, che *ag* diplomatic // *sm* diplomat.
diploma'zia [diplomat'tsia] *sf* diplomacy.
di'porto *sm*: **imbarcazione** *f* **da** ~ pleasure craft.
dira'dare *vt* to thin (out); (*visite*) to reduce, make less frequent; ~**rsi** *vr* to disperse; (*nebbia*) to clear (up).
dira'mare *vt* to issue, send out // *vi*, ~**rsi** *vr* to branch.
'dire *vt* to say; (*segreto, fatto*) to tell; ~ **qc a qd** to tell sb sth; ~ **a qd di fare qc** to tell sb to do sth; ~ **di sì/no** to say yes/no; **si dice che ...** they say that ...; **si direbbe che ...** it looks (*o* sounds) as though ... ; **dica, signora?** (*in un negozio*) yes, Madam, can I help you?
diret'tissimo *sm* (FERR) fast (through) train.
di'retto, a *pp di* **dirigere** // *ag* direct // *sm* (FERR) through train.
diret'tore, 'trice *sm/f* (*d'impresa*) director; manager/ess; (*di scuola elementare*) headmaster/mistress; ~ **d'orchestra** conductor.
direzi'one [diret'tsjone] *sf* board of directors; management; (*senso di movimento*) direction; **in** ~ **di** in the direction of, towards.
diri'gente [diri'dʒɛnte] *sm/f* executive; (POL) leader.
di'rigere [di'ridʒere] *vt* to direct; (*impresa*) to run, manage; (MUS) to conduct; ~**rsi** *vr*: ~**rsi verso** *o* **a** to make *o* head for.
diri'gibile [diri'dʒibile] *sm* dirigible.
dirim'petto *av* opposite; ~ **a** *prep* opposite, facing.
di'ritto, a *ag* straight; (*onesto*) straight, upright; (*destro*) right // *av* straight, directly; **andare** ~ to go straight on // *sm* right side; (*prerogativa*) right; (*leggi, scienza*): **il** ~ law; ~**i** *smpl* (*tasse*) duty *sg*; **stare** ~ to stand upright.
dirit'tura *sf* (SPORT) straight; (*fig*) rectitude.
diroc'cato, a *ag* tumbledown, in ruins.
dirot'tare *vt* (*nave, aereo*) to change the course of; (*aereo: sotto minaccia*) to hijack; (*traffico*) to divert // *vi* (*nave, aereo*) to change course; **dirotta'tore, 'trice** *sm/f* hijacker.
di'rotto, a *ag* (*pioggia*) torrential; (*pianto*) unrestrained; **piovere a** ~ to pour, rain cats and dogs; **piangere a** ~ to cry one's heart out.
di'rupo *sm* crag, precipice.
disabi'tato, a *ag* uninhabited.
disabitu'arsi *vr*: ~ **a** to get out of the habit of.
disac'cordo *sm* disagreement.
disadat'tato, a *ag* (PSIC) maladjusted.
disa'datto, a *ag*: ~ **(a** *o* **per)** unsuited (to).
disa'dorno, a *ag* plain, unadorned.
disagi'ato, a [diza'dʒato] *ag* poor, needy; (*vita*) hard.
di'sagio [di'zadʒo] *sm* discomfort; (*disturbo*) inconvenience; (*fig: imbarazzo*) embarrassment; ~**i** *smpl* hardship *sg*, poverty *sg*; **essere a** ~ to be ill at ease.
disappro'vare *vt* to disapprove of; **disapprovazi'one** *sf* disapproval.
disap'punto *sm* disappointment.
disar'mare *vt, vi* to disarm; **di'sarmo** *sm* (MIL) disarmament.
di'sastro *sm* disaster; **disas'troso, a** *ag* disastrous.
disat'tento, a *ag* inattentive.
disa'vanzo [diza'vantso] *sm* (ECON) deficit.
disavve'duto, a *ag* careless, thoughtless.
disavven'tura *sf* misadventure, mishap.
dis'brigo, ghi *sm* (prompt) clearing up *o* settlement.
dis'capito *sm* disadvantage, detriment; **a** ~ **di qd** to sb's cost.
discen'dente [diʃʃen'dɛnte] *ag* descending // *sm/f* descendant.
di'scendere [diʃ'ʃendere] *vt* to go (*o* come) down // *vi* (2) to go (*o* come) down; (*strada*) to go down; (*smontare*) to get off; ~ **da** (*famiglia*) to be descended from; ~ **dalla macchina/dal treno** to get out of the car/out of *o* off the train; ~ **da cavallo** to dismount, get off one's horse.
di'scepolo, a [diʃ'ʃepolo] *sm/f* disciple.
di'scernere [diʃ'ʃɛrnere] *vt* to discern, make out; **discerni'mento** *sm* judgment, discernment.
di'sceso, a [diʃ'ʃeso] *pp di* **discendere** // *sf* descent; (*pendio*) slope; **in** ~**a** (*strada*) downhill.
disci'ogliere [diʃ'ʃɔʎʎere] *vt*, ~**rsi** *vr* to dissolve; (*fondere*) to melt; **disci'olto, a** *pp di* **disciogliere**.
disci'plina [diʃʃi'plina] *sf* discipline; **discipli'nare** *ag* disciplinary // *vt* to discipline.
'disco, schi *sm* disc; (SPORT) discus; (*fonografico*) record, disc; ~ **orario** (AUT) parking disc; ~ **volante** flying saucer.
discol'pare *vt* to clear of blame.
disco'noscere [disko'noʃʃere] *vt* to refuse to acknowledge; (*figlio*) to disown; **disconosci'uto, a** *pp di* **disconoscere**.
dis'corde *ag* conflicting, clashing; **dis'cordia** *sf* discord; (*dissidio*) disagreement, clash.

dis'correre *vi*: ~ **(di)** to talk (about).
dis'corso, a *pp di* **discorrere** // *sm* speech; (*conversazione*) conversation, talk.
dis'costo, a *ag* faraway, distant // *av* far away; ~ **da** *prep* far from.
disco'teca, che *sf* (*raccolta*) record library; (*luogo di ballo*) discothèque.
discredi'tare *vt* to discredit.
discre'panza [diskre'pantsa] *sf* disagreement.
dis'creto, a *ag* discreet; (*abbastanza buono*) reasonable, fair; **discrezi'one** *sf* discretion; (*giudizio*) judgment, discernment; **a discrezione di** at the discretion of.
discriminazi'one [diskriminat'tsjone] *sf* discrimination.
discussi'one *sf* discussion; (*litigio*) argument.
dis'cusso, a *pp di* **discutere**.
dis'cutere *vt* to discuss, debate; (*contestare*) to question, dispute // *vi* to talk; (*contrastare*) to argue; ~ **di** to discuss.
disde'gnare [disdeɲ'ɲare] *vt* to scorn; **dis'degno** *sm* scorn, disdain.
dis'detto, a *pp di* **disdire** // *sf* retraction; cancellation; (*sfortuna*) bad luck.
dis'dire *vt* (*ritrattare*) to retract, take back; (*annullare*) to cancel.
dise'gnare [diseɲ'ɲare] *vt* to draw; (*progettare*) to design; (*fig*) to outline; **disegna'tore, 'trice** *sm/f* designer.
di'segno [di'seɲɲo] *sm* drawing; design; outline.
diser'tare *vt, vi* to desert; **diser'tore** *sm* (*MIL*) deserter; **diserzi'one** *sf* (*MIL*) desertion.
dis'fare *vt* to undo; (*valigie*) to unpack; (*lavoro, paese*) to destroy; (*neve*) to melt; ~**rsi** *vr* to melt; ~ **il letto** to strip the bed; ~**rsi in lacrime** to dissolve into tears; ~**rsi di qd** (*liberarsi*) to get rid of sb; **dis'fatto, a** *pp di* **disfare** // *sf* (*sconfitta*) rout.
disfunzi'one [disfun'tsjone] *sf* (*MED*) disorder.
disge'lare [dizdʒe'lare] *vt, vi,* ~**rsi** *vr* to thaw; **dis'gelo** *sm* thaw.
dis'grazia [diz'grattsja] *sf* (*sventura*) misfortune; (*incidente*) accident, mishap; **disgrazi'ato, a** *ag* unfortunate // *sm/f* wretch.
disgre'gare *vt,* ~**rsi** *vr* to break up.
disgu'ido *sm*: ~ **postale** error in postal delivery.
disgus'tare *vt* to disgust; ~**rsi** *vr*: ~**rsi di** to be disgusted by.
dis'gusto *sm* disgust; **disgus'toso, a** *ag* disgusting.
disidra'tare *vt* to dehydrate.
disil'ludere *vt* to disillusion, disenchant; **disillusi'one** *sf* disillusion, disenchantment.
disimpa'rare *vt* to forget.
disimpe'gnare [dizimpeɲ'ɲare] *vt* (*oggetto dato in pegno*) to redeem, get out of pawn; (*liberare*) to release, free; (*sbrigare: ufficio*) to carry out; ~**rsi** *vr* to free o.s.; (*cavarsela*) to manage.
disinfet'tante *ag, sm* disinfectant.
disinfet'tare *vt* to disinfect; **disinfezi'one** *sf* disinfection.
disingan'nare *vt* to disabuse, disillusion.
disinte'grare *vt, vi* (*2*) to disintegrate.
disinteres'sarsi *vr*: ~ **di** to take no interest in.
disinte'resse *sm* indifference; (*generosità*) unselfishness.
disin'volto, a *ag* casual, free and easy; **disinvol'tura** *sf* casualness, ease.
dislo'care *vt* to station, position.
dismi'sura *sf* excess; **a** ~ to excess, excessively.
disobbe'dire *etc* = **disubbidire** *etc.*
disoccu'pato, a *ag* unemployed // *sm/f* unemployed person; **disoccupazi'one** *sf* unemployment.
disonestà *sf* dishonesty.
diso'nesto, a *ag* dishonest.
disono'rare *vt* to dishonour, bring disgrace upon.
diso'nore *sm* dishonour, disgrace.
di'sopra *av* (*con contatto*) on top; (*senza contatto*) above; (*al piano superiore*) upstairs // *ag inv* (*superiore*) upper; **la gente** ~ the people upstairs; **il piano** ~ the floor above // *sm inv* top, upper part.
disordi'nare *vt* to mess up, disarrange; (*fig*) to upset, confuse; (*MIL*) to throw into disorder // *vi*: ~ **nel bere** *etc* to take drink *etc* to excess; **disordi'nato, a** *ag* untidy; (*privo di misura*) irregular, wild.
di'sordine *sm* (*confusione*) disorder, confusion; (*sregolatezza*) debauchery.
disorien'tare *vt* to disorientate; ~**rsi** *vr* (*fig*) to get confused, lose one's bearings.
di'sotto *av* below, underneath; (*in fondo*) at the bottom; (*al piano inferiore*) downstairs // *ag inv* (*inferiore*) lower; bottom *cpd*; **la gente** ~ the people downstairs; **il piano** ~ the floor below // *sm inv* (*parte inferiore*) lower part; bottom.
dis'paccio [dis'pattʃo] *sm* dispatch.
dispa'rato, a *ag* disparate.
'dispari *ag inv* odd, uneven.
disparità *sf inv* disparity.
dis'parte: **in** ~ *av* (*da lato*) aside, apart; **tenersi** *o* **starsene in** ~ to keep to o.s., hold aloof.
dispendi'oso, a *ag* expensive.
dis'pensa *sf* pantry, larder; (*mobile*) sideboard; (*DIR*) exemption; (*REL*) dispensation; (*fascicolo*) number, issue.
dispen'sare *vt* (*elemosine, favori*) to distribute; (*esonerare*) to exempt.
dispe'rare *vi*: ~ **(di)** to despair (of); ~**rsi** *vr* to despair; **dispe'rato, a** *ag* desperate; **disperazi'one** *sf* desperation.
dis'perdere *vt* (*disseminare*) to disperse; (*MIL*) to scatter, rout; (*fig: consumare*) to waste, squander; ~**rsi** *vr* to disperse; to scatter; **dispersi'one** *sf* dispersion, dispersal; (*FISICA, CHIM*) dispersion; **dis'perso, a** *pp di* **disperdere** // *sm/f* missing person.

dis'petto *sm* spite *q*, spitefulness *q*; **fare un ~ a qd** to play a (nasty) trick on sb; **a ~ di** in spite of; **dispet'toso, a** *ag* spiteful.
dispia'cere [dispja'tʃere] *sm* (*rammarico*) regret, sorrow; (*dolore*) grief; **~i** *smpl* troubles, worries // *vi*: **~ a** to displease // *vb impers*: **mi dispiace (che)** I am sorry (that); **se non le dispiace, me ne vado adesso** if you don't mind, I'll go now; **dispiaci'uto, a** *pp di* **dispiacere.**
dispo'nibile *ag* available.
dis'porre *vt* (*sistemare*) to arrange; (*preparare*) to prepare; (DIR) to order; (*persuadere*): **~ qd a** to incline *o* dispose sb towards // *vi* (*decidere*) to decide; (*usufruire*): **~ di** to use, have at one's disposal; (*essere dotato*): **~ di** to have; **disporsi** *vr* (*ordinarsi*) to place o.s., arrange o.s.; **disporsi a fare** to get ready to do; **disposizi'one** *sf* arrangement, layout; (*stato d'animo*) mood; (*tendenza*) bent, inclination; (*comando*) order; (DIR) provision, regulation; **a disposizione di qd** at sb's disposal; **dis'posto, a** *pp di* **disporre.**
dis'potico, a, ci, che *ag* despotic.
disprez'zare [dispret'tsare] *vt* to despise.
dis'prezzo [dis'prɛttso] *sm* contempt.
'disputa *sf* dispute, quarrel.
dispu'tare *vt* (*contendere*) to dispute, contest; (SPORT: *partita*) to play; (: *gareggiare*) to take part in // *vi* to quarrel; **~ di** to discuss; **~rsi qc** to fight for sth.
dissangua'mento *sm* loss of blood.
disse'care *vt* to dissect.
dissec'care *vt*, **~rsi** *vr* to dry up.
dissemi'nare *vt* to scatter; (*fig: notizie*) to spread.
dis'senso *sm* dissent; (*disapprovazione*) disapproval.
dissente'ria *sf* dysentery.
dissen'tire *vi*: **~ (da)** to disagree (with).
dissertazi'one [dissertat'tsjone] *sf* dissertation.
disser'vizio [disser'vittsjo] *sm* inefficiency.
disses'tare *vt* (ECON) to ruin; **dis'sesto** *sm* (financial) ruin.
disse'tante *ag* refreshing.
disse'tare *vt* to quench the thirst of.
dissezi'one [disset'tsjone] *sf* dissection.
dissi'dente *ag, sm/f* dissident.
dis'sidio *sm* disagreement.
dis'simile *ag* different, dissimilar.
dissimu'lare *vt* (*fingere*) to dissemble; (*nascondere*) to conceal.
dissi'pare *vt* to dissipate; (*scialacquare*) to squander, waste; **dissipa'tezza** *sf* dissipation; **dissipazi'one** *sf* squandering.
dissoci'are [disso'tʃare] *vt* to dissociate.
dis'solto, a *pp di* **dissolvere.**
disso'lubile *ag* soluble.
disso'luto, a *pp di* **dissolvere** // *ag* dissolute, licentious.
dis'solvere *vt* to dissolve; (*neve*) to melt; (*fumo*) to disperse; **~rsi** *vr* to dissolve; to melt; to disperse.
disso'nante *ag* discordant.
dissu'adere *vt*: **~ qd da** to dissuade sb from; **dissu'aso, a** *pp di* **dissuadere.**
distac'care *vt* to detach, separate; (SPORT) to leave behind; **~rsi** *vr* to be detached; (*fig*) to stand out; **~rsi da** (*fig: allontanarsi*) to grow away from.
dis'tacco, chi *sm* (*separazione*) separation; (*fig: indifferenza*) detachment; (SPORT): **è arrivato con un ~ di 10 minuti dai primi** he came in 10 minutes behind the leaders.
dis'tante *av* far away // *ag* distant, far away.
dis'tanza [dis'tantsa] *sf* distance.
distanzi'are [distan'tsjare] *vt* to space out, place at intervals; (SPORT) to outdistance; (*fig: superare*) to outstrip, surpass.
dis'tare *vi*: **distiamo pochi chilometri da Roma** we are only a few kilometres (away) from Rome.
dis'tendere *vt* (*coperta*) to spread out; (*gambe*) to stretch (out); (*mettere a giacere*) to lay; (*rilassare: muscoli, nervi*) to relax; **~rsi** *vr* (*rilassarsi*) to relax; (*sdraiarsi*) to lie down; **distensi'one** *sf* stretching; relaxation; (POL) détente.
dis'teso, a *pp di* **distendere** // *sf* expanse, stretch.
distil'lare *vt* to distil.
distille'ria *sf* distillery.
dis'tinguere *vt* to distinguish.
dis'tinta *sf* (*nota*) note; (*elenco*) list.
distin'tivo, a *ag* distinctive; distinguishing // *sm* badge.
dis'tinto, a *pp di* **distinguere** // *ag* (*dignitoso ed elegante*) distinguished; **"~i saluti"** "Yours faithfully".
distinzi'one [distin'tsjone] *sf* distinction.
dis'togliere [dis'tɔʎʎere] *vt*: **~ da** to take away from; (*fig*) to dissuade from; **dis'tolto, a** *pp di* **distogliere.**
distorsi'one *sf* (MED) sprain; (*alterazione*) distortion.
dis'trarre *vt* to distract; (*divertire*) to entertain, amuse; **distrarsi** *vr* (*svagarsi*) to amuse *o* enjoy o.s.; **dis'tratto, a** *pp di* **distrarre** // *ag* absent-minded; (*disattento*) inattentive; **distrazi'one** *sf* absent-mindedness; inattention; (*svago*) distraction, entertainment.
dis'tretto *sm* district.
distribu'ire *vt* to distribute; (CARTE) to deal (out); (*consegnare: posta*) to deliver; **distribu'tore** *sm* (*di benzina*) petrol pump; (AUT, ELETTR) distributor; (*automatico*) vending *o* slot machine; **distribuzi'one** *sf* distribution; delivery.
distri'care *vt* to disentangle, unravel.
dis'truggere [dis'truddʒere] *vt* to destroy; **distrut'tivo, a** *ag* destructive; **dis'trutto, a** *pp di* **distruggere**; **distruzi'one** *sf* destruction.
distur'bare *vt* to disturb, trouble; (*sonno,*

lezioni) to disturb, interrupt; **~rsi** *vr* to put o.s. out.
dis'turbo *sm* trouble, bother, inconvenience; (*indisposizione*) (slight) disorder, ailment; **~i** *smpl* (RADIO, TV) static *sg*.
disubbidi'ente *ag* disobedient; **disubbidi'enza** *sf* disobedience.
disubbi'dire *vi*: **~ (a qd)** to disobey (sb).
disugu'ale *ag* unequal; (*diverso*) different; (*irregolare*) uneven.
disu'mano, a *ag* inhuman.
disu'nire *vt* to divide, disunite.
di'suso *sm* disuse; **andare** *o* **cadere in ~** to fall into disuse.
'dita *fpl di* **dito**.
di'tale *sm* thimble.
'dito, *pl(f)* **'dita** *sm* finger; (*misura*) finger, finger's breadth; **~ (del piede)** toe.
'ditta *sf* firm, business.
ditta'tore *sm* dictator.
ditta'tura *sf* dictatorship.
dit'tongo, ghi *sm* diphthong.
di'urno, a *ag* day *cpd*, daytime *cpd* // *sm* (*anche:* **albergo ~**) *public toilets with washing and shaving facilities etc.*
'diva *sf vedi* **divo**.
diva'gare *vi* to digress; **divagazi'one** *sf* digression.
divam'pare *vi* (2) to flare up, blaze up.
di'vano *sm* sofa; divan.
divari'care *vt* to open wide.
di'vario *sm* difference.
dive'nire *vi* (2) = **diventare**; **dive'nuto, a** *pp di* **divenire**.
diven'tare *vi* (2) to become; **~ famoso/professore** to become famous/a teacher.
di'verbio *sm* altercation.
diver'gente [diver'dʒɛnte] *ag* divergent.
di'vergere [di'vɛrdʒere] *vi* to diverge.
diversifi'care *vt* to diversify, vary; to differentiate.
diversi'one *sf* diversion.
diversità *sf inv* difference, diversity; (*varietà*) variety.
diver'sivo *sm* diversion, distraction.
di'verso, a *ag* (*differente*): **~ (da)** different (from); **~i, e** *det pl* several, various; (COMM) sundry // *pronome pl* several (people), many (people).
diver'tente *ag* amusing.
diverti'mento *sm* amusement, pleasure; (*passatempo*) pastime, recreation.
diver'tire *vt* to amuse, entertain; **~rsi** *vr* to amuse *o* enjoy o.s.
divi'dendo *sm* dividend.
di'videre *vt* (*anche* MAT) to divide; (*distribuire, ripartire*) to divide (up), split (up).
divi'eto *sm* prohibition; **"~ di sosta"** (AUT) "no parking".
divinco'larsi *vr* to wriggle, writhe.
divinità *sf inv* divinity.
di'vino, a *ag* divine.
di'visa *sf* (MIL *etc*) uniform; (COMM) foreign currency.
divisi'one *sf* division.
di'viso, a *pp di* **dividere**.
'divo, a *sm/f* star.
divo'rare *vt* to devour.
divorzi'are [divor'tsjare] *vi*: **~ (da qd)** to divorce (sb).
di'vorzio [di'vɔrtsjo] *sm* divorce.
divul'gare *vt* to divulge, disclose; (*rendere comprensibile*) to popularize; **~rsi** *vr* to spread.
dizio'nario [ditsjo'narjo] *sm* dictionary.
dizi'one [dit'tsjone] *sf* diction; pronunciation.
do *sm* (MUS) C; (*: solfeggiando la scala*) do(h).
'doccia, ce ['dottʃa] *sf* shower; (*condotto*) pipe.
do'cente [do'tʃɛnte] *ag* teaching // *sm/f* teacher; (*di università*) lecturer; **do'cenza** *sf* university teaching *o* lecturing.
'docile ['dɔtʃile] *ag* docile.
documen'tare *vt* to document; **~rsi** *vr*: **~rsi (su)** to gather information *o* material (about).
documen'tario, a *ag, sm* documentary.
documentazi'one [dokumentat'tsjone] *sf* documentation.
docu'mento *sm* document; **~i** *smpl* (*d'identità etc*) papers.
'dodici ['doditʃi] *num* twelve.
do'gana *sf* (*ufficio*) customs *pl*; (*tassa*) (customs) duty; **passare la ~** to go through customs; **doga'nale** *ag* customs *cpd*; **dogani'ere** *sm* customs officer.
'doglie ['dɔʎʎe] *sfpl* (MED) labour *sg*, labour pains.
'dogma, i *sm* dogma.
'dolce ['doltʃe] *ag* sweet; (*colore*) soft; (*fig: mite: clima*) mild; (*non ripido: pendio*) gentle // *sm* (*sapore dolce*) sweetness, sweet taste; (CUC: *portata*) sweet, dessert; (*: torta*) cake; **dol'cezza** *sf* sweetness; softness; mildness; gentleness; **dolci'umi** *smpl* sweets.
do'lente *ag* sorrowful, sad.
do'lere *vi* (2) to be sore, hurt, ache; **~rsi** *vr* to complain; (*essere spiacente*): **~rsi di** to be sorry for; **mi duole la testa** my head aches, I've got a headache.
'dollaro *sm* dollar.
'dolo *sm* (DIR) malice.
Dolo'miti *sfpl*: **le ~** the Dolomites.
do'lore *sm* (*fisico*) pain; (*morale*) sorrow, grief; **dolo'roso, a** *ag* painful; sorrowful, sad.
do'loso, a *ag* (DIR) malicious.
do'manda *sf* (*interrogazione*) question; (*richiesta*) demand; (*: cortese*) request; (DIR: *richiesta scritta*) application; (ECON): **la ~** demand; **fare una ~ a qd** to ask sb a question.
doman'dare *vt* (*per avere*) to ask for; (*per sapere*) to ask; (*esigere*) to demand; **~rsi** *vr* to wonder; to ask o.s.; **~ qc a qd** to ask sb for sth; to ask sb sth.
do'mani *av* tomorrow // *sm*: **il ~** (*il futuro*) the future; (*il giorno successivo*) the

next day; ~ **l'altro** the day after tomorrow.
do'mare *vt* to tame.
domat'tina *av* tomorrow morning.
do'menica, che *sf* Sunday; **di** *o* **la** ~ on Sundays; **domeni'cale** *ag* Sunday *cpd.*
do'mestica, che *sf vedi* **domestico**.
domesti'chezza [domesti'kettsa] *sf* = **dimestichezza**.
do'mestico, a, ci, che *ag* domestic // *sm/f* servant, domestic.
domi'cilio [domi'tʃiljo] *sm* (DIR) domicile, place of residence.
domi'nare *vt* to dominate; (*fig: sentimenti*) to control, master // *vi* to be in the dominant position; ~**rsi** *vr* (*controllarsi*) to control o.s.; ~ **su** (*fig*) to surpass, outclass; **dominazi'one** *sf* domination.
do'minio *sm* dominion; (*fig: campo*) field, domain.
do'nare *vt* to give, present; (*per beneficenza etc*) to donate // *vi* (*fig*): ~ **a** to suit, become; **dona'tore, 'trice** *sm/f* donor; **donatore di sangue** blood donor; **donazi'one** *sf* donation.
dondo'lare *vt* (*cullare*) to rock; ~**rsi** *vr* to swing, sway; **'dondolo** *sm*: **sedia/cavallo a dondolo** rocking chair/horse.
'donna *sf* woman; ~ **di casa** housewife; home-loving woman; ~ **di servizio** maid.
donnai'olo *sm* ladykiller.
don'nesco, a, schi, sche *ag* women's, woman's.
'donnola *sf* weasel.
'dono *sm* gift.
'dopo *av* (*tempo*) afterwards; (*luogo*) after, next // *prep* after // *cong* (*temporale*): ~ **aver studiato** after having studied; ~ **mangiato va a dormire** after having eaten *o* after a meal he goes for a sleep // *ag inv*: **il giorno** ~ the following day; **un anno** ~ a year later; ~ **di me/lui** after me/him.
dopodo'mani *av* the day after tomorrow.
dopogu'erra *sm* postwar years *pl.*
dopo'pranzo [dopo'prandzo] *av* after lunch (*o* dinner).
doposcì [dopoʃ'ʃi] *sm inv* après-ski outfit.
doposcu'ola *sm inv sort of school club offering extra tuition and recreational facilities.*
dopo'tutto *av* after all.
doppi'aggio [dop'pjaddʒo] *sm* (CINEMA) dubbing.
doppi'are *vt* (NAUT) to round; (SPORT) to lap; (CINEMA) to dub.
'doppio, a *ag* double; (*fig: falso*) double-dealing, deceitful // *sm* (*quantità*): **il** ~ (**di**) twice as much (*o* many), double the amount (*o* number) of; (SPORT) doubles *pl* // *av* double.
doppi'one *sm* duplicate (copy).
doppio'petto *sm* double-breasted jacket.
do'rare *vt* to gild; (CUC) to brown; **dora'tura** *sf* gilding.
dormicchi'are [dormik'kjare] *vi* to doze.
dormigli'one, a [dormiʎ'ʎone] *sm/f* sleepyhead.
dor'mire *vt, vi* to sleep; **dor'mita** *sf* (good) sleep.
dormi'torio *sm* dormitory.
dormi'veglia [dormi'veʎʎa] *sm* drowsiness.
'dorso *sm* back; (*di montagna*) ridge, crest; (*di libro*) spine; **a** ~ **di cavallo** on horseback.
do'sare *vt* to measure out; (MED) to dose.
'dose *sf* quantity, amount; (MED) dose.
'dosso *sm* (*dorso*) back; **levarsi di** ~ **i vestiti** to take one's clothes off.
do'tare *vt*: ~ **di** to provide *o* supply with; (*fig*) to endow with; **dotazi'one** *sf* (*insieme di beni*) endowment; (*di macchine etc*) equipment.
'dote *sf* (*di sposa*) dowry; (*assegnata a un ente*) endowment; (*fig*) gift, talent.
Dott. (*abbr di* **dottore**) Dr.
'dotto, a *ag* (*colto*) learned // *sm* (*sapiente*) scholar; (ANAT) duct.
dotto'rato *sm* degree; (*di ricerca*) doctorate, doctor's degree.
dot'tore, essa *sm/f* doctor.
dot'trina *sf* doctrine.
Dott.ssa (*abbr di* **dottoressa**) Dr.
'dove *av* where; (*in cui*) where, in which; (*dovunque*) wherever; **di** ~ **sei?** where are you from?; **da** ~ **abito vedo tutta la città** I can see the whole city from where I stay; **per** ~ **si passa?** which way should we go?
do'vere *sm* (*obbligo*) duty // *vt* (*essere debitore*): ~ **qc (a qd)** to owe (sb) sth // *vi* (*seguito dall'infinito: obbligo*) to have to; **lui deve farlo** he has to do it, he must do it; **è dovuto partire** he had to leave; **ha dovuto pagare** he had to pay; (: *intenzione*): **devo partire domani** I'm (due) to leave tomorrow; (: *probabilità*) **dev'essere tardi** it must be late.
dove'roso, a *ag* (right and) proper.
do'vunque *av* (*in qualunque luogo*) wherever; (*dappertutto*) everywhere; ~ **io vada** wherever I go.
do'vuto, a *ag* (*causato*): ~ **a** due to.
doz'zina [dod'dzina] *sf* dozen; **una** ~ **di uova** a dozen eggs.
dozzi'nale [doddzi'nale] *ag* cheap, second-rate.
dra'gare *vt* to dredge.
'drago, ghi *sm* dragon.
'dramma, i *sm* drama; **dram'matico, a, ci, che** *ag* dramatic; **drammatiz'zare** *vt* to dramatize; **dramma'turgo, ghi** *sm* playwright, dramatist.
drappeggi'are [draped'dʒare] *vt* to drape.
drap'pello *sm* (MIL) squad; (*gruppo*) band, group.
dre'naggio [dre'naddʒo] *sm* drainage.
dre'nare *vt* to drain.
'dritto, a *ag, av* = **diritto**.
driz'zare [drit'tsare] *vt* (*far tornare diritto*) to straighten; (*volgere: sguardo, occhi*) to

turn, direct; (*innalzare*: *antenna, muro*) to erect; **~rsi** *vr* to stand up; **~ le orecchie** to prick up one's ears.
'droga, ghe *sf* (*sostanza aromatica*) spice; (*stupefacente*) drug; **dro'gare** *vt* to season, spice; to drug, dope; **drogarsi** *vr* to take drugs; **dro'gato, a** *sm/f* drug addict.
droghe'ria [droge'ria] *sf* grocer's shop.
drome'dario *sm* dromedary.
'dubbio, a *ag* (*incerto*) doubtful, dubious; (*ambiguo*) dubious // *sm* (*incertezza*) doubt; **avere il ~ che** to be afraid that, suspect that; **mettere in ~ qc** to question sth; **dubbi'oso, a** *ag* doubtful, dubious.
dubi'tare *vi*: **~ di** to doubt; (*risultato*) to be doubtful of; **dubita'tivo, a** *ag* doubtful, dubious.
'duca, chi *sm* duke.
du'chessa [du'kessa] *sf* duchess.
'due *num* two.
due'cento [due'tʃɛnto] *num* two hundred // *sm*: **il D~** the thirteenth century.
du'ello *sm* duel.
due'pezzi [due'pɛttsi] *sm* (*costume da bagno*) two-piece swimsuit; (*abito femminile*) two-piece suit *o* costume.
du'etto *sm* duet.
'duna *sf* dune.
'dunque *cong* (*perciò*) so, therefore; (*riprendendo il discorso*) well (then).
du'omo *sm* cathedral.
dupli'cato *sm* duplicate.
'duplice ['duplitʃe] *ag* double, twofold; **in ~** in duplicate.
du'rante *prep* during.
du'rare *vi* to last; (*perseverare*): **~ in qc/a fare qc** to persist *o* persevere in sth/in doing sth; **~ fatica a** to have difficulty in; **du'rata** *sf* length (of time); duration; **dura'turo, a** *ag*, **du'revole** *ag* lasting.
du'rezza [du'rettsa] *sf* hardness; stubbornness; harshness; toughness.
'duro, a *ag* (*pietra, lavoro, materasso, problema*) hard; (*persona: ostinato*) stubborn, obstinate; (*: severo*) harsh, hard; (*voce*) harsh; (*carne*) tough // *sm* (*persona*) tough guy; **~ d'orecchi** hard of hearing; **~ di testa** (*fig: fam*) slow-witted.
du'rone *sm* hard skin.

E

e, *dav V spesso* **ed** *cong* and.
E. (*abbr di* **est**) E.
è *forma del vb* **essere.**
'ebano *sm* ebony.
eb'bene *cong* well (then).
eb'brezza [eb'brettsa] *sf* intoxication.
'ebbro, a *ag* drunk; **~ di** (*gioia etc*) beside o.s. *o* wild with.
'ebete *ag* stupid, idiotic.
ebollizi'one [ebollit'tsjone] *sf* boiling; **punto di ~** boiling point.
e'braico, a, ci, che *ag* Hebrew, Hebraic // *sm* (LING) Hebrew.
e'breo, a *ag* Jewish // *sm/f* Jew/Jewess.
ecc *av* (*abbr di* **eccetera**) etc.
ecce'denza [ettʃe'dɛntsa] *sf* excess, surplus.
ec'cedere [et'tʃɛdere] *vt* to exceed // *vi* to go too far; **~ nel bere/mangiare** to indulge in drink/food to excess.
eccel'lente [ettʃel'lɛnte] *ag* excellent; **eccel'lenza** *sf* excellence; (*titolo*) Excellency.
ec'cellere [et'tʃɛllere] *vi* to excel; **~ su tutti** to surpass everyone; **ec'celso, a** *pp di* **eccellere.**
ec'centrico, a, ci, che [et'tʃɛntriko] *ag* eccentric; (*quartiere*) outlying.
ecces'sivo, a [ettʃes'sivo] *ag* excessive.
ec'cesso [et'tʃɛsso] *sm* excess; **all'~** (*gentile, generoso*) to excess, excessively; **dare in ~i** to fly into a rage.
ec'cetera [et'tʃɛtera] *av* et cetera, and so on.
ec'cetto [et'tʃɛtto] *prep* except, with the exception of; **~ che** *cong* except, other than; **~ che (non)** unless.
eccettu'are [ettʃettu'are] *vt* to except.
eccezio'nale [ettʃetsjo'nale] *ag* exceptional.
eccezi'one [ettʃet'tsjone] *sf* exception; (DIR) objection; **a ~ di** with the exception of, except for; **d'~** exceptional.
ecci'tare [ettʃi'tare] *vt* (*curiosità, interesse*) to excite, arouse; (*folla*) to incite; **~rsi** *vr* to get excited; **eccitazi'one** *sf* excitement.
ecclesi'astico, a, ci, che *ag* ecclesiastical, church *cpd*; clerical // *sm* ecclesiastic.
'ecco *av* (*per dimostrare*): **~ il treno!** here's *o* here comes the train!; (*dav pronome*): **~mi!** here I am!; **~ne uno!** here's one (of them)!; (*dav pp*): **~ fatto!** there, that's it done!
echeggi'are [eked'dʒare] *vi* to echo.
e'clissi *sf* eclipse.
'eco, *pl*(*m*) **'echi** *sm o f* echo.
ecolo'gia [ekolo'dʒia] *sf* ecology.
econo'mia *sf* economy; (*scienza*) economics *sg*; (*risparmio: azione*) saving; **~e** *sfpl* (*denari risparmiati*) savings; **fare ~e** to save; **eco'nomico, a, ci, che** *ag* (ECON) economic; (*poco costoso*) economical; **econo'mista, i** *sm* economist; **economiz'zare** *vt, vi* to save; **e'conomo, a** *ag* thrifty // *sm/f* (INS) bursar.
ed *cong vedi* **e.**
'edera *sf* ivy.
e'dicola *sf* newspaper kiosk.
edifi'care *vt* to build; (*fig: teoria, azienda*) to establish; (*indurre al bene*) to edify.
edi'ficio [edi'fitʃo] *sm* building; (*fig*) structure.
e'dile *ag* building *cpd*; **edi'lizio, a** *ag* building *cpd* // *sf* building, building trade.
edi'tore, 'trice *ag* publishing *cpd* // *sm/f* publisher; (*curatore*) editor; **edito'ria** *sf* publishing; **editori'ale** *ag* publishing *cpd* // *sm* editorial, leader.

edizi'one [edit'tsjone] *sf* edition; (*tiratura*) printing; (*di manifestazioni, feste etc*) production.
edu'care *vt* to educate; (*abituare*): ~ **(a)** to train (for); **edu'cato, a** *ag* polite, well-mannered; **educazi'one** *sf* education; (*comportamento*) (good) manners *pl*; **educazione fisica** (INS) physical training *o* education.
effemi'nato, a *ag* effeminate.
efferve'scente [efferveʃ'ʃɛnte] *ag* effervescent.
effet'tivo, a *ag* (*reale*) real, actual; (*operaio, professore*) permanent; (MIL) regular // *sm* (MIL) strength; (*di patrimonio etc*) sum total.
ef'fetto *sm* effect; (*fig: impressione*) impression; **cercare l'~** to look for attention; **in ~i** in fact, actually; **effettu'are** *vt* to effect, carry out.
effi'cace [effi'katʃe] *ag* effective.
effici'ente [effi'tʃɛnte] *ag* efficient; **effici'enza** *sf* efficiency; **in piena efficienza** (*persona*) fit; (*macchina*) in perfect working order.
ef'figie [ef'fidʒe] *sf inv* effigy.
ef'fimero, a *ag* ephemeral.
effusi'one *sf* effusion.
E'geo [e'dʒɛo] *sm*: **l'~, il mare ~** the Aegean (Sea).
E'gitto [e'dʒitto] *sm*: **l'~** Egypt.
'egli ['eʎʎi] *pronome* he; **~ stesso** he himself.
ego'ismo *sm* selfishness, egoism; **ego'ista, i, e** *ag* selfish, egoistic // *sm/f* egoist.
egr. *abbr di* **egregio.**
e'gregio, a, gi, gie [e'grɛdʒo] *ag* distinguished; (*nelle lettere*): **E~ Signore** Dear Sir.
eguagli'anza [egwaʎ'ʎantsa] *etc vedi* **uguaglianza** *etc*.
elabo'rare *vt* (*progetto*) to work out, elaborate; (*dati*) to process; (*digerire*) to digest; **elaborazi'one** *sf* elaboration; digestion; **elaborazione dei dati** data processing.
e'lastico, a, ci, che *ag* elastic // *sm* (*gommino*) rubber band; (*per il cucito*) elastic *q*.
ele'fante *sm* elephant.
ele'gante *ag* elegant; **ele'ganza** *sf* elegance.
e'leggere [e'lɛddʒere] *vt* to elect.
elemen'tare *ag* elementary; **~i** *sfpl* primary school.
ele'mento *sm* element; (*parte componente*) element, component, part; **~i** *smpl* (*della scienza etc*) elements, rudiments.
ele'mosina *sf* charity, alms *pl*.
elen'care *vt* to list.
e'lenco, chi *sm* list; **~ telefonico** telephone directory.
e'letto, a *pp di* **eleggere** // *sm/f* (*nominato*) elected member; **eletto'rale** *ag* electoral, election *cpd*; **eletto'rato** *sm* electorate; **elet'tore, 'trice** *sm/f* voter, elector.
elet'trauto *sm inv* workshop for car electrical repairs; (*tecnico*) car electrician.
elettri'cista, i [elettri'tʃista] *sm* electrician.
elettricità [elettritʃi'ta] *sf* electricity.
e'lettrico, a, ci, che *ag* electric(al).
elettrifi'care *vt* to electrify.
elettriz'zare [elettrid'dzare] *vt* to electrify.
e'lettro... *prefisso*: **elettrocardio'gramma, i** *sm* electrocardiogram; **e'lettrodo** *sm* electrode; **elettrodo'mestico, a, ci, che** *ag*: **apparecchi elettrodomestici** domestic (electrical) appliances; **elettroma'gnetico, a, ci, che** *ag* electromagnetic; **elet'trone** *sm* electron; **elet'tronico, a, ci, che** *ag* electronic // *sf* electronics *sg*; **elettro'treno** *sm* electric train.
ele'vare *vt* to raise; (*edificio*) to erect; (*multa*) to impose; **elevazi'one** *sf* elevation; (*l'elevare*) raising.
elezi'one [elet'tsjone] *sf* election; **~i** *sfpl* (POL) election(s).
'elica, che *sf* propeller.
eli'cottero *sm* helicopter.
elimi'nare *vt* to eliminate; **elimina'toria** *sf* eliminating round.
'elio *sm* helium.
'ella *pronome* she; (*forma di cortesia*) you; **~ stessa** she herself; you yourself.
el'metto *sm* helmet.
e'logio [e'lɔdʒo] *sm* (*discorso, scritto*) eulogy; (*lode*) praise (*di solito q*).
elo'quente *ag* eloquent; **elo'quenza** *sf* eloquence.
e'ludere *vt* to evade; **elu'sivo, a** *ag* evasive.
ema'nare *vt* to send out, give out; (*fig: leggi, decreti*) to issue // *vi* (2): **~ da** to come from.
emanci'pare [emantʃi'pare] *vt* to emancipate; **~rsi** *vr* (*fig*) to become liberated *o* emancipated; **emancipazi'one** *sf* emancipation.
em'blema, i *sm* emblem.
embri'one *sm* embryo.
emenda'mento *sm* amendment.
emen'dare *vt* to amend.
emer'genza [emer'dʒɛntsa] *sf* emergency; **in caso di ~** in an emergency.
e'mergere [e'mɛrdʒere] *vi* to emerge; (*sommergibile*) to surface; (*fig: distinguersi*) to stand out; **e'merso, a** *pp di* **emergere.**
e'messo, a *pp di* **emettere.**
e'mettere *vt* (*suono, luce*) to give out, emit; (*onde radio*) to send out; (*assegno, francobollo*) to issue; (*fig: giudizio*) to express, voice.
emi'crania *sf* migraine.
emi'grante *ag, sm/f* emigrant.
emi'grare *vi* to emigrate; **emigrazi'one** *sf* emigration.

emi'nente *ag* eminent, distinguished; **emi'nenza** *sf* eminence.
emis'fero *sm* hemisphere; ~ **boreale/australe** northern/southern hemisphere.
emissi'one *sf* emission; sending out; issue; (*RADIO*) broadcast.
emit'tente *ag* (*banca*) issuing; (*RADIO*) broadcasting, transmitting // *sf* (*RADIO*) transmitter.
emorra'gia, 'gie [emorra'dʒia] *sf* haemorrhage.
emo'tivo, a *ag* emotional.
emozio'nante [emottsjo'nante] *ag* exciting, thrilling.
emozio'nare [emottsjo'nare] *vt* (*eccitare*) to excite; (*commuovere*) to move; (*turbare*) to upset; **~rsi** *vr* to be excited; to be moved; to be upset.
emozi'one [emot'tsjone] *sf* emotion; (*agitazione*) excitement.
'empio, a *ag* (*sacrilego*) impious; (*spietato*) cruel, pitiless; (*malvagio*) wicked, evil.
em'pire *vt* to fill (up).
em'porio *sm* market, commercial centre; (*grande magazzino*) department store.
emu'lare *vt* to emulate.
emulsi'one *sf* emulsion.
en'ciclica, che [en'tʃiklika] *sf* (*REL*) encyclical.
enciclope'dia [entʃiklope'dia] *sf* encyclopaedia.
endove'noso, a *ag* (*MED*) intravenous.
ener'gia, 'gie [ener'dʒia] *sf* (*FISICA*) energy; (*fig*) energy, strength, vigour; **e'nergico, a, ci, che** *ag* energetic, vigorous; (*efficace*) powerful, strong.
'enfasi *sf* emphasis; (*peg*) bombast, pomposity; **en'fatico, a, ci, che** *ag* pompous.
e'nigma, i *sm* enigma; **enig'matico, a, ci, che** *ag* enigmatic.
E.N.I.T. *abbr di Ente Nazionale Italiano per il Turismo.*
en'nesimo, a *ag* (*MAT, fig*) nth; **per l'~a volta** for the umpteenth time.
e'norme *ag* enormous, huge; **enormità** *sf inv* enormity, huge size; (*assurdità*) absurdity; **non dire ~!** don't talk nonsense!
'ente *sm* (*istituzione*) body, board, corporation; (*FILOSOFIA*) being.
en'trambi, e *pronome pl* both (of them) // *ag pl*: ~ **i ragazzi** both boys, both of the boys.
en'trare *vi* (*2*) to enter, go (*o* come) in; ~ **in** (*luogo*) to enter, go (*o* come) into; (*trovar posto, poter stare*) to fit into; (*essere ammesso a: club etc*) to join, become a member of; ~ **in automobile** to get into the car; **questo non c'entra** (*fig*) that's got nothing to do with it; **en'trata** *sf* entrance, entry; **entrate** *sfpl* (*COMM*) receipts, takings; (*ECON*) income *sg*.
'entro *prep* (*temporale*) within.
entusias'mare *vt* to excite, fill with enthusiasm; **~rsi (per qc/qd)** to become enthusiastic (about sth/sb); **entusi'asmo** *sm* enthusiasm; **entusi'asta, i, e** *ag* enthusiastic // *sm/f* enthusiast; **entusi'astico, a, ci, che** *ag* enthusiastic.
enume'rare *vt* to enumerate, list.
enunci'are [enun'tʃare] *vt* (*teoria*) to enunciate, set out.
'epico, a, ci, che *ag* epic.
epide'mia *sf* epidemic.
Epifa'nia *sf* Epiphany.
epiles'sia *sf* epilepsy.
e'pilogo, ghi *sm* conclusion.
epi'sodio *sm* episode.
e'pistola *sf* epistle.
e'piteto *sm* epithet.
'epoca, che *sf* (*periodo storico*) age, era; (*tempo*) time; (*GEO*) age.
ep'pure *cong* and yet, nevertheless.
epu'rare *vt* (*POL*) to purge; (: *persona*) to expel, remove.
equa'tore *sm* equator.
equazi'one [ekwat'tsjone] *sf* (*MAT*) equation.
e'questre *ag* equestrian.
equi'latero, a *ag* equilateral.
equili'brare *vt* to balance; **equi'librio** *sm* balance; (*bilancia*) equilibrium.
e'quino, a *ag* horse *cpd*, equine.
equi'nozio [ekwi'nɔttsjo] *sm* equinox.
equipaggi'are [ekwipad'dʒare] *vt* (*di persone*) to man; (*di mezzi*) to equip; **equi'paggio** *sm* crew.
equipa'rare *vt* to make equal.
equità *sf* equity, fairness.
equitazi'one [ekwitat'tsjone] *sf* (horse-)riding.
equiva'lente *ag, sm* equivalent; **equiva'lenza** *sf* equivalence.
equivo'care *vi* to misunderstand; **e'quivoco, a, ci, che** *ag* equivocal, ambiguous; (*sospetto*) dubious // *sm* misunderstanding; **a scanso di equivoci** to avoid any misunderstanding; **giocare sull'equivoco** to equivocate.
'equo, a *ag* fair, just.
'era *sf* era.
'erba *sf* grass; (*aromatica, medicinale*) herb; **in** ~ (*fig*) budding; **er'baccia, ce** *sf* weed; **er'boso, a** *ag* grassy.
e'rede *sm/f* heir; **eredità** *sf* (*DIR*) inheritance; (*BIOL*) heredity; **lasciare qc in eredità a qd** to leave *o* bequeath sth to sb; **eredi'tare** *vt* to inherit; **eredi'tario, a** *ag* hereditary.
ere'mita, i *sm* hermit.
ere'sia *sf* heresy; **e'retico, a, ci, che** *ag* heretical // *sm/f* heretic.
e'retto, a *pp di* **erigere** // *ag* erect, upright; **erezi'one** *sf* (*FISIOL*) erection.
er'gastolo *sm* (*DIR*: *pena*) life imprisonment; (: *luogo di pena*) prison.
'erica *sf* heather.
e'rigere [e'ridʒere] *vt* to erect, raise; (*fig: fondare*) to found.
ermel'lino *sm* ermine.
er'metico, a, ci, che *ag* hermetic.
'ernia *sf* (*MED*) hernia.
e'roe *sm* hero.

ero'gare *vt* (*somme*) to distribute; (: *per beneficenza*) to donate; (*gas, servizi*) to supply.
e'roico, a, ci, che *ag* heroic.
ero'ina *sf* heroine; (*droga*) heroin.
ero'ismo *sm* heroism.
erosi'one *sf* erosion.
e'rotico, a, ci, che *ag* erotic.
'erpice ['erpitʃe] *sm* (AGR) harrow.
er'rare *vi* (*vagare*) to wander, roam; (*sbagliare*) to be mistaken; **er'roneo, a** *ag* erroneous, wrong; **er'rore** *sm* error, mistake; (*morale*) error; **per errore** by mistake.
'erta *sf* steep slope; **stare all'**~ to be on the alert.
eru'dito, a *ag* learned, erudite.
erut'tare *vi* to belch // *vt* (*sog*: *vulcano*) to throw out.
eruzi'one [erut'tsjone] *sf* eruption.
esacer'bare [ezatʃer'bare] *vt* to exacerbate.
esage'rare [ezadʒe'rare] *vt* to exaggerate // *vi* to exaggerate; (*eccedere*) to go too far; **esagerazi'one** *sf* exaggeration.
e'sagono *sm* hexagon.
esal'tare *vt* to exalt; (*entusiasmare*) to excite, stir; **esal'tato** *sm* fanatic.
e'same *sm* examination; (INS) exam, examination; **dare un** ~ to sit an exam; ~ **del sangue** blood test.
esami'nare *vt* to examine.
e'sanime *ag* lifeless.
esaspe'rare *vt* to exasperate; to exacerbate; ~**rsi** *vr* to become annoyed *o* exasperated; **esasperazi'one** *sf* exasperation.
esat'tezza [ezat'tettsa] *sf* exactitude, accuracy, precision.
e'satto, a *pp di* **esigere** // *ag* (*calcolo, ora*) correct, right, exact; (*preciso*) accurate, precise; (*puntuale*) punctual.
esat'tore *sm* (*di imposte etc*) collector.
esau'dire *vt* to grant, fulfil.
esauri'ente *ag* exhaustive.
esauri'mento *sm* exhaustion; ~ **nervoso** nervous breakdown.
esau'rire *vt* (*stancare*) to exhaust, wear out; (*provviste, miniera*) to exhaust; ~**rsi** *vr* to exhaust o.s., wear o.s. out; (*provviste*) to run out; **esau'rito, a** *ag* exhausted; (*merci*) sold out; (*libri*) out of print; **e'sausto, a** *ag* exhausted.
'esca, pl esche *sf* bait; (*sostanza infiammabile*) tinder.
escande'scenza [eskandeʃ'ʃɛntsa] *sf*: **dare in** ~**e** to lose one's temper, fly into a rage.
'esce, 'esci ['ɛʃe,'ɛʃi] *forme del vb* **uscire.**
escla'mare *vi* to exclaim, cry out; **esclamazi'one** *sf* exclamation.
es'cludere *vt* to exclude; **esclusi'one** *sf* exclusion.
esclu'sivo, a *ag* exclusive // *sf* (DIR) exclusive *o* sole rights *pl*.
es'cluso, a *pp di* **escludere.**
'esco, 'escono *forme del vb* **uscire.**
'escono *forma del vb* **uscire.**
escre'menti *smpl* excrement *sg*, faeces.
escursi'one *sf* (*gita*) excursion, trip; (: *a piedi*) hike, walk; (METEOR) range.
ese'crare *vt* to loathe, abhor.
esecu'tivo, a *ag, sm* executive.
esecu'tore, 'trice *sm/f* (MUS) performer; (DIR) executor.
esecuzi'one [ezekut'tsjone] *sf* execution, carrying out; (MUS) performance; ~ **capitale** execution.
esegu'ire *vt* to carry out, execute; (MUS) to perform, execute.
e'sempio *sm* example; **per** ~ for example, for instance; **esem'plare** *ag* exemplary // *sm* example; (*copia*) copy; **esemplifi'care** *vt* to exemplify.
esen'tare *vt*: ~**qd/qc da** to exempt sb/sth from.
e'sente *ag*: ~ **da** (*dispensato da*) exempt from; (*privo di*) free from; **esenzi'one** *sf* exemption.
e'sequie *sfpl* funeral rites; funeral service *sg*.
eser'cente [ezer'tʃɛnte] *sm/f* trader, dealer; shopkeeper.
eserci'tare [ezertʃi'tare] *vt* (*professione*) to practise; (*allenare: corpo, mente*) to exercise, train; (*diritto*) to exercise; (*influenza, pressione*) to exert; ~**rsi** *vr* to practise; ~**rsi alla lotta** to practise fighting; **esercitazi'one** *sf* (*scolastica, militare*) exercise.
e'sercito [e'zɛrtʃito] *sm* army.
eser'cizio [ezer'tʃittsjo] *sm* practise; exercising; (*fisico, di matematica*) exercise; (ECON) financial year; (*azienda*) business, concern; **in** ~ (*medico etc*) practising.
esi'bire *vt* to exhibit, display; (*documenti*) to produce, present; ~**rsi** *vr* (*attore*) to perform; (*fig*) to show off; **esibizi'one** *sf* exhibition; (*di documento*) presentation; (*spettacolo*) show, performance.
esi'gente [ezi'dʒɛnte] *ag* demanding; **esi'genza** *sf* demand, requirement.
e'sigere [e'zidʒere] *vt* (*pretendere*) to demand; (*richiedere*) to demand, require; (*imposte*) to collect.
e'siguo, a *ag* small, slight.
'esile *ag* slender, slim; (*suono*) faint.
esili'are *vt* to exile; **e'silio** *sm* exile.
e'simere *vt*: ~ **qd/qc da** to exempt sb/sth from.
esis'tenza [ezis'tɛntsa] *sf* existence.
e'sistere *vi* (*2*) to exist.
esis'tito, a *pp di* **esistere**.
esi'tare *vi* to hesitate; **esitazi'one** *sf* hesitation.
'esito *sm* result, outcome.
'esodo *sm* exodus.
esone'rare *vt*: ~ **qd da** to exempt sb from.
esorbi'tante *ag* exorbitant, excessive.
esorciz'zare [ezortʃid'dʒare] *vt* to exorcize.
e'sordio *sm* début.

esor'tare *vt*: ~ **qd a fare** to urge sb to do.
e'sotico, a, ci, che *ag* exotic.
es'pandere *vt* to expand; (*confini*) to extend; (*influenza*) to extend, spread; ~**rsi** *vr* to expand; **espansi'one** *sf* expansion; **espan'sivo, a** *ag* expansive, communicative.
espatri'are *vi* (*2*) to leave one's country.
espedi'ente *sm* expedient.
es'pellere *vt* to expel.
esperi'enza [espe'rjɛntsa] *sf* experience; (SCIENZA: *prova*) experiment; **parlare per** ~ to speak from experience.
esperi'mento *sm* experiment.
es'perto, a *ag, sm* expert.
espi'are *vt* to atone for.
espi'rare *vt, vi* to breathe out.
espli'care *vt* (*attività*) to carry out, perform.
es'plicito, a [es'plitʃito] *ag* explicit.
es'plodere *vi* (*anche fig*) to explode; (*fucile*) to go off // *vt* to fire.
esplo'rare *vt* to explore; **esplora'tore, 'trice** *sm/f* explorer; (*anche*: **giovane esploratore**) (boy) scout/(girl) guide // *sm* (NAUT) scout (ship); **esplorazi'one** *sf* exploration.
esplosi'one *sf* explosion; **esplo'sivo, a** *ag, sm* explosive; **es'ploso, a** *pp di* **esplodere.**
espo'nente *sm/f* (*rappresentante*) representative.
es'porre *vt* (*merci*) to display; (*quadro*) to exhibit, show; (*fatti, idee*) to explain, set out; (*porre in pericolo*, FOT) to expose.
espor'tare *vt* to export; **esporta'tore, 'trice** *ag* exporting // *sm* exporter; **esportazi'one** *sf* exportation; export.
esposizi'one [espozit'tsjone] *sf* displaying; exhibiting; setting out; (*anche* FOT) exposure; (*mostra*) exhibition; (*narrazione*) explanation, exposition.
es'posto, a *pp di* **esporre** // *ag*: ~ **a nord** facing north // *sm* (AMM) statement, account; (: *petizione*) petition.
espressi'one *sf* expression.
espres'sivo, a *ag* expressive.
es'presso, a *pp di* **esprimere** // *ag* express // *sm* (*lettera*) express letter; (*anche*: **treno** ~) express train; (*anche*: **caffè** ~) espresso.
es'primere *vt* to express; ~**rsi** *vr* to express o.s.
espulsi'one *sf* expulsion; **es'pulso, a** *pp di* **espellere.**
'essa *pronome f*, **'esse** *pronome fpl vedi* **esso.**
es'senza [es'sɛntsa] *sf* essence; **essenzi'ale** *ag* essential; **l'essenziale** the main *o* most important thing.
'essere *sm* being; ~ **umano** human being // *vi, vb con attributo* (*2*) to be // *vb ausiliare* (*2*) to have (*o qualche volta* be); **è giovane/professore** he is young/a teacher; **è l'una** it's one o'clock; **sono le otto** it's eight o'clock; **esserci**: **c'è/ci sono** there is/there are; **che c'è?** what's wrong?; **ci siamo!** here we are!; (*fig*) this is it!; (: *siamo alle solite*) here we go again!; ~ **di** (*appartenenza*) to belong to; (*origine*) to be from; **è di mio fratello** it belongs to my brother, it's my brother's.
'esso, a *pronome* it; (*fam*: *riferito a persona*: *soggetto*) he/she; (: *complemento*) him/her; ~**i, e** *pronome pl* they; (*complemento*) them.
est *sm* east.
'estasi *sf* ecstasy.
es'tate *sf* summer.
es'tatico, a, ci, che *ag* ecstatic.
es'tendere *vt* to extend; ~**rsi** *vr* (*diffondersi*) to spread; (*territorio, confini*) to extend; **estensi'one** *sf* extension; (*di superficie*) expanse; (MUS) range.
esteri'ore *ag* outward, external.
es'terno, a *ag* (*porta, muro*) outer, outside; (*scala*) outside; (*alunno, impressione*) external // *sm* outside, exterior // *sm/f* (*allievo*) day pupil; **per uso** ~ for external use only.
'estero, a *ag* foreign // *sm*: **all'**~ abroad.
es'teso, a *pp di* **estendere** // *ag* extensive, large; **scrivere per** ~ to write in full.
es'tetico, a, ci, che *ag* aesthetic // *sf* aesthetics *sg*; **este'tista** *sf* beautician.
'estimo *sm* valuation; (*disciplina*) surveying.
es'tinguere *vt* to extinguish, put out; (*debito*) to pay off; ~**rsi** *vr* to go out; (*famiglia, animali*) to become extinct; **es'tinto, a** *pp di* **estinguere**; **estin'tore** *sm* (fire) extinguisher; **estinzi'one** *sf* putting out; (*di famiglia, animali*) extinction.
es'tivo, a *ag* summer *cpd*.
es'torcere [es'tɔrtʃere] *vt*: ~ **qc (a qd)** to extort sth (from sb); **estorsi'one** *sf* extortion; **es'torto, a** *pp di* **estorcere.**
estradizi'one [estradit'tsjone] *sf* extradition.
es'traneo, a *ag* foreign; (*discorso*) extraneous, unrelated // *sm/f* stranger; **rimanere** ~ **a qc** to take no part in sth.
es'trarre *vt* to extract, pull out; (*minerali*) to mine; (*sorteggiare*) to draw; **es'tratto, a** *pp di* **estrarre** // *sm* extract; (*di documento*) abstract; **estratto conto** statement of account; **estrazi'one** *sf* extraction; mining; drawing *q*; draw.
estre'mista, i, e *sm/f* extremist.
estremità *sf inv* extremity, end // *sfpl* (ANAT) extremities.
es'tremo, a *ag, sm* extreme; **l'**~ **Oriente** the Far East.
'estro *sm* (*capriccio*) whim, fancy; (*ispirazione creativa*) inspiration; **es'troso, a** *ag* whimsical, capricious; inspired.
estro'verso, a *ag, sm* extrovert.
estu'ario *sm* estuary.
esube'rante *ag* exuberant.
'esule *sm/f* exile.
età *sf inv* age; **all'**~ **di 8 anni** at the age of 8, at 8 years of age; **raggiungere la maggiore** ~ to come of age; **essere in** ~ **minore** to be under age.
'etere *sm* ether; **e'tereo, a** *ag* ethereal.

eternità *sf* eternity.
e'terno, a *ag* eternal.
etero'geneo, a [etero'dʒɛneo] *ag* heterogeneous.
'etica *sf vedi* **etico.**
eti'chetta [eti'ketta] *sf* label; (*cerimoniale*) etiquette.
'etico, a, ci, che *ag* ethical // *sf* ethics *sg.*
etimolo'gia, 'gie [etimolo'dʒia] *sf* etymology.
Eti'opia *sf*: **l'~** Ethiopia.
'Etna *sm*: **l'~** Etna.
'etnico, a, ci, che *ag* ethnic.
e'trusco, a, schi, sche *ag, sm/f* Etruscan.
'ettaro *sm* hectare (= *10,000 m²*).
'etto *sm abbr di* **ettogrammo.**
etto'grammo *sm* hectogram(me) (= *100 grams*).
Eucaris'tia *sf*: **l'~** the Eucharist.
eufe'mismo *sm* euphemism.
Eu'ropa *sf*: **l'~** Europe; **euro'peo, a** *ag, sm/f* European.
eutana'sia *sf* euthanasia.
evacu'are *vt* to evacuate; **evacuazi'one** *sf* evacuation.
e'vadere *vi* (*2*) (*fuggire*): **~ da** to escape from // *vt* (*sbrigare*) to deal with, dispatch; (*tasse*) to evade.
evan'gelico, a, ci, che [evan'dʒɛliko] *ag* evangelical; **evange'lista, i** *sm* evangelist; **evan'gelo** *sm* = **vangelo.**
evapo'rare *vi* to evaporate; **evaporazi'one** *sf* evaporation.
evasi'one *sf* escape; **~ fiscale** tax evasion.
eva'sivo, a *ag* evasive.
e'vaso, a *pp di* **evadere** // *sm* escapee.
e'vento *sm* event.
eventu'ale *ag* possible.
evi'dente *ag* evident, obvious; **evi'denza** *sf* obviousness; **mettere in evidenza** to point out, highlight.
evi'tare *vt* to avoid; **~ di fare** to avoid doing; **~ qc a qd** to spare sb sth.
'evo *sm* age, epoch.
evo'care *vt* to evoke.
evo'luto, a *pp di* **evolvere.**
evoluzi'one [evolut'tsjone] *sf* evolution.
e'volversi *vr* to evolve.
ev'viva *escl* hurrah!; **~ il re!** long live the king!, hurrah for the king!
ex *prefisso* ex-.
'extra *prep* outside, outwith // *ag inv* first-rate; top-quality // *sm inv* extra; **extraconiu'gale** *ag* extramarital.

F

fa *forma del vb* **fare** // *sm inv* (*MUS*) F; (: *solfeggiando la scala*) fa // *av*: **10 anni ~** 10 years ago.
'fabbrica *sf* factory; **fabbri'cante** *sm* manufacturer, maker; **fabbri'care** *vt* to build; (*produrre*) to manufacture, make; (*fig*) to fabricate, invent.
'fabbro *sm* (black)smith.
fac'cenda [fat'tʃɛnda] *sf* matter, affair; (*cosa da fare*) task, chore.
fac'chino [fak'kino] *sm* porter.
'faccia, ce ['fattʃa] *sf* face; (*di moneta, disco etc*) side; **~ a ~** face to face.
facci'ata [fat'tʃata] *sf* façade; (*di pagina*) side.
'faccio ['fattʃo] *forma del vb* **fare.**
fa'ceto, a [fa'tʃeto] *ag* witty, humorous.
'facile ['fatʃile] *ag* easy; (*affabile*) easy-going; (*disposto*): **~ a** inclined to, prone to; (*probabile*): **è ~ che piova** it's likely to rain; **facilità** *sf* easiness; (*disposizione, dono*) aptitude; **facili'tare** *vt* to make easier.
facino'roso, a [fatʃino'roso] *ag* violent.
facoltà *sf inv* faculty; (*potere*) power.
facolta'tivo, a *ag* optional; (*fermata d'autobus*) request *cpd.*
'faggio ['faddʒo] *sm* beech.
fagi'ano [fa'dʒano] *sm* pheasant.
fagio'lino [fadʒo'lino] *sm* French bean.
fagi'olo [fa'dʒɔlo] *sm* bean.
fa'gotto *sm* bundle; (*MUS*) bassoon; **far ~** (*fig*) to pack up and go.
'fai *forma del vb* **fare.**
'falce ['faltʃe] *sf* scythe; **fal'cetto** *sm* sickle; **falci'are** *vt* to cut; (*fig*) to mow down.
'falco, chi *sm* hawk.
fal'cone *sm* falcon.
'falda *sf* layer, stratum; (*di cappello*) brim; (*di monte*) lower slope; (*di tetto*) pitch; **nevica a larghe ~e** the snow is falling in large flakes; **abito a ~e** tails *pl.*
fale'gname [faleɲ'ɲame] *sm* joiner.
fal'lace [fal'latʃe] *ag* misleading; deceptive.
falli'mento *sm* failure; bankruptcy.
fal'lire *vi* (*2: non riuscire*): **~ (in)** to fail (in); (*DIR*) to go bankrupt // *vt* (*bersaglio, preda*) to miss; **fal'lito, a** *ag* unsuccessful; bankrupt // *sm* bankrupt.
'fallo *sm* error, mistake; (*imperfezione*) defect, flaw; (*SPORT*) foul; fault; **senza ~** without fail.
falò *sm inv* bonfire.
fal'sare *vt* to distort, misrepresent; **fal'sario** *sm* forger; counterfeiter; **falsifi'care** *vt* to forge; (*monete*) to forge, counterfeit.
'falso, a *ag* false; (*errato*) wrong, incorrect; (*falsificato*) forged; fake // *sm* forgery; **giurare il ~** to commit perjury.
'fama *sf* fame; (*reputazione*) reputation, name.
'fame *sf* hunger; **aver ~** to be hungry; **fa'melico, a, ci, che** *ag* ravenous.
fa'miglia [fa'miʎʎa] *sf* family.
famili'are *ag* (*della famiglia*) family *cpd*; (*ben noto*) familiar; (*tono*) friendly, informal; (*LING*) informal, colloquial // *sm* relative, relation; **familiarità** *sf* familiarity; informality.
fa'moso, a *ag* famous, well-known.
fa'nale *sm* (*AUT*) light, lamp; (*NAUT*) beacon; **~ di coda** (*AUT*) tail-light.

fa'natico, a, ci, che *ag* fanatical; (*del teatro, calcio etc*): ~ **di** *o* **per** mad *o* wild about // *sm/f* fanatic; (*tifoso*) fan.
fanciul'lezza [fantʃul'lettsa] *sf* childhood.
fanci'ullo, a [fan'tʃullo] *sm/f* child.
fan'donia *sf* tall story; ~**e** *sfpl* nonsense *sg*.
fan'fara *sf* brass band; (*musica*) fanfare.
'fango, ghi *sm* mud; **fan'goso, a** *ag* muddy.
'fanno *forma del vb* **fare.**
fannul'lone, a *sm/f* idler, loafer.
fantasci'enza [fantaʃ'ʃɛntsa] *sf* science fiction.
fanta'sia *sf* fantasy, imagination; (*capriccio*) whim, caprice // *ag inv*: **vestito** ~ patterned dress.
fan'tasma, i *sm* ghost, phantom; (*immagine*) fantasy.
fantastiche'ria [fantastike'ria] *sf* daydream.
fan'tastico, a, ci, che *ag* fantastic; (*potenza, ingegno*) imaginative.
'fante *sm* infantryman; (CARTE) jack, knave; **fante'ria** *sf* infantry.
fan'toccio [fan'tɔttʃo] *sm* puppet.
far'dello *sm* bundle; (*fig*) burden.
'fare *vt* to make; (*operare, agire*) to do; (TEATRO) to act; ~ **l'avvocato/il medico** to be a lawyer/doctor; ~ **del tennis** to play tennis; ~ **il morto/l'ignorante** to act dead/the fool; **non fa niente** it doesn't matter; **2 più 2 fa 4** 2 and 2 are *o* make 4; **non ce la faccio più** I can't go on any longer; **farla a qd** to get the better of sb; **farla finita con qc** to have done with sth // *vi* (*essere adatto*) to be suitable; (*stare per*): **fece per parlare quando ...** he was about to speak when ...; ~ **in modo di** to act in such a way that; **faccia pure!** go ahead!; ~ **da** (*fare le funzioni di*) to act as // *vb impers*: *vedi* **bello, freddo** *etc*; ~ **piangere/ridere qd** to make sb cry/laugh; ~ **venire qd** to have sb come; **fammi vedere** let me see; ~**rsi** *vr* (*diventare*) to become; ~**rsi la macchina** to get a car for o.s.; ~**rsi avanti** to come forward; ~**rsi notare** to get o.s. noticed.
far'falla *sf* butterfly.
fa'rina *sf* flour.
fa'ringe [fa'rindʒe] *sf* (ANAT) pharynx.
farma'ceutico, a, ci, che [farma'tʃeutiko] *ag* pharmaceutical.
farma'cia, 'cie [farma'tʃia] *sf* pharmacy; (*locale*) chemist's (shop), pharmacy; **farma'cista, i, e** *sm/f* chemist, pharmacist.
'farmaco, ci *o* **chi** *sm* drug, medicine.
'faro *sm* (NAUT) lighthouse; (AER) beacon; (AUT) headlight, headlamp.
'farsa *sf* farce.
'fascia, sce ['faʃʃa] *sf* band, strip; (MED) bandage; (*di carta*) wrapper; (*di sindaco, ufficiale*) sash; (*parte di territorio*) strip, belt.
fasci'are [faʃ'ʃare] *vt* to bandage.
fa'scicolo [faʃ'ʃikolo] *sm* (*di documenti*) file, dossier; (*di rivista*) issue, number; (*opuscolo*) booklet, pamphlet.
'fascino ['faʃʃino] *sm* charm, fascination.
'fascio ['faʃʃo] *sm* bundle, sheaf; (*di fiori*) bunch.
fa'scismo [faʃ'ʃizmo] *sm* fascism.
'fase *sf* phase.
fas'tidio *sm* (*molestia*) annoyance, bother, trouble; (*scomodo*) inconvenience; **dare ~ a qd** to bother *o* annoy sb; **sento ~ allo stomaco** my stomach's upset; **fastidi'oso, a** *ag* annoying, tiresome; (*schifiltoso*) fastidious.
'fasto *sm* pomp, splendour.
'fata *sf* fairy.
fa'tale *ag* fatal; (*inevitabile*) inevitable; (*fig*) irresistible; **fatalità** *sf* inevitability; (*avversità*) misfortune; (*fato*) fate, destiny.
fa'tica, che *sf* hard work, toil; (*sforzo*) effort; (*di metalli*) fatigue; **a** ~ with difficulty; **fati'care** *vi* to toil; **faticare a fare qc** to have difficulty doing sth; **fati'coso, a** *ag* tiring, exhausting; hard, difficult.
'fato *sm* fate, destiny.
'fatto, a *pp di* **fare** // *ag*: **un uomo** ~ a grown man; ~ **a mano/in casa** hand-/home-made // *sm* fact; (*azione*) deed; (*di romanzo, film*) action, story; (*affare, caso*) event; **cogliere qd sul** ~ to catch sb red-handed; **il ~ sta** *o* **è che** the fact remains *o* is that; **in ~ di** as for, as far as ... is concerned.
fat'tore *sm* (AGR) farm manager; (*elemento costitutivo*) factor.
fatto'ria *sf* farm; farmhouse.
fatto'rino *sm* errand-boy; office-boy.
fat'tura *sf* (*di abito, scarpa*) cut, design; (*lavorazione*) workmanship; (COMM) invoice; (*malia*) spell.
fattu'rare *vt* (COMM) to invoice; (*vino*) to adulterate.
'fatuo, a *ag* vain, fatuous.
'fauna *sf* fauna.
fau'tore *sm* advocate, supporter.
fa'vella *sf* speech.
fa'villa *sf* spark.
'favola *sf* (*fiaba*) fairy tale; (*d'intento morale*) fable; (*fandonia*) yarn; **favo'loso, a** *ag* fabulous.
fa'vore *sm* favour; **per** ~ please; **favo'revole** *ag* favourable.
favo'rire *vt* to favour; (*il commercio, l'industria, le arti*) to promote, encourage; **vuole ~?** won't you help yourself?; **favorisca in salotto** please come into the sitting room; **favo'rito, a** *ag, sm/f* favourite.
fazi'one [fat'tsjone] *sf* faction.
fazzo'letto [fattso'letto] *sm* handkerchief; (*per la testa*) (head)scarf.
feb'braio *sm* February.
'febbre *sf* fever; **aver la** ~ to have a high temperature; ~ **da fieno** hay fever; **feb'brile** *ag* (*anche fig*) feverish.
'feccia, ce ['fettʃa] *sf* dregs *pl*.
'fecola *sf* potato flour.

fecon'dare *vt* to fertilize.
fe'condo, a *ag* fertile.
'fede *sf* (*credenza*) belief, faith; (*REL*) faith; (*fiducia*) faith, trust; (*fedeltà*) loyalty; (*anello*) wedding ring; (*attestato*) certificate; **aver ~ in qd** to have faith in sb; **fe'dele** *ag*: **fedele (a)** faithful (to) // *sm/f* follower; **i fedeli** (*REL*) the faithful; **fedeltà** *sf* faithfulness; (*coniugale*, *RADIO*) fidelity.
'federa *sf* pillowslip, pillowcase.
fede'rale *ag* federal.
federazi'one [federat'tsjone] *sf* federation.
'fegato *sm* liver; (*fig*) guts *pl*, nerve.
'felce ['feltʃe] *sf* fern.
fe'lice [fe'litʃe] *ag* happy; (*fortunato*) lucky; **felicità** *sf* happiness.
felici'tarsi [felitʃi'tarsi] *vr* (*congratularsi*): **~ con qd per qc** to congratulate sb on sth.
fe'lino, a *ag* feline.
'feltro *sm* felt; (*cappello*) felt hat.
'femmina *sf* (*ZOOL*, *TECN*) female; (*figlia*) girl, daughter; (*spesso peg*) woman; **femmi'nile** *ag* feminine; (*sesso*) female; (*lavoro*) woman's // *sm* (*LING*) feminine; **femmi'nismo** *sm* feminism.
'fendere *vt* to split, cleave; (*attraversare*) to force one's way through.
fe'nomeno *sm* phenomenon.
'feretro *sm* coffin.
feri'ale *ag* working *cpd*, work *cpd*, week *cpd*; **giorno ~** weekday.
'ferie *sfpl* holidays.
fe'rire *vt* to injure; (*deliberatamente*: *MIL etc*) to wound; (*colpire*) to hurt; **fe'rita** *sf* injury; wound.
'ferma *sf* (*MIL*) (period of) service; (*CACCIA*): **cane da ~** pointer.
fer'maglio [fer'maʎʎo] *sm* clasp; (*gioiello*) brooch.
fer'mare *vt* to stop, halt; (*POLIZIA*) to detain, hold; (*bottone etc*) to fasten, fix // *vi* to stop; **~rsi** *vr* to stop, halt; **~ l'attenzione su qc** to focus one's attention on sth.
fer'mata *sf* stop; **~ dell'autobus** bus stop.
fer'mento *sm* (*anche fig*) ferment; (*lievito*) yeast.
fer'mezza [fer'mettsa] *sf* (*fig*) firmness, steadfastness.
'fermo, a *ag* still, motionless; (*veicolo*) stationary; (*orologio*) not working; (*saldo*: *anche fig*) firm; (*fissato*: *occhi*) fixed // *escl* stop!; keep still! // *sm* (*chiusura*) catch, lock; (*DIR*) detention.
fe'roce [fe'rɔtʃe] *ag* (*bestia*) wild, fierce, ferocious; (*persona*) cruel, fierce; (*fame*, *dolore*) raging; **fe'rocia, cie** *sf* ferocity.
ferra'gosto *sm* (*festa*) feast of the Assumption; (*periodo*) August holidays *pl*.
ferra'menta *sfpl* ironmongery *sg*, hardware *sg*; **negozio di ~** ironmonger's, hardware shop.
fer'rare *vt* (*cavallo*) to shoe.
'ferreo, a *ag* iron.
'ferro *sm* iron; **una bistecca ai ~i** a grilled steak; **~ battuto** wrought iron; **~ di cavallo** horseshoe; **~ da stiro** iron.
ferro'via *sf* railway; **le ~e** the railways; **ferrovi'ario, a** *ag* railway *cpd*; **ferro-vi'ere** *sm* railwayman.
'fertile *ag* fertile; **fertiliz'zante** *sm* fertilizer.
fer'vente *ag* fervent, ardent.
fer'vore *sm* fervour, ardour; (*punto culminante*) height.
'fesso, a *pp di* **fendere** // *ag* (*fam*: *sciocco*) crazy, cracked.
fes'sura *sf* crack, split; (*per gettone*, *moneta*) slot.
'festa *sf* (*religiosa*) feast; (*pubblica*) holiday; (*compleanno*) birthday; (*onomastico*) name day; (*cerimonia*) celebration, party; **far ~** to have a holiday; to live it up; **far ~ a qd** to give sb a warm welcome.
festeggi'are [fested'dʒare] *vt* to celebrate; (*amici*, *sposi*) to give a warm welcome to.
fes'tino *sm* party; (*con balli*) ball.
fes'tivo, a *ag* Sunday *cpd*; holiday *cpd*; **giorno ~** holiday.
fes'toso, a *ag* merry, joyful.
fe'ticcio [fe'tittʃo] *sm* fetish.
'feto *sm* foetus.
'fetta *sf* slice.
feu'dale *ag* feudal.
FF.SS. *abbr di Ferrovie dello Stato.*
fi'aba *sf* fairy tale.
fi'acca *sf* weariness; (*svogliatezza*) listlessness.
fiac'care *vt* to weaken.
fi'acco, a, chi, che *ag* (*stanco*) tired, weary; (*svogliato*) listless; (*debole*) weak; (*mercato*) slack.
fi'accola *sf* torch.
fi'ala *sf* phial.
fi'amma *sf* flame; (*NAUT*) pennant.
fiammeggi'are [fjammed'dʒare] *vi* to blaze.
fiam'mifero *sm* match.
fiam'mingo, a, ghi, ghe *ag* Flemish // *sm/f* Fleming // *sm* (*LING*) Flemish; (*ZOOL*) flamingo; **i F~ghi** the Flemish.
fiancheggi'are [fjanked'dʒare] *vt* to border; (*fig*) to support, back (up); (*MIL*) to flank.
fi'anco, chi *sm* side; (*MIL*) flank; **di ~** sideways, from the side; **a ~ a ~** side by side.
fi'asco, schi *sm* flask; (*fig*) fiasco; **fare ~** to be a fiasco.
fi'ato *sm* breath; (*SPORT*) stamina; **avere il ~ grosso** to be out of breath; **prendere ~** to catch one's breath.
'fibbia *sf* buckle.
'fibra *sf* fibre; (*fig*) constitution.
fic'care *vt* to push, thrust, drive.
'fico, chi *sm* (*pianta*) fig tree; (*frutto*) fig; **~ d'India** prickly pear; **~ secco** dried fig.

fidanza'mento [fidantsa'mento] *sm* engagement.
fidan'zarsi [fidan'tsarsi] *vr* to get engaged; **fidan'zato, a** *sm/f* fiancé/fiancée.
fi'darsi *vr*: ~ **di** to trust; **fi'dato, a** *ag* reliable, trustworthy.
'fido *sm* (*seguace*) loyal follower; (*COMM*) credit.
fi'ducia [fi'dutʃa] *sf* confidence, trust; **incarico di** ~ position of trust, responsible position; **persona di** ~ reliable person.
fi'ele *sm* (*MED*) bile; (*fig*) bitterness.
fie'nile *sm* barn; hayloft.
fi'eno *sm* hay.
fi'era *sf* fair.
fie'rezza [fje'rettsa] *sf* pride.
fi'ero, a *ag* proud; (*crudele*) fierce, cruel; (*audace*) bold.
'fifa *sf* (*fam*): **aver** ~ to have the jitters.
'figlia ['fiʎʎa] *sf* daughter.
figli'astro, a [fiʎ'ʎastro] *sm/f* stepson/daughter.
'figlio ['fiʎʎo] *sm* son; (*senza distinzione di sesso*) child; ~ **di papà** spoilt, wealthy young man; **figli'occio, a, ci, ce** *sm/f* godchild, godson/daughter.
fi'gura *sf* figure; (*forma, aspetto esterno*) form, shape; (*illustrazione*) picture, illustration; **far** ~ to look smart; **fare una brutta** ~ to make a bad impression.
figu'rare *vt* (*plasmare*) to model; (*simboleggiare*) to symbolize, stand for // *vi* to appear; ~**rsi qc** to imagine sth; **figurati!** imagine that!; **ti do noia? - ma figurati!** am I disturbing you? - not at all!
figura'tivo, a *ag* figurative.
'fila *sf* row, line; (*coda*) queue; (*serie*) series, string; **di** ~ in succession; **fare la** ~ to queue; **in** ~ **indiana** in single file.
fila'mento *sm* filament.
filantro'pia *sf* philanthropy.
fi'lare *vt* to spin; (*NAUT*) to pay out // *vi* (*baco, ragno*) to spin; (*liquido*) to trickle out; (*discorso*) to hang together; (*fam*: *amoreggiare*) to go steady; (*4*: *muoversi a forte velocità*) to go at full speed; (: *andarsene lestamente*) to make o.s. scarce; ~ **diritto** (*fig*) to toe the line.
filar'monico, a, ci, che *ag* philharmonic.
filas'trocca, che *sf* nursery rhyme.
filate'lia *sf* philately, stamp collecting.
fi'lato, a *ag* spun // *sm* yarn; **3 giorni** ~**i** 3 days running *o* on end; **fila'tura** *sf* spinning; (*luogo*) spinning mill.
fi'letto *sm* braid, trimming; (*di vite*) thread; (*di carne*) fillet.
fili'ale *ag* filial // *sf* (*di impresa*) branch.
fili'grana *sf* (*in oreficeria*) filigree; (*su carta*) watermark.
film *sm inv* film; **fil'mare** *vt* to film.
'filo *sm* (*anche fig*) thread; (*filato*) yarn; (*metallico*) wire; **per** ~ **e per segno** in detail; ~ **d'erba** blade of grass; ~ **di perle** string of pearls; ~ **spinato** barbed wire; **con un** ~ **di voce** in a whisper.
'filobus *sm inv* trolley bus.
fi'lone *sm* (*di minerali*) seam, vein; (*pane*) Vienna loaf; (*fig*) trend.
filoso'fia *sf* philosophy; **fi'losofo, a** *sm/f* philosopher.
fil'trare *vt, vi* (*2*) to filter.
'filtro *sm* filter.
'filza ['filtsa] *sf* (*anche fig*) string.
fin *av, prep* = **fino.**
fi'nale *ag* final // *sm* (*di opera*) end, ending; (: *MUS*) finale // *sf* (*SPORT*) final; **finalità** *sf* (*scopo*) aim, purpose; **final'mente** *av* finally, at last.
fi'nanza [fi'nantsa] *sf* finance; ~**e** *sfpl* (*di individuo, Stato*) finances; **finanzi'ario, a** *ag* financial; **finanzi'ere** *sm* financier; (*guardia di finanza: doganale*) customs officer; (: *tributaria*) inland revenue official.
finché [fin'ke] *cong* (*per tutto il tempo che*) as long as; (*fino al momento in cui*) until; **aspetta** ~ **io (non) sia ritornato** wait until I get back.
'fine *ag* (*lamina, carta*) thin; (*capelli, polvere*) fine; (*vista, udito*) keen, sharp; (*persona*: *raffinata*) refined, distinguished; (*osservazione*) subtle // *sf* end // *sm* aim, purpose; (*esito*) result, outcome; **secondo** ~ ulterior motive; **in** *o* **alla** ~ in the end, finally; ~ **settimana** *sm o f inv* weekend.
fi'nestra *sf* window; **fines'trino** *sm* (*di treno, auto*) window.
'fingere ['findʒere] *vt* to feign; (*supporre*) to imagine, suppose; ~**rsi** *vr*: ~**rsi ubriaco/pazzo** to pretend to be drunk/mad; ~ **di fare** to pretend to do.
fini'menti *smpl* (*di cavallo etc*) harness *sg*.
fini'mondo *sm* pandemonium.
fi'nire *vt* to finish // *vi* (*2*) to finish, end; ~ **di fare** (*compiere*) to finish doing; (*smettere*) to stop doing; ~ **ricco** to end up *o* finish up rich; **fini'tura** *sf* finish.
Fin'landia *sf*: **la** ~ Finland.
'fino, a *ag* (*capelli, seta*) fine; (*oro*) pure; (*fig*: *acuto*) shrewd // *av* (*spesso troncato in* **fin**: *pure, anche*) even // *prep* (*spesso troncato in* **fin**: *tempo*): **fin quando?** till when?; (: *luogo*): **fin qui** as far as here; ~ **a** (*tempo*) until, till; (*luogo*) as far as, (up) to; **fin da domani** from tomorrow onwards; **fin da ieri** since yesterday; **fin dalla nascita** from *o* since birth.
fi'nocchio [fi'nɔkkjo] *sm* fennel; (*fam*: *pederasta*) queer.
fi'nora *av* up till now.
'finto, a *pp di* **fingere** // *sf* pretence, sham; (*SPORT*) feint; **far** ~**a (di fare)** to pretend (to do).
finzi'one [fin'tsjone] *sf* pretence, sham.
fi'occo, chi *sm* (*di nastro*) bow; (*di stoffa, lana*) flock; (*di neve*) flake; (*NAUT*) jib; **coi** ~**chi** (*fig*) first-rate; ~**chi d'avena** oatflakes.
fi'ocina ['fjɔtʃina] *sf* harpoon.
fi'oco, a, chi, che *ag* faint, dim.
fi'onda *sf* catapult.
fio'raio, a *sm/f* florist.

fio'rami *smpl*: a ~ flowered, with a floral pattern.
fi'ordo *sm* fjord.
fi'ore *sm* flower; ~**i** *smpl* (*CARTE*) clubs; a **fior d'acqua/di pelle** on the surface of the water/skin.
fioren'tino, a *ag* Florentine.
fio'retto *sm* (*SCHERMA*) foil.
fio'rire *vi* (*2*) (*rosa*) to flower; (*albero*) to blossom; (*fig*) to flourish; (*ammuffire*) to become mouldy.
Fi'renze [fi'rɛntse] *sf* Florence.
'firma *sf* signature; (*reputazione*) name.
firma'mento *sm* firmament.
fir'mare *vt* to sign.
fisar'monica *sf* accordion.
fis'cale *ag* fiscal, tax *cpd*.
fischi'are [fis'kjare] *vi* to whistle // *vt* to whistle; (*attore*) to boo, hiss.
'fischio ['fiskjo] *sm* whistle.
'fisco *sm* tax authorities *pl*, ≈ Inland Revenue.
'fisico, a, ci, che *ag* physical // *sm/f* physicist // *sm* physique // *sf* physics *sg*.
fisiolo'gia [fizjolo'dʒia] *sf* physiology.
fisiono'mia *sf* face, physiognomy.
fisiotera'pia *sf* physiotherapy.
fis'sare *vt* to fix, fasten; (*guardare intensamente*) to stare at; (*data, condizioni*) to fix, establish, set; (*prenotare*) to book; ~**rsi su** (*sog: sguardo, attenzione*) to focus on; (*fig: idea*) to become obsessed with; **fissazi'one** *sf* (*PSIC*) fixation.
'fisso, a *ag* fixed; (*stipendio, impiego*) regular; (*occhi*) staring.
'fitta *sf vedi* **fitto.**
fit'tizio, a *ag* fictitious, imaginary.
'fitto, a *ag* thick, dense // *sm* depths *pl*, middle; (*affitto, pigione*) rent // *sf* sharp pain; **a capo** ~ head first.
fiu'mana *sf* swollen river; (*fig*) stream, flood.
fi'ume *sm* river.
fiu'tare *vt* to smell, sniff; (*sog: animale*) to scent; (*fig: inganno*) to get wind of, smell; **fi'uto** *sm* (sense of) smell; (*fig*) nose.
fla'gello [fla'dʒɛllo] *sm* scourge.
fla'grante *ag* flagrant; **cogliere qd in** ~ to catch sb red-handed.
fla'nella *sf* flannel.
flash [flaʃ] *sm inv* (*FOT*) flash; (*giornalistico*) newsflash.
'flauto *sm* flute.
'flebile *ag* faint, feeble.
'flemma *sf* (*calma*) coolness, phlegm; (*MED*) phlegm.
fles'sibile *ag* pliable; (*fig: che si adatta*) flexible.
'flesso, a *pp di* **flettere.**
flessu'oso, a *ag* supple, lithe.
'flettere *vt* to bend.
F.lli (*abbr di fratelli*) Bros.
'flora *sf* flora.
'florido, a *ag* flourishing; (*fig*) glowing with health.
'floscio, a, sci, sce ['flɔʃʃo] *ag* floppy, soft; (*muscoli*) flabby.
'flotta *sf* fleet.
'fluido, a *ag, sm* fluid.
flu'ire *vi* (*2*) to flow.
fluore'scente [fluoreʃ'ʃɛnte] *ag* fluorescent.
flu'oro *sm* fluorine.
fluo'ruro *sm* fluoride.
'flusso *sm* flow; (*del mare*) flood tide; (*FISICA, MED*) flux; ~ **e riflusso** ebb and flow.
fluttu'are *vi* to rise and fall; (*ECON*) to fluctuate; (*fig*) to waver.
fluvi'ale *ag* river *cpd*, fluvial.
'foca, che *sf* (*ZOOL*) seal.
fo'caccia, ce [fo'kattʃa] *sf kind of pizza*; (*dolce*) bun.
'foce ['fotʃe] *sf* (*GEO*) mouth.
foco'laio *sm* (*MED*) centre of infection; (*fig*) hotbed.
foco'lare *sm* hearth, fireside; (*TECN*) furnace.
'fodera *sf* lining; (*di libro, poltrona*) cover; **fode'rare** *vt* to line; to cover.
'fodero *sm* sheath.
'foga *sf* enthusiasm, ardour.
'foggia, ge ['fɔddʒa] *sf* (*maniera*) style; (*aspetto*) form, shape; (*moda*) fashion, style.
'foglia ['fɔʎʎa] *sf* leaf; ~ **d'argento/d'oro** silver/gold leaf; **fogli'ame** *sm* foliage, leaves *pl*.
'foglio ['fɔʎʎo] *sm* (*di carta*) sheet (of paper); (*di metallo*) sheet; (*documento*) document; (*banconota*) (bank)note; ~ **rosa** (*AUT*) provisional licence; ~ **volante** pamphlet.
'fogna ['foɲɲa] *sf* drain, sewer; **fogna'tura** *sf* drainage, sewerage.
folgo'rare *vt* (*sog: fulmine*) to strike down; (*: alta tensione*) to electrocute.
'folla *sf* crowd, throng.
'folle *ag* mad, insane; (*TECN*) idle; **in** ~ (*AUT*) in neutral.
fol'lia *sf* folly, foolishness; foolish act; (*pazzia*) madness, lunacy.
'folto, a *ag* thick.
fomen'tare *vt* to stir up, foment.
fonda'mento *sm* foundation; ~**a** *sfpl* (*EDIL*) foundations.
fon'dare *vt* to found; (*edificio*) to lay the foundations for; (*fig: dar base*): ~ **qc su** to base sth on; **fondazi'one** *sf* founding; (*ente morale*) foundation; **fondazioni** *sfpl* (*EDIL*) foundations.
'fondere *vt* (*neve*) to melt; (*metallo*) to fuse, melt; (*fig: colori*) to merge, blend // *vi* to melt; ~**rsi** *vr* to melt; (*fig: partiti, correnti*) to unite, merge; **fonde'ria** *sf* foundry.
'fondo, a *ag* deep // *sm* (*di recipiente, pozzo*) bottom; (*di stanza*) back; (*quantità di liquido che resta, deposito*) dregs *pl*; (*sfondo*) background; (*unità immobiliare*) property, estate; (*somma di denaro*) fund; (*SPORT*) long-distance race; ~**i** *smpl* (*denaro*) funds; **in** ~ **a** at the bottom of; at the back of; **andare a** ~ (*nave*) to sink;

conoscere a ~ to know inside out; **in** ~ (*fig*) after all, all things considered; **andare fino in** ~ **a** (*fig*) to examine thoroughly; **a** ~ **perduto** (*COMM*) without security; ~**i di caffè** coffee grounds; ~**i di magazzino** old *o* unsold stock *sg.*

fo'netica *sf* phonetics *sg.*

fon'tana *sf* fountain.

'fonte *sf* spring, source; (*fig*) source.

fo'raggio [fo'raddʒo] *sm* fodder, forage.

fo'rare *vt* to pierce, make a hole in; (*biglietto*) to punch; ~ **una gomma** to burst a tyre.

'forbici ['fɔrbitʃi] *sfpl* scissors.

forbi'cina [forbi'tʃina] *sf* earwig.

'forca, che *sf* (*AGR*) fork, pitchfork; (*patibolo*) gallows *sg.*

for'cella [for'tʃɛlla] *sf* fork; (*di monte*) pass.

for'chetta [for'ketta] *sf* fork.

for'cina [for'tʃina] *sf* hairpin.

'forcipe ['fɔrtʃipe] *sm* forceps *pl.*

fo'resta *sf* forest.

foresti'ero, a *ag* foreign // *sm/f* foreigner.

'forfora *sf* dandruff.

'forgia, ge ['fɔrdʒa] *sf* forge; **forgi'are** *vt* to forge.

'forma *sf* form; (*aspetto esteriore*) form, shape; (*DIR: procedura*) procedure; (*per calzature*) last; (*stampo da cucina*) mould; ~**e** *sfpl* (*del corpo*) figure, shape; **le** ~**e** (*convenzioni*) appearances; **essere in** ~ to be in good shape.

formag'gino [formad'dʒino] *sm* processed cheese.

for'maggio [for'maddʒo] *sm* cheese.

for'male *ag* formal; **formalità** *sf inv* formality.

for'mare *vt* to form, shape, make; (*fig: carattere*) to form, mould; ~**rsi** *vr* to form, take shape; **for'mato** *sm* format, size; **formazi'one** *sf* formation; (*fig: educazione*) training.

for'mica, che *sf* ant; **formi'caio** *sm* anthill.

formico'lare *vi* (*2: gamba, braccio*) to tingle; (*brulicare: anche fig*): ~ **di** to be swarming with; **mi formicola la gamba** I've got pins and needles in my leg, my leg's tingling; **formico'lio** *sm* pins and needles *pl*; swarming.

formi'dabile *ag* powerful, formidable; (*straordinario*) remarkable.

'formula *sf* formula.

formu'lare *vt* to formulate; to express.

for'nace [for'natʃe] *sf* (*per laterizi etc*) kiln; (*per metalli*) furnace.

for'naio *sm* baker.

for'nello *sm* (*elettrico, a gas*) ring; (*di pipa*) bowl.

for'nire *vt*: ~ **qd di qc**, ~ **qc a qd** to provide *o* supply sb with sth, to supply sth to sb.

'forno *sm* (*di cucina*) oven; (*panetteria*) bakery; (*TECN: per calce etc*) kiln; (: *per metalli*) furnace.

'foro *sm* (*buco*) hole; (*STORIA*) forum; (*tribunale*) (law) court.

'forse *av* perhaps, maybe; (*circa*) about; **essere in** ~ to be in doubt.

forsen'nato, a *ag* mad, insane.

'forte *ag* strong; (*suono*) loud; (*spesa*) considerable, great; (*passione, dolore*) great, deep // *av* strongly; (*velocemente*) fast; (*a voce alta*) loud(ly) // *sm* (*edificio*) fort; (*specialità*) forte, strong point; **essere** ~ **in qc** to be good at sth.

for'tezza [for'tettsa] *sf* (*morale*) strength; (*luogo fortificato*) fortress.

fortifi'care *vt* to fortify, strengthen.

for'tuito, a *ag* fortuitous.

for'tuna *sf* (*destino*) fortune, luck; (*buona sorte*) success, fortune; (*eredità, averi*) fortune; **per** ~ luckily, fortunately; **di** ~ makeshift, improvised; **atterraggio di** ~ emergency landing; **fortu'nato, a** *ag* lucky, fortunate; (*impresa*) successful.

forvi'are *vt, vi* = **fuorviare.**

'forza ['fɔrtsa] *sf* strength; (*potere*) power; (*FISICA*) force; ~**e** *sfpl* (*fisiche*) strength *sg*; (*MIL*) forces // *escl* come on!; **per** ~ against one's will; (*naturalmente*) of course; **a viva** ~ by force; **a** ~ **di** by dint of; ~ **maggiore** circumstances beyond one's control; **la** ~ **pubblica** the police *pl.*

for'zare [for'tsare] *vt* to force; ~ **qd a fare** to force sb to do; **for'zato, a** *ag* forced // *sm* (*DIR*) prisoner sentenced to hard labour.

fos'chia [fos'kia] *sf* mist, haze.

'fosco, a, schi, sche *ag* dark, gloomy.

fos'fato *sm* phosphate.

'fosforo *sm* phosphorous.

'fossa *sf* pit; (*di cimitero*) grave; ~ **biologica** septic tank.

fos'sato *sm* ditch; (*di fortezza*) moat.

fos'setta *sf* dimple.

'fossile *ag, sm* fossil.

'fosso *sm* ditch; (*MIL*) trench.

'foto *sf* (*abbr di* **fotografia**) photo // *pref*: **foto'copia** *sf* photocopy; **fotocopi'are** *vt* to photocopy; **fotogra'fare** *vt* to photograph; **fotogra'fia** *sf* (*procedimento*) photography; (*immagine*) photograph; **fo'tografo, a** *sm/f* photographer; **fotoro'manzo** *sm* romantic picture story.

fra *prep* = **tra.**

fracas'sare *vt* to shatter, smash; ~**rsi** *vr* to shatter, smash; (*veicolo*) to crash; **fra'casso** *sm* smash; crash; (*baccano*) din, racket.

'fradicio, a, ci, ce ['fraditʃo] *ag* (*guasto*) rotten; (*molto bagnato*) soaking (wet); **ubriaco** ~ blind drunk.

'fragile ['fradʒile] *ag* fragile; (*fig: salute*) delicate.

'fragola *sf* strawberry.

frago'roso, a *ag* crashing, roaring.

fra'grante *ag* fragrant.

frain'tendere *vt* to misunderstand; **frain'teso, a** *pp di* **fraintendere.**

fram'mento *sm* fragment.

'frana *sf* landslide; **fra'nare** *vi* (*2*) to slip, slide down.
fran'cese [fran'tʃeze] *ag* French // *sm/f* Frenchman/woman // *sm* (LING) French; **i F~i** the French.
fran'chezza [fran'kettsa] *sf* frankness, openness.
'Francia ['frantʃa] *sf*: **la** ~ France.
'franco, a, chi, che *ag* (COMM) free; (*sincero*) frank, open, sincere // *sm* (*moneta*) franc; **farla ~a** (*fig*) to get off scot-free; ~ **di dogana** duty-free; ~ **a domicilio** delivered free of charge; **prezzo** ~ **fabbrica** ex-works price; ~ **tiratore** *sm* sniper.
franco'bollo *sm* (postage) stamp.
fran'gente [fran'dʒɛnte] *sm* breaker.
'frangia, ge ['frandʒa] *sf* fringe; (*fig*: *abbellimento*) frill, embellishment.
frantu'mare *vt*, **~rsi** *vr* to break into pieces, shatter; **fran'tumi** *smpl* pieces, bits; (*schegge*) splinters.
'frasca, sche *sf* (leafy) branch.
'frase *sf* (LING) sentence; (*locuzione, espressione*, MUS) phrase; ~ **fatta** set phrase.
'frassino *sm* ash (tree).
frastu'ono *sm* hubbub, din.
'frate *sm* friar, monk.
fratel'lanza [fratel'lantsa] *sf* brotherhood; (*associazione*) fraternity.
fra'tello *sm* brother; **~i** *smpl* brothers; (*nel senso di fratelli e sorelle*) brothers and sisters.
fra'terno, a *ag* fraternal, brotherly.
frat'tanto *av* in the meantime, meanwhile.
frat'tempo *sm*: **nel** ~ in the meantime, meanwhile.
frat'tura *sf* fracture.
fraudo'lento, a *ag* fraudulent.
frazi'one [frat'tsjone] *sf* fraction; (*borgata*): ~ **di comune** hamlet.
'freccia, ce ['frettʃa] *sf* arrow; ~ **di direzione** (AUT) indicator.
fred'dare *vt* to shoot dead.
fred'dezza [fred'dettsa] *sf* coldness.
'freddo, a *ag, sm* cold; **fa** ~ it's cold; **aver** ~ to be cold; **a** ~ (*fig*) deliberately; **freddo'loso, a** *ag* sensitive to the cold.
fred'dura *sf* pun.
fre'gare *vt* to rub; (*fam*: *truffare*) to take in, cheat; (: *rubare*) to swipe, pinch; **fregarsene** (*fam!*): **chi se ne frega?** who gives a damn (about it)?
fre'gata *sf* rub; (*fam*) swindle; (NAUT) frigate.
'fregio ['fredʒo] *sm* (ARCHIT) frieze; (*ornamento*) decoration.
'fremere *vi*: ~ **di** to tremble *o* quiver with; **'fremito** *sm* tremor, quiver.
fre'nare *vt* (*veicolo*) to slow down; (*cavallo*) to rein in; (*lacrime*) to restrain, hold back // *vi* to brake; **~rsi** *vr* (*fig*) to restrain o.s., control o.s.; **fre'nata** *sf*: **fare una frenata** to brake.
frene'sia *sf* frenzy; mania; **fre'netico, a, ci, che** *ag* frenzied.
'freno *sm* brake; (*morso*) bit; (*fig*) check; ~ **a disco** disc brake; ~ **a mano** handbrake.
frequen'tare *vt* (*luoghi*) to frequent; (*persone*) to see (often).
fre'quente *ag* frequent; **di** ~ frequently; **fre'quenza** *sf* frequency; (*assiduità*) attendance.
fres'chezza [fres'kettsa] *sf* freshness.
'fresco, a, schi, sche *ag* fresh; (*temperatura*) cool; (*notizia*) recent, fresh // *sm*: **godere il** ~ to enjoy the cool air; **stare** ~ (*fig*) to be in for it; **mettere al** ~ to put in a cool place.
'fretta *sf* hurry, haste; **in** ~ in a hurry; **in** ~ **e furia** in a mad rush; **aver** ~ to be in a hurry; **fretto'loso, a** *ag* hurried, rushed.
fri'abile *ag* (*terreno*) friable; (*pasta*) crumbly.
'friggere ['friddʒere] *vt* to fry // *vi* (*olio etc*) to sizzle.
'frigido, a ['fridʒido] *ag* (MED) frigid.
'frigo *sm* fridge.
frigo'rifero, a *ag* refrigerating // *sm* refrigerator.
fringu'ello *sm* chaffinch.
frit'tata *sf* omelette; **fare una** ~ (*fig*) to make a mess of things.
frit'tella *sf* (CUC) pancake; (: *ripiena*) fritter.
'fritto, a *pp di* **friggere** // *ag* fried // *sm* fried food; ~ **misto** mixed fry.
'frivolo, a *ag* frivolous
frizi'one [frit'tsjone] *sf* friction; (*di pelle*) rub, rub-down; (AUT) clutch.
friz'zante [frid'dzante] *ag* (*acqua*) fizzy, sparkling; (*vento, fig*) biting.
'frizzo ['friddzo] *sm* witticism.
fro'dare *vt* to defraud, cheat.
'frode *sf* fraud; ~ **fiscale** tax evasion.
'frollo, a *ag* (*carne*) tender; (: *di selvaggina*) high; (*fig*: *persona*) soft; **pasta ~a** short(crust) pastry.
'fronda *sf* (leafy) branch; (*di partito politico*) internal opposition; **~e** *sfpl* foliage *sg*.
fron'tale *ag* frontal; (*scontro*) head-on.
'fronte *sf* (ANAT) forehead; (*di edificio*) front, façade // *sm* (MIL, POL, METEOR) front; **a** ~, **di** ~ facing, opposite; **di** ~ **a** (*posizione*) opposite, facing, in front of; (*a paragone di*) compared with.
fronteggi'are [fronted'dʒare] *vt* (*avversari, difficoltà*) to face, stand up to; (*sog*: *edificio*) to face.
fronti'era *sf* border, frontier.
'fronzolo ['frondzolo] *sm* frill.
'frottola *sf* fib; **~e** *sfpl* nonsense *sg*.
fru'gale *ag* frugal.
fru'gare *vi* to rummage // *vt* to search.
frul'lare *vt* (CUC) to whisk // *vi* (*uccelli*) to flutter; **frulla'tore** *sm* electric mixer; **frul'lino** *sm* whisk.
fru'mento *sm* wheat.

fru'scio [fruʃ'ʃio] *sm* rustle; rustling; (*di acque*) murmur.
'frusta *sf* whip; (*CUC*) whisk.
frus'tare *vt* to whip.
frus'tino *sm* riding crop.
frus'trare *vt* to frustrate; **frustrazi'one** *sf* frustration.
'frutta *sf* fruit; (*portata*) dessert; ~ **candita/secca** candied/dried fruit.
frut'teto *sm* orchard.
frutti'vendolo, a *sm/f* greengrocer.
'frutto *sm* fruit; (*fig*: *risultato*) result(s); (*ECON*: *interesse*) interest; (: *reddito*) income; ~**i di mare** seafood *sg*.
FS *abbr di Ferrovie dello Stato.*
fu *forma del vb* **essere** // *ag inv*: **il** ~ **Paolo Bianchi** the late Paolo Bianchi.
fuci'lare [futʃi'lare] *vt* to shoot; **fuci'lata** *sf* rifle shot.
fu'cile [fu'tʃile] *sm* rifle, gun; (*da caccia*) shotgun, gun.
fu'cina [fu'tʃina] *sf* forge.
'fuga *sf* flight; (*di gas, liquidi*) leak; (*MUS*) fugue; **prendere la** ~ to take flight, flee.
fu'gace [fu'gatʃe] *ag* fleeting, transient.
fug'gevole [fud'dʒevole] *ag* fleeting.
fuggi'asco, a, schi, sche [fud'dʒasko] *ag, sm/f* fugitive.
fuggi'fuggi [fuddʒi'fuddʒi] *sm* scramble, stampede.
fug'gire [fud'dʒire] *vi* (*2*) to flee, run away; (*fig*: *passar veloce*) to fly // *vt* to avoid; **fuggi'tivo, a** *sm/f* fugitive, runaway.
'fulcro *sm* fulcrum.
ful'gore *sm* brilliance, splendour.
fu'liggine [fu'liddʒine] *sf* soot.
fulmi'nare *vt* to strike down; (*sog*: *alta tensione*) to electrocute.
'fulmine *sm* thunderbolt; lightning *q*.
fumai'olo *sm* (*di nave*) funnel; (*di fabbrica*) chimney-stack.
fu'mare *vi* to smoke; (*emettere vapore*) to steam // *vt* to smoke; **fu'mata** *sf* puff of smoke; (*segnale*) smoke signal; (*di tabacco*) smoke; **fare una fumata** to have a smoke; **fuma'tore, 'trice** *sm/f* smoker.
fu'metto *sm* comic strip; ~**i** *smpl* comics.
'fumo *sm* smoke; (*vapore*) steam; (*il fumare tabacco*) smoking; ~**i** *smpl* fumes; **vendere** ~ to deceive, cheat; **fu'moso, a** *ag* smoky.
fu'nambolo, a *sm/f* tightrope walker.
'fune *sf* rope, cord; (*più grossa*) cable.
'funebre *ag* (*rito*) funeral; (*aspetto*) gloomy, funereal.
fune'rale *sm* funeral.
'fungere ['fundʒere] *vi*: ~ **da** to act as.
'fungo, ghi *sm* fungus; (*commestibile*) mushroom; ~ **velenoso** toadstool.
funico'lare *sf* funicular railway.
funi'via *sf* cable railway.
funzio'nare [funtsjo'nare] *vi* to work, function; (*fungere*): ~ **da** to act as.
funzio'nario [funtsjo'narjo] *sm* official.
funzi'one [fun'tsjone] *sf* function; (*carica*) post, position; (*REL*) service; **entrare in** ~ to take up one's post; to take up office.
fu'oco, chi *sm* fire; (*fornello*) ring; (*FOT, FISICA*) focus; **dare** ~ **a qc** to set fire to sth; **far** ~ (*sparare*) to fire; ~ **d'artificio** firework.
fuorché [fwor'ke] *cong, prep* except.
fu'ori *av* outside; (*all'aperto*) outdoors, outside; (*fuori di casa, SPORT*) out; (*esclamativo*) get out! // *prep*: ~ **(di)** out of, outside // *sm* outside; **lasciar** ~ **qc/qd** to leave sth/sb out; **far** ~ **qd** (*fam*) to kill sb, do sb in; **essere** ~ **di sé** to be beside o.s.; ~ **luogo** (*inopportuno*) out of place, uncalled for; ~ **mano** out of the way, remote; ~ **pericolo** out of danger; ~ **uso** old-fashioned; obsolete.
fu'ori... *prefisso*: **fuori'bordo** *sm* speedboat (with outboard motor); outboard motor; **fuori'classe** *sm/f inv* (undisputed) champion; **fuorigi'oco** *sm* offside; **fuori'legge** *sm/f inv* outlaw; **fuori'serie** *ag inv* (*auto etc*) custom-built; **fuoru'scito, a, fuoriu'scito, a** *sm/f* exile; **fuorvi'are** *vt* to mislead, put on the wrong track; (*fig*) to lead astray // *vi* to go astray.
'furbo, a *ag* cunning, sly; (*astuto*) shrewd.
fu'rente *ag*: ~ **(contro)** furious (with).
fur'fante *sm* rascal, scoundrel.
fur'gone *sm* van.
'furia *sf* (*ira*) fury, rage; (*fig: impeto*) fury, violence; (*fretta*) rush; **a** ~ **di** by dint of; **montare in** ~ to fly into a rage; **furi'bondo, a** *ag* furious.
furi'oso, a *ag* furious; (*mare, vento*) raging.
fu'rore *sm* fury; (*esaltazione*) frenzy; **far** ~ to be all the rage.
fur'tivo, a *ag* furtive; (*merce*) stolen.
'furto *sm* theft; ~ **con scasso** burglary.
'fusa *sfpl*: **fare le** ~ to purr.
fu'sibile *sm* (*ELETTR*) fuse.
fusi'one *sf* (*di metalli*) fusion, melting; (*colata*) casting; (*COMM*) merger; (*fig*) merging.
'fuso, a *pp di* **fondere** // *sm* (*FILATURA*) spindle; ~ **orario** time zone.
fus'tagno [fus'taɲɲo] *sm* corduroy.
'fusto *sm* stem; (*ANAT, di albero*) trunk; (*recipiente*: *in metallo*) drum, can; (: *in legno*) barrel, cask.
'futile *ag* vain, futile; **futilità** *sf inv* futility.
fu'turo, a *ag, sm* future.

G

gab'bare *vt* to take in, dupe; ~**rsi** *vr*: ~**rsi di qd** to make fun of sb.
'gabbia *sf* cage; (*DIR*) dock; (*da imballaggio*) crate; ~ **dell'ascensore** lift shaft; ~ **toracica** (*ANAT*) rib cage.
gabbi'ano *sm* (sea)gull.
gabi'netto *sm* (*MED etc*) consulting room; (*POL*) cabinet; (*di decenza*) toilet, lavatory; (*INS: di fisica etc*) laboratory.
gagli'ardo, a [gaʎ'ʎardo] *ag* strong, vigorous.
gai'ezza [ga'jettsa] *sf* gaiety, cheerfulness.

'gaio, a *ag* gay, cheerful.
'gala *sf* (*sfarzo*) pomp; (*festa*) ala.
ga'lante *ag* gallant, courteous; (*avventura, poesia*) amorous; **galante'ria** *sf* gallantry.
galantu'omo, *pl* **galantu'omini** *sm* gentleman.
ga'lassia *sf* galaxy.
gala'teo *sm* (good) manners *pl.*
gale'otto *sm* (*rematore*) galley slave; (*carcerato*) convict.
ga'lera *sf* prison.
'galla *sf* (BOT) gall; **a** ~ afloat.
galleggi'ante [galled'dʒante] *ag* floating // *sm* (*natante*) barge; (*di pescatore, lenza,* TECN) float.
galleggi'are [galled'dʒare] *vi* to float.
galle'ria *sf* (*traforo*) tunnel; (ARCHIT, *d'arte*) gallery; (TEATRO) circle; (*strada coperta con negozi*) arcade; ~ **del vento** *o* **aerodinamica** (AER) wind tunnel.
'Galles *sm*: **il** ~ Wales.
gal'lina *sf* hen.
'gallo *sm* cock.
gal'lone *sm* piece of braid; (MIL) stripe; (*misura inglese e americana*) gallon.
galop'pare *vi* to gallop.
ga'loppo *sm* gallop; **al** *o* **di** ~ at a gallop.
galvaniz'zare [galvanid'dzare] *vt* to galvanize.
'gamba *sf* leg; (*asta: di lettera*) stem; **in** ~ (*in buona salute*) well; (*bravo*) bright, smart; **prendere qc sotto** ~ (*fig*) to treat sth too lightly.
gambe'retto *sm* prawn; shrimp.
'gambero *sm* (*di acqua dolce*) crayfish; (*di mare*) lobster.
'gambo *sm* stem; (*di pianta*) stalk, stem; (TECN) shank.
'gamma *sf* (MUS) scale; (*di colori, fig*) range, gamut.
ga'nascia, sce [ga'naʃʃa] *sf* jaw; ~**sce del freno** (AUT) brake shoes.
'gancio ['gantʃo] *sm* hook.
'ganghero ['gangero] *sm* (*arpione di ferro*) hinge; (*gancetto*) hook; **uscire dai** ~**i** (*fig*) to fly into a temper.
'gara *sf* competition; (SPORT) competition; contest; match; (: *corsa*) race; **fare a** ~ to compete, vie.
garan'tire *vt* to guarantee; (*dare per certo*) to assure.
garan'zia [garan'tsia] *sf* guarantee; (*pegno*) security.
gar'bato, a *ag* courteous, polite.
'garbo *sm* (*buone maniere*) politeness, courtesy; (*di vestito etc*) grace, style.
gareggi'are [gared'dʒare] *vi* to compete.
garga'rismo *sm* gargle; **fare i** ~**i** to gargle.
ga'rofano *sm* carnation; **chiodo di** ~ clove.
'garza ['gardza] *sf* (*per bende*) gauze.
gar'zone [gar'dzone] *sm* boy; ~ **di stalla** stableboy.
gas *sm inv* gas; **a tutto** ~ at full speed; **dare** ~ (AUT) to accelerate; ~ **lacrimogeno** tear gas.
ga'solio *sm* diesel oil.
ga's(s)are *vt* to aerate, carbonate; (*asfissiare*) to gas.
gas'soso, a *ag* gaseous; gassy // *sf* lemonade.
'gastrico, a, ci, che *ag* gastric.
gastrono'mia *sf* gastronomy.
gat'tino *sm* kitten.
'gatto, a *sm/f* cat, tomcat/she-cat; ~ **selvatico** wildcat.
gatto'pardo *sm*: ~ **africano** serval; ~ **americano** ocelot.
gat'tuccio [gat'tuttʃo] *sm* dogfish.
gau'dente *sm/f* pleasure-seeker.
ga'vetta *sf* (MIL) mess tin.
'gazza ['gaddza] *sf* magpie.
gaz'zella [gad'dzɛlla] *sf* gazelle.
gaz'zetta [gad'dzetta] *sf* news sheet; **G**~ **Ufficiale** *official publication containing details of new laws.*
gaz'zoso, a [gad'dzoso] *ag* = **gassoso.**
ge'lare [dʒe'lare] *vt, vi, vb impers* to freeze; **ge'lata** *sf* frost.
gelate'ria [dʒelate'ria] *sf* ice-cream shop.
gela'tina [dʒela'tina] *sf* gelatine; ~ **esplosiva** dynamite; ~ **di frutta** fruit jelly.
ge'lato, a [dʒe'lato] *ag* frozen // *sm* ice cream.
'gelido, a ['dʒɛlido] *ag* icy, ice-cold.
'gelo ['dʒɛlo] *sm* (*temperatura*) intense cold; (*brina*) frost; (*fig*) chill; **ge'lone** *sm* chilblain.
gelo'sia [dʒelo'sia] *sf* (*stato d'animo*) jealousy; (*persiana*) shutter.
ge'loso, a [dʒe'loso] *ag* jealous.
'gelso ['dʒɛlso] *sm* mulberry (tree).
gelso'mino [dʒelso'mino] *sm* jasmine.
ge'mello, a [dʒe'mɛllo] *ag, sm/f* twin; ~**i** *smpl* (*di camicia*) cufflinks; (*dello zodiaco*): **G**~**i** Gemini *sg.*
'gemere ['dʒɛmere] *vi* to moan, groan; (*cigolare*) to creak; (*gocciolare*) to drip, ooze; **'gemito** *sm* moan, groan.
'gemma ['dʒɛmma] *sf* (BOT) bud; (*pietra preziosa*) gem.
gene'rale [dʒene'rale] *ag, sm* general; **in** ~ (*per sommi capi*) in general terms; (*di solito*) usually, in general; **a** ~ **richiesta** by popular request; **generalità** *sfpl* (*dati d'identità*) particulars; **generaliz'zare** *vt, vi* to generalize.
gene'rare [dʒene'rare] *vt* (*dar vita*) to give birth to; (*produrre*) to produce; (*causare*) to arouse; (TECN) to produce, generate; **genera'tore** *sm* (TECN) generator; **generazi'one** *sf* generation.
'genere ['dʒɛnere] *sm* kind, type, sort; (BIOL) genus; (*merce*) article, product; (LING) gender; (ARTE, LETTERATURA) genre; **in** ~ generally, as a rule; **il** ~ **umano** mankind; ~**i alimentari** foodstuffs.
ge'nerico, a, ci, che [dʒe'nɛriko] *ag* generic; (*persona: non specializzata*) general, non-specialized.
'genero ['dʒɛnero] *sm* son-in-law.
generosità [dʒenerosi'ta] *sf* generosity.

gene'roso, a [dʒene'roso] *ag* generous.
'genesi ['dʒɛnesi] *sf* genesis.
ge'netico, a, ci, che [dʒe'nɛtiko] *ag* genetic // *sf* genetics *sg*.
gen'giva [dʒen'dʒiva] *sf* (ANAT) gum.
geni'ale [dʒen'jale] *ag* (*persona*) of genius; (*idea*) ingenious, brilliant.
'genio ['dʒɛnjo] *sm* genius; (*attitudine, talento*) talent, flair, genius; **andare a ~ a qd** to be to sb's liking, appeal to sb.
geni'tale [dʒeni'tale] *ag* genital; **~i** *smpl* genitals.
geni'tore [dʒeni'tore] *sm* parent, father *o* mother; **~i** *smpl* parents.
gen'naio [dʒen'najo] *sm* January.
'Genova ['dʒɛnova] *sf* Genoa.
gen'taglia [dʒen'taʎʎa] *sf* (*peg*) rabble.
'gente ['dʒɛnte] *sf* people *pl*.
gen'tile [dʒen'tile] *ag* (*persona, atto*) kind; (: *garbato*) courteous, polite; (*nelle lettere*): **G~ Signore** Dear Sir; (: *sulla busta*): **G~ Signor Fernando Villa** Mr Fernando Villa; **genti'lezza** *sf* kindness; courtesy, politeness; **per gentilezza** (*per favore*) please.
genuflessi'one [dʒenufles'sjone] *sf* genuflection.
genu'ino, a [dʒenu'ino] *ag* genuine.
geogra'fia [dʒeogra'fia] *sf* geography; **geo'grafico, a, ci, che** *ag* geographical.
geolo'gia [dʒeolo'dʒia] *sf* geology; **geo'logico, a, ci, che** *ag* geological.
ge'ometra, i, e [dʒe'ɔmetra] *sm/f* (*professionista*) surveyor.
geome'tria [dʒeome'tria] *sf* geometry; **geo'metrico, a, ci, che** *ag* geometric(al).
ge'ranio [dʒe'ranjo] *sm* geranium.
gerar'chia [dʒerar'kia] *sf* hierarchy.
ge'rente [dʒe'rɛnte] *sm/f* manager/manageress.
'gergo, ghi ['dʒɛrgo] *sm* jargon; slang.
geria'tria [dʒerja'tria] *sf* geriatrics *sg*.
Ger'mania [dʒer'manja] *sf*: **la ~** Germany.
'germe ['dʒɛrme] *sm* germ.
germogli'are [dʒermoʎ'ʎare] *vi* to sprout; to germinate; **ger'moglio** *sm* shoot; bud.
gero'glifico, ci [dʒero'glifiko] *sm* hieroglyphic.
'gesso ['dʒɛsso] *sm* chalk; (SCULTURA, MED, EDIL) plaster; (*minerale*) gypsum.
gestazi'one [dʒestat'tsjone] *sf* gestation.
gestico'lare [dʒestiko'lare] *vi* to gesticulate.
gesti'one [dʒes'tjone] *sf* management.
ges'tire [dʒes'tire] *vt* to run, manage.
'gesto ['dʒɛsto] *sm* gesture.
ges'tore [dʒes'tore] *sm* manager.
Gesù [dʒe'zu] *sm* Jesus.
gesu'ita, i [dʒezu'ita] *sm* Jesuit.
get'tare [dʒet'tare] *vt* to throw; (*anche*: **~ via**) to throw away *o* out; (SCULTURA) to cast; (EDIL) to lay; (*emettere*) to spout, gush; **~rsi in** (*sog*: *fiume*) to flow into; **~ uno sguardo su** to take a quick look at; **get'tata** *sf* (*di cemento, metalli*) cast; (*diga*) jetty.
'getto ['dʒɛtto] *sm* (*di gas, liquido,* AER) jet; (BOT) shoot; **a ~ continuo** uninterruptedly; **di ~** (*fig*) straight off, in one go.
get'tone [dʒet'tone] *sm* token; (*per giochi*) counter; (: *roulette etc*) chip; **~ telefonico** telephone token.
'ghetto ['getto] *sm* ghetto.
ghiacci'aio [gjat'tʃajo] *sm* glacier.
ghiacci'are [gjat'tʃare] *vt* to freeze; (*fig*): **~ qd** to make sb's blood run cold // *vi* to freeze, ice over.
ghi'accio ['gjattʃo] *sm* ice.
ghiacci'olo [gjat'tʃɔlo] *sm* icicle; (*tipo di gelato*) ice(d) lolly.
ghi'aia ['gjaja] *sf* gravel.
ghi'anda ['gjanda] *sf* (BOT) acorn.
ghi'andola ['gjandola] *sf* gland.
ghigliot'tina [giʎʎot'tina] *sf* guillotine.
ghi'gnare [giɲ'ɲare] *vi* to sneer.
ghi'otto, a ['gjotto] *ag* greedy; (*cibo*) delicious, appetizing; **ghiot'tone, a** *sm/f* glutton.
ghiri'bizzo [giri'biddzo] *sm* whim.
ghiri'goro [giri'gɔro] *sm* scribble, squiggle.
ghir'landa [gir'landa] *sf* garland, wreath.
'ghiro ['giro] *sm* dormouse.
'ghisa ['giza] *sf* cast iron.
già [dʒa] *av* already; (*ex, in precedenza*) formerly // *escl* of course!, yes indeed!
gi'acca, che ['dʒakka] *sf* jacket; **~ a vento** windcheater.
giacché [dʒak'ke] *cong* since, as.
giac'chetta [dʒak'ketta] *sf* (light) jacket.
gia'cenza [dʒa'tʃɛntsa] *sf*: **merce in ~** goods in stock; **capitale in ~** uninvested capital; **~e di magazzino** unsold stock.
gia'cere [dʒa'tʃere] *vi* (*2*) to lie; **giaci'mento** *sm* deposit.
gia'cinto [dʒa'tʃinto] *sm* hyacinth.
gi'ada ['dʒada] *sf* jade.
giaggi'olo [dʒad'dʒɔlo] *sm* iris.
giagu'aro [dʒa'gwaro] *sm* jaguar.
gi'allo ['dʒallo] *ag* yellow; (*carnagione*) sallow // *sm* yellow; (*anche*: **romanzo ~**) detective novel; (*anche*: **film ~**) detective film; **~ dell'uovo** yolk.
giam'mai [dʒam'mai] *av* never.
Giap'pone [dʒap'pone] *sm* Japan; **giappo'nese** *ag, sm/f, sm* Japanese.
gi'ara ['dʒara] *sf* jar.
giardi'naggio [dʒardi'naddʒo] *sm* gardening.
giardini'ere, a [dʒardi'njɛre] *sm/f* gardener // *sf* (*misto di sottaceti*) mixed pickles *pl*; (*automobile*) estate car.
giar'dino [dʒar'dino] *sm* garden; **~ d'infanzia** nursery school; **~ pubblico** public gardens *pl*, (public) park.
giarretti'era [dʒarret'tjɛra] *sf* garter.
giavel'lotto [dʒavel'lɔtto] *sm* javelin.
gi'gante, 'essa [dʒi'gante] *sm/f* giant // *ag* giant, gigantic; **gigan'tesco, a, schi, sche** *ag* gigantic.

'giglio ['dʒiʎʎo] *sm* lily.
gilè [dʒi'lɛ] *sm inv* waistcoat.
gin [dʒin] *sm* gin.
ginecolo'gia [dʒinekolo'dʒia] *sf* gynaecology.
gi'nepro [dʒi'nepro] *sm* juniper.
gi'nestra [dʒi'nɛstra] *sf* (BOT) broom.
Gi'nevra [dʒi'nevra] *sf* Geneva.
gingil'larsi [dʒindʒil'larsi] *vr* to fritter away one's time.
gin'gillo [dʒin'dʒillo] *sm* plaything.
gin'nasio [dʒin'nazjo] *sm the 4th and 5th year of secondary school in Italy.*
gin'nasta, i, e [dʒin'nasta] *sm/f* gymnast; **gin'nastica** *sf* gymnastics *sg*; keep-fit exercises.
gi'nocchio [dʒi'nɔkkjo], *pl*(*m*) **gi'nocchi** *o pl*(*f*) **gi'nocchia** *sm* knee; **stare in ~** to kneel, be on one's knees; **ginocchi'oni** *av* on one's knees.
gio'care [dʒo'kare] *vt* to play; (*scommettere*) to stake, wager, bet; (*ingannare*) to take in // *vi* to play; (*a roulette etc*) to gamble; (*fig*) to play a part, be important; (TECN: *meccanismo*) to be loose; **~ a** (*gioco, sport*) to play; (*cavalli*) to bet on; **gioca'tore, 'trice** *sm/f* player; gambler.
gio'cattolo [dʒo'kattolo] *sm* toy.
gio'chetto [dʒo'ketto] *sm* (*fig*): **è un ~** it's child's play.
gi'oco, chi ['dʒɔko] *sm* game; (*divertimento,* TECN) play; (*al casinò*) gambling; (CARTE) hand; (*insieme di pezzi etc necessari per un gioco*) set; **per ~** for fun; **fare il doppio ~ con qd** to double-cross sb; **~ d'azzardo** game of chance; **~ della palla** football; **~ degli scacchi** chess set; **i giochi olimpici** the Olympic games.
gio'coso, a [dʒo'koso] *ag* playful, jesting.
gio'gaia [dʒo'gaja] *sf* (GEO) range of mountains.
gi'ogo, ghi ['dʒɔgo] *sm* yoke.
gi'oia ['dʒɔja] *sf* joy, delight; (*pietra preziosa*) jewel, precious stone.
gioielle'ria [dʒojelle'ria] *sf* jeweller's craft; jeweller's (shop).
gioielli'ere, a [dʒojel'ljɛre] *sm/f* jeweller.
gioi'ello [dʒo'jɛllo] *sm* jewel, piece of jewellery; **~i** *smpl* jewellery *sg*.
gioi'oso, a [dʒo'joso] *ag* joyful.
Gior'dania [dʒor'danja] *sf*: **la ~** Jordan.
giorna'laio, a [dʒorna'lajo] *sm/f* newsagent; news-vendor.
gior'nale [dʒor'nale] *sm* (news)paper; (*diario*) journal, diary; (COMM) journal; **~ di bordo** log; **~ radio** radio news *sg*.
giornali'ero, a [dʒorna'ljɛro] *ag* daily; (*che varia: umore*) changeable // *sm/f* day labourer.
giorna'lismo [dʒorna'lizmo] *sm* journalism.
giorna'lista, i, e [dʒorna'lista] *sm/f* journalist.
gior'nata [dʒor'nata] *sf* day; **~ lavorativa** working day.
gi'orno ['dʒorno] *sm* day; (*opposto alla notte*) day, daytime; (*luce del ~*) daylight; **al ~** per day; **di ~** by day; **al ~ d'oggi** nowadays.
gi'ostra ['dʒɔstra] *sf* merry-go-round; (*torneo storico*) joust.
gi'ovane ['dʒovane] *ag* young; (*giovanile*) youthful // *sm/f* youth/girl, young man/woman; **i ~i** young people; **giova'nile** *ag* youthful; **giova'notto** *sm* young man.
gio'vare [dʒo'vare] *vi*: **~ a** (*essere utile*) to be useful to; (*far bene*) to be good for // *vb impers* (*essere bene, utile*) to be useful; **~rsi di qc** to take advantage of sth.
giovedì [dʒove'di] *sm* Thursday; **di** *o* **il ~** on Thursdays.
gioventù [dʒoven'tu] *sf* youth; (*i giovani*) young people *pl*, youth.
giovi'ale [dʒo'vjale] *ag* jovial, jolly.
giovi'nezza [dʒovi'nettsa] *sf* youth.
gira'dischi [dʒira'diski] *sm inv* record player.
gi'raffa [dʒi'raffa] *sf* giraffe.
gi'randola [dʒi'randola] *sf* (*fuoco d'artificio*) Catherine wheel; (*giocattolo*) toy windmill; (*banderuola*) weather vane, weather cock.
gi'rare [dʒi'rare] *vt* (*far ruotare*) to turn; (*percorrere, visitare*) to go round; (CINEMA) to shoot; to make; (COMM) to endorse // *vi* to turn; (*più veloce*) to spin; (*andare in giro*) to wander, go around; **~rsi** *vr* to turn; **~ attorno a** to go round; to revolve round; **far ~ la testa a qd** to make sb dizzy; (*fig*) to turn sb's head.
girar'rosto [dʒirar'rɔsto] *sm* (CUC) spit.
gira'sole [dʒira'sole] *sm* sunflower.
gi'rata [dʒi'rata] *sf* (*passeggiata*) stroll; (*con veicolo*) drive; (COMM) endorsement.
gira'volta [dʒira'vɔlta] *sf* twirl, turn; (*curva*) sharp bend; (*fig*) about-turn.
gi'revole [dʒi'revole] *ag* revolving, turning.
gi'rino [dʒi'rino] *sm* tadpole.
'giro ['dʒiro] *sm* (*cerchio*) circle; (*di manovella*) turn; (*viaggio*) tour, excursion; (*passeggiata*) stroll, walk; (*in macchina*) drive; (*in bicicletta*) ride; (SPORT: *della pista*) lap; (*di denaro*) circulation; (CARTE) hand; (TECN) revolution; **prendere in ~ qd** (*fig*) to pull sb's leg; **fare un ~** to go for a walk (*o* a drive *o* a ride); **andare in ~** to go about, walk around; **a stretto ~ di posta** by return of post; **nel ~ di un mese** in a month's time; **~ d'affari** (COMM) turnover; **~ di parole** circumlocution; **~ di prova** (AUT) test drive; **giro'collo** *sm*: **a girocollo** crewneck *cpd*; **gi'rone** *sm* (SPORT) series of games; **girone di andata/ritorno** (CALCIO) first/second half of the season.
gironzo'lare [dʒirondzo'lare] *vi* to stroll about.
girova'gare [dʒirova'gare] *vi* to wander about.
'gita ['dʒita] *sf* excursion, trip.
gi'tano, a [dʒi'tano] *sm/f* gipsy.

giù [dʒu] *av* down; (*dabbasso*) downstairs; **in** ~ downwards, down; ~ **di lì** (*pressappoco*) thereabouts; **bambini dai 6 anni in** ~ children aged 6 and under; ~ **per**: **cadere** ~ **per le scale** to fall down the stairs; **portare i capelli** ~ **per le spalle** to have shoulder-length hair; **essere** ~ (*fig*: *di salute*) to be run down; (: *di spirito*) to be depressed.
giub'botto [dʒub'bɔtto] *sm* jerkin.
giubi'lare [dʒubi'lare] *vi* to rejoice // *vt* to pension off.
gi'ubilo ['dʒubilo] *sm* rejoicing.
giudi'care [dʒudi'kare] *vt* to judge; ~ **qd/qc bello** to consider sb/sth (to be) beautiful.
gi'udice ['dʒuditʃe] *sm* judge; ~ **conciliatore** justice of the peace.
giu'dizio [dʒu'dittsjo] *sm* judgment; (*opinione*) opinion; (*DIR*) judgment, sentence; (: *processo*) trial; (: *verdetto*) verdict; **aver** ~ to be wise *o* prudent; **giudizi'oso, a** *ag* prudent, judicious.
gi'ugno ['dʒuɲɲo] *sm* June.
giul'lare [dʒul'lare] *sm* jester.
giu'menta [dʒu'menta] *sf* mare.
gi'unco, chi ['dʒunko] *sm* rush.
gi'ungere ['dʒundʒere] *vi* (*2*) to arrive // *vt* (*mani etc*) to join; ~ **a** to arrive at, reach.
gi'ungla ['dʒungla] *sf* jungle.
gi'unto, a ['dʒunto] *pp di* **giungere** // *sf* addition; (*organo esecutivo, amministrativo*) council, board; **per** ~**a** into the bargain, in addition; ~**a militare** military junta; **giun'tura** *sf* joint.
giuo'care [dʒwo'kare] *vt, vi* = **giocare**; **giu'oco** *sm* = **gioco.**
giura'mento [dʒura'mento] *sm* oath; ~ **falso** perjury.
giu'rare [dʒu'rare] *vt* to swear // *vi* to swear, take an oath; **giu'rato, a** *ag*: **nemico giurato** sworn enemy // *sm/f* juror, juryman/woman.
giu'ria [dʒu'ria] *sf* jury.
giu'ridico, a, ci, che [dʒu'ridiko] *ag* legal.
giurisdizi'one [dʒurizdit'tsjone] *sf* jurisdiction.
giurispru'denza [dʒurispru'dɛntsa] *sf* jurisprudence.
giustifi'care [dʒustifi'kare] *vt* to justify; **giustificazi'one** *sf* justification; (*INS*) (note of) excuse.
gius'tizia [dʒus'tittsja] *sf* justice; **giustizi'are** *vt* to execute, put to death; **giustizi'ere** *sm* executioner.
gi'usto, a ['dʒusto] *ag* (*equo*) fair, just; (*vero*) true, correct; (*adatto*) right, suitable; (*preciso*) exact, correct // *av* (*esattamente*) exactly, precisely; (*per l'appunto, appena*) just; **arrivare** ~ to arrive just in time; **ho** ~ **bisogno di te** you're just the person I need.
glaci'ale [gla'tʃale] *ag* glacial.
'glandola *sf* = **ghiandola.**
gli [ʎi] *det mpl* (*dav V, s impura, gn, pn, ps, x, z*) the // *pronome* (*a lui*) to him; (*a esso*) to it; (*in coppia con lo, la, li, le, ne: a lui, a lei, a loro etc*): **gliele do** I'm giving them to him (*o* her *o* them).
glice'rina [glitʃe'rina] *sf* glycerine.
gli'ela ['ʎela] *etc vedi* **gli.**
glo'bale *ag* overall.
'globo *sm* globe.
'globulo *sm* globule; (*ANAT*) corpuscle.
'gloria *sf* glory; **glorifi'care** *vt* to exalt, glorify; **glori'oso, a** *ag* glorious.
glos'sario *sm* glossary.
glu'cosio *sm* glucose.
'gnocchi ['ɲɔkki] *smpl* (*CUC*) *small dumplings made of semolina pasta or potato.*
'gnomo ['ɲɔmo] *sm* gnome.
'gobba *sf* (*ANAT*) hump; (*protuberanza*) bump.
'gobbo, a *ag* hunchbacked; (*ricurvo*) round-shouldered // *sm/f* hunchback.
'goccia, ce ['gottʃa] *sf* drop; **goccio'lare** *vi* (*2*), *vt* to drip; **goccio'lio** *sm* dripping.
go'dere *vi* (*compiacersi*): ~ **(di)** to be delighted (at), rejoice (at); (*trarre vantaggio*): ~ **di** to enjoy, benefit from // *vt* to enjoy; ~**rsi la vita** to enjoy life; ~**sela** to have a good time, enjoy o.s.; **godi'mento** *sm* enjoyment.
'goffo, a *ag* clumsy, awkward.
'gola *sf* (*ANAT*) throat; (*golosità*) gluttony, greed; (*di camino*) flue; (*di monte*) gorge; **fare** ~ (*anche fig*) to tempt.
golf *sm inv* (*SPORT*) golf; (*maglia*) cardigan.
'golfo *sm* gulf.
go'loso, a *ag* greedy.
'gomito *sm* elbow; (*di strada etc*) sharp bend.
go'mitolo *sm* ball.
'gomma *sf* rubber; (*colla*) gum; (*per cancellare*) rubber, eraser; (*di veicolo*) tyre; ~ **a terra** flat tyre; **gommapi'uma** *sf* foam rubber.
'gondola *sf* gondola; **gondoli'ere** *sm* gondolier.
gonfa'lone *sm* banner.
gonfi'are *vt* (*pallone*) to blow up, inflate; (*dilatare, ingrossare*) to swell; (*fig*: *persona*) to flatter; (: *notizia*) to exaggerate; ~**rsi** *vr* to swell; (*fiume*) to rise; **'gonfio, a** *ag* swollen; (*stomaco*) bloated; **gonfi'ore** *sm* swelling.
gongo'lare *vi* to look pleased with o.s.; ~ **di gioia** to be overjoyed.
'gonna *sf* skirt.
'gonzo ['gondzo] *sm* simpleton, fool.
gorgheggi'are [gorged'dʒare] *vi* to warble; to trill.
'gorgo, ghi *sm* whirlpool.
gorgogli'are [gorgoʎ'ʎare] *vi* to gurgle.
go'rilla *sm inv* gorilla.
'gotico, a, ci, che *ag, sm* Gothic.
'gotta *sf* gout.
gover'nante *sm/f* ruler // *sf* (*di bambini*) governess; (*donna di servizio*) housekeeper.
gover'nare *vt* (*Stato*) to govern, rule; (*azienda*) to manage, run; (*pilotare, guidare*) to steer; (*bestiame*) to tend, look after; **governa'tivo, a** *ag* government

cpd, state *cpd*; **governa'tore** *sm* governor.
go'verno *sm* government; management, running; steering; tending; ~ **della casa** housekeeping.
gozzo'viglia [gottso'viʎʎa] *sf* carousing.
gracchi'are [grak'kjare] *vi* to caw.
graci'dare [gratʃi'dare] *vi* to croak.
'gracile ['gratʃile] *ag* frail, delicate.
gra'dasso *sm* boaster.
gradazi'one [gradat'tsjone] *sf* (*sfumatura*) gradation; ~ **alcolica** alcoholic content, strength.
gra'devole *ag* pleasant, agreeable.
gradi'mento *sm* pleasure, satisfaction.
gradi'nata *sf* flight of steps; (*in teatro*, stadio) tiers *pl*.
gra'dino *sm* step; (*ALPINISMO*) foothold.
gra'dire *vt* (*accettare con piacere*) to accept; (*desiderare*) to wish, like; **gra'dito, a** *ag* pleasing; welcome.
'grado *sm* (*MAT, FISICA etc*) degree; (*stadio*) degree, level; (*MIL, sociale*) rank; **essere in ~ di fare** to be in a position to do.
gradu'ale *ag* gradual.
gradu'are *vt* to grade; **gradu'ato, a** *ag* (*esercizi*) graded; (*scala, termometro*) graduated // *sm* (*MIL*) non-commissioned officer; **graduazi'one** *sf* graduation.
'graffa *sf* (*gancio*) clip; (*segno grafico*) brace.
graffi'are *vt* to scratch.
'graffio *sm* scratch.
gra'fia *sf* spelling; (*scrittura*) handwriting.
'grafico, a, ci, che *ag* graphic // *sm* graph; (*persona*) graphic designer // *sf* graphic arts *pl*.
gra'migna [gra'miɲɲa] *sf* weed; couch grass.
gram'matica, che *sf* grammar; **grammati'cale** *ag* grammatical; **gram'matico, a, ci, che** *ag* = **grammaticale.**
'grammo *sm* gram(me).
gram'mofono *sm* gramophone.
gran *ag vedi* **grande.**
'grana *sf* (*granello, di minerali, corpi spezzati*) grain; (*fam: seccatura*) trouble; (: *soldi*) cash // *sm inv* Parmesan (cheese).
gra'naio *sm* granary, barn.
gra'nata *sf* (*scopa*) broom; (*frutto*) pomegranate; (*pietra preziosa*) garnet; (*proiettile*) grenade.
Gran Bre'tagna [gran bre'taɲɲa] *sf*: **la ~** Great Britain.
'granchio ['grankjo] *sm* crab; (*fig*) blunder.
grandango'lare *sm* wide-angle lens *sg*.
'grande, *qualche volta* **gran** *+C*, **grand'** *+V ag* (*grosso, largo, vasto*) big, large; (*alto*) tall; (*lungo*) long; (*in sensi astratti*) great // *sm/f* (*persona adulta*) adult, grown-up; (*chi ha ingegno e potenza*) great man/woman; **fare le cose in ~** to do things in style; **una gran bella donna** a very beautiful woman; **non è una gran cosa** *o* **un gran che** it's nothing special; **non ne so gran che** I don't know very much about it.
grandeggi'are [granded'dʒare] *vi* (*emergere per grandezza*): ~ **su** to tower over; (*darsi arie*) to put on airs.
gran'dezza [gran'dettsa] *sf* (*dimensione*) size; magnitude; (*fig*) greatness; **in ~ naturale** lifesize.
grandi'nare *vb impers* to hail.
'grandine *sf* hail.
grandi'oso, a *ag* grand, grandiose.
gran'duca, chi *sm* grand duke.
gra'nello *sm* (*di cereali, uva*) seed; (*di frutta*) pip; (*di sabbia etc*) grain.
gra'nita *sf kind of water ice.*
gra'nito *sm* granite.
'grano *sm* (*in quasi tutti i sensi*) grain; (*frumento*) wheat; (*di rosario, collana*) bead; ~ **di pepe** peppercorn.
gran'turco *sm* maize.
'granulo *sm* granule; (*MED*) pellet.
'grappa *sf* (*alcool*) rough, strong brandy; (*EDIL*) cramp (iron).
'grappolo *sm* bunch, cluster.
'grasso, a *ag* fat; (*cibo*) fatty; (*pelle*) greasy; (*terreno*) rich; (*fig: guadagno, annata*) plentiful; (: *volgare*) coarse, lewd // *sm* (*di persona, animale*) fat; (*sostanza che unge*) grease; **gras'soccio, a, ci, ce** *ag* plump.
'grata *sf* grating.
gra'ticcio [gra'tittʃo] *sm* trellis; (*stuoia*) mat.
gra'ticola *sf* grill.
gra'tifica, che *sf* bonus.
'gratis *av* free, for nothing.
grati'tudine *sf* gratitude.
'grato, a *ag* grateful; (*gradito*) pleasant, agreeable.
gratta'capo *sm* worry, headache.
grattaci'elo [gratta'tʃɛlo] *sm* skyscraper.
grat'tare *vt* (*pelle*) to scratch; (*raschiare*) to scrape; (*pane, formaggio, carote*) to grate; (*fam: rubare*) to pinch // *vi* (*stridere*) to grate; (*AUT*) to grind; **~rsi** *vr* to scratch o.s.
grat'tugia, gie [grat'tudʒa] *sf* grater; **grattugi'are** *vt* to grate.
gra'tuito, a *ag* free; (*fig*) gratuitous.
gra'vame *sm* tax; (*fig*) burden, weight.
gra'vare *vt* to burden // *vi* (*2*): ~ **su** to weigh on.
'grave *ag* heavy; (*fig: danno, pericolo, peccato etc*) grave, serious; (: *responsabilità*) heavy, grave; (: *contegno*) grave, solemn; (*voce, suono*) deep, low-pitched; (*LING*): **accento ~** grave accent; **un malato ~** a person who is seriously ill.
gravi'danza [gravi'dantsa] *sf* pregnancy.
'gravido, a *ag* pregnant.
gravità *sf* seriousness; (*anche FISICA*) gravity.
gra'voso, a *ag* heavy, onerous.
'grazia ['grattsja] *sf* grace; (*favore*) favour; (*DIR*) pardon; **grazi'are** *vt* (*DIR*) to pardon.
'grazie ['grattsje] *escl* thank you!; ~

mille! *o* **tante!** *o* **infinite!** thank you very much!; ~ a thanks to.
grazi'oso, a [grat'tsjoso] *ag* charming, delightful; (*gentile*) gracious.
'Grecia ['grɛtʃa] *sf*: **la** ~ Greece; **'greco, a, ci, che** *ag, sm/f* Greek.
gre'gario *sm* (CICLISMO) supporting rider.
'gregge, *pl(f)* **i** ['greddʒe] *sm* flock.
'greggio, a, gi, ge ['greddʒo] *ag* raw, crude, rough; (*fig*) unrefined // *sm* (*anche*: **petrolio** ~) crude (oil).
grembi'ule *sm* apron; (*sopravveste*) overall.
'grembo *sm* lap; (*ventre della madre*) womb.
gre'mire *vt* to pack, cram; **~rsi** *vr*: **~rsi (di)** to become packed *o* crowded (with); **gre'mito, a** *ag* packed, crowded.
'gretto, a *ag* mean, stingy; (*fig*) narrow-minded.
'greve *ag* heavy.
'grezzo, a ['greddzo] *ag* = **greggio.**
gri'dare *vi* (*per chiamare*) to shout, cry (out); (*strillare*) to scream, yell // *vt* to shout (out), yell (out).
'grido, *pl(m)* **i** *o pl(f)* **a** *sm* shout, cry; scream, yell; (*di animale*) cry; **di** ~ famous.
'grigio, a, gi, gie ['gridʒo] *ag* grey.
'griglia ['griʎʎa] *sf* (*per arrostire*) grill; (ELETTR) grid; **alla** ~ (CUC) grilled.
gril'letto *sm* trigger.
'grillo *sm* (ZOOL) cricket; (*fig*) whim.
grimal'dello *sm* picklock.
'grinta *sf* grim expression; (SPORT) fighting spirit.
'grinza ['grintsa] *sf* crease, wrinkle; (*ruga*) wrinkle.
grip'pare *vi* (TECN) to seize.
gris'sino *sm* bread-stick.
'gronda *sf* eaves *pl.*
gron'daia *sf* gutter.
gron'dare *vi* (2) to pour; (*essere bagnato*): ~ **di** to be soaking *o* dripping with // *vt* to drip with.
'groppa *sf* (*di animale*) back, rump; (*fam*: *dell'uomo*) back, shoulders *pl.*
'groppo *sm* tangle; **avere un** ~ **alla gola** (*fig*) to have a lump in one's throat.
'grossa *sf* (*unità di misura*) gross.
gros'sezza [gros'settsa] *sf* size; thickness.
gros'sista, i, e *sm/f* (COMM) wholesaler.
'grosso, a *ag* big, large; (*di spessore*) thick; (*grossolano*: *anche fig*) coarse; (*grave, insopportabile*) serious, great; (*tempo, mare*) rough // *sm*: **il** ~ **di** the bulk of; **farla ~a** to do something very stupid; **dirle ~e** to tell tall stories; **sbagliarsi di** ~ to be completely wrong.
grosso'lano, a *ag* rough, coarse; (*fig*) coarse, crude.
grosso'modo *av* roughly.
'grotta *sf* cave; grotto.
grot'tesco, a, schi, sche *ag* grotesque.
grovi'era *sm o f* gruyère (cheese).
gro'viglio [gro'viʎʎo] *sm* tangle; (*fig*) muddle.
gru *sf inv* crane.
'gruccia, ce ['gruttʃa] *sf* (*per camminare*) crutch; (*per abiti*) coat-hanger.
gru'gnire [gruɲ'ɲire] *vi* to grunt; **gru'gnito** *sm* grunt.
'grugno, ['gruɲɲo] *sm* snout.
'grullo, a *ag* silly, stupid.
'grumo *sm* (*di sangue*) clot; (*di farina etc*) lump.
'gruppo *sm* group; ~ **sanguigno** blood group.
gruvi'era *sm o f* = **groviera.**
guada'gnare [gwadaɲ'ɲare] *vt* (*ottenere*) to gain; (*soldi, stipendio*) to earn; (*vincere*) to win; (*raggiungere*) to reach.
gua'dagno [gwa'daɲɲo] *sm* earnings *pl*; (COMM) profit; (*vantaggio, utile*) advantage, gain; ~ **lordo/netto** gross/net earnings *pl.*
gu'ado *sm* ford; **passare a** ~ to ford.
gu'ai *escl*: ~ **a te** (*o* **lui** *etc*)! woe betide you (*o* him *etc*)!
gua'ina *sf* (*fodero*) sheath; (*indumento per donna*) girdle.
gu'aio *sm* trouble, mishap; (*inconveniente*) trouble, snag.
gua'ire *vi* to whine, yelp.
gu'ancia, ce ['gwantʃa] *sf* cheek.
guanci'ale [gwan'tʃale] *sm* pillow.
gu'anto *sm* glove.
gu'arda... *prefisso*: **~'boschi** *sm inv* forester; **~'caccia** *sm inv* gamekeeper; **~'coste** *sm inv* coastguard; (*nave*) coastguard patrol vessel; **~'linee** *sm inv* (SPORT) linesman.
guar'dare *vt* (*con lo sguardo: osservare*) to look at; (*film, televisione*) to watch; (*custodire*) to look after, take care of // *vi* to look; (*badare*): ~ **a** to pay attention to; (*luoghi*: *esser orientato*): ~ **a** to face; **~rsi** *vr* to look at o.s.; **~rsi da** (*astenersi*) to refrain from; (*stare in guardia*) to beware of; **~rsi da fare** to take care not to do; ~ **a vista qd** to keep a close watch on sb.
guarda'roba *sm inv* wardrobe; (*locale*) cloakroom; **guardarobi'ere, a** *sm/f* cloakroom attendant.
gu'ardia *sf* guard; (*vigilanza, custodia*) watch, guard; **fare la** ~ **a qc/qd** to guard sth/sb; **stare in** ~ (*fig*) to be on one's guard; ~ **di finanza** (*corpo*) customs *pl*; (*persona*) customs officer.
guardi'ano, a *sm/f* (*di carcere*) warder; (*di villa etc*) caretaker; (*di museo*) custodian; ~ **notturno** night watchman.
guar'dingo, a, ghi, ghe *ag* wary, cautious.
guardi'ola *sf* porter's lodge; (MIL) look-out tower.
guarigi'one [gwari'dʒone] *sf* recovery.
gua'rire *vt* (*persona, malattia*) to cure; (*ferita*) to heal // *vi* (2) to recover, be cured; to heal (up).
guarnigi'one [gwarni'dʒone] *sf* garrison.
guar'nire *vt* (*ornare*) to decorate, ornament; (: *abiti*) to trim; (CUC) to garnish; (MIL) to garrison; **guarnizi'one** *sf*

decoration; trimming; garnish; (*TECN*) gasket.
guasta'feste *sm/f inv* spoilsport.
guas'tare *vt* to spoil, ruin; (*meccanismo*) to break; **~rsi** *vr* (*cibo*) to go bad; (*meccanismo*) to break down; (*tempo*) to change for the worse; (*fig*) to be spoiled, be ruined; (: *amici*) to quarrel, fall out.
gu'asto, a *ag* (*non funzionante*) broken; (: *telefono*) out of order; (*andato a male*) bad, rotten; (: *dente*) decayed, bad; (*fig: corrotto*) depraved // *sm* breakdown, failure; (*danno*) damage; (*fig*) something rotten.
gu'azza ['gwattsa] *sf* heavy dew.
guazza'buglio [gwattsa'buʎʎo] *sm* muddle.
gu'azzo ['gwattso] *sm* puddle, pool; (*PITTURA*) gouache.
gu'ercio, a, ci, ce ['gwertʃo] *ag* cross-eyed.
gu'erra *sf* war; (*tecnica*: *atomica, chimica etc*) warfare; **fare la ~ (a)** to wage war (against); **~ mondiale** world war; **guerreggi'are** *vi* to wage war; **guer'resco, a, schi, sche** *ag* (*di guerra*) war *cpd*; (*incline alla guerra*) warlike; **guerri'ero, a** *ag* warlike // *sm* warrior; **guerrigli'ero** *sm* guerrilla.
'gufo *sm* owl.
gu'ida *sf* guide; (*comando, direzione*) guidance, direction; (*AUT*) driving; (: *sterzo*) steering; (*tappeto, di tenda, cassetto*) runner; **~ a destra/sinistra** (*AUT*) right-/left-hand drive.
gui'dare *vt* to guide; (*condurre a capo*) to lead; (*auto*) to drive; (*aereo, nave*) to pilot; **sai ~?** can you drive?; **guida'tore** *sm* (*conducente*) driver.
guin'zaglio [gwin'tsaʎʎo] *sm* leash, lead.
gu'isa *sf*: **a ~ di** like, in the manner of.
guiz'zare [gwit'tsare] *vi* to dart; to flash; to flicker; to leap.
'guscio ['guʃʃo] *sm* shell.
gus'tare *vt* (*cibi*) to taste; (: *assaporare con piacere*) to enjoy, savour; (*fig*) to enjoy, appreciate // *vi* (*2*) to please; **non mi gusta affatto** I don't like it at all.
'gusto *sm* taste; (*sapore*) flavour; (*godimento*) enjoyment; **al ~ di fragola** strawberry-flavoured; **mangiare di ~** to eat heartily; **prenderci ~: ci ha preso ~** he's acquired a taste for it, he's got to like it; **gus'toso, a** *ag* tasty; (*fig*) agreeable.
guttu'rale *ag* guttural.

H

ha, 'hai [a, ai] *forme del vb* **avere**.
'handicap ['handikap] *sm inv* handicap.
'hanno ['anno] *forma del vb* **avere**.
'hascisc ['haʃiʃ] *sm* hashish.
ho [ɔ] *forma del vb* **avere**.
'hobby ['hɔbi] *sm inv* hobby.
'hockey ['hɔki] *sm* hockey; **~ su ghiaccio** ice hockey.

I

i *det mpl* the.
i'ato *sm* hiatus.
ibernazi'one [ibernat'tsjone] *sf* hibernation.
'ibrido, a *ag, sm* hybrid.
i'cona *sf* icon.
Id'dio *sm* God.
i'dea *sf* idea; (*opinione*) opinion, view; (*ideale*) ideal; **~ fissa** obsession; **neanche** *o* **neppure per ~!** not on your life!, certainly not!
ide'ale *ag, sm* ideal; **idea'lismo** *sm* idealism; **idea'lista, i, e** *sm/f* idealist; **idealiz'zare** *vt* to idealize.
ide'are *vt* (*immaginare*) to think up, conceive; (*progettare*) to plan.
i'dentico, a, ci, che *ag* identical.
identifi'care *vt* to identify; **identifica-zi'one** *sf* identification.
identità *sf inv* identity.
ideolo'gia, 'gie [ideolo'dʒia] *sf* ideology.
i'dillico, a, ci, che *ag* idyllic.
idi'oma, i *sm* idiom, language; **idio'matico, a, ci, che** *ag* idiomatic.
idiosincra'sia *sf* idiosyncrasy.
idi'ota, i, e *ag* idiotic // *sm/f* idiot.
idio'tismo *sm* idiom, idiomatic phrase.
idola'trare *vt* to worship; (*fig*) to idolize.
'idolo *sm* idol.
idoneità *sf* suitability.
i'doneo, a *ag*: **~ a** suitable for, fit for; (*MIL*) fit for; (*qualificato*) qualified for.
i'drante *sm* hydrant.
i'draulico, a, ci, che *ag* hydraulic // *sm* plumber // *sf* hydraulics *sg*.
idroe'lettrico, a, ci, che *ag* hydroelectric.
i'drofilo, a *ag*: *vedi* **cotone.**
idrofo'bia *sf* rabies *sg*.
i'drogeno [i'drɔdʒeno] *sm* hydrogen.
idros'calo *sm* seaplane base.
idrovo'lante *sm* seaplane.
i'ena *sf* hyena.
i'eri *av* yesterday; **~ l'altro** the day before yesterday; **~ sera** yesterday evening.
igi'ene [i'dʒɛne] *sf* hygiene; **~ pubblica** public health; **igi'enico, a, ci, che** *ag* hygienic; (*salubre*) healthy.
i'gnaro, a [iɲ'ɲaro] *ag*: **~ di** unaware of, ignorant of.
i'gnobile [iɲ'ɲɔbile] *ag* despicable, vile.
igno'minia [iɲɲo'minja] *sf* ignominy.
igno'rante [iɲɲo'rante] *ag* ignorant; **igno'ranza** *sf* ignorance.
igno'rare [iɲɲo'rare] *vt* (*non sapere, conoscere*) to be ignorant *o* unaware of, not to know; (*fingere di non vedere, sentire*) to ignore.
i'gnoto, a [iɲ'ɲɔto] *ag* unknown.
il *det m* the.
'ilare *ag* cheerful; **ilarità** *sf* hilarity, mirth.
illangui'dire *vi* (*2*) to grow weak *o* feeble.

il'lecito, a [il'lɛtʃito] *ag* illicit.
ille'gale *ag* illegal.
illeg'gibile [illed'dʒibile] *ag* illegible.
illegittimità [illedʒittimi'ta] *sf* illegitimacy.
ille'gittimo, a [ille'dʒittimo] *ag* illegitimate.
il'leso, a *ag* unhurt, unharmed.
illette'rato, a *ag* illiterate.
illimi'tato, a *ag* boundless; unlimited.
il'logico, a, ci, che [il'lɔdʒiko] *ag* illogical.
il'ludere *vt* to deceive, delude; **~rsi** *vr* to deceive o.s., delude o.s.
illumi'nare *vt* to light up; (*con riflettori*) to illuminate, floodlight; (*fig*) to enlighten; **~rsi** *vr* to light up; **illuminazi'one** *sf* lighting; illumination, floodlighting; (*fig*) flash of inspiration.
illusi'one *sf* illusion; **farsi delle ~i** to delude o.s.
illusio'nismo *sm* conjuring.
il'luso, a *pp di* **illudere.**
illus'trare *vt* to illustrate; **illustra'tivo, a** *ag* illustrative; **illustrazi'one** *sf* illustration.
il'lustre *ag* eminent, renowned.
imbacuc'care *vt*, **~rsi** *vr* to wrap up.
imbal'laggio [imbal'laddʒo] *sm* packing *q*.
imbal'lare *vt* to pack; (AUT) to race; **~rsi** *vr* (AUT) to race.
imbalsa'mare *vt* to embalm.
imbaraz'zare [imbarat'tsare] *vt* (*ostacolare*) to hamper; (*confondere*) to puzzle, perplex; (*mettere in imbarazzo*) to embarrass.
imba'razzo [imba'rattso] *sm* (*ostacolo*) hindrance, obstacle; (*perplessità*) bewilderment, puzzlement; (*disagio*) embarrassment; **~ di stomaco** indigestion.
imbarca'dero *sm* landing stage.
imbar'care *vt* (*passeggeri*) to embark; (*merci*) to load; **~rsi** *vr* to board; **~ acqua** (NAUT) to ship water.
imbarcazi'one [imbarkat'tsjone] *sf* (small) boat, (small) craft *inv*; **~ di salvataggio** lifeboat.
im'barco, chi *sm* embarkation; loading; boarding; (*banchina*) landing stage.
imbas'tire *vt* (*cucire*) to tack; (*fig*: *abbozzare*) to sketch, outline.
im'battersi *vr*: **~ in** (*incontrare*) to bump *o* run into; (*avere la sorte*) to meet with.
imbat'tibile *ag* unbeatable, invincible.
imbavagli'are [imbavaʎ'ʎare] *vt* to gag.
imbec'cata *sf* (TEATRO) prompt.
imbe'cille [imbe'tʃille] *ag* idiotic // *sm/f* idiot; (MED) imbecile.
imbel'lire *vt* to adorn, embellish.
im'berbe *ag* beardless.
im'bevere *vt* to soak; **~rsi** *vr*: **~rsi di** to soak up, absorb.
imbian'care *vt* to whiten; (*muro*) to whitewash // *vi* (*2*) to become *o* turn white.
imbian'chino [imbjan'kino] *sm* (house) painter, painter and decorator.
imboc'care *vt* (*bambino*) to feed; (*fig*: *imbeccare*): **~ qd** to prompt sb, put the words into sb's mouth; (*entrare*: *strada*) to enter, turn into; (*tromba*) to put to one's mouth // *vi*: **~ in** (*sog*: *strada*) to lead into; (: *fiume*) to flow into.
imbocca'tura *sf* (*apertura*) opening; mouth; (*ingresso*) entrance; (MUS) mouthpiece.
im'bocco, chi *sm* entrance.
imbos'care *vt* to hide; **~rsi** *vr* (MIL) to evade military service.
imbos'cata *sf* ambush.
imbottigli'are [imbottiʎ'ʎare] *vt* to bottle; (NAUT) to blockade; (MIL) to hem in; **~rsi** *vr* to be stuck in a traffic jam.
imbot'tire *vt* to stuff; (*giacca*) to pad; **imbot'tita** *sf* quilt; **imbotti'tura** *sf* stuffing; padding.
imbrat'tare *vt* to dirty, smear, daub.
imbrigli'are [imbriʎ'ʎare] *vt* to bridle.
imbroc'care *vt* (*fig*) to guess correctly.
imbrogli'are [imbroʎ'ʎare] *vt* to mix up; (CARTE) to shuffle; (*fig*: *raggirare*) to deceive, cheat; (: *confondere*) to confuse, mix up; **~rsi** *vr* to get tangled; (*fig*) to become confused; **im'broglio** *sm* (*groviglio*) tangle; (*situazione confusa*) mess; (*truffa*) swindle, trick; **imbrogli'one, a** *sm/f* cheat, swindler.
imbronci'are [imbron'tʃare] *vi* (*2*) (*anche*: **~rsi**) to sulk.
imbru'nire *vi, vb impers* (*2*) to grow dark; **sull'~** at dusk.
imbrut'tire *vt* to make ugly // *vi* (*2*) to become ugly.
imbu'care *vt* to post.
imbur'rare *vt* to butter.
im'buto *sm* funnel.
imi'tare *vt* to imitate; (*riprodurre*) to copy; (*assomigliare*) to look like; **imitazi'one** *sf* imitation.
immaco'lato, a *ag* spotless; immaculate.
immagazzi'nare [immagaddzi'nare] *vt* to store.
immagi'nare [immadʒi'nare] *vt* to imagine; (*supporre*) to suppose; (*inventare*) to invent; **s'immagini!** don't mention it!, not at all!; **immagi'nario, a** *ag* imaginary; **immaginazi'one** *sf* imagination; (*cosa immaginata*) fancy.
im'magine [im'madʒine] *sf* image; (*rappresentazione grafica, mentale*) picture.
imman'cabile *ag* certain; unfailing.
immangi'abile [imman'dʒabile] *ag* inedible.
immatrico'lare *vt* to register; **~rsi** *vr* (INS) to matriculate, enrol; **immatricolazi'one** *sf* registration; matriculation, enrolment.
imma'turo, a *ag* (*frutto*) unripe; (*persona*) immature; (*prematuro*) premature.
immedesi'marsi *vr*: **~ in** to identify with.
immedi'ato, a *ag* immediate.
im'memore *ag*: **~ di** forgetful of.

im'menso, a *ag* immense.
im'mergere [im'mɛrdʒere] *vt* to immerse, plunge; **~rsi** *vr* to plunge; (*sommergibile*) to dive, submerge; (*dedicarsi a*): **~rsi in** to immerse o.s. in.
immeri'tato, a *ag* undeserved.
immeri'tevole *ag* undeserving, unworthy.
immersi'one *sf* immersion; (*di sommergibile*) submersion, dive; (*di palombaro*) dive.
im'merso, a *pp di* **immergere**.
immi'grante *ag, sm/f* immigrant.
immi'grare *vi* (*2*) to immigrate; **immi'grato, a** *sm/f* immigrant; **immigrazi'one** *sf* immigration.
immi'nente *ag* imminent.
immischi'are [immis'kjare] *vt*: **~ qd in** to involve sb in; **~rsi in** to interfere *o* meddle in.
im'mobile *ag* motionless, still; **(beni) ~i** *smpl* real estate *sg*; **immobili'are** *ag* (DIR) property *cpd*; **immobilità** *sf* stillness; immobility; **immobiliz'zare** *vt* to immobilize; (ECON) to lock up.
immode'rato, a *ag* excessive.
immo'desto, a *ag* immodest.
immo'lare *vt* to sacrifice, immolate.
immon'dizia [immon'dittsja] *sf* dirt, filth; (*spesso al pl: spazzatura, rifiuti*) rubbish *q*, refuse *q*.
im'mondo, a *ag* filthy, foul.
immo'rale *ag* immoral.
immorta'lare *vt* to immortalize.
immor'tale *ag* immortal.
im'mune *ag* (*esente*) exempt; (MED, DIR) immune; **immunità** *sf* immunity; **immunità parlamentare** parliamentary privilege; **immuniz'zare** *vt* (MED) to immunize.
immu'tabile *ag* immutable; unchanging.
impacchet'tare [impakket'tare] *vt* to pack up.
impacci'are [impat'tʃare] *vt* to hinder, hamper; **impacci'ato, a** *ag* awkward, clumsy; (*imbarazzato*) embarrassed; **im'paccio** *sm* obstacle; (*imbarazzo*) embarrassment; (*situazione imbarazzante*) awkward situation.
im'pacco, chi *sm* (MED) compress.
impadro'nirsi *vr*: **~ di** to seize, take possession of; (*fig: apprendere a fondo*) to master.
impa'gabile *ag* priceless.
impagli'are [impaʎ'ʎare] *vt* to stuff (with straw).
impa'lato, a *ag* (*fig*) stiff as a poker.
impalca'tura *sf* scaffolding; (*anche fig*) framework.
impalli'dire *vi* (*2*) to turn pale; (*fig*) to fade.
impa'nare *vt* (CUC) to dip in breadcrumbs.
impanta'narsi *vr* to sink (in the mud); (*fig*) to get bogged down.
impappi'narsi *vr* to stammer, falter.
impa'rare *vt* to learn.
impareggi'abile [impared'dʒabile] *ag* incomparable.
imparen'tarsi *vr*: **~ con** to marry into.
'impari *ag inv* (*disuguale*) unequal; (*dispari*) odd.
impar'tire *vt* to bestow, give.
imparzi'ale [impar'tsjale] *ag* impartial, unbiased.
impas'sibile *ag* impassive.
impas'tare *vt* (*pasta*) to knead; (*colori*) to mix.
im'pasto *sm* (*anche fig*) mixture; (*di pane*) dough.
im'patto *sm* impact.
impau'rire *vt* to scare, frighten // *vi* (*2*) (*anche:* **~rsi**) to become scared *o* frightened.
impazi'ente [impat'tsjɛnte] *ag* impatient; **impazi'enza** *sf* impatience.
impaz'zire [impat'tsire] *vi* (*2*) to go mad; **~ per qd/qc** to be crazy about sb/sth.
impec'cabile *ag* impeccable, flawless.
impedi'mento *sm* obstacle, hindrance.
impe'dire *vt* (*vietare*): **~ a qd di fare** to prevent sb from doing; (*ostruire*) to obstruct; (*impacciare*) to hamper, hinder.
impe'gnare [impeɲ'ɲare] *vt* (*dare in pegno*) to pawn; (*onore etc*) to pledge; (*prenotare*) to book, reserve; (*obbligare*) to oblige; (*occupare*) to keep busy; (MIL: *nemico*) to engage; **~rsi** *vr* (*vincolarsi*): **~rsi a fare** to undertake to do; (*mettersi risolutamente*): **~rsi in qc** to devote o.s. to sth; **impegna'tivo, a** *ag* binding; (*lavoro*) demanding, exacting; **impe'gnato, a** *ag* (*occupato*) busy, (*fig: romanzo, autore*) committed, engagé.
im'pegno [im'peɲɲo] *sm* (*obbligo*) obligation; (*promessa*) promise, pledge; (*zelo*) diligence, zeal; (*compito, d'autore*) commitment.
impel'lente *ag* pressing, urgent.
impene'trabile *ag* impenetrable.
impen'narsi *vr* (*cavallo*) to rear up; (AER) to nose up; (*fig*) to bridle.
impen'sato, a *ag* unforeseen, unexpected.
impensie'rire *vt*, **~rsi** *vr* to worry.
impe'rare *vi* (*anche fig*) to reign, rule.
impera'tivo, a *ag, sm* imperative.
impera'tore, 'trice *sm/f* emperor/empress.
impercet'tibile [impertʃet'tibile] *ag* imperceptible.
imperdo'nabile *ag* unforgivable, unpardonable.
imper'fetto, a *ag* imperfect // *sm* (LING) imperfect (tense); **imperfezi'one** *sf* imperfection.
imperi'ale *ag* imperial.
imperi'oso, a *ag* (*persona*) imperious; (*motivo, esigenza*) urgent, pressing.
impe'rizia [impe'rittsja] *sf* lack of experience.
imperma'lirsi *vr* to take offence.
imperme'abile *ag* waterproof // *sm* raincoat.

im'pero *sm* empire; (*forza, autorità*) rule, control.
imperscru'tabile *ag* inscrutable.
imperso'nale *ag* impersonal.
imperso'nare *vt* to personify; (*TEATRO*) to play, act (the part of).
imperter'rito, a *ag* fearless, undaunted; impassive.
imperti'nente *ag* impertinent; **imperti'nenza** *sf* impertinence.
impertur'babile *ag* imperturbable.
imperver'sare *vi* to rage.
'impeto *sm* (*moto, forza*) force, impetus; (*assalto*) onslaught; (*fig: impulso*) impulse; (*: slancio*) transport; **con ~** energetically; vehemently.
impet'tito, a *ag* stiff, erect.
impetu'oso, a *ag* (*vento*) strong, raging; (*persona*) impetuous.
impian'tare *vt* (*motore*) to install; (*azienda, discussione*) to establish, start.
impi'anto *sm* (*installazione*) installation; (*apparecchiature*) plant; (*sistema*) system; **~ elettrico** wiring; **~ sportivo** sports complex.
impias'trare *vt* to smear, dirty.
impi'astro *sm* poultice.
impic'care *vt* to hang; **~rsi** *vr* to hang o.s.
impicci'are [impit'tʃare] *vt* to hinder, hamper; **~rsi** *vr* to meddle, interfere; **im'piccio** *sm* (*ostacolo*) hindrance; (*seccatura*) trouble, bother; (*affare imbrogliato*) mess.
impie'gare *vt* (*usare*) to use, employ; (*assumere*) to employ, take on; (*spendere: denaro, tempo*) to spend; (*investire*) to invest; **~rsi** *vr* to get a job, obtain employment; **impie'gato, a** *sm/f* employee.
impi'ego, ghi *sm* (*uso*) use; (*occupazione*) employment; (*posto*) (regular) job, post; (*ECON*) investment.
impieto'sire *vt* to move to pity; **~rsi** *vr* to be moved to pity.
impigli'are [impiʎ'ʎare] *vt* to catch, entangle; **~rsi** *vr* to get caught up *o* entangled.
impi'grire *vt* to make lazy // *vi* (2) (*anche*: **~rsi**) to grow lazy.
impiom'bare *vt* (*pacco*) to seal (with lead); (*dente*) to fill.
impli'care *vt* to imply; (*coinvolgere*) to involve; **~rsi** *vr* to become involved; **implicazi'one** *sf* implication.
im'plicito, a [im'plitʃito] *ag* implicit.
implo'rare *vt* to implore.
impoltro'nire *vt* to make lazy // *vi* (2) (*anche*: **~rsi**) to grow lazy.
impolve'rare *vt* to cover with dust; **~rsi** *vr* to get dusty.
impo'nente *ag* imposing, impressive.
impo'nibile *ag* taxable // *sm* taxable income.
impopo'lare *ag* unpopular; **impopolarità** *sf* unpopularity.
im'porre *vt* to impose; (*costringere*) to force, make; (*far valere*) to impose, enforce; **imporsi** *vr* (*persona*) to assert o.s.; (*cosa: rendersi necessario*) to become necessary; **~ a qd di fare** to force sb to do, make sb do.
impor'tante *ag* important; **impor'tanza** *sf* importance; **dare importanza a qc** to attach importance to sth.
impor'tare *vt* (*introdurre dall'estero*) to import // *vi* (2) to matter, be important // *vb impers* (2) (*essere necessario*) to be necessary; (*interessare*) to matter; **non importa!** it doesn't matter!; **non me ne importa!** I don't care!; **importazi'one** *sf* importation; (*merci importate*) imports *pl*.
im'porto *sm* (total) amount.
importu'nare *vt* to bother.
impor'tuno, a *ag* irksome, annoying.
imposizi'one [impozit'tsjone] *sf* imposition; order, command; (*onere, imposta*) tax.
imposses'sarsi *vr*: **~ di** to seize, take possession of.
impos'sibile *ag* impossible; **impossibilità** *sf* impossibility; **essere nell'impossibilità di fare qc** to be unable to do sth.
im'posta *sf* (*di finestra*) shutter; (*tassa*) tax; **~ sul reddito** income tax; **~ sul valore aggiunto (I.V.A.)** value added tax (VAT).
impos'tare *vt* (*imbucare*) to post; (*preparare*) to plan, set out; (*avviare*) to begin, start off; (*voce*) to pitch.
im'posto, a *pp di* **imporre**.
impos'tore, a *sm/f* impostor.
impo'tente *ag* weak, powerless; (*anche MED*) impotent; **impo'tenza** *sf* weakness, powerlessness; impotence.
impove'rire *vt* to impoverish // *vi* (2) (*anche*: **~rsi**) to become poor.
imprati'cabile *ag* (*strada*) impassable; (*campo da gioco*) unplayable.
imprati'chire [imprati'kire] *vt* to train; **~rsi in qc** to practise sth.
impre'ciso, a [impre'tʃizo] *ag* imprecise, vague.
impre'gnare [impreɲ'ɲare] *vt*: **~ (di)** (*imbevere*) to soak *o* impregnate (with); (*riempire: anche fig*) to fill (with).
imprendi'tore *sm* entrepreneur; (*appaltatore*) contractor; **piccolo ~** small businessman.
im'presa *sf* (*iniziativa*) enterprise; (*azione*) exploit; (*azienda*) firm, concern.
impre'sario *sm* (*TEATRO*) manager, impresario; **~ di pompe funebri** funeral director.
imprescin'dibile [impreʃʃin'dibile] *ag* not to be ignored.
impressio'nante *ag* impressive; upsetting.
impressio'nare *vt* to impress; (*turbare*) to upset; (*FOT*) to expose; **~rsi** *vr* to be easily upset.
impressi'one *sf* impression; (*fig: sensazione*) sensation, feeling; (*stampa*) printing; **fare ~** to impress; (*turbare*) to

frighten, upset; **fare buona/cattiva ~ a** to make a good/bad impression on.
im'presso, a *pp di* **imprimere.**
impreve'dibile *ag* unforeseeable; (*persona*) unpredictable.
imprevi'dente *ag* lacking in foresight.
impre'visto, a *ag* unexpected, unforeseen // *sm* unforeseen event; **salvo ~i** unless anything unexpected happens.
imprigiona'mento [imprid3ona'mento] *sm* imprisonment.
imprigio'nare [imprid3o'nare] *vt* to imprison.
im'primere *vt* (*anche fig*) to impress, stamp; (*stampare*) to print; (*comunicare: movimento*) to transmit, give.
impro'babile *ag* improbable, unlikely.
im'pronta *sf* imprint, impression, sign; (*di piede, mano*) print; (*fig*) mark, stamp; **~ digitale** fingerprint.
impro'perio *sm* insult; **~i** *smpl* abuse *sg*.
im'proprio, a *ag* improper.
improvvisa'mente *av* suddenly; unexpectedly.
improvvi'sare *vt* to improvise; **~rsi** *vr*: **~rsi cuoco** to (decide to) act as cook; **improvvi'sata** *sf* (pleasant) surprise.
improv'viso, a *ag* (*imprevisto*) unexpected; (*subitaneo*) sudden; **all'~** unexpectedly; suddenly.
impru'dente *ag* unwise, rash.
impu'dente *ag* impudent; **impu'denza** *sf* impudence.
impu'dico, a, chi, che *ag* immodest.
impu'gnare [impuɲ'ɲare] *vt* to grasp, grip; (DIR) to contest; **impugna'tura** *sf* grip, grasp; (*manico*) handle; (: *di spada*) hilt.
impul'sivo, a *ag* impulsive.
im'pulso *sm* impulse.
impu'nito, a *ag* unpunished.
impun'tarsi *vr* to stop dead, refuse to budge; (*fig*) to be obstinate.
impurità *sf inv* impurity.
im'puro, a *ag* impure.
impu'tare *vt* (*ascrivere*): **~ qc a** to attribute sth to; (DIR: *accusare*): **~ qd di** to charge sb with, accuse sb of; **impu'tato, a** *sm/f* (DIR) accused, defendant; **imputazi'one** *sf* (DIR) charge.
imputri'dire *vi* (2) to rot.
in *prep* (*in + il* = **nel**, *in + lo* = **nello**, *in + l'* = **nell'**, *in + la* = **nella**, *in + i* = **nei**, *in + gli* = **negli**, *in + le* = **nelle**) in; (*moto a luogo*) to; (: *dentro*) into; (*mezzo*): **~ autobus/treno** by bus/train; (*composizione*): **~ marmo** made of marble, marble *cpd*; **essere ~ casa** to be at home; **andare ~ Austria** to go to Austria; **Maria Bianchi ~ Rossi** Maria Rossi née Bianchi; **siamo ~ quattro** there are four of us.
i'nabile *ag*: **~ a** incapable of; (*fisicamente*, MIL) unfit for; **inabilità** *sf* incapacity.
inabi'tabile *ag* uninhabitable.
inacces'sibile [inattʃes'sibile] *ag* inaccessible; (*persona*) unapproachable.
inaccet'tabile [inattʃet'tabile] *ag* unacceptable.
ina'datto, a *ag*: **~ (a)** unsuitable *o* unfit (for).
inadegu'ato, a *ag* inadequate.
inadempi'ente *sm/f* defaulter.
inaffer'rabile *ag* elusive; (*concetto, senso*) difficult to grasp.
ina'lare *vt* to inhale; **inala'tore** *sm* inhaler.
inalbe'rare *vt* (NAUT) to hoist, raise; **~rsi** *vr* (*impennarsi*) to rear up; (*fig*) to flare up, fly off the handle.
inalte'rabile *ag* unchangeable; (*colore*) fast, permanent; (*affetto*) constant.
inalte'rato, a *ag* unchanged.
inami'dare *vt* to starch; **inamidato, a** *ag* starched.
inammis'sibile *ag* inadmissible.
inani'mato, a *ag* inanimate; (*senza vita: corpo*) lifeless.
inappa'gabile *ag* insatiable.
inappel'labile *ag* (DIR) final, not open to appeal.
inappun'tabile *ag* irreproachable, flawless.
inar'care *vt* (*schiena*) to arch; (*sopracciglia*) to raise; **~rsi** *vr* to arch.
inari'dire *vt* to make arid, dry up // *vi* (2) (*anche:* **~rsi**) to dry up, become arid.
inaspet'tato, a *ag* unexpected.
inas'prire *vt* to embitter; to exacerbate; **~rsi** *vr* to grow bitter.
inattac'cabile *ag* (MIL) unassailable; (*fig: fama*) unimpeachable; **~ dalle tarme** moth-proof.
inatten'dibile *ag* unreliable.
inat'teso, a *ag* unexpected.
inat'tivo, a *ag* inactive, idle; (CHIM) inactive.
inattu'abile *ag* impracticable.
inau'dito, a *ag* unheard of.
inaugu'rale *ag* inaugural.
inaugu'rare *vt* to inaugurate, open; (*monumento*) to unveil; **inaugurazi'one** *sf* inauguration; unveiling.
inavve'duto, a *ag* careless, inadvertent.
inavver'tenza [inavver'tɛntsa] *sf* carelessness, inadvertence.
incagli'are [inkaʎ'ʎare] *vi* (2) (NAUT: *anche:* **~rsi**) to run aground // *vt* (*intralciare*) to hamper, hinder; **in'caglio** *sm* (NAUT) running aground; (*ostacolo*) obstacle, hindrance.
incalco'labile *ag* incalculable.
incal'lito, a *ag* calloused; (*fig*) hardened, inveterate; (: *insensibile*) hard.
incal'zare [inkal'tsare] *vt* to follow *o* pursue closely; (*fig*) to press // *vi* (*urgere*) to be pressing; (*essere imminente*) to be imminent.
incame'rare *vt* (DIR) to expropriate.
incammi'nare *vt* (*fig: avviare*) to start up; **~rsi** *vr* to set off.
incande'scente [inkandeʃ'ʃɛnte] *ag* incandescent, white-hot.
incan'tare *vt* to enchant, bewitch; **~rsi**

vr (*rimanere intontito*) to be spellbound; to be in a daze; (*meccanismo: bloccarsi*) to jam; **incanta'tore, 'trice** *ag* enchanting, bewitching // *sm/f* enchanter/enchantress; **incan'tesimo** *sm* spell, charm; **incan'tevole** *ag* charming, enchanting.

in'canto *sm* spell, charm, enchantment; (*asta*) auction; **come per ~** as if by magic; **mettere all'~** to put up for auction.

incanu'tire *vi* (*2*) to go white.

inca'pace [inka'patʃe] *ag* incapable; **incapacità** *sf* inability; (DIR) incapacity.

incapo'nirsi *vr* to be stubborn, be determined.

incap'pare *vi* (*2*): **~ in qc/qd** (*anche fig*) to run into sth/sb.

incapricci'arsi [inkaprit'tʃarsi] *vr*: **~ di** to take a fancy to *o* for.

incapsu'lare *vt* (*dente*) to crown.

incarce'rare [inkartʃe'rare] *vt* to imprison.

incari'care *vt*: **~ qd di fare** to give sb the responsibility of doing; **~rsi di** to take care *o* charge of; **incari'cato, a** *ag*: **incaricato (di)** in charge (of), responsible (for) // *sm/f* delegate, representative; **incaricato d'affari** (POL) chargé d'affaires.

in'carico, chi *sm* task, job.

incar'nare *vt* to embody; **~rsi** *vr* to be embodied; (REL) to become incarnate; **incarnazi'one** *sf* incarnation.

incarta'mento *sm* dossier, file.

incar'tare *vt* to wrap (in paper).

incas'sare *vt* (*merce*) to pack (in cases); (*gemma: incastonare*) to set; (ECON: *riscuotere*) to collect; (PUGILATO: *colpi*) to take, stand up to; **in'casso** *sm* cashing, encashment; (*introito*) takings *pl*.

incasto'nare *vt* to set; **incastona'tura** *sf* setting.

incas'trare *vt* to fit in, insert; **~rsi** *vr* to stick; **in'castro** *sm* slot, groove.

incate'nare *vt* to chain up; (*fig*) to tie.

incatra'mare *vt* to tar.

in'cauto, a *ag* imprudent, rash.

inca'vare *vt* to hollow out; **inca'vato, a** *ag* hollow; (*occhi*) sunken; **incava'tura** *sf* hollow; **in'cavo** *sm* hollow; (*solco*) groove.

incendi'are [intʃen'djare] *vt* to set fire to; **~rsi** *vr* to catch fire, burst into flames.

incendi'ario, a [intʃen'djarjo] *ag* incendiary // *sm/f* arsonist.

in'cendio [in'tʃɛndjo] *sm* fire.

incene'rire [intʃene'rire] *vt* to burn to ashes, incinerate; (*cadavere*) to cremate; **~rsi** *vr* to be burnt to ashes.

in'censo [in'tʃɛnso] *sm* incense.

incensu'rato, a [intʃensu'rato] *ag* (DIR): **essere ~** to have a clean record.

incen'tivo [intʃen'tivo] *sm* incentive.

incep'pare [intʃep'pare] *vt* to obstruct, hamper; **~rsi** *vr* to jam.

ince'rata [intʃe'rata] *sf* (*tela*) tarpaulin; (*impermeabile*) oilskins *pl*.

incer'tezza [intʃer'tettsa] *sf* uncertainty.

in'certo, a [in'tʃɛrto] *ag* uncertain; (*irresoluto*) undecided, hesitating // *sm* uncertainty.

inces'sante [intʃes'sante] *ag* incessant.

in'cesto [in'tʃɛsto] *sm* incest.

in'cetta [in'tʃetta] *sf* buying up; **fare ~ di qc** to buy up sth.

inchi'esta [in'kjɛsta] *sf* investigation, inquiry.

inchi'nare [inki'nare] *vt* to bow; **~rsi** *vr* to bend down; (*per riverenza*) to bow; (*: donna*) to curtsy; **in'chino** *sm* bow; curtsy.

inchio'dare [inkjo'dare] *vt* to nail; (*chiudere con chiodi*) to nail down (*o* up).

inchi'ostro [in'kjɔstro] *sm* ink; **~ simpatico** invisible ink.

inciam'pare [intʃam'pare] *vi* to trip, stumble.

inci'ampo [in'tʃampo] *sm* obstacle; **essere d'~ a qd** (*fig*) to be in sb's way.

inciden'tale [intʃiden'tale] *ag* incidental.

inci'dente [intʃi'dɛnte] *sm* accident; **~ d'auto** car accident.

inci'denza [intʃi'dɛntsa] *sf* incidence.

in'cidere [in'tʃidere] *vi*: **~ su** to bear upon, affect // *vt* (*tagliare incavando*) to cut into; (ARTE) to engrave; to etch; (*canzone*) to record.

in'cinta [in'tʃinta] *ag f* pregnant.

incipi'ente [intʃi'pjɛnte] *ag* incipient.

incipri'are [intʃi'prjare] *vt* to powder.

in'circa [in'tʃirka] *av*: **all'~** more or less, very nearly.

incisi'one [intʃi'zjone] *sf* cut; (*disegno*) engraving; etching; (*registrazione*) recording; (MED) incision.

inci'sivo, a [intʃi'zivo] *ag* incisive.

in'ciso [in'tʃizo] *sm*: **per ~** incidentally, by the way.

inci'tare [intʃi'tare] *vt* to incite.

inci'vile [intʃi'vile] *ag* uncivilized; (*villano*) impolite.

incivi'lire [intʃivi'lire] *vt* to civilize.

incl. (*abbr di* **incluso**) encl.

incli'nare *vt* to tilt // *vi* (*fig*): **~ a qc/a fare** to incline towards sth/doing; to tend towards sth/to do; **inclinato, a** *ag* (*anche fig*) inclined; **inclinazi'one** *sf* slope; (*fig*) inclination, tendency; **in'cline** *ag*: **incline a** inclined to.

in'cludere *vt* to include; (*accludere*) to enclose; **inclusi'one** *sf* inclusion; **inclu'sivo, a** *ag*: **inclusivo di** inclusive of; **in'cluso, a** *pp di* **includere** // *ag* included; enclosed.

incoe'rente *ag* incoherent; (*contraddittorio*) inconsistent; **incoe'renza** *sf* incoherence; inconsistency.

in'cognito, a [in'kɔɲɲito] *ag* unknown // *sm*: **in ~** incognito // *sf* (MAT, *fig*) unknown quantity.

incol'lare *vt* to glue, gum; (*unire con colla*) to stick together.

incolon'nare *vt* to draw up in columns.

inco'lore *ag* colourless.

incol'pare *vt*: **~ qd di** to charge sb with.

in'colto, a *ag* (*terreno*) uncultivated;

(*trascurato: capelli*) neglected; (*persona*) uneducated.
in'colume *ag* safe and sound, unhurt.
in'combere *vi* (*sovrastare minacciando*): ~ **su** to threaten, hang over; (*spettare*): ~ **a** to rest *o* be incumbent upon.
incominci'are [inkomin'tʃare] *vi* (*2*), *vt* to begin, start.
in'comodo, a *ag* uncomfortable; (*inopportuno*) inconvenient // *sm* inconvenience, bother.
incompa'rabile *ag* incomparable.
incompa'tibile *ag* (*non ammissibile: negligenza*) intolerable; (*inconciliabile*) incompatible.
incompe'tente *ag* incompetent; **incompe'tenza** *sf* incompetence.
incompi'uto, a *ag* unfinished, incomplete.
incom'pleto, a *ag* incomplete.
incompren'sibile *ag* incomprehensible.
incomprensi'one *sf* incomprehension.
incom'preso, a *ag* not understood; misunderstood.
inconce'pibile [inkontʃe'pibile] *ag* inconceivable.
inconcili'abile [inkontʃi'ljabile] *ag* irreconcilable.
inconclu'dente *ag* inconclusive; (*persona*) ineffectual.
incondizio'nato, a [inkondittsjo'nato] *ag* unconditional.
inconfu'tabile *ag* irrefutable.
incongru'ente *ag* inconsistent.
in'congruo, a *ag* incongruous.
inconsa'pevole *ag*: ~ **di** unaware of, ignorant of.
in'conscio, a, sci, sce [in'kɔnʃo] *ag* unconscious // *sm* (PSIC): **l'~** the unconscious.
inconsis'tente *ag* insubstantial; unfounded.
inconso'labile *ag* inconsolable.
inconsu'eto, a *ag* unusual.
incon'sulto, a *ag* rash.
inconti'nenza [inkonti'nɛntsa] *sf* incontinence.
incon'trare *vt* to meet; (*difficoltà*) to meet with; **~rsi** *vr* to meet.
incontras'tabile *ag* incontrovertible, indisputable.
in'contro *av*: ~ **a** (*verso*) towards // *sm* meeting; (SPORT) match; meeting; ~ **di calcio** football match.
inconveni'ente *sm* drawback, snag.
incoraggia'mento [inkoraddʒa'mento] *sm* encouragement.
incoraggi'are [inkorad'dʒare] *vt* to encourage.
incornici'are [inkorni'tʃare] *vt* to frame.
incoro'nare *vt* to crown; **incoronazi'one** *sf* coronation.
incorpo'rare *vt* to incorporate; (*fig: annettere*) to annex.
incorreg'gibile [inkorred'dʒibile] *ag* incorrigible.
in'correre *vi* (*2*): ~ **in** to meet with, run into.
incorrut'tibile *ag* incorruptible.
incosci'ente [inkoʃ'ʃɛnte] *ag* (*inconscio*) unconscious; (*irresponsabile*) reckless, thoughtless; **incosci'enza** *sf* unconsciousness; recklessness, thoughtlessness.
incre'dibile *ag* incredible, unbelievable.
in'credulo, a *ag* incredulous, disbelieving.
incremen'tare *vt* to increase; (*dar sviluppo a*) to promote.
incre'mento *sm* (*sviluppo*) development; (*aumento numerico*) increase, growth.
incres'parsi *vr* (*acqua*) to ripple; (*capelli*) to go frizzy; (*pelle, tessuto*) to wrinkle.
incrimi'nare *vt* (DIR) to charge.
incri'nare *vt*, **~rsi** *vr* to crack; **incrina'tura** *sf* crack.
incroci'are [inkro'tʃare] *vt* to cross; (*incontrare*) to meet // *vi* (NAUT, AER) to cruise; **~rsi** *vr* (*strade*) to cross, intersect; (*persone, veicoli*) to pass each other; ~ **le braccia/le gambe** to fold one's arms/cross one's legs; **incrocia'tore** *sm* cruiser.
in'crocio [in'krotʃo] *sm* (*anche* FERR) crossing; (*di strade*) crossroads.
incros'tare *vt* to encrust.
incuba'trice [inkuba'tritʃe] *sf* incubator.
incubazi'one [inkubat'tsjone] *sf* incubation.
'incubo *sm* nightmare.
in'cudine *sf* anvil.
incul'care *vt*: ~ **qc in** to inculcate sth into, instill sth into.
incune'are *vt* to wedge.
incu'rabile *ag* incurable.
incu'rante *ag*: ~ **(di)** heedless (of), careless (of).
incurio'sire *vt* to make curious; **~rsi** *vr* to become curious.
incursi'one *sf* raid.
incur'vare *vt*, **~rsi** *vr* to bend, curve.
in'cusso, a *pp di* **incutere**.
incusto'dito, a *ag* unguarded, unattended.
in'cutere *vt* to arouse; ~ **timore/rispetto a qd** to strike fear into sb/command sb's respect.
'indaco *sm* indigo.
indaffa'rato, a *ag* busy.
inda'gare *vt* to investigate.
in'dagine [in'dadʒine] *sf* investigation, inquiry; (*ricerca*) research, study.
indebi'tare *vt* to get into debt; **~rsi** *vr* to run *o* get into debt.
in'debito, a *ag* undue; undeserved.
indebo'lire *vt*, *vi* (*2*) (*anche:* **~rsi**) to weaken.
inde'cente [inde'tʃɛnte] *ag* indecent; **inde'cenza** *sf* indecency.
indeci'frabile [indetʃi'frabile] *ag* indecipherable.
indecisi'one [indetʃi'zjone] *sf* indecisiveness; indecision.
inde'ciso, a [inde'tʃizo] *ag* indecisive; (*irresoluto*) undecided.
inde'fesso, a *ag* untiring, indefatigable.
indefi'nibile *ag* indefinable.

indefi'nito, a *ag* (*anche* LING) indefinite; (*impreciso, non determinato*) undefined.
in'degno, a [in'deɲɲo] *ag* unworthy.
inde'lebile *ag* indelible.
indelica'tezza [indelika'tettsa] *sf* tactlessness.
indemoni'ato, a *ag* possessed (by the devil).
in'denne *ag* unhurt, uninjured; **indennità** *sf inv* (*rimborso: di spese*) allowance; (*: di perdita*) compensation, indemnity; **indennità di contingenza** cost-of-living allowance; **indennità di trasferta** travel expenses *pl*.
indenniz'zare [indennid'dzare] *vt* to compensate; **inden'nizzo** *sm* (*somma*) compensation, indemnity.
indero'gabile *ag* binding.
indeside'rabile *ag* undesirable.
indetermi'nato, a *ag* indefinite, indeterminate.
'India *sf*: **l'**~ India; **indi'ano, a** *ag* Indian // *sm/f* (*d'India*) Indian; (*d'America*) Red Indian.
indiavo'lato, a *ag* possessed (by the devil); (*vivace, violento*) wild.
indi'care *vt* (*mostrare*) to show, indicate; (*: col dito*) to point to, point out; (*consigliare*) to suggest, recommend; **indica'tivo, a** *ag* indicative // *sm* (LING) indicative (mood); **indica'tore** *sm* (*elenco*) guide; directory; (TECN) gauge; indicator; **indicazi'one** *sf* indication; (*notizia*) information *q*; **indicazioni per l'uso** instructions for use.
'indice ['inditʃe] *sm* (ANAT: *dito*) index finger, forefinger; (*lancetta*) needle, pointer; (*fig: indizio*) sign; (TECN, MAT, *nei libri*) index.
indi'cibile [indi'tʃibile] *ag* inexpressible.
indietreggi'are [indietred'dʒare] *vi* to draw back, retreat.
indi'etro *av* back; (*guardare*) behind, back; (*andare, cadere: anche:* **all'**~) backwards; **rimanere** ~ to be left behind; **essere** ~ (*col lavoro*) to be behind; (*orologio*) to be slow; **rimandare qc** ~ to send sth back.
indiffe'rente *ag* indifferent; **indiffe'renza** *sf* indifference.
in'digeno, a [in'didʒeno] *ag* indigenous, native // *sm/f* native.
indi'gente [indi'dʒɛnte] *ag* poverty-stricken, destitute; **indi'genza** *sf* extreme poverty.
indigesti'one [indidʒes'tjone] *sf* indigestion.
indi'gesto, a [indi'dʒɛsto] *ag* indigestible.
indi'gnare [indiɲ'ɲare] *vt* to fill with indignation; ~**rsi** *vr* to be (*o* get) indignant; **indignazi'one** *sf* indignation.
indimenti'cabile *ag* unforgettable.
indipen'dente *ag* independent; **indipen'denza** *sf* independence.
indi'retto, a *ag* indirect.
indiriz'zare [indirit'tsare] *vt* (*dirigere*) to direct; (*mandare*) to send; (*lettera*) to address; ~ **la parola a qd** to address sb.
indi'rizzo [indi'rittso] *sm* address; (*direzione*) direction; (*avvio*) trend, course.
indisci'plina [indiʃʃi'plina] *sf* indiscipline.
indis'creto, a *ag* indiscreet; **indiscrezi'one** *sf* indiscretion.
indis'cusso, a *ag* unquestioned.
indispen'sabile *ag* indispensable, essential.
indispet'tire *vt* to irritate, annoy // *vi* (2) (*anche:* ~**rsi**) to get irritated *o* annoyed.
indis'posto, a *pp di* **indisporre** // *ag* indisposed, unwell.
indisso'lubile *ag* indissoluble.
indis'tinto, a *ag* indistinct.
indistrut'tibile *ag* indestructible.
in'divia *sf* endive.
individu'ale *ag* individual; **individualità** *sf* individuality.
individu'are *vt* (*dar forma distinta a*) to characterize; (*determinare*) to locate; (*riconoscere*) to single out.
indi'viduo *sm* individual.
indi'viso, a *ag* undivided.
indizi'are [indit'tsjare] *vt*: ~ **qd di qc** to cast suspicion on sb for sth; **indizi'ato, a** *ag* suspected // *sm/f* suspect.
in'dizio [in'dittsjo] *sm* (*segno*) sign, indication; (POLIZIA) clue; (DIR) piece of evidence.
'indole *sf* nature, character.
indo'lente *ag* indolent; **indo'lenza** *sf* indolence.
indolen'zito, a [indolen'tsito] *ag* stiff, aching; (*intorpidito*) numb.
indo'lore *ag* painless.
indo'mani *sm*: **l'**~ the next day, the following day.
Indo'nesia *sf*: **l'**~ Indonesia.
indos'sare *vt* (*mettere indosso*) to put on; (*avere indosso*) to have on; **indossa'tore, 'trice** *sm/f* model.
in'dotto, a *pp di* **indurre.**
indottri'nare *vt* to indoctrinate.
indovi'nare *vt* (*scoprire*) to guess; (*immaginare*) to imagine, guess; (*il futuro*) to foretell; **indovi'nato, a** *ag* successful; (*scelta*) inspired; **indovi'nello** *sm* riddle; **indo'vino, a** *sm/f* fortuneteller.
indubbia'mente *av* undoubtedly.
in'dubbio, a *ag* certain, undoubted.
indugi'are [indu'dʒare] *vi* to take one's time, delay; ~**rsi** *vr* (*soffermarsi*) to linger.
in'dugio [in'dudʒo] *sm* (*ritardo*) delay; **senza** ~ without delay.
indul'gente [indul'dʒɛnte] *ag* indulgent; (*giudice*) lenient; **indul'genza** *sf* indulgence; leniency.
in'dulgere [in'duldʒere] *vi*: ~ **a** (*accondiscendere*) to comply with; (*abbandonarsi*) to indulge in; **in'dulto, a** *pp di* **indulgere** // *sm* (DIR) pardon.
indu'mento *sm* article of clothing, garment; ~**i** *smpl* clothes.
indu'rire *vt* to harden // *vi* (2) (*anche:* ~**rsi**) to harden, become hard.

in'durre *vt* to induce, persuade, lead; ~ **qd in errore** to mislead sb.
in'dustria *sf* industry; **industri'ale** *ag* industrial // *sm* industrialist.
industrializ'zare [industrialid'dzare] *vt* to industrialize; **industrializzazi'one** *sf* industrialization.
industri'arsi *vr* to do one's best, try hard.
industri'oso, a *ag* industrious, hard-working.
induzi'one [indut'tsjone] *sf* induction.
inebe'tito, a *ag* dazed, stunned.
inebri'are *vt* (*anche fig*) to intoxicate; ~**rsi** *vr* to become intoxicated.
inecce'pibile [inettʃe'pibile] *ag* unexceptionable.
i'nedia *sf* starvation.
i'nedito, a *ag* unpublished.
ineffi'cace [ineffi'katʃe] *ag* ineffective.
inefficI'ente [ineffi'tʃɛnte] *ag* inefficient.
inegu'ale *ag* unequal; (*irregolare*) uneven.
ine'rente *ag*: ~ **a** concerning, regarding.
i'nerme *ag* unarmed; defenceless.
inerpi'carsi *vr*: ~ **(su)** to clamber (up).
i'nerte *ag* inert; (*inattivo*) indolent, sluggish; **i'nerzia** *sf* inertia; indolence, sluggishness.
ine'satto, a *ag* (*impreciso*) inexact; (*erroneo*) incorrect; (*AMM: non riscosso*) uncollected.
inesau'ribile *ag* inexhaustible.
inesis'tente *ag* non-existent.
ineso'rabile *ag* inexorable, relentless.
inesperi'enza [inespe'rjɛntsa] *sf* inexperience.
ines'perto, a *ag* inexperienced.
inespli'cabile *ag* inexplicable.
inesti'mabile *ag* inestimable.
i'netto, a *ag* (*incapace*) inept; (*che non ha attitudine*): ~ **(a)** unsuited (to).
inevi'tabile *ag* inevitable.
i'nezia [i'nɛttsja] *sf* trifle, thing of no importance.
infagot'tare *vt* to bundle up, wrap up; ~**rsi** *vr* to wrap up.
infal'libile *ag* infallible.
infa'mare *vt* to defame; **infama'torio, a** *ag* defamatory.
in'fame *ag* infamous; (*fig: cosa, compito*) awful, dreadful; **in'famia** *sf* infamy.
infan'tile *ag* child *cpd*; childlike; (*adulto, azione*) childish; **letteratura** ~ children's books *pl*.
in'fanzia [in'fantsja] *sf* childhood; (*bambini*) children *pl*; **prima** ~ babyhood, infancy.
infari'nare *vt* to cover with (*o* sprinkle with *o* dip in) flour; ~ **di zucchero** to sprinkle with sugar; **infarina'tura** *sf* (*fig*) smattering.
in'farto *sm* (*MED*): ~ **(cardiaco)** coronary.
infasti'dire *vt* to annoy, irritate; ~**rsi** *vr* to get annoyed *o* irritated.
infati'cabile *ag* tireless, untiring.
in'fatti *cong* as a matter of fact, in fact, actually.
infatu'arsi *vr*: ~ **di** *o* **per** to become infatuated with, fall for; **infatuazi'one** *sf* infatuation.
in'fausto, a *ag* unpropitious, unfavourable.
infe'condo, a *ag* infertile.
infe'dele *ag* unfaithful; **infedeltà** *sf* infidelity.
infe'lice [infe'litʃe] *ag* unhappy; (*sfortunato*) unlucky, unfortunate; (*inopportuno*) inopportune, ill-timed; (*mal riuscito: lavoro*) bad, poor; **infelicità** *sf* unhappiness.
inferi'ore *ag* lower; (*per intelligenza, qualità*) inferior // *sm/f* inferior; ~ **a** (*numero, quantità*) less *o* smaller than; (*meno buono*) inferior to; ~ **alla media** below average; **inferiorità** *sf* inferiority.
inferme'ria *sf* sick bay.
infermi'ere, a *sm/f* nurse.
infermità *sf inv* illness; infirmity.
in'fermo, a *ag* (*ammalato*) ill; (*debole*) infirm; ~ **di mente** mentally ill.
infer'nale *ag* infernal; (*proposito, complotto*) diabolical.
in'ferno *sm* hell.
inferri'ata *sf* grating.
infervo'rare *vt* to arouse enthusiasm in; ~**rsi** *vr* to get excited, get carried away.
infes'tare *vt* to infest.
infet'tare *vt* to infect; ~**rsi** *vr* to become infected; **infet'tivo, a** *ag* infectious; **in'fetto, a** *ag* infected; (*acque*) polluted, contaminated; **infezi'one** *sf* infection.
infiac'chire [infjak'kire] *vt* to weaken // *vi* (2) (*anche:* ~**rsi**) to grow weak.
infiam'mabile *ag* inflammable.
infiam'mare *vt* to set alight; (*fig, MED*) to inflame; ~**rsi** *vr* to catch fire; (*MED*) to become inflamed; (*fig*): ~**rsi di** to be fired with; **infiammazi'one** *sf* (*MED*) inflammation.
infias'care *vt* to bottle.
in'fido, a *ag* unreliable, treacherous.
in'figgere [in'fiddʒere] *vt*: ~ **qc in** to thrust *o* drive sth into; ~**rsi in** to penetrate, sink deeply into.
infi'lare *vt* (*ago*) to thread; (*mettere: chiave*) to insert; (*: anello, vestito*) to slip *o* put on; ~**rsi** *vr*: ~**rsi in/per** to slip into/through; ~ **l'uscio** to slip in; to slip out.
infil'trarsi *vr* to penetrate, seep through; (*MIL*) to infiltrate; **infiltrazi'one** *sf* infiltration.
infil'zare [infil'tsare] *vt* (*infilare*) to string together; (*trafiggere*) to pierce.
'infimo, a *ag* lowest.
in'fine *av* finally; (*insomma*) in short.
infinità *sf* infinity; (*in quantità*): **un'**~ **di** an infinite number of.
infi'nito, a *ag* infinite; (*LING*) infinitive // *sm* infinity; (*LING*) infinitive; **all'**~ (*senza fine*) endlessly.
infinocchi'are [infinok'kjare] *vt* (*fam*) to hoodwink.

infischi'arsi [infis'kjarsi] *vr*: ~ **di** not to care about.

in'fisso, a *pp di* **infiggere** // *sm* fixture; (*di porta, finestra*) frame.

infit'tire *vt, vi* (*2*) (*anche:* ~**rsi**) to thicken.

inflazi'one [inflat'tsjone] *sf* inflation.

infles'sibile *ag* inflexible; (*ferreo*) unyielding.

inflessi'one *sf* inflexion.

in'fliggere [in'fliddʒere] *vt* to inflict; **in'flitto, a** *pp di* **infliggere**.

influ'ente *ag* influential; **influ'enza** *sf* influence; (*MED*) influenza, flu.

influ'ire *vi*: ~ **su** to influence.

in'flusso *sm* influence.

infol'tire *vt, vi* (*2*) to thicken.

infon'dato, a *ag* unfounded, groundless.

in'fondere *vt*: ~ **qc in qd** to instill sth in sb.

infor'care *vt* to fork (up); (*bicicletta, cavallo*) to get on; (*occhiali*) to put on.

infor'mare *vt* to inform, tell; ~**rsi** *vr*: ~**rsi (di)** to inquire (about); **infor'matica** *sf* computer science; **informa'tivo, a** *ag* informative; **informa'tore** *sm* informer; **informazi'one** *sf* piece of information; **informazioni** *sfpl* information *sg*.

in'forme *ag* shapeless.

infor'tunio *sm* accident; ~ **sul lavoro** industrial accident, accident at work.

infos'sarsi *vr* (*avvallarsi*) to sink; (*incavarsi*) to become hollow; **infos'sato, a** *ag* hollow; (*occhi*) deep-set; (*: per malattia*) sunken.

in'frangere [in'frandʒere] *vt* to smash; (*fig: patti*) to break; ~**rsi** *vr* to smash, break; **infran'gibile** *ag* unbreakable; **in'franto, a** *pp di* **infrangere** // *ag* broken.

infra'rosso, a *ag, sm* infrared.

infrastrut'tura *sf* infrastructure.

infrazi'one [infrat'tsjone] *sf*: ~ **a** breaking of, violation of.

infredda'tura *sf* slight cold.

infreddo'lito, a *ag* cold, chilled.

infre'quente *ag* infrequent, rare.

infruttu'oso, a *ag* fruitless.

infu'ori *av* out; **all'**~ outwards; **all'**~ **di** (*eccetto*) except, with the exception of.

infuri'are *vi* to rage; ~**rsi** *vr* to fly into a rage.

infusi'one *sf* infusion.

in'fuso, a *pp di* **infondere** // *sm* infusion; ~ **di camomilla** camomile tea.

Ing. *abbr di* **ingegnere.**

ingabbi'are *vt* to cage; **ingabbia'tura** *sf* (*EDIL*) supporting frame.

ingaggi'are [ingad'dʒare] *vt* (*assumere con compenso*) to take on, hire; (*SPORT*) to sign on; (*MIL*) to engage; **in'gaggio** *sm* hiring; signing on.

ingan'nare *vt* to deceive; (*coniuge*) to be unfaithful to; (*fisco*) to cheat; (*eludere*) to dodge, elude; (*fig: tempo*) to while away // *vi* (*apparenza*) to be deceptive; ~**rsi** *vr* to be mistaken, be wrong; **ingan'nevole** *ag* deceptive.

in'ganno *sm* deceit, deception; (*azione*) trick; (*menzogna, frode*) cheat, swindle; (*illusione*) illusion.

ingarbugli'are [ingarbuʎ'ʎare] *vt* to tangle; (*fig*) to confuse, muddle; ~**rsi** *vr* to become confused *o* muddled.

inge'gnarsi [indʒeɲ'ɲarsi] *vr* to do one's best, try hard; ~ **per vivere** to live by one's wits.

inge'gnere [indʒeɲ'ɲɛre] *sm* engineer; ~ **civile/navale** civil/naval engineer; **ingegne'ria** *sf* engineering.

in'gegno [in'dʒeɲɲo] *sm* (*intelligenza*) intelligence, brains *pl*; (*capacità creativa*) ingenuity; (*disposizione*) talent; **inge'gnoso, a** *ag* ingenious, clever.

ingelo'sire [indʒelo'zire] *vt* to make jealous // *vi* (*2*) (*anche:* ~**rsi**) to become jealous.

in'gente [in'dʒɛnte] *ag* huge, enormous.

ingenuità [indʒenui'ta] *sf* ingenuousness.

in'genuo, a [in'dʒɛnuo] *ag* ingenuous, naïve.

inge'rirsi [indʒe'rirsi] *vr* to interfere, meddle.

inges'sare [indʒes'sare] *vt* (*MED*) to put in plaster; **ingessa'tura** *sf* plaster.

Inghil'terra [ingil'tɛrra] *sf*: **l'**~ England.

inghiot'tire [ingjot'tire] *vt* to swallow.

ingial'lire [indʒal'lire] *vi* (*2*) to go yellow.

ingigan'tire [indʒigan'tire] *vt* to enlarge, magnify // *vi* (*2*) to become gigantic *o* enormous.

inginocchi'arsi [indʒinok'kjarsi] *vr* to kneel (down).

ingiù [in'dʒu] *av* down, downwards.

ingi'uria [in'dʒurja] *sf* insult; (*fig: danno*) damage; **ingiuri'are** *vt* to insult, abuse; **ingiuri'oso, a** *ag* insulting, abusive.

ingius'tizia [indʒus'tittsja] *sf* injustice.

ingi'usto, a [in'dʒusto] *ag* unjust, unfair.

in'glese *ag* English // *sm/f* Englishman/woman // *sm* (*LING*) English; **gli I**~**i** the English; **andarsene** *o* **filare all'**~ to take French leave.

ingoi'are *vt* to gulp (down); (*fig*) to swallow (up).

ingol'fare *vt*, ~**rsi** *vr* (*motore*) to flood.

ingom'brare *vt* (*strada*) to block; (*stanza*) to clutter up; **in'gombro** *sm* obstacle; (*di macchina*): **lunghezza/larghezza/altezza d'ingombro** maximum length/width/height.

in'gordo, a *ag*: ~ **di** greedy for; (*fig*) greedy *o* eager for.

ingor'garsi *vr* to be blocked up, be choked up.

in'gorgo, ghi *sm* blockage, obstruction; ~ **di traffico** traffic jam.

ingoz'zare [ingot'tsare] *vt* (*inghiottire*) to gulp down, gobble; (*costringere a mangiare: animali*) to fatten.

ingra'naggio [ingra'naddʒo] *sm* gear; (*fig*) mechanism; ~**i** *smpl* gears, gearing *sg*.

ingra'nare *vi* to mesh, engage // *vt* to

engage; ~ **la marcia** to get into gear.
ingrandi'mento *sm* enlargement; extension.
ingran'dire *vt* (*anche* FOT) to enlarge; (*estendere*) to extend; (OTTICA, *fig*) to magnify // *vi* (*2*) (*anche:* ~**rsi**) to become larger *o* bigger; (*aumentare*) to grow, increase; (*espandersi*) to expand.
ingras'sare *vt* to make fat; (*animali*) to fatten; (AGR: *terreno*) to manure; (*lubrificare*) to oil, lubricate // *vi* (*2*) (*anche:* ~**rsi**) to get fat, put on weight; **in'grasso** *sm* (*di animali*) fattening; (*di terreno*) manuring *q*; manure.
ingrati'tudine *sf* ingratitude.
in'grato, a *ag* ungrateful; (*lavoro*) thankless, unrewarding.
ingrazi'are [ingrat'tsjare] *vt*: ~**rsi qd** to ingratiate o.s. with sb.
ingredi'ente *sm* ingredient.
in'gresso *sm* (*porta*) entrance; (*atrio*) hall; (*l'entrare*) entrance, entry; (*facoltà di entrare*) admission; **"~ libero"** "admission free".
ingros'sare *vt* to increase; (*folla, livello*) to swell // *vi* (*2*) (*anche:* ~**rsi**) to increase; to swell.
in'grosso *av*: **all'~** (COMM) wholesale; (*all'incirca*) roughly, about.
ingual'cibile [ingwal'tʃibile] *ag* crease-resistant.
ingua'ribile *ag* incurable.
'inguine *sm* (ANAT) groin.
ini'bire *vt* to forbid, prohibit; (PSIC) to inhibit; **inibizi'one** *sf* prohibition; inhibition.
iniet'tare *vt* to inject; ~**rsi di sangue** (*occhi*) to become bloodshot; **iniezi'one** *sf* injection.
inimi'carsi *vr*: ~ **con qd** to fall out with sb.
inimi'cizia [inimi'tʃittsja] *sf* animosity.
ininter'rotto, a *ag* unbroken; uninterrupted.
iniquità *sf inv* iniquity; (*atto*) wicked action.
i'niquo, a *ag* iniquitous.
inizi'ale [init'tsjale] *ag, sf* initial.
inizi'are [init'tsjare] *vi* (*2*), *vt* to begin, start; ~ **qd a** to initiate sb into; (*pittura etc*) to introduce sb to.
inizia'tiva [inittsja'tiva] *sf* initiative; ~ **privata** private enterprise.
i'nizio [i'nittsjo] *sm* beginning; **all'~** at the beginning, at the start; **dare ~ a qc** to start sth, get sth going.
innaffi'are *etc* = **annaffiare** *etc.*
innal'zare [innal'tsare] *vt* (*sollevare, alzare*) to raise; (*rizzare*) to erect; ~**rsi** *vr* to rise.
innamo'rare *vt* to enchant, charm; ~**rsi** *vr*: ~**rsi (di qd)** to fall in love (with sb); **innamo'rato, a** *ag* (*che nutre amore*): **innamorato (di)** in love (with); (*appassionato*): **innamorato di** very fond of.
in'nanzi [in'nantsi] *av* (*stato in luogo*) in front, ahead; (*moto a luogo*) forward, on; (*tempo: prima*) before // *prep* (*prima*) before; ~ **a** in front of; **d'ora ~** from now on.
in'nato, a *ag* innate.
innatu'rale *ag* unnatural.
inne'gabile *ag* undeniable.
innervo'sire *vt*: ~ **qd** to get on sb's nerves; ~**rsi** *vr* to get irritated *o* upset.
innes'care *vt* to prime; **in'nesco, schi** *sm* primer.
innes'tare *vt* (BOT, MED) to graft; (TECN) to engage; (*inserire: presa*) to insert; **in'nesto** *sm* graft; grafting *q*; (TECN) clutch; (ELETTR) connection.
'inno *sm* hymn; ~ **nazionale** national anthem.
inno'cente [inno'tʃɛnte] *ag* innocent; **inno'cenza** *sf* innocence.
in'nocuo, a *ag* innocuous, harmless.
inno'vare *vt* to change, make innovations in; **innovazi'one** *sf* innovation.
innume'revole *ag* innumerable.
inocu'lare *vt* (MED) to inoculate.
ino'doro, a *ag* odourless.
inol'trare *vt* (AMM) to pass on, forward; ~**rsi** *vr* (*addentrarsi*) to advance, go forward.
i'noltre *av* besides, moreover.
inon'dare *vt* to flood; **inondazi'one** *sf* flooding *q*; flood.
inope'roso, a *ag* inactive, idle.
inoppor'tuno, a *ag* untimely, ill-timed; inappropriate; (*momento*) inopportune.
inor'ganico, a, ci, che *ag* inorganic.
inorgo'glire [inorgoʎ'ʎire] *vt* to make proud // *vi* (*2*) (*anche:* ~**rsi**) to become proud; ~**rsi di qc** to pride o.s. on sth.
inorri'dire *vt* to horrify // *vi* (*2*) to be horrified.
inospi'tale *ag* inhospitable.
inosser'vato, a *ag* (*non notato*) unobserved; (*non rispettato*) not observed, not kept.
inossi'dabile *ag* stainless.
inqua'drare *vt* (*foto, immagine*) to frame; (*fig*) to situate, set.
inquie'tare *vt* (*turbare*) to disturb, worry; ~**rsi** *vr* to worry, become anxious; (*impazientirsi*) to get upset.
inqui'eto, a *ag* restless; (*preoccupato*) worried, anxious; **inquie'tudine** *sf* anxiety, worry.
inqui'lino, a *sm/f* tenant.
inquina'mento *sm* pollution.
inqui'nare *vt* to pollute.
inqui'sire *vt, vi* to investigate; **inquisi'tore, 'trice** *ag* (*sguardo*) inquiring; (DIR) investigating; **inquisizi'one** *sf* (STORIA) inquisition.
insa'lata *sf* salad; **insalati'era** *sf* salad bowl.
insa'lubre *ag* unhealthy.
insa'nabile *ag* incurable; unhealable.
insangui'nare *vt* to stain with blood.
in'sania *sf* insanity.
insa'puta *sf*: **all'~ di qd** without sb knowing.

insazi'abile [insat'tsjabile] *ag* insatiable.
insce'nare [inʃe'nare] *vt* (*TEATRO*) to stage, put on; (*fig*) to stage.
in'segna [in'seɲɲa] *sf* sign; (*emblema*) sign, emblem; (*bandiera*) flag, banner; **~e** *sfpl* (*decorazioni*) insignia *pl*.
insegna'mento [inseɲɲa'mento] *sm* teaching.
inse'gnante [inseɲ'ɲante] *ag* teaching // *sm/f* teacher.
inse'gnare [inseɲ'ɲare] *vt, vi* to teach; **~ a qd qc** to teach sb sth; **~ qd a fare qc** to teach sb (how) to do sth.
insegui'mento *sm* pursuit, chase.
insegu'ire *vt* to pursue, chase; **insegui'tore, 'trice** *sm/f* pursuer.
inselvati'chire [inselvati'kire] *vi* (*2*) (*anche*: **~rsi**) to grow wild.
insena'tura *sf* inlet, creek.
insen'sato, a *ag* senseless, stupid.
insen'sibile *ag* (*nervo*) insensible; (*movimento*) imperceptible; (*persona*) indifferent.
insepa'rabile *ag* inseparable.
inse'rire *vt* to insert; (*ELETTR*) to connect; **~rsi** *vr* (*fig*): **~rsi in** to become part of; **in'serto** *sm* (*pubblicazione*) insert.
inservi'ente *sm/f* attendant.
inserzi'one [inser'tsjone] *sf* insertion; (*avviso*) advertisement; **fare un'~ (sul giornale)** to put an advertisement in the paper.
insetti'cida, i [insetti'tʃida] *sm* insecticide.
in'setto *sm* insect.
in'sidia *sf* snare, trap; (*pericolo*) hidden danger; **insidi'are** *vt, vi*: **insidiare a** to lay a trap for; **insidi'oso, a** *ag* insidious.
insi'eme *av* together // *prep*: **~ a** *o* **con** together with // *sm* whole; (*MAT, servizio, assortimento*) set; (*MODA*) ensemble, outfit; **tutti ~** all together; **tutto ~** all together; (*in una volta*) at one go; **nell'~** on the whole; **d'~** (*veduta etc*) overall.
insignifi'cante [insiɲɲifi'kante] *ag* insignificant.
insi'gnire [insiɲ'ɲire] *vt* to decorate.
insin'cero, a [insin'tʃɛro] *ag* insincere.
insinda'cabile *ag* unquestionable.
insinu'are *vt* (*introdurre*): **~ qc in** to slip *o* slide sth into; (*fig*) to insinuate, imply; **~rsi** *vr*: **~rsi in** to seep into; (*fig*) to creep into; to worm one's way into; **insinuazi'one** *sf* (*fig*) insinuation.
in'sipido, a *ag* insipid.
insis'tente *ag* insistent; persistent; **insis'tenza** *sf* insistence; persistence.
in'sistere *vi*: **~ su qc** to insist on sth; **~ in qc/a fare** (*perseverare*) to persist in sth/in doing; **insis'tito, a** *pp di* **insistere**.
insoddis'fatto, a *ag* dissatisfied.
insoffe'rente *ag* intolerant.
insolazi'one [insolat'tsjone] *sf* insolation; (*MED*) sunstroke.
inso'lente *ag* insolent; **insolen'tire** *vi* (*2*) to grow insolent // *vt* to insult, be rude to; **inso'lenza** *sf* insolence.
in'solito, a *ag* unusual, out of the ordinary.
inso'lubile *ag* insoluble.
inso'luto, a *ag* (*non risolto*) unsolved; (*non pagato*) unpaid, outstanding.
insol'vibile *ag* insolvent.
in'somma *av* (*in breve, in conclusione*) in short; (*dunque*) well // *escl* for heaven's sake!
in'sonne *ag* sleepless; **in'sonnia** *sf* insomnia, sleeplessness.
insonno'lito, a *ag* sleepy, drowsy.
insoppor'tabile *ag* unbearable.
in'sorgere [in'sordʒere] *vi* (*2*) (*ribellarsi*) to rise up, rebel; (*apparire*) to come up, arise.
in'sorto, a *pp di* **insorgere** // *sm/f* rebel, insurgent.
insospet'tire *vt* to make suspicious // *vi* (*2*) (*anche*: **~rsi**) to become suspicious.
inspi'rare *vt* to breathe in, inhale.
in'stabile *ag* (*carico, indole*) unstable; (*tempo*) unsettled; (*equilibrio*) unsteady.
instal'lare *vt* to install; **~rsi** *vr* (*sistemarsi*): **~rsi in** to settle in; **installazi'one** *sf* installation.
instan'cabile *ag* untiring, indefatigable.
instau'rare *vt* to introduce, institute; **~rsi** *vr* to start, begin.
instra'dare *vt* to direct.
insubordinazi'one [insubordinat'tsjone] *sf* insubordination.
insuc'cesso [insut'tʃɛsso] *sm* failure, flop.
insudici'are [insudi'tʃare] *vt* to dirty; **~rsi** *vr* to get dirty.
insuffici'ente [insuffi'tʃɛnte] *ag* insufficient; (*compito, allievo*) inadequate; **insuffici'enza** *sf* insufficiency; inadequacy; (*INS*) fail.
insu'lare *ag* insular.
insu'lina *sf* insulin.
in'sulso, a *ag* (*sciocco*) inane, silly; (*persona*) dull, insipid.
insul'tare *vt* to insult, affront.
in'sulto *sm* insult, affront.
insurrezi'one [insurret'tsjone] *sf* revolt, insurrection.
insussis'tente *ag* non-existent.
intac'care *vt* (*fare tacche*) to cut into; (*corrodere*) to corrode; (*fig: cominciare ad usare: risparmi*) to break into; (*: ledere*) to damage.
intagli'are [intaʎ'ʎare] *vt* to carve; **in'taglio** *sm* carving.
intan'gibile [intan'dʒibile] *ag* untouchable; inviolable.
in'tanto *av* (*nel frattempo*) meanwhile, in the meantime; (*per cominciare*) just to begin with; **~ che** *cong* while.
intarsi'are *vt* to inlay; **in'tarsio** *sm* inlaying *q*, marquetry *q*; inlay.
inta'sare *vt* to choke (up), block (up); (*AUT*) to obstruct, block; **~rsi** *vr* to become choked *o* blocked.
intas'care *vt* to pocket.
in'tatto, a *ag* intact; (*puro*) unsullied.
intavo'lare *vt* to start, enter into.

inte'grale *ag* complete; (*MAT*): **calcolo ~** integral calculus.
inte'grante *ag*: **parte ~** integral part.
inte'grare *vt* to complete; (*MAT*) to integrate; **~rsi** *vr* (*persona*) to integrate; **integrazi'one** *sf* integration.
integrità *sf* integrity.
'integro, a *ag* (*intatto, intero*) complete, whole; (*retto*) upright.
intelaia'tura *sf* frame; (*fig*) structure, framework.
intel'letto *sm* intellect; **intellettu'ale** *ag, sm/f* intellectual.
intelli'gente [intelli'dʒɛnte] *ag* intelligent; **intelli'genza** *sf* intelligence; **intelli'gibile** *ag* intelligible.
intem'perie *sfpl* bad weather *sg*.
intempes'tivo, a *ag* untimely.
inten'dente *sm* principal administrator; **inten'denza** *sf*: **intendenza di finanza** finance office; **intendenza generale** (*MIL*) supplies office.
in'tendere *vt* (*avere intenzione*): **~ fare qc** to intend *o* mean to do sth; (*comprendere*) to understand; (*udire*) to hear; (*significare*) to mean; **~rsi** *vr* (*conoscere*): **~rsi di** to know a lot about, be a connoisseur of; (*accordarsi*) to get on (well); **intendersela con qd** (*avere una relazione amorosa*) to have an affair with sb; **intendi'mento** *sm* (*intelligenza*) understanding; (*proposito*) intention; **intendi'tore, 'trice** *sm/f* connoisseur, expert.
intene'rire *vt* (*fig*) to move (to pity); **~rsi** *vr* (*fig*) to be moved.
intensifi'care *vt*, **~rsi** *vr* to intensify.
intensità *sf* intensity.
inten'sivo, a *ag* intensive.
in'tenso, a *ag* intense.
in'tento, a *ag* (*teso, assorto*): **~ (a)** intent (on), absorbed (in) // *sm* aim, purpose.
intenzio'nale [intentsjo'nale] *ag* intentional.
intenzi'one [inten'tsjone] *sf* intention; (*DIR*) intent; **avere ~ di fare qc** to intend to do sth, have the intention of doing sth.
interca'lare *sm* pet phrase, stock phrase // *vt* to insert.
inter'cedere [inter'tʃedere] *vi* to intercede; **intercessi'one** *sf* intercession.
intercet'tare [intertʃet'tare] *vt* to intercept; (*telefono*) to tap.
inter'correre *vi* (2) (*esserci*) to exist; (*passare: tempo*) to elapse.
inter'detto, a *pp di* **interdire** // *ag* forbidden, prohibited; (*sconcertato*) dumbfounded // *sm* (*REL*) interdict.
inter'dire *vt* to forbid, prohibit, ban; (*REL*) to interdict; (*DIR*) to deprive of civil rights; **interdizi'one** *sf* prohibition, ban.
interessa'mento *sm* interest.
interes'sante *ag* interesting; **essere in stato ~** to be expecting (a baby).
interes'sare *vt* to interest; (*concernere*) to concern, be of interest to; (*far intervenire*): **~ qd a** to draw sb's attention to // *vi*: **~ a** to interest, matter to; **~rsi** *vr* (*mostrare interesse*): **~rsi a** to take an interest in, be interested in; (*occuparsi*): **~rsi di** to take care of.
inte'resse *sm* (*anche COMM*) interest.
interfe'renza [interfe'rɛntsa] *sf* interference.
interfe'rire *vi* to interfere.
interiezi'one [interjet'tsjone] *sf* exclamation, interjection.
interi'ora *sfpl* entrails.
interi'ore *ag* interior, inner, inside, internal; (*fig*) inner.
inter'ludio *sm* (*MUS*) interlude.
intermedi'ario, a *ag, sm/f* intermediary.
inter'medio, a *ag* intermediate.
inter'mezzo [inter'mɛddzo] *sm* (*intervallo*) interval; (*breve spettacolo*) intermezzo.
intermi'nabile *ag* interminable, endless.
inter'nare *vt* (*arrestare*) to intern; (*MED*) to commit (to a mental institution).
internazio'nale [internattsjo'nale] *ag* international.
in'terno, a *ag* (*di dentro*) internal, interior, inner; (*: mare*) inland; (*nazionale*) domestic, home *cpd*, internal; (*allievo*) boarding // *sm* inside, interior; (*di paese*) interior; (*fodera*) lining; (*di appartamento*) flat (number); (*TEL*) extension // *sm/f* (*INS*) boarder; **~i** *smpl* (*CINEMA*) interior shots; **all'~** inside; **ministro dell'I~** Minister of the Interior, ≈ Home Secretary; **~ destro/sinistro** (*CALCIO*) inside right/left.
in'tero, a *ag* (*integro, intatto*) whole, entire; (*completo, totale*) complete; (*numero*) whole; (*non ridotto: biglietto*) full.
interpel'lare *vt* to consult.
inter'porre *vt* to interpose; **interporsi** *vr* to intervene; **inter'posto, a** *pp di* **interporre.**
interpre'tare *vt* to interpret; **interpretazi'one** *sf* interpretation; **in'terprete** *sm* interpreter; (*TEATRO*) actor, performer; (*MUS*) performer.
interro'gare *vt* to question; (*INS*) to test; **interroga'tivo, a** *ag* (*occhi, sguardo*) questioning, inquiring; (*LING*) interrogative // *sm* question; (*fig*) mystery; **interroga'torio, a** *ag* interrogatory, questioning // *sm* (*DIR*) questioning *q*; **interrogazi'one** *sf* questioning *q*; (*INS*) oral test.
inter'rompere *vt* to interrupt; (*studi, trattative*) to break off, interrupt; **~rsi** *vr* to break off, stop; **inter'rotto, a** *pp di* **interrompere.**
interrut'tore *sm* switch.
interruzi'one [interrut'tsjone] *sf* interruption; break.
interse'care *vt*, **~rsi** *vr* to intersect.
inter'stizio [inter'stittsjo] *sm* interstice, crack.
interur'bano, a *ag* inter-city; (*TEL: chiamata*) trunk *cpd*, long-distance; (*: telefono*) long-distance // *sf* trunk call, long-distance call.

inter'vallo *sm* interval; (*spazio*) space, gap.
interve'nire *vi* (*2*) (*partecipare*): ~ **a** to be present at, attend; (*intromettersi: anche* POL) to intervene; (MED: *operare*) to operate; **inter'vento** *sm* presence, attendance; (*inframmettenza*) intervention; (MED) operation.
inter'vista *sf* interview; **intervis'tare** *vt* to interview.
in'teso, a *pp di* **intendere** // *ag* agreed // *sf* (*fra amici, paesi*) understanding; (*accordo*) agreement, understanding; (SPORT) teamwork; **non darsi per ~ di qc** to take no notice of sth.
intes'tare *vt* to head; (*casa*): ~ **qc a** to put *o* register sth in the name of; **~rsi** *vr* (*ostinarsi*): **~rsi a fare** to take it into one's head to do; **intestazi'one** *sf* heading; (*su carta da lettere*) letterhead; (*registrazione*) registration.
intes'tino, a *ag* (*lotte*) internal, civil // *sm* (ANAT) intestine.
inti'mare *vt* to order, command; **intimazi'one** *sf* order, command.
intimidazi'one [intimidat'tsjone] *sf* intimidation.
intimi'dire *vt* to intimidate // *vi* (*2*) (*anche*: **~rsi**) to grow shy.
intimità *sf* intimacy; privacy; (*familiarità*) familiarity.
'intimo, a *ag* intimate; (*affetti, vita*) private; (*fig: profondo*) inmost // *sm* (*persona*) intimate *o* close friend; (*dell'animo*) bottom, depths *pl*.
intimo'rire *vt* to frighten; **~rsi** *vr* to become frightened.
in'tingolo *sm* sauce; (*pietanza*) stew.
intiriz'zire [intirid'dzire] *vt* to numb // *vi* (*2*) (*anche*: **~rsi**) to go numb.
intito'lare *vt* to give a title to; (*dedicare*) to dedicate.
intolle'rabile *ag* intolerable.
intolle'rante *ag* intolerant.
intona'care *vt* to plaster.
in'tonaco, ci *o* **chi** *sm* plaster.
into'nare *vt* (*canto*) to start to sing; (*strumenti*) to tune; (*armonizzare*) to match; **~rsi** *vr* to be in tune; to match; **intonazi'one** *sf* intonation.
inton'tire *vt* to stun, daze // *vi* (*2*) to be stunned *o* dazed.
in'toppo *sm* stumbling block, obstacle.
in'torno *av* around; ~ **a** *prep* (*attorno a*) around; (*riguardo, circa*) about.
intorpi'dire *vt* to numb; (*fig*) to make sluggish // *vi* (*2*) (*anche*: **~rsi**) to grow numb; (*fig*) to become sluggish.
intossi'care *vt* to poison; **intossicazi'one** *sf* poisoning.
intralci'are [intral'tʃare] *vt* to hamper, hold up.
intransi'gente [intransi'dʒɛnte] *ag* intransigent, uncompromising.
intransi'tivo, a *ag, sm* intransitive.
intrapren'dente *ag* enterprising, go-ahead.
intra'prendere *vt* to undertake.
intrat'tabile *ag* intractable.
intratte'nere *vt* to entertain; to engage in conversation; **~rsi** *vr* to linger; **~rsi su qc** to dwell on sth.
intrave'dere *vt* to catch a glimpse of; (*fig*) to foresee.
intrecci'are [intret'tʃare] *vt* (*capelli*) to plait, braid; (*intessere: anche fig*) to weave, interweave, intertwine; **~rsi** *vr* to intertwine, become interwoven; ~ **le mani** to clasp one's hands; **in'treccio** *sm* (*fig: trama*) plot, story.
in'trepido, a *ag* fearless, dauntless.
intri'gare *vi* to manoeuvre, scheme; **~rsi** *vr* to interfere, meddle; **in'trigo, ghi** *sm* plot, intrigue.
in'trinseco, a, ci, che *ag* intrinsic; (*amico*) close, intimate.
in'triso, a *ag*: ~ **(di)** soaked (in).
intro'durre *vt* to introduce; (*chiave etc*): ~ **qc in** to insert sth into; (*persone: far entrare*) to show in; **introdursi** *vr* (*moda, tecniche*) to be introduced; **introdursi in** (*persona: penetrare*) to enter; (*: entrare furtivamente*) to steal *o* slip into; **introduzi'one** *sf* introduction.
in'troito *sm* income, revenue.
intro'mettersi *vr* to interfere, meddle; (*interporsi*) to intervene.
intro'verso, a *ag* introverted // *sm* introvert.
in'truglio [in'truʎʎo] *sm* concoction.
intrusi'one *sf* intrusion; interference.
in'truso, a *sm/f* intruder.
intu'ire *vt* to perceive by intuition; (*rendersi conto*) to realise; **in'tuito** *sm* intuition; (*perspicacia*) perspicacity; **intuizi'one** *sf* intuition.
inu'mano, a *ag* inhuman.
inumi'dire *vt* to dampen, moisten; **~rsi** *vr* to become damp *o* wet.
i'nutile *ag* useless; (*superfluo*) pointless, unnecessary; **inutilità** *sf* uselessness; pointlessness.
inva'dente *ag* (*fig*) interfering, nosey.
in'vadere *vt* to invade; (*affollare*) to swarm into, overrun; (*sog: acque*) to flood; **invadi'trice** *ag vedi* **invasore**.
invalidità *sf* infirmity; disability; (DIR) invalidity.
in'valido, a *ag* (*infermo*) infirm, invalid; (*al lavoro*) disabled; (DIR) invalid // *sm/f* invalid; disabled person.
in'vano *av* in vain.
invari'abile *ag* invariable.
invasi'one *sf* invasion.
in'vaso, a *pp di* **invadere**.
inva'sore, invadi'trice [invadi'tritʃe] *ag* invading // *sm* invader.
invecchi'are [invek'kjare] *vi* (*2*) (*persona*) to grow old; (*vino, popolazione*) to age; (*moda*) to become dated // *vt* to age; (*far apparire più vecchio*) to make look older.
in'vece [in'vetʃe] *av* instead; (*al contrario*) on the contrary; ~ **di** *prep* instead of.
inve'ire *vi*: ~ **contro** to rail against.

inven'tare *vt* to invent; (*pericoli, pettegolezzi*) to make up, invent.
inven'tario *sm* inventory; (*COMM*) stocktaking *q.*
inven'tivo, a *ag* inventive // *sf* inventiveness.
inven'tore *sm* inventor.
invenzi'one [inven'tsjone] *sf* invention; (*bugia*) lie, story.
inver'nale *ag* winter *cpd*; (*simile all'inverno*) wintry.
in'verno *sm* winter.
invero'simile *ag* unlikely.
inversi'one *sf* inversion; reversal; ~ **di marcia** (*AUT*) reversing; **"divieto d'~"** "no U-turns".
in'verso, a *ag* reverse; opposite; (*MAT*) inverse // *sm* contrary, opposite; **in senso ~** in the opposite direction; **nell'ordine ~** in the reverse order.
inverte'brato, a *ag, sm* invertebrate.
inver'tire *vt* to invert, reverse; ~ **la marcia** to reverse; **inver'tito, a** *sm/f* homosexual.
investi'gare *vt, vi* to investigate; **investiga'tore** *sm* investigator, detective; **investigazi'one** *sf* investigation, inquiry.
investi'mento *sm* (*ECON*) investment; (*scontro, urto*) crash, collision; (*incidente stradale*) road accident.
inves'tire *vt* (*denaro*) to invest; (*sog: veicolo: pedone*) to knock down; (*: altro veicolo*) to crash into; (*sog: nave*) to collide with; (*apostrofare*) to assail; (*incaricare*): ~ **qd di** to invest sb with; **investi'tura** *sf* investiture.
invete'rato, a *ag* inveterate.
invet'tiva *sf* invective.
invi'are *vt* to send; **invi'ato, a** *sm/f* envoy; (*STAMPA*) correspondent.
in'vidia *sf* envy; **invidi'are** *vt* to envy; **invidi'oso, a** *ag* envious.
invigo'rire *vt* to strengthen, invigorate // *vi* (*2*) (*anche:* ~**rsi**) to gain strength.
invin'cibile [invin'tʃibile] *ag* invincible.
in'vio, 'vii *sm* sending; (*insieme di merci*) consignment.
invio'labile *ag* inviolable.
invipe'rito, a *ag* furious.
invi'sibile *ag* invisible.
invi'tare *vt* to invite; ~ **qd a fare** to invite sb to do; (*sog: cosa*) to tempt sb to do; **invi'tato, a** *sm/f* guest; **in'vito** *sm* invitation.
invo'care *vt* (*chiedere: aiuto, pace*) to cry out for; (*appellarsi: la legge, Dio*) to appeal to, invoke.
invogli'are [invoʎ'ʎare] *vt*: ~ **qd a fare** to tempt sb to do, induce sb to do; ~**rsi di** to take a fancy to.
involon'tario, a *ag* (*errore*) unintentional; (*gesto*) involuntary.
invol'tino *sm* (*CUC*) roulade.
in'volto *sm* (*pacco*) parcel; (*fagotto*) bundle.
in'volucro *sm* cover, wrapping.
invo'luto, a *ag* involved, intricate.
invulne'rabile *ag* invulnerable.
inzacche'rare [intsakke'rare] *vt* to spatter with mud.
inzup'pare [intsup'pare] *vt* to soak; ~**rsi** *vr* to get soaked.
'io *pronome* I // *sm inv*: **l'~** the ego, the self; ~ **stesso(a)** I myself.
i'odio *sm* iodine.
i'ogurt *sm inv* = **yoghurt.**
i'one *sm* ion.
I'onio *sm*: **lo ~** the Ionian (Sea).
ipermer'cato *sm* hypermarket.
ipertensi'one *sf* high blood pressure, hypertension.
ip'nosi *sf* hypnosis; **ip'notico, a, ci, che** *ag* hypnotic; **ipno'tismo** *sm* hypnotism; **ipnotiz'zare** *vt* to hypnotize.
ipocri'sia *sf* hypocrisy.
i'pocrita, i, e *ag* hypocritical // *sm/f* hypocrite.
ipo'teca, che *sf* mortgage; **ipote'care** *vt* to mortgage.
i'potesi *sf inv* hypothesis; **ipo'tetico, a, ci, che** *ag* hypothetical.
'ippico, a, ci, che *ag* horse *cpd* // *sf* horseracing.
ippocas'tano *sm* horse chestnut.
ip'podromo *sm* racecourse.
ippo'potamo *sm* hippopotamus.
'ira *sf* anger, wrath.
I'ran *sm*: **l'~** Iran.
I'raq *sm*: **l'~** Iraq.
'iride *sf* (*arcobaleno*) rainbow; (*ANAT, BOT*) iris.
Ir'landa *sf*: **l'~** Ireland; **irlan'dese** *ag* Irish // *sm/f* Irishman/woman; **gli Irlandesi** the Irish.
iro'nia *sf* irony; **i'ronico, a, ci, che** *ag* ironic(al).
irradi'are *vt* to radiate; (*sog: raggi di luce: illuminare*) to shine on, irradiate // *vi* (*2*) (*diffondersi: anche:* ~**rsi**) to radiate; **irradiazi'one** *sf* radiation; irradiation.
irragio'nevole [irradʒo'nevole] *ag* irrational; unreasonable.
irrazio'nale [irrattsjo'nale] *ag* irrational.
irre'ale *ag* unreal.
irrecu'sabile *ag* (*offerta*) not to be refused; (*prova*) irrefutable.
irrefu'tabile *ag* irrefutable.
irrego'lare *ag* irregular; (*terreno*) uneven; **irregolarità** *sf inv* irregularity; unevenness.
irremo'vibile *ag* (*fig*) unshakeable, unyielding.
irrepa'rabile *ag* irreparable; (*fig*) unavoidable.
irrepe'ribile *ag* nowhere to be found.
irrequi'eto, a *ag* restless.
irresis'tibile *ag* irresistible.
irreso'luto, a *ag* irresolute.
irrespon'sabile *ag* irresponsible.
irrevo'cabile *ag* irrevocable.
irridu'cibile [irridu'tʃibile] *ag* irreducible; (*fig*) indomitable.
irri'gare *vt* (*annaffiare*) to irrigate; (*sog:*

fiume etc) to flow through; **irrigazi'one** *sf* irrigation.

irrigi'dire [irridʒi'dire] *vt*, **~rsi** *vr* to stiffen.

irri'sorio, a *ag* derisory.

irri'tabile *ag* irritable.

irri'tare *vt* (*mettere di malumore*) to irritate, annoy; (MED) to irritate; **~rsi** *vr* (*stizzirsi*) to become irritated *o* annoyed; **irritazi'one** *sf* irritation; annoyance.

ir'rompere *vi*: **~ in** to burst into.

irro'rare *vt* to sprinkle; (AGR) to spray.

irru'ente *ag* (*fig*) impetuous, violent.

irruzi'one [irrut'tsjone] *sf* irruption *q*; **fare ~ in** to burst into.

'irto, a *ag* bristly; **~ di** bristling with.

is'critto, a *pp di* **iscrivere** // *sm/f* member; **per** *o* **in ~** in writing.

is'crivere *vt* to register, enter; (*persona*) to register, enrol; **~rsi** *vr*: **~rsi (a)** (*club, partito*) to join; (*università*) to register *o* enrol (at); (*esame, concorso*) to register *o* enter (for); **iscrizi'one** *sf* (*epigrafe etc*) inscription; (*a scuola, società*) enrolment, registration; (*registrazione*) registration.

Is'landa *sf*: **l'~** Iceland.

'isola *sf* island; **~ pedonale** (AUT) traffic island.

isola'mento *sm* isolation; (TECN) insulation.

iso'lano, a *ag* island *cpd* // *sm/f* islander.

iso'lante *ag* insulating // *sm* insulator.

iso'lare *vt* to isolate; (TECN) to insulate; (: *acusticamente*) to soundproof; **iso'lato, a** *ag* isolated; insulated // *sm* (EDIL) block.

ispetto'rato *sm* inspectorate.

ispet'tore *sm* inspector.

ispezio'nare [ispettsjo'nare] *vt* to inspect.

ispezi'one [ispet'tsjone] *sf* inspection.

'ispido, a *ag* bristly, shaggy.

ispi'rare *vt* to inspire; **~rsi** *vr*: **~rsi a** to draw one's inspiration from; **ispirazi'one** *sf* inspiration.

Isra'ele *sm*: **l'~** Israel; **israeli'ano, a** *ag, sm/f* Israeli.

is'sare *vt* to hoist.

istan'taneo, a *ag* instantaneous // *sf* (FOT) snapshot.

is'tante *sm* instant, moment; **all'~, sull'~** instantly, immediately.

is'tanza [is'tantsa] *sf* petition, request.

is'terico, a, ci, che *ag* hysterical.

iste'rismo *sm* hysteria.

isti'gare *vt* to incite, instigate; **istigazi'one** *sf* instigation.

istin'tivo, a *ag* instinctive.

is'tinto *sm* instinct.

istitu'ire *vt* (*fondare*) to institute, found; (*porre: confronto*) to establish; (*intraprendere: inchiesta*) to set up.

isti'tuto *sm* institute; (*ente*, DIR) institution; **~ di bellezza** beauty salon.

istituzi'one [istitut'tsjone] *sf* institution.

'istmo *sm* (GEO) isthmus.

'istrice ['istritʃe] *sm* porcupine.

istri'one *sm* (*peg*) ham actor.

istru'ire *vt* (*insegnare*) to teach; (*ammaestrare*) to train; (*informare*) to instruct, inform; (DIR) to prepare; **istrut'tivo, a** *ag* instructive; **istrut'tore, 'trice** *sm/f* instructor // *ag*: **giudice istruttore** examining magistrate; **istrut'toria** *sf* (DIR) (preliminary) investigation and hearing; **istruzi'one** *sf* education; training; (*direttiva*) instruction; (DIR) = **istruttoria**; **istruzioni** *sfpl* (*norme per l'uso*) instructions, directions.

I'talia *sf*: **l'~** Italy.

itali'ano, a *ag* Italian // *sm/f* Italian // *sm* (LING) Italian; **gli I~i** the Italians.

itine'rario *sm* itinerary.

itte'rizia [itte'rittsja] *sf* (MED) jaundice.

'ittico, a, ci, che *ag* fish *cpd*; fishing *cpd*.

Iugos'lavia *sf* = **Jugoslavia**.

iugos'lavo, a *ag, sm/f* = **jugoslavo, a**.

i'uta *sf* jute.

I.V.A. ['iva] *abbr f vedi* **imposta**.

J

jazz [dʒaz] *sm* jazz.

jeans [dʒinz] *smpl* jeans.

Jugos'lavia [jugoz'lavja] *sf*: **la ~** Yugoslavia; **jugos'lavo, a** *ag, sm/f* Yugoslav(ian).

'juta ['juta] *sf* = **iuta**.

L

l' *det vedi* **la, lo**.

la *det f* (*dav V* **l'**) the // *pronome* (*dav V* **l'**) (*oggetto: persona*) her; (: *cosa*) it; (: *forma di cortesia*) you // *sm inv* (MUS) A; (: *solfeggiando la scala*) la.

là *av* there; **di ~** (*da quel luogo*) from there; (*in quel luogo*) in there; (*dall'altra parte*) over there; **di ~ di** beyond; **per di ~** that way; **andare in ~** (*procedere*) to go on, proceed; **più in ~** further on; (*tempo*) later on; *vedi* **quello**.

'labbro *sm* (*pl(f)*: **labbra**: *solo nel senso* ANAT) lip.

labi'rinto *sm* labyrinth, maze.

labora'torio *sm* (*di ricerca*) laboratory; (*di arti, mestieri*) workshop; **~ linguistico** language laboratory.

labori'oso, a *ag* (*faticoso*) laborious; (*attivo*) hard-working.

labu'rista, i, e *ag* Labour *cpd* // *sm/f* Labour Party member.

'lacca, che *sf* lacquer.

'laccio ['lattʃo] *sm* noose; (*lazo*) lasso; (*di scarpa*) lace; (*fig*) snare.

lace'rare [latʃe'rare] *vt* to tear to shreds, lacerate; **~rsi** *vr* to tear; **'lacero, a** *ag* (*logoro*) torn, tattered.

la'conico, a, ci, che *ag* laconic, brief.

'lacrima *sf* tear; (*goccia*) drop; **in ~e** in tears; **lacri'mare** *vi* to water; **lacri'mogeno, a** *ag*: *vedi* **gas**; **lacri'moso, a** *ag* tearful; (*commovente*) pitiful, pathetic.

la'cuna *sf* (*fig*) gap.

'ladro *sm* thief; **ladro'cinio** *sm* theft, larceny.

laggiù [lad'dʒu] *av* down there; (*di là*) over there.
la'gnarsi [laɲ'ɲarsi] *vr*: ~ **(di)** to complain (about).
'lago, ghi *sm* lake.
'lagrima *etc* = **lacrima** *etc*.
la'guna *sf* lagoon.
'laico, a, ci, che *ag* (*apostolato*) lay; (*vita*) secular; (*scuola*) non-denominational // *sm/f* layman/ woman // *sm* lay brother.
'lama *sf* blade // *sm inv* (ZOOL) llama; (REL) lama.
lambic'care *vt* to distil; **~rsi il cervello** to rack one's brains.
lam'bire *vt* to lick; to lap.
la'mella *sf* (*di metallo etc*) thin sheet, thin strip; (*di fungo*) gill.
lamen'tare *vt* to lament; **~rsi** *vr* (*emettere lamenti*) to moan, groan; (*rammaricarsi*): **~rsi (di)** to complain (about); **lamen'tela** *sf* complaining *q*; **lamen'tevole** *ag* (*voce*) complaining, plaintive; (*destino*) pitiful; **la'mento** *sm* moan, groan; wail; **lamen'toso, a** *ag* plaintive.
la'metta *sf* razor blade.
lami'era *sf* sheet metal.
'lamina *sf* (*lastra sottile*) thin sheet (*o* layer *o* plate); ~ **d'oro** gold leaf; gold foil; **lami'nare** *vt* to laminate; **lami'nato, a** *ag* laminated; (*tessuto*) lamé // *sm* laminate; lamé.
'lampada *sf* lamp; ~ **da saldatore** blowlamp; ~ **da tavolo** table lamp.
lampa'dario *sm* chandelier.
lampa'dina *sf* light bulb; ~ **tascabile** pocket torch.
lam'pante *ag* (*fig*: *evidente*) crystal clear, evident.
lampeggi'are [lamped'dʒare] *vi* (*luce, fari*) to flash // *vb impers*: **lampeggia** there's lightning; **lampeggia'tore** *sm* (AUT) indicator.
lampi'one *sm* street light *o* lamp.
'lampo *sm* (METEOR) flash of lightning; (*di luce, fig*) flash; **~i** *smpl* lightning *q* // *ag inv*: **cerniera** ~ zip (fastener); **guerra** ~ blitzkrieg.
lam'pone *sm* raspberry.
'lana *sf* wool; ~ **d'acciaio** steel wool; **pura** ~ **vergine** pure new wool; ~ **di vetro** glass wool.
lan'cetta [lan'tʃetta] *sf* (*indice*) pointer, needle; (*di orologio*) hand.
'lancia ['lantʃa] *sf* (*arma*) lance; (: *picca*) spear; (*imbarcazione*) launch.
lanciafi'amme [lantʃa'fjamme] *sm inv* flamethrower.
lanci'are [lan'tʃare] *vt* to throw, hurl, fling; (SPORT) to throw; (*far partire: automobile*) to get up to full speed; (*bombe*) to drop; (*razzo, prodotto, moda*) to launch; **~rsi** *vr*: **~rsi contro/su** to throw *o* hurl *o* fling o.s. against/on; **~rsi in** (*fig*) to embark on.
lanci'nante [lantʃi'nante] *ag* (*dolore*) shooting, throbbing; (*grido*) piercing.
'lancio ['lantʃo] *sm* throwing *q*; throw; dropping *q*; drop; launching *q*; launch; ~ **del peso** putting the shot.
'landa *sf* (GEO) moor.
'languido, a *ag* (*fiacco*) languid, weak; (*tenero, malinconico*) languishing.
langu'ire *vi* to languish; (*conversazione*) to flag.
langu'ore *sm* weakness, languor.
lani'ero, a *ag* wool *cpd*, woollen.
lani'ficio [lani'fitʃo] *sm* woollen mill.
la'noso, a *ag* woolly.
lan'terna *sf* lantern; (*faro*) lighthouse.
la'nugine [la'nudʒine] *sf* down.
lapi'dare *vt* to stone.
lapi'dario, a *ag* (*fig*) terse.
'lapide *sf* (*di sepolcro*) tombstone; (*commemorativa*) plaque.
'lapis *sm inv* pencil.
'lapsus *sm inv* slip.
'lardo *sm* bacon fat, lard.
largheggi'are [larged'dʒare] *vi*: ~ **di** *o* **in** to be generous *o* liberal with.
lar'ghezza [lar'gettsa] *sf* width; breadth; looseness; generosity; ~ **di vedute** broad-mindedness.
'largo, a, ghi, ghe *ag* wide; broad; (*maniche*) wide; (*abito*: *troppo ampio*) loose; (*fig*) generous // *sm* width; breadth; (*mare aperto*): **il** ~ the open sea; ~ **due metri** two metres wide; ~ **di spalle** broad-shouldered; ~ **di vedute** broad-minded; **su ~a scala** on a large scale; **al** ~ (NAUT) offshore; **farsi** ~ **tra la folla** to push one's way through the crowd.
'larice ['laritʃe] *sm* (BOT) larch.
la'ringe [la'rindʒe] *sf* larynx; **larin'gite** *sf* laryngitis.
'larva *sf* larva; (*fig*) shadow.
la'sagne [la'zaɲɲe] *sfpl* lasagna *sg*.
lasci'are [laʃ'ʃare] *vt* to leave; (*abbandonare*) to leave, abandon, give up; (*cessare di tenere*) to let go of // *vb ausiliare*: ~ **fare qd** to let sb do // *vi*: ~ **di fare** (*smettere*) to stop doing; **~rsi andare/truffare** to let o.s. go/be cheated; ~ **andare** *o* **correre** *o* **perdere** to let things go their own way; ~ **stare qc/qd** to leave sth/sb alone.
'lascito ['laʃʃito] *sm* (DIR) legacy.
la'scivo, a [laʃ'ʃivo] *ag* lascivious.
'laser ['lazer] *ag, sm inv*: **(raggio)** ~ laser (beam).
lassa'tivo, a *ag, sm* laxative.
'lasso *sm*: ~ **di tempo** interval, lapse of time.
lassù *av* up there.
'lastra *sf* (*di pietra*) slab; (*di metallo*, FOT) plate; (*di ghiaccio, vetro*) sheet; (*radiografica*) X-ray (plate).
lastri'care *vt* to pave; **lastri'cato** *sm*, **'lastrico, ci** *o* **chi** *sm* pavement.
la'tente *ag* latent.
late'rale *ag* lateral, side *cpd* // *sm* (CALCIO) half-back.
late'rizi [late'rittsi] *smpl* bricks; tiles.
lati'fondo *sm* large estate.

la'tino, a *ag, sm* Latin; **~-ameri'cano a** *ag* Latin-American.
lati'tante *sm/f* fugitive (from justice).
lati'tudine *sf* latitude.
'lato, a *ag* (*fig*) wide, broad // *sm* side; (*fig*) aspect, point of view; **in senso ~** broadly speaking.
la'trare *vi* to bark.
la'trina *sf* latrine.
latro'cinio [latro'tʃinjo] *sm* = **ladrocinio.**
'latta *sf* tin (plate); (*recipiente*) tin, can.
lat'taio, a *sm/f* milkman/ dairywoman.
lat'tante *ag* unweaned.
'latte *sm* milk; **~ detergente** cleansing milk *o* lotion; **~ secco** *o* **in polvere** dried *o* powdered milk; **~ scremato** skimmed milk; **'latteo, a** *ag* milky; (*dieta, prodotto*) milk *cpd*; **latte'ria** *sf* dairy; **latti'cini** *smpl* dairy products.
lat'tina *sf* (*di birra etc*) can.
lat'tuga *sf* lettuce.
'laurea *sf* degree; **laure'ando, a** *sm/f* final-year student; **laure'are** *vt* to confer a degree on; **laurearsi** *vr* to graduate; **laure'ato, a** *ag, sm/f* graduate.
'lauro *sm* laurel.
'lava *sf* lava.
la'vabile *ag* washable.
la'vabo *sm* washbasin.
la'vaggio [la'vaddʒo] *sm* washing *q*; **~ del cervello** brainwashing *q*.
la'vagna [la'vaɲɲa] *sf* (GEO) slate; (*di scuola*) blackboard.
la'vanda *sf* (*anche* MED) wash; (BOT) lavender; **lavan'daia** *sf* washerwoman; **lavande'ria** *sf* laundry; **lavanderia automatica** launderette; **lavan'dino** *sm* sink.
lavapi'atti *sm/f* dishwasher.
la'vare *vt* to wash; **~rsi** *vr* to wash, have a wash; **~ a secco** to dry-clean; **~rsi le mani/i denti** to wash one's hands/clean one's teeth.
lava'secco *sm o f inv* drycleaner's.
lavasto'viglie [lavasto'viʎʎe] *sm o f inv* (*macchina*) dishwasher.
lava'toio *sm* (public) washhouse.
lava'trice [lava'tritʃe] *sf* washing machine.
lava'tura *sf* washing *q*; **~ di piatti** dishwater.
lavo'rante *sm* workman.
lavo'rare *vi* to work; (*fig: bar, studio etc*) to do good business // *vt* to work; (*fig: persuadere*) to work on; **~ a** to work on; **~ a maglia** to knit; **~ la terra** to till the land; **lavora'tivo, a** *ag* working; **lavora'tore, 'trice** *sm/f* worker // *ag* working; **lavorazi'one** *sf* manufacture; (*di materie prime*) processing; (*produzione*) production; **lavo'rio** *sm* intense activity.
la'voro *sm* work; (*occupazione*) job, work *q*; (*opera*) piece of work, job; (ECON) labour; **~i forzati** hard labour *sg*; **ministro dei L~i pubblici** Minister of Works.

le *det fpl* the // *pronome* (*oggetto*) them; (: *a lei, a essa*) to her; (: *forma di cortesia*) to you.
le'ale *ag* loyal; (*sincero*) sincere; (*onesto*) fair; **lealtà** *sf* loyalty; sincerity; fairness.
'lebbra *sf* leprosy.
'lecca 'lecca *sm inv* lollipop.
leccapi'edi *sm/f inv* (*peg*) toady, bootlicker.
lec'care *vt* to lick; (*sog: gatto: latte etc*) to lick *o* lap up; (*fig*) to flatter; **~rsi i baffi** *o* **le labbra** to lick one's lips; **lec'cata** *sf* lick.
'leccio ['lettʃo] *sm* holm oak, ilex.
leccor'nia *sf* titbit, delicacy.
'lecito, a ['lɛtʃito] *ag* permitted, allowed.
'ledere *vt* to damage, injure; **~ gli interessi di qd** to be prejudicial to sb's interests.
'lega, ghe *sf* league; (*di metalli*) alloy.
le'gaccio [le'gattʃo] *sm* string, lace.
le'gale *ag* legal // *sm* lawyer; **legalità** *sf* legality, lawfulness; **legaliz'zare** *vt* to authenticate; (*regolarizzare*) to legalize.
le'game *sm* (*corda, fig: affettivo*) tie, bond; (*nesso logico*) link, connection.
lega'mento *sm* (ANAT) ligament.
le'gare *vt* (*prigioniero, capelli, cane*) to tie (up); (*libro*) to bind; (CHIM) to alloy; (*fig: collegare*) to bind, join // *vi* (*far lega*) to unite; (*fig*) to get on well.
lega'tario, a *sm/f* (DIR) legatee.
le'gato *sm* (REL) legate; (DIR) legacy, bequest.
lega'tura *sf* tying *q*; binding *q*; (*di libro*) binding; (MUS) ligature.
legazi'one [legat'tsjone] *sf* legation.
'legge ['leddʒe] *sf* law.
leg'genda [led'dʒɛnda] *sf* (*narrazione*) legend; (*di carta geografica etc*) key, legend; (*di disegno*) caption, legend; **leggen'dario, a** *ag* legendary.
'leggere ['lɛddʒere] *vt, vi* to read.
legge'rezza [leddʒe'rettsa] *sf* lightness; thoughtlessness; fickleness.
leg'gero, a [led'dʒɛro] *ag* light; (*agile, snello*) nimble, agile, light; (*tè, caffè*) weak; (*fig: non grave, piccolo*) slight; (: *spensierato*) thoughtless; (: *incostante*) fickle; free and easy; **alla ~a** thoughtlessly.
leggi'adro, a [led'dʒadro] *ag* pretty, lovely; (*movimenti*) graceful.
leg'gibile [led'dʒibile] *ag* legible; (*libro*) readable, worth reading.
leggi'ero, a [led'dʒɛro] *ag* = **leggero.**
leg'gio, 'gii [led'dʒio] *sm* lectern; (MUS) music stand.
legio'nario [ledʒo'narjo] *sm* (*romano*) legionary; (*volontario*) legionnaire.
legi'one [le'dʒone] *sf* legion; **~ straniera** foreign legion.
legisla'tivo, a [ledʒizla'tivo] *ag* legislative.
legisla'tore [ledʒizla'tore] *sm* legislator.
legisla'tura [ledʒizla'tura] *sf* legislature.

legislazi'one [ledʒizlat'tsjone] *sf* legislation.
legittimità [ledʒittimi'ta] *sf* legitimacy.
le'gittimo, a [le'dʒittimo] *ag* legitimate; (*fig: giustificato, lecito*) justified, legitimate; **~a difesa** (*DIR*) self-defence.
'legna ['leɲɲa] *sf* firewood; **le'gname** *sm* wood, timber.
'legno ['leɲɲo] *sm* wood; (*pezzo di* —) piece of wood; **di ~** wooden; **~ compensato** plywood; **le'gnoso, a** *ag* wooden; woody; (*carne*) tough.
le'gumi *smpl* (*BOT*) pulses.
'lei *pronome* (*soggetto*) she; (*oggetto*: *per dare rilievo, con preposizione*) her; (*forma di cortesia: anche:* **L~**) you // *sm*: **dare del ~ a qd** to address sb as 'lei'; **~ stessa** she herself; you yourself.
'lembo *sm* (*di abito, strada*) edge; (*striscia sottile*: *di terra*) strip.
'lemma, i *sm* headword.
'lemme 'lemme *av* (very) very slowly.
'lena *sf* (*fig*) energy, stamina.
le'nire *vt* to soothe.
'lente *sf* (*OTTICA*) lens *sg*; **~ d'ingrandimento** magnifying glass; **~i a contatto** *o* **corneali** contact lenses.
len'tezza [len'tettsa] *sf* slowness.
len'ticchia [len'tikkja] *sf* (*BOT*) lentil.
len'tiggine [len'tiddʒine] *sf* freckle.
'lento, a *ag* slow; (*molle*: *fune*) slack; (*non stretto: vite, abito*) loose.
'lenza ['lɛntsa] *sf* fishing-line.
lenzu'olo [len'tswɔlo] *sm* sheet; **~a** *sfpl* pair of sheets.
le'one *sm* lion; (*dello zodiaco*): **L~** Leo.
leo'pardo *sm* leopard.
'lepido, a *ag* witty.
lepo'rino, a *ag*: **labbro ~** harelip.
'lepre *sf* hare.
'lercio, a, ci, cie ['lɛrtʃo] *ag* filthy.
'lesbica, che *sf* lesbian.
lesi'nare *vt* to be stingy with // *vi*: **~ (su)** to skimp (on), be stingy (with).
lesi'one *sf* (*MED*) lesion; (*DIR*) injury, damage; (*EDIL*) crack.
le'sivo, a *ag*: **~ (di)** damaging (to), detrimental (to).
'leso, a *pp di* **ledere** // *ag* (*offeso*) injured.
les'sare *vt* (*CUC*) to boil.
'lessico, ci *sm* vocabulary; lexicon.
'lesso, a *ag* boiled // *sm* boiled meat.
'lesto, a *ag* quick; (*agile*) nimble; (*cosa*: *sbrigativa*) hasty, hurried; **~ di mano** (*per rubare*) light-fingered; (*per picchiare*) free with one's fists.
le'tale *ag* lethal; fatal.
leta'maio *sm* dunghill.
le'tame *sm* manure, dung.
le'targo, ghi *sm* lethargy; (*ZOOL*) hibernation.
le'tizia [le'tittsja] *sf* joy, happiness.
'lettera *sf* letter; **~e** *sfpl* (*letteratura*) literature *sg*; (*studi umanistici*) arts (subjects); **alla ~** literally; **in ~e** in words, in full; **lette'rale** *ag* literal.
lette'rario, a *ag* literary.
lette'rato, a *ag* well-read, scholarly.
lettera'tura *sf* literature.
let'tiga, ghe *sf* (*portantina*) litter; (*barella*) stretcher.
'letto, a *pp di* **leggere** // *sm* bed; **~ a castello** bunk beds *pl*; **~ a una piazza/a due piazze** *o* **matrimoniale** single/double bed.
let'tore, 'trice *sm/f* reader; (*INS*) (foreign language) assistant.
let'tura *sf* reading.
leuce'mia [leutʃe'mia] *sf* leukaemia.
'leva *sf* lever; (*MIL*) conscription; **far ~ su qd** to work on sb; **~ del cambio** (*AUT*) gear lever.
le'vante *sm* east; (*vento*) East wind; **il L~** the Levant.
le'vare *vt* (*occhi, braccio*) to raise; (*sollevare, togliere*: *tassa, divieto*) to lift; (*indumenti*) to take off, remove; (*rimuovere*) to take away; (: *dal di sopra*) to take off; (: *dal di dentro*) to take out; **~rsi** *vr* to get up; (*sole*) to rise; **le'vata** *sf* rising; (*di posta*) collection.
leva'toio, a *ag*: **ponte ~** drawbridge.
leva'tura *sf* intelligence, mental capacity.
levi'gare *vt* to smooth; (*con carta vetrata*) to sand.
levri'ero *sm* greyhound.
lezi'one [let'tsjone] *sf* lesson; (*all'università, sgridata*) lecture; **fare ~** to teach; to lecture.
lezi'oso, a [let'tsjoso] *ag* affected; simpering.
'lezzo ['leddzo] *sm* stench, stink.
li *pronome pl* (*oggetto*) them.
lì *av* there; **di** *o* **da ~** from there; **per di ~** that way; **di ~ a pochi giorni** a few days later; **~ per ~** there and then; at first; **essere ~ (~) per fare** to be on the point of doing, be about to do; **~ dentro** in there; **~ sotto** under there; **~ sopra** on there; up there; *vedi* **quello.**
Li'bano *sm*: **il ~** the Lebanon.
'libbra *sf* (*peso*) pound.
li'beccio [li'bettʃo] *sm* south-west wind.
li'bello *sm* libel.
li'bellula *sf* dragonfly.
libe'rale *ag, sm/f* liberal.
liberaliz'zare [liberalid'dzare] *vt* to liberalize.
libe'rare *vt* to free, liberate; (*prigioniero: sog: autorità, TECN*) to release; (*sottrarre a danni*) to rescue; **libera'tore, 'trice** *ag* liberating // *sm/f* liberator; **liberazi'one** *sf* liberation, freeing; release; rescuing.
'libero, a *ag* free; (*strada*) clear; (*non occupato*: *posto etc*) vacant; not taken; empty; not engaged; **~ di fare qc** free to do sth; **~ da** free from; **~ arbitrio** free will; **~ professionista** professional man; **~ scambio** free trade; **libertà** *sf inv* freedom; (*tempo disponibile*) free time // *sfpl* (*licenza*) liberties; **in libertà provvisoria/vigilata** on bail/probation; **libertà di riunione** right to hold meetings.
liber'tino, a *ag* libertine.

'Libia *sf*: **la** ~ Libya; **'libico, a, ci, che** *ag, sm/f* Libyan.
li'bidine *sf* lust; **libidi'noso, a** *ag* lustful, libidinous.
li'bido *sf* libido.
li'braio *sm* bookseller.
li'brarsi *vr* to hover.
li'brario, a *ag* book *cpd.*
libre'ria *sf* (*bottega*) bookshop; (*stanza*) library; (*mobile*) bookcase.
li'bretto *sm* booklet; (*taccuino*) notebook; (*MUS*) libretto; ~ **degli assegni** cheque book; ~ **di risparmio** (savings) bank-book, passbook; ~ **universitario** student's report book.
'libro *sm* book; ~ **di cassa** cash book; ~ **paga** payroll.
li'cenza [li'tʃɛntsa] *sf* (*permesso*) permission, leave; (*di pesca, caccia, circolazione*) permit, licence; (*MIL*) leave; (*INS*) leaving certificate, diploma; (*libertà*) liberty; licence; licentiousness; **andare in** ~ (*MIL*) to go on leave.
licenzia'mento [litʃentsja'mento] *sm* dismissal; **indennità di** ~ redundancy payment.
licenzi'are [litʃen'tsjare] *vt* (*impiegato*) to dismiss; (*INS*) to award a certificate to; **~rsi** *vr* (*impiegato*) to resign, hand in one's notice; (*INS*) to obtain one's school-leaving certificate.
licenzi'oso, a [litʃen'tsjoso] *ag* licentious.
li'ceo [li'tʃɛo] *sm* (*INS*) secondary school (*for 14- to 19-year-olds*).
li'chene [li'kene] *sm* (*BOT*) lichen.
licitazi'one [litʃitat'tsjone] *sf* (*offerta*) bid.
'lido *sm* beach, shore.
li'eto, a *ag* happy, glad; **"molto ~"** (*nelle presentazioni*) "pleased to meet you".
li'eve *ag* light; (*di poco conto*) slight; (*sommesso: voce*) faint, soft.
lievi'tare *vi* (2) (*anche fig*) to rise // *vt* to leaven.
li'evito *sm* yeast; ~ **di birra** brewer's yeast.
'ligio, a, gi, gie ['lidʒo] *ag* faithful, loyal.
'lilla, lillà *sm inv* lilac.
'lima *sf* file.
limacci'oso, a [limat'tʃoso] *ag* slimy; muddy.
li'mare *vt* to file (down); (*fig*) to polish.
'limbo *sm* (*REL*) limbo.
li'metta *sf* nail file.
limi'tare *sm* (*anche fig*) threshold // *vt* to limit, restrict; (*circoscrivere*) to bound, surround; **limita'tivo, a** *ag* limiting, restricting; **limi'tato, a** *ag* limited, restricted; **limitazi'one** *sf* limitation, restriction.
'limite *sm* limit; (*confine*) border, boundary; ~ **di velocità** speed limit.
li'mitrofo, a *ag* neighbouring.
limo'nata *sf* lemonade; lemon squash.
li'mone *sm* (*pianta*) lemon tree; (*frutto*) lemon.
'limpido, a *ag* clear; (*acqua*) limpid, clear.
'lince ['lintʃe] *sf* lynx.
linci'are *vt* to lynch.
'lindo, a *ag* tidy, spick and span; (*biancheria*) clean.
'linea *sf* line; (*di mezzi pubblici di trasporto: itinerario*) route; (: *servizio*) service; **a grandi ~e** in outline; **mantenere la ~** to look after one's figure; **di ~**: **aereo di ~** airliner; **nave di ~** liner; ~ **di partenza/d'arrivo** (*SPORT*) starting/finishing line; ~ **di tiro** line of fire.
linea'menti *smpl* features; (*fig*) outlines.
line'are *ag* linear; (*fig*) coherent, logical.
line'etta *sf* (*trattino*) dash; (*d'unione*) hyphen.
lin'gotto *sm* ingot, bar.
'lingua *sf* (*ANAT, CUC*) tongue; (*idioma*) language; **mostrare la ~** to stick out one's tongue; **di ~ italiana** Italian-speaking; ~ **madre** mother tongue; **una ~ di terra** a spit of land; **linguacci'uto, a** *ag* gossipy.
lingu'aggio [lin'gwaddʒo] *sm* language.
lingu'etta *sf* (*di strumento*) reed; (*di scarpa, TECN*) tongue; (*di busta*) flap.
lingu'ista, i, e *sm/f* linguist; **lingu'istico, a, ci, che** *ag* linguistic // *sf* linguistics *sg.*
lini'mento *sm* liniment.
'lino *sm* (*pianta*) flax; (*tessuto*) linen.
li'noleum *sm inv* linoleum, lino.
lio'corno *sm* unicorn.
lique'fare *vt* (*render liquido*) to liquefy; (*fondere*) to melt; **~rsi** *vr* to liquefy; to melt.
liqui'dare *vt* (*società, beni; persona: uccidere*) to liquidate; (*persona: sbarazzarsene*) to get rid of; (*conto, problema*) to settle; (*COMM: merce*) to sell off, clear; **liquidazi'one** *sf* liquidation; settlement; clearance sale.
liquidità *sf* liquidity.
'liquido, a *ag, sm* liquid; ~ **per freni** brake fluid.
liqui'rizia [likwi'rittsja] *sf* (*BOT*) liquorice.
li'quore *sm* liqueur.
'lira *sf* (*unità monetaria*) lira; (*MUS*) lyre; ~ **sterlina** pound sterling.
'lirico, a, ci, che *ag* lyric(al); (*MUS*) lyric // *sf* (*poesia*) lyric poetry; (*componimento poetico*) lyric; (*MUS*) opera; **cantante/teatro ~** opera singer/house.
Lis'bona *sf* Lisbon.
'lisca, sche *sf* (*di pesce*) fishbone.
lisci'are [liʃ'ʃare] *vt* to smooth; (*accarezzare*) to stroke; (*fig*) to flatter.
'liscio, a, sci, sce ['liʃʃo] *ag* smooth; (*capelli*) straight; (*mobile*) plain; (*bevanda alcolica*) neat; (*fig*) straightforward, simple // *av*: **andare ~** to go smoothly; **passarla ~a** to get away with it.
'liso, a *ag* worn out, threadbare.
'lista *sf* (*striscia*) strip; (*elenco*) list; ~ **elettorale** electoral roll; ~ **delle vivande** menu; **lis'tare** *vt* to edge, border.
lis'tino *sm* list; ~ **dei cambi** (foreign) exchange rate; ~ **dei prezzi** price list.
lita'nia *sf* litany.

'lite *sf* quarrel, argument; (*DIR*) lawsuit.
liti'gare *vi* to quarrel; (*DIR*) to litigate.
li'tigio [li'tidʒo] *sm* quarrel; **litigi'oso, a** *ag* quarrelsome; (*DIR*) litigious.
litogra'fia *sf* (*sistema*) lithography; (*stampa*) lithograph.
lito'rale *ag* coastal, coast *cpd* // *sm* coast.
'litro *sm* litre.
litur'gia, 'gie [litur'dʒia] *sf* liturgy.
li'uto *sm* lute.
li'vella *sf* level; ~ **a bolla d'aria** spirit level.
livel'lare *vt* to level, make level; **~rsi** *vr* to become level; (*fig*) to level out, balance out.
li'vello *sm* level; (*fig*) level, standard; **ad alto** ~ (*fig*) high-level; ~ **del mare** sea level.
'livido, a *ag* livid; (*per percosse*) bruised, black and blue; (*cielo*) leaden // *sm* bruise.
li'vore *sm* malice, spite.
Li'vorno *sf* Livorno, Leghorn.
li'vrea *sf* livery.
'lizza ['littsa] *sf* lists *pl*; **scendere in** ~ (*anche fig*) to enter the lists.
lo *det m* (*dav s impura, gn, pn, ps, x, z; dav V* **l'**) the // *pronome* (*dav V* **l'**) (*oggetto*: *persona*) him; (: *cosa*) it; ~ **sapevo** I knew it; ~ **so** I know; **sii buono, anche se lui non** ~ **è** be good, even if he isn't.
'lobo *sm* lobe; ~ **dell'orecchio** ear lobe.
lo'cale *ag* local // *sm* room; (*luogo pubblico*) premises *pl*; ~ **notturno** nightclub; **località** *sf inv* locality; **localiz'zare** *vt* (*circoscrivere*) to confine, localize; (*accertare*) to locate, place.
lo'canda *sf* inn; **locandi'ere, a** *sm/f* innkeeper.
loca'tario, a *sm/f* tenant.
loca'tore, 'trice *sm/f* landlord/lady.
locazi'one [lokat'tsjone] *sf* (*da parte del locatario*) renting *q*; (*da parte del proprietario*) renting out *q*, letting *q*; (*effetto*) rent(al).
locomo'tiva *sf* locomotive.
locomo'tore *sm* electric locomotive.
locomozi'one [lokomot'tsjone] *sf* locomotion; **mezzi di** ~ vehicles, means of transport.
lo'custa *sf* locust.
locuzi'one [lokut'tsjone] *sf* phrase, expression.
lo'dare *vt* to praise.
'lode *sf* praise; (*INS*): **laurearsi con la** ~ ≈ to graduate with a first-class honours degree; **lo'devole** *ag* praiseworthy.
loga'ritmo *sm* logarithm.
'loggia, ge ['lɔddʒa] *sf* (*ARCHIT*) loggia; (*circolo massonico*) lodge; **loggi'one** *sm* (*di teatro*): **il loggione** the Gods *sg*.
'logico, a, ci, che ['lɔdʒiko] *ag* logical // *sf* logic.
logo'rare *vt* to wear out; (*sciupare*) to waste; **~rsi** *vr* to wear out; (*fig*) to wear o.s. out.
logo'rio *sm* wear and tear; (*fig*) strain.
'logoro, a *ag* (*stoffa*) worn out, threadbare; (*persona*) worn out.
lom'baggine [lom'baddʒine] *sf* lumbago.
Lombar'dia *sf*: **la** ~ Lombardy.
lom'bata *sf* (*taglio di carne*) loin.
'lombo *sm* (*ANAT*) loin.
lom'brico, chi *sm* earthworm.
'Londra *sf* London.
longevità [londʒevi'ta] *sf* longevity.
lon'gevo, a [lon'dʒevo] *ag* long-lived.
longi'tudine [londʒi'tudine] *sf* longitude.
lonta'nanza [lonta'nantsa] *sf* distance; absence.
lon'tano, a *ag* (*distante*) distant, faraway; (*assente*) absent; (*vago: sospetto*) slight, remote; (*tempo*: *remoto*) far-off, distant; (*parente*) distant, remote // *av* far; **è ~a la casa?** is it far to the house?, is the house far from here?; **è** ~ **un chilometro** it's a mile away *o* a mile from here; **più** ~ farther; **da** *o* **di** ~ from a distance; ~ **da** a long way from; **alla ~a** slightly, vaguely.
'lontra *sf* otter.
lo'quace [lo'kwatʃe] *ag* talkative, loquacious; (*fig*: *gesto etc*) eloquent.
'lordo, a *ag* dirty, filthy; (*peso, stipendio*) gross; **lor'dura** *sf* filth.
'loro *pronome pl* (*oggetto, con preposizione*) them; (*complemento di termine*) to them; (*soggetto*) they; (*forma di cortesia: anche*: **L**~) you; to you; **il(la)** ~, **i(le)** ~ *det* their; (*forma di cortesia: anche*: **L**~) your // *pronome* theirs; (*forma di cortesia: anche*: **L**~) yours; ~ **stessi(e)** they themselves; you yourselves.
'losco, a, schi, sche *ag* (*fig*) shady, suspicious.
'loto *sm* lotus.
'lotta *sf* struggle, fight; (*SPORT*) wrestling; **lot'tare** *vi* to fight, struggle; to wrestle; **lotta'tore** *sm* wrestler.
lotte'ria *sf* lottery; (*di gara ippica*) sweepstake.
'lotto *sm* (*gioco*) (state) lottery; (*parte*) lot; (*EDIL*) site.
lozi'one [lot'tsjone] *sf* lotion.
'lubrico, a, ci, che *ag* lewd, lascivious.
lubrifi'cante *sm* lubricant.
lubrifi'care *vt* to lubricate.
luc'chetto [luk'ketto] *sm* padlock.
lucci'care [luttʃi'kare] *vi* to sparkle, glitter, twinkle.
'luccio ['luttʃo] *sm* (*ZOOL*) pike.
'lucciola ['luttʃola] *sf* (*ZOOL*) firefly; glowworm.
'luce ['lutʃe] *sf* light; (*finestra*) window; **alla** ~ **di** by the light of; **fare** ~ **su qc** (*fig*) to shed *o* throw light on sth; ~ **del sole/della luna** sun/moonlight; **lu'cente** *ag* shining.
lu'cerna [lu'tʃɛrna] *sf* oil-lamp.
lucer'nario [lutʃer'narjo] *sm* skylight.
lu'certola [lu'tʃɛrtola] *sf* lizard.
luci'dare [lutʃi'dare] *vt* to polish; (*ricalcare*) to trace.
lucidità [lutʃidi'ta] *sf* lucidity.
'lucido, a ['lutʃido] *ag* shining, bright;

(*lucidato*) polished; (*fig*) lucid // *sm* shine, lustre; (*per scarpe etc*) polish; (*disegno*) tracing.
lu'cignolo [lu'tʃiɲɲolo] *sm* wick.
lu'crare *vt* to earn, make.
'lucro *sm* profit, gain; **lu'croso, a** *ag* lucrative, profitable.
lu'dibrio *sm* mockery *q*; (*oggetto di scherno*) laughing-stock.
'luglio ['luʎʎo] *sm* July.
'lugubre *ag* gloomy.
'lui *pronome* (*soggetto*) he; (*oggetto: per dare rilievo, con preposizione*) him; ~ **stesso** he himself.
lu'maca, che *sf* slug; (*chiocciola*) snail.
'lume *sm* light; (*lampada*) lamp; (*fig*): **chiedere ~i a qd** to ask sb for advice.
lumi'naria *sf* (*per feste*) illuminations *pl.*
lumi'noso, a *ag* (*che emette luce*) luminous; (*cielo, colore, stanza*) bright; (*sorgente*) of light, light *cpd*; (*fig*) obvious, clear; **idea ~a** bright idea.
'luna *sf* moon; ~ **nuova/piena** new/full moon; ~ **di miele** honeymoon.
'luna park *sm inv* amusement park, funfair.
lu'nare *ag* lunar, moon *cpd.*
lu'nario *sm* almanac.
lu'natico, a, ci, che *ag* whimsical, temperamental.
lunedì *sm inv* Monday; **di** *o* **il** ~ on Mondays.
lun'gaggine [lun'gaddʒine] *sf* slowness; **~i della burocrazia** red tape.
lun'ghezza [lun'gettsa] *sf* length; ~ **d'onda** (FISICA) wavelength.
'lungo, a, ghi, ghe *ag* long; (*lento: persona*) slow; (*diluito: caffè, brodo*) weak, watery, thin // *sm* length // *prep* along; ~ **3 metri** 3 metres long; **a** ~ for a long time; **a** ~ **andare** in the long run; **di gran ~a** (*molto*) by far; **andare in** ~ *o* **per le lunghe** to drag on; **saperla ~a** to know what's what; **in ~ e in largo** far and wide, all over; ~ **il corso dei secoli** throughout the centuries.
lungo'mare *sm* promenade.
lu'notto *sm* (AUT) rear *o* back window.
lu'ogo, ghi *sm* place; (*posto: di incidente etc*) scene, site; (*punto, passo di libro*) passage; **in** ~ **di** instead of; **in primo** ~ in the first place; **aver** ~ to take place; **dar** ~ **a** to give rise to; ~ **comune** commonplace; ~ **geometrico** locus.
luogote'nente *sm* (MIL) lieutenant.
lu'para *sf* sawn-off shotgun.
'lupo, a *sm/f* wolf.
'luppolo *sm* (BOT) hop.
'lurido, a *ag* filthy.
lu'singa, ghe *sf* (*spesso al pl*) flattery *q.*
lusin'gare *vt* to flatter; **~rsi** *vr* (*sperare*) to deceive o.s.; **lusinghi'ero, a** *ag* flattering, gratifying.
lus'sare *vt* (MED) to dislocate.
Lussem'burgo *sm*: **il** ~ Luxembourg.
'lusso *sm* luxury; **di** ~ luxury *cpd*; **lussu'oso, a** *ag* luxurious.
lussureggi'are [lussured'dʒare] *vi* to be luxuriant.
lus'suria *sf* lust.
lus'trare *vt* to polish, shine.
lustras'carpe *sm/f inv* shoeshine.
lus'trino *sm* sequin.
'lustro, a *ag* shiny; (*pelliccia*) glossy // *sm* shine, gloss; (*fig*) prestige, glory; (*quinquennio*) five-year period.
'lutto *sm* mourning; **essere in/portare il** ~ to be in/wear mourning; **luttu'oso, a** *ag* mournful, sad.

M

ma *cong* but; ~ **insomma!** for goodness sake!; ~ **no!** of course not!
'macabro, a *ag* gruesome, macabre.
macché [mak'ke] *escl* not at all!, certainly not!
macche'roni [makke'roni] *smpl* macaroni *sg.*
'macchia ['makkja] *sf* stain, spot; (*chiazza di diverso colore*) spot; splash, patch; (*tipo di boscaglia*) scrub; **macchi'are** *vt* (*sporcare*) to stain, mark; **macchiarsi** *vr* (*persona*) to get o.s. dirty; (*stoffa*) to stain; to get stained *o* marked.
'macchina ['makkina] *sf* machine; (*elettrica, a vapore*) engine; (*automobile*) car; (*fig: meccanismo*) machinery; **andare in** ~ (AUT) to go by car; (STAMPA) to go to press; ~ **da cucire** sewing machine; ~ **fotografica** camera; ~ **da scrivere** typewriter; ~ **a vapore** steam engine.
macchi'nare [makki'nare] *vt* to plot.
macchi'nario [makki'narjo] *sm* machinery.
macchi'netta [makki'netta] *sf* (*fam: caffettiera*) percolator; (*: accendino*) lighter.
macchi'nista, i [makki'nista] *sm* (*di treno*) engine-driver; (*di nave*) engineer; (TEATRO, TV) stagehand.
macchi'noso, a [makki'noso] *ag* complex, complicated.
mace'donia [matʃe'dɔnja] *sf* fruit salad.
macel'laio [matʃel'lajo] *sm* butcher.
macel'lare [matʃel'lare] *vt* to slaughter, butcher; **macelle'ria** *sf* butcher's (shop); **ma'cello** *sm* (*mattatoio*) slaughterhouse, abattoir; (*fig*) slaughter, massacre; (*: disastro*) shambles *sg.*
mace'rare [matʃe'rare] *vt* to macerate; (*fig*) to mortify; **~rsi** *vr* to waste away; (*fig*): **~rsi in** to be consumed with.
ma'cerie [ma'tʃɛrje] *sfpl* rubble *sg*, debris *sg.*
ma'cigno [ma'tʃiɲɲo] *sm* (*masso*) rock, boulder.
maci'lento, a [matʃi'lɛnto] *ag* emaciated.
'macina ['matʃina] *sf* (*pietra*) millstone; (*macchina*) grinder; **macinacaffè** *sm inv* coffee grinder; **macina'pepe** *sm inv* peppermill.
maci'nare [matʃi'nare] *vt* to grind; **maci'nato** *sm* meal, flour; (*carne*) mince, minced meat.

maci'nino [matʃi'nino] *sm* coffee grinder; peppermill.
'madido, a *ag*: ~ **(di)** wet *o* moist (with).
Ma'donna *sf* (*REL*) Our Lady.
mador'nale *ag* enormous, huge.
'madre *sf* mother; (*matrice di bolletta*) counterfoil // *ag inv* mother *cpd*; **ragazza** ~ unmarried mother; **scena** ~ (*TEATRO*) principal scene.
madre'lingua *sf* mother tongue, native language.
madre'perla *sf* mother-of-pearl.
madri'gale *sm* madrigal.
ma'drina *sf* godmother.
maestà *sf inv* majesty; **maes'toso, a** *ag* majestic.
ma'estra *sf vedi* **maestro.**
maes'trale *sm* north-west wind, mistral.
maes'tranze [maes'trantse] *sfpl* workforce *sg.*
maes'tria *sf* mastery, skill.
ma'estro, a *sm/f* (*INS*: *anche*: ~ **elementare**) primary teacher; (*persona molto preparata*) expert // *sm* (*artigiano, fig: guida*) master; (*MUS*) maestro // *ag* (*principale*) main; (*di grande abilità*) masterly, skilful; ~ **di cerimonie** master of ceremonies; ~**a giardiniera** nursery teacher.
'mafia *sf* Mafia; **mafi'oso** *sm* member of the Mafia.
'maga *sf* sorceress.
ma'gagna [ma'gaɲɲa] *sf* defect, flaw, blemish.
ma'gari *escl* (*esprime desiderio*): ~ **fosse vero!** if only it were true!; **ti piacerebbe andare in Scozia?** — ~**!** would you like to go to Scotland? — and how! // *av* (*anche*) even; (*forse*) perhaps.
magaz'zino [magad'dzino] *sm* warehouse; (*grande emporio*) department store.
'maggio ['maddʒo] *sm* May.
maggio'rana [maddʒo'rana] *sf* (*BOT*) (sweet) marjoram.
maggio'ranza [maddʒo'rantsa] *sf* majority.
maggio'rare [maddʒo'rare] *vt* to increase, raise.
maggior'domo [maddʒor'dɔmo] *sm* butler.
maggi'ore [mad'dʒore] *ag* (*comparativo: più grande*) bigger, larger; taller; greater; (*: più vecchio: sorella, fratello*) older, elder; (*: di grado superiore*) senior; (*: più importante, MIL, MUS*) major; (*superlativo*) biggest, largest; tallest; greatest; oldest, eldest // *sm/f* (*di grado*) superior; (*di età*) elder; (*MIL*) major; (*: AER*) squadron leader; **la maggior parte** the majority; **maggio'renne** *ag* of age // *sm/f* person who has come of age; **maggio'rente** *sm* notable; **maggior'mente** *av* much more; (*con senso superlativo*) most.
ma'gia [ma'dʒia] *sf* magic; **'magico, a, ci, che** *ag* magic; (*fig*) fascinating, charming, magical.
'magio ['madʒo] *sm* (*REL*): **i re Magi** the Magi, the Three Wise Men.
magis'tero [madʒis'tero] *sm* (*INS*) teaching; (*fig: maestria*) skill; **magis'trale** *ag* primary teachers', primary teaching *cpd*; skilful.
magis'trato [madʒis'trato] *sm* magistrate; **magistra'tura** *sf* magistrature; (*magistrati*): **la magistratura** the Bench.
'maglia ['maʎʎa] *sf* stitch; (*lavoro ai ferri*) knitting *q*; (*tessuto, SPORT*) jersey; (*maglione*) jersey, sweater; (*di catena*) link; (*di rete*) mesh; **avviare/diminuire le** ~**e** to cast on/cast off; ~ **diritta/rovescia** plain/purl; **maglie'ria** *sf* knitwear; (*negozio*) knitwear shop; **magli'etta** *sf* (*canottiera*) vest; (*tipo camicia*) T-shirt; **magli'ficio** *sm* knitwear factory.
'maglio ['maʎʎo] *sm* mallet; (*macchina*) power hammer.
ma'gnanimo, a [maɲ'ɲanimo] *ag* magnanimous.
ma'gnesia [maɲ'ɲezja] *sf* (*CHIM*) magnesia.
ma'gnesio [maɲ'ɲezjo] *sm* (*CHIM*) magnesium.
ma'gnete [maɲ'ɲete] *sm* magnet; **ma'gnetico, a, ci, che** *ag* magnetic; **magne'tismo** *sm* magnetism.
magne'tofono [maŋŋe'tɔfono] *sm* tape recorder.
magnifi'cenza [maɲɲifi'tʃɛntsa] *sf* magnificence, splendour.
ma'gnifico, a, ci, che [maɲ'ɲifiko] *ag* magnificent, splendid; (*ospite*) generous.
ma'gnolia [maɲ'ɲɔlja] *sf* magnolia.
'mago, ghi *sm* (*stregone*) magician, wizard; (*illusionista*) magician.
ma'grezza [ma'grettsa] *sf* thinness.
'magro, a *ag* (very) thin, skinny; (*carne*) lean; (*formaggio*) low-fat; (*fig: scarso, misero*) meagre, poor; (*: meschino: scusa*) poor, lame; **mangiare di** ~ not to eat meat.
'mai *av* (*nessuna volta*) never; (*talvolta*) ever; **non ...** ~ never; ~ **più** never again; **come** ~**?** why (*o* how) on earth?; **chi/dove/quando** ~**?** whoever/wherever/whenever?
mai'ale *sm* (*ZOOL*) pig; (*carne*) pork.
maio'nese *sf* mayonnaise.
'mais *sm inv* maize.
mai'uscolo, a *ag* (*lettera*) capital; (*fig*) enormous, huge // *sf* capital letter.
mal *av, sm vedi* **male.**
malac'corto, a *ag* rash, careless.
mala'copia *sf* rough copy.
malafede *sf* bad faith.
mala'mente *av* badly; dangerously.
malan'dato, a *ag* (*persona: di salute*) in poor health; (*: di condizioni finanziarie*) badly off; (*trascurato*) shabby.
ma'lanimo *sm* ill will, malevolence; **di** ~ unwillingly.
ma'lanno *sm* (*disgrazia*) misfortune; (*malattia*) ailment.
mala'pena *sf*: **a** ~ hardly, scarcely.
ma'laria *sf* (*MED*) malaria.

mala'sorte *sf* bad luck.
mala'ticcio, a [mala'tittʃo] *ag* sickly.
ma'lato, a *ag* ill, sick; (*gamba*) bad; (*pianta*) diseased // *sm/f* sick person; (*in ospedale*) patient; **malat'tia** *sf* (*infettiva etc*) illness, disease; (*cattiva salute*) illness, sickness.
malau'gurio *sm* bad *o* ill omen.
mala'vita *sf* underworld.
mala'voglia [mala'vɔʎʎa] *sf* reluctance, unwillingness; **di ~** unwillingly, reluctantly.
mal'concio, a, ci, ce [mal'kontʃo] *ag* in a sorry state.
malcon'tento *sm* discontent.
malcos'tume *sm* immorality.
mal'destro, a *ag* (*inabile*) inexpert, inexperienced; (*goffo*) awkward.
maldi'cente [maldi'tʃɛnte] *ag* slanderous.
maldis'posto, a *ag*: **~ (verso)** ill-disposed (towards).
'male *av* badly // *sm* (*ciò che è ingiusto, disonesto*) evil; (*danno, svantaggio*) harm; (*sventura*) misfortune; (*dolore fisico, morale*) pain, ache; **di ~ in peggio** from bad to worse; **sentirsi ~** to feel ill; **far ~** (*dolere*) to hurt; **far ~ alla salute** to be bad for one's health; **far del ~ a qd** to hurt *o* harm sb; **restare** *o* **rimanere ~** to be sorry; to be disappointed; to be hurt; **andare a ~** to go bad; **come va? — non c'è ~** how are you? — not bad; **mal di mare** seasickness; **avere mal di gola/testa** to have a sore throat/a headache.
male'detto, a *pp di* **maledire** // *ag* cursed, damned; (*fig: fastidioso*) damned, wretched.
male'dire *vt* to curse; **maledizi'one** *sf* curse; **maledizione!** damn it!
maledu'cato, a *ag* rude, ill-mannered.
male'ficio [male'fitʃo] *sm* witchcraft.
ma'lefico, a, ci, che *ag* (*aria, cibo*) harmful, bad; (*influsso, azione*) evil.
ma'lessere *sm* indisposition, slight illness; (*fig*) uneasiness.
ma'levolo, a *ag* malevolent.
malfa'mato, a *ag* notorious.
mal'fatto, a *ag* (*persona*) deformed; (*cosa*) badly made.
malfat'tore, 'trice *sm/f* wrongdoer.
mal'fermo, a *ag* unsteady, shaky; (*salute*) poor, delicate.
malformazi'one [malformat'tsjone] *sf* malformation.
malgo'verno *sm* maladministration.
mal'grado *prep* in spite of, despite // *cong* although; **mio** (*o* **tuo** *etc*) **~** against my (*o* your *etc*) will.
ma'lia *sf* spell; (*fig: fascino*) charm.
mali'gnare [maliɲ'ɲare] *vi*: **~ su** to malign, speak ill of.
ma'ligno, a [ma'liɲɲo] *ag* (*malvagio*) malicious, malignant; (*MED*) malignant.
malinco'nia *sf* melancholy, gloom; **malin'conico, a, ci, che** *ag* melancholy.
malincu'ore: a ~ *av* reluctantly, unwillingly.
malintenzio'nato, a [malintentsjo'nato] *ag* ill-intentioned.
malin'teso, a *ag* misunderstood; (*riguardo, senso del dovere*) mistaken, wrong // *sm* misunderstanding.
ma'lizia [ma'littsja] *sf* (*malignità*) malice; (*furbizia*) cunning; (*espediente*) trick; **malizi'oso, a** *ag* malicious; cunning; (*vivace, birichino*) mischievous.
malle'abile *ag* malleable.
malme'nare *vt* to beat up; (*fig*) to ill-treat.
mal'messo, a *ag* (*persona*) shabby, badly-dressed; (*casa*) badly-furnished.
malnu'trito, a *ag* undernourished; **malnutrizi'one** *sf* malnutrition.
ma'locchio [ma'lɔkkjo] *sm* evil eye.
ma'lora *sf* ruin; **andare in ~** to go to the dogs; **va in ~!** go to hell!
ma'lore *sm* feeling of faintness; feeling of discomfort.
mal'sano, a *ag* unhealthy.
malsi'curo, a *ag* unsafe; (*fig*) uncertain; (*: testimonianza*) unreliable.
'malta *sf* (*EDIL*) mortar.
mal'tempo *sm* bad weather.
'malto *sm* malt.
maltrat'tare *vt* to ill-treat.
malu'more *sm* bad mood; (*irritabilità*) bad temper; (*discordia*) ill feeling; **di ~** in a bad mood.
mal'vagio, a, gi, gie [mal'vadʒo] *ag* wicked, evil.
malversazi'one [malversat'tsjone] *sf* (*DIR*) embezzlement.
mal'visto, a *ag*: **~ (da)** disliked (by), unpopular (with).
malvi'vente *sm* criminal.
malvolenti'eri *av* unwillingly, reluctantly.
malvo'lere *vt*: **farsi ~ da qd** to make o.s. unpopular with sb // *sm* (*avversione*) ill will; (*scarsa volontà*) unwillingness.
'mamma *sf* mummy, mum; **~ mia!** my goodness!
mam'mario, a *ag* (*ANAT*) mammary.
mam'mella *sf* (*ANAT*) breast; (*di vacca, capra etc*) udder.
mam'mifero *sm* mammal.
'mammola *sf* (*BOT*) violet.
ma'nata *sf* (*colpo*) slap; (*quantità*) handful.
'manca *sf vedi* **manco.**
man'canza [man'kantsa] *sf* lack; (*carenza*) shortage, scarcity; (*fallo*) fault; (*imperfezione*) failing, shortcoming; **per ~ di tempo** through lack of time; **in ~ di meglio** for lack of anything better.
man'care *vi* (*2: essere insufficiente*) to be lacking; (*: venir meno*) to fail; (*: non esserci*) to be missing, not to be there; (*: essere lontano*): **~ (da)** to be away (from) // *vt* to miss; **~ di** to lack; **~ a** (*promessa*) to fail to keep; **tu mi manchi** I miss you; **mancò poco che morisse** he very nearly died; **mancano ancora 10**

sterline we're still £10 short; **manca un quarto alle 6** it's a quarter to 6; **man'cato, a** *ag* (*tentativo*) unsuccessful; (*artista*) failed.

'mancia, ce ['mantʃa] *sf* tip; ~ **competente** reward.

manci'ata [man'tʃata] *sf* handful.

man'cino, a [man'tʃino] *ag* (*braccio*) left; (*persona*) left-handed; (*fig*) underhand.

'manco, a, chi, che *ag* left // *sf* left hand // *av* (*nemmeno*) not even.

man'dare *vt* to send; (*far funzionare: macchina*) to drive; (*emettere*) to send out; (*: grido*) to give, utter, let out; ~ **a chiamare qd** to send for sb; ~ **giù** to send down; (*anche fig*) to swallow; ~ **via** to send away; (*licenziare*) to fire.

manda'rino *sm* mandarin (orange), tangerine; (*cinese*) mandarin.

man'data *sf* (*spedizione*) sending; (*quantità*) lot, batch; (*di chiave*) turn.

manda'tario *sm* (DIR) representative, agent.

man'dato *sm* (*incarico*) commission; (*DIR: provvedimento*) warrant; (*di deputato etc*) mandate; (*ordine di pagamento*) postal *o* money order; ~ **d'arresto** warrant for arrest.

man'dibola *sf* mandible, jaw.

'mandorla *sf* almond; **'mandorlo** *sm* almond tree.

'mandria *sf* herd.

maneggi'are [maned'dʒare] *vt* (*creta*) to mould, work, fashion; (*arnesi, utensili*) to handle; (*: adoperare*) to use; (*fig: persone*) to handle, deal with; **ma'neggio** *sm* moulding; handling; use; (*intrigo*) plot, scheme; (*per cavalli*) riding school.

ma'nesco, a, schi, sche *ag* free with one's fists.

ma'netta *sf* hand lever; ~**e** *sfpl* handcuffs.

manga'nello *sm* club.

manga'nese *sm* manganese.

'mangano *sm* mangle.

mange'reccio, a, ci, ce [mandʒe'rettʃo] *ag* edible.

mange'ria [mandʒe'ria] *sf* extortion.

mangia'dischi [mandʒa'diski] *sm inv* record player.

mangi'are [man'dʒare] *vt* to eat; (*intaccare*) to eat into *o* away; (CARTE, SCACCHI *etc*) to take // *vi* to eat // *sm* eating; (*cibo*) food; (*cucina*) cooking; ~**rsi le parole** to mumble; **mangia'toia** *sf* feeding-trough.

man'gime [man'dʒime] *sm* fodder.

'mango, ghi *sm* mango.

ma'nia *sf* (PSIC) mania; (*fig*) obsession, craze; **ma'niaco, a, ci, che** *ag* suffering from a mania; **maniaco (di)** obsessed (by), crazy (about).

'manica *sf* sleeve; (*fig: gruppo*) gang, bunch; (GEO): **la M~** the (English) Channel; **essere di ~ larga/stretta** to be easy-going/strict; ~ **a vento** (AER) wind sock.

mani'chino [mani'kino] *sm* (*di sarto, vetrina*) dummy.

'manico, ci *sm* handle; (MUS) neck.

mani'comio *sm* mental hospital; (*fig*) madhouse.

mani'cotto *sm* muff; (TECN) coupling; sleeve.

mani'cure *sf inv* manicurist.

mani'era *sf* way, manner; (*stile*) style, manner; ~**e** *sfpl* manners; **in ~ che** so that; **in ~ da** so as to; **in tutte le ~e** at all costs.

manie'rato, a *ag* affected.

manifat'tura *sf* (*lavorazione*) manufacture; (*stabilimento*) factory.

manifes'tare *vt* to show, display; (*esprimere*) to express; (*rivelare*) to reveal, disclose // *vi* to demonstrate; ~**rsi** *vr* to show o.s.; ~**rsi amico** to prove o.s. (to be) a friend; **manifestazi'one** *sf* show, display; expression; (*sintomo*) sign, symptom; (*dimostrazione pubblica*) demonstration; (*cerimonia*) event.

mani'festo, a *ag* obvious, evident // *sm* poster, bill; (*scritto ideologico*) manifesto.

ma'niglia [ma'niʎʎa] *sf* handle; (*sostegno: negli autobus etc*) strap.

manipo'lare *vt* to manipulate; (*alterare: vino*) to adulterate; **manipolazi'one** *sf* manipulation; adulteration.

manis'calco, chi *sm* farrier.

'manna *sf* (REL) manna.

man'naia *sf* (*del boia*) (executioner's) axe; (*per carni*) cleaver.

man'naro: **lupo ~** *sm* werewolf.

'mano, i *sf* hand; (*strato: di vernice etc*) coat; **di prima ~** (*notizia*) first-hand; **di seconda ~** second-hand; **man ~** little by little, gradually; **man ~ che** as; **darsi** *o* **stringersi la ~** to shake hands; **mettere le ~i avanti** (*fig*) to safeguard o.s.; **a ~** by hand; ~**i in alto!** hands up!

mano'dopera *sf* labour.

ma'nometro *sm* gauge, manometer.

mano'mettere *vt* (*alterare*) to tamper with; (*frugare, aprire*) to break open illegally; (*ledere: diritti*) to violate, infringe; **mano'messo, a** *pp di* **manomettere.**

ma'nopola *sf* (*dell'armatura*) gauntlet; (*guanto*) mitt; (*di impugnatura*) hand-grip; (*pomello*) knob.

manos'critto, a *ag* handwritten // *sm* manuscript.

mano'vale *sm* labourer.

mano'vella *sf* handle; (TECN) crank; **albero a ~** crankshaft.

ma'novra *sf* manoeuvre; (FERR) shunting; **mano'vrare** *vt* to manoeuvre; (*congegno*) to operate // *vi* to manoeuvre.

manro'vescio [manro'veʃʃo] *sm* slap (*with back of hand*).

man'sarda *sf* attic.

mansi'one *sf* task, duty, job.

mansu'eto, a *ag* gentle, docile.

man'tello *sm* cloak; (*fig: di neve etc*) blanket, mantle; (*TECN: involucro*) casing, shell; (ZOOL) coat.

mante'nere *vt* to maintain; (*adempiere: promesse*) to keep, abide by; (*provvedere a*) to support, maintain; **~rsi** *vr*: **~rsi calmo/ giovane** to stay calm/young; **manteni'mento** *sm* maintenance.

'mantice ['mantitʃe] *sm* bellows *pl*; (*di carrozza, automobile*) hood.

'manto *sm* cloak; **~ stradale** road surface.

manu'ale *ag* manual // *sm* (*testo*) manual, handbook.

ma'nubrio *sm* handle; (*di bicicletta etc*) handlebars *pl*; (SPORT) dumbbell.

manu'fatto, a *ag* manufactured.

manutenzi'one [manuten'tsjone] *sf* maintenance, upkeep; (*d'impianti*) maintenance, servicing.

'manzo ['mandzo] *sm* (ZOOL) steer; (*carne*) beef.

'mappa *sf* (GEO) map; **mappa'mondo** *sm* map of the world; (*globo girevole*) globe.

ma'rasma, i *sm* (*fig*) decay, decline.

mara'tona *sf* marathon.

'marca, che *sf* mark; (*bollo*) stamp; (COMM: *di prodotti*) brand; (*contrassegno, scontrino*) ticket, check; **~ da bollo** official stamp; **~ di fabbrica** trademark.

mar'care *vt* (*munire di contrassegno*) to mark; (*a fuoco*) to brand; (SPORT: *gol*) to score; (: *avversario*) to mark; **~ visita** (MIL) to report sick.

mar'chese, a [mar'keze] *sm/f* marquis *o* marquess/marchioness.

marchi'are [mar'kjare] *vt* to brand; **'marchio** *sm* (*di bestiame*, COMM, *fig*) brand; **marchio di fabbrica** trademark; **marchio depositato** registered trademark.

'marcia, ce ['martʃa] *sf* (*anche* MUS, MIL) march; (*funzionamento*) running; (*il camminare*) walking; (AUT) gear; **mettere in ~** to start; **mettersi in ~** to get moving; **far ~ indietro** (AUT) to reverse; (*fig*) to back-pedal.

marciapi'ede [martʃa'pjɛde] *sm* (*di strada*) pavement; (FERR) platform.

marci'are [mar'tʃare] *vi* to march; (*andare: treno, macchina*) to go; (*funzionare*) to run, work.

'marcio, a, ci, ce ['martʃo] *ag* (*frutta, legno*) rotten, bad; (MED) festering; (*fig*) corrupt, rotten.

mar'cire [mar'tʃire] *vi* (2) (*andare a male*) to go bad, rot; (*suppurare*) to fester; (*fig*) to rot, waste away.

'marco, chi *sm* (*unità monetaria*) mark.

'mare *sm* sea; **in ~** at sea; **andare al ~** (*in vacanza etc*) to go to the seaside; **il ~ del Nord** the North Sea.

ma'rea *sf* tide; **alta/bassa ~** high/low tide.

mareggi'ata [mared'dʒata] *sf* heavy sea.

ma'remma *sf* (GEO) maremma, swampy coastal area.

mare'moto *sm* seaquake.

maresci'allo [mareʃ'ʃallo] *sm* (MIL) marshal; (: *sottufficiale*) warrant officer.

marga'rina *sf* margarine.

marghe'rita [marge'rita] *sf* (ox-eye) daisy, marguerite; **margheri'tina** *sf* daisy.

margi'nale [mardʒi'nale] *ag* marginal.

'margine ['mardʒine] *sm* margin; (*di bosco, via*) edge, border.

ma'rina *sf* navy; (*costa*) coast; **~ militare/mercantile** navy/merchant navy.

mari'naio *sm* sailor.

mari'nare *vt* (CUC) to marinate; **~ la scuola** to play truant; **mari'nata** *sf* marinade.

ma'rino, a *ag* sea *cpd*, marine.

mario'netta *sf* puppet.

mari'tale *ag* marital.

mari'tare *vt* to marry; **~rsi** *vr*: **~rsi a** *o* **con qd** to marry sb, get married to sb.

ma'rito *sm* husband.

ma'rittimo, a *ag* maritime, sea *cpd*.

mar'maglia [mar'maʎʎa] *sf* mob, riff-raff.

marmel'lata *sf* jam; (*di agrumi*) marmalade.

mar'mitta *sf* (*recipiente*) pot; (AUT) silencer.

'marmo *sm* marble.

mar'mocchio [mar'mɔkkjo] *sm* (*fam*) tot, kid.

mar'motta *sf* (ZOOL) marmot.

Ma'rocco *sm*: **il ~** Morocco.

'marra *sf* hoe.

mar'rone *ag inv* brown // *sm* (BOT) chestnut.

mar'sina *sf* tails *pl*, tail coat.

martedì *sm inv* Tuesday; **di** *o* **il ~** on Tuesdays; **~ grasso** Shrove Tuesday.

martel'lare *vt* to hammer // *vi* to hammer; (*pulsare*) to throb.

mar'tello *sm* hammer; (*di uscio*) knocker.

marti'netto *sm* (TECN) jack.

'martire *sm/f* martyr; **mar'tirio** *sm* martyrdom; (*fig*) agony, torture.

'martora *sf* marten.

martori'are *vt* to torment, torture.

marza'pane [martsa'pane] *sm* marzipan.

marzi'ale [mar'tsjale] *ag* martial.

'marzo ['martso] *sm* March.

mascal'zone [maskal'tsone] *sm* rascal, scoundrel.

ma'scella [maʃ'ʃɛlla] *sf* (ANAT) jaw.

'maschera ['maskera] *sf* mask; (*travestimento*) disguise; (: *per un ballo etc*) fancy dress; (TEATRO, CINEMA) usher/usherette; (*personaggio del teatro*) stock character; **maschera'mento** *sm* disguise; (MIL) camouflage; **masche'rare** *vt* to mask; (*travestire*) to disguise; to dress up; (*fig: celare*) to hide, conceal; (MIL) to camouflage; **~rsi da** to disguise o.s. as; to dress up as; (*fig*) to masquerade as.

mas'chile [mas'kile] *ag* masculine; (*sesso, popolazione*) male; (*abiti*) men's; (*per ragazzi: scuola*) boys'.

'maschio, a ['maskjo] *ag* (BIOL) male; (*virile*) manly // *sm* male; (*ragazzo*) boy; (*figlio*) son.

masco'lino, a *ag* masculine.
mas'cotte *sf inv* mascot.
'massa *sf* mass; (*di errori etc*): **una ~ di** heaps of, masses of; (*di gente*) mass, multitude; (*ELETTR*) earth; **in ~** (*COMM*) in bulk; (*tutti insieme*) en masse; **adunata in ~** mass meeting; **la ~ del popolo** the masses *pl*.
massa'crare *vt* to massacre, slaughter; **mas'sacro** *sm* massacre, slaughter; (*fig*) mess, disaster.
massaggi'are [massad'dʒare] *vt* to massage; **mas'saggio** *sm* massage.
mas'saia *sf* housewife.
masse'ria *sf* large farm.
masse'rizie [masse'rittsje] *sfpl* (household) furnishings.
mas'siccio, a, ci, ce [mas'sittʃo] *ag* (*oro, legno*) solid; (*palazzo*) massive; (*corporatura*) stout // *sm* (*GEO*) massif.
'massima *sf vedi* **massimo.**
massi'male *sm* maximum.
'massimo, a *ag, sm* maximum // *sf* (*sentenza, regola*) maxim; (*METEOR*) maximum temperature; **al ~** at (the) most; **in linea di ~a** generally speaking.
'masso *sm* rock, boulder.
mas'sone *sm* freemason; **massone'ria** *sf* freemasonry.
masti'care *vt* to chew.
'mastice ['mastitʃe] *sm* mastic; (*per vetri*) putty.
mas'tino *sm* mastiff.
masturbazi'one [masturbat'tsjone] *sf* masturbation.
ma'tassa *sf* skein; **trovare il bandolo della ~** (*fig*) to get to the bottom of a complicated matter.
mate'matico, a, ci, che *ag* mathematical // *sm/f* mathematician // *sf* mathematics *sg*.
mate'rasso *sm* mattress; **~ a molle** spring *o* interior-sprung mattress.
ma'teria *sf* (*FISICA*) matter; (*TECN, COMM*) material, matter *q*; (*disciplina*) subject; (*argomento*) subject matter, material; **~e prime** raw materials; **materi'ale** *ag* material; (*fig*: *grossolano*) rough, rude // *sm* material; (*insieme di strumenti etc*) equipment *q*, materials *pl*; **materia'lista, i, e** *ag* materialistic.
maternità *sf* motherhood, maternity; (*clinica*) maternity hospital.
ma'terno, a *ag* (*amore, cura etc*) maternal, motherly; (*nonno*) maternal; (*lingua, terra*) mother *cpd*.
ma'tita *sf* pencil.
ma'trice [ma'tritʃe] *sf* matrix; (*COMM*) counterfoil.
ma'tricola *sf* (*registro*) register; (*numero*) registration number; (*nell'università*) freshman, fresher.
ma'trigna [ma'triɲɲa] *sf* stepmother.
matrimoni'ale *ag* matrimonial, marriage *cpd*.
matri'monio *sm* marriage, matrimony; (*durata*) marriage, married life; (*cerimonia*) wedding.
ma'trona *sf* (*fig*) matronly woman.
mat'tina *sf* morning; **matti'nata** *sf* morning; (*spettacolo*) matinée, afternoon performance; **mattini'ero, a** *ag*: **essere mattiniero** to be an early riser; **mat'tino** *sm* morning.
'matto, a *ag* mad, crazy; (*fig*: *falso*) false, imitation; (: *opaco*) matt, dull // *sm/f* madman/woman; **avere una voglia ~a di qc** to be dying for sth.
mat'tone *sm* brick.
matto'nella *sf* tile.
matu'rare *vi* (2) (*anche*: **~rsi**) (*frutta, grano*) to ripen; (*ascesso*) to come to a head; (*fig*: *persona, idea, ECON*) to mature // *vt* to ripen; to (make) mature.
maturità *sf* maturity; (*di frutta*) ripeness, maturity; (*INS*) school-leaving examination, ≈ GCE A-levels.
ma'turo, a *ag* mature; (*frutto*) ripe, mature.
mauso'leo *sm* mausoleum.
'mazza ['mattsa] *sf* (*bastone*) club; (*martello*) sledge-hammer; (*SPORT*: *da golf*) club; (: *da baseball, cricket*) bat.
'mazzo ['mattso] *sm* (*di fiori, chiavi etc*) bunch; (*di carte da gioco*) pack.
me *pronome* me; **~ stesso(a)** myself; **sei bravo quanto ~** you are as clever as I (am) *o* as me.
me'andro *sm* meander.
M.E.C. [mɛk] *sm* (*abbr di* **Mercato Comune Europeo**) EEC.
mec'canico, a, ci, che *ag* mechanical // *sm* mechanic // *sf* mechanics *sg*; (*attività tecnologica*) mechanical engineering; (*meccanismo*) mechanism.
mecca'nismo *sm* mechanism.
me'daglia [me'daʎʎa] *sf* medal; **meda-gli'one** *sm* (*ARCHIT*) medallion; (*gioiello*) locket.
me'desimo, a *ag* same; (*in persona*): **io ~** I myself.
'media *sf vedi* **medio.**
medi'ano, a *ag* median; (*valore*) mean // *sm* (*CALCIO*) half-back.
medi'ante *prep* by means of.
medi'are *vt* (*fare da mediatore*) to act as mediator in; (*MAT*) to average.
media'tore, 'trice *sm/f* mediator; (*COMM*) middle man, agent.
mediazi'one [medjat'tsjone] *sf* mediation.
medica'mento *sm* medicine, drug.
medi'care *vt* to treat; (*ferita*) to dress; **medicazi'one** *sf* treatment, medication; dressing.
medi'cina [medi'tʃina] *sf* medicine; **~ legale** forensic medicine; **medici'nale** *ag* medicinal // *sm* drug, medicine.
'medico, a, ci, che *ag* medical // *sm* doctor; **~ generico** general practitioner, G.P.
medie'vale *ag* medieval.
'medio, a *ag* average; (*punto, ceto*) middle; (*altezza, statura*) medium // *sm* (*dito*) middle finger // *sf* average; (*MAT*) mean; (*INS*: *voto*) end-of-term average.

medi'ocre *ag* mediocre, poor.
medioe'vale *ag* = **medievale.**
medio'evo *sm* Middle Ages *pl.*
medi'tare *vt* to ponder over, meditate on; (*progettare*) to plan, think out // *vi* to meditate; **meditazi'one** *sf* meditation.
mediter'raneo, a *ag* Mediterranean; **il (mare) M~** the Mediterranean (Sea).
me'dusa *sf* (ZOOL) jellyfish.
me'gafono *sm* megaphone.
'meglio ['mɛʎʎo] *av, ag inv* better; (*con senso superlativo*) best // *sm* (*la cosa migliore*): **il ~** the best (thing); **alla ~** as best one can; **andar di bene in ~** to get better and better; **fare del proprio ~** to do one's best; **per il ~** for the best; **aver la ~ su qd** to get the better of sb.
'mela *sf* apple; **~ cotogna** quince.
mela'grana *sf* pomegranate.
melan'zana [melan'dzana] *sf* aubergine.
me'lassa *sf* molasses *sg*, treacle.
me'lenso, a *ag* dull, stupid.
mel'lifluo, a *ag* (*peg*) sugary, honeyed.
'melma *sf* mud, mire.
'melo *sm* apple tree.
melo'dia *sf* melody; **me'lodico, a, ci, che** *ag* melodic; **melodi'oso, a** *ag* melodious.
melo'dramma, i *sm* melodrama.
me'lone *sm* (musk)melon.
'membra *sfpl vedi* **membro.**
mem'brana *sf* membrane.
'membro *sm* member; (*pl(f)* **~a**: *arto*) limb.
memo'rabile *ag* memorable.
memo'randum *sm inv* memorandum.
me'moria *sf* memory; **~e** *sfpl* (*opera autobiografica*) memoirs; **a ~** (*imparare, sapere*) by heart; **a ~ d'uomo** within living memory; **memori'ale** *sm* (*raccolta di memorie*) memoirs *pl*; (DIR) memorial.
mena'dito: a ~ *av* perfectly, thoroughly; **sapere qc a ~** to have sth at one's fingertips.
me'nare *vt* to lead; (*picchiare*) to hit, beat; (*dare*: *colpi*) to deal; **~ la coda** (*cane*) to wag its tail.
mendi'cante *sm/f* beggar.
mendi'care *vt* to beg for // *vi* to beg.
'meno *av* less; (*in frasi comparative*): **~ freddo che** not as cold as, less cold than; (*: seguito da nome, pronome*): **~ alto di** not as tall as, less tall than; **~ denaro di** less money than, not as much money as; (*in frasi superlative*): **il(la) ~ bravo(a)** the least clever; (*di temperatura*) below (zero), minus; (MAT) minus, less; (*l'ora*): **sono le 8 ~ un quarto** it's a quarter to eight // *ag inv* (*tempo, denaro*) less; (*errori, persone*) fewer // *prep* except (for) // *sm inv* (*la parte minore*): **il ~** the least; (MAT) minus; **i ~** (*la minoranza*) the minority; **a ~ che** *cong* unless; **fare a ~ di qc** (*privarsene*) to do without sth; (*rinunciarvi*) to give sth up; **fare a ~ di fumare** to give up smoking; **non potevo fare a ~ di ridere** I couldn't help laughing; **mille lire in ~** a thousand lire less; **~ male** so much the better; thank goodness.
meno'mare *vt* (*danneggiare*) to maim, disable; (*diminuire*: *meriti*) to diminish, lessen.
meno'pausa *sf* menopause.
'mensa *sf* (*locale*) canteen; (*:* MIL) mess; (*: nelle università*) refectory.
men'sile *ag* monthly // *sm* (*periodico*) monthly (magazine); (*stipendio*) monthly salary.
'mensola *sf* bracket; (*ripiano*) shelf; (ARCHIT) corbel.
'menta *sf* mint; (*anche*: **~ peperita**) peppermint.
men'tale *ag* mental; **mentalità** *sf inv* mentality.
'mente *sf* mind; **imparare/sapere qc a ~** to learn/know sth by heart; **avere in ~ qc** to have sth in mind; **passare di ~ a qd** to slip sb's mind.
men'tire *vi* to lie.
'mento *sm* chin.
'mentre *cong* (*temporale*) while; (*avversativo*) whereas.
menzio'nare [mentsjo'nare] *vt* to mention.
menzi'one [men'tsjone] *sf* mention; **fare ~ di** to mention.
men'zogna [men'tsɔɲɲa] *sf* lie.
mera'viglia [mera'viʎʎa] *sf* amazement, wonder; (*persona, cosa*) marvel, wonder; **a ~** perfectly, wonderfully; **meravigli'are** *vt* to amaze, astonish; **meravigliarsi (di)** to marvel (at); (*stupirsi*) to be amazed (at), be astonished (at); **meravigli'oso, a** *ag* wonderful, marvellous.
mer'cante *sm* merchant; **~ di cavalli** horse dealer; **mercanteggi'are** *vt* (*onore, voto*) to sell // *vi* to bargain, haggle; **mercan'tile** *ag* commercial, mercantile, merchant *cpd* // *sm* (*nave*) merchantman; **mercan'zia** *sf* merchandise, goods *pl.*
mer'cato *sm* market; **~ dei cambi** exchange market; **M~ Comune (Europeo)** (European) Common Market; **~ nero** black market.
'merce ['mɛrtʃe] *sf* goods *pl*, merchandise; **~ deperibile** perishable goods *pl.*
mercé [mer'tʃe] *sf* mercy.
merce'nario, a [mertʃe'narjo] *ag, sm* mercenary.
merce'ria [mertʃe'ria] *sf* (*bottega, articoli*) haberdashery.
mercoledì *sm inv* Wednesday; **di** *o* **il ~** on Wednesdays; **~ delle Ceneri** Ash Wednesday.
mer'curio *sm* mercury.
'merda *sf* (*fam!*) shit (!).
me'renda *sf* afternoon snack.
meridi'ano, a *ag* meridian; midday *cpd*, noonday // *sm* meridian // *sf* (*orologio*) sundial.
meridio'nale *ag* southern // *sm/f* southerner.
meridi'one *sm* south.
me'ringa, ghe *sf* (CUC) meringue.
meri'tare *vt* to deserve, merit.
meri'tevole *ag* worthy.

'merito *sm* merit; (*valore*) worth; **in ~ a** as regards, with regard to; **dare ~ a qd di** to give sb credit for; **meri'torio, a** *ag* praiseworthy.

mer'letto *sm* lace.

'merlo *sm* (*ZOOL*) blackbird; (*ARCHIT*) battlement.

mer'luzzo [mer'luttso] *sm* (*ZOOL*) cod.

mes'chino, a [mes'kino] *ag* wretched; (*scarso*) scanty, poor; (*persona*: *gretta*) mean; (: *limitata*) narrow-minded, petty.

'mescita ['meʃʃita] *sf* public house.

mesco'lanza [mesko'lantsa] *sf* mixture.

mesco'lare *vt* to mix; (*colori*) to blend; (*mettere in disordine*) to mix up, muddle up; (*carte*) to shuffle; **~rsi** *vr* to mix; to blend; to get mixed up; (*fig*): **~rsi in** to get mixed up in, meddle in.

'mese *sm* month.

'messa *sf* (*REL*) mass; (*il mettere*): **~ in moto** starting; **~ in piega** set; **~ a punto** (*TECN*) adjustment; (*AUT*) tuning; (*fig*) clarification; **~ in scena** *vedi* **messinscena.**

messag'gero [messad'dʒɛro] *sm* messenger.

mes'saggio [mes'saddʒo] *sm* message.

mes'sale *sm* (*REL*) missal.

'messe *sf* harvest.

Mes'sia *sm inv* (*REL*): **il ~** the Messiah.

'Messico *sm*: **il ~** Mexico.

messin'scena [messin'ʃɛna] *sf* (*TEATRO*) production.

'messo, a *pp di* **mettere** // *sm* messenger.

mesti'ere *sm* (*professione*) job; (: *manuale*) trade; (: *artigianale*) craft; (*fig: abilità nel lavoro*) skill, technique; **essere del ~** to know the tricks of the trade.

'mesto, a *ag* sad, melancholy.

'mestola *sf* (*CUC*) ladle; (*EDIL*) trowel.

'mestolo *sm* (*CUC*) ladle.

mestruazi'one [mestruat'tsjone] *sf* menstruation.

'meta *sf* destination; (*fig*) aim, goal.

metà *sf inv* half; (*punto di mezzo*) middle; **dividere qc a** *o* **per ~** to divide sth in half, halve sth; **fare a ~ (di qc con qd)** to go halves (with sb in sth); **a ~ prezzo** at half price; **a ~ strada** halfway.

metabo'lismo *sm* metabolism.

meta'fisica *sf* metaphysics *sg*.

me'tafora *sf* metaphor.

me'tallico, a, ci, che *ag* (*di metallo*) metal *cpd*; (*splendore etc*) metallic.

me'tallo *sm* metal; **metallur'gia** *sf* metallurgy.

meta'morfosi *sf* metamorphosis.

me'tano *sm* methane.

me'teora *sf* meteor.

meteo'rite *sm* meteorite.

meteorolo'gia [meteorolo'dʒia] *sf* meteorology; **meteoro'logico, a, ci, che** *ag* meteorological, weather *cpd*.

me'ticcio, a, ci, ce [me'tittʃo] *sm/f* half-caste, half-breed.

metico'loso, a *ag* meticulous.

me'todico, a, ci, che *ag* methodical.

'metodo *sm* method; (*manuale*) tutor, manual.

'metrico, a, ci, che *ag* metric; (*POESIA*) metrical // *sf* metrics *sg*.

'metro *sm* metre; (*nastro*) tape measure; (*asta*) (metre) rule.

me'tropoli *sf* metropolis.

metropoli'tano, a *ag* metropolitan // *sm* (city) policeman // *sf* underground, subway.

'mettere *vt* to put; (*abito*) to put on; (: *portare*) to wear; (*installare*: *telefono*) to put in; (*fig: provocare*): **~ fame/allegria a qd** to make sb hungry/happy; (*supporre*): **mettiamo che ...** let's suppose *o* say that ... ; **~rsi** *vr* (*disporsi*: *faccenda*) to turn out; **~rsi a sedere** to sit down; **~rsi a letto** to get into bed; (*per malattia*) to take to one's bed; **~rsi il cappello** to put on one's hat; **~rsi a** (*cominciare*) to begin to, start to; **~rsi al lavoro** to set to work; **~rci: ~rci molta cura/molto tempo** to take a lot of care/a lot of time; **ci ho messo 3 ore per venire** it's taken me 3 hours to get here; **~ a tacere qd/qc** to keep sb/sth quiet; **~ su casa** to set up house; **~ su un negozio** to start a shop; **~ via** to put away.

mez'zadro [med'dzadro] *sm* (*AGR*) sharecropper.

mezza'luna [meddza'luna] *sf* half-moon; (*dell'islamismo*) crescent; (*coltello*) (semicircular) chopping knife.

mezza'nino [meddza'nino] *sm* mezzanine (floor).

mez'zano, a [med'dzano] *ag* (*medio*) average, medium // *sm/f* (*intermediario*) go-between; (*ruffiano*) pimp.

mezza'notte [meddza'nɔtte] *sf* midnight.

'mezzo, a ['mɛddzo] *ag* half; **un ~ litro/panino** half a litre/roll // *av* half-; **~ morto** half-dead // *sm* (*metà*) half; (*parte centrale: di strada etc*) middle; (*per raggiungere un fine*) means *sg*; (*veicolo*) vehicle; (*nell'indicare l'ora*): **le nove e ~** half past nine; **mezzogiorno e ~** half past twelve; **~i** *smpl* (*possibilità economiche*) means; **di ~a età** middle-aged; **di ~** middle, in the middle; **andarci di ~** (*patir danno*) to suffer; **levarsi** *o* **togliersi di ~** to get out of the way; **in ~ a** in the middle of; **per** *o* **a ~ di** by means of; **~i di comunicazione di massa** mass media *pl*; **~i pubblici** public transport *sg*; **~i di trasporto** means of transport.

mezzogi'orno [meddzo'dʒorno] *sm* midday, noon; (*GEO*) south; **a ~** at 12 (o'clock) *o* midday *o* noon; **il ~ d'Italia** southern Italy.

mez'z'ora, mez'zora [med'dzora] *sf* half-hour, half an hour.

mi *pronome* (*dav lo, la, li, le, ne diventa* **me**) (*oggetto*) me; (*complemento di termine*) to me; (*riflessivo*) myself // *sm* (*MUS*) E; (: *solfeggiando la scala*) mi.

'mia *vedi* **mio.**

miago'lare *vi* to miaow, mew.

'mica *sf* (CHIM) mica // *av* (*fam*): **non ... ~** not ... at all; **non sono ~ stanco** I'm not a bit tired; **~ male** not bad.
'miccia, ce ['mittʃa] *sf* fuse.
micidi'ale [mitʃi'djale] *ag* fatal; (*dannosissimo*) deadly.
'microbo *sm* microbe.
mi'crofono *sm* microphone.
micros'copico, a, ci, che *ag* microscopic.
micros'copio *sm* microscope.
mi'dollo, *pl(f)* **~a** *sm* (ANAT) marrow.
'mie, mi'ei *vedi* **mio.**
mi'ele *sm* honey.
mi'etere *vt* (AGR) to reap, harvest; (*fig: vite*) to take, claim.
migli'aio [miʎ'ʎajo], *pl(f)* **~a** *sm* thousand; **un ~ (di)** about a thousand; **a ~a** by the thousand, in thousands.
'miglio ['miʎʎo] *sm* (BOT) millet; (*pl(f)* **~a**: *unità di misura*) mile; **~ marino** *o* **nautico** nautical mile.
miglio'rare [miʎʎo'rare] *vt, vi* to improve.
migli'ore [miʎ'ʎore] *ag* (*comparativo*) better; (*superlativo*) best // *sm*: **il ~** the best (thing) // *sm/f*: **il(la) ~** the best (person); **il miglior vino di questa regione** the best wine in this area.
'mignolo ['miɲɲolo] *sm* (ANAT) little finger, pinkie; (*: dito del piede*) little toe.
mi'grare *vi* to migrate; **migrazi'one** *sf* migration.
'mila *pl di* **mille.**
Mi'lano *sf* Milan.
miliar'dario, a *sm/f* millionaire.
mili'ardo *sm* milliard, thousand million.
mili'are *ag*: **pietra ~** milestone.
mili'one *sm* million; **un ~ di lire** a million lire.
mili'tante *ag, sm/f* militant.
mili'tare *vi* (MIL) to be a soldier, serve; (*fig: in un partito*) to be a militant // *ag* military // *sm* serviceman; **~ a favore di** (*sog: argomenti etc*) to militate in favour of; **fare il ~** to do one's military service.
'milite *sm* soldier.
mi'lizia [mi'littsja] *sf* (*corpo armato*) militia.
millanta'tore, 'trice *sm/f* boaster.
'mille *num* (*pl* **mila**) a *o* one thousand; **dieci mila** ten thousand.
mille'foglie [mille'fɔʎʎe] *sm inv* (CUC) cream *o* vanilla slice.
mil'lennio *sm* millennium.
millepi'edi *sm inv* centipede.
mil'lesimo, a *ag, sm* thousandth.
milli'grammo *sm* milligram(me).
mil'limetro *sm* millimetre.
'milza ['miltsa] *sf* (ANAT) spleen.
mimetiz'zare [mimetid'dzare] *vt* to camouflage; **~rsi** *vr* to camouflage o.s.
'mimica *sf* (*arte*) mime.
'mimo *sm* (*attore, componimento*) mime.
mi'mosa *sf* mimosa.
'mina *sf* (*esplosiva*) mine; (*di matita*) lead.
mi'naccia, ce [mi'nattʃa] *sf* threat; **minacci'are** *vt* to threaten; **minacci'oso, a** *ag* threatening.
mi'nare *vt* (MIL) to mine; (*fig*) to undermine.
mina'tore *sm* miner.
mina'torio, a *ag* threatening.
mine'rale *ag, sm* mineral; **mineralo'gia** *sf* mineralogy.
mine'rario, a *ag* (*delle miniere*) mining; (*dei minerali*) ore *cpd.*
mi'nestra *sf* soup; **~ in brodo** noodle soup; **mines'trone** *sm* thick vegetable and pasta soup.
mingher'lino, a [minger'lino] *ag* thin, slender.
minia'tura *sf* miniature.
mini'era *sf* mine.
'minimo, a *ag* minimum, least, slightest; (*piccolissimo*) very small, slight; (*il più basso*) lowest, minimum // *sm* minimum; **al ~** at least; **girare al ~** (AUT) to idle.
minis'tero *sm* (POL, REL) ministry; (*governo*) government; **~ delle Finanze** Ministry of Finance, ≈ Treasury.
mi'nistro *sm* (POL, REL) minister; **~ delle Finanze** Minister of Finance, ≈ Chancellor of the Exchequer.
mino'ranza [mino'rantsa] *sf* minority.
mino'rato, a *ag* handicapped // *sm/f* physically (*o* mentally) handicapped person.
mi'nore *ag* (*comparativo*) less; (*più piccolo*) smaller; (*numero*) lower; (*inferiore*) lower, inferior; (*meno importante*) minor; (*più giovane*) younger; (*superlativo*) least; smallest; lowest; youngest // *sm/f* (*minorenne*) minor, person under age.
mino'renne *ag* under age // *sm/f* minor, person under age.
mi'nuscolo, a *ag* (*scrittura, carattere*) small; (*piccolissimo*) tiny // *sf* small letter.
mi'nuta *sf* rough copy, draft.
mi'nuto, a *ag* tiny, minute; (*pioggia*) fine; (*corporatura*) delicate, fine; (*lavoro*) detailed // *sm* (*unità di misura*) minute; **al ~** (COMM) retail.
'mio, 'mia, mi'ei, 'mie *det*: **il ~, la mia** *etc* my // *pronome*: **il ~, la mia** *etc* mine; **i miei** my family; **un ~ amico** a friend of mine.
'miope *ag* short-sighted.
'mira *sf* (*anche fig*) aim; (*bersaglio*) target; (*congegno di mira*) sight; **prendere la ~** to take aim; **prendere di ~ qd** (*fig*) to pick on sb.
mi'rabile *ag* admirable, wonderful.
mi'racolo *sm* miracle; **miraco'loso, a** *ag* miraculous.
mi'raggio [mi'raddʒo] *sm* mirage.
mi'rare *vi*: **~ a** to aim at.
mi'rino *sm* (TECN) sight; (FOT) viewer, viewfinder.
mir'tillo *sm* bilberry, whortleberry.
'mirto *sm* myrtle.
mi'santropo, a *sm/f* misanthropist.

mi'scela [miʃ'ʃɛla] *sf* mixture; (*di caffè*) blend.
miscel'lanea [miʃʃel'lanea] *sf* miscellany.
'mischia ['miskja] *sf* scuffle.
mischi'are [mis'kjare] *vt*, **~rsi** *vr* to mix, blend.
mis'cuglio [mis'kuʎʎo] *sm* mixture, hotchpotch, jumble.
mise'rabile *ag* (*infelice*) miserable, wretched; (*povero*) poverty-stricken; (*di scarso valore*) miserable.
mi'seria *sf* extreme poverty; (*infelicità*) misery; **~e** *sfpl* (*del mondo etc*) misfortunes, troubles; **porca ~!** (*fam*), **~ ladra!** (*fam*) blast!, damn!
miseri'cordia *sf* mercy, pity.
'misero, a *ag* miserable, wretched; (*povero*) poverty-stricken; (*insufficiente*) miserable.
mis'fatto *sm* misdeed, crime.
mi'sogino [mi'zɔdʒino] *sm* misogynist.
'missile *sm* missile.
missio'nario, a *ag*, *sm/f* missionary.
missi'one *sf* mission.
misteri'oso, a *ag* mysterious.
mis'tero *sm* mystery.
'mistico, a, ci, che *ag* mystic(al) // *sm* mystic.
mistifi'care *vt* to fool, bamboozle.
'misto, a *ag* mixed; (*scuola*) mixed, coeducational // *sm* mixture.
mis'tura *sf* mixture.
mi'sura *sf* measure; (*misurazione, dimensione*) measurement; (*taglia*) size; (*provvedimento*) measure, step; (*moderazione*) moderation; (*MUS*) time; (: *divisione*) bar; (*fig: limite*) bounds *pl*, limit; **a ~ che** as; **su ~** made to measure.
misu'rare *vt* (*ambiente, stoffa*) to measure; (*terreno*) to survey; (*abito*) to try on; (*pesare*) to weigh; (*fig: parole etc*) to weigh up; (: *spese, cibo*) to limit; **~rsi** *vr*: **~rsi con qd** to have a confrontation with sb; to compete with sb; **misu'rato, a** *ag* (*ponderato*) measured; (*prudente*) cautious; (*moderato*) moderate; **misurazi'one** *sf* measuring; (*di terreni*) surveying.
'mite *ag* mild; (*prezzo*) moderate, reasonable.
miti'gare *vt* to mitigate, lessen; (*lenire*) to soothe, relieve; **~rsi** *vr* (*odio*) to subside; (*tempo*) to become milder.
'mito *sm* myth; **mitolo'gia, 'gie** *sf* mythology.
'mitra *sf* (*REL*) mitre // *sm inv* (*arma*) submachine gun.
mitraglia'trice [mitraʎʎa'tritʃe] *sf* machine gun.
mit'tente *sm/f* sender.
'mobile *ag* mobile; (*parte di macchina*) moving; (*DIR: bene*) movable, personal // *sm* (*arredamento*) piece of furniture; **~i** *smpl* furniture *sg*.
mo'bilia *sf* furniture.
mobili'are *ag* (*DIR*) personal, movable.
mo'bilio *sm* = **mobilia.**
mobilità *sf* mobility.
mobili'tare *vt* to mobilize; **mobilitazi'one** *sf* mobilization.
mocas'sino *sm* moccasin.
'moccolo *sm* (*di candela*) candle-end; (*fam: bestemmia*) oath; (: *moccio*) snot; **reggere il ~** to play gooseberry.
'moda *sf* fashion; **alla ~, di ~** fashionable, in fashion.
modalità *sf inv* formality.
mo'della *sf* model.
model'lare *vt* (*creta*) to model, shape; **~rsi** *vr*: **~rsi su** to model o.s. on.
mo'dello *sm* model; (*stampo*) mould // *ag inv* model *cpd*; **~ di carta** (*SARTORIA*) (paper) pattern.
mode'rare *vt* to moderate; **~rsi** *vr* to restrain o.s.; **mode'rato, a** *ag* moderate.
modera'tore, 'trice *sm/f* moderator.
moderazi'one [moderat'tsjone] *sf* moderation.
mo'derno, a *ag* modern.
mo'destia *sf* modesty.
mo'desto, a *ag* modest.
'modico, a, ci, che *ag* reasonable, moderate.
mo'difica, che *sf* modification.
modifi'care *vt* to modify, alter; **~rsi** *vr* to alter, change.
'modo *sm* way, manner; (*mezzo*) means, way; (*occasione*) opportunity; (*LING*) mood; (*MUS*) mode; **~i** *smpl* manners; **a suo ~, a ~ suo** in his own way; **ad** *o* **in ogni ~** anyway; **di** *o* **in ~ che** so that; **in ~ da** so as to; **in tutti i ~i** at all costs; (*comunque sia*) anyway; (*in ogni caso*) in any case; **in qualche ~** somehow or other; **~ di dire** turn of phrase; **per ~ di dire** so to speak.
modu'lare *vt* to modulate; **modulazi'one** *sf* modulation; **modulazione di frequenza** frequency modulation.
'modulo *sm* form; (*lunare, di comando*) module.
'mogano *sm* mahogany.
'mogio, a, gi, gie ['mɔdʒo] *ag* down in the dumps, dejected.
'moglie ['moʎʎe] *sf* wife.
mo'ine *sfpl* cajolery *sg*; (*leziosità*) affectation *sg*.
'mola *sf* millstone; (*utensile abrasivo*) grindstone.
mo'lare *vt* to grind // *ag* (*pietra*) mill *cpd* // *sm* (*dente*) molar.
'mole *sf* mass; (*dimensioni*) size; (*edificio grandioso*) massive structure.
mo'lecola *sf* molecule.
moles'tare *vt* to bother, annoy; **mo'lestia** *sf* annoyance, bother; **recar molestia a qd** to bother sb; **mo'lesto, a** *ag* annoying.
'molla *sf* spring; **~e** *sfpl* tongs.
mol'lare *vt* to release, let go; (*NAUT*) to ease; (*fig: ceffone*) to give // *vi* (*cedere*) to give in.
'molle *ag* soft; (*peg*) flabby, limp; (: *fig*) weak, feeble; (*bagnato*) wet.
mol'letta *sf* (*per capelli*) hairgrip; (*per*

panni stesi) clothes peg; **~e** *sfpl* (*per zucchero*) tongs.
mol'lezza [mol'lettsa] *sf* softness; flabbiness, limpness; weakness, feebleness; **~e** *sfpl*: **vivere nelle ~e** to live in the lap of luxury.
'mollica, che *sf* crumb, soft part; **~che** *sfpl* (*briciole*) crumbs.
mol'lusco, schi *sm* mollusc.
'molo *sm* mole, breakwater; jetty.
mol'teplice [mol'teplitʃe] *ag* (*formato di più elementi*) complex; (*numeroso*) numerous; (: *interessi, attività*) many, manifold; **molteplicità** *sf* multiplicity.
moltipli'care *vt* to multiply; **~rsi** *vr* to multiply; to increase in number; **moltiplica'tore** *sm* multiplier; **moltiplicazi'one** *sf* multiplication.
molti'tudine *sf* multitude; **una ~ di** a vast number *o* a multitude of.
'molto, a *det* much, a lot of; (*con sostantivi al plurale*): **~i(e)** many, a lot of; (*lungo: tempo*) long // *av* a lot; (*in frasi negative*) much; (*intensivo*) very // *pronome* much, a lot; **~i(e)** *pronome pl* many, a lot; **~ meglio** much *o* a lot better; **~ buono** very good; **per ~ (tempo)** for a long time.
momen'taneo, a *ag* momentary, fleeting.
mo'mento *sm* moment; **capitare nel ~ buono** to come at the right time; **da un ~ all'altro** at any moment; (*all'improvviso*) suddenly; **al ~ di fare** just as I was (*o* you were *o* he was *etc*) doing; **per il ~** for the time being; **dal ~ che** ever since; (*dato che*) since.
'monaca, che *sf* nun.
'monaco, ci *sm* monk.
'Monaco *sf* Monaco; **~ (di Baviera)** Munich.
mo'narca, chi *sm* monarch; **monar'chia** *sf* monarchy.
monas'tero *sm* (*di monaci*) monastery; (*di monache*) convent; **mo'nastico, a, ci, che** *ag* monastic.
'monco, a, chi, che *ag* maimed; (*fig*) incomplete; **~ d'un braccio** one-armed.
mon'dana *sf* prostitute.
mon'dano, a *ag* (*anche fig*) worldly; (*dell'alta società*) society *cpd*; fashionable.
mon'dare *vt* (*frutta, patate*) to peel; (*piselli*) to shell; (*pulire*) to clean.
mondi'ale *ag* (*campionato, popolazione*) world *cpd*; (*influenza*) world-wide.
'mondo *sm* world; (*grande quantità*): **un ~ di** lots of, a host of; **il gran** *o* **bel ~** high society.
mo'nello, a *sm/f* street urchin; (*ragazzo vivace*) scamp, imp.
mo'neta *sf* coin; (*ECON: valuta*) currency; (*denaro spicciolo*) (small) change; **~ estera** foreign currency; **~ legale** legal tender; **mone'tario, a** *ag* monetary.
mongo'loide *ag, sm/f* (*MED*) mongol.
'monito *sm* warning.
'monitor *sm inv* (*TECN, TV*) monitor.
mo'nocolo *sm* (*lente*) monocle, eyeglass.
monoco'lore *ag* (*POL*) one-party.
mono'gramma, i *sm* monogram.
mo'nologo, ghi *sm* monologue.
mono'plano *sm* monoplane.
mono'polio *sm* monopoly; **monopoliz'zare** *vt* to monopolize.
mono'sillabo, a *ag* monosyllabic // *sm* monosyllable.
monoto'nia *sf* monotony.
mo'notono, a *ag* monotonous.
monsi'gnore [monsiɲ'ɲore] *sm* (*REL: titolo*) Your (*o* His) Grace.
mon'sone *sm* monsoon.
monta'carichi [monta'kariki] *sm inv* hoist, goods lift.
mon'taggio [mon'taddʒo] *sm* (*TECN*) assembly; (*CINEMA*) editing.
mon'tagna [mon'taɲɲa] *sf* mountain; (*zona montuosa*): **la ~** the mountains *pl*; **~e russe** roller coaster *sg*, big dipper *sg*; **monta'gnoso, a** *ag* mountainous.
monta'naro, a *ag* mountain *cpd* // *sm/f* mountain dweller.
mon'tano, a *ag* mountain *cpd*; alpine.
mon'tare *vt* to go (*o* come) up; (*apparecchiatura*) to set up, assemble; (*CUC*) to whip; (*ZOOL*) to cover; (*incastonare*) to mount, set; (*CINEMA*) to edit // *vi* (*2*) to go (*o* come) up; (*a cavallo*): **~ bene/male** to ride well/badly; (*aumentare di livello, volume*) to rise; **~rsi** *vr* to become big-headed; **~ qc** to exaggerate sth; **~ qd** *o* **la testa a qd** to turn sb's head; **~ in bicicletta/treno** to get on a bicycle/train; **~ a cavallo** to get on *o* mount a horse.
monta'tura *sf* assembling *q*; (*di occhiali*) frames *pl*; (*di gioiello*) mounting, setting; (*fig*): **~ pubblicitaria** publicity stunt.
'monte *sm* mountain; **a ~** upstream; **mandare a ~ qc** to upset sth, cause sth to fail; **il M~ Bianco** Mont Blanc; **~ dei pegni** pawnshop.
mon'tone *sm* (*ZOOL*) ram.
montu'oso, a *ag* mountainous.
monu'mento *sm* monument.
'mora *sf* (*del rovo*) blackberry; (*del gelso*) mulberry; (*DIR*) delay; (: *somma*) arrears *pl*.
mo'rale *ag* moral // *sf* (*scienza*) ethics *sg*, moral philosophy; (*complesso di norme*) moral standards *pl*, morality; (*condotta*) morals *pl*; (*insegnamento morale*) moral // *sm* morale; **moralità** *sf* morality; (*condotta*) morals *pl*.
'morbido, a *ag* soft; (*pelle*) soft, smooth.
mor'billo *sm* (*MED*) measles *sg*.
'morbo *sm* disease.
mor'boso, a *ag* (*fig*) morbid.
'morchia ['mɔrkja] *sf* (*residuo grasso*) dregs *pl*; oily deposit.
mor'dace [mor'datʃe] *ag* biting, cutting.
mor'dente *sm* (*fig*) push, drive.
'mordere *vt* to bite; (*addentare*) to bite into; (*corrodere*) to eat into.
mor'fina *sf* morphine.
mori'bondo, a *ag* dying, moribund.

morige'rato, a [moridʒe'rato] *ag* of good morals.
mo'rire *vi* (*2*) to die; (*abitudine, civiltà*) to die out; ~ **di fame** to die of hunger; (*fig*) to be starving; ~ **di noia** to be bored to death; **fa un caldo da** ~ it's terribly hot.
mormo'rare *vi* to murmur; (*brontolare*) to grumble; **mormo'rio** *sm* murmuring; grumbling.
'moro, a *ag* dark(-haired); dark(-complexioned); **i M~i** *smpl* (*STORIA*) the Moors.
mo'roso, a *ag* in arrears // *sm/f* (*fam: innamorato*) sweetheart.
'morsa *sf* vice.
morsi'care *vt* to nibble (at), gnaw (at); (*sog: insetto*) to bite.
'morso, a *pp di* **mordere** // *sm* bite; (*di insetto*) sting; (*parte della briglia*) bit; **~i della fame** pangs of hunger.
mor'taio *sm* mortar.
mor'tale *ag, sm* mortal; **mortalità** *sf* mortality, death rate.
'morte *sf* death.
mortifi'care *vt* to mortify.
'morto, a *pp di* **morire** // *ag* dead // *sm/f* dead man/woman; **i ~i** the dead; **fare il** ~ (*nell'acqua*) to float on one's back.
mor'torio *sm* (*anche fig*) funeral.
mo'saico, ci *sm* mosaic.
'mosca, sche *sf* fly; ~ **cieca** blind-man's-buff.
'Mosca *sf* Moscow.
mos'cato *sm* muscatel (wine).
mosce'rino [moʃʃe'rino] *sm* midge, gnat.
mos'chea [mos'kɛa] *sf* mosque.
mos'chetto [mos'ketto] *sm* musket.
'moscio, a, sci, sce ['mɔʃʃo] *ag* (*fig*) lifeless.
mos'cone *sm* (*ZOOL*) bluebottle; (*barca*) pedalo; (*: a remi*) *kind of pedalo with oars.*
'mossa *sf* movement; (*nel gioco*) move.
'mosso, a *pp di* **muovere** // *ag* (*mare*) rough; (*capelli*) wavy; (*FOT*) blurred; (*ritmo, prosa*) animated.
mos'tarda *sf* mustard.
'mostra *sf* exhibition, show; (*ostentazione*) show; **in** ~ on show; **far** ~ **di** (*fingere*) to pretend; **far** ~ **di sé** to show off.
mos'trare *vt* to show // *vi*: ~ **di fare** to pretend to do; **~rsi** *vr* to appear.
'mostro *sm* monster; **mostru'oso, a** *ag* monstrous.
mo'tel *sm inv* motel.
moti'vare *vt* (*causare*) to cause; (*giustificare*) to justify, account for; **motivazi'one** *sf* justification; motive; (*PSIC*) motivation.
mo'tivo *sm* (*causa*) reason, cause; (*movente*) motive; (*letterario*) (central) theme; (*disegno*) motif, design, pattern; (*MUS*) motif; **per quale ~?** why?, for what reason?
'moto *sm* (*anche FISICA*) motion; (*movimento, gesto*) movement; (*esercizio fisico*) exercise; (*sommossa*) rising, revolt; (*commozione*) feeling, impulse // *sf inv* (*motocicletta*) motor-bike; **mettere in** ~ to set in motion; (*AUT*) to start up.
motoci'cletta [mototʃi'kletta] *sf* motorcycle; **motoci'clismo** *sm* motorcycling, motorcycle racing; **motoci'clista, i, e** *sm/f* motorcyclist.
mo'tore, 'trice *ag* motor; (*TECN*) driving // *sm* engine, motor; **a** ~ motor *cpd*, power-driven; ~ **a combustione interna/a reazione** internal combustion/jet engine; **moto'rino** *sm* moped; **motorino di avviamento** (*AUT*) starter; **motoriz'zato, a** *ag* (*truppe*) motorized; (*persona*) having a car *o* transport.
motos'cafo *sm* motorboat.
mot'teggio [mot'teddʒo] *sm* banter.
'motto *sm* (*battuta scherzosa*) witty remark; (*frase emblematica*) motto, maxim.
mo'vente *sm* motive.
movimen'tare *vt* to liven up.
movi'mento *sm* movement; (*fig*) activity, hustle and bustle; (*MUS*) tempo, movement.
mozi'one [mot'tsjone] *sf* (*POL*) motion.
moz'zare [mot'tsare] *vt* to cut off; (*coda*) to dock; ~ **il fiato** *o* **il respiro a qd** (*fig*) to take sb's breath away.
mozza'rella [mottsa'rɛlla] *sf* mozzarella (*a moist Neapolitan curd cheese).*
mozzi'cone [mottsi'kone] *sm* stub, butt, end; (*anche*: ~ **di sigaretta**) cigarette end.
'mozzo *sm* ['mɔddzo] (*MECCANICA*) hub; ['mottso] (*NAUT*) ship's boy; ~ **di stalla** stable boy.
'mucca, che *sf* cow.
'mucchio ['mukkjo] *sm* pile, heap; (*fig*): **un** ~ **di** lots of, heaps of.
'muco, chi *sm* mucus.
mu'cosa *sf* mucous membrane.
'muffa *sf* mould, mildew.
mug'gire [mud'dʒire] *vi* (*vacca*) to low, moo; (*toro*) to bellow; (*fig*) to roar; **mug'gito** *sm* low, moo; bellow; roar.
mu'ghetto [mu'getto] *sm* lily of the valley.
mu'gnaio, a [muɲ'ɲajo] *sm/f* miller.
mugo'lare *vi* (*cane*) to whimper, whine; (*fig: persona*) to moan.
muli'nare *vi* to whirl, spin (round and round).
muli'nello *sm* (*moto vorticoso*) eddy, whirl; (*per aria*) ventilating fan; (*di canna da pesca*) reel; (*NAUT*) windlass.
mu'lino *sm* mill; ~ **a vento** windmill.
'mulo *sm* mule.
'multa *sf* fine; **mul'tare** *vt* to fine.
multico'lore *ag* multicoloured.
'multiplo, a *ag, sm* multiple.
'mummia *sf* mummy.
'mungere ['mundʒere] *vt* (*anche fig*) to milk.
munici'pale [munitʃi'pale] *ag* municipal; town *cpd.*
muni'cipio [muni'tʃipjo] *sm* town council, corporation; (*edificio*) town hall.

mu'nire *vt*: ~ **qc/qd di** to equip sth/sb with.
munizi'oni [munit'tsjoni] *sfpl* (*MIL*) ammunition *sg*.
'munto, a *pp di* **mungere.**
mu'overe *vt* to move; (*ruota, macchina*) to drive; (*sollevare*: *questione, obiezione*) to raise, bring up; (: *accusa*) to make, bring forward; ~**rsi** *vr* to move; **muoviti!** hurry up!, get a move on!
'mura *sfpl vedi* **muro.**
mu'raglia [mu'raʎʎa] *sf* (high) wall.
mu'rale *ag* wall *cpd*; mural.
mu'rare *vt* (*persona, porta*) to wall up.
mura'tore *sm* mason; bricklayer.
'muro *sm* wall; ~**a** *sfpl* (*cinta cittadina*) walls; **a** ~ wall *cpd*; (*armadio etc*) built-in; ~ **del suono** sound barrier.
'muschio ['muskjo] *sm* (*ZOOL*) musk; (*BOT*) moss.
musco'lare *ag* muscular, muscle *cpd*.
'muscolo *sm* (*ANAT*) muscle.
mu'seo *sm* museum.
museru'ola *sf* muzzle.
'musica *sf* music; **scrivere una** ~ to write a piece of music; ~ **da ballo/camera** dance/chamber music; **musi'cale** *ag* musical; **musi'cista, i, e** *sm/f* musician.
'muso *sm* muzzle; (*di auto, aereo*) nose; **tenere il** ~ to sulk; **mu'sone, a** *sm/f* sulky person.
'mussola *sf* muslin.
'muta *sf* (*ZOOL*) moulting; (: *di serpenti*) sloughing; (*cambio*) change; (*di sentinella*) relief; (*per immersioni subacquee*) diving suit; (*gruppo di cani*) pack.
muta'mento *sm* change.
mu'tande *sfpl* (*da uomo*) (under)pants; **mutan'dine** *sfpl* (*da donna, bambino*) pants; **mutandine di plastica** plastic pants.
mu'tare *vt, vi* (2) to change, alter; **mutazi'one** *sf* change, alteration; (*BIOL*) mutation; **mu'tevole** *ag* changeable.
muti'lare *vt* to mutilate, maim; (*fig*) to mutilate, deface; **muti'lato, a** *sm/f* disabled person (*through loss of limbs*); **mutilazi'one** *sf* mutilation.
mu'tismo *sm* (*MED*) mutism; (*atteggiamento*) (stubborn) silence.
'muto, a *ag* (*MED*) dumb; (*emozione, dolore, CINEMA*) silent; (*LING*) silent, mute; (*carta geografica*) blank; ~ **per lo stupore** *etc* speechless with amazement *etc*.
'mutua *sf* (*anche*: **cassa** ~) health insurance scheme.
mutu'are *vt* (*fig*) to borrow.
mutu'ato, a *sm/f* member of a health insurance scheme.
'mutuo, a *ag* (*reciproco*) mutual // *sm* (*ECON*) (long-term) loan.

N

N. (*abbr di* **nord**) N.
'nacchere ['nakkere] *sfpl* castanets.
'nafta *sf* naphtha; (*per motori diesel*) diesel oil.
'naia *sf* (*ZOOL*) cobra; (*MIL*) *slang term for national service.*
'nailon *sm* nylon.
'nanna *sf* (*linguaggio infantile*): **andare a** ~ to go bye-byes.
'nano, a *ag, sm/f* dwarf.
napole'tano, a *ag, sm/f* Neapolitan.
'Napoli *sf* Naples.
'nappa *sf* tassel.
nar'ciso [nar'tʃizo] *sm* narcissus.
nar'cosi *sf* narcosis.
nar'cotico, ci *sm* narcotic.
na'rice [na'ritʃe] *sf* nostril.
nar'rare *vt* to tell the story of, recount; **narra'tivo, a** *ag* narrative // *sf* (*branca letteraria*) fiction; **narra'tore, 'trice** *sm/f* narrator; **narrazi'one** *sf* narration; (*racconto*) story, tale.
na'sale *ag* nasal.
'nascere ['naʃʃere] *vi* (2) (*bambino*) to be born; (*pianta*) to come *o* spring up; (*fiume*) to rise, have its source; (*sole*) to rise; (*dente*) to come through; (*fig: derivare, conseguire*): ~ **da** to arise from, be born out of; **è nata nel 1952** she was born in 1952; **'nascita** *sf* birth.
nas'condere *vt* to hide, conceal; ~**rsi** *vr* to hide; **nascon'diglio** *sm* hiding place; **nascon'dino** *sm* (*gioco*) hide-and-seek; **nas'costo, a** *pp di* **nascondere** // *ag* hidden; **di nascosto** secretly.
na'sello *sm* (*ZOOL*) hake.
'naso *sm* nose.
'nastro *sm* ribbon; (*magnetico, isolante, SPORT*) tape; ~ **adesivo** adhesive tape; ~ **dattilografico** typewriter ribbon; ~ **trasportatore** conveyor belt.
nas'turzio [nas'turtsjo] *sm* nasturtium.
na'tale *ag* of one's birth // *sm* (*REL*): **N**~ Christmas; (*giorno della nascita*) birthday; **natalità** *sf* birth rate; **nata'lizio, a** *ag* (*del Natale*) Christmas *cpd*; (*di nascita*) of one's birth.
na'tante *ag* floating // *sm* craft *inv*, boat.
'natica, che *sf* (*ANAT*) buttock.
na'tio, a, 'tii, 'tie *ag* native.
Natività *sf* (*REL*) Nativity.
na'tivo, a *ag, sm/f* native.
'nato, a *pp di* **nascere** // *ag*: **un attore** ~ a born actor; ~**a Pieri** née Pieri.
na'tura *sf* nature; **pagare in** ~ to pay in kind; ~ **morta** still life.
natu'rale *ag* natural; **natura'lezza** *sf* naturalness; **natura'lista, i, e** *sm/f* naturalist.
naturaliz'zare [naturalid'dzare] *vt* to naturalize.
natural'mente *av* naturally; (*certamente, sì*) of course.
naufra'gare *vi* (*nave*) to be wrecked;

(*persona*) to be shipwrecked; (*fig*) to fall through; **nau'fragio** *sm* shipwreck; (*fig*) ruin, failure; **'naufrago, ghi** *sm* castaway, shipwreck victim.
'nausea *sf* nausea; **nausea'bondo, a** *ag* nauseating, sickening; **nause'are** *vt* to nauseate, make (feel) sick.
'nautico, a, ci, che *ag* nautical // *sf* (art of) navigation.
na'vale *ag* naval.
na'vata *sf* (*anche:* ~ **centrale**) nave; (*anche:* ~ **laterale**) aisle.
'nave *sf* ship, vessel; ~ **cisterna** tanker; ~ **da guerra** warship; ~ **spaziale** spaceship.
na'vetta *sf* shuttle; (*servizio di collegamento*) shuttle (service).
navi'cella [navi'tʃɛlla] *sf* (*di aerostato*) gondola.
navi'gabile *ag* navigable.
navi'gare *vi* to sail; **navigazi'one** *sf* navigation.
na'viglio [na'viʎʎo] *sm* fleet, ships *pl*; (*canale artificiale*) canal; ~ **da pesca** fishing fleet.
nazio'nale [nattsjo'nale] *ag* national // *sf* (*SPORT*) national team; **naziona'lismo** *sm* nationalism; **nazionalità** *sf inv* nationality; **nazionaliz'zare** *vt* to nationalize.
nazi'one [nat'tsjone] *sf* nation.
ne *pronome* of him/her/it/them; about him/her/it/them; ~ **riconosco la voce** I recognize his (*o* her) voice; **non parliamone più!** let's not talk about him (*o* her *o* it *o* them) any more!; (*con valore partitivo*): **hai dei libri? — sì, ~ ho** have you any books? — yes, I have (some); **hai del pane? — no, non ~ ho** have you any bread? — no, I don't have any; **quanti anni hai? — ~ ho 17** how old are you? — I'm 17 // *av* (*moto da luogo*) from there.
né *cong*: ~ ... ~ neither ... nor; ~ **l'uno ~ l'altro lo vuole** neither of them wants it; **non parla ~ l'italiano ~ il tedesco** he speaks neither Italian nor German, he doesn't speak either Italian or German; **non piove ~ nevica** it isn't raining or snowing.
ne'anche [ne'anke] *av, cong* not even; **non ... ~** not even; ~ **se volesse potrebbe venire** he couldn't come even if he wanted to; **non l'ho visto — ~ io** I didn't see him — neither did I *o* I didn't either; ~ **per idea** *o* **sogno!** not on your life!
'nebbia *sf* fog; (*foschia*) mist; **nebbi'oso, a** *ag* foggy; misty.
necessaria'mente [netʃessarja'mente] *av* necessarily.
neces'sario, a [netʃes'sarjo] *ag* necessary.
necessità [netʃessi'ta] *sf inv* necessity; (*povertà*) need, poverty; **necessi'tare** *vt* to require // *vi* (2) (*aver bisogno*): **necessitare di** to need // *vb impers* to be necessary.
necro'logio [nekro'lɔdʒo] *sm* obituary notice; (*registro*) register of deaths.
necrosco'pia *sf* postmortem (examination).
ne'fando, a *ag* infamous, wicked.
ne'fasto, a *ag* inauspicious, ill-omened.
ne'gare *vt* to deny; (*rifiutare*) to deny, refuse; ~ **di aver fatto/che** to deny having done/that; **nega'tivo, a** *ag, sf* negative; **negazi'one** *sf* denial; (*contrario*) negation; (*LING*) negative.
neghit'toso, a [negit'toso] *ag* slothful.
ne'gletto, a [neʎ'ʎɛtto] *ag* (*trascurato*) neglected.
'negli ['neʎʎi] *prep + det vedi* **in**.
negli'gente [negli'dʒɛnte] *ag* negligent, careless; **negli'genza** *sf* negligence, carelessness.
negozi'ante [negot'tsjante] *sm/f* trader, dealer; (*bottegaio*) shopkeeper.
negozi'are [negot'tsjare] *vt* to negotiate // *vi*: ~ **in** to trade *o* deal in; **negozi'ato** *sm* negotiation.
ne'gozio [ne'gɔttsjo] *sm* (*locale*) shop; (*affare*) (piece of) business *q*.
'negro, a *ag, sm/f* Negro.
'nei, nel, nell', 'nella, 'nelle, 'nello *prep + det vedi* **in.**
'nembo *sm* (*METEOR*) nimbus.
ne'mico, a, ci, che *ag* hostile; (*MIL*) enemy *cpd* // *sm/f* enemy; **essere ~ di** to be strongly averse *o* opposed to.
nem'meno *av, cong* = **neanche.**
'nenia *sf* dirge; (*motivo monotono*) monotonous tune.
'neo *sm* mole; (*fig*) (slight) flaw.
'neo... *prefisso* neo...; **neo'litico, a, ci, che** *ag* neolithic.
'neon *sm* (*CHIM*) neon.
neo'nato, a *ag* newborn // *sm/f* newborn baby.
neozelan'dese [neoddzelan'dese] *ag* New Zealand *cpd* // *sm/f* New Zealander.
nep'pure *av, cong* = **neanche.**
'nerbo *sm* lash; (*fig*) strength, backbone; **nerbo'ruto, a** *ag* muscular; robust.
ne'retto *sm* (*TIP*) bold type.
'nero, a *ag* black; (*scuro*) dark // *sm* black.
nerva'tura *sf* (*ANAT*) nervous system; (*BOT*) venation; (*ARCHIT, TECN*) rib.
'nervo *sm* (*ANAT*) nerve; (*BOT*) vein; **avere i ~i** to be on edge; **dare sui ~i a qd** to get on sb's nerves; **ner'voso, a** *ag* nervous; (*irritabile*) irritable // *sm* (*fam*): **far venire il nervoso a qd** to get on sb's nerves.
'nespola *sf* (*BOT*) medlar; (*fig*) blow, punch; **'nespolo** *sm* medlar tree.
'nesso *sm* connection, link.
nes'suno, a *det* (*dav sm* **nessun** + *C, V*, **nessuno** + *s impura, gn, pn, ps, x, z*; *dav sf* **nessuna** + *C*, **nessun'** + *V*) (*non uno*) no, *espressione negativa* + any; (*qualche*) any // *pronome* (*non uno*) no one, nobody, *espressione negativa* + any(one); (: *cosa*) none, *espressione negativa* + any; (*qualcuno*) anyone, anybody; (*qualcosa*) anything; **non c'è nessun libro** there isn't any book, there is no book; **hai ~a**

obiezione? do you have any objections?; ~ **è venuto, non è venuto** ~ nobody came; **nessun altro** no one else, nobody else; **nessun'altra cosa** nothing else; **in nessun luogo** nowhere.

net'tare *vt* to clean // *sm* ['nεttare] nectar.

net'tezza [net'tettsa] *sf* cleanness, cleanliness; ~ **urbana** cleansing department.

'netto, a *ag* (*pulito*) clean; (*chiaro*) clear, clear-cut; (*deciso*) definite; (ECON) net.

nettur'bino *sm* dustman.

neurolo'gia [neurolo'dʒia] *sf* neurology.

neu'rosi *sf* = **nevrosi.**

neu'trale *ag* neutral; **neutralità** *sf* neutrality; **neutraliz'zare** *vt* to neutralize.

'neutro, a *ag* neutral; (LING) neuter // *sm* (LING) neuter.

ne'vaio *sm* snowfield.

'neve *sf* snow; **nevi'care** *vb impers* to snow; **nevi'cata** *sf* snowfall.

ne'vischio [ne'viskjo] *sm* sleet.

ne'voso, a *ag* snowy; snow-covered.

nevral'gia [nevral'dʒia] *sf* neuralgia.

ne'vrosi *sf* neurosis.

'nibbio *sm* (ZOOL) kite.

'nicchia ['nikkja] *sf* niche.

nicchi'are [nik'kjare] *vi* to shilly-shally, hesitate.

'nichel ['nikel] *sm* nickel.

nico'tina *sf* nicotine.

'nido *sm* nest; **a** ~ **d'ape** (*tessuto etc*) honeycomb *cpd.*

ni'ente *pronome* (*nessuna cosa*) nothing; (*qualcosa*) anything; **non ...** ~ nothing, *espressione negativa* + anything // *sm* nothing // *av (in nessuna misura)*: **non è** ~ **buono** it's not good at all; **una cosa da** ~ a trivial thing; ~ **affatto** not at all, not in the least; **nient'altro** nothing else; **nient'altro che** nothing but; just, only; ~ **di** ~ absolutely nothing; **per** ~ (*invano, gratuitamente*) for nothing; **non ... per** ~ not ... at all.

nientedi'meno, niente'meno *av* actually, even // *escl* really!, I say!

'nimbo *sm* halo.

'ninfa *sf* nymph.

nin'fea *sf* water lily.

ninna-'nanna *sf* lullaby.

'ninnolo *sm* (*balocco*) plaything; (*gingillo*) knick-knack.

ni'pote *sm/f* (*di zii*) nephew/niece; (*di nonni*) grandson/daughter, grandchild.

'nitido, a *ag* clear; (*specchio*) bright.

ni'trato *sm* nitrate.

'nitrico, a, ci, che *ag* nitric.

ni'trire *vi* to neigh.

ni'trito *sm* (*di cavallo*) neighing *q*; neigh; (CHIM) nitrite.

nitroglice'rina [nitroglitʃe'rina] *sf* nitroglycerine.

'niveo, a *ag* snow-white.

no *av* (*risposta*) no; **vieni o** ~**?** are you coming or not?; **perché** ~**?** why not?

'nobile *ag* noble // *sm/f* noble, nobleman/woman; **nobili'are** *ag* noble; **nobiltà** *sf* nobility; (*di azione etc*) nobleness.

'nocca, che *sf* (ANAT) knuckle.

nocci'ola [not'tʃɔla] *sf* hazelnut.

'nocciolo ['nɔttʃolo] *sm* (*di frutto*) stone; (*fig*) heart, core; [not'tʃɔlo] (*albero*) hazel.

'noce ['notʃe] *sm* (*albero*) walnut tree // *sf* (*frutto*) walnut; ~ **moscata** nutmeg.

no'civo, a [no'tʃivo] *ag* harmful, noxious.

'nodo *sm* (*di cravatta, legname,* NAUT) knot; (AUT, FERR) junction; (MED, ASTR, BOT) node; (*fig: legame*) bond, tie; (*: punto centrale*) heart, crux; **avere un** ~ **alla gola** to have a lump in one's throat; **no'doso, a** *ag* (*tronco*) gnarled.

'noi *pronome* (*soggetto*) we; (*oggetto: per dare rilievo, con preposizione*) us; ~ **stessi(e)** we ourselves; (*oggetto*) ourselves.

'noia *sf* boredom; (*disturbo, impaccio*) bother *q*, trouble *q*; **avere qd/qc a** ~ not to like sb/sth; **mi è venuto a** ~ I'm tired of it; **dare** ~ **a** to annoy; **avere delle** ~**e con qd** to have trouble with sb.

noi'altri *pronome* we.

noi'oso, a *ag* boring; annoying, troublesome.

noleggi'are [noled'dʒare] *vt* (*prendere a noleggio*) to hire; (*dare a noleggio*) to hire out; (*aereo, nave*) to charter; **no'leggio** *sm* hire; charter.

'nolo *sm* hire; charter; (*per trasporto merci*) freight; **prendere/dare a** ~ **qc** to hire/hire out sth.

'nomade *ag* nomadic // *sm/f* nomad.

'nome *sm* name; (LING) noun; **in/a** ~ **di** in the name of; **di** *o* **per** ~ (*chiamato*) called, named; **conoscere qd di** ~ to know sb by name; ~ **d'arte** stage name; ~ **depositato** trade name; ~ **di famiglia** surname.

no'mea *sf* notoriety.

no'mignolo [no'miɲɲolo] *sm* nickname.

'nomina *sf* appointment.

nomi'nale *ag* nominal; (LING) noun *cpd.*

nomi'nare *vt* to name; (*eleggere*) to appoint; (*citare*) to mention.

nomina'tivo, a *ag* (LING) nominative; (ECON) registered // *sm* (LING: *anche:* **caso** ~) nominative (case); (AMM) name.

non *av* not // *prefisso* non-; *vedi* **affatto, appena** *etc.*

nonché [non'ke] *cong* (*tanto più, tanto meno*) let alone; (*e inoltre*) as well as.

noncu'rante *ag*: ~ **(di)** careless (of), indifferent (to); **noncu'ranza** *sf* carelessness, indifference.

nondi'meno *cong* (*tuttavia*) however; (*nonostante*) nevertheless.

'nonno, a *sm/f* grandfather/ mother; (*in senso più familiare*) grandma/grandpa; ~**i** *smpl* grandparents.

non'nulla *sm inv*: **un** ~ nothing, a trifle.

'nono, a *ag, sm* ninth.

nonos'tante *prep* in spite of,

notwithstanding // *cong* although, even though.
nontiscordardimé *sm inv* (BOT) forget-me-not.
nord *sm* North // *ag inv* north; northern; **nor'dest** *sm* North-East; **'nordico, a, ci, che** *ag* nordic, northern European; **nor'dovest** *sm* North-West.
'norma *sf* (*criterio*) norm; (*regola*) regulation, rule; (*avvertenza*) instruction; **a ~ di legge** according to law, as laid down by law.
nor'male *ag* normal; (*che dà una norma: lettera*) standard *cpd*; **normalità** *sf* normality; **normaliz'zare** *vt* to normalize, bring back to normal.
normal'mente *av* normally.
norve'gese [norve'dʒese] *ag, sm/f, sm* Norwegian.
Nor'vegia [nor'vedʒa] *sf*: **la ~** Norway.
nostal'gia [nostal'dʒia] *sf* (*di casa, paese*) homesickness; (*del passato*) nostalgia; **nos'talgico, a, ci, che** *ag* homesick; nostalgic.
nos'trano, a *ag* local; national; home-produced.
'nostro, a *det*: **il(la) ~(a)** *etc* our // *pronome*: **il(la) ~(a)** *etc* ours; **i ~i** (*soldati etc*) our own people.
'nota *sf* (*segno*) mark; (*comunicazione scritta,* MUS) note; (*fattura*) bill; (*elenco*) list; **degno di ~** noteworthy, worthy of note; **~e caratteristiche** distinguishing marks *o* features.
no'tabile *ag* notable; (*persona*) important // *sm* prominent citizen.
no'taio *sm* notary.
no'tare *vt* (*segnare: errori*) to mark; (*registrare*) to note (down), write down; (*rilevare, osservare*) to note, notice; **farsi ~** to get o.s. noticed.
notazi'one [notat'tsjone] *sf* marking; annotation; (MUS) notation.
no'tevole *ag* (*talento*) notable, remarkable; (*peso*) considerable.
no'tifica, che *sf* notification.
notifi'care *vt* (DIR): **~ qc a qd** to notify sb of sth, give sb notice of sth; **notificazi'one** *sf* notification.
no'tizia [no'tittsja] *sf* (piece of) news *sg*; (*informazione*) piece of information; **~e** *sfpl* news *sg*; information *sg*; **notizi'ario** *sm* (RADIO, TV, STAMPA) news *sg*.
'noto, a *ag* (well-)known.
notorietà *sf* fame; notoriety.
no'torio, a *ag* well-known; (*peg*) notorious.
not'tambulo *sm* night-bird.
not'tata *sf* night; **far ~** to sit up all night.
'notte *sf* night; **di ~** at night; (*durante la notte*) in the night, during the night; **peggio che andar di ~** worse than ever; **~ bianca** sleepless night; **notte'tempo** *av* at night; during the night.
not'turno, a *ag* nocturnal; (*servizio, guardiano*) night *cpd*.
no'vanta *num* ninety; **novan'tesimo, a** *num* ninetieth; **novan'tina** *sf*: **una novantina (di)** about ninety.
'nove *num* nine.
nove'cento [nove'tʃɛnto] *num* nine hundred // *sm*: **il N~** the twentieth century.
no'vella *sf* (LETTERATURA) short story.
novel'lino, a *ag* (*pivello*) green, inexperienced.
no'vello, a *ag* (*piante, patate*) new; (*animale*) young; (*sposo*) newly-married.
no'vembre *sm* November.
novi'lunio *sm* (ASTR) new moon.
novità *sf inv* novelty; (*innovazione*) innovation; (*cosa originale, insolita*) something new; (*notizia*) (piece of) news *sg*; **le ~ della moda** the latest fashions.
novizi'ato [novit'tsjato] *sm* (REL) novitiate; (*tirocinio*) apprenticeship.
no'vizio, a [no'vittsjo] *sm/f* (REL) novice; (*tirocinante*) beginner, apprentice.
nozi'one [not'tsjone] *sf* notion, idea; **~i** *sfpl* basic knowledge *sg*, rudiments.
'nozze ['nɔttse] *sfpl* wedding *sg*, marriage *sg*; **~ d'argento/d'oro** silver/golden wedding *sg*.
ns. *abbr commerciale di* **nostro.**
'nube *sf* cloud; **nubi'fragio** *sm* cloudburst.
'nubile *ag* (*donna*) unmarried, single.
'nuca *sf* nape of the neck.
nucle'are *ag* nuclear.
'nucleo *sm* nucleus; (*gruppo*) team, unit, group; (MIL) squad.
nu'dista, i, e *sm/f* nudist.
nudità *sf inv* nudity, nakedness; (*di paesaggio*) bareness // *sfpl* (*parti nude del corpo*) nakedness *sg*.
'nudo, a *ag* (*persona*) bare, naked, nude; (*membra*) bare, naked; (*montagna*) bare // *sm* (ARTE) nude.
'nulla *pronome, av* = **niente** // *sm*: **il ~** nothing.
nulla'osta *sm inv* authorization.
nullità *sf inv* nullity; (*persona*) nonentity.
'nullo, a *ag* useless, worthless; (DIR) null (and void); (SPORT): **incontro ~** draw.
nume'rale *ag, sm* numeral.
nume'rare *vt* to number; **numerazi'one** *sf* numbering; (*araba, decimale*) notation.
nu'merico, a, ci, che *ag* numerical.
'numero *sm* number; (*romano, arabo*) numeral; (*di spettacolo*) act, turn; **~ civico** house number; **nume'roso, a** *ag* numerous, many; (*con sostantivo sg: adunanza etc*) large.
'nunzio ['nuntsjo] *sm* (REL) nuncio.
nu'ocere ['nwɔtʃere] *vi*: **~ a** to harm, damage; **nuoci'uto, a** *pp di* **nuocere**.
nu'ora *sf* daughter-in-law.
nuo'tare *vi* to swim; (*galleggiare: oggetti*) to float; **nuota'tore, 'trice** *sm/f* swimmer; **nu'oto** *sm* swimming; **nuoto sul dorso** backstroke.
nu'ova *sf vedi* **nuovo.**
nuova'mente *av* again.
nu'ovo, a *ag* new // *sf* (*notizia*) (piece of) news *sg*; **di ~** again; **~ fiammante** *o* **di zecca** brand-new; **la N~a Zelanda** New Zealand.

nutri'ente *ag* nutritious, nourishing.
nutri'mento *sm* food, nourishment.
nu'trire *vt* to feed; (*fig: sentimenti*) to harbour, nurse; **nutri'tivo, a** *ag* nutritional; (*alimento*) nutritious; **nutrizi'one** *sf* nutrition.
'nuvola *sf* cloud; **'nuvolo, a** *ag*, **nuvo'loso, a** *ag* cloudy.
nuzi'ale [nut'tsjale] *ag* nuptial; wedding *cpd*.

O

o *cong* (*dav V spesso* **od**) or; ~ ... ~ either ... or; ~ **l'uno** ~ **l'altro** either (of them).
O. (*abbr di* **ovest**) W.
'oasi *sf inv* oasis.
obbedi'ente *etc vedi* **ubbidiente** *etc*.
obbli'gare *vt* (*costringere*): ~ **qd a fare** to force *o* oblige sb to do; (*DIR*) to bind; ~**rsi** *vr*: ~**rsi a fare** to undertake to do; **obbli'gato, a** *ag* (*costretto, grato*) obliged; **obbliga'torio, a** *ag* compulsory, obligatory; **obbligazi'one** *sf* obligation; (*COMM*) bond, debenture; **'obbligo, ghi** *sm* obligation; (*dovere*) duty; **avere l'obbligo di fare, essere nell'obbligo di fare** to be obliged to do.
ob'brobrio *sm* disgrace.
obesità *sf* obesity.
o'beso, a *ag* obese.
obiet'tare *vt* to object; ~ **su qc** to object to sth, raise objections concerning sth.
obiettività *sf* objectivity.
obiet'tivo, a *ag* objective; (*imparziale*) unbiased, impartial // *sm* (*OTTICA, FOT*) lens *sg*, objective; (*MIL, fig*) objective.
obiet'tore *sm* objector; ~ **di coscienza** conscientious objector.
obiezi'one [objet'tsjone] *sf* objection.
obi'torio *sm* morgue, mortuary.
o'bliquo, a *ag* oblique; (*inclinato*) slanting; (*fig*) devious, underhand; **sguardo** ~ sidelong glance.
oblite'rare *vt* to obliterate.
oblò *sm inv* porthole.
o'blungo, a, ghi, ghe *ag* oblong.
'oboe *sm* (*MUS*) oboe.
obsole'scenza [obsoleʃ'ʃɛntsa] *sf* (*ECON*) obsolescence.
'oca, *pl* **'oche** *sf* goose.
occasi'one *sf* (*caso favorevole*) opportunity; (*causa, motivo, circostanza*) occasion; (*COMM*) bargain; **d'**~ (*a buon prezzo*) bargain *cpd*; (*usato*) secondhand.
occhi'aia [ok'kjaja] *sf* eye socket; ~**e** *sfpl* shadows (under the eyes).
occhi'ali [ok'kjali] *smpl* glasses, spectacles; ~ **da sole** sunglasses.
occhi'ata [ok'kjata] *sf* look, glance; **dare un'**~ **a** to have a look at.
occhieggi'are [okkjed'dʒare] *vt* to eye, ogle // *vi* (*apparire qua e là*) to peep (out).
occhi'ello [ok'kjɛllo] *sm* buttonhole; (*asola*) eyelet.
'occhio ['ɔkkjo] *sm* eye; ~**!** careful!, watch out!; **a** ~ **nudo** with the naked eye; **a quattr'**~**i** privately, tête-à-tête; **dare all'**~ *o* **nell'**~ **a qd** to catch sb's eye; **fare l'**~ **a qc** to get used to sth; **tenere d'**~ **qd** to keep an eye on sb; **vedere di buon/mal** ~ **qc** to look favourably/unfavourably on sth.
occhio'lino [okkjo'lino] *sm*: **fare l'**~ **a qd** to wink at sb.
occiden'tale [ottʃiden'tale] *ag* western // *sm/f* Westerner.
occi'dente [ottʃi'dɛnte] *sm* west; (*POL*): **l'O**~ the West.
oc'cipite [ot'tʃipite] *sm* back of the head, occiput.
oc'cludere *vt* to block; **occlusi'one** *sf* blockage, obstruction; **oc'cluso, a** *pp di* **occludere.**
occor'rente *ag* necessary // *sm* all that is necessary.
occor'renza [okkor'rɛntsa] *sf* necessity, need; **all'**~ in case of need.
oc'correre (*2*) *vi* to be needed, be required // *vb impers*: **occorre farlo** it must be done; **occorre che tu parta** you must leave, you'll have to leave; **oc'corso, a** *pp di* **occorrere.**
occul'tare *vt* to hide, conceal.
oc'culto, a *ag* hidden, concealed; (*scienze, forze*) occult.
occu'pare *vt* to occupy; (*manodopera*) to employ; (*ingombrare*) to occupy, take up; ~**rsi** *vr* to occupy o.s., keep o.s. busy; (*impiegarsi*) to get a job; ~**rsi di** (*interessarsi*) to take an interest in; (*prendersi cura di*) to look after, take care of; **occu'pato, a** *ag* (*MIL, POL*) occupied; (*persona: affaccendato*) busy; (*posto, sedia*) taken; (*toilette, TEL*) engaged; **occupa'tore, 'trice** *sm/f* occupier; **occupazi'one** *sf* occupation; (*impiego, lavoro*) job; (*ECON*) employment.
o'ceano [o'tʃeano] *sm* ocean.
'ocra *sf* ochre.
ocu'lare *ag* ocular, eye *cpd*.
ocu'lato, a *ag* (*attento*) cautious, prudent; (*accorto*) shrewd.
ocu'lista, i, e *sm/f* eye specialist, oculist.
'ode *sf* ode.
odi'are *vt* to hate, detest.
odi'erno, a *ag* today's, of today; (*attuale*) present.
'odio *sm* hatred; **avere in** ~ **qc/qd** to hate *o* detest sth/sb; **odi'oso, a** *ag* hateful, odious.
odo'rare *vt* (*annusare*) to smell; (*profumare*) to perfume, scent // *vi*: ~ **(di)** to smell (of); **odo'rato** *sm* sense of smell.
o'dore *sm* smell; **gli** ~**i** *smpl* (*CUC*) (aromatic) herbs; **odo'roso, a** *ag* sweet-smelling.
of'fendere *vt* to offend; (*violare*) to break, violate; (*insultare*) to insult; (*ferire*) to injure; ~**rsi** *vr* (*con senso reciproco*) to insult one another; (*risentirsi*): ~**rsi (di)** to take offence (at), be offended (by); **offen'sivo, a** *ag, sf* offensive; **offen'sore,**

offendi'trice *sm/f* offender; (*MIL*) aggressor.
offe'rente *sm (in aste)*: **al maggior** ~ to the highest bidder.
of'ferto, a *pp di* **offrire** // *sf* offer; (*donazione, anche REL*) offering; (*in gara d'appalto*) tender; (*in aste*) bid; (*ECON*) supply.
of'feso, a *pp di* **offendere** // *ag* offended // *sm/f* offended party // *sf* insult, affront; (*MIL*) attack; (*DIR*) offence.
offi'cina [offi'tʃina] *sf* workshop.
of'frire *vt* to offer; ~**rsi** *vr* (*proporsi*) to offer (o.s.), volunteer; (*occasione*) to present itself; (*esporsi*): ~**rsi a** to expose o.s. to; **ti offro da bere** I'll buy you a drink.
offus'care *vt* to obscure, darken; (*fig: intelletto*) to dim, cloud; (: *fama*) to obscure, overshadow; ~**rsi** *vr* to grow dark; to cloud, grow dim; to be obscured.
of'talmico, a, ci, che *ag* ophthalmic.
oggettività [oddʒettivi'ta] *sf* objectivity.
ogget'tivo, a [oddʒet'tivo] *ag* objective.
og'getto [od'dʒetto] *sm* object; (*materia, argomento*) subject (matter).
'oggi ['ɔddʒi] *av, sm* today; ~ **a otto** a week today; **oggigi'orno** *av* nowadays.
o'giva [o'dʒiva] *sf* (*ARCHIT*) diagonal rib; (*MIL*) warhead; **arco a** ~ lancet arch.
'ogni ['oɲɲi] *det* every, each; (*tutti*) all; ~ **uomo è mortale** all men are mortal; (*con valore distributivo*) every; **viene** ~ **due giorni** he comes every two days; ~ **cosa** everything; **in** ~ **luogo** everywhere; ~ **tanto** every so often; ~ **volta che** every time that.
Ognis'santi [oɲɲis'santi] *sm* All Saints' Day.
o'gnuno [oɲ'ɲuno] *pronome* everyone, everybody.
'ohi *escl* oh!; (*esprimente dolore*) ow!
ohimè *escl* oh dear!
O'landa *sf*: **l'**~ Holland; **olan'dese** *ag* Dutch // *sm* (*LING*) Dutch // *sm/f* Dutchman/woman; **gli Olandesi** the Dutch.
oleo'dotto *sm* oil pipeline.
ole'oso, a *ag* oily; (*che contiene olio*) oil-yielding.
ol'fatto *sm* sense of smell.
oli'are *vt* to oil; **olia'tore** *sm* oil-can, oiler.
oli'era *sf* oil cruet.
olim'piadi *sfpl* Olympic games; **o'limpico, a, ci, che** *ag* Olympic.
'olio *sm* oil; **sott'**~ (*CUC*) in oil; ~ **d'oliva** olive oil; ~ **di fegato di merluzzo** cod liver oil.
o'liva *sf* olive; **oli'vastro, a** *ag* olive(-coloured); (*carnagione*) sallow; **oli'veto** *sm* olive grove; **o'livo** *sm* olive tree.
'olmo *sm* elm.
oltraggi'are [oltrad'dʒare] *vt* to outrage; to offend gravely.
ol'traggio [ol'traddʒo] *sm* outrage; offence, insult; ~ **alla magistratura** contempt of court; **oltraggi'oso, a** *ag* offensive.
ol'tralpe *av* beyond the Alps.
ol'tranza [ol'trantsa] *sf*: **a** ~ to the last, to the bitter end.
'oltre *av* (*più in là*) further; (*di più: aspettare*) longer, more // *prep* (*di là da*) beyond, over, on the other side of; (*più di*) more than, over; (*in aggiunta a*) besides; (*eccetto*): ~ **a** except, apart from; **oltre'mare** *av* overseas; **oltrepas'sare** *vt* to go beyond, exceed.
o'maggio [o'maddʒo] *sm* (*dono*) gift; (*segno di rispetto*) homage, tribute; ~**i** *smpl* (*complimenti*) respects; **rendere** ~ **a** to pay homage *o* tribute to; **copia in** ~ (*STAMPA*) complimentary copy.
ombeli'cale *ag* umbilical.
ombe'lico, chi *sm* navel.
'ombra *sf* (*zona non assolata, fantasma*) shade; (*sagoma scura*) shadow; **sedere all'**~ to sit in the shade.
ombreggi'are [ombred'dʒare] *vt* to shade.
om'brello *sm* umbrella; **ombrel'lone** *sm* beach umbrella.
om'bretto *sm* eyeshadow.
om'broso, a *ag* shady, shaded; (*cavallo*) nervous, skittish; (*persona*) touchy, easily offended.
ome'lia *sf* (*REL*) homily, sermon.
omeopa'tia *sf* homoeopathy.
omertà *sf* conspiracy of silence.
o'messo, a *pp di* **omettere.**
o'mettere *vt* to omit, leave out; ~ **di fare** to omit *o* fail to do.
omi'cida, i, e [omi'tʃida] *ag* homicidal, murderous // *sm/f* murderer/eress.
omi'cidio [omi'tʃidjo] *sm* murder; ~ **colposo** culpable homicide.
omissi'one *sf* omission.
omogeneiz'zato [omodʒeneid'dzato] *sm* baby food.
omo'geneo, a [omo'dʒɛneo] *ag* homogeneous.
omolo'gare *vt* to approve, recognize; to ratify.
o'monimo, a *sm/f* namesake // *sm* (*LING*) homonym.
omosessu'ale *ag, sm/f* homosexual.
'oncia, ce ['ontʃa] *sf* ounce.
'onda *sf* wave; **mettere** *o* **mandare in** ~ (*RADIO, TV*) to broadcast; ~**e corte/medie/lunghe** short/medium/long wave; **on'data** *sf* wave, billow; (*fig*) wave, surge; **a ondate** in waves; **ondata di caldo** heatwave.
'onde *cong* (*affinché: con il congiuntivo*) so that, in order that; (*: con l'infinito*) so as to, in order to.
ondeggi'are [onded'dʒare] *vi* (*acqua*) to ripple; (*muoversi sulle onde: barca*) to rock, roll; (*fig: muoversi come le onde, barcollare*) to sway; (: *essere incerto*) to waver.
ondula'torio, a *ag* undulating; (*FISICA*) undulatory, wave *cpd.*
ondulazi'one [ondulat'tsjone] *sf* undulation; (*acconciatura*) wave; ~ **permanente** permanent wave, perm.

'onere *sm* burden; **~i fiscali** taxes; **one'roso, a** *ag* (*fig*) heavy, onerous.

onestà *sf* honesty.

o'nesto, a *ag* (*probo, retto*) honest; (*giusto*) fair; (*casto*) chaste, virtuous.

'onice ['ɔnitʃe] *sf* onyx.

onnipo'tente *ag* omnipotent.

onnisci'ente [onniʃ'ʃɛnte] *ag* omniscient.

onniveg'gente [onnived'dʒɛnte] *ag* all-seeing.

ono'mastico, ci *sm* name-day.

ono'ranze [ono'rantse] *sfpl* honours.

ono'rare *vt* to honour; (*far onore a*) to do credit to; **~rsi** *vr*: **~rsi di** to feel honoured at, be proud of.

ono'rario, a *ag* honorary // *sm* fee.

o'nore *sm* honour; **in ~ di** in honour of; **fare gli ~i di casa** to play host (*o* hostess); **fare ~ a** to honour; (*pranzo*) to do justice to; (*famiglia*) to be a credit to; **farsi ~** to distinguish o.s.; **ono'revole** *ag* honourable // *sm/f* (POL) Member of Parliament; **onorifi'cenza** *sf* honour; decoration; **ono'rifico, a, ci, che** *ag* honorary.

'onta *sf* shame, disgrace.

'O.N.U. ['ɔnu] *sf* (*abbr di Organizzazione delle Nazioni Unite*) UN, UNO.

o'paco, a, chi, che *ag* (*vetro*) opaque; (*metallo*) dull, matt.

o'pale *sm o f* opal.

'opera *sf* work; (*azione rilevante*) action, deed, work; (MUS) work; opus; (: *melodramma*) opera; (: *teatro*) opera house; (*ente*) institution, organization; **~ d'arte** work of art; **~e pubbliche** public works.

ope'raio, a *ag* working-class; workers' // *sm/f* worker; **classe ~a** working class.

ope'rare *vt* to carry out, make; (MED) to operate on // *vi* to operate, work; (*rimedio*) to act, work; (MED) to operate; **~rsi** *vr* to occur, take place; **opera'tivo, a** *ag* operative, operating; **opera'tore, 'trice** *sm/f* operator; (MED) surgeon; (TV, CINEMA) cameraman; **operatore economico** agent, broker; **opera'torio, a** *ag* (MED) operating; **operazi'one** *sf* operation.

ope'retta *sf* (MUS) operetta, light opera.

ope'roso, a *ag* busy, active, hard-working.

opi'ficio [opi'fitʃo] *sm* factory, works *pl*.

opini'one *sf* opinion.

'oppio *sm* opium.

oppo'nente *ag* opposing // *sm/f* opponent.

op'porre *vt* to oppose; **opporsi** *vr*: **opporsi (a qc)** to oppose (sth); to object (to sth); **~ resistenza/un rifiuto** to offer resistance/refuse.

opportu'nista, i, e *sm/f* opportunist.

opportunità *sf inv* opportunity; (*convenienza*) opportuneness, timeliness.

oppor'tuno, a *ag* timely, opportune.

opposi'tore *sm* opposer, opponent.

opposizi'one [oppozit'tsjone] *sf* opposition; (DIR) objection.

op'posto, a *pp di* **opporre** // *ag* opposite; (*opinioni*) conflicting // *sm* opposite, contrary; **all'~** on the contrary.

oppressi'one *sf* oppression.

oppres'sivo, a *ag* oppressive.

op'presso, a *pp di* **opprimere**.

oppres'sore *sm* oppressor.

op'primere *vt* (*premere, gravare*) to weigh down; (*estenuare*: *sog*: *caldo*) to suffocate, oppress; (*tiranneggiare*: *popolo*) to oppress.

oppu'gnare [oppuɲ'ɲare] *vt* (*fig*) to refute.

op'pure *cong* or (else).

op'tare *vi*: **~ per** to opt for.

opu'lento, a *ag* (*ricco*) rich, wealthy; (: *arredamento etc*) opulent.

o'puscolo *sm* booklet, pamphlet.

opzi'one [op'tsjone] *sf* option.

'ora *sf* (*60 minuti*) hour; (*momento*) time; **che ~ è?, che ~e sono?** what time is it?; **non veder l'~ di fare** to long to do, look forward to doing; **alla buon'~!** at last!; **~ legale (estiva)** summer time; **~ locale** local time; **~ di punta** (AUT) rush hour // *av* (*adesso*) now; (*poco fa*): **è uscito proprio ~** he's just gone out; (*tra poco*) presently, in a minute; (*correlativo*): **~ ... ~** now ... now; **d'~ in avanti** from now on; **or ~** just now, a moment ago.

o'racolo *sm* oracle.

'orafo *sm* goldsmith.

o'rale *ag, sm* oral.

ora'mai *av* = **ormai**.

o'rario, a *ag* hourly; (*velocità*) per hour // *sm* timetable, schedule; (*di ufficio, visite etc*) hours *pl*, time(s *pl*).

ora'tore, 'trice *sm/f* speaker; orator.

ora'torio, a *ag* oratorical // *sm* (REL) oratory; (MUS) oratorio // *sf* (*arte*) oratory.

or'bene *cong* so, well (then).

'orbita *sf* (ASTR, FISICA) orbit; (ANAT) (eye-)socket.

or'chestra [or'kɛstra] *sf* orchestra; **orches'trale** *ag* orchestral // *sm/f* orchestra player; **orches'trare** *vt* to orchestrate; (*fig*) to mount, stage-manage.

orchi'dea [orki'dɛa] *sf* orchid.

'orcio ['ortʃo] *sm* jar.

'orco, chi *sm* ogre.

'orda *sf* horde.

or'digno [or'diɲɲo] *sm* (*esplosivo*) explosive device.

ordi'nale *ag, sm* ordinal.

ordina'mento *sm* order, arrangement; (*regolamento*) regulations *pl*, rules *pl*; **~ scolastico/giuridico** education/legal system.

ordi'nanza [ordi'nantsa] *sf* (DIR, MIL) order; (*persona*: MIL) orderly, batman; **d'~** (MIL) regulation *cpd*.

ordi'nare *vt* (*mettere in ordine*) to arrange, organize; (COMM) to order; (*prescrivere*: *medicina*) to prescribe; (*comandare*): **~ a qd di fare qc** to order *o* command sb to do sth; (REL) to ordain.

ordi'nario, a *ag* (*comune*) ordinary;

everyday; standard; (*grossolano*) coarse, common // *sm* ordinary; (INS: *di università*) full professor.

ordina'tivo, a *ag* regulating, regulative.

ordi'nato, a *ag* tidy, orderly.

ordinazi'one [ordinat'tsjone] *sf* (COMM) order; (REL) ordination.

'ordine *sm* order; (*carattere*): **d'~ pratico** of a practical nature; **all'~** (COMM: *assegno*) to order; **di prim'~** first-class; **fino a nuovo ~** until further notice; **mettere in ~** to put in order, tidy (up); **~ del giorno** (*di seduta*) agenda; (MIL) order of the day; **l'~ pubblico** law and order; **~i (sacri)** (REL) Holy orders.

or'dire *vt* (*fig*) to plot, scheme; **or'dito** *sm* (*fig*) plot.

orec'chino [orek'kino] *sm* earring.

o'recchio [o'rekkjo], *pl(f)* **o'recchie** *sm* (ANAT) ear.

orecchi'oni [orek'kjoni] *smpl* (MED) mumps *sg*.

o'refice [o'rεfitʃe] *sm* goldsmith; jeweller; **orefice'ria** *sf* (*arte*) goldsmith's art; (*negozio*) jeweller's (shop).

'orfano, a *ag* orphan(ed) // *sm/f* orphan; **~ di padre/madre** fatherless/motherless; **orfano'trofio** *sm* orphanage.

orga'netto *sm* barrel organ; (*armonica a bocca*) mouth organ; (*fisarmonica*) accordion.

or'ganico, a, ci, che *ag* organic // *sm* personnel, staff.

organi'gramma, i *sm* organization chart.

orga'nismo *sm* (BIOL) organism; (*corpo umano*) body; (AMM) body, organism.

orga'nista, i, e *sm/f* organist.

organiz'zare [organid'dzare] *vt* to organize; **~rsi** *vr* to get organized; **organizza'tore, 'trice** *ag* organizing // *sm/f* organizer; **organizzazi'one** *sf* organization.

'organo *sm* organ; (*di congegno*) part; (*portavoce*) spokesman, mouthpiece.

or'gasmo *sm* (FISIOL) orgasm; (*fig*) agitation, anxiety.

'orgia, ge ['ɔrdʒa] *sf* orgy.

or'goglio [or'goʎʎo] *sm* pride; **orgogli'oso, a** *ag* proud.

orien'tale *ag* oriental; eastern; east.

orienta'mento *sm* positioning; orientation; direction; **senso di ~** sense of direction; **~ professionale** careers guidance.

orien'tare *vt* (*situare*) to position; (*fig*) to direct, orientate; **~rsi** *vr* to find one's bearings; (*fig*: *tendere*) to tend, lean; (: *indirizzarsi*): **~rsi verso** to take up, go in for.

ori'ente *sm* east; **l'O~** the East, the Orient.

o'rigano *sm* oregano.

origi'nale [oridʒi'nale] *ag* original; (*bizzarro*) eccentric // *sm* original; **originalità** *sf* originality; eccentricity.

origi'nare [oridʒi'nare] *vt* to bring about, produce // *vi* (2): **~ da** to arise *o* spring from.

origi'nario, a [oridʒi'narjo] *ag* original; **essere ~ di** to be a native of; (*provenire da*) to originate from; to be native to.

o'rigine [o'ridʒine] *sf* origin; **all'~** originally; **d'~ inglese** of English origin; **dare ~ a** to give rise to.

origli'are [oriʎ'ʎare] *vi*: **~ (a)** to eavesdrop (on).

o'rina *sf* urine; **ori'nale** *sm* chamberpot.

ori'nare *vi* to urinate // *vt* to pass; **orina'toio** *sm* (public) urinal.

ori'undo, a *ag*: **~ (di)** native (of).

orizzon'tale [oriddzon'tale] *ag* horizontal.

oriz'zonte [orid'dzonte] *sm* horizon.

or'lare *vt* to hem; **orla'tura** *sf* hemming *q*; hem.

'orlo *sm* edge, border; (*di recipiente*) rim, brim; (*di vestito etc*) hem.

'orma *sf* (*di persona*) footprint; (*di animale*) track; (*impronta, traccia*) mark, trace.

or'mai *av* by now, by this time; (*adesso*) now; (*quasi*) almost, nearly.

ormeggi'are [ormed'dʒare] *vt* (NAUT) to moor; **or'meggio** *sm* (*atto*) mooring *q*; (*luogo*) moorings *pl*.

or'mone *sm* hormone.

ornamen'tale *ag* ornamental, decorative.

orna'mento *sm* ornament, decoration.

or'nare *vt* to adorn, decorate; **or'nato, a** *ag* ornate.

ornitolo'gia [ornitolo'dʒia] *sf* ornithology.

'oro *sm* gold; **d'~, in ~** gold *cpd*; **d'~** (*fig*) golden.

orologe'ria [orolodʒe'ria] *sf* watchmaking *q*; watchmaker's (shop); clockmaker's (shop); **bomba a ~** time bomb.

orologi'aio [orolo'dʒajo] *sm* watchmaker; clockmaker.

oro'logio [oro'lɔdʒo] *sm* clock; (*da tasca, da polso*) watch; **~ da polso** wristwatch; **~ a sveglia** alarm clock.

o'roscopo *sm* horoscope.

or'rendo, a *ag* (*spaventoso*) horrible, awful; (*bruttissimo*) hideous.

or'ribile *ag* horrible.

'orrido, a *ag* fearful, horrid.

orripi'lante *ag* hair-raising, horrifying.

or'rore *sm* horror; **avere in ~ qd/qc** to loathe *o* detest sb/sth.

orsacchi'otto [orsak'kjɔtto] *sm* teddy bear.

'orso *sm* bear; **~ bruno/bianco** brown/polar bear.

or'taggio [or'taddʒo] *sm* vegetable.

or'tica, che *sf* (stinging) nettle.

orti'caria *sf* nettle rash.

orticol'tura *sf* horticulture.

'orto *sm* vegetable garden, kitchen garden; **~ industriale** market garden.

orto'dosso, a *ag* orthodox.

ortogra'fia *sf* spelling.

orto'lano, a *sm/f* (*venditore*) greengrocer.

ortope'dia *sf* orthopaedics *sg*; **orto-**

'pedico, a, ci, che *ag* orthopaedic // *sm* orthopaedic specialist.
orzai'olo [ordza'jɔlo] *sm* (MED) stye.
or'zata [or'dzata] *sf* barley water.
'orzo ['ordzo] *sm* barley.
o'sare *vt, vi* to dare; ~ **fare** to dare (to) do.
oscenità [oʃʃeni'ta] *sf inv* obscenity.
o'sceno, a [oʃ'ʃɛno] *ag* obscene; (*ripugnante*) ghastly.
oscil'lare [oʃʃil'lare] *vi* (*pendolo*) to swing; (*dondolare: al vento etc*) to rock; (*variare*) to fluctuate; (TECN) to oscillate; (*fig*): ~ **fra** to waver *o* hesitate between; **oscillazi'one** *sf* oscillation; (*di prezzi, temperatura*) fluctuation.
oscura'mento *sm* darkening; obscuring; (*in tempo di guerra*) blackout.
oscu'rare *vt* to darken, obscure; (*fig*) to obscure; ~**rsi** *vr* to grow dark.
os'curo, a *ag* dark; (*fig*) obscure; humble, lowly // *sm*: **all'~** in the dark; **tenere qd all'~ di qc** to keep sb in the dark about sth.
ospe'dale *sm* hospital.
ospi'tale *ag* hospitable; **ospitalità** *sf* hospitality.
ospi'tare *vt* to give hospitality to; (*sog: albergo*) to accommodate.
'ospite *sm/f* (*persona che ospita*) host/hostess; (*persona ospitata*) guest.
os'pizio [os'pittsjo] *sm* (*per vecchi etc*) home.
'ossa *sfpl vedi* **osso.**
ossa'tura *sf* (ANAT) skeletal structure, frame; (TECN, *fig*) framework.
'osseo, a *ag* bony; (*tessuto etc*) bone *cpd.*
osse'quente *ag* respectful, deferential; ~ **alla legge** law-abiding.
os'sequio *sm* deference, respect; ~**i** *smpl* (*saluto*) respects, regards; **ossequi'oso, a** *ag* obsequious.
osser'vanza [osser'vantsa] *sf* observance.
osser'vare *vt* to observe, watch; (*esaminare*) to examine; (*notare, rilevare*) to notice, observe; (DIR: *la legge*) to observe, respect; (*mantenere: silenzio*) to keep, observe; **far ~ qc a qd** to point sth out to sb; **osserva'tore, 'trice** *ag* observant, perceptive // *sm/f* observer; **osserva'torio** *sm* (ASTR) observatory; (MIL) observation post; **osservazi'one** *sf* observation; (*di legge etc*) observance; (*considerazione critica*) observation, remark; (*rimprovero*) reproof; **in osservazione** under observation.
ossessio'nare *vt* to obsess, haunt; (*tormentare*) to torment, harass.
ossessi'one *sf* obsession.
os'sesso, a *ag* (*spiritato*) possessed.
os'sia *cong* that is, to be precise.
ossi'dare *vt*, ~**rsi** *vr* to oxidize.
'ossido *sm* oxide; ~ **di carbonio** carbon monoxide.
ossige'nare [ossidʒe'nare] *vt* to oxygenate; (*decolorare*) to bleach.
os'sigeno *sm* oxygen.
'osso *sm* (*pl*(*f*) **ossa** *nel senso* ANAT) bone; **d'~** (*bottone etc*) of bone, bone *cpd.*
osso'buco, *pl* **ossi'buchi** *sm* (CUC) marrowbone; (: *piatto*) *stew made with knuckle of veal in tomato sauce.*
os'suto, a *ag* bony.
ostaco'lare *vt* to block, obstruct.
os'tacolo *sm* obstacle; (EQUITAZIONE) hurdle, jump.
os'taggio [os'taddʒo] *sm* hostage.
'oste, os'tessa *sm/f* innkeeper.
osteggi'are [osted'dʒare] *vt* to oppose, be opposed to.
os'tello *sm*: ~ **della gioventù** youth hostel.
osten'sorio *sm* (REL) monstrance.
osten'tare *vt* to make a show of, flaunt; **ostentazi'one** *sf* ostentation, show.
oste'ria *sf* inn.
os'tessa *sf vedi* **oste.**
os'tetrico, a, ci, che *ag* obstetric // *sm* obstetrician // *sf* midwife.
'ostia *sf* (REL) host; (*per medicinali*) wafer.
'ostico, a, ci, che *ag* (*fig*) harsh; hard, difficult; unpleasant.
os'tile *ag* hostile; **ostilità** *sf inv* hostility // *sfpl* (MIL) hostilities.
osti'narsi *vr* to insist, dig one's heels in; ~ **a fare** to persist (obstinately) in doing; **osti'nato, a** *ag* (*caparbio*) obstinate; (*tenace*) persistent, determined; **ostinazi'one** *sf* obstinacy; persistence.
ostra'cismo [ostra'tʃizmo] *sm* ostracism.
'ostrica, che *sf* oyster.
ostru'ire *vt* to obstruct, block; **ostruzi'one** *sf* obstruction, blockage.
'otre *sm* (*recipiente*) goatskin.
ottago'nale *ag* octagonal.
ot'tagono *sm* octagon.
ot'tanta *num* eighty; **ottan'tesimo, a** *num* eightieth; **ottan'tina** *sf*: **una ottantina (di)** about eighty.
ot'tavo, a *num* eighth // *sf* octave.
ottempe'rare *vi*: ~ **a** to comply with, obey.
ottene'brare *vt* to darken; (*fig*) to cloud.
otte'nere *vt* to obtain, get; (*risultato*) to achieve, obtain.
'ottico, a, ci, che *ag* (*della vista: nervo*) optic; (*dell'ottica*) optical // *sm* optician // *sf* (*scienza*) optics *sg*; (FOT: *lenti, prismi etc*) optics *pl.*
ottima'mente *av* excellently, very well.
otti'mismo *sm* optimism; **otti'mista, i, e** *sm/f* optimist.
'ottimo, a *ag* excellent, very good.
'otto *num* eight.
ot'tobre *sm* October.
otto'cento [otto'tʃɛnto] *num* eight hundred // *sm*: **l'O~** the nineteenth century.
ot'tone *sm* brass; **gli ~i** (MUS) the brass.
ottuage'nario, a [ottuadʒe'narjo] *ag, sm/f* octogenarian.
ot'tundere *vt* (*fig*) to dull.
ottu'rare *vt* to close (up); (*dente*) to fill; **ottura'tore** *sm* (FOT) shutter; (*nelle armi*)

breechblock; **otturazi'one** *sf* closing (up); (*dentaria*) filling.
ot'tuso, a *pp di* **ottundere** // *ag* (*smussato*) blunt, dull; (*MAT, fig*) obtuse; (*suono*) dull.
o'vaia *sf*, **o'vaio** *sm* (*ANAT*) ovary.
o'vale *ag, sm* oval.
o'vatta *sf* cotton wool; (*per imbottire*) padding, wadding.
ovazi'one [ovat'tsjone] *sf* ovation.
'ovest *sm* west.
o'vile *sm* pen, enclosure.
o'vino, a *ag* sheep *cpd*, ovine.
ovulazi'one [ovulat'tsjone] *sf* ovulation.
'ovulo *sm* (*FISIOL*) ovum.
ov'vero *cong* (*ossia*) that is, to be precise; (*oppure*) or (else).
ovvi'are *vi*: ~ **a** to obviate.
'ovvio, a *ag* obvious.
ozi'are [ot'tsjare] *vi* to laze, idle.
'ozio ['ɔttsjo] *sm* idleness; (*tempo libero*) leisure; **ore d'~** leisure time; **stare in ~** to be idle; **ozi'oso, a** *ag* idle.
o'zono [o'dzɔno] *sm* ozone.

P

pa'cato, a *ag* quiet, calm.
pac'chetto [pak'ketto] *sm* packet.
'pacco, chi *sm* parcel; (*involto*) bundle.
'pace ['patʃe] *sf* peace; **darsi ~** to resign o.s.
pacifi'care [patʃifi'kare] *vt* (*riconciliare*) to reconcile, make peace between; (*mettere in pace*) to pacify.
pa'cifico, a, ci, che [pa'tʃifiko] *ag* (*persona*) peaceable; (*vita*) peaceful; (*fig*: *indiscusso*) indisputable; (: *ovvio*) obvious, clear // *sm*: **il P~, l'Oceano P~** the Pacific (Ocean).
paci'fista, i, e [patʃi'fista] *sm/f* pacifist.
pa'della *sf* frying pan; (*per infermi*) bedpan.
padigli'one [padiʎ'ʎone] *sm* pavilion; (*AUT*) roof.
'Padova *sf* Padua.
'padre *sm* father; **~i** *smpl* (*antenati*) forefathers; **pa'drino** *sm* godfather.
padro'nanza [padro'nantsa] *sf* command, mastery.
pa'drone, a *sm/f* master/mistress; (*proprietario*) owner; (*datore di lavoro*) employer; **essere ~ di sé** to be in control of o.s.; **~ di casa** master/mistress of the house; (*per gli inquilini*) landlord/lady; **padroneggi'are** *vt* to rule, command; (*fig*: *sentimenti*) to master, control; (: *materia*) to master, know thoroughly.
pae'saggio [pae'zaddʒo] *sm* landscape.
pae'sano, a *ag* country *cpd* // *sm/f* villager; countryman.
pa'ese *sm* country; land; region; village; **i P~i Bassi** the Netherlands.
paf'futo, a *ag* chubby, plump.
'paga, ghe *sf* pay, wages *pl*.
paga'mento *sm* payment.
pa'gano, a *ag, sm/f* pagan.
pa'gare *vt* to pay; (*acquisto, fig*: *colpa*) to pay for; (*contraccambiare*) to repay, pay back // *vi* to pay; **quanto l'hai pagato?** how much did you pay for it?; **~ un assegno a qd** (*sog*: *banca*) to cash sb a cheque.
pa'gella [pa'dʒɛlla] *sf* (*INS*) report card.
'paggio ['paddʒo] *sm* page(boy).
pagherò [page'rɔ] *sm inv* acknowledgement of a debt, IOU.
'pagina ['padʒina] *sf* page.
'paglia ['paʎʎa] *sf* straw.
pagliac'cetto [paʎʎat'tʃetto] *sm* (*per bambini*) rompers *pl*.
pagli'accio [paʎ'ʎattʃo] *sm* clown.
pagli'etta [paʎ'ʎetta] *sf* (*cappello per uomo*) (straw) boater; (*per tegami etc*) steel wool.
pagli'uzza [paʎ'ʎuttsa] *sf* (blade of) straw; (*d'oro etc*) tiny particle, speck.
pa'gnotta [paɲ'ɲɔtta] *sf* round loaf.
pa'goda *sf* pagoda.
'paio, *pl*(*f*) **'paia** *sm* pair; **un ~ di** (*alcuni*) a couple of.
pai'olo, paiu'olo *sm* (copper) pot.
'pala *sf* shovel; (*di remo, ventilatore, elica*) blade; (*di ruota*) paddle.
pa'lato *sm* palate.
pa'lazzo [pa'lattso] *sm* (*reggia*) palace; (*edificio*) building; **~ di giustizia** courthouse; **~ dello sport** sports stadium.
pal'chetto [pal'ketto] *sm* shelf.
'palco, chi *sm* (*TEATRO*) box; (*tavolato*) platform, stand; (*ripiano*) layer.
palco'scenico, ci [palkoʃ'ʃɛniko] *sm* (*TEATRO*) stage.
pale'sare *vt* to reveal, disclose; **~rsi** *vr* to reveal *o* show o.s.
pa'lese *ag* clear, evident.
Pales'tina *sf*: **la ~** Palestine.
pa'lestra *sf* gymnasium; (*esercizio atletico*) exercise, training; (*fig*) training ground, school.
pa'letta *sf* spade; (*per il focolare*) shovel; (*del capostazione*) signalling disc.
pa'letto *sm* stake, peg; (*spranga*) bolt.
'palio *sm* (*gara*): **il P~** *horserace run at Siena*; **mettere qc in ~** to offer sth as a prize.
paliz'zata [palit'tsata] *sf* palisade.
'palla *sf* ball; (*pallottola*) bullet; **~canestro** *sm* basketball; **~nuoto** *sm* water polo; **~volo** *sm* volleyball.
palleggi'are [palled'dʒare] *vi* (*CALCIO*) to practise with the ball; (*TENNIS*) to knock up.
pallia'tivo *sm* palliative; (*fig*) stopgap measure.
'pallido, a *ag* pale.
pal'lina *sf* (*bilia*) marble.
pallon'cino [pallon'tʃino] *sm* balloon; (*lampioncino*) chinese lantern.
pal'lone *sm* (*palla*) ball; (*CALCIO*) football; (*aerostato*) balloon; **gioco del ~** football.
pal'lore *sm* pallor, paleness.

pal'lottola *sf* pellet; (*proiettile*) bullet.
'palma *sf* (*ANAT*) = **palmo**; (*BOT, simbolo*) palm; ~ **da datteri** date palm.
'palmo *sm* (*ANAT*) palm; **restare con un ~ di naso** to be badly disappointed.
'palo *sm* (*legno appuntito*) stake; (*sostegno*) pole; **fare da** *o* **il** ~ (*fig*) to act as look-out.
palom'baro *sm* diver.
pa'lombo *sm* (*pesce*) dogfish.
pal'pare *vt* to feel, finger.
'palpebra *sf* eyelid.
palpi'tare *vi* (*cuore, polso*) to beat; (: *più forte*) to pound, throb; (*fremere*) to quiver; **palpitazi'one** *sf* palpitation; **'palpito** *sm* (*del cuore*) beat; (*fig: d'amore etc*) throb.
paltò *sm inv* overcoat.
pa'lude *sf* marsh, swamp; **palu'doso, a** *ag* marshy, swampy.
pa'lustre *ag* marsh *cpd*, swamp *cpd*.
'pampino *sm* vine leaf.
pana'cea [pana'tʃɛa] *sf* panacea.
'panca, che *sf* bench.
pan'cetta [pan'tʃetta] *sf* (*CUC*) bacon.
pan'chetto [pan'ketto] *sm* stool; footstool.
pan'china [pan'kina] *sf* garden seat; (*di giardino pubblico*) (park) bench.
'pancia, ce ['pantʃa] *sf* belly, stomach; **mettere** *o* **fare** ~ to be getting a paunch; **avere mal di** ~ to have stomach ache *o* a sore stomach.
panci'otto [pan'tʃɔtto] *sm* waistcoat.
pan'cone *sm* workbench.
'pancreas *sm* pancreas.
'panda *sm inv* panda.
pande'monio *sm* pandemonium.
'pane *sm* bread; (*pagnotta*) loaf (of bread); (*forma*): **un ~ di burro/cera** *etc* a pat of butter/bar of wax *etc*; ~ **integrale** wholemeal bread; ~ **tostato** toast.
panette'ria *sf* (*forno*) bakery; (*negozio*) baker's (shop), bakery.
panetti'ere, a *sm/f* baker.
panet'tone *sm a kind of spiced brioche with sultanas, eaten at Christmas.*
pangrat'tato *sm* breadcrumbs *pl*.
'panico, a, ci, che *ag, sm* panic.
pani'ere *sm* basket.
pani'ficio [pani'fitʃo] *sm* (*forno*) bakery; (*negozio*) baker's (shop), bakery.
pa'nino *sm* roll; ~ **imbottito** filled roll; sandwich.
'panna *sf* (*CUC*) cream; (*TECN*) breakdown; **essere in** ~ to have broken down; ~ **montata** whipped cream.
pan'nello *sm* panel.
'panno *sm* cloth; **~i** *smpl* (*abiti*) clothes.
pan'nocchia [pan'nɔkkja] *sf* (*di mais etc*) ear.
panno'lino *sm* (*per bambini*) nappy.
pano'rama, i *sm* panorama; **pano'ramico, a, ci, che** *ag* panoramic.
panta'loni *smpl* trousers *pl*, pair of trousers.
pan'tano *sm* bog.
pan'tera *sf* panther.
pan'tofola *sf* slipper.
panto'mima *sf* pantomime.
pan'zana [pan'tsana] *sf* fib, tall story.
pao'nazzo, a [pao'nattso] *ag* purple.
'papa, i *sm* pope.
papà *sm inv* dad(dy).
pa'pale *ag* papal.
pa'pato *sm* papacy.
pa'pavero *sm* poppy.
'papero, a *sm/f* (*ZOOL*) gosling // *sf* (*fig*) slip of the tongue, blunder.
pa'piro *sm* papyrus.
'pappa *sf* baby's cereal.
pappa'gallo *sm* parrot; (*fig: uomo*) Romeo, wolf.
pappa'gorgia, ge [pappa'gɔrdʒa] *sf* double chin.
'para *sf*: **suole di** ~ crepe soles.
pa'rabola *sf* (*MAT*) parabola; (*REL*) parable.
para'brezza [para'breddza] *sm inv* (*AUT*) windscreen.
paraca'dute *sm inv* parachute; **paracadu'tista, i, e** *sm/f* parachutist.
para'carro *sm* kerbstone.
para'diso *sm* paradise.
parados'sale *ag* paradoxical.
para'dosso *sm* paradox.
para'fango, ghi *sm* mudguard.
paraf'fina *sf* paraffin, paraffin wax.
parafra'sare *vt* to paraphrase.
para'fulmine *sm* lightning conductor.
pa'raggi [pa'raddʒi] *smpl*: **nei** ~ in the vicinity, in the neighbourhood.
parago'nare *vt*: ~ **con/a** to compare with/to.
para'gone *sm* comparison; (*esempio analogo*) analogy, parallel; **reggere al** ~ to stand comparison.
pa'ragrafo *sm* paragraph.
pa'ralisi *sf* paralysis; **para'litico, a, ci, che** *ag, sm/f* paralytic.
paraliz'zare [paralid'dzare] *vt* to paralyze.
paral'lelo, a *ag* parallel // *sm* (*GEO*) parallel; (*comparazione*): **fare un ~ tra** to draw a parallel between // *sf* parallel (line); **~e** *sfpl* (*attrezzo ginnico*) parallel bars.
para'lume *sm* lampshade.
pa'rametro *sm* parameter.
para'noia *sf* paranoia; **para'noico, a, ci, che** *ag, sm/f* paranoiac.
para'occhi [para'ɔkki] *smpl* blinkers.
para'petto *sm* parapet.
para'piglia [para'piʎʎa] *sm* commotion, uproar.
pa'rare *vt* (*addobbare*) to adorn, deck; (*proteggere*) to shield, protect; (*scansare: colpo*) to parry; (*CALCIO*) to save // *vi*: **dove vuole andare a ~?** what are you driving at?; **~rsi** *vr* (*presentarsi*) to appear, present o.s.
para'sole *sm inv* parasol, sunshade.
paras'sita, i *sm* parasite.
pa'rata *sf* (*SPORT*) save; (*MIL*) review, parade.
para'tia *sf* (*di nave*) bulkhead.

para'urti *sm inv* (*AUT*) bumper.
para'vento *sm* folding screen.
par'cella [par'tʃɛlla] *sf* account, fee (*of lawyer etc*).
parcheggi'are [parked'dʒare] *vt* to park; **par'cheggio** *sm* parking *q*; (*luogo*) car park.
par'chimetro [par'kimetro] *sm* parking meter.
'parco, chi *sm* park; (*spazio per deposito*) depot; (*complesso di veicoli*) fleet.
'parco, a, chi, che *ag*: ~ **(in)** (*sobrio*) moderate (in); (*avaro*) sparing (with).
pa'recchio, a [pa'rekkjo] *det* quite a lot of; (*tempo*) quite a lot of, a long; **~i(e)** *det pl* quite a lot of, several // *pronome* quite a lot, quite a bit; (*tempo*) quite a while, a long time; **~i(e)** *pronome pl* quite a lot, several // *av* (*con ag*) quite, rather; (*con vb*) quite a lot, quite a bit.
pareggi'are [pared'dʒare] *vt* to make equal; (*terreno*) to level, make level; (*bilancio, conti*) to balance // *vi* (*SPORT*) to draw; **pa'reggio** *sm* (*ECON*) balance; (*SPORT*) draw.
paren'tado *sm* relatives *pl*, relations *pl*.
pa'rente *sm/f* relative, relation.
paren'tela *sf* (*vincolo di sangue, fig*) relationship; (*insieme dei parenti*) relations *pl*, relatives *pl*.
pa'rentesi *sf* (*segno grafico*) bracket, parenthesis; (*frase incisa*) parenthesis; (*digressione*) parenthesis, digression.
pa'rere *sm* (*opinione*) opinion; (*consiglio*) advice, opinion; **a mio** ~ in my opinion // (*2*) *vi* to seem, appear // *vb impers*: **pare che** it seems *o* appears that, they say that; **mi pare che** it seems to me that; **fai come ti pare** do as you like; **che ti pare del mio libro?** what do you think of my book?
pa'rete *sf* wall.
'pari *ag inv* (*uguale*) equal, same; (*in giochi*) equal; drawn, tied; (*fig*: *adeguato*): ~ **a** equal to; (*MAT*) even // *sm* (*POL*: *di Gran Bretagna*) peer // *sm/f* peer, equal; **alla** ~ on the same level; **ragazza alla** ~ au pair girl; **mettersi alla** ~ **con** to place o.s. on the same level as; **mettersi in** ~ **con** to catch up with; **andare di** ~ **passo con qd** to keep pace with sb.
Pa'rigi [pa'ridʒi] *sf* Paris.
pa'riglia [pa'riʎʎa] *sf* pair; **rendere la** ~ to give tit for tat.
parità *sf* parity, equality; (*SPORT*) draw, tie.
parlamen'tare *ag* parliamentary // *sm/f* member of parliament // *vi* to negotiate, parley.
parla'mento *sm* parliament.
parlan'tina *sf* (*fam*) talkativeness; **avere una buona** ~ to have the gift of the gab.
par'lare *vi* to speak, talk; (*confidare cose segrete*) to talk // *vt* to speak; ~ **(a qd) di** to speak *o* talk (to sb) about; **parla'tore, 'trice** *sm/f* speaker; **parla'torio** *sm* (*di carcere etc*) visiting room; (*REL*) parlour.
parmigi'ano [parmi'dʒano] *sm* (*grana*) Parmesan (cheese).
paro'dia *sf* parody.
pa'rola *sf* word; (*facoltà*) speech; **~e** *sfpl* (*chiacchiere*) talk *sg*; **chiedere la** ~ to ask permission to speak; ~ **d'onore** word of honour; ~ **d'ordine** (*MIL*) password; **~e incrociate** crossword (puzzle) *sg*; **paro'laccia, ce** *sf* bad word, swearword.
par'rocchia [par'rɔkkja] *sf* parish; parish church.
'parroco, ci *sm* parish priest.
par'rucca, che *sf* wig.
parrucchi'ere, a [parruk'kjɛre] *sm/f* hairdresser // *sm* barber.
parsi'monia *sf* frugality, thrift.
'parso, a *pp di* **parere**.
'parte *sf* part; (*lato*) side; (*quota spettante a ciascuno*) share; (*direzione*) direction; (*POL*) party; faction; (*DIR*) party; **a** ~ *ag* separate // *av* separately; **scherzi a** ~ joking aside; **a** ~ **ciò** apart from that; **da** ~ (*in disparte*) to one side, aside; **d'altra** ~ on the other hand; **da** ~ **di** (*per conto di*) on behalf of; **da** ~ **mia** as far as I'm concerned, as for me; **da** ~ **a** ~ right through; **da ogni** ~ on all sides, everywhere; (*moto da luogo*) from all sides; **prendere** ~ **a qc** to take part in sth; **mettere qd a** ~ **di qc** to inform sb of sth.
parteci'pare [partetʃi'pare] *vi*: ~ **a** to take part in, participate in; (*utili etc*) to share in; (*spese etc*) to contribute to; (*dolore, successo di qd*) to share (in); **partecipazi'one** *sf* participation; sharing; (*ECON*) interest; **partecipazione agli utili** profit-sharing; **par'tecipe** *ag* participating; **essere partecipe di** to take part in, participate in; to share (in); (*consapevole*) to be aware of.
parteggi'are [parted'dʒare] *vi*: ~ **per** to side with, be on the side of.
par'tenza [par'tɛntsa] *sf* departure; (*SPORT*) start; **essere in** ~ to be about to leave, be leaving.
parti'cella [parti'tʃɛlla] *sf* particle.
parti'cipio [parti'tʃipjo] *sm* participle.
partico'lare *ag* (*specifico*) particular; (*proprio*) personal, private; (*speciale*) special, particular; (*caratteristico*) distinctive, characteristic; (*fuori dal comune*) peculiar // *sm* detail, particular; **in** ~ in particular, particularly; **particolareggi'are** *vt* to give full details of, detail; **particolarità** *sf inv* particularity; detail; characteristic, feature.
partigi'ano, a [parti'dʒano] *ag* partisan // *sm* (*fautore*) supporter, champion; (*MIL*) partisan.
par'tire *vi* (*2*) to go, leave; (*allontanarsi*) to go (*o* drive *etc*) away *o* off; (*petardo, colpo*) to go off; (*fig*: *avere inizio, SPORT*) to start; **sono partita da Roma alle 7** I left Rome at 7; **il volo parte da Ciampino** the flight leaves from Ciampino; **a** ~ **da** from.
par'tita *sf* (*COMM*) lot, consignment; (*ECON*: *registrazione*) entry, item; (*CARTE, SPORT*:

gioco) game; (: *competizione*) match, game; ~ **di caccia** hunting party.

par'tito *sm* (POL) party; (*decisione*) decision, resolution; (*persona da maritare*) match.

'parto *sm* (MED) delivery, (child)birth; labour; **parto'rire** *vt* to give birth to; (*fig*) to produce.

parzi'ale [par'tsjale] *ag* (*limitato*) partial; (*non obiettivo*) biased, partial.

'pascere ['paʃʃere] *vi* to graze // *vt* (*brucare*) to graze on; (*far pascolare*) to graze, pasture; (*nutrire*: *persone, animali*) to feed, nourish; **pasci'uto, a** *pp di* **pascere**.

pasco'lare *vt, vi* to graze.

'pascolo *sm* pasture.

'Pasqua *sf* Easter; **pas'quale** *ag* Easter *cpd*.

pas'sabile *ag* fairly good, passable.

pas'saggio [pas'saddʒo] *sm* passing *q*, passage; (*traversata*) crossing *q*, passage; (*luogo, prezzo della traversata, brano di libro etc*) passage; (*su veicolo altrui*) lift; (SPORT) pass; **di** ~ (*persona*) passing through; ~ **pedonale/a livello** pedestrian/level crossing.

pas'sante *sm/f* passer-by // *sm* loop.

passa'porto *sm* passport.

pas'sare *vi* (*2*) (*andare*) to go; (*veicolo, pedone*) to pass (by), go by; (*fare una breve sosta*: *postino etc*) to come, call; (: *amico*: *per fare una visita*) to call *o* drop in; (*sole, aria, luce*) to get through; (*trascorrere*: *giorni, tempo*) to pass, go by; (*fig*: *proposta di legge*) to be passed; (: *dolore*) to pass, go away; (: *essere trasferito*): ~ **di ... in** to pass from ... to; (CARTE) to pass // *vt* (*attraversare*) to cross; (*trasmettere*: *messaggio*): ~ **qc a qd** to pass sth on to sb; (*dare*): ~ **qc a qd** to pass sth to sb, give sb sth; (*trascorrere*: *tempo*) to spend; (*superare*: *esame*) to pass; (*triturare*: *verdura*) to strain; (*approvare*) to pass, approve; (*oltrepassare, sorpassare*: *anche fig*) to go beyond, pass; (*fig*: *subire*) to go through; ~ **per** (*anche fig*) to go through; ~ **per stupido/un genio** to be taken for a fool/a genius; ~ **sopra** (*anche fig*) to pass over; ~ **attraverso** (*anche fig*) to go through; ~ **alla storia** to pass into history; ~ **a un esame** to go up (to the next class) after an exam; ~ **inosservato** to go unnoticed; ~ **di moda** to go out of fashion; **le passo il Signor X** (*al telefono*) here is Mr X; I'm putting you through to Mr X; **lasciar** ~ **qd/qc** to let sb/sth through; **passarsela: come te la passi?** how are you getting on *o* along?

pas'sata *sf*: **dare una** ~ **di vernice a qc** to give sth a coat of paint; **dare una** ~ **al giornale** to have a look at the paper, skim through the paper.

passa'tempo *sm* pastime, hobby.

pas'sato, a *ag* past; (*sfiorito*) faded // *sm* past; (LING) past (tense); ~ **prossimo** (LING) present perfect; ~ **remoto** (LING) past historic; ~ **di verdura** (CUC) vegetable purée.

passaver'dura *sm inv* vegetable mill.

passeg'gero, a [passed'dʒɛro] *ag* passing // *sm/f* passenger.

passeggi'are [passed'dʒare] *vi* to go for a walk; (*in veicolo*) to go for a drive; **passeggi'ata** *sf* walk; drive; (*luogo*) promenade; **fare una passeggiata** to go for a walk (*o* drive); **passeg'gino** *sm* pushchair; **pas'seggio** *sm* walk, stroll; (*luogo*) promenade.

passe'rella *sf* footbridge; (*di nave, aereo*) gangway; (*pedana*) catwalk.

'passero *sm* sparrow.

pas'sibile *ag*: ~ **di** liable to.

passi'one *sf* passion.

pas'sivo, a *ag* passive // *sm* (LING) passive; (ECON) debit; (: *complesso dei debiti*) liabilities *pl*.

'passo *sm* step; (*andatura*) pace; (*rumore*) (foot)step; (*orma*) footprint; (*passaggio, fig*: *brano*) passage; (*valico*) pass; **a** ~ **d'uomo** at walking pace; ~ **(a)** ~ step by step; **fare due** *o* **quattro** ~**i** to go for a walk *o* a stroll; '~ **carraio**' 'vehicle entrance — keep clear'.

'pasta *sf* (CUC) dough; (: *impasto per dolce*) pastry; (: *anche*: ~ **alimentare**) pasta; (*massa molle di materia*) paste; (*fig*: *indole*) nature; ~**e** *sfpl* (*pasticcini*) pastries; ~ **di legno** wood pulp.

pastasci'utta [pastaʃ'ʃutta] *sf* pasta.

pas'tella *sf* batter.

pas'tello *sm* pastel.

pas'tetta *sf* (CUC) = **pastella.**

pas'ticca, che *sf* = **pastiglia.**

pasticce'ria [pastittʃe'ria] *sf* (*pasticcini*) pastries *pl*, cakes *pl*; (*negozio*) cake shop; (*arte*) confectionery.

pasticci'are [pastit'tʃare] *vt* to mess up, make a mess of // *vi* to make a mess.

pasticci'ere, a [pastit'tʃɛre] *sm/f* pastrycook; confectioner.

pas'ticcio [pas'tittʃo] *sm* (CUC) pie; (*lavoro disordinato, imbroglio*) mess; **trovarsi nei** ~**i** to get into trouble.

pasti'ficio [pasti'fitʃo] *sm* pasta factory.

pas'tiglia [pas'tiʎʎa] *sf* pastille, lozenge.

pas'tina *sf small pasta shapes used in soup.*

pasti'naca, che *sf* parsnip.

'pasto *sm* meal.

pasto'rale *ag* pastoral.

pas'tore *sm* shepherd; (REL) pastor, minister; (*anche*: **cane** ~) sheepdog.

pastoriz'zare [pastorid'dzare] *vt* to pasteurize.

pas'toso, a *ag* doughy; pasty; (*fig*: *voce, colore*) mellow, soft.

pas'trano *sm* greatcoat.

pas'tura *sf* pasture.

pa'tata *sf* potato; ~**e fritte** chips, French fried potatoes; **pata'tine** *sfpl* (potato) crisps.

pata'trac *sm* (*crollo*: *anche fig*) crash.

pa'tella *sf* (ZOOL) limpet.

pa'tema, i *sm* anxiety, worry.

pa'tente *sf* licence; (*anche*: ~ **di guida**) driving licence.
paternità *sf* paternity, fatherhood.
pa'terno, a *ag* (*affetto, consigli*) fatherly; (*casa, autorità*) paternal.
pa'tetico, a, ci, che *ag* pathetic; (*commovente*) moving, touching.
'pathos ['patos] *sm* pathos.
pa'tibolo *sm* gallows *sg*, scaffold.
'patina *sf* (*su rame etc*) patina; (*sulla lingua*) fur, coating.
pa'tire *vt, vi* to suffer.
pa'tito, a *sm/f* enthusiast, fan, lover.
patolo'gia [patolo'dʒia] *sf* pathology; **pato'logico, a, ci, che** *ag* pathological.
'patria *sf* homeland.
patri'arca, chi *sm* patriarch.
pa'trigno [pa'triɲɲo] *sm* stepfather.
patri'monio *sm* estate, property; (*fig*) heritage.
patri'ota, i, e *sm/f* patriot; **patri'ottico, a, ci, che** *ag* patriotic; **patriot'tismo** *sm* patriotism.
patroci'nare [patrotʃi'nare] *vt* (DIR: *difendere*) to defend; (*sostenere*) to sponsor, support; **patro'cinio** *sm* defence; support, sponsorship.
patro'nato *sm* patronage; (*istituzione benefica*) charitable institution *o* society.
pa'trono *sm* (REL) patron saint; (*socio di patronato*) patron; (DIR) counsel.
'patta *sf* flap; (*dei pantaloni*) fly.
patteggi'are [patted'dʒare] *vt, vi* to negotiate.
patti'naggio [patti'naddʒo] *sm* skating.
patti'nare *vi* to skate; **pattina'tore, 'trice** *sm/f* skater; **'pattino** *sm* skate; (*di slitta*) runner; (AER) skid; (TECN) sliding block; **pattini (da ghiaccio)** (ice) skates; **pattini a rotelle** roller skates; [pat'tino] (*barca*) *kind of pedalo with oars.*
'patto *sm* (*accordo*) pact, agreement; (*condizione*) term, condition; **a ~ che** on condition that.
pat'tuglia [pat'tuʎʎa] *sf* (MIL) patrol.
pattu'ire *vt* to reach an agreement on.
pattumi'era *sf* (dust)bin.
pa'ura *sf* fear; **aver ~ di/di fare/che** to be frightened *o* afraid of/of doing/that; **far ~ a** to frighten; **per ~ di/che** for fear of/that; **pau'roso, a** *ag* (*che fa paura*) frightening; (*che ha paura*) fearful, timorous.
'pausa *sf* (*sosta*) break; (*nel parlare*, MUS) pause.
pavi'mento *sm* floor.
pa'vone *sm* peacock; **pavoneggi'arsi** *vr* to strut about, show off.
pazien'tare [pattsjen'tare] *vi* to be patient.
pazi'ente [pat'tsjɛnte] *ag, sm/f* patient; **pazi'enza** *sf* patience.
paz'zesco, a, schi, sche [pat'tsesko] *ag* mad, crazy.
paz'zia [pat'tsia] *sf* (MED) madness, insanity; (*azione*) folly; (*di azione, decisione*) madness, folly.
'pazzo, a ['pattso] *ag* (MED) mad, insane; (*strano*) wild, mad // *sm/f* madman/woman; ~ **di** (*gioia etc*) mad *o* crazy with; ~ **per qc/qd** mad *o* crazy about sth/sb.
'pecca, che *sf* defect, flaw, fault.
peccami'noso, a *ag* sinful.
pec'care *vi* to sin; (*fig*) to err.
pec'cato *sm* sin; **è un ~ che** it's a pity that; **che ~!** what a shame *o* pity!
pecca'tore, 'trice *sm/f* sinner.
'pece ['petʃe] *sf* pitch.
'pecora *sf* sheep; **peco'raio** *sm* shepherd; **peco'rino** *sm* sheep's milk cheese.
peculi'are *ag*: ~ **di** peculiar to.
pecuni'ario, a *ag* financial, money *cpd.*
pe'daggio [pe'daddʒo] *sm* toll.
pedago'gia [pedago'dʒia] *sf* pedagogy, educational methods *pl.*
peda'lare *vi* to pedal; (*andare in bicicletta*) to cycle.
pe'dale *sm* pedal.
pe'dana *sf* (SPORT: *nel salto*) springboard; (: *nella scherma*) piste; (*tappetino*) rug.
pe'dante *ag* pedantic // *sm/f* pedant.
pe'data *sf* (*impronta*) footprint; (*colpo*) kick.
pede'rasta, i *sm* pederast; homosexual.
pe'destre *ag* prosaic, pedestrian.
pedi'atra, i, e *sm/f* paediatrician; **pedia'tria** *sf* paediatrics *sg.*
pedi'cure *sm/f inv* chiropodist.
pe'dina *sf* (*della dama*) draughtsman; (*fig*) pawn.
pedi'nare *vt* to shadow, tail.
pedo'nale *ag* pedestrian.
pe'done, a *sm/f* pedestrian // *sm* (SCACCHI) pawn.
'peggio ['pɛddʒo] *av, ag inv* worse // *sm o f*: **il** *o* **la ~** the worst; **alla ~** at worst, if the worst comes to the worst; **peggiora'mento** *sm* worsening; **peggio'rare** *vt* to make worse, worsen // *vi* to grow worse, worsen; **peggiora'tivo, a** *ag* pejorative; **peggi'ore** *ag* (*comparativo*) worse; (*superlativo*) worst // *sm/f*: **il(la) peggiore** the worst (person).
'pegno ['peɲɲo] *sm* (DIR) security, pledge; (*nei giochi di società*) forfeit; (*fig*) pledge, token; **dare in ~ qc** to pawn sth.
pe'lame *sm* (*di animale*) coat, fur.
pe'lare *vt* (*spennare*) to pluck; (*spellare*) to skin; (*sbucciare*) to peel; (*fig*) to make pay through the nose; **~rsi** *vr* to go bald.
pel'lame *sm* skins *pl*, hides *pl.*
'pelle *sf* skin; (*di animale*) skin, hide; (*cuoio*) leather; **avere la ~ d'oca** to have goose pimples *o* goose flesh.
pellegri'naggio [pellegri'naddʒo] *sm* pilgrimage.
pelle'grino, a *sm/f* pilgrim.
pelle'rossa, pelli'rossa, *pl* **pelli'rosse** *sm/f* Red Indian.
pellette'ria *sf* leather goods *pl*; leather goods shop.
pelli'cano *sm* pelican.
pellicce'ria [pellittʃe'ria] *sf* (*negozio*)

furrier's (shop); (*quantità di pellicce*) furs *pl*.

pel'liccia, ce [pel'littʃa] *sf* (*mantello di animale*) coat, fur; (*indumento*) fur coat.

pel'licola *sf* (*membrana sottile*) film, layer; (FOT, CINEMA) film.

'pelo *sm* hair; (*pelame*) coat, hair; (*pelliccia*) fur; (*di tappeto*) pile; (*di liquido*) surface; **per un ~**: **per un ~ non ho perduto il treno** I very nearly missed the train; **c'è mancato un ~ che affogasse** he escaped drowning by the skin of his teeth; **pe'loso, a** *ag* hairy.

'peltro *sm* pewter.

pe'luria *sf* down.

'pena *sf* (DIR) sentence; (*punizione*) punishment; (*sofferenza*) sadness *q*, sorrow; (*fatica*) trouble *q*, effort; (*difficoltà*) difficulty; **far ~** to be pitiful; **mi fai ~** I feel sorry for you; **prendersi** *o* **darsi la ~ di fare** to go to the trouble of doing; **~ di morte** death sentence; **~ pecuniaria** fine; **pe'nale** *ag* penal; **penalità** *sf inv* penalty; **penaliz'zare** *vt* (SPORT) to penalize.

pe'nare *vi* (*patire*) to suffer; (*faticare*) to struggle.

pen'dente *ag* hanging; leaning // *sm* (*ciondolo*) pendant; (*orecchino*) drop earring; **pen'denza** *sf* slope, slant; (*grado d'inclinazione*) gradient; (ECON) outstanding account.

'pendere *vi* (*essere appeso*): **~ da** to hang from; (*essere inclinato*) to lean; (*fig: incombere*): **~ su** to hang over.

pen'dio, 'dii *sm* slope, slant; (*luogo in pendenza*) slope.

'pendola *sf* pendulum clock.

pendo'lare *ag* pendulum *cpd*, pendular // *sm/f* commuter.

'pendolo *sm* (*peso*) pendulum; (*anche*: **orologio a ~**) pendulum clock.

'pene *sm* penis.

pene'trante *ag* piercing, penetrating.

pene'trare *vi* to come *o* get in // *vt* to penetrate; **~ in** to enter; (*sog: proiettile*) to penetrate; (: *acqua, aria*) to go *o* come into.

penicil'lina [penitʃil'lina] *sf* penicillin.

pe'nisola *sf* peninsula.

peni'tente *ag, sm/f* penitent; **peni'tenza** *sf* penitence; (*punizione*) penance.

penitenzi'ario [peniten'tsjarjo] *sm* prison.

'penna *sf* (*di uccello*) feather; (*per scrivere*) pen; **~ a feltro/ stilografica/a sfera** felt-tip/ fountain/ballpoint pen.

pennel'lare *vi* to paint.

pen'nello *sm* brush; (*per dipingere*) (paint)brush; **a ~** (*perfettamente*) to perfection, perfectly; **~ per la barba** shaving brush.

pen'nino *sm* nib.

pen'none *sm* (NAUT) yard; (*stendardo*) banner, standard.

pe'nombra *sf* half-light, dim light.

pe'noso, a *ag* painful, distressing; (*faticoso*) tiring, laborious.

pen'sare *vi* to think // *vt* to think; (*inventare, escogitare*) to think out; **~ a** to think of; (*amico, vacanze*) to think of *o* about; (*problema*) to think about; **~ di fare qc** to think of doing sth.

pensi'ero *sm* thought; (*modo di pensare, dottrina*) thinking *q*; (*preoccupazione*) worry, care, trouble; **stare in ~ per qd** to be worried about sb; **pensie'roso, a** *ag* thoughtful.

'pensile *ag* hanging.

pensio'nante *sm/f* (*presso una famiglia*) lodger; (*di albergo*) guest.

pensio'nato, a *sm/f* pensioner.

pensi'one *sf* (*al prestatore di lavoro*) pension; (*vitto e alloggio*) board and lodging; (*albergo*) boarding house; **andare in ~** to retire.

pen'soso, a *ag* thoughtful, pensive, lost in thought.

pen'tagono *sm* pentagon.

Pente'coste *sf* Pentecost, Whit Sunday.

penti'mento *sm* repentance, contrition.

pen'tirsi *vr*: **~ di** to repent of; (*rammaricarsi*) to regret, be sorry for.

'pentola *sf* pot; **~ a pressione** pressure cooker.

pe'nultimo, a *ag* last but one, penultimate.

pe'nuria *sf* shortage.

penzo'lare [pendzo'lare] *vi* to dangle, hang loosely; **penzo'loni** *av* dangling, hanging down; **stare penzoloni** to dangle, hang down.

'pepe *sm* pepper; **~ macinato/in grani** ground/whole pepper.

pepe'rone *sm* pepper, capsicum; (*piccante*) chili.

pe'pita *sf* nugget.

per *prep* for; (*moto attraverso luogo*) through; (*mezzo, modo*) by; (*causa*) because of, owing to // *cong*: **~ fare** (so as) to do, in order to do; **~ aver fatto** for having done; **partire ~ l'Inghilterra** to leave for England; **sedere ~ terra** to sit on the ground; **~ lettera/ferrovia** by letter/rail; **assentarsi ~ malattia** to be off because of *o* through *o* owing to illness; **uno ~ uno** one by one; **~ persona** per person; **moltiplicare/dividere 9 ~ 3** to multiply/divide 9 by 3; **~ cento** per cent; **~ poco che sia** however little it may be, little though it may be.

'pera *sf* pear.

pe'raltro *av* moreover, what's more.

per'bene *ag inv* respectable, decent // *av* (*con cura*) properly, well.

percentu'ale [pertʃentu'ale] *sf* percentage.

perce'pire [pertʃe'pire] *vt* (*sentire*) to perceive; (*ricevere*) to receive; **percet'tibile** *ag* perceptible; **percezi'one** *sf* perception.

perché [per'ke] *av* why // *cong* (*causale*) because; (*finale*) in order that, so that; (*consecutivo*): **è troppo forte ~ si possa batterlo** he's too strong to be beaten.

perciò [per'tʃɔ] *cong* so, for this (*o* that) reason.
per'correre *vt* (*luogo*) to go all over; (: *paese*) to travel up and down, go all over; (*distanza*) to cover.
per'corso, a *pp di* **percorrere** // *sm* (*tragitto*) journey; (*tratto*) route.
per'cosso, a *pp di* **percuotere** // *sf* blow.
percu'otere *vt* to hit, strike.
percussi'one *sf* percussion; **strumenti a ~** (*MUS*) percussion instruments.
'perdere *vt* to lose; (*lasciarsi sfuggire*) to miss; (*sprecare*: *tempo, denaro*) to waste; (*mandare in rovina*: *persona*) to ruin // *vi* to lose; (*serbatoio etc*) to leak; **~rsi** *vr* (*smarrirsi*) to get lost; (*svanire*) to disappear, vanish; **saper ~** to be a good loser; **lascia ~!** forget it!, never mind!
perdigi'orno [perdi'dʒorno] *sm/f inv* idler, waster.
'perdita *sf* loss; (*spreco*) waste; (*fuoriuscita*) leak; **in ~** (*COMM*) at a loss; **a ~ d'occhio** as far as the eye can see.
perdi'tempo *sm* waste of time // *sm/f inv* waster, idler.
perdo'nare *vt* to pardon, forgive; (*scusare*) to excuse, pardon.
per'dono *sm* forgiveness; (*DIR*) pardon.
perdu'rare *vi* to go on, last; (*perseverare*) to persist.
perduta'mente *av* desperately, passionately.
per'duto, a *pp di* **perdere.**
peregri'nare *vi* to wander, roam.
pe'renne *ag* eternal, perpetual, perennial; (*BOT*) perennial.
peren'torio, a *ag* peremptory; (*decisivo*) final.
per'fetto, a *ag* perfect // *sm* (*LING*) perfect (tense).
perfezio'nare [perfettsjo'nare] *vt* to improve, perfect; **~rsi** *vr* to improve; (*INS*) to specialize.
perfezi'one [perfet'tsjone] *sf* perfection.
'perfido, a *ag* perfidious, treacherous.
per'fino *av* even.
perfo'rare *vt* to perforate; to punch a hole (*o* holes) in; (*banda, schede*) to punch; (*trivellare*) to drill; **perfora'tore, 'trice** *sm/f* punch-card operator // *sm* (*utensile*) punch; **perforatore di schede** card punch // *sf* (*TECN*) boring *o* drilling machine; (*INFORM*) card punch; **perforazi'one** *sf* perforation; punching; drilling; (*INFORM*) punch; (*MED*) perforation.
perga'mena *sf* parchment.
'pergamo *sm* pulpit.
perico'lante *ag* precarious.
pe'ricolo *sm* danger; **mettere in ~** to endanger, put in danger; **perico'loso, a** *ag* dangerous.
perife'ria *sf* periphery; (*di città*) outskirts *pl*.
pe'rifrasi *sf* circumlocution.
pe'rimetro *sm* perimeter.
peri'odico, a, ci, che *ag* periodic(al); (*MAT*) recurring // *sm* periodical.
pe'riodo *sm* period.
peripe'zie [peripet'tsie] *sfpl* ups and downs, vicissitudes.
pe'rire *vi* (2) to perish, die.
peris'copio *sm* periscope.
pe'rito, a *ag* expert, skilled // *sm/f* expert; (*agronomo, navale*) surveyor; **un ~ chimico** a qualified chemist.
pe'rizia [pe'rittsja] *sf* (*abilità*) ability; (*consulenza*) expert opinion; expert's report; (*valutazione*) survey, appraisal.
'perla *sf* pearl; **per'lina** *sf* bead.
perlus'trare *vt* to patrol.
perma'loso, a *ag* touchy.
perma'nente *ag* permanent // *sf* permanent wave, perm; **perma'nenza** *sf* permanence; (*soggiorno*) stay.
perma'nere *vi* (2) to remain.
perme'are *vt* to permeate.
per'messo, a *pp di* **permettere** // *sm* (*autorizzazione*) permission, leave; (*dato a militare, impiegato*) leave; (*licenza*) licence, permit; (*MIL*: *foglio*) pass; **~?, è ~?** (*posso entrare?*) may I come in?; (*posso passare?*) excuse me; **~ di lavoro/pesca** work/fishing permit.
per'mettere *vt* to allow, permit; **~ a qd di fare/qc** to allow sb to do/sth.
permutazi'one [permutat'tsjone] *sf* (*baratto*) exchange, barter; (*MAT*) permutation.
per'nice [per'nitʃe] *sf* partridge.
pernici'oso, a [perni'tʃoso] *ag* pernicious.
'perno *sm* pivot.
pernot'tare *vi* to spend the night, stay overnight.
'pero *sm* pear tree.
però *cong* (*ma*) but; (*tuttavia*) however, nevertheless.
pero'rare *vt* to defend, support.
perpendico'lare *ag, sf* perpendicular.
perpen'dicolo *sm* plumbline; **a ~** perpendicularly.
perpe'trare *vt* to perpetrate.
perpetu'are *vt* to perpetuate.
per'petuo, a *ag* perpetual.
per'plesso, a *ag* perplexed; uncertain, undecided.
perqui'sire *vt* to search; **perquisizi'one** *sf* (police) search.
persecu'tore *sm* persecutor.
persecuzi'one [persekut'tsjone] *sf* persecution.
persegu'ire *vt* to pursue.
persegui'tare *vt* to persecute.
perseve'rante *ag* persevering; **perseve'ranza** *sf* perseverance.
perseve'rare *vi* to persevere.
'Persia *sf*: **la ~** Persia.
persi'ano, a *ag, sm/f* Persian // *sf* shutter; **~a avvolgibile** Venetian blind.
'persico, a, ci, che *ag* (*GEO*) Persian; **il golfo P~** the Persian Gulf.
per'sino *av* = **perfino.**
persis'tente *ag* persistent.
per'sistere *vi* to persist; **~ a fare** to

persist in doing; **persis'tito, a** *pp di* **persistere**.
'perso, a *pp di* **perdere.**
per'sona *sf* person; (*qualcuno*): **una ~** someone, somebody, *espressione interrogativa* + anyone *o* anybody; **~e** *sfpl* people; **non c'è ~ che ...** there's nobody who ..., there isn't anybody who ... .
perso'naggio [perso'naddʒo] *sm* (*persona ragguardevole*) personality, figure; (*tipo*) character, individual; (*LETTERATURA*) character.
perso'nale *ag* personal // *sm* staff; personnel.
personalità *sf inv* personality.
personifi'care *vt* to personify; to embody.
perspi'cace [perspi'katʃe] *ag* shrewd, discerning.
persu'adere *vt* to persuade; **~ qd di qc/a fare** to persuade sb of sth/to do; **persuasi'one** *sf* persuasion; **persua'sivo, a** *ag* persuasive; **persu'aso, a** *pp di* **persuadere.**
per'tanto *cong* (*quindi*) so, therefore.
'pertica, che *sf* pole.
perti'nace [perti'natʃe] *ag* determined; persistent.
perti'nente *ag*: **~ (a)** relevant (to), pertinent (to).
per'tosse *sf* whooping cough.
per'tugio [per'tudʒo] *sm* hole, opening.
pertur'bare *vt* to disrupt; (*persona*) to disturb, perturb; **perturbazi'one** *sf* disruption; perturbation; **perturbazione atmosferica** atmospheric disturbance.
per'vadere *vt* to pervade; **per'vaso, a** *pp di* **pervadere.**
perve'nire *vi* (*2*): **~ a** to reach, arrive at, come to; (*venire in possesso*): **gli pervenne una fortuna** he inherited a fortune; **far ~ qc a** to have sth sent to; **perve'nuto, a** *pp di* **pervenire.**
perversi'one *sf* perversion.
per'verso, a *ag* depraved; perverse.
perver'tire *vt* to pervert.
p. es. (*abbr di* **per esempio**) e.g.
'pesa *sf* weighing *q*; weighbridge.
pe'sante *ag* heavy; (*fig*: *noioso*) dull, boring.
pe'sare *vt* to weigh // *vi* (*avere un peso*) to weigh; (*essere pesante*) to be heavy; (*fig*) to carry weight; **~ su** (*fig*) to lie heavy on; to influence; to hang over; **mi pesa sgridarlo** I find it hard to scold him.
'pesca *sf* (*pl*: **pesche**: *frutto*) peach; (*il pescare*) fishing; **andare a ~** to go fishing; **~ con la lenza** angling.
pes'care *vt* to fish for; (*annegato*) to fish out; (*fig*: *trovare*) to get hold of, find.
pesca'tore *sm* fisherman; angler.
'pesce ['peʃʃe] *sm* fish *gen inv*; **P~i** (*dello zodiaco*) Pisces; **~ d'aprile!** April Fool!; **~ spada** swordfish; **pesce'cane** *sm* shark.
pesche'reccio [peske'rettʃo] *sm* fishing boat.
pesche'ria [peske'ria] *sf* fishmonger's (shop).
peschi'era [pes'kjɛra] *sf* fishpond.
pesci'vendolo, a [peʃʃi'vendolo] *sm/f* fishmonger.
'pesco, schi *sm* peach tree.
pes'coso, a *ag* abounding in fish.
'peso *sm* weight; (*SPORT*) shot; **rubare sul ~** to give short weight; **~ lordo/netto** gross/net weight; **~ piuma/mosca/gallo/medio/massimo** (*PUGILATO*) feather/fly/bantam/middle/heavyweight.
pessi'mismo *sm* pessimism; **pessi'mista, i, e** *ag* pessimistic // *sm/f* pessimist.
'pessimo, a *ag* very bad, awful.
pes'tare *vt* to tread on, trample on; (*sale, pepe*) to grind; (*uva, aglio*) to crush; **~ il muso a qd** to smash sb's face in.
'peste *sf* plague; (*persona*) nuisance, pest.
pes'tello *sm* pestle.
pesti'lenza [pesti'lɛntsa] *sf* pestilence; (*fetore*) stench.
'pesto, a *ag* (*alimentari*) ground; crushed // *sm* (*CUC*) *sauce made with basil, garlic, cheese and oil*; **c'è buio ~** it's pitch-dark; **occhio ~** black eye.
'petalo *sm* (*BOT*) petal.
pe'tardo *sm* banger, firecracker.
petizi'one [petit'tsjone] *sf* petition.
'peto *sm* (*fam!*) fart (*!*).
petrol'chimica [petrol'kimika] *sf* petrochemical industry.
petroli'era *sf* (*nave*) oil tanker.
petro'lifero, a *ag* oil-bearing; oil *cpd.*
pe'trolio *sm* oil, petroleum; (*per lampada, fornello*) paraffin.
pettego'lare *vi* to gossip.
pettego'lezzo [pettego'leddzo] *sm* gossip *q*; **fare ~i** to gossip.
pet'tegolo, a *ag* gossipy // *sm/f* gossip.
petti'nare *vt* to comb (the hair of); **~rsi** *vr* to comb one's hair; **pettina'tura** *sf* combing *q*; (*acconciatura*) hairstyle.
'pettine *sm* comb; (*ZOOL*) scallop.
petti'rosso *sm* robin.
'petto *sm* chest; (*seno*) breast, bust; (*CUC*: *di carne bovina*) brisket; (: *di pollo etc*) breast; **a doppio ~** (*abito*) double-breasted; **petto'ruto, a** *ag* broad-chested; full-breasted; (*fig*) haughty, puffed up with pride.
petu'lante *ag* insolent.
'pezza ['pɛttsa] *sf* piece of cloth; (*toppa*) patch; (*cencio*) rag, cloth.
pez'zato, a [pet'tsato] *ag* piebald.
pez'zente [pet'tsɛnte] *sm/f* beggar.
'pezzo ['pɛttso] *sm* (*gen*) piece; (*brandello, frammento*) piece, bit; (*di macchina, arnese etc*) part; (*STAMPA*) article; (*di tempo*): **aspettare un ~** to wait quite a while *o* some time; **in** *o* **a ~i** in pieces; **andare in ~i** to break into pieces; **un bel ~ d'uomo** a fine figure of a man; **abito a due ~i** two-piece suit; **~ di cronaca** (*STAMPA*) report; **~ grosso** (*fig*) bigwig; **~ di ricambio** spare part.

pia'cente [pja'tʃɛnte] *ag* attractive, pleasant.
pia'cere [pja'tʃere] *vi* (2) to please; **una ragazza che piace** a likeable girl; an attractive girl; ~ **a: mi piace** I like it; **quei ragazzi non mi piacciono** I don't like those boys; **gli piacerebbe andare al cinema** he would like to go to the cinema // *sm* pleasure; (*favore*) favour; '~!' (*nelle presentazioni*) 'pleased to meet you!'; **con** ~ certainly, with pleasure; **per** ~**!** please; **fare un** ~ **a qd** to do sb a favour; **pia'cevole** *ag* pleasant, agreeable; **piaci'uto, a** *pp di* **piacere.**
pi'aga, ghe *sf* (*lesione*) sore; (*ferita*: *anche fig*) wound; (*fig*: *flagello*) scourge, curse; (: *persona*) pest, nuisance.
piagnis'teo [pjaɲɲis'tɛo] *sm* whining, whimpering.
piagnuco'lare [pjaɲɲuko'lare] *vi* to whimper.
pi'alla *sf* (*arnese*) plane; **pial'lare** *vt* to plane.
pi'ana *sf* stretch of level ground; (*più esteso*) plain.
pianeggi'ante [pjaned'dʒante] *ag* flat, level.
piane'rottolo *sm* landing.
pia'neta *sm* (ASTR) planet.
pi'angere ['pjandʒere] *vi* to cry, weep; (*occhi*) to water // *vt* to cry, weep; (*lamentare*) to bewail, lament; (: *morto*) to mourn (for).
pianifi'care *vt* to plan; **pianificazi'one** *sf* planning.
pia'nista, i, e *sm/f* pianist.
pi'ano, a *ag* (*piatto*) flat, level; (MAT) plane; (*facile*) straightforward, simple; (*chiaro*) clear, plain // *av* (*adagio*) slowly; (*a bassa voce*) softly; (*con cautela*) slowly, carefully // *sm* (MAT) plane; (GEO) plain; (*livello*) level, plane; (*di edificio*) floor; (*programma*) plan; (MUS) piano; **pian** ~ very slowly; (*poco a poco*) little by little; **in primo/secondo** ~ in the foreground/background; **di primo** ~ (*fig*) prominent, high-ranking; ~ **stradale** roadway.
piano'forte *sm* piano, pianoforte.
pi'anta *sf* (BOT) plant; (ANAT: *anche*: ~ **del piede**) sole (of the foot); (*grafico*) plan; (*topografica*) map; **in** ~ **stabile** on the permanent staff; **piantagi'one** *sf* plantation; **pian'tare** *vt* to plant; (*conficcare*) to drive *o* hammer in; (*tenda*) to put up, pitch; (*fig*: *lasciare*) to leave, desert; ~**rsi davanti a qd** to plant o.s. in front of sb; **piantala!** (*fam*) cut it out!
pianter'reno *sm* ground floor.
pi'anto, a *pp di* **piangere** // *sm* tears *pl*, crying.
pian'tone *sm* (*vigilante*) sentry, guard; (*soldato*) orderly; (AUT) steering column.
pia'nura *sf* plain.
pi'astra *sf* plate; (*di pietra*) slab.
pias'trella *sf* tile.
pias'trina *sf* (MIL) identity disc.
piatta'forma *sf* (*anche fig*) platform.
pi'atto, a *ag* flat; (*fig*: *scialbo*) dull // *sm* (*recipiente, vivanda*) dish; (*portata*) course; (*parte piana*) flat (part); ~**i** *smpl* (MUS) cymbals; ~ **fondo** soup dish; ~ **forte** main course; ~ **del giradischi** turntable.
pi'azza ['pjattsa] *sf* square; (COMM) market; **far** ~ **pulita** to make a clean sweep; **piazza'forte,** *pl* **piazze'forti** *sf* (MIL) stronghold; **piaz'zale** *sm* (large) square.
piaz'zare [pjat'tsare] *vt* to place; (COMM) to market, sell; ~**rsi** *vr* (SPORT) to be placed.
piaz'zista, i [pjat'tsista] *sm* (COMM) commercial traveller.
piaz'zola [pjat'tsɔla] *sf* (AUT) lay-by.
'picca, che *sf* pike; ~**che** *sfpl* (CARTE) spades.
pic'cante *ag* hot, pungent; (*fig*) racy; biting.
pic'carsi *vr*: ~ **di fare** to pride o.s. on one's ability to do; ~ **per qc** to take offence at sth.
pic'chetto [pik'ketto] *sm* (MIL, *di scioperanti*) picket.
picchi'are [pik'kjare] *vt* (*percuotere*) to thrash, beat; (*colpire*) to strike, hit // *vi* (*bussare*) to knock; (: *con forza*) to bang; (*colpire*) to hit, strike; **picchi'ata** *sf* knock; bang; blow; (*percosse*) beating, thrashing; (AER) dive.
picchiet'tare [pikkjet'tare] *vt* (*punteggiare*) to spot, dot; (*colpire*) to tap.
'picchio ['pikkjo] *sm* woodpecker.
pic'cino, a [pit'tʃino] *ag* tiny, very small.
piccio'naia [pittʃo'naja] *sf* pigeon-loft; (TEATRO): **la** ~ the Gods *sg*.
picci'one [pit'tʃone] *sm* pigeon.
'picco, chi *sm* peak; **a** ~ vertically.
'piccolo, a *ag* small; (*oggetto, mano, di età*: *bambino*) small, little (*dav sostantivo*); (*di breve durata*: *viaggio*) short; (*fig*) mean, petty // *sm/f* child, little one; ~**i** *smpl* (*di animale*) young *pl*; **in** ~ in miniature.
pic'cone *sm* pick(-axe).
pic'cozza [pik'kɔttsa] *sf* ice-axe.
pic'nic *sm inv* picnic.
pi'docchio [pi'dɔkkjo] *sm* louse.
pi'ede *sm* foot; (*di mobile*) leg; **in** ~**i** standing; **a** ~**i** on foot; **a** ~**i nudi** barefoot; **su due** ~**i** (*fig*) at once; **prendere** ~ (*fig*) to gain ground, catch on; **sul** ~ **di guerra** (MIL) ready for action; ~ **di porco** crowbar.
piedis'tallo, piedes'tallo *sm* pedestal.
pi'ega, ghe *sf* (*piegatura*, GEO) fold; (*di gonna*) pleat; (*di pantaloni*) crease; (*grinza*) wrinkle, crease; (*fig*: *andamento*) turn.
pie'gare *vt* to fold; (*braccia, gambe, testa*) to bend // *vi* to bend; ~**rsi** *vr* to bend; (*fig*): ~**rsi (a)** to yield (to), submit (to); **piega'tura** *sf* folding *q*; bending *q*; fold; bend; **pieghet'tare** *vt* to pleat; **pie'ghevole** *ag* pliable, flexible; (*porta*) folding; (*fig*) yielding, docile.
Pie'monte *sm*: **il** ~ Piedmont.
pi'ena *sf vedi* **pieno.**
pi'eno, a *ag* full; (*muro, mattone*) solid //

sm (*colmo*) height, peak; (*carico*) full load // *sf* (*di fiume*) flood, spate; (*gran folla*) crowd, throng; ~ **di** full of; **in** ~**a notte** in the middle of the night; **fare il** ~ **(di benzina)** to fill up (with petrol).

pietà *sf* pity; (*REL*) piety; **senza** ~ pitiless, merciless; **avere** ~ **di** (*compassione*) to pity, feel sorry for; (*misericordia*) to have pity *o* mercy on.

pie'tanza [pje'tantsa] *sf* dish; (main) course.

pie'toso, a *ag* (*compassionevole*) pitying, compassionate; (*che desta pietà*) pitiful.

pi'etra *sf* stone; ~ **preziosa** precious stone, gem; **pie'traia** *sf* (*terreno*) stony ground; **pie'trame** *sm* stones *pl*; **pietrifi'care** *vt* to petrify; (*fig*) to transfix, paralyze.

'piffero *sm* (*MUS*) pipe.

pigi'ama [pi'dʒama] *sm* pyjamas *pl*.

'pigia 'pigia ['pidʒa'pidʒa] *sm* crowd, press.

pigi'are [pi'dʒare] *vt* to press; **pigia'trice** *sf* (*macchina*) wine press.

pigi'one [pi'dʒone] *sf* rent; **dare/prendere a** ~ to let *o* rent out/rent.

pigli'are [piʎ'ʎare] *vt* to take, grab; (*afferrare*) to catch.

'piglio ['piʎʎo] *sm* look, expression.

pig'mento *sm* pigment.

pig'meo, a *sm/f* pygmy.

'pigna ['piɲɲa] *sf* pine cone.

pi'gnolo, a [piɲ'ɲɔlo] *ag* pernickety.

pigo'lare *vi* to cheep, chirp.

pi'grizia [pi'grittsja] *sf* laziness.

'pigro, a *ag* lazy; (*fig*: *ottuso*) slow, dull.

'pila *sf* (*catasta, di ponte*) pile; (*ELETTR*) battery; (*vasca*) basin.

pi'lastro *sm* pillar.

'pillola *sf* pill; **prendere la** ~ to be on the pill.

pi'lone *sm* (*di ponte*) pier; (*di linea elettrica*) pylon.

pi'lota, i, e *sm/f* pilot; (*AUT*) driver // *ag inv* pilot *cpd*; ~ **automatico** automatic pilot; **pilo'tare** *vt* to pilot; to drive.

piluc'care *vt* (*acini d'uva*) to pick off, pluck (one at a time); (*biscotto*) to nibble at.

pi'mento *sm* pimento, allspice.

pinaco'teca, che *sf* art gallery.

pi'neta *sf* pinewood.

ping-'pong [pɪŋ'pɔŋ] *sm* table tennis.

'pingue *ag* fat, corpulent; **pingu'edine** *sf* corpulence.

pingu'ino *sm* (*ZOOL*) penguin.

'pinna *sf* fin; (*di pinguino, spatola di gomma*) flipper.

pin'nacolo *sm* pinnacle.

'pino *sm* pine (tree); **pi'nolo** *sm* pine kernel.

'pinza ['pintsa] *sf* pliers *pl*; (*MED*) forceps *pl*; (*ZOOL*) pincer.

pinzette [pin'tsette] *sfpl* tweezers.

'pio, a, 'pii, 'pie *ag* pious; (*opere, istituzione*) charitable, charity *cpd*.

pi'oggia, ge ['pjɔddʒa] *sf* rain.

pi'olo *sm* peg; (*di scala*) rung.

piom'bare *vi* to fall heavily; (*gettarsi con impeto*): ~ **su** to fall upon, assail // *vt* (*dente*) to fill; **quel vestito piomba bene** that dress hangs well; **piomba'tura** *sf* (*di dente*) filling.

piom'bino *sm* (*sigillo*) (lead) seal; (*del filo a piombo*) plummet; (*PESCA*) sinker.

pi'ombo *sm* (*CHIM*) lead; (*sigillo*) (lead) seal; (*proiettile*) (lead) shot; **a** ~ (*cadere*) straight down.

pioni'ere, a *sm/f* pioneer.

pi'oppo *sm* poplar.

pi'overe (2) *vb impers* to rain // *vi* (*fig*: *scendere dall'alto*) to rain down; (: *affluire in gran numero*): ~ **in** to pour into; **pioviggi'nare** *vb impers* to drizzle; **pio'voso, a** *ag* rainy.

pi'ovra *sf* octopus.

'pipa *sf* pipe.

pipì *sf* (*fam*): **fare** ~ to have a wee (wee).

pipis'trello *sm* (*ZOOL*) bat.

pi'ramide *sf* pyramid.

pi'rata, i *sm* pirate; ~ **della strada** hit-and-run driver.

Pire'nei *smpl*: **i** ~ the Pyrenees.

'pirico, a, ci, che *ag*: **polvere** ~**a** gunpowder.

pi'rite *sf* pyrite.

piro'etta *sf* pirouette.

pi'rofilo, a *ag* heat-resistant.

pi'roga, ghe *sf* dug-out canoe.

pi'romane *sm/f* pyromaniac; arsonist.

pi'roscafo *sm* steamer, steamship.

pisci'are [piʃ'ʃare] *vi* (*fam!*) to piss (!), pee (!).

pi'scina [piʃ'ʃina] *sf* (swimming) pool; (*stabilimento*) (swimming) baths *pl*.

pi'sello *sm* pea.

piso'lino *sm* nap.

'pista *sf* (*traccia*) track, trail; (*di stadio*) track; (*di pattinaggio*) rink; (*da sci*) run; (*AER*) runway; (*di circo*) ring; ~ **da ballo** dance floor.

pis'tacchio [pis'takkjo] *sm* pistachio (tree); pistachio (nut).

pis'tillo *sm* (*BOT*) pistil.

pis'tola *sf* pistol, gun; ~ **a spruzzo** spray gun.

pis'tone *sm* piston.

pi'tocco, chi *sm* skinflint, miser.

pi'tone *sm* python.

pit'tore, 'trice *sm/f* painter; **pitto'resco, a, schi, sche** *ag* picturesque; **pit'torico, a, ci, che** *ag* of painting, pictorial.

pit'tura *sf* painting; **pittu'rare** *vt* to paint.

più *av* more; (*in frasi comparative*) more, *aggettivo corto* + ...er; (*in frasi superlative*) most, *aggettivo corto* + ...est; (*negativo*): **non** ... ~ no more, *espressione negativa* + any more; no longer; (*di temperatura*) above zero; (*MAT*) plus // *prep* plus, besides // *ag inv* more; (*parecchi*) several // *sm inv* (*la parte maggiore*): **il** ~ the most; (*MAT*) plus (sign); **i** ~ the majority; ~ **che/di** more than; ~ **grande che**

bigger than; ~ **di 10 persone/te** more than 10 people/you; **il ~ intelligente/grande** the most intelligent/biggest; **di ~** more; (*inoltre*) what's more, moreover; **3 ore/litri di ~ che** 3 hours/litres more than; **3 chili in ~** 3 kilos more, 3 extra kilos; **a ~ non posso** as much as possible; **al ~ presto** as soon as possible; **al ~ tardi** at the latest; **~ o meno** more or less; **né ~ né meno** no more, no less.

piucchepper'fetto [pjukkepper'fetto] *sm* (*LING*) pluperfect, past perfect.

pi'uma *sf* feather; **~e** *sfpl* down *sg*; (*piumaggio*) plumage *sg*, feathers; **piu'maggio** *sm* plumage, feathers *pl*; **piu'mino** *sm* (eider)down; (*coperta*) eiderdown; (*per cipria*) powder puff; (*per spolverare*) feather duster.

piut'tosto *av* rather; **~ che** (*anziché*) rather than.

pi'vello, a *sm/f* greenhorn.

'pizza ['pittsa] *sf* pizza; **pizze'ria** *sf place where pizzas are made, sold or eaten.*

pizzi'cagnolo, a [pittsi'kaɲɲolo] *sm/f* specialist grocer.

pizzi'care [pittsi'kare] *vt* (*stringere*) to nip, pinch; (*pungere*) to sting; to bite; (*MUS*) to pluck // *vi* (*prudere*) to itch, be itchy; (*sentir bruciare*) to sting, tingle; (*cibo*) to be hot *o* spicy.

pizziche'ria [pittsike'ria] *sf* delicatessen (shop).

'pizzico, chi ['pittsiko] *sm* (*pizzicotto*) pinch, nip; (*piccola quantità*) pinch, dash; (*d'insetto*) sting; bite.

pizzi'cotto [pittsi'kɔtto] *sm* pinch, nip.

'pizzo ['pittso] *sm* (*merletto*) lace; (*barbetta*) goatee beard.

pla'care *vt* to placate, soothe; **~rsi** *vr* to calm down.

'placca, che *sf* plate; (*con iscrizione*) plaque; (*d'eczema etc*) patch; **plac'care** *vt* to plate; **placcato in oro/argento** gold-/silver-plated.

pla'centa [pla'tʃɛnta] *sf* placenta.

'placido, a ['platʃido] *ag* placid, calm.

plagi'are [pla'dʒare] *vt* (*copiare*) to plagiarize; **'plagio** *sm* plagiarism.

pla'nare *vi* (*AER*) to glide.

'plancia, ce ['plantʃa] *sf* (*NAUT*) bridge.

'plancton *sm* plankton.

plane'tario, a *ag* planetary // *sm* (*locale*) planetarium.

'plasma *sm* plasma.

plas'mare *vt* to mould, shape.

'plastico, a, ci, che *ag* plastic // *sm* (*rappresentazione*) relief model; (*esplosivo*): **bomba al ~** plastic bomb // *sf* (*arte*) plastic arts *pl*; (*MED*) plastic surgery; (*sostanza*) plastic.

plasti'lina *sf* ® plasticine ®.

'platano *sm* plane tree.

pla'tea *sf* (*TEATRO*) stalls *pl*.

'platino *sm* platinum.

pla'tonico, a, ci, che *ag* platonic.

plau'sibile *ag* plausible.

'plauso *sm* (*fig*) approval.

ple'baglia [ple'baʎʎa] *sf* (*peg*) rabble, mob.

'plebe *sf* common people; **ple'beo, a** *ag* plebeian; (*volgare*) coarse, common; **plebi'scito** *sm* plebiscite.

ple'nario, a *ag* plenary.

pleni'lunio *sm* full moon.

'plettro *sm* plectrum.

pleu'rite *sf* pleurisy.

'plico, chi *sm* bundle; (*pacco*) parcel; **in ~ a parte** (*COMM*) under separate cover.

plo'tone *sm* (*MIL*) platoon; **~ d'esecuzione** firing squad.

'plumbeo, a *ag* leaden.

plu'rale *ag, sm* plural; **pluralità** *sf* plurality; (*di voti etc*) majority.

plusva'lore *sm* (*ECON*) surplus.

pluvi'ale *ag* rain *cpd*, pluvial.

pneu'matico, a, ci, che *ag* inflatable; pneumatic // *sm* (*AUT*) tyre.

po' *av, sm vedi* **poco.**

'poco, a, chi, che *ag* (*quantità*) little, *negazione* + (very) much; (*numero*) few, *negazione* + (very) many // *av* little, *espressione negativa* + much; (*con ag*) *espressione negativa* + very // *pronome* (very) little; **~chi(che)** *pronome pl* few // *sm*: **il ~ che guadagna ...** what little he earns ...; **un po'** a little, a bit; **sono un po' stanco** I'm a bit tired; **un po' di soldi/pane** a little money/bread; **~ prima/dopo** shortly before/afterwards; **~ fa** a short time ago; **a ~ a ~** little by little; **fra ~** *o* **un po'** in a little while.

po'dere *sm* (*AGR*) farm.

pode'roso, a *ag* powerful.

podestà *sm inv* (*nel fascismo*) podestà, mayor.

'podio *sm* dais, platform; (*MUS*) podium.

po'dismo *sm* (*SPORT*) track events *pl*.

po'ema, i *sm* poem.

poe'sia *sf* (*arte*) poetry; (*componimento*) poem.

po'eta, 'essa *sm/f* poet/poetess; **poe'tare** *vi* to write poetry; **po'etico, a, ci, che** *ag* poetic(al).

poggi'are [pod'dʒare] *vt* to lean, rest; (*posare*) to lay, place; **poggia'testa** *sm inv* (*AUT*) headrest.

'poggio ['pɔddʒo] *sm* hillock, knoll.

'poi *av* then; (*avversativo*) but; (*alla fine*) finally, at last; **e ~** and (then).

poiché [poi'ke] *cong* since, as.

'poker *sm* poker.

po'lacco, a, chi, che *ag* Polish // *sm/f* Pole.

po'lare *ag* polar.

'polca, che *sf* polka.

po'lemico, a, ci, che *ag* polemic(al), controversial // *sf* controversy.

po'lenta *sf* (*CUC*) *sort of thick porridge made with maize flour.*

'poli... *prefisso*: **poli'clinico, ci** *sm* polyclinic; **poliga'mia** *sf* polygamy; **po'ligono** *sm* polygon.

'polio(mie'lite) *sf* polio(myelitis).

'polipo *sm* polyp.

polisti'rolo *sm* polystyrene.
poli'tecnico, ci *sm* postgraduate technical college.
politiciz'zare [polititʃid'dzare] *vt* to politicize.
po'litico, a, ci, che *ag* political // *sm/f* politician // *sf* politics *sg*; (*linea di condotta*) policy.
poli'zia [polit'tsia] *sf* police; ~ **giudiziaria** ≈ Criminal Investigation Department, C.I.D.; ~ **stradale** traffic police; **polizi'esco, a schi, sche** *ag* police *cpd*; (*film, romanzo*) detective *cpd*; **polizi'otto** *sm* policeman; **cane poliziotto** police dog; **donna poliziotto** policewoman.
'polizza ['pɔlittsa] *sf* (COMM) bill; ~ **di assicurazione** insurance policy; ~ **di carico** bill of lading.
pol'laio *sm* henhouse.
pollai'olo, a *sm/f* poulterer.
pol'lame *sm* poultry.
pol'lastro *sm* (ZOOL) cockerel.
'pollice ['pɔllitʃe] *sm* thumb.
'polline *sm* pollen.
'pollo *sm* chicken.
pol'mone *sm* lung; **polmo'nite** *sf* pneumonia.
'polo *sm* (GEO, FISICA) pole; (*gioco*) polo.
Po'lonia *sf*: **la** ~ Poland.
'polpa *sf* flesh, pulp; (*carne*) lean meat.
pol'paccio [pol'pattʃo] *sm* (ANAT) calf.
pol'petta *sf* (CUC) meatball; **polpet'tone** *sm* (CUC) meatloaf.
'polpo *sm* octopus.
pol'poso, a *ag* fleshy.
pol'sino *sm* cuff.
'polso *sm* (ANAT) wrist; (*pulsazione*) pulse; (*fig: forza*) drive, vigour.
pol'tiglia [pol'tiʎʎa] *sf* (*composto*) mash, mush; (*fango*) mire.
pol'trire *vi* to laze about.
pol'trona *sf* armchair; (TEATRO: *posto*) seat in the front stalls.
pol'trone *ag* lazy, slothful.
'polvere *sf* dust; (*anche:* ~ **da sparo**) (gun)powder; (*sostanza ridotta minutissima*) powder, dust; **latte in** ~ dried *o* powdered milk; **caffè in** ~ instant coffee; **sapone in** ~ soap powder; ~ **di carbone** coal dust; **polveri'era** *sf* powder magazine; **polveriz'zare** *vt* to pulverize; (*nebulizzare*) to atomize; (*fig*) to crush, pulverize; to smash; **polve'rone** *sm* thick cloud of dust; **polve'roso, a** *ag* dusty.
po'mata *sf* ointment, cream.
po'mello *sm* knob.
pomeridi'ano, a *ag* afternoon *cpd*; **nelle ore** ~**e** in the afternoon.
pome'riggio [pome'riddʒo] *sm* afternoon.
'pomice ['pɔmitʃe] *sf* pumice.
'pomo *sm* (*mela*) apple; (*ornamentale*) knob; (*di sella*) pommel; ~ **d'Adamo** (ANAT) Adam's apple.
pomo'doro *sm* tomato.
'pompa *sf* pump; (*sfarzo*) pomp (and ceremony); ~**e funebri** funeral parlour *sg*, undertaker's *sg*; **pom'pare** *vt* to pump; (*trarre*) to pump out; (*gonfiare d'aria*) to pump up.
pom'pelmo *sm* grapefruit.
pompi'ere *sm* fireman.
pom'poso, a *ag* pompous.
ponde'rare *vt* to ponder over, consider carefully.
ponde'roso, a *ag* (*anche fig*) weighty.
po'nente *sm* west.
'ponte *sm* bridge; (*di nave*) deck; (*: anche:* ~ **di comando**) bridge; (*impalcatura*) scaffold; **fare il** ~ (*fig*) to take the extra day off (*between 2 public holidays*); **governo/soluzione** ~ interim government/solution; ~ **aereo** airlift; ~ **sospeso** suspension bridge; ~ **di volo** flight deck.
pon'tefice [pon'tefitʃe] *sm* (REL) pontiff.
pontifi'care *vi* (*anche fig*) to pontificate; **pontifi'cato** *sm* pontificate; **ponti'ficio, a, ci, cie** *ag* papal.
popo'lano, a *ag* popular, of the people.
popo'lare *ag* popular; (*quartiere, clientela*) working-class // *vt* (*rendere abitato*) to populate; (*abitare*) to inhabit; (*riempire di gente*) to fill with people; ~**rsi** *vr* to fill with people, get crowded; **popolarità** *sf* popularity; **popolazi'one** *sf* population.
'popolo *sm* people; **popo'loso, a** *ag* densely populated.
po'pone *sm* melon.
'poppa *sf* (*di nave*) stern; (*mammella*) breast.
pop'pare *vt* to suck.
poppa'toio *sm* (feeding) bottle.
porcel'lana [portʃel'lana] *sf* porcelain, china; piece of china.
porcel'lino, a [portʃel'lino] *sm/f* piglet.
porche'ria [porke'ria] *sf* filth, muck; (*fig*) obscenity; (*: azione disonesta*) dirty trick; (*cosa mal fatta*) rubbish.
por'cile [por'tʃile] *sm* pigsty.
por'cino, a [por'tʃino] *ag* of pigs, pork *cpd* // *sm* (*fungo*) *type of edible mushroom.*
'porco, ci *sm* pig; (*carne*) pork.
porcos'pino *sm* porcupine.
'porgere ['pɔrdʒere] *vt* to hand, give; (*tendere*) to hold out.
pornogra'fia *sf* pornography; **porno'grafico, a, ci, che** *ag* pornographic.
'poro *sm* pore; **po'roso, a** *ag* porous.
'porpora *sf* purple; **di** ~ purple.
'porre *vt* (*mettere*) to put; (*collocare*) to place; (*posare*) to lay (down), put (down); (*fig: supporre*): **poniamo che ...** let's suppose that ...; **porsi** *vr* (*mettersi*): **porsi a sedere/in cammino** to sit down/set off; ~ **una domanda a qd** to ask sb a question, put a question to sb; ~ **mente a qc** to turn one's mind to sth.
'porro *sm* (BOT) leek; (MED) wart.
'porta *sf* door; (SPORT) goal; ~**e** *sfpl* (*di città*) gates; ~ **principale** main door; front door; **a** ~**e chiuse** (DIR) in camera.
'porta... *prefisso*: **portaba'gagli** *sm inv* (*facchino*) porter; (AUT, FERR) luggage

rack; **portabandi'era** *sm inv* standard bearer; **porta'cenere** *sm inv* ashtray; **portachi'avi** *sm inv* keyring; **porta'cipria** *sm inv* powder compact; **porta'erei** *sf inv* (*nave*) aircraft carrier // *sm inv* (*aereo*) aircraft transporter; **portafi'nestra,** *pl* **portefi'nestre** *sf* French window; **porta'foglio** *sm* (*busta*) wallet; (*borsa*) briefcase; (POL, BORSA) portfolio; **portafor'tuna** *sm inv* lucky charm; mascot; **portagi'oie** *sm inv*, **portagioi'elli** *sm inv* jewellery box.

por'tale *sm* portal.

porta'lettere *sm/f inv* postman/woman.

porta'mento *sm* carriage, bearing; (*fig*) behaviour, conduct.

portamo'nete *sm inv* purse.

por'tante *ag* (*muro etc*) supporting, loadbearing.

portan'tina *sf* sedan chair; (*per ammalati*) stretcher.

por'tare *vt* (*sostenere, sorreggere*: *peso, bambino, pacco*) to carry; (*indossare*: *abito, occhiali*) to wear; (: *capelli lunghi*) to have; (*avere*: *nome, titolo*) to have, bear; (*recare*): ~ **qc a qd** to take (*o* bring) sth to sb; (*fig*: *sentimenti*) to bear; ~**rsi** *vr* (*trasferirsi*) to go; (*agire*) to behave, act; ~ **i bambini a spasso** to take the children for a walk; ~ **fortuna** to bring good luck.

portasiga'rette *sm inv* cigarette case.

portas'pilli *sm inv* pincushion.

por'tata *sf* (*vivanda*) course; (AUT) carrying (*o* loading) capacity; (*di arma*) range; (*volume d'acqua*) (rate of) flow; (*fig*: *limite*) scope, capability; (: *importanza*) impact, import; **alla ~ di qd** at sb's level, within sb's capabilities; **a/fuori ~ (di)** within/out of reach (of); **a ~ di mano** within (arm's) reach.

por'tatile *ag* portable.

por'tato, a *ag* (*incline*): ~ **a fare** inclined *o* apt to do.

porta'tore, 'trice *sm/f* (*anche* COMM) bearer; (MED) carrier.

portau'ovo *sm inv* eggcup.

porta'voce [porta'votʃe] *sm/f inv* spokesman/woman // *sm inv* loudhailer.

por'tento *sm* wonder, marvel.

'portico, ci *sm* portico.

porti'era *sf* door.

porti'ere *sm* (*portinaio*) doorman, commissionaire; (*nel calcio*) goalkeeper.

porti'naio, a *sm/f* porter, doorkeeper.

portine'ria *sf* porter's lodge.

'porto, a *pp di* **porgere** // *sm* (NAUT) harbour, port; (*spesa di trasporto*) carriage // *sm inv* port (wine); ~ **abusivo d'armi** unlawful carrying of arms.

Porto'gallo *sm*: **il** ~ Portugal; **porto'ghese** *ag, sm/f, sm* Portuguese.

por'tone *sm* main entrance, main door.

portu'ale *ag* harbour *cpd*, port *cpd* // *sm* dock worker.

porzi'one [por'tsjone] *sf* portion, share; (*di cibo*) portion, helping.

'posa *sf* laying *q*; settling *q*; (*riposo*) rest, peace; (FOT) exposure; (*atteggiamento, di modello*) pose.

po'sare *vt* to put (down), lay (down) // *vi* (*fig*: *fondarsi*): ~ **su** to be based on; (: *atteggiarsi*) to pose; (*liquidi*) to settle; ~**rsi** *vr* (*ape, aereo*) to land.

po'sata *sf* piece of cutlery; ~**e** *sfpl* cutlery *sg*.

po'sato, a *ag* serious.

pos'critto *sm* postscript.

posi'tivo, a *ag* positive; (*persona*: *pratica*) down-to-earth, practical; **di** ~ (*certo*) for sure.

posizi'one [pozit'tsjone] *sf* position; **prendere** ~ (*fig*) to take a stand; **luci di** ~ (AUT) sidelights.

posolo'gia, 'gie [pozolo'dʒia] *sf* dosage, directions *pl* for use.

pos'porre *vt* to place after; (*differire*) to postpone, defer; **pos'posto, a** *pp di* **posporre.**

posse'dere *vt* to own, possess; (*qualità, virtù*) to have, possess; (*conoscere a fondo*: *lingua etc*) to have a thorough knowledge of; (*sog*: *ira etc*) to possess; **possedi'mento** *sm* possession.

posses'sivo, a *ag* possessive.

pos'sesso *sm* ownership *q*; possession.

posses'sore *sm* owner.

pos'sibile *ag* possible // *sm*: **fare tutto il** ~ to do everything possible; **nei limiti del** ~ as far as possible; **al più tardi** ~ as late as possible; **possibilità** *sf inv* possibility // *sfpl* (*mezzi*) means; **aver la possibilità di fare** to be in a position to do; to have the opportunity to do.

possi'dente *sm/f* landowner.

'posta *sf* (*servizio*) post, postal service; (*corrispondenza*) post, mail; (*ufficio postale*) post office; (*nei giochi d'azzardo*) stake; ~**e** *sfpl* (*amministrazione*) post office; ~ **aerea** airmail; **ministro delle P~e e Telecomunicazioni** Postmaster General; **posta'giro** *sm* postal giro; **pos'tale** *ag* postal, post office *cpd*.

post'bellico, a, ci, che *ag* postwar.

posteggi'are [posted'dʒare] *vt, vi* to park; **pos'teggio** *sm* car park; **posteggio per auto pubbliche** taxi rank.

postelegra'fonico, a, ci, che *ag* postal, telegraphic and telephonic.

posteri'ore *ag* (*dietro*) back; (*dopo*) later // *sm* (*fam*) behind.

posterità *sf* posterity.

pos'ticcio, a, ci, ce [pos'tittʃo] *ag* false // *sm* hairpiece.

postici'pare [postitʃi'pare] *vt* to defer, postpone.

pos'tilla *sf* marginal note.

pos'tino *sm* postman.

'posto, a *pp di* **porre** // *sm* (*sito, posizione*) place; (*impiego*) job; (*spazio libero*) room, space; (*di parcheggio*) space; (*sedile*: *al teatro, in treno etc*) seat; (MIL) post; **a ~** (*in ordine*) in place, tidy; (*fig*) settled; (: *persona*) reliable; **mettere a ~ qd** (*dargli un lavoro*) to fix sb up with a job; **al ~ di**

in place of; **sul** ~ on the spot; ~ **di blocco** roadblock.
pos'tribolo *sm* brothel.
'postumo, a *ag* posthumous; (*tardivo*) belated; ~**i** *smpl* (*conseguenze*) after-effects, consequences.
po'tabile *ag* drinkable; **acqua** ~ drinking water.
po'tare *vt* to prune.
po'tassio *sm* potassium.
po'tente *ag* (*nazione*) strong, powerful; (*veleno*) potent, strong; **po'tenza** *sf* power; (*forza*) strength.
potenzi'ale [poten'tsjale] *ag, sm* potential.
po'tere *vb* + *infinito* can; (*sog*: *persona*) can, to be able to; (*autorizzazione*) can, may; (*possibilità, ipotesi*) may // *vb impers*: **può darsi** perhaps; **può darsi che** perhaps, it may be that // *sm* power; **avresti potuto dirmelo!** you could *o* might have told me!; **non ne posso più** I'm exhausted; I can't take any more; ~ **d'acquisto** purchasing power.
potestà *sf* (*potere*) power; (DIR) authority.
'povero, a *ag* poor; (*disadorno*) plain, bare // *sm/f* poor man/woman; **i** ~**i** the poor; ~ **di** lacking in, having little; **povertà** *sf* poverty.
pozi'one [pot'tsjone] *sf* potion.
'pozza ['pottsa] *sf* pool.
poz'zanghera [pot'tsangera] *sf* puddle.
'pozzo ['pottso] *sm* well; (*cava*: *di carbone*) pit; (*di miniera*) shaft; ~ **petrolifero** oil well.
pran'zare [pran'dzare] *vi* to dine, have dinner; to lunch, have lunch.
'pranzo ['prandzo] *sm* dinner; (*a mezzogiorno*) lunch.
'prassi *sf* usual procedure.
'pratica, che *sf* practice; (*esperienza*) experience; (*conoscenza*) knowledge, familiarity; (*tirocinio*) training, practice; (AMM: *affare*) matter, case; (: *incartamento*) file, dossier; ~**che** *sfpl* dealings, negotiations; **in** ~ (*praticamente*) in practice; **mettere in** ~ to put into practice.
prati'cabile *ag* (*progetto*) practicable, feasible; (*luogo*) passable, practicable.
prati'cante *sm/f* apprentice, trainee; (REL) (regular) churchgoer.
prati'care *vt* to practise; (*attuare*) to put into practice; (*frequentare*: *persona*) to associate *o* mix with; (: *luogo*) to frequent; (*eseguire*) to carry out, perform; (: *apertura, buco*) to make.
'pratico, a, ci, che *ag* practical; ~ **di** (*esperto*) experienced *o* skilled in; (*familiare*) familiar with.
'prato *sm* meadow; (*di giardino*) lawn.
preavvi'sare *vt* to forewarn; to inform in advance; **preav'viso** *sm* notice; **telefonata con preavviso telefonico** personal *o* person to person call.
pre'cario, a *ag* precarious.
precauzi'one [prekaut'tsjone] *sf* caution, care; (*misura*) precaution.
prece'dente [pretʃe'dɛnte] *ag* previous // *sm* precedent; **il discorso/film** ~ the previous *o* preceding speech/film; **prece'denza** *sf* priority, precedence; (AUT) right of way.
pre'cedere [pre'tʃɛdere] *vt* to precede; (*camminare, guidare innanzi*) to be ahead of.
pre'cetto [pre'tʃɛtto] *sm* precept; (MIL) call-up notice.
precet'tore [pretʃet'tore] *sm* (private) tutor.
precipi'tare [pretʃipi'tare] *vi* (2) (*cadere*: *anche fig*) to fall headlong, plunge (down) // *vt* (*gettare dall'alto in basso*) to hurl, fling; (*fig*: *affrettare*) to rush; ~**rsi** *vr* (*gettarsi*) to hurl *o* fling o.s.; (*affrettarsi*) to rush; **precipitazi'one** *sf* (METEOR) precipitation; (*fig*) haste; **precipi'toso, a** *ag* (*caduta, fuga*) headlong; (*fig: avventato*) rash, reckless; (: *affrettato*) hasty, rushed.
preci'pizio [pretʃi'pittsjo] *sm* precipice; **a** ~ (*fig*: *correre*) headlong.
pre'cipuo, a [pre'tʃipuo] *ag* principal, main.
preci'sare [pretʃi'zare] *vt* to state, specify; (*spiegare*) to explain (in detail).
precisi'one [pretʃiz'jone] *sf* precision; accuracy.
pre'ciso, a [pre'tʃizo] *ag* (*esatto*) precise; (*accurato*) accurate, precise; (*uguale*): **2 vestiti** ~**i** 2 dresses exactly the same; **sono le 9** ~**e** it's exactly 9 o'clock.
pre'cludere *vt* to block, obstruct; **pre'cluso, a** *pp di* **precludere.**
pre'coce [pre'kɔtʃe] *ag* early; (*bambino*) precocious; (*vecchiaia*) premature.
precon'cetto, a [prekon'tʃɛtto] *ag* preconceived.
precur'sore *sm* forerunner, precursor.
'preda *sf* (*bottino*) booty; (*animale, fig*) prey; **essere** ~ **di** to fall prey to; **essere in** ~ **a** to be prey to; **preda'tore** *sm* predator.
predeces'sore, a [predetʃes'sore] *sm/f* predecessor.
pre'della *sf* platform, dais; altar-step.
predesti'nare *vt* to predestine.
pre'detto, a *pp di* **predire.**
'predica, che *sf* sermon; (*fig*) lecture, talking-to.
predi'care *vt, vi* to preach.
predi'cato *sm* (LING) predicate.
predi'letto, a *pp di* **prediligere** // *ag, sm/f* favourite.
predilezi'one [predilet'tsjone] *sf* fondness, partiality; **avere una** ~ **per qc/qd** to be partial to sth/fond of sb.
predi'ligere [predi'lidʒere] *vt* to prefer, have a preference for.
pre'dire *vt* to foretell, predict.
predis'porre *vt* to get ready, prepare; ~ **qd a qc** to predispose sb to sth; **predis'posto, a** *pp di* **predisporre.**
predizi'one [predit'tsjone] *sf* prediction.
predomi'nare *vi* to predominate; (*prevalere*) to prevail; **predo'minio** *sm* predominance; supremacy.

prefabbri'cato, a *ag* (*EDIL*) prefabricated.
prefazi'one [prefat'tsjone] *sf* preface, foreword.
prefe'renza [prefe'rɛntsa] *sf* preference; **preferenzi'ale** *ag* preferential.
prefe'rire *vt* to prefer, like better; ~ **il caffè al tè** to prefer coffee to tea, like coffee better than tea.
pre'fetto *sm* prefect; **prefet'tura** *sf* prefecture.
pre'figgere [pre'fiddʒere] *vt* to fix *o* arrange in advance; ~**rsi uno scopo** to set o.s. a goal.
pre'fisso, a *pp di* **prefiggere** // *sm* (*LING*) prefix; (*TEL*) dialling code.
pre'gare *vi* to pray // *vt* (*REL*) to pray to; (*implorare*) to beg; (*chiedere*): ~ **qd di fare** to ask sb to do; **farsi** ~ to need coaxing *o* persuading.
pre'gevole [pre'dʒevole] *ag* valuable.
preghi'era [pre'gjɛra] *sf* (*REL*) prayer; (*domanda*) request.
pregi'arsi [pre'dʒarsi] *vr*: **mi pregio di farle sapere che ...** I am pleased *o* honoured to inform you that ... .
'pregio ['prɛdʒo] *sm* (*stima*) esteem, regard; (*qualità*) (good) quality, merit; (*valore*) value, worth.
pregiudi'care [predʒudi'kare] *vt* to prejudice, harm, be detrimental to; **pregiudi'cato, a** *sm/f* (*DIR*) previous offender.
pregiu'dizio [predʒu'dittsjo] *sm* (*idea errata*) prejudice; (*danno*) harm *q*.
'pregno, a ['preɲɲo] *ag* (*gravido*) pregnant; (*saturo*): ~ **di** full of, saturated with.
'prego *escl* (*a chi ringrazia*) don't mention it!; (*invitando qd ad accomodarsi*) please sit down!; (*invitando qd ad andare prima*) after you!
pregus'tare *vt* to look forward to.
preis'torico, a, ci, che *ag* prehistoric.
pre'lato *sm* prelate.
prele'vare *vt* (*denaro*) to withdraw; (*campione*) to take; (*sog: polizia*) to take, capture.
preli'evo *sm* (*MED*): **fare un** ~ **(di)** to take a sample (of).
prelimi'nare *ag* preliminary; ~**i** *smpl* preliminary talks; preliminaries.
pre'ludio *sm* prelude.
pre-ma'man [prema'mã] *sm inv* maternity dress.
prema'turo, a *ag* premature.
premeditazi'one [premeditat'tsjone] *sf* (*DIR*) premeditation; **con** ~ *ag* premeditated // *av* with intent.
'premere *vt* to press // *vi*: ~ **su** to press down on; (*fig*) to put pressure on; ~ **a** (*fig: importare*) to matter to.
pre'messo, a *pp di* **premettere** // *sf* introductory statement, introduction.
pre'mettere *vt* to put before; (*dire prima*) to start by saying, state first.
premi'are *vt* to give a prize to; to reward.
premi'nente *ag* pre-eminent.
'premio *sm* prize, award; (*ricompensa*) reward; (*COMM*) premium; (*AMM: indennità*) bonus.
premu'nirsi *vr*: ~ **di** to provide o.s. with; ~ **contro** to protect o.s. from, guard o.s. against.
pre'mura *sf* (*fretta*) haste, hurry; (*riguardo*) attention, care; **premu'roso, a** *ag* thoughtful, considerate.
prena'tale *ag* antenatal.
'prendere *vt* to take; (*andare a prendere*) to get, fetch; (*ottenere*) to get; (*guadagnare*) to get, earn; (*catturare: ladro, pesce*) to catch; (*collaboratore, dipendente*) to take on; (*passeggero*) to pick up; (*chiedere: somma, prezzo*) to charge, ask; (*trattare: persona*) to handle // *vi* (*colla, cemento*) to set; (*pianta*) to take; (*fuoco: nel camino*) to catch; (: *incendio*) to start; (*voltare*): ~ **a destra** to turn (to the) right; ~**rsi** *vr* (*azzuffarsi*): ~**rsi a pugni** to come to blows; ~ **a fare qc** to start doing sth; ~ **qd/qc per** (*scambiare*) to take sb/sth for; ~ **le armi** to take up arms; ~ **fuoco** to catch fire; ~ **parte a** to take part in; ~**rsi cura di qd/qc** to look after sb/sth; **prendersela** (*adirarsi*) to get annoyed; (*preoccuparsi*) to get upset, worry.
preno'tare *vt* to book, reserve; **prenotazi'one** *sf* booking, reservation.
preoccu'pare *vt* to worry; to preoccupy; ~**rsi** *vr*: ~**rsi di qd/qc** to worry about sb/sth; ~**rsi per qd** to be anxious for sb; **preoccupazi'one** *sf* worry, anxiety.
prepa'rare *vt* to prepare; (*esame, concorso*) to prepare for; ~**rsi** *vr*: ~**rsi (a qc/a fare)** to get ready *o* prepare (o.s.) (for sth/to do); **prepara'tivi** *smpl* preparations; **prepa'rato** *sm* (*prodotto*) preparation; **prepara'torio, a** *ag* preparatory; **preparazi'one** *sf* preparation.
pre'porre *vt* to place before; (*fig*) to prefer.
preposizi'one [prepozit'tsjone] *sf* (*LING*) preposition.
pre'posto, a *pp di* **preporre**.
prepo'tente *ag* domineering, arrogant; (*bisogno, desiderio*) overwhelming, pressing // *sm/f* bully; **prepo'tenza** *sf* arrogance; arrogant behaviour.
pre'puzio [pre'puttsjo] *sm* (*ANAT*) foreskin.
preroga'tiva *sf* prerogative.
'presa *sf* taking *q*; catching *q*; (*di città*) capture; (*indurimento: di cemento*) setting; (*appiglio, SPORT*) hold; (*ELETTR*): ~ **(di corrente)** socket; (: *al muro*) point; (*piccola quantità: di sale etc*) pinch; (*CARTE*) trick; **far** ~ to catch, hold; (*cemento*) to set; (*pianta*) to take root; ~ **d'acqua** water supply point; tap; ~ **d'aria** air inlet; ~ **di terra** (*ELETTR*) earth; **essere alle** ~**e con qc** (*fig*) to be struggling with sth.
pre'sagio [pre'zadʒo] *sm* omen.

presa'gire [preza'dʒire] *vt* to foresee.
'presbite *ag* long-sighted.
presbiteri'ano, a *ag, sm/f* Presbyterian.
presbi'terio *sm* presbytery.
pre'scindere [preʃ'ʃindere] *vi*: ~ **da** to leave out of consideration; **a** ~ **da** apart from.
pres'critto, a *pp di* **prescrivere**.
pres'crivere *vt* to prescribe; **prescrizi'one** *sf* (*MED, DIR*) prescription; (*norma*) rule, regulation.
presen'tare *vt* to present; (*far conoscere*): ~ **qd (a)** to introduce sb (to); (*AMM*: *inoltrare*) to submit; **~rsi** *vr* (*in comune etc*) to report, come; (*in giudizio*) to appear; (*farsi conoscere*) to introduce o.s.; (*occasione*) to arise; **~rsi candidato** (*POL*) to stand as a candidate; **~rsi bene/male** to look good/bad; **presentazi'one** *sf* presentation; introduction.
pre'sente *ag* present; (*questo*) this // *sm* present; **i ~i** those present; **aver ~ qc/qd** to remember sth/sb.
presenti'mento *sm* premonition.
pre'senza [pre'zɛntsa] *sf* presence; (*aspetto esteriore*) appearance; ~ **di spirito** presence of mind.
pre'sepio, pre'sepe *sm* crib.
preser'vare *vt* to protect; to save; **preserva'tivo** *sm* sheath, condom.
'preside *sm/f* (*INS*) headmaster/mistress; (*di facoltà universitaria*) dean.
presi'dente *sm* (*POL*) president; (*di assemblea, COMM*) chairman; **presiden'tessa** *sf* president; president's wife; chairwoman; **presi'denza** *sf* presidency; office of president; chairmanship; **presidenzi'ale** *ag* presidential.
presidi'are *vt* to garrison; **pre'sidio** *sm* garrison.
presi'edere *vt* to preside over // *vi*: ~ **a** to direct, be in charge of.
'preso, a *pp di* **prendere**.
'pressa *sf* crowd, throng; (*TECN*) press.
pressap'poco *av* about, roughly.
pres'sare *vt* to press.
pressi'one *sf* pressure; **far ~ su qd** to put pressure on sb; ~ **sanguigna** blood pressure.
'presso *av* (*vicino*) nearby, close at hand // *prep* (*vicino a*) near; (*accanto a*) beside, next to; (*in casa di*): ~ **qd** at sb's home; (*nelle lettere*) care of (*abbr* c/o); **lavora ~ di noi** he works for *o* with us.
pressuriz'zare [pressurid'dzare] *vt* to pressurize.
presta'nome *sm/f inv* (*peg*) figurehead.
pres'tante *ag* good-looking.
pres'tare *vt* to lend; **~rsi** *vr* (*adoperarsi*): **~rsi per qd/a fare** to help sb/to do; (*essere adatto*): **~rsi a** to lend itself to, be suitable for; ~ **aiuto** to lend a hand; ~ **orecchio** to listen; **prestazi'oni** *sfpl* (*di macchina, atleta*) performance *sg*; (*di persona*: *servizi*) services.
prestigia'tore, 'trice [prestidʒa'tore] *sm/f* conjurer.
pres'tigio [pres'tidʒo] *sm* (*potere*) prestige; (*illusione*): **gioco di ~** conjuring trick.
'prestito *sm* lending *q*; loan; **dar in** *o* **a ~** to lend; **prendere in ~** to borrow.
'presto *av* (*tra poco*) soon; (*in fretta*) quickly; (*di buon'ora*) early; **a ~** see you soon; **fare ~ a fare qc** to hurry up and do sth; (*non costare fatica*) to have no trouble doing sth; **si fa ~ a criticare** it's easy to criticize.
pre'sumere *vt* to presume, assume // *vi*: ~ **di** to overrate; **pre'sunto, a** *pp di* **presumere**.
presuntu'oso, a *ag* presumptuous.
presunzi'one [prezun'tsjone] *sf* presumption.
presup'porre *vt* to suppose; to presuppose.
'prete *sm* priest.
preten'dente *sm/f* pretender // *sm* (*corteggiatore*) suitor.
pre'tendere *vt* (*esigere*) to demand, require; (*sostenere*): ~ **che** to claim that // *vi* (*presumere*) to think, presume; **pretende di aver sempre ragione** he thinks he's always right; ~ **a** to lay claim to; **pretensi'one** *sf* claim; pretentiousness; **pretenzi'oso, a** *ag* pretentious.
pre'teso, a *pp di* **pretendere** // *sf* (*esigenza*) claim, demand; (*presunzione, sfarzo*) pretentiousness; **senza ~e** unpretentious.
pre'testo *sm* pretext, excuse.
pre'tore *sm* magistrate.
preva'lente *ag* prevailing; **preva'lenza** *sf* predominance.
preva'lere *vi* to prevail; **pre'valso, a** *pp di* **prevalere**.
preve'dere *vt* (*indovinare*) to foresee; (*presagire*) to foretell; (*considerare*) to make provision for.
preve'nire *vt* (*anticipare*) to forestall; to anticipate; (*evitare*) to avoid, prevent; (*avvertire*): ~ **qd (di)** to warn sb (of); to inform sb (of).
preventi'vare *vt* (*COMM*) to estimate.
preven'tivo, a *ag* preventive // *sm* (*COMM*) estimate.
prevenzi'one [preven'tsjone] *sf* prevention; (*preconcetto*) prejudice.
previ'dente *ag* showing foresight; prudent; **previ'denza** *sf* foresight; **istituto di previdenza** provident institution; **previdenza sociale** social security.
previsi'one *sf* forecast, prediction; **~i meteorologiche** *o* **del tempo** weather forecast *sg*.
pre'visto, a *pp di* **prevedere** // *ag* foreseen, expected; **più/meno del ~** more/less than expected.
prezi'oso, a [pret'tsjoso] *ag* precious; invaluable // *sm* jewel; valuable.
prez'zemolo [pret'tsemolo] *sm* parsley.
'prezzo ['prɛttso] *sm* price; ~

d'acquisto/di vendita buying/ selling price.
prigi'one [pri'dʒone] *sf* prison; **prigio'nia** *sf* imprisonment; **prigioni'ero, a** *ag* captive // *sm/f* prisoner.
'prima *sf vedi* **primo** // *av* before; (*in anticipo*) in advance, beforehand; (*per l'addietro*) at one time, formerly; (*più presto*) sooner, earlier; (*in primo luogo*) first // *cong*: ~ **di fare/che parta** before doing/he leaves; ~ **di** *prep* before; ~ **o poi** sooner or later.
pri'mario, a *ag* primary; (*principale*) chief, leading, primary.
pri'mate *sm* (*REL*) primate.
pri'mato *sm* supremacy; (*SPORT*) record.
prima'vera *sf* spring; **primave'rile** *ag* spring *cpd*.
primeggi'are [primed'dʒare] *vi* to excel, be one of the best.
primi'tivo, a *ag* primitive; original.
pri'mizie [pri'mittsje] *sfpl* early produce *sg*.
'primo, a *ag* first; (*fig*) initial; basic; prime // *sf* (*TEATRO*) first night; (*CINEMA*) première; (*AUT*) first (gear); **le ~e ore del mattino** the early hours of the morning; **ai ~i di maggio** at the beginning of May; **viaggiare in ~a** to travel first-class; **in ~ luogo** first of all, in the first place; **di prim'ordine** *o* **~a qualità** first-class, first-rate; **in un ~ tempo** at first; **~a donna** leading lady; (*di opera lirica*) prima donna.
primo'genito, a [primo'dʒɛnito] *ag*, *sm/f* firstborn.
primordi'ale *ag* primordial.
'primula *sf* primrose.
princi'pale [printʃi'pale] *ag* main, principal // *sm* manager, boss.
princi'pato [printʃi'pato] *sm* principality.
'principe ['printʃipe] *sm* prince; ~ **ereditario** crown prince; **princi'pessa** *sf* princess.
principi'ante [printʃi'pjante] *sm/f* beginner.
principi'are [printʃi'pjare] *vt*, *vi* to start, begin.
prin'cipio [prin'tʃipjo] *sm* (*inizio*) beginning, start; (*origine*) origin, cause; (*concetto, norma*) principle; **al** *o* **in** ~ at first; **per** ~ on principle.
pri'ore *sm* (*REL*) prior.
priorità *sf* priority.
'prisma, i *sm* prism.
pri'vare *vt*: ~ **qd di** to deprive sb of; **~rsi di** to go *o* do without.
priva'tiva *sf* (*ECON*) monopoly.
pri'vato, a *ag* private // *sm/f* private citizen; **in** ~ in private.
privazi'one [privat'tsjone] *sf* privation, hardship.
privilegi'are [privile'dʒare] *vt* to grant a privilege to.
privi'legio [privi'lɛdʒo] *sm* privilege.
'privo, a *ag*: ~ **di** without, lacking.
pro *prep* for, on behalf of // *sm inv* (*utilità*) advantage, benefit; **a che ~?** what's the use?; **il ~ e il contro** the pros and cons.
pro'babile *ag* probable, likely; **probabilità** *sf inv* probability.
pro'bante *ag* convincing.
probità *sf* integrity, probity.
pro'blema, i *sm* problem.
pro'boscide [pro'bɔʃʃide] *sf* (*di elefante*) trunk.
procacci'are [prokat'tʃare] *vt* to get, obtain.
pro'cedere [pro'tʃɛdere] *vi* to proceed; (*comportarsi*) to behave; (*iniziare*): ~ **a** to start; ~ **contro** (*DIR*) to start legal proceedings against; **procedi'mento** *sm* (*modo di condurre*) procedure; (*di avvenimenti*) course; (*comportamento*) behaviour; (*TECN*) process; **proce'dura** *sf* (*DIR*) procedure.
proces'sare [protʃes'sare] *vt* (*DIR*) to try.
processi'one [protʃes'sjone] *sf* procession.
pro'cesso [pro'tʃɛsso] *sm* (*DIR*) trial; proceedings *pl*; (*metodo*) process.
pro'cinto [pro'tʃinto] *sm*: **in ~ di fare** about to do, on the point of doing.
pro'clama, i *sm* proclamation.
procla'mare *vt* to proclaim; **proclamazi'one** *sf* proclamation, declaration.
procrastinazi'one [prokrastinat'tsjone] *sf* procrastination.
procre'are *vt* to procreate.
pro'cura *sf* (*DIR*) proxy; power of attorney; (*ufficio*) attorney's office.
procu'rare *vt*: ~ **qc a qd** (*provvedere*) to get *o* obtain sth for sb; (*causare*: *noie etc*) to bring *o* give sb sth.
procura'tore, 'trice *sm/f* (*DIR*) ≈ solicitor; (*: chi ha la procura*) attorney; proxy; ~ **generale** (*in corte d'appello*) public prosecutor; (*in corte di cassazione*) Attorney General; ~ **della Repubblica** (*in corte d'assise, tribunale*) public prosecutor.
prodi'gare *vt* to be lavish with; **~rsi per qd** to do all one can for sb.
pro'digio [pro'didʒo] *sm* marvel, wonder; (*persona*) prodigy; **prodigi'oso, a** *ag* prodigious; phenomenal.
'prodigo, a, ghi, ghe *ag* lavish, extravagant.
pro'dotto, a *pp di* **produrre** // *sm* product; **~i agricoli** farm produce *sg*.
pro'durre *vt* to produce; **prodursi** *vr* (*attore*) to perform, appear; **produttività** *sf* productivity; **produt'tivo, a** *ag* productive; **produt'tore, 'trice** *sm/f* producer; **produzi'one** *sf* production; (*rendimento*) output.
pro'emio *sm* introduction, preface.
Prof. (*abbr di* **professore**) Prof.
profa'nare *vt* to desecrate.
pro'fano, a *ag* (*mondano*) secular; profane; (*sacrilego*) profane.
profe'rire *vt* to utter.
profes'sare *vt* to profess; (*medicina etc*) to practise.
professio'nale *ag* professional.

professi'one *sf* profession; **professio'nista, i, e** *sm/f* professional.
profes'sore, 'essa *sm/f* (*INS*) teacher; (: *di università*) lecturer; (: *titolare di cattedra*) professor.
pro'feta, i *sm* prophet; **profetiz'zare** *vt* to prophesy; **profe'zia** *sf* prophecy.
pro'ficuo, a *ag* useful, profitable.
profi'lare *vt* to outline; (*ornare*: *vestito*) to edge; (*aereo*) to streamline; **~rsi** *vr* to stand out, be silhouetted; to loom up.
pro'filo *sm* profile; (*contorno*) contour, line; (*breve descrizione*) sketch, outline; **di ~** in profile.
profit'tare *vi*: **~ in** to make progress in; **~ di** (*trarre profitto*) to profit by; (*approfittare*) to take advantage of.
pro'fitto *sm* advantage, profit, benefit; (*fig*: *progresso*) progress; (*COMM*) profit.
pro'fondere *vt* (*lodi*) to lavish; (*denaro*) to squander; **~rsi in** to be profuse in.
profondità *sf inv* depth.
pro'fondo, a *ag* deep; (*rancore, meditazione*) profound // *sm* depth(s *pl*), bottom; **~ 8 metri** 8 metres deep.
'profugo, a, ghi, ghe *sm/f* refugee.
profu'mare *vt* to perfume // *vi* (*2*) to be fragrant; **~rsi** *vr* to put on perfume *o* scent.
profume'ria *sf* perfumery; (*negozio*) perfume shop; **~e** *sfpl* perfumes.
pro'fumo *sm* (*prodotto*) perfume, scent; (*fragranza*) scent, fragrance.
profusi'one *sf* profusion; **a ~** in plenty.
pro'fuso, a *pp di* **profondere**.
proget'tare [prodʒet'tare] *vt* to plan; (*TECN*: *edificio*) to plan, design; **pro'getto** *sm* plan; (*idea*) plan, project; **progetto di legge** bill.
pro'gramma, i *sm* programme; (*TV, RADIO*) programmes *pl*; (*INS*) syllabus, curriculum; (*INFORM*) program; **program'mare** *vt* (*TV, RADIO*) to put on; (*INFORM*) to program; (*ECON*) to plan; **programma'tore, 'trice** *sm/f* (*INFORM*) computer programmer; (*ECON*) planner; **programmazi'one** *sf* programming; planning.
progre'dire *vi* to progress, make progress.
progressi'one *sf* progression.
progres'sivo, a *ag* progressive.
pro'gresso *sm* progress *q*; **fare ~i** to make progress.
proi'bire *vt* to forbid, prohibit; **proibi'tivo, a** *ag* prohibitive; **proibizi'one** *sf* prohibition.
proiet'tare *vt* (*gettare*) to throw out (*o* off *o* up); (*CINEMA*) to project; (: *presentare*) to show, screen; (*luce, ombra*) to throw, cast, project; **proi'ettile** *sm* projectile, bullet (*o* shell *etc*); **proiet'tore** *sm* (*CINEMA*) projector; (*AUT*) headlamp; (*MIL*) searchlight; **proiezi'one** *sf* (*CINEMA*) projection; showing.
'prole *sf* children *pl*, offspring.
proletari'ato *sm* proletariat.
prole'tario, a *ag, sm* proletarian.
prolife'rare *vi* (*fig*) to proliferate.
pro'lifico, a, ci, che *ag* prolific.
pro'lisso, a *ag* verbose.
'prologo, ghi *sm* prologue.
pro'lunga, ghe *sf* (*di cavo elettrico etc*) extension.
prolun'gare *vt* (*discorso, attesa*) to prolong; (*linea, termine*) to extend.
prome'moria *sm inv* memorandum.
pro'messa *sf* promise.
pro'messo, a *pp di* **promettere**.
pro'mettere *vt* to promise // *vi* to be *o* look promising; **~ a qd di fare** to promise sb that one will do.
promi'nente *ag* prominent; **promi'nenza** *sf* prominence.
promiscuità *sf* promiscuousness.
promon'torio *sm* promontory, headland.
pro'mosso, a *pp di* **promuovere**.
promo'tore *sm* promoter, organizer.
promozi'one [promot'tsjone] *sf* promotion.
promul'gare *vt* to promulgate.
promu'overe *vt* to promote.
proni'pote *sm/f* (*di nonni*) great-grandchild, great-grandson/grand-daughter; (*di zii*) great-nephew/ niece.
pro'nome *sm* (*LING*) pronoun.
pronosti'care *vt* to foretell, predict; to presage.
pron'tezza [pron'tettsa] *sf* readiness; quickness, promptness.
'pronto, a *ag* ready; (*rapido*) fast, quick, prompt; **~!** (*TEL*) hello!; **~ all'ira** quick-tempered; **~ soccorso** first aid.
prontu'ario *sm* manual, handbook.
pro'nuncia [pro'nuntʃa] *etc* = **pronunzia** *etc*.
pro'nunzia [pro'nuntsja] *sf* pronunciation; **pronunzi'are** *vt* (*parola, sentenza*) to pronounce; (*dire*) to utter; (*discorso*) to deliver; **pronunziarsi** *vr* to declare one's opinion; **pronunzi'ato, a** *ag* (*spiccato*) pronounced, marked; (*sporgente*) prominent.
propa'ganda *sf* propaganda.
propa'gare *vt* (*fig*) to spread; (*BIOL*) to propagate; **~rsi** *vr* to spread; to propagate; (*FISICA*) to be propagated.
pro'pendere *vi*: **~ per** to favour, lean towards; **propensi'one** *sf* inclination, propensity; **pro'penso, a** *pp di* **propendere**.
propi'nare *vt* to administer.
pro'pizio, a [pro'pittsjo] *ag* favourable.
pro'porre *vt* (*suggerire*): **~ qc (a qd)/di fare** to suggest sth (to sb)/doing, propose to do; (*candidato*) to put forward; (*legge, brindisi*) to propose; **proporsi di fare** to propose *o* intend to do; **proporsi una meta** to set o.s. a goal.
proporzio'nale [proportsjo'nale] *ag* proportional.
proporzio'nare [proportsjo'nare] *vt*: **~ qc a** to proportion *o* adjust sth to.
proporzi'one [propor'tsjone] *sf* proportion; **in ~ a** in proportion to.
pro'posito *sm* (*intenzione*) intention, aim;

(*argomento*) subject, matter; **a ~ di** regarding, with regard to; **di ~** (*apposta*) deliberately, on purpose; **a ~** by the way; **capitare a ~** (*cosa, persona*) to turn up at the right time.

proposizi'one [propozit'tsjone] *sf* (LING) clause; (: *periodo*) sentence.

pro'posto, a *pp di* **proporre** // *sf* suggestion; proposal.

proprietà *sf inv* (*diritto*) ownership; (*ciò che si possiede*) property *gen q*, estate; (*caratteristica*) property; (*correttezza*) correctness; **proprie'tario, a** *sm/f* owner; (*di albergo etc*) proprietor, owner; (*per l'inquilino*) landlord/lady.

'proprio, a *ag* (*possessivo*) own; (: *impersonale*) one's; (*esatto*) exact, correct, proper; (*senso, significato*) literal; (LING: *nome*) proper; (*particolare*): **~ di** characteristic of, peculiar to // *av* (*precisamente*) just, exactly, precisely; (*davvero*) really; (*affatto*): **non ... ~** not ... at all.

propulsi'one *sf* propulsion.

'prora *sf* (NAUT) bow(s *pl*), prow.

'proroga, ghe *sf* extension; postponement; **proro'gare** *vt* to extend; (*differire*) to postpone, defer.

pro'rompere *vi* to burst out; **pro'rotto, a** *pp di* **prorompere**.

'prosa *sf* prose; **pro'saico, a, ci, che** *ag* (*fig*) prosaic, mundane.

pro'sciogliere [proʃ'ʃɔʎʎere] *vt* to release; (DIR) to acquit; **prosci'olto, a** *pp di* **prosciogliere**.

prosciu'gare [proʃʃu'gare] *vt* (*terreni*) to drain, reclaim; **~rsi** *vr* to dry up.

prosci'utto [proʃ'ʃutto] *sm* ham.

pros'critto, a *pp di* **proscrivere** // *sm* exile.

pros'crivere *vt* to exile, banish.

prosecuzi'one [prosekut'tsjone] *sf* continuation.

prosegui'mento *sm* continuation; **buon ~!** all the best!; (*a chi viaggia*) enjoy the rest of your journey!

prosegu'ire *vt* to carry on with, continue // *vi* to carry on, go on.

prospe'rare *vi* to thrive; **prosperità** *sf* prosperity; **'prospero, a** *ag* (*fiorente*) flourishing, thriving, prosperous; (*favorevole*) favourable; **prospe'roso, a** *ag* (*robusto*) hale and hearty; (: *ragazza*) buxom.

prospet'tare *vt* (*esporre*) to point out, show; **~rsi** *vr* to look, appear.

prospet'tiva *sf* (ARTE) perspective; (*veduta*) view; (*fig: previsione*) prospect.

pros'petto *sm* (*veduta*) view, prospect; (*facciata*) façade, front; (*tabella*) table.

prospici'ente [prospi'tʃɛnte] *ag*: **~ qc** facing *o* overlooking sth.

prossimità *sf* nearness, proximity; **in ~ di** near (to), close to.

'prossimo, a *ag* (*vicino*): **~ a** near (to), close to; (*che viene subito dopo*) next; (*parente*) close // *sm* neighbour, fellow man.

prosti'tuta *sf* prostitute; **prostituzi'one** *sf* prostitution.

pros'trare *vt* (*fig*) to exhaust, wear out; **~rsi** *vr* (*fig*) to humble o.s.

protago'nista, i, e *sm/f* protagonist.

pro'teggere [pro'tɛddʒere] *vt* to protect.

prote'ina *sf* protein.

pro'tendere *vt* to stretch out; **pro'teso, a** *pp di* **protendere**.

pro'testa *sf* protest; (*dichiarazione*) protestation, profession.

protes'tante *ag, sm/f* Protestant.

protes'tare *vt, vi* to protest; **~rsi** *vr*: **~rsi innocente** *etc* to protest one's innocence *o* that one is innocent *etc*.

protet'tivo, a *ag* protective.

pro'tetto, a *pp di* **proteggere**.

protetto'rato *sm* protectorate.

protet'tore, 'trice *sm/f* protector; (*sostenitore*) patron.

protezi'one [protet'tsjone] *sf* protection; (*patrocinio*) patronage.

protocol'lare *vt* to register // *ag* formal; of protocol.

proto'collo *sm* protocol; (*registro*) register of documents.

pro'totipo *sm* prototype.

pro'trarre *vt* (*prolungare*) to prolong; (*differire*) to put off; **pro'tratto, a** *pp di* **protrarre**.

protube'ranza [protube'rantsa] *sf* protuberance, bulge.

'prova *sf* (*esperimento, cimento*) test, trial; (*tentativo*) attempt, try; (MAT, *testimonianza, documento etc*) proof; (DIR) evidence *q*, proof; (INS) exam, test; (TEATRO) rehearsal; (*di abito*) fitting; **a ~ di** (*in testimonianza di*) as proof of; **a ~ di fuoco** fireproof; **mettere in ~** (*vestito*) to try on; **mettere alla ~** to put to the test; **viaggio** *o* **corsa di ~** test *o* trial run; **~ generale** (TEATRO) dress rehearsal.

pro'vare *vt* (*sperimentare*) to test; (*tentare*) to try, attempt; (*assaggiare*) to try, taste; (*sperimentare in sé*) to experience; (*sentire*) to feel; (*cimentare*) to put to the test; (*dimostrare*) to prove; (*abito*) to try on // *vi* to try; **~rsi** *vr*: **~rsi (a fare)** to try *o* attempt (to do); **~ a fare** to try *o* attempt to do.

proveni'enza [prove'njɛntsa] *sf* origin, source.

prove'nire *vi* (2): **~ da** to come from.

pro'venti *smpl* revenue *sg*.

prove'nuto, a *pp di* **provenire**.

pro'verbio *sm* proverb.

pro'vetta *sf* test tube.

pro'vetto, a *ag* skilled, experienced.

pro'vincia, ce *o* **cie** [pro'vintʃa] *sf* province; **provinci'ale** *ag* provincial.

pro'vino *sm* (CINEMA) screen test; (*campione*) specimen.

provo'cante *ag* (*attraente*) provocative.

provo'care *vt* (*causare*) to cause, bring about; (*eccitare: riso, pietà*) to arouse; (*irritare, sfidare*) to provoke; **provoca-**

'**torio, a** *ag* provocative; **provocazi'one** *sf* provocation.
provve'dere *vi* (*disporre*): ~ **(a)** to provide (for); (*prendere un provvedimento*) to take steps, act // *vt* to provide, supply; ~**rsi** *vr*: ~**rsi di** to provide o.s. with; **provvedi'mento** *sm* measure; (*di previdenza*) precaution.
provvi'denza [provvi'dɛntsa] *sf*: **la** ~ providence; **provvidenzi'ale** *ag* providential.
provvigi'one [provvi'dʒone] *sf* (COMM) commission.
provvi'sorio, a *ag* temporary; (DIR) provisional.
prov'vista *sf* provision, supply.
'**prua** *sf* (NAUT) = **prora.**
pru'dente *ag* cautious, careful, prudent; (*assennato*) sensible, wise; **pru'denza** *sf* prudence; (*cautela*) caution, care.
'**prudere** *vi* to itch, be itchy.
'**prugna** ['pruɲɲa] *sf* plum; ~ **secca** prune; '**prugno** *sm* plum tree.
prurigi'noso, a [prurid ʒi'noso] *ag* itchy.
pru'rito *sm* itchiness *q*; itch.
P.S. (*abbr di postscriptum*) P.S.; *abbr di* **Pubblica Sicurezza.**
pseu'donimo *sm* pseudonym.
psica'nalisi *sf* psychoanalysis; **psicana'lista, i, e** *sm/f* psychoanalyst; **psicanaliz'zare** *vt* to psychoanalyse.
'**psiche** ['psike] *sf* (PSIC) psyche.
psichi'atra, i, e [psi'kjatra] *sm/f* psychiatrist; **psichia'tria** *sf* psychiatry.
psicolo'gia [psikolo'dʒia] *sf* psychology; **psico'logico, a, ci, che** *ag* psychological; **psi'cologo, a, gi, ghe** *sm/f* psychologist.
psico'patico, a, ci, che *ag* psychopathic // *sm/f* psychopath.
P.T. (*abbr di Posta e Telegrafi*) P.O.
pubbli'care *vt* to publish.
pubblicazi'one [pubblikat'tsjone] *sf* publication; ~**i (matrimoniali)** *sfpl* (marriage) banns.
pubbli'cista, i, e [pubbli'tʃista] *sm/f* (STAMPA) occasional contributor.
pubblicità [pubblitʃi'ta] *sf* (*diffusione*) publicity; (*attività*) advertising; (*annunci nei giornali*) advertisements *pl*; **pubblici'tario, a** *ag* advertising *cpd*; (*trovata, film*) publicity *cpd*.
'**pubblico, a, ci, che** *ag* public; (*statale*: *scuola etc*) state *cpd* // *sm* public; (*spettatori*) audience; **in** ~ in public; ~ **funzionario** civil servant; **P**~ **Ministero** Public Prosecutor's Office; **la P**~**a Sicurezza** the Police.
'**pube** *sm* (ANAT) pubis.
pubertà *sf* puberty.
'**pudico, a, ci, che** *ag* modest.
pu'dore *sm* modesty.
puericul'tura *sf* paediatric nursing; infant care.
pue'rile *ag* childish.
pugi'lato [pudʒi'lato] *sm* boxing.
'**pugile** ['pudʒile] *sm* boxer.
pugna'lare [puɲɲa'lare] *vt* to stab.
pu'gnale [puɲ'ɲale] *sm* dagger.
'**pugno** ['puɲɲo] *sm* fist; (*colpo*) punch; (*quantità*) fistful.
'**pulce** ['pultʃe] *sf* flea.
pul'cino [pul'tʃino] *sm* chick.
pu'ledro, a *sm/f* colt/filly.
pu'leggia, ge [pu'leddʒa] *sf* pulley.
pu'lire *vt* to clean; (*lucidare*) to polish; **pu'lito, a** *ag* (*anche fig*) clean; (*ordinato*) neat, tidy // *sf* quick clean; **puli'tura** *sf* cleaning; **puli'zia** *sf* cleaning; cleanness; **fare le pulizie** to do the cleaning, do the housework.
'**pullman** *sm inv* coach.
pul'lover *sm inv* pullover, jumper.
pullu'lare *vi* to swarm, teem.
pul'mino *sm* minibus.
'**pulpito** *sm* pulpit.
pul'sante *sm* (push-)button.
pul'sare *vi* to pulsate, beat; **pulsazi'one** *sf* beat.
pul'viscolo *sm* fine dust.
'**puma** *sm inv* puma.
pun'gente [pun'dʒɛnte] *ag* prickly; stinging; (*anche fig*) biting.
'**pungere** ['pundʒere] *vt* to prick; (*sog*: *insetto, ortica*) to sting; (: *freddo*) to bite; (*fig*) to wound, offend.
pungigli'one [pundʒiʎ'ʎone] *sm* sting.
pungo'lare *vt* to goad.
pu'nire *vt* to punish; **puni'tivo, a** *ag* punitive; **punizi'one** *sf* punishment.
'**punta** *sf* point; (*parte terminale*) tip, end; (*di monte*) peak; (*di costa*) promontory; (*minima parte*) touch, trace; **in** ~ **di piedi** on tip-toe; **ore di** ~ peak hours; **uomo di** ~ front-rank *o* leading man.
pun'tare *vt* (*piedi a terra, gomiti sul tavolo*) to plant; (*dirigere: pistola*) to point; (*scommettere*) to bet // *vi* (*mirare*): ~ **a** to aim at; (*avviarsi*): ~ **su** to head *o* make for; (*fig: contare*): ~ **su** to count *o* rely on.
pun'tata *sf* (*gita*) short trip; (*scommessa*) bet; (*parte di opera*) instalment; **romanzo a** ~**e** serial.
punteggi'are [punted'dʒare] *vt* to dot; (*forare*) to make holes in; (LING) to punctuate; **punteggia'tura** *sf* (LING) punctuation.
pun'teggio [pun'teddʒo] *sm* score.
puntel'lare *vt* to support.
pun'tello *sm* prop, support.
pun'tiglio [pun'tiʎʎo] *sm* obstinacy, stubbornness.
pun'tina *sf*: ~ **da disegno** drawing pin.
pun'tino *sm* dot; **fare qc a** ~ to do sth properly.
'**punto, a** *pp di* **pungere** // *sm* (*segno, macchiolina*) dot; (LING) full stop; (MAT, *momento, di punteggio, fig*: *argomento*) point; (*posto*) spot; (*a scuola*) mark; (*nel cucire, nella maglia,* MED) stitch // *av*: **non ...** ~ not ... at all; **due** ~**i** *sm* (LING) colon; **sul** ~ **di fare** (just) about to do; **fare il** ~ (NAUT) to take a bearing; (*fig*): **fare il** ~ **su qc** to define sth; **alle 6 in** ~ at 6 o'clock sharp *o* on the dot; **essere a buon**

~ to have reached a satisfactory stage; **mettere a ~** to adjust; (*motore*) to tune; (*cannocchiale*) to focus; (*fig*) to settle; **di ~ in bianco** point-blank; **~ cardinale** point of the compass, cardinal point; **~ debole** weak point; **~ esclamativo/ interrogativo** exclamation/question mark; **~ di riferimento** landmark; (*fig*) point of reference; **~ di vendita** retail outlet; **~ e virgola** semicolon; **~ di vista** (*fig*) point of view; **~i di sospensione** suspension points.

puntu'ale *ag* punctual; precise, exact; **puntualità** *sf* punctuality; precision, exactness.

pun'tura *sf* (*di ago*) prick; (*di insetto*) sting, bite; (*MED*) puncture; (: *iniezione*) injection; (*dolore*) sharp pain.

punzecchi'are [puntsek'kjare] *vt* to prick; (*fig*) to tease.

pun'zone [pun'tsone] *sm* (*per metalli*) stamp, die.

'pupa *sf* doll.

pu'pazzo [pu'pattso] *sm* puppet.

pu'pillo, a *sm/f* (*DIR*) ward; (*prediletto*) favourite, pet // *sf* (*ANAT*) pupil.

purché [pur'ke] *cong* provided that, on condition that.

'pure *cong* (*tuttavia*) and yet, nevertheless; (*anche se*) even if // *av* (*anche*) too, also; **pur di** (*al fine di*) just to; **faccia ~!** go ahead!, please do!

purè *sm*, **pu'rea** *sf* (*CUC*) purée; (*di patate*) mashed potatoes.

pu'rezza [pu'rettsa] *sf* purity.

'purga, ghe *sf* (*MED*) purging *q*; purge; (*POL*) purge.

pur'gante *sm* (*MED*) purgative, purge.

pur'gare *vt* (*MED, POL*) to purge; (*pulire*) to clean.

purga'torio *sm* purgatory.

purifi'care *vt* to purify; (*metallo*) to refine.

puri'tano, a *ag, sm/f* Puritan.

'puro, a *ag* pure; (*acqua*) clear, limpid; (*vino*) undiluted; **puro'sangue** *sm/f inv* thoroughbred.

pur'troppo *av* unfortunately.

pus *sm* pus.

pusil'lanime *ag* fainthearted.

'pustola *sf* pimple.

puti'ferio *sm* rumpus, row.

putre'fare *vi* (2) to putrefy, rot; **putre'fatto, a** *pp di* **putrefare**.

'putrido, a *ag* putrid, rotten.

put'tana *sf* (*fam!*) whore (!).

'puzza ['puttsa] *sf* = **puzzo**.

puz'zare [put'tsare] *vi* to stink.

'puzzo ['puttso] *sm* stink, foul smell.

'puzzola ['puttsola] *sf* polecat.

puzzo'lente [puttso'lɛnte] *ag* stinking.

Q

qua *av* here; **in ~** (*verso questa parte*) this way; **da un anno in ~** for a year now; **per di ~** (*passare*) this way; **al di ~ di** (*fiume, strada*) on this side of; *vedi* **questo**.

qua'derno *sm* notebook; (*per scuola*) exercise book.

qua'drangolo *sm* quadrangle.

qua'drante *sm* quadrant; (*di orologio*) face.

qua'drare *vi* (*bilancio*) to balance, tally; (*descrizione*) to correspond; (*fig*): **~ a** to please, be to one's liking // *vt* (*MAT*) to square; **non mi quadra** I don't like it; **qua'drato, a** *ag* square; (*fig*: *equilibrato*) level-headed, sensible // *sm* (*MAT*) square; (*PUGILATO*) ring; **5 al quadrato** 5 squared.

qua'dretto *sm*: **a ~i** (*tessuto*) checked.

quadri'foglio [kwadri'fɔʎʎo] *sm* four-leaf clover.

'quadro *sm* (*pittura*) painting, picture; (*quadrato*) square; (*tabella*) table, chart; (*TECN*) board, panel; (*TEATRO*) scene; (*fig*: *scena, spettacolo*) sight; (: *descrizione*) outline, description; **~i** *smpl* (*POL*) party organizers; (*MIL*) cadres; (*CARTE*) diamonds.

qua'drupede *sm* quadruped.

quadrupli'care *vt* to quadruple.

'quadruplo, a *ag, sm* quadruple.

quaggiù [kwad'dʒu] *av* down here.

'quaglia ['kwaʎʎa] *sf* quail.

'qualche ['kwalke] *det* some; (*alcuni*) a few; (*in espressioni interrogative*) any; (*uno*): **c'è ~ medico?** is there a doctor?; **ho comprato ~ libro** I've bought some *o* a few books; **hai ~ sigaretta?** have you any cigarettes?; **una persona di ~ rilievo** a person of some importance; **~ cosa = qualcosa**; **in ~ modo** somehow; **~ volta** sometimes; **qualche'duno** *pronome* = **qualcuno.**

qual'cosa *pronome* something; (*in espressioni interrogative*) anything; **qualcos'altro** something else; anything else; **~ di nuovo** something new; anything new.

qual'cuno *pronome* (*persona*) someone, somebody; (: *in espressioni interrogative*) anyone, anybody; (*alcuni*) some; **~ è favorevole a noi** some are on our side; **qualcun altro** someone *o* somebody else; anyone *o* anybody else.

'quale (*spesso troncato in* **qual**) *det* what; (*discriminativo*) which; (*come*) as // *pronome* (*interrogativo*) what; which; (*relativo*): **il(la) ~** (*persona*: *soggetto*) who; (: *oggetto, con preposizione*) whom; (*cosa*) which; (*possessivo*): **la signora della ~ ammiriamo la bellezza** the lady whose beauty we admire // *av* (*in qualità di*) as; **~ disgrazia!** what a misfortune!

qua'lifica, che *sf* qualification; (*titolo*) title.

qualifi'care *vt* to qualify; (*definire*): **~ qd/qc come** to describe sb/sth as; **~rsi** *vr* (*anche SPORT*) to qualify; **qualifica'tivo, a** *ag* qualifying; **qualificazi'one** *sf* qualification.

qualità *sf inv* quality; **in ~ di** in one's capacity as.

qua'lora *cong* in case, if.
qual'siasi, qua'lunque *det inv* any; (*quale che sia*) whatever; (*discriminativo*) whichever; (*posposto*: *mediocre*) poor, indifferent; ordinary; ~ **cosa accada** whatever happens; **a** ~ **costo** at any cost, whatever the cost; **l'uomo** ~ the man in the street; ~ **persona** anyone, anybody.
'quando *cong, av* when; ~ **sarò ricco** when I'm rich; **da** ~ (*dacché*) since; (*interrogativo*): **da** ~ **sei qui?** how long have you been here?; **quand'anche** even if.
quantità *sf inv* quantity; (*gran numero)*: **una** ~ **di** a great deal of; a lot of; **in grande** ~ in large quantities.
'quanto, a *det* (*interrogativo*: *quantità*) how much; (: *numero*) how many; (*esclamativo*) what a lot of, how much (*o* many); (*relativo*) as much ... as; as many ... as; **ho** ~ **denaro mi occorre** I have as much money as I need // *pronome* (*interrogativo*) how much; how many; (: *tempo*) how long; (*relativo*) as much as; as many as; ~**i(e)** *pronome pl* (*persone*) all those who // *av* (*interrogativo*: *con ag, av*) how; (: *con vb*) how much; (*esclamativo*: *con ag, av*) how; (: *con vb*) how much, what a lot; (*con valore relativo*) as much as; **studierò** ~ **posso** I'll study as much as *o* all I can; ~**i ne abbiamo oggi?** what is the date today?; ~**i anni hai?** how old are you?; ~ **costa?, quant'è?** how much does it cost?, how much is it?; **in** ~ *av* (*in qualità di*) as; (*poiché*) since, as; **per** ~ **sia brava, fa degli errori** however good she may be, she makes mistakes; **per** ~ **io sappia** as far as I know; ~ **a** as regards, as for; ~ **prima** as soon as possible; ~ **tempo?** how long?, how much time?; ~ **più ... tanto meno** the more ... the less; ~ **più ... tanto più** the more ... the more.
quan'tunque *cong* although, though.
qua'ranta *num* forty.
quaran'tena *sf* quarantine.
quaran'tesimo, a *num* fortieth.
quaran'tina *sf*: **una** ~ **(di)** about forty.
qua'resima *sf*: **la** ~ Lent.
'quarta *sf vedi* **quarto.**
quar'tetto *sm* quartet(te).
quarti'ere *sm* district, area; (*MIL*) quarters *pl*; ~ **generale** headquarters *pl*, HQ.
'quarto, a *ag* fourth // *sm* fourth; (*quarta parte*) quarter // *sf* (*AUT*) fourth (gear); ~ **d'ora** quarter of an hour; **le 6 e un** ~ a quarter past six.
'quarzo ['kwartso] *sm* quartz.
'quasi *av* almost, nearly // *cong* (*anche*: ~ **che**) as if; **(non) ...** ~ **mai** hardly ever; ~ ~ **me ne andrei** I've half a mind to leave.
quassù *av* up here.
'quatto, a *ag* crouched, squatting; (*silenzioso*) silent; ~ ~ very quietly; stealthily.
quat'tordici [kwat'torditʃi] *num* fourteen.
quat'trini *smpl* money *sg*, cash *sg*.
'quattro *num* four; **in** ~ **e quattr'otto** in less than no time; **quattro'cento** *num* four hundred // *sm*: **il Quattrocento** the fifteenth century; **quattro'mila** *num* four thousand.
'quello, a *det* (*dav sm* **quel** + *C*, **quell'** + *V*, **quello** + *s impura, gn, pn, ps, x, z*; *pl* **quei** + *C*, **quegli** + *V o s impura, gn, pn, ps, x, z*; *dav sf* **quella** + *C*, **quell'** + *V*; *pl* **quelle**) that; those *pl* // *pronome* that (one); those (ones) *pl*; (*ciò*) that; ~**(a) che** the one who; ~**i(e) che** those who; **ho fatto** ~ **che potevo** I did what I could; ~**(a) ... lì** *o* **là** *det* that; **quell'uomo lì** that man; ~**(a) lì** *o* **là** *pronome* that one.
'quercia, ce ['kwɛrtʃa] *sf* oak (tree); (*legno*) oak.
que'rela *sf* (*DIR*) (legal) action; **quere'lare** *vt* to bring an action against.
que'sito *sm* question, query; problem.
questio'nare *vi*: ~ **di/su qc** to argue about/over sth.
questio'nario *sm* questionnaire.
questi'one *sf* problem, question; (*affare*) matter; issue; (*litigio*) quarrel; **in** ~ in question; **fuor di** ~ out of the question; **è** ~ **di tempo** it's a matter *o* question of time.
'questo, a *det* this; these *pl* // *pronome* this (one); those (ones) *pl*; (*ciò*) this; ~**(a) ... qui** *o* **qua** *det* this; ~ **ragazzo qui** this boy; ~**(a) qui** *o* **qua** *pronome* this one; **io prendo** ~ **cappotto, tu prendi quello** I'll take this coat, you take that one; **preferisce** ~**i o quelli?** do you prefer these (ones) or those (ones)?; **vengono Paolo e Folco:** ~ **da Roma, quello da Palermo** Paolo and Folco are coming: the latter from Rome, the former from Palermo; **quest'oggi** today.
ques'tore *sm* ≈ chief constable.
'questua *sf* collection (of alms).
ques'tura *sf* police headquarters *pl*.
qui *av* here; **da** *o* **di** ~ from here; **di** ~ **in avanti** from now on; **di** ~ **a poco/una settimana** in a little while/a week's time; ~ **dentro/sopra/vicino** in/up/near here; *vedi* **questo.**
quie'tanza [kwje'tantsa] *sf* receipt.
quie'tare *vt* to calm, soothe.
qui'ete *sf* quiet, quietness; calmness; stillness; peace.
qui'eto, a *ag* quiet; (*calmo*) calm, still; (*tranquillo*) quiet, calm; (*pacifico*) peaceful; (: *persona*) peaceable.
'quindi *av* then // *cong* therefore, so.
'quindici ['kwinditʃi] *num* fifteen.
quindi'cina [kwindi'tʃina] *sf* (*serie*): **una** ~ **(di)** about fifteen; **fra una** ~ **di giorni** in a fortnight.
quin'quennio *sm* period of five years.
quin'tale *sm* quintal (*100 kg*).
'quinte *sfpl* (*TEATRO*) wings.
quin'tetto *sm* quintet(te).
'quinto, a *num* fifth.
'quorum *sm* quorum.
'quota *sf* (*ripartizione*) quota, share; (*rata*) instalment; (*AER*) height, altitude; (*IPPICA*)

odds *pl*; **prendere/perdere ~** (*AER*) to gain/lose height *o* altitude.
quo'tare *vt* (*BORSA*) to quote; **quotazi'one** *sf* quotation.
quotidi'ano, a *ag* daily; (*banale*) everyday // *sm* (*giornale*) daily (paper).
quozi'ente [kwot'tsjɛnte] *sm* (*MAT*) quotient; **~ d'intelligenza** intelligence quotient, IQ.

R

ra'barbaro *sm* rhubarb.
'rabbia *sf* (*ira*) anger, rage; (*accanimento, furia*) fury; (*MED: idrofobia*) rabies *sg*.
rab'bino *sm* rabbi.
rabbi'oso, a *ag* angry, furious; (*facile all'ira*) quick-tempered; (*forze, acqua etc*) furious, raging; (*MED*) rabid, mad.
rabbo'nire *vt*, **~rsi** *vr* to calm down.
rabbrivi'dire *vi* (*2*) to shudder, shiver.
rabbui'arsi *vr* to grow dark.
raccapez'zare [rakkapet'tsare] *vt* (*denaro*) to scrape together; (*senso*) to make out, understand; **~rsi** *vr*: **non ~rsi** to be at a loss.
raccapricci'ante [rakkaprit'tʃante] *ag* horrifying.
raccatta'palle *sm inv* (*SPORT*) ballboy.
raccat'tare *vt* to pick up.
rac'chetta [rak'ketta] *sf* (*per tennis*) racket; (*per ping-pong*) bat; **~ da neve** snowshoe; **~ da sci** ski stick.
racchi'udere [rak'kjudere] *vt* to contain; **racchi'uso, a** *pp di* **racchiudere**.
rac'cogliere [rak'kɔʎʎere] *vt* to collect; (*raccattare*) to pick up; (*frutti, fiori*) to pick, pluck; (*AGR*) to harvest; (*approvazione, voti*) to win; (*profughi*) to take in; **~rsi** *vr* to gather; (*fig*) to gather one's thoughts; to meditate; **raccogli'mento** *sm* meditation; **raccogli'tore, 'trice** *sm/f* collector // *sm* (*cartella*) folder, binder; **raccoglitore a fogli mobili** loose-leaf binder.
rac'colto, a *pp di* **raccogliere** // *ag* (*rannicchiato*) curled up; (*pensoso*) thoughtful; (*assorto*) absorbed, engrossed // *sm* (*AGR*) crop, harvest // *sf* collecting *q*; collection; (*AGR*) harvesting *q*, gathering *q*; harvest, crop; (*adunata*) gathering.
raccoman'dare *vt* to recommend; (*affidare*) to entrust; (*lettera*) to register; **~rsi a qd** to commend o.s. to sb; **mi raccomando!** don't forget!; **raccoman'data** *sf* (*anche:* **lettera raccomandata**) registered letter; **raccomandazi'one** *sf* recommendation.
raccomo'dare *vt* (*rassettare*) to put in order; (*riparare*) to repair, mend.
raccon'tare *vt*: **~ (a qd)** (*dire*) to tell (sb); (*narrare*) to relate (to sb), tell (sb) about; **rac'conto** *sm* telling *q*, relating *q*; (*fatto raccontato*) story, tale.
raccorci'are [rakkor'tʃare] *vt* to shorten.
raccor'dare *vt* to link up, join; **rac'cordo** *sm* (*TECN: giunzione*) connection, joint; (*AUT: di autostrada*) slip road; **raccordo anulare** (*AUT*) ring road.
ra'chitico, a, ci, che [ra'kitiko] *ag* suffering from rickets; (*fig*) scraggy, scrawny.
rachi'tismo [raki'tizmo] *sm* (*MED*) rickets *sg*.
racimo'lare [ratʃimo'lare] *vt* (*fig*) to scrape together, glean.
'rada *sf* (natural) harbour.
'radar *sm* radar.
raddol'cire [raddol'tʃire] *vt* to sweeten; (*fig: lenire*) to ease, soothe; (*: voce, colori*) to soften; **~rsi** *vr* (*tempo*) to grow milder.
raddoppi'are *vt* to double; (*accrescere: anche fig*) to redouble, increase // *vi* to double.
raddriz'zare [raddrit'tsare] *vt* to straighten; (*fig: correggere*) to put straight, correct.
'radere *vt* (*barba*) to shave off; (*mento*) to shave; (*fig: rasentare*) to graze; to skim; **~rsi** *vr* to shave (o.s.); **~ al suolo** to raze to the ground.
radi'ale *ag* radial.
radi'are *vt* to strike off.
radia'tore *sm* radiator.
radiazi'one [radjat'tsjone] *sf* (*FISICA*) radiation; (*cancellazione*) striking off.
radi'cale *ag* radical // *sm* (*LING*) root.
ra'dicchio [ra'dikkjo] *sm* chicory.
ra'dice [ra'ditʃe] *sf* root.
'radio *sf inv* radio // *sm* (*CHIM*) radium; **radioattività** *sf* radioactivity; **radioat'tivo, a** *ag* radioactive; **radiodiffusi'one** *sf* (radio) broadcasting; **radiogra'fia** *sf* radiography; (*foto*) X-ray photograph; **radiogra'fare** *vt* to X-ray; **radi'ologo, a, gi, ghe** *sm/f* radiologist.
radi'oso, a *ag* radiant.
radiostazi'one [radjostat'tsjone] *sf* radio station.
'rado, a *ag* (*capelli*) sparse, thin; (*visite*) infrequent; **di ~** rarely.
radu'nare *vt*, **~rsi** *vr* to gather, assemble.
ra'dura *sf* clearing.
'rafano *sm* radish.
raffazzo'nare [raffattso'nare] *vt* to patch up.
raf'fermo, a *ag* stale.
'raffica, che *sf* (*METEOR*) gust (of wind); (*di colpi: scarica*) burst of gunfire.
raffigu'rare *vt* to represent.
raffi'nare *vt* to refine; **raffina'tezza** *sf* refinement; **raffi'nato, a** *ag* refined; **raffine'ria** *sf* refinery.
raffor'zare [raffor'tsare] *vt* to reinforce.
raffredda'mento *sm* cooling.
raffred'dare *vt* to cool; (*fig*) to dampen, have a cooling effect on; **~rsi** *vr* to grow cool *o* cold; (*prendere raffreddore*) to catch a cold; (*fig*) to cool (off).
raffred'dore *sm* (*MED*) cold.
raf'fronto *sm* comparison.
'rafia *sf* (*fibra*) raffia.
ra'gazzo, a [ra'gattso] *sm/f* boy/girl; (*fam:*

fidanzato) boyfriend/girlfriend.
raggi'ante [rad'dʒante] *ag* radiant, shining.
'raggio ['raddʒo] *sm* (*di sole etc*) ray; (*MAT, distanza*) radius; (*di ruota etc*) spoke; ~ **d'azione** range; ~**i X** X-rays.
raggi'rare [raddʒi'rare] *vt* to take in, trick; **rag'giro** *sm* trick.
raggi'ungere [rad'dʒundʒere] *vt* to reach; (*persona: riprendere*) to catch up (with); (*bersaglio*) to hit; (*fig: meta*) to achieve; **raggi'unto, a** *pp di* **raggiungere**.
raggomito'larsi *vr* to curl up.
raggranel'lare *vt* to scrape together.
raggrin'zare [raggrin'tsare] *vt, vi* (2) (*anche:* ~**rsi**) to wrinkle.
raggrup'pare *vt* to group (together).
ragguagli'are [raggwaʎ'ʎare] *vt* (*paragonare*) to compare; (*informare*) to inform; **raggu'aglio** *sm* comparison; piece of information.
ragguar'devole *ag* (*degno di riguardo*) distinguished, notable; (*notevole: somma*) considerable.
'ragia ['radʒa] *sf* resin; **acqua** ~ turpentine.
ragiona'mento [radʒona'mento] *sm* reasoning *q*; arguing *q*; argument.
ragio'nare [radʒo'nare] *vi* (*usare la ragione*) to reason; (*discorrere*): ~ **(di)** to argue (about).
ragi'one [ra'dʒone] *sf* reason; (*dimostrazione, prova*) argument, reason; (*diritto*) right; **aver** ~ to be right; **aver** ~ **di qd** to get the better of sb; **in** ~ **di** at the rate of; to the amount of; according to; **a** *o* **con** ~ rightly, justly; **perdere la** ~ to become insane; (*fig*) to take leave of one's senses; **a ragion veduta** after due consideration.
ragione'ria [radʒone'ria] *sf* accountancy; accounts department.
ragio'nevole [radʒo'nevole] *ag* reasonable.
ragioni'ere, a [radʒo'njɛre] *sm/f* accountant.
ragli'are [raʎ'ʎare] *vi* to bray.
ragna'tela [raɲɲa'tela] *sf* cobweb, spider's web.
'ragno ['raɲɲo] *sm* spider.
ragù *sm inv* (*CUC*) meat sauce; stew.
RAI-TV [raiti'vu] *abbr f di Radio televisione italiana.*
rallegra'menti *smpl* congratulations.
ralle'grare *vt* to cheer up; ~**rsi** *vr* to cheer up; (*provare allegrezza*) to rejoice; ~**rsi con qd** to congratulate sb.
rallenta'mento *sm* slowing down; lessening, slackening.
rallen'tare *vt* to slow down; (*fig*) to lessen, slacken // *vi* to slow down; ~**rsi** *vr* (*fig*) to lessen, slacken (off).
raman'zina [raman'dzina] *sf* lecture, telling-off.
'rame *sm* (*CHIM*) copper.
ramificazi'one [ramifikat'tsjone] *sf* ramification.
rammari'carsi *vr*: ~ **(di)** (*rincrescersi*) to be sorry (about), regret; (*lamentarsi*) to complain (about); **ram'marico, chi** *sm* regret.
rammen'dare *vt* to mend; (*calza*) to darn; **ram'mendo** *sm* mending *q*; darning *q*; mend; darn.
rammen'tare *vt* to remember, recall; (*richiamare alla memoria*): ~ **qc a qd** to remind sb of sth; ~**rsi** *vr*: ~**rsi (di qc)** to remember (sth).
rammol'lire *vt* to soften // *vi* (2) (*anche:* ~**rsi**) to go soft.
'ramo *sm* branch.
ramo'scello [ramoʃ'ʃɛllo] *sm* twig.
'rampa *sf* flight (of stairs); ~ **di lancio** launching pad.
rampi'cante *ag* (*BOT*) climbing.
ram'pino *sm* (*gancio*) hook; (*NAUT*) grapnel; (*fig*) pretext, excuse.
ram'pone *sm* harpoon; (*ALPINISMO*) crampon.
'rana *sf* frog.
'rancido, a ['rantʃido] *ag* rancid.
ran'core *sm* rancour, resentment.
ran'dagio, a, gi, gie *o* **ge** [ran'dadʒo] *ag* (*gatto, cane*) stray.
ran'dello *sm* club, cudgel.
'rango, ghi *sm* (*condizione sociale, MIL: riga*) rank.
rannicchi'arsi [rannik'kjarsi] *vr* to crouch, huddle.
rannuvo'larsi *vr* to cloud over, become overcast.
ra'nocchio [ra'nɔkkjo] *sm* (edible) frog.
'rantolo *sm* wheeze; (*di agonizzanti*) death rattle.
'rapa *sf* (*BOT*) turnip.
ra'pace [ra'patʃe] *ag* (*animale*) predatory; (*fig*) rapacious, grasping // *sm* bird of prey.
ra'pare *vt* (*capelli*) to crop, cut very short.
'rapida *sf vedi* **rapido.**
rapidità *sf* speed.
'rapido, a *ag* fast; (*esame, occhiata*) quick, rapid // *sm* (*FERR*) express (train) // *sf* (*di fiume*) rapid.
rapi'mento *sm* kidnapping; (*fig*) rapture.
ra'pina *sf* robbery; (*bottino*) loot; ~ **a mano armata** armed robbery; **rapi'nare** *vt* to rob; **rapina'tore, 'trice** *sm/f* robber.
ra'pire *vt* (*cose*) to steal; (*persone*) to kidnap; (*fig*) to enrapture, delight; **rapi'tore, 'trice** *sm/f* kidnapper.
rappez'zare [rappet'tsare] *vt* to patch.
rappor'tare *vt* (*riferire*) to report; (*confrontare*) to compare; (*riprodurre*) to reproduce.
rap'porto *sm* (*resoconto*) report; (*legame*) relationship; (*MAT, TECN*) ratio; ~**i** *smpl* (*fra persone, paesi*) relations; ~**i sessuali** sexual intercourse *sg*.
rap'prendersi *vr* to coagulate, clot; (*latte*) to curdle.
rappre'saglia [rappre'saʎʎa] *sf* reprisal, retaliation.
rappresen'tante *sm/f* representative;

rappresen'tanza *sf* delegation, deputation; (*COMM: ufficio, sede*) agency.
rappresen'tare *vt* to represent; (*TEATRO*) to perform; **rappresenta'tivo, a** *ag* representative; **rappresentazi'one** *sf* representation; performing *q*; (*spettacolo*) performance.
rap'preso, a *pp di* **rapprendere.**
rapso'dia *sf* rhapsody.
rare'fare *vt*, **~rsi** *vr* to rarefy; **rare'fatto, a** *pp di* **rarefare.**
rarità *sf inv* rarity.
'raro, a *ag* rare.
ra'sare *vt* (*barba etc*) to shave off; (*siepi, erba*) to trim, cut; **~rsi** *vr* to shave (o.s.).
raschi'are [ras'kjare] *vt* to scrape; (*macchia, fango*) to scrape off // *vi* to clear one's throat.
rasen'tare *vt* (*andar rasente*) to keep close to; (*sfiorare*) to skim along (*o* over); (*fig*) to border on.
ra'sente *prep*: **~ (a)** close to, very near.
'raso, a *pp di* **radere** // *ag* (*barba*) shaved; (*capelli*) cropped; (*con misure di capacità*) level; (*pieno: bicchiere*) full to the brim // *sm* (*tessuto*) satin; **~ terra** close to the ground; **un cucchiaio ~** a level spoonful.
ra'soio *sm* razor; **~ elettrico** electric shaver *o* razor.
ras'segna [ras'seɲɲa] *sf* (*MIL*) inspection, review; (*esame*) inspection; (*resoconto*) review, survey; (*pubblicazione letteraria etc*) review; (*mostra*) exhibition, show; **passare in ~** (*MIL*) to inspect, review.
rasse'gnare [rasseɲ'ɲare] *vt* to resign, relinquish; **~rsi** *vr* (*accettare*) to resign o.s.; **rassegnazi'one** *sf* resignation.
rassere'narsi *vr* (*tempo*) to clear up.
rasset'tare *vt* to tidy, put in order; (*aggiustare*) to repair, mend.
rassicu'rare *vt* to reassure.
rasso'dare *vt* to harden, stiffen; (*fig*) to strengthen, consolidate.
rassomigli'anza [rassomiʎ'ʎantsa] *sf* resemblance.
rassomigli'are [rassomiʎ'ʎare] *vi*: **~ a** to resemble, look like.
rastrel'lare *vt* to rake; (*fig: perlustrare*) to comb.
rastrelli'era *sf* rack; (*per piatti*) dishrack.
ras'trello *sm* rake.
'rata *sf* (*quota*) instalment; **pagare a ~e** to pay by instalments *o* on hire purchase; **rate'are, rateiz'zare** *vt* to divide into instalments.
ratifi'care *vt* (*DIR*) to ratify.
'ratto *sm* (*DIR*) abduction; (*ZOOL*) rat.
rattop'pare *vt* to patch; **rat'toppo** *sm* patching *q*; patch.
rattrap'pire *vt* to make stiff; **~rsi** *vr* to be stiff.
rattris'tare *vt* to sadden; **~rsi** *vr* to become sad.
'rauco, a, chi, che *ag* hoarse.
rava'nello *sm* radish.
ravi'oli *smpl* ravioli *sg*.
ravve'dersi *vr* to mend one's ways.
ravvici'nare [ravvitʃi'nare] *vt* (*avvicinare*): **~ qc a** to bring sth nearer to; (: *due tubi*) to bring closer together; (*riconciliare*) to reconcile, bring together.
ravvi'sare *vt* to recognize.
ravvi'vare *vt* to revive; (*fig*) to brighten up, enliven; **~rsi** *vr* to revive; to brighten up.
razio'cinio [ratsjo'tʃinjo] *sm* reasoning *q*; reason; (*buon senso*) common sense.
razio'nale [rattsjo'nale] *ag* rational.
razio'nare [rattsjo'nare] *vt* to ration.
razi'one [rat'tsjone] *sf* ration; (*porzione*) portion, share.
'razza ['rattsa] *sf* race; (*ZOOL*) breed; (*discendenza, stirpe*) stock, race; (*sorta*) sort, kind.
raz'zia [rat'tsia] *sf* raid, foray.
razzi'ale [rat'tsjale] *ag* racial.
raz'zismo [rat'tsizmo] *sm* racism, racialism.
raz'zista, i, e [rat'tsista] *ag, sm/f* racist, racialist.
'razzo ['raddzo] *sm* rocket.
razzo'lare [rattso'lare] *vi* (*galline*) to scratch about.
re *sm inv* (*sovrano*) king; (*MUS*) D; (: *solfeggiando la scala*) re.
rea'gire [rea'dʒire] *vi* to react.
re'ale *ag* real; (*di, da re*) royal // *sm*: **il ~** reality; **rea'lismo** *sm* realism; **rea'lista, i, e** *sm/f* realist; (*POL*) royalist.
realiz'zare [realid'dzare] *vt* (*progetto etc*) to realize, carry out; (*sogno, desiderio*) to realize, fulfil; (*scopo*) to achieve; (*COMM: titoli etc*) to realize; (*CALCIO etc*) to score; **~rsi** *vr* to be realized; **realizzazi'one** *sf* realization; fulfilment; achievement; **realizzazione scenica** stage production.
real'mente *av* really, actually.
realtà *sf inv* reality.
re'ato *sm* offence.
reat'tore *sm* (*FISICA*) reactor; (*AER: aereo*) jet; (: *motore*) jet engine.
reazio'nario, a [reattsjo'narjo] *ag* (*POL*) reactionary.
reazi'one [reat'tsjone] *sf* reaction.
'rebbio *sm* prong.
recapi'tare *vt* to deliver.
re'capito *sm* (*indirizzo*) address; (*consegna*) delivery.
re'care *vt* (*portare*) to bring; (*avere su di sé*) to carry, bear; (*cagionare*) to cause, bring; **~rsi** *vr* to go.
re'cedere [re'tʃɛdere] *vi* to withdraw.
recensi'one [retʃen'sjone] *sf* review; **recen'sire** *vt* to review; **recen'sore, a** *sm/f* reviewer.
re'cente [re'tʃɛnte] *ag* recent; **di ~** recently.
recessi'one [retʃes'sjone] *sf* (*ECON*) recession.
re'cidere [re'tʃidere] *vt* to cut off, chop off.
reci'divo, a [retʃi'divo] *sm/f* (*DIR*) second (*o* habitual) offender, recidivist.
re'cinto [re'tʃinto] *sm* enclosure; (*ciò che*

recinge) fence; surrounding wall.
recipi'ente [retʃi'pjɛnte] *sm* container.
re'ciproco, a, ci, che [re'tʃiproko] *ag* reciprocal.
re'ciso, a [re'tʃizo] *pp di* **recidere.**
'recita ['rɛtʃita] *sf* performance.
'recital ['rɛtʃital] *sm inv* recital.
reci'tare [retʃi'tare] *vt* (*poesia, lezione*) to recite; (*dramma*) to perform; (*ruolo*) to play *o* act (the part of); **recitazi'one** *sf* recitation; (*di attore*) acting.
recla'mare *vi* to complain // *vt* (*richiedere*) to demand, claim; (*necessitare*) to need, require.
ré'clame [re'klam] *sf inv* advertising *q*; advert(isement).
re'clamo *sm* complaint.
reclusi'one *sf* (DIR) imprisonment.
re'cluso, a *sm/f* prisoner.
'recluta *sf* recruit; **recluta'mento** *sm* recruitment; **reclu'tare** *vt* to recruit.
re'condito, a *ag* secluded; (*fig*) secret, hidden.
recriminazi'one [rekriminat'tsjone] *sf* recrimination.
recrude'scenza [rekrudeʃ'ʃɛntsa] *sf* fresh outbreak.
redargu'ire *vt* to rebuke.
re'datto, a *pp di* **redigere**; **redat'tore, 'trice** *sm/f* (*giornalista*) writer; sub-editor; (*di casa editrice*) editor; **redazi'one** *sf* writing; editing; (*sede*) editorial office(s); (*personale*) editorial staff; (*versione*) version.
reddi'tizio, a [reddi'tittsjo] *ag* profitable.
'reddito *sm* income; (*dello Stato*) revenue; (*di un capitale*) yield.
re'dento, a *pp di* **redimere**.
redenzi'one [reden'tsjone] *sf* redemption.
re'digere [re'didʒere] *vt* to write; (*contratto*) to draw up.
re'dimere *vt* to deliver; (REL) to redeem.
'redini *sfpl* reins.
redi'vivo, a *ag* returned to life, reborn.
'reduce ['rɛdutʃe] *ag*: ~ **da** returning from, back from // *sm/f* survivor.
'refe *sm* thread.
refe'rendum *sm inv* referendum.
refe'renza [refe'rɛntsa] *sf* reference.
re'ferto *sm* medical report.
refet'torio *sm* refectory.
refrat'tario, a *ag* refractory; (*fig*): **essere ~ alla matematica** to have no aptitude for mathematics.
refrige'rare [refridʒe'rare] *vt* to refrigerate; (*rinfrescare*) to cool, refresh; **refrigerazi'one** *sf* refrigeration.
rega'lare *vt* to give (as a present), make a present of.
re'gale *ag* regal.
re'galo *sm* gift, present.
re'gata *sf* regatta.
reg'gente [red'dʒɛnte] *sm/f* regent; **reg'genza** *sf* regency.
'reggere ['rɛddʒere] *vt* (*tenere*) to hold; (*sostenere*) to support, bear, hold up; (*portare*) to carry, bear; (*resistere*) to withstand; (*dirigere*: *impresa*) to manage, run; (*governare*) to rule, govern; (LING) to take, be followed by // *vi* (*resistere*): ~ **a** to stand up to, hold out against; (*sopportare*): ~ **a** to stand; (*durare*) to last; **~rsi** *vr* (*stare ritto*) to stand; (*fig*: *dominarsi*) to control o.s.; **~rsi sulle gambe** *o* **in piedi** to stand up.
'reggia, ge ['rɛddʒa] *sf* royal palace.
reggi'calze [reddʒi'kaltse] *sm inv* suspender belt.
reggi'mento [reddʒi'mento] *sm* (MIL) regiment.
reggi'petto [reddʒi'pɛtto] *sm*, **reggi'seno** [reddʒi'seno] *sm* bra.
re'gia, 'gie [re'dʒia] *sf* (TV, CINEMA *etc*) direction.
re'gime [re'dʒime] *sm* (POL) regime; (DIR: *aureo, patrimoniale etc*) system; (MED) diet; (TECN) (engine) speed; **essere a ~** to be on a diet.
re'gina [re'dʒina] *sf* queen.
'regio, a, gi, gie ['rɛdʒo] *ag* royal.
regio'nale [redʒo'nale] *ag* regional.
regi'one [re'dʒone] *sf* region; (*territorio*) region, district, area.
re'gista, i, e [re'dʒista] *sm/f* (TV, CINEMA *etc*) director.
regis'trare [redʒis'trare] *vt* (AMM) to register; (COMM) to enter; (*notare*) to note, take note of; (*canzone, conversazione, sog*: *strumento di misura*) to record; (*mettere a punto*) to adjust, regulate; **registra'tore** *sm* (*strumento di misura*) recorder, register; (*magnetofono*) tape recorder; (*classificatore*) folder; **registratore di cassa** cash register; **registrazi'one** *sf* recording; (AMM) registration; (COMM) entry.
re'gistro [re'dʒistro] *sm* (*libro*) register; ledger; logbook; (DIR) registry; (MUS, TECN) register.
re'gnare [reɲ'ɲare] *vi* to reign, rule; (*fig*) to reign.
'regno ['reɲɲo] *sm* kingdom; (*periodo*) reign; (*fig*) realm; **il ~ animale/vegetale** the animal/ vegetable kingdom; **il R~ Unito** the United Kingdom.
'regola *sf* rule; **a ~ d'arte** duly; perfectly; **in ~** in order.
regola'mento *sm* (*complesso di norme*) regulations *pl*; (*di debito*) settlement; **~ di conti** (*fig*) settling of scores.
rego'lare *ag* regular; (*in regola: domanda*) in order, lawful // *vt* to regulate, control; (*apparecchio*) to adjust, regulate; (*questione, conto, debito*) to settle; **~rsi** *vr* (*moderarsi*): **~rsi nel bere/nello spendere** to control one's drinking/spending; (*comportarsi*) to behave, act; **regolarità** *sf inv* regularity.
'regolo *sm* ruler; **~ calcolatore** slide rule.
reinte'grare *vt* to restore; (*in una carica*) to reinstate.
relatività *sf* relativity.
rela'tivo, a *ag* relative.

relazi'one [relat'tsjone] *sf* (*fra cose, persone*) relation(ship); (*resoconto*) report, account; **~i** *sfpl* (*conoscenze*) connections.
rele'gare *vt* to banish; (*fig*) to relegate.
religi'one [reli'dʒone] *sf* religion; (*rispetto*) veneration, reverence; **religi'oso, a** *ag* religious // *sm/f* monk/nun.
re'liquia *sf* relic.
re'litto *sm* wreck; (*fig*) down-and-out.
re'mare *vi* to row.
remini'scenze [reminiʃ'ʃɛntse] *sfpl* reminiscences.
remissi'one *sf* remission; (*deferenza*) submissiveness, compliance.
remis'sivo, a *ag* submissive, compliant.
'remo *sm* oar.
re'moto, a *ag* remote.
'rendere *vt* (*ridare*) to return, give back; (: *saluto etc*) to return; (*produrre*) to yield, bring in; (*esprimere, tradurre*) to render; (*far diventare*): **~ qc possibile** to make sth possible; **~ la vista a qd** to restore sb's sight; **~ grazie a qd** to thank sb; **~rsi utile** to make o.s. useful; **~rsi conto di qc** to realize sth.
rendi'conto *sm* (*rapporto*) report, account; (*COMM*) statement of account.
rendi'mento *sm* (*reddito*) yield; (*di manodopera, TECN*) efficiency; (*capacità di produrre*) output; (*di studenti*) performance.
'rendita *sf* (*di individuo*) private *o* unearned income; (*COMM*) revenue; **~ annua** annuity.
'rene *sm* kidney.
'reni *sfpl* back *sg*.
reni'tente *ag* reluctant, unwilling; **~ ai consigli di qd** unwilling to follow sb's advice; **essere ~ alla leva** (*MIL*) to fail to report for military service.
'renna *sf* reindeer *inv*.
'Reno *sm*: **il ~** the Rhine.
'reo, a *sm/f* (*DIR*) offender.
re'parto *sm* department, section; (*MIL*) detachment.
repel'lente *ag* repulsive.
repen'taglio [repen'taʎʎo] *sm*: **mettere a ~** to jeopardize, risk.
repen'tino, a *ag* sudden, unexpected.
repe'ribile *ag* to be found, available.
re'perto *sm* (*ARCHEOLOGIA*) find; (*MED*) report.
reper'torio *sm* (*TEATRO*) repertory; (*elenco*) index, (alphabetical) list.
'replica, che *sf* repetition; reply, answer; (*obiezione*) objection; (*TEATRO, CINEMA*) repeat performance; (*copia*) replica.
repli'care *vt* (*ripetere*) to repeat; (*rispondere*) to answer, reply.
repressi'one *sf* repression.
re'presso, a *pp di* **reprimere.**
re'primere *vt* to suppress, repress.
re'pubblica, che *sf* republic; **repubbli'cano, a** *ag, sm/f* republican.
repu'tare *vt* to consider, judge.
reputazi'one [reputat'tsjone] *sf* reputation.
'requie *sf* rest.
requi'sire *vt* to requisition.
requi'sito *sm* requirement.
requisizi'one [rekwizit'tsjone] *sf* requisition.
'resa *sf* (*l'arrendersi*) surrender; (*restituzione, rendimento*) return; **~ dei conti** rendering of accounts; (*fig*) day of reckoning.
resi'dente *ag* resident; **resi'denza** *sf* residence; **residenzi'ale** *ag* residential.
re'siduo, a *ag* residual, remaining // *sm* remainder; (*CHIM*) residue.
'resina *sf* resin.
resis'tente *ag* (*che resiste*): **~ a** resistant to; (*forte*) strong; (*duraturo*) long-lasting, durable; **~ al caldo** heat-resistant; **resis'tenza** *sf* resistance; (*di persona*) endurance, resistance.
re'sistere *vi* to resist; **~ a** (*assalto, tentazioni*) to resist; (*dolore, sog: pianta*) to withstand; (*non patir danno*) to be resistant to; **resis'tito, a** *pp di* **resistere**.
'reso, a *pp di* **rendere.**
reso'conto *sm* report, account.
respin'gente [respin'dʒɛnte] *sm* (*FERR*) buffer.
res'pingere [res'pindʒere] *vt* to drive back, repel; (*rifiutare*) to reject; (*INS: bocciare*) to fail; **res'pinto, a** *pp di* **respingere.**
respi'rare *vi* to breathe; (*fig*) to get one's breath; to breathe again // *vt* to breathe (in), inhale; **respira'tore** *sm* respirator; **respira'torio, a** *ag* respiratory; **respirazi'one** *sf* breathing; **respirazione artificiale** artificial respiration; **res'piro** *sm* breathing *q*; (*singolo atto*) breath; (*fig*) respite, rest; **mandare un respiro di sollievo** to give a sigh of relief.
respon'sabile *ag* responsible // *sm/f* person responsible; (*capo*) person in charge; **~ di** responsible for; (*DIR*) liable for; **responsabilità** *sf inv* responsibility; (*legale*) liability.
res'ponso *sm* answer.
'ressa *sf* crowd, throng.
res'tare *vi* (*2*) (*rimanere*) to remain, stay; (*diventare*): **~ orfano/cieco** to become *o* be left an orphan/become blind; (*trovarsi*): **~ sorpreso** to be surprised; (*avanzare*) to be left, remain; **~ d'accordo** to agree; **non resta più niente** there's nothing left; **restano pochi giorni** there are only a few days left.
restau'rare *vt* to restore; **restaurazi'one** *sf* (*POL*) restoration; **res'tauro** *sm* (*di edifici etc*) restoration.
res'tio, a, 'tii, 'tie *ag* restive; (*persona*): **~ a** reluctant to.
restitu'ire *vt* to return, give back; (*energie, forze*) to restore.
'resto *sm* remainder, rest; (*denaro*) change; (*MAT*) remainder; **~i** *smpl* leftovers; (*di città, mortali*) remains; **del ~** moreover, besides.
res'tringere [res'trindʒere] *vt* to reduce; (*vestito*) to take in; (*stoffa*) to shrink; (*fig*)

to restrict, limit; **~rsi** *vr* (*strada*) to narrow; (*stoffa*) to shrink; (*persone*) to draw closer together; **restrizi'one** *sf* restriction.
'rete *sf* net; (*fig*) trap, snare; (*di recinzione*) wire netting; (AUT, FERR, *di spionaggio etc*) network; **segnare una ~** (CALCIO) to score a goal.
reti'cente [reti'tʃɛnte] *ag* reticent.
retico'lato *sm* grid; (*rete metallica*) wire netting.
'retina *sf* (ANAT) retina.
re'torico, a, ci, che *ag* rhetorical // *sf* rhetoric.
retribu'ire *vt* to pay; (*premiare*) to reward; **retribuzi'one** *sf* payment; reward.
re'trivo, a *ag* (*fig*) reactionary.
'retro *sm inv* back // *av* (*dietro*): **vedi ~** see over(leaf).
retro'cedere [retro'tʃɛdere] *vi* (2) to withdraw // *vt* (CALCIO) to relegate; (MIL) to degrade.
retroda'tare *vt* (AMM) to backdate.
re'trogrado, a *ag* (*fig*) reactionary, backward-looking.
retrogu'ardia *sf* (MIL) rearguard.
retro'marcia [retro'martʃa] *sf* (AUT) reverse; (: *dispositivo*) reverse gear.
retrospet'tivo, a *ag* retrospective.
retrovi'sore *sm* (AUT) driving mirror.
'retta *sf* (MAT) straight line; (*di convitto*) charge for bed and board; (*fig*: *ascolto*): **dar ~ a** to listen to, pay attention to.
rettango'lare *ag* rectangular.
ret'tangolo, a *ag* right-angled // *sm* rectangle.
ret'tifica, che *sf* rectification, correction.
rettifi'care *vt* (*curva*) to straighten; (*fig*) to rectify, correct.
'rettile *sm* reptile.
retti'lineo, a *ag* rectilinear; (*fig*: *condotta*) upright, honest.
retti'tudine *sf* rectitude, uprightness.
'retto, a *pp di* **reggere** // *ag* straight; (MAT): **angolo ~** right angle; (*onesto*) honest, upright; (*giusto, esatto*) correct, proper, right.
ret'tore *sm* (REL) rector; (*di università*) ≈ chancellor.
reuma'tismo *sm* rheumatism.
reve'rendo, a *ag*: **il ~ padre Belli** the Reverend Father Belli.
rever'sibile *ag* reversible.
revisio'nare *vt* (*componimento*) to revise; (*conti*) to audit; (TECN) to overhaul, service; (DIR: *processo*) to review.
revisi'one *sf* revision; auditing *q*; audit; servicing *q*; overhaul; review.
revi'sore *sm*: **~ di conti/bozze** auditor/proofreader.
'revoca *sf* revocation.
revo'care *vt* to revoke.
re'volver *sm inv* revolver.
riabili'tare *vt* to rehabilitate; (*fig*) to restore to favour; **riabilitazi'one** *sf* rehabilitation.
rial'zare [rial'tsare] *vt* to raise, lift; (*alzare di più*) to heighten, raise; (*aumentare*: *prezzi*) to increase, raise // *vi* (2) (*prezzi*) to rise, increase; **ri'alzo** *sm* (*di prezzi*) increase, rise; (*sporgenza*) rise.
ria'prire *vt*, **~rsi** *vr* to reopen, open again.
ri'armo *sm* (MIL) rearmament.
rias'setto *sm* (*di stanza etc*) rearrangement; (*ordinamento*) reorganization.
rias'sumere *vt* (*riprendere*) to resume; (*impiegare di nuovo*) to re-employ; (*sintetizzare*) to summarize; **rias'sunto, a** *pp di* **riassumere** // *sm* summary.
ria'vere *vt* to have again; (*avere indietro*) to get back; (*riacquistare*) to recover; **~rsi** *vr* to recover.
riba'dire *vt* (*fig*) to confirm.
ri'balta *sf* flap; (TEATRO: *proscenio*) front of the stage; (: *apparecchio d'illuminazione*) footlights *pl*; (*fig*) limelight.
ribal'tabile *ag* (*sedile*) tip-up.
ribal'tare *vt*, *vi* (2) (*anche*: **~rsi**) to turn over, tip over.
ribas'sare *vt* to lower, bring down // *vi* (2) to come down, fall; **ri'basso** *sm* reduction, fall.
ri'battere *vt* to return, hit back; (*confutare*) to refute // *vi* to retort; **~ su qc** (*fig*) to harp on about sth.
ribel'larsi *vr*: **~ (a)** to rebel (against); **ri'belle** *ag* (*soldati*) rebel; (*ragazzo*) rebellious // *sm/f* rebel; **ribelli'one** *sf* rebellion.
'ribes *sm inv* currant; redcurrant; **~ nero** blackcurrant.
ribol'lire *vi* (*fermentare*) to ferment; (*fare bolle*) to bubble, boil; (*fig*) to seethe.
ri'brezzo [ri'breddzo] *sm* disgust, loathing; **far ~ a** to disgust.
ribut'tante *ag* disgusting, revolting.
rica'dere *vi* (2) to fall again; (*scendere a terra, fig*: *nel peccato etc*) to fall back; (*vestiti, capelli etc*) to hang (down); (*riversarsi*: *fatiche, colpe*): **~ su** to fall on; **rica'duta** *sf* (MED) relapse.
rical'care *vt* (*disegni*) to trace; (*fig*) to follow faithfully.
rica'mare *vt* to embroider.
ricambi'are *vt* to change again; (*contraccambiare*) to repay, return; **ri'cambio** *sm* exchange, return; (FISIOL) metabolism; **ricambi** *smpl*, **pezzi di ricambio** spare parts.
ri'camo *sm* embroidery.
ricapito'lare *vt* to recapitulate, sum up.
ricat'tare *vt* to blackmail; **ricatta'tore, 'trice** *sm/f* blackmailer; **ri'catto** *sm* blackmail.
rica'vare *vt* (*estrarre*) to draw out, extract; (*ottenere*) to obtain, gain; **ri'cavo** *sm* proceeds *pl*.
ric'chezza [rik'kettsa] *sf* wealth; (*fig*) richness; **~e** *sfpl* (*beni*) wealth *sg*, riches.
'riccio, a ['rittʃo] *ag* curly // *sm* (ZOOL) hedgehog; (: *anche*: **~ di mare**) sea

urchin; **'ricciolo** *sm* curl; **ricci'uto, a** *ag* curly.

'ricco, a, chi, che *ag* rich; (*persona, paese*) rich, wealthy // *sm/f* rich man/woman; **i ~chi** the rich; **~ di** full of; rich in.

ri'cerca, che [ri'tʃerka] *sf* search; (*indagine*) investigation, inquiry; (*studio*): **la ~** research; **una ~** piece of research.

ricer'care [ritʃer'kare] *vt* (*cercare con cura*) to look for, search for; (*indagare*) to investigate; (*tentare di scoprire*: *verità etc*) to try to find; **ricer'cato, a** *ag* (*apprezzato*) much sought-after; (*affettato*) studied, affected // *sm* (POLIZIA) wanted man.

ri'cetta [ri'tʃɛtta] *sf* (MED) prescription; (CUC) recipe.

ricettazi'one [ritʃettat'tsjone] *sf* (DIR) receiving (stolen goods).

ri'cevere [ri'tʃevere] *vt* to receive; (*stipendio, lettera*) to get, receive; (*accogliere*: *ospite*) to welcome; (*vedere*: *cliente, rappresentante etc*) to see // *vi* to receive visitors; to see clients *etc*; **ricevi'mento** *sm* receiving *q*; (*accoglienza*) welcome, reception; (*trattenimento*) reception; **ricevi'tore** *sm* (TECN) receiver; **ricevitore delle imposte** tax collector; **rice'vuta** *sf* receipt; **ricezi'one** *sf* (RADIO, TV) reception.

richia'mare [rikja'mare] *vt* (*chiamare indietro, ritelefonare*) to call back; (*ambasciatore, truppe*) to recall; (*rimproverare*) to reprimand; (*attirare*) to attract, draw; (*riportare*) to cite; **~rsi a** (*riferirsi a*) to refer to; **~ qc alla mente** to recall sth; **richi'amo** *sm* call; (MIL, *di ambasciatore*) recall; (*attrazione*) attraction, call, appeal.

richi'edere [ri'kjɛdere] *vt* to ask again for; (*chiedere indietro*): **~ qc** to ask for sth back; (*chiedere*: *per sapere*) to ask; (: *per avere*) to ask for; (AMM: *documenti*) to apply for; (*esigere*) to need, require; **richi'esto, a** *pp di* **richiedere** // *sf* (*domanda*) request; (AMM) application, request; (*esigenza*) demand, request; **a richiesta** on request.

'ricino ['ritʃino] *sm*: **olio di ~** castor oil.

ricognizi'one [rikoɲɲit'tsjone] *sf* (MIL) reconnaissance; (DIR) recognition, acknowledgement.

ricominci'are [rikomin'tʃare] *vt, vi* to start again, begin again.

ricom'pensa *sf* reward.

ricompen'sare *vt* to reward.

riconcili'are [rikontʃi'ljare] *vt* to reconcile; **~rsi** *vr* to be reconciled; **riconciliazi'one** *sf* reconciliation.

ricono'scente [rikonoʃ'ʃɛnte] *ag* grateful; **ricono'scenza** *sf* gratitude.

rico'noscere [riko'noʃʃere] *vt* to recognize; (DIR: *figlio, debito*) to acknowledge; (*ammettere*: *errore*) to admit, acknowledge; (MIL) to reconnoitre; **riconosci'mento** *sm* recognition; acknowledgement; (*identificazione*) identification; **riconosci'uto, a** *pp di* **riconoscere**.

rico'prire *vt* to re-cover; (*coprire*) to cover; (*occupare*: *carica*) to hold.

ricor'dare *vt* to remember, recall; (*richiamare alla memoria*): **~ qc a qd** to remind sb of sth; **~rsi** *vr*: **~rsi (di)** to remember; **~rsi di qc/di aver fatto** to remember sth/having done.

ri'cordo *sm* memory; (*regalo*) keepsake, souvenir; (*di viaggio*) souvenir; **~i** *smpl* (*memorie*) memoirs.

ricor'rente *ag* recurrent, recurring; **ricor'renza** *sf* recurrence; (*festività*) anniversary.

ri'correre *vi* (2) (*ripetersi*) to recur; **~ a** (*rivolgersi*) to turn to; (: DIR) to appeal to; (*servirsi di*) to have recourse to; **ri'corso, a** *pp di* **ricorrere** // *sm* recurrence; (DIR) appeal; **far ricorso a = ricorrere a.**

ricostitu'ire *vt* to re-establish, reconstitute; (MED) to restore.

ricostru'ire *vt* (*casa*) to rebuild; (*fatti*) to reconstruct; **ricostruzi'one** *sf* rebuilding *q*; reconstruction.

ri'cotta *sf soft white unsalted cheese made from sheep's milk.*

ricove'rare *vt* to give shelter to; **~ qd in ospedale** to admit sb to hospital.

ri'covero *sm* shelter, refuge; admission (to hospital); (*per vecchi, indigenti*) home.

ricre'are *vt* to recreate; (*rinvigorire*) to restore; (*fig*: *distrarre*) to amuse.

ricreazi'one [rikreat'tsjone] *sf* recreation, entertainment; (INS) break.

ri'credersi *vr* to change one's mind.

ricupe'rare *vt* (*rientrare in possesso di*) to recover, get back; (*tempo perduto*) to make up for; (NAUT) to salvage; (: *naufraghi*) to rescue; (*delinquente*) to rehabilitate.

ricu'sare *vt* to refuse.

ridacchi'are [ridak'kjare] *vi* to snigger.

ri'dare *vt* to return, give back.

'ridere *vi* to laugh; (*deridere, beffare*): **~ di** to laugh at, make fun of.

ri'detto, a *pp di* **ridire**.

ri'dicolo, a *ag* ridiculous, absurd.

ridimensio'nare *vt* to reorganize; (*fig*) to see in the right perspective.

ri'dire *vt* to repeat; (*criticare*) to find fault with; to object to; **trova sempre qualcosa da ~** he always manages to find fault.

ridon'dante *ag* redundant.

ri'dotto, a *pp di* **ridurre.**

ri'durre *vt* (*anche* CHIM, MAT) to reduce; (*prezzo, spese*) to cut, reduce; (*accorciare*: *vestito*) to shorten; (: *opera letteraria*) to abridge; (: RADIO, TV) to adapt; **ridursi** *vr* (*diminuirsi*) to be reduced, shrink; **ridursi a** to be reduced to; **ridursi pelle e ossa** to be reduced to skin and bone; **riduzi'one** *sf* reduction; abridgement; adaptation.

riempi'mento *sm* filling.

riem'pire *vt* to fill (up); (*modulo*) to fill in *o* out; **~rsi** *vr* to fill (up); (*mangiare* *troppo*) to stuff o.s.; ~ **qc di** to fill sth (up) with; **riempi'tivo, a** *ag* filling // *sm* (*anche fig*) filler.

rien'tranza [rien'trantsa] *sf* recess; indentation.

rien'trare *vi* (*2*) (*entrare di nuovo*) to go (*o* come) back in; (*tornare*) to return; (*fare una rientranza*) to go in, curve inwards; to be indented; (*riguardare*): ~ **in** to be included among, form part of; **ri'entro** *sm* (*ritorno*) return; (*anche* ASTR) re-entry.

riepilo'gare *vt* to summarize // *vi* to recapitulate.

ri'fare *vt* to do again; (*riparare*) to repair; (*imitare*) to imitate, copy; **~rsi** *vr* (*ristabilirsi*: *malato*) to recover; (: *tempo*) to clear up; (*ricominciare*) to start again; (*vendicarsi*) to get even; (*risarcirsi*): **~rsi di** to make up for; ~ **il letto** to make the bed; **~rsi una vita** to make a new life for o.s.; **ri'fatto, a** *pp di* **rifare.**

riferi'mento *sm* reference; **in** *o* **con** ~ **a** with reference to.

rife'rire *vt* (*riportare*) to report; (*ascrivere*): ~ **qc a** to attribute sth to // *vi* to make a report; **~rsi** *vr*: **~rsi a** to refer to.

rifi'nire *vt* to finish off, put the finishing touches to; **rifini'tura** *sf* finish; finishing touches *pl*.

rifiu'tare *vt* to refuse; ~ **di fare** to refuse to do; **rifi'uto** *sm* refusal; **rifiuti** *smpl* (*spazzatura*) rubbish *sg*, refuse *sg*.

riflessi'one *sf* (FISICA, *meditazione*) reflection; (*il pensare*) thought, reflection; (*osservazione*) remark.

rifles'sivo, a *ag* (*persona*) thoughtful, reflective; (LING) reflexive.

ri'flesso, a *pp di* **riflettere** // *sm* (*di luce, rispecchiamento*) reflection; (FISIOL) reflex; **di** *o* **per** ~ indirectly.

ri'flettere *vt* to reflect // *vi* to think; **~rsi** *vr* to be reflected; ~ **su** to think about.

riflet'tore *sm* reflector; (*proiettore*) floodlight; searchlight.

ri'flusso *sm* flowing back; (*della marea*) ebb.

ri'fondere *vt* (*rimborsare*) to refund, repay.

ri'forma *sf* reform; (MIL) declaration of unfitness for service; discharge (*on health grounds*); **la R** ~ (REL) the Reformation.

rifor'mare *vt* to re-form; (*cambiare, innovare*) to reform; (MIL: *recluta*) to declare unfit for service; (: *soldato*) to invalid out, discharge; **riforma'torio** *sm* (DIR) approved school.

riforni'mento *sm* supplying, providing; restocking; **~i** *smpl* supplies, provisions.

rifor'nire *vt* (*provvedere*): ~ **di** to supply *o* provide with; (*fornire di nuovo*: *casa etc*) to restock.

ri'frangere [ri'frandʒere] *vt* to refract; **ri'fratto, a** *pp di* **rifrangere**; **rifrazi'one** *sf* refraction.

rifug'gire [rifud'dʒire] *vi* (*2*) to escape again; (*fig*): ~ **da** to shun.

rifugi'arsi [rifu'dʒarsi] *vr* to take refuge; **rifugi'ato, a** *sm/f* refugee.

ri'fugio [ri'fudʒo] *sm* refuge, shelter; ~ **antiaereo** air-raid shelter.

'riga, ghe *sf* line; (*striscia*) stripe; (*di persone, cose*) line, row; (*regolo*) ruler; (*scriminatura*) parting; **mettersi in** ~ to line up; **a ~ghe** (*foglio*) lined; (*vestito*) striped.

ri'gagnolo [ri'gaɲɲolo] *sm* rivulet.

ri'gare *vt* (*foglio*) to rule // *vi*: ~ **diritto** (*fig*) to toe the line.

rigatti'ere *sm* junk dealer.

riget'tare [ridʒet'tare] *vt* (*gettare indietro*) to throw back; (*fig*: *respingere*) to reject; (*vomitare*) to bring *o* throw up; **ri'getto** *sm* (*anche* MED) rejection.

rigidità [ridʒidi'ta] *sf* rigidity; stiffness; severity, rigours *pl*; strictness; ~ **cadaverica** rigor mortis.

'rigido, a ['ridʒido] *ag* rigid, stiff; (*membro etc*: *indurito*) stiff; (METEOR) harsh, severe; (*fig*) strict.

rigi'rare [ridʒi'rare] *vt* to turn; (*ripercorrere*) to go round; (*fig*: *persona*) to get round; **~rsi** *vr* to turn round; (*nel letto*) to turn over; ~ **il discorso** to change the subject; **ri'giri** *smpl* (*fig*) tricks.

'rigo, ghi *sm* line; (MUS) staff, stave.

rigogli'oso, a [rigoʎ'ʎoso] *ag* (*anche fig*) exuberant.

ri'gonfio, a *ag* swollen.

ri'gore *sm* (METEOR) harshness, rigours *pl*; (*fig*) severity, strictness; (*anche*: **calcio di** ~) penalty; **di** ~ compulsory; **a rigor di termini** strictly speaking; **rigo'roso, a** *ag* (*severo*: *persona*) strict, stern; (: *disciplina*) rigorous, strict; (*preciso*) rigorous.

rigover'nare *vt* to wash (up).

riguar'dare *vt* to look at again; (*considerare*) to regard, consider; (*concernere*) to regard, concern; **~rsi** *vr* (*aver cura di sé*) to look after o.s.; **~rsi da** to beware of, keep away from.

rigu'ardo *sm* (*attenzione*) care; (*considerazione*) regard, respect; ~ **a** concerning, with regard to; **non aver ~i nell'agire/nel parlare** to act/speak freely.

rilasci'are [rilaʃ'ʃare] *vt* (*rimettere in libertà*) to release; (AMM: *documenti*) to issue; **ri'lascio** *sm* release; issue.

rilas'sare *vt* to relax; **~rsi** *vr* to relax; (*moralità*) to become slack.

rile'gare *vt* (*libro*) to bind; **rilega'tura** *sf* binding.

ri'leggere [ri'lɛddʒere] *vt* to reread, read again; (*rivedere*) to read over.

ri'lento: a ~ *av* slowly.

rileva'mento *sm* (*topografico, statistico*) survey; (NAUT) bearing.

rile'vante *ag* considerable; important.

rile'vare *vt* (*ricavare*) to find; (*notare*) to notice; (*mettere in evidenza*) to point out; (*venire a conoscere*: *notizia*) to learn; (*raccogliere*: *dati*) to gather, collect; (TOPO-

GRAFIA) to survey; (*MIL*) to relieve; (*COMM*) to take over.

rili'evo *sm* (*ARTE, GEO*) relief; (*fig*: *rilevanza*) importance; (*osservazione*) point, remark; (*TOPOGRAFIA*) survey; **dar ~ a** *o* **mettere in ~ qc** (*fig*) to bring sth out, highlight sth.

rilut'tante *ag* reluctant; **rilut'tanza** *sf* reluctance.

'rima *sf* rhyme.

riman'dare *vt* to send again; (*restituire, rinviare*) to send back, return; (*differire*): **~ qc (a)** to postpone sth *o* put sth off (till); (*fare riferimento*): **~ qd a** to refer sb to; **essere rimandato** (*INS*) to have to repeat one's exams; **ri'mando** *sm* (*rinvio*) return; (*dilazione*) postponement; (*riferimento*) cross-reference.

rima'nente *ag* remaining // *sm* rest, remainder; **i ~i** (*persone*) the rest of them, the others; **rima'nenza** *sf* rest, remainder; **rimanenze** *sfpl* (*COMM*) unsold stock *sg*.

rima'nere *vi* (*2*) (*restare*) to remain, stay; (*avanzare*) to be left, remain; (*restare stupito*) to be amazed; (*restare, mancare*): **rimangono poche settimane a Pasqua** there are only a few weeks left till Easter; **rimane da vedere se** it remains to be seen whether; (*diventare*): **~ vedovo** to be left a widower; (*trovarsi*): **~ confuso/sorpreso** to be confused/surprised.

rimar'chevole [rimar'kevole] *ag* remarkable.

ri'mare *vt, vi* to rhyme.

rimargi'nare [rimardʒi'nare] *vt, vi* (*anche*: **~rsi**) to heal.

ri'masto, a *pp di* **rimanere**.

rima'sugli [rima'suʎʎi] *smpl* leftovers.

rimbal'zare [rimbal'tsare] *vi* to bounce back, rebound; (*proiettile*) to ricochet; **rim'balzo** *sm* rebound; ricochet.

rimbam'bire *vi* (*2*) to be in one's dotage; (*rincretinire*) to grow foolish.

rimboc'care *vt* (*orlo*) to turn up; (*coperta*) to tuck in; (*maniche, pantaloni*) to turn *o* roll up.

rimbom'bare *vi* to resound.

rimbor'sare *vt* to pay back, repay; **rim'borso** *sm* repayment.

rimedi'are *vi* (*2*): **~ a** to remedy // *vt* (*fam*: *procurarsi*) to get *o* scrape together.

ri'medio *sm* (*medicina*) medicine; (*cura, fig*) remedy, cure.

rimesco'lare *vt* to mix well, stir well; (*carte*) to shuffle; **sentirsi ~ il sangue** (*per paura*) to feel one's blood run cold; (*per rabbia*) to feel one's blood boil.

ri'messa *sf* (*locale*: *per veicoli*) garage; (: *per aerei*) hangar; (*COMM*: *di merce*) consignment; (: *di denaro*) remittance; (*CALCIO*: anche: **~ in gioco**) throw-in; **vendere a ~** (*COMM*) to sell at a loss.

ri'messo, a *pp di* **rimettere**.

ri'mettere *vt* (*mettere di nuovo*) to put back; (*indossare di nuovo*): **~ qc** to put sth back on, put sth on again; (*restituire*) to return, give back; (*affidare*) to entrust; (: *decisione*) to refer; (*condonare*) to remit; (*COMM*: *merci*) to deliver; (: *denaro*) to remit; (*vomitare*) to bring up; (*rimandare*): **~ qc (a)** to postpone sth *o* put sth off (until); **~rsi al bello** (*tempo*) to clear up; **~rsi in salute** to get better, recover one's health.

'rimmel *sm inv* ® mascara.

rimoder'nare *vt* to modernize.

rimon'tare *vt* (*meccanismo*) to reassemble; (*scale*) to go up again; (*SPORT*) to overtake // *vi* (*2*) to go back up; **~ a** (*risalire a*) to date *o* go back to; **~ a cavallo** to remount.

rimorchi'are [rimor'kjare] *vt* to tow; **rimorchia'tore** *sm* (*NAUT*) tug(boat).

ri'morchio [ri'mɔrkjo] *sm* tow; (*traino*) trailer.

ri'morso *sm* remorse.

rimozi'one [rimot'tsjone] *sf* removal; (*da un impiego*) dismissal; (*PSIC*) repression.

rim'pasto *sm* (*POL*) reshuffle.

rimpatri'are *vi* (*2*) to return home // *vt* to repatriate; **rim'patrio** *sm* repatriation.

rimpi'angere [rim'pjandʒere] *vt* to regret; (*persona*) to miss; **rimpi'anto, a** *pp di* **rimpiangere** // *sm* regret.

rimpiat'tino *sm* hide-and-seek.

rimpiaz'zare [rimpjat'tsare] *vt* to replace.

rimpicco'lire *vt* to make smaller // *vi* (*2*) (*anche*: **~rsi**) to become smaller.

rimpin'zare [rimpin'tsare] *vt*: **~ di** to cram *o* stuff with.

rimprove'rare *vt* to rebuke, reprimand; **rim'provero** *sm* rebuke, reprimand.

rimugi'nare [rimudʒi'nare] *vt* (*fig*) to turn over in one's mind.

rimunerazi'one [rimunerat'tsjone] *sf* remuneration; (*premio*) reward.

rimu'overe *vt* to remove; (*destituire*) to dismiss; (*fig*: *distogliere*) to dissuade.

Rinasci'mento [rinaʃʃi'mento] *sm*: **il ~** the Renaissance.

ri'nascita [ri'naʃʃita] *sf* rebirth, revival.

rincal'zare [rinkal'tsare] *vt* (*sostenere*) to support, prop up; (*lenzuola*) to tuck in; **rin'calzo** *sm* support, prop; (*rinforzo*) reinforcement; (*SPORT*) reserve (player); **rincalzi** *smpl* (*MIL*) reserves.

rinca'rare *vt* to increase the price of // *vi* (*2*) to go up, become more expensive.

rinca'sare *vi* (*2*) to go home.

rinchi'udere [rin'kjudere] *vt* to shut (*o* lock) up; **~rsi** *vr*: **~rsi in** to shut o.s. up in; **~rsi in se stesso** to withdraw into o.s.; **rinchi'uso, a** *pp di* **rinchiudere**.

rin'correre *vt* to chase, run after; **rin'corso, a** *pp di* **rincorrere** // *sf* short run.

rin'crescere [rin'kreʃʃere] *vb impers* (*2*): **mi rincresce che/di non poter fare** I'm sorry that/I can't do, I regret that/being unable to do; **rincresci'mento** *sm* regret; **rincresci'uto, a** *pp di* **rincrescere**.

rincu'lare *vi* (*2*) to draw back; (*arma*) to recoil.

rinfacci'are [rinfat'tʃare] *vt* (*fig*): ~ **qc a qd** to throw sth in sb's face.
rinfor'zare [rinfor'tsare] *vt* to reinforce, strengthen // *vi* (*2*) (*anche*: ~**rsi**) to grow stronger; **rin'forzo** *sm* reinforcement; (*appoggio*: *anche fig*) support; **rinforzi** *smpl* (*MIL*) reinforcements.
rinfran'care *vt* to encourage, reassure.
rinfres'care *vt* (*atmosfera, temperatura*) to cool (down); (*abito, pareti*) to freshen up // *vi* (*2*) (*tempo*) to grow cooler; ~**rsi** *vr* (*ristorarsi*) to refresh o.s.; (*lavarsi*) to freshen up; **rin'fresco, schi** *sm* (*festa*) party; **rinfreschi** *smpl* refreshments.
rin'fusa *sf*: **alla** ~ in confusion, higgledy-piggledy.
ringhi'are [rin'gjare] *vi* to growl, snarl.
ringhi'era [rin'gjɛra] *sf* railing; (*delle scale*) banister(s *pl*).
ringiova'nire [rindʒova'nire] *vt* (*sog*: *vestito, acconciatura etc*): ~ **qd** to make sb look younger; (: *vacanze etc*) to rejuvenate // *vi* (*2*) (*anche*: ~**rsi**) to become (*o* look) younger.
ringrazia'menti [ringrattsja'menti] *smpl* thanks.
ringrazi'are [ringrat'tsjare] *vt* to thank; ~ **qd di qc** to thank sb for sth.
rinne'gare *vt* (*fede*) to renounce; (*figlio*) to disown, repudiate; **rinne'gato, a** *sm/f* renegade.
rinnova'mento *sm* renewal.
rinno'vare *vt* to renew; (*ripetere*) to repeat, renew; ~**rsi** *vr* (*fenomeno*) to be repeated, recur; **rin'novo** *sm* renewal; recurrence.
rinoce'ronte [rinotʃe'ronte] *sm* rhinoceros.
rino'mato, a *ag* renowned, celebrated.
rinsal'dare *vt* to strengthen.
rinsa'vire *vi* (*2*) to come to one's senses.
rintoc'care *vi* (*campana*) to toll; (*orologio*) to strike.
rintracci'are [rintrat'tʃare] *vt* to track down.
rintro'nare *vi* to boom, roar // *vt* (*assordare*) to deafen; (*stordire*) to stun.
rintuz'zare [rintut'tsare] *vt* (*fig: sentimento*) to check, repress; (: *accusa*) to refute.
ri'nuncia [ri'nuntʃa] *etc* = **rinunzia** *etc.*
ri'nunzia [ri'nuntsja] *sf* renunciation.
rinunzi'are [rinun'tsjare] *vi*: ~ **a** to give up, renounce.
rinve'nire *vt* to find, recover; (*scoprire*) to discover, find out // *vi* (*2*) (*riprendere i sensi*) to come round; (*riprendere l'aspetto naturale*) to revive.
rinvi'are *vt* (*rimandare indietro*) to send back, return; (*differire*): ~ **qc (a)** to postpone sth *o* put sth off (till); to adjourn sth (till); (*fare un rimando*): ~ **qd a** to refer sb to.
rinvigo'rire *vt* to strengthen.
rin'vio, 'vii *sm* (*rimando*) return; (*differimento*) postponement; (: *di seduta*) adjournment; (*in un testo*) cross-reference.
ri'one *sm* district, quarter.
riordi'nare *vt* (*rimettere in ordine*) to tidy; (*riorganizzare*) to reorganize.
riorganiz'zare [riorganid'dzare] *vt* to reorganize.
ripa'gare *vt* to repay.
ripa'rare *vt* (*proteggere*) to protect, defend; (*correggere*: *male, torto*) to make up for; (: *errore*) to put right; (*aggiustare*) to repair // *vi* (*mettere rimedio*): ~ **a** to make up for; ~**rsi** *vr* (*rifugiarsi*) to take refuge *o* shelter; **riparazi'one** *sf* (*di un torto*) reparation; (*di guasto, scarpe*) repairing *q*; repair; (*risarcimento*) compensation.
ri'paro *sm* (*protezione*) shelter, protection; (*rimedio*) remedy.
ripar'tire *vt* (*dividere*) to divide up; (*distribuire*) to share out // *vi* (*2*) to set off again; to leave again.
ripas'sare *vi* (*2*) to come (*o* go) back // *vt* (*scritto, lezione*) to go over (again).
ripen'sare *vi* to think; (*cambiare pensiero*) to change one's mind; (*tornare col pensiero*): ~ **a** to recall.
ripercu'otere *vt* (*luce*) to reflect, throw back; (*suono*) to throw back; ~**rsi** *vr* (*luce*) to be reflected; (*suoni*) to reverberate; (*fig*): ~**rsi su** to have repercussions on.
ripercussi'one *sf* reflection; reverberation; ~**i** *sfpl* (*fig*) repercussions.
ri'petere *vt* to repeat; (*ripassare*) to go over; **ripetizi'one** *sf* repetition; (*di lezione*) revision; **ripetizioni** *sfpl* (*INS*) private tutoring *o* coaching *sg*.
ripi'ano *sm* (*GEO*) terrace; (*di mobile*) shelf.
'ripido, a *ag* steep.
ripie'gare *vt* to refold; (*piegare più volte*) to fold (up) // *vi* (*MIL*) to retreat, fall back; ~**rsi** *vr* to bend; **ripi'ego, ghi** *sm* expedient; **vivere di ripieghi** to live by one's wits.
ripi'eno, a *ag* full; (*CUC*) stuffed; (: *panino*) filled // *sm* (*CUC*) stuffing.
ri'porre *vt* (*porre al suo posto*) to put back, replace; (*mettere via*) to put away; (*fiducia, speranza*): ~ **qc in qd** to place *o* put sth in sb.
ripor'tare *vt* (*portare indietro*) to bring (*o* take) back; (*riferire*) to report; (*citare*) to quote; (*ricevere*) to receive, get; (*MAT*) to carry; (*COMM*) to carry forward; ~**rsi a** (*anche fig*) to go back to; (*riferirsi a*) to refer to; ~ **danni** to suffer damage.
ripo'sare *vt* (*bicchiere, valigia*) to put down; (*dare sollievo*) to rest // *vi* to rest; ~**rsi** *vr* to rest; **ri'poso** *sm* rest; (*MIL*): **riposo!** at ease!; **a riposo** (*in pensione*) retired; **giorno di riposo** day off.
ripos'tiglio [ripos'tiʎʎo] *sm* lumber-room; hiding-place.
ri'posto, a *pp di* **riporre.**
ri'prendere *vt* (*prigioniero, fortezza*) to recapture; (*prendere indietro*) to take back; (*ricominciare: lavoro*) to resume; (*andare a prendere*) to fetch, come back for; (*assumere di nuovo*: *impiegati*) to take on

again, re-employ; (*rimproverare*) to tell off; (*restringere*: *abito*) to take in; (*CINEMA*) to shoot // *vi* to revive; **~rsi** *vr* to recover; (*correggersi*) to correct o.s.; **ri'preso, a** *pp di* **riprendere** // *sf* recapture; resumption; (*economica, da malattia, emozione*) recovery; (*AUT*) acceleration *q*; (*TEATRO, CINEMA*) rerun; (*CINEMA*: *presa*) shooting *q*; shot; (*SPORT*) second half; (: *PUGILATO*) round; **a più riprese** on several occasions, several times.
ripristi'nare *vt* to restore.
ripro'durre *vt* to reproduce; **riprodursi** *vr* (*BIOL*) to reproduce; (*riformarsi*) to form again; **riprodut'tivo, a** *ag* reproductive; **riproduzi'one** *sf* reproduction; **riproduzione vietata** all rights reserved.
ripudi'are *vt* to repudiate, disown.
ripu'gnante [ripuɲ'ɲante] *ag* disgusting, repulsive.
ripu'gnare [ripuɲ'ɲare] *vi*: **~ a qd** to repel *o* disgust sb.
ripu'lire *vt* to clean up; (*sog*: *ladri*) to clean out; (*perfezionare*) to polish, refine.
ri'quadro *sm* square; (*ARCHIT*) panel.
ri'saia *sf* paddy field.
risa'lire *vi* (*2*) (*ritornare in su*) to go back up; **~ a** (*ritornare con la mente*) to go back to; (*datare da*) to date back to, go back to.
risal'tare *vi* (*fig*: *distinguersi*) to stand out; (*ARCHIT*) to project, jut out; **ri'salto** *sm* prominence; (*sporgenza*) projection; **mettere** *o* **porre in risalto qc** to make sth stand out.
risa'nare *vt* (*guarire*) to heal, cure; (*rendere salubre, bonificare*) to reclaim; (*fig*: *emendare*) to improve.
risa'pere *vt*: **~ qc** to come to know of sth.
risarci'mento [risartʃi'mento] *sm* compensation.
risar'cire [risar'tʃire] *vt* (*cose*) to pay compensation for; (*persona*): **~ qd di qc** to compensate sb for sth.
ri'sata *sf* laugh.
riscalda'mento *sm* heating; **~ centrale** central heating.
riscal'dare *vt* (*scaldare*) to heat; (: *mani, persona*) to warm; (*minestra*) to reheat; **~rsi** *vr* to warm up.
riscat'tare *vt* (*prigioniero*) to ransom, pay a ransom for; (*DIR*) to redeem; **~rsi** *vr* (*da disonore*) to redeem o.s.; **ris'catto** *sm* ransom; redemption.
rischia'rare [riskja'rare] *vt* (*illuminare*) to light up; (*colore*) to make lighter; **~rsi** *vr* (*tempo*) to clear up; (*cielo*) to clear; (*fig*: *volto*) to brighten up; **~rsi la voce** to clear one's throat.
rischi'are [ris'kjare] *vt* to risk // *vi*: **~ di fare qc** to risk *o* run the risk of doing sth.
'rischio ['riskjo] *sm* risk; **rischi'oso, a** *ag* risky, dangerous.
riscia'cquare [riʃʃa'kware] *vt* to rinse.
riscon'trare *vt* (*confrontare*: *due cose*) to compare; (*esaminare*) to check, verify; (*rilevare*) to find; **ris'contro** *sm* comparison; check, verification; (*AMM*: *lettera di risposta*) reply; **mettere a riscontro** to compare.
ris'cosso, a *pp di* **riscuotere** // *sf* (*riconquista*) recovery, reconquest.
riscossi'one *sf* collection.
ris'cuotere *vt* (*anche fig*) to shake, rouse, stir; (*ritirare una somma dovuta*) to collect; (: *stipendio*) to draw, collect; (*fig*: *successo etc*) to win, earn; **~rsi** *vr*: **~rsi (da)** to shake o.s. (out of), rouse o.s. (from).
risenti'mento *sm* resentment.
risen'tire *vt* to hear again; (*provare*) to feel // *vi*: **~ di** to feel (*o* show) the effects of; **~rsi** *vr*: **~rsi per** to take offence at, resent; **risen'tito, a** *ag* resentful.
ri'serbo *sm* reserve.
ri'serva *sf* reserve; (*di caccia, pesca*) preserve; (*restrizione, di indigeni*) reservation; **di ~** (*provviste etc*) in reserve.
riser'vare *vt* (*tenere in serbo*) to keep, put aside; (*prenotare*) to book, reserve; **riser'vato, a** *ag* (*prenotato, fig*: *persona*) reserved; (*confidenziale*) confidential; **riserva'tezza** *sf* reserve.
risi'edere *vi*: **~ a/in** to reside in.
'risma *sf* (*di carta*) ream; (*fig*) kind, sort.
'riso, a *pp di* **ridere** // *sm* (*pl(f)* **~a**: *il ridere*): **un ~** a laugh; **il ~** laughter; (*pianta*) rice.
riso'lino *sm* snigger.
ri'solto, a *pp di* **risolvere**.
risolu'tezza [risolu'tettsa] *sf* determination.
riso'luto, a *ag* determined, resolute.
risoluzi'one [risolut'tsjone] *sf* solving *q*; (*MAT*) solution; (*decisione*) resolution.
ri'solvere *vt* (*difficoltà, controversia*) to resolve; (*problema*) to solve; (*decidere*): **~ di fare** to resolve to do; **~rsi** *vr* (*decidersi*): **~rsi a fare** to make up one's mind to do; (*andare a finire*): **~rsi in** to end up, turn out; **~rsi in nulla** to come to nothing.
riso'nanza [riso'nantsa] *sf* resonance; **aver vasta ~** (*fig*: *fatto etc*) to be known far and wide.
riso'nare *vt, vi* = **risuonare**.
ri'sorgere [ri'sordʒere] *vi* (*2*) to rise again; **risorgi'mento** *sm* revival; **il Risorgimento** (*STORIA*) the Risorgimento.
ri'sorsa *sf* expedient, resort; **~e** *sfpl* (*naturali, finanziarie etc*) resources; **persona piena di ~e** resourceful person.
ri'sorto, a *pp di* **risorgere**.
ri'sotto *sm* (*CUC*) risotto.
risparmi'are *vt* to save; (*evitare di consumare, non uccidere*) to spare // *vi* to save; **~ qc a qd** to spare sb sth.
ris'parmio *sm* saving *q*; (*denaro*) savings *pl*.
rispet'tabile *ag* respectable.
rispet'tare *vt* to respect; **farsi ~** to command respect.
rispet'tivo, a *ag* respective.
ris'petto *sm* respect; **~i** *smpl* (*saluti*) respects, regards; **~ a** (*in paragone a*)

compared to; (*in relazione a*) as regards, as for; **rispet'toso, a** *ag* respectful.

ris'plendere *vi* to shine.

rispon'dente *ag*: ~ **a** in keeping *o* conformity with; **rispon'denza** *sf* correspondence; harmony; agreement.

ris'pondere *vi* to answer, reply; (*freni*) to respond; ~ **a** (*domanda*) to answer, reply to; (*persona*) to answer; (*invito*) to reply to; (*provocazione, sog: veicolo, apparecchio*) to respond to; (*corrispondere a*) to correspond to; (*: speranze, bisogno*) to answer; ~ **di** to answer for; **ris'posto, a** *pp di* **rispondere** // *sf* answer, reply; **in** *o* **per risposta a** in reply to.

'rissa *sf* brawl.

ristabi'lire *vt* to re-establish, restore; (*persona: sog: riposo etc*) to restore to health; ~**rsi** *vr* to recover.

rista'gnare [ristaɲ'ɲare] *vi* (*acqua*) to become stagnant; (*sangue*) to cease flowing; (*fig: industria*) to stagnate; **ris'tagno** *sm* stagnation.

ris'tampa *sf* reprinting *q*; reprint.

ristam'pare *vt* to reprint.

risto'rante *sm* restaurant.

risto'rarsi *vr* to have something to eat and drink; (*riposarsi*) to rest, have a rest; **ris'toro** *sm* (*bevanda, cibo*) refreshment; (*sollievo*) relief.

ristret'tezza [ristret'tettsa] *sf* (*strettezza*) narrowness; (*fig: scarsezza*) scarcity, lack; (*: meschinità*) meanness; ~**e** *sfpl* (*povertà*) financial straits.

ris'tretto, a *pp di* **restringere** // *ag* (*racchiuso*) enclosed, hemmed in; (*angusto*) narrow; (*limitato*): ~ **(a)** restricted *o* limited (to); (*riassunto, condensato*) condensed; ~ **di mente** narrow-minded.

risucchi'are [risuk'kjare] *vt* to suck in.

risul'tare *vi* (*2*) (*conseguire*) to result, ensue; (*dimostrarsi*) to prove (to be), turn out (to be); (*riuscire*) to be, come out; ~ **da** (*provenire*) to result from, be the result of; **risul'tato** *sm* result.

risuo'nare *vi* (*rimbombare*) to resound, reverberate; (*: stanza*) to be resonant.

risurrezi'one [risurret'tsjone] *sf* (REL) resurrection.

risusci'tare [risuʃʃi'tare] *vt* to resuscitate, restore to life; (*fig*) to revive, bring back // *vi* (*2*) to rise (from the dead).

ris'veglio [riz'veʎʎo] *sm* waking up; (*fig*) revival.

ris'volto *sm* (*di giacca*) lapel; (*di pantaloni*) turn-up; (*di manica*) cuff; (*di tasca*) flap; (*di libro*) inside flap; (*fig*) implication.

ritagli'are [ritaʎ'ʎare] *vt* (*tagliar via*) to cut out; **ri'taglio** *sm* (*di giornale*) cutting, clipping; (*di stoffa etc*) scrap.

ritar'dare *vi* (*persona, treno*) to be late; (*orologio*) to be slow // *vt* (*rallentare*) to slow down; (*impedire*) to delay, hold up; (*differire*) to postpone, delay; **ritarda'tario, a** *sm/f* latecomer.

ri'tardo *sm* delay; (*di persona aspettata*) lateness *q*; (*fig: mentale*) backwardness; **in** ~ late.

ri'tegno [ri'teɲɲo] *sm* restraint.

rite'nere *vt* (*trattenere*) to hold back; (*: somma*) to deduct; (*giudicare*) to consider, believe; ~ **qc a memoria** to know sth by heart; **rite'nuta** *sf* (*sul salario*) deduction.

riti'rare *vt* to withdraw; (POL: *richiamare*) to recall; (*andare a prendere: pacco etc*) to collect, pick up; ~**rsi** *vr* to withdraw; (*da un'attività*) to retire; (*stoffa*) to shrink; (*marea*) to recede; **riti'rata** *sf* (MIL) retreat; (*latrina*) lavatory; **ri'tiro** *sm* withdrawal; recall; collection; retirement; shrinking; (*luogo appartato*) retreat.

'ritmico, a, ci, che *ag* rhythmic(al).

'ritmo *sm* rhythm; (*fig*) rate; (*: della vita*) pace, tempo.

'rito *sm* rite; **di** ~ usual, customary.

ritoc'care *vt* (*disegno, fotografia*) to touch up; (*testo*) to alter; **ri'tocco, chi** *sm* touching up *q*; alteration.

ritor'nare *vi* (*2*) to return, go (*o* come) back; (*ripresentarsi*) to recur; (*ridiventare*): ~ **ricco** to become rich again // *vt* (*restituire*) to return, give back.

ritor'nello *sm* refrain.

ri'torno *sm* return; **essere di** ~ to be back; **far** ~ **di fiamma** (AUT) to backfire.

ri'trarre *vt* (*trarre indietro, via*) to withdraw; (*distogliere: sguardo*) to turn away; (*rappresentare*) to portray, depict; (*ricavare*) to get, obtain.

ritrat'tare *vt* (*disdire*) to retract, take back.

ri'tratto, a *pp di* **ritrarre** // *sm* portrait.

ri'troso, a *ag* (*restio*): ~ **(a)** reluctant (to); (*schivo*) shy; **andare a** ~ to go backwards.

ritro'vare *vt* to find; (*salute*) to regain; (*persona*) to find; to meet again; ~**rsi** *vr* (*essere, capitare*) to find o.s.; (*raccapezzarsi*) to find one's way; (*con senso reciproco*) to meet (again); **ri'trovo** *sm* meeting place; **ritrovo notturno** night club.

'ritto, a *ag* (*in piedi*) standing, on one's feet; (*levato in alto*) erect, raised; (*: capelli*) standing on end; (*posto verticalmente*) upright.

ritu'ale *ag, sm* ritual.

riuni'one *sf* (*adunanza*) meeting; (*riconciliazione*) reunion.

riu'nire *vt* (*ricongiungere*) to join (together); (*riconciliare*) to reunite, bring together (again); ~**rsi** *vr* (*adunarsi*) to meet; (*tornare a stare insieme*) to be reunited.

riu'scire [riuʃ'ʃire] *vi* (*2*) (*uscire di nuovo*) to go out again, go back out; (*aver esito: fatti, azioni*) to go, turn out; (*aver successo*) to succeed, be successful; (*essere, apparire*) to be, prove; (*raggiungere il fine*) to manage, succeed; ~ **a fare qc** to manage to do *o* succeed in doing *o* be able to do sth; **questo mi riesce nuovo** this is new to me; **riu'scita** *sf* (*esito*) result,

outcome; (*buon esito*) success; **cattiva riuscita** failure.
'riva *sf* (*di fiume*) bank; (*di lago, mare*) shore.
ri'vale *sm/f* rival; **rivalità** *sf* rivalry.
ri'valsa *sf* (*rivincita*) revenge; (*risarcimento*) compensation.
rivalu'tare *vt* (ECON) to revalue.
rive'dere *vt* to see again; (*ripassare*) to revise; (*verificare*) to check.
rive'lare *vt* to reveal; (*divulgare*) to reveal, disclose; (*dare indizio*) to reveal, show; **~rsi** *vr* (*manifestarsi*) to be revealed; **~rsi onesto** *etc* to prove to be honest *etc*; **rivela'tore, 'trice** *ag* revealing // *sm* (TECN) detector; (FOT) developer; **rivelazi'one** *sf* revelation.
rivendi'care *vt* to claim, demand.
ri'vendita *sf* (*bottega*) retailer's (shop).
rivendi'tore, 'trice *sm/f* retailer.
riverbe'rare *vt* to reflect; **ri'verbero** *sm* (*di luce, calore*) reflection; (*di suono*) reverberation.
rive'renza [rive'rɛntsa] *sf* reverence; (*inchino*) bow; curtsey.
rive'rire *vt* (*rispettare*) to revere; (*salutare*) to pay one's respects to.
river'sare *vt* (*anche fig*) to pour; **~rsi** *vr* (*fig: persone*) to pour out.
rivesti'mento *sm* (*materiale*) covering; coating.
rives'tire *vt* (*provvedere di abiti*) to dress; (*indossare*) to put on; (*fig: carica*) to hold; (*ricoprire*) to cover; to coat; **~rsi** *vr* to get dressed again; to change (one's clothes); **~ con isolante termico** to lag, insulate.
rivi'era *sf* coast; **la ~ italiana** the Italian Riviera.
ri'vincita [ri'vintʃita] *sf* (SPORT) return match; (*fig*) revenge.
rivis'suto, a *pp di* **rivivere**.
ri'vista *sf* review; (*periodico*) magazine, review; (TEATRO) revue; variety show.
ri'vivere *vi* (2) (*riacquistare forza*) to come alive again; (*tornare in uso*) to be revived // *vt* to relive.
'rivo *sm* stream.
ri'volgere [ri'vɔldʒere] *vt* (*attenzione, sguardo*) to turn, direct; (*parole*) to address; (*distogliere*): **~ da** to turn away from; **~rsi** *vr* to turn round; (*fig: dirigersi per informazioni*): **~rsi a** to go and see, go and speak to; (: *ufficio*) to enquire at; **rivolgi'mento** *sm* upheaval.
ri'volta *sf* revolt, rebellion.
rivol'tare *vt* to turn over; (*con l'interno all'esterno*) to turn inside out; (*provocare disgusto: stomaco*) to upset, turn; (: *fig*) to revolt; to outrage; **~rsi** *vr* (*ribellarsi*): **~rsi (a)** to rebel (against).
rivol'tella *sf* revolver.
ri'volto, a *pp di* **rivolgere**.
rivoluzio'nare [rivoluttsjo'nare] *vt* to revolutionize.
rivoluzio'nario, a [rivoluttsjo'narjo] *ag, sm/f* revolutionary.
rivoluzi'one [rivolut'tsjone] *sf* revolution.
riz'zare [rit'tsare] *vt* to raise, erect; **~rsi** *vr* to stand up; (*capelli*) to stand on end.
'roba *sf* stuff, things *pl*; (*possessi, beni*) belongings *pl*, things *pl*, possessions *pl*; **~ da mangiare** things *pl* to eat, food; **~ da matti** sheer madness *o* lunacy.
'robot *sm inv* robot.
ro'busto, a *ag* robust, sturdy; (*solido: catena*) strong.
'rocca, che *sf* fortress.
rocca'forte *sf* stronghold.
roc'chetto [rok'ketto] *sm* reel, spool.
'roccia, ce ['rɔttʃa] *sf* rock.
ro'daggio [ro'daddʒo] *sm* running in; **in ~** running in.
ro'dare *vt* (AUT, TECN) to run in.
'rodere *vt* to gnaw (at); (*distruggere poco a poco*) to eat into.
'Rodi *sf* Rhodes.
rodi'tore *sm* (ZOOL) rodent.
rodo'dendro *sm* rhododendron.
'rogna ['rɔɲɲa] *sf* (MED) scabies *sg*; (*fig*) bother, nuisance.
ro'gnone [roɲ'ɲone] *sm* (CUC) kidney.
'rogo, ghi *sm* (*per cadaveri*) (funeral) pyre; (*supplizio*): **il ~** the stake.
rol'lio *sm* roll(ing).
'Roma *sf* Rome.
Roma'nia *sf*: **la ~** Romania.
ro'manico, a, ci, che *ag* Romanesque.
ro'mano, a *ag, sm/f* Roman.
romanti'cismo [romanti'tʃizmo] *sm* romanticism.
ro'mantico, a, ci, che *ag* romantic.
ro'manza [ro'mandza] *sf* (MUS, LETTERATURA) romance.
roman'zesco, a, schi, sche [roman'dzesko] *ag* (*cavalleresco*) romance *cpd*; (*del romanzo*) of the novel; (*fig*) storybook *cpd*.
romanzi'ere [roman'dzjɛre] *sm* novelist.
ro'manzo, a [ro'mandzo] *ag* (LING) romance *cpd* // *sm* (*medievale*) romance; (*moderno*) novel; **~ d'appendice** serial (story).
rom'bare *vi* to rumble, thunder, roar.
'rombo *sm* rumble, thunder, roar; (MAT) rhombus; (ZOOL) turbot; brill.
ro'meno, a *ag, sm/f, sm* = **rumeno, a.**
'rompere *vt* to break; (*conversazione, fidanzamento*) to break off // *vi* to break; **~rsi** *vr* to break; **~ in pianto** to burst into tears; **~rsi un braccio** to break an arm; **rompi'capo** *sm* worry, headache; (*indovinello*) puzzle; (*in enigmistica*) brainteaser; **rompi'collo** *sm* daredevil; **a rompicollo** *av* at breakneck speed; **rompighi'accio** *sm* (NAUT) icebreaker; **rompis'catole** *sm/f inv* (*fam*) pest, pain in the neck.
'ronda *sf* (MIL) rounds *pl*, patrol.
ron'della *sf* (TECN) washer.
'rondine *sf* (ZOOL) swallow.
ron'done *sm* (ZOOL) swift.
ron'zare [ron'dzare] *vi* to buzz, hum.
ron'zino [ron'dzino] *sm* (*peg: cavallo*) nag.
'rosa *sf* rose // *ag inv, sm* pink; **ro'saio** *sm* (*pianta*) rosebush, rose tree; (*giardino*)

rose garden; **ro'sario** *sm* (*REL*) rosary; **ro'sato, a** *ag* pink, rosy // *sm* (*vino*) rosé (wine); **ro'seo, a** *ag* (*anche fig*) rosy; **ro'setta** *sf* (*diamante*) rose diamond; (*rondella*) washer.

rosicchi'are [rosik'kjare] *vt* to gnaw (at); (*mangiucchiare*) to nibble (at).

rosma'rino *sm* rosemary.

'roso, a *pp di* **rodere.**

roso'lare *vt* (*CUC*) to brown.

roso'lia *sf* (*MED*) German measles *sg*, rubella.

ro'sone *sm* rosette; (*vetrata*) rose window.

'rospo *sm* (*ZOOL*) toad.

ros'setto *sm* (*per labbra*) lipstick; (*per guance*) rouge.

'rosso, a *ag, sm, sm/f* red; **il mar R~** the Red Sea; **~ d'uovo** egg yolk; **ros'sore** *sm* flush, blush; (*fig*) shame.

rosticce'ria [rostittʃe'ria] *sf shop selling roast meat and other cooked food.*

'rostro *sm* rostrum; (*becco*) beak.

ro'tabile *ag* (*percorribile*): **strada ~** carriageway; (*FERR*): **materiale** *m* **~** rolling stock.

ro'taia *sf* rut, track; (*FERR*) rail; **le ~e** (*FERR*) the rails, the track *sg*.

ro'tare *vt, vi* to rotate; **rotazi'one** *sf* rotation.

rote'are *vt, vi* to whirl; **~ gli occhi** to roll one's eyes.

ro'tella *sf* small wheel; (*di mobile*) castor.

roto'lare *vt, vi* (*2*) to roll; **~rsi** *vr* to roll (about).

'rotolo *sm* roll; **andare a ~i** (*fig*) to go to rack and ruin.

ro'tondo, a *ag* round // *sf* rotunda.

ro'tore *sm* rotor.

'rotta *sf* (*AER, NAUT*) course, route; (*MIL*) rout; **a ~ di collo** at breakneck speed; **essere in ~ con qd** to be on bad terms with sb.

rot'tame *sm* fragment, scrap, broken bit; (*relitto: anche fig*) wreck; **~i di ferro** scrap iron.

'rotto, a *pp di* **rompere** // *ag* broken; (*calzoni*) torn, split; (*persona: pratico, resistente*): **~ a** accustomed *o* inured to; **per il ~ della cuffia** by the skin of one's teeth.

rot'tura *sf* breaking *q*; break; breaking off; (*MED*) fracture, break.

ro'vente *ag* red-hot.

'rovere *sm* oak.

rovesci'are [roveʃ'ʃare] *vt* (*versare in giù*) to pour; (*: accidentalmente*) to spill; (*capovolgere*) to turn upside down; (*gettare a terra*) to knock down; (*: fig: governo*) to overthrow; (*piegare all'indietro: testa*) to throw back; **~rsi** *vr* to pour down; to spill; (*fig: persone*) to pour (out).

ro'vescio, sci [ro'vɛʃʃo] *sm* other side, wrong side; (*della mano*) back; (*di moneta*) reverse; (*pioggia*) sudden downpour; (*fig*) setback; (*MAGLIA: anche:* **punto ~**) purl (stitch); (*TENNIS*) backhand (stroke); **a ~** upside-down; inside-out; **capire qc a ~** to misunderstand sth.

ro'vina *sf* ruin; **~e** *sfpl* ruins; **andare in ~** (*andare a pezzi*) to collapse; (*fig*) to go to rack and ruin.

rovi'nare *vi* (*2*) to collapse, fall down // *vt* (*far cadere giù: casa*) to demolish; (*danneggiare, fig*) to ruin; **rovi'noso, a** *ag* disastrous; damaging; violent.

rovis'tare *vt* (*casa*) to ransack; (*tasche*) to rummage in (*o* through).

'rovo *sm* (*BOT*) blackberry bush, bramble bush.

'rozzo, a ['roddzo] *ag* rough, coarse.

'ruba *sf*: **andare a ~** to sell like hot cakes.

ru'bare *vt* to steal; **~ qc a qd** to steal sth from sb.

rubi'netto *sm* tap.

ru'bino *sm* ruby.

ru'brica, che *sf* (*STAMPA*) column; (*quadernetto*) index book; address book.

'rude *ag* tough, rough.

'ruderi *smpl* ruins.

rudimen'tale *ag* rudimentary, basic.

rudi'menti *smpl* rudiments; basic principles; basic knowledge *sg*.

ruffi'ano *sm* pimp.

'ruga, ghe *sf* wrinkle.

'ruggine ['ruddʒine] *sf* rust.

rug'gire [rud'dʒire] *vi* to roar.

rugi'ada [ru'dʒada] *sf* dew.

ru'goso, a *ag* wrinkled.

rul'lare *vi* (*tamburo, nave*) to roll; (*aereo*) to taxi.

'rullo *sm* (*di tamburi*) roll; (*arnese cilindrico, TIP*) roller; **~ compressore** steam roller; **~ di pellicola** roll of film.

rum *sm* rum.

ru'meno, a *ag, sm/f, sm* Romanian.

rumi'nare *vt* (*ZOOL*) to ruminate; (*fig*) to ruminate on *o* over, chew over.

ru'more *sm*: **un ~** a noise, a sound; (*fig*) a rumour; **il ~** noise; **rumoreggi'are** *vi* to make a noise; **rumo'roso, a** *ag* noisy.

ru'olo *sm* (*elenco*) roll, register, list; (*TEATRO, fig*) role, part; **di ~** permanent, on the permanent staff.

ru'ota *sf* wheel; **a ~** (*forma*) circular; **~ anteriore/posteriore** front/back wheel; **~ di scorta** spare wheel.

'rupe *sf* cliff.

ru'rale *ag* rural, country *cpd*.

ru'scello [ruʃ'ʃɛllo] *sm* stream.

'ruspa *sf* excavator.

rus'sare *vi* to snore.

'Russia *sf*: **la ~** Russia; **'russo, a** *ag, sm/f, sm* Russian.

'rustico, a, ci, che *ag* rustic; (*fig*) rough, unrefined.

rut'tare *vi* to belch; **'rutto** *sm* belch.

'ruvido, a *ag* rough, coarse.

ruzzo'lare [ruttso'lare] *vi* (*2*) to tumble down; **ruzzo'loni** *av*: **cadere ruzzoloni** to tumble down; **fare le scale ruzzoloni** to tumble down the stairs.

S

S. (*abbr di* **sud**) S.
sa *forma del vb* **sapere**.
'sabato *sm* Saturday; **di** *o* **il** ~ on Saturdays.
'sabbia *sf* sand; ~**e mobili** quicksand(s); **sabbi'oso, a** *ag* sandy.
sabo'taggio [sabo'taddʒo] *sm* sabotage.
sabo'tare *vt* to sabotage.
'sacca, che *sf* bag; (*bisaccia*) haversack; (*insenatura*) inlet; ~ **da viaggio** travelling bag.
sacca'rina *sf* saccharin(e).
sac'cente [sat'tʃɛnte] *sm/f* know-all.
saccheggi'are [sakked'dʒare] *vt* to sack, plunder; **sac'cheggio** *sm* sack(ing).
sac'chetto [sak'ketto] *sm* (small) bag; (small) sack.
'sacco, chi *sm* bag; (*per carbone etc*) sack; (ANAT, BIOL) sac; (*tela*) sacking; (*saccheggio*) sack(ing); (*fig: grande quantità*): **un** ~ **di** lots of, heaps of; ~ **a pelo** sleeping bag.
sacer'dote [satʃer'dɔte] *sm* priest; **sacer'dozio** *sm* priesthood.
sacra'mento *sm* sacrament.
sacrifi'care *vt* to sacrifice; ~**rsi** *vr* to sacrifice o.s.; (*privarsi di qc*) to make sacrifices.
sacri'ficio [sakri'fitʃo] *sm* sacrifice.
sacri'legio [sacri'lɛdʒo] *sm* sacrilege.
'sacro, a *ag* sacred.
sacro'santo, a *ag* sacrosanct.
'sadico, a, ci, che *ag* sadistic // *sm/f* sadist.
sa'dismo *sm* sadism.
sa'etta *sf* arrow; (*fulmine: anche fig*) thunderbolt; flash of lightning.
sa'fari *sm inv* safari.
sa'gace [sa'gatʃe] *ag* shrewd, sagacious.
sag'gezza [sad'dʒettsa] *sf* wisdom.
saggi'are [sad'dʒare] *vt* (*metalli*) to assay; (*fig*) to test.
'saggio, a, gi, ge ['saddʒo] *ag* wise // *sm* (*persona*) sage; (*operazione sperimentale*) test; (: *dell'oro*) assay; (*fig: prova*) proof; (*campione indicativo*) sample; (*ricerca, esame critico*) essay.
Sagit'tario [sadʒit'tarjo] *sm* Sagittarius.
'sagoma *sf* (*profilo*) outline, profile; (*forma*) form, shape; (TECN) template.
'sagra *sf* festival.
sagres'tano *sm* sacristan; sexton.
sagres'tia *sf* sacristy; (*culto protestante*) vestry.
'sai *forma del vb* **sapere**.
'sala *sf* hall; (*stanza*) room; ~ **d'aspetto** waiting room; ~ **da ballo** ballroom; ~ **operatoria** operating theatre; ~ **da pranzo** dining room; ~ **per concerti** concert hall.
sala'mandra *sf* salamander.
sa'lame *sm* salami *q*, salami sausage.
sala'moia *sf* (CUC) brine.
sa'lare *vt* to salt.
salari'ato, a *sm/f* wage-earner.
sa'lario *sm* pay, wages *pl*.
sa'lato, a *ag* (*sapore*) salty; (CUC) salted, salt *cpd*; (*fig: discorso etc*) biting, sharp; (: *prezzi*) steep, stiff.
sal'dare *vt* (*congiungere*) to join, bind; (*parti metalliche*) to solder; (: *con saldatura autogena*) to weld; (*conto*) to settle, pay; **salda'tura** *sf* soldering; welding; (*punto saldato*) soldered joint; weld.
sal'dezza [sal'dettsa] *sf* firmness; strength.
'saldo, a *ag* (*resistente, forte*) strong, firm; (*fermo*) firm, steady, stable; (*fig*) firm, steadfast // *sm* (*svendita*) sale; (*di conto*) settlement; (ECON) balance.
'sale *sm* salt; (*fig*) wit.
'salice ['salitʃe] *sm* willow; ~ **piangente** weeping willow.
sali'ente *ag* (*fig*) salient, main.
sali'era *sf* salt cellar.
sa'lino, a *ag* saline // *sf* saltworks *sg*.
sa'lire *vi* (*2*) to go (*o* come) up; (*aereo etc*) to climb, go up; (*passeggero*) to get on; (*sentiero, prezzi, livello*) to go up, rise // *vt* (*scale, gradini*) to go (*o* come) up; ~ **su** to climb up onto; ~ **sul treno/sull'autobus** to board the train/the bus; ~ **in macchina** to get into the car; **sa'lita** *sf* climb, ascent; (*erta*) hill, slope; **in salita** *ag, av* uphill.
sa'liva *sf* saliva.
'salma *sf* corpse.
'salmo *sm* psalm.
sal'mone *sm* salmon.
sa'lotto *sm* lounge, sitting room; (*mobilio*) lounge suite.
sal'pare *vi* (*2*) (NAUT) to set sail; (*anche*: ~ **l'ancora**) to weigh anchor.
'salsa *sf* (CUC) sauce; ~ **di pomodoro** tomato sauce.
sal'siccia, ce [sal'sittʃa] *sf* pork sausage.
sal'tare *vi* to jump, leap; (*esplodere*) to blow up, explode; (: *valvola*) to blow; (*rompersi*) to snap, burst; (*venir via*) to pop off // *vt* to jump (over), leap (over); (*fig: pranzo, capitolo*) to skip, miss (out); (CUC) to sauté; **far** ~ to blow up; to burst open.
saltel'lare *vi* to skip; to hop.
saltim'banco *sm* acrobat.
'salto *sm* jump; (SPORT) jumping; **fare un** ~ to jump, leap; **fare un** ~ **da qd** to pop over to sb's (place); ~ **in alto/lungo** high/long jump; ~ **con l'asta** pole vaulting; ~ **mortale** somersault.
saltu'ario, a *ag* occasional, irregular.
sa'lubre *ag* healthy, salubrious.
salume'ria *sf* delicatessen.
sa'lumi *smpl* salted pork meats.
salu'tare *ag* healthy; (*fig*) salutary, beneficial // *vt* (*per dire buon giorno, fig*) to greet; (*per dire addio*) to say goodbye to; (MIL) to salute.
sa'lute *sf* health; ~! (*a chi starnutisce*) bless you!; (*nei brindisi*) cheers!; **bere alla** ~ **di qd** to drink (to) sb's health.
sa'luto *sm* (*gesto*) wave; (*parola*) greeting;

(*MIL*) salute; ~**i** *smpl* greetings; **cari ~i** best regards; **vogliate gradire i nostri più distinti ~i** Yours faithfully.
'salva *sf* salvo.
salvacon'dotto *sm* (*MIL*) safe-conduct.
salva'gente [salva'dʒɛnte] *sm* (*NAUT*) lifebuoy; (*stradale*) traffic island; ~ **a ciambella**; ~ **a giubbotto** lifejacket.
salvaguar'dare *vt* to safeguard.
sal'vare *vt* to save; (*trarre da un pericolo*) to rescue; (*proteggere*) to protect; ~**rsi** *vr* to save o.s.; to escape; **salva'taggio** *sm* rescue; **salva'tore, 'trice** *sm/f* saviour; **salvazi'one** *sf* (*REL*) salvation.
'salve *escl* (*fam*) hi!
sal'vezza [sal'vettsa] *sf* salvation; (*sicurezza*) safety.
'salvia *sf* (*BOT*) sage.
'salvo, a *ag* safe, unhurt, unharmed; (*fuori pericolo*) safe, out of danger // *prep* (*eccetto*) except; ~ **che** *cong* (*a meno che*) unless; (*eccetto che*) except (that); ~ **imprevisti** barring accidents.
sam'buco *sm* elder (tree).
sa'nare *vt* to heal, cure; (*fig*) to put right.
sana'torio *sm* sanatorium.
san'cire [san'tʃire] *vt* to sanction.
'sandalo *sm* (*BOT*) sandalwood; (*calzatura*) sandal.
'sangue *sm* blood; **farsi cattivo** ~ to fret, get in a state; ~ **freddo** (*fig*) sang-froid, calm; **a** ~ **freddo** in cold blood; **sangu'igno, a** *ag* blood *cpd*; (*colore*) blood-red; **sangui'nare** *vi* to bleed; **sangui'noso, a** *ag* bloody; (*cruento*) bitter, mortal; **sangui'suga** *sf* leech.
sanità *sf* health; (*salubrità*) healthiness; **Ministro della S~** Minister of Health; ~ **mentale** sanity.
sani'tario, a *ag* health *cpd*; (*condizioni*) sanitary // *sm* (*AMM*) doctor.
'sanno *forma del vb* **sapere**.
'sano, a *ag* healthy; (*denti, costituzione*) healthy, sound; (*integro*) whole, unbroken; (*fig: politica, consigli*) sound; ~ **di mente** sane; **di ~a pianta** completely, entirely; ~ **e salvo** safe and sound.
santifi'care *vt* to sanctify; (*canonizzare*) to canonize; (*venerare*) to honour.
santità *sf* sanctity; holiness; **Sua/Vostra** ~ (*titolo di Papa*) His/Your Holiness.
'santo, a *ag* holy; (*fig*) saintly; (*seguito da nome proprio: dav sm* **san** *+ C,* **sant'** *+ V,* **santo** *+ s impura, gn, pn, ps, x, z; dav sf* **santa** *+ C,* **sant'** *+ V*) saint // *sm/f* saint; **la S~a Sede** the Holy See; **il S~ Spirito** the Holy Spirit *o* Ghost.
santu'ario *sm* sanctuary.
sanzio'nare [santsjo'nare] *vt* to sanction.
sanzi'one [san'tsjone] *sf* sanction; (*penale, civile*) sanction, penalty.
sa'pere *vt* to know; (*essere capace di*): **so nuotare** I know how to swim, I can swim // *vi*: ~ **di** (*aver sapore*) to taste of; (*aver odore*) to smell of; **sa di muffa** it smells of mould, it smells mouldy // *sm* knowledge; **far ~ qc a qd** to inform sb about sth, let sb know sth.
sapi'enza [sa'pjɛntsa] *sf* wisdom.
sa'pone *sm* soap; ~ **da bucato** washing soap; **sapo'netta** *sf* cake *o* bar *o* tablet of soap.
sa'pore *sm* taste, flavour; **sapo'rito, a** *ag* tasty; (*fig: arguto*) witty; (*: piccante*) racy.
sappi'amo *forma del vb* **sapere**.
saraci'nesca [saratʃi'neska] *sf* (*serranda*) rolling shutter.
sar'casmo *sm* sarcasm *q*; sarcastic remark; **sar'castico, a, ci, che** *ag* sarcastic.
Sar'degna [sar'deɲɲa] *sf*: **la** ~ Sardinia.
sar'dina *sf* sardine.
'sardo, a *ag, sm/f* Sardinian.
sar'donico, a, ci, che *ag* sardonic.
'sarto, a *sm/f* tailor/dressmaker; **sarto'ria** *sf* tailor's (shop); dressmaker's (shop); (*più grande*) fashion house; (*arte*) couture.
'sasso *sm* stone; (*ciottolo*) pebble; (*masso*) rock.
sas'sofono *sm* saxophone.
sas'soso, a *ag* stony; pebbly.
'Satana *sm* Satan; **sa'tanico, a, ci, che** *ag* satanic, fiendish.
sa'tellite *sm, ag* satellite.
'satira *sf* satire; **sa'tirico, a, ci, che** *ag* satiric(al).
satu'rare *vt* to saturate; **saturazi'one** *sf* saturation; **'saturo, a** *ag* saturated; (*fig*): **saturo di** full of.
'sauna *sf* sauna.
Sa'voia *sf*: **la** ~ Savoy.
savoi'ardo, a *ag* of Savoy, Savoyard // *sm* (*biscotto*) sponge finger.
sazi'are [sat'tsjare] *vt* to satisfy, satiate; ~**rsi** *vr* (*riempirsi di cibo*): ~**rsi (di)** to eat one's fill (of); (*fig*): ~**rsi di** to grow tired *o* weary of.
'sazio, a ['sattsjo] *ag*: ~ **(di)** sated (with), full (of); (*fig: stufo*) fed up (with), sick (of).
sba'dato, a *ag* careless, inattentive.
sbadigli'are [zbadiʎ'ʎare] *vi* to yawn; **sba'diglio** *sm* yawn.
sbagli'are [zbaʎ'ʎare] *vt* to make a mistake in, get wrong // *vi* to make a mistake, be mistaken, be wrong; (*operare in modo non giusto*) to err; ~**rsi** *vr* to make a mistake, be mistaken, be wrong; ~ **la mira/strada** to miss one's aim/take the wrong road; ~ **qd con qd altro** to mistake sb for sb else; **'sbaglio** *sm* mistake, error; (*morale*) error.
sbal'lare *vt* (*merce*) to unpack.
sballot'tare *vt* to toss (about).
sbalor'dire *vt* to stun, amaze // *vi* to be stunned, be amazed; **sbalordi'tivo, a** *ag* amazing; (*prezzo*) incredible, absurd.
sbal'zare [zbal'tsare] *vt* to throw, hurl; (*fig: da una carica*) to remove, dismiss // *vi* (2) (*balzare*) to bounce; (*saltare*) to leap, bound; **'sbalzo** *sm* bounce; leap; (*spostamento improvviso*) jolt, jerk; **a sbalzi** jerkily; (*fig*) in fits and starts.
sban'dare *vi* (*NAUT*) to list; (*AER*) to bank; (*AUT*) to skid; ~**rsi** *vr* (*folla*) to disperse;

(*truppe*) to disband; (*fig*: *famiglia*) to break up.
sbandie'rare *vt* (*bandiera*) to wave; (*fig*) to parade, show off.
sbaragli'are [zbaraʎ'ʎare] *vt* (MIL) to rout; (*in gare sportive etc*) to beat, defeat.
sba'raglio [zba'raʎʎo] *sm* rout; defeat; **gettarsi allo ~** to risk everything.
sbaraz'zarsi [zbarat'tsarsi] *vr*: **~ di** to get rid of, rid o.s. of.
sbar'care *vt* (*passeggeri*) to disembark; (*merci*) to unload // *vi* (2) to disembark; **~ il lunario** (*fig*) to make ends meet; **'sbarco** *sm* disembarkation; unloading; (MIL) landing.
'sbarra *sf* bar; (*di passaggio a livello*) barrier; (DIR): **presentarsi alla ~** to appear before the court.
sbarra'mento *sm* (*stradale*) roadblock, barricade; (*diga*) dam, barrage; (MIL) barrage.
sbar'rare *vt* (*strada etc*) to block, bar; (*assegno*) to cross; **~ il passo** to bar the way; **~ gli occhi** to open one's eyes wide.
'sbattere *vt* (*porta*) to slam, bang; (*tappeti, ali, CUC*) to beat; (*urtare*) to knock, hit // *vi* (*porta*) to slam, bang; (*agitarsi*: *ali, vele etc*) to flap; **sbat'tuto, a** *ag* (*viso, aria*) dejected, worn out; (*uovo*) beaten.
sba'vare *vi* to dribble; (*colore*) to smear, smudge.
sbia'dire *vi* (2) (*anche*: **~rsi**), *vt* to fade; **sbia'dito, a** *ag* faded; (*fig*) colourless, dull.
sbian'care *vt* to whiten; (*tessuto*) to bleach // *vi* (2) (*impallidire*) to grow pale *o* white.
sbi'eco, a, chi, che *ag* (*storto*) squint, askew; **di ~**: **guardare qd di ~** (*fig*) to look askance at sb; **tagliare una stoffa di ~** to cut a material on the bias.
sbigot'tire *vt* to dismay, stun // *vi* (2) (*anche*: **~rsi**) to be dismayed.
sbilanci'are [zbilan'tʃare] *vt* to throw off balance // *vi* (*perdere l'equilibrio*) to overbalance; (*pendere da una parte*) to be unbalanced; **~rsi** *vr* (*fig*): **non si sbilancia mai** (*nel parlare*) he always weighs his words; (*nello spendere*) he never spends beyond his means.
sbirci'are [zbir'tʃare] *vt* to cast sidelong glances at, eye.
'sbirro *sm* (*peg*) cop.
sbizzar'rirsi [zbiddzar'rirsi] *vr* to indulge one's whims.
sbloc'care *vt* to unblock, free; (*freno*) to release; (*prezzi, affitti*) to decontrol.
sboc'care *vi* (2): **~ in** (*fiume*) to flow into; (*strada*) to lead into; (*persona*) to come (out) into; (*fig*: *concludersi*) to end (up) in.
sboc'cato, a *ag* (*persona*) foul-mouthed; (*linguaggio*) foul.
sbocci'are [zbot'tʃare] *vi* (2) (*fiore*) to bloom, open (out).
'sbocco, chi *sm* (*apertura*) opening; (*uscita*) way out; (*di fiume*) mouth; (COMM) outlet; (: *mercato*) market.
sbol'lire *vi* (2) (*fig*) to cool down, calm down.
'sbornia *sf* (*fam*): **prendere una ~** to get plastered.
sbor'sare *vt* (*denaro*) to pay out.
sbot'tare *vi* (2) to burst out; **~ a ridere/per la collera** to burst out laughing/explode with anger.
sbotto'nare *vt* to unbutton, undo.
sbracci'ato, a [zbrat'tʃato] *ag* (*camicia*) sleeveless; (*persona*) bare-armed.
sbrai'tare *vi* to yell, bawl.
sbra'nare *vt* to tear to pieces.
sbricio'lare [zbritʃo'lare] *vt*, **~rsi** *vr* to crumble.
sbri'gare *vt* to deal with, get through; (*cliente*) to attend to, deal with; **~rsi** *vr* to hurry (up); **sbriga'tivo, a** *ag* (*persona, modo*) quick, expeditious; (*giudizio*) hasty.
sbrindel'lato, a *ag* tattered, in tatters.
sbrodo'lare *vt* to stain, dirty.
'sbronzo, a ['zbrontso] *ag* (*fam*) tight // *sf*: **prendere una ~a** to get tight *o* plastered.
sbu'care *vi* (2) to come out, emerge; (*apparire improvvisamente*) to pop out (*o* up).
sbucci'are [zbut'tʃare] *vt* (*arancia, patata*) to peel; (*piselli*) to shell; (*braccio*) to graze.
sbudel'larsi *vr*: **~ dalle risa** to split one's sides laughing.
sbuf'fare *vi* (*persona, cavallo*) to snort; (: *ansimare*) to puff, pant; (*treno*) to puff; **'sbuffo** *sm* snort; puff, pant; (*di aria, fumo, vapore*) puff.
'scabbia *sf* (MED) scabies *sg*.
'scabro, a *ag* rough, harsh.
sca'broso, a *ag* (*fig*: *delicato*) delicate, awkward; (: *difficile*) difficult.
scacchi'era [skak'kjɛra] *sf* chessboard.
scacci'are [skat'tʃare] *vt* to chase away *o* out, drive away *o* out.
'scacco, chi *sm* (*pezzo del gioco*) chessman; (*quadretto di scacchiera*) square; (*fig*) setback, reverse; **~chi** *smpl* (*gioco*) chess *sg*; **a ~chi** (*tessuto*) check(ed); **scacco'matto** *sm* checkmate.
sca'dente *ag* shoddy, of poor quality.
sca'denza [ska'dɛntsa] *sf* (*di cambiale, contratto*) maturity; (*di passaporto*) expiry date; **a breve/lunga ~** short-/long-term; **lo farò a breve ~** I'll do it in the near future.
sca'dere *vi* (2) (*contratto etc*) to expire; (*debito*) to fall due; (*valore, forze, peso*) to decline, go down.
sca'fandro *sm* (*di palombaro*) diving suit; (*di astronauta*) space-suit.
scaf'fale *sm* shelf; (*mobile*) set of shelves.
'scafo *sm* (NAUT, AER) hull.
scagio'nare [skadʒo'nare] *vt* to exonerate, free from blame.
'scaglia ['skaʎʎa] *sf* (ZOOL) scale; (*scheggia*) chip, flake.
scagli'are [skaʎ'ʎare] *vt* (*lanciare*: *anche fig*) to hurl, fling; **~rsi** *vr*: **~rsi su** *o* **contro** to hurl *o* fling o.s. at; (*fig*) to rail at.

scaglio'nare [skaʎʎo'nare] *vt* (*pagamenti*) to space out, spread out; (*MIL*) to echelon; **scagli'one** *sm* echelon; (*GEO*) terrace.

'scala *sf* (*a gradini etc*) staircase, stairs *pl*; (*a pioli, di corda*) ladder; (*MUS, GEO, di colori, valori, fig*) scale; **~e** *sfpl* (*scalinata*) stairs; **su vasta ~/~ ridotta** on a large/small scale; **~ a libretto** stepladder; **~ mobile** escalator; (*ECON*) sliding scale; **~ mobile dei salari** index-linked pay scale.

sca'lare *vt* (*ALPINISMO, muro*) to climb, scale; (*debito*) to scale down, reduce; **sca'lata** *sf* scaling *q*, climbing *q*; climb; **scala'tore, 'trice** *sm/f* climber.

scalda'bagno [skalda'baɲɲo] *sm* water-heater.

scal'dare *vt* to heat; **~rsi** *vr* to warm up, heat up; (*al sole*) to warm o.s.; (*fig*) to get excited.

scal'fire *vt* to scratch.

scali'nata *sf* staircase.

sca'lino *sm* (*anche fig*) step; (*di scala a pioli*) rung.

'scalo *sm* (*NAUT*) slipway; (*: porto d'approdo*) port of call; (*AER*) stopover; **fare ~ (a)** (*NAUT*) to call (at), put in (at); (*AER*) to land (at), make a stop (at); **~ merci** (*FERR*) goods yard.

scalop'pina *sf* (*CUC*) escalope.

scal'pello *sm* chisel.

scal'pore *sm* noise, row; **far ~** to make a noise; (*fig*) to cause a sensation *o* a stir.

'scaltro, a *ag* cunning, shrewd.

scal'zare [skal'tsare] *vt* (*albero*) to bare the roots of; (*muro, fig: autorità*) to undermine; (*: escludere: collega*) to oust; **~ i piedi** to take off one's socks and shoes.

'scalzo, a ['skaltso] *ag* barefoot.

scambi'are *vt* to exchange; (*confondere*): **~ qd/qc per** to take *o* mistake sb/sth for; **mi hanno scambiato il cappello** they've given me the wrong hat.

scambi'evole *ag* mutual, reciprocal.

'scambio *sm* exchange; (*FERR*) points *pl*; **~ di persona** case of mistaken identity.

scampa'gnata [skampaɲ'ɲata] *sf* trip to the country.

scampa'nare *vi* to peal.

scam'pare *vt* (*salvare*) to rescue, save; (*evitare: morte, prigione*) to escape // *vi* (*2*): **~ (a qc)** to survive (sth), escape (sth); **scamparla bella** to have a narrow escape; **'scampo** *sm* escape; **cercare scampo nella fuga** to seek safety in flight.

'scampolo *sm* scrap; (*di tessuto*) remnant.

scanala'tura *sf* (*incavo*) channel, groove.

scandagli'are [skandaʎ'ʎare] *vt* (*NAUT*) to sound; (*fig*) to sound out; to probe.

scandaliz'zare [skandalid'dzare] *vt* to shock, scandalize; **~rsi** *vr* to be shocked.

'scandalo *sm* scandal; **scanda'loso, a** *ag* scandalous, shocking.

Scandi'navia *sf*: **la ~** Scandinavia; **scandi'navo, a** *ag, sm/f* Scandinavian.

scan'dire *vt* (*versi*) to scan; (*parole*) to articulate, pronounce distinctly; **~ il tempo** (*MUS*) to beat time.

scan'nare *vt* (*animale*) to butcher, slaughter; (*persona*) to cut *o* slit the throat of.

'scanno *sm* seat, bench.

scansafa'tiche [skansafa'tike] *sm/f inv* idler, loafer.

scan'sare *vt* (*rimuovere*) to move (aside), shift; (*schivare: schiaffo*) to dodge; (*sfuggire*) to avoid; **~rsi** *vr* to move aside.

scan'sia *sf* shelves *pl*; (*per libri*) bookcase.

'scanso *sm*: **a ~ di** in order to avoid, as a precaution against.

scanti'nato *sm* basement.

scanto'nare *vi* to turn the corner; (*svignarsela*) to sneak off.

scapes'trato, a *ag* dissolute.

'scapito *sm* (*perdita*) loss; (*danno*) damage, detriment; **a ~ di** to the detriment of.

'scapola *sf* shoulder blade.

'scapolo *sm* bachelor.

scappa'mento *sm* (*AUT*) exhaust.

scap'pare *vi* (*2*) (*fuggire*) to escape; (*andare via in fretta*) to rush off; **lasciarsi ~ un'occasione** to let an opportunity go by; **~ di prigione** to escape from prison; **~ di mano** (*oggetto*) to slip out of one's hands; **~ di mente a qd** to slip sb's mind; **mi scappò detto** I let it slip; **scap'pata** *sf* quick visit *o* call; (*scappatella*) escapade; **scappa'tella** *sf* escapade; **scappa'toia** *sf* way out.

scara'beo *sm* beetle.

scarabocchi'are [skarabok'kjare] *vt* to scribble, scrawl; **scara'bocchio** *sm* scribble, scrawl.

scara'faggio [skara'faddʒo] *sm* cockroach.

scaraven'tare *vt* to fling, hurl; (*fig: impiegato*) to shift.

scarce'rare [skartʃe'rare] *vt* to release (from prison).

'scarica, che *sf* (*di arma da fuoco, ELETTR, FISIOL*) discharge; (*di più armi*) volley of shots; (*di sassi, pugni*) hail, shower.

scari'care *vt* (*merci, camion etc*) to unload; (*passeggeri*) to set down, put off; (*arma*) to unload; (*: sparare, ELETTR*) to discharge; (*sog: corso d'acqua*) to empty, pour; (*fig: liberare da un peso*) to unburden, relieve; **~rsi** *vr* (*orologio*) to run *o* wind down; (*accumulatore*) to go flat *o* dead; (*fig: rilassarsi*) to unwind; **scarica'tore** *sm* loader; (*di porto*) docker.

'scarico, a, chi, che *ag* unloaded; (*orologio*) run down; (*accumulatore*) dead, flat; (*fig: libero*): **~ di** free from // *sm* (*di merci, materiali*) unloading; (*di immondizie*) dumping, tipping; (*: luogo*) rubbish dump; (*TECN: deflusso*) draining; (*: dispositivo*) drain; (*AUT*) exhaust.

scarlat'tina *sf* scarlet fever.

scar'latto, a *ag* scarlet.

'scarno, a *ag* thin, bony.

'scarpa *sf* shoe; **~e da tennis** tennis shoes.

scar'pata *sf* escarpment.
scarseggi'are [skarsed'dʒare] *vi* to be scarce; ~ **di** to be short of, lack.
scar'sezza [skar'settsa] *sf* scarcity, lack.
'scarso, a *ag* (*insufficiente*) insufficient, meagre; (*povero*: *annata*) poor, lean; (*INS*: *nota*) poor; ~ **di** lacking in; **3 chili ~i** just under 3 kilos, barely 3 kilos.
scarta'mento *sm* (*FERR*) gauge; ~ **normale/ridotto** standard/ narrow gauge.
scar'tare *vt* (*pacco*) to unwrap; (*idea*) to reject; (*MIL*) to declare unfit for military service; (*carte da gioco*) to discard; (*CALCIO*) to dodge (past) // *vi* to swerve.
'scarto *sm* (*cosa scartata, anche COMM*) reject; (*di veicolo*) swerve; (*differenza*) gap, difference.
scassi'nare *vt* to break, force.
'scasso *sm vedi* **furto.**
scate'nare *vt* (*fig*) to incite, stir up; **~rsi** *vr* (*fig*) to break out; to rage.
'scatola *sf* box; (*di latta*) tin, can; **cibi in** ~ tinned *o* canned foods; ~ **cranica** cranium.
scat'tare *vt* (*fotografia*) to take // *vi* (2) (*congegno, molla etc*) to be released; (*balzare*) to spring up; (*SPORT*) to put on a spurt; (*fig*: *per l'ira*) to fly into a rage; ~ **in piedi** to spring to one's feet.
'scatto *sm* (*dispositivo*) release; (: *di arma da fuoco*) trigger mechanism; (*rumore*) click; (*balzo*) jump, start; (*SPORT*) spurt; (*fig*: *di ira etc*) fit; (: *di stipendio*) increment; **di** ~ suddenly.
scatu'rire *vi* (2) to gush, spring.
scaval'care *vt* (*ostacolo*) to pass (*o* climb) over; (*fig*) to get ahead of, overtake.
sca'vare *vt* (*terreno*) to dig; (*legno*) to hollow out; (*tesoro*) to dig up; (*città*) to excavate.
'scavo *sm* excavating *q*; excavation.
'scegliere ['ʃeʎʎere] *vt* to choose, select.
sce'icco, chi [ʃe'ikko] *sm* sheik.
scelle'rato, a [ʃelle'rato] *ag* wicked, evil.
scel'lino [ʃel'lino] *sm* shilling.
'scelto, a ['ʃelto] *pp di* **scegliere** // *ag* (*di prima scelta*) carefully chosen; select; (*di ottima qualità*: *merce*) choice, top quality; (*MIL*: *specializzato*) crack *cpd*, highly skilled // *sf* choice; selection; **frutta o formaggi a ~a** choice of fruit or cheese.
sce'mare [ʃe'mare] *vt* to diminish, reduce.
'scemo, a ['ʃemo] *ag* stupid, silly.
'scempio ['ʃempjo] *sm* slaughter, massacre; (*fig*) ruin; **far ~ di** (*fig*) to play havoc with, ruin.
'scena ['ʃɛna] *sf* (*gen*) scene; (*palcoscenico*) stage; **le ~e** (*fig*: *teatro*) the stage; **fare una** ~ to make a scene; **andare in** ~ to be staged *o* put on *o* performed; **mettere in** ~ to stage.
sce'nario [ʃe'narjo] *sm* scenery; (*di film*) scenario.
sce'nata [ʃe'nata] *sf* row, scene.
'scendere ['ʃendere] *vi* (2) to go (*o* come) down; (*strada, sole*) to go down; (*passeggero*: *fermarsi*) to get out, alight; (*fig*: *temperatura, prezzi*) to go *o* come down, fall, drop // *vt* (*scale, pendio*) to go (*o* come) down; ~ **dal treno** to get off *o* out of the train; ~ **da cavallo** to dismount, get off one's horse.
'scenico, a, ci, che ['ʃɛniko] *ag* stage *cpd*, scenic.
scervel'lato, a [ʃervel'lato] *ag* feather-brained, scatterbrained.
'sceso, a ['ʃeso] *pp di* **scendere**.
scetti'cismo [ʃetti'tʃizmo] *sm* scepticism; **'scettico, a, ci, che** *ag* sceptical.
'scettro ['ʃɛttro] *sm* sceptre.
'scheda ['skɛda] *sf* (index) card; ~ **elettorale** ballot paper; ~ **perforata** punch card; **sche'dare** *vt* (*dati*) to file; (*libri*) to catalogue; (*registrare*: *anche POLIZIA*) to put on one's files; **sche'dario** *sm* file; (*mobile*) filing cabinet.
'scheggia, ge ['skeddʒa] *sf* splinter, sliver.
'scheletro ['skɛletro] *sm* skeleton.
'schema, i ['skɛma] *sm* (*diagramma*) diagram, sketch; (*progetto, abbozzo*) outline, plan.
'scherma ['skerma] *sf* fencing.
scher'maglia [sker'maʎʎa] *sf* (*fig*) skirmish.
'schermo ['skermo] *sm* shield, screen; (*CINEMA, TV*) screen.
scher'nire [sker'nire] *vt* to mock, sneer at; **'scherno** *sm* mockery, derision.
scher'zare [sker'tsare] *vi* to joke.
'scherzo ['skertso] *sm* joke; (*tiro*) trick; (*MUS*) scherzo; **è uno ~!** (*una cosa facile*) it's child's play!, it's easy!; **per** ~ in jest; for a joke *o* a laugh; **fare un brutto ~ a qd** to play a nasty trick on sb; **scher'zoso, a** *ag* joking, jesting; (*cagnolino etc*) playful.
schiaccia'noci [skjattʃa'notʃi] *sm inv* nutcracker.
schiacci'are [skjat'tʃare] *vt* (*dito*) to crush; (*noci*) to crack; ~ **un pisolino** to have a nap.
schiaffeggi'are [skjaffed'dʒare] *vt* to slap.
schi'affo ['skjaffo] *sm* slap.
schiamaz'zare [skjamat'tsare] *vi* to squawk, cackle.
schian'tare [skjan'tare] *vt* to break, tear apart; **~rsi** *vr* to break (up), shatter; **schi'anto** *sm* (*rumore*) crash; tearing sound; (*fig*: *tormento*): **provare uno schianto al cuore** to feel a wrench at one's heart; **è uno schianto!** (*fam*) it's (*o* he's *o* she's) terrific!
schia'rire [skja'rire] *vt* to lighten, make lighter // *vi* (2) (*anche*: **~rsi**) to grow lighter; (*tornar sereno*) to clear, brighten up; **~rsi la voce** to clear one's throat.
schiavitù [skjavi'tu] *sf* slavery.
schi'avo, a ['skjavo] *sm/f* slave.
schi'ena ['skjɛna] *sf* (*ANAT*) back; **schie'nale** *sm* (*di sedia*) back.
schi'era ['skjɛra] *sf* (*MIL*) rank; (*gruppo*) group, band.
schiera'mento [skjera'mento] *sm* lining up, drawing up; (*SPORT*) formation; line-up.

schie'rare [skje'rare] *vt* (*esercito*) to line up, draw up, marshal; **~rsi** *vr* to line up; (*fig*) to take sides.
schi'etto, a ['skjɛtto] *ag* (*puro*) pure; (*fig*) frank, straightforward; sincere.
'schifo ['skifo] *sm* disgust; **fare ~** (*essere fatto male, dare pessimi risultati*) to be awful; **mi fa ~** it makes me sick, it's disgusting; **quel libro è uno ~** that book's rotten; **schi'foso, a** *ag* disgusting, revolting; (*molto scadente*) rotten, lousy.
schioc'care [skjɔk'kare] *vt* (*frusta*) to crack; (*dita*) to snap; (*lingua*) to click; **~ le labbra** to smack one's lips.
schi'udere ['skjudere] *vt*, **~rsi** *vr* to open.
schi'uma ['skjuma] *sf* foam; (*di sapone*) lather; (*fig*: *feccia*) scum; **schiu'mare** *vt* to skim // *vi* to foam.
schi'uso, a ['skjuso] *pp di* **schiudere**.
schi'vare [ski'vare] *vt* to dodge, avoid.
'schivo, a ['skivo] *ag* (*ritroso*) stand-offish, reserved; (*timido*) shy; **~ a fare** loath to do, reluctant to do.
schizo'frenico, a, ci, che [skidzo'frɛniko] *ag* schizophrenic.
schiz'zare [skit'tsare] *vt* (*spruzzare*) to spurt, squirt; (*sporcare*) to splash, spatter; (*fig*: *abbozzare*) to sketch // *vi* to spurt, squirt; (*saltar fuori*) to dart up (*o* off *etc*).
schizzi'noso, a [skittsi'noso] *ag* fussy, finicky.
'schizzo ['skittso] *sm* (*di liquido*) spurt; splash, spatter; (*abbozzo*) sketch.
sci [ʃi] *sm* (*attrezzo*) ski; (*attività*) skiing; **~ nautico** water-skiing.
'scia, *pl* **'scie** ['ʃia] *sf* (*di imbarcazione*) wake; (*di profumo*) trail.
scià [ʃa] *sm inv* shah.
sci'abola ['ʃabola] *sf* sabre.
scia'callo [ʃa'kallo] *sm* jackal.
sciac'quare [ʃak'kware] *vt* to rinse.
scia'gura [ʃa'gura] *sf* disaster, calamity; misfortune; **sciagu'rato, a** *ag* unfortunate; (*malvagio*) wicked.
scialac'quare [ʃalak'kware] *vt* to squander.
scia'lare [ʃa'lare] *vi* to lead a life of luxury.
sci'albo, a ['ʃalbo] *ag* pale, dull; (*fig*) dull, colourless.
sci'alle ['ʃalle] *sm* shawl.
scia'luppa [ʃa'luppa] *sf* (*anche*: **~ di salvataggio**) lifeboat.
sci'ame ['ʃame] *sm* swarm.
scian'cato, a [ʃan'kato] *ag* lame; (*mobile*) rickety.
sci'are [ʃi'are] *vi* to ski.
sci'arpa ['ʃarpa] *sf* scarf; (*fascia*) sash.
scia'tore, 'trice [ʃia'tore] *sm/f* skier.
sci'atto, a ['ʃatto] *ag* (*persona, aspetto*) slovenly, unkempt; (*lavoro*) sloppy, careless.
scien'tifico, a, ci, che [ʃen'tifiko] *ag* scientific.
sci'enza ['ʃɛntsa] *sf* science; (*sapere*) knowledge; **~e** *sfpl* (INS) science *sg*; **~e naturali** natural sciences; **scienzi'ato, a** *sm/f* scientist.
'scimmia ['ʃimmja] *sf* monkey; **scimmiot'tare** *vt* to ape, mimic.
scimpanzé [ʃimpan'tse] *sm inv* chimpanzee.
scimu'nito, a [ʃimu'nito] *ag* silly, idiotic.
'scindere ['ʃindere] *vt*, **~rsi** *vr* to split (up).
scin'tilla [ʃin'tilla] *sf* spark; **scintil'lare** *vi* to spark; (*acqua, occhi*) to sparkle.
scioc'chezza [ʃok'kettsa] *sf* stupidity *q*; stupid *o* foolish thing; **dire ~e** to talk nonsense.
sci'occo, a, chi, che ['ʃɔkko] *ag* stupid, foolish.
sci'ogliere ['ʃɔʎʎere] *vt* (*nodo*) to untie; (*animale*) to untie, release; (*fig*: *persona*): **~ da** to release from; (*neve*) to melt; (*nell'acqua*: *zucchero etc*) to dissolve; (*fig*: *problema*) to resolve; (: *muscoli*) to loosen up; (*fig*: *porre fine a*: *contratto*) to cancel; (: *società, matrimonio*) to dissolve; (*adempiere*: *voto etc*) to fulfil; **~rsi** *vr* to loosen, come untied; to melt; to dissolve.
sciol'tezza [ʃol'tettsa] *sf* agility; suppleness; ease.
sci'olto, a ['ʃɔlto] *pp di* **sciogliere** // *ag* loose; (*agile*) agile, nimble; supple; (*disinvolto*) free and easy; **versi ~i** (POESIA) blank verse.
sciope'rante [ʃope'rante] *sm/f* striker.
sciope'rare [ʃope'rare] *vi* to strike, go on strike.
sci'opero ['ʃɔpero] *sm* strike; **fare ~** to strike; **~ bianco** work-to-rule; **~ selvaggio** wildcat strike; **~ a singhiozzo** on-off strike.
sci'rocco [ʃi'rɔkko] *sm* sirocco.
sci'roppo [ʃi'rɔppo] *sm* syrup.
'scisma, i ['ʃizma] *sm* (REL) schism.
scissi'one [ʃis'sjone] *sf* (*anche fig*) split, division; (FISICA) fission.
'scisso, a ['ʃisso] *pp di* **scindere**.
sciu'pare [ʃu'pare] *vt* (*abito, libro, appetito*) to spoil, ruin; (*tempo, denaro*) to waste; **~rsi** *vr* to get spoilt *o* ruined; (*rovinarsi la salute*) to ruin one's health.
scivo'lare [ʃivo'lare] *vi* (*2*) to slide *o* glide along; (*involontariamente*) to slip, slide; **'scivolo** *sm* slide; (TECN) chute.
scle'rosi *sf* sclerosis.
scoc'care *vt* (*freccia*) to shoot // *vi* (*2*) (*guizzare*) to shoot up; (*battere*: *ora*) to strike.
scocci'are [skot'tʃare] (*fam*) *vt* to bother, annoy; **~rsi** *vr* to be bothered *o* annoyed.
sco'della *sf* bowl.
scodinzo'lare [skodintso'lare] *vi* to wag its tail.
scogli'era [skoʎ'ʎɛra] *sf* reef; cliff.
'scoglio ['skɔʎʎo] *sm* (*al mare*) rock.
scoi'attolo *sm* squirrel.
sco'lare *ag*: **età ~** school age // *vt* to drain // *vi* (*2*) to drip.
scola'resca *sf* schoolchildren *pl*, pupils *pl*.
sco'laro, a *sm/f* pupil, schoolboy/girl.

sco'lastico, a, ci, che *ag* school *cpd*; scholastic.
scol'lare *vt* (*staccare*) to unstick; **~rsi** *vr* to come unstuck; **scolla'tura** *sf* neckline.
'scolo *sm* drainage.
scolo'rire *vt* to fade; to discolour // *vi* (*2*) (*anche*: **~rsi**) to fade; to become discoloured; (*impallidire*) to turn pale.
scol'pire *vt* to carve, sculpt.
scombi'nare *vt* to mess up, upset.
scombusso'lare *vt* to upset.
scom'messo, a *pp di* **scommettere** // *sf* bet, wager.
scom'mettere *vt, vi* to bet.
scomo'dare *vt* to trouble, bother; to disturb; **~rsi** *vr* to put o.s. out; **~rsi a fare** to go to the bother *o* trouble of doing.
'scomodo, a *ag* uncomfortable; (*sistemazione, posto*) awkward, inconvenient.
scompagi'nare [skompadʒi'nare] *vt* to upset, disarrange; (*TIP*) to break up.
scompa'rire *vi* (*2*) to disappear, vanish; (*fig*) to be insignificant; **scom'parso, a** *pp di* **scomparire** // *sf* disappearance.
scomparti'mento *sm* (*FERR*) compartment.
scom'parto *sm* compartment, division.
scompigli'are [skompiʎ'ʎare] *vt* (*cassetto, capelli*) to mess up, disarrange; (*fig: piani*) to upset; **scom'piglio** *sm* mess, confusion.
scom'porre *vt* (*disfare*) to break up, take to pieces; (*scompigliare*) to disarrange, mess up; **scomporsi** *vr* (*fig*) to get upset, lose one's composure; **scom'posto, a** *pp di* **scomporre** // *ag* (*gesto*) unseemly; (*capelli*) ruffled, dishevelled.
sco'munica *sf* excommunication.
scomuni'care *vt* to excommunicate.
sconcer'tare [skontʃer'tare] *vt* to disconcert, bewilder.
'sconcio, a, ci, ce ['skontʃo] *ag* (*osceno*) indecent, obscene // *sm* (*cosa riprovevole, mal fatta*) disgrace.
sconfes'sare *vt* to renounce, disavow; to repudiate.
scon'figgere [skon'fiddʒere] *vt* to defeat, overcome.
sconfi'nare *vi* to cross the border; (*in proprietà privata*) to trespass; (*fig*): **~ da** to stray *o* digress from; **sconfi'nato, a** *ag* boundless, unlimited.
scon'fitto, a *pp di* **sconfiggere** // *sf* defeat.
scon'forto *sm* despondency.
scongiu'rare [skondʒu'rare] *vt* (*implorare*) to entreat, beseech, implore; (*eludere: pericolo*) to ward off, avert; **scongi'uro** *sm* entreaty; (*esorcismo*) exorcism; **fare gli scongiuri** to touch wood.
scon'nesso, a *pp di* **sconnettere** // *ag* (*fig: discorso*) incoherent, rambling.
sconosci'uto, a [skonoʃ'ʃuto] *ag* unknown; new, strange // *sm/f* stranger; unknown person.
sconquas'sare *vt* to shatter, smash; (*scombussolare*) to upset.
sconside'rato, a *ag* thoughtless, rash.
sconsigli'are [skonsiʎ'ʎare] *vt*: **~ qc a qd** to advise sb against sth; **~ qd da fare qc** to advise sb not to do *o* against doing sth.
sconso'lato, a *ag* inconsolable; desolate.
scon'tare *vt* (*detrarre*) to deduct; (*debito*) to pay off; (*COMM*) to discount; (*pena*) to serve; (*colpa, errori*) to pay for, suffer for.
scon'tato, a *ag* (*previsto*) foreseen, taken for granted; **dare per ~ che** to take it for granted that.
scon'tento, a *ag*: **~ (di)** discontented *o* dissatisfied (with) // *sm* discontent, dissatisfaction.
'sconto *sm* discount.
scon'trarsi *vr* (*treni etc*) to crash, collide; (*venire a combattimento, fig*) to clash; **~ con** to crash into, collide with.
scon'trino *sm* ticket.
'scontro *sm* clash, encounter; crash, collision.
scon'troso, a *ag* sullen, surly; (*permaloso*) touchy.
sconveni'ente *ag* unseemly, improper.
scon'volgere [skon'vɔldʒere] *vt* to throw into confusion, upset; (*turbare*) to shake, disturb, upset; **scon'volto, a** *pp di* **sconvolgere.**
'scopa *sf* broom; (*CARTE*) *Italian card game*; **sco'pare** *vt* to sweep.
sco'perto, a *pp di* **scoprire** // *ag* uncovered; (*capo*) uncovered, bare; (*luogo*) open, exposed; (*MIL*) exposed, without cover; (*conto*) overdrawn // *sf* discovery.
'scopo *sm* aim, purpose; **a che ~?** what for?
scoppi'are *vi* (*2*) (*spaccarsi*) to burst; (*esplodere*) to explode; (*fig*) to break out; **~ in pianto** *o* **a piangere** to burst out crying; **~ dalle risa** *o* **dal ridere** to split one's sides laughing; **'scoppio** *sm* explosion; (*di tuono, arma etc*) crash, bang; (*fig: di risa, ira*) fit, outburst; (*: di guerra*) outbreak; **a scoppio ritardato** delayed-action.
scoppiet'tare *vi* to crackle.
sco'prire *vt* to discover; (*liberare da ciò che copre*) to uncover; (*: monumento*) to unveil; **~rsi** *vr* to put on lighter clothes; (*fig*) to give o.s. away.
scoraggi'are [skorad'dʒare] *vt* to discourage; **~rsi** *vr* to become discouraged, lose heart.
scorcia'toia [skortʃa'toja] *sf* short cut.
'scorcio ['skortʃo] *sm* (*ARTE*) foreshortening; (*di secolo, periodo*) end, close.
scor'dare *vt* to forget; **~rsi** *vr*: **~rsi di qc/di fare** to forget sth/to do.
'scorgere ['skɔrdʒere] *vt* to make out, distinguish, see.
'scorno *sm* ignominy, disgrace.
scorpacci'ata [skorpat'tʃata] *sf*: **fare**

una ~ (di) to stuff o.s. (with), eat one's fill (of).
scorpi'one *sm* scorpion; (*dello zodiaco*): **S~** Scorpio.
scorraz'zare [skorrat'tsare] *vi* to run about.
'scorrere *vt* (*giornale, lettera*) to run *o* skim through // *vi* (2) (*scivolare*) to glide, slide; (*colare, fluire*) to run, flow; (*trascorrere*) to pass (by).
scor'retto, a *ag* incorrect; (*sgarbato*) impolite; (*sconveniente*) improper.
scor'revole *ag* (*porta*) sliding; (*fig*: *stile*) fluent, flowing.
scorri'banda *sf* (MIL) raid; (*escursione*) trip, excursion.
'scorso, a *pp di* **scorrere** // *ag* last // *sf* quick look, glance.
scor'soio, a *ag*: **nodo ~** noose.
'scorta *sf* (*di personalità, convoglio*) escort; (*provvista*) supply, stock; **scor'tare** *vt* to escort.
scor'tese *ag* discourteous, rude; **scorte'sia** *sf* lack of courtesy, rudeness.
scorti'care *vt* to skin.
'scorto, a *pp di* **scorgere.**
'scorza ['skɔrdza] *sf* (*di albero*) bark; (*di agrumi*) peel, skin; (*di pesce, serpente*) skin.
sco'sceso, a [skoʃ'ʃeso] *ag* steep.
'scosso, a *pp di* **scuotere** // *ag* (*turbato*) shaken, upset // *sf* jerk, jolt, shake; (ELETTR, *fig*) shock.
scos'tante *ag* (*fig*) off-putting, unpleasant.
scos'tare *vt* to move (away), shift; **~rsi** *vr* to move away.
scostu'mato, a *ag* immoral, dissolute.
scot'tare *vt* (*ustionare*) to burn; (: *con liquido bollente*) to scald; (*sog*: *offesa*) to hurt, offend // *vi* to burn; (*caffè*) to be too hot; **scotta'tura** *sf* burn; scald.
'scotto, a *ag* overcooked // *sm* (*fig*): **pagare lo ~ (di)** to pay the penalty (for).
sco'vare *vt* to drive out, flush out; (*fig*) to discover.
'Scozia ['skɔttsia] *sf*: **la ~** Scotland; **scoz'zese** *ag* Scottish // *sm/f* Scot.
scredi'tare *vt* to discredit.
screpo'lare *vt*, **~rsi** *vr* to crack; **screpola'tura** *sf* cracking *q*; crack.
screzi'ato, a [skret'tsjato] *ag* streaked; speckled.
'screzio ['skrɛttsjo] *sm* disagreement.
scricchio'lare [skrikkjo'lare] *vi* to creak, squeak.
'scricciolo ['skrittʃolo] *sm* wren.
'scrigno ['skriɲɲo] *sm* casket.
scrimina'tura *sf* parting.
'scritto, a *pp di* **scrivere** // *ag* written // *sm* writing; (*lettera*) letter, note // *sf* inscription; **~i** *smpl* (*letterari etc*) writing *sg*; **per** *o* **in ~** in writing.
scrit'toio *sm* writing desk.
scrit'tore, 'trice *sm/f* writer.
scrit'tura *sf* writing; (COMM) entry; (*contratto*) contract; (REL): **la Sacra S~** the Scriptures *pl*; **~e** *sfpl* (COMM) accounts, books.
scrittu'rare *vt* (TEATRO, CINEMA) to sign up, engage; (COMM) to enter.
scriva'nia *sf* desk.
scri'vente *sm/f* writer.
'scrivere *vt* to write; **come lo si scrive?** how is it spelt?, how do you write it?
scroc'cone, a *sm/f* scrounger.
'scrofa *sf* (ZOOL) sow.
scrol'lare *vt* to shake; **~rsi** *vr* (*anche fig*) to give o.s. a shake; **~ le spalle/il capo** to shrug one's shoulders/shake one's head.
scrosci'are [skroʃ'ʃare] *vi* (2) (*pioggia*) to pour down, pelt down; (*torrente, fig*: *applausi*) to thunder, roar; **'scroscio** *sm* pelting; thunder, roar; (*di applausi*) burst.
scros'tare *vt* (*intonaco*) to scrape off, strip; **~rsi** *vr* to peel off, flake off.
'scrupolo *sm* scruple; (*meticolosità*) care, conscientiousness; **scrupo'loso, a** *ag* scrupulous; conscientious, thorough.
scru'tare *vt* to search, scrutinize; (*intenzioni, causa*) to examine, scrutinize.
scruti'nare *vt* (*voti*) to count; **scru'tinio** *sm* (*votazione*) ballot; (*insieme delle operazioni*) poll; (INS) (*meeting for*) *assignment of marks at end of a term or year.*
scu'cire [sku'tʃire] *vt* (*orlo etc*) to unpick, undo.
scude'ria *sf* stable.
scu'detto *sm* (SPORT) (championship) shield; (*distintivo*) badge.
'scudo *sm* shield.
scul'tore, 'trice *sm/f* sculptor.
scul'tura *sf* sculpture.
scu'ola *sf* school; **~ elementare/materna/media** primary/nursery/secondary school; **~ guida** driving school.
scu'otere *vt* to shake; **~rsi** *vr* to jump, be startled; (*fig*: *muoversi*) to rouse o.s., stir o.s.; (: *commuoversi*) to be shaken.
'scure *sf* axe.
'scuro, a *ag* dark; (*fig*: *espressione*) grim // *sm* darkness; dark colour; (*imposta*) (window) shutter; **verde/rosso** *etc* **~** dark green/red *etc.*
scur'rile *ag* scurrilous.
'scusa *sf* excuse; **~e** *sfpl* apology *sg*, apologies; **chiedere ~ a qd (per)** to apologize to sb (for); **chiedo ~** I'm sorry; (*disturbando etc*) excuse me.
scu'sare *vt* to excuse; **~rsi** *vr*: **~rsi (di)** to apologize (for); **(mi) scusi** I'm sorry; (*per richiamare l'attenzione*) excuse me.
sde'gnare [zdeɲ'ɲare] *vt* to scorn, despise; **~rsi** *vr* (*adirarsi*) to get angry.
'sdegno ['zdeɲɲo] *sm* scorn, disdain; **sde'gnoso, a** *ag* scornful, disdainful.
sdolci'nato, a [zdoltʃi'nato] *ag* mawkish, oversentimental.
sdoppi'are *vt* (*dividere*) to divide *o* split in two.
sdrai'arsi *vr* to stretch out, lie down.
'sdraio *sm*: **sedia a ~** deck chair.
sdruccio'lare [zdruttʃo'lare] *vi* (2) to slip, slide.
se *pronome vedi* **si** // *cong* if; (*in frasi*

interrogative indirette) if, whether; **non so ~ scrivere o telefonare** I don't know whether *o* if I should write or phone; **~ mai** if, if ever; (*caso mai*) in case; **~ solo** *o* **solamente** if only.
sé *pronome* (*gen*) oneself; (*esso, essa, lui, lei, loro*) itself; himself; herself; themselves; **~ stesso(a)** *pronome* oneself; itself; himself; herself; **~ stessi(e)** *pronome pl* themselves.
seb'bene *cong* although, though.
sec. (*abbr di* **secolo**) c.
'secca *sf vedi* **secco**.
sec'care *vt* to dry; (*prosciugare*) to dry up; (*fig: importunare*) to annoy, bother; (: *annoiare*) to bore // *vi* (*2*) to dry; to dry up; **~rsi** *vr* to dry; to dry up; (*fig*) to grow annoyed; to grow bored; **secca'tura** *sf* (*fig*) bother *q*, trouble *q*.
'secchia ['sekkja] *sf* bucket, pail.
'secco, a, chi, che *ag* dry; (*fichi, pesce*) dried; (*foglie, ramo*) withered; (*magro: persona*) thin, skinny; (*fig: risposta, modo di fare*) curt, abrupt; (: *colpo*) clean, sharp // *sm* (*siccità*) drought // *sf* (*del mare*) shallows *pl*; **restarci ~** (*fig: morire sul colpo*) to drop dead; **mettere in ~** (*barca*) to beach; **rimanere in** *o* **a ~** (*NAUT*) to run aground; (*fig*) to be left in the lurch.
seco'lare *ag* age-old, centuries-old; (*laico, mondano*) secular.
'secolo *sm* century; (*epoca*) age.
se'conda *sf vedi* **secondo**.
secon'dario, a *ag* secondary.
se'condo, a *ag* second // *sm* second; (*di pranzo*) main course // *sf* (*AUT*) second (gear) // *prep* according to; (*nel modo prescritto*) in accordance with; **~ me** in my opinion, to my mind; **di ~a classe** second-class; **di ~a mano** second-hand; **viaggiare in ~a** to travel second-class; **a ~a di** *prep* according to; in accordance with.
secrezi'one [sekret'tsjone] *sf* secretion.
'sedano *sm* celery.
seda'tivo, a *ag, sm* sedative.
'sede *sf* seat; (*di ditta*) head office; (*di organizzazione*) headquarters *pl*; **in ~ di** (*in occasione di*) during; **~ sociale** registered office.
seden'tario, a *ag* sedentary.
se'dere *vi* (*2*) to sit, be seated; **~rsi** *vr* to sit down // *sm* (*deretano*) behind, bottom.
'sedia *sf* chair.
sedi'cente [sedi'tʃɛnte] *ag* self-styled.
'sedici ['seditʃi] *num* sixteen.
se'dile *sm* seat; (*nei giardini*) bench.
sedi'mento *sm* sediment.
sedizi'one [sedit'tsjone] *sf* revolt, rebellion; **sedizi'oso, a** *ag* seditious; rebellious.
se'dotto, a *pp di* **sedurre**.
sedu'cente [sedu'tʃɛnte] *ag* seductive; (*proposta*) very attractive.
se'durre *vt* to seduce.
se'duta *sf* session, sitting; (*riunione*) meeting; (*di modello*) sitting; **~ stante** (*fig*) immediately.
seduzi'one [sedut'tsjone] *sf* seduction; (*fascino*) charm, appeal.
'sega, ghe *sf* saw.
'segale *sf* rye.
se'gare *vt* to saw; (*recidere*) to saw off; **sega'tura** *sf* (*residuo*) sawdust.
'seggio ['sɛddʒo] *sm* seat; **~ elettorale** polling station.
'seggiola ['sɛddʒola] *sf* chair; **seggio'lone** *sm* (*per bambini*) highchair.
seggio'via [seddʒo'via] *sf* chairlift.
seghe'ria [sege'ria] *sf* sawmill.
seg'mento *sm* segment.
segna'lare [seɲɲa'lare] *vt* (*manovra etc*) to signal; to indicate; (*annunciare*) to announce; to report; (*fig: far conoscere*) to point out; (: *persona*) to single out; **~rsi** *vr* (*distinguersi*) to distinguish o.s.
se'gnale [seɲ'ɲale] *sm* signal; (*cartello*) sign; **~ d'allarme** alarm signal; (*FERR*) communication chord; **~ orario** time signal; **segna'letica** *sf* signalling, signposting; **segnaletica stradale** roadsigns *pl*.
se'gnare [seɲ'ɲare] *vt* to mark; (*prendere nota*) to note; (*indicare*) to indicate, mark; (*SPORT: goal*) to score; **~rsi** *vr* (*REL*) to make the sign of the cross, cross o.s.
'segno ['seɲɲo] *sm* sign; (*impronta, contrassegno*) mark; (*limite*) limit, bounds *pl*; (*bersaglio*) target; **fare ~ di sì/no** to nod (one's head)/shake one's head; **fare ~ a qd di fermarsi** to motion (to) sb to stop; **cogliere** *o* **colpire nel ~** (*fig*) to hit the mark.
segre'gare *vt* to segregate, isolate; **segregazi'one** *sf* segregation.
segre'tario, a *sm/f* secretary; **~ comunale** town clerk; **~ di Stato** Secretary of State.
segrete'ria *sf* (*di ditta, scuola*) (secretary's) office; (*d'organizzazione internazionale*) secretariat; (*POL etc: carica*) office of Secretary.
segre'tezza [segre'tettsa] *sf* secrecy.
se'greto, a *ag* secret // *sm* secret; secrecy *q*; **in ~** in secret, secretly.
segu'ace [se'gwatʃe] *sm/f* follower, disciple.
segu'ente *ag* following, next.
segu'ire *vt* to follow; (*frequentare: corso*) to attend // *vi* (*2*) to follow; (*continuare: testo*) to continue.
segui'tare *vt* to continue, carry on with // *vi* to continue, carry on.
'seguito *sm* (*scorta*) suite, retinue; (*discepoli*) followers *pl*; (*favore*) following; (*serie*) sequence, series *sg*; (*continuazione*) continuation; (*conseguenza*) result; **di ~** at a stretch, on end; **in ~** later on; **in ~ a, a ~ di** following; (*a causa di*) as a result of, owing to.
'sei *forma del vb* **essere** // *num* six.
sei'cento [sei'tʃɛnto] *num* six hundred // *sm*: **il S~** the seventeenth century.
selci'ato [sel'tʃato] *sm* pavement.

selezio'nare [selettsjo'nare] *vt* to select.
selezi'one [selet'tsjone] *sf* selection.
'sella *sf* saddle; **sel'lare** *vt* to saddle.
selvag'gina [selvad'dʒina] *sf* (*animali*) game.
sel'vaggio, a, gi, ge [sel'vaddʒo] *ag* wild; (*tribù*) savage, uncivilized; (*fig*) savage, fierce; unsociable // *sm/f* savage.
sel'vatico, a, ci, che *ag* wild.
se'maforo *sm* (AUT) traffic lights *pl*.
sem'brare (2) *vi* to seem // *vb impers*: **sembra che** it seems that; **mi sembra che** it seems to me that; I think (that); ~ **di essere** to seem to be.
'seme *sm* seed; (*sperma*) semen; (CARTE) suit.
se'mestre *sm* half-year; (INS) semester.
'semi... *prefisso* semi...; **semi'cerchio** *sm* semicircle; **semifi'nale** *sf* semifinal; **semi'freddo, a** *ag* (CUC) chilled // *sm* ice-cream cake.
'semina *sf* (AGR) sowing.
semi'nare *vt* to sow.
semi'nario *sm* seminar; (REL) seminary.
se'mitico, a, ci, che *ag* semitic.
sem'mai = se mai; *vedi* **se**.
'semola *sf* bran.
semo'lino *sm* semolina.
'semplice ['semplitʃe] *ag* simple; (*di un solo elemento*) single; **semplice'mente** *av* simply; **semplicità** *sf* simplicity; **semplifi'care** *vt* to simplify.
'sempre *av* always; (*ancora*) still; **posso ~ tentare** I can always try, anyway, I can try; **per ~** forever; **una volta per ~** once and for all; ~ **che** *cong* provided (that); ~ **più** more and more; ~ **meno** less and less.
sempre'verde *ag, sm o f* (BOT) evergreen.
'senape *sf* (CUC) mustard.
se'nato *sm* senate; **sena'tore, 'trice** *sm/f* senator.
se'nile *ag* senile.
'senno *sm* judgment, (common) sense.
'seno *sm* (*petto*) breast; (*ventre materno, fig*) womb; (GEO) inlet, creek; (ANAT) sinus; (MAT) sine.
sen'sato, a *ag* sensible.
sensazio'nale [sensattsjo'nale] *ag* sensational.
sensazi'one [sensat'tsjone] *sf* sensation; **fare ~** to cause a sensation, create a stir.
sen'sibile *ag* sensitive; (*ai sensi*) perceptible; (*rilevante, notevole*) appreciable, noticeable; ~ **a** sensitive to; **sensibilità** *sf* sensitivity.
'senso *sm* (FISIOL, *istinto*) sense; (*impressione, sensazione*) feeling, sensation; (*significato*) meaning, sense; (*direzione*) direction; **~i** *smpl* (*coscienza*) consciousness *sg*; (*sensualità*) senses; **ciò non ha ~** that doesn't make sense; **fare ~ a** (*ripugnare*) to disgust, repel; ~ **comune** common sense; **in ~ orario/antiorario** clockwise/anticlockwise; ~ **unico**, ~ **vietato** (AUT) one-way street.
sensu'ale *ag* sensual; sensuous; **sensualità** *sf* sensuality; sensuousness.
sen'tenza [sen'tɛntsa] *sf* (DIR) sentence; (*massima*) maxim; **sentenzi'are** *vi* (DIR) to pass judgment.
senti'ero *sm* path.
sentimen'tale *ag* sentimental; (*vita, avventura*) love *cpd*.
senti'mento *sm* feeling.
senti'nella *sf* sentry.
sen'tire *vt* (*percepire al tatto, fig*) to feel; (*udire*) to hear; (*ascoltare*) to listen to; (*odore*) to smell; (*avvertire con il gusto, assaggiare*) to taste // *vi*: ~ **di** (*avere sapore*) to taste of; (*avere odore*) to smell of; **~rsi bene/male** to feel well/unwell *o* ill; **~rsi di fare qc** (*essere disposto*) to feel like doing sth.
sen'tito, a *ag* (*sincero*) sincere, warm; **per ~ dire** by hearsay.
'senza ['sɛntsa] *prep, cong* without; ~ **dir nulla** without saying a word; **fare ~ qc** to do without sth; ~ **di me** without me; ~ **che io lo sapessi** without me *o* my knowing; **senz'altro** of course, certainly; ~ **dubbio** no doubt; ~ **scrupoli** unscrupulous; ~ **amici** friendless.
sepa'rare *vt* to separate; (*dividere*) to divide; (*tenere distinto*) to distinguish; **~rsi** *vr* (*coniugi*) to separate, part; (*amici*) to part, leave each other; **~rsi da** (*coniuge*) to separate *o* part from; (*amico, socio*) to part company with; (*oggetto*) to part with; **separazi'one** *sf* separation.
se'polcro *sm* sepulchre.
se'polto, a *pp di* **seppellire**.
seppel'lire *vt* to bury.
'seppia *sf* cuttlefish // *ag inv* sepia.
se'quenza [se'kwɛntsa] *sf* sequence.
seques'trare *vt* (DIR) to impound; (*rapire*) to kidnap; (*costringere in un luogo*) to keep, confine; **se'questro** *sm* (DIR) impoundment; **sequestro di persona** kidnapping; illegal confinement.
'sera *sf* evening; **di ~** in the evening; **domani ~** tomorrow evening, tomorrow night; **se'rale** *ag* evening *cpd*; **se'rata** *sf* evening; (*ricevimento*) party.
ser'bare *vt* to keep; (*mettere da parte*) to put aside; ~ **rancore/odio verso qd** to bear sb a grudge/hate sb.
serba'toio *sm* tank; (*di apparecchio igienico*) cistern; (TECN) reservoir.
'serbo *sm*: **mettere** (*o* **tenere** *o* **avere**) **in ~ qc** to put (*o* keep) sth aside.
sere'nata *sf* (MUS) serenade.
serenità *sf* serenity.
se'reno, a *ag* (*tempo, cielo*) clear; (*fig*) serene, calm.
ser'gente [ser'dʒɛnte] *sm* (MIL) sergeant.
'serie *sf inv* (*successione*) series *inv*; (*gruppo, collezione*: *di chiavi etc*) set; (SPORT) division; league; (COMM): **modello di ~/fuori ~** standard/custom-built model; **in ~** in quick succession; (COMM) mass *cpd*.
serietà *sf* seriousness; reliability.
'serio, a *ag* serious; (*impiegato*)

responsible, reliable; (*ditta, cliente*) reliable, dependable; **sul ~** (*davvero*) really, truly; (*seriamente*) seriously, in earnest.
ser'mone *sm* sermon.
serpeggi'are [serped'dʒare] *vi* to wind; (*fig*) to spread.
ser'pente *sm* snake; **~ a sonagli** rattlesnake.
'serra *sf* greenhouse; hothouse.
ser'randa *sf* roller shutter.
ser'rare *vt* to close, shut; (*a chiave*) to lock; (*stringere*) to tighten; (*premere*: *nemico*) to close in on; **~ i pugni/i denti** to clench one's fists/teeth; **~ le file** to close ranks.
serra'tura *sf* lock.
'serva *sf vedi* **servo.**
ser'vire *vt* to serve; (*clienti*: *al ristorante*) to wait on; (*: al negozio*) to serve, attend to; (*fig*: *giovare*) to aid, help // *vi* (TENNIS) to serve; (*2*) (*essere utile*): **~ a qd** to be of use to sb; **~ a qc/a fare** (*utensile etc*) to be used for sth/for doing; **~ (a qd) di** to serve as (for sb); **~rsi** *vr* (*usare*): **~rsi di** to use; (*prendere*: *cibo*): **~rsi (di)** to help o.s. (to); (*essere cliente abituale*): **~rsi da** to be a regular customer at, go to.
servitù *sf* servitude; slavery; captivity; (*personale di servizio*) servants *pl*, domestic staff.
servizi'evole [servit'tsjevole] *ag* obliging, willing to help.
ser'vizio [ser'vittsjo] *sm* service; (*compenso*: *al ristorante*) service (charge); (STAMPA, TV, RADIO) report; (*da tè, caffè etc*) set, service; **~i** *smpl* (*di casa*) kitchen and bathroom; (ECON) services; **essere di ~** to be on duty; **fare ~** to operate; (*essere aperto*) to be open; (*essere di turno*) to be on duty; **~ militare** military service; **~i segreti** secret service *sg*.
'servo, a *sm/f* servant.
ses'santa *num* sixty.
sessan'tina *sf*: **una ~ (di)** about sixty.
sessi'one *sf* session.
'sesso *sm* sex; **sessu'ale** *ag* sexual, sex *cpd*.
ses'tante *sm* sextant.
'sesto, a *ag, sm* sixth.
'seta *sf* silk.
'sete *sf* thirst; **avere ~** to be thirsty.
'setola *sf* bristle.
'setta *sf* sect.
set'tanta *num* seventy.
settan'tina *sf*: **una ~ (di)** about seventy.
'sette *num* seven.
sette'cento [sette'tʃɛnto] *num* seven hundred // *sm*: **il S~** the eighteenth century.
set'tembre *sm* September.
settentrio'nale *ag* northern.
settentri'one *sm* north.
'settico, a, ci, che *ag* (MED) septic.
setti'mana *sf* week; **settima'nale** *ag, sm* weekly.
'settimo, a *ag, sm* seventh.
set'tore *sm* sector.
severità *sf* severity.
se'vero, a *ag* severe.
se'vizie [se'vittsje] *sfpl* torture *sg*; **sevizi'are** *vt* to torture.
sezio'nare [settsjo'nare] *vt* to divide into sections; (MED) to dissect.
sezi'one [set'tsjone] *sf* section; (MED) dissection.
sfaccen'dato, a [sfattʃen'dato] *ag* idle.
sfacci'ato, a [sfat'tʃato] *ag* (*maleducato*) cheeky, impudent; (*vistoso*) gaudy.
sfa'celo [sfa'tʃɛlo] *sm* (*fig*) ruin, collapse.
sfal'darsi *vr* to flake (off).
'sfarzo ['sfartso] *sm* pomp, splendour.
sfasci'are [sfaʃ'ʃare] *vt* (*ferita*) to unbandage; (*distruggere: porta*) to smash, shatter; **~rsi** *vr* (*rompersi*) to smash, shatter; (*fig*) to collapse.
sfa'tare *vt* (*leggenda*) to explode.
sfavil'lare *vi* to spark, send out sparks; (*risplendere*) to sparkle.
sfavo'revole *ag* unfavourable.
'sfera *sf* sphere; **'sferico, a, ci, che** *ag* spherical.
sfer'rare *vt* (*fig: colpo*) to land, deal; (: *attacco*) to launch.
sfer'zare [sfer'tsare] *vt* to whip; (*fig*) to lash out at.
sfiata'toio *sm* blowhole.
sfi'brare *vt* (*indebolire*) to exhaust, enervate.
'sfida *sf* challenge; **sfi'dare** *vt* to challenge; (*fig*) to defy, brave.
sfi'ducia [sfi'dutʃa] *sf* distrust, mistrust.
sfigu'rare *vt* (*persona*) to disfigure; (*quadro, statua*) to deface // *vi* (*far cattiva figura*) to make a bad impression.
sfi'lare *vt* to unthread; (*abito, scarpe*) to slip off // *vi* (*truppe*) to march past; (*atleti*) to parade; **~rsi** *vr* (*perle etc*) to come unstrung; (*calza*) to run, ladder; **sfi'lata** *sf* march past; parade; **sfilata di moda** fashion show.
'sfinge ['sfindʒe] *sf* sphinx.
sfi'nito, a *ag* exhausted.
sfio'rare *vt* to brush (against); (*argomento*) to touch upon.
sfio'rire *vi* (*2*) to wither, fade.
sfo'cato, a *ag* (FOT) out of focus.
sfoci'are [sfo'tʃare] *vi* (*2*): **~ in** to flow into.
sfo'gare *vt* to vent, pour out; **~rsi** *vr* (*sfogare la propria rabbia*) to give vent to one's anger; (*confidarsi*): **~rsi (con)** to pour out one's feelings (to); **non sfogarti su di me!** don't take your bad temper out on me!
sfoggi'are [sfod'dʒare] *vt, vi* to show off.
'sfoglia ['sfɔʎʎa] *sf* sheet of pasta dough; **pasta ~** (CUC) puff pastry.
sfogli'are [sfoʎ'ʎare] *vt* (*libro*) to leaf through.
'sfogo, ghi *sm* outlet; (*eruzione cutanea*) rash; (*fig*) outburst; **dare ~ a** (*fig*) to give vent to.

sfolgo'rare *vi* to blaze.

sfol'lare *vt* to empty, clear // *vi* (*2*) to disperse; (*in tempo di guerra*): ~ **(da)** to evacuate.

sfon'dare *vt* (*porta*) to break down; (*scarpe*) to wear a hole in; (*cesto, scatola*) to burst, knock the bottom out of; (*MIL*) to break through // *vi* (*riuscire*) to make a name for o.s.

'sfondo *sm* background.

sfor'mato *sm* (*CUC*) *type of soufflé.*

sfor'nire *vt*: ~ **di** to deprive of.

sfor'tuna *sf* misfortune, ill luck *q*; **sfortu'nato, a** *ag* unlucky; (*impresa, film*) unsuccessful.

sfor'zare [sfor'tsare] *vt* to force; **~rsi** *vr*: **~rsi di** *o* **a** *o* **per fare** to try hard to do.

'sforzo ['sfɔrtso] *sm* effort; (*tensione eccessiva, TECN*) strain.

sfrat'tare *vt* to evict; **'sfratto** *sm* eviction.

sfrecci'are [sfret'tʃare] *vi* (*2*) to shoot *o* flash past.

sfregi'are [sfre'dʒare] *vt* to slash, gash; (*persona*) to disfigure; (*quadro*) to deface; **'sfregio** *sm* gash; scar; (*fig*) insult.

sfre'nato, a *ag* (*fig*) unrestrained, unbridled.

sfron'tato, a *ag* shameless.

sfrutta'mento *sm* exploitation.

sfrut'tare *vt* (*terreno*) to overwork, exhaust; (*miniera*) to exploit, work; (*fig: operai, occasione, potere*) to exploit.

sfug'gire [sfud'dʒire] *vi* (*2*) to escape; ~ **a** (*custode*) to escape (from); (*morte*) to escape; ~ **a qd** (*dettaglio, nome*) to escape sb; ~ **di mano a qd** to slip out of sb's hand (*o* hands); **sfug'gita**: **di sfuggita** *ad* (*rapidamente, in fretta*) in passing.

sfu'mare *vt* (*colori, contorni*) to soften, shade off // *vi* (*2*) to shade (off), fade; (*svanire*) to vanish, disappear; (*fig: speranze*) to come to nothing; **sfuma'tura** *sf* shading off *q*; (*tonalità*) shade, tone; (*fig*) touch, hint.

sfuri'ata *sf* (*scatto di collera*) fit of anger; (*rimprovero*) sharp rebuke.

sga'bello *sm* stool.

sgabuz'zino [sgabud'dzino] *sm* lumber room.

sgambet'tare *vi* to kick one's legs about; to scurry along.

sgam'betto *sm*: **far lo ~ a qd** to trip sb up.

sganasci'arsi [zganaʃ'ʃarsi] *vr*: ~ **dalle risa** to roar with laughter.

sganci'are [zgan'tʃare] *vt* to unhook; (*FERR*) to uncouple; (*bombe: da aereo*) to release, drop; (*fig: fam: soldi*) to fork out.

sganghe'rato, a [zgange'rato] *ag* (*porta*) off its hinges; (*auto*) ramshackle; (*riso*) wild, boisterous.

sgar'bato, a *ag* rude, impolite.

'sgarbo *sm*: **fare uno ~ a qd** to be rude to sb.

sgattaio'lare *vi* to sneak away *o* off.

sge'lare [zdʒe'lare] *vi* (*2*), *vt* to thaw.

'sghembo, a ['zgembo] *ag* (*obliquo*) slanting; (*storto*) crooked.

sghignaz'zare [zgiɲɲat'tsare] *vi* to laugh scornfully.

sgob'bare *vi* (*fam: scolaro*) to swot; (*: operaio*) to slog.

sgoccio'lare [zgottʃo'lare] *vt* (*vuotare*) to drain (to the last drop) // *vi* (*acqua*) to drip; (*recipiente*) to drain.

sgo'larsi *vr* to talk (*o* shout *o* sing) o.s. hoarse.

sgomb(e)'rare *vt* to clear; (*andarsene da: stanza*) to vacate; (*evacuare*) to evacuate.

'sgombro, a *ag*: ~ **(di)** clear (of), free (from) // *sm* (*trasloco*) removal; (*ZOOL*) mackerel.

sgomen'tare *vt* to dismay; **~rsi** *vr* to be dismayed; **sgo'mento, a** *ag* dismayed // *sm* dismay, consternation.

sgonfi'are *vt* to let down, deflate; **~rsi** *vr* to go down.

'sgorbio *sm* blot; scribble.

sgor'gare *vi* (*2*) to gush (out).

sgoz'zare [zgot'tsare] *vt* to cut the throat of.

sgra'devole *ag* unpleasant, disagreeable.

sgra'dito, a *ag* unpleasant, unwelcome.

sgra'nare *vt* (*piselli*) to shell; ~ **gli occhi** to open one's eyes wide.

sgran'chirsi [zgran'kirsi] *vr* to stretch; ~ **le gambe** to stretch one's legs.

sgranocchi'are [zgranok'kjare] *vt* to munch.

'sgravio *sm*: ~ **fiscale** tax relief.

sgrazi'ato, a [zgrat'tsjato] *ag* clumsy, ungainly.

sgreto'lare *vt* to cause to crumble; **~rsi** *vr* to crumble.

sgri'dare *vt* to scold; **sgri'data** *sf* scolding.

sguai'ato, a *ag* coarse, vulgar.

sgual'cire [zgwal'tʃire] *vt* to crumple (up), crease.

sgual'drina *sf* (*peg*) slut.

sgu'ardo *sm* (*occhiata*) look, glance; (*espressione*) look (in one's eye).

sguaz'zare [zgwat'tsare] *vi* (*nell'acqua*) to splash about; (*nella melma*) to wallow; ~ **nella ricchezza** to be rolling in money.

sguinzagli'are [zgwintsaʎ'ʎare] *vt* to let off the leash.

sgusci'are [zguʃ'ʃare] *vt* to shell // *vi* (*uccelli*) to hatch; (*sfuggire di mano*) to slip; (*fig*) to slip *o* slink away.

'shampoo ['ʃampo] *sm inv* shampoo.

shock [ʃɔk] *sm inv* shock.

si *pronome* (*dav lo, la, li, le, ne diventa* **se**) (*riflessivo*) oneself, *m* himself, *f* herself, *soggetto non umano* itself; *pl* themselves; (*reciproco*) one another, each other; (*passivante*): **lo ~ ripara facilmente** it is easily repaired; (*possessivo*): **lavarsi le mani** to wash one's hands; (*impersonale*): ~ **vede che è felice** one *o* you can see that he's happy; (*noi*): **tra poco ~ parte** we're leaving soon; (*la gente*): ~ **dice che**

they *o* people say that // *sm* (*MUS*) B; (: *solfeggiando la scala*) ti.

sì *av* yes.

'sia *cong*: ~ ... ~ (*o ... o*): ~ **che lavori,** ~ **che non lavori** whether he works or not; (*tanto ... quanto*): **verranno** ~ **Luigi** ~ **suo fratello** both Luigi and his brother will be coming.

sia'mese *ag* siamese.

si'amo *forma del vb* **essere.**

Si'beria *sf*: **la** ~ Siberia.

sibi'lare *vi* to hiss; (*fischiare*) to whistle; **'sibilo** *sm* hiss; whistle.

si'cario *sm* hired killer.

sicché [sik'ke] *cong* (*perciò*) so (that), therefore; (*e quindi*) (and) so.

siccità [sittʃi'ta] *sf* drought.

sic'come *cong* since, as.

Si'cilia [si'tʃilja] *sf*: **la** ~ Sicily; **sicili'ano, a** *ag, sm/f* Sicilian.

sico'moro *sm* sycamore.

sicu'rezza [siku'rettsa] *sf* safety; security; (*fiducia*) confidence; (*certezza*) certainty; **di** ~ safety *cpd*; **la** ~ **stradale** road safety.

si'curo, a *ag* safe; (*ben difeso*) secure; (*fiducioso*) confident; (*certo*) sure, certain; (*notizia, amico*) reliable; (*esperto*) skilled // *av* (*anche*: **di** ~) certainly; **essere/mettere al** ~ to be safe/put in a safe place; **sentirsi** ~ to feel safe *o* secure.

siderur'gia [siderur'dʒia] *sf* iron and steel industry.

'sidro *sm* cider.

si'epe *sf* hedge.

si'ero *sm* (*MED*) serum.

si'esta *sf* siesta, (afternoon) nap.

si'ete *forma del vb* **essere.**

si'filide *sf* syphilis.

si'fone *sm* siphon.

Sig. (*abbr di* **signore**) Mr.

siga'retta *sf* cigarette.

'sigaro *sm* cigar.

Sigg. (*abbr di* **signori**) Messrs.

sigil'lare [sidʒil'lare] *vt* to seal.

si'gillo [si'dʒillo] *sm* seal.

'sigla *sf* initials *pl*; acronym, abbreviation; ~ **musicale** signature tune.

si'glare *vt* to initial.

Sig.na *abbr di* **signorina.**

signifi'care [siɲɲifi'kare] *vt* to mean; **significa'tivo, a** *ag* significant; **signifi'cato** *sm* meaning.

si'gnora [siɲ'ɲora] *sf* lady; **la** ~ **X** Mrs ['mɪsɪz] X; **buon giorno S~/Signore/Signorina** good morning; (*deferente*) good morning Madam/Sir/Madam; (*quando si conosce il nome*) good morning Mrs/Mr/Miss X; **Gentile S~/Signore/Signorina** (*in una lettera*) Dear Madam/Sir/Madam; **il signor Rossi e** ~ Mr Rossi and his wife; **~e e signori** ladies and gentlemen.

si'gnore [siɲ'ɲore] *sm* gentleman; (*padrone*) lord, master; (*REL*): **il S~** the Lord; **il signor X** Mr ['mɪstə*] X; **i ~i Bianchi** (*coniugi*) Mr and Mrs Bianchi; *vedi anche* **signora.**

signo'rile [siɲɲo'rile] *ag* refined.

signo'rina [siɲɲo'rina] *sf* young lady; **la** ~ **X** Miss X; *vedi anche* **signora.**

Sig.ra (*abbr di* **signora**) Mrs.

silenzia'tore [silentsja'tore] *sm* silencer.

si'lenzio [si'lɛntsjo] *sm* silence; **silenzi'oso, a** *ag* silent, quiet.

'sillaba *sf* syllable.

silu'rare *vt* to torpedo; (*fig: privare del comando*) to oust.

si'luro *sm* torpedo.

simboleggi'are [simboled'dʒare] *vt* to symbolize.

sim'bolico, a, ci, che *ag* symbolic(al).

simbo'lismo *sm* symbolism.

'simbolo *sm* symbol.

'simile *ag* (*analogo*) similar; (*di questo tipo*): **un uomo** ~ such a man, a man like this; **libri ~i** such books; ~ **a** similar to; **i suoi ~i** one's fellow men; one's peers.

simme'tria *sf* symmetry; **sim'metrico, a, ci, che** *ag* symmetrical.

simpa'tia *sf* (*inclinazione*) liking; (*partecipazione ai sentimenti di qd*) sympathy; **avere** ~ **per qd** to like sb, have a liking for sb; **sim'patico, a, ci, che** *ag* nice, friendly; pleasant; likeable.

simpatiz'zare [simpatid'dzare] *vi*: ~ **con** to take a liking to.

sim'posio *sm* symposium.

simu'lare *vt* to sham, simulate; (*TECN*) to simulate; **simulazi'one** *sf* shamming; simulation.

simul'taneo, a *ag* simultaneous.

sina'goga, ghe *sf* synagogue.

sincerità [sintʃeri'ta] *sf* sincerity.

sin'cero, a [sin'tʃero] *ag* sincere; genuine; heartfelt.

'sincope *sf* syncopation; (*MED*) blackout.

sincroniz'zare [sinkronid'dzare] *vt* to synchronize.

sinda'cale *ag* (trade-)union *cpd*; **sindaca'lista, i, e** *sm/f* trade unionist.

sinda'cato *sm* (*di lavoratori*) (trade) union; (*AMM, ECON, DIR*) syndicate, trust, pool; ~ **dei datori di lavoro** employers' association, employers' federation.

'sindaco, ci *sm* mayor.

'sindrome *sf* (*MED*) syndrome.

sinfo'nia *sf* (*MUS*) symphony.

singhioz'zare [singjot'tsare] *vi* to sob; to hiccup.

singhi'ozzo [sin'gjottso] *sm* sob; (*MED*) hiccup; **avere il** ~ to have the hiccups; **a** ~ (*fig*) by fits and starts.

singo'lare *ag* (*insolito*) remarkable, singular; (*LING*) singular // *sm* (*LING*) singular; (*TENNIS*): ~ **maschile/femminile** men's/women's singles.

'singolo, a *ag* single, individual // *sm* (*persona*) individual; (*TENNIS*) = **singolare.**

si'nistro, a *ag* left, left-hand; (*fig*) sinister // *sm* (*incidente*) accident // *sf* (*POL*) left

(wing); **a ~a** on the left; (*direzione*) to the left.
'sino *prep* = **fino**.
si'nonimo, a *ag* synonymous // *sm* synonym; ~ **di** synonymous with.
sin'tassi *sf* syntax.
'sintesi *sf* synthesis; (*riassunto*) summary, résumé.
sin'tetico, a, ci, che *ag* synthetic.
sintetiz'zare [sintetid'dzare] *vt* to synthesize; (*riassumere*) to summarize.
sinto'matico, a, ci, che *ag* symptomatic.
'sintomo *sm* symptom.
sinu'oso, a *ag* (*strada*) winding.
si'pario *sm* (TEATRO) curtain.
si'rena *sf* (*apparecchio*) siren; (*nella mitologia, fig*) siren, mermaid.
'Siria *sf*: **la** ~ Syria; **siri'ano, a** *ag, sm/f* Syrian.
si'ringa, ghe *sf* syringe.
'sismico, a, ci, che *ag* seismic.
sis'mografo *sm* seismograph.
sis'tema, i *sm* system; method, way; **cambiare** ~ to change one's way of life.
siste'mare *vt* (*mettere a posto*) to tidy, put in order; (*risolvere: questione*) to sort out, settle; (*procurare un lavoro a*) to find a job for; (*dare un alloggio a*) to settle, find accommodation for; **~rsi** *vr* to settle down; (*trovarsi un lavoro*) to get fixed up with a job; **ti sistemo io!** I'll soon sort you out!
siste'matico, a, ci, che *ag* systematic.
sistemazi'one [sistemat'tsjone] *sf* arrangement, order; settlement; employment; accommodation.
situ'are *vt* to site, situate; **situ'ato, a** *ag*: **situato a/su** situated at/on.
situazi'one [situat'tsjone] *sf* situation.
slacci'are [zlat'tʃare] *vt* to undo, unfasten.
slanci'arsi [zlan'tʃarsi] *vr* to dash, fling o.s.; **slanci'ato, a** *ag* slender; **'slancio** *sm* dash, leap; (*fig*) surge.
sla'vato, a *ag* faded, washed out; (*fig: viso, occhi*) pale, colourless.
'slavo, a *ag* Slav(onic), Slavic.
sle'ale *ag* disloyal; (*concorrenza etc*) unfair.
sle'gare *vt* to untie.
'slitta *sf* sledge; (*trainata*) sleigh.
slit'tare *vi* (*2*) to slide; (AUT) to skid.
slo'gare *vt* (MED) to dislocate.
sloggi'are [zlod'dʒare] *vt* (*inquilino*) to turn out; (*nemico*) to drive out, dislodge // *vi* to move out.
smacchi'are [zmak'kjare] *vt* to remove stains from.
'smacco, chi *sm* humiliating defeat.
smagli'ante [zmaʎ'ʎante] *ag* brilliant, dazzling.
smagli'are [zmaʎ'ʎare] *vt*, **~rsi** *vr* (*calza*) to ladder.
smalizi'ato, a [smalit'tsjato] *ag* shrewd, cunning.
smal'tare *vt* to enamel; (*a vetro*) to glaze; (*unghie*) to varnish.
smal'tire *vt* (*merce*) to sell; (*: svendere*) to sell off; (*rifiuti*) to dispose of; (*cibo*) to digest; ~ **la sbornia** to sober up.
'smalto *sm* (*anche: di denti*) enamel; (*per ceramica*) glaze; ~ **per unghie** nail varnish.
'smania *sf* agitation, restlessness; (*fig*) longing, desire; **avere la ~ addosso** to have the fidgets; **smani'are** *vi* (*agitarsi*) to be restless *o* agitated; (*fig*): **smaniare di fare** to long *o* yearn to do.
smantel'lare *vt* to dismantle.
smarri'mento *sm* loss; (*fig*) bewilderment; dismay.
smar'rire *vt* to lose; (*non riuscire a trovare*) to mislay; **~rsi** *vr* (*perdersi*) to lose one's way, get lost; (*: oggetto*) to go astray; (*fig: turbarsi*) to be bewildered; (*essere sbigottito*) to be dismayed.
smasche'rare [zmaske'rare] *vt* to unmask.
smemo'rato, a *ag* forgetful.
smen'tire *vt* (*negare*) to deny; (*sbugiardare*) to give the lie to; (*sconfessare*) to retract, take back; **~rsi** *vr* to be inconsistent (in one's behaviour); **smen'tita** *sf* denial; retraction.
sme'raldo *sm* emerald.
smerci'are [zmer'tʃare] *vt* (COMM) to sell; (*: svendere*) to sell off.
sme'riglio [zme'riʎʎo] *sm* emery.
'smesso, a *pp di* **smettere**.
'smettere *vt* to stop; (*vestiti*) to stop wearing // *vi* to stop, cease; ~ **di fare** to stop doing.
'smilzo, a ['zmiltso] *ag* thin, lean.
sminu'ire *vt* to diminish, lessen; (*fig*) to belittle.
sminuz'zare [zminut'tsare] *vt* to break into small pieces; to crumble.
smis'tare *vt* (*pacchi etc*) to sort; (FERR) to shunt.
smisu'rato, a *ag* boundless, immeasurable; (*grandissimo*) immense, enormous.
smobili'tare *vt* to demobilize, demob (*col*).
smo'dato, a *ag* immoderate.
smoking ['sməukiŋ] *sm inv* dinner jacket.
smon'tare *vt* (*mobile, macchina etc*) to take to pieces, dismantle; (*far scendere: da veicolo*) to let off, drop (off); (*fig: scoraggiare*) to dishearten // *vi* (*2*) (*scendere: da cavallo*) to dismount; (*: da treno*) to get off; (*terminare il lavoro*) to stop (work); **~rsi** *vr* to lose heart; to lose one's enthusiasm.
'smorfia *sf* grimace; (*atteggiamento lezioso*) simpering; **fare ~e** to make faces; to simper; **smorfi'oso, a** *ag* simpering.
'smorto, a *ag* (*viso*) pale, wan; (*colore*) dull.
smor'zare [zmor'tsare] *vt* (*suoni*) to deaden; (*colori*) to tone down; (*luce*) to dim; (*sete*) to quench; (*entusiasmo*) to dampen; **~rsi** *vr* (*attutirsi*) to fade away.
'smosso, a *pp di* **smuovere**.

smotta'mento *sm* landslide.
'smunto, a *ag* haggard, pinched.
smu'overe *vt* to move, shift; (*fig: commuovere*) to move; (*: dall'inerzia*) to rouse, stir; **~rsi** *vr* to move, shift.
smus'sare *vt* (*angolo*) to round off, smooth; (*lama etc*) to blunt; **~rsi** *vr* to become blunt.
snatu'rato, a *ag* inhuman, heartless.
'snello, a *ag* (*agile*) agile; (*svelto*) slender, slim.
sner'vare *vt* to enervate, wear out; **~rsi** *vr* to become enervated.
sni'dare *vt* to drive out, flush out.
snob'bare *vt* to snub.
sno'bismo *sm* snobbery.
snoccio'lare [znottʃo'lare] *vt* (*frutta*) to stone; (*fig: orazioni*) to rattle off; (*: verità*) to blab; (*: fam: soldi*) to shell out.
sno'dare *vt* to untie, undo; (*rendere agile, mobile*) to loosen; **~rsi** *vr* to come loose; (*articolarsi*) to bend; (*strada, fiume*) to wind.
so *forma del vb* **sapere.**
so'ave *ag* sweet, gentle, soft.
sobbal'zare [sobbal'tsare] *vi* to jolt, jerk; (*trasalire*) to jump, start; **sob'balzo** *sm* jerk, jolt; jump, start.
sobbar'carsi *vr*: **~ a** to take on, undertake.
sob'borgo, ghi *sm* suburb.
sobil'lare *vt* to stir up, incite.
'sobrio, a *ag* temperate; sober.
socchi'udere [sok'kjudere] *vt* (*porta*) to leave ajar; (*occhi*) to half-close; **socchi'uso, a** *pp di* **socchiudere**.
soc'correre *vt* to help, assist; **soc'corso, a** *pp di* **soccorrere** // *sm* help, aid, assistance; **soccorsi** *smpl* (*MIL*) reinforcements.
socialdemo'cratico, a, ci, che [sotʃaldemo'kratiko] *sm/f* Social Democrat.
soci'ale [so'tʃale] *ag* social; (*di associazione*) club *cpd*, association *cpd.*
socia'lismo [sotʃa'lizmo] *sm* socialism; **socia'lista, i, e** *ag, sm/f* socialist.
società [sotʃe'ta] *sf inv* society; (*sportiva*) club; (*COMM*) company; **~ per azioni (S.p.A.)** limited company.
soci'evole [so'tʃevole] *ag* sociable.
'socio ['sɔtʃo] *sm* (*DIR, COMM*) partner; (*membro di associazione*) member.
'soda *sf* (*CHIM*) soda; (*acqua gassata*) soda (water).
soda'lizio [soda'littsjo] *sm* association, society.
soddis'fare *vt, vi*: **~ a** to satisfy; (*impegno*) to fulfil; (*debito*) to pay off; (*richiesta*) to meet, comply with; (*offesa*) to make amends for; **soddis'fatto, a** *pp di* **soddisfare** // *ag* satisfied; **soddisfatto di** happy *o* satisfied with; pleased with; **soddisfazi'one** *sf* satisfaction.
'sodo, a *ag* firm, hard; (*fig*) sound // *av* (*picchiare, lavorare*) hard; **dormire ~** to sleep soundly.
sofà *sm inv* sofa.
soffe'renza [soffe'rɛntsa] *sf* suffering.
sof'ferto, a *pp di* **soffrire.**
soffi'are *vt* to blow; (*notizia, segreto*) to whisper // *vi* to blow; **~rsi il naso** to blow one's nose; **~ qc/qd a qd** (*fig*) to pinch *o* steal sth/sb from sb; **~ via qc** to blow sth away.
'soffice ['sɔffitʃe] *ag* soft.
'soffio *sm* (*di vento*) breath; (*di fumo*) puff; (*MED*) murmur.
sof'fitta *sf* attic.
sof'fitto *sm* ceiling.
soffo'care *vi* (*anche:* **~rsi**) to suffocate, choke // *vt* to suffocate, choke; (*fig*) to stifle, suppress; **soffocazi'one** *sf* suffocation.
sof'friggere [sof'friddʒere] *vt* to fry lightly.
sof'frire *vt* to suffer, endure; (*sopportare*) to bear, stand // *vi* to suffer; to be in pain; **~ (di) qc** (*MED*) to suffer from sth.
sof'fritto, a *pp di* **soffriggere.**
sofisti'care *vt* (*vino, cibo*) to adulterate // *vi* to split hairs, quibble; **sofisti'cato, a** *ag* sophisticated.
sogget'tivo, a [soddʒet'tivo] *ag* subjective.
sog'getto, a [sod'dʒɛtto] *ag*: **~ a** (*sottomesso*) subject to; (*esposto: a variazioni, danni etc*) subject *o* liable to // *sm* subject.
soggezi'one [soddʒet'tsjone] *sf* subjection; (*timidezza*) awe; **avere ~ di qd** to stand in awe of sb; to be ill at ease in sb's presence.
sogghi'gnare [soggiɲ'ɲare] *vi* to sneer.
soggior'nare [soddʒor'nare] *vi* to stay; **soggi'orno** *sm* (*invernale, marino*) stay; (*stanza*) living room.
'soglia ['sɔʎʎa] *sf* doorstep; (*anche fig*) threshold.
'sogliola ['sɔʎʎola] *sf* (*ZOOL*) sole.
so'gnare [soɲ'ɲare] *vt, vi* to dream; **~ a occhi aperti** to daydream; **sogna'tore, 'trice** *sm/f* dreamer.
'sogno ['soɲɲo] *sm* dream.
'soia *sf* (*BOT*) soya.
sol *sm* (*MUS*) G; (*: solfeggiando la scala*) so(h).
so'laio *sm* (*soffitta*) attic.
sola'mente *av* only, just.
so'lare *ag* solar, sun *cpd.*
'solco, chi *sm* (*scavo, fig: ruga*) furrow; (*incavo*) rut, track; (*di disco*) groove; (*scia*) wake.
sol'dato *sm* soldier; **~ semplice** private.
'soldo *sm* (*fig*): **non avere un ~** to be penniless; **non vale un ~** it's not worth a penny; **~i** *smpl* (*denaro*) money *sg.*
'sole *sm* sun; (*luce*) sun(light); (*tempo assolato*) sun(shine); **prendere il ~** to sunbathe.
so'lenne *ag* solemn; **solennità** *sf* solemnity; grand occasion.
sol'fato *sm* (*CHIM*) sulphate.
sol'furo *sm* (*CHIM*) sulphur.

soli'dale ag (DIR) joint and several.
solidarietà sf solidarity.
solidifi'care vt, vi (2) (anche: **~rsi**) to solidify.
solidità sf solidity.
'solido, a ag solid; (forte, robusto) sturdy, solid; (fig: ditta) sound, solid // sm (MAT) solid.
soli'loquio sm soliloquy.
so'lista, i, e ag solo // sm/f soloist.
solita'mente av usually, as a rule.
soli'tario, a ag (senza compagnia) solitary, lonely; (solo, isolato) solitary, lone; (deserto) lonely // sm (gioiello, gioco) solitaire.
'solito, a ag usual; **essere ~ fare** to be in the habit of doing; **di ~** usually; **più tardi del ~** later than usual; **come al ~** as usual.
soli'tudine sf solitude.
solleci'tare [solletʃi'tare] vt (lavoro) to speed up; (persona) to urge on; (chiedere con insistenza) to press for, request urgently; (stimolare): **~ qd a fare** to urge sb to do; (TECN) to stress; **sollecitazi'one** sf entreaty, request; (fig) incentive; (TECN) stress.
sol'lecito, a [sol'letʃito] ag prompt, quick // sm (lettera) reminder; **solleci'tudine** sf promptness, speed.
solleti'care vt to tickle.
solle'vare vt to lift, raise; (fig: persona: alleggerire): **~ (da)** to relieve (of); (: dar conforto) to comfort, relieve; (: questione) to raise; (: far insorgere) to stir (to revolt); **~rsi** vr to rise; (fig: riprendersi) to recover; (: ribellarsi) to rise up.
solli'evo sm relief; (conforto) comfort.
'solo, a ag alone; (in senso spirituale: isolato) lonely; (unico): **un ~ libro** only one book, a single book; (con ag numerale): **veniamo noi tre ~i** just o only the three of us are coming // av (soltanto) only, just; **non ~ ... ma anche** not only ... but also; **fare qc da ~** to do sth (all) by oneself; **da me ~** single-handed, on my own.
sol'stizio [sol'stittsjo] sm solstice.
sol'tanto av only.
so'lubile ag (sostanza) soluble.
soluzi'one [solut'tsjone] sf solution.
sol'vente ag, sm solvent.
'soma sf load, burden; **bestia da ~** beast of burden.
so'maro sm ass, donkey.
somigli'anza [somiʎ'ʎantsa] sf resemblance.
somigli'are [somiʎ'ʎare] vi (2): **~ a** to be like, resemble; (nell'aspetto fisico) to look like; **~rsi** vr to be (o look) alike.
'somma sf (MAT) sum; (di denaro) sum (of money); (complesso di varie cose) whole amount, sum total.
som'mare vt to add up; (aggiungere) to add; **tutto sommato** all things considered.
som'mario, a ag (racconto, indagine) brief; (giustizia) summary // sm summary.
som'mergere [som'merdʒere] vt to submerge.
sommer'gibile [sommer'dʒibile] sm submarine.
som'merso, a pp di **sommergere**.
som'messo, a ag (voce) soft, subdued.
somminis'trare vt to give, administer.
sommità sf inv top; (di monte) summit, top; (fig) height.
'sommo, a ag highest, topmost; (fig) supreme; (the) greatest // sm (fig) height; **per ~i capi** briefly, covering the main points.
som'mossa sf uprising.
so'naglio [so'naʎʎo] sm bell.
so'nare etc = **suonare** etc.
son'daggio [son'daddʒo] sm sounding; probe; boring, drilling; (indagine) survey; **~ (d'opinioni)** (opinion) poll.
son'dare vt (NAUT) to sound; (atmosfera, piaga) to probe; (MINERALOGIA) to bore, drill; (fig) to sound out; to probe.
so'netto sm sonnet.
son'nambulo, a sm/f sleepwalker.
sonnecchi'are [sonnek'kjare] vi to doze, nod.
son'nifero sm sleeping drug (o pill).
'sonno sm sleep; **prendere ~** to fall asleep; **aver ~** to be sleepy.
'sono forma del vb **essere.**
so'noro, a ag (ambiente) resonant; (voce) sonorous, ringing; (onde, film) sound cpd.
sontu'oso, a ag sumptuous; lavish.
sopo'rifero, a ag soporific.
soppe'sare vt to weigh in one's hand(s), feel the weight of; (fig) to weigh up.
soppi'atto: di ~ av secretly; furtively.
soppor'tare vt (reggere) to support; (subire: perdita, spese) to bear, sustain; (soffrire: dolore) to bear, endure; (sog: cosa: freddo) to withstand; (sog: persona: freddo, vino) to take; (tollerare) to put up with, tolerate.
soppressi'one sf suppression; deletion.
sop'presso, a pp di **sopprimere**.
sop'primere vt (carica, privilegi, testimone) to do away with; (pubblicazione) to suppress; (parola, frase) to delete.
'sopra prep (gen) on; (al di sopra di, più in alto di) above; over; (riguardo a) on, about // av on top; (attaccato, scritto) on it; (al di sopra) above; (al piano superiore) upstairs; **donne ~ i 30 anni** women over 30 (years of age); **dormirci ~** (fig) to sleep on it.
so'prabito sm overcoat.
soprac'ciglio [soprat'tʃiʎʎo], pl(f) **soprac'ciglia** sm eyebrow.
sopracco'perta sf (di letto) bedspread; (di libro) jacket.
soprad'detto, a ag aforesaid.
sopraf'fare vt to overcome, overwhelm; **sopraf'fatto, a** pp di **sopraffare.**
sopraf'fino, a ag excellent; (fig) consummate, supreme.
sopraggi'ungere [soprad'dʒundʒere] vi (2) (giungere all'improvviso) to arrive (un-

expectedly); (*accadere*) to occur (unexpectedly).
soprannatu'rale *ag* supernatural.
sopran'nome *sm* nickname.
so'prano, a *sm/f* (*persona*) soprano // *sm* (*voce*) soprano.
soprappensi'ero *av* lost in thought.
sopras'salto *sm*: **di** ~ with a start; suddenly.
soprasse'dere *vi*: ~ **a** to delay, put off.
soprat'tutto *av* (*anzitutto*) above all; (*specialmente*) especially.
sopravve'nire *vi* (2) to arrive, appear; (*fatto*) to occur.
sopravvis'suto, a *pp di* **sopravvivere.**
soprav'vivere *vi* (2) to survive; (*continuare a vivere*): ~ **(in)** to live on (in); ~ **a** (*incidente etc*) to survive; (*persona*) to outlive.
soprinten'dente *sm/f* supervisor; (*statale*: *di belle arti etc*) keeper; **soprinten'denza** *sf* (*ente*): **soprintendenza alle Antichità e ai Monumenti** ≈ National Trust.
so'pruso *sm* abuse of power; **fare un ~ a qd** to treat sb unjustly.
soq'quadro *sm*: **mettere a** ~ to turn upside-down.
sor'betto *sm* sorbet, water ice.
sor'bire *vt* to sip; (*fig*) to put up with.
'sordido, a *ag* sordid; (*fig*: *gretto*) stingy.
sor'dina *sf*: **in** ~ softly; (*fig*) on the sly.
sordità *sf* deafness.
'sordo, a *ag* deaf; (*rumore*) muffled; (*dolore*) dull; (*lotta*) silent, hidden // *sm/f* deaf person; **sordo'muto, a** *ag* deaf-and-dumb // *sm/f* deaf-mute.
so'rella *sf* sister; **sorel'lastra** *sf* stepsister.
sor'gente [sor'dʒɛnte] *sf* (*acqua che sgorga*) spring; (*di fiume*, FISICA, *fig*) source.
'sorgere ['sordʒere] *vi* (2) to rise; (*scaturire*) to spring, rise; (*fig*: *difficoltà*) to arise.
sormon'tare *vt* (*fig*) to overcome, surmount.
sorni'one, a *ag* sly.
sorpas'sare *vt* (AUT) to overtake; (*fig*) to surpass; (: *eccedere*) to exceed, go beyond; ~ **in altezza** to be higher than; (*persona*) to be taller than.
sor'prendere *vt* (*cogliere*: *in flagrante etc*) to catch; (*stupire, prendere a un tratto*) to surprise; **~rsi** *vr*: **~rsi (di)** to be surprised (at); **sor'preso, a** *pp di* **sorprendere** // *sf* surprise.
sor'reggere [sor'rɛddʒere] *vt* to support, hold up; (*fig*) to sustain; **sor'retto, a** *pp di* **sorreggere**.
sor'ridere *vi* to smile; **sor'riso, a** *pp di* **sorridere** // *sm* smile.
'sorso *sm* sip.
'sorta *sf* sort, kind; **di** ~ whatever, of any kind, at all.
'sorte *sf* (*fato*) fate, destiny; (*evento fortuito*) chance; **tirare a** ~ to draw lots.
sor'teggio [sor'teddʒo] *sm* draw.
sorti'legio [sorti'lɛdʒo] *sm* witchcraft *q*; (*incantesimo*) spell; **fare un ~ a qd** to cast a spell on sb.
sor'tire *vi* (2) (*uscire a sorte*) to come out, be drawn.
sor'tita *sf* (MIL) sortie.
'sorto, a *pp di* **sorgere**.
sorvegli'anza [sorveʎ'ʎantsa] *sf* watch; supervision; (POLIZIA, MIL) surveillance.
sorvegli'are [sorveʎ'ʎare] *vt* (*bambino, bagagli, prigioniero*) to watch, keep an eye on; (*malato*) to watch over; (*territorio, casa*) to watch *o* keep watch over; (*lavori*) to supervise.
sorvo'lare *vt* (*territorio*) to fly over // *vi*: ~ **su** (*fig*) to skim over.
'sosia *sm inv* double.
sos'pendere *vt* (*appendere*) to hang (up); (*interrompere, privare di una carica*) to suspend; (*rimandare*) to defer; **~ un quadro al muro/un lampadario al soffitto** to hang a picture on the wall/a chandelier from the ceiling; **sospen-si'one** *sf* (*anche* CHIM, AUT) suspension; deferment; **sos'peso, a** *pp di* **sospendere** // *ag* (*appeso*): **sospeso a** hanging on (*o* from); (*fig*) anxious; **in sospeso** in abeyance; (*conto*) outstanding; **tenere in sospeso** (*fig*) to keep in suspense.
sospet'tare *vt* to suspect // *vi*: ~ **di** to suspect; (*diffidare*) to be suspicious of.
sos'petto, a *ag* suspicious // *sm* suspicion; **sospet'toso, a** *ag* suspicious.
sos'pingere [sos'pindʒere] *vt* to drive, push; **sos'pinto, a** *pp di* **sospingere**.
sospi'rare *vi* to sigh // *vt* to long for, yearn for; **sos'piro** *sm* sigh.
'sosta *sf* (*fermata*) stop, halt; (*pausa*) pause, break; **senza** ~ non-stop, without a break.
sostan'tivo *sm* noun, substantive.
sos'tanza [sos'tantsa] *sf* substance; **~e** *sfpl* (*ricchezze*) wealth *sg*, possessions; **in** ~ in short, to sum up; **sostanzi'oso, a** *ag* (*cibo*) nourishing, substantial.
sos'tare *vi* (*fermarsi*) to stop (for a while), stay; (*fare una pausa*) to take a break.
sos'tegno [sos'teɲɲo] *sm* support.
soste'nere *vt* to support; (*prendere su di sé*) to take on, bear; (*resistere*) to withstand, stand up to; (*affermare*): ~ **che** to maintain that; **~rsi** *vr* to hold o.s. up, support o.s.; (*fig*) to keep up one's strength; ~ **gli esami** to sit exams; **sosteni'tore, 'trice** *sm/f* supporter.
sostenta'mento *sm* maintenance.
soste'nuto, a *ag* (*riservato*) reserved, aloof; (*stile*) elevated; (*prezzo*) continuing high.
sostitu'ire *vt* (*mettere al posto di*): ~ **qd/qc a** to substitute sb/sth for; (*prendere il posto di*: *persona*) to substitute for; (: *cosa*) to take the place of.
sosti'tuto, a *sm/f* substitute.
sostituzi'one [sostitut'tsjone] *sf* substitution; **in ~ di** as a substitute for, in place of.
sotta'ceti [sotta'tʃeti] *smpl* pickles.

sot'tana *sf* (*sottoveste*) underskirt; (*gonna*) skirt; (REL) soutane, cassock.
sotter'fugio [sotter'fudʒo] *sm* subterfuge.
sotter'raneo, a *ag* underground // *sm* cellar // *sf* (FERR) underground.
sotter'rare *vt* to bury.
sottigli'ezza [sottiʎ'ʎettsa] *sf* thinness; slimness; (*fig*: *acutezza*) subtlety; shrewdness; ~**e** *sfpl* (*pedanteria*) quibbles.
sot'tile *ag* thin; (*figura, caviglia*) thin, slim, slender; (*fine*: *polvere, capelli*) fine; (*fig*: *leggero*) light; (: *vista*) sharp, keen; (: *olfatto*) fine, discriminating; (: *mente*) subtle; shrewd.
sottin'tendere *vt* (*intendere qc non espresso*) to understand; (*implicare*) to imply; **sottin'teso, a** *pp di* **sottintendere** // *sm* allusion; **parlare senza sottintesi** to speak plainly.
'sotto *prep* (*gen*) under; (*più in basso di*) below // *av* underneath, beneath; below; (*al piano inferiore*) downstairs; ~ **il monte** at the foot of the mountain; ~ **la pioggia/il sole** in the rain/sun(shine); ~ **terra** underground; ~ **voce** in a low voice; **chiuso** ~ **vuoto** vacuum packed.
sottoline'are *vt* to underline; (*fig*) to emphasize, stress.
sottoma'rino, a *ag* (*flora*) submarine; (*cavo, navigazione*) underwater // *sm* (NAUT) submarine.
sotto'messo, a *pp di* **sottomettere**.
sotto'mettere *vt* to subdue, subjugate; ~**rsi** *vr* to submit.
sottopas'saggio [sottopas'saddʒo] *sm* (AUT) underpass; (*pedonale*) subway, underpass.
sotto'porre *vt* (*costringere*) to subject; (*fig*: *presentare*) to submit; **sottoporsi** *vr* to submit; **sottoporsi a** (*subire*) to undergo; **sotto'posto, a** *pp di* **sottoporre**.
sottos'critto, a *pp di* **sottoscrivere**.
sottos'crivere *vt* to sign // *vi*: ~ **a** to subscribe to; **sottoscrizi'one** *sf* signing; subscription.
sottosegre'tario *sm*: ~ **di Stato** Under-Secretary of State.
sotto'sopra *av* upside-down.
sotto'terra *av* underground.
sotto'titolo *sm* subtitle.
sotto'veste *sf* underskirt.
sotto'voce [sotto'votʃe] *av* in a low voice.
sot'trarre *vt* (MAT) to subtract, take away; ~ **qd/qc a** (*togliere*) to remove sb/sth from; (*salvare*) to save *o* rescue sb/sth from; ~ **qc a qd** (*rubare*) to steal sth from sb; **sottrarsi** *vr*: **sottrarsi a** (*sfuggire*) to escape; (*evitare*) to avoid; **sot'tratto, a** *pp di* **sottrarre**; **sottrazi'one** *sf* subtraction; removal.
sovi'etico, a, ci, che *ag* Soviet // *sm/f* Soviet citizen.
sovraccari'care *vt* to overload.
sovrac'carico, a, chi, che *ag*: ~ **(di)** overloaded (with) // *sm* excess load; ~ **di lavoro** extra work.
sovrannatu'rale *ag* = **soprannaturale**.
so'vrano, a *ag* sovereign; (*fig*: *sommo*) supreme // *sm/f* sovereign, monarch.
sovras'tare *vi* (2): ~ **a,** *vt* (*vallata, fiume*) to overhang; (*fig*) to hang over, threaten.
sovrinten'dente *sm/f* = **soprintendente**; **sovrinten'denza** *sf* = **soprintendenza**.
sovru'mano, a *ag* superhuman.
sovvenzi'one [sovven'tsjone] *sf* subsidy, grant.
sovver'sivo, a *ag* subversive.
'sozzo, a ['sottso] *ag* filthy, dirty.
S.p.A. *abbr vedi* **società**.
spac'care *vt* to split, break; (*legna*) to chop; ~**rsi** *vr* to split, break; **spacca'tura** *sf* split.
spacci'are [spat'tʃare] *vt* (*vendere*) to sell (off); (*mettere in circolazione*) to circulate; ~**rsi** *vr*: ~**rsi per** (*farsi credere*) to pass o.s. off as, pretend to be; **spaccia'tore, 'trice** *sm/f* (*di droga*) pusher; (*di denaro falso*) dealer; **'spaccio** *sm* sale; (*bottega*) shop.
'spacco, chi *sm* (*fenditura*) split, crack; (*strappo*) tear; (*di gonna*) slit.
spac'cone *sm/f* boaster, braggart.
'spada *sf* sword.
spae'sato, a *ag* disorientated, lost.
spa'ghetti [spa'getti] *smpl* (CUC) spaghetti *sg*.
'Spagna ['spaɲɲa] *sf*: **la** ~ Spain; **spa'gnolo, a** *ag* Spanish // *sm/f* Spaniard // *sm* (LING) Spanish; **gli Spagnoli** the Spanish.
'spago, ghi *sm* string, twine.
spai'ato, a *ag* (*calza, guanto*) odd.
spalan'care *vt*, ~**rsi** *vr* to open wide.
spa'lare *vt* to shovel.
'spalla *sf* shoulder; (*fig*: TEATRO) stooge; ~**e** *sfpl* (*dorso*) back; **spalleggi'are** *vt* to back up, support.
spal'letta *sf* (*parapetto*) parapet.
spalli'era *sf* (*di sedia etc*) back; (*di letto*: *da capo*) head(board); (: *da piedi*) foot(board); (GINNASTICA) wall bars *pl*.
spal'mare *vt* to spread.
'spandere *vt* to spread; (*versare*) to pour (out); ~**rsi** *vr* to spread; ~ **lacrime** to shed tears; **'spanto, a** *pp di* **spandere**.
spa'rare *vt* to fire // *vi* (*far fuoco*) to fire; (*tirare*) to shoot; **spara'tore** *sm* gunman; **spara'toria** *sf* exchange of shots.
sparecchi'are [sparek'kjare] *vt*: ~ **(la tavola)** to clear the table.
spa'reggio [spa'reddʒo] *sm* (SPORT) play-off.
'spargere ['spardʒere] *vt* (*gettare all'intorno*) to scatter, strew; (*versare*: *vino*) to spill; (: *lacrime, sangue*) to shed; (*diffondere*) to spread; (*emanare*) to give off (*o* out); ~**rsi** *vr* to spread; **spargi'mento** *sm* scattering, strewing; spilling; shedding; **spargimento di sangue** bloodshed.
spa'rire *vi* (2) to disappear, vanish.
spar'lare *vi*: ~ **di** to run down, speak ill of.

'sparo *sm* shot.
sparpagli'are [sparpaʎ'ʎare] *vt*, **~rsi** *vr* to scatter.
'sparso, a *pp di* **spargere** // *ag* scattered; (*sciolto*) loose.
spar'tire *vt* (*eredità, bottino*) to share out; (*avversari*) to separate.
sparti'traffico *sm inv* (AUT) central reservation.
spa'ruto, a *ag* (*viso etc*) haggard.
sparvi'ero *sm* (ZOOL) sparrowhawk.
spasi'mare *vi* to be in agony; **~ di fare** (*fig*) to yearn to do; **~ per qd** to be madly in love with sb.
'spasimo *sm* pang; **'spasmo** *sm* (MED) spasm; **spas'modico, a, ci, che** *ag* (*angoscioso*) agonizing; (MED) spasmodic.
spassio'nato, a *ag* dispassionate, impartial.
'spasso *sm* (*divertimento*) amusement, enjoyment; **andare a ~** to go out for a walk; **essere a ~** (*fig*) to be out of work; **mandare qd a ~** to send sb packing.
'spatola *sf* spatula.
spau'racchio [spau'rakkjo] *sm* scarecrow.
spau'rire *vt* to frighten, terrify.
spa'valdo, a *ag* arrogant, bold.
spaventa'passeri *sm inv* scarecrow.
spaven'tare *vt* to frighten, scare; **~rsi** *vr* to be frightened, be scared; to get a fright; **spa'vento** *sm* fear, fright; **far spavento a qd** to give sb a fright; **spaven'toso, a** *ag* frightening, terrible; (*fig: fam*) tremendous, fantastic.
spazien'tire [spattsjen'tire] *vi* (2) (*anche*: **~rsi**) to lose one's patience.
'spazio ['spattsjo] *sm* space; **spazi'oso, a** *ag* spacious.
spazzaca'mino [spattsaka'mino] *sm* chimney sweep.
spaz'zare [spat'tsare] *vt* to sweep; (*foglie etc*) to sweep up; (*cacciare*) to sweep away; **spazza'tura** *sf* sweepings *pl*; (*immondizia*) rubbish; **spaz'zino** *sm* street sweeper.
'spazzola ['spattsola] *sf* brush; **~ per abiti** clothesbrush; **~ da capelli** hairbrush; **spazzo'lare** *vt* to brush; **spazzo'lino** *sm* (small) brush; **spazzolino da denti** toothbrush.
specchi'arsi [spek'kjarsi] *vr* to look at o.s. in a mirror; (*riflettersi*) to be mirrored, be reflected; (*fig*): **~ in qd** to model o.s. on sb.
'specchio ['spɛkkjo] *sm* mirror.
speci'ale [spe'tʃale] *ag* special; **specia'lista, i, e** *sm/f* specialist; **specialità** *sf inv* speciality; (*branca di studio*) special field, speciality; **specializ'zarsi** *vr*: **specializzarsi (in)** to specialize (in); **special'mente** *av* especially, particularly.
'specie ['spɛtʃe] *sf inv* (BIOL, BOT, ZOOL) species *inv*; (*tipo*) kind, sort // *av* especially, particularly; **fare ~ a qd** to surprise sb; **la ~ umana** mankind.

specifi'care [spetʃifi'kare] *vt* to specify, state.
spe'cifico, a, ci, che [spe'tʃifiko] *ag* specific.
specu'lare *vi* to speculate; **~ su** (COMM) to speculate in; (*meditare*) to speculate on; (*sfruttare*) to exploit; **speculazi'one** *sf* speculation.
spe'dire *vt* to send; **spedizi'one** *sf* sending; (*collo*) parcel, consignment; (*scientifica etc*) expedition.
'spegnere ['spɛɲɲere] *vt* (*fuoco, sigaretta*) to put out, extinguish; (*apparecchio elettrico*) to turn *o* switch off; (*fig: suoni, passioni*) to stifle; (*debito*) to extinguish; **~rsi** *vr* to go out; to go off; (*morire*) to pass away.
spel'lare *vt* (*scuoiare*) to skin; (*scorticare*) to graze; **~rsi** *vr* to peel.
'spendere *vt* to spend.
spen'nare *vt* to pluck.
spensie'rato, a *ag* carefree.
'spento, a *pp di* **spegnere** // *ag* (*suono*) muffled; (*colore*) dull; (*civiltà, vulcano*) extinct.
spe'ranza [spe'rantsa] *sf* hope.
spe'rare *vt* to hope for // *vi*: **~ in** to trust in; **~ che/di fare** to hope that/to do; **lo spero, spero di sì** I hope so.
sper'duto, a *ag* (*isolato*) out-of-the-way; (*persona: smarrita, a disagio*) lost.
spergi'uro, a [sper'dʒuro] *sm/f* perjurer // *sm* perjury.
sperimen'tale *ag* experimental.
sperimen'tare *vt* to experiment with, test; (*fig*) to test, put to the test.
'sperma, i *sm* (BIOL) sperm.
spe'rone *sm* spur.
sperpe'rare *vt* to squander.
'spesa *sf* (*somma di denaro*) expense; (*costo*) cost; (*acquisto*) purchase; (*fam: acquisto del cibo quotidiano*) shopping; **~e** *sfpl* expenses; (COMM) costs; charges; **fare la ~** to do the shopping; **a ~e di** (*a carico di*) at the expense of; **~e generali** overheads; **~e postali** postage *sg*; **~e di viaggio** travelling expenses.
'speso, a *pp di* **spendere**.
'spesso, a *ag* (*fitto*) thick; (*frequente*) frequent // *av* often; **~e volte** frequently, often.
spes'sore *sm* thickness.
spet'tabile *ag* (*abbr*: **Spett.**: *in lettere*): **~ ditta X** Messrs X and Co.
spet'tacolo *sm* (*rappresentazione*) performance, show; (*vista, scena*) sight; **dare ~ di sé** to make an exhibition *o* a spectacle of o.s.; **spettaco'loso, a** *ag* spectacular.
spet'tanza [spet'tantsa] *sf* (*competenza*) concern; **non è di mia ~** it's no concern of mine.
spet'tare *vi* (2): **~ a** (*decisione*) to be up to; (*stipendio*) to be due to; **spetta a te decidere** it's up to you to decide.
spetta'tore, 'trice *sm/f* (CINEMA, TEATRO) member of the audience; (*di avvenimento*) onlooker, witness.

spetti'nare *vt*: ~ **qd** to ruffle sb's hair; ~**rsi** *vr* to get one's hair in a mess.
'spettro *sm* (*fantasma*) spectre; (FISICA) spectrum.
'spezie ['spɛttsje] *sfpl* (*cuc*) spices.
spez'zare [spet'tsare] *vt* (*rompere*) to break; (*fig*: *interrompere*) to break up; ~**rsi** *vr* to break.
spezza'tino [spettsa'tino] *sm* (*cuc*) stew.
spezzet'tare [spettset'tare] *vt* to break up (*o* chop) into small pieces.
'spia *sf* spy; (*confidente della polizia*) informer; (ELETTR) indicating light; warning light; (*fessura*) spy hole, peephole; (*fig*: *sintomo*) sign, indication.
spia'cente [spja'tʃɛnte] *ag* sorry; **essere ~ di qc/di fare qc** to be sorry about sth/for doing sth.
spia'cevole [spja'tʃevole] *ag* unpleasant, disagreeable.
spi'aggia, ge ['spjaddʒa] *sf* beach.
spia'nare *vt* (*terreno*) to level, make level; (*edificio*) to raze to the ground; (*pasta*) to roll out; (*rendere liscio*) to smooth (out).
spi'ano *sm*: **a tutto ~** (*lavorare*) non-stop, without a break; (*spendere*) lavishly.
spian'tato, a *ag* penniless, ruined.
spi'are *vt* to spy on; (*occasione etc*) to watch *o* wait for.
spi'azzo ['spjattso] *sm* open space; (*radura*) clearing.
spic'care *vt* (*staccare*) to detach, cut off; (*foglia, fiore*) to pick, pluck; (*parole*) to pronounce distinctly; (*assegno, mandato di cattura*) to issue // *vi* (*risaltare*) to stand out; ~ **il volo** to fly up; (*fig*) to take flight; ~ **un balzo** to take a leap; **spic'cato, a** *ag* (*marcato*) marked, strong; (*notevole*) remarkable.
'spicchio ['spikkjo] *sm* (*di agrumi*) segment; (*di aglio*) clove; (*parte*) piece, slice.
spicci'arsi [spit'tʃarsi] *vr* to hurry up.
'spicciolo, a ['spittʃolo] *ag*: **moneta ~a, ~i** *smpl* (small) change.
'spicco, chi *sm* prominence; **fare ~** to stand out.
spi'edo *sm* (*cuc*) spit.
spie'gare *vt* (*far capire*) to explain; (*tovaglia*) to unfold; (*vele*) to unfurl; ~**rsi** *vr* to explain o.s., make o.s. clear; **il problema si spiega** one can understand the problem; **spiegazi'one** *sf* explanation; **avere una spiegazione con qd** to have it out with sb.
spiegaz'zare [spjegat'tsare] *vt* to crease, crumple.
spie'tato, a *ag* ruthless, pitiless.
spiffe'rare *vt* (*fam*) to blurt out, blab // *vi* to whistle.
'spiga, ghe *sf* (BOT) ear.
spigli'ato, a [spiʎ'ʎato] *ag* self-possessed, self-confident.
spigo'lare *vt* (*anche fig*) to glean.
'spigolo *sm* corner; (MAT) edge.
'spilla *sf* brooch; (*da cravatta, cappello*) pin.
spil'lare *vt* (*vino, fig*) to tap; ~ **denaro/notizie a qd** to tap sb for money/information.
'spillo *sm* pin; (*spilla*) brooch; ~ **di sicurezza** *o* **da balia** safety pin; ~ **di sicurezza** (MIL) (safety) pin.
spi'lorcio, a, ci, ce [spi'lortʃo] *ag* mean, stingy.
'spina *sf* (BOT) thorn; (ZOOL) spine, prickle; (*di pesce*) bone; (ELETTR) plug; (*di botte*) bunghole; **birra alla ~** draught beer; ~ **dorsale** (ANAT) backbone.
spi'nacio [spi'natʃo] *sm* spinach *q*.
spi'nale *ag* (ANAT) spinal.
'spingere ['spindʒere] *vt* to push; (*condurre*: *anche fig*) to drive; (*stimolare*): ~ **qd a fare** to urge *o* press sb to do; ~**rsi** *vr* (*inoltrarsi*) to push on, carry on; ~**rsi troppo lontano** (*anche fig*) to go too far; **fin dove spinge lo sguardo** as far as the eye can see.
spi'noso, a *ag* thorny, prickly.
'spinto, a *pp di* **spingere** // *sf* (*urto*) push; (FISICA) thrust; (*fig*: *stimolo*) incentive, spur; (: *appoggio*) string-pulling *q*; **dare una ~a a qd** (*fig*) to pull strings for sb.
spio'naggio [spio'naddʒo] *sm* espionage, spying.
spi'overe *vi* (2) (*scorrere*) to flow down; (*ricadere*) to hang down, fall.
'spira *sf* coil.
spi'raglio [spi'raʎʎo] *sm* (*fessura*) chink, narrow opening; (*raggio di luce, fig*) glimmer, gleam; **uno ~ d'aria** a breath of air.
spi'rale *sf* spiral; (*contraccettivo*) coil; **a ~** spiral(-shaped).
spi'rare *vi* (*vento*) to blow; (2: *morire*) to expire, pass away.
spiri'tato, a *ag* possessed; (*fig*: *persona, espressione*) wild.
spiri'tismo *sm* spiritualism.
'spirito *sm* (REL, CHIM, *disposizione d'animo, di legge etc, fantasma*) spirit; (*pensieri, intelletto*) mind; (*arguzia*) wit; (*umorismo*) humour, wit; **lo S~ Santo** the Holy Spirit *o* Ghost.
spirito'saggine [spirito'saddʒine] *sf* witticism; (*peg*) wisecrack.
spiri'toso, a *ag* witty.
spiritu'ale *ag* spiritual.
'splendere *vi* to shine.
'splendido, a *ag* splendid; (*splendente*) shining; (*sfarzoso*) magnificent, splendid.
splen'dore *sm* splendour; (*luce intensa*) brilliance, brightness.
spodes'tare *vt* to deprive of power; (*sovrano*) to depose.
'spoglia ['spɔʎʎa] *sf vedi* **spoglio**.
spogli'are [spoʎ'ʎare] *vt* (*svestire*) to undress; (*privare, fig*: *depredare*): ~ **qd di qc** to deprive sb of sth; (*togliere ornamenti*: *anche fig*): ~ **qd/qc di** to strip sb/sth of; (*fare lo spoglio di*) to go through, peruse; ~**rsi** *vr* to undress, strip; ~**rsi di** (*ricchezze etc*) to deprive o.s. of, give up; (*pregiudizi*) to rid o.s. of; **spoglia'toio** *sm* dressing room; (*di scuola etc*) cloakroom;

(SPORT) changing room; **'spoglio, a** *ag* (*pianta, terreno*) bare; (*privo*): ~ **di** stripped of; lacking in, without // *sm* going through, perusal // *sf* (ZOOL) skin, hide; (: *di rettile*) slough; **spoglie** *sfpl* (*preda*) spoils, booty *sg*.

'spola *sf* shuttle; (*bobina di filo*) cop; **fare la ~ (fra)** to go to and fro *o* shuttle (between).

spol'pare *vt* to strip the flesh off.

spolve'rare *vt* (*anche* CUC) to dust; (*con spazzola*) to brush; (*con battipanni*) to beat; (*fig*) to polish off // *vi* to dust.

'sponda *sf* (*di fiume*) bank; (*di mare, lago*) shore; (*bordo*) edge.

spon'taneo, a *ag* spontaneous; (*persona*) unaffected, natural.

spopo'lare *vt* to depopulate // *vi* (*attirare folla*) to draw the crowds; **~rsi** *vr* to become depopulated.

spo'radico, a, ci, che *ag* sporadic.

spor'care *vt* to dirty, make dirty; (*fig*) to sully, soil; **~rsi** *vr* to get dirty.

spor'cizia [spor'tʃittsja] *sf* (*stato*) dirtiness; (*sudiciume*) dirt, filth; (*cosa sporca*) dirt *q*, something dirty; (*fig: cosa oscena*) obscenity.

'sporco, a, chi, che *ag* dirty, filthy.

spor'genza [spor'dʒɛntsa] *sf* projection.

'sporgere ['spɔrdʒere] *vt* to put out, stretch out // *vi* (2) (*venire in fuori*) to stick out; (*protendersi*) to jut out; **~rsi** *vr* to lean out; ~ **querela contro qd** (DIR) to take legal action against sb.

sport *sm inv* sport.

'sporta *sf* shopping bag.

spor'tello *sm* (*di treno, auto etc*) door; (*di banca, ufficio*) window, counter.

spor'tivo, a *ag* (*gara, giornale*) sports *cpd*; (*persona*) sporty; (*abito*) casual; (*spirito, atteggiamento*) sporting.

'sporto, a *pp di* **sporgere**.

'sposa *sf* bride; (*moglie*) wife.

sposa'lizio [spoza'littsjo] *sm* wedding.

spo'sare *vt* to marry; (*fig: idea, fede*) to espouse; **~rsi** *vr* to get married, marry; **~rsi con qd** to marry sb, get married to sb.

'sposo *sm* (bride)groom; (*marito*) husband; **gli ~i** *smpl* the newlyweds.

spos'sato, a *ag* exhausted, weary.

spos'tare *vt* to move, shift; (*cambiare: orario*) to change; **~rsi** *vr* to move.

'spranga, ghe *sf* (*sbarra*) bar; (*catenaccio*) bolt.

'sprazzo ['sprattso] *sm* (*di sole etc*) flash; (*fig: di gioia etc*) burst.

spre'care *vt* to waste; **~rsi** *vr* (*persona*) to waste one's energy; **'spreco** *sm* waste.

spre'gevole [spre'dʒevole] *ag* contemptible, despicable.

spregiudi'cato, a [spredʒudi'kato] *ag* unprejudiced, unbiased; (*peg*) unscrupulous.

'spremere *vt* to squeeze.

spre'muta *sf* fresh juice; ~ **d'arancia** fresh orange juice.

sprez'zante [spret'tsante] *ag* scornful, contemptuous.

sprigio'nare [spridʒo'nare] *vt* to give off, emit; **~rsi** *vr* to emanate; (*uscire con impeto*) to burst out.

spriz'zare [sprit'tsare] *vt, vi* (2) to spurt; ~ **gioia/salute** to be bursting with joy/health.

sprofon'dare *vi* (2) to sink; (*casa*) to collapse; (*suolo*) to give way, subside; **~rsi** *vr*: **~rsi in** (*poltrona*) to sink into; (*fig*) to become immersed *o* absorbed in.

spro'nare *vt* to spur (on).

'sprone *sm* (*sperone, fig*) spur.

sproporzio'nato, a [sproportsjo'nato] *ag* disproportionate, out of all proportion.

sproporzi'one [spropor'tsjone] *sf* disproportion.

spropositato, a *ag* (*lettera, discorso*) full of mistakes; (*fig: costo*) excessive, enormous.

spro'posito *sm* blunder; **a ~** at the wrong time; (*rispondere, parlare*) irrelevantly.

sprovve'duto, a *ag* (*privo*): ~ **di** lacking in, without; (*impreparato*) unprepared.

sprov'visto, a *ag* (*mancante*): ~ **di** lacking in, without; **alla ~a** unawares.

spruz'zare [sprut'tsare] *vt* (*a nebulizzazione*) to spray; (*aspergere*) to sprinkle; (*inzaccherare*) to splash; **'spruzzo** *sm* spray; splash.

'spugna ['spuɲɲa] *sf* (ZOOL) sponge; (*tessuto*) towelling; **spu'gnoso, a** *ag* spongy.

'spuma *sf* (*schiuma*) foam; (*bibita*) mineral water.

spu'mante *sm* sparkling wine.

spu'mare *vi* to foam.

spumeggi'ante [spumed'dʒante] *ag* (*vino, fig*) sparkling.

spu'mone *sm* (CUC) mousse.

spun'tare *vt* (*coltello*) to break the point of; (*capelli*) to trim // *vi* (2) (*uscire: germogli*) to sprout; (: *capelli*) to begin to grow; (: *denti*) to come through; (*apparire*) to appear (suddenly); **~rsi** *vr* to become blunt, lose its point; **spuntarla** (*fig*) to make it, win through.

spun'tino *sm* snack.

'spunto *sm* (TEATRO, MUS) cue; (*fig*) starting point; (*di vino*) sour taste; **dare lo ~ a** (*fig*) to give rise to.

spur'gare *vt* (*fogna*) to clean, clear; **~rsi** *vr* (MED) to expectorate.

spu'tare *vt* to spit out; (*fig*) to belch (out) // *vi* to spit; **'sputo** *sm* spittle *q*, spit *q*.

'squadra *sf* (*strumento*) (set) square; (*gruppo*) team, squad; (*di operai*) gang, squad; (MIL) squad; (: AER, NAUT) squadron; (SPORT) team; **a** *o* **in ~** straight; ~ **doppia** *o* **a T** T-square.

squa'drare *vt* to square, make square; (*osservare*) to look at closely.

squa'driglia [skwa'driʎʎa] *sf* (AER) flight; (NAUT) squadron.

squa'drone *sm* squadron.

squagli'arsi [skwaʎ'ʎarsi] *vr* to melt; (*fig*) to sneak off.

squa'lifica *sf* disqualification.
squalifi'care *vt* to disqualify.
'squallido, a *ag* wretched, bleak.
squal'lore *sm* wretchedness, bleakness.
'squalo *sm* shark.
'squama *sf* scale; **squa'mare** *vt* to scale; **squamarsi** *vr* to flake *o* peel (off).
squarcia'gola [skwartʃa'gola]: **a ~** *av* at the top of one's voice.
squar'tare *vt* to quarter, cut up.
squattri'nato, a *ag* penniless.
squili'brare *vt* to unbalance; **squili'brato, a** *ag* (*PSIC*) unbalanced; **squi'librio** *sm* (*differenza, sbilancio*) imbalance; (*PSIC*) unbalance.
squil'lante *ag* shrill, sharp.
squil'lare *vi* (*campanello, telefono*) to ring (out); (*tromba*) to blare; **'squillo** *sm* ring, ringing *q*; blare; **ragazza *f* squillo** *inv* call girl.
squi'sito, a *ag* exquisite; (*cibo*) delicious.
squit'tire *vi* (*uccello*) to squawk; (*topo*) to squeak.
sradi'care *vt* to uproot; (*fig*) to eradicate.
sragio'nare [zradʒo'nare] *vi* to talk nonsense, rave.
srego'lato, a *ag* (*senza ordine*: *vita*) disorderly; (*smodato*) immoderate; (*dissoluto*) dissolute.
'stabile *ag* stable, steady; (*tempo*: *non variabile*) settled; (*TEATRO*: *compagnia*) resident // *sm* (*edificio*) building.
stabili'mento *sm* establishing *q*; (*edificio*) establishment; (*fabbrica*) plant, factory; **~ carcerario** prison.
stabi'lire *vt* to establish; (*fissare*: *prezzi, data*) to fix; (*decidere*) to decide; **~rsi** *vr* (*prendere dimora*) to settle.
stabilità *sf* stability.
stabiliz'zare [stabilid'dzare] *vt* to stabilize; **stabilizza'tore** *sm* stabilizer.
stac'care *vt* (*levare*) to detach, remove; (*separare: anche fig*) to separate, divide; (*strappare*) to tear off (*o* out); (*scandire: parole*) to pronounce clearly; (*SPORT*) to leave behind; **~rsi** *vr* (*bottone etc*) to come off; (*scostarsi*): **~rsi (da)** to move away (from); (*fig: separarsi*): **~rsi da** to leave; **non ~ gli occhi da qd** not to take one's eyes off sb.
'stadio *sm* (*SPORT*) stadium; (*periodo, fase*) phase, stage.
'staffa *sf* (*di sella*) stirrup.
staf'fetta *sf* (*messo*) dispatch rider; (*SPORT*) relay race.
stagio'nale [stadʒo'nale] *ag* seasonal.
stagio'nare [stadʒo'nare] *vt* (*legno*) to season; (*formaggi, vino*) to mature.
stagi'one [sta'dʒone] *sf* season; **alta/bassa ~** high/low season.
stagli'arsi [staʎ'ʎarsi] *vr* to stand out, be silhouetted.
sta'gnante [staɲ'ɲante] *ag* stagnant.
sta'gnare [staɲ'ɲare] *vt* (*vaso, tegame*) to tin-plate; (*barca, botte*) to make watertight; (*sangue*) to stop // *vi* to stagnate.
'stagno, a ['staɲɲo] *ag* watertight; (*a tenuta d'aria*) airtight // *sm* (*acquitrino*) pond; (*CHIM*) tin.
sta'gnola [staɲ'ɲɔla] *sf* tinfoil.
stalag'mite *sf* stalagmite.
stalat'tite *sf* stalactite.
'stalla *sf* (*per bovini*) cowshed; (*per cavalli*) stable.
stal'lone *sm* stallion.
sta'mani, stamat'tina *av* this morning.
'stampa *sf* (*TIP, FOT*: *tecnica*) printing; (*impressione, copia fotografica*) print; (*insieme di quotidiani, giornalisti etc*) press; **~e** *sfpl* printed matter.
stam'pare *vt* to print; (*pubblicare*) to publish; (*coniare*) to strike, coin; (*imprimere*: *anche fig*) to impress.
stampa'tello *sm* block letters *pl*.
stam'pella *sf* crutch.
'stampo *sm* mould; (*fig: indole*) type, kind, sort.
sta'nare *vt* to drive out.
stan'care *vt* to tire, make tired; (*annoiare*) to bore; (*infastidire*) to annoy; **~rsi** *vr* to get tired, tire o.s. out; **~rsi (di)** to grow weary (of), grow tired (of).
stan'chezza [stan'kettsa] *sf* tiredness, fatigue.
'stanco, a, chi, che *ag* tired; **~ di** tired of, fed up with.
standardiz'zare [standardid'dzare] *vt* to standardize.
'stanga, ghe *sm* bar; (*di carro*) shaft.
stan'gata *sf* (*colpo*: *anche fig*) blow; (*INS*) poor result; (*CALCIO*) shot.
sta'notte *av* tonight; (*notte passata*) last night.
'stante *prep* owing to, because of; **a sé ~** (*appartamento, casa*) independent, separate.
stan'tio, a, 'tii, 'tie *ag* stale; (*burro*) rancid; (*fig*) old.
stan'tuffo *sm* piston.
'stanza ['stantsa] *sf* room; (*POESIA*) stanza; **~ da letto** bedroom.
stanzi'are [stan'tsjare] *vt* to allocate.
stap'pare *vt* to uncork; to uncap.
'stare *vi* (*2*) (*restare in un luogo*) to stay, remain; (*abitare*) to stay, live; (*essere situato*) to be, be situated; (*anche*: **~ in piedi**) to be, stand; (*essere, trovarsi*) to be; (*dipendere*): **se stesse in me** if it were up to me, if it depended on me; (*seguito da gerundio*): **sta studiando** he's studying; **starci** (*esserci spazio*): **nel baule non ci sta più niente** there's no more room in the boot; (*accettare*) to accept; **ci stai?** is that okay with you?; **~ a** (*attenersi a*) to follow, stick to; (*seguito dall'infinito*): **stiamo a discutere** we're talking; (*toccare a*): **sta a te giocare** it's your turn to play; **~ per fare qc** to be about to do sth; **come sta?** how are you?; **io sto bene/male** I'm very well/not very well; **~ a qd** (*abiti etc*) to fit sb; **queste scarpe mi stanno strette** these shoes are tight for me; **il rosso ti sta bene** red suits you.

starnu'tire *vi* to sneeze; **star'nuto** *sm* sneeze.
sta'sera *av* this evening, tonight.
sta'tale *ag* state *cpd*; government *cpd* // *sm/f* state employee, local authority employee; (*nell'amministrazione*) ≈ civil servant.
sta'tista, i *sm* statesman.
sta'tistico, a, ci, che *ag* statistical // *sf* statistics *sg*.
'stato, a *pp di* **essere, stare** // *sm* (*condizione*) state, condition; (POL) state; (DIR) status; **essere in ~ d'accusa** (DIR) to be committed for trial; **~ d'assedio/d'emergenza** state of siege/emergency; **~ maggiore** (MIL) staff; **gli S~i Uniti (d'America)** the United States (of America).
'statua *sf* statue.
statuni'tense *ag* United States *cpd*, of the United States.
sta'tura *sf* (ANAT) height, stature; (*fig*) stature.
sta'tuto *sm* (DIR) statute; constitution.
sta'volta *av* this time.
stazio'nario, a [stattsjo'narjo] *ag* stationary; (*fig*) unchanged.
stazi'one [stat'tsjone] *sf* station; (*balneare, termale*) resort; **~ degli autobus** bus station; **~ balneare** seaside resort; **~ invernale** winter sports resort; **~ di polizia** police station (*in small town*); **~ di servizio** service *o* petrol *o* filling station; **~ trasmittente** (RADIO, TV) transmitting station.
'stecca, che *sf* stick; (*di ombrello*) rib; (*di sigarette*) carton; (MED) splint; (*stonatura*): **fare una ~** to sing (*o* play) a wrong note.
stec'cato *sm* fence.
stec'chito, a [stek'kito] *ag* dried up; (*persona*) skinny; **lasciar ~ qd** (*fig*) to leave sb flabbergasted.
'stella *sf* star; **~ alpina** (BOT) edelweiss; **~ di mare** (ZOOL) starfish.
'stelo *sm* stem; (*asta*) rod; **lampada a ~** standard lamp.
'stemma, i *sm* coat of arms.
stempe'rare *vt* to dilute; to dissolve, melt; (*colori*) to mix.
sten'dardo *sm* standard.
'stendere *vt* (*braccia, gambe*) to stretch (out); (*tovaglia*) to spread (out); (*bucato*) to hang out; (*mettere a giacere*) to lay (down); (*spalmare: colore*) to spread; (*mettere per iscritto*) to draw up; **~rsi** *vr* (*coricarsi*) to stretch out, lie down; (*estendersi*) to extend, stretch.
stenodatti'lografo, a *sm/f* shorthand typist.
stenogra'fare *vt* to take down in shorthand; **stenogra'fia** *sf* shorthand.
sten'tare *vi*: **~ a fare** to find it hard to do, have difficulty doing.
'stento *sm* (*fatica*) difficulty; **~i** *smpl* (*privazioni*) hardship *sg*, privation *sg*; **a ~** *av* with difficulty, barely.
'sterco *sm* dung.
'stereo('fonico, a, ci, che) *ag* stereo(phonic).
stereoti'pato, a *ag* stereotyped.
'sterile *ag* sterile; (*terra*) barren; (*fig*) futile, fruitless; **sterilità** *sf* sterility.
steriliz'zare [sterilid'dzare] *vt* to sterilize; **sterilizzazi'one** *sf* sterilization.
ster'lina *sf* pound (sterling).
stermi'nare *vt* to exterminate, wipe out.
stermi'nato, a *ag* immense; endless.
ster'minio *sm* extermination, destruction.
'sterno *sm* (ANAT) breastbone.
ster'zare [ster'tsare] *vt, vi* (AUT) to steer; **'sterzo** *sm* steering; (*volante*) steering wheel.
'steso, a *pp di* **stendere**.
'stesso, a *ag* same; (*rafforzativo: in persona, proprio*): **il re ~** the king himself *o* in person // *pronome*: **lo(la) ~(a)** the same (one); **i suoi ~i avversari lo ammirano** even his enemies admire him; **fa lo ~** it doesn't matter; **per me è lo ~** it's all the same to me, it doesn't matter to me; *vedi* **io, tu** *etc*.
ste'sura *sf* drafting *q*, drawing up *q*; draft.
stetos'copio *sm* stethoscope.
'stigma, i *sm* stigma.
'stigmate *sfpl* (REL) stigmata.
sti'lare *vt* to draw up, draft.
'stile *sm* style; **sti'lista, i** *sm* stylist; designer; **stiliz'zato, a** *ag* stylized.
stil'lare *vi* (*2*) (*trasudare*) to ooze; (*gocciolare*) to drip; **~rsi il cervello** (*fig*) to rack one's brains; **stilli'cidio** *sm* drip, dripping.
stilo'grafica, che *sf* (*anche*: **penna ~**) fountain pen.
'stima *sf* esteem; valuation; assessment, estimate.
sti'mare *vt* (*persona*) to esteem, hold in high regard; (*terreno, casa etc*) to value; (*stabilire in misura approssimativa*) to estimate, assess; (*ritenere*): **~ che** to consider that; **~rsi fortunato** to consider o.s. (to be) lucky.
stimo'lante *ag* stimulating // *sm* (MED) stimulant.
stimo'lare *vt* to stimulate; (*incitare*): **~ qd (a fare)** to spur sb on (to do).
'stimolo *sm* (*sollecitazione*) stimulus, spur; (FISIOL, PSIC) stimulus; **lo ~ della fame/del rimorso** the pangs of hunger/remorse.
'stinco, chi *sm* shin; shinbone.
'stingere ['stindʒere] *vt, vi* (*2*) (*anche*: **~rsi**) to fade; **'stinto, a** *pp di* **stingere.**
sti'pare *vt* to cram, pack; **~rsi** *vr* (*accalcarsi*) to crowd, throng.
sti'pendio *sm* salary.
'stipite *sm* (*di porta, finestra*) jamb.
stipu'lare *vt* (*redigere*) to draw up.
sti'rare *vt* (*abito*) to iron; (*distendere*) to stretch; **~rsi** *vr* (*fam*) to stretch (o.s.); **stira'tura** *sf* ironing.
'stirpe *sf* birth, stock; descendants *pl*.
stiti'chezza [stiti'kettsa] *sf* constipation.
'stitico, a, ci, che *ag* constipated.

'stiva *sf* (*di nave*) hold.
sti'vale *sm* boot.
'stizza ['stittsa] *sf* anger, vexation; **stiz'zirsi** *vr* to lose one's temper; **stiz'zoso, a** *ag* (*persona*) quick-tempered, irascible; (*risposta*) angry.
stocca'fisso *sm* stockfish, dried cod.
stoc'cata *sf* (*colpo*) stab, thrust; (*fig*) gibe, cutting remark.
'stoffa *sf* material, fabric; (*fig*): **aver la ~ di** to have the makings of.
'stoico, a, ci, che *ag* stoic(al).
'stola *sf* stole.
'stolto, a *ag* stupid, foolish.
'stomaco, chi *sm* stomach; **dare di ~** to vomit, be sick.
sto'nare *vt* to sing (*o* play) out of tune // *vi* to be out of tune, sing (*o* play) out of tune; (*fig*) to be out of place, jar; (: *colori*) to clash; **stona'tura** *sf* (*suono*) false note.
stop *sm inv* (TEL) stop; (AUT: *cartello*) stop sign; (: *fanalino d'arresto*) brake-light.
'stoppa *sf* tow.
'stoppia *sf* (AGR) stubble.
stop'pino *sm* wick; (*miccia*) fuse.
'storcere ['stɔrtʃere] *vt* to twist; **~rsi** *vr* to writhe, twist; **~ il naso** (*fig*) to turn up one's nose; **~rsi la caviglia** to twist one's ankle.
stor'dire *vt* (*intontire*) to stun, daze; **~rsi** *vr*: **~rsi col bere** to drown one's sorrows; **stor'dito, a** *ag* stunned; (*sbadato*) scatterbrained, heedless.
'storia *sf* (*scienza, avvenimenti*) history; (*racconto, bugia*) story; (*faccenda, questione*) business *q*; (*pretesto*) excuse, pretext; **~e** *sfpl* (*smancerie*) fuss *sg*; **'storico, a, ci, che** *ag* historic(al) // *sm* historian.
stori'one *sm* (ZOOL) sturgeon.
stor'mire *vi* to rustle.
'stormo *sm* (*di uccelli*) flock.
stor'nare *vt* (COMM) to transfer.
'storno *sm* starling.
storpi'are *vt* to cripple, maim; (*fig: parole*) to mangle.
'storpio, a *ag* crippled, maimed.
'storto, a *pp di* **storcere** // *ag* (*chiodo*) twisted, bent; (*gamba, quadro*) crooked; (*fig: ragionamento*) false, wrong // *sf* (*distorsione*) sprain, twist; (*recipiente*) retort.
sto'viglie [sto'viʎʎe] *sfpl* dishes *pl*, crockery.
'strabico, a, ci, che *ag* squint-eyed; (*occhi*) squint.
stra'bismo *sm* squinting.
stra'carico, a, chi, che *ag* overloaded.
stracci'are [strat'tʃare] *vt* to tear.
'straccio, a, ci, ce ['strattʃo] *ag* torn // *sm* rag; (*per pulire*) cloth, duster; **carta ~a** waste paper; **stracci'vendolo** *sm* ragman.
stra'cotto, a *ag* overcooked // *sm* (CUC) beef stew.
'strada *sf* road; (*di città*) street; (*cammino, via, fig*) way; **farsi ~** (*fig*) to do well for o.s.; **essere fuori ~** (*fig*) to be on the wrong track; **~ facendo** on the way; **~ senza uscita** dead end; **stra'dale** *ag* road *cpd*.
strafalci'one [strafal'tʃone] *sm* blunder, howler.
stra'fare *vi* to overdo it; **stra'fatto, a** *pp di* **strafare.**
strafot'tente *ag*: **è ~** he doesn't give a damn, he couldn't care less.
'strage ['stradʒe] *sf* massacre, slaughter.
stralu'nare *vt*: **~ gli occhi** to roll one's eyes; **stralu'nato, a** *ag* (*occhi*) rolling; (*persona*) beside o.s., very upset.
stramaz'zare [stramat'tsare] *vi* (2) to fall heavily.
'strambo, a *ag* strange, queer.
strampa'lato, a *ag* odd, eccentric.
stra'nezza [stra'nettsa] *sf* strangeness.
strango'lare *vt* to strangle; **~rsi** *vr* to choke.
strani'ero, a *ag* foreign // *sm/f* foreigner.
'strano, a *ag* strange, odd.
straordi'nario, a *ag* extraordinary; (*treno etc*) special // *sm* (*lavoro*) overtime.
strapaz'zare [strapat'tsare] *vt* to ill-treat; **~rsi** *vr* to tire o.s. out, overdo things; **stra'pazzo** *sm* strain, fatigue; **da strapazzo** (*fig*) third-rate.
strapi'ombo *sm* overhanging rock; **a ~** overhanging.
strapo'tere *sm* excessive power.
strap'pare *vt* to pull out; (*pagina etc*) to tear off, tear out; (*fazzoletto, lenzuolo, foglio*) to tear, rip; (*sradicare*) to pull up; **~ qc a qd** to snatch sth from sb; (*fig*) to wrest sth from sb; **~rsi** *vr* (*lacerarsi*) to rip, tear; (*rompersi*) to break; **'strappo** *sm* pull, tug; tear, rip; **fare uno strappo alla regola** to make an exception to the rule; **strappo muscolare** torn muscle.
strapun'tino *sm* jump *o* foldaway seat.
strari'pare *vi* to overflow.
strasci'care [straʃʃi'kare] *vt* to trail; (*piedi*) to drag; (*parole*) to drawl.
'strascico, chi ['straʃʃiko] *sm* (*di abito*) train; (*conseguenza*) after-effect.
strata'gemma, i [strata'dʒɛmma] *sm* stratagem.
strate'gia, 'gie [strate'dʒia] *sf* strategy; **stra'tegico, a, ci, che** *ag* strategic.
'strato *sm* layer; (*rivestimento*) coat, coating; (GEO, *fig*) stratum; (METEOR) stratus.
stratos'fera *sf* stratosphere.
strava'gante *ag* odd, eccentric; **strava'ganza** *sf* eccentricity.
stra'vecchio, a [stra'vɛkkjo] *ag* very old.
stra'vizio [stra'vittsjo] *sm* excess.
stra'volgere [stra'vɔldʒere] *vt* (*volto*) to contort; (*fig: animo*) to trouble deeply; (: *verità*) to twist, distort; **stra'volto, a** *pp di* **stravolgere.**
strazi'are [strat'tsjare] *vt* to torture, torment; **'strazio** *sm* torture; (*fam: persona, libro*) bore.

'strega, ghe *sf* witch.
stre'gare *vt* to bewitch.
stre'gone *sm (mago)* wizard; *(di tribù)* witch doctor.
'stregua *sf*: **alla ~ di** by the same standard as.
stre'mare *vt* to exhaust.
'stremo *sm* very end; **essere allo ~** to be at the end of one's tether.
'strenna *sf* Christmas present.
'strenuo, a *ag* brave, courageous.
strepi'toso, a *ag* clamorous, deafening; *(fig: successo)* resounding.
'stretta *sf vedi* **stretto**.
stretta'mente *av* tightly; *(rigorosamente)* strictly.
stret'tezza [stret'tettsa] *sf* narrowness; **~e** *sfpl* poverty *sg*, straitened circumstances.
'stretto, a *pp di* **stringere** // *ag (non largo)* narrow; *(: gonna, serrato: nodo)* tight; *(intimo: parente, amico)* close; *(rigoroso: osservanza)* strict; *(preciso: significato)* precise, exact // *sm (braccio di mare)* strait // *sf (di mano)* grasp; *(finanziaria)* squeeze; *(fig: dolore, turbamento)* pang; **a denti ~i** with clenched teeth; **lo ~ necessario** the bare minimum; **essere alle ~e** to have one's back to the wall; **stret'toia** *sf* bottleneck; *(fig)* tricky situation.
stri'ato, a *ag* streaked.
stri'dente *ag* strident.
'stridere *vi (porta)* to squeak; *(animale)* to screech, shriek; *(colori)* to clash; **'strido, pl(f) strida** *sm* screech, shriek; **stri'dore** *sm* screeching, shrieking; **'stridulo, a** *ag* shrill.
stril'lare *vt, vi* to scream, shriek; **'strillo** *sm* scream, shriek.
stril'lone *sm* newspaper seller.
strimin'zito, a [strimin'tsito] *ag (misero)* shabby; *(molto magro)* skinny.
strimpel'lare *vt (MUS)* to strum.
'stringa, ghe *sf* lace.
strin'gato, a *ag (fig)* concise.
'stringere ['strindʒere] *vt (avvicinare due cose)* to press (together), squeeze (together); *(tenere stretto)* to hold tight, clasp, clutch; *(avvitare)* to tighten; *(abito)* to take in; *(sog: scarpe)* to pinch, be tight for; *(fig: concludere: patto)* to make; *(: accelerare: passo, tempo)* to quicken // *vi (incalzare)* to be pressing; **~rsi** *vr (accostarsi)*: **~rsi (a)** to draw close (to), press o.s. (to); *(restringersi)* to squeeze up; **~ la mano a qd** to shake sb's hand; **~ le labbra/gli occhi** to tighten one's lips/screw up one's eyes.
'striscia, sce ['striʃʃa] *sf (di carta, tessuto etc)* strip; *(riga)* stripe; **~sce (pedonali)** zebra crossing *sg*.
strisci'are [striʃ'ʃare] *vt (piedi)* to drag; *(muro, macchina)* to graze // *vi* to crawl, creep; **~rsi** *vr*: **~rsi a** *(sfregarsi)* to rub against; *(fig)* to grovel before *o* in front of.
'striscio ['striʃʃo] *sm* graze; *(MED)* smear; **colpire di ~** to graze.
strito'lare *vt* to grind.
striz'zare [strit'tsare] *vt (arancia)* to squeeze; *(panni)* to wring (out); **~ l'occhio** to wink.
'strofe *sf inv*, **'strofa** *sf* strophe.
strofi'naccio [strofi'nattʃo] *sm* duster, cloth.
strofi'nare *vt* to rub.
stron'care *vt* to break off; *(fig: ribellione)* to suppress, put down; *(: film, libro)* to tear to pieces.
stropicci'are [stropit'tʃare] *vt* to rub.
stroz'zare [strot'tsare] *vt (soffocare)* to choke, strangle; **~rsi** *vr* to choke; **strozza'tura** *sf (restringimento)* narrowing; *(di strada etc)* bottleneck.
'struggere ['struddʒere] *vt (sciogliere)* to melt; *(fig)* to consume; **~rsi** *vr* to melt; *(fig)*: **~rsi di** to be consumed with.
strumen'tale *ag (MUS)* instrumental.
strumentaliz'zare [strumentalid'dzare] *vt* to exploit, use to one's own ends.
stru'mento *sm (arnese, fig)* instrument, tool; *(MUS)* instrument; **~ a corda/fiato** stringed/wind instrument.
'strutto *sm* lard.
strut'tura *sf* structure; **struttu'rare** *vt* to structure.
'struzzo ['struttso] *sm* ostrich.
stuc'care *vt (muro)* to plaster; *(vetro)* to putty; *(decorare con stucchi)* to stucco.
stuc'chevole [stuk'kevole] *ag* nauseating; *(fig)* tedious, boring.
'stucco, chi *sm* plaster; *(da vetri)* putty; *(ornamentale)* stucco; **rimanere di ~** *(fig)* to be dumbfounded.
stu'dente, 'essa *sm/f* student; *(scolaro)* pupil, schoolboy/girl; **studen'tesco, a, schi, sche** *ag* student *cpd*; school *cpd*.
studi'are *vt* to study; **~rsi** *vr (sforzarsi)*: **~rsi di fare** to try *o* endeavour to do.
'studio *sm* studying; *(ricerca, saggio, stanza)* study; *(di professionista)* office; *(di artista, CINEMA, TV, RADIO)* studio; **~i** *smpl (INS)* studies.
studi'oso, a *ag* studious, hardworking // *sm/f* scholar.
'stufa *sf* stove; **~ elettrica** electric fire *o* heater.
stu'fare *vt (CUC)* to stew; *(fig: fam)* to bore; **stu'fato** *sm (CUC)* stew; **'stufo, a** *ag (fam)*: **essere stufo di** to be fed up with, be sick and tired of.
stu'oia *sf* mat.
stupefa'cente [stupefa'tʃɛnte] *ag* stunning, astounding // *sm* drug, narcotic.
stu'pendo, a *ag* marvellous, wonderful.
stupi'daggine [stupi'daddʒine] *sf* stupid thing (to do *o* say).
stupidità *sf* stupidity.
'stupido, a *ag* stupid.
stu'pire *vt* to amaze, stun // *vi (2) (anche: ~rsi)* to be amazed, be stunned.
stu'pore *sm* amazement, astonishment.
'stupro *sm* rape.
'stura *sf*: **dare la ~ a** *(bottiglia)* to uncork; *(sentimenti)* to give vent to.

stu'rare *vt* (*lavandino*) to clear.
stuzzica'denti [stuttsika'dɛnti] *sm* toothpick.
stuzzi'care [stuttsi'kare] *vt* (*ferita etc*) to poke (at), prod (at); (*fig*) to tease; ~ **i denti** to pick one's teeth.
su *prep* (*su + il* = **sul**, *su + lo* = **sullo**, *su + l'* = **sull'**, *su + la* = **sulla**, *su + i* = **sui**, *su + gli* = **sugli**, *su + le* = **sulle**) on; (*moto a luogo*) on, on to; (*intorno a, riguardo a*) about, on; (*approssimazione*: *circa*) about, around // *av* up; (*sopra*) (up) above // *escl* come on!; **in** ~ *av* up(wards); **prezzi dalle mille lire in** ~ prices from 1000 lire (upwards); **una ragazza sui 17 anni** a girl of about 17 (years of age); **in 3 casi** ~ **10** in 3 cases out of 10.
'sua *vedi* **suo**.
su'bacqueo, a *ag* underwater // *sm* skindiver.
sub'buglio [sub'buʎʎo] *sm* confusion, turmoil.
subcosci'ente [subkoʃ'ʃɛnte] *ag, sm* subconscious.
'subdolo, a *ag* underhand, sneaky.
suben'trare *vi* (*2*): ~ **a qd in qc** to take over sth from sb.
su'bire *vt* to suffer, endure.
subis'sare *vt* (*fig*): ~ **di** to overwhelm with, load with.
subi'taneo, a *ag* sudden.
'subito *av* immediately, at once, straight away.
su'blime *ag* sublime.
subodo'rare *vt* (*insidia etc*) to smell, suspect.
subordi'nato, a *ag* subordinate; (*dipendente*): ~ **a** dependent on, subject to // *sm/f* subordinate.
subur'bano, a *ag* suburban.
succe'daneo [suttʃe'daneo] *sm* substitute.
suc'cedere [sut'tʃɛdere] *vi* (*2*) (*prendere il posto di qd*): ~ **a** to succeed; (*venire dopo*): ~ **a** to follow; (*accadere*) to happen; ~**rsi** *vr* to follow each other; ~ **al trono** to succeed to the throne; **successi'one** *sf* succession; **succes'sivo, a** *ag* successive; **suc'cesso, a** *pp di* **succedere** // *sm* (*esito*) outcome; (*buona riuscita*) success; **succes'sore** *sm* successor.
succhi'are [suk'kjare] *vt* to suck (up).
suc'cinto, a [sut'tʃinto] *ag* (*discorso*) succinct; (*abito*) brief.
'succo, chi *sm* juice; (*fig*) essence, gist; **suc'coso, a** *ag* juicy; (*fig*) pithy; **succu'lento, a** *ag* succulent.
succur'sale *sf* branch (office).
sud *sm* south // *ag inv* south; (*lato*) south, southern.
su'dare *vi* to perspire, sweat; ~ **freddo** to come out in a cold sweat; **su'data** *sf* sweat; **ho fatto una bella sudata per finirlo in tempo** it was a real sweat to get it finished in time.
sud'detto, a *ag* above-mentioned.
sud'dito, a *sm/f* subject.
suddi'videre *vt* to subdivide; **suddivisi'one** *sf* subdivision.
su'dest *sm* south-east.
'sudicio, a, ci, ce ['suditʃo] *ag* dirty, filthy; **sudici'ume** *sm* dirt, filth.
su'dore *sm* perspiration, sweat.
su'dovest *sm* south-west.
'sue *vedi* **suo**.
suffici'ente [suffi'tʃɛnte] *ag* enough, sufficient; (*borioso*) self-important; (*INS*) satisfactory; **suffici'enza** *sf* self-importance; pass mark; **aver sufficienza di qc** to have enough of sth; **a sufficienza** *av* enough.
suf'fisso *sm* (*LING*) suffix.
suf'fragio [suf'fradʒo] *sm* (*voto*) vote; ~ **universale** universal suffrage.
suggel'lare [suddʒel'lare] *vt* (*fig*) to seal.
suggeri'mento [suddʒeri'mento] *sm* suggestion; (*consiglio*) piece of advice, advice *q*.
sugge'rire [suddʒe'rire] *vt* (*risposta*) to tell; (*consigliare*) to advise; (*proporre*) to suggest; (*TEATRO*) to prompt; **suggeri'tore, 'trice** *sm/f* (*TEATRO*) prompter.
suggestio'nare [suddʒestjo'nare] *vt* to influence.
suggesti'one [suddʒes'tjone] *sf* (*PSIC*) suggestion; (*istigazione*) instigation.
sugges'tivo, a [suddʒes'tivo] *ag* (*paesaggio*) evocative; (*teoria*) interesting, attractive.
'sughero ['sugero] *sm* cork.
'sugli ['suʎʎi] *prep + det vedi* **su**.
'sugna ['suɲɲa] *sf* suet.
'sugo, ghi *sm* (*succo*) juice; (*di carne*) gravy; (*condimento*) sauce; (*fig*) gist, essence.
'sui *prep + det vedi* **su**.
sui'cida, i, e [sui'tʃida] *ag* suicidal // *sm/f* suicide.
suici'darsi [suitʃi'darsi] *vr* to commit suicide.
sui'cidio [sui'tʃidjo] *sm* suicide.
su'ino, a *ag*: **carne** ~**a** pork // *sm* pig; ~**i** *smpl* swine *pl*.
sul, sull', 'sulla, 'sulle, 'sullo *prep + det vedi* **su**.
sulta'nina *ag f*: **(uva)** ~ sultana.
sul'tano, a *sm/f* sultan/sultana.
'sunto *sm* summary.
'suo, 'sua, 'sue, su'oi *det*: **il** ~, **la sua** *etc* (*di lui*) his; (*di lei*) her; (*di esso*) its; (*con valore indefinito*) one's, his/her; (*forma di cortesia: anche:* **S**~) your // *pronome*: **il** ~, **la sua** *etc* his; hers; yours; **i suoi** (*parenti*) one's family.
su'ocero, a ['swɔtʃero] *sm/f* father/mother-in-law; **i** ~**i** *smpl* father- and mother-in-law.
su'oi *vedi* **suo**.
su'ola *sf* (*di scarpa*) sole.
su'olo *sm* (*terreno*) ground; (*terra*) soil.
suo'nare *vt* (*MUS*) to play; (*campana*) to ring; (*ore*) to strike; (*clacson, allarme*) to sound // *vi* to play; (*telefono, campana*) to ring; (*ore*) to strike; (*clacson, fig: parole*) to sound.
su'ono *sm* sound.

su'ora *sf* (*REL*) sister.
supe'rare *vt* (*oltrepassare*: *limite*) to exceed, surpass; (*percorrere*) to cover; (*attraversare*: *fiume*) to cross; (*sorpassare*: *veicolo*) to overtake; (*fig*: *essere più bravo di*) to surpass, outdo; (: *difficoltà*) to overcome; (: *esame*) to get through; ~ **qd in altezza/peso** to be taller/heavier than sb; **ha superato la cinquantina** he's over fifty.
su'perbia *sf* pride.
su'perbo, a *ag* proud; (*fig*) magnificent, superb.
superfici'ale [superfi'tʃale] *ag* superficial.
super'ficie, ci [super'fitʃe] *sf* surface.
su'perfluo, a *ag* superfluous.
superi'ore *ag* (*piano, arto, classi*) upper; (*più elevato: temperatura, livello*): ~ **(a)** higher (than); (*migliore*): ~ **(a)** superior (to); ~, **a** *sm/f* (*anche REL*) superior; **superiorità** *sf* superiority.
superla'tivo, a *ag, sm* superlative.
supermer'cato *sm* supermarket.
su'perstite *ag* surviving // *sm/f* survivor.
superstizi'one [superstit'tsjone] *sf* superstition; **superstizi'oso, a** *ag* superstitious.
su'pino, a *ag* supine.
suppel'lettile *sf* furnishings *pl*.
suppergiù [supper'dʒu] *av* more or less, roughly.
supple'mento *sm* supplement.
sup'plente *ag* temporary; (*insegnante*) supply *cpd* // *sm/f* temporary member of staff; supply teacher.
'supplica, che *sf* (*preghiera*) plea; (*domanda scritta*) petition, request.
suppli'care *vt* to implore, beseech.
sup'plire *vi*: ~ **a** to make up for, compensate for.
sup'plizio [sup'plittsjo] *sm* torture.
sup'porre *vt* to suppose.
sup'porto *sm* (*sostegno*) support.
supposizi'one [suppozit'tsjone] *sf* supposition.
sup'posta *sf* (*MED*) suppository.
sup'posto, a *pp di* **supporre**.
suppu'rare *vi* to suppurate.
suprema'zia [supremat'tsia] *sf* supremacy.
su'premo, a *ag* supreme.
surge'lare [surdʒe'lare] *vt* to (deep-)freeze.
sur'plus *sm inv* (*ECON*) surplus.
surriscal'dare *vt* to overheat.
surro'gato *sm* substitute.
suscet'tibile [suʃʃet'tibile] *ag* (*sensibile*) touchy, sensitive; (*soggetto*): ~ **di miglioramento** that can be improved, open to improvement.
susci'tare [suʃʃi'tare] *vt* to provoke, arouse.
su'sina *sf* plum; **su'sino** *sm* plum (tree).
sussegu'ire *vt* to follow; ~**rsi** *vr* to follow one another.
sussidi'ario, a *ag* subsidiary; auxiliary.
sus'sidio *sm* subsidy.
sussis'tenza [sussis'tɛntsa] *sf* subsistence.
sus'sistere *vi* (*2*) to exist; to be valid *o* sound.
sussul'tare *vi* to shudder.
sussur'rare *vt, vi* to whisper, murmur; **sus'surro** *sm* whisper, murmur.
su'tura *sf* (*MED*) suture; **sutu'rare** *vt* to stitch up, suture.
sva'gare *vt* (*distrarre*) to distract; (*divertire*) to amuse; ~**rsi** *vr* to amuse o.s.; to enjoy o.s.
'svago, ghi *sm* (*riposo*) relaxation; (*ricreazione*) amusement; (*passatempo*) pastime.
svaligi'are [zvali'dʒare] *vt* to rob, burgle.
svalu'tare *vt* (*ECON*) to devalue; (*fig*) to belittle; **svalutazi'one** *sf* devaluation.
sva'nire *vi* (*2*) to disappear, vanish.
svan'taggio [zvan'taddʒo] *sm* disadvantage; (*inconveniente*) drawback, disadvantage.
svapo'rare *vi* (*2*) to evaporate.
svari'ato, a *ag* varied; various.
'svastica *sf* swastika.
sve'dese *ag* Swedish // *sm/f* Swede // *sm* (*LING*) Swedish.
'sveglia ['zveʎʎa] *sf* waking up; (*orologio*) alarm (clock); **suonare la** ~ (*MIL*) to sound the reveille.
svegli'are [zveʎ'ʎare] *vt* to wake up; (*fig*) to awaken, arouse; ~**rsi** *vr* to wake up; (*fig*) to be revived, reawaken.
'sveglio, a ['zveʎʎo] *ag* awake; (*fig*) alert, quick-witted.
sve'lare *vt* to reveal.
'svelto, a *ag* (*passo*) quick; (*mente*) quick, alert; (*linea*) slim, slender; **alla** ~**a** *av* quickly.
'svendita *sf* (*COMM*) (clearance) sale.
sveni'mento *sm* fainting fit, faint.
sve'nire *vi* (*2*) to faint.
sven'tare *vt* to foil, thwart.
sven'tato, a *ag* (*distratto*) scatterbrained; (*imprudente*) rash.
svento'lare *vt, vi* to wave, flutter.
sven'trare *vt* to disembowel.
sven'tura *sf* misfortune; **sventu'rato, a** *ag* unlucky, unfortunate.
sve'nuto, a *pp di* **svenire**.
svergo'gnato, a [zvergoɲ'ɲato] *ag* shameless.
sver'nare *vi* to spend the winter.
sves'tire *vt* to undress; ~**rsi** *vr* to get undressed.
'Svezia ['zvɛttsja] *sf*: **la** ~ Sweden.
svez'zare [zvet'tsare] *vt* to wean.
svi'are *vt* to divert; (*fig*) to lead astray; ~**rsi** *vr* to go astray.
svi'gnarsela [zviɲ'ɲarsela] *vr* to slip away, sneak off.
svilup'pare *vt*, ~**rsi** *vr* to develop.
svi'luppo *sm* development.
svinco'lare *vt* to free, release; (*merce*) to clear; **'svincolo** *sm* clearance; (*stradale*) link road.
svi'sare *vt* to distort.

svisce'rare [zviʃʃe'rare] *vt* (*fig: argomento*) to examine in depth; **svisce'rato, a** *ag* (*amore*) passionate; (*lodi*) obsequious.
'svista *sf* oversight.
svi'tare *vt* to unscrew.
'Svizzera ['zvittsera] *sf*: **la ~** Switzerland.
'svizzero, a ['zvittsero] *ag, sm/f* Swiss.
svogli'ato, a [zvoʎ'ʎato] *ag* listless; (*pigro*) lazy.
svolaz'zare [zvolat'tsare] *vi* to flutter.
'svolgere ['zvɔldʒere] *vt* to unwind; (*srotolare*) to unroll; (*fig: argomento*) to develop; (*: piano, programma*) to carry out; **~rsi** *vr* to unwind; to unroll; (*fig: aver luogo*) to take place; (*: procedere*) to go on; **svolgi'mento** *sm* development; (*andamento*) course.
'svolta *sf* (*atto*) turning *q*; (*curva*) turn, bend; (*fig*) turning-point.
svol'tare *vi* to turn.
'svolto, a *pp di* **svolgere**.
svuo'tare *vt* to empty (out).

T

tabac'caio, a *sm/f* tobacconist.
tabacche'ria [tabakke'ria] *sf* tobacconist's (shop).
ta'bacco, chi *sm* tobacco.
ta'bella *sf* (*tavola*) table; (*elenco*) list.
taber'nacolo *sm* tabernacle.
tabù *ag, sm inv* taboo.
tabula'tore *sm* tabulator.
'tacca, che *sf* notch, nick; **di mezza ~** (*fig*) mediocre.
tac'cagno, a [tak'kaɲɲo] *ag* mean, stingy.
tac'cheggio [tak'keddʒo] *sm* shoplifting.
tac'chino [tak'kino] *sm* turkey.
'taccia, ce ['tattʃa] *sf* bad reputation.
'tacco, chi *sm* heel.
taccu'ino *sm* notebook.
ta'cere [ta'tʃere] *vi* to be silent *o* quiet; (*smettere di parlare*) to fall silent // *vt* to keep to oneself, say nothing about; **far ~ qd** to make sb be quiet; (*fig*) to silence sb.
ta'chimetro [ta'kimetro] *sm* speedometer.
'tacito, a ['tatʃito] *ag* silent; (*sottinteso*) tacit, unspoken.
taci'turno, a [tatʃi'turno] *ag* taciturn.
ta'fano *sm* horsefly.
taffe'ruglio [taffe'ruʎʎo] *sm* brawl, scuffle.
taffettà *sm* taffeta.
'taglia ['taʎʎa] *sf* (*statura*) height; (*misura*) size; (*riscatto*) ransom; (*ricompensa*) reward.
taglia'carte [taʎʎa'karte] *sm inv* paperknife.
tagli'ando [taʎ'ʎando] *sm* coupon.
tagli'are [taʎ'ʎare] *vt* to cut; (*recidere, interrompere*) to cut off; (*intersecare*) to cut across, intersect; (*carne*) to carve; (*vini*) to blend // *vi* to cut; (*prendere una scorciatoia*) to take a short-cut; **~ corto** (*fig*) to cut short.
taglia'telle [taʎʎa'tɛlle] *sfpl* tagliatelle *pl*.
tagli'ente [taʎ'ʎɛnte] *ag* sharp.
'taglio ['taʎʎo] *sm* cutting *q*; cut; (*parte tagliente*) cutting edge; (*di abito*) cut, style; (*di stoffa: lunghezza*) length; (*di vini*) blending; **di ~** on edge, edgeways; **banconote di piccolo/grosso ~** notes of small/large denomination.
tagli'ola [taʎ'ʎola] *sf* trap, snare.
tagliuz'zare [taʎʎut'tsare] *vt* to cut into small pieces.
'talco *sm* talcum powder.
'tale *det* such; (*intensivo*): **un ~/~i ...** such (a)/such ... // *pronome* (*questa, quella persona già menzionata*) the one, the person; (*indefinito*): **un(una) ~** someone; **il ~ giorno alla ~ ora** on such and such a day at such and such a time; **~ quale: il tuo vestito è ~ quale il mio** your dress is just *o* exactly like mine; **quel/quella ~** that person, that man/woman.
ta'lento *sm* talent.
talis'mano *sm* talisman.
tallon'cino [tallon'tʃino] *sm* counterfoil.
tal'lone *sm* heel.
tal'mente *av* so.
ta'lora *av* = **talvolta.**
'talpa *sf* (ZOOL) mole.
tal'volta *av* sometimes, at times.
tambu'rello *sm* tambourine.
tambu'rino *sm* drummer.
tam'buro *sm* drum.
Ta'migi [ta'midʒi] *sm*: **il ~** the Thames.
tampo'nare *vt* (*otturare*) to plug; (*urtare: macchina*) to crash *o* ram into.
tam'pone *sm* (MED) wad, pad; (*per timbri*) ink-pad; (*respingente*) buffer; **~ assorbente** tampon.
'tana *sf* lair, den.
'tanfo *sm* stench; musty smell.
tan'gente [tan'dʒɛnte] *ag* (MAT): **~ a** tangential to // *sf* tangent; (*quota*) share.
tan'gibile [tan'dʒibile] *ag* tangible.
'tango, ghi *sm* tango.
tan'nino *sm* tannin.
tan'tino: **un ~** *av* a little, a bit.
'tanto, a *det* (*pane, acqua, soldi*) so much; (*persone, libri*) so many // *pronome* so much (*o* many) // *av* (*con ag, av*) so; (*con vb*) so much, such a lot; (*: così a lungo*) so long; **due volte ~** twice as much; **~ ... quanto: ho ~i libri quanti (ne hanno) loro** I have as many books as they have *o* as them; **conosco ~ Carlo quanto suo padre** I know both Carlo and his father; **è ~ bella quanto buona** she is as beautiful as she is good; **~ più ... ~ più** the more ... the more; **un ~: costa un ~ al metro** it costs so much per metre; **guardare con ~ d'occhi** to gaze wide-eyed at; **~ per cambiare** just for a change; **una volta ~** just once; **~ è inutile** in any case it's useless; **di ~ in ~, ogni ~** every so often.
tapi'oca *sf* tapioca.
'tappa *sf* (*luogo di sosta, fermata*) stop, halt;

(*parte di un percorso*) stage, leg; (SPORT) lap; a ~e in stages.
tap'pare *vt* to plug, stop up; (*bottiglia*) to cork.
tap'peto *sm* carpet; (*anche*: **tappetino**) rug; (*di tavolo*) cloth; (SPORT): **andare al** ~ to go down for the count; **mettere sul** ~ (*fig*) to bring up for discussion.
tappez'zare [tappet'tsare] *vt* (*con carta*) to paper; (*rivestire*): ~ **qc (di)** to cover sth (with); **tappezze'ria** *sf* (*tessuto*) tapestry; (*carta da parato*) wallpaper; (*arte*) upholstery; **far da tappezzeria** (*fig*) to be a wallflower; **tappezzi'ere** *sm* upholsterer.
'tappo *sm* stopper; (*in sughero*) cork.
ta'rantola *sf* tarantula.
tarchi'ato, a [tar'kjato] *ag* stocky, thickset.
tar'dare *vi* to be late // *vt* to delay; ~ **a fare** to delay doing.
'tardi *av* late; **più** ~ later (on); **al più** ~ at the latest; **far** ~ to be late; (*restare alzato*) to stay up late.
tar'divo, a *ag* (*primavera*) late; (*rimedio*) belated, tardy; (*fig: bambino*) retarded.
'tardo, a *ag* (*lento, fig: ottuso*) slow; (*tempo: avanzato*) late.
'targa, ghe *sf* plate; (AUT) number plate.
ta'riffa *sf* rates *pl*; fares *pl*; tariff; (*prezzo*) rate; fare; (*elenco*) price list; tariff.
'tarlo *sm* woodworm.
'tarma *sf* moth.
ta'rocco, chi *sm* tarot card; ~**chi** *smpl* (*gioco*) tarot *sg*.
tartagli'are [tartaʎ'ʎare] *vi* to stutter, stammer.
'tartaro, a *ag, sm* (*in tutti i sensi*) tartar.
tarta'ruga, ghe *sf* tortoise; (*di mare*) turtle; (*materiale*) tortoiseshell.
tar'tina *sf* canapé.
tar'tufo *sm* (BOT) truffle.
'tasca, sche *sf* pocket; **tas'cabile** *ag* (*libro*) pocket *cpd*; **tasca'pane** *sm* haversack; **tas'chino** *sm* breast pocket.
'tassa *sf* (*imposta*) tax; (*doganale*) duty; (*per iscrizione: a scuola etc*) fee; ~ **di circolazione/di soggiorno** road/tourist tax.
tas'sametro *sm* taximeter.
tas'sare *vt* to tax; to levy a duty on.
tassa'tivo, a *ag* peremptory.
tassazi'one [tassat'tsjone] *sf* taxation.
tas'sello *sm* plug; wedge.
tassì *sm inv* = **taxi**; **tas'sista, i, e** *sm/f* taxi driver.
'tasso *sm* (*di natalità, d'interesse etc*) rate; (BOT) yew; (ZOOL) badger; ~ **di cambio/d'interesse** rate of exchange/interest.
tas'tare *vt* to feel; ~ **il terreno** (*fig*) to see how the land lies.
tasti'era *sf* keyboard.
'tasto *sm* key; (*tatto*) touch, feel.
tas'toni *av*: **procedere (a)** ~ to grope one's way forward.
'tattico, a, ci, che *ag* tactical // *sf* tactics *pl*.
'tatto *sm* (*senso*) touch; (*fig*) tact; **duro al** ~ hard to the touch; **aver** ~ to be tactful, have tact.
tatu'aggio [tatu'addʒo] *sm* tattooing; (*disegno*) tattoo.
tatu'are *vt* to tattoo.
'tavola *sf* table; (*asse*) plank, board; (*lastra*) tablet; (*quadro*) panel (painting); (*illustrazione*) plate; ~ **calda** snack bar.
tavo'lato *sm* boarding; (*pavimento*) wooden floor.
tavo'letta *sf* tablet, bar.
'tavolo *sm* table.
tavo'lozza [tavo'lɔttsa] *sf* (ARTE) palette.
'taxi *sm inv* taxi.
'tazza ['tattsa] *sf* cup; ~ **da caffè/tè** coffee/tea cup.
te *pronome* (*soggetto: in forme comparative, oggetto*) you.
tè *sm inv* tea; (*trattenimento*) tea party.
tea'trale *ag* theatrical.
te'atro *sm* theatre.
'tecnico, a, ci, che *ag* technical // *sm/f* technician // *sf* technique; (*tecnologia*) technology.
tecnolo'gia [teknolo'dʒia] *sf* technology.
te'desco, a, schi, sche *ag, sm/f, sm* German.
'tedio *sm* tedium, boredom.
te'game *sm* (CUC) pan.
'tegola *sf* tile.
tei'era *sf* teapot.
'tela *sf* (*tessuto*) cloth; (*per vele, quadri*) canvas; (*dipinto*) canvas, painting; (TEATRO) curtain; ~ **cerata** oilcloth; (*copertone*) tarpaulin.
te'laio *sm* (*apparecchio*) loom; (*struttura*) frame.
tele'camera *sf* television camera.
telecomunicazi'oni [telekomunikat'tsjoni] *sfpl* telecommunications.
tele'cronaca *sf* television report.
tele'ferica, che *sf* cableway.
telefo'nare *vi* to telephone, ring; to make a phone call // *vt* to telephone; ~ **a** to phone up, ring up, call up.
telefo'nata *sf* (telephone) call; ~ **a carico del destinatario** reverse charge call.
tele'fonico, a, ci, che *ag* (tele)phone *cpd*.
telefo'nista, i, e *sm/f* telephonist; (*d'impresa*) switchboard operator.
te'lefono *sm* telephone; ~ **a gettoni** ≈ pay phone.
telegior'nale [teledʒor'nale] *sm* television news (programme).
telegra'fare *vt, vi* to telegraph, cable.
telegra'fia *sf* telegraphy; **tele'grafico, a, ci, che** *ag* telegraph *cpd*, telegraphic; **te'legrafo** *sm* telegraph; (*ufficio*) telegraph office.
tele'gramma, i *sm* telegram.
telepa'tia *sf* telepathy.
teles'copio *sm* telescope.
teleselezi'one [teleselet'tsjone] *sf* ≈ subscriber trunk dialling.

telespetta'tore, 'trice *sm/f* (television) viewer.
televisi'one *sf* television.
televi'sore *sm* television set.
'telex *sm inv* telex.
'tema, i *sm* theme; (*INS*) essay, composition.
teme'rario, a *ag* rash, reckless.
te'mere *vt* to fear, be afraid of; (*essere sensibile a: freddo, calore*) to suffer from; (*sog: cose*) to be easily damaged by // *vi* to fear; (*essere preoccupato*): ~ **per** to worry about, fear for; ~ **di/che** to be afraid of/that.
temperama'tite *sm inv* pencil sharpener.
tempera'mento *sm* temperament.
tempe'rare *vt* (*aguzzare*) to sharpen; (*fig*) to moderate, control, temper.
tempe'rato, a *ag* moderate, temperate; (*clima*) temperate.
tempera'tura *sf* temperature.
tempe'rino *sm* penknife.
tem'pesta *sf* storm; ~ **di sabbia/neve** sand/snowstorm.
tempes'tivo, a *ag* timely.
tempes'toso, a *ag* stormy.
'tempia *sf* (*ANAT*) temple.
'tempio *sm* (*edificio*) temple.
'tempo *sm* (*METEOR*) weather; (*cronologico*) time; (*epoca*) time, times *pl*; (*di film, gioco: parte*) part; (*MUS*) time; (: *battuta*) beat; (*LING*) tense; **un** ~ once; ~ **fa** some time ago; **al** ~ **stesso** *o* **a un** ~ at the same time; **per** ~ early; **aver fatto il suo** ~ to have had its (*o* his *etc*) day; **primo/secondo** ~ (*TEATRO*) first/second part; (*SPORT*) first/second half; **in** ~ **utile** in due time *o* course.
tempo'rale *ag* temporal // *sm* (*METEOR*) (thunder)storm.
tempo'raneo, a *ag* temporary.
temporeggi'are [tempored'dʒare] *vi* to play for time, temporize.
tem'prare *vt* to temper.
te'nace [te'natʃe] *ag* strong, tough; (*fig*) tenacious; **te'nacia** *sf* tenacity.
te'naglie [te'naʎʎe] *sfpl* pincers *pl*.
'tenda *sf* (*riparo*) awning; (*di finestra*) curtain; (*per campeggio etc*) tent.
ten'denza [ten'dɛntsa] *sf* tendency; (*orientamento*) trend; **avere** ~ **a qc** to have a bent for sth.
'tendere *vt* (*allungare al massimo*) to stretch, draw tight; (*porgere: mano*) to hold out; (*fig: trappola*) to lay, set // *vi*: ~ **a qc/a fare** to tend towards sth/to do; ~ **l'orecchio** to prick up one's ears; **il tempo tende al caldo** the weather is getting hot.
ten'dina *sf* curtain.
'tendine *sm* tendon, sinew.
ten'done *sm* (*da circo*) tent.
'tenebre *sfpl* darkness *sg*; **tene'broso, a** *ag* dark, gloomy.
te'nente *sm* lieutenant.
te'nere *vt* to hold; (*conservare, mantenere*) to keep; (*ritenere, considerare*) to consider; (*spazio: occupare*) to take up, occupy; (*seguire: strada*) to keep to // *vi* to hold; (*colori*) to be fast; (*dare importanza*): ~ **a** to care about; ~ **a fare** to want to do, be keen to do; ~**rsi** *vr* (*stare in una determinata posizione*) to stand; (*stimarsi*) to consider o.s.; (*aggrapparsi*): ~**rsi a** to hold on to; (*attenersi*): ~**rsi a** to stick to; ~ **una conferenza** to give a lecture; ~ **conto di qc** to take sth into consideration; ~ **presente qc** to bear sth in mind.
tene'rezza [tene'rettsa] *sf* tenderness.
'tenero, a *ag* tender; (*pietra, cera, colore*) soft; (*fig*) tender, loving.
'tenia *sf* tapeworm.
'tennis *sm* tennis.
te'nore *sm* tenor, way; (*contenuto*) content; (*MUS*) tenor; ~ **di vita** way of life; (*livello*) standard of living.
tensi'one *sf* tension.
ten'tacolo *sm* (*ZOOL*) tentacle.
ten'tare *vt* (*indurre*) to tempt; (*provare*): ~ **qc/di fare** to attempt *o* try sth/to do; **tenta'tivo** *sm* attempt; **tentazi'one** *sf* temptation.
tenten'nare *vi* to shake, be unsteady; (*fig*) to hesitate, waver // *vt*: ~ **il capo** to shake one's head.
ten'toni *av*: **andare (a)** ~ to grope one's way.
'tenue *ag* (*sottile*) fine; (*colore*) soft; (*fig*) slender, slight.
te'nuta *sf* (*capacità*) capacity; (*divisa*) uniform; (*abito*) dress; (*AGR*) estate; **a** ~ **d'aria** airtight; ~ **di strada** roadholding power.
teolo'gia [teolo'dʒia] *sf* theology; **teo'logico, a, ci, che** *ag* theological; **te'ologo, gi** *sm* theologian.
teo'rema, i *sm* theorem.
teo'ria *sf* theory; **te'orico, a, ci, che** *ag* theoretic(al).
'tepido, a *ag* = **tiepido**.
te'pore *sm* warmth.
'teppa *sf* mob, hooligans *pl*; **tep'pismo** *sm* hooliganism; **tep'pista, i** *sm* hooligan.
tera'pia *sf* therapy.
tergicris'tallo [terdʒikris'tallo] *sm* windscreen wiper.
tergiver'sare [terdʒiver'sare] *vi* to shilly-shally.
'tergo *sm*: **a** ~ behind; **vedi a** ~ please turn over.
ter'male *ag* thermal; **stazione** *f* ~ spa.
'terme *sfpl* thermal baths.
'termico, a, ci, che *ag* thermic; (*unità*) thermal.
termi'nale *ag, sm* terminal.
termi'nare *vt* to end; (*lavoro*) to finish // *vi* to end.
'termine *sm* term; (*fine, estremità*) end; (*di territorio*) boundary, limit; **contratto a** ~ (*COMM*) forward contract; **a breve/lungo** ~ short-/long-term; **parlare senza mezzi** ~**i** to talk frankly, not to mince one's words.
terminolo'gia [terminolo'dʒia] *sf* terminology.

'termite *sf* termite.
ter'mometro *sm* thermometer.
'termos *sm inv* = **thermos.**
termosi'fone *sm* radiator; **(riscaldamento a)** ~ central heating.
ter'mostato *sm* thermostat.
'terra *sf* (*gen*, ELETTR) earth; (*sostanza*) soil, earth; (*opposto al mare*) land *q*; (*regione, paese*) land; (*argilla*) clay; **~e** *sfpl* (*possedimento*) lands, land *sg*; **a** *o* **per** ~ (*stato*) on the ground (*o* floor); (*moto*) to the ground, down; **mettere a** ~ (ELETTR) to earth.
terra'cotta *sf* terracotta; **vasellame** *m* **di** ~ earthenware.
terra'ferma *sf* dry land, terra firma; (*continente*) mainland.
terrapi'eno *sm* embankment, bank.
ter'razza [ter'rattsa] *sf*, **ter'razzo** [ter'rattso] *sm* terrace.
terre'moto *sm* earthquake.
ter'reno, a *ag* (*vita, beni*) earthly // *sm* (*suolo, fig*) ground; (COMM) land *q*, plot (of land); site; (SPORT, MIL) field.
ter'restre *ag* (*superficie*) of the earth, earth's; (*di terra: battaglia, animale*) land *cpd*; (REL) earthly, worldly.
ter'ribile *ag* terrible, dreadful.
terrifi'cante *ag* terrifying.
territori'ale *ag* territorial.
terri'torio *sm* territory.
ter'rore *sm* terror; **terro'rismo** *sm* terrorism; **terro'rista, i, e** *sm/f* terrorist; **terroriz'zare** *vt* to terrorize.
'terso, a *ag* clear.
'terzo, a ['tɛrtso] *ag* third // *sm* (*frazione*) third; (DIR) third party; **~i** *smpl* (*altri*) others, other people.
'tesa *sf* brim.
'teschio ['tɛskjo] *sm* skull.
'tesi *sf* thesis.
'teso, a *pp di* **tendere** // *ag* (*tirato*) taut, tight; (*fig*) tense.
tesore'ria *sf* treasury.
tesori'ere *sm* treasurer.
te'soro *sm* treasure; **il Ministero del T~** the Treasury.
'tessera *sf* (*documento*) card.
'tessere *vt* to weave; **'tessile** *ag, sm* textile; **tessili** *smpl* (*operai*) textile workers; **tessi'tore, 'trice** *sm/f* weaver; **tessi'tura** *sf* weaving.
tes'suto *sm* fabric, material; (BIOL) tissue; (*fig*) web.
'testa *sf* head; (*di cose: estremità, parte anteriore*) head, front; **di** ~ *ag* (*vettura etc*) front; **fare** ~ **a qd** (*nemico etc*) to face sb; **fare di** ~ **propria** to go one's own way; **in** ~ (SPORT) in the lead; ~ **o croce?** heads or tails?; **avere la** ~ **dura** to be stubborn; ~ **di serie** (TENNIS) seed, seeded player.
testa'mento *sm* (*atto*) will; (REL): **T~** Testament.
tes'tardo, a *ag* stubborn, pig-headed.
tes'tata *sf* (*parte anteriore*) head; (*intestazione*) heading.
'teste *sm/f* witness.
tes'ticolo *sm* testicle.
testi'mone *sm/f* (DIR) witness.
testimoni'anza [testimo'njantsa] *sf* testimony.
testimoni'are *vt* to testify; (*fig*) to bear witness to, testify to // *vi* to give evidence, testify.
'testo *sm* text; **fare** ~ (*fig: persona*) to be an authority; (*: opera*) to be the standard work; **testu'ale** *ag* textual; literal, word for word.
tes'tuggine [tes'tuddʒine] *sf* tortoise; (*di mare*) turtle.
'tetano *sm* (MED) tetanus.
'tetro, a *ag* gloomy.
'tetto *sm* roof; **tet'toia** *sf* shed; (*di piattaforma etc*) roofing.
'Tevere *sm*: **il** ~ the Tiber.
'thermos ® ['tɛrmos] *sm inv* vacuum *o* Thermos ® flask.
ti *pronome* (*dav lo, la, li, le, ne diventa* **te**) (*oggetto*) you; (*complemento di termine*) (to) you; (*riflessivo*) yourself.
ti'ara *sf* (REL) tiara.
'tibia *sf* tibia, shinbone.
tic *sm inv* tic, (nervous) twitch; (*fig*) mannerism.
ticchet'tio [tikket'tio] *sm* clicking; (*di orologio*) ticking; (*della pioggia*) patter.
'ticchio ['tikkjo] *sm* (*ghiribizzo*) whim; (*tic*) tic, (nervous) twitch.
ti'epido, a *ag* lukewarm, tepid.
ti'fare *vi*: ~ **per** to be a fan of; (*parteggiare*) to side with.
'tifo *sm* (MED) typhus; (*fig*): **fare il** ~ **per** to be a fan of.
tifoi'dea *sf* typhoid.
ti'fone *sm* typhoon.
ti'foso, a *sm/f* (SPORT *etc*) fan.
'tiglio ['tiʎʎo] *sm* lime (tree), linden (tree).
'tigre *sf* tiger.
tim'ballo *sm* (*strumento*) kettle drum; (CUC) timbale.
'timbro *sm* stamp; (MUS) timbre, tone.
'timido, a *ag* shy; timid.
'timo *sm* thyme.
ti'mone *sm* (NAUT) rudder; **timoni'ere** *sm* helmsman.
ti'more *sm* (*paura*) fear; (*rispetto*) awe; **timo'roso, a** *ag* timid, timorous.
'timpano *sm* (ANAT) eardrum; (MUS): **~i** *smpl* kettledrums, timpani.
'tingere ['tindʒere] *vt* to dye.
'tino *sm* vat.
ti'nozza [ti'nɔttsa] *sf* tub.
'tinta *sf* (*materia colorante*) dye; (*colore*) colour, shade; **tinta'rella** *sf* (*fam*) (sun)tan.
tintin'nare *vi* to tinkle.
'tinto, a *pp di* **tingere**.
tinto'ria *sf* (*officina*) dyeworks *sg*; (*lavasecco*) dry cleaner's (shop).
tin'tura *sf* (*operazione*) dyeing; (*colorante*) dye; ~ **di iodio** tincture of iodine.
'tipico, a, ci, che *ag* typical.

'tipo *sm* type; (*genere*) kind, type; (*fam*) chap, fellow.
tipogra'fia *sf* typography; (*procedimento*) letterpress (printing); (*officina*) printing house; **tipo'grafico, a, ci, che** *ag* typographic(al); letterpress *cpd*; **ti'pografo** *sm* typographer.
ti'raggio [ti'raddʒo] *sm* (*di camino etc*) draught.
tiranneggi'are [tiranned'dʒare] *vt* to tyrannize.
tiran'nia *sf* tyranny.
ti'ranno, a *ag* tyrannical // *sm* tyrant.
ti'rare *vt* (*gen*) to pull; (*estrarre*): ~ **qc da** to take *o* pull sth out of; to get sth out of; to extract sth from; (*chiudere: tenda etc*) to draw, pull; (*tracciare, disegnare*) to draw, trace; (*lanciare: sasso, palla*) to throw; (*stampare*) to print; (*pistola, freccia*) to fire // *vi* (*pipa, camino*) to draw; (*vento*) to blow; (*abito*) to be tight; (*fare fuoco*) to fire; (*fare del tiro,* CALCIO) to shoot; ~ **avanti** *vi* to struggle on // *vt* to keep going; ~ **fuori** *vt* (*estrarre*) to take out, pull out; ~ **giù** *vt* (*abbassare*) to bring down; ~ **su** *vt* to pull up; (*capelli*) to put up; (*fig: bambino*) to bring up; ~**rsi indietro** to move back.
tira'tore *sm* gunman; **un buon** ~ a good shot; ~ **scelto** marksman.
tira'tura *sf* (*azione*) printing; (*di libro*) (print) run; (*di giornale*) circulation.
'tirchio, a ['tirkjo] *ag* mean, stingy.
'tiro *sm* shooting *q*, firing *q*; (*colpo, sparo*) shot; (*di palla: lancio*) throwing *q*; throw; (*fig*) trick; **cavallo da** ~ draught horse; ~ **a segno** target shooting; (*luogo*) shooting range.
tiro'cinio [tiro'tʃinjo] *sm* apprenticeship; (*professionale*) training.
ti'roide *sf* thyroid (gland).
Tir'reno *sm*: **il (mar)** ~ the Tyrrhenian Sea.
ti'sana *sf* herb tea.
tito'lare *ag* appointed; (*sovrano*) titular // *sm/f* incumbent; (*proprietario*) owner; (CALCIO) regular player.
'titolo *sm* title; (*di giornale*) headline; (*diploma*) qualification; (COMM) security; (*: azione*) share; **a che** ~**?** for what reason?; **a** ~ **di amicizia** out of friendship; **a** ~ **di premio** as a prize; ~ **di credito** share; ~ **di proprietà** title deed.
titu'bante *ag* hesitant, irresolute.
'tizio, a ['tittsjo] *sm/f* fellow, chap.
tiz'zone [tit'tsone] *sm* brand.
toc'cante *ag* touching.
toc'care *vt* to touch; (*tastare*) to feel; (*fig: riguardare*) to concern; (*: commuovere*) to touch, move; (*: pungere*) to hurt, wound; (*: far cenno a: argomento*) to touch on, mention // *vi* (*2*): ~ **a** (*accadere*) to happen to; (*spettare*) to be up to; **tocca a te difenderci** it's up to you to defend us; **a chi tocca?** whose turn is it?; **mi toccò pagare** I had to pay.
'tocco, chi *sm* touch; (ARTE) stroke, touch; **il** ~ (*l'una*) one o'clock, one p.m.
'toga, ghe *sf* toga; (*di magistrato, professore*) gown.
'togliere ['tɔʎʎere] *vt* (*rimuovere*) to take away (*o* off), remove; (*riprendere, non concedere più*) to take away, remove; (MAT) to take away, subtract; (*liberare*) to free; ~ **qc a qd** to take sth (away) from sb; **ciò non toglie che** nevertheless, be that as it may; ~**rsi il cappello** to take off one's hat.
to'letta *sf* toilet; (*mobile*) dressing table.
tolle'ranza [tolle'rantsa] *sf* tolerance.
tolle'rare *vt* to tolerate.
'tolto, a *pp di* **togliere**.
to'maia *sf* (*di scarpa*) upper.
'tomba *sf* tomb.
tom'bino *sm* manhole cover.
'tombola *sf* (*gioco*) tombola; (*ruzzolone*) tumble.
tombo'lare *vi* (*2*) to tumble.
'tomo *sm* volume.
'tonaca, che *sf* (REL) habit.
to'nare *vi* = **tuonare.**
'tondo, a *ag* round.
'tonfo *sm* splash; (*rumore sordo*) thud.
'tonico, a, ci, che *ag, sm* tonic.
tonifi'care *vt* (*muscoli, pelle*) to tone up; (*irrobustire*) to invigorate, brace.
tonnel'laggio [tonnel'laddʒo] *sm* (NAUT) tonnage.
tonnel'lata *sf* ton.
'tonno *sm* tuna (fish).
'tono *sm* (*gen*) tone; (MUS: *di pezzo*) key; (*di colore*) shade, tone.
ton'silla *sf* tonsil; **tonsil'lite** *sf* tonsillitis.
ton'sura *sf* tonsure.
'tonto, a *ag* dull, stupid.
to'pazio [to'pattsjo] *sm* topaz.
'topo *sm* mouse.
topogra'fia *sf* topography.
'toppa *sf* (*serratura*) keyhole; (*pezza*) patch.
to'race [to'ratʃe] *sm* chest.
'torba *sf* peat.
'torbido, a *ag* (*liquido*) cloudy; (*: fiume*) muddy; (*fig*) dark; troubled; **pescare nel** ~ (*fig*) to fish in troubled water.
'torcere ['tɔrtʃere] *vt* to twist; (*biancheria*) to wring (out); ~**rsi** *vr* to twist, writhe.
torchi'are [tor'kjare] *vt* to press; **'torchio** *sm* press; **torchio tipografico/per uva** printing/wine press.
'torcia, ce ['tɔrtʃa] *sf* torch.
torci'collo [tortʃi'kɔllo] *sm* stiff neck.
'tordo *sm* thrush.
To'rino *sf* Turin.
tor'menta *sf* snowstorm.
tormen'tare *vt* to torment; ~**rsi** *vr* to fret, worry o.s.; **tor'mento** *sm* torment.
torna'conto *sm* advantage, benefit.
tor'nado *sm* tornado.
tor'nante *sm* hairpin bend.
tor'nare *vi* (*2*) to return, go (*o* come) back; (*ridiventare: anche fig*) to become (again); (*riuscire giusto, esatto: conto*) to work out; (*risultare*) to turn out (to be),

prove (to be); ~ **utile** to prove *o* turn out (to be) useful.
torna'sole *sm inv* litmus.
tor'neo *sm* tournament.
'tornio *sm* lathe.
'toro *sm* bull; (*dello zodiaco*): **T~** Taurus.
tor'pedine *sf* torpedo; **torpedini'era** *sf* torpedo boat.
tor'pore *sm* torpor, drowsiness; (*pigrizia*) torpor, sluggishness.
'torre *sf* tower; (SCACCHI) rook, castle.
torrefazi'one [torrefat'tsjone] *sf* roasting.
tor'rente *sm* torrent; **torrenzi'ale** *ag* torrential.
tor'retta *sf* turret.
'torrido, a *ag* torrid.
torri'one *sm* keep.
tor'rone *sm* nougat.
torsi'one *sf* twisting; torsion.
'torso *sm* torso, trunk; (ARTE) torso.
'torsolo *sm* (*di cavolo etc*) stump; (*di frutta*) core.
'torta *sf* cake.
torti'era *sf* cake tin.
'torto, a *pp di* **torcere** // *ag* (*ritorto*) twisted; (*storto*) twisted, crooked // *sm* (*ingiustizia*) wrong; (*colpa*) fault; **a ~** wrongly; **aver ~** to be wrong.
'tortora *sf* turtle dove.
tortu'oso, a *ag* (*strada*) twisting; (*fig*) tortuous.
tor'tura *sf* torture; **tortu'rare** *vt* to torture.
'torvo, a *ag* menacing, grim.
tosa'erba *sm o f inv* (lawn)mower.
to'sare *vt* (*pecora*) to shear; (*siepe*) to clip, trim.
Tos'cana *sf*: **la ~** Tuscany.
'tosse *sf* cough; **~ convulsa** *o* **canina** whooping cough.
'tossico, a, ci, che *ag* toxic.
tossi'comane *sm/f* drug addict.
tos'sire *vi* to cough.
tosta'pane *sm inv* toaster.
tos'tare *vt* to toast; (*caffè*) to roast.
'tosto, a *ag*: **faccia ~a** cheek.
to'tale *ag, sm* total; **totalità** *sf*: **la totalità di** all of, the total amount (*o* number) of; the whole + *sg*; **totali'tario, a** *ag* totalitarian; **totaliz'zare** *vt* to total; (SPORT: *punti*) to score.
toto'calcio [toto'kaltʃo] *sm* football pools *pl*.
to'vaglia [to'vaʎʎa] *sf* tablecloth; **tova-gli'olo** *sm* napkin.
'tozzo, a ['tɔttso] *ag* squat // *sm*: **~ di pane** crust of bread.
tra *prep* (*di due persone, cose*) between; (*di più persone, cose*) among(st); (*tempo*: *entro*) within, in; **~ 5 giorni** in 5 days' time; **litigano ~ (di) loro** they're fighting amongst themselves; **~ breve** soon; **~ sé e sé** (*parlare etc*) to oneself.
trabal'lare *vi* to stagger, totter.
traboc'care *vi* (*2*) to overflow.
traboc'chetto [trabok'ketto] *sm* (*fig*) trap.
tracan'nare *vt* to gulp down.
'traccia, ce ['trattʃa] *sf* (*segno, striscia*) trail, track; (*orma*) tracks *pl*; (*residuo, testimonianza*) trace, sign; (*abbozzo*) outline.
tracci'are [trat'tʃare] *vt* to trace, mark (out); (*disegnare*) to draw; (*fig: abbozzare*) to outline; **tracci'ato** *sm* (*grafico*) layout, plan.
tra'chea [tra'kɛa] *sf* windpipe, trachea.
tra'colla *sf* shoulder strap; **borsa a ~** shoulder bag.
tra'collo *sm* (*fig*) collapse, crash.
traco'tante *ag* overbearing, arrogant.
tradi'mento *sm* betrayal; (DIR, MIL) treason.
tra'dire *vt* to betray; (*coniuge*) to be unfaithful to; (*doveri*: *mancare*) to fail in; (*rivelare*) to give away, reveal; **tradi'tore, 'trice** *sm/f* traitor.
tradizio'nale [tradittsjo'nale] *ag* traditional.
tradizi'one [tradit'tsjone] *sf* tradition.
tra'dotto, a *pp di* **tradurre**.
tra'durre *vt* to translate; (*spiegare*) to render, convey; **tradut'tore, 'trice** *sm/f* translator; **traduzi'one** *sf* translation.
tra'ente *sm/f* (ECON) drawer.
trafe'lato, a *ag* out of breath.
traffi'cante *sm/f* dealer; (*peg*) trafficker.
traffi'care *vi* (*commerciare*): **~ (in)** to trade (in), deal (in); (*affaccendarsi*) to busy o.s. // *vt* (*peg*) to traffic in.
'traffico, ci *sm* traffic; (*commercio*) trade, traffic.
tra'figgere [tra'fiddʒere] *vt* to run through, stab; (*fig*) to pierce; **tra'fitto, a** *pp di* **trafiggere**.
trafo'rare *vt* to bore, drill; **tra'foro** *sm* (*azione*) boring, drilling; (*galleria*) tunnel.
tra'gedia [tra'dʒɛdja] *sf* tragedy.
tra'ghetto [tra'getto] *sm* crossing; (*barca*) ferry(boat).
'tragico, a, ci, che ['tradʒiko] *ag* tragic // *sm* (*autore*) tragedian.
tra'gitto [tra'dʒitto] *sm* (*passaggio*) crossing; (*viaggio*) journey.
tragu'ardo *sm* (SPORT) finishing line; (*fig*) goal, aim.
traiet'toria *sf* trajectory.
trai'nare *vt* to drag, haul; (*rimorchiare*) to tow; **'traino** *sm* (*carro*) wagon; (*slitta*) sledge; (*carico*) load.
tralasci'are [tralaʃ'ʃare] *vt* (*studi*) to interrupt; (*dettagli*) to leave out, omit.
'tralcio ['traltʃo] *sm* (BOT) shoot.
tra'liccio [tra'littʃo] *sm* (*tela*) ticking; (*struttura*) trellis; (ELETTR) pylon.
tram *sm inv* tram.
'trama *sf* (*filo*) weft, woof; (*fig: argomento, maneggio*) plot.
traman'dare *vt* to pass on, hand down.
tra'mare *vt* (*fig*) to scheme, plot.
tram'busto *sm* turmoil.
trames'tio *sm* bustle.
tramez'zino [tramed'dzino] *sm* sandwich.

tra'mezzo [tra'mɛddzo] *sm* (EDIL) partition.

'tramite *prep* through.

tramon'tare *vi* (2) to set, go down; **tra'monto** *sm* setting; (*del sole*) sunset.

tramor'tire *vi* (2) to faint // *vt* to stun.

trampo'lino *sm* (*per tuffi*) springboard, diving board; (*per lo sci*) ski-jump.

'trampolo *sm* stilt.

tramu'tare *vt* (*trasferire*) to transfer; (*mutare*) to change, transform.

'trancia, ce ['trantʃa] *sf* slice; (*cesoia*) shearing machine.

tra'nello *sm* trap.

trangugi'are [trangu'dʒare] *vt* to gulp down.

'tranne *prep* except (for), but (for).

tranquil'lante *sm* (MED) tranquillizer.

tranquillità *sf* calm, stillness; quietness; peace of mind.

tranquilliz'zare [trankwillid'dzare] *vt* to reassure.

tran'quillo, a *ag* calm, quiet; (*bambino, scolaro*) quiet; (*sereno*) with one's mind at rest; **sta'** ~ don't worry.

transat'lantico, a, ci, che *ag* transatlantic // *sm* transatlantic liner.

tran'satto, a *pp di* **transigere**.

transazi'one [transat'tsjone] *sf* compromise; (DIR) settlement; (COMM) transaction, deal.

tran'senna *sf* barrier.

tran'setto *sm* transept.

tran'sigere [tran'sidʒere] *vi* (DIR) to reach a settlement; (*venire a patti*) to compromise, come to an agreement.

tran'sistor *sm*, **transis'tore** *sm* transistor.

transi'tabile *ag* passable.

transi'tare *vi* (2) to pass.

transi'tivo, a *ag* transitive.

'transito *sm* transit; **di** ~ (*merci*) in transit; (*stazione*) transit *cpd*; **divieto di** ~ no thoroughfare.

transi'torio, a *ag* transitory, transient; (*provvisorio*) provisional.

transizi'one [transit'tsjone] *sf* transition.

tran'via *sf* tramway.

'trapano *sm* (*utensile*) drill; (: MED) trepan.

trapas'sare *vt* to pierce.

tra'passo *sm* passage.

trape'lare *vi* (2) to leak, drip; (*fig*) to leak out.

tra'pezio [tra'pɛttsjo] *sm* (MAT) trapezium; (*attrezzo ginnico*) trapeze.

trapian'tare *vt* to transplant; **trapi'anto** *sm* transplanting; (MED) transplant.

'trappola *sf* trap.

tra'punta *sf* quilt.

'trarre *vt* to draw, pull; (*portare*) to take; (*prendere, tirare fuori*) to take (out), draw; (*derivare*) to obtain; ~ **origine da qc** to have its origins *o* originate in sth.

trasa'lire *vi* to start, jump.

trasan'dato, a *ag* shabby.

trasbor'dare *vt* to transfer; (NAUT) to tran(s)ship // *vi* to change.

trascenden'tale [traʃʃenden'tale] *ag* transcendental.

trasci'nare [traʃʃi'nare] *vt* to drag; **~rsi** *vr* to drag o.s. along; (*fig*) to drag on.

tras'correre *vt* (*tempo*) to spend, pass; (*libro*) to skim (through) // *vi* (2) to pass; **tras'corso, a** *pp di* **trascorrere**.

tras'critto, a *pp di* **trascrivere**.

tras'crivere *vt* to transcribe; **trascrizi'one** *sf* transcription.

trascu'rare *vt* to neglect; (*non considerare*) to disregard; **trascura'tezza** *sf* carelessness, negligence; **trascu'rato, a** *ag* (*casa*) neglected; (*persona*) careless, negligent.

traseco'lato, a *ag* astounded, amazed.

trasferi'mento *sm* transfer; (*trasloco*) removal, move.

trasfe'rire *vt* to transfer; **~rsi** *vr* to move; **tras'ferta** *sf* transfer; (*indennità*) travelling expenses *pl*; (SPORT) away game.

trasfigu'rare *vt* to transfigure.

trasfor'mare *vt* to transform, change; **trasforma'tore** *sm* transformer; **trasformazi'one** *sf* transformation.

trasfusi'one *sf* (MED) transfusion.

trasgre'dire *vt* to disobey, contravene.

tras'lato, a *ag* metaphorical, figurative.

traslo'care *vt* to move, transfer; **~rsi** *vr* to move; **tras'loco, chi** *sm* removal.

tras'messo, a *pp di* **trasmettere**.

tras'mettere *vt* (*passare*): ~ **qc a qd** to pass sth on to sb; (*mandare*) to send; (TECN, TEL, MED) to transmit; (TV, RADIO) to broadcast; **trasmetti'tore** *sm* transmitter; **trasmissi'one** *sf* (*gen*, FISICA, TECN) transmission; (*passaggio*) transmission, passing on; (TV, RADIO) broadcast; **trasmit'tente** *sf* transmitting *o* broadcasting station.

traso'gnato, a [trasoɲ'ɲato] *ag* dreamy.

traspa'rente *ag* transparent; **traspa'renza** *sf* transparency.

traspa'rire *vi* (2) to show (through).

traspi'rare *vi* (2) to perspire; (*fig*) to come to light, leak out; **traspirazi'one** *sf* perspiration.

traspor'tare *vt* to carry, move; (*merce*) to transport, convey; **lasciarsi ~ (da qc)** to let o.s. be carried away (by sth); **tras'porto** *sm* transport.

trastul'lare *vt* to amuse; **~rsi** *vr* to amuse o.s.

trasu'dare *vi* (2) (*filtrare*) to ooze; (*sudare*) to sweat // *vt* to ooze with.

trasver'sale *ag* transverse, cross(-); running at right angles.

trasvo'lare *vt* to fly over // *vi* (*fig*): ~ **su** to barely touch on.

'tratta *sf* (ECON) draft; (*di persone*): **la ~ delle bianche** the white slave trade.

tratta'mento *sm* treatment; (*servizio*) service.

trat'tare *vt* (*gen*) to treat; (*commerciare*) to deal in; (*svolgere: argomento*) to discuss, deal with; (*negoziare*) to negotiate // *vi*: ~ **di** to deal with; ~ **con** (*persona*) to deal with; **si tratta di ...** it's about ...; **tratta'tive** *sfpl* negotiations; **trat'tato** *sm* (*testo*) treatise; (*accordo*) treaty; **trattazi'one** *sf* treatment.

tratteggi'are [tratted'dʒare] *vt* (*disegnare: a tratti*) to sketch, outline; (*: col tratteggio*) to hatch.

tratte'nere *vt* (*far rimanere: persona*) to detain; (*intrattenere: ospiti*) to entertain; (*tenere, frenare, reprimere*) to hold back, keep back; (*astenersi dal consegnare*) to hold, keep; (*detrarre: somma*) to deduct; **~rsi** *vr* (*astenersi*) to restrain o.s., stop o.s.; (*soffermarsi*) to stay, remain.

tratteni'mento *sm* entertainment; (*festa*) party.

tratte'nuta *sf* deduction.

trat'tino *sm* dash; (*in parole composte*) hyphen.

'tratto, a *pp di* **trarre** // *sm* (*di penna, matita*) stroke; (*parte*) part, piece; (*di strada*) stretch; (*di mare, cielo*) expanse; (*di tempo*) period (of time); (*modo di comportarsi*) ways *pl*, manners *pl*; **~i** *smpl* (*lineamenti, caratteristiche*) features; **a un ~, d'un ~** suddenly.

trat'tore *sm* tractor.

tratto'ria *sf* restaurant.

'trauma, i *sm* trauma; **trau'matico, a, ci, che** *ag* traumatic.

tra'vaglio [tra'vaʎʎo] *sm* (*angoscia*) pain, suffering; (MED) pains *pl*; ~ **di parto** labour pains.

trava'sare *vt* to decant.

trava'tura *sf* beams *pl*.

tra'versa *sf* (*trave*) crosspiece; (*via*) sidestreet; (FERR) sleeper; (CALCIO) crossbar.

traver'sare *vt* to cross; **traver'sata** *sf* crossing; (AER) flight, trip.

traver'sie *sfpl* mishaps, misfortunes.

traver'sina *sf* (FERR) sleeper.

tra'verso, a *ag* oblique; **di** ~ *ag* askew // *av* sideways; **andare di** ~ (*cibo*) to go down the wrong way; **guardare di** ~ to look askance at.

travesti'mento *sm* disguise.

traves'tire *vt* to disguise; **~rsi** *vr* to disguise o.s.; **traves'tito, a** *ag* disguised, in disguise // *sm* (PSIC) transvestite.

travi'are *vt* (*fig*) to lead astray.

travi'sare *vt* (*fig*) to distort, misrepresent.

tra'volgere [tra'vɔldʒere] *vt* to sweep away, carry away; (*fig*) to overwhelm; **tra'volto, a** *pp di* **travolgere**.

trazi'one [trat'tsjone] *sf* traction.

tre *num* three.

trebbi'are *vt* to thresh; **trebbia'trice** *sf* threshing machine.

'treccia, ce ['trettʃa] *sf* plait, braid.

tre'cento [tre'tʃɛnto] *num* three hundred // *sm*: **il T~** the fourteenth century.

'tredici ['treditʃi] *num* thirteen.

'tregua *sf* truce; (*fig*) respite.

tre'mare *vi* to tremble, shake; ~ **di** (*freddo etc*) to shiver *o* tremble with; (*paura*) to shake *o* tremble with.

tre'mendo, a *ag* terrible, awful.

tremen'tina *sf* turpentine.

tre'mila *num* three thousand.

'tremito *sm* trembling *q*; shaking *q*; shivering *q*.

tremo'lare *vi* to tremble; (*luce*) to flicker; (*foglie*) to quiver.

tre'more *sm* tremor.

'treno *sm* train; ~ **di gomme** set of tyres; ~ **merci** goods train; ~ **viaggiatori** passenger train.

'trenta *num* thirty; **tren'tesimo, a** *ag* thirtieth; **tren'tina** *sf*: **una trentina (di)** thirty or so, about thirty.

'trepido, a *ag* anxious.

treppi'ede *sm* tripod; (CUC) trivet.

'tresca, sche *sf* (*fig*) intrigue; (*: relazione amorosa*) affair.

'trespolo *sm* trestle.

tri'angolo *sm* triangle.

tribolazi'one [tribolat'tsjone] *sf* suffering, tribulation.

tribù *sf inv* tribe.

tri'buna *sf* (*podio*) platform; (*in aule etc*) gallery; (*di stadio*) stand.

tribu'nale *sm* court.

tribu'tare *vt* to bestow.

tribu'tario, a *ag* (*imposta*) fiscal, tax *cpd*; (GEO): **essere ~ di** to be a tributary of.

tri'buto *sm* tax; (*fig*) tribute.

tri'checo, chi [tri'kɛko] *sm* (ZOOL) walrus.

tri'ciclo [tri'tʃiklo] *sm* tricycle.

trico'lore *ag* three-coloured // *sm* tricolour; (*bandiera italiana*) Italian flag.

tri'dente *sm* trident.

tri'foglio [tri'fɔʎʎo] *sm* clover.

'triglia ['triʎʎa] *sf* red mullet.

trigonome'tria *sf* trigonometry.

tril'lare *vi* (MUS) to trill.

tri'mestre *sm* period of three months; (INS) term; (COMM) quarter.

'trina *sf* lace.

trin'cea [trin'tʃɛa] *sf* trench; **trince'rare** *vt* to entrench.

trinci'are [trin'tʃare] *vt* to cut up.

Trinità *sf* (REL) Trinity.

'trio, *pl* **'trii** *sm* trio.

trion'fale *ag* triumphal, triumphant.

trion'fante *ag* triumphant.

trion'fare *vi* to triumph, win; ~ **su** to triumph over, overcome; **tri'onfo** *sm* triumph.

tripli'care *vt* to triple.

'triplice ['triplitʃe] *ag* triple; **in ~ copia** in triplicate.

'triplo, a *ag* triple; treble // *sm*: **il ~ (di)** three times as much (as); **una somma ~a** a sum three times as great, three times as much money.

'tripode *sm* tripod.

'trippa *sf* (CUC) tripe.

'triste *ag* sad; (*luogo*) dreary, gloomy; **tris'tezza** *sf* sadness; gloominess.

'tristo, a *ag* (*cattivo*) wicked, evil;

(*meschino*) sorry, poor; **fare una ~a figura** to cut a poor figure.
trita'carne *sm inv* mincer.
tri'tare *vt* to mince.
'trito, a *ag* (*tritato*) minced.
'trittico, ci *sm* (ARTE) triptych.
tri'vella *sf* drill; **trivel'lare** *vt* to drill.
trivi'ale *ag* vulgar, low.
tro'feo *sm* trophy.
'trogolo *sm* (*per maiali*) trough.
'tromba *sf* (MUS) trumpet; (AUT) horn; **~ d'aria** whirlwind; **~ delle scale** stairwell.
trom'bone *sm* trombone.
trom'bosi *sf* thrombosis.
tron'care *vt* to cut off; (*spezzare*) to break off.
'tronco, a, chi, che *ag* cut off; broken off; (LING) truncated; (*fig*) cut short // *sm* (BOT, ANAT) trunk; (*fig: tratto*) section; (: *pezzo: di lancia*) stump.
troneggi'are [troned'dʒare] *vi*: **~ (su)** to tower (over).
'tronfio, a *ag* conceited.
'trono *sm* throne.
tropi'cale *ag* tropical.
'tropico, ci *sm* tropic; **~ci** *smpl* tropics.
'troppo, a *det, pronome* (*quantità*) too much; (*numero*) too many // *av* (*con vb*) too much; (*con ag, av*) too; **di ~**: **qualche tazza di ~** a few cups too many, a few extra cups; **3000 lire di ~** 3000 lire too much.
'trota *sf* trout.
trot'tare *vi* to trot; **trotterel'lare** *vi* to trot along; (*bambino*) to toddle; **'trotto** *sm* trot.
'trottola *sf* spinning top.
tro'vare *vt* to find; (*giudicare*): **trovo che** I find *o* think that; **~rsi** *vr* (*incontrarsi*) to meet; (*essere, stare*) to be; (*arrivare, capitare*) to find o.s.; **andare a ~ qd** to go and see sb; **~ qd colpevole** to find sb guilty; **~rsi bene** to feel well; **tro'vata** *sf* good idea.
truc'care *vt* (*falsare*) to fake; (*attore etc*) to make up; (*travestire*) to disguise; (SPORT) to fix; (AUT) to soup up; **~rsi** *vr* to make up (one's face); **trucca'tore, 'trice** *sm/f* (CINEMA, TEATRO) make-up artist.
'trucco, chi *sm* trick; (*cosmesi*) make-up.
'truce ['trutʃe] *ag* fierce.
truci'dare [trutʃi'dare] *vt* to slaughter.
'truciolo ['trutʃolo] *sm* shaving.
'truffa *sf* fraud, swindle; **truf'fare** *vt* to swindle, cheat.
'truppa *sf* troop.
tu *pronome* you; **dare del ~ a qd** to address sb as 'tu'.
'tua *vedi* **tuo**.
'tuba *sf* (MUS) tuba; (*cappello*) top hat.
tu'bare *vi* to coo.
tuba'tura *sf*, **tubazi'one** [tubat'tsjone] *sf* piping *q*, pipes *pl*.
tuberco'losi *sf* tuberculosis.
tu'betto *sm* tube.
'tubo *sm* tube; pipe; **~ digerente** (ANAT) alimentary canal, digestive tract; **~ di scappamento** (AUT) exhaust pipe.
'tue *vedi* **tuo**.
tuf'fare *vt* to plunge, dip; **~rsi** *vr* to plunge, dive; **'tuffo** *sm* dive; (*breve bagno*) dip.
tu'gurio *sm* hovel.
tuli'pano *sm* tulip.
tumefazi'one [tumefat'tsjone] *sf* (MED) swelling.
'tumido, a *ag* swollen.
tu'more *sm* (MED) tumour.
tu'multo *sm* uproar, commotion; (*sommossa*) riot; (*fig*) turmoil; **tumul-tu'oso, a** *ag* rowdy, unruly; (*fig*) turbulent, stormy.
'tunica, che *sf* tunic.
Tuni'sia *sf*: **la ~** Tunisia.
'tuo, 'tua, tu'oi, 'tue *det*: **il ~, la tua** *etc* your // *pronome*: **il ~, la tua** *etc* yours.
tuo'nare *vi* to thunder; **tuona** it is thundering, there's some thunder.
tu'ono *sm* thunder.
tu'orlo *sm* yolk.
tu'racciolo [tu'rattʃolo] *sm* cap, top; (*di sughero*) cork.
tu'rare *vt* to stop, plug; (*con sughero*) to cork; **~rsi il naso** to hold one's nose.
turba'mento *sm* disturbance; (*di animo*) anxiety, agitation.
tur'bante *sm* turban.
tur'bare *vt* to disturb, trouble.
tur'bina *sf* turbine.
turbi'nare *vi* to whirl.
'turbine *sm* whirlwind; **~ di polvere/sabbia** dust/sandstorm.
turbo'lento, a *ag* turbulent; (*ragazzo*) boisterous, unruly.
turbo'lenza [turbo'lɛntsa] *sf* turbulence.
turboreat'tore *sm* turbojet engine.
tur'chese [tur'kese] *sf* turquoise.
Tur'chia [tur'kia] *sf*: **la ~** Turkey.
tur'chino, a [tur'kino] *ag* deep blue.
'turco, a, chi, che *ag* Turkish // *sm/f* Turk/Turkish woman // *sm* (LING) Turkish.
tu'rismo *sm* tourism; tourist industry; **tu'rista, i, e** *sm/f* tourist; **tu'ristico, a, ci, che** *ag* tourist *cpd*.
'turno *sm* turn; (*di lavoro*) shift; **di ~** (*soldato, medico, custode*) on duty; **a ~** (*rispondere*) in turn; (*lavorare*) in shifts; **fare a ~ a fare qc** to take turns to do sth; **è il suo ~** it's your (*o* his *etc*) turn.
'turpe *ag* filthy, vile; **turpi'loquio** *sm* obscene language.
'tuta *sf* overalls *pl*; (SPORT) tracksuit.
tu'tela *sf* (DIR: *di minore*) guardianship; (: *protezione*) protection; (*difesa*) defence; **tute'lare** *vt* to protect, defend.
tu'tore, 'trice *sm/f* (DIR) guardian.
tutta'via *cong* nevertheless, yet.
'tutto, a *det* all; **~ il latte** all the milk, the whole of the milk; **~a la sera** all evening, the whole evening; **~a una bottiglia** a whole bottle; **~i i ragazzi** all the boys; **~e le sere** every evening //

pronome everything, all; **~i(e)** *pronome pl* all (of them); (*ognuno*) everyone // *av* (*completamente*) completely, quite // *sm* whole; (*l'intero*): **il ~** all of it, the whole lot; **~i e due** both *o* each of us (*o* them); **~i e cinque** all five of us (*o* them); **a ~a velocità** at full *o* top speed; **del ~** completely; **in ~** in all; **tutt'altro** on the contrary; (*affatto*) not at all; **tutt'altro che felice** anything but happy; **~ considerato** all things considered; **a tutt'oggi** so far, up till now; **tutt'al più** at (the) most; (*al più tardi*) at the latest; **~e le volte che** every time (that).

tutto'fare *ag inv*: **domestica ~** general maid; **ragazzo ~** office boy // *sm inv* handyman.

tut'tora *av* still.

U

ubbidi'ente *ag* obedient; **ubbidi'enza** *sf* obedience.

ubbi'dire *vi* to obey; **~ a** to obey; (*sog: veicolo, macchina*) to respond to.

ubiquità *sf*: **non ho il dono dell'~** I can't be everywhere at once.

ubria'care *vt*: **~ qd** to get sb drunk; (*sog: alcool*) to make sb drunk; (*fig*) to make sb's head spin *o* reel; **~rsi** *vr* to get drunk; **~rsi di** (*fig*) to become intoxicated with.

ubria'chezza [ubria'kettsa] *sf* drunkenness.

ubri'aco, a, chi, che *ag, sm/f* drunk.

uccelli'era [uttʃel'ljɛra] *sf* aviary.

uc'cello [ut'tʃɛllo] *sm* bird.

uc'cidere [ut'tʃidere] *vt* to kill; **~rsi** *vr* (*suicidarsi*) to kill o.s.; (*perdere la vita*) to be killed; **uccisi'one** *sf* killing; **uc'ciso, a** *pp di* **uccidere**; **ucci'sore, uccidi'trice** *sm/f* killer.

u'dibile *ag* audible.

udi'enza [u'djɛntsa] *sf* audience; (*DIR*) hearing, sitting.

u'dire *vt* to hear; **udi'tivo, a** *ag* auditory; **u'dito** *sm* (sense of) hearing; **udi'tore, 'trice** *sm/f* listener; (*INS*) unregistered student (*attending lectures*); **udi'torio** *sm* (*persone*) audience.

uffici'ale [uffi'tʃale] *ag* official // *sm* (*AMM*) official, officer; (*MIL*) officer; **~ di stato civile** registrar.

uf'ficio [uf'fitʃo] *sm* (*gen*) office; (*dovere*) duty; (*mansione*) task, function, job; (*agenzia*) agency, bureau; (*REL*) service; **d'~** *ag* office *cpd*; official // *av* officially; **~ di collocamento** employment office; **~ postale** post office.

uffici'oso, a [uffi'tʃoso] *ag* unofficial.

'ufo: **a ~** *av* free, for nothing.

uggi'oso, a [ud'dʒoso] *ag* tiresome; (*tempo*) dull.

uguagli'anza [ugwaʎ'ʎantsa] *sf* equality.

uguagli'are [ugwaʎ'ʎare] *vt* to make equal; (*essere uguale*) to equal, be equal to; (*livellare*) to level; **~rsi a** *o* **con qd** (*paragonarsi*) to compare o.s. to sb.

ugu'ale *ag* equal; (*identico*) identical, the same; (*uniforme*) level, even; **ugual'mente** *av* equally; (*lo stesso*) all the same.

'ulcera ['ultʃera] *sf* ulcer.

u'liva *etc* = **oliva** *etc.*

ulteri'ore *ag* further.

ulti'mare *vt* to finish, complete.

ulti'matum *sm inv* ultimatum.

'ultimo, a *ag* (*finale*) last; (*estremo*) farthest, utmost; (*recente: notizia, moda*) latest; (*fig: sommo, fondamentale*) ultimate // *sm/f* last (one); **fino all'~** to the last, until the end; **da ~, in ~** in the end; **abitare all'~ piano** to live on the top floor.

ultravio'letto, a *ag* ultraviolet.

ulu'lare *vi* to howl; **ulu'lato** *sm* howling *q*; howl.

umanità *sf* humanity; **umani'tario, a** *ag* humanitarian.

u'mano, a *ag* human; (*comprensivo*) humane.

umbi'lico *sm* = **ombelico.**

umet'tare *vt* to dampen, moisten.

umidità *sf* dampness; humidity.

'umido, a *ag* damp; (*mano, occhi*) moist; (*clima*) humid // *sm* dampness, damp; **carne in ~** stew.

'umile *ag* humble.

umili'are *vt* to humiliate; **~rsi** *vr* to humble o.s.; **umiliazi'one** *sf* humiliation.

umiltà *sf* humility, humbleness.

u'more *sm* (*disposizione d'animo*) mood; (*carattere*) temper; **di buon/cattivo ~** in a good/bad mood.

umo'rismo *sm* humour; **avere il senso dell'~** to have a sense of humour; **umo'rista, i, e** *sm/f* humorist; **umo'ristico, a, ci, che** *ag* humorous, funny.

un, un', una *vedi* **uno**.

u'nanime *ag* unanimous; **unanimità** *sf* unanimity; **all'unanimità** unanimously.

unci'netto [untʃi'netto] *sm* crochet hook.

un'cino [un'tʃino] *sm* hook.

'undici ['unditʃi] *num* eleven.

'ungere ['undʒere] *vt* to grease, oil; (*REL*) to anoint; (*fig*) to flatter, butter up; **~rsi** *vr* (*sporcarsi*) to get covered in grease; **~rsi con la crema** to put on cream.

unghe'rese [unge'rese] *ag, sm/f, sm* Hungarian.

Unghe'ria [unge'ria] *sf*: **l'~** Hungary.

'unghia ['ungja] *sf* (*ANAT*) nail; (*di animale*) claw; (*di rapace*) talon; (*di cavallo*) hoof; **unghi'ata** *sf* (*graffio*) scratch.

ungu'ento *sm* ointment.

'unico, a, ci, che *ag* (*solo*) only; (*ineguagliabile*) unique; (*singolo: binario*) single.

uni'corno *sm* unicorn.

unifi'care *vt* to unite, unify; (*sistemi*) to standardize; **unificazi'one** *sf* uniting; unification; standardization.

uni'forme *ag* uniform; (*superficie*) even // *sf* (*divisa*) uniform; **uniformità** *sf* uniformity; evenness.

unilate'rale *ag* one-sided; (DIR) unilateral.
uni'one *sf* union; (*fig: concordia*) unity, harmony; **l'U~ Sovietica** the Soviet Union.
u'nire *vt* to unite; (*congiungere*) to join, connect; (*: ingredienti, colori*) to combine; (*in matrimonio*) to unite, join together; **~rsi** *vr* to unite; (*in matrimonio*) to be joined together; **~ qc a** to unite sth with; to join *o* connect sth with; to combine sth with; **~rsi a** (*gruppo, società*) to join.
u'nisono *sm*: **all'~** in unison.
unità *sf inv* (*unione, concordia*) unity; (MAT, MIL, COMM, *di misura*) unit; **uni'tario, a** *ag* unitary; **prezzo unitario** price per unit.
u'nito, a *ag* (*paese*) united; (*famiglia*) close; (*tinta*) solid.
univer'sale *ag* universal; general.
università *sf inv* university; **universi'tario, a** *ag* university *cpd* // *sm/f* (*studente*) university student; (*insegnante*) academic, university lecturer.
uni'verso *sm* universe.
'uno, a *det, num* (*dav sm* **un** + *C, V,* **uno** + *s impura, gn, pn, ps, x, z; dav sf* **un'** + *V,* **una** + *C*) *det* a, an + *vocale* // *num* one // *pronome* (*un tale*) someone, somebody; (*con valore impersonale*) one, you // *sf*: **è l'~a** it's one o'clock.
'unto, a *pp di* **ungere** // *ag* greasy, oily // *sm* grease; **untu'oso, a** *ag* greasy, oily.
u'omo, *pl* **u'omini** *sm* man; **da ~** (*abito, scarpe*) men's, for men; **~ d'affari** businessman; **~ di paglia** stooge; **~ rana** frogman.
u'opo *sm*: **all'~** if necessary.
u'ovo, *pl(f)* **u'ova** *sm* egg; **~ affogato** poached egg; **~ bazzotto/sodo** soft-/hard-boiled egg; **~ alla coque** boiled egg; **~ di Pasqua** Easter egg; **uova strapazzate** scrambled eggs.
ura'gano *sm* hurricane.
u'ranio *sm* (CHIM) uranium.
urba'nesimo *sm* urbanization.
urba'nistica *sf* town planning.
ur'bano, a *ag* urban, city *cpd,* town *cpd*; (*fig*) urbane.
ur'gente [ur'dʒɛnte] *ag* urgent; **ur'genza** *sf* urgency; **in caso d'urgenza** in (case of) an emergency; **d'urgenza** *ag* emergency // *av* urgently, as a matter of urgency.
'urgere ['urdʒere] *vi* to be urgent; to be needed urgently.
u'rina *sf* = **orina**.
ur'lare *vi* (*persona*) to scream, yell; (*animale, vento*) to howl // *vt* to scream, yell.
'urlo, *pl(m)* **'urli,** *pl(f)* **'urla** *sm* scream, yell; howl.
'urna *sf* urn; (*elettorale*) ballot-box; **andare alle ~e** to go to the polls.
urrà *escl* hurrah!
U.R.S.S. *abbr f*: **l'~** the USSR.
ur'tare *vt* to bump into, knock against; (*fig: irritare*) to annoy // *vi*: **~ contro** *o* **in** to bump into, knock against, crash into; (*fig: imbattersi*) to come up against; **~rsi** *vr* (*reciproco: scontrarsi*) to collide; (*: fig*) to clash; (*irritarsi*) to get annoyed; **'urto** *sm* (*colpo*) knock, bump; (*scontro*) crash, collision; (*fig*) clash.
U.S.A. ['uza] *abbr mpl*: **gli ~** the U.S.A.
u'sanza [u'zantsa] *sf* custom; (*moda*) fashion.
u'sare *vt* to use, employ // *vi* (*servirsi*): **~ di** to use; (*: diritto*) to exercise; (*essere di moda*) to be fashionable; (*essere solito*): **~ fare** to be in the habit of doing, be accustomed to doing; **u'sato, a** *ag* used; (*consumato*) worn; (*di seconda mano*) used, second-hand; **secondo l'usato** as usual; **fuori dell'usato** unusual.
usci'ere [uʃ'ʃɛre] *sm* usher.
'uscio ['uʃʃo] *sm* door.
u'scire [uʃ'ʃire] *vi* (2) (*gen*) to come out; (*partire, andare a passeggio, a uno spettacolo etc*) to go out; (*essere sorteggiato: numero*) to come up; **~ da** (*gen*) to leave; (*posto*) to go (*o* come) out of, leave; (*solco, vasca etc*) to come out of; (*muro*) to stick out of; (*competenza etc*) to be outside; (*infanzia, adolescenza*) to leave behind; (*famiglia nobile etc*) to come from; **~ da** *o* **di casa** to go out; (*fig*) to leave home; **~ in automobile** to go out in the car, go for a drive; **~ di strada** (AUT) to go off *o* leave the road.
u'scita [uʃ'ʃita] *sf* (*passaggio, varco*) exit, way out; (*per divertimento*) outing; (ECON: *somma*) expenditure; (TEATRO) entrance; (*fig: battuta*) witty remark; **~ di sicurezza** emergency exit.
usi'gnolo [uziɲ'ɲɔlo] *sm* nightingale.
'uso *sm* (*utilizzazione*) use; (*esercizio*) practice; (*abitudine*) custom; **a ~ di** for (the use of); **d'~** (*corrente*) in use; **fuori ~** out of use.
usti'one *sf* burn.
usu'ale *ag* common, everyday.
u'sura *sf* usury; (*logoramento*) wear (and tear); **usu'raio** *sm* usurer.
usur'pare *vt* to usurp.
uten'sile *sm* tool, implement; **~i da cucina** kitchen utensils.
u'tente *sm/f* user.
'utero *sm* uterus.
'utile *ag* useful // *sm* (*vantaggio*) advantage, benefit; (ECON: *profitto*) profit; **utilità** *sf* usefulness *q*; use; (*vantaggio*) benefit; **utili'tario, a** *ag* utilitarian // *sf* (AUT) economy car.
utiliz'zare [utilid'dzare] *vt* to use, make use of, utilize; **utilizzazi'one** *sf* utilization, use.
'uva *sf* grapes *pl*; **~ passa** raisins *pl*; **~ spina** gooseberry.

V

v. (*abbr di vedi*) v.
va'cante *ag* vacant.
va'canza [va'kantsa] *sf* (*l'essere vacante*) vacancy; (*riposo, ferie*) holiday(s *pl*); (*giorno di permesso*) day off, holiday; **~e** *sfpl* (*periodo di ferie*) holidays, vacation *sg*;

essere/andare in ~ to be/go on holiday; ~**e estive** summer holiday(s).
'vacca, che *sf* cow.
vacci'nare [vattʃi'nare] *vt* to vaccinate; **vaccinazi'one** *sf* vaccination.
vac'cino [vat'tʃino] *sm* (MED) vaccine.
vacil'lare [vatʃil'lare] *vi* to sway, wobble; (*luce*) to flicker; (*fig*: *memoria, coraggio*) to be failing, falter.
'vacuo, a *ag* (*fig*) empty, vacuous // *sm* vacuum.
vaga'bondo, a *sm/f* tramp, vagrant; (*fannullone*) idler, loafer.
va'gare *vi* to wander.
vagheggi'are [vaged'dʒare] *vt* to long for, dream of.
va'gina [va'dʒina] *sf* vagina.
va'gire [va'dʒire] *vi* to whimper.
'vaglia ['vaʎʎa] *sm inv* money order; ~ **postale** postal order.
vagli'are [vaʎ'ʎare] *vt* to sift; (*fig*) to weigh up; **'vaglio** *sm* sieve.
'vago, a, ghi, ghe *ag* vague.
va'gone *sm* (FERR: *per passeggeri*) coach; (: *per merci*) truck, wagon; ~ **letto** sleeper, sleeping car; ~ **ristorante** dining *o* restaurant car.
vai'olo *sm* smallpox.
va'langa, ghe *sf* avalanche.
va'lente *ag* able, talented.
va'lere *vi* (2) (*avere forza, potenza*) to have influence; (*essere valido*) to be valid; (*avere vigore, autorità*) to hold, apply; (*essere capace: poeta, studente*) to be good, be able // *vt* (*prezzo, sforzo*) to be worth; (*corrispondere*) to correspond to; (*procurare*): ~ **qc a qd** to earn sb sth; ~**rsi di** to make use of, take advantage of; **far** ~ (*autorità etc*) to assert; **vale a dire** that is to say; ~ **la pena** to be worth the effort *o* worth it.
va'levole *ag* valid.
vali'care *vt* to cross.
'valico, chi *sm* (*passo*) pass.
validità *sf* validity.
'valido, a *ag* valid; (*in buona salute*) fit; (*efficace*) effective; (*forte*) strong.
valige'ria [validʒe'ria] *sf* leather goods *pl*; leather goods factory; leather goods shop.
va'ligia, gie *o* **ge** [va'lidʒa] *sf* (suit)case; **fare le** ~**gie** to pack (up); ~ **diplomatica** diplomatic bag.
val'lata *sf* valley.
'valle *sf* valley; **a** ~ (*di fiume*) downstream; **scendere a** ~ to go downhill.
val'letto *sm* valet.
va'lore *sm* (*gen*) value; (*merito*) merit, worth; (*coraggio*) valour, courage; (COMM: *titolo*) security; ~**i** *smpl* (*oggetti preziosi*) valuables; **mettere in** ~ (*bene*) to exploit; (*fig*) to highlight, show off to advantage.
valoriz'zare [valorid'dzare] *vt* (*terreno*) to develop; (*fig*) to make the most of.
valo'roso, a *ag* valorous.
'valso, a *pp di* **valere**.
va'luta *sf* currency, money; (BANCA): ~ **15 gennaio** interest to run from January 15th.
valu'tare *vt* (*casa, gioiello, fig*) to value; (*stabilire: peso, entrate, fig*) to estimate; **valutazi'one** *sf* valuation; estimate.
'valva *sf* (ZOOL, BOT) valve.
'valvola *sf* (TECN, ANAT) valve; (ELETTR) fuse.
'valzer ['valtser] *sm inv* waltz.
vam'pata *sf* (*di fiamma*) blaze; (*di calore*) blast; (: *al viso*) flush.
vam'piro *sm* vampire.
vanda'lismo *sm* vandalism.
'vandalo *sm* vandal.
vaneggi'are [vaned'dʒare] *vi* to rave.
'vanga, ghe *sf* spade; **van'gare** *vt* to dig.
van'gelo [van'dʒɛlo] *sm* gospel.
va'niglia [va'niʎʎa] *sf* vanilla.
vanità *sf* vanity; **vani'toso, a** *ag* vain, conceited.
'vano, a *ag* vain // *sm* (*spazio*) space; (*apertura*) opening; (*stanza*) room.
van'taggio [van'taddʒo] *sm* advantage; **portarsi in** ~ (SPORT) to take the lead; **vantaggi'oso, a** *ag* advantageous; favourable.
van'tare *vt* to praise, speak highly of; ~**rsi** *vr* to boast; **vante'ria** *sf* boasting; **'vanto** *sm* boasting; (*merito*) virtue, merit; (*gloria*) pride.
'vanvera *sf*: **a** ~ haphazardly; **parlare a** ~ to talk nonsense.
va'pore *sm* vapour; (*anche*: ~ **acqueo**) steam; (*nave*) steamer; **a** ~ (*turbina etc*) steam *cpd*; **al** ~ (CUC) steamed; **vapo'retto** *sm* steamer; **vapori'era** *sf* (FERR) steam engine; **vaporiz'zare** *vt* to vaporize.
va'rare *vt* (NAUT, *fig*) to launch; (DIR) to pass.
var'care *vt* to cross.
'varco, chi *sm* passage; **aprirsi un** ~ **tra la folla** to push one's way through the crowd.
vari'abile *ag* variable; (*tempo, umore*) changeable, variable // *sf* (MAT) variable.
vari'ante *sf* variant.
vari'are *vt* to vary // *vi* to vary; (*subire variazioni*) to vary, change; ~ **di camera/opinione** to change rooms/one's mind; **variazi'one** *sf* variation; change.
va'rice [va'ritʃe] *sf* varicose vein.
vari'cella [vari'tʃɛlla] *sf* chickenpox.
vari'coso, a *ag* varicose.
varie'gato, a *ag* variegated.
varietà *sf inv* variety // *sm inv* variety show.
'vario, a *ag* varied; (*parecchi: col sostantivo al pl*) various; (*mutevole: umore*) changeable; **vario'pinto, a** *ag* multicoloured.
'varo *sm* (NAUT, *fig*) launch; (*di leggi*) passing.
va'saio *sm* potter.

'vasca, sche *sf* basin; (*anche:* ~ **da bagno**) bathtub, bath.
va'scello [vaʃ'ʃɛllo] *sm* (NAUT) vessel, ship.
vase'lina *sf* vaseline.
vasel'lame *sm* china; ~ **d'oro/d'argento** gold/silver plate.
'vaso *sm* (*recipiente*) pot; (: *barattolo*) jar; (: *decorativo*) vase; (ANAT) vessel; ~ **da fiori** vase; (*per piante*) flowerpot.
vas'soio *sm* tray.
'vasto, a *ag* vast, immense.
Vati'cano *sm*: **il** ~ the Vatican.
ve *pronome, av vedi* **vi.**
vecchi'aia [vek'kjaja] *sf* old age.
'vecchio, a ['vɛkkjo] *ag* old // *sm/f* old man/woman; **i** ~**i** the old.
'vece ['vetʃe] *sf*: **in** ~ **di** in the place of, for; **fare le** ~**i di qd** to take sb's place.
ve'dere *vt, vi* to see; ~**rsi** *vr* to meet, see one another; **avere a che** ~ **con** to have sth to do with; **far** ~ **qc a qd** to show sb sth; **farsi** ~ to show o.s.; (*farsi vivo*) to show one's face.
ve'detta *sf* (*sentinella, posto*) look-out; (NAUT) patrol boat.
'vedovo, a *sm/f* widower/widow.
ve'duta *sf* view.
vee'mente *ag* vehement; violent.
vege'tale [vedʒe'tale] *ag, sm* vegetable.
vege'tare [vedʒe'tare] *vi* to vegetate; **vegetari'ano, a** *ag, sm/f* vegetarian; **vegetazi'one** *sf* vegetation.
'vegeto, a ['vɛdʒeto] *ag* (*pianta*) thriving; (*persona*) strong, vigorous.
'veglia ['veʎʎa] *sf* wakefulness; (*sorveglianza*) watch; (*trattenimento*) evening gathering; **stare a** ~ to keep watch; **fare la** ~ **a un malato** to watch over a sick person.
vegli'are [veʎ'ʎare] *vi* to be awake; to stay *o* sit up; (*stare vigile*) to watch; to keep watch // *vt* (*malato, morto*) to watch over, sit up with.
ve'icolo *sm* vehicle.
'vela *sf* (NAUT: *tela*) sail; (*sport*) sailing.
ve'lare *vt* to veil; ~**rsi** *vr* (*occhi, luna*) to mist over; (*voce*) to become husky; ~**rsi il viso** to cover one's face (with a veil); **ve'lato, a** *ag* veiled.
veleggi'are [veled'dʒare] *vi* to sail; (AER) to glide.
ve'leno *sm* poison; **vele'noso, a** *ag* poisonous.
veli'ero *sm* sailing ship.
ve'lina *sf* (*anche:* **carta** ~: *per imballare*) tissue paper; (: *per copie*) flimsy paper; (*copia*) carbon copy.
ve'livolo *sm* aircraft.
velleità *sf inv* vain ambition, vain desire.
'vello *sm* fleece.
vel'luto *sm* velvet; ~ **a coste** cord.
'velo *sm* veil; (*tessuto*) voile.
ve'loce [ve'lotʃe] *ag* fast, quick // *av* fast, quickly; **velo'cista, i, e** *sm/f* (SPORT) sprinter; **velocità** *sf* speed; (AUT: *marcia*) gear; **velocità di crociera** cruising speed; **velocità del suono** speed of sound.
ve'lodromo *sm* velodrome.
'vena *sf* (*gen*) vein; (*filone*) vein, seam; (*fig*: *ispirazione*) inspiration; (: *umore*) mood; **essere in** ~ **di qc** to be in the mood for sth.
ve'nale *ag* (*prezzo, valore*) market *cpd*; (*fig*) venal; mercenary.
ven'demmia *sf* (*raccolta*) grape harvest; (*quantità d'uva*) grape crop, grapes *pl*; (*vino ottenuto*) vintage; **vendemmi'are** *vt* to harvest // *vi* to harvest the grapes.
'vendere *vt* to sell; **'vendesi'** 'for sale'.
ven'detta *sf* revenge.
vendi'care *vt* to avenge; ~**rsi** *vr*: ~**rsi (di)** to avenge o.s. (for); (*per rancore*) to take one's revenge (for); **vendica'tivo, a** *ag* vindictive.
'vendita *sf* sale; **la** ~ (*attività*) selling; (*smercio*) sales *pl*; **in** ~ on sale; ~ **all'asta** sale by auction; **vendi'tore** *sm* seller, vendor; (*gestore di negozio*) trader, dealer.
ve'nefico, a, ci, che *ag* poisonous.
vene'rabile *ag*, **vene'rando, a** *ag* venerable.
vene'rare *vt* to venerate.
venerdì *sm inv* Friday; **di** *o* **il** ~ on Fridays; **V**~ **Santo** Good Friday.
ve'nereo, a *ag* venereal.
Ve'nezia [ve'nɛttsja] *sf* Venice; **venezi'ano, a** *ag, sm/f* Venetian.
veni'ale *ag* venial.
ve'nire *vi* (2) to come; (*riuscire*: *dolce, fotografia*) to turn out; (*come ausiliare*: *essere*): **viene ammirato da tutti** he is admired by everyone; ~ **da** to come from; **quanto viene?** how much does it cost?; **far** ~ (*mandare a chiamare*) to send for; ~ **giù** to come down; ~ **meno** (*svenire*) to faint; ~ **meno a qc** to fail in sth; ~ **su** to come up; ~ **via** to come away.
ven'taglio [ven'taʎʎo] *sm* fan.
ven'tata *sf* gust (of wind).
ven'tenne *ag*: **una ragazza** ~ a twenty-year-old girl, a girl of twenty.
ven'tesimo, a *ag, sm* twentieth.
'venti *num* twenty.
venti'lare *vt* to ventilate; (*fig: esaminare*) to discuss; **ventila'tore** *sm* ventilator, fan; **ventilazi'one** *sf* ventilation.
ven'tina *sf*: **una** ~ **(di)** around twenty, twenty or so.
'vento *sm* wind.
ven'tosa *sf* (ZOOL) sucker; (*di gomma*) suction pad.
ven'toso, a *ag* windy.
'ventre *sm* stomach.
ven'triloquo *sm* ventriloquist.
ven'tura *sf* (good) fortune.
ven'turo, a *ag* next, coming.
ve'nuto, a *pp di* **venire** // *sf* coming, arrival.
vera'mente *av* really.
ve'randa *sf* veranda(h).

ver'bale *ag* verbal // *sm* (*di riunione*) minutes *pl*.
'verbo *sm* (LING) verb; (*parola*) word; (REL): **il V ~** the Word.
ver'boso, a *ag* verbose, wordy.
'verde *ag, sm* green; **essere al ~** to be broke; **~ bottiglia/oliva** *ag inv* bottle/olive green.
verde'rame *sm* verdigris.
ver'detto *sm* verdict.
ver'dura *sf* vegetables *pl*.
vere'condo, a *ag* modest.
'verga, ghe *sf* rod.
ver'gato a *ag* (*foglio*) ruled.
vergi'nale [verdʒi'nale] *ag* virginal.
'vergine ['verdʒine] *sf* virgin; (*dello zodiaco*): **V ~** Virgo // *ag* virgin; (*ragazza*): **essere ~** to be a virgin; **verginità** *sf* virginity.
ver'gogna [ver'goɲɲa] *sf* shame; (*timidezza*) shyness, embarrassment; **vergo'gnarsi** *vr*: **vergognarsi (di)** to be *o* feel ashamed (of); to be shy (about), be embarrassed (about); **vergo'gnoso, a** *ag* ashamed; (*timido*) shy, embarrassed; (*causa di vergogna*: *azione*) shameful.
ve'ridico, a, ci, che *ag* truthful.
ve'rifica, che *sf* checking *q*, check.
verifi'care *vt* (*controllare*) to check; (*confermare*) to confirm, bear out.
verità *sf inv* truth.
veriti'ero, a *ag* (*che dice la verità*) truthful; (*conforme a verità*) true.
'verme *sm* worm.
vermi'celli [vermi'tʃelli] *smpl* vermicelli *sg*.
ver'miglio [ver'miʎʎo] *sm* vermilion, scarlet.
'vermut *sm inv* vermouth.
ver'nacolo *sm* vernacular.
ver'nice [ver'nitʃe] *sf* (*colorazione*) paint; (*trasparente*) varnish; (*pelle*) patent leather; (*fig*) veneer; **vernici'are** *vt* to paint; to varnish; **vernicia'tura** *sf* painting; varnishing.
'vero, a *ag* (*veridico*: *fatti, testimonianza*) true; (*autentico*) real // *sm* (*verità*) truth; (*realtà*) (real) life; **un ~ e proprio delinquente** a real criminal, an out and out criminal.
vero'simile *ag* likely, probable.
ver'ruca, che *sf* wart.
versa'mento *sm* (*pagamento*) payment; (*deposito di denaro*) deposit.
ver'sante *sm* slopes *pl*, side.
ver'sare *vt* (*fare uscire*: *vino, farina*) to pour (out); (*spargere*: *lacrime, sangue*) to shed; (*rovesciare*) to spill; (ECON) to pay; (: *depositare*) to deposit, pay in; **~rsi** *vr* (*rovesciarsi*) to spill; (*fiume, folla*): **~rsi (in)** to pour (into).
versa'tile *ag* versatile.
ver'sato, a *ag*: **~ in** to be (well-) versed in.
ver'setto *sm* (REL) verse.
versi'one *sf* version; (*traduzione*) translation.
'verso *sm* (*di poesia*) verse, line; (*di animale, uccello, venditore ambulante*) cry; (*direzione*) direction; (*modo*) way; (*di foglio di carta*) verso; (*di moneta*) reverse; **~i** *smpl* (*poesia*) verse *sg*; **non c'è ~ di persuaderlo** there's no way of persuading him, he can't be persuaded // *prep* (*in direzione di*) toward(s); (*nei pressi di*) near, around (about); (*in senso temporale*) about, around; **~ di me** towards me; **~ pagamento** (COMM) upon payment.
'vertebra *sf* vertebra.
verti'cale *ag, sf* vertical.
'vertice ['vertitʃe] *sm* summit, top; (MAT) vertex; **conferenza al ~** (POL) summit conference.
ver'tigine [ver'tidʒine] *sf* dizziness *q*; dizzy spell; (MED) vertigo; **avere le ~i** to feel dizzy; **vertigi'noso, a** *ag* (*altezza*) dizzy; (*fig*) breathtakingly high (*o* deep *etc*).
ve'scica, che [veʃ'ʃika] *sf* (ANAT) bladder; (MED) blister.
'vescovo *sm* bishop.
'vespa *sf* wasp.
'vespro *sm* (REL) vespers *pl*.
ves'sillo *sm* standard; (*bandiera*) flag.
ves'taglia [ves'taʎʎa] *sf* dressing gown.
'veste *sf* garment; (*rivestimento*) covering; (*qualità, facoltà*) capacity; **~i** *sfpl* clothes, clothing *sg*; **in ~ ufficiale** (*fig*) in an official capacity; **in ~ di** in the guise of, as; **vesti'ario** *sm* wardrobe, clothes *pl*.
ves'tibolo *sm* (entrance) hall.
ves'tigio, *pl*(*m*) **gi** *o pl*(*f*) **gia** [ves'tidʒo] *sm* trace.
ves'tire *vt* (*bambino, malato*) to dress; (*avere indosso*) to have on, wear; **~rsi** *vr* to dress, get dressed; **ves'tito, a** *ag* dressed // *sm* garment; (*da donna*) dress; (*da uomo*) suit; **vestiti** *smpl* clothes; **vestito di bianco** dressed in white.
Ve'suvio *sm*: **il ~** Vesuvius.
vete'rano, a *ag, sm/f* veteran.
veteri'nario, a *ag* veterinary // *sm* veterinary surgeon, vet // *sf* veterinary medicine.
'veto *sm inv* veto.
ve'traio *sm* glassmaker; glazier.
ve'trato, a *ag* (*porta, finestra*) glazed; (*che contiene vetro*) glass *cpd* // *sf* glass door (*o* window); (*di chiesa*) stained glass window.
vetre'ria *sf* (*stabilimento*) glassworks *sg*; (*oggetti di vetro*) glassware.
ve'trina *sf* (*di negozio*) (shop) window; (*armadio*) display cabinet; **vetri'nista, i, e** *sm/f* window dresser.
vetri'olo *sm* vitriol.
'vetro *sm* glass; (*per finestra, porta*) pane (of glass); **ve'troso, a** *ag* vitreous.
'vetta *sf* peak, summit, top.
vet'tore *sm* (MAT, FISICA) vector; (DIR) carrier.
vetto'vaglie [vetto'vaʎʎe] *sfpl* supplies.
vet'tura *sf* (*carrozza, FERR*) carriage; (*autovettura*) (motor) car.
vezzeggi'are [vettsed'dʒare] *vt* to fondle,

caress; **vezzeggia'tivo** *sm* (*LING*) term of endearment.

'vezzo ['vettso] *sm* habit; **~i** *smpl* (*smancerie*) affected ways; (*leggiadria*) charms; **vez'zoso, a** *ag* (*grazioso*) charming, pretty; (*lezioso*) affected.

vi, *dav lo, la, li, le, ne diventa* **ve** *pronome* (*oggetto*) you; (*complemento di termine*) (to) you; (*riflessivo*) yourselves; (*reciproco*) each other // *av* (*lì*) there; (*qui*) here; **~ è/sono** there is/are.

'via *sf* (*gen*) way; (*strada*) street; (*sentiero, pista*) path, track; (*AMM*: *procedimento*) channels *pl* // *prep* (*passando per*) via, by way of // *av* away // *escl* go away!; (*suvvia*) come on!; (*SPORT*) go! // *sm* (*SPORT*) starting signal; **per ~ di** (*a causa di*) because of, on account of; **per ~ d'esempio** by way of example; **in** *o* **per ~** on the way; **per ~ aerea** by air; (*lettere*) by airmail; **~ ~ che** (*a mano a mano*) as; **dare il ~** (*SPORT*) to give the starting signal; **dare il ~ a** (*fig*) to start; **V~ lattea** (*ASTR*) Milky Way; **~ di mezzo** middle course; **in ~ provvisoria** provisionally.

viabilità *sf* (*di strada*) practicability; (*rete stradale*) roads *pl*, road network.

via'dotto *sm* viaduct.

viaggi'are [viad'dʒare] *vi* to travel; **viaggia'tore, 'trice** *ag* travelling // *sm* traveller; (*passeggero*) passenger.

vi'aggio ['vjaddʒo] *sm* travel(ling); (*tragitto*) journey, trip; **~ di nozze** honeymoon.

vi'ale *sm* avenue.

via'vai *sm* coming and going, bustle.

vi'brare *vi* to vibrate; (*agitarsi*): **~ (di)** to quiver (with); **vibrazi'one** *sf* vibration.

vi'cario *sm* (*apostolico etc*) vicar.

'vice ['vitʃe] *sm/f* deputy // *prefisso*: **~'console** *sm* vice-consul; **~diret'tore** *sm* assistant manager.

vi'cenda [vi'tʃɛnda] *sf* event; **a ~** in turn; **vicen'devole** *ag* mutual, reciprocal.

vice'versa [vitʃe'vɛrsa] *av* vice versa; **da Roma a Pisa** e **~** from Rome to Pisa and back.

vici'nanza [vitʃi'nantsa] *sf* nearness, closeness; **~e** *sfpl* neighbourhood, vicinity.

vici'nato [vitʃi'nato] *sm* neighbourhood; (*vicini*) neighbours *pl*.

vi'cino, a [vi'tʃino] *ag* (*gen*) near; (*nello spazio*) near, nearby; (*accanto*) next; (*nel tempo*) near, close at hand // *sm/f* neighbour // *av* near, close; **da ~** (*guardare*) close up; (*esaminare, seguire*) closely; (*conoscere*) well, intimately; **~ a** *prep* near (to), close to; (*accanto a*) beside; **~ di casa** neighbour.

vicissi'tudini [vitʃissi'tudini] *sfpl* trials and tribulations.

'vicolo *sm* alley; **~ cieco** blind alley.

vie'tare *vt* to forbid; (*AMM*) to prohibit; **~ a qd di fare** to forbid sb to do; to prohibit sb from doing; **'vietato fumare/l'ingresso'** 'no smoking/admittance'.

vi'gente [vi'dʒɛnte] *ag* in force.

vigi'lante [vidʒi'lante] *ag* vigilant, watchful; **vigi'lanza** *sf* vigilance.

vigi'lare [vidʒi'lare] *vt* to watch over, keep an eye on // *vi*: **~ a** to attend to, see to; **~ che** to make sure that, see to it that.

'vigile ['vidʒile] *ag* watchful // *sm* (*anche*: **~ urbano**) policeman (*in towns*); **~ del fuoco** fireman.

vi'gilia [vi'dʒilja] *sf* (*giorno antecedente*) eve; **la ~ di Natale** Christmas Eve.

vigli'acco, a, chi, che [viʎ'ʎakko] *ag* cowardly // *sm/f* coward.

'vigna ['viɲɲa] *sf*, **vi'gneto** [viɲ'ɲeto] *sm* vineyard.

vi'gnetta [viɲ'ɲetta] *sf* cartoon.

vi'gore *sm* vigour; (*DIR*): **essere/entrare in ~** to be in/come into force; **vigo'roso, a** *ag* vigorous.

'vile *ag* (*spregevole*) low, mean, base; (*codardo*) cowardly.

vili'pendio *sm* contempt, scorn; public insult.

'villa *sf* villa.

vil'laggio [vil'laddʒo] *sm* village.

villa'nia *sf* rudeness, lack of manners; **fare/dire una ~ a qd** to be rude to sb.

vil'lano, a *ag* rude, ill-mannered // *sm* boor.

villeggi'are [villed'dʒare] *vi* to holiday, spend one's holidays; **villeggia'tura** *sf* holiday(s *pl*).

vil'lino *sm* small house (with a garden), cottage.

vil'loso, a *ag* hairy.

viltà *sf* cowardice *q*; cowardly act.

'vimine *sm* wicker; **mobili di ~i** wicker furniture *sg*.

'vincere ['vintʃere] *vt* (*in guerra, al gioco, a una gara*) to defeat, beat; (*premio, guerra, partita*) to win; (*fig*) to overcome, conquer // *vi* to win; **~ qd in bellezza** to be better-looking than sb; **'vincita** *sf* win; (*denaro vinto*) winnings *pl*; **vinci'tore** *sm* winner; (*MIL*) victor.

vinco'lare *vt* to bind; (*COMM*: *denaro*) to tie up; **'vincolo** *sm* (*fig*) bond, tie; (*DIR*: *servitù*) obligation.

vi'nicolo, a *ag* wine *cpd*.

'vino *sm* wine; **~ bianco/rosso** white/red wine.

'vinto, a *pp di* **vincere**.

vi'ola *sf* (*BOT*) violet; (*MUS*) viola // *ag, sm inv* (*colore*) purple.

vio'lare *vt* (*chiesa*) to desecrate, violate; (*giuramento, legge*) to violate; **violazi'one** *sf* desecration; violation.

violen'tare *vt* to use violence on; (*donna*) to rape.

vio'lento, a *ag* violent; **vio'lenza** *sf* violence; **violenza carnale** rape.

vio'letto, a *ag, sm* (*colore*) violet // *sf* violet.

violi'nista, i, e *sm/f* violinist.

vio'lino *sm* violin.

violon'cello [violon'tʃɛllo] *sm* cello.
vi'ottolo *sm* path, track.
'vipera *sf* viper, adder.
vi'raggio [vi'raddʒo] *sm* (*NAUT, AER*) turn; (*FOT*) toning.
vi'rare *vt* (*NAUT*) to haul (in), heave (in) // *vi* (*NAUT, AER*) to turn; (*FOT*) to tone; ~ **di bordo** (*NAUT*) to tack.
virginità [virdʒini'ta] *sf* = **verginità**.
'virgola *sf* (*LING*) comma; (*MAT*) point; **virgo'lette** *sfpl* inverted commas, quotation marks.
vi'rile *ag* (*proprio dell'uomo*) masculine; (*non puerile, da uomo*) manly, virile; **virilità** *sf* masculinity; manliness; (*sessuale*) virility.
virtù *sf inv* virtue; **in** *o* **per** ~ **di** by virtue of, by.
virtu'ale *ag* virtual.
virtu'oso, a *ag* virtuous // *sm/f* (*MUS etc*) virtuoso.
viru'lento, a *ag* virulent.
'virus *sm inv* virus.
'viscere ['viʃʃere] *sm* (*ANAT*) internal organ // *sfpl* (*di animale*) entrails *pl*; (*fig*) bowels *pl*.
'vischio ['viskjo] *sm* (*BOT*) mistletoe; (*pania*) birdlime; **vischi'oso, a** *ag* sticky.
'viscido, a ['viʃʃido] *ag* slimy.
vis'conte, 'essa *sm/f* viscount/viscountess.
vis'coso, a *ag* viscous.
vi'sibile *ag* visible.
visi'bilio *sm* profusion; **andare in** ~ to go into raptures.
visibilità *sf* visibility.
visi'era *sf* (*di elmo*) visor; (*di berretto*) peak.
visi'one *sf* vision; **prendere** ~ **di qc** to examine sth, look sth over; **prima/seconda** ~ (*CINEMA*) first/second showing.
'visita *sf* visit; (*MED*) visit, call; (*: esame*) examination; **visi'tare** *vt* to visit; (*MED*) to visit, call on; (*: esaminare*) to examine; **visita'tore, 'trice** *sm/f* visitor.
vi'sivo, a *ag* visual.
'viso *sm* face.
vi'sone *sm* mink.
'vispo, a *ag* quick, lively.
vis'suto, a *pp di* **vivere**.
'vista *sf* (*facoltà*) (eye)sight; (*fatto di vedere*): **la** ~ **di** the sight of; (*veduta*) view; **sparare a** ~ to shoot on sight; **in** ~ in sight; **perdere qd di** ~ to lose sight of sb; (*fig*) to lose touch with sb; **a** ~ **d'occhio** as far as the eye can see; (*fig*) before one's very eyes; **far** ~ **di fare** to pretend to do.
'visto, a *pp di* **vedere** // *sm* visa.
vis'toso, a *ag* gaudy, garish; (*ingente*) considerable.
visu'ale *ag* visual.
'vita *sf* life; (*ANAT*) waist; **a** ~ for life.
vi'tale *ag* vital; **vitalità** *sf* vitality; **vita'lizio, a** *ag* life *cpd* // *sm* life annuity.
vita'mina *sf* vitamin.
'vite *sf* (*BOT*) vine; (*TECN*) screw.
vi'tello *sm* (*ZOOL*) calf; (*carne*) veal; (*pelle*) calfskin.
vi'ticcio [vi'tittʃo] *sm* (*BOT*) tendril.
viticol'tore *sm* wine grower; **viticol'tura** *sf* wine growing.
'vitreo, a *ag* vitreous; (*occhio, sguardo*) glassy.
'vittima *sf* victim.
'vitto *sm* food; (*in un albergo etc*) board; ~ **e alloggio** board and lodging.
vit'toria *sf* victory; **vittori'oso, a** *ag* victorious.
vitupe'rare *vt* to rail at *o* against.
'viva *escl*: ~ **il re!** long live the king!
vi'vace [vi'vatʃe] *ag* (*vivo, animato*) lively; (*: mente*) lively, sharp; (*colore*) bright; **vivacità** *sf* vivacity; liveliness; brightness.
vi'vaio *sm* (*di pesci*) hatchery; (*AGR*) nursery.
vi'vanda *sf* food; (*piatto*) dish.
vi'vente *ag* living, alive; **i** ~**i** the living.
'vivere *vi* (*2*) to live // *vt* to live; (*passare: brutto momento*) to live through, go through; (*sentire: gioie, pene di qd*) to share // *sm* life; (*anche*: **modo di** ~) way of life; ~**i** *smpl* food *sg*, provisions; ~ **di** to live on.
'vivido, a *ag* (*colore*) vivid, bright.
vivifi'care *vt* to enliven, give life to; (*piante etc*) to revive.
vivisezi'one [viviset'tsjone] *sf* vivisection.
'vivo, a *ag* (*vivente*) alive, living; (*: animale*) live; (*fig*) lively; (*: colore*) bright, brilliant; **i** ~**i** the living; ~ **e vegeto** hale and hearty; **farsi** ~ to show one's face; to be heard from; **ritrarre al** ~ to paint from life; **pungere qd nel** ~ (*fig*) to cut sb to the quick.
vizi'are [vit'tsjare] *vt* (*bambino*) to spoil; (*corrompere moralmente*) to corrupt; **vizi'ato, a** *ag* spoilt; (*aria, acqua*) polluted.
'vizio ['vittsjo] *sm* vice; (*cattiva abitudine*) bad habit; (*imperfezione*) flaw, defect; (*errore*) fault, mistake; **vizi'oso, a** *ag* depraved; defective; (*inesatto*) incorrect, wrong.
vocabo'lario *sm* (*dizionario*) dictionary; (*lessico*) vocabulary.
vo'cabolo *sm* word.
vo'cale *ag* vocal // *sf* vowel.
vocazi'one [vokat'tsjone] *sf* vocation; (*fig*) natural bent.
'voce ['votʃe] *sf* voice; (*diceria*) rumour; (*di un elenco, in bilancio*) item; **aver** ~ **in capitolo** (*fig*) to have a say in the matter.
voci'are [vo'tʃare] *vi* to shout, yell.
'voga *sf* (*NAUT*) rowing; (*usanza*): **essere in** ~ to be in fashion *o* in vogue.
vo'gare *vi* to row.
'voglia ['vɔʎʎa] *sf* desire, wish; (*macchia*) birthmark; **aver** ~ **di qc/di fare** to feel like sth/like doing; (*più forte*) to want sth/to do.
'voi *pronome* you; **voi'altri** *pronome* you (lot).

vo'lano *sm* (*SPORT*) shuttlecock; (*TECN*) flywheel.
vo'lante *ag* flying // *sm* (steering) wheel.
volan'tino *sm* leaflet.
vo'lare *vi* (*uccello, aereo, fig*) to fly; (*cappello*) to blow away *o* off, to fly away *o* off; ~ **via** to fly away *o* off.
vo'lata *sf* flight; (*d'uccelli*) flock, flight; (*corsa*) rush; (*SPORT*) final sprint.
vo'latile *ag* (*CHIM*) volatile // *sm* (*ZOOL*) bird.
volenti'eri *av* willingly; '~' 'with pleasure', 'I'd be glad to'.
vo'lere *sm* will; ~**i** *smpl* wishes // *vt* to want; (*esigere, richiedere*) to demand, require; **vuole un po' di formaggio?** would you like some cheese?; ~ **che qd faccia** to want sb to do; **vorrei questo** I would like this; ~**rci** (*essere necessario*): **quanto ci vuole per andare da Roma a Firenze?** how long does it take to go from Rome to Florence?; **ci vogliono 4 metri di stoffa** 4 metres of material are required, you will need 4 metres of material; ~ **bene a qd** to love sb; ~ **male a qd** to dislike sb; **volerne a qd** to bear sb a grudge; ~ **dire (che)** to mean (that); **senza** ~ without meaning to, unintentionally.
vol'gare *ag* vulgar; **l'opinione** ~ common opinion; **volgarità** *sf* vulgarity; **volgariz'zare** *vt* to popularize.
'volgere ['vɔldʒere] *vt* to turn // *vi* to turn; (*tendere*): ~ **a**: il tempo volge al brutto the weather is breaking; **un rosso che volge al viola** a red verging on purple; ~**rsi** *vr* to turn; ~ **al peggio** to take a turn for the worse.
'volgo *sm* common people.
voli'era *sf* aviary.
voli'tivo, a *ag* strong-willed.
'volo *sm* flight; **al** ~: **colpire qc al** ~ to hit sth as it flies past; **capire al** ~ to understand straight away.
volontà *sf* will; **a** ~ (*mangiare, bere*) as much as one likes; **buona/cattiva** ~ goodwill/lack of goodwill.
volon'tario, a *ag* voluntary // *sm* (*MIL*) volunteer.
volonte'roso, a *ag* willing.
'volpe *sf* fox.
'volta *sf* (*momento, circostanza*) time; (*turno, giro*) turn; (*curva*) turn, bend; (*ARCHIT*) vault; **a mia** (*o* **tua** *etc*) ~ in turn; **una** ~ once; **due** ~**e** twice; **una cosa per** ~ one thing at a time; **una** ~ **per tutte** once and for all; **a** ~**e** at times, sometimes; **una** ~ **che** (*temporale*) once; (*causale*) since; **3** ~**e 4** 3 times 4.
volta'faccia [volta'fattʃa] *sm inv* (*fig*) volte-face.
vol'taggio [vol'taddʒo] *sm* (*ELETTR*) voltage.
vol'tare *vt* to turn; (*girare: moneta*) to turn over; (*rigirare*) to turn round // *vi* to turn; ~**rsi** *vr* to turn; to turn over; to turn round.
volteggi'are [volted'dʒare] *vi* (*volare*) to circle; (*in equitazione*) to do trick riding; (*in ginnastica*) to vault; to perform acrobatics.
'volto, a *pp di* **volgere** // *sm* face.
vo'lubile *ag* changeable, fickle.
vo'lume *sm* volume; **volumi'noso, a** *ag* voluminous, bulky.
voluttà *sf* sensual pleasure *o* delight; **voluttu'oso, a** *ag* voluptuous.
vomi'tare *vt, vi* to vomit; **'vomito** *sm* vomiting *q*; vomit.
'vongola *sf* clam.
vo'race [vo'ratʃe] *ag* voracious, greedy.
vo'ragine [vo'radʒine] *sf* abyss, chasm.
'vortice ['vɔrtitʃe] *sm* whirlwind; whirlpool; (*fig*) whirl.
'vostro, a *det*: **il(la)** ~**(a)** *etc* your // *pronome*: **il(la)** ~**(a)** *etc* yours.
vo'tante *sm/f* voter.
vo'tare *vi* to vote // *vt* (*sottoporre a votazione*) to take a vote on; (*approvare*) to vote for; (*REL*): ~ **qc a** to dedicate sth to; **votazi'one** *sf* vote, voting; **votazioni** *sfpl* (*POL*) votes; (*INS*) marks.
vo'tivo, a *ag* (*REL*) votive.
'voto *sm* (*POL*) vote; (*INS*) mark; (*REL*) vow; (*: offerta*) votive offering.
vs. *abbr commerciale di* **vostro.**
vul'canico, a, ci, che *ag* volcanic.
vul'cano *sm* volcano.
vulne'rabile *ag* vulnerable.
vuo'tare *vt*, ~**rsi** *vr* to empty.
vu'oto, a *ag* empty; (*fig: privo*): ~ **di** (*senso etc*) devoid of // *sm* empty space, gap; (*spazio in bianco*) blank; (*FISICA*) vacuum; (*fig: mancanza*) gap, void; **a mani** ~**e** empty-handed; ~ **d'aria** air pocket; ~ **a rendere** returnable bottle.

W X Y

watt [vat] *sm inv* watt.
'whisky ['wiski] *sm inv* whisky.
'xeres ['ksɛres] *sm inv* sherry.
xero'copia [ksero'kɔpja] *sf* xerox, photocopy.
xi'lofono [ksi'lɔfono] *sm* xylophone.
yacht [jɔt] *sm inv* yacht.
'yoghurt ['jɔgurt] *sm inv* yoghourt.

Z

zabai'one [dzaba'jone] *sm dessert made of egg yolks, sugar and marsala.*
'zacchera ['tsakkera] *sf* splash of mud.
zaf'fata [tsaf'fata] *sf* (*tanfo*) stench.
zaffe'rano [dzaffe'rano] *sm* saffron.
zaf'firo [dzaf'firo] *sm* sapphire.
'zagara ['dzagara] *sf* orange blossom.
'zaino ['dzaino] *sm* rucksack.
'zampa ['tsampa] *sf* (*di animale: gamba*) leg; (*: piede*) paw; **a quattro** ~**e** on all fours.
zampil'lare [tsampil'lare] *vi* to gush, spurt; **zam'pillo** *sm* gush, spurt.
zam'pogna [tsam'poɲɲa] *sf instrument similar to bagpipes.*

'zanna ['tsanna] *sf* (*di elefante*) tusk; (*di carnivori*) fang.

zan'zara [dzan'dzara] *sf* mosquito; **zanzari'era** *sf* mosquito net.

'zappa ['tsappa] *sf* hoe; **zap'pare** *vt* to hoe.

zar, za'rina [tsar, tsa'rina] *sm/f* tsar/tsarina.

'zattera ['dzattera] *sf* raft.

za'vorra [dza'vɔrra] *sf* ballast.

'zazzera ['tsattsera] *sf* shock of hair.

'zebra ['dzɛbra] *sf* zebra; **~e** *sfpl* (AUT) zebra crossing *sg*.

'zecca, che ['tsekka] *sf* (ZOOL) tick; (*officina di monete*) mint.

ze'lante [dze'lante] *ag* zealous.

'zelo ['dzɛlo] *sm* zeal.

'zenit ['dzɛnit] *sm* zenith.

'zenzero ['dzendzero] *sm* ginger.

'zeppa ['tseppa] *sf* wedge.

'zeppo, a ['tseppo] *ag*: **~ di** crammed *o* packed with.

zer'bino [dzer'bino] *sm* doormat.

'zero ['dzɛro] *sm* zero, nought; **vincere per tre a ~** (SPORT) to win three-nil.

'zeta ['dzɛta] *sm o f* zed, (the letter) z.

'zia ['tsia] *sf* aunt.

zibel'lino [dzibel'lino] *sm* sable.

'zigomo ['dzigomo] *sm* cheekbone.

zig'zag [dzig'dzag] *sm inv* zigzag; **andare a ~** to zigzag.

zim'bello [dzim'bɛllo] *sm* (*oggetto di burle*) laughing-stock.

'zinco ['dzinko] *sm* zinc.

'zingaro, a ['dzingaro] *sm/f* gipsy.

'zio ['tsio], *pl* **'zii** *sm* uncle; **zii** *smpl* (*zio e zia*) uncle and aunt.

zi'tella [dzi'tɛlla] *sf* spinster; (*peg*) old maid.

'zitto, a ['tsitto] *ag* quiet, silent; **sta' ~!** be quiet!

'zoccolo ['tsɔkkolo] *sm* (*calzatura*) clog; (*di cavallo etc*) hoof; (*basamento*) base; plinth.

zo'diaco [dzo'diako] *sm* zodiac.

'zolfo ['tsolfo] *sm* sulphur.

'zolla ['dzɔlla] *sf* clod (of earth).

zol'letta [dzol'letta] *sf* sugar lump.

'zona ['dzɔna] *sf* zone, area; **~ di depressione** (METEOR) trough of low pressure; **~ verde** (*di abitato*) green area.

'zonzo ['dzondzo]: **a ~** *av*: **andare a ~** to wander about, stroll about.

zoo ['dzɔo] *sm inv* zoo.

zoolo'gia [dzoolo'dʒia] *sf* zoology; **zoo'logico, a, ci, che** *ag* zoological; **zo'ologo, a, gi, ghe** *sm/f* zoologist.

zoppi'care [tsoppi'kare] *vi* to limp; to be shaky, rickety.

'zoppo, a ['tsɔppo] *ag* lame; (*fig: mobile*) shaky, rickety.

zoti'cone [dzoti'kone] *sm* lout.

'zucca, che ['tsukka] *sf* marrow; pumpkin.

zucche'rare [tsukke'rare] *vt* to put sugar in.

zuccheri'era [tsukke'rjɛra] *sf* sugar bowl.

zuccheri'ficio [tsukkeri'fitʃo] *sm* sugar refinery.

zucche'rino, a [tsukke'rino] *ag* sugary, sweet.

'zucchero ['tsukkero] *sm* sugar; **zucche'roso, a** *ag* sugary.

zuc'chino [tsuk'kino] *sm* courgette, zucchini.

'zuffa ['tsuffa] *sf* brawl.

zufo'lare [tsufo'lare] *vt, vi* to whistle.

'zuppa ['tsuppa] *sf* soup; (*fig*) mixture, muddle; **~ inglese** (CUC) ≈ trifle; **zuppi'era** *sf* soup tureen.

'zuppo, a ['tsuppo] *ag*: **~ (di)** drenched (with), soaked (with).

ENGLISH - ITALIAN
INGLESE - ITALIANO

A

a, an [eɪ, ə, æn, ən, n] *det* un (uno + *s impure, gn, pn, ps, x, z*), *f* una (un' + *vowel*); **3 a day/week** 3 al giorno/la *or* alla settimana; **10 km an hour** 10 km all'ora.
A [eɪ] *n* (MUS) la *m*.
A.A. *n (abbr of Automobile Association)* ≈ A.C.I.; *abbr of Alcoholics Anonymous.*
aback [ə'bæk] *ad*: **to be taken ~** essere sbalordito(a).
abandon [ə'bændən] *vt* abbandonare // *n* abbandono.
abashed [ə'bæʃt] *a* imbarazzato(a).
abate [ə'beɪt] *vi* calmarsi.
abattoir ['æbətwɑ:*] *n* mattatoio.
abbey ['æbɪ] *n* abbazia, badia.
abbot ['æbət] *n* abate *m*.
abbreviate [ə'bri:vɪeɪt] *vt* abbreviare; **abbreviation** [-'eɪʃən] *n* abbreviazione *f*.
abdicate ['æbdɪkeɪt] *vt* abdicare a // *vi* abdicare; **abdication** [-'keɪʃən] *n* abdicazione *f*.
abdomen ['æbdəmɛn] *n* addome *m*.
abduct [æb'dʌkt] *vt* rapire; **abduction** [-ʃən] *n* rapimento.
abet [ə'bɛt] *vt see* **aid.**
abeyance [ə'beɪəns] *n*: **in ~** in sospeso.
abhor [əb'hɔ:*] *vt* aborrire; **~rent** *a* odioso(a).
abide [ə'baɪd] *vt* sopportare; **to ~ by** *vt fus* conformarsi a.
ability [ə'bɪlɪtɪ] *n* abilità *f inv*.
ablaze [ə'bleɪz] *a* in fiamme; **~ with light** risplendente di luce.
able ['eɪbl] *a* capace; **to be ~ to do sth** essere capace di fare qc, poter fare qc; **~-bodied** *a* robusto(a); **ably** *ad* abilmente.
abnormal [æb'nɔ:məl] *a* anormale.
aboard [ə'bɔ:d] *ad* a bordo // *prep* a bordo di.
abolish [ə'bɔlɪʃ] *vt* abolire.
abolition [æbəu'lɪʃən] *n* abolizione *f*.
abominable [ə'bɔmɪnəbl] *a* abominevole.
aborigine [æbə'rɪdʒɪnɪ] *n* aborigeno/a.
abort [ə'bɔ:t] *vt* abortire; **~ion** [ə'bɔ:ʃən] *n* aborto; **~ive** *a* abortivo(a).
abound [ə'baund] *vi* abbondare; **to ~ in** abbondare di.
about [ə'baut] *prep* intorno a, riguardo a // *ad* circa; (*here and there*) qua e là; **it takes ~ 10 hours** ci vogliono circa 10 ore; **at ~ 2 o'clock** verso le due; **it's ~ here** è qui dintorno; **to walk ~ the town** camminare per la città; **to be ~ to: he was ~ to cry** lui stava per piangere; **what** *or* **how ~ doing this?** che ne pensa di fare questo?; **~ turn** *n* dietro front *m inv*.
above [ə'bʌv] *ad, prep* sopra; **mentioned ~** suddetto; **costing ~ £10** che costa più di 10 sterline; **~ all** soprattutto; **~board** *a* aperto(a); onesto(a).
abrasive [ə'breɪzɪv] *a* abrasivo(a).
abreast [ə'brɛst] *ad* di fianco; **3 ~** per 3 di fronte; **to keep ~ of** tenersi aggiornato su.
abridge [ə'brɪdʒ] *vt* ridurre.
abroad [ə'brɔ:d] *ad* all'estero.
abrupt [ə'brʌpt] *a* (*steep*) erto(a); (*sudden*) improvviso(a); (*gruff, blunt*) brusco(a).
abscess ['æbsɪs] *n* ascesso.
abscond [əb'skɔnd] *vi* scappare.
absence ['æbsəns] *n* assenza.
absent ['æbsənt] *a* assente; **~ee** [-'ti:] *n* assente *m/f*; **~eeism** [-'ti:ɪzəm] *n* assenteismo; **~-minded** *a* distratto(a).
absolute ['æbsəlu:t] *a* assoluto(a); **~ly** [-'lu:tlɪ] *ad* assolutamente.
absolve [əb'zɔlv] *vt*: **to ~ sb (from)** assolvere qd (da).
absorb [əb'zɔ:b] *vt* assorbire; **to be ~ed in a book** essere immerso in un libro; **~ent** *a* assorbente; **~ent cotton** *n* (*US*) cotone *m* idrofilo.
abstain [əb'steɪn] *vi*: **to ~ (from)** astenersi (da).
abstemious [əb'sti:mɪəs] *a* astemio(a).
abstention [əb'stɛnʃən] *n* astensione *f*.
abstinence ['æbstɪnəns] *n* astinenza.
abstract ['æbstrækt] *a* astratto(a) // *n* (*summary*) riassunto.
absurd [əb'sə:d] *a* assurdo(a); **~ity** *n* assurdità *f inv*.
abundance [ə'bʌndəns] *n* abbondanza; **abundant** *a* abbondante.
abuse *n* [ə'bju:s] abuso; (*insults*) ingiurie *fpl* // *vt* [ə'bju:z] abusare di; **abusive** *a* ingiurioso(a).
abysmal [ə'bɪzməl] *a* spaventoso(a).
abyss [ə'bɪs] *n* abisso.
academic [ækə'dɛmɪk] *a* accademico(a); (*pej: issue*) puramente formale // *n* universitario/a.
academy [ə'kædəmɪ] *n* (*learned body*) accademia; (*school*) scuola privata; **military/naval ~** scuola militare/navale; **~ of music** conservatorio.
accede [æk'si:d] *vi*: **to ~ to** (*request*) accedere a; (*throne*) ascendere a.
accelerate [æk'sɛləreɪt] *vt,vi* accelerare; **acceleration** [-'reɪʃən] *n* accelerazione *f*; **accelerator** *n* acceleratore *m*.
accent ['æksɛnt] *n* accento.
accept [ək'sɛpt] *vt* accettare; **~able** *a* accettabile; **~ance** *n* accettazione *f*.
access ['æksɛs] *n* accesso; **to have ~ to**

(*information, library, person*) avere accesso a; **~ible** [æk'sɛsəbl] *a* accessibile; **~ion** [æk'sɛʃən] *n* ascesa.
accessory [æk'sɛsərɪ] *n* accessorio; **toilet accessories** *npl* articoli *mpl* da toilette.
accident ['æksɪdənt] *n* incidente *m*; (*chance*) caso; **by ~** per caso; **~al** [-'dɛntl] *a* accidentale; **~ally** [-'dɛntəlɪ] *ad* per caso; **~-prone** *a*: **he's very ~-prone** è un vero passaguai.
acclaim [ə'kleɪm] *vt* acclamare // *n* acclamazione *f*.
acclimatize [ə'klaɪmətaɪz] *vt*: **to become ~d** acclimatarsi.
accommodate [ə'kɔmədeɪt] *vt* alloggiare; (*oblige, help*) favorire.
accommodating [ə'kɔmədeɪtɪŋ] *a* compiacente.
accommodation [əkɔmə'deɪʃən] *n* alloggio.
accompaniment [ə'kʌmpənɪmənt] *n* accompagnamento.
accompany [ə'kʌmpənɪ] *vt* accompagnare.
accomplice [ə'kʌmplɪs] *n* complice *m/f*.
accomplish [ə'kʌmplɪʃ] *vt* compiere; **~ed** *a* (*person*) esperto(a); **~ment** *n* compimento; realizzazione *f*; **~ments** *npl* doti *fpl*.
accord [ə'kɔ:d] *n* accordo // *vt* accordare; **of his own ~** di propria iniziativa; **~ance** *n*: **in ~ance with** in conformità con; **~ing to** *prep* secondo; **~ingly** *ad* in conformità.
accordion [ə'kɔ:dɪən] *n* fisarmonica.
accost [ə'kɔst] *vt* avvicinare.
account [ə'kaunt] *n* (COMM) conto; (*report*) descrizione *f*; **by all ~s** a quanto si dice; **of little ~** di poca importanza; **on ~** in acconto; **on no ~** per nessun motivo; **on ~ of** a causa di; **to take into ~, take ~ of** tener conto di; **to ~ for** spiegare; giustificare; **~able** *a* responsabile.
accountancy [ə'kauntənsɪ] *n* ragioneria.
accountant [ə'kauntənt] *n* ragioniere/a.
accumulate [ə'kju:mjuleɪt] *vt* accumulare // *vi* accumularsi; **accumulation** [-'leɪʃən] *n* accumulazione *f*.
accuracy ['ækjurəsɪ] *n* precisione *f*.
accurate ['ækjurɪt] *a* preciso(a); **~ly** *ad* precisamente.
accusation [ækju'zeɪʃən] *n* accusa.
accuse [ə'kju:z] *vt* accusare; **~d** *n* accusato/a.
accustom [ə'kʌstəm] *vt* abituare; **~ed** *a* (*usual*) abituale; **~ed to** abituato(a) a.
ace [eɪs] *n* asso; **within an ~ of** a un pelo da.
ache [eɪk] *n* male *m*, dolore *m* // *vi* (*be sore*) far male, dolere; **my head ~s** mi fa male la testa; **I'm aching all over** mi duole dappertutto.
achieve [ə'tʃi:v] *vt* (*aim*) raggiungere; (*victory, success*) ottenere; (*task*) compiere; **~ment** *n* compimento; successo.
acid ['æsɪd] *a* acido(a) // *n* acido; **~ity** [ə'sɪdɪtɪ] *n* acidità.
acknowledge [ək'nɔlɪdʒ] *vt* (*letter*) confermare la ricevuta di; (*fact*) riconoscere; **~ment** *n* conferma; riconoscimento.
acne ['æknɪ] *n* acne *f*.
acorn ['eɪkɔ:n] *n* ghianda.
acoustic [ə'ku:stɪk] *a* acustico(a); **~s** *n,npl* acustica.
acquaint [ə'kweɪnt] *vt*: **to ~ sb with sth** far sapere qc a qd; **to be ~ed with** (*person*) conoscere; **~ance** *n* conoscenza; (*person*) conoscente *m/f*.
acquire [ə'kwaɪə*] *vt* acquistare.
acquisition [ækwɪ'zɪʃən] *n* acquisto.
acquisitive [ə'kwɪzɪtɪv] *a* a cui piace accumulare le cose.
acquit [ə'kwɪt] *vt* assolvere; **to ~ o.s. well** comportarsi bene; **~tal** *n* assoluzione *f*.
acre ['eɪkə*] *n* acro (= 4047 m^2).
acrimonious [ækrɪ'məunɪəs] *a* astioso(a).
acrobat ['ækrəbæt] *n* acrobata *m/f*.
acrobatics [ækrəu'bætɪks] *n* acrobatica // *npl* acrobazie *fpl*.
across [ə'krɔs] *prep* (*on the other side*) dall'altra parte di; (*crosswise*) attraverso // *ad* dall'altra parte; in larghezza; **to walk ~ (the road)** attraversare (la strada); **~ from** di fronte a.
act [ækt] *n* atto; (*in music-hall etc*) numero; (LAW) decreto // *vi* agire; (THEATRE) recitare; (*pretend*) fingere // *vt* (*part*) recitare; **to ~ Hamlet** recitare la parte di Amleto; **to ~ the fool** fare lo stupido; **to ~ as** agire da; **~ing** *a* che fa le funzioni di // *n* (*of actor*) recitazione *f*; (*activity*): **to do some ~ing** fare del teatro (*or* del cinema).
action ['ækʃən] *n* azione *f*; (MIL) combattimento; (LAW) processo; **out of ~** fuori combattimento; fuori servizio; **to take ~** agire.
activate ['æktɪveɪt] *vt* (*mechanism*) fare funzionare; (CHEM, PHYSICS) rendere attivo(a).
active ['æktɪv] *a* attivo(a).
activity [æk'tɪvɪtɪ] *n* attività *f inv*.
actor ['æktə*] *n* attore *m*.
actress ['æktrɪs] *n* attrice *f*.
actual ['æktjuəl] *a* reale, vero(a); **~ly** *ad* realmente; infatti.
acumen ['ækjumən] *n* acume *m*.
acupuncture ['ækjupʌŋktʃə*] *n* agopuntura.
acute [ə'kju:t] *a* acuto(a).
ad [æd] *n abbr of* **advertisement**.
A.D. *ad* (*abbr of Anno Domini*) d.C.
Adam ['ædəm] *n* Adamo; **~'s apple** *n* pomo di Adamo.
adamant ['ædəmənt] *a* adamantino(a).
adapt [ə'dæpt] *vt* adattare // *vi*: **to ~ (to)** adattarsi (a); **~able** *a* (*device*) adattabile; (*person*) che sa adattarsi; **~ation** [ædæp'teɪʃən] *n* adattamento; **~er** *n* (ELEC) adattatore *m*.
add [æd] *vt* aggiungere; (*figures*: *also*: **to ~**

up) addizionare // *vi*: **to ~ to** (*increase*) aumentare.

adder ['ædə*] *n* vipera.

addict ['ædɪkt] *n* tossicomane *m/f*; (*fig*) fanatico/a; **~ed** [ə'dɪktɪd] *a*: **to be ~ed to** (*drink etc*) essere dedito a; (*fig*: *football etc*) essere tifoso di; **~ion** [ə'dɪkʃən] *n* (MED) tossicomania.

addition [ə'dɪʃən] *n* addizione *f*; **in ~** inoltre; **in ~ to** oltre; **~al** *a* supplementare.

additive ['ædɪtɪv] *n* additivo.

address [ə'drɛs] *n* indirizzo; (*talk*) discorso // *vt* indirizzare; (*speak to*) fare un discorso a.

adenoids ['ædɪnɔɪdz] *npl* adenoidi *fpl*.

adept ['ædɛpt] *a*: **~ at** esperto(a) in.

adequate ['ædɪkwɪt] *a* adeguato(a); sufficiente.

adhere [əd'hɪə*] *vi*: **to ~ to** aderire a; (*fig*: *rule, decision*) seguire.

adhesion [əd'hi:ʒən] *n* adesione *f*.

adhesive [əd'hi:zɪv] *a* adesivo(a) // *n* adesivo.

adjacent [ə'dʒeɪsənt] *a* adiacente; **~ to** accanto a.

adjective ['ædʒɛktɪv] *n* aggettivo.

adjoining [ə'dʒɔɪnɪŋ] *a* accanto *inv*, adiacente // *prep* accanto a.

adjourn [ə'dʒə:n] *vt* rimandare // *vi* aggiornare; (*go*) spostarsi.

adjust [ə'dʒʌst] *vt* aggiustare; (COMM) rettificare // *vi*: **to ~ (to)** adattarsi (a); **~able** *a* regolabile; **~ment** *n* adattamento; (*of prices, wages*) aggiustamento.

adjutant ['ædʒətənt] *n* aiutante *m*.

ad-lib [æd'lɪb] *vt,vi* improvvisare // *n* improvvisazione *f*.

administer [əd'mɪnɪstə*] *vt* amministrare; (*justice*) somministrare.

administration [ədmɪnɪs'treɪʃən] *n* amministrazione *f*.

administrative [əd'mɪnɪstrətɪv] *a* amministrativo(a).

administrator [əd'mɪnɪstreɪtə*] *n* amministratore/trice.

admiral ['ædmərəl] *n* ammiraglio; **A~ty** *n* Ammiragliato; Ministero della Marina.

admiration [ædmə'reɪʃən] *n* ammirazione *f*.

admire [əd'maɪə*] *vt* ammirare; **~r** *n* ammiratore/trice.

admission [əd'mɪʃən] *n* ammissione *f*; (*to exhibition, night club etc*) ingresso; (*confession*) confessione *f*.

admit [əd'mɪt] *vt* ammettere; far entrare; (*agree*) riconoscere; **to ~ of** lasciare adito a; **to ~ to** riconoscere; **~tance** *n* ingresso; **~tedly** *ad* bisogna pur riconoscere (che).

admonish [əd'mɔnɪʃ] *vt* ammonire.

ado [ə'du:] *n*: **without (any) more ~** senza più indugi.

adolescence [ædəu'lɛsns] *n* adolescenza.

adolescent [ædəu'lɛsnt] *a,n* adolescente (*m/f*).

adopt [ə'dɔpt] *vt* adottare; **~ed** *a* adottivo(a); **~ion** [ə'dɔpʃən] *n* adozione *f*.

adore [ə'dɔ:*] *vt* adorare.

adorn [ə'dɔ:n] *vt* adornare.

adrenalin [ə'drɛnəlɪn] *n* adrenalina.

Adriatic (Sea) [eɪdrɪ'ætɪk(si:)] *n* Adriatico.

adrift [ə'drɪft] *ad* alla deriva.

adroit [ə'drɔɪt] *a* abile, destro(a).

adult ['ædʌlt] *n* adulto/a.

adulterate [ə'dʌltəreɪt] *vt* adulterare.

adultery [ə'dʌltərɪ] *n* adulterio.

advance [əd'vɑ:ns] *n* avanzamento; (*money*) anticipo // *vt* avanzare; (*date, money*) anticipare // *vi* avanzare; **in ~** in anticipo; **~d** *a* avanzato(a); (SCOL: *studies*) superiore; **~ment** *n* avanzamento.

advantage [əd'vɑ:ntɪdʒ] *n* (*also* TENNIS) vantaggio; **to take ~ of** approfittarsi di; **~ous** [ædvən'teɪdʒəs] *a* vantaggioso(a).

advent ['ædvənt] *n* avvento; **A~** Avvento.

adventure [əd'vɛntʃə*] *n* avventura; **adventurous** *a* avventuroso(a).

adverb ['ædvə:b] *n* avverbio.

adversary ['ædvəsərɪ] *n* avversario/a.

adverse ['ædvə:s] *a* avverso(a); **in ~ circumstances** nelle avversità; **~ to** contrario(a) a.

adversity [əd'və:sɪtɪ] *n* avversità.

advert ['ædvə:t] *n abbr of* **advertisement.**

advertise ['ædvətaɪz] *vi(vt)* fare pubblicità *or* réclame (a); fare un'inserzione (per vendere).

advertisement [əd'və:tɪsmənt] *n* (COMM) réclame *f inv*, pubblicità *f inv*; (*in classified ads*) inserzione *f*.

advertising ['ædvətaɪzɪŋ] *n* pubblicità.

advice [əd'vaɪs] *n* consigli *mpl*; (*notification*) avviso; **piece of ~** consiglio.

advisable [əd'vaɪzəbl] *a* consigliabile.

advise [əd'vaɪz] *vt* consigliare; **to ~ sb of sth** informare qd di qc; **~r** *n* consigliere/a; **advisory** [-ərɪ] *a* consultivo(a).

advocate ['ædvəkeɪt] *vt* propugnare.

aegis ['i:dʒɪs] *n*: **under the ~ of** sotto gli auspici di.

aerial ['ɛərɪəl] *n* antenna // *a* aereo(a).

aeroplane ['ɛərəpleɪn] *n* aeroplano.

aerosol ['ɛərəsɔl] *n* aerosol *m inv*.

aesthetic [ɪs'θɛtɪk] *a* estetico(a).

affable ['æfəbl] *a* affabile.

affair [ə'fɛə*] *n* affare *m*; (*also*: **love ~**) relazione *f* amorosa.

affect [ə'fɛkt] *vt* toccare; (*feign*) fingere; **~ation** [æfɛk'teɪʃən] *n* affettazione *f*; **~ed** *a* affettato(a).

affection [ə'fɛkʃən] *n* affezione *f*; **~ate** *a* affettuoso(a).

affiliated [ə'fɪlɪeɪtɪd] *a* affiliato(a).

affinity [ə'fɪnɪtɪ] *n* affinità *f inv*.

affirmation [æfə'meɪʃən] *n* affermazione *f*.

affirmative [ə'fə:mətɪv] *a* affermativo(a) // *n*: **in the ~** affermativamente.

affix [ə'fɪks] *vt* apporre; attaccare.

afflict [ə'flɪkt] *vt* affliggere; **~ion** [ə'flɪkʃən] *n* afflizione *f*.
affluence ['æfluəns] *n* abbondanza; opulenza.
affluent ['æfluənt] *a* abbondante; opulente; (*person*) ricco(a).
afford [ə'fɔ:d] *vt* permettersi; (*provide*) fornire; **I can't ~ the time** non ho veramente il tempo.
affront [ə'frʌnt] *n* affronto; **~ed** *a* insultato(a).
afield [ə'fi:ld] *ad*: **far ~** lontano.
afloat [ə'fləut] *a, ad* a galla.
afoot [ə'fut] *ad*: **there is something ~** si sta preparando qualcosa.
aforesaid [ə'fɔ:sɛd] *a* suddetto(a), predetto(a).
afraid [ə'freɪd] *a* impaurito(a); **to be ~ of** aver paura di; **to be ~ of doing** *or* **to do** aver paura di fare; **I am ~ that I'll be late** mi dispiace, ma farò tardi.
afresh [ə'frɛʃ] *ad* di nuovo.
Africa ['æfrɪkə] *n* Africa; **~n** *a, n* africano(a).
aft [ɑ:ft] *ad* a poppa, verso poppa.
after ['ɑ:ftə*] *prep,ad* dopo; **what/who are you ~?** che/chi cerca?; **~ all** dopo tutto; **~-effects** *npl* conseguenze *fpl*; (*of illness*) postumi *mpl*; **~life** *n* vita dell'al di là; **~math** *n* conseguenze *fpl*; **in the ~math of** nel periodo dopo; **~noon** *n* pomeriggio; **~-shave (lotion)** *n* dopobarba *m inv*; **~thought** *n*: **as an ~thought** come aggiunta; **~wards** *ad* dopo.
again [ə'gɛn] *ad* di nuovo; **to begin/see ~** ricominciare/rivedere; **not ... ~** non ... più; **~ and ~** ripetutamente.
against [ə'gɛnst] *prep* contro; **~ a blue background** su uno sfondo azzurro.
age [eɪdʒ] *n* età *f inv* // *vt,vi* invecchiare; **it's been ~s since** sono secoli che; **to come of ~** diventare maggiorenne; **~d** *a* (*elderly*: ['eɪdʒɪd]) anziano(a); **~d 10** di 10 anni; **the ~d** ['eɪdʒɪd] gli anziani; **~ group** *n* generazione *f*; **~less** *a* senza età; **~ limit** *n* limite *m* d'età.
agency ['eɪdʒənsɪ] *n* agenzia; **through** *or* **by the ~ of** grazie a.
agenda [ə'dʒɛndə] *n* ordine *m* del giorno.
agent ['eɪdʒənt] *n* agente *m*.
aggravate ['ægrəveɪt] *vt* aggravare; (*annoy*) esasperare.
aggregate ['ægrɪgeɪt] *n* aggregato; **on ~** (*SPORT*) con punteggio complessivo.
aggression [ə'grɛʃən] *n* aggressione *f*.
aggressive [ə'grɛsɪv] *a* aggressivo(a); **~ness** *n* aggressività.
aggrieved [ə'gri:vd] *a* addolorato(a).
aghast [ə'gɑ:st] *a* sbigottito(a).
agile ['ædʒaɪl] *a* agile.
agitate ['ædʒɪteɪt] *vt* turbare; agitare // *vi*: **to ~ for** agitarsi per; **agitator** *n* agitatore/trice.
ago [ə'gəu] *ad*: **2 days ~** 2 giorni fa; **not long ~** poco tempo fa.
agonizing ['ægənaɪzɪŋ] *a* straziante.
agony ['ægənɪ] *n* agonia.
agree [ə'gri:] *vi*: **to ~ (with)** essere d'accordo (con); (*LING*) concordare (con); **to ~ to sth/to do sth** accettare qc/di fare qc; **to ~ that** (*admit*) ammettere che; **to ~ on sth** accordarsi su qc; **garlic doesn't ~ with me** l'aglio non mi va; **~able** *a* gradevole; (*willing*) disposto(a); **are you ~able to this?** sei d'accordo con questo?; **~d** *a* (*time, place*) stabilito(a); **to be ~d** essere d'accordo; **~ment** *n* accordo; **in ~ment** d'accordo.
agricultural [ægrɪ'kʌltʃərəl] *a* agricolo(a).
agriculture ['ægrɪkʌltʃə*] *n* agricoltura.
aground [ə'graund] *ad*: **to run ~** arenarsi.
ahead [ə'hɛd] *ad* avanti; davanti; **~ of** davanti a; (*fig*: *schedule etc*) in anticipo su; **~ of time** in anticipo; **go ~!** avanti!; **go right** *or* **straight ~** tiri diritto; **they were (right) ~ of us** erano (proprio) davanti a noi.
aid [eɪd] *n* aiuto // *vt* aiutare; **to ~ and abet** (*LAW*) essere complice di.
aide [eɪd] *n* (*person*) aiutante *m*.
ailment ['eɪlmənt] *n* indisposizione *f*.
aim [eɪm] *vt*: **to ~ sth at** (*such as gun*) mirare qc a, puntare qc a; (*camera, remark*) rivolgere qc a; (*missile*) lanciare qc contro; (*blow etc*) tirare qc a // *vi* (*also*: **to take ~**) prendere la mira // *n* mira; **to ~ at** mirare; **to ~ to do** aver l'intenzione di fare; **~less** *a*, **~lessly** *ad* senza scopo.
air [ɛə*] *n* aria // *vt* aerare; (*grievances, ideas*) esprimere pubblicamente // *cpd* (*currents*) d'aria; (*attack*) aereo(a); **~bed** *n* materassino gonfiabile; **~borne** *a* in volo; aerotrasportato(a); **~ conditioning** *n* condizionamento d'aria; **~-cooled** *a* raffreddato(a) ad aria; **~craft** *n, pl inv* apparecchio; **~craft carrier** *n* portaerei *f inv*; **A~ Force** *n* aviazione *f* militare; **~gun** *n* fucile *m* ad aria compressa; **~ hostess** *n* hostess *f inv*; **~ily** *ad* con disinvoltura; **~ letter** *n* aerogramma *m*; **~line** *n* linea aerea; **~liner** *n* aereo di linea; **~lock** *n* cassa d'aria; **by ~mail** per via aerea; **~plane** *n* (*US*) aeroplano; **~port** *n* aeroporto; **~ raid** *n* incursione *f* aerea; **~sick** *a* che ha il mal d'aereo; **~strip** *n* pista d'atterraggio; **~tight** *a* ermetico(a); **~y** *a* arioso(a); (*manners*) non curante.
aisle [aɪl] *n* (*of church*) navata laterale; navata centrale.
ajar [ə'dʒɑ:*] *a* socchiuso(a).
alarm [ə'lɑ:m] *n* allarme *m* // *vt* allarmare; **~ clock** *n* sveglia; **~ist** *n* allarmista *m*.
Albania [æl'beɪnɪə] *n* Albania.
album ['ælbəm] *n* album *m inv*; (*L.P.*) 33 giri *m inv*, L.P. *m inv*.
alchemy ['ælkɪmɪ] *n* alchimia.
alcohol ['ælkəhɔl] *n* alcool *m*; **~ic** [-'hɔlɪk] *a* alcolico(a) // *n* alcolizzato/a; **~ism** *n* alcolismo.

alcove ['ælkəuv] *n* alcova.
alderman ['ɔ:ldəmən] *n* consigliere *m* comunale.
ale [eɪl] *n* birra.
alert [ə'lə:t] *a* vivo(a); (*watchful*) vigile // *n* allarme *m*; **on the ~** all'erta.
algebra ['ældʒɪbrə] *n* algebra.
Algeria [æl'dʒɪərɪə] *n* Algeria; **~n** *a, n* algerino(a).
alias ['eɪlɪæs] *ad* alias // *n* pseudonimo, falso nome *m*.
alibi ['ælɪbaɪ] *n* alibi *m inv*.
alien ['eɪlɪən] *n* straniero/a // *a*: **~ (to)** estraneo(a) a; **~ate** *vt* alienare; **~ation** [-'neɪʃən] *n* alienazione *f*.
alight [ə'laɪt] *a* acceso(a) // *vi* scendere; (*bird*) posarsi.
align [ə'laɪn] *vt* allineare; **~ment** *n* allineamento.
alike [ə'laɪk] *a* simile // *ad* sia ... sia; **to look ~** assomigliarsi.
alimony ['ælɪmənɪ] *n* (*payment*) alimenti *mpl*.
alive [ə'laɪv] *a* vivo(a); (*active*) attivo(a); **~ with** pieno(a) di; **~ to** conscio(a) di.
alkali ['ælkəlaɪ] *n* alcali *m inv*.
all [ɔ:l] *a* tutto(a), tutti(e) *pl* // *pronoun* tutto *m*; (*pl*) tutti(e) // *ad* tutto; **~ wrong/alone** tutto sbagliato/solo; **~ the time/his life** tutto il tempo/tutta la sua vita; **~ five** tutti e cinque; **~ of them** tutti(e); **~ of it** tutto; **~ of us went** ci siamo andati tutti; **it's not as hard** *etc* **as ~ that** non è mica così duro *etc*; **~ in ~** tutto sommato.
allay [ə'leɪ] *vt* (*fears*) dissipare.
allegation [ælɪ'geɪʃən] *n* asserzione *f*.
allege [ə'lɛdʒ] *vt* asserire; **~dly** [ə'lɛdʒɪdlɪ] *ad* secondo quanto si asserisce.
allegiance [ə'li:dʒəns] *n* fedeltà.
allegory ['ælɪgərɪ] *n* allegoria.
allergic [ə'lə:dʒɪk] *a*: **~ to** allergico(a) a.
allergy ['ælədʒɪ] *n* allergia.
alleviate [ə'li:vɪeɪt] *vt* sollevare.
alley ['ælɪ] *n* vicolo; (*in garden*) vialetto.
alliance [ə'laɪəns] *n* alleanza.
allied ['ælaɪd] *a* alleato(a).
alligator ['ælɪgeɪtə*] *n* alligatore *m*.
all-important ['ɔ:lɪm'pɔ:tənt] *a* importantissimo(a).
all-in ['ɔ:lɪn] *a* (*also ad*: *charge*) tutto compreso; **~ wrestling** *n* lotta americana.
all-night ['ɔ:l'naɪt] *a* aperto(a) (*or* che dura) tutta la notte.
allocate ['æləkeɪt] *vt* (*share out*) distribuire; (*duties, sum, time*): **to ~ sth to** assegnare qc a; **to ~ sth for** stanziare qc per.
allocation [æləu'keɪʃən] *n*: **~ (of money)** stanziamento.
allot [ə'lɔt] *vt* (*share out*) spartire; (*time*): **to ~ sth to** dare qc a; (*duties*): **to ~ sth to** assegnare qc a; **~ment** *n* (*share*) spartizione *f*; (*garden*) lotto di terra.
all-out ['ɔ:laut] *a* (*effort etc*) totale // *ad*: **to go all out for** mettercela tutta per.
allow [ə'lau] *vt* (*practice, behaviour*) permettere; (*sum to spend etc*) accordare; (*sum, time estimated*) dare; (*concede*): **to ~ that** ammettere che; **to ~ sb to do** permettere a qd di fare; **to ~ for** *vt fus* tener conto di; **~ance** *n* (*money received*) assegno; indennità *f inv*; (TAX) detrazione *f* di imposta; **to make ~ances for** tener conto di.
alloy ['ælɔɪ] *n* lega.
all right ['ɔ:l'raɪt] *ad* (*feel, work*) bene; (*as answer*) va bene.
all-round ['ɔ:l'raund] *a* completo(a).
all-time ['ɔ:l'taɪm] *a* (*record*) assoluto(a).
allude [ə'lu:d] *vi*: **to ~ to** alludere a.
alluring [ə'ljuərɪŋ] *a* seducente.
allusion [ə'lu:ʒən] *n* allusione *f*.
ally ['ælaɪ] *n* alleato.
almighty [ɔ:l'maɪtɪ] *a* onnipotente.
almond ['ɑ:mənd] *n* mandorla.
almost ['ɔ:lməust] *ad* quasi.
alms [ɑ:mz] *n* elemosina.
alone [ə'ləun] *a* solo(a); **to leave sb ~** lasciare qd in pace; **to leave sth ~** lasciare stare qc.
along [ə'lɔŋ] *prep* lungo // *ad*: **is he coming ~?** viene con noi?; **he was hopping/limping ~** lui veniva saltellando/zoppicando; **~ with** insieme con; **~side** *prep* accanto a; lungo // *ad* accanto.
aloof [ə'lu:f] *a* distaccato(a) // *ad* a distanza, a disparte.
aloud [ə'laud] *ad* ad alta voce.
alphabet ['ælfəbɛt] *n* alfabeto.
alpine ['ælpaɪn] *a* alpino(a).
Alps [ælps] *npl*: **the ~** le Alpi.
already [ɔ:l'rɛdɪ] *ad* già.
alright ['ɔ:l'raɪt] *ad* = **all right**.
also ['ɔ:lsəu] *ad* anche.
altar ['ɔltə*] *n* altare *m*.
alter ['ɔltə*] *vt,vi* alterare; **~ation** [ɔltə'reɪʃən] *n* modificazione *f*, alterazione *f*.
alternate *a* [ɔl'tə:nɪt] alterno(a) // *vi* ['ɔltə:neɪt] alternare; **on ~ days** ogni due giorni; **alternating** *a* (*current*) alternato(a).
alternative [ɔl'tə:nətɪv] *a* (*solutions*) alternativo(a); (*solution*) altro(a) // *n* (*choice*) alternativa; (*other possibility*) altra possibilità; **~ly** *ad* alternativamente.
alternator ['ɔltə:neɪtə*] *n* (AUT) alternatore *m*.
although [ɔ:l'ðəu] *cj* benché + *sub*, sebbene + *sub*.
altitude ['æltɪtju:d] *n* altitudine *f*.
alto ['æltəu] *n* contralto.
altogether [ɔ:ltə'gɛðə*] *ad* del tutto, completamente; (*on the whole*) tutto considerato; (*in all*) in tutto.
altruistic [æltru'ɪstɪk] *a* altruistico(a).
aluminium [ælju'mɪnɪəm] *n* alluminio.
always ['ɔ:lweɪz] *ad* sempre.
am [æm] *vb see* **be**.

a.m. *ad* (*abbr of ante meridiem*) della mattina.
amalgamate [ə'mælgəmeɪt] *vt* amalgamare // *vi* amalgamarsi; **amalgamation** [-'meɪʃən] *n* amalgamazione *f*; (COMM) fusione *f*.
amass [ə'mæs] *vt* ammassare.
amateur ['æmətə*] *n* dilettante *m/f* // *a* (SPORT) dilettante; **~ish** *a* (*pej*) da dilettante.
amaze [ə'meɪz] *vt* stupire; **~ment** *n* stupore *m*.
ambassador [æm'bæsədə*] *n* ambasciatore/trice.
amber ['æmbə*] *n* ambra; **at ~** (AUT) giallo.
ambiguity [æmbɪ'gjuɪtɪ] *n* ambiguità *f inv*.
ambiguous [æm'bɪgjuəs] *a* ambiguo(a).
ambition [æm'bɪʃən] *n* ambizione *f*.
ambitious [æm'bɪʃəs] *a* ambizioso(a).
ambivalent [æm'bɪvələnt] *a* (*attitude*) ambivalente.
amble ['æmbl] *vi* (*gen*: **to ~ along**) camminare tranquillamente.
ambulance ['æmbjuləns] *n* ambulanza.
ambush ['æmbuʃ] *n* imboscata // *vt* fare un'imboscata a.
amenable [ə'mi:nəbl] *a*: **~ to** (*advice etc*) ben disposto(a) a.
amend [ə'mɛnd] *vt* (*law*) emendare; (*text*) correggere // *vi* emendarsi; **to make ~s** fare ammenda; **~ment** *n* emendamento; correzione *f*.
amenity [ə'mi:nɪtɪ] *n* amenità *f inv*.
America [ə'mɛrɪkə] *n* America; **~n** *a, n* americano(a).
amethyst ['æmɪθɪst] *n* ametista.
amiable ['eɪmɪəbl] *a* amabile, gentile.
amicable ['æmɪkəbl] *a* amichevole.
amid(st) [ə'mɪd(st)] *prep* fra, tra, in mezzo a.
amiss [ə'mɪs] *a,ad*: **there's something ~** c'è qualcosa che non va bene; **to take sth ~** aversene a male.
ammunition [æmju'nɪʃən] *n* munizioni *fpl*.
amnesia [æm'ni:zɪə] *n* amnesia.
amnesty ['æmnɪstɪ] *n* amnistia.
amok [ə'mɔk] *ad*: **to run ~** diventare pazzo(a) furioso(a).
among(st) [ə'mʌŋ(st)] *prep* fra, tra, in mezzo a.
amoral [æ'mɔrəl] *a* amorale.
amorous ['æmərəs] *a* amoroso(a).
amorphous [ə'mɔ:fəs] *a* amorfo(a).
amount [ə'maunt] *n* somma; ammontare *m*; quantità *f inv* // *vi*: **to ~ to** (*total*) ammontare a; (*be same as*) essere come.
amp(ère) ['æmp(ɛə*)] *n* ampère *m inv*.
amphibious [æm'fɪbɪəs] *a* anfibio(a).
amphitheatre ['æmfɪθɪətə*] *n* anfiteatro.
ample ['æmpl] *a* ampio(a); spazioso(a); (*enough*): **this is ~** questo è più che sufficiente; **to have ~ time/room** avere assai tempo/posto.
amplifier ['æmplɪfaɪə*] *n* amplificatore *m*.
amplify ['æmplɪfaɪ] *vt* amplificare.
amply ['æmplɪ] *ad* ampiamente.
amputate ['æmpjuteɪt] *vt* amputare.
amuck [ə'mʌk] *ad* = **amok**.
amuse [ə'mju:z] *vt* divertire; **~ment** *n* divertimento.
an [æn, ən, n] *det see* **a**.
anaemia [ə'ni:mɪə] *n* anemia.
anaemic [ə'ni:mɪk] *a* anemico(a).
anaesthetic [ænɪs'θɛtɪk] *a* anestetico(a) // *n* anestetico.
anaesthetist [æ'ni:sθɪtɪst] *n* anestesista *m/f*.
analogy [ə'nælədʒɪ] *n* analogia.
analyse ['ænəlaɪz] *vt* analizzare.
analysis, *pl* analyses [ə'næləsɪs, -si:z] *n* analisi *f inv*.
analyst ['ænəlɪst] *n* analista *m/f*.
analytic(al) [ænə'lɪtɪk(əl)] *a* analitico(a).
anarchist ['ænəkɪst] *a* anarchico(a) // *n* anarchista *m/f*.
anarchy ['ænəkɪ] *n* anarchia.
anathema [ə'næθɪmə] *n* anatema *m*.
anatomical [ænə'tɔmɪkəl] *a* anatomico(a).
anatomy [ə'nætəmɪ] *n* anatomia.
ancestor ['ænsɪstə*] *n* antenato/a.
ancestral [æn'sɛstrəl] *a* avito(a).
ancestry ['ænsɪstrɪ] *n* antenati *mpl*; ascendenza.
anchor ['æŋkə*] *n* ancora // *vi* (*also*: **to drop ~**) gettar l'ancora // *vt* ancorare; **~age** *n* ancoraggio.
anchovy ['æntʃəvɪ] *n* acciuga.
ancient ['eɪnʃənt] *a* antico(a); (*fig*) anziano(a).
and [ænd] *cj* e (*often ed before vowel*); **~ so on** e così via; **come ~ sit here** vieni a sedere qui; **better ~ better** sempre meglio.
Andes ['ændi:z] *npl*: **the ~** le Ande.
anecdote ['ænɪkdəut] *n* aneddoto.
anemia [ə'ni:mɪə] *etc* = **anaemia** *etc*.
anesthetic [ænɪs'θɛtɪk] *etc* = **anaesthetic** *etc*.
anew [ə'nju:] *ad* di nuovo.
angel ['eɪndʒəl] *n* angelo.
anger ['æŋgə*] *n* rabbia // *vt* arrabbiare.
angina [æn'dʒaɪnə] *n* angina pectoris.
angle ['æŋgl] *n* angolo; **from their ~** dal loro punto di vista // *vi*: **to ~ for** (*fig*) cercare di farsi fare; **~r** *n* pescatore *m* con la lenza.
Anglican ['æŋglɪkən] *a,n* anglicano(a).
anglicize ['æŋglɪsaɪz] *vt* anglicizzare.
angling ['æŋglɪŋ] *n* pesca con la lenza.
Anglo- ['æŋgləu] *prefix* anglo...; **~Saxon** *a,n* anglosassone (*m/f*).
angrily ['æŋgrɪlɪ] *ad* con rabbia.
angry ['æŋgrɪ] *a* arrabbiato(a), furioso(a); **to be ~ with sb/at sth** essere in collera con qd/per qc; **to get ~** arrabbiarsi; **to make sb ~** fare arrabbiare qd.
anguish ['æŋgwɪʃ] *n* angoscia.
angular ['æŋgjulə*] *a* angolare.
animal ['ænɪməl] *a, n* animale (*m*).
animate *vt* ['ænɪmeɪt] animare // *a* ['ænɪmɪt] animato(a); **~d** *a* animato(a).
animosity [ænɪ'mɔsɪtɪ] *n* animosità.

aniseed ['ænısi:d] *n* semi *mpl* di anice.
ankle ['æŋkl] *n* caviglia.
annex *n* ['ænɛks] (*also*: **annexe**) edificio annesso // *vt* [ə'nɛks] annettere; **~ation** [-'eıʃən] *n* annessione *f.*
annihilate [ə'naıəleıt] *vt* annientare.
anniversary [ænı'və:sərı] *n* anniversario.
annotate ['ænəuteıt] *vt* annotare.
announce [ə'nauns] *vt* annunciare; **~ment** *n* annuncio; (*letter, card*) partecipazione *f*; **~r** *n* (RADIO, TV: *between programmes*) annunciatore/trice; (*in a programme*) presentatore/trice.
annoy [ə'nɔı] *vt* dare fastidio a; **don't get ~ed!** non irritarti!; **~ance** *n* noia; **~ing** *a* noioso(a).
annual ['ænjuəl] *a* annuale // *n* (BOT) pianta annua; (*book*) annuario; **~ly** *ad* annualmente.
annuity [ə'nju:ıtı] *n* annualità *f inv*; **life ~** vitalizio.
annul [ə'nʌl] *vt* annullare; (*law*) rescindere; **~ment** *n* annullamento; rescissione *f.*
annum ['ænəm] *n see* **per**.
anoint [ə'nɔınt] *vt* ungere.
anomaly [ə'nɔməlı] *n* anomalia.
anonymous [ə'nɔnıməs] *a* anonimo(a).
anorak ['ænəræk] *n* giacca a vento.
another [ə'nʌðə*] *a*: **~ book** (*one more*) un altro libro, ancora un libro; (*a different one*) un altro libro // *pronoun* un altro(un'altra), ancora uno(a); *see also* **one.**
answer ['ɑ:nsə*] *n* risposta; soluzione *f* // *vi* rispondere // *vt* (*reply to*) rispondere a; (*problem*) risolvere; (*prayer*) esaudire; **to ~ the phone** rispondere (al telefono); **in ~ to your letter** in risposta alla sua lettera; **to ~ the bell** rispondere al campanello; **to ~ the door** aprire la porta; **to ~ back** *vi* ribattere; **to ~ for** *vt fus* essere responsabile di; **to ~ to** *vt fus* (*description*) corrispondere a; **~able** *a*: **~able (to sb/for sth)** responsabile (verso qd/di qc).
ant [ænt] *n* formica.
antagonism [æn'tægənızəm] *n* antagonismo.
antagonist [æn'tægənıst] *n* antagonista *m/f*; **~ic** [æntægə'nıstık] *a* antagonistico(a).
antagonize [æn'tægənaız] *vt* provocare l'ostilità di.
Antarctic [ænt'ɑ:ktık] *n* Antartide *f* // *a* antartico(a).
antelope ['æntıləup] *n* antilope *f.*
antenatal ['æntı'neıtl] *a* prenatale; **~ clinic** *n* assistenza medica preparto.
antenna, *pl* **~e** [æn'tɛnə, -ni:] *n* antenna.
anthem ['ænθəm] *n* antifona; **national ~** inno nazionale.
ant-hill ['ænthıl] *n* formicaio.
anthology [æn'θɔlədʒı] *n* antologia.
anthropology [ænθrə'pɔlədʒı] *n* antropologia.
anti- ['æntı] *prefix* anti... .
anti-aircraft ['æntı'ɛəkrɑ:ft] *a* antiaereo(a).
antibiotic ['æntıbaı'ɔtık] *a* antibiotico(a) // *n* antibiotico.
anticipate [æn'tısıpeıt] *vt* prevedere; pregustare; (*wishes, request*) prevenire.
anticipation [æntısı'peıʃən] *n* anticipazione *f*; (*expectation*) aspettative *fpl*; **thanking you in ~** vi ringrazio in anticipo.
anticlimax ['æntı'klaımæks] *n*: **it was an ~** fu una completa delusione.
anticlockwise ['æntı'klɔkwaız] *a* in senso antiorario.
antics ['æntıks] *npl* buffonerie *fpl.*
anticyclone ['æntı'saıkləun] *n* anticiclone *m.*
antidote ['æntıdəut] *n* antidoto.
antifreeze ['æntı'fri:z] *n* anticongelante *m.*
antipathy [æn'tıpəθı] *n* antipatia.
antiquated ['æntıkweıtıd] *a* antiquato(a).
antique [æn'ti:k] *n* antichità *f inv* // *a* antico(a); **~ dealer** *n* antiquario/a; **~ shop** *n* negozio d'antichità.
antiquity [æn'tıkwıtı] *n* antichità *f inv.*
antiseptic [æntı'sɛptık] *a* antisettico(a) // *n* antisettico.
antisocial ['æntı'səuʃəl] *a* antisociale.
antlers ['æntləz] *npl* palchi *mpl.*
anus ['eınəs] *n* ano.
anvil ['ænvıl] *n* incudine *f.*
anxiety [æŋ'zaıətı] *n* ansia; (*keenness*): **~ to do** smania di fare.
anxious ['æŋkʃəs] *a* ansioso(a), inquieto(a); (*keen*): **~ to do/that** impaziente di fare/che + *sub.*
any ['ɛnı] *det* (*in negative and interrogative sentences = some*) del, dell', dello, dei, degli, della, delle; alcuno(a); qualche; nessuno(a); (*no matter which*) non importa che; (*each and every*) tutto(a), ogni; **I haven't ~ bread/books** non ho pane/libri; **come (at) ~ time** vieni a qualsiasi ora; **at ~ moment** da un momento all'altro; **in ~ case** in ogni caso; **at ~ rate** ad ogni modo // *pronoun* uno(a) qualsiasi; (*anybody*) chiunque; (*in negative and interrogative sentences*): **I haven't ~** non ne ho; **have you got ~?** ne hai?; **can ~ of you sing?** c'è qualcuno che sa cantare? // *ad* (*in negative sentences*) per niente; (*in interrogative and conditional constructions*) un po'; **I can't hear him ~ more** non lo sento più; **are you feeling ~ better?** ti senti un po' meglio?; **do you want ~ more soup?** vuoi ancora della minestra?; **~body** *pronoun* qualsiasi persona; (*in interrogative sentences*) qualcuno; (*in negative sentences*): **I don't see ~body** non vedo nessuno; **~how** *ad* in qualsiasi modo; **~one = ~body**; **~thing** *pronoun* (*see* **anybody**) qualsiasi cosa; qualcosa; non ... niente, non ... nulla; **~time** *ad* in qualunque momento; quando vuole; **~way** *ad* in qualsiasi modo; in *or* ad ogni modo; **~where** *ad* (*see* **anybody**) da

qualsiasi parte; da qualche parte; **I don't see him ~where** non lo vedo da nessuna parte.
apart [ə'pɑ:t] *ad* (*to one side*) a parte; (*separately*) separatamente; **10 miles/a long way ~** a 10 miglia di distanza/molto lontani l'uno dall'altro; **they are living ~** sono separati; **~ from** *prep* a parte, eccetto.
apartheid [ə'pɑ:teɪt] *n* apartheid *f*.
apartment [ə'pɑ:tmənt] *n* (*US*) appartamento; **~s** *npl* appartamento ammobiliato.
apathetic [æpə'θɛtɪk] *a* apatico(a).
apathy ['æpəθɪ] *n* apatia.
ape [eɪp] *n* scimmia // *vt* scimmiottare.
aperitif [ə'pɛrɪtɪv] *n* aperitivo.
aperture ['æpətʃjuə*] *n* apertura.
apex ['eɪpɛks] *n* apice *m*.
aphrodisiac [æfrəu'dɪzɪæk] *a* afrodisiaco(a) // *n* afrodisiaco.
apiece [ə'pi:s] *ad* ciascuno(a).
aplomb [ə'plɔm] *n* disinvoltura.
apologetic [əpɔlə'dʒɛtɪk] *a* (*tone, letter*) di scusa; **to be very ~ about** scusarsi moltissimo di.
apologize [ə'pɔlədʒaɪz] *vi*: **to ~ (for sth to sb)** scusarsi (di qc a qd), chiedere scusa (a qd per qc).
apology [ə'pɔlədʒɪ] *n* scuse *fpl*.
apoplexy ['æpəplɛksɪ] *n* apoplessia.
apostle [ə'pɔsl] *n* apostolo.
apostrophe [ə'pɔstrəfɪ] *n* (*segno*) apostrofo.
appal [ə'pɔ:l] *vt* atterrire; sgomentare; **~ling** *a* spaventoso(a).
apparatus [æpə'reɪtəs] *n* apparato.
apparent [ə'pærənt] *a* evidente; **~ly** *ad* evidentemente.
apparition [æpə'rɪʃən] *n* apparizione *f*.
appeal [ə'pi:l] *vi* (LAW) appellarsi alla legge // *n* (LAW) appello; (*request*) richiesta; (*charm*) attrattiva; **to ~ for** chiedere (con insistenza); **to ~ to** (*subj: person*) appellarsi a; (*subj: thing*) piacere a; **to ~ to sb for mercy** chiedere pietà a qd; **it doesn't ~ to me** mi dice poco.
appear [ə'pɪə*] *vi* apparire; (LAW) comparire; (*publication*) essere pubblicato(a); (*seem*) sembrare; **it would ~ that** sembra che; **to ~ in Hamlet** recitare nell'Amleto; **to ~ on TV** presentarsi in televisione; **~ance** *n* apparizione *f*; apparenza; (*look, aspect*) aspetto; **to put in** *or* **make an ~ance** fare atto di presenza.
appease [ə'pi:z] *vt* calmare, appagare.
appendage [ə'pɛndɪdʒ] *n* aggiunta.
appendicitis [əpɛndɪ'saɪtɪs] *n* appendicite *f*.
appendix, *pl* **appendices** [ə'pɛndɪks, -si:z] *n* appendice *f*.
appetite ['æpɪtaɪt] *n* appetito.
appetizing ['æpɪtaɪzɪŋ] *a* appetitoso(a).
applaud [ə'plɔ:d] *vt,vi* applaudire.
applause [ə'plɔ:z] *n* applauso.
apple ['æpl] *n* mela; **~ tree** *n* melo.
appliance [ə'plaɪəns] *n* apparecchio.
applicable [ə'plɪkəbl] *a* applicabile.
applicant ['æplɪkənt] *n* candidato.
application [æplɪ'keɪʃən] *n* applicazione *f*; (*for a job, a grant etc*) domanda.
applied [ə'plaɪd] *a* applicato(a).
apply [ə'plaɪ] *vt* (*paint, ointment*): **to ~ (to)** dare (a); (*theory, technique*): **to ~ (to)** applicare (a) // *vi*: **to ~ to** (*ask*) rivolgersi a; (*be suitable for, relevant to*) riguardare, riferirsi a; **to ~ (for)** (*permit, grant, job*) fare domanda (per); **to ~ the brakes** frenare; **to ~ o.s. to** dedicarsi a.
appoint [ə'pɔɪnt] *vt* nominare; **~ment** *n* nomina; (*arrangement to meet*) appuntamento.
appraisal [ə'preɪzl] *n* valutazione *f*.
appreciable [ə'pri:ʃəbl] *a* apprezzabile.
appreciate [ə'pri:ʃɪeɪt] *vt* (*like*) apprezzare; (*be grateful for*) essere riconoscente di; (*be aware of*) rendersi conto di // *vi* (COMM) aumentare.
appreciation [əpri:ʃɪ'eɪʃən] *n* apprezzamento; (COMM) aumento del valore.
appreciative [ə'pri:ʃɪətɪv] *a* (*person*) sensibile; (*comment*) elogiativo(a).
apprehend [æprɪ'hɛnd] *vt* arrestare; (*understand*) comprendere.
apprehension [æprɪ'hɛnʃən] *n* inquietudine *f*.
apprehensive [æprɪ'hɛnsɪv] *a* apprensivo(a).
apprentice [ə'prɛntɪs] *n* apprendista *m/f*; **~ship** *n* apprendistato.
approach [ə'prəutʃ] *vi* avvicinarsi // *vt* (*come near*) avvicinarsi a; (*ask, apply to*) rivolgersi a; (*subject, passer-by*) avvicinare // *n* approccio; accesso; (*to problem*) modo di affrontare; **~able** *a* accessibile.
appropriate *vt* [ə'prəuprɪeɪt] (*take*) appropriarsi // *a* [ə'prəuprɪɪt] appropriato(a); adatto(a); **~ly** *ad* in modo appropriato.
approval [ə'pru:vəl] *n* approvazione *f*; **on ~** (COMM) in prova, in esame.
approve [ə'pru:v] *vt, vi* approvare; **to ~ of** *vt fus* approvare; **~d school** *n* riformatorio; **approvingly** *ad* in approvazione.
approximate [ə'prɔksɪmɪt] *a* approssimativo(a); **~ly** *ad* circa; **approximation** [-'meɪʃən] *n* approssimazione *f*.
apricot ['eɪprɪkɔt] *n* albicocca.
April ['eɪprəl] *n* aprile *m*; **~ fool!** pesce d'aprile!
apron ['eɪprən] *n* grembiule *m*.
apt [æpt] *a* (*suitable*) adatto(a); (*able*) capace; (*likely*): **to be ~ to do** avere tendenza a fare.
aptitude ['æptɪtju:d] *n* abilità *f inv*.
aqualung ['ækwəlʌŋ] *n* autorespiratore *m*.
aquarium [ə'kwɛərɪəm] *n* acquario.
Aquarius [ə'kwɛərɪəs] *n* Acquario.
aquatic [ə'kwætɪk] *a* acquatico(a).
aqueduct ['ækwɪdʌkt] *n* acquedotto.

Arab ['ærəb] *n* arabo/a.
Arabia [ə'reɪbɪə] *n* Arabia; **~n** *a* arabo(a).
Arabic ['ærəbɪk] *a* arabico(a) // *n* arabo.
arable ['ærəbl] *a* arabile.
arbitrary ['ɑ:bɪtrərɪ] *a* arbitrario(a).
arbitrate ['ɑ:bɪtreɪt] *vi* arbitrare; **arbitration** [-'treɪʃən] *n* (LAW) arbitrato; (INDUSTRY) arbitraggio.
arbitrator ['ɑ:bɪtreɪtə*] *n* arbitro.
arc [ɑ:k] *n* arco.
arcade [ɑ:'keɪd] *n* portico; (*passage with shops*) galleria.
arch [ɑ:tʃ] *n* arco; (*of foot*) arco plantare // *vt* inarcare // *a* malizioso(a).
archaeologist [ɑ:kɪ'ɔlədʒɪst] *n* archeologo/a.
archaeology [ɑ:kɪ'ɔlədʒɪ] *n* archeologia.
archaic [ɑ:'keɪɪk] *a* arcaico(a).
archbishop [ɑ:tʃ'bɪʃəp] *n* arcivescovo.
arch-enemy ['ɑ:tʃ'ɛnɪmɪ] *n* arcinemico/a.
archer ['ɑ:tʃə*] *n* arciere *m*; **~y** *n* tiro all'arco.
archetype ['ɑ:kɪtaɪp] *n* archetipo.
archipelago [ɑ:kɪ'pɛlɪgəu] *n* arcipelago.
architect ['ɑ:kɪtɛkt] *n* architetto; **~ural** [ɑ:kɪ'tɛktʃərəl] *a* architettonico(a); **~ure** ['ɑ:kɪtɛktʃə*] *n* architettura.
archives ['ɑ:kaɪvz] *npl* archivi *mpl*.
archway ['ɑ:tʃweɪ] *n* arco.
Arctic ['ɑ:ktɪk] *a* artico(a) // *n*: **the ~** l'Artico.
ardent ['ɑ:dənt] *a* ardente.
arduous ['ɑ:djuəs] *a* arduo(a).
are [ɑ:*] *vb see* **be**.
area ['ɛərɪə] *n* (GEOM) area; (*zone*) zona; (: *smaller*) settore *m*; **dining ~** *n* zona pranzo.
arena [ə'ri:nə] *n* arena.
aren't [ɑ:nt] = **are not**.
Argentina [ɑ:dʒən'ti:nə] *n* Argentina; **Argentinian** [-'tɪnɪən] *a*, *n* argentino(a).
arguable ['ɑ:gjuəbl] *a* discutibile.
argue ['ɑ:gju:] *vi* (*quarrel*) litigare; (*reason*) ragionare; **to ~ that** sostenere che.
argument ['ɑ:gjumənt] *n* (*reasons*) argomento; (*quarrel*) lite *f*; (*debate*) discussione *f*; **~ative** [ɑ:gju'mɛntətɪv] *a* litigioso(a).
arid ['ærɪd] *a* arido(a).
Aries ['ɛərɪz] *n* Ariete *m*.
arise, *pt* **arose**, *pp* **arisen** [ə'raɪz, -'rəuz, -'rɪzn] *vi* alzarsi; (*opportunity, problem*) presentarsi; **to ~ from** risultare da.
aristocracy [ærɪs'tɔkrəsɪ] *n* aristocrazia.
aristocrat ['ærɪstəkræt] *n* aristocratico/a; **~ic** [-'krætɪk] *a* aristocratico(a).
arithmetic [ə'rɪθmətɪk] *n* aritmetica.
ark [ɑ:k] *n*: **Noah's A~** l'arca di Noè.
arm [ɑ:m] *n* braccio; (MIL: *branch*) arma // *vt* armare; **~s** *npl* (*weapons*) armi *fpl*; **~ in ~** a braccetto; **~band** *n* bracciale *m*; **~chair** *n* poltrona; **~ed** *a* armato(a); **~ed robbery** *n* rapina a mano armata; **~ful** *n* bracciata.
armistice ['ɑ:mɪstɪs] *n* armistizio.
armour ['ɑ:mə*] *n* armatura; (*also*: **~-plating**) corazza, blindatura; (MIL: *tanks*) mezzi *mpl* blindati; **~ed car** *n* autoblinda *f inv*; **~y** *n* arsenale *m*.
armpit ['ɑ:mpɪt] *n* ascella.
army ['ɑ:mɪ] *n* esercito.
aroma [ə'rəumə] *n* aroma; **~tic** [ærə'mætɪk] *a* aromatico(a).
arose [ə'rəuz] *pt of* **arise**.
around [ə'raund] *ad* attorno, intorno // *prep* intorno a; (*fig*: *about*): **~ £5/3 o'clock** circa 5 sterline/le 3; **is he ~?** è in giro?
arouse [ə'rauz] *vt* (*sleeper*) svegliare; (*curiosity, passions*) suscitare.
arrange [ə'reɪndʒ] *vt* sistemare; (*programme*) preparare; **~ment** *n* sistemazione *f*; (*plans etc*): **~ments** progetti *mpl*, piani *mpl*.
array [ə'reɪ] *n*: **~ of** fila di.
arrears [ə'rɪəz] *npl* arretrati *mpl*; **to be in ~ with one's rent** essere in arretrato con l'affitto.
arrest [ə'rɛst] *vt* arrestare; (*sb's attention*) attirare // *n* arresto; **under ~** in arresto.
arrival [ə'raɪvəl] *n* arrivo; (*person*) arrivato/a.
arrive [ə'raɪv] *vi* arrivare; **to ~ at** *vt fus* (*fig*) raggiungere.
arrogance ['ærəgəns] *n* arroganza.
arrogant ['ærəgənt] *a* arrogante.
arrow ['ærəu] *n* freccia.
arsenal ['ɑ:sɪnl] *n* arsenale *m*.
arsenic ['ɑ:snɪk] *n* arsenico.
arson ['ɑ:sn] *n* incendio doloso.
art [ɑ:t] *n* arte *f*; (*craft*) mestiere *m*; **A~s** *npl* (SCOL) Lettere *fpl*; **~ gallery** *n* galleria d'arte.
artefact ['ɑ:tɪfækt] *n* manufatto.
artery ['ɑ:tərɪ] *n* arteria.
artful ['ɑ:tful] *a* furbo(a).
arthritis [ɑ:'θraɪtɪs] *n* artrite *f*.
artichoke ['ɑ:tɪtʃəuk] *n* carciofo.
article ['ɑ:tɪkl] *n* articolo.
articulate *a* [ɑ:'tɪkjulɪt] (*person*) che si esprime forbitamente; (*speech*) articolato(a) // *vi* [ɑ:'tɪkjuleɪt] articolare; **~d lorry** *n* autotreno.
artificial [ɑ:tɪ'fɪʃəl] *a* artificiale; **~ respiration** *n* respirazione *f* artificiale.
artillery [ɑ:'tɪlərɪ] *n* artiglieria.
artisan ['ɑ:tɪzæn] *n* artigiano/a.
artist ['ɑ:tɪst] *n* artista *m/f*; **~ic** [ɑ:'tɪstɪk] *a* artistico(a); **~ry** *n* arte *f*.
artless ['ɑ:tlɪs] *a* semplice, ingenuo(a).
as [æz, əz] *cj* (*cause*) siccome, poiché; (*time*: *moment*) come, quando; (: *duration*) mentre; (*manner*) come; (*in the capacity of*) da; **~ big ~** tanto grande quanto; **twice ~ big ~** due volte più grande che; **big ~ it is** grande com'è; **~ she said** come lei ha detto; **~ if** *or* **though** come se + *sub*; **~ for** *or* **to** quanto a; **~** *or* **so long ~** *cj* finché; purché; **~ much (~)** tanto(a) (... quanto(a)); **~ many (~)** tanti(e) (... quanti(e)); **~ soon ~** *cj* appena; **~ such** *ad* come tale; **~ well** *ad*

anche; ~ **well** ~ *cj* come pure; *see also* **so, such**.
asbestos [æz'bɛstəs] *n* asbesto, amianto.
ascend [ə'sɛnd] *vt* salire; ~**ancy** *n* ascendente *m*.
ascent [ə'sɛnt] *n* salita.
ascertain [æsə'teɪn] *vt* accertare.
ascetic [ə'sɛtɪk] *a* ascetico(a).
ascribe [ə'skraɪb] *vt*: **to** ~ **sth to** attribuire qc a.
ash [æʃ] *n* (*dust*) cenere *f*; ~ **(tree)** frassino.
ashamed [ə'ʃeɪmd] *a* vergognoso(a); **to be** ~ **of** vergognarsi di; **to be** ~ **(of o.s.) for having done** vergognarsi di aver fatto.
ashen ['æʃn] *a* (*pale*) livido(a).
ashore [ə'ʃɔ:*] *ad* a terra; **to go** ~ sbarcare.
ashtray ['æʃtreɪ] *n* portacenere *m*.
Asia ['eɪʃə] *n* Asia; ~ **Minor** *n* Asia minore; ~**n** *a, n* asiatico(a); ~**tic** [eɪsɪ'ætɪk] *a* asiatico(a).
aside [ə'saɪd] *ad* da parte // *n* a parte *m*; **to take sb** ~ prendere qd a parte.
ask [ɑ:sk] *vt* (*request*) chiedere; (*question*) domandare; (*invite*) invitare; **to** ~ **sb sth/sb to do sth** chiedere qc a qd/a qd di fare qc; **to** ~ **sb about sth** chiedere a qd di qc; **to** ~ **(sb) a question** fare una domanda (a qd); **to** ~ **sb out to dinner** invitare qd a mangiare fuori; **to** ~ **after** *vt fus* chiedere di; **to** ~ **for** *vt fus* chiedere.
askance [ə'skɑ:ns] *ad*: **to look** ~ **at sb** guardare qd di traverso.
askew [ə'skju:] *ad* di traverso, storto.
asleep [ə'sli:p] *a* addormentato(a); **to be** ~ dormire; **to fall** ~ addormentarsi.
asparagus [əs'pærəgəs] *n* asparagi *mpl*.
aspect ['æspɛkt] *n* aspetto.
aspersions [əs'pə:ʃənz] *npl*: **to cast** ~ **on** diffamare.
asphalt ['æsfælt] *n* asfalto.
asphyxiate [æs'fɪksɪeɪt] *vt* asfissiare; **asphyxiation** [-'eɪʃən] *n* asfissia.
aspiration [æspə'reɪʃən] *n* aspirazione *f*.
aspire [əs'paɪə*] *vi*: **to** ~ **to** aspirare a.
aspirin ['æsprɪn] *n* aspirina.
ass [æs] *n* asino.
assail [ə'seɪl] *vt* assalire; ~**ant** *n* assalitore *m*.
assassin [ə'sæsɪn] *n* assassino; ~**ate** *vt* assassinare; ~**ation** [əsæsɪ'neɪʃən] *n* assassinio.
assault [ə'sɔ:lt] *n* (MIL) assalto; (*gen*: *attack*) aggressione *f*; (LAW): ~ **(and battery)** minacce *fpl* e vie di fatto *fpl* // *vt* assaltare; aggredire; (*sexually*) violentare.
assemble [ə'sɛmbl] *vt* riunire; (TECH) montare // *vi* riunirsi.
assembly [ə'sɛmblɪ] *n* (*meeting*) assemblea; (*construction*) montaggio; ~ **line** *n* catena di montaggio.
assent [ə'sɛnt] *n* assenso, consenso // *vi* assentire.
assert [ə'sə:t] *vt* asserire; (*insist on*) far valere; ~**ion** [ə'sə:ʃən] *n* asserzione *f*; ~**ive** *a* assertivo(a).
assess [ə'sɛs] *vt* valutare; ~**ment** *n* valutazione *f*.
asset ['æsɛt] *n* vantaggio; ~**s** *npl* beni *mpl*; disponibilità *fpl*; attivo.
assign [ə'saɪn] *vt* (*date*) fissare; (*task*): **to** ~ **sth to** assegnare qc a; (*resources*): **to** ~ **sth to** riservare qc a; (*cause, meaning*): **to** ~ **sth to** attribuire qc a; ~**ment** *n* compito.
assimilate [ə'sɪmɪleɪt] *vt* assimilare; **assimilation** [-'leɪʃən] *n* assimilazione *f*.
assist [ə'sɪst] *vt* assistere, aiutare; ~**ance** *n* assistenza, aiuto; ~**ant** *n* assistente *m/f*; (*also*: **shop** ~**ant**) commesso/a.
assizes [ə'saɪzɪz] *npl* assise *fpl*.
associate *a* [ə'səuʃɪɪt] associato(a); (*member*) aggiunto(a) // *n* collega *m/f*; (*in business*) socio/a // *vb* [ə'səuʃɪeɪt] *vt* associare // *vi*: **to** ~ **with sb** frequentare qd.
association [əsəusɪ'eɪʃən] *n* associazione *f*; ~ **football** *n* (gioco del) calcio.
assorted [ə'sɔ:tɪd] *a* assortito(a).
assortment [ə'sɔ:tmənt] *n* assortimento.
assume [ə'sju:m] *vt* supporre; (*responsibilities etc*) assumere; (*attitude, name*) prendere; ~**d name** *n* nome *m* falso.
assumption [ə'sʌmpʃən] *n* supposizione *f*, ipotesi *f inv*.
assurance [ə'ʃuərəns] *n* assicurazione *f*; (*self-confidence*) fiducia in se stesso.
assure [ə'ʃuə*] *vt* assicurare.
asterisk ['æstərɪsk] *n* asterisco.
astern [ə'stə:n] *ad* a poppa.
asthma ['æsmə] *n* asma; ~**tic** [æs'mætɪk] *a,n* asmatico(a).
astir [ə'stə:*] *ad* in piedi; (*excited*) in fermento.
astonish [ə'stɔnɪʃ] *vt* stupire; ~**ment** *n* stupore *m*.
astound [ə'staund] *vt* sbalordire.
astray [ə'streɪ] *ad*: **to go** ~ smarrirsi; (*fig*) traviarsi.
astride [ə'straɪd] *prep* a cavalcioni di.
astrologer [əs'trɔlədʒə*] *n* astrologo/a.
astrology [əs'trɔlədʒɪ] *n* astrologia.
astronaut ['æstrənɔ:t] *n* astronauta *m/f*.
astronomer [əs'trɔnəmə*] *n* astronomo/a.
astronomical [æstrə'nɔmɪkəl] *a* astronomico(a).
astronomy [əs'trɔnəmɪ] *n* astronomia.
astute [əs'tju:t] *a* astuto(a).
asylum [ə'saɪləm] *n* asilo; (*building*) manicomio.
at [æt] *prep* a; (*because of*: *following surprised, annoyed etc*) di; con; ~ **Paolo's** da Paolo; ~ **the baker's** dal panettiere; ~ **times** talvolta.
ate [eɪt] *pt of* **eat**.
atheism ['eɪθɪɪzəm] *n* ateismo.
atheist ['eɪθɪɪst] *n* ateo/a.
Athens ['æθɪnz] *n* Atene *f*.
athlete ['æθli:t] *n* atleta *m/f*.
athletic [æθ'lɛtɪk] *a* atletico(a); ~**s** *n* atletica.
Atlantic [ət'læntɪk] *a* atlantico(a) // *n*: **the**

~ **(Ocean)** l'Atlantico, l'Oceano Atlantico.
atlas ['ætləs] *n* atlante *m.*
atmosphere ['ætməsfɪə*] *n* atmosfera.
atmospheric [ætməs'fɛrɪk] *a* atmosferico(a); **~s** *n* (RADIO) scariche *fpl.*
atom ['ætəm] *n* atomo; **~ic** [ə'tɔmɪk] *a* atomico(a); **~(ic) bomb** *n* bomba atomica; **~izer** ['ætəmaɪzə*] *n* atomizzatore *m.*
atone [ə'təun] *vi*: **to ~ for** espiare.
atrocious [ə'trəuʃəs] *a* (*very bad*) pessimo(a).
atrocity [ə'trɔsɪtɪ] *n* atrocità *f inv.*
attach [ə'tætʃ] *vt* attaccare; (*document, letter*) allegare; (MIL: *troops*) assegnare; **to be ~ed to sb/sth** (*to like*) essere affezionato(a) a qd/qc; **~é** [ə'tæʃeɪ] *n* addetto; **~é case** *n* valigetta per documenti; **~ment** *n* (*tool*) accessorio; (*love*): **~ment (to)** affetto (per).
attack [ə'tæk] *vt* attaccare; (*task etc*) iniziare; (*problem*) affrontare // *n* attacco; (*also*: **heart ~**) infarto.
attain [ə'teɪn] *vt* (*also*: **to ~ to**) arrivare a, raggiungere; **~ments** *npl* cognizioni *fpl.*
attempt [ə'tɛmpt] *n* tentativo // *vt* tentare; **~ed murder** (LAW) tentato omicidio; **to make an ~ on sb's life** attentare alla vita di qd.
attend [ə'tɛnd] *vt* frequentare; (*meeting, talk*) andare a; (*patient*) assistere; **to ~ to** *vt fus* (*needs, affairs etc*) prendersi cura di; (*customer*) occuparsi di; **~ance** *n* (*being present*) presenza; (*people present*) gente *f* presente; **~ant** *n* custode *m/f*; persona di servizio // *a* concomitante.
attention [ə'tɛnʃən] *n* attenzione *f*; **~s** premure *fpl*, attenzioni *fpl*; **~!** (MIL) attenti!; **at ~** (MIL) sull'attenti; **for the ~ of** (ADMIN) per l'attenzione di.
attentive [ə'tɛntɪv] *a* attento(a); (*kind*) premuroso(a); **~ly** *ad* attentamente.
attest [ə'tɛst] *vi*: **to ~ to** attestare.
attic ['ætɪk] *n* soffitta.
attire [ə'taɪə*] *n* abbigliamento.
attitude ['ætɪtju:d] *n* atteggiamento; posa.
attorney [ə'tə:nɪ] *n* (*lawyer*) avvocato; (*having proxy*) mandatario; **A~ General** *n* (*Brit*) Procuratore *m* Generale; (*US*) Ministro della Giustizia; **power of ~** *n* procura.
attract [ə'trækt] *vt* attirare; **~ion** [ə'trækʃən] *n* (*gen pl*: *pleasant things*) attrattiva; (PHYSICS, *fig*: *towards sth*) attrazione *f*; **~ive** *a* attraente.
attribute *n* ['ætrɪbju:t] attributo // *vt* [ə'trɪbju:t]: **to ~ sth to** attribuire qc a.
attrition [ə'trɪʃən] *n*: **war of ~** guerra di logoramento.
aubergine ['əubəʒi:n] *n* melanzana.
auburn ['ɔ:bən] *a* tizianesco(a).
auction ['ɔ:kʃən] *n* (*also*: **sale by ~**) asta // *vt* (*also*: **to sell by ~**) vendere all'asta; (*also*: **to put up for ~**) mettere all'asta; **~eer** [-'nɪə*] *n* banditore *m.*
audacity [ɔ:'dæsɪtɪ] *n* audacia.
audible ['ɔ:dɪbl] *a* udibile.
audience ['ɔ:dɪəns] *n* (*people*) pubblico; spettatori *mpl*; ascoltatori *mpl*; (*interview*) udienza.
audio-visual [ɔ:dɪəu'vɪzjuəl] *a* audiovisivo(a).
audit ['ɔ:dɪt] *n* revisione *f*, verifica // *vt* rivedere, verificare.
audition [ɔ:'dɪʃən] *n* audizione *f.*
auditor ['ɔ:dɪtə*] *n* revisore *m.*
auditorium [ɔ:dɪ'tɔ:rɪəm] *n* sala, auditorio.
augment [ɔ:g'mɛnt] *vt,vi* aumentare.
augur ['ɔ:gə*] *vt* (*be a sign of*) predire // *vi*: **it ~s well** promette bene.
August ['ɔ:gəst] *n* agosto.
august [ɔ:'gʌst] *a* augusto(a).
aunt [ɑ:nt] *n* zia; **~ie, ~y** *n* zietta.
au pair ['əu'pɛə*] *n* (*also*: **~ girl**) (ragazza *f*) alla pari *inv.*
aura ['ɔ:rə] *n* aura.
auspices ['ɔ:spɪsɪz] *npl*: **under the ~ of** sotto gli auspici di.
auspicious [ɔ:s'pɪʃəs] *a* propizio(a).
austere [ɔs'tɪə*] *a* austero(a).
Australia [ɔs'treɪlɪə] *n* Australia; **~n** *a, n* australiano(a).
Austria ['ɔstrɪə] *n* Austria; **~n** *a, n* austriaco(a).
authentic [ɔ:'θɛntɪk] *a* autentico(a).
author ['ɔ:θə*] *n* autore/trice.
authoritarian [ɔ:θɔrɪ'tɛərɪən] *a* autoritario(a).
authoritative [ɔ:'θɔrɪtətɪv] *a* (*account etc*) autorevole; (*manner*) autoritario(a).
authority [ɔ:'θɔrɪtɪ] *n* autorità *f inv*; (*permission*) autorizzazione *f*; **the authorities** *npl* le autorità.
authorize ['ɔ:θəraɪz] *vt* autorizzare.
auto ['ɔ:təu] *n* (*US*) auto *f inv.*
autobiography [ɔ:təbaɪ'ɔgrəfɪ] *n* autobiografia.
autocratic [ɔ:tə'krætɪk] *a* autocratico(a).
autograph ['ɔ:təgrɑ:f] *n* autografo // *vt* firmare.
automatic [ɔ:tə'mætɪk] *a* automatico(a) // *n* (*gun*) arma automatica; (*car*) automobile *f* con cambio automatico; **~ally** *ad* automaticamente.
automation [ɔ:tə'meɪʃən] *n* automazione *f.*
automaton, *pl* **automata** [ɔ:'tɔmətən, -tə] *n* automa *m.*
automobile ['ɔ:təməbi:l] *n* (*US*) automobile *f.*
autonomy [ɔ:'tɔnəmɪ] *n* autonomia.
autopsy ['ɔ:tɔpsɪ] *n* autopsia.
autumn ['ɔ:təm] *n* autunno.
auxiliary [ɔ:g'zɪlɪərɪ] *a* ausiliario(a) // *n* ausiliare *m/f.*
avail [ə'veɪl] *vt*: **to ~ o.s. of** servirsi di; approfittarsi di // *n*: **to no ~** inutilmente.
availability [əveɪlə'bɪlɪtɪ] *n* disponibilità.
available [ə'veɪləbl] *a* disponibile; **every ~ means** tutti i mezzi disponibili.
avalanche ['ævəlɑ:nʃ] *n* valanga.
avant-garde ['ævɑ̃ŋ'gɑ:d] *a* d'avanguardia.
avarice ['ævərɪs] *n* avarizia.

Ave. *abbr of* **avenue**.
avenge [ə'vɛndʒ] *vt* vendicare.
avenue ['ævənju:] *n* viale *m*.
average ['ævərɪdʒ] *n* media // *a* medio(a) // *vt* (*a certain figure*) fare di *or* in media; **on ~** in media; **above/below (the) ~** sopra/sotto la media.
averse [ə'və:s] *a*: **to be ~ to sth/doing** essere avverso(a) a qc/a fare.
aversion [ə'və:ʃən] *n* avversione *f*.
avert [ə'və:t] *vt* evitare, prevenire; (*one's eyes*) distogliere.
aviation [eɪvɪ'eɪʃən] *n* aviazione *f*.
avid ['ævɪd] *a* avido(a).
avocado [ævə'kɑ:dəu] *n* (*also*: **~ pear**) avocado *m inv*.
avoid [ə'vɔɪd] *vt* evitare; **~able** *a* evitabile; **~ance** *n* l'evitare *m*.
await [ə'weɪt] *vt* aspettare; **~ing attention** (COMM: *letter*) in attesa di risposta; (: *order*) in attesa di essere evaso.
awake [ə'weɪk] *a* sveglio(a) // *vb* (*pt* **awoke** [ə'wəuk], *pp* **awoken** [ə'wəukən] *or* **awaked**) *vt* svegliare // *vi* svegliarsi; **~ to** consapevole di; **~ning** [ə'weɪknɪŋ] *n* risveglio.
award [ə'wɔ:d] *n* premio; (LAW) decreto // *vt* assegnare; (LAW: *damages*) decretare.
aware [ə'wɛə*] *a*: **~ of** (*conscious*) conscio(a) di; (*informed*) informato(a) di; **to become ~ of** accorgersi di; **politically/socially ~** politicamente/socialmente preparato; **~ness** *n* consapevolezza.
awash [ə'wɔʃ] *a*: **~ (with)** inondato(a) (da).
away [ə'weɪ] *a,ad* via; lontano(a); **two kilometres ~** a due chilometri di distanza; **two hours ~ by car** a due ore di distanza in macchina; **the holiday was two weeks ~** ci mancavano due settimane alle vacanze; **~ from** lontano da; **he's ~ for a week** è andato via per una settimana; **he was working/pedalling** *etc* **~** *la particella indica la continuità e l'energia dell'azione*: lui lavorava/pedalava *etc* più che poteva; **to fade/wither** *etc* **~** *la particella rinforza l'idea della diminuzione*; **~ match** *n* (SPORT) partita fuori casa.
awe [ɔ:] *n* timore *m*; **~-inspiring, ~some** *a* imponente.
awful ['ɔ:fəl] *a* terribile; **~ly** *ad* (*very*) terribilmente.
awhile [ə'waɪl] *ad* (per) un po'.
awkward ['ɔ:kwəd] *a* (*clumsy*) goffo(a); (*inconvenient*) scomodo(a); (*embarrassing*) imbarazzante.
awning ['ɔ:nɪŋ] *n* (*of tent*) veranda; (*of shop, hotel etc*) tenda.
awoke, awoken [ə'wəuk, -kən] *pt,pp of* **awake**.
awry [ə'raɪ] *ad* di traverso // *a* storto(a); **to go ~** andare a monte.
axe [æks] *n* scure *f* // *vt* (*project etc*) abolire; (*jobs*) sopprimere.
axiom ['æksɪəm] *n* assioma *m*.
axis, *pl* **axes** ['æksɪs, -si:z] *n* asse *m*.
axle ['æksl] *n* (*also*: **~-tree**) asse *m*.
ay(e) [aɪ] *excl* (*yes*) sì.

B

B [bi:] *n* (MUS) si *m*.
B.A. *abbr see* **bachelor**.
babble ['bæbl] *vi* cianciare; mormorare // *n* ciance *fpl*; mormorio.
baby ['beɪbɪ] *n* bambino/a; **~ carriage** *n* (*US*) carrozzina; **~hood** *n* prima infanzia; **~ish** *a* infantile; **~-sit** *vi* fare il (*or* la) babysitter.
bachelor ['bætʃələ*] *n* scapolo; **B~ of Arts/Science (B.A./B.Sc.)** ≈ laureato/a in lettere/scienze; **~hood** *n* celibato.
back [bæk] *n* (*of person, horse*) dorso, schiena; (*of hand*) dorso; (*of house, car*) didietro; (*of train*) coda; (*of chair*) schienale *m*; (*of page*) rovescio; (FOOTBALL) difensore *m* // *vt* (*candidate*: *also*: **~ up**) appoggiare; (*horse*: *at races*) puntare su; (*car*) guidare a marcia indietro // *vi* indietreggiare; (*car etc*) fare marcia indietro // *a* (*in compounds*) posteriore, di dietro; arretrato(a); **~ seats/wheels** (AUT) sedili *mpl*/ruote *fpl* posteriori; **~ payments/rent** arretrati *mpl* // *ad* (*not forward*) indietro; (*returned*): **he's ~** lui è tornato; **he ran ~** tornò indietro di corsa; (*restitution*): **throw the ball ~** ritira la palla; **can I have it ~?** posso riaverlo?; (*again*): **he called ~** ha richiamato; **to ~ down** *vi* fare marcia indietro; **to ~ out** *vi* (*of promise*) tirarsi indietro; **~ache** *n* mal *m* di schiena; **~bencher** *n membro del Parlamento senza potere amministrativo*; **~biting** *n* maldicenza; **~bone** *n* spina dorsale; **~-cloth** *n* scena di sfondo; **~date** *vt* (*letter*) retrodatare; **~dated pay rise** aumento retroattivo; **~er** *n* sostenitore/trice; (COMM) fautore *m*; **~fire** *vi* (AUT) dar ritorni di fiamma; (*plans*) fallire; **~gammon** *n* tavola reale; **~ground** *n* sfondo; (*of events*) background *m inv*; (*basic knowledge*) base *f*; (*experience*) esperienza; **family ~ground** ambiente *m* familiare; **~ground noise** *n* rumore *m* di fondo; **~hand** *n* (TENNIS: *also*: **~hand stroke**) rovescio; **~handed** *a* (*fig*) ambiguo(a); **~hander** *n* (*bribe*) bustarella; **~ing** *n* (*fig*) appoggio; **~lash** *n* contraccolpo, ripercussione *f*; **~log** *n*: **~log of work** lavoro arretrato; **~ number** *n* (*of magazine etc*) numero arretrato; **~ pay** *n* arretrato di paga; **~side** *n* (*col*) sedere *m*; **~stroke** *n* nuoto sul dorso; **~ward** *a* (*movement*) indietro *inv*; (*person*) tardivo(a); (*country*) arretrato(a); **~ward and forward movement** movimento avanti e indietro; **~wards** *ad* indietro; (*fall, walk*) all'indietro; **~water** *n* (*fig*) posto morto; **~yard** *n* cortile *m* dietro la casa.
bacon ['beɪkən] *n* pancetta.
bacteria [bæk'tɪərɪə] *npl* batteri *mpl*.

bad [bæd] *a* cattivo(a); (*child*) cattivello(a); (*meat, food*) andato(a) a male; **his ~ leg** la sua gamba malata.
bade [bæd] *pt of* **bid**.
badge [bædʒ] *n* insegna; (*of policemen*) stemma *m*.
badger ['bædʒə*] *n* tasso // *vt* tormentare.
badly ['bædlı] *ad* (*work, dress etc*) male; **~ wounded** gravemente ferito; **he needs it ~** ne ha gran bisogno; **~ off** *a* povero(a).
badminton ['bædmıntən] *n* badminton *m*.
bad-tempered ['bæd'tɛmpəd] *a* irritabile; di malumore.
baffle ['bæfl] *vt* (*puzzle*) confondere.
bag [bæg] *n* sacco; (*handbag etc*) borsa; (*of hunter*) carniere *m*; bottino // *vt* (*col: take*) mettersi in tasca; prendersi; **~s under the eyes** borse sotto gli occhi.
baggage ['bægıdʒ] *n* bagagli *mpl*.
baggy ['bægı] *a* largo(a) largo(a).
bagpipes ['bægpaıps] *npl* cornamusa.
Bahamas [bə'hɑ:məz] *npl*: **the ~** le isole Bahama.
bail [beıl] *n* cauzione *f* // *vt* (*prisoner: gen*: **to grant ~ to**) concedere la libertà provvisoria su cauzione a; (*boat*: *also*: **~ out**) aggottare; *see* **bale**; **to ~ out** *vt* (*prisoner*) ottenere la libertà provvisoria su cauzione di.
bailiff ['beılıf] *n* usciere *m*; fattore *m*.
bait [beıt] *n* esca.
bake [beık] *vt* cuocere al forno // *vi* cuocersi al forno; **~d beans** *npl* fagioli *mpl* all'uccelletto; **~r** *n* fornaio/a; panettiere/a; **~ry** *n* panetteria; **baking powder** *n* lievito in polvere.
balaclava [bælə'klɑ:və] *n* (*also*: **~ helmet**) passamontagna *m inv*.
balance ['bæləns] *n* equilibrio; (COMM: *sum*) bilancio; (*scales*) bilancia // *vt* tenere in equilibrio; (*pros and cons*) soppesare; (*budget*) far quadrare; (*account*) pareggiare; (*compensate*) contrappesare; **~ of trade/payments** bilancia commerciale/dei pagamenti; **~d** *a* (*personality, diet*) equilibrato(a); **~ sheet** *n* bilancio.
balcony ['bælkənı] *n* balcone *m*.
bald [bɔ:ld] *a* calvo(a); **~ness** *n* calvizie *f*.
bale [beıl] *n* balla; **to ~ out** *vi* (*of a plane*) gettarsi col paracadute.
baleful ['beılful] *a* funesto(a).
balk [bɔ:k] *vi*: **to ~ (at)** tirarsi indietro (davanti a); (*horse*) recalcitrare (davanti a).
ball [bɔ:l] *n* palla; (*football*) pallone *m*; (*for golf*) pallina; (*dance*) ballo.
ballad ['bæləd] *n* ballata.
ballast ['bæləst] *n* zavorra.
ballerina [bælə'ri:nə] *n* ballerina.
ballet ['bæleı] *n* balletto.
ballistics [bə'lıstıks] *n* balistica.
balloon [bə'lu:n] *n* pallone *m*.
ballot ['bælət] *n* scrutinio; **~ box** *n* urna (per le schede); **~ paper** *n* scheda.
ball-point pen ['bɔ:lpɔınt'pɛn] *n* penna a sfera.
ballroom ['bɔ:lrum] *n* sala da ballo.
balsam ['bɔ:lsəm] *n* balsamo.
Baltic [bɔ:ltık] *a,n*: **the ~ (Sea)** il (mare) Baltico.
bamboo [bæm'bu:] *n* bambù *m*.
bamboozle [bæm'bu:zl] *vt* (*col*) corbellare.
ban [bæn] *n* interdizione *f* // *vt* interdire.
banal [bə'nɑ:l] *a* banale.
banana [bə'nɑ:nə] *n* banana.
band [bænd] *n* banda; (*at a dance*) orchestra; (MIL) fanfara; **to ~ together** *vi* collegarsi.
bandage ['bændıdʒ] *n* benda.
bandit ['bændıt] *n* bandito.
bandwagon ['bændwægən] *n*: **to jump on the ~** (*fig*) seguire la corrente.
bandy ['bændı] *vt* (*jokes, insults*) scambiare; **to ~ about** *vt* far circolare.
bandy-legged ['bændı'lɛgıd] *a* dalle gambe storte.
bang [bæŋ] *n* botta; (*of door*) lo sbattere; (*blow*) colpo // *vt* battere (violentemente); (*door*) sbattere // *vi* scoppiare; sbattere; **to ~ at the door** picchiare alla porta.
bangle ['bæŋgl] *n* braccialetto.
banish ['bænıʃ] *vt* bandire.
banister(s) ['bænıstə(z)] *n(pl)* ringhiera.
banjo, ~es *or* **~s** ['bændʒəu] *n* banjo *m inv*.
bank [bæŋk] *n* (*for money*) banca, banco; (*of river, lake*) riva, sponda; (*of earth*) banco // *vi* (AVIAT) inclinarsi in virata; (COMM): **they ~ with Pitt's** sono clienti di Pitt's; **to ~ on** *vt fus* contare su; **~ account** *n* conto di banca; **~er** *n* banchiere *m*; **B~ holiday** *n* giorno di festa (*in cui le banche sono chiuse*); **~ing** *n* attività bancaria; professione *f* di banchiere; **~ing hours** *npl* orario di sportello; **~note** *n* banconota; **~ rate** *n* tasso bancario.
bankrupt ['bæŋkrʌpt] *a, n* fallito(a); **to go ~** fallire; **~cy** *n* fallimento.
banner ['bænə*] *n* bandiera.
bannister(s) ['bænıstə(z)] *n(pl)* = **banister(s)**.
banns [bænz] *npl* pubblicazioni *fpl* di matrimonio.
banquet ['bæŋkwıt] *n* banchetto.
banter ['bæntə*] *n* scherzi *mpl* bonari.
baptism ['bæptızəm] *n* battesimo.
baptize [bæp'taız] *vt* battezzare.
bar [bɑ:*] *n* barra; (*of window etc*) sbarra; (*of chocolate*) tavoletta; (*fig*) ostacolo; restrizione *f*; (*pub*) bar *m inv*; (*counter: in pub*) banco; (MUS) battuta // *vt* (*road, window*) sbarrare; (*person*) escludere; (*activity*) interdire; **~ of soap** saponetta; **the B~** (LAW) l'Ordine *m* degli avvocati; **~ none** senza eccezione.
barbaric [bɑ:'bærık] *a* barbarico(a).
barbecue ['bɑ:bıkju:] *n* barbecue *m inv*.
barbed wire ['bɑ:bd'waıə*] *n* filo spinato.
barber ['bɑ:bə*] *n* barbiere *m*.
barbiturate [bɑ:'bıtjurıt] *n* barbiturico.
bare [bɛə*] *a* nudo(a) // *vt* scoprire,

denudare; (*teeth*) mostrare; **the ~ essentials** lo stretto necessario; **~back** *ad* senza sella; **~faced** *a* sfacciato(a); **~foot** *a,ad* scalzo(a); **~headed** *a,ad* a capo scoperto; **~ly** *ad* appena.
bargain ['bɑ:gɪn] *n* (*transaction*) contratto; (*good buy*) affare *m* // *vi* trattare; **into the ~** per giunta.
barge [bɑ:dʒ] *n* chiatta; **to ~ in** *vi* (*walk in*) piombare dentro; (*interrupt talk*) intromettersi a sproposito; **to ~ into** *vt fus* urtare contro.
baritone ['bærɪtəun] *n* baritono.
bark [bɑ:k] *n* (*of tree*) corteccia; (*of dog*) abbaio // *vi* abbaiare.
barley ['bɑ:lɪ] *n* orzo.
barmaid ['bɑ:meɪd] *n* cameriera al banco.
barman ['bɑ:mən] *n* barista *m*.
barmy ['bɑ:mɪ] *a* (*col*) tocco(a).
barn [bɑ:n] *n* granaio.
barnacle ['bɑ:nəkl] *n* cirripede *m*.
barometer [bə'rɔmɪtə*] *n* barometro.
baron ['bærən] *n* barone *m*; **~ess** *n* baronessa.
barracks ['bærəks] *npl* caserma.
barrage ['bærɑ:ʒ] *n* (MIL) sbarramento.
barrel ['bærəl] *n* barile *m*; (*of gun*) canna; **~ organ** *n* organetto a cilindro.
barren ['bærən] *a* sterile; (*hills*) arido(a).
barricade [bærɪ'keɪd] *n* barricata // *vt* barricare.
barrier ['bærɪə*] *n* barriera.
barring ['bɑ:rɪŋ] *prep* salvo.
barrister ['bærɪstə*] *n* avvocato/essa (*con diritto di parlare davanti a tutte le corti*).
barrow ['bærəu] *n* (*cart*) carriola.
bartender ['bɑ:tɛndə*] *n* (*US*) barista *m*.
barter ['bɑ:tə*] *n* baratto // *vt*: **to ~ sth for** barattare qc con.
base [beɪs] *n* base *f* // *vt*: **to ~ sth on** basare qc su // *a* vile; **coffee-~d** a base di caffè; **a Paris-~d firm** una ditta con sede centrale a Parigi; **~ball** *n* baseball *m*; **~ment** *n* seminterrato; (*of shop*) interrato.
bases ['beɪsi:z] *npl of* **basis**; ['beɪsɪz] *npl of* **base**.
bash [bæʃ] *vt* (*col*) picchiare; **~ed in** *a* sfondato(a).
bashful ['bæʃful] *a* timido(a).
basic ['beɪsɪk] *a* rudimentale; essenziale; **~ally** [-lɪ] *ad* fondamentalmente; sostanzialmente.
basil ['bæzl] *n* basilico.
basin ['beɪsn] *n* (*vessel, also* GEO) bacino; (*also*: **wash~**) lavabo.
basis, *pl* **bases** ['beɪsɪs, -si:z] *n* base *f*.
bask [bɑ:sk] *vi*: **to ~ in the sun** crogiolarsi al sole.
basket ['bɑ:skɪt] *n* cesta; (*smaller*) cestino; (*with handle*) paniere *m*; **~ball** *n* pallacanestro *f*.
bass [beɪs] *n* (MUS) basso; **~ clef** *n* chiave *f* di basso.
bassoon [bə'su:n] *n* fagotto.
bastard ['bɑ:stəd] *n* bastardo/a; (*col!*) stronzo (*!*).
baste [beɪst] *vt* (CULIN) ungere con grasso; (SEWING) imbastire.
bat [bæt] *n* pipistrello; (*for baseball etc*) mazza; (*for table tennis*) racchetta; **off one's own ~** di propria iniziativa; **he didn't ~ an eyelid** non battè ciglio.
batch [bætʃ] *n* (*of bread*) infornata; (*of papers*) cumulo.
bated ['beɪtɪd] *a*: **with ~ breath** col fiato sospeso.
bath [bɑ:θ, *pl* bɑ:ðz] *n* (*see also* **baths**) bagno; (*bathtub*) vasca da bagno // *vt* far fare il bagno a; **to have a ~** fare un bagno; **~chair** *n* poltrona a rotelle.
bathe [beɪð] *vi* fare il bagno // *vt* bagnare; **~r** *n* bagnante *m/f*.
bathing ['beɪðɪŋ] *n* bagni *mpl*; **~ cap** *n* cuffia da bagno; **~ costume** *n* costume *m* da bagno.
bath: **~room** *n* stanza da bagno; **~s** *npl* bagni *mpl* pubblici; **~ towel** *n* asciugamano da bagno.
batman ['bætmən] *n* (MIL) attendente *m*.
baton ['bætən] *n* bastone *m*; (MUS) bacchetta.
battalion [bə'tælɪən] *n* battaglione *m*.
batter ['bætə*] *vt* battere // *n* pastetta; **~ed** *a* (*hat*) sformato(a); (*pan*) ammaccato(a); **~ed wife/baby** consorte *f*/bambino(a) maltrattato(a); **~ing ram** *n* ariete *m*.
battery ['bætərɪ] *n* batteria; (*of torch*) pila.
battle ['bætl] *n* battaglia // *vi* battagliare, lottare; **~field** *n* campo di battaglia; **~ments** *npl* bastioni *mpl*; **~ship** *n* nave *f* da guerra.
baulk [bɔ:lk] *vi* = **balk**.
bawdy ['bɔ:dɪ] *a* piccante.
bawl [bɔ:l] *vi* urlare.
bay [beɪ] *n* (*of sea*) baia; **to hold sb at ~** tenere qd a bada.
bayonet ['beɪənɪt] *n* baionetta.
bay window ['beɪ'wɪndəu] *n* bovindo.
bazaar [bə'zɑ:*] *n* bazar *m inv*; vendita di beneficenza.
b. & b., B. & B. *abbr see* **bed**.
BBC *n abbr of British Broadcasting Corporation*.
B.C. *ad* (*abbr of before Christ*) a.C.
be, *pt* **was, were,** *pp* **been** [bi:, wɔz, wə:*, bi:n] *vi* essere; **how are you?** come sta?; **I am warm** ho caldo; **it is cold** fa freddo; **how much is it?** quanto costa?; **he is four (years old)** ha quattro anni; **2 and 2 are 4** 2 più 2 fa 4; **where have you been?** dov'è stato?; dov'è andato?
beach [bi:tʃ] *n* spiaggia // *vt* tirare in secco; **~wear** *n* articoli *mpl* da spiaggia.
beacon ['bi:kən] *n* (*lighthouse*) faro; (*marker*) segnale *m*.
bead [bi:d] *n* perlina.
beak [bi:k] *n* becco.
beaker ['bi:kə*] *n* coppa.
beam [bi:m] *n* trave *f*; (*of light*) raggio // *vi* brillare; **~ing** *a* (*sun, smile*) raggiante.
bean [bi:n] *n* fagiolo; (*of coffee*) chicco.
bear [bɛə*] *n* orso // *vb* (*pt* **bore,** *pp* **borne**

[bɔ:*, bɔ:n]) *vt* portare; (*endure*) sopportare // *vi*: **to ~ right/left** piegare a destra/sinistra; **to ~ the responsibility of** assumersi la responsabilità di; **~able** *a* sopportabile.
beard [bɪəd] *n* barba; **~ed** *a* barbuto(a).
bearer ['bɛərə*] *n* portatore *m*.
bearing ['bɛərɪŋ] *n* portamento; (*behaviour*) condotta; (*connection*) rapporto; **(ball) ~s** *npl* cuscinetti *mpl* a sfere; **to take a ~** fare un rilevamento; **to find one's ~s** orientarsi.
beast [bi:st] *n* bestia; **~ly** *a* meschino(a); (*weather*) da cani.
beat [bi:t] *n* battimento; (MUS) tempo; battuta; (*of policeman*) giro // *vt* (*pt* **beat,** *pp* **beaten**) battere; **off the ~en track** fuori mano; **to ~ about the bush** menare il cane per l'aia; **to ~ time** battere il tempo; **to ~ off** *vt* respingere; **to ~ up** *vt* (*col*: *person*) picchiare; (*eggs*) sbattere; **~er** *n* (*for eggs, cream*) frullino; **~ing** *n* bastonata.
beautician [bju:'tɪʃən] *n* estetista *m/f*.
beautiful ['bju:tɪful] *a* bello(a); **~ly** *ad* splendidamente.
beauty ['bju:tɪ] *n* bellezza; **~ salon** *n* istituto di bellezza; **~ spot** *n* neo; (TOURISM) luogo pittoresco.
beaver ['bi:və*] *n* castoro.
becalmed [bɪ'kɑ:md] *a* in bonaccia.
became [bɪ'keɪm] *pt of* **become**.
because [bɪ'kɔz] *cj* perché; **~ of** *prep* a causa di.
beckon ['bɛkən] *vt* (*also*: **~ to**) chiamare con un cenno.
become [bɪ'kʌm] *vt* (*irg*: *like* **come**) diventare; **to ~ fat/thin** ingrassarsi/dimagrire; **what has ~ of him?** che gli è successo?
becoming [bɪ'kʌmɪŋ] *a* (*behaviour*) che si conviene; (*clothes*) grazioso(a).
bed [bɛd] *n* letto; (*of flowers*) aiuola; (*of coal, clay*) strato; **~ and breakfast (b. & b.)** *n* (*terms*) camera con colazione; **~clothes** *npl* biancheria e coperte *fpl* da letto.
bedlam ['bɛdləm] *n* manicomio (*fig*).
bedraggled [bɪ'drægld] *a* fradicio(a).
bed: **~ridden** *a* costretto(a) a letto; **~room** *n* camera da letto; **~side** *n*: **at sb's ~side** al capezzale di qd; **~sit(ter)** *n* monolocale *m*; **~spread** *n* copriletto.
bee [bi:] *n* ape *f*.
beech [bi:tʃ] *n* faggio.
beef [bi:f] *n* manzo.
beehive ['bi:haɪv] *n* alveare *m*.
beeline ['bi:laɪn] *n*: **to make a ~ for** buttarsi a capo fitto verso.
been [bi:n] *pp of* **be**.
beer [bɪə*] *n* birra.
beetle ['bi:tl] *n* scarafaggio; coleottero.
beetroot ['bi:tru:t] *n* barbabietola.
befall [bɪ'fɔ:l] *vi(vt)* (*irg*: *like* **fall**) accadere (a).
before [bɪ'fɔ:*] *prep* (*in time*) prima di; (*in space*) davanti a // *cj* prima che + *sub*; prima di // *ad* prima; **the week ~** la settimana prima; **I've seen it ~** l'ho già visto; **I've never seen it ~** è la prima volta che lo vedo; **~hand** *ad* in anticipo.
befriend [bɪ'frɛnd] *vt* assistere; mostrarsi amico a.
beg [bɛg] *vi* chiedere l'elemosina // *vt* chiedere in elemosina; (*favour*) chiedere; (*entreat*) pregare.
began [bɪ'gæn] *pt of* **begin**.
beggar ['bɛgə*] *n* (*also*: **~man, ~woman**) mendicante *m/f*.
begin, *pt* **began,** *pp* **begun** [bɪ'gɪn, -'gæn, -'gʌn] *vt, vi* cominciare; **~ner** *n* principiante *m/f*; **~ning** *n* inizio, principio.
begrudge [bɪ'grʌdʒ] *vt*: **to ~ sb sth** dare qc a qd a malincuore; invidiare qd per qc.
begun [bɪ'gʌn] *pp of* **begin**.
behalf [bɪ'hɑ:f] *n*: **on ~ of** per conto di; a nome di.
behave [bɪ'heɪv] *vi* comportarsi; (*well*: *also*: **~ o.s.**) comportarsi bene.
behaviour [bɪ'heɪvjə*] *n* comportamento, condotta.
beheld [bɪ'hɛld] *pt,pp of* **behold**.
behind [bɪ'haɪnd] *prep* dietro; (*followed by pronoun*) dietro di; (*time*) in ritardo con // *ad* dietro; in ritardo // *n* didietro.
behold [bɪ'həuld] *vt* (*irg*: *like* **hold**) vedere, scorgere.
beige [beɪʒ] *a* beige *inv*.
being ['bi:ɪŋ] *n* essere *m*; **to come into ~** cominciare ad esistere.
belated [bɪ'leɪtɪd] *a* tardo(a).
belch [bɛltʃ] *vi* ruttare // *vt* (*gen*: **~ out**: *smoke etc*) eruttare.
belfry ['bɛlfrɪ] *n* campanile *m*.
Belgian ['bɛldʒən] *a, n* belga (*m/f*).
Belgium ['bɛldʒəm] *n* Belgio.
belie [bɪ'laɪ] *vt* smentire.
belief [bɪ'li:f] *n* (*opinion*) opinione *f*, convinzione *f*; (*trust, faith*) fede *f*; (*acceptance as true*) credenza.
believe [bɪ'li:v] *vt,vi* credere; **~r** *n* credente *m/f*.
belittle [bɪ'lɪtl] *vt* sminuire.
bell [bɛl] *n* campana; (*small, on door, electric*) campanello.
belligerent [bɪ'lɪdʒərənt] *a* (*at war*) belligerante; (*fig*) bellicoso(a).
bellow ['bɛləu] *vi* muggire.
bellows ['bɛləuz] *npl* soffietto.
belly ['bɛlɪ] *n* pancia.
belong [bɪ'lɔŋ] *vi*: **to ~ to** appartenere a; (*club etc*) essere socio di; **this book ~s here** questo libro va qui; **~ings** *npl* cose *fpl*, roba.
beloved [bɪ'lʌvɪd] *a* adorato(a).
below [bɪ'ləu] *prep* sotto, al di sotto di // *ad* sotto, di sotto; giù; **see ~** vedi sotto *or* oltre.
belt [bɛlt] *n* cintura; (TECH) cinghia // *vt* (*thrash*) picchiare // *vi* (*col*) filarsela.
bench [bɛntʃ] *n* panca; (*in workshop*) banco; **the B~** (LAW) la Corte.
bend [bɛnd] *vb* (*pt,pp* **bent** [bɛnt]) *vt* curvare; (*leg, arm*) piegare // *vi* curvarsi;

piegarsi // *n* (*in road*) curva; (*in pipe, river*) gomito; **to ~ down** *vi* chinarsi; **to ~ over** *vi* piegarsi.
beneath [bɪ'ni:θ] *prep* sotto, al di sotto di; (*unworthy of*) indegno(a) di // *ad* sotto, di sotto.
benefactor ['bɛnɪfæktə*] *n* benefattore *m*.
beneficial [bɛnɪ'fɪʃəl] *a* che fa bene; vantaggioso(a).
benefit ['bɛnɪfɪt] *n* beneficio, vantaggio; (*allowance of money*) indennità *f inv* // *vt* far bene a // *vi*: **he'll ~ from it** ne trarrà beneficio *or* profitto.
Benelux ['bɛnɪlʌks] *n* Benelux *m*.
benevolent [bɪ'nɛvələnt] *a* benevolo(a).
bent [bɛnt] *pt,pp of* **bend** // *n* inclinazione *f* // *a* (*col*: *dishonest*) losco(a); **to be ~ on** essere deciso(a) a.
bequeath [bɪ'kwi:ð] *vt* lasciare in eredità.
bequest [bɪ'kwɛst] *n* lascito.
bereavement [bɪ'ri:vmənt] *n* lutto.
beret ['bɛreɪ] *n* berretto.
Bermuda [bə:'mju:də] *n* le Bermude.
berry ['bɛrɪ] *n* bacca.
berserk [bə'sə:k] *a*: **to go ~** montare su tutte le furie.
berth [bə:θ] *n* (*bed*) cuccetta; (*for ship*) ormeggio // *vi* (*in harbour*) entrare in porto; (*at anchor*) gettare l'ancora.
beseech, *pt,pp* **besought** [bɪ'si:tʃ, -'sɔ:t] *vt* implorare.
beset, *pt,pp* **beset** [bɪ'sɛt] *vt* assalire.
beside [bɪ'saɪd] *prep* accanto a; **to be ~ o.s. (with anger)** essere fuori di sé.
besides [bɪ'saɪdz] *ad* inoltre, per di più // *prep* oltre a; a parte.
besiege [bɪ'si:dʒ] *vt* (*town*) assediare; (*fig*) tempestare.
besought [bɪ'sɔ:t] *pt,pp of* **beseech.**
best [bɛst] *a* migliore // *ad* meglio; **the ~ part of** (*quantity*) la maggior parte di; **at ~** tutt'al più; **to make the ~ of sth** cavare il meglio possibile da qc; **to the ~ of my knowledge** per quel che ne so; **to the ~ of my ability** al massimo delle mie capacità; **~ man** *n* testimone *m* dello sposo.
bestow [bɪ'stəu] *vt* accordare; (*title*) conferire.
bestseller ['bɛst'sɛlə*] *n* bestseller *m inv*.
bet [bɛt] *n* scommessa // *vt,vi* (*pt,pp* **bet** *or* **betted**) scommettere.
betray [bɪ'treɪ] *vt* tradire; **~al** *n* tradimento.
better ['bɛtə*] *a* migliore // *ad* meglio // *vt* migliorare // *n*: **to get the ~ of** avere la meglio su; **you had ~ do it** è meglio che lo faccia; **he thought ~ of it** cambiò idea; **to get ~** migliorare; **~ off** *a* più ricco(a); (*fig*): **you'd be ~ off this way** starebbe meglio così.
betting ['bɛtɪŋ] *n* scommesse *fpl*; **~ shop** *n* ufficio dell'allibratore.
between [bɪ'twi:n] *prep* tra // *ad* in mezzo, nel mezzo.
beverage ['bɛvərɪdʒ] *n* bevanda.
beware [bɪ'wɛə*] *vt,vi*: **to ~ (of)** stare attento(a) (a).
bewildered [bɪ'wɪldəd] *a* sconcertato(a), confuso(a).
bewitching [bɪ'wɪtʃɪŋ] *a* affascinante.
beyond [bɪ'jɔnd] *prep* (*in space*) oltre; (*exceeding*) al di sopra di // *ad* di là; **~ doubt** senza dubbio; **~ repair** irreparabile.
bias ['baɪəs] *n* (*prejudice*) pregiudizio; (*preference*) preferenza; **~(s)ed** *a* parziale.
bib [bɪb] *n* bavaglino.
Bible ['baɪbl] *n* Bibbia.
bicker ['bɪkə*] *vi* bisticciare.
bicycle ['baɪsɪkl] *n* bicicletta.
bid [bɪd] *n* offerta; (*attempt*) tentativo // *vb* (*pt* **bade** [bæd] *or* **bid,** *pp* **bidden** ['bɪdn] *or* **bid**) *vi* fare un'offerta // *vt* fare un'offerta di; **to ~ sb good day** dire buon giorno a qd; **~der** *n*: **the highest ~der** il maggior offerente; **~ding** *n* offerte *fpl*.
bide [baɪd] *vt*: **to ~ one's time** aspettare il momento giusto.
bier [bɪə*] *n* bara.
big [bɪg] *a* grande; grosso(a).
bigamy ['bɪgəmɪ] *n* bigamia.
bigheaded ['bɪg'hɛdɪd] *a* presuntuoso(a).
bigot ['bɪgət] *n* persona gretta; **~ed** *a* gretto(a); **~ry** *n* grettezza.
bigwig ['bɪgwɪg] *n* (*col*) pezzo grosso.
bike [baɪk] *n* bici *f inv*.
bikini [bɪ'ki:nɪ] *n* bikini *m inv*.
bile [baɪl] *n* bile *f*.
bilingual [baɪ'lɪŋgwəl] *a* bilingue.
bilious ['bɪlɪəs] *a* biliare; (*fig*) bilioso(a).
bill [bɪl] *n* conto; (POL) atto; (*US*: *banknote*) banconota; (*of bird*) becco; **to fit** *or* **fill the ~** (*fig*) fare al caso.
billet ['bɪlɪt] *n* alloggio.
billfold ['bɪlfəuld] *n* (*US*) portafoglio.
billiards ['bɪlɪədz] *n* biliardo.
billion ['bɪlɪən] *n* (*Brit*) bilione *m*; (*US*) miliardo.
bin [bɪn] *n* bidone *m*; **bread~** *n* cassetta *f* portapane *inv*.
bind, *pt,pp* **bound** [baɪnd, baund] *vt* legare; (*oblige*) obbligare; **~ing** *n* (*of book*) legatura // *a* (*contract*) vincolante.
bingo ['bɪŋgəu] *n gioco simile alla tombola.*
binoculars [bɪ'nɔkjuləz] *npl* binocolo.
bio... [baɪə'...] *prefix*: **~chemistry** *n* biochimica; **~graphy** [baɪ'ɔgrəfɪ] *n* biografia; **~logical** *a* biologico(a); **~logist** [baɪ'ɔlədʒɪst] *n* biologo/a; **~logy** [baɪ'ɔlədʒɪ] *n* biologia.
birch [bə:tʃ] *n* betulla.
bird [bə:d] *n* uccello; (*col*: *girl*) bambola; **~ watcher** *n* ornitologo/a dilettante.
birth [bə:θ] *n* nascita; **~ certificate** *n* certificato di nascita; **~ control** *n* controllo delle nascite; contraccezione *f*; **~day** *n* compleanno; **~place** *n* luogo di nascita; **~ rate** *n* indice *m* di natalità.
biscuit ['bɪskɪt] *n* biscotto.
bishop ['bɪʃəp] *n* vescovo.
bit [bɪt] *pt of* **bite** // *n* pezzo; (*of tool*) punta;

(*of horse*) morso; **a ~ of** un po' di; **a ~ mad/dangerous** un po' matto/pericoloso.
bitch [bɪtʃ] *n* (*dog*) cagna; (*col!*) vacca.
bite [baɪt] *vt,vi* (*pt* **bit** [bɪt], *pp* **bitten** ['bɪtn]) mordere // *n* morso; (*insect ~*) puntura; (*mouthful*) boccone *m*; **let's have a ~ (to eat)** mangiamo un boccone; **to ~ one's nails** mangiarsi le unghie.
biting ['baɪtɪŋ] *a* pungente.
bitten ['bɪtn] *pp of* **bite**.
bitter ['bɪtə*] *a* amaro(a); (*wind, criticism*) pungente // *n* (*beer*) birra amara; **to the ~ end** a oltranza; **~ness** *n* amarezza; gusto amaro; **~sweet** *a* agrodolce.
bivouac ['bɪvuæk] *n* bivacco.
bizarre [bɪ'zɑ:*] *a* bizzarro(a).
blab [blæb] *vi* parlare troppo.
black [blæk] *a* nero(a) // *n* nero // *vt* (INDUSTRY) boicottare; **to give sb a ~ eye** dare un occhio nero a qd; **~ and blue** *a* tutto(a) pesto(a); **~berry** *n* mora; **~bird** *n* merlo; **~board** *n* lavagna; **~currant** *n* ribes *m inv*; **~en** *vt* annerire; **~leg** *n* crumiro; **~list** *n* lista nera; **~mail** *n* ricatto // *vt* ricattare; **~mailer** *n* ricattatore/trice; **~ market** *n* mercato nero; **~out** *n* oscuramento; (*fainting*) svenimento; **the B~ Sea** il Mar Nero; **~ sheep** *n* pecora nera; **~smith** *n* fabbro ferraio.
bladder ['blædə*] *n* vescica.
blade [bleɪd] *n* lama; (*of oar*) pala; **~ of grass** filo d'erba.
blame [bleɪm] *n* colpa // *vt*: **to ~ sb/sth for sth** dare la colpa di qc a qd/qc; **who's to ~?** chi è colpevole?; **~less** *a* irreprensibile.
bland [blænd] *a* mite; (*taste*) blando(a).
blank [blæŋk] *a* bianco(a); (*look*) distratto(a) // *n* spazio vuoto; (*cartridge*) cartuccia a salve.
blanket ['blæŋkɪt] *n* coperta.
blare [blɛə*] *vi* strombettare.
blasé ['blɑ:zeɪ] *a* blasé *inv*.
blasphemy ['blæsfɪmɪ] *n* bestemmia.
blast [blɑ:st] *n* raffica di vento; esplosione *f* // *vt* far saltare; **~-off** *n* (SPACE) lancio.
blatant ['bleɪtənt] *a* flagrante.
blaze [bleɪz] *n* (*fire*) incendio; (*fig*) vampata // *vi* (*fire*) ardere, fiammeggiare; (*fig*) infiammarsi // *vt*: **to ~ a trail** (*fig*) tracciare una via nuova.
blazer ['bleɪzə*] *n* blazer *m inv*.
bleach [bli:tʃ] *n* (*also*: **household ~**) varechina // *vt* (*linen*) sbiancare; **~ed** *a* (*hair*) decolorato(a).
bleak [bli:k] *a* tetro(a).
bleary-eyed ['blɪərɪ'aɪd] *a* dagli occhi offuscati.
bleat [bli:t] *vi* belare.
bleed, *pt,pp* **bled** [bli:d, blɛd] *vt* dissanguare // *vi* sanguinare; **my nose is ~ing** mi viene fuori sangue dal naso.
blemish ['blɛmɪʃ] *n* macchia.
blend [blɛnd] *n* miscela // *vt* mescolare // *vi* (*colours etc*) armonizzare.
bless, *pt,pp* **blessed** *or* **blest** [blɛs, blɛst] *vt* benedire; **~ you!** (*sneezing*) salute!; **to be ~ed with** godere di; **~ing** *n* benedizione *f*; fortuna.
blew [blu:] *pt of* **blow**.
blight [blaɪt] *n* (*of plants*) golpe *f* // *vt* (*hopes etc*) deludere.
blimey ['blaɪmɪ] *excl* (*col*) accidenti!
blind [blaɪnd] *a* cieco(a) // *n* (*for window*) cortina // *vt* accecare; **to turn a ~ eye (on** *or* **to)** chiudere un occhio (su); **~ alley** *n* vicolo cieco; **~ corner** *n* svolta cieca; **~fold** *n* benda // *a,ad* bendato(a) // *vt* bendare gli occhi a; **~ness** *n* cecità; **~ spot** *n* (AUT *etc*) punto cieco; (*fig*) punto debole.
blink [blɪŋk] *vi* battere gli occhi; (*light*) lampeggiare; **~ers** *npl* paraocchi *mpl*.
bliss [blɪs] *n* estasi *f*.
blister ['blɪstə*] *n* (*on skin*) vescica; (*on paintwork*) bolla // *vi* (*paint*) coprirsi di bolle.
blithe [blaɪð] *a* gioioso(a), allegro(a).
blitz [blɪts] *n* blitz *m*.
blizzard ['blɪzəd] *n* bufera di neve.
bloated ['bləutɪd] *a* gonfio(a).
blob [blɔb] *n* (*drop*) goccia; (*stain, spot*) macchia.
block [blɔk] *n* blocco; (*in pipes*) ingombro; (*toy*) cubo; (*of buildings*) isolato // *vt* bloccare; **~ade** [-'keɪd] *n* blocco // *vt* assediare; **~age** *n* ostacolo; **~head** *n* testa di legno; **~ of flats** *n* caseggiato; **in ~ letters** a stampatello.
bloke [bləuk] *n* (*col*) tizio.
blonde [blɔnd] *a,n* biondo(a).
blood [blʌd] *n* sangue *m*; **~ donor** *n* donatore/trice di sangue; **~ group** *n* gruppo sanguigno; **~less** *a* (*coup*) senza sangue; **~ poisoning** *n* setticemia; **~ pressure** *n* pressione *f* sanguigna; **~shed** *n* spargimento di sangue; **~shot** *a*: **~shot eyes** occhi iniettati di sangue; **~stained** *a* macchiato(a) di sangue; **~stream** *n* flusso del sangue; **~thirsty** *a* assetato(a) di sangue; **~ transfusion** *n* trasfusione *f* di sangue; **~y** *a* sanguinoso(a); (*col!*): **this ~y ...** questo maledetto ...; **~y awful/good** (*col!*) veramente terribile/forte; **~y-minded** *a* perverso(a), ostinato(a).
bloom [blu:m] *n* fiore *m* // *vi* essere in fiore; **~ing** *a* (*col*): **this ~ing ...** questo dannato ... .
blossom ['blɔsəm] *n* fiore *m*; (*with pl sense*) fiori *mpl* // *vi* essere in fiore.
blot [blɔt] *n* macchia // *vt* macchiare; **to ~ out** *vt* (*memories*) cancellare; (*view*) nascondere; (*nation, city*) annientare.
blotchy ['blɔtʃɪ] *a* (*complexion*) coperto(a) di macchie.
blotting paper ['blɔtɪŋpeɪpə*] *n* carta assorbente.
blouse [blauz] *n* (*feminine garment*) camicetta.
blow [bləu] *n* colpo // *vb* (*pt* **blew,** *pp* **blown** [blu:, bləun]) *vi* soffiare // *vt* (*fuse*) far saltare; **to ~ one's nose** soffiarsi il naso; **to ~ a whistle** fischiare; **to ~**

away *vt* portare via; **to ~ down** *vt* abbattere; **to ~ off** *vt* far volare via; **to ~ off course** far uscire di rotta; **to ~ out** *vi* scoppiare; **to ~ over** *vi* calmarsi; **to ~ up** *vi* saltare in aria // *vt* far saltare in aria; (*tyre*) gonfiare; (*PHOT*) ingrandire; **~lamp** *n* lampada a benzina per saldare; **~-out** *n* (*of tyre*) scoppio.

blubber ['blʌbə*] *n* grasso di balena // *vi* (*pej*) piangere forte.

bludgeon ['blʌdʒən] *vt* prendere a randellate.

blue [blu:] *a* azzurro(a); **~ film/joke** film/barzelletta pornografico(a); **to have the ~s** essere depresso(a); **~bell** *n* giacinto di bosco; **~bottle** *n* moscone *m*; **~ jeans** *npl* blue-jeans *mpl*; **~print** *n* (*fig*) progetto.

bluff [blʌf] *vi* bluffare // *n* bluff *m inv* // *a* (*person*) brusco(a); **to call sb's ~** mettere alla prova il bluff di qd.

blunder ['blʌndə*] *n* abbaglio // *vi* prendere un abbaglio.

blunt [blʌnt] *a* smussato(a); spuntato(a); (*person*) brusco(a) // *vt* smussare; spuntare; **~ly** *ad* chiaro; bruscamente.

blur [blə:*] *n* cosa offuscata // *vt* offuscare.

blurt [blə:t]: **to ~ out** *vt* lasciarsi sfuggire.

blush [blʌʃ] *vi* arrossire // *n* rossore *m*.

blustery ['blʌstərɪ] *a* (*weather*) burrascoso(a).

B.O. *n* (*abbr of body odour*) odori *mpl* del corpo.

boar [bɔ:*] *n* cinghiale *m*.

board [bɔ:d] *n* tavola; (*on wall*) tabellone *m*; (*committee*) consiglio, comitato; (*in firm*) consiglio d'amministrazione // *vt* (*ship*) salire a bordo di; (*train*) salire su; **~ and lodging** *n* vitto e alloggio; **full ~** pensione *f* completa; **with ~ and lodging** (*job*) inclusivo di vitto e alloggio; **to go by the ~** (*fig*): **which goes by the ~** che viene abbandonato; **to ~ up** *vt* (*door*) chiudere con assi; **~er** *n* pensionante *m/f*; (*SCOL*) convittore/trice; **~ing house** *n* pensione *f*; **~ing school** *n* collegio; **~ room** *n* sala del consiglio.

boast [bəust] *vi* vantare // *vt* vantarsi di // *n* vanteria; vanto; **~ful** *a* vanaglorioso(a).

boat [bəut] *n* nave *f*; (*small*) barca; **~er** *n* (*hat*) paglietta; **~ing** *n* canottaggio.

bob [bɔb] *vi* (*boat, cork on water: also:* **~ up and down**) andare su e giù // *n* (*col*) = **shilling**; **to ~ up** *vi* saltare fuori.

bobbin ['bɔbɪn] *n* bobina; (*of sewing machine*) rocchetto.

bobby ['bɔbɪ] *n* (*col*) ≈ poliziotto.

bobsleigh ['bɔbsleɪ] *n* bob *m inv*.

bodice ['bɔdɪs] *n* corsetto.

bodily ['bɔdɪlɪ] *a* fisico(a), corporale // *ad* corporalmente; interamente; in persona.

body ['bɔdɪ] *n* corpo; (*of car*) carrozzeria; (*of plane*) fusoliera; (*fig: quantity*) quantità *f inv*; **a wine with ~** un vino corposo; **~guard** *n* guardia del corpo; **~work** *n* carrozzeria.

bog [bɔg] *n* palude *f* // *vt*: **to get ~ged down** (*fig*) impantanarsi.

boggle ['bɔgl] *vi*: **the mind ~s** è incredibile.

bogus ['bəugəs] *a* falso(a); finto(a).

boil [bɔɪl] *vt, vi* bollire // *n* (*MED*) foruncolo; **to ~ down** *vi* (*fig*): **to ~ down to** ridursi a; **~er** *n* caldaia; **~er suit** *n* tuta; **~ing hot** *a* bollente.

boisterous ['bɔɪstərəs] *a* chiassoso(a).

bold [bəuld] *a* audace; (*child*) impudente; (*outline*) chiaro(a); (*colour*) deciso(a); **~ness** *n* audacia; impudenza.

Bolivia [bə'lɪvɪə] *n* Bolivia.

bollard ['bɔləd] *n* (*NAUT*) bitta; (*AUT*) colonnina luminosa.

bolster ['bəulstə*] *n* capezzale *m*; **to ~ up** *vt* sostenere.

bolt [bəult] *n* chiavistello; (*with nut*) bullone *m* // *vt* serrare; (*food*) mangiare in fretta // *vi* scappare via; **a ~ from the blue** (*fig*) un fulmine a ciel sereno.

bomb [bɔm] *n* bomba // *vt* bombardare; **~ard** [bɔm'bɑ:d] *vt* bombardare.

bombastic [bɔm'bæstɪk] *a* ampolloso(a).

bomb disposal ['bɔmdɪspəuzl] *n*: **~ unit** corpo degli artificieri.

bomber ['bɔmə*] *n* bombardiere *m*.

bombshell ['bɔmʃɛl] *n* (*fig*) notizia bomba.

bona fide ['bəunə'faɪdɪ] *a* sincero(a); (*offer*) onesto(a).

bond [bɔnd] *n* legame *m*; (*binding promise, FINANCE*) obbligazione *f*.

bone [bəun] *n* osso; (*of fish*) spina, lisca // *vt* disossare; togliere le spine a; **~-dry** *a* asciuttissimo(a).

bonfire ['bɔnfaɪə*] *n* falò *m inv*.

bonnet ['bɔnɪt] *n* cuffia; (*Brit: of car*) cofano.

bonus ['bəunəs] *n* premio.

bony ['bəunɪ] *a* (*arm, face, MED: tissue*) osseo(a); (*meat*) pieno di ossi; (*fish*) pieno(a) di spine.

boo [bu:] *excl* ba! // *vt* fischiare // *n* fischio.

booby trap ['bu:bɪtræp] *n* trappola.

book [buk] *n* libro; (*of stamps etc*) blocchetto; (*COMM*): **~s** conti *mpl* // *vt* (*ticket, seat, room*) prenotare; (*driver*) multare; (*football player*) ammonire; **~able** *a*: **seats are ~able** si possono prenotare i posti; **~case** *n* scaffale *m*; **~ing office** *n* biglietteria; **~-keeping** *n* contabilità; **~let** *n* libricino; **~maker** *n* allibratore *m*; **~seller** *n* libraio; **~shop** *n* libreria; **~stall** *n* bancarella di libri; **~store** *n* = **~shop.**

boom [bu:m] *n* (*noise*) rimbombo; (*busy period*) boom *m inv* // *vi* rimbombare; andare a gonfie vele.

boomerang ['bu:məræŋ] *n* boomerang *m inv*.

boon [bu:n] *n* vantaggio.

boorish ['buərɪʃ] *a* maleducato(a).

boost [bu:st] *n* spinta // *vt* spingere.

boot [bu:t] *n* stivale *m*; (*for hiking*) scarpone *m* da montagna; (*for football etc*) scarpa; (*Brit: of car*) portabagagli *m inv*; **to ~** (*in addition*) per giunta, in più.

booth [bu:ð] *n* (*at fair*) baraccone *m*; (*of*

cinema, telephone etc) cabina.
booty ['bu:tɪ] *n* bottino.
booze [bu:z] (*col*) *n* alcool *m* // *vi* trincare.
border ['bɔ:də*] *n* orlo; margine *m*; (*of a country*) frontiera; **to ~ on** *vt fus* confinare con; **~line** *n* (*fig*) linea di demarcazione; **~line case** *n* caso limite.
bore [bɔ:*] *pt of* **bear** // *vt* (*hole*) perforare; (*person*) annoiare // *n* (*person*) seccatore/trice; (*of gun*) calibro; **~dom** *n* noia.
boring ['bɔ:rɪŋ] *a* noioso(a).
born [bɔ:n] *a*: **to be ~** nascere; **I was ~ in 1960** sono nato nel 1960; **~ blind** nato(a) cieco(a); **a ~ comedian** un comico nato.
borne [bɔ:n] *pp of* **bear**.
borough ['bʌrə] *n* municipio.
borrow ['bɔrəu] *vt*: **to ~ sth (from sb)** prendere in prestito qc (da qd).
borstal ['bɔ:stl] *n* riformatorio.
bosom ['buzəm] *n* petto; (*fig*) seno; **~ friend** *n* amico/a del cuore.
boss [bɔs] *n* capo // *vt* comandare; **~y** *a* prepotente.
bosun ['bəusn] *n* nostromo.
botanical [bə'tænɪkl] *a* botanico(a).
botanist ['bɔtənɪst] *n* botanico/a.
botany ['bɔtənɪ] *n* botanica.
botch [bɔtʃ] *vt* (*also*: **~ up**) fare un pasticcio di.
both [bəuθ] *a* entrambi, tutt'e due // *pronoun*: **~ (of them)** entrambi; **~ of us went, we ~ went** ci siamo andati tutt'e due // *ad*: **they sell ~ meat and poultry** vendono insieme la carne ed il pollame.
bother ['bɔðə*] *vt* (*worry*) preoccupare; (*annoy*) infastidire // *vi* (*gen*: **~ o.s.**) preoccuparsi; **can you be ~ed doing it?** ti va di farlo? // *n*: **it is a ~ to have to do** è una seccatura dover fare; **it was no ~ finding** non c'era problema nel trovare.
bottle ['bɔtl] *n* bottiglia; (*baby's*) biberon *m inv* // *vt* imbottigliare; **to ~ up** *vt* contenere; **~neck** *n* ingorgo; **~-opener** *n* apribottiglie *m inv*.
bottom ['bɔtəm] *n* fondo; (*buttocks*) sedere *m* // *a* più basso(a); ultimo(a); **at the ~ of** in fondo a; **~less** *a* senza fondo.
bough [bau] *n* ramo.
bought [bɔ:t] *pt,pp of* **buy**.
boulder ['bəuldə*] *n* masso (tondeggiante).
bounce [bauns] *vi* (*ball*) rimbalzare; (*cheque*) essere restituito(a) // *vt* far rimbalzare // *n* (*rebound*) rimbalzo; **~r** *n* buttafuori *m inv*.
bound [baund] *pt,pp of* **bind** // *n* (*gen pl*) limite *m*; (*leap*) salto // *vt* (*leap*) saltare; (*limit*) delimitare // *a*: **to be ~ to do sth** (*obliged*) essere costretto a fare qc; **out of ~s** il cui accesso è vietato; **he's ~ to fail** (*likely*) è certo di fallire; **~ for** diretto(a) a.
boundary ['baundrɪ] *n* confine *m*.
boundless ['baundlɪs] *a* illimitato(a).
bout [baut] *n* periodo; (*of malaria etc*) attacco; (*BOXING etc*) incontro.
bow *n* [bəu] nodo; (*weapon*) arco; (*MUS*) archetto; [bau] inchino // *vi* [bau] inchinarsi; (*yield*): **to ~ to** *or* **before** sottomettersi a.
bowels [bauəlz] *npl* intestini *mpl*; (*fig*) viscere *fpl*.
bowl [bəul] *n* (*for eating*) scodella; (*for washing*) bacino; (*ball*) boccia; (*of pipe*) fornello // *vi* (*CRICKET*) servire (la palla); **~s** *n* gioco delle bocce; **to ~ over** *vt* (*fig*) sconcertare.
bow-legged ['bəulɛgɪd] *a* dalle gambe storte.
bowler ['bəulə*] *n* giocatore *m* di bocce; (*CRICKET*) giocatore che serve la palla; (*also*: **~ hat**) bombetta.
bowling ['bəulɪŋ] *n* (*game*) gioco delle bocce; **~ alley** *n* pista da bowling; **~ green** *n* campo di bocce.
bow tie ['bəu'taɪ] *n* cravatta a farfalla.
box [bɔks] *n* scatola; (*THEATRE*) palco // *vi* fare del pugilato; **~er** *n* (*person*) pugile *m*; (*dog*) boxer *m inv*; **~ing** *n* (*SPORT*) pugilato; **B~ing Day** *n* Santo Stefano; **~ing gloves** *npl* guantoni *mpl* da pugile; **~ office** *n* biglietteria; **~ room** *n* ripostiglio.
boy [bɔɪ] *n* ragazzo; (*servant*) servo.
boycott ['bɔɪkɔt] *n* boicottaggio // *vt* boicottare.
boyfriend ['bɔɪfrɛnd] *n* ragazzo.
boyish ['bɔɪɪʃ] *a* di *or* da ragazzo.
B.R. *abbr of British Rail*.
bra [brɑ:] *n* reggipetto, reggiseno.
brace [breɪs] *n* sostegno; (*on teeth*) apparecchio correttore; (*tool*) trapano // *vt* rinforzare, sostenere; **~s** *npl* bretelle *fpl*; **to ~ o.s.** (*fig*) farsi coraggio.
bracelet ['breɪslɪt] *n* braccialetto.
bracing ['breɪsɪŋ] *a* invigorante.
bracken ['brækən] *n* felce *f*.
bracket ['brækɪt] *n* (*TECH*) mensola; (*group*) gruppo; (*TYP*) parentesi *f inv* // *vt* mettere fra parentesi.
brag [bræg] *vi* vantarsi.
braid [breɪd] *n* (*trimming*) passamano; (*of hair*) treccia.
brain [breɪn] *n* cervello; **~s** *npl* cervella *fpl*; **he's got ~s** è intelligente; **~wash** *vt* fare un lavaggio di cervello a; **~wave** *n* lampo di genio; **~y** *a* intelligente.
braise [breɪz] *vt* brasare.
brake [breɪk] *n* (*on vehicle*) freno // *vt, vi* frenare.
bramble ['bræmbl] *n* rovo.
bran [bræn] *n* crusca.
branch [brɑ:ntʃ] *n* ramo; (*COMM*) succursale *f* // *vi* diramarsi.
brand [brænd] *n* marca // *vt* (*cattle*) marcare (a ferro rovente); (*fig: pej*): **to ~ sb a communist** *etc* definire qd come comunista *etc*.
brandish ['brændɪʃ] *vt* brandire.
brand-new ['brænd'nju:] *a* nuovo(a) di zecca.

brandy ['brændɪ] *n* brandy *m inv*.
brash [bræʃ] *a* sfacciato(a).
brass [brɑ:s] *n* ottone *m*; **the ~** (*MUS*) gli ottoni; **~ band** *n* fanfara.
brassière ['bræsɪə*] *n* reggipetto, reggiseno.
brat [bræt] *n* (*pej*) marmocchio, monello/a.
bravado [brə'vɑ:dəu] *n* spavalderia.
brave [breɪv] *a* coraggioso(a) // *n* guerriero *m* pelle rossa *inv* // *vt* affrontare; **~ry** *n* coraggio.
brawl [brɔ:l] *n* rissa.
brawn [brɔ:n] *n* muscolo; (*meat*) carne *f* di testa di maiale; **~y** *a* muscoloso(a).
bray [breɪ] *vi* ragliare.
brazen ['breɪzn] *a* svergognato(a) // *vt*: **to ~ it out** fare lo sfacciato.
brazier ['breɪzɪə*] *n* braciere *m*.
Brazil [brə'zɪl] *n* Brasile *m*; **~ian** *a, n* brasiliano(a); **~ nut** *n* noce *f* del Brasile.
breach [bri:tʃ] *vt* aprire una breccia in // *n* (*gap*) breccia, varco; (*breaking*): **~ of contract** rottura di contratto; **~ of the peace** violazione *f* dell'ordine pubblico.
bread [brɛd] *n* pane *m*; **~ and butter** *n* pane e burro; (*fig*) mezzi *mpl* di sussistenza; **~bin** *n* cassetta *f* portapane *inv*; **~crumbs** *npl* briciole *fpl*; (*CULIN*) pangrattato; **~ line** *n*: **to be on the ~ line** avere appena denaro per vivere.
breadth [brɛtθ] *n* larghezza.
breadwinner ['brɛdwɪnə*] *n chi guadagna il pane per tutta la famiglia*.
break [breɪk] *vb* (*pt* **broke** [brəuk], *pp* **broken** ['brəukən]) *vt* rompere; (*law*) violare // *vi* rompersi; (*weather*) cambiare // *n* (*gap*) breccia; (*fracture*) rottura; (*rest, also SCOL*) intervallo; (: *short*) pausa; (*chance*) possibilità *f inv*; **to ~ one's leg** *etc* rompersi la gamba *etc*; **to ~ a record** battere un primato; **to ~ the news to sb** comunicare per primo la notizia a qd; **to ~ down** *vt* (*figures, data*) analizzare // *vi* crollare; (*MED*) avere un esaurimento (nervoso); (*AUT*) guastarsi; **to ~ even** *vi* coprire le spese; **to ~ free** *or* **loose** *vi* spezzare i legami; **to ~ in** *vt* (*horse etc*) domare // *vi* (*burglar*) fare irruzione; **to ~ into** *vt fus* (*house*) fare irruzione in; **to ~ off** *vi* (*speaker*) interrompersi; (*branch*) troncarsi; **to ~ open** *vt* (*door etc*) sfondare; **to ~ out** *vi* evadere; **to ~ out in spots** coprirsi di macchie; **to ~ up** *vi* (*partnership*) sciogliersi; (*friends*) separarsi // *vt* fare in pezzi, spaccare; (*fight etc*) interrompere, far cessare; **~able** *a* fragile; **~age** *n* rottura; **~down** *n* (*AUT*) guasto, panna; (*in communications*) interruzione *f*; (*MED*) esaurimento nervoso; **~down service** *n* servizio riparazioni; **~er** *n* frangente *m*.
breakfast ['brɛkfəst] *n* colazione *f*.
breakthrough ['breɪkθru:] *n* (*MIL*) breccia; (*fig*) passo avanti.
breakwater ['breɪkwɔ:tə*] *n* frangiflutti *m inv*.
breast [brɛst] *n* (*of woman*) seno; (*chest*) petto; **~-stroke** *n* nuoto a rana.
breath [brɛθ] *n* fiato; **out of ~** senza fiato; **~alyser** *n test di verifica per la sobrietà*.
breathe [bri:ð] *vt,vi* respirare; **~r** *n* attimo di respiro.
breathless ['brɛθlɪs] *a* senza fiato.
breath-taking ['brɛθteɪkɪŋ] *a* sbalorditivo(a).
breed [bri:d] *vb* (*pt,pp* **bred** [brɛd]) *vt* allevare // *vi* riprodursi // *n* razza, varietà *f inv*; **~ing** *n* riproduzione *f*; allevamento.
breeze [bri:z] *n* brezza.
breezy ['bri:zɪ] *a* arioso(a); allegro(a).
brevity ['brɛvɪtɪ] *n* brevità.
brew [bru:] *vt* (*tea*) fare un infuso di; (*beer*) fare; (*plot*) tramare // *vi* (*tea*) essere in infusione; (*beer*) essere in fermentazione; (*fig*) bollire in pentola; **~er** *n* birraio; **~ery** *n* fabbrica di birra.
bribe [braɪb] *n* bustarella // *vt* comprare; **~ry** *n* corruzione *f*.
brick [brɪk] *n* mattone *m*; **~layer** *n* muratore *m*.
bridal ['braɪdl] *a* nuziale.
bride [braɪd] *n* sposa; **~groom** *n* sposo; **~smaid** *n* damigella d'onore.
bridge [brɪdʒ] *n* ponte *m*; (*NAUT*) ponte di comando; (*of nose*) dorso; (*CARDS, DENTISTRY*) bridge *m inv* // *vt* (*river*) fare un ponte sopra; (*gap*) colmare.
bridle ['braɪdl] *n* briglia // *vt* tenere a freno; (*horse*) mettere la briglia a; **~ path** *n* pista per traffico animale.
brief [bri:f] *a* breve // *n* (*LAW*) comparsa // *vt* dare istruzioni a; **~s** *npl* mutande *fpl*; **~case** *n* cartella; **~ing** *n* istruzioni *fpl*.
brigade [brɪ'geɪd] *n* (*MIL*) brigata.
brigadier [brɪgə'dɪə*] *n* generale *m* di brigata.
bright [braɪt] *a* luminoso(a); (*person*) sveglio(a); (*colour*) vivace; **~en** *vt* (*room*) rendere luminoso(a); ornare // *vi* schiarirsi; (*person*: *gen*: **~en up**) rallegrarsi.
brilliance ['brɪljəns] *n* splendore *m*.
brilliant ['brɪljənt] *a* splendente.
brim [brɪm] *n* orlo; **~ful** *a* pieno(a) *or* colmo(a) fino all'orlo; (*fig*) pieno(a).
brine [braɪn] *n* acqua salmastra; (*CULIN*) salamoia.
bring, *pt,pp* **brought** [brɪŋ, brɔ:t] *vt* portare; **to ~ about** *vt* causare; **to ~ back** *vt* riportare; **to ~ down** *vt* portare giù; abbattere; **to ~ forward** *vt* portare avanti; (*in time*) anticipare; **to ~ off** *vt* (*task, plan*) portare a compimento; **to ~ out** *vt* (*meaning*) mettere in evidenza; **to ~ round** *or* **to** *vt* (*unconscious person*) far rinvenire; **to ~ up** *vt* allevare; (*question*) introdurre.
brink [brɪŋk] *n* orlo.
brisk [brɪsk] *a* vivace.
bristle ['brɪsl] *n* setola // *vi* rizzarsi; **bristling with** irto(a) di.
Britain ['brɪtən] *n* Gran Bretagna.
British ['brɪtɪʃ] *a* britannico(a); **the ~** *npl* i Britannici; **the ~ Isles** *npl* le Isole Britanniche.

Briton ['brɪtən] *n* britannico/a.
brittle ['brɪtl] *a* fragile.
broach [brəutʃ] *vt* (*subject*) affrontare.
broad [brɔ:d] *a* largo(a); (*distinction*) generale; (*accent*) spiccato(a); **in ~ daylight** in pieno giorno; **~ hint** *n* allusione *f* esplicita; **~cast** *n* trasmissione *f* // *vb* (*pt,pp* **broadcast**) *vt* trasmettere per radio (*or* per televisione) // *vi* fare una trasmissione; **~casting** *n* radio *f inv*; televisione *f*; **~en** *vt* allargare // *vi* allargarsi; **~ly** *ad* (*fig*) in generale; **~-minded** *a* di mente aperta.
brochure ['brəuʃjuə*] *n* dépliant *m inv*.
broil [brɔɪl] *vt* cuocere a fuoco vivo.
broke [brəuk] *pt of* **break** // *a* (*col*) squattrinato(a); **~n** *pp of* **break** // *a*: **~n leg** *etc* gamba *etc* rotta; **in ~n French/English** in un francese/inglese stentato; **~n-hearted** *a*: **to be ~n-hearted** avere il cuore spezzato.
broker ['brəukə*] *n* agente *m*.
bronchitis [brɔŋ'kaɪtɪs] *n* bronchite *f*.
bronze [brɔnz] *n* bronzo; **~d** *a* abbronzato(a).
brooch [brəutʃ] *n* spilla.
brood [bru:d] *n* covata // *vi* (*hen*) covare; (*person*) rimuginare.
brook [bruk] *n* ruscello.
broom [brum] *n* scopa; **~stick** *n* manico di scopa.
Bros. *abbr of Brothers*.
broth [brɔθ] *n* brodo.
brothel ['brɔθl] *n* bordello.
brother ['brʌðə*] *n* fratello; **~hood** *n* fratellanza; confraternità *f inv*; **~-in-law** *n* cognato; **~ly** *a* fraterno(a).
brought [brɔ:t] *pt,pp of* **bring**.
brow [brau] *n* fronte *f*; (*rare, gen*: **eye~**) sopracciglio; (*of hill*) cima; **~beat** *vt* intimidire.
brown [braun] *a* bruno(a), marrone // *n* (*colour*) color *m* bruno *or* marrone // *vt* (CULIN) rosolare; **~ie** *n* giovane esploratrice *f*.
browse [brauz] *vi* (*among books*) curiosare fra i libri.
bruise [bru:z] *n* ammaccatura // *vt* ammaccare // *vi* (*fruit*) ammaccarsi.
brunette [bru:'nɛt] *n* bruna.
brunt [brʌnt] *n*: **the ~ of** (*attack, criticism etc*) il peso maggiore di.
brush [brʌʃ] *n* spazzola; (*quarrel*) schermaglia // *vt* spazzolare; (*gen*: **~ past, ~ against**) sfiorare; **to ~ aside** *vt* scostare; **to ~ up** *vt* (*knowledge*) rinfrescare; **~-off** *n*: **to give sb the ~-off** dare il ben servito a qd; **~wood** *n* macchia.
Brussels ['brʌslz] *n* Bruxelles; **~ sprout** *n* cavolo di Bruxelles.
brutal ['bru:tl] *a* brutale; **~ity** [bru:'tælɪtɪ] *n* brutalità.
brute [bru:t] *n* bestia.
B.Sc. *abbr see* **bachelor**.
bubble ['bʌbl] *n* bolla // *vi* ribollire; (*sparkle, fig*) essere effervescente.
buck [bʌk] *n* maschio (*di camoscio, caprone, coniglio etc*); (*US*: *col*) dollaro // *vi* sgroppare; **to pass the ~ (to sb)** scaricare (su di qd) la propria responsabilità; **to ~ up** *vi* (*cheer up*) rianimarsi.
bucket ['bʌkɪt] *n* secchio.
buckle ['bʌkl] *n* fibbia // *vt* affibbiare; (*warp*) deformare.
bud [bʌd] *n* gemma; (*of flower*) boccio // *vi* germogliare; (*flower*) sbocciare.
Buddha ['budə] *n* Budda *m*.
budding ['bʌdɪŋ] *a* (*flower*) in boccio; (*poet etc*) in erba.
buddy ['bʌdɪ] *n* (*US*) compagno.
budge [bʌdʒ] *vt* scostare // *vi* spostarsi.
budgerigar ['bʌdʒərɪgɑ:*] *n* pappagallino.
budget ['bʌdʒɪt] *n* bilancio preventivo // *vi*: **to ~ for sth** fare il bilancio per qc.
budgie ['bʌdʒɪ] *n* = **budgerigar.**
buff [bʌf] *a* color camoscio // *n* (*enthusiast*) appassionato/a.
buffalo, *pl* **~** *or* **~es** ['bʌfələu] *n* bufalo; (*US*) bisonte *m*.
buffer ['bʌfə*] *n* respingente *m*; **~ state** *n* stato cuscinetto.
buffet *n* ['bufeɪ] (*bar, food*) buffet *m inv* // *vt* ['bʌfɪt] schiaffeggiare; scuotere; urtare.
buffoon [bə'fu:n] *n* buffone *m*.
bug [bʌg] *n* (*insect*) cimice *f*; (: *gen*) insetto; (*fig*: *germ*) virus *m inv*; (*spy device*) microfono spia // *vt* mettere sotto controllo; **~bear** *n* spauracchio.
bugle ['bju:gl] *n* tromba.
build [bɪld] *n* (*of person*) corporatura // *vt* (*pt,pp* **built** [bɪlt]) costruire; **~er** *n* costruttore *m*; **~ing** *n* costruzione *f*; edificio; (*also*: **~ing trade**) edilizia; **~ing society** *n* società di credito edilizio; **to ~ up** *vt* accumulare; aumentare; **~-up** *n* (*of gas etc*) accumulo.
built [bɪlt] *pt,pp of* **build**; **well-~** *a* (*person*) robusto(a); **~-in** *a* (*cupboard*) a muro; (*device*) incorporato(a); **~-up area** *n* abitato.
bulb [bʌlb] *n* (BOT) bulbo; (ELEC) lampadina; **~ous** *a* bulboso(a).
Bulgaria [bʌl'gɛərɪə] *n* Bulgaria.
bulge [bʌldʒ] *n* rigonfiamento // *vi* essere protuberante *or* rigonfio(a); **to be bulging with** essere pieno(a) *or* zeppo(a) di.
bulk [bʌlk] *n* massa, volume *m*; **in ~** a pacchi (*or* cassette *etc*); (COMM) all'ingrosso; **the ~ of** il grosso di; **~head** *n* paratia; **~y** *a* grosso(a); voluminoso(a).
bull [bul] *n* toro; **~dog** *n* bulldog *m inv*.
bulldozer ['buldəuzə*] *n* bulldozer *m inv*.
bullet ['bulɪt] *n* pallottola.
bulletin ['bulɪtɪn] *n* bollettino.
bullfight ['bulfaɪt] *n* corrida; **~er** *n* torero; **~ing** *n* tauromachia.
bullion ['buljən] *n* oro *or* argento in lingotti.
bullock ['bulək] *n* giovenco.
bull's-eye ['bulzaɪ] *n* centro del bersaglio.
bully ['bulɪ] *n* prepotente *m* // *vt*

angariare; (*frighten*) intimidire; **~ing** *n* prepotenze *fpl.*
bum [bʌm] *n* (*col*: *backside*) culo; (*tramp*) vagabondo/a; **to ~ around** *vi* fare il vagabondo.
bumblebee ['bʌmblbi:] *n* (ZOOL) bombo.
bump [bʌmp] *n* (*blow*) colpo; (*jolt*) scossa; (*on road etc*) protuberanza; (*on head*) bernoccolo // *vt* battere; **to ~ along** *vi* procedere sobbalzando; **to ~ into** *vt fus* scontrarsi con; **~er** *n* (*Brit*) paraurti *m inv* // *a*: **~er harvest** raccolto eccezionale.
bumptious ['bʌmpʃəs] *a* presuntuoso(a).
bumpy ['bʌmpɪ] *a* dissestato(a).
bun [bʌn] *n* focaccia; (*of hair*) crocchia.
bunch [bʌntʃ] *n* (*of flowers, keys*) mazzo; (*of bananas*) ciuffo; (*of people*) gruppo; **~ of grapes** grappolo d'uva.
bundle ['bʌndl] *n* fascio // *vt* (*also*: **~ up**) legare in un fascio; (*put*): **to ~ sth/sb into** spingere qc/qd in; **to ~ off** *vt* (*person*) mandare via in gran fretta.
bung [bʌŋ] *n* tappo // *vt* (*throw*) buttare.
bungalow ['bʌŋgələu] *n* bungalow *m inv.*
bungle ['bʌŋgl] *vt* abborracciare.
bunion ['bʌnjən] *n* callo (al piede).
bunk [bʌŋk] *n* cuccetta; **~ beds** *npl* letti *mpl* a castello.
bunker ['bʌŋkə*] *n* (*coal store*) ripostiglio per il carbone; (MIL, GOLF) bunker *m inv.*
bunny ['bʌnɪ] *n* (*also*: **~ rabbit**) coniglietto; **~ girl** *n* coniglietta.
bunting ['bʌntɪŋ] *n* pavesi *mpl*, bandierine *fpl.*
buoy [bɔɪ] *n* boa; **to ~ up** *vt* tenere a galla; (*fig*) sostenere; **~ancy** *n* (*of ship*) galleggiabilità; **~ant** *a* galleggiante; (*fig*) vivace.
burden ['bə:dn] *n* carico, fardello // *vt* caricare; (*oppress*) opprimere.
bureau, *pl* **~x** [bjuə'rəu, -z] *n* (*furniture*) scrivania; (*office*) ufficio, agenzia.
bureaucracy [bjuə'rɔkrəsɪ] *n* burocrazia.
bureaucrat ['bjuərəkræt] *n* burocrate *m/f*; **~ic** [-'krætɪk] *a* burocratico(a).
burglar ['bə:glə*] *n* scassinatore *m*; **~ alarm** *n* campanello antifurto; **~ize** *vt* (*US*) svaligiare; **~y** *n* furto con scasso.
burgle ['bə:gl] *vt* svaligiare.
burial ['bɛrɪəl] *n* sepoltura; **~ ground** *n* cimitero.
burly ['bə:lɪ] *a* robusto(a).
Burma ['bə:mə] *n* Birmania.
burn [bə:n] *vt,vi* (*pt,pp* **burned** *or* **burnt** [bə:nt]) bruciare // *n* bruciatura, scottatura; **to ~ down** *vt* distruggere col fuoco; **~ing question** *n* questione *f* scottante.
burnish ['bə:nɪʃ] *vt* brunire.
burnt [bə:nt] *pt,pp of* **burn**.
burp [bə:p] (*col*) *n* rutto // *vi* ruttare.
burrow ['bʌrəu] *n* tana // *vt* scavare.
bursar ['bə:sə*] *n* economo/a; **~y** *n* borsa di studio.
burst [bə:st] *vb* (*pt,pp* **burst**) *vt* far scoppiare (*or* esplodere) // *vi* esplodere; (*tyre*) scoppiare // *n* scoppio; (*also*: **~ pipe**) rottura nel tubo, perdita; **~ of energy** scoppio d'energia; **~ of laughter** scoppio di risa; **~ blood vessel** rottura di un vaso sanguigno; **to ~ into flames/tears** scoppiare in fiamme/lacrime; **to be ~ing with** essere pronto a scoppiare di; **to ~ into** *vt fus* (*room etc*) irrompere in; **to ~ open** *vi* aprirsi improvvisamente; (*door*) spalancarsi; **to ~ out laughing** scoppiare a ridere; **to ~ out of** *vt fus* precipitarsi fuori da.
bury ['bɛrɪ] *vt* seppellire; **to ~ one's face in one's hands** nascondere la faccia tra le mani.
bus, ~es [bʌs, 'bʌsɪz] *n* autobus *m inv.*
bush [buʃ] *n* cespuglio; (*scrub land*) macchia.
bushel ['buʃl] *n* staio.
bushy ['buʃɪ] *a* cespuglioso(a).
business ['bɪznɪs] *n* (*matter*) affare *m*; (*trading*) affari *mpl*; (*firm*) azienda; (*job, duty*) lavoro; **to be away on ~** essere andato via per affari; **it's none of my ~** questo non mi riguarda; **he means ~** non scherza; **~like** *a* serio(a); efficiente; **~man** *n* uomo d'affari.
bus-stop ['bʌsstɔp] *n* fermata d'autobus.
bust [bʌst] *n* busto; (ANAT) seno // *a* (*broken*) rotto(a); **to go ~** fallire.
bustle ['bʌsl] *n* movimento, attività // *vi* darsi da fare; **bustling** *a* (*person*) indaffarato(a); (*town*) animato(a).
busy ['bɪzɪ] *a* occupato(a); (*shop, street*) molto frequentato(a) // *vt*: **to ~ o.s.** darsi da fare; **~body** *n* ficcanaso.
but [bʌt] *cj* ma // *prep* eccetto, tranne; **nothing ~** null'altro che; **~ for** senza, se non fosse per; **all ~ finished** quasi finito; **anything ~ finished** tutt'altro che finito.
butane ['bju:teɪn] *n* butano.
butcher ['butʃə*] *n* macellaio // *vt* macellare.
butler ['bʌtlə*] *n* maggiordomo.
butt [bʌt] *n* (*cask*) grossa botte *f*; (*thick end*) estremità *f inv* più grossa; (*of gun*) calcio; (*of cigarette*) mozzicone *m*; (*fig*: *target*) oggetto // *vt* cozzare.
butter ['bʌtə*] *n* burro // *vt* imburrare.
butterfly ['bʌtəflaɪ] *n* farfalla.
buttocks ['bʌtəks] *npl* natiche *fpl.*
button ['bʌtn] *n* bottone *m* // *vt* abbottonare; **~hole** *n* asola, occhiello // *vt* attaccare un bottone a.
buttress ['bʌtrɪs] *n* contrafforte *f.*
buxom ['bʌksəm] *a* formoso(a).
buy [baɪ] *vt* (*pt,pp* **bought** [bɔ:t]) comprare; **to ~ sb sth/sth from sb** comprare qc per qd/qc da qd; **to ~ sb a drink** offrire da bere a qd; **to ~ up** *vt* accaparrare; **~er** *n* compratore/trice.
buzz [bʌz] *n* ronzio; (*col*: *phone call*) colpo di telefono // *vi* ronzare.
buzzard ['bʌzəd] *n* poiana.
buzzer ['bʌzə*] *n* cicalino.
by [baɪ] *prep* da; (*beside*) accanto a; vicino

a, presso; (*before*): ~ **4 o'clock** entro le 4 // *ad see* **pass, go** *etc*; ~ **bus/car** in autobus/macchina; **paid ~ the hour** pagato(a) a ore; **to increase** *etc* ~ **the hour** aumentare di ora in ora; **(all) ~ oneself** tutto(a) solo(a); ~ **the way** a proposito; ~ **and large** nell'insieme; ~ **and** ~ di qui a poco *or* presto.

bye(-bye) ['baɪ('baɪ)] *excl* ciao!, arrivederci!

by(e)-law ['baɪlɔ:] *n* legge *f* locale.

by-election ['baɪɪlɛkʃən] *n* elezione *f* straordinaria.

bygone ['baɪgɔn] *a* passato(a) // *n*: **let ~s be ~s** mettiamoci una pietra sopra.

bypass ['baɪpɑ:s] *n* circonvallazione *f* // *vt* fare una deviazione intorno a.

by-product ['baɪprɔdʌkt] *n* sottoprodotto; (*fig*) conseguenza secondaria.

bystander ['baɪstændə*] *n* spettatore/trice.

byword ['baɪwə:d] *n*: **to be a ~ for** essere sinonimo di.

C

C [si:] *n* (MUS) do.

C. *abbr of* **centigrade**.

cab [kæb] *n* taxi *m inv*; (*of train, truck*) cabina; (*horse-drawn*) carrozza.

cabaret ['kæbəreɪ] *n* cabaret *m inv*.

cabbage ['kæbɪdʒ] *n* cavolo.

cabin ['kæbɪn] *n* capanna; (*on ship*) cabina; ~ **cruiser** *n* cabinato.

cabinet ['kæbɪnɪt] *n* (POL) gabinetto; (*furniture*) armadietto; (*also*: **display ~**) vetrinetta; **cocktail ~** *n* mobile *m* bar *inv*; **~-maker** *n* stipettaio.

cable ['keɪbl] *n* cavo; fune *f*; (TEL) cablogramma *m* // *vt* telegrafare; **~-car** *n* funivia; **~gram** *n* cablogramma *m*; **~ railway** *n* funicolare *f*.

cache [kæʃ] *n* nascondiglio; **a ~ of food** *etc* un deposito segreto di viveri *etc*.

cackle ['kækl] *vi* schiamazzare.

cactus, *pl* **cacti** ['kæktəs, -taɪ] *n* cacto.

caddie ['kædɪ] *n* caddie *m inv*.

cadet [kə'dɛt] *n* (MIL) cadetto.

cadge [kædʒ] *vt* accattare; **to ~ a meal (off sb)** scroccare un pranzo (a qd).

Caesarean [si:'zɛərɪən] *a*: ~ **(section)** operazione *f* cesarea.

café ['kæfeɪ] *n* caffè *m inv*; **cafeteria** [kæfɪ'tɪərɪə] *n* self-service *m inv*.

caffein(e) ['kæfi:n] *n* caffeina.

cage [keɪdʒ] *n* gabbia.

cagey ['keɪdʒɪ] *a* (*col*) chiuso(a); guardingo(a).

cajole [kə'dʒəul] *vt* allettare.

cake [keɪk] *n* torta; ~ **of soap** saponetta; **~d** *a*: **~d with** incrostato(a) di.

calamity [kə'læmɪtɪ] *n* calamità *f inv*.

calcium ['kælsɪəm] *n* calcio.

calculate ['kælkjuleɪt] *vt* calcolare; **calculating** *a* calcolatore(trice); **calculation** [-'leɪʃən] *n* calcolo; **calculator** *n* calcolatrice *f*.

calculus ['kælkjuləs] *n* calcolo.

calendar ['kæləndə*] *n* calendario; ~ **month** *n* mese *m* (secondo il calendario); ~ **year** *n* anno civile.

calf, calves [kɑ:f, kɑ:vz] *n* (*of cow*) vitello; (*of other animals*) piccolo; (*also*: **~skin**) (pelle *f* di) vitello; (ANAT) polpaccio.

calibre ['kælɪbə*] *n* calibro.

call [kɔ:l] *vt* (*gen, also* TEL) chiamare // *vi* chiamare; (*visit*: *also*: ~ **in,** ~ **round**): **to ~ (for)** passare (a prendere) // *n* (*shout*) grido, urlata; visita; **(telephone) ~** telefonata; **to be on ~** essere disponibile; **to ~ for** *vt fus* richiedere; **to ~ off** *vt* disdire; **to ~ on** *vt fus* (*visit*) passare da; (*request*): **to ~ on sb to do** chiedere a qd di fare; **to ~ up** *vt* (MIL) richiamare; **~box** *n* cabina telefonica; **~er** *n* persona che chiama; visitatore/trice; ~ **girl** *n* ragazza *f* squillo *inv*; **~ing** *n* vocazione *f*; **~ing card** *n* (*US*) biglietto da visita.

callous ['kæləs] *a* indurito(a), insensibile.

calm [kɑ:m] *n* calma // *vt* calmare // *a* calmo(a); **~ly** *ad* con calma; **~ness** *n* calma; **to ~ down** *vi* calmarsi // *vt* calmare.

calorie ['kælərɪ] *n* caloria.

calve [kɑ:v] *vi* figliare.

calves [kɑ:vz] *npl of* **calf.**

camber ['kæmbə*] *n* (*of road*) bombatura.

Cambodia [kæm'bəudjə] *n* Cambogia.

came [keɪm] *pt of* **come.**

camel ['kæməl] *n* cammello.

cameo ['kæmɪəu] *n* cammeo.

camera ['kæmərə] *n* macchina fotografica; (*also*: **cine-~, movie ~**) cinepresa; **in ~** a porte chiuse; **~man** *n* cameraman *m inv*.

camouflage ['kæməflɑ:ʒ] *n* camuffamento; (MIL) mimetizzazione *f* // *vt* camuffare; mimetizzare.

camp [kæmp] *n* campeggio; (MIL) campo // *vi* campeggiare; accamparsi.

campaign [kæm'peɪn] *n* (MIL, POL *etc*) campagna // *vi* (*also fig*) fare una campagna.

campbed ['kæmp'bɛd] *n* brandina.

camper ['kæmpə*] *n* campeggiatore/trice.

camping ['kæmpɪŋ] *n* campeggio.

campsite ['kæmpsaɪt] *n* campeggio.

campus ['kæmpəs] *n* campus *m inv*.

can [kæn] *auxiliary vb* potere; (*know how to*) sapere; **I ~ swim** *etc* so nuotare *etc*; **I ~ speak French** so parlare francese // *n* (*of milk*) scatola; (*of oil*) bidone *m*; (*of water*) tanica; (*tin*) scatola // *vt* mettere in scatola.

Canada ['kænədə] *n* Canada *m*.

Canadian [kə'neɪdɪən] *a, n* canadese (*m/f*).

canal [kə'næl] *n* canale *m*.

canary [kə'nɛərɪ] *n* canarino.

cancel ['kænsəl] *vt* annullare; (*train*) sopprimere; (*cross out*) cancellare; **~lation** [-'leɪʃən] *n* annullamento; soppressione *f*; cancellazione *f*; (TOURISM) prenotazione *f* annullata.

cancer ['kænsə*] *n* cancro; **C~** (*sign*) Cancro.
candid ['kændɪd] *a* onesto(a).
candidate ['kændɪdeɪt] *n* candidato.
candle ['kændl] *n* candela; **by ~light** a lume di candela; **~stick** *n* (*also*: **~holder**) bugia; (*bigger, ornate*) candeliere *m*.
candour ['kændə*] *n* sincerità.
candy ['kændɪ] *n* zucchero candito; (*US*) caramella; **~-floss** *n* zucchero filato.
cane [keɪn] *n* canna; (*SCOL*) verga // *vt* punire a colpi di verga.
canine ['kænaɪn] *a* canino(a).
canister ['kænɪstə*] *n* scatola metallica.
cannabis ['kænəbɪs] *n* (*drug*) hascisc *m*.
canned ['kænd] *a* (*food*) in scatola.
cannibal ['kænɪbəl] *n* cannibale *m/f*; **~ism** *n* cannibalismo.
cannon, *pl* **~** *or* **~s** ['kænən] *n* (*gun*) cannone *m*; **~ball** *n* palla di cannone.
cannot ['kænɔt] = **can not.**
canny ['kænɪ] *a* furbo(a).
canoe [kə'nu:] *n* canoa; (*SPORT*) canotto; **~ing** *n* (*SPORT*) canottaggio; **~ist** *n* canottiere *m*.
canon ['kænən] *n* (*clergyman*) canonico; (*standard*) canone *m*.
canonize ['kænənaɪz] *vt* canonizzare.
can opener ['kænəupnə*] *n* apriscatole *m inv*.
canopy ['kænəpɪ] *n* baldacchino.
cant [kænt] *n* gergo.
can't [kænt] = **can not.**
cantankerous [kæn'tæŋkərəs] *a* stizzoso(a).
canteen [kæn'ti:n] *n* mensa; (*of cutlery*) portaposate *m inv*.
canter ['kæntə*] *n* piccolo galoppo.
cantilever ['kæntɪli:və*] *n* trave *f* a sbalzo.
canvas ['kænvəs] *n* tela; **under ~** (*camping*) sotto la tenda; (*NAUT*) sotto la vela.
canvass ['kænvəs] *vt*: **~ing** sollecitazione *f*.
canyon ['kænjən] *n* canyon *m inv*.
cap [kæp] *n* (*also FOOTBALL*) berretto; (*of pen*) coperchio; (*of bottle*) tappo // *vt* tappare; (*outdo*) superare; **~ped with** ricoperto(a) di.
capability [keɪpə'bɪlɪtɪ] *n* capacità *f inv*, abilità *f inv*.
capable ['keɪpəbl] *a* capace; **~ of** capace di; suscettibile di.
capacity [kə'pæsɪtɪ] *n* capacità *f inv*; (*of lift etc*) capienza; **in his ~ as** nella sua qualità di; **to work at full ~** lavorare al massimo delle proprie capacità.
cape [keɪp] *n* (*garment*) cappa; (*GEO*) capo.
capital ['kæpɪtl] *n* (*also*: **~ city**) capitale *f*; (*money*) capitale *m*; (*also*: **~ letter**) (lettera) maiuscola; **~ gains** *npl* utili *mpl* di capitale; **~ism** *n* capitalismo; **~ist** *a* capitalista; **~ punishment** *n* pena capitale.
capitulate [kə'pɪtjuleɪt] *vi* capitolare.
capricious [kə'prɪʃəs] *a* capriccioso(a).
Capricorn ['kæprɪkɔ:n] *n* Capricorno.
capsize [kæp'saɪz] *vt* capovolgere // *vi* capovolgersi.
capstan ['kæpstən] *n* argano.
capsule ['kæpsju:l] *n* capsula.
captain ['kæptɪn] *n* capitano // *vt* capitanare.
caption ['kæpʃən] *n* leggenda.
captivate ['kæptɪveɪt] *vt* avvincere.
captive ['kæptɪv] *a, n* prigioniero(a).
captivity [kæp'tɪvɪtɪ] *n* prigionia; **in ~** (*animal*) in servitù.
capture ['kæptʃə*] *vt* catturare, prendere; (*attention*) attirare // *n* cattura.
car [kɑ:*] *n* macchina, automobile *f*.
carafe [kə'ræf] *n* caraffa.
caramel ['kærəməl] *n* caramello.
carat ['kærət] *n* carato.
caravan ['kærəvæn] *n* roulotte *f inv*.
caraway ['kærəweɪ] *n*: **~ seed** seme *m* di cumino.
carbohydrates [kɑ:bəu'haɪdreɪts] *npl* (*foods*) carboidrati *mpl*.
carbon ['kɑ:bən] *n* carbonio; **~ copy** *n* copia *f* carbone *inv*; **~ paper** *n* carta carbone.
carburettor [kɑ:bju'rɛtə*] *n* carburatore *m*.
carcass ['kɑ:kəs] *n* carcassa.
card [kɑ:d] *n* carta; (*visiting ~ etc*) biglietto; (*Christmas ~ etc*) cartolina; **~board** *n* cartone *m*; **~ game** *n* gioco di carte.
cardiac ['kɑ:dɪæk] *a* cardiaco(a).
cardigan ['kɑ:dɪgən] *n* cardigan *m inv*.
cardinal ['kɑ:dɪnl] *a, n* cardinale (*m*).
card index ['kɑ:dɪndɛks] *n* schedario.
care [kɛə*] *n* cura, attenzione *f*; (*worry*) preoccupazione *f* // *vi*: **to ~ about** interessarsi di; **would you ~ to/for ...?** ti piacerebbe ...?; **I wouldn't ~ to do it** non lo vorrei fare; **in sb's ~** alle cure di qd; **to take ~** fare attenzione; **to take ~ of** *vt* curarsi di; **to ~ for** *vt fus* aver cura di; (*like*) volere bene a; **I don't ~** non me ne importa; **I couldn't ~ less** non me ne importa un bel niente.
career [kə'rɪə*] *n* carriera // *vi* (*also*: **~ along**) andare di (gran) carriera.
carefree ['kɛəfri:] *a* sgombro(a) di preoccupazioni.
careful ['kɛəful] *a* attento(a); (*cautious*) cauto(a); **(be) ~!** attenzione!; **~ly** *ad* con cura; cautamente.
careless ['kɛəlɪs] *a* negligente; (*heedless*) spensierato(a); **~ly** *ad* trascuratamente, senza cura; **~ness** *n* negligenza; spensieratezza.
caress [kə'rɛs] *n* carezza // *vt* accarezzare.
caretaker ['kɛəteɪkə*] *n* custode *m*.
car-ferry ['kɑ:fɛrɪ] *n* traghetto.
cargo, **~es** ['kɑ:gəu] *n* carico.
Caribbean [kærɪ'bi:ən] *a*: **the ~ (Sea)** il Mar dei Caraibi.
caricature ['kærɪkətjuə*] *n* caricatura.
carnal ['kɑ:nl] *a* carnale.

carnation [kɑːˈneɪʃən] *n* garofano.
carnival [ˈkɑːnɪvəl] *n* (*public celebration*) carnevale *m*.
carol [ˈkærəl] *n*: (**Christmas**) ~ canto di Natale.
carp [kɑːp] *n* (*fish*) carpa; **to** ~ **at** *vt fus* trovare a ridire su.
car park [ˈkɑːpɑːk] *n* parcheggio.
carpenter [ˈkɑːpɪntə*] *n* carpentiere *m*.
carpentry [ˈkɑːpɪntrɪ] *n* carpenteria.
carpet [ˈkɑːpɪt] *n* tappeto // *vt* coprire con tappeto.
carriage [ˈkærɪdʒ] *n* vettura; trasporto; (*of typewriter*) carrello; (*bearing*) portamento; ~**way** *n* (*part of road*) strada rotabile.
carrier [ˈkærɪə*] *n* (*of disease*) portatore/trice; (COMM) impresa di trasporti; (NAUT) portaerei *m inv*; (*on car, bicycle*) portabagagli *m inv*; ~ **bag** *n* sacchetto.
carrot [ˈkærət] *n* carota.
carry [ˈkærɪ] *vt* (*subj*: *person*) portare; (: *vehicle*) trasportare; (*a motion, bill*) far passare; (*involve*: *responsibilities etc*) comportare // *vi* (*sound*) farsi sentire; **to be carried away** (*fig*) farsi trascinare; **to** ~ **on** *vi*: **to** ~ **on with sth/doing** continuare qc/a fare // *vt* mandare avanti; **to** ~ **out** *vt* (*orders*) eseguire; (*investigation*) svolgere; ~**cot** *n* culla portabile.
cart [kɑːt] *n* carro // *vt* trasportare con carro.
cartilage [ˈkɑːtɪlɪdʒ] *n* cartilagine *f*.
carton [ˈkɑːtən] *n* (*box*) scatola di cartone; (*of yogurt*) cartone *m*; (*of cigarettes*) stecca.
cartoon [kɑːˈtuːn] *n* (PRESS) disegno umoristico; (*satirical*) caricatura; (*comic strip*) fumetto; (CINEMA) disegno animato; ~**ist** *n* disegnatore/trice; caricaturista *m/f*; fumettista *m/f*.
cartridge [ˈkɑːtrɪdʒ] *n* (*for gun, pen*) cartuccia; (*for camera*) caricatore *m*; (*music tape*) cassetta; (*of record player*) testina.
carve [kɑːv] *vt* (*meat*) trinciare; (*wood, stone*) intagliare; **carving** *n* (*in wood etc*) scultura; **carving knife** *n* trinciante *m*.
car wash [ˈkɑːwɔʃ] *n* lavaggio auto.
cascade [kæsˈkeɪd] *n* cascata // *vi* scendere a cascata.
case [keɪs] *n* caso; (LAW) causa, processo; (*box*) scatola; (*also*: **suit**~) valigia; **he hasn't put forward his** ~ **very well** non ha dimostrato bene il suo caso; **in** ~ **of** in caso di; **in** ~ **he** caso mai lui; **just in** ~ in caso di bisogno.
cash [kæʃ] *n* denaro; (COMM) denaro liquido; (COMM: *in payment*) pagamento in contanti // *vt* incassare; **to pay (in)** ~ pagare in contanti; ~ **with order/on delivery** (COMM) pagamento all'ordinazione/contro assegno; ~**book** *n* giornale *m* di cassa; ~**desk** *n* cassa.
cashew [kæˈʃuː] *n* (*also*: ~ **nut**) anacardio.
cashier [kæˈʃɪə*] *n* cassiere(a).
cashmere [kæʃˈmɪə*] *n* cachemire *m*.
cash register [ˈkæʃrɛdʒɪstə*] *n* registratore *m* di cassa.
casing [ˈkeɪsɪŋ] *n* rivestimento.
casino [kəˈsiːnəu] *n* casinò *m inv*.
cask [kɑːsk] *n* botte *f*.
casket [ˈkɑːskɪt] *n* cofanetto; (*US*: *coffin*) bara.
casserole [ˈkæsərəul] *n* casseruola; (*food*) stufato (nella casseruola).
cast [kɑːst] *vt* (*pt, pp* **cast**) (*throw*) gettare; (*shed*) perdere; spogliarsi di; (*metal*) gettare, fondere // *n* (THEATRE) complesso di attori; (*mould*) forma; (*also*: **plaster** ~) ingessatura; (THEATRE): **to** ~ **sb as Hamlet** scegliere qd per la parte di Amleto; **to** ~ **one's vote** votare, dare il voto; **to** ~ **off** *vi* (NAUT) salpare.
castanets [kæstəˈnɛts] *npl* castagnette *fpl*.
castaway [ˈkɑːstəwəɪ] *n* naufrago/a.
caste [kɑːst] *n* casta.
casting [ˈkɑːstɪŋ] *a*: ~ **vote** voto decisivo.
cast iron [ˈkɑːstˈaɪən] *n* ferro battuto.
castle [ˈkɑːsl] *n* castello; (*fortified*) rocca.
castor [ˈkɑːstə*] *n* (*wheel*) rotella; ~ **oil** *n* olio di ricino; ~ **sugar** *n* zucchero semolato.
castrate [kæsˈtreɪt] *vt* castrare.
casual [ˈkæʒjul] *a* (*by chance*) casuale, fortuito(a); (*irregular*: *work etc*) avventizio(a); (*unconcerned*) noncurante, indifferente; ~ **wear** *n* casual *m*; ~ **labour** *n* manodopera avventizia; ~**ly** *ad* con disinvoltura; casualmente.
casualty [ˈkæʒjultɪ] *n* ferito/a; (*dead*) morto/a, vittima; **heavy casualties** *npl* grosse perdite *fpl*.
cat [kæt] *n* gatto.
catalogue [ˈkætəlɔg] *n* catalogo.
catalyst [ˈkætəlɪst] *n* catalizzatore *m*.
catapult [ˈkætəpʌlt] *n* catapulta, fionda.
cataract [ˈkætərækt] *n* (*also* MED) cateratta.
catarrh [kəˈtɑː*] *n* catarro.
catastrophe [kəˈtæstrəfɪ] *n* catastrofe *f*; **catastrophic** [kætəˈstrɔfɪk] *a* catastrofico(a).
catch [kætʃ] *vb* (*pt,pp* **caught** [cɔːt]) *vt* (*train, thief, cold*) acchiappare; (*ball*) chiappare; (*person*: *by surprise*) sorprendere; (*understand*) comprendere; (*get entangled*) impigliare // *vi* (*fire*) prendere // *n* (*fish etc caught*) retata, presa; (*trick*) inganno; (TECH) gancio; **to** ~ **sb's attention** *or* **eye** attirare l'attenzione di qd; **to** ~ **fire** prendere fuoco; **to** ~ **sight of** scorgere; **to** ~ **up** *vi* mettersi in pari // *vt* (*also*: ~ **up with**) raggiungere.
catching [ˈkætʃɪŋ] *a* (MED) contagioso(a).
catchment area [ˈkætʃməntˈɛərɪə] *n* (SCOL) circoscrizione *f* scolare; (GEO) bacino pluviale.
catch phrase [ˈkætʃfreɪz] *n* slogan *m inv*; frase *f* fatta.
catchy [ˈkætʃɪ] *a* orecchiabile.

catechism ['kætɪkɪzəm] *n* (REL) catechismo.
categoric(al) [kætɪ'gɔrɪk(əl)] *a* categorico(a).
categorize ['kætɪgəraɪz] *vt* categorizzare.
category ['kætɪgərɪ] *n* categoria.
cater ['keɪtə*] *vi* (gen: ~ **for**) provvedere da mangiare (per); **to ~ for** *vt fus* (*needs*) provvedere a; (*readers, consumers*) incontrare i gusti di; **~er** *n* fornitore *m*; **~ing** *n* approvvigionamento; **~ing trade** *n* settore *m* ristoranti.
caterpillar ['kætəpɪlə*] *n* bruco; **~ track/vehicle** *n* catena/trattore *m* a cingoli.
cathedral [kə'θi:drəl] *n* cattedrale *f*, duomo.
catholic ['kæθəlɪk] *a* universale; aperto(a); eclettico(a); **C~** *a,n* (REL) cattolico(a).
cattle ['kætl] *npl* bestiame *m*, bestie *fpl*.
caught [kɔ:t] *pt,pp of* **catch**.
cauliflower ['kɔlɪflauə*] *n* cavolfiore *m*.
cause [kɔ:z] *n* causa // *vt* causare; **there is no ~ for concern** non c'è ragione di preoccuparsi.
causeway ['kɔ:zweɪ] *n* strada rialzata.
caustic ['kɔ:stɪk] *a* caustico(a).
caution ['kɔ:ʃən] *n* prudenza; (*warning*) avvertimento // *vt* avvertire; ammonire.
cautious ['kɔ:ʃəs] *a* cauto(a); **~ly** *ad* prudentemente; **~ness** *n* cautela.
cavalry ['kævəlrɪ] *n* cavalleria.
cave [keɪv] *n* caverna, grotta; **to ~ in** *vi* (*roof etc*) crollare; **~man** *n* uomo delle caverne.
cavern ['kævən] *n* caverna.
caviar(e) ['kævɪɑ:*] *n* caviale *m*.
cavity ['kævɪtɪ] *n* cavità *f inv*.
cavort [kə'vɔ:t] *vi* far capriole.
CBI *n* (*abbr of Confederation of British Industries*) ≈ Confindustria.
cc *abbr of cubic centimetres; carbon copy*.
cease [si:s] *vt,vi* cessare; **~fire** *n* cessate il fuoco *m inv*; **~less** *a* incessante, continuo(a).
cedar ['si:də*] *n* cedro.
cede [si:d] *vt* cedere.
ceiling ['si:lɪŋ] *n* soffitto.
celebrate ['sɛlɪbreɪt] *vt,vi* celebrare; **~d** *a* celebre; **celebration** [-'breɪʃən] *n* celebrazione *f*.
celebrity [sɪ'lɛbrɪtɪ] *n* celebrità *f inv*.
celery ['sɛlərɪ] *n* sedano.
celestial [sɪ'lɛstɪəl] *a* celeste.
celibacy ['sɛlɪbəsɪ] *n* celibato.
cell [sɛl] *n* cella; (ELEC) elemento (di batteria).
cellar ['sɛlə*] *n* sottosuolo, cantina.
'cello ['tʃɛləu] *n* violoncello.
cellophane ['sɛləfeɪn] *n* cellophane *m*.
cellulose ['sɛljuləus] *n* cellulosa.
Celtic ['kɛltɪk, 'sɛltɪk] *a* celtico(a).
cement [sə'mɛnt] *n* cemento // *vt* cementare.
cemetery ['sɛmɪtrɪ] *n* cimitero.
cenotaph ['sɛnətɑ:f] *n* cenotafio.
censor ['sɛnsə*] *n* censore *m*; **~ship** *n* censura.
censure ['sɛnʃə*] *vt* riprovare, censurare.
census ['sɛnsəs] *n* censimento.
cent [sɛnt] *n* (*US: coin*) centesimo, = *1:100 di un dollaro; see also* **per**.
centenary [sɛn'ti:nərɪ] *n* centenario.
centi... ['sɛntɪ] *prefix*: **~grade** *a* centigrado(a); **~metre** *n* centimetro.
centipede ['sɛntɪpi:d] *n* centopiedi *m inv*.
central ['sɛntrəl] *a* centrale; **~ heating** *n* riscaldamento centrale; **~ize** *vt* accentrare.
centre ['sɛntə*] *n* centro; **~-forward** *n* (SPORT) centroavanti *m inv*; **~-half** *n* (SPORT) centromediano.
centrifugal [sɛn'trɪfjugəl] *a* centrifugo(a).
century ['sɛntjurɪ] *n* secolo.
ceramic [sɪ'ræmɪk] *a* ceramico(a).
cereal ['si:rɪəl] *n* cereale *m*.
ceremony ['sɛrɪmənɪ] *n* cerimonia; **to stand on ~** fare complimenti.
certain ['sə:tən] *a* certo(a); **to make ~ of** assicurarsi di; **for ~** per certo, di sicuro; **~ly** *ad* certamente, certo; **~ty** *n* certezza.
certificate [sə'tɪfɪkɪt] *n* certificato; diploma *m*.
certify ['sə:tɪfaɪ] *vt* certificare // *vi*: **to ~ to** attestare a.
cervix ['sə:vɪks] *n* cervice *f*.
cessation [sə'seɪʃən] *n* cessazione *f*; arresto.
cesspool ['sɛspu:l] *n* pozzo nero.
cf. (*abbr = compare*) cfr., confronta.
chafe [tʃeɪf] *vt* fregare, irritare.
chaffinch ['tʃæfɪntʃ] *n* fringuello.
chain [tʃeɪn] *n* catena // *vt* (*also*: **~ up**) incatenare; **~ reaction** *n* reazione *f* a catena; **to ~ smoke** *vi* fumare una sigaretta dopo l'altra; **~ store** *n* negozio a catena.
chair [tʃɛə*] *n* sedia; (*armchair*) poltrona; (*of university*) cattedra // *vt* (*meeting*) presiedere; **~lift** *n* seggiovia; **~man** *n* presidente *m*.
chalet ['ʃæleɪ] *n* chalet *m inv*.
chalice ['tʃælɪs] *n* calice *m*.
chalk [tʃɔ:k] *n* gesso.
challenge ['tʃælɪndʒ] *n* sfida // *vt* sfidare; (*statement, right*) mettere in dubbio; **to ~ sb to a fight/game** sfidare qd a battersi/ad una partita; **to ~ sb to do** sfidare qd a fare; **~r** *n* (SPORT) sfidante *m/f*; **challenging** *a* sfidante; provocatorio(a).
chamber ['tʃeɪmbə*] *n* camera; **~ of commerce** camera di commercio; **~maid** *n* cameriera; **~ music** *n* musica da camera.
chamois ['ʃæmwɑ:] *n* camoscio; **~ leather** ['ʃæmɪlɛðə*] *n* pelle *f* di camoscio.
champagne [ʃæm'peɪn] *n* champagne *m inv*.
champion ['tʃæmpɪən] *n* campione/essa; **~ship** *n* campionato.
chance [tʃɑ:ns] *n* caso; (*opportunity*)

occasione *f*; (*likelihood*) possibilità *f inv* // *vt*: **to ~ it** rischiarlo // *a* fortuito(a); **there is little ~ of his coming** è molto improbabile che venga; **to take a ~** arrischiarlo; **by ~** per caso.

chancel ['tʃɑ:nsəl] *n* coro.

chancellor ['tʃɑ:nsələ*] *n* cancelliere *m*; **C~ of the Exchequer** *n* Cancelliere dello Scacchiere.

chandelier [ʃændə'lɪə*] *n* lampadario.

change [tʃeɪndʒ] *vt* cambiare; (*transform*): **to ~ sb into** trasformare qd in // *vi* cambiarsi; (*be transformed*): **to ~ into** trasformarsi in // *n* cambiamento; (*money*) resto; **to ~ one's mind** cambiare idea; **a ~ of clothes** una cambiata; **for a ~** tanto per cambiare; **small ~** spiccioli *mpl*, moneta; **~able** *a* (*weather*) variabile; **~over** *n* cambiamento, passaggio.

changing ['tʃeɪndʒɪŋ] *a* che cambia; (*colours*) cangiante; **~ room** *n* (*in shop*) camerino; (SPORT) spogliatoio.

channel ['tʃænl] *n* canale *m*; (*of river, sea*) alveo // *vt* canalizzare; **through the usual ~s** per le solite vie; **the (English) C~** la Manica; **the C~ Islands** le Isole Normanne.

chant [tʃɑ:nt] *n* canto; salmodia // *vt* cantare; salmodiare.

chaos ['keɪɔs] *n* caos *m*.

chaotic [keɪ'ɔtɪk] *a* caotico(a).

chap [tʃæp] *n* (*col*: *man*) tipo // *vt* (*skin*) screpolare.

chapel ['tʃæpəl] *n* cappella.

chaperon ['ʃæpərəun] *n* accompagnatrice *f* // *vt* accompagnare.

chaplain ['tʃæplɪn] *n* cappellano.

chapter ['tʃæptə*] *n* capitolo.

char [tʃɑ:*] *vt* (*burn*) carbonizzare // *vi* (*cleaner*) lavorare come domestica (a ore) // *n* = **charlady**.

character ['kærɪktə*] *n* carattere *m*; (*in novel, film*) personaggio; (*eccentric*) originale *m*; **~istic** [-'rɪstɪk] *a* caratteristico(a) // *n* caratteristica; **~ize** *vt* caratterizzare.

charade [ʃə'rɑ:d] *n* sciarada.

charcoal ['tʃɑ:kəul] *n* carbone *m* di legna.

charge [tʃɑ:dʒ] *n* accusa; (*cost*) prezzo; (*of gun, battery,* MIL: *attack*) carica // *vt* (LAW): **to ~ sb (with)** accusare qd (di); (*gun, battery,* MIL: *enemy*) caricare; (*customer*) fare pagare a; (*sum*) fare pagare // *vi* (*gen with*: *up, along etc*) lanciarsi; **~s** *npl*: **bank ~s** commissioni *fpl* bancarie; **labour ~s** costi *mpl* del lavoro; **to ~ in/out** precipitarsi dentro/fuori; **is there a ~?** c'è da pagare?; **there's no ~** non c'è niente da pagare; **to take ~ of** incaricarsi di; **to be in ~ of** essere responsabile per; **to have ~ of sb** aver cura di qd; **to ~ an expense (up) to sb** addebitare una spesa a qd.

chariot ['tʃærɪət] *n* carro.

charitable ['tʃærɪtəbl] *a* caritatevole.

charity ['tʃærɪtɪ] *n* carità; opera pia.

charlady ['tʃɑ:leɪdɪ] *n* domestica a ore.

charm [tʃɑ:m] *n* fascino; amuleto // *vt* affascinare, incantare; **~ing** *a* affascinante.

chart [tʃɑ:t] *n* tabella; grafico; (*map*) carta nautica // *vt* fare una carta nautica di.

charter ['tʃɑ:tə*] *vt* (*plane*) noleggiare // *n* (*document*) carta; **~ed accountant** *n* ragioniere/a professionista; **~ flight** *n* volo *m* charter *inv*.

chase [tʃeɪs] *vt* inseguire; (*away*) cacciare // *n* caccia.

chasm ['kæzəm] *n* abisso.

chassis ['ʃæsɪ] *n* telaio.

chastity ['tʃæstɪtɪ] *n* castità.

chat [tʃæt] *vi* (*also*: **have a ~**) chiacchierare // *n* chiacchierata.

chatter ['tʃætə*] *vi* (*person*) ciarlare // *n* ciarle *fpl*; **~box** *n* chiacchierone/a.

chatty ['tʃætɪ] *a* (*style*) familiare; (*person*) chiacchierino(a).

chauffeur ['ʃəufə*] *n* autista *m*.

cheap [tʃi:p] *a* a buon mercato; (*joke*) grossolano(a); (*poor quality*) di cattiva qualità // *ad* a buon mercato; **~en** *vt* ribassare; (*fig*) avvilire.

cheat [tʃi:t] *vi* imbrogliare; (*at school*) copiare // *vt* ingannare; (*rob*) defraudare // *n* imbroglione *m*; copione *m*; (*trick*) inganno.

check [tʃɛk] *vt* verificare; (*passport, ticket*) controllare; (*halt*) fermare; (*restrain*) contenere // *n* verifica; controllo; (*curb*) freno; (*bill*) conto; (*pattern*: *gen pl*) quadretti *mpl*; (*US*) = **cheque**; **to ~ in** *vi* (*in hotel*) registrare; (*at airport*) presentarsi all'accettazione // *vt* (*luggage*) depositare; **to ~ off** *vt* segnare; **to ~ out** *vi* (*in hotel*) saldare il conto // *vt* (*luggage*) ritirare; **to ~ up** *vi*: **to ~ up (on sth)** investigare (qc); **to ~ up on sb** informarsi sul conto di qd; **~ers** *n* (*US*) dama; **~mate** *n* scaccomatto; **~up** *n* (MED) controllo medico.

cheek [tʃi:k] *n* guancia; (*impudence*) faccia tosta; **~bone** *n* zigomo; **~y** *a* sfacciato(a).

cheer [tʃɪə*] *vt* applaudire; (*gladden*) rallegrare // *vi* applaudire // *n* (*gen pl*) applausi *mpl*; evviva *mpl*; **~s!** salute!; **to ~ up** *vi* rallegrarsi, farsi animo // *vt* rallegrare; **~ful** *a* allegro(a); **~io** *excl* ciao!

cheese [tʃi:z] *n* formaggio; **~board** *n* piatto da formaggio.

chef [ʃɛf] *n* capocuoco.

chemical ['kɛmɪkəl] *a* chimico(a) // *n* prodotto chimico.

chemist ['kɛmɪst] *n* farmacista *m/f*; (*scientist*) chimico/a; **~ry** *n* chimica; **~'s (shop)** *n* farmacia.

cheque [tʃɛk] *n* assegno; **~book** *n* libretto degli assegni.

chequered ['tʃɛkəd] *a* (*fig*) eclettico(a).

cherish ['tʃɛrɪʃ] *vt* aver caro; (*hope etc*) nutrire.

cherry ['tʃɛrɪ] *n* ciliegia.

chess [tʃɛs] *n* scacchi *mpl*; **~board** *n* scacchiera; **~man** *n* pezzo degli scacchi.

chest [tʃɛst] *n* petto; (*box*) cassa; ~ **of drawers** *n* cassettone *m*.
chestnut ['tʃɛsnʌt] *n* castagna; ~ **(tree)** *n* castagno.
chew [tʃu:] *vt* masticare; ~**ing gum** *n* chewing gum *m*.
chic [ʃi:k] *a* elegante.
chick [tʃɪk] *n* pulcino.
chicken ['tʃɪkɪn] *n* pollo; ~ **feed** *n* (*fig*) miseria; ~ **pox** *n* varicella.
chicory ['tʃɪkərɪ] *n* cicoria.
chief [tʃi:f] *n* capo // *a* principale; ~**ly** *ad* per lo più, soprattutto.
chiffon ['ʃɪfɔn] *n* chiffon *m inv*.
chilblain ['tʃɪlbleɪn] *n* gelone *m*.
child, *pl* ~**ren** [tʃaɪld, 'tʃɪldrən] *n* bambino/a; ~**birth** *n* parto; ~**hood** *n* infanzia; ~**ish** *a* puerile; ~**like** *a* fanciullesco(a); ~ **minder** *n* bambinaia.
Chile ['tʃɪlɪ] *n* Cile *m*; ~**an** *a*, *n* cileno(a).
chill [tʃɪl] *n* freddo; (MED) infreddatura // *a* freddo(a), gelido(a) // *vt* raffreddare; ~**y** *a* freddo(a), fresco(a); (*sensitive to cold*) freddoloso(a); **to feel** ~**y** sentirsi infreddolito(a).
chime [tʃaɪm] *n* carillon *m inv* // *vi* suonare, scampanare.
chimney ['tʃɪmnɪ] *n* camino.
chimpanzee [tʃɪmpæn'zi:] *n* scimpanzé *m inv*.
chin [tʃɪn] *n* mento.
china ['tʃaɪnə] *n* porcellana.
China ['tʃaɪnə] *n* Cina.
Chinese [tʃaɪ'ni:z] *a* cinese // *n* cinese *m/f*; (LING) cinese *m*.
chink [tʃɪŋk] *n* (*opening*) fessura; (*noise*) tintinnio.
chip [tʃɪp] *n* (*gen pl*: CULIN) patatina fritta; (*of wood, glass, stone*) scheggia // *vt* (*cup, plate*) scheggiare; ~**pings** *npl*: **loose** ~**pings** brecciame *m*.
chiropodist [kɪ'rɔpədɪst] *n* pedicure *m/f inv*.
chirp [tʃə:p] *n* cinguettio // *vi* cinguettare.
chisel ['tʃɪzl] *n* cesello.
chit [tʃɪt] *n* biglietto.
chivalrous ['ʃɪvəlrəs] *a* cavalleresco(a).
chivalry ['ʃɪvəlrɪ] *n* cavalleria; cortesia.
chives [tʃaɪvz] *npl* erba cipollina.
chloride ['klɔ:raɪd] *n* cloruro.
chlorine ['klɔ:ri:n] *n* cloro.
chock [tʃɔk] *n* zeppa; ~**-a-block,** ~**-full** *a* pieno(a) zeppo(a).
chocolate ['tʃɔklɪt] *n* (*substance*) cioccolato, cioccolata; (*drink*) cioccolata; (*a sweet*) cioccolatino.
choice [tʃɔɪs] *n* scelta // *a* scelto(a).
choir ['kwaɪə*] *n* coro; ~**boy** *n* corista *m* fanciullo.
choke [tʃəuk] *vi* soffocare // *vt* soffocare; (*block*) ingombrare // *n* (AUT) valvola dell'aria.
cholera ['kɔlərə] *n* colera *m*.
choose, *pt* **chose,** *pp* **chosen** [tʃu:z, tʃəuz, 'tʃəuzn] *vt* scegliere; **to** ~ **to do** decidere di fare; preferire fare.
chop [tʃɔp] *vt* (*wood*) spaccare; (CULIN: *also*: ~ **up**) tritare // *n* colpo netto; (CULIN) braciola; **to** ~ **down** *vt* (*tree*) abbattere; ~**py** *a* (*sea*) mosso(a); ~**sticks** *npl* bastoncini *mpl* cinesi.
choral ['kɔ:rəl] *a* corale.
chord [kɔ:d] *n* (MUS) accordo.
chore [tʃɔ:*] *n* faccenda; **household** ~**s** faccende *fpl* domestiche.
choreographer [kɔrɪ'ɔgrəfə*] *n* coreografo/a.
chorister ['kɔrɪstə*] *n* corista *m/f*.
chortle ['tʃɔ:tl] *vi* ridacchiare.
chorus ['kɔ:rəs] *n* coro; (*repeated part of song, also fig*) ritornello.
chose [tʃəuz] *pt of* **choose**.
chosen ['tʃəuzn] *pp of* **choose**.
Christ [kraɪst] *n* Cristo.
christen ['krɪsn] *vt* battezzare; ~**ing** *n* battesimo.
Christian ['krɪstɪən] *a,n* cristiano(a); ~**ity** [-'ænɪtɪ] *n* cristianesimo; cristianità; ~ **name** *n* prenome *m*.
Christmas ['krɪsməs] *n* Natale *m*; ~ **card** *n* cartolina di Natale; ~ **Eve** *n* la vigilia di Natale; ~ **tree** *n* albero di Natale.
chrome [krəum] *n* = **chromium plating.**
chromium ['krəumɪəm] *n* cromo; ~ **plating** *n* cromatura.
chromosome ['krəuməsəum] *n* cromosoma *m*.
chronic ['krɔnɪk] *a* cronico(a).
chronicle ['krɔnɪkl] *n* cronaca.
chronological [krɔnə'lɔdʒɪkəl] *a* cronologico(a).
chrysanthemum [krɪ'sænθəməm] *n* crisantemo.
chubby ['tʃʌbɪ] *a* paffuto(a).
chuck [tʃʌk] *vt* buttare, gettare; **to** ~ **out** *vt* buttar fuori; **to** ~ **(up)** *vt* piantare.
chuckle ['tʃʌkl] *vi* ridere sommessamente.
chum [tʃʌm] *n* compagno/a.
chunk [tʃʌŋk] *n* pezzo; (*of bread*) tocco.
church [tʃə:tʃ] *n* chiesa; ~**yard** *n* sagrato.
churn [tʃə:n] *n* (*for butter*) zangola; (*also*: **milk** ~) bidone *m*.
chute [ʃu:t] *n* cascata; (*also*: **rubbish** ~) canale *m* di scarico; (*children's slide*) scivolo.
CID *n* (*abbr of Criminal Investigation Department*) ≈ polizia giudiziaria.
cider ['saɪdə*] *n* sidro.
cigar [sɪ'gɑ:*] *n* sigaro.
cigarette [sɪgə'rɛt] *n* sigaretta; ~ **case** *n* portasigarette *m inv*; ~ **end** *n* mozzicone *m*; ~ **holder** *n* bocchino.
cinch [sɪntʃ] *n* (*col*): **it's a** ~ è presto fatto.
cinder ['sɪndə*] *n* cenere *f*.
cine ['sɪnɪ]: ~**-camera** *n* cinepresa; ~**-film** *n* pellicola.
cinema ['sɪnəmə] *n* cinema *m inv*.
cine-projector [sɪnɪprə'dʒɛktə*] *n* proiettore *m*.
cinnamon ['sɪnəmən] *n* cannella.
cipher ['saɪfə*] *n* cifra; (*fig*: *faceless*

employee etc) persona di nessun conto.
circle ['sɜ:kl] *n* cerchio; (*of friends etc*) circolo; (*in cinema*) galleria // *vi* girare in circolo // *vt* (*surround*) circondare; (*move round*) girare intorno a.
circuit ['sɜ:kɪt] *n* circuito; **~ous** [sɜ:'kjuɪtəs] *a* indiretto(a).
circular ['sɜ:kjulə*] *a, n* circolare (*f*).
circulate ['sɜ:kjuleɪt] *vi* circolare // *vt* far circolare; **circulation** [-'leɪʃən] *n* circolazione *f*; (*of newspaper*) tiratura.
circumcise ['sɜ:kəmsaɪz] *vt* circoncidere.
circumference [sə'kʌmfərəns] *n* circonferenza.
circumstances ['sɜ:kəmstənsɪz] *npl* circostanze *fpl*; (*financial condition*) condizioni *fpl* finanziarie.
circus ['sɜ:kəs] *n* circo.
cistern ['sɪstən] *n* cisterna; (*in toilet*) serbatoio d'acqua.
cite [saɪt] *vt* citare.
citizen ['sɪtɪzn] *n* (POL) cittadino/a; (*resident*): **the ~s of this town** gli abitanti di questa città; **~ship** *n* cittadinanza.
citrus fruit ['sɪtrəs'fru:t] *n* agrume *m*.
city ['sɪtɪ] *n* città *f inv*; **the C~** la Città di Londra (*centro commerciale*).
civic ['sɪvɪk] *a* civico(a).
civil ['sɪvɪl] *a* civile; **~ engineer** *n* ingegnere *m* civile; **~ian** [sɪ'vɪlɪən] *a, n* borghese (*m/f*).
civilization [sɪvɪlaɪ'zeɪʃən] *n* civiltà *f inv*.
civilized ['sɪvɪlaɪzd] *a* civilizzato(a); (*fig*) cortese.
civil: **~ law** *n* codice *m* civile; (*study*) diritto civile; **~ servant** *n* impiegato/a statale; **C~ Service** *n* amministrazione *f* statale; **~ war** *n* guerra civile.
claim [kleɪm] *vt* rivendicare; sostenere, pretendere; (*damages*) richiedere // *vi* (*for insurance*) richiedere // *n* rivendicazione *f*; pretesa; (*right*) diritto; **(insurance) ~** richiesta; **~ant** *n* (ADMIN, LAW) rivendicatore/trice.
clam [klæm] *n* vongola.
clamber ['klæmbə*] *vi* arrampicarsi.
clammy ['klæmɪ] *a* (*weather*) caldo(a) umido(a); (*hands*) viscido(a).
clamp [klæmp] *n* grappa; pinza; morsa // *vt* ammorsare.
clan [klæn] *n* clan *m inv*.
clang [klæŋ] *n* fragore *m*, suono metallico.
clap [klæp] *vi* applaudire; **~ping** *n* applausi *mpl*.
claret ['klærət] *n* vino di Bordeaux.
clarification [klærɪfɪ'keɪʃən] *n* (*fig*) chiarificazione *f*, schiarimento.
clarify ['klærɪfaɪ] *vt* chiarificare, schiarire.
clarinet [klærɪ'nɛt] *n* clarinetto.
clarity ['klærɪtɪ] *n* clarità.
clash [klæʃ] *n* frastuono; (*fig*) scontro // *vi* scontrarsi; cozzare.
clasp [klɑ:sp] *n* fermaglio, fibbia // *vt* stringere.
class [klɑ:s] *n* classe *f* // *vt* classificare.
classic ['klæsɪk] *a* classico(a) // *n* classico; **~al** *a* classico(a).
classification [klæsɪfɪ'keɪʃən] *n* classificazione *f*.
classify ['klæsɪfaɪ] *vt* classificare.
classmate ['klɑ:smeɪt] *n* compagno/a di classe.
classroom ['klɑ:srum] *n* aula.
clatter ['klætə*] *n* acciottolio; scalpitio // *vi* acciottolare; scalpitare.
clause [klɔ:z] *n* clausola; (LING) proposizione *f*.
claustrophobia [klɔ:strə'fəubɪə] *n* claustrofobia.
claw [klɔ:] *n* tenaglia; (*of bird of prey*) artiglio; (*of lobster*) pinza // *vt* graffiare; afferrare.
clay [kleɪ] *n* argilla.
clean [kli:n] *a* pulito(a); (*clear, smooth*) liscio(a) // *vt* pulire; **to ~ out** *vt* far piazza pulita di; **to ~ up** *vi* far pulizia // *vt* (*also fig*) ripulire; **~er** *n* (*person*) donna delle pulizie; (*also*: **dry ~er**) tintore/a; (*product*) smacchiatore *m*; **~ing** *n* pulizia; **~liness** ['klɛnlɪnɪs] *n* pulizia.
cleanse [klɛnz] *vt* pulire; purificare; **~r** *n* detergente *m*.
clean-shaven ['kli:n'ʃeɪvn] *a* sbarbato(a).
clean-up ['kli:n'ʌp] *n* pulizia.
clear [klɪə*] *a* chiaro(a); (*road, way*) libero(a) // *vt* sgombrare; liberare; (*table*) sparecchiare; (COMM: *goods*) liquidare; (LAW: *suspect*) discolpare; (*obstacle*) superare // *vi* (*weather*) rasserenarsi; (*fog*) andarsene // *ad*: **~ of** distante da; **to ~ up** *vi* schiarirsi // *vt* mettere in ordine; (*mystery*) risolvere; **~ance** *n* (*removal*) sgombro; (*free space*) spazio; (*permission*) autorizzazione *f*, permesso; **~ance sale** *n* vendita di liquidazione; **~-cut** *a* ben delineato(a), distinto(a); **~ing** *n* radura; (BANKING) clearing *m*; **~ly** *ad* chiaramente; **~way** *n* (*Brit*) strada con divieto di sosta.
clef [klɛf] *n* (MUS) chiave *f*.
clench [klɛntʃ] *vt* stringere.
clergy ['klɜ:dʒɪ] *n* clero; **~man** *n* ecclesiastico.
clerical ['klɛrɪkəl] *a* d'impiegato; (REL) clericale.
clerk [klɑ:k, (*US*) klɜ:rk] *n* impiegato/a; (*US*: *salesman/ woman*) commesso/a.
clever ['klɛvə*] *a* (*mentally*) intelligente; (*deft, skilful*) abile; (*device, arrangement*) ingegnoso(a).
cliché ['kli:ʃeɪ] *n* cliché *m inv*.
click [klɪk] *vi* scattare.
client ['klaɪənt] *n* cliente *m/f*; **~ele** [kli:ã:n'tɛl] *n* clientela.
cliff [klɪf] *n* scogliera scoscesa, rupe *f*.
climate ['klaɪmɪt] *n* clima *m*.
climax ['klaɪmæks] *n* culmine *m*.
climb [klaɪm] *vi* salire; (*clamber*) arrampicarsi // *vt* salire; (CLIMBING) scalare // *n* salita; arrampicata; scalata; **to ~ down** *vi* scendere; **~er** *n* (*also*: **rock ~er**) rocciatore/trice; alpinista

m/f; **~ing** *n* (*also*: **rock ~ing**) alpinismo.

clinch [klıntʃ] *vt* (*deal*) concludere.

cling, *pt*, *pp* **clung** [klıŋ, klʌŋ] *vi*: **to ~ (to)** tenersi stretto (a); (*of clothes*) aderire strettamente (a).

clinic ['klınık] *n* clinica; **~al** *a* clinico(a).

clink [klıŋk] *vi* tintinnare.

clip [klıp] *n* (*for hair*) forcina; (*also*: **paper ~**) graffetta; (*holding hose etc*) anello d'attacco // *vt* (*also*: **~ together**: *papers*) attaccare insieme; (*hair, nails*) tagliare; (*hedge*) tosare; **~pers** *npl* macchinetta per capelli; (*also*: **nail ~pers**) forbicine *fpl* per le unghie.

clique [kli:k] *n* cricca.

cloak [kləuk] *n* mantello; **~room** *n* (*for coats etc*) guardaroba *m inv*; (*W.C.*) gabinetti *mpl*.

clock [klɔk] *n* orologio; **~wise** *ad* in senso orario; **~work** *n* movimento *or* meccanismo a orologeria.

clog [klɔg] *n* zoccolo // *vt* intasare.

cloister ['klɔıstə*] *n* chiostro.

close *a, ad and derivatives* [kləus] *a* vicino(a); (*writing, texture*) fitto(a); (*watch*) stretto(a); (*examination*) attento(a); (*weather*) afoso(a) // *ad* vicino, dappresso; **a ~ friend** un amico intimo; **to have a ~ shave** (*fig*) scamparla bella // *vb and derivatives* [kləuz] *vt* chiudere // *vi* (*shop etc*) chiudere; (*lid, door etc*) chiudersi; (*end*) finire // *n* (*end*) fine *f*; **to ~ down** *vt* chiudere (definitivamente) // *vi* cessare (definitivamente); **~d** *a* chiuso(a); **~d shop** *n azienda o fabbrica che impiega solo aderenti ai sindacati*; **~ly** *ad* (*examine, watch*) da vicino.

closet ['klɔzıt] *n* (*cupboard*) armadio.

close-up ['kləusʌp] *n* primo piano.

closure ['kləuʒə*] *n* chiusura.

clot [klɔt] *n* (*also*: **blood ~**) coagulo; (*col: idiot*) scemo/a // *vi* coagularsi; **~ted cream** *n* panna rappresa.

cloth [klɔθ] *n* (*material*) tessuto, stoffa; (*also*: **tea ~**) strofinaccio.

clothe [kləuð] *vt* vestire; **~s** *npl* abiti *mpl*, vestiti *mpl*; **~s line** *n* corda (per stendere il bucato); **~s peg** *n* molletta.

clothing ['kləuðıŋ] *n* = **clothes.**

cloud [klaud] *n* nuvola; **~burst** *n* acquazzone *m*; **~y** *a* nuvoloso(a); (*liquid*) torbido(a).

clout [klaut] *n* (*blow*) colpo // *vt* dare un colpo a.

clove [kləuv] *n* chiodo di garofano; **~ of garlic** spicchio d'aglio.

clover ['kləuvə*] *n* trifoglio.

clown [klaun] *n* pagliaccio // *vi* (*also*: **~ about, ~ around**) fare il pagliaccio.

club [klʌb] *n* (*society*) club *m inv*, circolo; (*weapon,* GOLF) mazza // *vt* bastonare // *vi*: **to ~ together** associarsi; **~s** *npl* (CARDS) fiori *mpl*; **~house** *n* sede *f* del circolo.

cluck [klʌk] *vi* chiocciare.

clue [klu:] *n* indizio; (*in crosswords*) definizione *f*; **I haven't a ~** non ho la minima idea.

clump [klʌmp] *n*: **~ of trees** folto d'alberi.

clumsy ['klʌmzı] *a* (*person*) goffo(a), maldestro(a); (*object*) malfatto(a), mal costruito(a).

clung [klʌŋ] *pt, pp of* **cling.**

cluster ['klʌstə*] *n* gruppo // *vi* raggrupparsi.

clutch [klʌtʃ] *n* (*grip, grasp*) presa, stretta; (AUT) frizione *f* // *vt* afferrare, stringere forte; **to ~ at** aggrapparsi a.

clutter ['klʌtə*] *vt* ingombrare.

Co. *abbr of* **county**; **company**.

c/o (*abbr of care of*) presso.

coach [kəutʃ] *n* (*bus*) pullman *m inv*; (*horse-drawn, of train*) carrozza; (SPORT) allenatore/trice // *vt* allenare.

coagulate [kəu'ægjuleıt] *vi* coagularsi.

coal [kəul] *n* carbone *m*; **~ face** *n* fronte *f*; **~field** *n* bacino carbonifero.

coalition [kəuə'lıʃən] *n* coalizione *f*.

coalman, coal merchant ['kəulmən, 'kəulmə:tʃənt] *n* negoziante *m* di carbone.

coalmine ['kəulmaın] *n* miniera di carbone.

coarse [kɔ:s] *a* (*salt, sand etc*) grosso(a); (*cloth, person*) rozzo(a).

coast [kəust] *n* costa // *vi* (*with cycle etc*) scendere a ruota libera; **~al** *a* costiero(a); **~guard** *n* guardia costiera; **~line** *n* linea costiera.

coat [kəut] *n* cappotto; (*of animal*) pelo; (*of paint*) mano *f* // *vt* coprire; **~ of arms** *n* stemma *m*; **~ hanger** *n* attaccapanni *m inv*; **~ing** *n* rivestimento.

coax [kəuks] *vt* indurre (con moine).

cobbles, cobblestones ['kɔblz, 'kɔblstəunz] *npl* ciottoli *mpl*.

cobra ['kəubrə] *n* cobra.

cobweb ['kɔbwεb] *n* ragnatela.

cocaine [kɔ'keın] *n* cocaina.

cock [kɔk] *n* (*rooster*) gallo; (*male bird*) maschio // *vt* (*gun*) armare; **to ~ one's ears** (*fig*) drizzare le orecchie; **~erel** *n* galletto; **~-eyed** *a* (*fig*) storto(a); strampalato(a).

cockle ['kɔkl] *n* cardio.

cockney ['kɔknı] *n* cockney *m/f inv* (*abitante dei quartieri popolari dell'East End di Londra*).

cockpit ['kɔkpıt] *n* (*in aircraft*) abitacolo.

cockroach ['kɔkrəutʃ] *n* blatta.

cocktail ['kɔkteıl] *n* cocktail *m inv*; **~ shaker** *n* shaker *m inv*.

cocoa ['kəukəu] *n* cacao.

coconut ['kəukənʌt] *n* noce *f* di cocco.

cocoon [kə'ku:n] *n* bozzolo.

cod [kɔd] *n* merluzzo.

code [kəud] *n* codice *m*.

codify ['kəudıfaı] *vt* codificare.

coeducational ['kəuεdju'keıʃənl] *a* misto(a).

coerce [kəu'ə:s] *vt* costringere; **coercion** [-'ə:ʃən] *n* coercizione *f*.

coexistence ['kəuɪg'zɪstəns] *n* coesistenza.
coffee ['kɔfɪ] *n* caffè *m inv*; ~ **grounds** *npl* fondi *mpl* di caffè; ~**pot** *n* caffettiera; ~ **table** *n* tavolino da tè.
coffin ['kɔfɪn] *n* bara.
cog [kɔg] *n* dente *m*; ~**wheel** *n* ruota dentata.
cogent ['kəudʒənt] *a* convincente.
coherent [kəu'hɪərənt] *a* coerente.
coil [kɔɪl] *n* rotolo; (*one loop*) anello; (*contraceptive*) spirale *f* // *vt* avvolgere.
coin [kɔɪn] *n* moneta // *vt* (*word*) coniare; ~**age** *n* sistema *m* monetario.
coincide [kəuɪn'saɪd] *vi* coincidere; ~**nce** [kəu'ɪnsɪdəns] *n* combinazione *f*.
coke [kəuk] *n* coke *m*.
colander ['kɔləndə*] *n* colino.
cold [kəuld] *a* freddo(a) // *n* freddo; (MED) raffreddore *m*; **it's** ~ fa freddo; **to be** ~ aver freddo; **to have** ~ **feet** avere i piedi freddi; (*fig*) aver la fifa; **to give sb the** ~ **shoulder** ignorare qd; ~**ly** *ad* freddamente; ~ **sore** *n* erpete *m*.
coleslaw ['kəulslɔ:] *n insalata di cavolo e di salsa maionese.*
collaborate [kə'læbəreɪt] *vi* collaborare; **collaboration** [-'reɪʃən] *n* collaborazione *f*; **collaborator** *n* collaboratore/trice.
collage [kɔ'lɑ:ʒ] *n* collage *m inv*.
collapse [kə'læps] *vi* crollare // *n* crollo; (MED) collasso.
collapsible [kə'læpsəbl] *a* pieghevole.
collar ['kɔlə*] *n* (*of coat, shirt*) colletto; ~**bone** *n* clavicola.
colleague ['kɔli:g] *n* collega *m/f*.
collect [kə'lɛkt] *vt* adunare; raccogliere; (*as a hobby*) fare collezione di; (*call and pick up*) prendere; (*mail*) raccogliere; (*money owed, pension*) riscuotere; (*donations, subscriptions*) fare una colletta di // *vi* adunarsi, riunirsi; ammucchiarsi; ~**ed** *a*: ~**ed works** opere *fpl* raccolte; ~**ion** [kə'lɛkʃən] *n* collezione *f*; raccolta; (*for money*) colletta.
collector [kə'lɛktə*] *n* collezionista *m/f*; (*of taxes*) esattore *m*.
college ['kɔlɪdʒ] *n* collegio.
collide [kə'laɪd] *vi*: **to** ~ **(with)** scontrarsi (con).
colliery ['kɔlɪərɪ] *n* miniera di carbone.
collision [kə'lɪʒən] *n* collisione *f*, scontro.
colloquial [kə'ləukwɪəl] *a* familiare.
colon ['kəulən] *n* (*sign*) due punti *mpl*; (MED) colon *m inv*.
colonel ['kə:nl] *n* colonnello.
colonial [kə'ləunɪəl] *a* coloniale.
colonize ['kɔlənaɪz] *vt* colonizzare.
colony ['kɔlənɪ] *n* colonia.
colossal [kə'lɔsl] *a* colossale.
colour ['kʌlə*] *n* colore *m* // *vt* colorare; dipingere; (*news*) svisare; ~**s** *npl* (*of party, club*) emblemi *mpl*; ~ **bar** *n* discriminazione *f* razziale (*in locali etc*); ~**-blind** *a* daltonico(a); ~**ed** *a* colorato(a); (*photo*) a colori // *n*: ~**eds** gente *f* di colore; ~ **film** *n* (*for camera*) pellicola a colori; ~**ful** *a* pieno(a) di colore, a vivaci colori; (*personality*) colorato(a); ~ **television** *n* televisione *f* a colori.
colt [kəult] *n* puledro.
column ['kɔləm] *n* colonna; ~**ist** ['kɔləmnɪst] *n* articolista *m/f*.
coma ['kəumə] *n* coma *m inv*.
comb [kəum] *n* pettine *m* // *vt* (*hair*) pettinare; (*area*) battere a tappeto.
combat ['kɔmbæt] *n* combattimento // *vt* combattere, lottare contro.
combination [kɔmbɪ'neɪʃən] *n* combinazione *f*.
combine *vb* [kəm'baɪn] *vt* combinare; (*one quality with another*) unire (a) // *vi* unirsi; (CHEM) combinarsi // *n* ['kɔmbaɪn] lega; (ECON) associazione *f*; ~ **(harvester)** *n* mietitrebbia.
combustible [kəm'bʌstɪbl] *a* combustibile.
combustion [kəm'bʌstʃən] *n* combustione *f*.
come, *pt* **came,** *pp* **come** [kʌm, keɪm] *vi* venire; arrivare; **to** ~ **to** (*decision etc*) raggiungere; **to** ~ **about** *vi* succedere; **to** ~ **across** *vt fus* trovare per caso; **to** ~ **along** *vi* = **to come on**; **to** ~ **apart** *vi* andare in pezzi; staccarsi; **to** ~ **away** *vi* venire via; staccarsi; **to** ~ **back** *vi* ritornare; **to** ~ **by** *vt fus* (*acquire*) ottenere; procurarsi; **to** ~ **down** *vi* discendere; (*prices*) calare; (*buildings*) essere demolito(a); **to** ~ **forward** *vi* farsi avanti; presentarsi; **to** ~ **from** *vt* venire da; provenire da; **to** ~ **in** *vi* entrare; **to** ~ **in for** *vt fus* (*criticism etc*) ricevere; **to** ~ **into** *vt fus* (*money*) ereditare; **to** ~ **off** *vi* (*button*) staccarsi; (*stain*) andar via; (*attempt*) riuscire; **to** ~ **on** *vi* (*pupil, undertaking*) fare progressi; ~ **on!** avanti!, andiamo!, forza!; **to** ~ **out** *vi* uscire; (*strike*) entrare in sciopero; **to** ~ **to** *vi* rinvenire; **to** ~ **up** *vi* venire su; **to** ~ **up against** *vt fus* (*resistance, difficulties*) urtare contro; **to** ~ **up with** *vt fus*: **he came up with an idea** venne fuori con un'idea; **to** ~ **upon** *vt fus* trovare per caso; ~**back** *n* (THEATRE *etc*) ritorno.
comedian [kə'mi:dɪən] *n* comico.
comedown ['kʌmdaun] *n* rovescio.
comedy ['kɔmɪdɪ] *n* commedia.
comet ['kɔmɪt] *n* cometa.
comfort ['kʌmfət] *n* comodità *f inv*, benessere *m*; (*solace*) consolazione *f*, conforto // *vt* consolare, confortare; ~**s** *npl* comodi *mpl*; ~**able** *a* comodo(a); ~ **station** *n* (*US*) gabinetti *mpl*.
comic ['kɔmɪk] *a* (*also*: ~**al**) comico(a) // *n* comico; (*magazine*) giornaletto; ~ **strip** *n* fumetto.
coming ['kʌmɪŋ] *n* arrivo; ~**(s) and going(s)** *n(pl)* andirivieni *m inv*.
comma ['kɔmə] *n* virgola.
command [kə'mɑ:nd] *n* ordine *m*, comando; (MIL: *authority*) comando; (*mastery*) padronanza // *vt* comandare; **to** ~ **sb to do** ordinare a qd di fare; ~**eer**

[kɔmən'dɪə*] *vt* requisire; ~**er** *n* capo; (*MIL*) comandante *m*; ~**ing officer** *n* comandante *m*.
commando [kə'mɑ:ndəu] *n* commando *m inv*; membro di un commando.
commemorate [kə'mɛməreɪt] *vt* commemorare; **commemoration** [-'reɪʃən] *n* commemorazione *f*.
commence [kə'mɛns] *vt,vi* cominciare.
commend [kə'mɛnd] *vt* lodare; raccomandare; ~**able** *a* lodevole; ~**ation** [kɔmɛn'deɪʃən] *n* lode *f*; raccomandazione *f*.
commensurate [kə'mɛnʃərɪt] *a*: ~ **with** proporzionato(a) a.
comment ['kɔmɛnt] *n* commento // *vi* fare commenti; ~**ary** ['kɔməntərɪ] *n* commentario; (*SPORT*) radiocronaca; telecronaca; ~**ator** ['kɔmənteɪtə*] *n* commentatore/trice; radiocronista *m/f*; telecronista *m/f*.
commerce ['kɔmə:s] *n* commercio.
commercial [kə'mə:ʃəl] *a* commerciale // *n* (*TV*: *also*: ~ **break**) pubblicità *f inv*; ~**ize** *vt* commercializzare; ~ **television** *n* televisione *f* commerciale; ~ **traveller** *n* commesso viaggiatore; ~ **vehicle** *n* veicolo commerciale.
commiserate [kə'mɪzəreɪt] *vi*: **to** ~ **with** condolersi con.
commission [kə'mɪʃən] *n* commissione *f* // *vt* (*MIL*) nominare (al comando); (*work of art*) commissionare; **out of** ~ (*NAUT*) in disarmo; ~**aire** [kəmɪʃə'nɛə*] *n* (*at shop, cinema etc*) portiere *m* in livrea; ~**er** *n* commissionario; (*POLICE*) questore *m*.
commit [kə'mɪt] *vt* (*act*) commettere; (*to sb's care*) affidare; **to** ~ **o.s. (to do)** impegnarsi (a fare); **to** ~ **suicide** suicidarsi; ~**ment** *n* impegno; promessa.
committee [kə'mɪtɪ] *n* comitato.
commodity [kə'mɔdɪtɪ] *n* prodotto, articolo; (*food*) derrata.
common ['kɔmən] *a* comune; (*pej*) volgare; (*usual*) normale // *n* terreno comune; **the C~s** *npl* la Camera dei Comuni; **in** ~ in comune; **it's** ~ **knowledge that** è di dominio pubblico che; ~**er** *n* cittadino/a (non nobile); ~ **ground** *n* (*fig*) terreno comune; ~ **law** *n* diritto consuetudinario; ~**ly** *ad* comunemente, usualmente; **C~ Market** *n* Mercato Comune; ~**place** *a* banale, ordinario(a); ~**room** *n* sala di riunione; (*SCOL*) sala dei professori; ~ **sense** *n* buon senso; **the C~wealth** *n* il Commonwealth.
commotion [kə'məuʃən] *n* confusione *f*, tumulto.
communal ['kɔmju:nl] *a* (*life*) comunale; (*for common use*) pubblico(a).
commune *n* ['kɔmju:n] (*group*) comune *m* // *vi* [kə'mju:n]: **to** ~ **with** mettersi in comunione con.
communicate [kə'mju:nɪkeɪt] *vt* comunicare, trasmettere // *vi*: **to** ~ **(with)** comunicare (con).
communication [kəmju:nɪ'keɪʃən] *n* comunicazione *f*; ~ **cord** *n* segnale *m* d'allarme.
communion [kə'mju:nɪən] *n* comunione *f*.
communiqué [kə'mju:nɪkeɪ] *n* comunicato.
communism ['kɔmjunɪzəm] *n* comunismo; **communist** *a,n* comunista (*m/f*).
community [kə'mju:nɪtɪ] *n* comunità *f inv*; ~ **centre** *n* circolo ricreativo; ~ **chest** *n* (*US*) fondo di beneficenza.
commutation ticket [kɔmju'teɪʃəntɪkɪt] *n* (*US*) biglietto di abbonamento.
commute [kə'mju:t] *vi* fare il pendolare // *vt* (*LAW*) commutare; ~**r** *n* pendolare *m/f*.
compact *a* [kəm'pækt] compatto(a) // *n* ['kɔmpækt] (*also*: **powder** ~) portacipria.
companion [kəm'pænɪən] *n* compagno/a; ~**ship** *n* compagnia.
company ['kʌmpənɪ] *n* (*also COMM, MIL, THEATRE*) compagnia; **he's good** ~ è di buona compagnia; **we have** ~ abbiamo ospiti; **to keep sb** ~ tenere compagnia a qd; **to part** ~ **with** separarsi da.
comparable ['kɔmpərəbl] *a* comparabile.
comparative [kəm'pærətɪv] *a* comparativo(a); (*LING*) comparato(a); ~**ly** *ad* relativamente.
compare [kəm'pɛə*] *vt*: **to** ~ **sth/sb with/to** confrontare qc/qd con/a // *vi*: **to** ~ **(with)** reggere il confronto (con); **comparison** [-'pærɪsn] *n* confronto; **in comparison (with)** a confronto (di).
compartment [kəm'pɑ:tmənt] *n* compartimento; (*RAIL*) scompartimento.
compass ['kʌmpəs] *n* bussola; ~**es** *npl* compassi *mpl*.
compassion [kəm'pæʃən] *n* compassione *f*; ~**ate** *a* compassionevole.
compatible [kəm'pætɪbl] *a* compatibile.
compel [kəm'pɛl] *vt* costringere, obbligare; ~**ling** *a* (*fig*: *argument*) irresistibile.
compendium [kəm'pɛndɪəm] *n* compendio.
compensate ['kɔmpənseɪt] *vt* risarcire // *vi*: **to** ~ **for** compensare; **compensation** [-'seɪʃən] *n* compensazione *f*; (*money*) risarcimento.
compère ['kɔmpɛə*] *n* presentatore/trice.
compete [kəm'pi:t] *vi* (*take part*) concorrere; (*vie*): **to** ~ **(with)** fare concorrenza (a).
competence ['kɔmpɪtəns] *n* competenza.
competent ['kɔmpɪtənt] *a* competente.
competition [kɔmpɪ'tɪʃən] *n* gara; concorso; (*ECON*) concorrenza.
competitive [kəm'pɛtɪtɪv] *a* di concorso; di concorrenza.
competitor [kəm'pɛtɪtə*] *n* concorrente *m/f*.
compile [kəm'paɪl] *vt* compilare.
complacency [kəm'pleɪsnsɪ] *n* compiacenza di sé.
complacent [kəm'pleɪsənt] *a* compiaciuto(a) di sé.
complain [kəm'pleɪn] *vi*: **to** ~ **(about)** lagnarsi (di); (*in shop etc*) reclamare

(per); **to ~ of** *vt fus* (MED) accusare; **~t** *n* lamento; reclamo; (MED) malattia.
complement ['kɔmplɪmənt] *n* complemento; (*especially of ship's crew etc*) effettivo; **~ary** [kɔmplɪ'mɛntərɪ] *a* complementare.
complete [kəm'pli:t] *a* completo(a) // *vt* completare, compire; (*a form*) riempire; **~ly** *ad* completamente; **completion** *n* completamento.
complex ['kɔmplɛks] *a* complesso(a) // *n* (PSYCH, *buildings etc*) complesso.
complexion [kəm'plɛkʃən] *n* (*of face*) carnagione *f*; (*of event etc*) aspetto.
complexity [kəm'plɛksɪtɪ] *n* complessità *f inv*.
compliance [kəm'plaɪəns] *n* acquiescenza; **in ~ with** (*orders, wishes etc*) in conformità con.
compliant [kəm'plaɪənt] *a* acquiescente, arrendevole.
complicate ['kɔmplɪkeɪt] *vt* complicare; **~d** *a* complicato(a); **complication** [-'keɪʃən] *n* complicazione *f*.
compliment *n* ['kɔmplɪmənt] complimento // *vt* ['kɔmplɪmɛnt] fare un complimento a; **~s** *npl* complimenti *mpl*; rispetti *mpl*; **~ary** [-'mɛntərɪ] *a* complimentoso(a), elogiativo(a); (*free*) in omaggio; **~ary ticket** *n* biglietto d'omaggio.
comply [kəm'plaɪ] *vi*: **to ~ with** assentire a; conformarsi a.
component [kəm'pəunənt] *n* componente *m*.
compose [kəm'pəuz] *vt* comporre; **to ~ o.s.** ricomporsi; **~d** *a* calmo(a); **~d of** composto(a) di; **~r** *n* (MUS) compositore/trice.
composition [kɔmpə'zɪʃən] *n* composizione *f*.
compost ['kɔmpɔst] *n* composta, concime *m*.
composure [kəm'pəuʒə*] *n* calma.
compound ['kɔmpaund] *n* (CHEM, LING) composto; (*enclosure*) recinto // *a* composto(a); **~ fracture** *n* frattura composta; **~ interest** *n* interesse *m* composto.
comprehend [kɔmprɪ'hɛnd] *vt* comprendere, capire; **comprehension** [-'hɛnʃən] *n* comprensione *f*.
comprehensive [kɔmprɪ'hɛnsɪv] *a* comprensivo(a); **~ policy** *n* (INSURANCE) polizza che copre tutti i rischi; **~ (school)** *n scuola secondaria aperta a tutti*.
compress *vt* [kəm'prɛs] comprimere // *n* ['kɔmprɛs] (MED) compressa; **~ion** [-'prɛʃən] *n* compressione *f*.
comprise [kəm'praɪz] *vt* (*also*: **be ~d of**) comprendere.
compromise ['kɔmprəmaɪz] *n* compromesso // *vt* compromettere // *vi* venire a un compromesso.
compulsion [kəm'pʌlʃən] *n* costrizione *f*.
compulsive [kəm'pʌlsɪv] *a* (*reason, demand*) stringente; (PSYCH) inguaribile.
compulsory [kəm'pʌlsərɪ] *a* obbligatorio(a).
computer [kəm'pju:tə*] *n* computer *m inv*; **~ize** *vt* computerizzare; **~ programming** *n* programmazione *f* di computer.
comrade ['kɔmrɪd] *n* compagno/a; **~ship** *n* cameratismo.
con [kɔn] *vt* (*col*) truffare.
concave ['kɔn'keɪv] *a* concavo(a).
conceal [kən'si:l] *vt* nascondere.
concede [kən'si:d] *vt* concedere // *vi* fare una concessione.
conceit [kən'si:t] *n* presunzione *f*, vanità; **~ed** *a* presuntuoso(a), vanitoso(a).
conceivable [kən'si:vəbl] *a* concepibile.
conceive [kən'si:v] *vt* concepire // *vi* concepire un bambino.
concentrate ['kɔnsəntreɪt] *vi* concentrarsi // *vt* concentrare.
concentration [kɔnsən'treɪʃən] *n* concentrazione *f*; **~ camp** *n* campo di concentramento.
concept ['kɔnsɛpt] *n* concetto.
conception [kən'sɛpʃən] *n* concezione *f*.
concern [kən'sə:n] *n* affare *m*; (COMM) azienda, ditta; (*anxiety*) preoccupazione *f* // *vt* riguardare; **to be ~ed (about)** preoccuparsi (di); **~ing** *prep* riguardo a, circa.
concert ['kɔnsət] *n* concerto; **in ~** di concerto; **~ed** [kən'sə:tɪd] *a* concertato(a); **~ hall** *n* sala da concerti.
concertina [kɔnsə'ti:nə] *n* piccola fisarmonica // *vi* ridursi come una fisarmonica.
concerto [kən'tʃə:təu] *n* concerto.
concession [kən'sɛʃən] *n* concessione *f*.
conciliation [kənsɪlɪ'eɪʃən] *n* conciliazione *f*.
conciliatory [kən'sɪlɪətrɪ] *a* conciliativo(a).
concise [kən'saɪs] *a* conciso(a).
conclave ['kɔnkleɪv] *n* riunione *f* segreta; (REL) conclave *m*.
conclude [kən'klu:d] *vt* concludere; **conclusion** [-'klu:ʒən] *n* conclusione *f*; **conclusive** [-'klu:sɪv] *a* conclusivo(a).
concoct [kən'kɔkt] *vt* inventare.
concourse ['kɔŋkɔ:s] *n* (*hall*) atrio.
concrete ['kɔŋkri:t] *n* conglomerato (di cemento) // *a* concreto(a); di cemento.
concur [kən'kə:*] *vi* concordare.
concurrently [kən'kʌrntlɪ] *ad* simultaneamente.
concussion [kən'kʌʃən] *n* commozione *f* cerebrale.
condemn [kən'dɛm] *vt* condannare; **~ation** [kɔndɛm'neɪʃən] *n* condanna.
condensation [kɔndɛn'seɪʃən] *n* condensazione *f*.
condense [kən'dɛns] *vi* condensarsi // *vt* condensare; **~d milk** *n* latte *m* condensato.
condescend [kɔndɪ'sɛnd] *vi* condiscendere; **~ing** *a* condiscendente.
condition [kən'dɪʃən] *n* condizione *f* // *vt* condizionare, regolare; **on ~ that** a

condizione che + *sub*, a condizione di; **~al** *a* condizionale.
condolences [kən'dəulənsız] *npl* condoglianze *fpl*.
condone [kən'dəun] *vt* condonare.
conducive [kən'dju:sıv] *a*: **~ to** favorevole a.
conduct *n* ['kɔndʌkt] condotta // *vt* [kən'dʌkt] condurre; (*manage*) dirigere; amministrare; (*MUS*) dirigere; **to ~ o.s.** comportarsi; **~ed tour** *n* gita accompagnata; **~or** *n* (*of orchestra*) direttore *m* d'orchestra; (*on bus*) bigliettaio; (*ELEC*) conduttore *m*; **~ress** *n* (*on bus*) bigliettaia.
conduit ['kɔndıt] *n* condotto; tubo.
cone [kəun] *n* cono; (*BOT*) pigna.
confectionery [kən'fɛkʃənərı] *n* dolciumi *mpl*.
confederation [kənfɛdə'reıʃən] *n* confederazione *f*.
confer [kən'fə:*] *vt*: **to ~ sth on** conferire qc a // *vi* conferire.
conference ['kɔnfərns] *n* congresso.
confess [kən'fɛs] *vt* confessare, ammettere // *vi* confessarsi; **~ion** [-'fɛʃən] *n* confessione *f*; **~ional** [-'fɛʃənl] *n* confessionale *m*; **~or** *n* confessore *m*.
confetti [kən'fɛtı] *n* coriandoli *mpl*.
confide [kən'faıd] *vi*: **to ~ in** confidarsi con.
confidence ['kɔnfıdns] *n* confidenza; (*trust*) fiducia; (*also*: **self-~**) sicurezza di sé; **~ trick** *n* truffa; **confident** *a* confidente; sicuro(a) di sé; **confidential** [kɔnfı'dɛnʃəl] *a* riservato(a).
confine [kən'faın] *vt* limitare; (*shut up*) rinchiudere; **~s** ['kɔnfaınz] *npl* confini *mpl*; **~d** *a* (*space*) ristretto(a); **~ment** *n* prigionia; (*MIL*) consegna; (*MED*) parto.
confirm [kən'fə:m] *vt* confermare; (*REL*) cresimare; **~ation** [kɔnfə'meıʃən] *n* conferma; cresima; **~ed** *a* inveterato(a).
confiscate ['kɔnfıskeıt] *vt* confiscare; **confiscation** [-'keıʃən] *n* confisca.
conflict *n* ['kɔnflıkt] conflitto // *vi* [kən'flıkt] essere in conflitto; **~ing** *a* contrastante.
conform [kən'fɔ:m] *vi*: **to ~ (to)** conformarsi (a); **~ist** *n* conformista *m/f*.
confound [kən'faund] *vt* confondere; **~ed** *a* maledetto(a).
confront [kən'frʌnt] *vt* confrontare; (*enemy, danger*) affrontare; **~ation** [kɔnfrən'teıʃən] *n* confronto.
confuse [kən'fju:z] *vt* imbrogliare; (*one thing with another*) confondere; **confusing** *a* che fa confondere; **confusion** [-'fju:ʒən] *n* confusione *f*.
congeal [kən'dʒi:l] *vi* (*blood*) congelarsi.
congenial [kən'dʒi:nıəl] *a* (*person*) simpatico(a); (*thing*) congeniale.
congenital [kən'dʒɛnıtl] *a* congenito(a).
conger eel ['kɔngəri:l] *n* grongo.
congested [kən'dʒɛstıd] *a* congestionato(a).
congestion [kən'dʒɛstʃən] *n* congestione *f*.
conglomeration [kənglɔmə'reıʃən] *n* conglomerazione *f*.
congratulate [kən'grætjuleıt] *vt*: **to ~ sb (on)** congratularsi con qd (per *or* di); **congratulations** [-'leıʃənz] *npl* auguri *mpl*; (*on success*) complimenti *mpl*.
congregate [kɔŋgrıgeıt] *vi* congregarsi, riunirsi.
congregation [kɔŋgrı'geıʃən] *n* congregazione *f*.
congress ['kɔŋgrɛs] *n* congresso; **~man** *n* (*US*) membro del Congresso.
conical ['kɔnıkl] *a* conico(a).
conifer ['kɔnıfə*] *n* conifero.
conjecture [kən'dʒɛktʃə*] *n* congettura // *vt, vi* congetturare.
conjugal ['kɔndʒugl] *a* coniugale.
conjunction [kən'dʒʌŋkʃən] *n* congiunzione *f*.
conjunctivitis [kəndʒʌŋktı'vaıtıs] *n* congiuntivite *f*.
conjure ['kʌndʒə*] *vt* prestigiare; **to ~ up** *vt* (*ghost, spirit*) evocare; (*memories*) rievocare; **~r** *n* prestidigitatore/trice; **conjuring trick** *n* gioco di prestigio.
conk [kɔŋk]: **to ~ out** *vi* (*col*) andare in panne.
conman ['kɔnmæn] *n* truffatore *m*.
connect [kə'nɛkt] *vt* connettere, collegare; (*ELEC*) collegare; (*fig*) associare // *vi* (*train*): **to ~ with** essere in coincidenza con; **to be ~ed with** aver rapporti con; essere imparentato con; **~ion** [-ʃən] *n* relazione *f*, rapporto; (*ELEC*) connessione *f*; (*TEL*) collegamento; **in ~ion with** con riferimento a.
connexion [kə'nɛkʃən] *n* = **connection.**
conning tower ['kɔnıŋtauə*] *n* torretta di comando.
connive [kə'naıv] *vi*: **to ~ at** essere connivente in.
connoisseur [kɔnı'sə*] *n* conoscitore/trice.
connotation [kɔnə'teıʃən] *n* connotazione *f*.
conquer ['kɔŋkə*] *vt* conquistare; (*feelings*) vincere; **~or** *n* conquistatore *m*.
conquest ['kɔŋkwɛst] *n* conquista.
cons [kɔnz] *npl see* **pro, convenience**.
conscience ['kɔnʃəns] *n* coscienza.
conscientious [kɔnʃı'ɛnʃəs] *a* coscienzioso(a); **~ objector** *n* obiettore *m* di coscienza.
conscious ['kɔnʃəs] *a* consapevole; (*MED*) conscio(a); **~ness** *n* consapevolezza; coscienza; **to lose/regain ~ness** perdere/ riprendere coscienza.
conscript ['kɔnskrıpt] *n* coscritto; **~ion** [kən'skrıpʃən] *n* coscrizione *f*.
consecrate ['kɔnsıkreıt] *vt* consacrare.
consecutive [kən'sɛkjutıv] *a* consecutivo(a).
consensus [kən'sɛnsəs] *n* consenso.
consent [kən'sɛnt] *n* consenso // *vi*: **to ~ (to)** acconsentire (a).
consequence ['kɔnsıkwəns] *n* conseguenza, risultato; importanza.

consequently ['kɔnsɪkwəntlɪ] *ad* di conseguenza, dunque.
conservation [kɔnsə:'veɪʃən] *n* conservazione *f*.
conservative [kən'sə:vətɪv] *a* conservativo(a); (*cautious*) cauto(a); **C~** *a, n* conservatore(trice).
conservatory [kən'sə:vətrɪ] *n* (*greenhouse*) serra.
conserve [kən'sə:v] *vt* conservare.
consider [kən'sɪdə*] *vt* considerare; (*take into account*) tener conto di.
considerable [kən'sɪdərəbl] *a* considerevole, notevole.
considerate [kən'sɪdərɪt] *a* premuroso(a).
consideration [kənsɪdə'reɪʃən] *n* considerazione *f*; (*reward*) rimunerazione *f*; **out of ~ for** per riguardo a; **under ~** in esame.
considering [kən'sɪdərɪŋ] *prep* in considerazione di.
consign [kən'saɪn] *vt* consegnare; (*send: goods*) spedire; **~ment** *n* consegna; spedizione *f*.
consist [kən'sɪst] *vi*: **to ~ of** constare di, essere composto(a) di.
consistency [kən'sɪstənsɪ] *n* consistenza; (*fig*) concordanza; coerenza.
consistent [kən'sɪstənt] *a* coerente; (*constant*) costante; **~ with** compatibile con.
consolation [kɔnsə'leɪʃən] *n* consolazione *f*.
console *vt* [kən'səul] consolare // *n* ['kɔnsəul] mensola.
consolidate [kən'sɔlɪdeɪt] *vt* consolidare.
consonant ['kɔnsənənt] *n* consonante *f*.
consortium [kən'sɔ:tɪəm] *n* consorzio.
conspicuous [kən'spɪkjuəs] *a* cospicuo(a).
conspiracy [kən'spɪrəsɪ] *n* congiura, cospirazione *f*.
conspire [kən'spaɪə*] *vi* congiurare, cospirare.
constable ['kʌnstəbl] *n* ≈ poliziotto, agente *m* di polizia; **chief ~** *n* capo della polizia.
constant ['kɔnstənt] *a* costante; continuo(a); **~ly** *ad* costantemente; continuamente.
constellation [kɔnstə'leɪʃən] *n* costellazione *f*.
consternation [kɔnstə'neɪʃən] *n* costernazione *f*.
constipated ['kɔnstɪpeɪtəd] *a* stitico(a).
constipation [kɔnstɪ'peɪʃən] *n* stitichezza.
constituency [kən'stɪtjuənsɪ] *n* collegio elettorale.
constituent [kən'stɪtjuənt] *n* elettore/trice; (*part*) elemento componente.
constitute ['kɔnstɪtju:t] *vt* costituire.
constitution [kɔnstɪ'tju:ʃən] *n* costituzione *f*; **~al** *a* costituzionale.
constrain [kən'streɪn] *vt* costringere; **~ed** *a* costretto(a); **~t** *n* costrizione *f*.
constrict [kən'strɪkt] *vt* comprimere; opprimere.
construct [kən'strʌkt] *vt* costruire; **~ion** [-ʃən] *n* costruzione *f*; **~ive** *a* costruttivo(a).
construe [kən'stru:] *vt* interpretare.
consul ['kɔnsl] *n* console *m*; **~ate** ['kɔnsjulɪt] *n* consolato.
consult [kən'sʌlt] *vt* consultare; **~ancy** *n*: **~ancy fee** spese *fpl* di consultazione; **~ant** *n* (MED) consulente *m* medico; (*other specialist*) consulente; **~ation** [kɔnsəl'teɪʃən] *n* consultazione *f*; (MED, LAW) consulto; **~ing room** *n* ambulatorio.
consume [kən'sju:m] *vt* consumare; **~r** *n* consumatore/trice; **~r society** *n* società dei consumi.
consummate ['kɔnsʌmeɪt] *vt* consumare.
consumption [kən'sʌmpʃən] *n* consumo; (MED) consunzione *f*.
contact ['kɔntækt] *n* contatto; (*person*) conoscenza // *vt* mettersi in contatto con; **~ lenses** *npl* lenti *fpl* a contatto.
contagious [kən'teɪdʒəs] *a* contagioso(a).
contain [kən'teɪn] *vt* contenere; **to ~ o.s.** contenersi; **~er** *n* recipiente *m*; (*for shipping etc*) container *m*.
contaminate [kən'tæmɪneɪt] *vt* contaminare; **contamination** [-'neɪʃən] *n* contaminazione *f*.
cont'd *abbr of continued.*
contemplate ['kɔntəmpleɪt] *vt* contemplare; (*consider*) pensare a (*or* di); **contemplation** [-'pleɪʃən] *n* contemplazione *f*.
contemporary [kən'tɛmpərərɪ] *a* contemporaneo(a); (*design*) moderno(a) // *n* contemporaneo/a.
contempt [kən'tɛmpt] *n* disprezzo; **~ible** *a* spregevole; **~uous** *a* sdegnoso(a).
contend [kən'tɛnd] *vt*: **to ~ that** sostenere che // *vi*: **to ~ with** lottare contro; **~er** *n* contendente *m/f*; concorrente *m/f*.
content [kən'tɛnt] *a* contento(a), soddisfatto(a) // *vt* contentare, soddisfare // *n* ['kɔntɛnt] contenuto; **~s** *npl* contenuto; (*of barrel etc: capacity*) capacità *f inv*; **(table of) ~s** indice *m*; **to be ~ with** essere contento di; **~ed** *a* contento(a), soddisfatto(a).
contention [kən'tɛnʃən] *n* contesa; (*argument*) affermazione *f*.
contentment [kən'tɛntmənt] *n* contentezza.
contest *n* ['kɔntɛst] lotta; (*competition*) gara, concorso // *vt* [kən'tɛst] contestare; impugnare; (*compete for*) contendere; **~ant** [kən'tɛstənt] *n* concorrente *m/f*; (*in fight*) avversario/a.
context ['kɔntɛkst] *n* contesto.
continent ['kɔntɪnənt] *n* continente *m*; **the C~** l'Europa continentale; **~al** [-'nɛntl] *a* continentale // *n* abitante *m/f* dell'Europa continentale.
contingency [kən'tɪndʒənsɪ] *n* eventualità *f inv*; **~ plan** *n* misura d'emergenza.
contingent [kən'tɪndʒənt] *n* contingenza; **to be ~ upon** dipendere da.

continual [kən'tɪnjuəl] *a* continuo(a); **~ly** *ad* di continuo.
continuation [kəntɪnju'eɪʃən] *n* continuazione *f*; (*after interruption*) ripresa; (*of story*) seguito.
continue [kən'tɪnju:] *vi* continuare // *vt* continuare; (*start again*) riprendere.
continuity [kɔntɪ'njuɪtɪ] *n* continuità.
continuous [kən'tɪnjuəs] *a* continuo(a), ininterrotto(a).
contort [kən'tɔ:t] *vt* contorcere; **~ion** [-'tɔ:ʃən] *n* contorcimento; (*of acrobat*) contorsione *f*; **~ionist** [-'tɔ:ʃənɪst] *n* contorsionista *m/f*.
contour ['kɔntuə*] *n* contorno, profilo; (*also*: **~ line**) curva di livello.
contraband ['kɔntrəbænd] *n* contrabbando.
contraception [kɔntrə'sɛpʃən] *n* contraccezione *f*.
contraceptive [kɔntrə'sɛptɪv] *a* contraccettivo(a) // *n* contraccettivo.
contract *n* ['kɔntrækt] contratto // *vb* [kən'trækt] *vi* (COMM): **to ~ to do sth** fare un contratto per fare qc; (*become smaller*) contrarre; **~ion** [-ʃən] *n* contrazione *f*; **~or** *n* imprenditore *m*.
contradict [kɔntrə'dɪkt] *vt* contraddire; **~ion** [-ʃən] *n* contraddizione *f*.
contralto [kən'træltəu] *n* contralto.
contraption [kən'træpʃən] *n* (*pej*) aggeggio.
contrary ['kɔntrərɪ] *a* contrario(a); (*unfavourable*) avverso(a), contrario(a); [kən'trɛərɪ] (*perverse*) bisbetico(a) // *n* contrario; **on the ~** al contrario; **unless you hear to the ~** a meno che non si disdica.
contrast *n* ['kɔntrɑ:st] contrasto // *vt* [kən'trɑ:st] mettere in contrasto; **~ing** *a* contrastante, di contrasto.
contravene [kɔntrə'vi:n] *vt* contravvenire.
contribute [kən'trɪbju:t] *vi* contribuire // *vt*: **to ~ £10/an article to** dare 10 sterline/un articolo a; **to ~ to** contribuire a; (*newspaper*) scrivere per; **contribution** [kɔntrɪ'bju:ʃən] *n* contribuzione *f*; **contributor** *n* (*to newspaper*) collaboratore/trice.
contrite ['kɔntraɪt] *a* contrito(a).
contrivance [kən'traɪvəns] *n* congegno; espediente *m*.
contrive [kən'traɪv] *vt* inventare; escogitare // *vi*: **to ~ to do** fare in modo di fare.
control [kən'trəul] *vt* dominare; (*firm, operation etc*) dirigere; (*check*) controllare // *n* autorità; controllo; **~s** *npl* comandi *mpl*; **to be in ~ of** aver autorità su; essere responsabile di; controllare; **circumstances beyond our ~** circostanze *fpl* che non dipendono da noi; **~ point** *n* punto di controllo; **~ tower** *n* (AVIAT) torre *f* di controllo.
controversial [kɔntrə'və:ʃl] *a* controverso(a), polemico(a).
controversy ['kɔntrəvə:sɪ] *n* controversia, polemica.
convalesce [kɔnvə'lɛs] *vi* rimettersi in salute.
convalescence [kɔnvə'lɛsns] *n* convalescenza.
convalescent [kɔnvə'lɛsnt] *a, n* convalescente (*m/f*).
convector [kən'vɛktə*] *n* convettore *m*.
convene [kən'vi:n] *vt* convocare // *vi* convenire, adunarsi.
convenience [kən'vi:nɪəns] *n* convenienza; **at your ~** a suo comodo; **all modern ~s, all mod cons** tutte le comodità moderne.
convenient [kən'vi:nɪənt] *a* conveniente, comodo(a).
convent ['kɔnvənt] *n* convento.
convention [kən'vɛnʃən] *n* convenzione *f*; (*meeting*) convegno; **~al** *a* convenzionale.
converge [kən'və:dʒ] *vi* convergere.
conversant [kən'və:snt] *a*: **to be ~ with** essere al corrente di; essere pratico(a) di.
conversation [kɔnvə'seɪʃən] *n* conversazione *f*; **~al** *a* non formale; **~al Italian** l'italiano parlato.
converse ['kɔnvə:s] *n* contrario, opposto; **~ly** [-'və:slɪ] *ad* al contrario, per contro.
conversion [kən'və:ʃən] *n* conversione *f*; **~ table** *n* tavola di equivalenze.
convert *vt* [kən'və:t] (REL, COMM) convertire; (*alter*) trasformare // *n* ['kɔnvə:t] convertito/a; **~ible** *n* macchina decappottabile.
convex ['kɔn'vɛks] *a* convesso(a).
convey [kən'veɪ] *vt* trasportare; (*thanks*) comunicare; (*idea*) dare; **~or belt** *n* nastro trasportatore.
convict *vt* [kən'vɪkt] dichiarare colpevole // *n* ['kɔnvɪkt] condannato; **~ion** [-ʃən] *n* condanna; (*belief*) convinzione *f*.
convince [kən'vɪns] *vt* convincere, persuadere; **convincing** *a* convincente.
convivial [kən'vɪvɪəl] *a* allegro(a).
convoy ['kɔnvɔɪ] *n* convoglio.
convulse [kən'vʌls] *vt* sconvolgere; **to be ~d with laughter** contorcersi dalle risa.
convulsion [kən'vʌlʃən] *n* convulsione *f*.
coo [ku:] *vi* tubare.
cook [kuk] *vt* cucinare, cuocere // *vi* cuocere; (*person*) cucinare // *n* cuoco/a; **~book** *n* = **~ery book**; **~er** *n* fornello, cucina; **~ery** *n* cucina; **~ery book** *n* libro di cucina; **~ie** *n* (*US*) biscotto; **~ing** *n* cucina.
cool [ku:l] *a* fresco(a); (*not afraid*) calmo(a); (*unfriendly*) freddo(a); (*impertinent*) sfacciato(a) // *vt* raffreddare, rinfrescare // *vi* raffreddarsi, rinfrescarsi; **~ing tower** *n* torre *f* di raffreddamento; **~ness** *n* freschezza; sangue *m* freddo, calma.
coop [ku:p] *n* stia // *vt*: **to ~ up** (*fig*) stipare.
cooperate [kəu'ɔpəreɪt] *vi* cooperare, collaborare; **cooperation** [-'reɪʃən] *n* cooperazione *f*, collaborazione *f*.
cooperative [kəu'ɔpərətɪv] *a*

cooperativo(a) // *n* cooperativa.
coordinate [kəu'ɔ:dɪneɪt] *vt* coordinare; **coordination** [-'neɪʃən] *n* coordinazione *f*.
coot [ku:t] *n* folaga.
cop [kɔp] *n* (*col*) sbirro.
cope [kəup] *vi* farcela; **to ~ with** (*problems*) far fronte a.
co-pilot ['kəu'paɪlət] *n* secondo pilota *m*.
copious ['kəupɪəs] *a* copioso(a), abbondante.
copper ['kɔpə*] *n* rame *m*; (*col*: *policeman*) sbirro; **~s** *npl* spiccioli *mpl*.
copse [kɔps] *n* bosco ceduo.
copulate ['kɔpjuleɪt] *vi* accoppiarsi.
copy ['kɔpɪ] *n* copia; (*book etc*) esemplare *m* // *vt* copiare; **~cat** *n* (*pej*) copione *m*; **~right** *n* diritto d'autore; **~writer** *n* redattore *m* pubblicitario.
coral ['kɔrəl] *n* corallo; **~ reef** *n* barriera corallina.
cord [kɔ:d] *n* corda; (*fabric*) velluto a coste.
cordial ['kɔ:dɪəl] *a*, *n* cordiale (*m*).
cordon ['kɔ:dn] *n* cordone *m*; **to ~ off** *vt* fare cordone a.
corduroy ['kɔ:dərɔɪ] *n* fustagno.
core [kɔ:*] *n* (*of fruit*) torsolo; (TECH) centro // *vt* estrarre il torsolo da.
cork [kɔ:k] *n* sughero; (*of bottle*) tappo; **~age** *n somma da pagare se il cliente porta il proprio vino*; **~screw** *n* cavatappi *m inv*.
cormorant ['kɔ:mərnt] *n* cormorano.
corn [kɔ:n] *n* grano; (*US*: *maize*) granturco; (*on foot*) callo; **~ on the cob** (CULIN) pannocchia cotta.
cornea ['kɔ:nɪə] *n* cornea.
corned beef ['kɔ:nd'bi:f] *n* carne *f* di manzo in scatola.
corner ['kɔ:nə*] *n* angolo; (AUT) curva // *vt* mettere in un angolo; mettere con le spalle al muro; (COMM: *market*) accaparrare // *vi* prendere una curva; **~ flag** *n* (FOOTBALL) bandierina d'angolo; **~ kick** *n* calcio d'angolo; **~stone** *n* pietra angolare.
cornet ['kɔ:nɪt] *n* (MUS) cornetta; (*of ice-cream*) cono.
cornflour ['kɔ:nflauə*] *n* farina finissima di granturco.
cornice ['kɔ:nɪs] *n* cornicione *m*; cornice *f*.
Cornwall ['kɔ:nwəl] *n* Cornovaglia.
corny ['kɔ:nɪ] *a* (*col*) trito(a).
corollary [kə'rɔlərɪ] *n* corollario.
coronary ['kɔrənərɪ] *n* trombosi *f* coronaria.
coronation [kɔrə'neɪʃən] *n* incoronazione *f*.
coroner ['kɔrənə*] *n magistrato incaricato di indagare la causa di morte in circostanze sospettose*.
coronet ['kɔrənɪt] *n* diadema *m*.
corporal ['kɔ:pərl] *n* caporalmaggiore *m* // *a*: **~ punishment** pena corporale.
corporate ['kɔ:pərɪt] *a* costituito(a) (in corporazione); comune.
corporation [kɔ:pə'reɪʃən] *n* (*of town*) consiglio comunale; (COMM) ente *m*; **~ tax** *n* imposta societaria.
corps [kɔ:*], *pl* **corps** [kɔ:z] *n* corpo.
corpse [kɔ:ps] *n* cadavere *m*.
corpuscle ['kɔ:pʌsl] *n* corpuscolo.
corral [kə'rɑ:l] *n* recinto.
correct [kə'rɛkt] *a* (*accurate*) corretto(a), esatto(a); (*proper*) corretto(a) // *vt* correggere; **~ion** [-ʃən] *n* correzione *f*.
correlate ['kɔrɪleɪt] *vt* mettere in correlazione.
correspond [kɔrɪs'pɔnd] *vi* corrispondere; **~ence** *n* corrispondenza; **~ence course** *n* corso per corrispondenza; **~ent** *n* corrispondente *m/f*.
corridor ['kɔrɪdɔ:*] *n* corridoio.
corroborate [kə'rɔbəreɪt] *vt* corroborare, confermare.
corrode [kə'rəud] *vt* corrodere // *vi* corrodersi; **corrosion** [-'rəuʒən] *n* corrosione *f*.
corrugated ['kɔrəgeɪtɪd] *a* increspato(a); ondulato(a); **~ iron** *n* lamiera di ferro ondulata.
corrupt [kə'rʌpt] *a* corrotto(a) // *vt* corrompere; **~ion** [-ʃən] *n* corruzione *f*.
corset ['kɔ:sɪt] *n* busto.
Corsica ['kɔ:sɪkə] *n* Corsica.
cortège [kɔ:'tɛ:ʒ] *n* corteo.
cosh [kɔʃ] *n* randello (corto).
cosmetic [kɔz'mɛtɪk] *n* cosmetico.
cosmonaut ['kɔzmənɔ:t] *n* cosmonauta *m/f*.
cosmopolitan [kɔzmə'pɔlɪtn] *a* cosmopolita.
cosmos ['kɔzmɔs] *n* cosmo.
cosset ['kɔsɪt] *vt* vezzeggiare.
cost [kɔst] *n* costo // *vb* (*pt*, *pp* **cost**) *vi* costare // *vt* stabilire il prezzo di; **it ~s £5/too much** costa 5 sterline/troppo; **it ~ him his life/job** gli costò la vita/il suo lavoro; **at all ~s** a ogni costo.
co-star ['kəustɑ:*] *n attore/trice della stessa importanza del protagonista*.
costly ['kɔstlɪ] *a* costoso(a), caro(a).
cost price ['kɔst'praɪs] *n* prezzo all'ingrosso.
costume ['kɔstju:m] *n* costume *m*; (*lady's suit*) tailleur *m inv*; (*also*: **swimming ~**) costume da bagno; **~ jewellery** *n* bigiotteria.
cosy ['kəuzɪ] *a* intimo(a).
cot [kɔt] *n* (*child's*) lettino.
cottage ['kɔtɪdʒ] *n* cottage *m inv*; **~ cheese** *n* fiocchi *mpl* di latte magro.
cotton ['kɔtn] *n* cotone *m*; **~ dress** *etc* vestito *etc* di cotone; **~ wool** *n* cotone idrofilo.
couch [kautʃ] *n* sofà *m inv* // *vt* esprimere.
cough [kɔf] *vi* tossire // *n* tosse *f*; **~ drop** *n* pasticca per la tosse.
could [kud] *pt of* **can**.
council ['kaunsl] *n* concilio; **city** *or* **town ~** concilio comunale; **~ estate** *n* quartiere *m* di case popolari; **~ house** *n* casa popolare; **~lor** *n* consigliere/a.
counsel ['kaunsl] *n* avvocato; consultazione *f*; **~lor** *n* consigliere/a.
count [kaunt] *vt*, *vi* contare // *n* conto;

(*nobleman*) conte *m*; **to ~ on** *vt fus* contare su; **to ~ up** *vt* addizionare; **~down** *n* conto alla rovescia.

countenance ['kauntınəns] *n* volto, aspetto // *vt* approvare.

counter ['kauntə*] *n* banco // *vt* opporsi a; (*blow*) parare // *ad*: **~ to** contro; in opposizione a; **~act** *vt* agire in opposizione a; (*poison etc*) annullare gli effetti di; **~attack** *n* contrattacco // *vi* contrattaccare; **~balance** *vt* contrappesare; **~-espionage** *n* controspionaggio.

counterfeit ['kauntəfıt] *n* contraffazione *f*, falso // *vt* contraffare, falsificare // *a* falso(a).

counterfoil ['kauntəfɔıl] *n* matrice *f*.

counterpart ['kauntəpɑ:t] *n* (*of document etc*) copia; (*of person*) corrispondente *m/f*.

countess ['kauntıs] *n* contessa.

countless ['kauntlıs] *a* innumerevole.

country ['kʌntrı] *n* paese *m*; (*native land*) patria; (*as opposed to town*) campagna; (*region*) regione *f*; **~ dancing** *n* danza popolare; **~ house** *n* villa in campagna; **~man** *n* (*national*) compatriota *m*; (*rural*) contadino; **~side** *n* campagna.

county ['kauntı] *n* contea.

coup, ~s [ku:, -z] *n* colpo; (*also*: **~ d'état**) colpo di Stato.

coupé [ku:'peı] *n* coupé *m inv*.

couple ['kʌpl] *n* coppia // *vt* (*carriages*) agganciare; (TECH) accoppiare; (*ideas, names*) associare; **a ~ of** un paio di.

couplet ['kʌplıt] *n* distico.

coupling ['kʌplıŋ] *n* (RAIL) agganciamento.

coupon ['ku:pɔn] *n* buono; (COMM) coupon *m inv*.

courage ['kʌrıdʒ] *n* coraggio; **~ous** [kə'reıdʒəs] *a* coraggioso(a).

courier ['kurıə*] *n* corriere *m*; (*for tourists*) guida.

course [kɔ:s] *n* corso; (*of ship*) rotta; (*for golf*) campo; (*part of meal*) piatto; **first ~** primo piatto; **of ~** *ad* senz'altro, naturalmente; **~ of action** modo d'agire; **~ of lectures** corso di lezioni.

court [kɔ:t] *n* corte *f*; (TENNIS) campo // *vt* (*woman*) fare la corte a; **out of ~** (LAW: *settle*) in via amichevole; **to take to ~** sottoporre alla magistratura.

courteous ['kʌ:tıəs] *a* cortese.

courtesan [kɔ:tı'zæn] *n* cortigiana.

courtesy ['kɔ:təsı] *n* cortesia.

court-house ['kɔ:thaus] *n* (US) palazzo di giustizia.

courtier ['kɔ:tıə*] *n* cortigiano/a.

court-martial, *pl* **courts-martial** ['kɔ:t-'mɑ:ʃəl] *n* corte *f* marziale.

courtroom ['kɔ:trum] *n* tribunale *m*.

courtyard ['kɔ:tjɑ:d] *n* cortile *m*.

cousin ['kʌzn] *n* cugino/a.

cove [kəuv] *n* piccola baia.

covenant ['kʌvənənt] *n* accordo.

cover ['kʌvə*] *vt* coprire // *n* (*of pan*) coperchio; (*over furniture*) fodera; (*of book*) copertina; (*shelter*) riparo; (COMM) copertura; **under ~** al riparo; **~age** *n* reportage *m*; (INSURANCE) copertura; **~ charge** *n* coperto; **~ing** *n* copertura; **~ing letter** *n* lettera d'accompagnamento.

covet ['kʌvıt] *vt* bramare.

cow [kau] *n* vacca.

coward ['kauəd] *n* vigliacco/a; **~ice** [-ıs] *n* vigliaccheria; **~ly** *a* vigliacco(a).

cowboy ['kaubɔı] *n* cow-boy *m inv*.

cower ['kauə*] *vi* acquattarsi.

cowshed ['kauʃɛd] *n* stalla.

coxswain ['kɔksn] *n* (*abbr*: **cox**) timoniere *m*; (*of ship*) nocchiere *m*.

coy [kɔı] *a* falsamente timido(a).

crab [kræb] *n* granchio; **~ apple** *n* mela selvatica.

crack [kræk] *n* fessura, crepa; incrinatura; (*noise*) schiocco; (: *of gun*) scoppio // *vt* spaccare; incrinare; (*whip*) schioccare; (*nut*) schiacciare // *a* (*troops*) fuori classe; **to ~ up** *vi* crollare; **~ed** *a* (*col*) matto(a); **~er** *n* cracker *m inv*; petardo.

crackle ['krækl] *vi* crepitare; **crackling** *n* crepitio; (*of pork*) cotenna croccante (del maiale).

cradle ['kreıdl] *n* culla.

craft [krɑ:ft] *n* mestiere *m*; (*cunning*) astuzia; (*boat*) naviglio; **~sman** *n* artigiano; **~smanship** *n* abilità; **~y** *a* furbo(a), astuto(a).

crag [kræg] *n* roccia.

cram [kræm] *vt* (*fill*): **to ~ sth with** riempire qc di; (*put*): **to ~ sth into** stipare qc in; **~ming** *n* (*fig*: *pej*) sgobbare *m*.

cramp [kræmp] *n* crampo; **~ed** *a* ristretto(a).

crampon [kræmpən] *n* (CLIMBING) rampone *m*.

cranberry ['krænbərı] *n* mirtillo.

crane [kreın] *n* gru *f inv*.

cranium, *pl* **crania** ['kreınıəm, 'kreınıə] *n* cranio.

crank [kræŋk] *n* manovella; (*person*) persona stramba; **~shaft** *n* albero a manovelle.

cranny ['krænı] *n see* **nook**.

crash [kræʃ] *n* fragore *m*; (*of car*) incidente *m*; (*of plane*) caduta // *vt* (*car*) fracassare // *vi* (*plane*) fracassarsi; (*two cars*) scontrarsi; (*fig*) fallire, andare in rovina; **to ~ into** scontrarsi con; **~ course** *n* corso intensivo; **~ helmet** *n* casco; **~ landing** *n* atterraggio di fortuna.

crate [kreıt] *n* gabbia.

crater ['kreıtə*] *n* cratere *m*.

cravat(e) [krə'væt] *n* fazzoletto da collo.

crave [kreıv] *vi*: **to ~ for** desiderare ardentemente.

crawl [krɔ:l] *vi* strisciare carponi; (*vehicle*) avanzare lentamente // *n* (SWIMMING) crawl *m*.

crayfish ['kreıfıʃ] *n, pl inv* gambero (d'acqua dolce).

crayon ['kreıən] *n* matita colorata.

craze [kreɪz] *n* mania.
crazy ['kreɪzɪ] *a* matto(a); ~ **paving** *n* lastricato *m* a mosaico irregolare.
creak [kri:k] *vi* cigolare, scricchiolare.
cream [kri:m] *n* crema; (*fresh*) panna // *a* (*colour*) color crema *inv*; ~ **cake** *n* torta alla crema; ~ **cheese** *n* mascarpone *m*; ~**y** *a* cremoso(a).
crease [kri:s] *n* grinza; (*deliberate*) piega // *vt* sgualcire.
create [kri:'eɪt] *vt* creare; **creation** [-ʃən] *n* creazione *f*; **creative** *a* creativo(a); **creator** *n* creatore/trice.
creature ['kri:tʃə*] *n* creatura.
crèche, creche [krɛʃ] *n* asilo infantile.
credence *n* credenza, fede *f*.
credentials [krɪ'dɛnʃlz] *npl* (*papers*) credenziali *fpl*.
credibility [krɛdɪ'bɪlɪtɪ] *n* credibilità.
credible ['krɛdɪbl] *a* credibile.
credit ['krɛdɪt] *n* credito; onore *m* // *vt* (COMM) accreditare; (*believe*: *also*: **give ~ to**) credere, prestar fede a; ~**s** *npl* (CINEMA) titoli *mpl*; **to ~ sb with** (*fig*) attribuire a qd; **to one's ~** a proprio onore; **to take the ~ for** farsi il merito di; ~**able** *a* che fa onore, degno(a) di lode; ~ **card** *n* carta di credito; ~**or** *n* creditore/trice.
credulity [krɪ'dju:lɪtɪ] *n* credulità.
creed [kri:d] *n* credo; dottrina.
creek [kri:k] *n* insenatura; (*US*) piccolo fiume *m*.
creep, *pt, pp* **crept** [kri:p, krɛpt] *vi* avanzare furtivamente (*or* pian piano); (*plant*) arrampicarsi; ~**er** *n* pianta rampicante; ~**y** *a* (*frightening*) che fa accapponare la pelle.
cremate [krɪ'meɪt] *vt* cremare; **cremation** [-ʃən] *n* cremazione *f*.
crematorium, *pl* **crematoria** [krɛmə'tɔ:rɪəm, -'tɔ:rɪə] *n* forno crematorio.
creosote ['krɪəsəut] *n* creosoto.
crêpe [kreɪp] *n* crespo; ~ **bandage** *n* fascia elastica.
crept [krɛpt] *pt, pp of* **creep.**
crescendo [krɪ'ʃɛndəu] *n* crescendo.
crescent ['krɛsnt] *n* forma di luna crescente; strada semicircolare.
cress [krɛs] *n* crescione *m*.
crest [krɛst] *n* cresta; (*of helmet*) pennacchiera; (*of coat of arms*) cimiero; ~**fallen** *a* mortificato(a).
Crete ['kri:t] *n* Creta.
crevasse [krɪ'væs] *n* crepaccio.
crevice ['krɛvɪs] *n* fessura, crepa.
crew [kru:] *n* equipaggio; **to have a ~-cut** avere i capelli a spazzola; ~**-neck** *n* girocollo.
crib [krɪb] *n* culla; (REL) presepio // *vt* (*col*) copiare.
crick [krɪk] *n* crampo.
cricket ['krɪkɪt] *n* (*insect*) grillo; (*game*) cricket *m*; ~**er** *n* giocatore *m* di cricket.
crime [kraɪm] *n* crimine *m*; **criminal** ['krɪmɪnl] *a, n* criminale (*m/f*).
crimson ['krɪmzn] *a* color cremisi *inv*.
cringe [krɪndʒ] *vi* acquattarsi; (*fig*) essere servile.
crinkle ['krɪŋkl] *vt* arricciare, increspare.
cripple ['krɪpl] *n* zoppo/a // *vt* azzoppare.
crisis, *pl* **crises** ['kraɪsɪs, -si:z] *n* crisi *f inv*.
crisp [krɪsp] *a* croccante; (*fig*) frizzante; vivace; deciso(a); ~**s** *npl* patatine *fpl* fritte.
criss-cross ['krɪskrɔs] *a* incrociato(a).
criterion, *pl* **criteria** [kraɪ'tɪərɪən, -'tɪərɪə] *n* criterio.
critic ['krɪtɪk] *n* critico; ~**al** *a* critico(a); ~**ally** *ad* criticamente; ~**ally ill** gravemente malato; ~**ism** ['krɪtɪsɪzm] *n* critica; ~**ize** ['krɪtɪsaɪz] *vt* criticare.
croak [krəuk] *vi* gracchiare.
crochet ['krəuʃeɪ] *n* lavoro all'uncinetto.
crockery ['krɔkərɪ] *n* vasellame *m*.
crocodile ['krɔkədaɪl] *n* coccodrillo.
crocus ['krəukəs] *n* croco.
croft [krɔft] *n* piccolo podere *m*; ~**er** *n* affittuario di un piccolo podere.
crony ['krəunɪ] *n* (*col*) amicone/a.
crook [kruk] *n* truffatore *m*; (*of shepherd*) bastone *m*; ~**ed** ['krukɪd] *a* curvo(a), storto(a); (*action*) disonesto(a).
crop [krɔp] *n* raccolto; **to ~ up** *vi* presentarsi.
cropper ['krɔpə*] *n*: **to come a ~** (*col*) fare fiasco.
croquet ['krəukeɪ] *n* croquet *m*.
croquette [krə'kɛt] *n* crocchetta.
cross [krɔs] *n* croce *f*; (BIOL) incrocio // *vt* (*street etc*) attraversare; (*arms, legs*, BIOL) incrociare; (*cheque*) sbarrare // *a* di cattivo umore; **to ~ out** *vt* cancellare; **to ~ over** *vi* attraversare; ~**bar** *n* traversa; ~**breed** *n* incrocio; ~**country (race)** *n* cross-country *m inv*; ~**-examination** *n* interrogatorio in contraddittorio; ~**-examine** *vt* (LAW) interrogare in contraddittorio; ~**-eyed** *a* strabico(a); ~**ing** *n* incrocio; (*sea-passage*) traversata; (*also*: **pedestrian ~ing**) passaggio pedonale; ~**roads** *n* incrocio; ~ **section** *n* (BIOL) sezione *f* trasversale; (*in population*) settore *m* rappresentativo; ~**wind** *n* vento di traverso; ~**word** *n* cruciverba *m inv*.
crotch [krɔtʃ] *n* (*of garment*) pattina.
crotchet ['krɔtʃɪt] *n* (MUS) semiminima.
crotchety ['krɔtʃɪtɪ] *a* (*person*) burbero(a).
crouch [krautʃ] *vi* acquattarsi; rannicchiarsi.
crouton ['kru:tɔn] *n* crostino.
crow [krəu] *n* (*bird*) cornacchia; (*of cock*) canto del gallo // *vi* (*cock*) cantare; (*fig*) vantarsi; cantar vittoria.
crowbar ['krəuba:*] *n* piede *m* di porco.
crowd [kraud] *n* folla // *vt* affollare, stipare // *vi* affollarsi; ~**ed** *a* affollato(a); ~**ed with** stipato(a) di.
crown [kraun] *n* corona; (*of head*) calotta cranica; (*of hat*) cocuzzolo; (*of hill*) cima // *vt* incoronare; ~ **jewels** *npl* gioielli *mpl*

della Corona; ~ **prince** *n* principe *m* ereditario.
crow's-nest ['krəuznεst] *n* (*on sailing-ship*) coffa.
crucial ['kru:ʃl] *a* cruciale, decisivo(a).
crucifix ['kru:sɪfɪks] *n* crocifisso; ~**ion** [-'fɪkʃən] *n* crocifissione *f*.
crucify ['kru:sɪfaɪ] *vt* crocifiggere, mettere in croce.
crude [kru:d] *a* (*materials*) greggio(a); non raffinato(a); (*fig: basic*) crudo(a), primitivo(a); (: *vulgar*) rozzo(a), grossolano(a); ~ **(oil)** *n* (petrolio) greggio.
cruel ['kruəl] *a* crudele; ~**ty** *n* crudeltà *f inv*
cruet ['kru:ɪt] *n* ampolla.
cruise [kru:z] *n* crociera // *vi* andare a velocità di crociera; (*taxi*) circolare; ~**r** *n* incrociatore *m*; **cruising speed** *n* velocità *f inv* di crociera.
crumb [krʌm] *n* briciola.
crumble ['krʌmbl] *vt* sbriciolare // *vi* sbriciolarsi; (*plaster etc*) sgrettolarsi; (*land, earth*) franare; (*building, fig*) crollare; **crumbly** *a* friabile.
crumpet ['krʌmpɪt] *n* crostino da tè.
crumple ['krʌmpl] *vt* raggrinzare, spiegazzare.
crunch [krʌntʃ] *vt* sgranocchiare; (*underfoot*) scricchiolare // *n* (*fig*) punto *or* momento cruciale; ~**y** *a* croccante.
crusade [kru:'seɪd] *n* crociata; ~**r** *n* crociato.
crush [krʌʃ] *n* folla // *vt* schiacciare; (*crumple*) sgualcire; ~**ing** *a* schiacciante.
crust [krʌst] *n* crosta.
crutch [krʌtʃ] *n* gruccia.
crux [krʌks] *n* nodo.
cry [kraɪ] *vi* piangere; (*shout*) urlare // *n* urlo, grido; **to ~ off** *vi* ritirarsi; ~**ing** *a* (*fig*) palese; urgente.
crypt [krɪpt] *n* cripta.
cryptic ['krɪptɪk] *a* ermetico(a).
crystal ['krɪstl] *n* cristallo; ~**-clear** *a* cristallino(a); **crystallize** *vi* cristallizzarsi.
cu. *abbr*: ~ **ft.** = *cubic feet*; ~ **in.** = *cubic inches*.
cub [kʌb] *n* cucciolo.
Cuba ['kju:bə] *n* Cuba; ~**n** *a, n* cubano(a).
cubbyhole ['kʌbɪhəul] *n* angolino.
cube [kju:b] *n* cubo // *vt* (MATH) elevare al cubo; ~ **root** *n* radice *f* cubica; **cubic** *a* cubico(a).
cubicle ['kju:bɪkl] *n* scompartimento separato; cabina.
cuckoo ['kuku:] *n* cucù *m inv*; ~ **clock** *n* orologio a cucù.
cucumber ['kju:kʌmbə*] *n* cetriolo.
cud [kʌd] *n*: **to chew the ~** ruminare.
cuddle ['kʌdl] *vt* abbracciare, coccolare // *vi* abbracciarsi; **cuddly** *a* da coccolare.
cudgel ['kʌdʒl] *n* randello.
cue [kju:] *n* stecca; (THEATRE *etc*) segnale *m*.
cuff [kʌf] *n* (*of shirt, coat etc*) polsino; (*US*) = **turn-up**; **off the ~** *ad* a braccio; ~**link** *n* gemello.
cuisine [kwɪ'zi:n] *n* cucina.
cul-de-sac ['kʌldəsæk] *n* vicolo cieco.
culinary ['kʌlɪnərɪ] *a* culinario(a).
culminate ['kʌlmɪneɪt] *vi* culminare; **culmination** [-'neɪʃən] *n* culmine *m*.
culpable ['kʌlpəbl] *a* colpevole.
culprit ['kʌlprɪt] *n* colpevole *m/f*.
cult [kʌlt] *n* culto.
cultivate ['kʌltɪveɪt] *vt* (*also fig*) coltivare; **cultivation** [-'veɪʃən] *n* coltivazione *f*.
cultural ['kʌltʃərəl] *a* culturale.
culture ['kʌltʃə*] *n* (*also fig*) cultura; ~**d** *a* colto(a).
cumbersome ['kʌmbəsəm] *a* ingombrante.
cumulative ['kju:mjulətɪv] *a* cumulativo(a).
cunning ['kʌnɪŋ] *n* astuzia, furberia // *a* astuto(a), furbo(a).
cup [kʌp] *n* tazza; (*prize*) coppa.
cupboard ['kʌbəd] *n* armadio.
cupola ['kju:pələ] *n* cupola.
cup-tie ['kʌptaɪ] *n* partita di coppa.
curable ['kjuərəbl] *a* curabile.
curate ['kju:rɪt] *n* cappellano.
curator [kju'reɪtə*] *n* direttore *m* (*di museo etc*).
curb [kə:b] *vt* tenere a freno // *n* freno; (*US*) = **kerb.**
curdle ['kə:dl] *vi* cagliare.
curds [kə:ds] *npl* latte *m* cagliato.
cure [kjuə*] *vt* guarire; (CULIN) trattare; affumicare; essiccare // *n* rimedio.
curfew ['kə:fju:] *n* coprifuoco.
curio ['kjuərɪəu] *n* curiosità *f inv*.
curiosity [kjuərɪ'ɔsɪtɪ] *n* curiosità.
curious ['kjuərɪəs] *a* curioso(a).
curl [kə:l] *n* riccio // *vt* ondulare; (*tightly*) arricciare // *vi* arricciarsi; **to ~ up** *vi* avvolgersi a spirale; rannicchiarsi; ~**er** *n* bigodino.
curling ['kə:lɪŋ] *n* (SPORT) curling *m*.
curly ['kə:lɪ] *a* ricciuto(a).
currant ['kʌrnt] *n* sultanina.
currency ['kʌrnsɪ] *n* moneta; **foreign ~** divisa estera; **to gain ~** (*fig*) acquistare larga diffusione.
current ['kʌrnt] *a, n* corrente (*f*); ~ **account** *n* conto corrente; ~ **affairs** *npl* attualità *fpl*; ~**ly** *ad* attualmente.
curriculum, *pl* ~**s** *or* **curricula** [kə'rɪkjuləm, -lə] *n* curriculum *m inv*; ~ **vitae** *n* curriculum vitae *m inv*.
curry ['kʌrɪ] *n* curry *m inv* // *vt*: **to ~ favour with** cercare di attirarsi i favori di; **chicken ~** pollo al curry.
curse [kə:s] *vt* maledire // *vi* bestemmiare // *n* maledizione *f*; bestemmia.
cursory ['kə:sərɪ] *a* superficiale.
curt [kə:t] *a* secco(a).
curtail [kə:'teɪl] *vt* (*visit etc*) accorciare; (*expenses etc*) ridurre, decurtare.
curtain ['kə:tn] *n* tenda.
curts(e)y ['kə:tsɪ] *n* inchino, riverenza // *vi* fare un inchino *or* una riverenza.

curve [kə:v] *n* curva // *vi* curvarsi.
cushion ['kuʃən] *n* cuscino // *vt* (*shock*) fare da cuscinetto a.
custard ['kʌstəd] *n* (*for pouring*) crema.
custodian [kʌs'təudıən] *n* custode *m/f.*
custody ['kʌstədı] *n* (*of child*) tutela; (*for offenders*) arresto.
custom ['kʌstəm] *n* costume *m*, usanza; (LAW) consuetudine *f*; (COMM) clientela; **~ary** *a* consueto(a).
customer ['kʌstəmə*] *n* cliente *m/f.*
custom-made ['kʌstəm'meıd] *a* (*clothes*) fatto(a) su misura; (*other goods*) fatto(a) su ordinazione.
customs ['kʌstəmz] *npl* dogana; **~ duty** *n* dazio doganale; **~ officer** *n* doganiere *m.*
cut [kʌt] *vb* (*pt, pp* **cut**) *vt* tagliare; (*shape, make*) intagliare; (*reduce*) ridurre // *vi* tagliare; (*intersect*) tagliarsi // *n* taglio; (*in salary etc*) riduzione *f*; **power ~** mancanza di corrente elettrica; **to ~ a tooth** mettere un dente; **to ~ down (on)** *vt fus* ridurre; **to ~ off** *vt* tagliare; (*fig*) isolare; **to ~ out** *vt* tagliare fuori; eliminare; ritagliare; **~back** *n* riduzione *f.*
cute [kju:t] *a* grazioso(a); (*clever*) astuto(a).
cut glass [kʌt'glɑ:s] *n* cristallo.
cuticle ['kju:tıkl] *n* (*on nail*) cuticola.
cutlery ['kʌtlərı] *n* posate *fpl.*
cutlet ['kʌtlıt] *n* costoletta.
cut: **~out** *n* interruttore *m*; **~-price** *a* a prezzo ridotto; **~throat** *n* assassino.
cutting ['kʌtıŋ] *a* tagliente; (*fig*) pungente // *n* (PRESS) ritaglio (di giornale); (RAIL) trincea.
cuttlefish ['kʌtlfıʃ] *n* seppia.
cut-up ['kʌtʌp] *a* stravolto(a).
cwt *abbr of* **hundredweight(s)**.
cyanide ['saıənaıd] *n* cianuro.
cyclamen ['sıkləmən] *n* ciclamino.
cycle ['saıkl] *n* ciclo; bicicletta // *vi* andare in bicicletta.
cycling ['saıklıŋ] *n* ciclismo.
cyclist ['saıklıst] *n* ciclista *m/f.*
cyclone ['saıkləun] *n* ciclone *m.*
cygnet ['sıgnıt] *n* cigno giovane.
cylinder ['sılındə*] *n* cilindro; **~ capacity** *n* cilindrata; **~-head gasket** *n* guarnizione *f* della testata del cilindro.
cymbals ['sımblz] *npl* cembali *mpl.*
cynic ['sınık] *n* cinico/a; **~al** *a* cinico(a); **~ism** ['sınısızəm] *n* cinismo.
cypress ['saıprıs] *n* cipresso.
Cypriot ['sıprıət] *a, n* cipriota (*m/f*).
Cyprus ['saıprəs] *n* Cipro.
cyst [sıst] *n* cisti *f inv.*
czar [zɑ:*] *n* zar *m inv.*
Czech [tʃɛk] *a* ceco(a) // *n* ceco/a; (LING) ceco.
Czechoslovakia [tʃɛkəslə'vækıə] *n* Cecoslovacchia; **~n** *a, n* cecoslovacco(a).

D

D [di:] *n* (MUS) re *m*; **~-day** *n giorno dello sbarco degli alleati in Normandia.*
dab [dæb] *vt* (*eyes, wound*) tamponare; (*paint, cream*) applicare (con leggeri colpetti); **a ~ of paint** un colpetto di vernice.
dabble ['dæbl] *vi*: **to ~ in** occuparsi (da dilettante) di.
dad, daddy [dæd, 'dædı] *n* babbo, papà *m inv*; **daddy-long-legs** *n* tipula.
daffodil ['dæfədıl] *n* giunchiglia.
daft [dɑ:ft] *a* sciocco(a).
dagger ['dægə*] *n* pugnale *m.*
daily ['deılı] *a* quotidiano(a), giornaliero(a) // *n* quotidiano // *ad* tutti i giorni.
dainty ['deıntı] *a* delicato(a), grazioso(a).
dairy ['dɛərı] *n* (*shop*) latteria; (*on farm*) caseificio // *a* caseario(a).
daisy ['deızı] *n* margherita.
dale [deıl] *n* valle *f.*
dally ['dælı] *vi* trastullarsi.
dam [dæm] *n* diga // *vt* sbarrare; costruire dighe su.
damage ['dæmıdʒ] *n* danno; danni *mpl*; (*fig*) danno // *vt* danneggiare; (*fig*) recar danno a; **~s** *npl* (LAW) danni.
damn [dæm] *vt* condannare; (*curse*) maledire // *n* (*col*): **I don't give a ~** non me ne importa un fico // *a* (*col*): **this ~ ...** questo maledetto ...; **~ (it)!** accidenti!; **~ing** *a* (*evidence*) schiacciante.
damp [dæmp] *a* umido(a) // *n* umidità, umido // *vt* (*also*: **~en**) (*cloth, rag*) inumidire, bagnare; (*enthusiasm etc*) spegnere; **~ness** *n* umidità, umido.
damson ['dæmzən] *n* susina damaschina.
dance [dɑ:ns] *n* danza, ballo; (*ball*) ballo // *vi* ballare; **~ hall** *n* dancing *m inv*, sala da ballo; **~r** *n* danzatore/trice; (*professional*) ballerino/a.
dancing ['dɑ:nsıŋ] *n* danza, ballo.
dandelion ['dændılaıən] *n* dente *m* di leone.
dandruff ['dændrəf] *n* forfora.
Dane [deın] *n* danese *m/f.*
danger ['deındʒə*] *n* pericolo; **there is a ~ of fire** c'è pericolo di incendio; **in ~** in pericolo; **he was in ~ of falling** rischiava di cadere; **~ous** *a* pericoloso(a).
dangle ['dæŋgl] *vt* dondolare; (*fig*) far balenare // *vi* pendolare.
Danish ['deınıʃ] *a* danese // *n* (LING) danese *m.*
dapper ['dæpə*] *a* lindo(a).
dare [dɛə*] *vt*: **to ~ sb to do** sfidare qd a fare // *vi*: **to ~ (to) do sth** osare fare qc; **~devil** *n* scavezzacollo *m/f*; **daring** *a* audace, ardito(a).
dark [dɑ:k] *a* (*night, room*) buio(a), scuro(a); (*colour, complexion*) scuro(a); (*fig*) cupo(a), tetro(a), nero(a) // *n*: **in the ~** al buio; **in the ~ about** (*fig*)

all'oscuro di; **after** ~ a notte fatta; ~**en** *vt* (*room*) oscurare; (*photo, painting*) far scuro(a) // *vi* oscurarsi; imbrunirsi; ~ **glasses** *npl* occhiali *mpl* scuri; ~**ness** *n* oscurità, buio; ~ **room** *n* camera oscura.
darling ['dɑ:lɪŋ] *a* caro(a) // *n* tesoro.
darn [dɑ:n] *vt* rammendare.
dart [dɑ:t] *n* freccetta // *vi*: **to** ~ **towards** precipitarsi verso; **to** ~ **away** guizzare via; ~**s** *n* tiro al bersaglio (con freccette); ~**board** *n* bersaglio (per freccette).
dash [dæʃ] *n* (*sign*) lineetta // *vt* (*missile*) gettare; (*hopes*) infrangere // *vi*: **to** ~ **towards** precipitarsi verso; **to** ~ **away** *vi* scappare via; ~**board** *n* cruscotto; ~**ing** *a* ardito(a).
data ['deɪtə] *npl* dati *mpl*; ~ **processing** *n* elaborazione *f* (elettronica) dei dati.
date [deɪt] *n* data; appuntamento; (*fruit*) dattero // *vt* datare; **to** ~ *ad* fino a oggi; **out of** ~ scaduto(a); (*old-fashioned*) passato(a) di moda; ~**d the 13th** datato il 13; ~**d** *a* passato(a) di moda; ~**line** *n* linea del cambiamento di data.
daub [dɔ:b] *vt* imbrattare.
daughter ['dɔ:tə*] *n* figlia; ~**-in-law** *n* nuora.
daunt [dɔ:nt] *vt* intimidire; ~**less** *a* intrepido(a).
dawdle ['dɔ:dl] *vi* bighellonare.
dawn [dɔ:n] *n* alba // *vi* (*day*) spuntare; (*fig*) venire in mente.
day [deɪ] *n* giorno; (*as duration*) giornata; (*period of time, age*) tempo, epoca; **the** ~ **before** il giorno avanti *or* prima; **by** ~ di giorno; ~**break** *n* spuntar *m* del giorno; ~**dream** *n* sogno a occhi aperti // *vi* sognare a occhi aperti; ~**light** *n* luce *f* del giorno; ~**time** *n* giorno.
daze [deɪz] *vt* (*subject*: *drug*) inebetire; (: *blow*) stordire // *n*: **in a** ~ inebetito(a); stordito(a).
dazzle ['dæzl] *vt* abbagliare.
dead [dɛd] *a* morto(a); (*numb*) intirizzito(a) // *ad* assolutamente, perfettamente; **he was shot** ~ fu colpito a morte; ~ **on time** in perfetto orario; ~ **tired** stànco(a) morto(a); **to stop** ~ fermarsi in tronco; **the** ~ i morti; ~**en** *vt* (*blow, sound*) ammortire; (*make numb*) intirizzire; ~ **end** *n* vicolo cieco; ~ **heat** *n* (SPORT): **to finish in a** ~ **heat** finire alla pari; ~**line** *n* scadenza; ~**lock** *n* punto morto; ~**ly** *a* mortale; (*weapon, poison*) micidiale; ~**pan** *a* a faccia impassibile.
deaf [dɛf] *a* sordo(a); ~**-aid** *n* apparecchio per la sordità; ~**en** *vt* assordare; ~**ening** *a* fragoroso(a), assordante; ~**ness** *n* sordità; ~**-mute** *n* sordomuto/a.
deal [di:l] *n* accordo; affare *m* // *vt* (*pt, pp* **dealt** [dɛlt]) (*blow, cards*) dare; **a great** ~ **(of)** molto(a); **to** ~ **with** *vt fus* (COMM) fare affari con, trattare con; (*handle*) occuparsi di; (*be about*: *book etc*) trattare di; ~**er** *n* commerciante *m/f*; ~**ings** *npl* (COMM) relazioni *fpl*; (*relations*) rapporti *mpl*.
dean [di:n] *n* (SCOL) preside *m* di facoltà (*or* di collegio).
dear [dɪə*] *a* caro(a) // *n*: **my** ~ caro mio/cara mia; ~ **me!** Dio mio!; **D**~ **Sir/Madam** (*in letter*) Egregio(a) Signore(a); **D**~ **Mr/Mrs X** Gentile Signor/Signora X; ~**ly** *ad* (*love*) moltissimo; (*pay*) a caro prezzo.
dearth [də:θ] *n* scarsità, carestia.
death [dɛθ] *n* morte *f*; (ADMIN) decesso; ~**bed** *n* letto di morte; ~ **certificate** *n* atto di decesso; ~ **duties** *npl* (*Brit*) imposta *or* tassa di successione; ~**ly** *a* di morte; ~ **penalty** *n* pena di morte; ~ **rate** *n* indice *m* di mortalità.
debar [dɪ'bɑ:*] *vt*: **to** ~ **sb from doing** impedire a qd di fare.
debase [dɪ'beɪs] *vt* (*currency*) adulterare; (*person*) degradare.
debatable [dɪ'beɪtəbl] *a* discutibile.
debate [dɪ'beɪt] *n* dibattito // *vt* dibattere; discutere // *vi* (*consider*): **to** ~ **whether** riflettere se.
debauchery [dɪ'bɔ:tʃərɪ] *n* dissolutezza.
debit ['dɛbɪt] *n* debito // vt: **to** ~ **a sum to sb** addebitare una somma a qd.
debris ['dɛbri:] *n* detriti *mpl*.
debt [dɛt] *n* debito; **to be in** ~ essere indebitato(a); ~**or** *n* debitore/trice.
début ['deɪbju:] *n* debutto.
decade ['dɛkeɪd] *n* decennio.
decadence ['dɛkədəns] *n* decadenza.
decanter [dɪ'kæntə*] *n* caraffa.
decay [dɪ'keɪ] *n* decadimento; imputridimento; (*fig*) rovina; (*also*: **tooth** ~) carie *f* // *vi* (*rot*) imputridire; (*fig*) andare in rovina.
decease [dɪ'si:s] *n* decesso; ~**d** *n* defunto/a.
deceit [dɪ'si:t] *n* inganno; ~**ful** *a* ingannevole, perfido(a).
deceive [dɪ'si:v] *vt* ingannare.
decelerate [di:'sɛləreɪt] *vt,vi* rallentare.
December [dɪ'sɛmbə*] *n* dicembre *m*.
decency ['di:sənsɪ] *n* decenza.
decent ['di:sənt] *a* decente; **they were very** ~ **about it** si sono comportati da signori riguardo a ciò.
decentralize [di:'sɛntrəlaɪz] *vt* decentrare.
deception [dɪ'sɛpʃən] *n* inganno.
deceptive [dɪ'sɛptɪv] *a* ingannevole.
decibel ['dɛsɪbɛl] *n* decibel *m inv*.
decide [dɪ'saɪd] *vt* (*person*) far prendere una decisione a; (*question, argument*) risolvere, decidere // *vi* decidere, decidersi; **to** ~ **to do/that** decidere di fare/che; **to** ~ **on** decidere per; ~**d** *a* (*resolute*) deciso(a); (*clear, definite*) netto(a), chiaro(a); ~**dly** [-dɪdlɪ] *ad* indubbiamente; decisamente.
deciduous [dɪ'sɪdjuəs] *a* deciduo(a).
decimal ['dɛsɪməl] *a, n* decimale (*m*); ~ **point** *n* ≈ virgola.
decimate ['dɛsɪmeɪt] *vt* decimare.
decipher [dɪ'saɪfə*] *vt* decifrare.
decision [dɪ'sɪʒən] *n* decisione *f*.

decisive [dɪ'saɪsɪv] *a* decisivo(a).
deck [dɛk] *n* (NAUT) ponte *m*; (*of bus*): **top ~** imperiale *m*; (*of cards*) mazzo; **~chair** *n* sedia a sdraio; **~ hand** *n* marinaio.
declaration [dɛklə'reɪʃən] *n* dichiarazione *f*.
declare [dɪ'klɛə*] *vt* dichiarare.
decline [dɪ'klaɪn] *n* (*decay*) declino; (*lessening*) ribasso // *vt* declinare; rifiutare // *vi* declinare; diminuire.
decode ['di:'kəud] *vt* decifrare.
decompose [di:kəm'pəuz] *vi* decomporre; **decomposition** [di:kɔmpə'zɪʃən] *n* decomposizione *f*.
decontaminate [di:kən'tæmɪneɪt] *vt* decontaminare.
décor ['deɪkɔ:*] *n* decorazione *f*.
decorate ['dɛkəreɪt] *vt* (*adorn, give a medal to*) decorare; (*paint and paper*) tinteggiare e tappezzare; **decoration** [-'reɪʃən] *n* (*medal etc, adornment*) decorazione *f*; **decorative** ['dɛkərətɪv] *a* decorativo(a); **decorator** *n* decoratore *m*.
decoy ['di:kɔɪ] *n* zimbello.
decrease *n* ['di:kri:s] diminuzione *f* // *vt, vi* [di:'kri:s] diminuire.
decree [dɪ'kri:] *n* decreto; **~ nisi** *n* sentenza provvisoria di divorzio.
decrepit [dɪ'krɛpɪt] *a* decrepito(a).
dedicate ['dɛdɪkeɪt] *vt* consacrare; (*book etc*) dedicare.
dedication [dɛdɪ'keɪʃən] *n* (*devotion*) dedizione *f*.
deduce [dɪ'dju:s] *vt* dedurre.
deduct [dɪ'dʌkt] *vt*: **to ~ sth (from)** dedurre qc (da); (*from wage etc*) trattenere qc (da); **~ion** [dɪ'dʌkʃən] *n* (*deducting*) deduzione *f*; (*from wage etc*) trattenuta; (*deducing*) deduzione *f*, conclusione *f*.
deed [di:d] *n* azione *f*, atto; (LAW) atto.
deep [di:p] *a* profondo(a); **4 metres ~** profondo(a) 4 metri // *ad*: **~ in snow** affondato(a) nella neve; **spectators stood 20 ~** c'erano 20 file di spettatori; **knee-~ in water** in acqua fino alle ginocchia; **~en** *vt* (*hole*) approfondire // *vi* approfondirsi; (*darkness*) farsi più buio; **~-freeze** *n* congelatore *m* // *vt* congelare; **~-sea** *a*: **~-sea diving** *n* immersione *f* in alto mare; **~-sea fishing** *n* pesca d'alto mare; **~-seated** *a* (*beliefs*) radicato(a); **~-set** *a* (*eyes*) infossato(a).
deer [dɪə*] *n, pl inv*: **the ~** i cervidi; **(red) ~** cervo; **(fallow) ~** daino; **(roe) ~** capriolo; **~skin** *n* pelle *f* di daino.
deface [dɪ'feɪs] *vt* imbrattare.
defamation [dɛfə'meɪʃən] *n* diffamazione *f*.
default [dɪ'fɔ:lt] *vi* (LAW) essere contumace; (*gen*) essere inadempiente // *n*: **by ~** (LAW) in contumacia; (SPORT) per abbandono; **~er** *n* (*in debt*) inadempiente *m/f*.
defeat [dɪ'fi:t] *n* sconfitta // vt (*team, opponents*) sconfiggere; (*fig: plans, efforts*) frustrare; **~ist** *a,n* disfattista (*m/f*).
defect *n* ['di:fɛkt] difetto // vi [dɪ'fɛkt]: **to ~ to the enemy/the West** passare al nemico/all'Ovest; **~ive** [dɪ'fɛktɪv] *a* difettoso(a).
defence [dɪ'fɛns] *n* difesa; **in ~ of** in difesa di; **~less** *a* senza difesa.
defend [dɪ'fɛnd] *vt* difendere; **~ant** *n* imputato/a; **~er** *n* difensore/a.
defensive [dɪ'fɛnsɪv] *a* difensivo(a).
defer [dɪ'fə:*] *vt* (*postpone*) differire, rinviare.
deference ['dɛfərəns] *n* deferenza; riguardo.
defiance [dɪ'faɪəns] *n* sfida; **in ~ of** a dispetto di.
defiant [dɪ'faɪənt] *a* di sfida.
deficiency [dɪ'fɪʃənsɪ] *n* deficienza; carenza.
deficient [dɪ'fɪʃənt] *a* deficiente; insufficiente; **to be ~ in** mancare di.
deficit ['dɛfɪsɪt] *n* disavanzo.
defile *vb* [dɪ'faɪl] *vt* contaminare // *vi* sfilare // *n* ['di:faɪl] gola, stretta.
define [dɪ'faɪn] *vt* definire.
definite ['dɛfɪnɪt] *a* (*fixed*) definito(a), preciso(a); (*clear, obvious*) ben definito(a), esatto(a); (LING) determinativo(a); **he was ~ about it** ne era sicuro; **~ly** *ad* indubbiamente.
definition [dɛfɪ'nɪʃən] *n* definizione *f*.
definitive [dɪ'fɪnɪtɪv] *a* definitivo(a).
deflate [di:'fleɪt] *vt* sgonfiare.
deflation [di:'fleɪʃən] *n* (ECON) deflazione *f*.
deflect [dɪ'flɛkt] *vt* deflettere, deviare.
deform [dɪ'fɔ:m] *vt* deformare; **~ed** *a* deforme; **~ity** *n* deformità *f inv*.
defraud [dɪ'frɔ:d] *vt* defraudare.
defray [dɪ'freɪ] *vt*: **to ~ sb's expenses** sostenere le spese di qd.
defrost [di:'frɔst] *vt* (*fridge*) disgelare.
deft [dɛft] *a* svelto(a), destro(a).
defunct [dɪ'fʌŋkt] *a* defunto(a).
defuse [di:'fju:z] *vt* disarmare.
defy [dɪ'faɪ] *vt* sfidare; (*efforts etc*) resistere a.
degenerate *vi* [dɪ'dʒɛnəreɪt] degenerare // *a* [dɪ'dʒɛnərɪt] degenere.
degradation [dɛgrə'deɪʃən] *n* degradazione *f*.
degrading [dɪ'greɪdɪŋ] *a* degradante.
degree [dɪ'gri:] *n* grado; laurea (universitaria); **a (first) ~ in maths** una laurea in matematica.
dehydrated [di:haɪ'dreɪtɪd] *a* disidratato(a); (*milk, eggs*) in polvere.
de-ice [di:'aɪs] *vt* (*windscreen*) disgelare.
deign [deɪn] *vi*: **to ~ to do** degnarsi di fare.
deity ['di:ɪtɪ] *n* deità *f inv*; dio/dea.
dejected [dɪ'dʒɛktɪd] *a* abbattuto(a), avvilito(a).
dejection [dɪ'dʒɛkʃən] *n* abbattimento, avvilimento.
delay [dɪ'leɪ] *vt* (*journey, operation*) ritardare, rinviare; (*travellers, trains*) ritardare // *n* ritardo; **without ~** senza ritardo; **~ed-action** *a* a azione ritardata.

delegate *n* ['dɛlɪgɪt] delegato/a // *vt* ['dɛlɪgeɪt] delegare.
delegation [dɛlɪ'geɪʃən] *n* delegazione *f*.
delete [dɪ'li:t] *vt* cancellare.
deliberate *a* [dɪ'lɪbərɪt] (*intentional*) intenzionale; (*slow*) misurato(a) // *vi* [dɪ'lɪbəreɪt] deliberare, riflettere; **~ly** *ad* (*on purpose*) deliberatamente.
delicacy ['dɛlɪkəsɪ] *n* delicatezza.
delicate ['dɛlɪkɪt] *a* delicato(a).
delicatessen [dɛlɪkə'tɛsn] *n* salumeria.
delicious [dɪ'lɪʃəs] *a* delizioso(a), squisito(a).
delight [dɪ'laɪt] *n* delizia, gran piacere *m* // *vt* dilettare; **to take ~ in** divertirsi a; **~ful** *a* delizioso(a); incantevole.
delinquency [dɪ'lɪŋkwənsɪ] *n* delinquenza.
delinquent [dɪ'lɪŋkwənt] *a,n* delinquente (*m/f*).
delirium [dɪ'lɪrɪəm] *n* delirio.
deliver [dɪ'lɪvə*] *vt* (*mail*) distribuire; (*goods*) consegnare; (*speech*) pronunciare; (*free*) liberare; (MED) far partorire; **to ~ a message** fare un'ambasciata; **to ~ the goods** (*fig*) partorire; **~y** *n* consegna; distribuzione *f*; (*of speaker*) modo di proporre; (MED) parto; **to take ~y of** prendere in consegna.
delta ['dɛltə] *n* delta *m*.
delude [dɪ'lu:d] *vt* deludere, illudere.
deluge ['dɛlju:dʒ] *n* diluvio.
delusion [dɪ'lu:ʒən] *n* illusione *f*.
delve [dɛlv] *vi*: **to ~ into** frugare in; (*subject*) far ricerche in.
demagogue ['dɛməgɔg] *n* demagogo.
demand [dɪ'mɑ:nd] *vt* richiedere // *n* domanda; (ECON, *claim*) richiesta; **in ~** ricercato(a), richiesto(a); **on ~** a richiesta; **~ing** *a* (*boss*) esigente; (*work*) impegnativo(a).
demarcation [di:mɑ:'keɪʃən] *n* demarcazione *f*.
demean [dɪ'mi:n] *vt*: **to ~ o.s.** umiliarsi.
demeanour [dɪ'mi:nə*] *n* comportamento; contegno.
demented [dɪ'mɛntɪd] *a* demente, impazzito(a).
demise [dɪ'maɪz] *n* decesso.
demobilize [di:'məubɪlaɪz] *vt* smobilitare.
democracy [dɪ'mɔkrəsɪ] *n* democrazia.
democrat ['dɛməkræt] *n* democratico/a; **~ic** [dɛmə'krætɪk] *a* democratico(a).
demolish [dɪ'mɔlɪʃ] *vt* demolire.
demolition [dɛmə'lɪʃən] *n* demolizione *f*.
demonstrate ['dɛmənstreɪt] *vt* dimostrare, provare.
demonstration [dɛmən'streɪʃən] *n* dimostrazione *f*; (POL) manifestazione *f*, dimostrazione.
demonstrative [dɪ'mɔnstrətɪv] *a* dimostrativo(a).
demonstrator ['dɛmənstreɪtə*] *n* (POL) dimostrante *m/f*.
demoralize [dɪ'mɔrəlaɪz] *vt* demoralizzare.
demote [dɪ'məut] *vt* far retrocedere.
demure [dɪ'mjuə*] *a* contegnoso(a).
den [dɛn] *n* tana, covo.
denial [dɪ'naɪəl] *n* diniego; rifiuto.
denigrate ['dɛnɪgreɪt] *vt* denigrare.
denim ['dɛnɪm] *n* tessuto di cotone ritorto; **~s** *npl* blue jeans *mpl*.
Denmark ['dɛnmɑ:k] *n* Danimarca.
denomination [dɪnɔmɪ'neɪʃən] *n* (*money*) valore *m*; (REL) confessione *f*.
denominator [dɪ'nɔmɪneɪtə*] *n* denominatore *m*.
denote [dɪ'nəut] *vt* denotare.
denounce [dɪ'nauns] *vt* denunciare.
dense [dɛns] *a* fitto(a); (*stupid*) ottuso(a), duro(a); **~ly** *ad*: **~ly wooded** fittamente boscoso; **~ly populated** densamente popolato(a).
density ['dɛnsɪtɪ] *n* densità *f inv*.
dent [dɛnt] *n* ammaccatura // *vt* (*also*: **make a ~ in**) ammaccare.
dental ['dɛntl] *a* dentale; **~ surgeon** *n* medico/a dentista.
dentifrice ['dɛntɪfrɪs] *n* dentifricio.
dentist ['dɛntɪst] *n* dentista *m/f*; **~ry** *n* odontoiatria.
denture ['dɛntʃə*] *n* dentiera.
deny [dɪ'naɪ] *vt* negare; (*refuse*) rifiutare.
deodorant [di:'əudərənt] *n* deodorante *m*.
depart [dɪ'pɑ:t] *vi* partire; **to ~ from** (*leave*) allontanarsi da, partire da.
department [dɪ'pɑ:tmənt] *n* (COMM) reparto; (SCOL) sezione *f*, dipartimento; (POL) ministero; **~ store** *n* grande magazzino.
departure [dɪ'pɑ:tʃə*] *n* partenza; (*fig*): **~ from** allontanamento da.
depend [dɪ'pɛnd] *vi*: **to ~ on** dipendere da; (*rely on*) contare su; **it ~s** dipende; **~able** *a* fidato(a); (*car etc*) affidabile; **~ence** *n* dipendenza; **~ant, ~ent** *n* persona a carico.
depict [dɪ'pɪkt] *vt* (*in picture*) dipingere; (*in words*) descrivere.
depleted [dɪ'pli:tɪd] *a* diminuito(a).
deplorable [dɪ'plɔ:rəbl] *a* deplorabile, lamentevole.
deplore [dɪ'plɔ:*] *vt* deplorare.
deploy [dɪ'plɔɪ] *vt* dispiegare.
depopulation ['di:pɔpju'leɪʃən] *n* spopolamento.
deport [dɪ'pɔ:t] *vt* deportare; espellere; **~ation** [di:pɔ:'teɪʃən] *n* deportazione *f*; **~ment** *n* portamento.
depose [dɪ'pəuz] *vt* deporre.
deposit [dɪ'pɔzɪt] *n* (COMM, GEO) deposito; (*of ore, oil*) giacimento; (CHEM) sedimento; (*part payment*) acconto; (*for hired goods etc*) cauzione *f* // *vt* depositare; dare in acconto; mettere *or* lasciare in deposito; **~ account** *n* conto vincolato; **~or** *n* depositante *m/f*.
depot ['dɛpəu] *n* deposito.
deprave [dɪ'preɪv] *vt* depravare, corrompere, pervertire.
depravity [dɪ'prævɪtɪ] *n* depravazione *f*.
depreciate [dɪ'pri:ʃɪeɪt] *vt* svalutare // *vi* svalutarsi; **depreciation** [-'eɪʃən] *n* svalutazione *f*.

depress [dɪ'prɛs] *vt* deprimere; (*press down*) premere; **~ed** *a* (*person*) depresso(a), abbattuto(a); (*area*) depresso(a); **~ing** *a* deprimente; **~ion** [dɪ'prɛʃən] *n* depressione *f.*

deprivation [dɛprɪ'veɪʃən] *n* privazione *f*; (*loss*) perdita.

deprive [dɪ'praɪv] *vt*: **to ~ sb of** privare qd di; **~d** *a* disgraziato(a).

depth [dɛpθ] *n* profondità *f inv*; **in the ~s of** nel profondo di; nel cuore di; **in the ~s of winter** in pieno inverno; **~ charge** *n* carica di profondità.

deputation [dɛpju'teɪʃən] *n* deputazione *f*, delegazione *f.*

deputize ['dɛpjutaɪz] *vi*: **to ~ for** svolgere le funzioni di.

deputy ['dɛpjutɪ] *a*: **~ head** vicepresidente *m/f*; (SCOL) vicepreside *m/f* // *n* (*replacement*) supplente *m/f*; (*second in command*) vice *m/f.*

derail [dɪ'reɪl] *vt* far deragliare; **to be ~ed** essere deragliato; **~ment** *n* deragliamento.

deranged [dɪ'reɪndʒd] *a*: **to be (mentally) ~** essere pazzo(a).

derelict ['dɛrɪlɪkt] *a* abbandonato(a).

deride [dɪ'raɪd] *vt* deridere.

derision [dɪ'rɪʒən] *n* derisione *f.*

derisive [dɪ'raɪsɪv] *a* di derisione.

derisory [dɪ'raɪsərɪ] *a* (*sum*) irrisorio(a).

derivation [dɛrɪ'veɪʃən] *n* derivazione *f.*

derivative [dɪ'rɪvətɪv] *n* derivato // *a* derivato(a).

derive [dɪ'raɪv] *vt*: **to ~ sth from** derivare qc da; trarre qc da // *vi*: **to ~ from** derivare da.

derogatory [dɪ'rɔgətərɪ] *a* denigratorio(a).

derrick ['dɛrɪk] *n* gru *f inv*; (*for oil*) derrick *m inv.*

descend [dɪ'sɛnd] *vt, vi* discendere, scendere; **to ~ from** discendere da; **~ant** *n* discendente *m/f.*

descent [dɪ'sɛnt] *n* discesa; (*origin*) discendenza, famiglia.

describe [dɪs'kraɪb] *vt* descrivere; **description** [-'krɪpʃən] *n* descrizione *f*; (*sort*) genere *m*, specie *f*; **descriptive** [-'krɪptɪv] *a* descrittivo(a).

desecrate ['dɛsɪkreɪt] *vt* profanare.

desert *n* ['dɛzət] deserto // *vb* [dɪ'zə:t] *vt* lasciare, abbandonare // *vi* (MIL) disertare; **~er** *n* disertore *m*; **~ion** [dɪ'zə:ʃən] *n* diserzione *f.*

deserve [dɪ'zə:v] *vt* meritare; **deserving** *a* (*person*) meritevole, degno(a); (*cause*) meritorio(a).

design [dɪ'zaɪn] *n* (*sketch*) disegno; (*layout, shape*) linea; (*pattern*) fantasia; (COMM) disegno tecnico; (*intention*) intenzione *f* // *vt* disegnare; progettare; **to have ~s on** aver mire su.

designate *vt* ['dɛzɪgneɪt] designare // *a* ['dɛzɪgnɪt] designato(a); **designation** [-'neɪʃən] *n* designazione *f.*

designer [dɪ'zaɪnə*] *n* (ART, TECH) disegnatore/trice; (*of fashion*) modellista *m/f.*

desirability [dɪzaɪərə'bɪlɪtɪ] *n* desiderabilità; vantaggio.

desirable [dɪ'zaɪərəbl] *a* desiderabile.

desire [dɪ'zaɪə*] *n* desiderio, voglia // *vt* desiderare, volere.

desk [dɛsk] *n* (*in office*) scrivania; (*for pupil*) banco; (*in shop, restaurant*) cassa; (*in hotel*) ricevimento; (*at airport*) accettazione *f.*

desolate ['dɛsəlɪt] *a* desolato(a).

desolation [dɛsə'leɪʃən] *n* desolazione *f.*

despair [dɪs'pɛə*] *n* disperazione *f* // *vi*: **to ~ of** disperare di.

despatch [dɪs'pætʃ] *n,vt* = **dispatch**.

desperate ['dɛspərɪt] *a* disperato(a); (*fugitive*) capace di tutto; **~ly** *ad* disperatamente; (*very*) terribilmente, estremamente.

desperation [dɛspə'reɪʃən] *n* disperazione *f.*

despicable [dɪs'pɪkəbl] *a* disprezzabile.

despise [dɪs'paɪz] *vt* disprezzare, sdegnare.

despite [dɪs'paɪt] *prep* malgrado, a dispetto di, nonostante.

despondent [dɪs'pɔndənt] *a* abbattuto(a), scoraggiato(a).

dessert [dɪ'zə:t] *n* dolce *m*; frutta; **~spoon** *n* cucchiaio da dolci.

destination [dɛstɪ'neɪʃən] *n* destinazione *f.*

destine ['dɛstɪn] *vt* destinare.

destiny ['dɛstɪnɪ] *n* destino.

destitute ['dɛstɪtju:t] *a* indigente, bisognoso(a).

destroy [dɪs'trɔɪ] *vt* distruggere; **~er** *n* (NAUT) cacciatorpediniere *m inv.*

destruction [dɪs'trʌkʃən] *n* distruzione *f.*

destructive [dɪs'trʌktɪv] *a* distruttivo(a).

detach [dɪ'tætʃ] *vt* staccare, distaccare; **~able** *a* staccabile; **~ed** *a* (*attitude*) distante; **~ed house** *n* villa; **~ment** *n* (MIL) distaccamento; (*fig*) distacco.

detail ['di:teɪl] *n* particolare *m*, dettaglio // *vt* dettagliare, particolareggiare; **in ~** nei particolari; **~ed** *a* particolareggiato(a).

detain [dɪ'teɪn] *vt* trattenere; (*in captivity*) detenere.

detect [dɪ'tɛkt] *vt* scoprire, scorgere; (MED, POLICE, RADAR *etc*) individuare; **~ion** [dɪ'tɛkʃən] *n* scoperta; individuazione *f*; **~ive** *n* agente *m* investigativo; **private ~ive** investigatore *m* privato; **~ive story** *n* giallo; **~or** *n* rivelatore *m.*

detention [dɪ'tɛnʃən] *n* detenzione *f*; (SCOL) permanenza forzata per punizione.

deter [dɪ'tə:*] *vt* distogliere.

detergent [dɪ'tə:dʒənt] *n* detersivo.

deteriorate [dɪ'tɪərɪəreɪt] *vi* deteriorarsi; **deterioration** [-'reɪʃən] *n* deterioramento.

determination [dɪtə:mɪ'neɪʃən] *n* determinazione *f.*

determine [dɪ'tə:mɪn] *vt* determinare; **~d** *a* (*person*) risoluto(a), deciso(a).

deterrent [dɪ'tɛrənt] *n* deterrente *m.*

detest [dɪ'tɛst] *vt* detestare; **~able** *a* detestabile, abominevole.
detonate ['dɛtəneɪt] *vi* detonare; esplodere // *vt* far detonare *or* esplodere; **detonator** *n* detonatore *m*.
detour ['di:tuə*] *n* deviazione *f*.
detract [dɪ'trækt] *vt*: **to ~ from** detrarre da.
detriment ['dɛtrɪmənt] *n*: **to the ~ of** a detrimento di; **~al** [dɛtrɪ'mɛntl] *a*: **~al to** dannoso(a) a, nocivo(a) a.
devaluation [dɪvælju'eɪʃən] *n* svalutazione *f*.
devalue ['di:'vælju:] *vt* svalutare.
devastate ['dɛvəsteɪt] *vt* devastare.
devastating ['dɛvəsteɪtɪŋ] *a* devastatore(trice).
develop [dɪ'vɛləp] *vt* sviluppare; (*habit*) prendere (gradualmente) // *vi* svilupparsi; (*facts, symptoms: appear*) manifestarsi, rivelarsi; **~er** *n* (PHOT) sviluppatore *m*; (*of land*) imprenditore/trice; **~ing country** paese *m* in via di sviluppo; **~ment** *n* sviluppo.
deviate ['di:vɪeɪt] *vi* deviare.
deviation [di:vɪ'eɪʃən] *n* deviazione *f*.
device [dɪ'vaɪs] *n* (*apparatus*) congegno.
devil ['dɛvl] *n* diavolo; demonio; **~ish** *a* diabolico(a).
devious ['di:vɪəs] *a* (*means*) indiretto(a), tortuoso(a); (*person*) subdolo(a).
devise [dɪ'vaɪz] *vt* escogitare, concepire.
devoid [dɪ'vɔɪd] *a*: **~ of** privo(a) di.
devote [dɪ'vəut] *vt*: **to ~ sth to** dedicare qc a; **~d** *a* devoto(a); **to be ~d to** essere affezionato(a) a; **~e** [dɛvəu'ti:] *n* (MUS, SPORT) appassionato/a.
devotion [dɪ'vəuʃən] *n* devozione *f*, attaccamento; (REL) atto di devozione, preghiera.
devour [dɪ'vauə*] *vt* divorare.
devout [dɪ'vaut] *a* pio(a), devoto(a).
dew [dju:] *n* rugiada.
dexterity [dɛks'tɛrɪtɪ] *n* destrezza.
diabetes [daɪə'bi:ti:z] *n* diabete *m*; **diabetic** [-'bɛtɪk] *a* diabetico(a) // *n* diabetico.
diagnose [daɪəg'nəuz] *vt* diagnosticare.
diagnosis, *pl* **diagnoses** [daɪəg'nəusɪs, -si:z] *n* diagnosi *f inv*.
diagonal [daɪ'ægənl] *a, n* diagonale (*f*).
diagram ['daɪəgræm] *n* diagramma *m*.
dial ['daɪəl] *n* quadrante *m*; (*on telephone*) disco combinatore // vt (*number*) fare; **~ling tone** *n* segnale *m* di linea libera.
dialect ['daɪəlɛkt] *n* dialetto.
dialogue ['daɪəlɔg] *n* dialogo.
diameter [daɪ'æmɪtə*] *n* diametro.
diamond ['daɪəmənd] *n* diamante *m*; (*shape*) rombo; **~s** *npl* (CARDS) quadri *mpl*.
diaper ['daɪəpə*] *n* (*US*) pannolino.
diaphragm ['daɪəfræm] *n* diaframma *m*.
diarrhoea [daɪə'ri:ə] *n* diarrea.
diary ['daɪərɪ] *n* (*daily account*) diario; (*book*) agenda.
dice [daɪs] *n, pl inv* dado // *vt* (CULIN) tagliare a dadini.
dictate *vt* [dɪk'teɪt] dettare // *n* ['dɪkteɪt] dettame *m*.
dictation [dɪk'teɪʃən] *n* dettato.
dictator [dɪk'teɪtə*] *n* dittatore *m*; **~ship** *n* dittatura.
diction ['dɪkʃən] *n* dizione *f*.
dictionary ['dɪkʃənrɪ] *n* dizionario.
did [dɪd] *pt of* **do**.
die [daɪ] *n* (*pl*: **dies**) conio; matrice *f*; stampo // *vi* morire; **to ~ away** *vi* spegnersi a poco a poco; **to ~ down** *vi* abbassarsi; **to ~ out** *vi* estinguersi.
Diesel ['di:zəl]: **~ engine** *n* motore *m* diesel *inv*.
diet ['daɪət] *n* alimentazione *f*; (*restricted food*) dieta // *vi* (*also*: **be on a ~**) stare a dieta.
differ ['dɪfə*] *vi*: **to ~ from sth** differire da qc; essere diverso(a) da qc; **to ~ from sb over sth** essere in disaccordo con qd su qc; **~ence** *n* differenza; (*quarrel*) screzio; **~ent** *a* diverso(a); **~ential** [-'rɛnʃəl] *n* (AUT, *wages*) differenziale *m*; **~entiate** [-'rɛnʃieɪt] *vi* differenziarsi; **to ~entiate between** discriminare *or* fare differenza fra; **~ently** *ad* diversamente.
difficult ['dɪfɪkəlt] *a* difficile; **~y** *n* difficoltà *f inv*.
diffident ['dɪfɪdənt] *a* sfiduciato(a).
diffuse *a* [dɪ'fju:s] diffuso(a) // *vt* [dɪ'fju:z] diffondere, emanare.
dig [dɪg] *vt* (*pt, pp* **dug** [dʌg]) (*hole*) scavare; (*garden*) vangare // *n* (*prod*) gomitata; (*fig*) frecciata; **to ~ into** (*snow, soil*) scavare; **to ~ up** *vt* scavare; (*tree etc*) sradicare.
digest [daɪ'dʒɛst] *vt* digerire; **~ible** [dɪ'dʒɛstəbl] *a* digeribile; **~ion** [dɪ'dʒɛstʃən] *n* digestione *f*.
digit ['dɪdʒɪt] *n* cifra; (*finger*) dito; **~al** *a* digitale.
dignified ['dɪgnɪfaɪd] *a* dignitoso(a).
dignitary ['dɪgnɪtərɪ] *n* dignitario.
dignity ['dɪgnɪtɪ] *n* dignità.
digress [daɪ'grɛs] *vi*: **to ~ from** divagare da; **~ion** [daɪ'grɛʃən] *n* digressione *f*.
digs [dɪgz] *npl* (*Brit*: *col*) camera ammobiliata.
dilapidated [dɪ'læpɪdeɪtɪd] *a* cadente.
dilate [daɪ'leɪt] *vt* dilatare // *vi* dilatarsi.
dilatory ['dɪlətərɪ] *a* dilatorio(a).
dilemma [daɪ'lɛmə] *n* dilemma *m*.
diligent ['dɪlɪdʒənt] *a* diligente.
dilute [daɪ'lu:t] *vt* diluire; (*with water*) annacquare.
dim [dɪm] *a* (*light, eyesight*) debole; (*memory, outline*) vago(a); (*stupid*) lento(a) d'ingegno // *vt* (*light*) abbassare.
dime [daɪm] *n* (*US*) = *10 cents*.
dimension [dɪ'mɛnʃən] *n* dimensione *f*.
diminish [dɪ'mɪnɪʃ] *vt,vi* diminuire.
diminutive [dɪ'mɪnjutɪv] *a* minuscolo(a) // *n* (LING) diminutivo.
dimly ['dɪmlɪ] *ad* debolmente; indistintamente.
dimple ['dɪmpl] *n* fossetta.
din [dɪn] *n* chiasso, fracasso.

dine [daɪn] *vi* pranzare.
dinghy ['dɪŋgɪ] *n* battello pneumatico; (*also*: **sailing ~**) dinghy *m inv*.
dingy ['dɪndʒɪ] *a* grigio(a).
dining ['daɪnɪŋ] *cpd*: **~ car** *n* vagone *m* ristorante; **~ room** *n* sala da pranzo.
dinner ['dɪnə*] *n* pranzo; (*public*) banchetto; **~ jacket** *n* smoking *m inv*; **~ party** *n* cena.
diocese ['daɪəsɪs] *n* diocesi *f inv*.
dip [dɪp] *n* discesa; (*in sea*) bagno // *vt* immergere; bagnare; (AUT: *lights*) abbassare // *vi* abbassarsi.
diphtheria [dɪf'θɪərɪə] *n* difterite *f*.
diphthong ['dɪfθɔŋ] *n* dittongo.
diploma [dɪ'pləumə] *n* diploma *m*.
diplomacy [dɪ'pləuməsɪ] *n* diplomazia.
diplomat ['dɪpləmæt] *n* diplomatico; **~ic** [dɪplə'mætɪk] *a* diplomatico(a); **~ic corps** *n* corpo diplomatico.
dipstick ['dɪpstɪk] *n* (AUT) indicatore *m* di livello dell'olio.
dire [daɪə*] *a* terribile; estremo(a).
direct [daɪ'rɛkt] *a* diretto(a) // *vt* dirigere; **can you ~ me to ...?** mi può indicare la strada per ...?; **~ current** *n* corrente *f* continua.
direction [dɪ'rɛkʃən] *n* direzione *f*; **~s** *npl* (*advice*) chiarimenti *mpl*; **~s for use** istruzioni *fpl*.
directly [dɪ'rɛktlɪ] *ad* (*in straight line*) direttamente; (*at once*) subito.
director [dɪ'rɛktə*] *n* direttore/trice; amministratore/trice; (THEATRE, CINEMA) regista *m/f*.
directory [dɪ'rɛktərɪ] *n* elenco.
dirt [də:t] *n* sporcizia; immondizia; **~-cheap** *a* da due soldi; **~y** *a* sporco(a) // *vt* sporcare; **~y trick** *n* brutto scherzo.
disability [dɪsə'bɪlɪtɪ] *n* invalidità *f inv*; (LAW) incapacità *f inv*.
disabled [dɪs'eɪbld] *a* invalido(a); (*maimed*) mutilato(a); (*through illness, old age*) inabile.
disadvantage [dɪsəd'vɑ:ntɪdʒ] *n* svantaggio; **~ous** [dɪsædvɑ:n'teɪdʒəs] *a* svantaggioso(a).
disagree [dɪsə'gri:] *vi* (*differ*) discordare; (*be against, think otherwise*): **to ~ (with)** essere in disaccordo (con), dissentire (da); **garlic ~s with me** l'aglio non mi va; **~able** *a* sgradevole; (*person*) antipatico(a); **~ment** *n* disaccordo.
disallow ['dɪsə'lau] *vt* respingere.
disappear [dɪsə'pɪə*] *vi* scomparire; **~ance** *n* scomparsa.
disappoint [dɪsə'pɔɪnt] *vt* deludere; **~ment** *n* delusione *f*.
disapproval [dɪsə'pru:vəl] *n* disapprovazione *f*.
disapprove [dɪsə'pru:v] *vi*: **to ~ of** disapprovare.
disarm [dɪs'ɑ:m] *vt* disarmare; **~ament** *n* disarmo.
disaster [dɪ'zɑ:stə*] *n* disastro; **disastrous** *a* disastroso(a).
disband [dɪs'bænd] *vt* sbandare; (MIL) congedare.
disbelief ['dɪsbə'li:f] *n* incredulità.
disc [dɪsk] *n* disco.
discard [dɪs'kɑ:d] *vt* (*old things*) scartare; (*fig*) abbandonare.
disc brake ['dɪskbreɪk] *n* freno a disco.
discern [dɪ'sə:n] *vt* discernere, distinguere; **~ing** *a* perspicace.
discharge *vt* [dɪs'tʃɑ:dʒ] (*duties*) compiere; (ELEC, *waste etc*) scaricare; (MED) emettere; (*patient*) dimettere; (*employee*) licenziare; (*soldier*) congedare; (*defendant*) liberare // *n* ['dɪstʃɑ:dʒ] (ELEC) scarica; (MED) emissione *f*; (*dismissal*) licenziamento; congedo; liberazione *f*.
disciple [dɪ'saɪpl] *n* discepolo.
disciplinary ['dɪsɪplɪnərɪ] *a* disciplinare.
discipline ['dɪsɪplɪn] *n* disciplina // *vt* disciplinare; (*punish*) punire.
disc jockey ['dɪskdʒɔkɪ] *n* disc jockey *m inv*.
disclaim [dɪs'kleɪm] *vt* ripudiare.
disclose [dɪs'kləuz] *vt* rivelare, svelare; **disclosure** [-'kləuʒə*] *n* rivelazione *f*.
disco ['dɪskəu] *n abbr of* **discothèque**.
discoloured [dɪs'kʌləd] *a* scolorito(a); ingiallito(a).
discomfort [dɪs'kʌmfət] *n* disagio; (*lack of comfort*) scomodità *f inv*.
disconcert [dɪskən'sə:t] *vt* sconcertare.
disconnect [dɪskə'nɛkt] *vt* sconnettere, staccare; (ELEC, RADIO) staccare; (*gas, water*) chiudere; **~ed** *a* (*speech, thought*) sconnesso(a).
disconsolate [dɪs'kɔnsəlɪt] *a* sconsolato(a).
discontent [dɪskən'tɛnt] *n* scontentezza; **~ed** *a* scontento(a).
discontinue [dɪskən'tɪnju:] *vt* smettere, cessare; '**~d**' (COMM) 'sospeso'.
discord ['dɪskɔ:d] *n* disaccordo; (MUS) dissonanza; **~ant** [dɪs'kɔ:dənt] *a* discordante; dissonante.
discothèque ['dɪskəutɛk] *n* discoteca.
discount *n* ['dɪskaunt] sconto // *vt* [dɪs'kaunt] scontare.
discourage [dɪs'kʌrɪdʒ] *vt* scoraggiare; **discouraging** *a* scoraggiante.
discourteous [dɪs'kə:tɪəs] *a* scortese.
discover [dɪs'kʌvə*] *vt* scoprire; **~y** *n* scoperta.
discredit [dɪs'krɛdɪt] *vt* screditare; mettere in dubbio.
discreet [dɪ'skri:t] *a* discreto(a).
discrepancy [dɪ'skrɛpənsɪ] *n* discrepanza.
discretion [dɪ'skrɛʃən] *n* discrezione *f*.
discriminate [dɪ'skrɪmɪneɪt] *vi*: **to ~ between** distinguere tra; **to ~ against** discriminare contro; **discriminating** *a* fine, giudizioso(a); **discrimination** [-'neɪʃən] *n* discriminazione *f*; (*judgment*) discernimento.
discus ['dɪskəs] *n* disco.
discuss [dɪ'skʌs] *vt* discutere; (*debate*) dibattere; **~ion** [dɪ'skʌʃən] *n* discussione *f*.
disdain [dɪs'deɪn] *n* disdegno.

disease [dɪ'zi:z] *n* malattia.
disembark [dɪsɪm'bɑ:k] *vt,vi* sbarcare.
disembodied [dɪsɪm'bɔdɪd] *a* disincarnato(a).
disembowel [dɪsɪm'bauəl] *vt* sbudellare, sventrare.
disenchanted [dɪsɪn'tʃɑ:ntɪd] *a* disincantato(a), disilluso(a).
disengage [dɪsɪn'geɪdʒ] *vt* disimpegnare; (*TECH*) distaccare; (*AUT*) disinnestare.
disentangle [dɪsɪn'tæŋgl] *vt* sbrogliare.
disfavour [dɪs'feɪvə*] *n* sfavore *m*; disgrazia.
disfigure [dɪs'fɪgə*] *vt* sfigurare.
disgrace [dɪs'greɪs] *n* vergogna; (*disfavour*) disgrazia // *vt* disonorare, far cadere in disgrazia; ~**ful** *a* scandaloso(a), vergognoso(a).
disgruntled [dɪs'grʌntld] *a* scontento(a), di cattivo umore.
disguise [dɪs'gaɪz] *n* travestimento // *vt* travestire; **in** ~ travestito(a).
disgust [dɪs'gʌst] *n* disgusto, nausea // *vt* disgustare, far schifo a; ~**ing** *a* disgustoso(a); ripugnante.
dish [dɪʃ] *n* piatto; **to do** *or* **wash the** ~**es** fare i piatti; **to** ~ **up** *vt* servire; (*facts, statistics*) presentare; ~**cloth** *n* (*for drying*) asciugatoio; (*for washing*) strofinaccio.
dishearten [dɪs'hɑ:tn] *vt* scoraggiare.
dishevelled [dɪ'ʃɛvəld] *a* arruffato(a); scapigliato(a).
dishonest [dɪs'ɔnɪst] *a* disonesto(a); ~**y** *n* disonestà.
dishonour [dɪs'ɔnə*] *n* disonore *m*; ~**able** *a* disonorevole.
dishwasher ['dɪʃwɔʃə*] *n* lavastoviglie *f inv*; (*person*) sguattero/a.
disillusion [dɪsɪ'lu:ʒən] *vt* disilludere, disingannare // *n* disillusione *f*.
disinfect [dɪsɪn'fɛkt] *vt* disinfettare; ~**ant** *n* disinfettante *m*.
disintegrate [dɪs'ɪntɪgreɪt] *vi* disintegrarsi.
disinterested [dɪs'ɪntrəstɪd] *a* disinteressato(a).
disjointed [dɪs'dʒɔɪntɪd] *a* sconnesso(a).
disk [dɪsk] *n* = **disc**.
dislike [dɪs'laɪk] *n* antipatia, avversione *f* // *vt*: **he** ~**s it** non gli piace.
dislocate ['dɪsləkeɪt] *vt* slogare; disorganizzare.
dislodge [dɪs'lɔdʒ] *vt* rimuovere, staccare; (*enemy*) sloggiare.
disloyal [dɪs'lɔɪəl] *a* sleale.
dismal ['dɪzml] *a* triste, cupo(a).
dismantle [dɪs'mæntl] *vt* smantellare, smontare; (*fort, warship*) disarmare.
dismay [dɪs'meɪ] *n* costernazione *f* // *vt* sgomentare.
dismiss [dɪs'mɪs] *vt* congedare; (*employee*) licenziare; (*idea*) scacciare; (*LAW*) respingere; ~**al** *n* congedo; licenziamento.
dismount [dɪs'maunt] *vi* scendere.
disobedience [dɪsə'bi:dɪəns] *n* disubbidienza.
disobedient [dɪsə'bi:dɪənt] *a* disubbidiente.
disobey [dɪsə'beɪ] *vt* disubbidire.
disorder [dɪs'ɔ:də*] *n* disordine *m*; (*rioting*) tumulto; (*MED*) disturbo; ~**ly** *a* disordinato(a); tumultuoso(a).
disorganize [dɪs'ɔ:gənaɪz] *vt* disorganizzare.
disown [dɪs'əun] *vt* ripudiare.
disparaging [dɪs'pærɪdʒɪŋ] *a* spregiativo(a), sprezzante.
disparity [dɪs'pærɪtɪ] *n* disparità *f inv*.
dispassionate [dɪs'pæʃənət] *a* calmo(a), freddo(a); imparziale.
dispatch [dɪs'pætʃ] *vt* spedire, inviare // *n* spedizione *f*, invio; (*MIL, PRESS*) dispaccio.
dispel [dɪs'pɛl] *vt* dissipare, scacciare.
dispensary [dɪs'pɛnsərɪ] *n* farmacia; (*in chemist's*) dispensario.
dispense [dɪs'pɛns] *vt* distribuire, amministrare; **to** ~ **with** *vt fus* fare a meno di; ~**r** *n* (*container*) distributore *m*; **dispensing chemist** *n* farmacista *m/f*.
dispersal [dɪs'pə:sl] *n* dispersione *f*.
disperse [dɪs'pə:s] *vt* disperdere; (*knowledge*) disseminare // *vi* disperdersi.
dispirited [dɪs'pɪrɪtɪd] *a* scoraggiato(a), abbattuto(a).
displace [dɪs'pleɪs] *vt* spostare; ~**d person** *n* (*POL*) profugo/a.
display [dɪs'pleɪ] *n* mostra; esposizione *f*; (*of feeling etc*) manifestazione *f*; (*screen*) schermo; (*pej*) ostentazione *f* // *vt* mostrare; (*goods*) esporre; (*results*) affiggere; (*departure times*) indicare.
displease [dɪs'pli:z] *vt* dispiacere a, scontentare; **displeasure** [-'plɛʒə*] *n* dispiacere *m*.
disposable [dɪs'pəuzəbl] *a* (*pack etc*) a perdere; (*income*) disponibile.
disposal [dɪs'pəuzl] *n* (*of rubbish*) evacuazione *f*; distruzione *f*; **at one's** ~ alla sua disposizione.
dispose [dɪs'pəuz] *vt* disporre; **to** ~ **of** *vt* (*time, money*) disporre di; (*unwanted goods*) sbarazzarsi di; (*problem*) sbrigarsi; ~**d** *a*: ~**d to do** disposto(a) a fare; **disposition** [-'zɪʃən] *n* disposizione *f*; (*temperament*) carattere *m*.
disproportionate [dɪsprə'pɔ:ʃənət] *a* sproporzionato(a).
disprove [dɪs'pru:v] *vt* confutare.
dispute [dɪs'pju:t] *n* disputa; (*also*: **industrial** ~) controversia (sindacale) // *vt* contestare; (*matter*) discutere; (*victory*) disputare.
disqualification [dɪskwɔlɪfɪ'keɪʃən] *n* squalifica; ~ (**from driving**) ritiro della patente.
disqualify [dɪs'kwɔlɪfaɪ] *vt* (*SPORT*) squalificare; **to** ~ **sb from sth/from doing** rendere qd incapace a qc/a fare; squalificare qd da qc/da fare.
disquiet [dɪs'kwaɪət] *n* inquietudine *f*.
disregard [dɪsrɪ'gɑ:d] *vt* non far caso a, non badare a.

disrepair [dɪsrɪ'pɛə*] *n* cattivo stato.
disreputable [dɪs'rɛpjutəbl] *a* (*person*) di cattiva fama.
disrespectful [dɪsrɪ'spɛktful] *a* che manca di rispetto.
disrupt [dɪs'rʌpt] *vt* mettere in disordine; **~ion** [-'rʌpʃən] *n* disordine *m*; interruzione *f*.
dissatisfaction [dɪssætɪs'fækʃən] *n* scontentezza, insoddisfazione *f*.
dissatisfied [dɪs'sætɪsfaɪd] *a*: **~ (with)** scontento(a) *or* insoddisfatto(a) (di).
dissect [dɪ'sɛkt] *vt* sezionare.
disseminate [dɪ'sɛmɪneɪt] *vt* disseminare.
dissent [dɪ'sɛnt] *n* dissenso.
disservice [dɪs'sə:vɪs] *n*: **to do sb a ~** fare un cattivo servizio a qd.
dissident ['dɪsɪdnt] *a* dissidente.
dissimilar [dɪ'sɪmɪlə*] *a*: **~ (to)** dissimile *or* diverso(a) (da).
dissipate ['dɪsɪpeɪt] *vt* dissipare; **~d** *a* dissipato(a).
dissociate [dɪ'səuʃɪeɪt] *vt* dissociare.
dissolute ['dɪsəlu:t] *a* dissoluto(a), licenzioso(a).
dissolve [dɪ'zɔlv] *vt* dissolvere, sciogliere // *vi* dissolversi, sciogliersi; (*fig*) svanire.
dissuade [dɪ'sweɪd] *vt*: **to ~ sb (from)** dissuadere qd (da).
distance ['dɪstns] *n* distanza; **in the ~** in lontananza.
distant ['dɪstnt] *a* lontano(a), distante; (*manner*) riservato(a), freddo(a).
distaste [dɪs'teɪst] *n* ripugnanza; **~ful** *a* ripugnante, sgradevole.
distemper [dɪs'tɛmpə*] *n* (*paint*) tempera.
distend [dɪs'tɛnd] *vt* dilatare // *vi* dilatarsi.
distil [dɪs'tɪl] *vt* distillare; **~lery** *n* distilleria.
distinct [dɪs'tɪŋkt] *a* distinto(a); (*preference, progress*) definito(a); **~ion** [dɪs'tɪŋkʃən] *n* distinzione *f*; (*in exam*) lode *f*; **~ive** *a* distintivo(a); **~ly** *ad* chiaramente; manifestamente.
distinguish [dɪs'tɪŋgwɪʃ] *vt* distinguere; discernere; **~ed** *a* (*eminent*) eminente; **~ing** *a* (*feature*) distinto(a), caratteristico(a).
distort [dɪs'tɔ:t] *vt* distorcere; (TECH) deformare; **~ion** [dɪs'tɔ:ʃən] *n* distorsione *f*; deformazione *f*.
distract [dɪs'trækt] *vt* distrarre; **~ed** *a* distratto(a); **~ion** [dɪs'trækʃən] *n* distrazione *f*; **to drive sb to ~ion** spingere qd alla pazzia.
distraught [dɪs'trɔ:t] *a* stravolto(a).
distress [dɪs'trɛs] *n* angoscia; (*pain*) dolore *m* // *vt* affliggere; **~ing** *a* doloroso(a); **~ signal** *n* segnale *m* di pericolo.
distribute [dɪs'trɪbju:t] *vt* distribuire; **distribution** [-'bju:ʃən] *n* distribuzione *f*; **distributor** *n* distributore *m*.
district ['dɪstrɪkt] *n* (*of country*) regione *f*; (*of town*) quartiere *m*; (ADMIN) distretto; **~ attorney** *n* (*US*) ≈ sostituto procuratore *m* della Repubblica; **~ nurse** *n* (*Brit*) infermiera di quartiere.
distrust [dɪs'trʌst] *n* diffidenza, sfiducia // *vt* non aver fiducia in.
disturb [dɪs'tə:b] *vt* disturbare; (*inconvenience*) scomodare; **~ance** *n* disturbo; (*political etc*) tumulto; (*by drunks etc*) disordini *mpl*; **~ing** *a* sconvolgente.
disuse [dɪs'ju:s] *n*: **to fall into ~** cadere in disuso.
disused [dɪs'ju:zd] *a* abbandonato(a).
ditch [dɪtʃ] *n* fossa // vt (*col*) piantare in asso.
dither ['dɪðə*] *vi* vacillare.
ditto ['dɪtəu] *ad* idem.
divan [dɪ'væn] *n* divano.
dive [daɪv] *n* tuffo; (*of submarine*) immersione *f*; (AVIAT) picchiata; (*pej*) buco // *vi* tuffarsi; **~r** *n* tuffatore/trice; palombaro.
diverge [daɪ'və:dʒ] *vi* divergere.
diverse [daɪ'və:s] *a* vario(a).
diversify [daɪ'və:sɪfaɪ] *vt* diversificare.
diversion [daɪ'və:ʃən] *n* (AUT) deviazione *f*; (*distraction*) divertimento; (MIL) diversione *f*.
diversity [daɪ'və:sɪtɪ] *n* diversità *f inv*, varietà *f inv*.
divert [daɪ'və:t] *vt* deviare; (*amuse*) divertire.
divide [dɪ'vaɪd] *vt* dividere; (*separate*) separare // *vi* dividersi.
dividend ['dɪvɪdɛnd] *n* dividendo.
divine [dɪ'vaɪn] *a* divino(a).
diving ['daɪvɪŋ] *n* tuffo; **~ board** *n* trampolino.
divinity [dɪ'vɪnɪtɪ] *n* divinità *f inv*; teologia.
division [dɪ'vɪʒən] *n* divisione *f*; separazione *f*.
divorce [dɪ'vɔ:s] *n* divorzio // *vt* divorziare da; **~d** *a* divorziato(a); **~e** [-'si:] *n* divorziato/a.
divulge [daɪ'vʌldʒ] *vt* divulgare, rivelare.
D.I.Y. *a,n abbr of* **do-it-yourself.**
dizziness ['dɪzɪnɪs] *n* vertigini *fpl*.
dizzy ['dɪzɪ] *a* (*height*) vertiginoso(a); **to feel ~** avere il capogiro.
DJ *n abbr of* **disc jockey**.
do, *pt* **did,** *pp* **done** [du:, dɪd, dʌn] *vt, vi* fare; **he didn't laugh** non ha riso; **~ you want any?** ne vuole?; **he laughed, didn't he?** lui ha riso, vero?; **~ they?** ah sì?, vero?; **who broke it? - I did** chi l'ha rotto? - sono stato io; **~ you agree? - I ~** è d'accordo? - sì; **to ~ one's nails** farsi le unghie; **to ~ one's teeth** pulirsi i denti; **will it ~?** andrà bene?; **to ~ without sth** fare a meno di qc; **to ~ away with** *vt fus* abolire; **to ~ up** *vt* abbottonare; allacciare; (*house etc*) rimettere a nuovo.
docile ['dəusaɪl] *a* docile.
dock [dɔk] *n* bacino; (LAW) banco degli imputati // *vi* entrare in bacino; **~er** *n* scaricatore *m*.
dockyard ['dɔkjɑ:d] *n* cantiere *m* navale.
doctor ['dɔktə*] *n* medico/a; (*Ph.D. etc*) dottore/essa.

doctrine ['dɔktrɪn] *n* dottrina.
document ['dɔkjumənt] *n* documento; **~ary** [-'mɛntərɪ] *a* documentario(a) // *n* documentario; **~ation** [-'teɪʃən] *n* documentazione *f*.
doddering ['dɔdərɪŋ] *a* traballante.
dodge [dɔdʒ] *n* trucco; schivata // *vt* schivare, eludere.
dodgems ['dɔdʒəmz] *npl* autoscontro.
dog [dɔg] *n* cane *m*; ~ **collar** *n* collare *m* di cane; (*fig*) collarino; **~-eared** *a* (*book*) con orecchie.
dogged ['dɔgɪd] *a* ostinato(a), tenace.
dogma ['dɔgmə] *n* dogma *m*; **~tic** [-'mætɪk] *a* dogmatico(a).
doings ['duɪŋz] *npl* attività *fpl*.
do-it-yourself [du:ɪtjɔ:'sɛlf] *n* il far da sé.
doldrums ['dɔldrəmz] *npl*: **to be in the ~** essere giù.
dole [dəul] *n* (*Brit*) sussidio di disoccupazione; **to be on the ~** vivere del sussidio; **to ~ out** *vt* distribuire.
doleful ['dəulful] *a* triste, doloroso(a).
doll [dɔl] *n* bambola; **to ~ o.s. up** farsi bello(a).
dollar ['dɔlə*] *n* dollaro.
dolphin ['dɔlfɪn] *n* delfino.
domain [də'meɪn] *n* dominio.
dome [dəum] *n* cupola.
domestic [də'mɛstɪk] *a* (*duty, happiness, animal*) domestico(a); (*policy, affairs, flights*) nazionale; **~ated** *a* addomesticato(a).
domicile ['dɔmɪsaɪl] *n* domicilio.
dominant ['dɔmɪnənt] *a* dominante.
dominate ['dɔmɪneɪt] *vt* dominare; **domination** [-'neɪʃən] *n* dominazione *f*; **domineering** [-'nɪərɪŋ] *a* despotico(a), autoritario(a).
dominion [də'mɪnɪən] *n* dominio; sovranità; dominion *m inv*.
domino, ~es ['dɔmɪnəu] *n* domino; **~es** *n* (*game*) gioco del domino.
don [dɔn] *n* docente *m/f* universitario(a) // *vt* indossare.
donate [də'neɪt] *vt* donare; **donation** [də'neɪʃən] *n* donazione *f*.
done [dʌn] *pp of* **do**.
donkey ['dɔŋkɪ] *n* asino.
donor ['dəunə*] *n* donatore/trice.
don't [dəunt] *vb* = **do not**.
doom [du:m] *n* destino; rovina // *vt*: **to be ~ed (to failure)** essere predestinato(a) a fallire; **~sday** *n* il giorno del Giudizio.
door [dɔ:*] *n* porta; **~bell** *n* campanello; ~ **handle** *n* maniglia; **~man** *n* (*in hotel*) portiere *m* in livrea; (*in block of flats*) portinaio; **~mat** *n* stuoia della porta; **~step** *n* gradino della porta.
dope [dəup] *n* (*col*: *drugs*) roba // vt (*horse etc*) drogare.
dopey ['dəupɪ] *a* (*col*) inebetito(a).
dormant ['dɔ:mənt] *a* inattivo(a); (*fig*) latente.
dormitory ['dɔ:mɪtrɪ] *n* dormitorio.
dormouse, *pl* **dormice** ['dɔ:maus, -maɪs] *n* ghiro.
dose [dəus] *n* dose *f*; (*bout*) attacco.
doss house ['dɔshaus] *n* asilo notturno.
dot [dɔt] *n* punto; macchiolina; **on the ~** in punto.
dote [dəut]: **to ~ on** *vt fus* essere infatuato(a) di.
dotted line [dɔtɪd'laɪn] *n* linea puntata.
double ['dʌbl] *a* doppio(a) // *ad* (*fold*) in due, doppio; (*twice*): **to cost ~ (sth)** costare il doppio (di qc) // *n* sosia *m inv*; (CINEMA) controfigura // *vt* raddoppiare; (*fold*) piegare doppio *or* in due // *vi* raddoppiarsi; **at the ~** a passo di corsa; **~s** *n* (TENNIS) doppio; ~ **bass** *n* contrabbasso; ~ **bed** *n* letto matrimoniale; ~ **bend** *n* doppia curva; **~-breasted** *a* a doppio petto; **~cross** *vt* fare il doppio gioco con; **~decker** *n* autobus *m inv* a due piani; ~ **parking** *n* parcheggio in doppia fila; ~ **room** *n* camera per due; **doubly** *ad* doppiamente.
doubt [daut] *n* dubbio // *vt* dubitare di; **to ~ that** dubitare che + *sub*; **~ful** *a* dubbioso(a), incerto(a); (*person*) equivoco(a); **~less** *ad* indubbiamente.
dough [dəu] *n* pasta, impasto; **~nut** *n* bombolone *m*.
dove [dʌv] *n* colombo/a.
dovetail ['dʌvteɪl] *n*: ~ **joint** *n* incastro a coda di rondine // *vi* (*fig*) combaciare.
dowdy ['daudɪ] *a* trasandato(a); malvestito(a).
down [daun] *n* (*fluff*) piumino // *ad* giù, di sotto // *prep* giù per // *vt* (*col*: *drink*) scolarsi; ~ **with X!** abbasso X!; **~-at-heel** *a* scalcagnato(a); (*fig*) trasandato(a); **~cast** *a* abbattuto(a); **~fall** *n* caduta; rovina; **~hearted** *a* scoraggiato(a); **~hill** *ad*: **to go ~hill** andare in discesa; ~ **payment** *n* acconto; **~pour** *n* scroscio di pioggia; **~right** *a* onesto(a), franco(a); (*refusal*) assoluto(a); **~stairs** *ad* di sotto; al piano inferiore; **~stream** *ad* a valle; **~-to-earth** *a* pratico(a); **~town** *ad* in città // *a* (*US*): **~town Chicago** il centro di Chicago; **~ward** ['daunwəd] *a,ad*, **~wards** ['daunwədz] *ad* in giù, in discesa.
dowry ['daurɪ] *n* dote *f*.
doz. *abbr of* **dozen**.
doze [dəuz] *vi* sonnecchiare; **to ~ off** *vi* appisolarsi.
dozen ['dʌzn] *n* dozzina; **a ~ books** una dozzina di libri.
Dr. *abbr of* **doctor**; **drive** (*n*).
drab [dræb] *a* tetro(a), grigio(a).
draft [drɑ:ft] *n* abbozzo; (COMM) tratta; (*US*: MIL) contingente *m*; (: *call-up*) leva // *vt* abbozzare; *see also* **draught**.
drag [dræg] *vt* trascinare; (*river*) dragare // *vi* trascinarsi // *n* (*col*) noioso/a; noia, fatica; **to ~ on** *vi* tirar avanti lentamente.
dragonfly ['drægənflaɪ] *n* libellula.
drain [dreɪn] *n* canale *m* di scolo; (*for sewage*) fogna; (*on resources*) salasso // *vt* (*land, marshes*) prosciugare; (*vegetables*) scolare; (*reservoir etc*) vuotare // *vi* (*water*) defluire (via); **~age** *n* prosciugamento; fognatura; **~ing board, ~board**

(*US*) *n* asciugapiatti *m inv*; ~**pipe** *n* tubo di scarico.
drama ['drɑːmə] *n* (*art*) dramma *m*, teatro; (*play*) commedia; (*event*) dramma; ~**tic** [drə'mætɪk] *a* drammatico(a); ~**tist** ['dræmətɪst] *n* drammaturgo/a.
drank [dræŋk] *pt of* **drink**.
drape [dreɪp] *vt* drappeggiare; ~**s** *npl* (*US*) tende *fpl*; ~**r** *n* negoziante *m/f* di stoffe.
drastic ['dræstɪk] *a* drastico(a).
draught [drɑːft] *n* corrente *f* d'aria; (*NAUT*) pescaggio; ~**s** *n* (gioco della) dama; **on** ~ (*beer*) alla spina; ~**board** *n* scacchiera.
draughtsman ['drɑːftsmən] *n* disegnatore *m*.
draw [drɔː] *vb* (*pt* **drew**, *pp* **drawn** [druː, drɔːn]) *vt* tirare; (*attract*) attirare; (*picture*) disegnare; (*line, circle*) tracciare; (*money*) ritirare // *vi* (*SPORT*) pareggiare // *n* pareggio; estrazione *f*; attrazione *f*; **to** ~ **to a close** avvicinarsi alla conclusione; **to** ~ **near** *vi* avvicinarsi; **to** ~ **out** *vi* (*lengthen*) allungarsi // *vt* (*money*) ritirare; **to** ~ **up** *vi* (*stop*) arrestarsi, fermarsi // *vt* (*document*) compilare; ~**back** *n* svantaggio, inconveniente *m*; ~**bridge** *n* ponte *m* levatoio.
drawer [drɔː*] *n* cassetto.
drawing ['drɔːɪŋ] *n* disegno; ~ **board** *n* tavola da disegno; ~ **pin** *n* puntina da disegno; ~ **room** *n* salotto.
drawl [drɔːl] *n* pronuncia strascicata.
drawn [drɔːn] *pp of* **draw**.
dread [drɛd] *n* terrore *m* // *vt* tremare all'idea di; ~**ful** *a* terribile.
dream [driːm] *n* sogno // *vt, vi* (*pt, pp* **dreamed** *or* **dreamt** [drɛmt]) sognare; ~**er** *n* sognatore/trice; ~**y** *a* sognante.
dreary ['drɪərɪ] *a* tetro(a); monotono(a).
dredge [drɛdʒ] *vt* dragare; ~**r** *n* draga; (*also*: **sugar** ~**r**) spargizucchero *m inv*.
dregs [drɛgz] *npl* feccia.
drench [drɛntʃ] *vt* inzuppare.
dress [drɛs] *n* vestito; (*clothing*) abbigliamento // *vt* vestire; (*wound*) fasciare; (*food*) condire; preparare // *vi* vestirsi; **to** ~ **up** *vi* vestirsi a festa; (*in fancy dress*) vestirsi in costume; ~ **circle** *n* prima galleria; ~**er** *n* (*THEATRE*) assistente *m/f* del camerino; (*furniture*) credenza; ~**ing** *n* (*MED*) benda; (*CULIN*) condimento; ~**ing gown** *n* vestaglia; ~**ing room** *n* (*THEATRE*) camerino; (*SPORT*) spogliatoio; ~**ing table** *n* toilette *f inv*; ~**maker** *n* sarta; ~**making** *n* sartoria; confezioni *fpl* per donna; ~ **rehearsal** *n* prova generale; ~ **shirt** *n* camicia da sera.
drew [druː] *pt of* **draw**.
dribble ['drɪbl] *vi* gocciolare; (*baby*) sbavare.
dried [draɪd] *a* (*fruit, beans*) secco(a); (*eggs, milk*) in polvere.
drift [drɪft] *n* (*of current etc*) direzione *f*; forza; (*of sand etc*) turbine *m*; (*of snow*) cumulo; turbine; (*general meaning*) senso // *vi* (*boat*) essere trasportato(a) dalla corrente; (*sand, snow*) ammucchiarsi; ~**wood** *n* resti *mpl* della mareggiata.
drill [drɪl] *n* trapano; (*MIL*) esercitazione *f* // *vt* trapanare // *vi* (*for oil*) fare perforazioni.
drink [drɪŋk] *n* bevanda, bibita // *vt, vi* (*pt* **drank**, *pp* **drunk** [dræŋk, drʌŋk]) bere; **to have a** ~ bere qualcosa; ~**er** *n* bevitore/trice; ~**ing water** *n* acqua potabile.
drip [drɪp] *n* goccia; gocciolamento; (*MED*) apparecchio per fleboclisi // *vi* gocciolare; (*washing*) sgocciolare; (*wall*) trasudare; ~**-dry** *a* (*shirt*) che non si stira; ~**ping** *n* grasso d'arrosto; ~**ping wet** *a* fradicio(a).
drive [draɪv] *n* passeggiata *or* giro in macchina; (*also*: ~**way**) viale *m* d'accesso; (*energy*) energia; (*PSYCH*) impulso; bisogno; (*push*) sforzo eccezionale; campagna; (*SPORT*) drive *m inv*; (*TECH*) trasmissione *f*; propulsione *f*; presa // vb (*pt* **drove**, *pp* **driven** [drəuv, 'drɪvn]) *vt* guidare; (*nail*) piantare; (*push*) cacciare, spingere; (*TECH*: *motor*) azionare; far funzionare // *vi* (*AUT*: *at controls*) guidare; (: *travel*) andare in macchina; **left-/right-hand** ~ guida a sinistra/destra.
driver ['draɪvə*] *n* conducente *m/f*; (*of taxi*) tassista *m*; (*of bus*) autista *m*.
driving ['draɪvɪŋ] *a*: ~ **rain** *n* pioggia sferzante // *n* guida; ~ **instructor** *n* istruttore/trice di scuola guida; ~ **lesson** *n* lezione *f* di guida; ~ **licence** *n* (*Brit*) patente *f* di guida; ~ **school** *n* scuola *f* guida *inv*; ~ **test** *n* esame *m* di guida.
drizzle ['drɪzl] *n* pioggerella // *vi* piovigginare.
droll [drəul] *a* buffo(a).
dromedary ['drɔmədərɪ] *n* dromedario.
drone [drəun] *n* ronzio; (*male bee*) fuco.
drool [druːl] *vi* sbavare.
droop [druːp] *vi* abbassarsi; languire.
drop [drɔp] *n* goccia; (*fall*) caduta; (*also*: **parachute** ~) lancio; (*of cliff*) discesa // *vt* lasciare cadere; (*voice, eyes, price*) abbassare; (*set down from car*) far scendere // *vi* cascare; **to** ~ **off** *vi* (*sleep*) addormentarsi; **to** ~ **out** *vi* (*withdraw*) ritirarsi; (*student etc*) smettere di studiare; ~**pings** *npl* sterco.
dross [drɔs] *n* scoria; scarto.
drought [draut] *n* siccità *f inv*.
drove [drəuv] *pt of* **drive** // *n*: ~**s of people** una moltitudine di persone.
drown [draun] *vt* affogare // *vi* affogarsi.
drowsy ['drauzɪ] *a* sonnolento(a), assonnato(a).
drudge [drʌdʒ] *n* bestia da fatica; ~**ry** ['drʌdʒərɪ] *n* lavoro faticoso.
drug [drʌg] *n* farmaco; (*narcotic*) droga // *vt* drogare; ~ **addict** *n* tossicomane *m/f*; ~**gist** *n* (*US*) *persona che gestisce un drugstore*; ~**store** *n* (*US*) drugstore *m inv*.
drum [drʌm] *n* tamburo; (*for oil, petrol*) fusto; ~**mer** *n* batterista *m/f*.

drunk [drʌŋk] *pp of* **drink** // *a* ubriaco(a); ebbro(a) // *n* ubriacone/a; **~ard** ['drʌŋkəd] *n* ubriacone/a; **~en** *a* ubriaco(a); da ubriaco; **~enness** *n* ubriachezza; ebbrezza.

dry [draɪ] *a* secco(a); (*day, clothes*) asciutto(a) // *vt* seccare; (*clothes*) asciugare // *vi* asciugarsi; **to ~ up** *vi* seccarsi; **~-cleaner's** *n* lavasecco *m inv*; **~er** *n* essiccatore *m*; **~ rot** *n* fungo del legno.

dual ['djuəl] *a* doppio(a); **~ carriageway** *n* strada a doppia carreggiata; **~ nationality** *n* doppia nazionalità; **~-purpose** *a* a doppio uso.

dubbed [dʌbd] *a* (CINEMA) doppiato(a); (*nicknamed*) soprannominato(a).

dubious ['dju:bɪəs] *a* dubbio(a).

duchess ['dʌtʃɪs] *n* duchessa.

duck [dʌk] *n* anatra // *vi* abbassare la testa; **~ling** *n* anatroccolo.

duct [dʌkt] *n* condotto; (ANAT) canale *m*.

dud [dʌd] *n* (*shell*) proiettile *m* che fa cilecca; (*object, tool*): **it's a ~** è inutile, non funziona // *a* (*cheque*) a vuoto; (*note, coin*) falso(a).

due [dju:] *a* dovuto(a); (*expected*) atteso(a); (*fitting*) giusto(a) // *n* dovuto // *ad*: **~ north** diritto verso nord; **~s** *npl* (*for club, union*) quota; (*in harbour*) diritti *mpl* di porto; **in ~ course** a tempo debito; finalmente; **~ to** dovuto a; a causa di.

duel ['djuəl] *n* duello.

duet [dju:'ɛt] *n* duetto.

dug [dʌg] *pt, pp of* **dig**.

duke [dju:k] *n* duca *m*.

dull [dʌl] *a* noioso(a); ottuso(a); (*sound, pain*) sordo(a); (*weather, day*) fosco(a), scuro(a); (*blade*) smussato(a) // *vt* (*pain, grief*) attutire; (*mind, senses*) intorpidire.

duly ['dju:lɪ] *ad* (*on time*) a tempo debito; (*as expected*) debitamente.

dumb [dʌm] *a* muto(a); (*stupid*) stupido(a); **dumbfounded** [dʌm'faundɪd] *a* stupito(a), stordito(a).

dummy ['dʌmɪ] *n* (*tailor's model*) manichino; (SPORT) finto; (*for baby*) tettarella // *a* falso(a), finto(a).

dump [dʌmp] *n* mucchio di rifiuti; (*place*) luogo di scarico; (MIL) deposito // *vt* (*put down*) scaricare; mettere giù; (*get rid of*) buttar via; **~ing** *n* (ECON) dumping *m*; (*of rubbish*): **'no ~ing'** 'vietato lo scarico'.

dumpling ['dʌmplɪŋ] *n specie di gnocco.*

dunce [dʌns] *n* asino.

dune [dju:n] *n* duna.

dung [dʌŋ] *n* concime *m*.

dungarees [dʌŋgə'ri:z] *npl* tuta.

dungeon ['dʌndʒən] *n* prigione *f* sotterranea.

dupe [dju:p] *vt* gabbare, ingannare.

duplicate *n* ['dju:plɪkət] doppio // *vt* ['dju:plɪkeɪt] raddoppiare; (*on machine*) ciclostilare; **in ~** in duplice copia.

durable ['djuərəbl] *a* durevole; (*clothes, metal*) resistente.

duration [djuə'reɪʃən] *n* durata.

duress [djuə'rɛs] *n*: **under ~** sotto costrizione.

during ['djuərɪŋ] *prep* durante, nel corso di.

dusk [dʌsk] *n* crepuscolo; **~y** *a* scuro(a).

dust [dʌst] *n* polvere *f* // *vt* (*furniture*) spolverare; (*cake etc*): **to ~ with** cospargere con; **~bin** *n* (*Brit*) pattumiera; **~er** *n* straccio per la polvere; **~ jacket** *n* sopraccoperta; **~man** *n* (*Brit*) netturbino; **~y** *a* polveroso(a).

Dutch [dʌtʃ] *a* olandese // *n* (LING) olandese *m*; **the ~** gli Olandesi; **~man/woman** *n* olandese *m/f*.

duty ['dju:tɪ] *n* dovere *m*; (*tax*) dazio, tassa; **duties** *npl* mansioni *fpl*; **on ~** di servizio; **off ~** libero(a), fuori servizio; **~-free** *a* esente da dazio.

dwarf [dwɔ:f] *n* nano/a // *vt* far apparire piccolo.

dwell, *pt, pp* **dwelt** [dwɛl, dwɛlt] *vi* dimorare; **to ~ on** *vt fus* indugiare su; **~ing** *n* dimora.

dwindle ['dwɪndl] *vi* diminuire, decrescere.

dye [daɪ] *n* tinta // *vt* tingere.

dying ['daɪɪŋ] *a* morente, moribondo(a).

dyke [daɪk] *n* diga.

dynamic [daɪ'næmɪk] *a* dinamico(a); **~s** *n or npl* dinamica.

dynamite ['daɪnəmaɪt] *n* dinamite *f*.

dynamo ['daɪnəməu] *n* dinamo *f inv*.

dynasty ['dɪnəstɪ] *n* dinastia.

dysentery ['dɪsntrɪ] *n* dissenteria.

E

E [i:] *n* (MUS) mi *m*.

each [i:tʃ] *det* ogni, ciascuno(a) // *pronoun* ciascuno(a), ognuno(a); **~ one** ognuno(a); **~ other** si (*or* ci *etc*); **they hate ~ other** si odiano (l'un l'altro); **you are jealous of ~ other** siete gelosi l'uno dell'altro.

eager ['i:gə*] *a* impaziente; desideroso(a); ardente; **to be ~ to do sth** non veder l'ora di fare qc; essere desideroso di fare qc; **to be ~ for** essere desideroso di, aver gran voglia di.

eagle ['i:gl] *n* aquila.

ear [ɪə*] *n* orecchio; (*of corn*) pannocchia; **~ache** *n* mal *m* d'orecchi; **~drum** *n* timpano.

earl [ə:l] *n* conte *m*.

early ['ə:lɪ] *ad* presto, di buon'ora; (*ahead of time*) in anticipo // *a* precoce; anticipato(a); che si fa vedere di buon'ora; **have an ~ night/start** vada a letto/parta presto; **in the ~** *or* **~ in the spring/19th century** all'inizio della primavera/dell'Ottocento; **~ retirement** *n* ritiro anticipato.

earmark ['ɪəmɑ:k] *vt*: **to ~ sth for** destinare qc a.

earn [ə:n] *vt* guadagnare; (*rest, reward*) meritare; **this ~ed him much praise, he ~ed much praise for this** si è

attirato grandi lodi per questo.
earnest ['ɜ:nɪst] *a* serio(a); **in ~** *ad* sul serio.
earnings ['ɜ:nɪŋz] *npl* guadagni *mpl*; (*salary*) stipendio.
earphones ['ɪəfəunz] *npl* cuffia.
earring ['ɪərɪŋ] *n* orecchino.
earshot ['ɪəʃɔt] *n*: **out of/within ~** fuori portata/a portata d'orecchio.
earth [ə:θ] *n* (*gen, also* ELEC) terra; (*of fox etc*) tana // *vt* (ELEC) mettere a terra; **~enware** *n* terracotta; stoviglie *fpl* di terracotta // *a* di terracotta; **~quake** *n* terremoto; **~ tremor** *n* scossa sismica; **~y** *a* (*fig*) grossolano(a).
earwig ['ɪəwɪg] *n* forbicina.
ease [i:z] *n* agio, comodo // *vt* (*soothe*) calmare; (*loosen*) allentare; **to ~ sth out/in** tirare fuori/infilare qc con delicatezza; facilitare l'uscita/l'entrata di qc; **life of ~** vita comoda; **at ~** all'agio; (MIL) a riposo; **to ~ off** *or* **up** *vi* diminuire; (*slow down*) rallentarsi; (*fig*) rilassarsi.
easel ['i:zl] *n* cavalletto.
easily ['i:zɪlɪ] *ad* facilmente.
east [i:st] *n* est *m* // *a* dell'est // *ad* a oriente; **the E~** l'Oriente *m*.
Easter ['i:stə*] *n* Pasqua.
easterly ['i:stəlɪ] *a* dall'est, d'oriente.
eastern ['i:stən] *a* orientale, d'oriente.
East Germany [i:st'dʒə:mənɪ] *n* Germania dell'Est.
eastward(s) ['i:stwəd(z)] *ad* verso est, verso levante.
easy ['i:zɪ] *a* facile; (*manner*) disinvolto(a) // *ad*: **to take it** *or* **things ~** prendersela con calma; **~ chair** *n* poltrona; **~ going** *a* accomodante.
eat, *pt* **ate,** *pp* **eaten** [i:t, eɪt, 'i:tn] *vt* mangiare; **to ~ into** *vt fus* rodere; **~able** *a* mangiabile; (*safe to eat*) commestibile.
eaves [i:vz] *npl* gronda.
eavesdrop ['i:vzdrɔp] *vi*: **to ~ (on a conversation)** origliare (una conversazione).
ebb [ɛb] *n* riflusso // *vi* rifluire; (*fig*: *also*: **~ away**) declinare.
ebony ['ɛbənɪ] *n* ebano.
ebullient [ɪ'bʌlɪənt] *a* esuberante.
eccentric [ɪk'sɛntrɪk] *a,n* eccentrico(a).
ecclesiastic [ɪkli:zɪ'æstɪk] *n* ecclesiastico; **~al** *a* ecclesiastico(a).
echo, ~es ['ɛkəu] *n* eco *m or f* // *vt* ripetere; fare eco a // *vi* echeggiare; dare un eco.
eclipse [ɪ'klɪps] *n* eclissi *f inv* // *vt* eclissare.
ecology [ɪ'kɔlədʒɪ] *n* ecologia.
economic [i:kə'nɔmɪk] *a* economico(a); **~al** *a* economico(a); (*person*) economo(a); **~s** *n* economia.
economist [ɪ'kɔnəmɪst] *n* economo/a.
economize [ɪ'kɔnəmaɪz] *vi* risparmiare, fare economia.
economy [ɪ'kɔnəmɪ] *n* economia.
ecstasy ['ɛkstəsɪ] *n* estasi *f inv*; **to go into ecstasies over** andare in estasi davanti a; **ecstatic** [-'tætɪk] *a* estatico(a), in estasi.
ecumenical [i:kju'mɛnɪkl] *a* ecumenico(a).
eczema ['ɛksɪmə] *n* eczema *m*.
eddy ['ɛdɪ] *n* mulinello.
edge [ɛdʒ] *n* margine *m*; (*of table, plate, cup*) orlo; (*of knife etc*) taglio // *vt* bordare; **on ~** (*fig*) = **edgy**; **to have the ~ on** essere in vantaggio su; **to ~ away from** sgattaiolare da; **~ways** *ad* di fianco; **he couldn't get a word in ~ways** non riuscì a dire una parola.
edgy ['ɛdʒɪ] *a* nervoso(a).
edible ['ɛdɪbl] *a* commestibile; (*meal*) mangiabile.
edict ['i:dɪkt] *n* editto.
edifice ['ɛdɪfɪs] *n* edificio.
edit ['ɛdɪt] *vt* curare; **~ion** [ɪ'dɪʃən] *n* edizione *f*; **~or** *n* (*in newspaper*) redattore/trice; redattore/trice capo; (*of sb's work*) curatore/trice; **~orial** [-'tɔ:rɪəl] *a* redazionale, editoriale // *n* editoriale *m*.
educate ['ɛdjukeɪt] *vt* istruire; educare.
education [ɛdju'keɪʃən] *n* educazione *f*; (*schooling*) istruzione *f*; **~al** *a* pedagogico(a); scolastico(a); istruttivo(a).
EEC *n* (*abbr of European Economic Community*) C.E.E. *f* (*Comunità Economica Europea*).
eel [i:l] *n* anguilla.
eerie ['ɪərɪ] *a* che fa accapponare la pelle.
effect [ɪ'fɛkt] *n* effetto // *vt* effettuare; **~s** *npl* (THEATRE) effetti *mpl* scenici; **to take ~** (*law*) entrare in vigore; (*drug*) fare effetto; **in ~** effettivamente; **~ive** *a* efficace; **~iveness** *n* efficacia.
effeminate [ɪ'fɛmɪnɪt] *a* effeminato(a).
effervescent [ɛfə'vɛsnt] *a* effervescente.
efficacy ['ɛfɪkəsɪ] *n* efficacia.
efficiency [ɪ'fɪʃənsɪ] *n* efficienza; rendimento effettivo.
efficient [ɪ'fɪʃənt] *a* efficiente.
effigy ['ɛfɪdʒɪ] *n* effigie *f*.
effort ['ɛfət] *n* sforzo; **~less** *a* senza sforzo, facile.
effrontery [ɪ'frʌntərɪ] *n* sfrontatezza.
e.g. *ad* (*abbr of exempli gratia*) per esempio, p.es.
egalitarian [ɪgælɪ'tɛərɪən] *a* egualitario(a).
egg [ɛg] *n* uovo; **to ~ on** *vt* incitare; **~cup** *n* portauovo *m inv*; **~plant** *n* melanzana; **~shell** *n* guscio d'uovo.
ego ['i:gəu] *n* ego *m inv*.
egotist ['ɛgəutɪst] *n* egotista *m/f*.
Egypt ['i:dʒɪpt] *n* Egitto; **~ian** [ɪ'dʒɪpʃən] *a, n* egiziano(a).
eiderdown ['aɪdədaun] *n* piumino.
eight [eɪt] *num* otto; **~een** *num* diciotto; **eighth** [eɪtθ] *num* ottavo(a); **~y** *num* ottanta.
Eire ['ɛərə] *n* Repubblica d'Irlanda.
either ['aɪðə*] *det* l'uno(a) o l'altro(a); (*both, each*) ciascuno(a); **on ~ side** su ciascun lato // *pronoun*: **~ (of them)** (o) l'uno(a) o l'altro(a); **I don't like ~** non

mi piace né l'uno né l'altro // *ad* neanche; **no, I don't ~** no, neanch'io // *cj*: **~ good or bad** o buono o cattivo.
ejaculation [ɪdʒækju'leɪʃən] *n* (PHYSIOL) eiaculazione *f*.
eject [ɪ'dʒɛkt] *vt* espellere; lanciare; **~or seat** *n* sedile *m* eiettabile.
eke [i:k]: **to ~ out** *vt* far durare; aumentare.
elaborate *a* [ɪ'læbərɪt] elaborato(a), minuzioso(a) // *vb* [ɪ'læbəreɪt] *vt* elaborare // *vi* fornire i particolari.
elapse [ɪ'læps] *vi* trascorrere, passare.
elastic [ɪ'læstɪk] *a* elastico(a) // *n* elastico; **~ band** *n* elastico.
elated [ɪ'leɪtɪd] *a* pieno(a) di gioia.
elation [ɪ'leɪʃən] *n* gioia.
elbow ['ɛlbəu] *n* gomito.
elder ['ɛldə*] *a* maggiore, più vecchio(a) // *n* (*tree*) sambuco; **one's ~s** i più anziani; **~ly** *a* anziano(a).
eldest ['ɛldɪst] *a,n*: **the ~ (child)** il(la) maggiore (dei bambini).
elect [ɪ'lɛkt] *vt* eleggere; **to ~ to do** decidere di fare // *a*: **the president ~** il presidente designato; **~ion** [ɪ'lɛkʃən] *n* elezione *f*; **~ioneering** [ɪlɛkʃə'nɪərɪŋ] *n* propaganda elettorale; **~or** *n* elettore/trice; **~oral** *a* elettorale; **~orate** *n* elettorato.
electric [ɪ'lɛktrɪk] *a* elettrico(a); **~al** *a* elettrico(a); **~ blanket** *n* coperta elettrica; **~ chair** *n* sedia elettrica; **~ cooker** *n* cucina elettrica; **~ current** *n* corrente *f* elettrica; **~ fire** *n* stufa elettrica.
electrician [ɪlɛk'trɪʃən] *n* elettricista *m*.
electricity [ɪlɛk'trɪsɪtɪ] *n* elettricità.
electrify [ɪ'lɛktrɪfaɪ] *vt* (RAIL) elettrificare; (*audience*) elettrizzare.
electro... [ɪ'lɛktrəu] *prefix*: **electrocute** [-kju:t] *vt* fulminare; **electrode** [ɪ'lɛktrəud] *n* elettrodo.
electron [ɪ'lɛktrɔn] *n* elettrone *m*.
electronic [ɪlɛk'trɔnɪk] *a* elettronico(a); **~s** *n* elettronica.
elegance ['ɛlɪgəns] *n* eleganza.
elegant ['ɛlɪgənt] *a* elegante.
element ['ɛlɪmənt] *n* elemento; (*of heater, kettle etc*) resistenza; **~ary** [-'mɛntərɪ] *a* elementare.
elephant ['ɛlɪfənt] *n* elefante/essa.
elevate ['ɛlɪveɪt] *vt* elevare.
elevation [ɛlɪ'veɪʃən] *n* elevazione *f*; (*height*) altitudine *f*.
elevator ['ɛlɪveɪtə*] *n* elevatore *m*; (*US*: *lift*) ascensore *m*.
eleven [ɪ'lɛvn] *num* undici; **~ses** *npl* caffè *m* a metà mattina; **~th** *a* undicesimo(a).
elf, elves [ɛlf, ɛlvz] *n* elfo.
elicit [ɪ'lɪsɪt] *vt*: **to ~ (from)** trarre (da), cavare fuori (da).
eligible ['ɛlɪdʒəbl] *a* eleggibile; (*for membership*) che ha i requisiti.
eliminate [ɪ'lɪmɪneɪt] *vt* eliminare; **elimination** *n* eliminazione *f*.
élite [eɪ'li:t] *n* élite *f inv*.
ellipse [ɪ'lɪps] *n* ellisse *f*.
elm [ɛlm] *n* olmo.
elocution [ɛlə'kju:ʃən] *n* elocuzione *f*.
elongated ['i:lɔŋgeɪtɪd] *a* allungato(a).
elope [ɪ'ləup] *vi* (*lovers*) scappare; **~ment** *n* fuga romantica.
eloquence ['ɛləkwəns] *n* eloquenza.
eloquent ['ɛləkwənt] *a* eloquente.
else [ɛls] *ad* altro; **something ~** qualcos'altro; **somewhere ~** altrove; **everywhere ~** in qualsiasi altro luogo; **where ~?** in quale altro luogo?; **little ~** poco altro; **~where** *ad* altrove.
elucidate [ɪ'lu:sɪdeɪt] *vt* delucidare.
elude [ɪ'lu:d] *vt* eludere.
elusive [ɪ'lu:sɪv] *a* elusivo(a); (*answer*) evasivo(a).
elves [ɛlvz] *npl of* **elf**.
emaciated [ɪ'meɪsɪeɪtɪd] *a* emaciato(a).
emanate ['ɛməneɪt] *vi*: **to ~ from** emanare da.
emancipate [ɪ'mænsɪpeɪt] *vt* emancipare; **emancipation** [-'peɪʃən] *n* emancipazione *f*.
embalm [ɪm'bɑ:m] *vt* imbalsamare.
embankment [ɪm'bæŋkmənt] *n* (*of road, railway*) terrapieno; (*riverside*) argine *m*; (*dyke*) diga.
embargo, ~es [ɪm'bɑ:gəu] *n* embargo.
embark [ɪm'bɑ:k] *vi*: **to ~ (on)** imbarcarsi (su) // *vt* imbarcare; **to ~ on** (*fig*) imbarcarsi in; **~ation** [ɛmbɑ:'keɪʃən] *n* imbarco.
embarrass [ɪm'bærəs] *vt* imbarazzare; **~ing** *a* imbarazzante; **~ment** *n* imbarazzo.
embassy ['ɛmbəsɪ] *n* ambasciata.
embed [ɪm'bɛd] *vt* conficcare, incastrare.
embellish [ɪm'bɛlɪʃ] *vt* abbellire.
embers ['ɛmbəz] *npl* braci *fpl*.
embezzle [ɪm'bɛzl] *vt* appropriarsi indebitamente di; **~ment** *n* appropriazione *f* indebita, malversazione *f*.
embitter [ɪm'bɪtə*] *vt* amareggiare; inasprire.
emblem ['ɛmbləm] *n* emblema *m*.
embodiment [ɪm'bɔdɪmənt] *n* personificazione *f*, incarnazione *f*.
embody [ɪm'bɔdɪ] *vt* (*features*) racchiudere, comprendere; (*ideas*) dar forma concreta a, esprimere.
embossed [ɪm'bɔst] *a* in rilievo; goffrato(a).
embrace [ɪm'breɪs] *vt* abbracciare // *n* abbraccio.
embroider [ɪm'brɔɪdə*] *vt* ricamare; (*fig*: *story*) abbellire; **~y** *n* ricamo.
embryo ['ɛmbrɪəu] *n* (*also fig*) embrione *m*.
emerald ['ɛmərəld] *n* smeraldo.
emerge [ɪ'mə:dʒ] *vi* apparire, sorgere.
emergence [ɪ'mə:dʒəns] *n* apparizione *f*.
emergency [ɪ'mə:dʒənsɪ] *n* emergenza; **in an ~** in caso di emergenza; **~ exit** *n* uscita di sicurezza.
emergent [ɪ'mə:dʒənt] *a*: **~ nation** paese *m* in via di sviluppo.

emery ['ɛmərɪ] *n*: ~ **board** *n* limetta di carta smerigliata; ~ **paper** *n* carta smerigliata.
emetic [ɪ'mɛtɪk] *n* emetico.
emigrant ['ɛmɪgrənt] *n* emigrante *m/f*.
emigrate ['ɛmɪgreɪt] *vi* emigrare; **emigration** [-'greɪʃən] *n* emigrazione *f*.
eminence ['ɛmɪnəns] *n* eminenza.
eminent ['ɛmɪnənt] *a* eminente.
emission [ɪ'mɪʃən] *n* emissione *f*.
emit [ɪ'mɪt] *vt* emettere.
emotion [ɪ'məuʃən] *n* emozione *f*; ~**al** *a* (*person*) emotivo(a); (*scene*) commovente; (*tone, speech*) carico(a) d'emozione; ~**ally** *ad*: ~**ally disturbed** con turbe emotive.
emotive [ɪ'məutɪv] *a* emotivo(a).
emperor ['ɛmpərə*] *n* imperatore *m*.
emphasis, *pl* **ases** ['ɛmfəsɪs, -si:z] *n* enfasi *f inv*; importanza.
emphasize ['ɛmfəsaɪz] *vt* (*word, point*) sottolineare; (*feature*) mettere in evidenza.
emphatic [ɛm'fætɪk] *a* (*strong*) vigoroso(a); (*unambiguous, clear*) netto(a); ~**ally** *ad* vigorosamente; nettamente.
empire ['ɛmpaɪə*] *n* impero.
empirical [ɛm'pɪrɪkl] *a* empirico(a).
employ [ɪm'plɔɪ] *vt* impiegare; ~**ee** [-'i:] *n* impiegato/a; ~**er** *n* principale *m/f*, datore *m* di lavoro; ~**ment** *n* impiego; ~**ment agency** *n* agenzia di collocamento.
empower [ɪm'pauə*] *vt*: **to** ~ **sb to do** concedere autorità a qd di fare.
empress ['ɛmprɪs] *n* imperatrice *f*.
emptiness ['ɛmptɪnɪs] *n* vuoto.
empty ['ɛmptɪ] *a* vuoto(a); (*threat, promise*) vano(a) // *vt* vuotare // *vi* vuotarsi; (*liquid*) scaricarsi; **on an** ~ **stomach** a stomaco vuoto; ~**-handed** *a* a mani vuote.
emulate ['ɛmjuleɪt] *vt* emulare.
emulsion [ɪ'mʌlʃən] *n* emulsione *f*; ~ (**paint**) *n* colore *m* a tempera.
enable [ɪ'neɪbl] *vt*: **to** ~ **sb to do** permettere a qd di fare.
enamel [ɪ'næməl] *n* smalto.
enamoured [ɪ'næməd] *a*: ~ **of** innamorato(a) di.
enchant [ɪn'tʃɑ:nt] *vt* incantare; (*subj*: *magic spell*) catturare; ~**ing** *a* incantevole, affascinante.
encircle [ɪn'sə:kl] *vt* accerchiare.
encl. (*abbr of enclosed*) all.
enclose [ɪn'kləuz] *vt* (*land*) circondare, recingere; (*letter etc*): **to** ~ (**with**) allegare (con); **please find** ~**d** trovi qui accluso.
enclosure [ɪn'kləuʒə*] *n* recinto; (*COMM*) allegato.
encore [ɔŋ'kɔ:*] *excl, n* bis (*m inv*).
encounter [ɪn'kauntə*] *n* incontro // *vt* incontrare.
encourage [ɪn'kʌrɪdʒ] *vt* incoraggiare; ~**ment** *n* incoraggiamento.
encroach [ɪn'krəutʃ] *vi*: **to** ~ (**up**)**on** (*rights*) usurpare; (*time*) abusare di; (*land*) oltrepassare i limiti di.
encyclop(a)edia [ɛnsaɪkləu'pi:dɪə] *n* enciclopedia.
end [ɛnd] *n* fine *f*; (*aim*) fine *m*; (*of table*) bordo estremo // *vt* finire; (*also*: **bring to an** ~, **put an** ~ **to**) mettere fine a // *vi* finire; **to come to an** ~ arrivare alla fine, finire; **in the** ~ alla fine; **at the** ~ **of the street** in fondo alla strada; **on** ~ (*object*) ritto(a); **for 5 hours on** ~ per 5 ore di fila; **to** ~ **up** *vi*: **to** ~ **up in** finire in.
endanger [ɪn'deɪndʒə*] *vt* mettere in pericolo.
endearing [ɪn'dɪərɪŋ] *a* accattivante.
endeavour [ɪn'dɛvə*] *n* sforzo, tentativo // *vi*: **to** ~ **to do** cercare *or* sforzarsi di fare.
ending ['ɛndɪŋ] *n* fine *f*, conclusione *f*; (*LING*) desinenza.
endless ['ɛndlɪs] *a* senza fine; (*patience, resources*) infinito(a).
endorse [ɪn'dɔ:s] *vt* (*cheque*) girare; (*approve*) approvare, appoggiare; ~**ment** *n* (*on driving licence*) *contravvenzione registrata sulla patente*.
endow [ɪn'dau] *vt* (*provide with money*) devolvere denaro a; (*equip*): **to** ~ **with** fornire di, dotare di.
end product ['ɛndprɔdəkt] *n* prodotto finito; (*fig*) risultato.
endurance [ɪn'djuərəns] *n* resistenza; pazienza.
endure [ɪn'djuə*] *vt* sopportare, resistere a // *vi* durare.
enemy ['ɛnəmɪ] *a,n* nemico(a).
energetic [ɛnə'dʒɛtɪk] *a* energico(a); attivo(a).
energy ['ɛnədʒɪ] *n* energia.
enervating ['ɛnə:veɪtɪŋ] *a* debilitante.
enforce [ɪn'fɔ:s] *vt* (*LAW*) applicare, far osservare; ~**d** *a* forzato(a).
engage [ɪn'geɪdʒ] *vt* assumere; (*subj*: *activity, MIL*) impegnare; (*attention*) occupare // *vi* (*TECH*) ingranare; **to** ~ **in** impegnarsi in; ~**d** *a* (*busy, in use*) occupato(a); (*betrothed*) fidanzato(a); **to get** ~**d** fidanzarsi; ~**ment** *n* impegno, obbligo; appuntamento; (*to marry*) fidanzamento; (*MIL*) combattimento; ~**ment ring** *n* anello di fidanzamento.
engaging [ɪn'geɪdʒɪŋ] *a* attraente.
engender [ɪn'dʒɛndə*] *vt* produrre, causare.
engine ['ɛndʒɪn] *n* (*AUT*) motore *m*; (*RAIL*) locomotiva; ~ **failure** *n* guasto al motore; ~ **trouble** *n* panne *f*.
engineer [ɛndʒɪ'nɪə*] *n* ingegnere *m*; (*US*: *RAIL*) macchinista *m*; ~**ing** *n* ingegneria; (*of bridges, ships, machine*) tecnica di costruzione.
England ['ɪŋglənd] *n* Inghilterra.
English ['ɪŋglɪʃ] *a* inglese // *n* (*LING*) inglese *m*; **the** ~ gli Inglesi; ~**man/woman** *n* inglese *m/f*.
engrave [ɪn'greɪv] *vt* incidere.
engraving [ɪn'greɪvɪŋ] *n* incisione *f*.

engrossed [ɪn'grəust] *a*: **~ in** assorbito(a) da, preso(a) da.
engulf [ɪn'gʌlf] *vt* inghiottire.
enhance [ɪn'hɑ:ns] *vt* accrescere.
enigma [ɪ'nɪgmə] *n* enigma *m*; **~tic** [ɛnɪg'mætɪk] *a* enigmatico(a).
enjoy [ɪn'dʒɔɪ] *vt* godere; (*have*: *success, fortune*) avere; **I ~ dancing** mi piace ballare; **to ~ oneself** godersela, divertirsi; **~able** *a* piacevole; **~ment** *n* piacere *m*, godimento.
enlarge [ɪn'lɑ:dʒ] *vt* ingrandire // *vi*: **to ~ on** (*subject*) dilungarsi su; **~ment** *n* (PHOT) ingrandimento.
enlighten [ɪn'laɪtn] *vt* illuminare; dare schiarimenti a; **~ed** *a* illuminato(a); **~ment** *n* progresso culturale; schiarimenti *mpl*; (HISTORY): **the E~ment** l'Illuminismo.
enlist [ɪn'lɪst] *vt* arruolare; (*support*) procurare // *vi* arruolarsi.
enmity ['ɛnmɪtɪ] *n* inimicizia.
enormity [ɪ'nɔ:mɪtɪ] *n* enormità *f inv*.
enormous [ɪ'nɔ:məs] *a* enorme.
enough [ɪ'nʌf] *a, n*: **~ time/books** assai tempo/libri; **have you got ~?** ne ha abbastanza *or* a sufficienza? // *ad*: **big ~** abbastanza grande; **he has not worked ~** non ha lavorato abbastanza; **~!** basta!; **it's hot ~ (as it is)!** fa caldo assai così!; **... which, funnily ~** ... che, strano a dirsi.
enquire [ɪn'kwaɪə*] *vt,vi* = **inquire.**
enrich [ɪn'rɪtʃ] *vt* arricchire.
enrol [ɪn'rəul] *vt* iscrivere // *vi* iscriversi; **~ment** *n* iscrizione *f*.
ensign *n* (NAUT) ['ɛnsən] bandiera; (MIL) ['ɛnsaɪn] portabandiera *m inv*.
enslave [ɪn'sleɪv] *vt* fare schiavo.
ensue [ɪn'sju:] *vi* seguire, risultare.
ensure [ɪn'ʃuə*] *vt* assicurare; garantire; **to ~ that** assicurarsi che.
entail [ɪn'teɪl] *vt* comportare.
enter ['ɛntə*] *vt* (*room*) entrare in; (*club*) associarsi a; (*army*) arruolarsi in; (*competition*) partecipare a; (*sb for a competition*) iscrivere; (*write down*) registrare; **to ~ into** *vt fus* (*explanation*) cominciare a dare; (*debate*) partecipare a; (*agreement*) concludere; **to ~ (up)on** *vt fus* cominciare.
enterprise ['ɛntəpraɪz] *n* (*undertaking, company*) impresa; (*spirit*) iniziativa.
enterprising ['ɛntəpraɪzɪŋ] *a* intraprendente.
entertain [ɛntə'teɪn] *vt* divertire; (*invite*) ricevere; (*idea, plan*) nutrire; **~er** *n* comico/a; **~ing** *a* divertente; **~ment** *n* (*amusement*) divertimento; (*show*) spettacolo.
enthralled [ɪn'θrɔ:ld] *a* affascinato(a).
enthusiasm [ɪn'θu:zɪæzəm] *n* entusiasmo.
enthusiast [ɪn'θu:zɪæst] *n* entusiasta *m/f*; **~ic** [-'æstɪk] *a* entusiasta, entusiastico(a).
entice [ɪn'taɪs] *vt* allettare, sedurre.
entire [ɪn'taɪə*] *a* intero(a); **~ly** *ad* completamente, interamente; **~ty** [ɪn'taɪərətɪ] *n*: **in its ~ty** nel suo complesso.
entitle [ɪn'taɪtl] *vt* (*allow*): **to ~ sb to do** dare il diritto a qd di fare; **~d** *a* (*book*) che si intitola; **to be ~d to do** avere il diritto di fare.
entrance *n* ['ɛntrns] entrata, ingresso; (*of person*) entrata // *vt* [ɪn'trɑ:ns] incantare, rapire; **~ fee** *n* tassa d'iscrizione; (*to museum etc*) prezzo d'ingresso.
entrant ['ɛntrnt] *n* partecipante *m/f*; concorrente *m/f*.
entreat [ɛn'tri:t] *vt* supplicare; **~y** *n* supplica, preghiera.
entrenched [ɛn'trɛntʃd] *a* radicato(a).
entrust [ɪn'trʌst] *vt*: **to ~ sth to** affidare qc a.
entry ['ɛntrɪ] *n* entrata; (*way in*) entrata, ingresso; (*item*: *on list*) iscrizione *f*; (*in dictionary*) voce *f*; **'no ~'** 'vietato l'ingresso'; (AUT) 'divieto di accesso'; **~ form** *n* modulo d'iscrizione.
entwine [ɪn'twaɪn] *vt* intrecciare.
enumerate [ɪ'nju:məreɪt] *vt* enumerare.
enunciate [ɪ'nʌnsɪeɪt] *vt* enunciare; pronunciare.
envelop [ɪn'vɛləp] *vt* avvolgere, avviluppare.
envelope ['ɛnvələup] *n* busta.
envious ['ɛnvɪəs] *a* invidioso(a).
environment [ɪn'vaɪərnmənt] *n* ambiente *m*; **~al** [-'mɛntl] *a* ecologico(a); ambientale.
envisage [ɪn'vɪzɪdʒ] *vt* immaginare; prevedere.
envoy ['ɛnvɔɪ] *n* inviato/a.
envy ['ɛnvɪ] *n* invidia // *vt* invidiare.
enzyme ['ɛnzaɪm] *n* enzima *m*.
ephemeral [ɪ'fɛmərl] *a* effimero(a).
epic ['ɛpɪk] *n* poema *m* epico // *a* epico(a).
epidemic [ɛpɪ'dɛmɪk] *n* epidemia.
epilepsy ['ɛpɪlɛpsɪ] *n* epilessia; **epileptic** [-'lɛptɪk] *a,n* epilettico(a).
epilogue ['ɛpɪlɔg] *n* epilogo.
Epiphany [ɪ'pɪfənɪ] *n* Epifania.
episode ['ɛpɪsəud] *n* episodio.
epistle [ɪ'pɪsl] *n* epistola.
epitaph ['ɛpɪtɑ:f] *n* epitaffio.
epitome [ɪ'pɪtəmɪ] *n* epitome *f*; quintessenza; **epitomize** *vt* compendiare; essere l'emblema di.
epoch ['ɪ:pɔk] *n* epoca.
equable ['ɛkwəbl] *a* uniforme; equanime.
equal ['i:kwl] *a, n* uguale (*m/f*) // *vt* uguagliare; **~ to** (*task*) all'altezza di; **~ity** [i:'kwɔlɪtɪ] *n* uguaglianza; **~ize** *vt,vi* pareggiare; **~izer** *n* pareggio; **~ly** *ad* ugualmente; **~(s) sign** *n* segno d'uguaglianza.
equanimity [ɛkwə'nɪmɪtɪ] *n* equanimità.
equate [ɪ'kweɪt] *vt*: **to ~ sth with** considerare qc uguale a; (*compare*) paragonare qc con; **equation** [ɪ'kweɪʃən] *n* (MATH) equazione *f*.
equator [ɪ'kweɪtə*] *n* equatore *m*.
equilibrium [i:kwɪ'lɪbrɪəm] *n* equilibrio.
equinox ['i:kwɪnɔks] *n* equinozio.
equip [ɪ'kwɪp] *vt* equipaggiare, attrezzare; **to ~ sb/sth with** fornire qd/qc di;

~**ment** *n* attrezzatura; (*electrical etc*) apparecchiatura.
equitable ['ɛkwɪtəbl] *a* equo(a), giusto(a).
equity ['ɛkwɪtɪ] *n* equità; **equities** *npl* (COMM) azioni *fpl* ordinarie.
equivalent [ɪ'kwɪvəlnt] *a, n* equivalente (*m*).
equivocal [ɪ'kwɪvəkl] *a* equivoco(a); (*open to suspicion*) dubbio(a).
era ['ɪərə] *n* era, età *f inv*.
eradicate [ɪ'rædɪkeɪt] *vt* sradicare.
erase [ɪ'reɪz] *vt* cancellare; ~**r** *n* gomma.
erect [ɪ'rɛkt] *a* eretto(a) // *vt* costruire; (*monument, tent*) alzare.
erection [ɪ'rɛkʃən] *n* erezione *f*.
ermine ['ə:mɪn] *n* ermellino.
erode [ɪ'rəud] *vt* erodere; (*metal*) corrodere; **erosion** [ɪ'rəuʒən] *n* erosione *f*.
erotic [ɪ'rɔtɪk] *a* erotico(a); ~**ism** [ɪ'rɔtɪsɪzm] *n* erotismo.
err [ə:*] *vi* errare; (REL) peccare.
errand ['ɛrnd] *n* commissione *f*.
erratic [ɪ'rætɪk] *a* imprevedibile; (*person, mood*) incostante.
erroneous [ɪ'rəunɪəs] *a* erroneo(a).
error ['ɛrə*] *n* errore *m*.
erudite ['ɛrjudaɪt] *a* erudito(a).
erupt [ɪ'rʌpt] *vi* erompere; (*volcano*) mettersi (*or* essere) in eruzione; ~**ion** [ɪ'rʌpʃən] *n* eruzione *f*.
escalate ['ɛskəleɪt] *vi* intensificarsi; **escalation** [-'leɪʃən] *n* escalation *f*; (*of prices*) aumento.
escalator ['ɛskəleɪtə*] *n* scala mobile.
escapade [ɛskə'peɪd] *n* scappatella; avventura.
escape [ɪ'skeɪp] *n* evasione *f*; fuga; (*of gas etc*) fuga, fuoriuscita // *vi* fuggire; (*from jail*) evadere, scappare; (*fig*) sfuggire; (*leak*) uscire // *vt* sfuggire a; **to ~ from sb** sfuggire a qd; **escapism** *n* evasione *f* (dalla realtà).
escort *n* ['ɛskɔ:t] scorta; (*male companion*) cavaliere *m* // *vt* [ɪ'skɔ:t] scortare; accompagnare.
Eskimo ['ɛskɪməu] *n* esquimese *m/f*.
especially [ɪ'spɛʃlɪ] *ad* specialmente; soprattutto; espressamente.
espionage ['ɛspɪənɑ:ʒ] *n* spionaggio.
Esquire [ɪ'skwaɪə*] *n* (*abbr* **Esq.**): **J. Brown, ~** Signor J. Brown.
essay ['ɛseɪ] *n* (SCOL) composizione *f*; (LITERATURE) saggio.
essence ['ɛsns] *n* essenza.
essential [ɪ'sɛnʃl] *a* essenziale; (*basic*) fondamentale; ~**ly** *ad* essenzialmente.
establish [ɪ'stæblɪʃ] *vt* stabilire; (*business*) mettere su; (*one's power etc*) confermare; ~**ment** *n* stabilimento; **the E~ment** le autorità; l'Establishment *m*.
estate [ɪ'steɪt] *n* proprietà *f inv*; beni *mpl*, patrimonio; ~ **agent** *n* agente *m* immobiliare; ~ **car** *n* (*Brit*) giardiniera.
esteem [ɪ'sti:m] *n* stima.
esthetic [ɪs'θɛtɪk] *a* (*US*) = **aesthetic**.
estimate *n* ['ɛstɪmət] stima; (COMM) preventivo // *vt* ['ɛstɪmeɪt] stimare, valutare; **estimation** [-'meɪʃən] *n* stima; opinione *f*.
estuary ['ɛstjuərɪ] *n* estuario.
etching ['ɛtʃɪŋ] *n* acquaforte *f*.
eternal [ɪ'tə:nl] *a* eterno(a).
eternity [ɪ'tə:nɪtɪ] *n* eternità.
ether ['i:θə*] *n* etere *m*.
ethical ['ɛθɪkl] *a* etico(a), morale.
ethics ['ɛθɪks] *n* etica // *npl* morale *f*.
ethnic ['ɛθnɪk] *a* etnico(a).
etiquette ['ɛtɪkɛt] *n* etichetta.
eulogy ['ju:lədʒɪ] *n* elogio.
euphemism ['ju:fəmɪzm] *n* eufemismo.
euphoria [ju:'fɔ:rɪə] *n* euforia.
Europe ['juərəp] *n* Europa; ~**an** [-'pi:ən] *a, n* europeo(a).
euthanasia [ju:θə'neɪzɪə] *n* eutanasia.
evacuate [ɪ'vækjueɪt] *vt* evacuare; **evacuation** [-'eɪʃən] *n* evacuazione *f*.
evade [ɪ'veɪd] *vt* eludere; (*question, duties etc*) evadere.
evaluate [ɪ'væljueɪt] *vt* valutare.
evangelist [ɪ'vændʒəlɪst] *n* evangelista *m*.
evaporate [ɪ'væpəreɪt] *vi* evaporare // *vt* far evaporare; ~**d milk** *n* latte *m* evaporato; **evaporation** [-'reɪʃən] *n* evaporazione *f*.
evasion [ɪ'veɪʒən] *n* evasione *f*; scappatoia.
evasive [ɪ'veɪsɪv] *a* evasivo(a).
eve [i:v] *n*: **on the ~ of** alla vigilia di.
even ['i:vn] *a* regolare; (*number*) pari *inv* // *ad* anche, perfino; ~ **more** anche più; **he loves her ~ more** la ama anche di più; ~ **so** ciò nonostante; **to ~ out** *vi* pareggiare; **to get ~ with sb** dare la pari a qd.
evening ['i:vnɪŋ] *n* sera; (*as duration, event*) serata; **in the ~** la sera; ~ **class** *n* corso serale; ~ **dress** *n* (*man's*) frac *m*, smoking *m*; (*woman's*) vestito da sera.
event [ɪ'vɛnt] *n* avvenimento; (SPORT) gara; **in the ~ of** in caso di; ~**ful** *a* denso(a) di eventi.
eventual [ɪ'vɛntʃuəl] *a* finale; ~**ity** [-'ælɪtɪ] *n* possibilità *f inv*, eventualità *f inv*; ~**ly** *ad* finalmente.
ever ['ɛvə*] *ad* mai; (*at all times*) sempre; **the best ~** il migliore che ci sia mai stato; **have you ~ seen it?** l'ha mai visto?; **hardly ~** non ... quasi mai; ~ **since** *ad* da allora // *cj* sin da quando; ~ **so pretty** così bello(a); ~**green** *n* sempreverde *m*; ~**lasting** *a* eterno(a).
every ['ɛvrɪ] *det* ogni; ~ **day** tutti i giorni, ogni giorno; ~ **other/third day** ogni due/tre giorni; ~ **other car** una macchina su due; ~ **now and then** ogni tanto, di quando in quando; ~**body** *pronoun* ognuno, tutti *pl*; ~**day** *a* quotidiano(a); di ogni giorno; ~**one** = ~**body**; ~**thing** *pronoun* tutto, ogni cosa; ~**where** *ad* in ogni luogo, dappertutto.
evict [ɪ'vɪkt] *vt* sfrattare; ~**ion** [ɪ'vɪkʃən] *n* sfratto.
evidence ['ɛvɪdns] *n* (*proof*) prova; (*of witness*) testimonianza; (*sign*): **to show ~ of** dare segni di; **to give ~** deporre; **in ~**

(*obvious*) in evidenza; in vista.
evident ['ɛvɪdnt] *a* evidente; **~ly** *ad* evidentemente.
evil ['i:vl] *a* cattivo(a), maligno(a) // *n* male *m.*
evocative [ɪ'vɔkətɪv] *a* evocativo(a).
evoke [ɪ'vəuk] *vt* evocare.
evolution [i:və'lu:ʃən] *n* evoluzione *f.*
evolve [ɪ'vɔlv] *vt* elaborare // *vi* svilupparsi, evolversi.
ewe [ju:] *n* pecora.
ex- [ɛks] *prefix* ex.
exact [ɪg'zækt] *a* esatto(a) // *vt*: **to ~ sth (from)** estorcere qc (da); esigere qc (da); **~ing** *a* esigente; (*work*) faticoso(a); **~itude** *n* esattezza, precisione *f*; **~ly** *ad* esattamente.
exaggerate [ɪg'zædʒəreɪt] *vt,vi* esagerare; **exaggeration** [-'reɪʃən] *n* esagerazione *f.*
exalt [ɪg'zɔ:lt] *vt* esaltare; elevare.
exam [ɪg'zæm] *n* (SCOL) *abbr of* **examination.**
examination [ɪgzæmɪ'neɪʃən] *n* (SCOL) esame *m*; (MED) controllo.
examine [ɪg'zæmɪn] *vt* esaminare; (LAW: *person*) interrogare; **~r** *n* esaminatore/trice.
example [ɪg'zɑ:mpl] *n* esempio; **for ~** *ad or* per esempio.
exasperate [ɪg'zɑ:spəreɪt] *vt* esasperare.
excavate ['ɛkskəveɪt] *vt* scavare; **excavation** [-'veɪʃən] *n* escavazione *f*; **excavator** *n* scavatore *m*, scavatrice *f.*
exceed [ɪk'si:d] *vt* superare; (*one's powers, time limit*) oltrepassare; **~ingly** *ad* eccessivamente.
excel [ɪk'sɛl] *vi* eccellere // *vt* sorpassare.
excellence ['ɛksələns] *n* eccellenza.
Excellency ['ɛksələnsɪ] *n*: **His ~** Sua Eccellenza.
excellent ['ɛksələnt] *a* eccellente.
except [ɪk'sɛpt] *prep* (*also*: **~ for, ~ing**) salvo, all'infuori di, eccetto // *vt* escludere; **~ if/when** salvo se/quando; **~ that** salvo che; **~ion** [ɪk'sɛpʃən] *n* eccezione *f*; **to take ~ion to** trovare a ridire su; **~ional** [ɪk'sɛpʃənl] *a* eccezionale.
excerpt ['ɛksə:pt] *n* estratto.
excess [ɪk'sɛs] *n* eccesso; **~ fare** *n* supplemento; **~ baggage** *n* bagaglio in eccedenza; **~ive** *a* eccessivo(a).
exchange [ɪks'tʃeɪndʒ] *n* scambio; (*also*: **telephone ~**) centralino // *vt* scambiare; **~ market** *n* mercato dei cambi.
exchequer [ɪks'tʃɛkə*] *n* Scacchiere *m*, ≈ ministero delle Finanze.
excisable [ɪk'saɪzəbl] *a* soggetto(a) a dazio.
excise *n* ['ɛksaɪz] imposta, dazio // *vt* [ɛk-'saɪz] recidere; **~ duties** *npl* dazi *mpl.*
excite [ɪk'saɪt] *vt* eccitare; **to get ~d** eccitarsi; **~ment** *n* eccitazione *f*; agitazione *f*; **exciting** *a* avventuroso(a); (*film, book*) appassionante.
exclaim [ɪk'skleɪm] *vi* esclamare; **exclamation** [ɛksklə'meɪʃən] *n* esclamazione *f*; **exclamation mark** *n* punto esclamativo.
exclude [ɪk'sklu:d] *vt* escludere; **exclusion** [ɪk'sklu:ʒən] *n* esclusione *f.*
exclusive [ɪk'sklu:sɪv] *a* esclusivo(a); (*club*) selettivo(a); (*district*) snob *inv* // *ad* (COMM) non compreso; **~ of VAT** I.V.A. esclusa; **~ly** *ad* esclusivamente; **~ rights** *npl* (COMM) diritti *mpl* esclusivi.
excommunicate [ɛkskə'mju:nɪkeɪt] *vt* scomunicare.
excrement ['ɛkskrəmənt] *n* escremento.
excruciating [ɪk'skru:ʃɪeɪtɪŋ] *a* straziante, atroce.
excursion [ɪk'skə:ʃən] *n* escursione *f*, gita.
excuse *n* [ɪk'skju:s] scusa // *vt* [ɪk'skju:z] scusare; **to ~ sb from** (*activity*) dispensare qd da; **~ me!** mi scusi!
execute ['ɛksɪkju:t] *vt* (*prisoner*) giustiziare; (*plan etc*) eseguire.
execution [ɛksɪ'kju:ʃən] *n* esecuzione *f*; **~er** *n* boia *m inv.*
executive [ɪg'zɛkjutɪv] *n* (COMM) dirigente *m*; (POL) esecutivo // *a* esecutivo(a).
executor [ɪg'zɛkjutə*] *n* esecutore(trice) testamentario(a).
exemplary [ɪg'zɛmplərɪ] *a* esemplare.
exemplify [ɪg'zɛmplɪfaɪ] *vt* esemplificare.
exempt [ɪg'zɛmpt] *a* esentato(a) // *vt*: **to ~ sb from** esentare qd da; **~ion** [ɪg-'zɛmpʃən] *n* esenzione *f.*
exercise ['ɛksəsaɪz] *n* esercizio // *vt* esercitare; (*dog*) portar fuori; **to take ~** fare del movimento; **~ book** *n* quaderno.
exert [ɪg'zə:t] *vt* esercitare; **to ~ o.s.** sforzarsi.
exhaust [ɪg'zɔ:st] *n* (*also*: **~ fumes**) scappamento; (*also*: **~ pipe**) tubo di scappamento // *vt* esaurire; **~ed** *a* esaurito(a); **~ion** [ɪg'zɔ:stʃən] *n* esaurimento; **~ive** *a* esauriente.
exhibit [ɪg'zɪbɪt] *n* (ART) oggetto esposto; (LAW) documento *or* oggetto esibito // *vt* esporre; (*courage, skill*) dimostrare; **~ion** [ɛksɪ'bɪʃən] *n* mostra, esposizione *f*; **~ionist** [ɛksɪ'bɪʃənɪst] *n* esibizionista *m/f*; **~or** *n* espositore/trice.
exhilarating [ɪg'zɪləreɪtɪŋ] *a* esilarante; stimolante.
exhort [ɪg'zɔ:t] *vt* esortare.
exile ['ɛksaɪl] *n* esilio; esiliato/a // *vt* esiliare; **in ~** in esilio.
exist [ɪg'zɪst] *vi* esistere; **~ence** *n* esistenza; **to be in ~ence** esistere.
exit ['ɛksɪt] *n* uscita.
exonerate [ɪg'zɔnəreɪt] *vt*: **to ~ from** discolpare da.
exorcize ['ɛksɔ:saɪz] *vt* esorcizzare.
exotic [ɪg'zɔtɪk] *a* esotico(a).
expand [ɪk'spænd] *vt* espandere; estendere; allargare // *vi* (*trade etc*) svilupparsi, ampliarsi; espandersi; (*gas*) espandersi; (*metal*) dilatarsi.
expanse [ɪk'spæns] *n* distesa, estensione *f.*
expansion [ɪk'spænʃən] *n* sviluppo; espansione *f*; dilatazione *f.*
expatriate *n* [ɛks'pætrɪət] espatriato/a // *vt* [ɛks'pætrɪeɪt] espatriare.

expect [ɪk'spɛkt] *vt* (*anticipate*) prevedere, aspettarsi, prevedere *or* aspettarsi che + *sub*; (*count on*) contare su; (*hope for*) sperare; (*require*) richiedere, esigere; (*suppose*) supporre; (*await, also baby*) aspettare // *vi*: **to be ~ing** essere in stato interessante; **to ~ sb to do** aspettarsi che qd faccia; **~ant** *a* pieno(a) di aspettative; **~ant mother** *n* gestante *f*; **~ation** [ɛkspɛk'teɪʃən] *n* aspettativa; speranza.
expedience, expediency [ɛk'spi:dɪəns, ɛk'spi:dɪənsɪ] *n* convenienza.
expedient [ɪk'spi:dɪənt] *a* conveniente; vantaggioso(a) // *n* espediente *m*.
expedite ['ɛkspədaɪt] *vt* sbrigare; facilitare.
expedition [ɛkspə'dɪʃən] *n* spedizione *f*.
expel [ɪk'spɛl] *vt* espellere.
expend [ɪk'spɛnd] *vt* spendere; (*use up*) consumare; **~able** *a* sacrificabile; **~iture** [ɪk'spɛndɪtʃə*] *n* spesa; spese *fpl*.
expense [ɪk'spɛns] *n* spesa; spese *fpl*; (*high cost*) costo; **~s** *npl* (COMM) spese *fpl*, indennità *fpl*; **at the ~ of** a spese di; **~ account** *n* nota *f* spese *inv*.
expensive [ɪk'spɛnsɪv] *a* caro(a), costoso(a).
experience [ɪk'spɪərɪəns] *n* esperienza // *vt* (*pleasure*) provare; (*hardship*) soffrire; **~d** *a* esperto(a).
experiment [ɪk'spɛrɪmənt] *n* esperimento, esperienza // *vi* fare esperimenti; **~al** [-'mɛntl] *a* sperimentale.
expert ['ɛkspə:t] *a, n* esperto(a); **~ise** [-'ti:z] *n* competenza.
expire [ɪk'spaɪə*] *vi* (*period of time, licence*) scadere; **expiry** *n* scadenza.
explain [ɪk'spleɪn] *vt* spiegare; **explanation** [ɛksplə'neɪʃən] *n* spiegazione *f*; **explanatory** [ɪk'splænətrɪ] *a* esplicativo(a).
explicit [ɪk'splɪsɪt] *a* esplicito(a); (*definite*) netto(a).
explode [ɪk'spləud] *vi* esplodere.
exploit *n* ['ɛksplɔɪt] impresa // *vt* [ɪk'splɔɪt] sfruttare; **~ation** [-'teɪʃən] *n* sfruttamento.
exploration [ɛksplə'reɪʃən] *n* esplorazione *f*.
exploratory [ɪk'splɔrətrɪ] *a* (*fig*: *talks*) esplorativo(a).
explore [ɪk'splɔ:*] *vt* esplorare; (*possibilities*) esaminare; **~r** *n* esploratore/trice.
explosion [ɪk'spləuʒən] *n* esplosione *f*.
explosive [ɪk'spləusɪv] *a* esplosivo(a) // *n* esplosivo.
exponent [ɪk'spəunənt] *n* esponente *m/f*.
export *vt* [ɛk'spɔ:t] esportare // *n* ['ɛkspɔ:t] esportazione *f*; articolo di esportazione // *cpd* d'esportazione; **~ation** [-'teɪʃən] *n* esportazione *f*; **~er** *n* esportatore *m*.
expose [ɪk'spəuz] *vt* esporre; (*unmask*) smascherare; **to ~ o.s.** (LAW) oltraggiare il pudore.
exposure [ɪk'spəuʒə*] *n* esposizione *f*; (PHOT) posa; (MED) assideramento; **~ meter** *n* esposimetro.
expound [ɪk'spaund] *vt* esporre.
express [ɪk'sprɛs] *a* (*definite*) chiaro(a), espresso(a); (*letter etc*) espresso *inv* // *n* (*train*) espresso // *ad* (*send*) espresso // *vt* esprimere; **~ion** [ɪk'sprɛʃən] *n* espressione *f*; **~ive** *a* espressivo(a); **~ly** *ad* espressamente.
expulsion [ɪk'spʌlʃən] *n* espulsione *f*.
exquisite [ɛk'skwɪzɪt] *a* squisito(a).
extend [ɪk'stɛnd] *vt* (*visit*) protrarre; (*street*) prolungare; (*building*) ampliare; (*offer*) offrire, porgere // *vi* (*land*) estendersi.
extension [ɪk'stɛnʃən] *n* prolungamento; estensione *f*; (*building*) annesso; (*to wire, table*) prolunga; (*telephone*) interno; (: *in private house*) apparecchio addizionale.
extensive [ɪk'stɛnsɪv] *a* esteso(a), ampio(a); (*damage*) su larga scala; (*alterations*) notevole; (*inquiries*) esauriente; (*use*) grande; **he's travelled ~ly** ha viaggiato molto.
extent [ɪk'stɛnt] *n* estensione *f*; **to some ~** fino a un certo punto; **to what ~?** fino a che punto?
exterior [ɛk'stɪərɪə*] *a* esteriore, esterno(a) // *n* esteriore *m*, esterno; aspetto (esteriore).
exterminate [ɪk'stə:mɪneɪt] *vt* sterminare; **extermination** [-'neɪʃən] *n* sterminio.
external [ɛk'stə:nl] *a* esterno(a), esteriore.
extinct [ɪk'stɪŋkt] *a* estinto(a); **~ion** [ɪk'stɪŋkʃən] *n* estinzione *f*.
extinguish [ɪk'stɪŋgwɪʃ] *vt* estinguere; **~er** *n* estintore *m*.
extort [ɪk'stɔ:t] *vt*: **to ~ sth (from)** estorcere qc (da); **~ion** [ɪk'stɔ:ʃən] *n* estorsione *f*; **~ionate** [ɪk'stɔ:ʃnət] *a* esorbitante.
extra ['ɛkstrə] *a* extra *inv*, supplementare // *ad* (*in addition*) di più // *n* supplemento; (THEATRE) comparso.
extra... ['ɛkstrə] *prefix* extra... .
extract *vt* [ɪk'strækt] estrarre; (*money, promise*) strappare // *n* ['ɛkstrækt] estratto; (*passage*) brano; **~ion** [ɪk'strækʃən] *n* estrazione *f*; (*descent*) origine *f*.
extradite ['ɛkstrədaɪt] *vt* estradare; **extradition** [-'dɪʃən] *n* estradizione *f*.
extramarital [ɛkstrə'mærɪtl] *a* extraconiugale.
extramural [ɛkstrə'mjuərl] *a* fuori dell'università.
extraneous [ɛk'streɪnɪəs] *a*: **~ to** estraneo(a) a.
extraordinary [ɪk'strɔ:dnrɪ] *a* straordinario(a).
extra time [ɛkstrə'taɪm] *n* (FOOTBALL) tempo supplementare.
extravagant [ɪk'strævəgənt] *a* stravagante; (*in spending*) dispendioso(a).
extreme [ɪk'stri:m] *a* estremo(a) // *n* estremo; **~ly** *ad* estremamente;

extremist *a,n* estremista (*m/f*).
extremity [ɪk'strɛmətɪ] *n* estremità *f inv.*
extricate ['ɛkstrɪkeɪt] *vt*: **to ~ sth (from)** districare qc (da).
extrovert ['ɛkstrəvə:t] *n* estroverso/a.
exuberant [ɪg'zju:bərnt] *a* esuberante.
exude [ɪg'zju:d] *vt* trasudare; (*fig*) emanare.
exult [ɪg'zʌlt] *vi* esultare, gioire.
eye [aɪ] *n* occhio; (*of needle*) cruna // *vt* osservare; **to keep an ~ on** tenere d'occhio; **in the public ~** esposto(a) al pubblico; **~ball** *n* globo dell'occhio; **~brow** *n* sopracciglio; **~-catching** *a* che colpisce l'occhio; **~drops** *npl* gocce *fpl* oculari, collirio; **~lash** *n* ciglio; **~lid** *n* palpebra; **~-opener** *n* rivelazione *f*; **~shadow** *n* ombretto; **~sight** *n* vista; **~sore** *n* pugno nell'occhio; **~ witness** *n* testimone *m/f* oculare.
eyrie ['ɪərɪ] *n* nido (d'aquila).

F

F [ɛf] *n* (MUS) fa *m*.
F. *abbr of Fahrenheit*.
fable ['feɪbl] *n* favola.
fabric ['fæbrɪk] *n* stoffa, tessuto.
fabrication [fæbrɪ'keɪʃən] *n* fabbricazione *f*; falsificazione *f*.
fabulous ['fæbjuləs] *a* favoloso(a); (*col*: *super*) favoloso(a), fantastico(a).
façade [fə'sɑ:d] *n* facciata.
face [feɪs] *n* faccia, viso, volto; (*expression*) faccia; (*grimace*) smorfia; (*of clock*) quadrante *m*; (*of building*) facciata; (*side, surface*) faccia // *vt* fronteggiare; (*fig*) affrontare; **to lose ~** perdere la faccia; **in the ~ of** (*difficulties etc*) di fronte a; **on the ~ of it** a prima vista; **to ~ up to** *vt fus* affrontare, far fronte a; **~ cloth** *n* guanto di spugna; **~ cream** *n* crema per il viso; **~ lift** *n* lifting *m inv*; (*of façade etc*) ripulita.
facet ['fæsɪt] *n* faccetta, sfaccettatura; (*fig*) sfaccettatura.
facetious [fə'si:ʃəs] *a* faceto(a).
face-to-face ['feɪstə'feɪs] *ad* a faccia a faccia.
face value ['feɪs'vælju:] *n* (*of coin*) valore *m* facciale *or* nominale; **to take sth at ~** (*fig*) giudicare qc dalle apparenze.
facial ['feɪʃəl] *a* facciale.
facile ['fæsaɪl] *a* facile.
facilitate [fə'sɪlɪteɪt] *vt* facilitare.
facility [fə'sɪlɪtɪ] *n* facilità; **facilities** *npl* attrezzature *fpl*.
facsimile [fæk'sɪmɪlɪ] *n* facsimile *m inv*.
fact [fækt] *n* fatto; **in ~** infatti.
faction ['fækʃən] *n* fazione *f*.
factor ['fæktə*] *n* fattore *m*.
factory ['fæktərɪ] *n* fabbrica, stabilimento.
factual ['fæktjuəl] *a* che si attiene ai fatti.
faculty ['fækəltɪ] *n* facoltà *f inv*.
fad [fæd] *n* mania; capriccio.
fade [feɪd] *vi* sbiadire, sbiadirsi; (*light, sound, hope*) attenuarsi, affievolirsi; (*flower*) appassire.
fag [fæg] *n* (*col*: *cigarette*) cicca; **~ end** *n* mozzicone *m*; **~ged out** *a* (*col*) stanco(a) morto(a).
fail [feɪl] *vt* (*exam*) non superare; (*candidate*) bocciare; (*subj*: *courage, memory*) mancare a // *vi* fallire; (*student*) essere respinto(a); (*supplies*) mancare; (*eyesight, health, light*) venire a mancare; **to ~ to do sth** (*neglect*) mancare di fare qc; (*be unable*) non riuscire a fare qc; **without ~** senza fallo; certamente; **~ing** *n* difetto // *prep* in mancanza di; **~ure** ['feɪljə*] *n* fallimento; (*person*) fallito/a; (*mechanical etc*) guasto.
faint [feɪnt] *a* debole; (*recollection*) vago(a); (*mark*) indistinto(a) // *vi* svenire; **to feel ~** sentirsi svenire; **~-hearted** *a* pusillanime; **~ly** *ad* debolmente; vagamente; **~ness** *n* debolezza.
fair [fɛə*] *a* (*person, decision*) giusto(a), equo(a); (*hair etc*) biondo(a); (*skin, complexion*) bianco(a); (*weather*) bello(a), clemente; (*good enough*) assai buono(a); (*sizeable*) bello(a) // *ad* (*play*) lealmente // *n* fiera; **~ copy** *n* bella copia; **~ly** *ad* equamente; (*quite*) abbastanza; **~ness** *n* equità, giustizia.
fairy ['fɛərɪ] *n* fata; **~ tale** *n* fiaba.
faith [feɪθ] *n* fede *f*; (*trust*) fiducia; (*sect*) religione *f*, fede *f*; **~ful** *a* fedele; **~fully** *ad* fedelmente.
fake [feɪk] *n* (*painting etc*) contraffazione *f*; (*photo*) trucco; (*person*) impostore/a // *a* falso(a) // *vt* simulare, falsare; (*painting*) contraffare; (*photo*) truccare; (*story*) falsificare.
falcon ['fɔ:lkən] *n* falco, falcone *m*.
fall [fɔ:l] *n* caduta; (*in temperature*) abbassamento; (*in price*) ribasso; (*US*: *autumn*) autunno // *vi* (*pt* **fell**, *pp* **fallen** [fɛl, 'fɔ:lən]) cadere; (*temperature, price*) abbassare; **~s** *npl* (*waterfall*) cascate *fpl*; **to ~ flat** *vi* (*on one's face*) cadere bocconi; (*joke*) fare cilecca; (*plan*) fallire; **to ~ behind** *vi* rimanere indietro; **to ~ down** *vi* (*person*) cadere; (*building, hopes*) crollare; **to ~ for** *vt fus* (*trick*) cascarci dentro; (*person*) prendere una cotta per; **to ~ in** *vi* crollare; (MIL) mettersi in riga; **to ~ off** *vi* cadere; (*diminish*) diminuire, abbassarsi; **to ~ out** *vi* (*friends etc*) litigare; **to ~ through** *vi* (*plan, project*) fallire.
fallacy ['fæləsɪ] *n* errore *m*; falso ragionamento.
fallen ['fɔ:lən] *pp of* **fall**.
fallible ['fæləbl] *a* fallibile.
fallout ['fɔ:laut] *n* fall-out *m*.
fallow ['fæləu] *a* incolto(a); a maggese.
false [fɔ:ls] *a* falso(a); **~ alarm** *n* falso allarme *m*; **~hood** *n* menzogna; **~ly** *ad* (*accuse*) a torto; **~ teeth** *npl* denti *mpl* finti.
falter ['fɔ:ltə*] *vi* esitare, vacillare.
fame [feɪm] *n* fama, celebrità.
familiar [fə'mɪlɪə*] *a* familiare; (*common*)

comune; (*close*) intimo(a); **to be ~ with** (*subject*) conoscere; **~ity** [fəmılı'ærıtı] *n* familiarità; intimità; **~ize** [fə'mılıəraız] *vt*: **to ~ize sb with sth** far conoscere qc a qd.

family ['fæmılı] *n* famiglia; **~ allowance** *n* assegni *mpl* familiari; **~ doctor** *n* medico di famiglia; **~ life** *n* vita familiare.

famine ['fæmın] *n* carestia.

famished ['fæmıʃt] *a* affamato(a).

famous ['feıməs] *a* famoso(a); **~ly** *ad* (*get on*) a meraviglia.

fan [fæn] *n* (*folding*) ventaglio; (ELEC) ventilatore *m*; (*person*) ammiratore/trice; tifoso/a // *vt* far vento a; (*fire, quarrel*) alimentare; **to ~ out** *vi* spargersi (a ventaglio).

fanatic [fə'nætık] *n* fanatico/a; **~al** *a* fanatico(a).

fan belt ['fænbɛlt] *n* cinghia del ventilatore.

fancied ['fænsıd] *a* immaginario(a).

fanciful ['fænsıful] *a* fantasioso(a); (*object*) di fantasia.

fancy ['fænsı] *n* desiderio; immaginazione *f*, fantasia; (*whim*) capriccio // *cpd* (di) fantasia *inv* // *vt* (*feel like, want*) aver voglia di; **to take a ~ to** incapricciarsi di; **~ dress** *n* costume *m* (per maschera); **~-dress ball** *n* ballo in maschera.

fang [fæŋ] *n* zanna; (*of snake*) dente *m*.

fanlight ['fænlaıt] *n* lunetta.

fantastic [fæn'tæstık] *a* fantastico(a).

fantasy ['fæntəzı] *n* fantasia, immaginazione *f*; fantasticheria; chimera.

far [fɑ:*] *a*: **the ~ side/end** l'altra parte/l'altro capo // *ad* lontano; **~ away, ~ off** lontano, distante; **~ better** assai migliore; **~ from** lontano da; **by ~** di gran lunga; **go as ~ as the farm** vada fino alla fattoria; **as ~ as I know** per quel che so; **~away** *a* lontano(a).

farce [fɑ:s] *n* farsa.

farcical ['fɑ:sıkəl] *a* farsesco(a).

fare [fɛə*] *n* (*on trains, buses*) tariffa; (*in taxi*) prezzo della corsa; (*food*) vitto, cibo // *vi* passarsela.

Far East [fɑ:r'i:st] *n*: **the ~** l'Estremo Oriente *m*.

farewell [fɛə'wɛl] *excl, n* addio; **~ party** *n* festa d'addio.

far-fetched ['fɑ:'fɛtʃt] *a* gonfiato(a).

farm [fɑ:m] *n* fattoria, podere *m* // *vt* coltivare; **~er** *n* coltivatore/trice; agricoltore/trice; **~hand** *n* bracciante *m* agricolo; **~house** *n* fattoria; **~ing** *n* agricoltura; **~land** *n* terreno da coltivare; **~yard** *n* aia.

far-reaching ['fɑ:'ri:tʃıŋ] *a* di vasta portata.

far-sighted ['fɑ:'saıtıd] *a* presbite; (*fig*) lungimirante.

fart [fɑ:t] (*col!*) *n* scoreggia(!) // *vi* scoreggiare (!).

farther ['fɑ:ðə*] *ad* più lontano.

farthest ['fɑ:ðıst] *superlative of* **far**.

fascia ['feıʃə] *n* (AUT) cruscotto.

fascinate ['fæsıneıt] *vt* affascinare; **fascination** [-'neıʃən] *n* fascino.

fascism ['fæʃızəm] *n* fascismo.

fascist ['fæʃıst] *a,n* fascista (*m/f*).

fashion ['fæʃən] *n* moda; (*manner*) maniera, modo // *vt* foggiare, formare; **in ~** alla moda; **out of ~** passato(a) di moda; **~able** *a* alla moda, di moda; **~ show** *n* sfilata di modelli.

fast [fɑ:st] *a* rapido(a), svelto(a), veloce; (*clock*): **to be ~** andare avanti; (*dye, colour*) solido(a) // *ad* rapidamente; (*stuck, held*) saldamente // *n* digiuno // *vi* digiunare; **~ asleep** profondamente addormentato.

fasten ['fɑ:sn] *vt* chiudere, fissare; (*coat*) abbottonare, allacciare // *vi* chiudersi, fissarsi; **~er, ~ing** *n* fermaglio, chiusura.

fastidious [fæs'tıdıəs] *a* esigente, difficile.

fat [fæt] *a* grasso(a) // *n* grasso.

fatal ['feıtl] *a* fatale; mortale; disastroso(a); **~ism** *n* fatalismo; **~ity** [fə'tælıtı] *n* (*road death etc*) morto/a, vittima; **~ly** *ad* a morte.

fate [feıt] *n* destino; (*of person*) sorte *f*; **~ful** *a* fatidico(a).

father ['fɑ:ðə*] *n* padre *m*; **~-in-law** *n* suocero; **~ly** *a* paterno(a).

fathom ['fæðəm] *n* braccio (= *1828 mm*) // *vt* (*mystery*) penetrare, sondare.

fatigue [fə'ti:g] *n* stanchezza; (MIL) corvé *f*.

fatten ['fætn] *vt,vi* ingrassare.

fatty ['fætı] *a* (*food*) grasso(a).

fatuous ['fætjuəs] *a* fatuo(a).

faucet ['fɔ:sıt] *n* (*US*) rubinetto.

fault [fɔ:lt] *n* colpa; (TENNIS) fallo; (*defect*) difetto; (GEO) faglia // *vt* criticare; **it's my ~** è colpa mia; **to find ~ with** trovare da ridire su; **at ~** in fallo; **to a ~** eccessivamente; **~less** *a* perfetto(a); senza difetto; impeccabile; **~y** *a* difettoso(a).

fauna ['fɔ:nə] *n* fauna.

favour ['feıvə*] *n* favore *m*, cortesia, piacere *m* // *vt* (*proposition*) favorire, essere favorevole a; (*pupil etc*) favorire; (*team, horse*) dare per vincente; **to do sb a ~** fare un favore *or* una cortesia a qd; **in ~ of** in favore di; **~able** *a* favorevole; (*price*) di favore; **~ably** *ad* favorevolmente; **~ite** [-rıt] *a,n* favorito(a); **~itism** *n* favoritismo.

fawn [fɔ:n] *n* daino // *a* marrone chiaro *inv* // *vi*: **to ~ (up)on** adulare servilmente.

fear [fıə*] *n* paura, timore *m* // *vt* aver paura di, temere; **for ~ of** per paura di; **~ful** *a* pauroso(a); (*sight, noise*) terribile, spaventoso(a); **~less** *a* intrepido(a), senza paura.

feasibility [fi:zə'bılıtı] *n* praticabilità.

feasible ['fi:zəbl] *a* possibile, realizzabile.

feast [fi:st] *n* festa, banchetto; (REL: *also*: **~ day**) festa // *vi* banchettare; **to ~ on** godersi, gustare.

feat [fi:t] *n* impresa, fatto insigne.

feather ['fɛðə*] *n* penna.

feature ['fi:tʃə*] *n* caratteristica; (*article*)

articolo // *vt* (*subj*: *film*) avere come protagonista // *vi* figurare; **~s** *npl* (*of face*) fisionomia; **~ film** *n* film *m inv* principale; **~less** *a* anonimo(a), senza caratteri distinti.

February ['fɛbruərı] *n* febbraio.

fed [fɛd] *pt,pp of* **feed**; **to be ~ up** essere stufo(a).

federal ['fɛdərəl] *a* federale.

federation [fɛdə'reıʃən] *n* federazione *f*.

fee [fi:] *n* pagamento; (*of doctor, lawyer*) onorario; (*of school, college etc*) tasse *fpl* scolastiche; (*for examination*) tassa d'esame.

feeble ['fi:bl] *a* debole; **~-minded** *a* deficiente.

feed [fi:d] *n* (*of baby*) pappa // *vt* (*pt, pp* **fed** [fɛd]) nutrire; (*horse etc*) dare da mangiare a; (*fuel*) alimentare; **to ~ material into sth** imboccare qc con materiali; **to ~ data/information into sth** nutrire qc di data/informazioni; **to ~ on** *vt fus* nutrirsi di; **~back** *n* feed-back *m*; **~ing bottle** *n* biberon *m inv*.

feel [fi:l] *n* sensazione *f*; (*of substance*) tatto // *vt* (*pt, pp* **felt** [fɛlt]) toccare; palpare; tastare; (*cold, pain, anger*) sentire; (*grief*) provare; (*think, believe*): **to ~ (that)** pensare che; **to ~ hungry/cold** aver fame/freddo; **to ~ lonely/better** sentirsi solo/meglio; **it ~s soft** è morbido al tatto; **to ~ like** (*want*) aver voglia di; **to ~ about** *or* **around for** cercare a tastoni; **to ~ about** *or* **around in one's pocket for** frugarsi in tasca per cercare; **~er** *n* (*of insect*) antenna; **to put out a ~er** fare un sondaggio; **~ing** *n* sensazione *f*; sentimento; **my ~ing is that...** ho l'impressione che... .

feet [fi:t] *npl of* **foot**.

feign [feın] *vt* fingere, simulare.

fell [fɛl] *pt of* **fall** // *vt* (*tree*) abbattere; (*person*) atterrare.

fellow ['fɛləu] *n* individuo, tipo; compagno; (*of learned society*) membro; **their ~ prisoners/students** i loro compagni di prigione/studio; **~ citizen** *n* concittadino/a; **~ countryman** *n* compatriota *m*; **~ men** *npl* simili *mpl*; **~ship** *n* associazione *f*; compagnia; *specie di borsa di studio universitaria*.

felony ['fɛlənı] *n* reato, crimine *m*.

felt [fɛlt] *pt, pp of* **feel** // *n* feltro; **~-tip pen** *n* pennarello.

female ['fi:meıl] *n* femmina // *a* femminile; (BIOL, ELEC) femmina *inv*; **male and ~ students** studenti e studentesse; **~ impersonator** *n* travestito.

feminine ['fɛmının] *a, n* femminile (*m*).

feminist ['fɛmınıst] *n* femminista *m/f*.

fence [fɛns] *n* recinto; (*col: person*) ricettatore/trice // *vt* (*also*: **~ in**) recingere // *vi* schermire; **fencing** *n* (SPORT) scherma.

fend [fɛnd] *vi*: **to ~ for o.s.** arrangiarsi.

fender ['fɛndə*] *n* parafuoco; (*US*) parafango; paraurti *m inv*.

ferment *vi* [fə'mɛnt] fermentare // *n* ['fə:mɛnt] agitazione *f*, eccitazione *f*; **~ation** [-'teıʃən] *n* fermentazione *f*.

fern [fə:n] *n* felce *f*.

ferocious [fə'rəuʃəs] *a* feroce.

ferocity [fə'rɔsıtı] *n* ferocità.

ferry ['fɛrı] *n* (*small*) traghetto; (*large*: *also*: **~boat**) nave *f* traghetto *inv* // *vt* traghettare.

fertile ['fə:taıl] *a* fertile; (BIOL) fecondo(a); **fertility** [fə'tılıtı] *n* fertilità; fecondità; **fertilize** ['fə:tılaız] *vt* fertilizzare; fecondare; **fertilizer** *n* fertilizzante *m*.

fervent ['fə:vənt] *a* ardente, fervente.

fester ['fɛstə*] *vi* suppurare.

festival ['fɛstıvəl] *n* (REL) festa; (ART, MUS) festival *m inv*.

festive ['fɛstıv] *a* di festa; **the ~ season** la stagione delle feste.

festivities [fɛs'tıvıtız] *npl* festeggiamenti *mpl*.

fetch [fɛtʃ] *vt* andare a prendere; (*sell for*) essere venduto(a) per.

fetching ['fɛtʃıŋ] *a* attraente.

fête [feıt] *n* festa.

fetish ['fɛtıʃ] *n* feticcio.

fetters ['fɛtəz] *npl* catene *fpl*.

fetus ['fi:təs] *n* (*US*) = **foetus**.

feud [fju:d] *n* contesa, lotta // *vi* essere in lotta.

feudal ['fju:dl] *a* feudale; **~ism** *n* feudalesimo.

fever ['fi:və*] *n* febbre *f*; **~ish** *a* febbrile.

few [fju:] *a* pochi(e); **they were ~** erano pochi; **a ~** *a* qualche *inv* // *pronoun* alcuni(e); **~er** *a* meno *inv*; meno numerosi(e); **~est** *a* il minor numero di.

fiancé [fı'ɑ̃:ŋseı] *n* fidanzato; **~e** *n* fidanzata.

fiasco [fı'æskəu] *n* fiasco.

fib [fıb] *n* piccola bugia.

fibre ['faıbə*] *n* fibra; **~-glass** *n* fibra di vetro.

fickle ['fıkl] *a* incostante, capriccioso(a).

fiction ['fıkʃən] *n* narrativa, romanzi *mpl*; finzione *f*; **~al** *a* immaginario(a).

fictitious [fık'tıʃəs] *a* fittizio(a).

fiddle ['fıdl] *n* (MUS) violino; (*cheating*) imbroglio; truffa // *vt* (*accounts*) falsificare, falsare; **to ~ with** *vt fus* gingillarsi con; **~r** *n* violinista *m/f*.

fidelity [fı'dɛlıtı] *n* fedeltà; (*accuracy*) esattezza.

fidget ['fıdʒıt] *vi* agitarsi; **~y** *a* agitato(a).

field [fi:ld] *n* campo; **~ glasses** *npl* binocolo (da campagna); **~ marshal** *n* feldmaresciallo; **~work** *n* ricerche *fpl* esterne.

fiend [fi:nd] *n* demonio; **~ish** *a* demoniaco(a).

fierce [fıəs] *a* (*look, fighting*) fiero(a); (*wind*) furioso(a); (*attack*) feroce; (*enemy*) acerrimo(a).

fiery ['faıərı] *a* ardente; infocato(a).

fifteen [fıf'ti:n] *num* quindici.

fifth [fıfθ] *num* quinto(a).

fiftieth ['fıftııθ] *num* cinquantesimo(a).

fifty ['fɪftɪ] *num* cinquanta.
fig [fɪg] *n* fico.
fight [faɪt] *n* zuffa, rissa; (MIL) battaglia, combattimento; (*against cancer etc*) lotta // *vb* (*pt, pp* **fought** [fɔ:t]) *vt* picchiare; combattere; (*cancer, alcoholism*) lottare contro, combattere // *vi* battersi, combattere; **~er** *n* combattente *m*; (*plane*) aeroplano da caccia; **~ing** *n* combattimento.
figment ['fɪgmənt] *n*: **a ~ of the imagination** un parto della fantasia.
figurative ['fɪgjurətɪv] *a* figurato(a).
figure ['fɪgə*] *n* (DRAWING, GEOM) figura; (*number, cipher*) cifra; (*body, outline*) forma // *vi* (*appear*) figurare; (*US*: *make sense*) spiegarsi; **to ~ out** *vt* riuscire a capire; calcolare; **~head** *n* (NAUT) polena; (*pej*) prestanome *m/f inv*.
filament ['fɪləmənt] *n* filamento.
file [faɪl] *n* (*tool*) lima; (*dossier*) incartamento; (*folder*) cartellina; (*for loose leaf*) raccoglitore *m*; (*row*) fila // *vt* (*nails, wood*) limare; (*papers*) archiviare; (LAW: *claim*) presentare; passare agli atti; **to ~ in/out** *vi* entrare/uscire in fila; **to ~ past** *vt fus* marciare in fila davanti a.
filing ['faɪlɪŋ] *n* archiviare *m*; **~s** *npl* limatura; **~ cabinet** *n* casellario.
fill [fɪl] *vt* riempire; (*tooth*) otturare; (*job*) coprire // *n*: **to eat one's ~** mangiare a sazietà; **to ~ in** *vt* (*hole*) riempire; (*form*) compilare; **to ~ up** *vt* riempire // *vi* (AUT) fare il pieno; **~ it up, please** (AUT) mi faccia il pieno, per piacere.
fillet ['fɪlɪt] *n* filetto.
filling ['fɪlɪŋ] *n* (CULIN) impasto, ripieno; (*for tooth*) otturazione *f*; **~ station** *n* stazione *f* di rifornimento.
fillip ['fɪlɪp] *n* incentivo, stimolo.
film [fɪlm] *n* (CINEMA) film *m inv*; (PHOT) pellicola; (*thin layer*) velo // *vt* (*scene*) filmare; **~ star** *n* divo/a dello schermo.
filter ['fɪltə*] *n* filtro // *vt* filtrare; **~ lane** *n* (AUT) corsia di svincolo; **~ tip** *n* filtro.
filth [fɪlθ] *n* sporcizia; (*fig*) oscenità; **~y** *a* lordo(a), sozzo(a); (*language*) osceno(a).
fin [fɪn] *n* (*of fish*) pinna.
final ['faɪnl] *a* finale, ultimo(a); definitivo(a) // *n* (SPORT) finale *f*; **~s** *npl* (SCOL) esami *mpl* finali; **~e** [fɪ'nɑ:lɪ] *n* finale *m*; **~ist** *n* (SPORT) finalista *m/f*; **~ize** *vt* mettere a punto; **~ly** *ad* (*lastly*) alla fine; (*eventually*) finalmente.
finance [faɪ'næns] *n* finanza; **~s** *npl* finanze *fpl* // *vt* finanziare.
financial [faɪ'nænʃəl] *a* finanziario(a).
financier [faɪ'nænsɪə*] *n* finanziatore *m*.
find [faɪnd] *vt* (*pt, pp* **found** [faund]) trovare; (*lost object*) ritrovare // *n* trovata, scoperta; **to ~ sb guilty** (LAW) giudicare qd colpevole; **to ~ out** *vt* informarsi di; (*truth, secret*) scoprire; (*person*) cogliere in fallo; **~ings** *npl* (LAW) sentenza, conclusioni *fpl*; (*of report*) conclusioni.
fine [faɪn] *a* bello(a); ottimo(a); fine // *ad* (*well*) molto bene; (*small*) finemente // *n* (LAW) contravvenzione *f*, ammenda; multa // *vt* (LAW) fare una contravvenzione a; multare; **~ arts** *npl* belle arti *fpl*.
finery ['faɪnərɪ] *n* abiti *mpl* eleganti.
finesse [fɪ'nɛs] *n* finezza.
finger ['fɪŋgə*] *n* dito // *vt* toccare, tastare; **~nail** *n* unghia; **~print** *n* impronta digitale; **~tip** *n* punta del dito.
finicky ['fɪnɪkɪ] *a* esigente, pignolo(a); minuzioso(a).
finish ['fɪnɪʃ] *n* fine *f*; (*polish etc*) finitura // *vt* finire; (*use up*) esaurire // *vi* finire; (*session*) terminare; **to ~ off** *vt* compiere; (*kill*) uccidere; **to ~ up** *vi, vt* finire; **~ing line** *n* linea d'arrivo; **~ing school** *n* scuola privata di perfezionamento (*per signorine*).
finite ['faɪnaɪt] *a* limitato(a); (*verb*) finito(a).
Finland ['fɪnlənd] *n* Finlandia.
Finn [fɪn] *n* finlandese *m/f*; **~ish** *a* finlandese // *n* (LING) finlandese *m*.
fiord [fjɔ:d] *n* fiordo.
fir [fə:*] *n* abete *m*.
fire [faɪə*] *n* fuoco; incendio // *vt* (*discharge*): **to ~ a gun** scaricare un fucile; (*fig*) infiammare; (*dismiss*) licenziare // *vi* sparare, far fuoco; **on ~** in fiamme; **~ alarm** *n* allarme *m* d'incendio; **~arm** *n* arma da fuoco; **~ brigade** *n* (corpo dei) pompieri *mpl*; **~ engine** *n* autopompa; **~ escape** *n* scala di sicurezza; **~ extinguisher** *n* estintore *m*; **~man** *n* pompiere *m*; **~place** *n* focolare *m*; **~side** *n* angolo del focolare; **~ station** *n* caserma dei pompieri; **~wood** *n* legna; **~work** *n* fuoco d'artificio.
firing ['faɪərɪŋ] *n* (MIL) spari *mpl*, tiro; **~ squad** *n* plotone *m* d'esecuzione.
firm [fə:m] *a* fermo(a) // *n* ditta, azienda.
first [fə:st] *a* primo(a) // *ad* (*before others*) il primo, la prima; (*before other things*) per primo; (*when listing reasons etc*) per prima cosa // *n* (*person*: *in race*) primo/a; (SCOL) laurea con lode; (AUT) prima; **at ~** dapprima, all'inizio; **~ of all** prima di tutto; **~-aid kit** *n* cassetta pronto soccorso; **~-class** *a* di prima classe; **~-hand** *a* di prima mano; **~ lady** *n* (*US*) moglie *f* del presidente; **~ly** *ad* in primo luogo; **~ name** *n* prenome *m*; **~ night** *n* (THEATRE) prima; **~-rate** *a* di prima qualità, ottimo(a).
fiscal ['fɪskəl] *a* fiscale.
fish [fɪʃ] *n,pl inv* pesce *m* // *vi* pescare; **to go ~ing** andare a pesca; **~erman** *n* pescatore *m*; **~ery** *n* zona da pesca; **~ fingers** *npl* bastoncini *mpl* di pesce (surgelati); **~ing boat** *n* barca da pesca; **~ing line** *n* lenza; **~ing rod** *n* canna da pesca; **~monger** *n* pescivendolo; **~y** *a* (*fig*) sospetto(a).
fission ['fɪʃən] *n* fissione *f*.
fissure ['fɪʃə*] *n* fessura.
fist [fɪst] *n* pugno.
fit [fɪt] *a* (MED, SPORT) in forma; (*proper*) adatto(a), appropriato(a); conveniente // *vt* (*subj*: *clothes*) stare bene a; (*adjust*)

aggiustare; (*put in, attach*) mettere; installare; (*equip*) fornire, equipaggiare // *vi* (*clothes*) stare bene; (*parts*) andare bene, adattarsi; (*in space, gap*) entrare // *n* (MED) accesso, attacco; ~ **to** in grado di; ~ **for** adatto(a) a; degno(a) di; **this dress is a tight/good** ~ questo vestito è stretto/sta bene; **by** ~**s and starts** a sbalzi; **to** ~ **in** *vi* accordarsi; adattarsi; **to** ~ **out** (*also*: ~ **up**) *vt* equipaggiare; ~**ful** saltuario(a); ~**ment** *n* componibile *m*; ~**ness** *n* (MED) forma fisica; (*of remark*) appropriatezza; ~**ter** *n* aggiustatore *m* or montatore *m* meccanico; (DRESSMAKING) sarto/a; ~**ting** *a* appropriato(a) // *n* (*of dress*) prova; (*of piece of equipment*) montaggio, aggiustaggio; ~**tings** *npl* impianti *mpl*.

five [faɪv] *num* cinque; ~**r** *n* (*Brit*: *col*) biglietto da cinque sterline.

fix [fɪks] *vt* fissare; mettere in ordine; (*mend*) riparare // *n*: **to be in a** ~ essere nei guai; ~**ed** [fɪkst] *a* (*prices etc*) fisso(a); ~**ture** ['fɪkstʃə*] *n* impianto (fisso); (SPORT) incontro (del calendario sportivo).

fizz [fɪz] *vi* frizzare.

fizzle ['fɪzl] *vi* frizzare; **to** ~ **out** *vi* finire in nulla.

fizzy ['fɪzɪ] *a* frizzante; gassato(a).

fjord [fjɔ:d] *n* = **fiord**.

flabbergasted ['flæbəgɑ:stɪd] *a* sbalordito(a).

flabby ['flæbɪ] *a* flaccido(a).

flag [flæg] *n* bandiera; (*also*: ~**stone**) pietra da lastricare // *vi* avvizzire; affievolirsi; **to** ~ **down** *vt* fare segno (di fermarsi) a.

flagon ['flægən] *n* bottiglione *m*.

flagpole ['flægpəul] *n* albero.

flagrant ['fleɪgrənt] *a* flagrante.

flair [flɛə*] *n* (*for business etc*) fiuto; (*for languages etc*) facilità.

flake [fleɪk] *n* (*of rust, paint*) scaglia; (*of snow, soap powder*) fiocco // *vi* (*also*: ~ **off**) sfaldarsi.

flamboyant [flæm'bɔɪənt] *a* sgargiante.

flame [fleɪm] *n* fiamma.

flamingo [flə'mɪŋgəu] *n* fenicottero, fiammingo.

flammable ['flæməbl] *a* infiammabile.

flan [flæn] *n* flan *m inv*.

flange [flændʒ] *n* flangia; (*on wheel*) suola.

flank [flæŋk] *n* fianco.

flannel ['flænl] *n* (*also*: **face** ~) guanto di spugna; (*fabric*) flanella; ~**s** *npl* pantaloni *mpl* di flanella.

flap [flæp] *n* (*of pocket*) patta; (*of envelope*) lembo // *vt* (*wings*) battere // *vi* (*sail, flag*) sbattere; (*col*: *also*: **be in a** ~) essere in agitazione.

flare [flɛə*] *n* razzo; (*in skirt etc*) svasatura; **to** ~ **up** *vi* andare in fiamme; (*fig*: *person*) infiammarsi di rabbia; (: *revolt*) scoppiare; ~**d** *a* (*trousers*) svasato(a).

flash [flæʃ] *n* vampata; (*also*: **news** ~) notizia *f* lampo *inv*; (PHOT) flash *m inv* // *vt* accendere e spegnere; (*send*: *message*) trasmettere // *vi* brillare; (*light on ambulance, eyes etc*) lampeggiare; **in a** ~ in un lampo; **to** ~ **one's headlights** lampeggiare; **he** ~**ed by** *or* **past** ci passò davanti come un lampo; ~**back** *n* flashback *m inv*; ~**bulb** *n* cubo *m* flash *inv*; ~**er** *n* (AUT) lampeggiatore *m*.

flashy ['flæʃɪ] *a* (*pej*) vistoso(a).

flask [flɑ:sk] *n* fiasco; (CHEM) beuta; (*also*: **vacuum** ~) thermos *m inv* ®.

flat [flæt] *a* piatto(a); (*tyre*) sgonfio(a), a terra; (*denial*) netto(a); (MUS) bemolle *inv*; (: *voice*) stonato(a) // *n* (*Brit*: *rooms*) appartamento; (MUS) bemolle *m*; (AUT) pneumatico sgonfio; ~**ly** *ad* recisamente; ~**ten** *vt* (*also*: ~**ten out**) appiattare.

flatter ['flætə*] *vt* lusingare; ~**er** *n* adulatore/trice; ~**ing** *a* lusinghiero(a); ~**y** *n* adulazione *f*.

flaunt [flɔ:nt] *vt* fare mostra di.

flavour ['fleɪvə*] *n* gusto, sapore *m* // *vt* insaporire, aggiungere sapore a; **vanilla**-~**ed** al gusto di vaniglia; ~**ing** *n* essenza (artificiale).

flaw [flɔ:] *n* difetto; ~**less** *a* senza difetti.

flax [flæks] *n* lino; ~**en** *a* biondo(a).

flea [fli:] *n* pulce *f*.

fledg(e)ling ['flɛdʒlɪŋ] *n* uccellino.

flee, *pt, pp* **fled** [fli:, flɛd] *vt* fuggire da // *vi* fuggire, scappare.

fleece [fli:s] *n* vello // *vt* (*col*) pelare.

fleet [fli:t] *n* flotta; (*of lorries etc*) convoglio; parco.

fleeting ['fli:tɪŋ] *a* fugace, fuggitivo(a); (*visit*) volante.

Flemish ['flɛmɪʃ] *a* fiammingo(a) // *n* (LING) fiammingo.

flesh [flɛʃ] *n* carne *f*.

flew [flu:] *pt of* **fly**.

flex [flɛks] *n* filo (flessibile) // *vt* flettere; (*muscles*) contrarre; ~**ibility** [-'bɪlɪtɪ] *n* flessibilità; ~**ible** *a* flessibile.

flick [flɪk] *n* colpetto; scarto; **to** ~ **through** *vt fus* sfogliare.

flicker ['flɪkə*] *vi* tremolare // *n* tremolio.

flier ['flaɪə*] *n* aviatore *m*.

flight [flaɪt] *n* volo; (*escape*) fuga; (*also*: ~ **of steps**) scalinata; **to take** ~ darsi alla fuga; **to put to** ~ mettere in fuga; ~ **deck** *n* (AVIAT) cabina di controllo; (NAUT) ponte *m* di comando.

flimsy ['flɪmzɪ] *a* (*fabric*) inconsistente; (*excuse*) meschino(a).

flinch [flɪntʃ] *vi* ritirarsi; **to** ~ **from** tirarsi indietro di fronte a.

fling, *pt, pp* **flung** [flɪŋ, flʌŋ] *vt* lanciare, gettare.

flint [flɪnt] *n* selce *f*; (*in lighter*) pietrina.

flip [flɪp] *n* colpetto.

flippant ['flɪpənt] *a* senza rispetto, irriverente.

flirt [flɜ:t] *vi* flirtare // *n* civetta; ~**ation** [-'teɪʃən] *n* flirt *m inv*.

flit [flɪt] *vi* svolazzare.

float [fləut] *n* galleggiante *m*; (*in procession*) carro // *vi* galleggiare // *vt* far galleggiare; (*loan, business*) lanciare; ~**ing** *a* a galla.

flock [flɔk] *n* gregge *m*; (*of people*) folla.
flog [flɔg] *vt* flagellare.
flood [flʌd] *n* alluvione *m*; (*of words, tears etc*) diluvio // *vt* allagare; **in ~** in pieno; **~ing** *n* alluvionamento; **~light** *n* riflettore *m* // *vt* illuminare a giorno.
floor [flɔ:*] *n* pavimento; (*storey*) piano; (*fig*: *at meeting*): **the ~** il pubblico // *vt* pavimentare; (*knock down*) atterrare; **first ~** (*Brit*), **second ~** (*US*) primo piano; **~board** *n* tavellone *m* di legno; **~ show** *n* spettacolo di varietà.
flop [flɔp] *n* fiasco // *vi* (*fail*) far fiasco.
floppy ['flɔpɪ] *a* floscio(a), molle.
flora ['flɔ:rə] *n* flora.
floral ['flɔ:rl] *a* floreale.
Florence ['flɔrəns] *n* Firenze *f*; **Florentine** ['flɔrəntaɪn] *a* fiorentino(a).
florid ['flɔrɪd] *a* (*complexion*) florido(a); (*style*) fiorito(a).
florist ['flɔrɪst] *n* fioraio/a.
flounce [flauns] *n* balzo; **to ~ out** *vi* uscire stizzito(a).
flounder ['flaundə*] *vi* annaspare // *n* (ZOOL) passera di mare.
flour ['flauə*] *n* farina.
flourish ['flʌrɪʃ] *vi* fiorire // *vt* brandire // *n* abbellimento; svolazzo; (*of trumpets*) fanfara; **~ing** *a* prosperoso(a), fiorente.
flout [flaut] *vt* disprezzare.
flow [fləu] *n* flusso; circolazione *f* // *vi* fluire; (*traffic, blood in veins*) circolare; (*hair*) scendere; **~ chart** *n* schema *m* di flusso.
flower ['flauə*] *n* fiore *m* // *vi* fiorire; **~ bed** *n* aiuola; **~pot** *n* vaso da fiori; **~y** *a* fiorito(a).
flown [fləun] *pp of* **fly**.
flu [flu:] *n* influenza.
fluctuate ['flʌktjueɪt] *vi* fluttuare, oscillare; **fluctuation** [-'eɪʃən] *n* fluttuazione *f*, oscillazione *f*.
fluency ['flu:ənsɪ] *n* facilità, scioltezza; (*in foreign language*) buona conoscenza della lingua parlata.
fluent ['flu:ənt] *a* (*speech*) facile, sciolto(a); corrente; **he speaks ~ Italian** parla l'italiano correntemente; **~ly** *ad* con facilità; correntemente.
fluff [flʌf] *n* lanugine *f*; **~y** *a* lanuginoso(a); (*toy*) di peluche.
fluid ['flu:ɪd] *a* fluido(a) // *n* fluido; **~ ounce** *n* = *0.028 l*; *0.05 pints*.
fluke [flu:k] *n* (*col*) colpo di fortuna.
flung [flʌŋ] *pt,pp of* **fling**.
fluorescent [fluə'rɛsnt] *a* fluorescente.
fluoride ['fluəraɪd] *n* fluoruro.
flurry ['flʌrɪ] *n* (*of snow*) tempesta; **a ~ of activity/excitement** una febbre di attività/improvvisa agitazione.
flush [flʌʃ] *n* rossore *m*; (*fig*) ebbrezza // *vt* ripulire con un getto d'acqua // *vi* arrossire // *a*: **~ with** a livello di, pari a; **~ against** aderente a; **to ~ the toilet** tirare la catena, tirare lo scarico; **~ed** *a* tutto(a) rosso(a).
fluster ['flʌstə*] *n* agitazione *f*; **~ed** *a* sconvolto(a).
flute [flu:t] *n* flauto.
flutter ['flʌtə*] *n* agitazione *f*; (*of wings*) frullio // *vi* (*bird*) battere le ali.
flux [flʌks] *n*: **in a state of ~** in continuo mutamento.
fly [flaɪ] *n* (*insect*) mosca; (*on trousers*: *also*: **flies**) bracchetta // *vb* (*pt* **flew**, *pp* **flown** [flu:, fləun]) *vt* pilotare; (*passengers, cargo*) trasportare (in aereo); (*distances*) percorrere // *vi* volare; (*passengers*) andare in aereo; (*escape*) fuggire; (*flag*) sventolare; **to ~ open** *vi* spalancarsi all'improvviso; **~ing** *n* (*activity*) aviazione *f*; (*action*) volo // *a*: **~ing visit** visita volante; **with ~ing colours** con risultati brillanti; **~ing saucer** *n* disco volante; **~ing start** *n*: **to get off to a ~ing start** partire come un razzo; **~over** *n* (*Brit*: *bridge*) cavalcavia *m inv*; **~past** *n* parata aerea; **~sheet** *n* (*for tent*) sopratetto; **~wheel** *n* volano.
foal [fəul] *n* puledro.
foam [fəum] *n* schiuma // *vi* schiumare; **~ rubber** *n* gommapiuma ®.
fob [fɔb] *vt*: **to ~ sb off with** appioppare qd con; sbarazzarsi di qd con.
focal ['fəukəl] *a* focale.
focus ['fəukəs] *n* (*pl*: **~es**) fuoco; (*of interest*) centro // *vt* (*field glasses etc*) mettere a fuoco; **in ~** a fuoco; **out of ~** sfocato(a).
fodder ['fɔdə*] *n* foraggio.
foe [fəu] *n* nemico.
foetus ['fi:təs] *n* feto.
fog [fɔg] *n* nebbia; **~gy** *a* nebbioso(a); **it's ~gy** c'è nebbia.
foible ['fɔɪbl] *n* debolezza, punto debole.
foil [fɔɪl] *vt* confondere, frustrare // *n* lamina di metallo; (*also*: **kitchen ~**) foglio di alluminio; (FENCING) fioretto.
fold [fəuld] *n* (*bend, crease*) piega; (AGR) ovile *m*; (*fig*) gregge *m* // *vt* piegare; **to ~ up** *vi* (*map etc*) piegarsi; (*business*) crollare // *vt* (*map etc*) piegare, ripiegare; **~er** *n* (*for papers*) cartella; cartellina; (*brochure*) dépliant *m inv*; **~ing** *a* (*chair, bed*) pieghevole.
foliage ['fəulɪɪdʒ] *n* fogliame *m*.
folk [fəuk] *npl* gente *f* // *a* popolare; **~s** *npl* famiglia; **~lore** ['fəuklɔ:*] *n* folclore *m*; **~song** *n* canto popolare.
follow ['fɔləu] *vt* seguire // *vi* seguire; (*result*) conseguire, risultare; **he ~ed suit** lui ha fatto lo stesso; **to ~ up** *vt* (*victory*) sfruttare; (*letter, offer*) fare seguito a; (*case*) seguire; **~er** *n* seguace *m/f*, discepolo/a; **~ing** *a* seguente, successivo(a) // *n* seguito, discepoli *mpl*.
folly ['fɔlɪ] *n* pazzia, follia.
fond [fɔnd] *a* (*memory, look*) tenero(a), affettuoso(a); **to be ~ of** volere bene a.
fondle ['fɔndl] *vt* accarezzare.
fondness ['fɔndnɪs] *n* affetto.
font [fɔnt] *n* fonte *m* (battesimale).
food [fu:d] *n* cibo; **~ poisoning** *n*

intossicazione *f*; ~**stuffs** *npl* generi *fpl* alimentari.
fool [fu:l] *n* sciocco/a; (*HISTORY: of king*) buffone *m*; (*CULIN*) frullato // *vt* ingannare // *vi* (*gen*: ~ **around**) fare lo sciocco; ~**hardy** *a* avventato(a); ~**ish** *a* scemo(a), stupido(a); imprudente; ~**proof** *a* (*plan etc*) sicurissimo(a).
foot [fut] *n* (*pl*: **feet** [fi:t]) piede *m*; (*measure*) piede (= *304 mm*; *12 inches*); (*of animal*) zampa // *vt* (*bill*) pagare; **on** ~ a piedi; ~ **and mouth (disease)** *n* afta epizootica; ~**ball** *n* pallone *m*; (*sport*) calcio; ~**baller** *n* calciatore *m*; ~**brake** *n* freno a pedale; ~**bridge** *n* passerella; ~**hills** *npl* contrafforti *fpl*; ~**hold** *n* punto d'appoggio; ~**ing** *n* (*fig*) posizione *f*; **to lose one's** ~**ing** mettere un piede in fallo; **on an equal** ~**ing** in condizioni di parità; ~**lights** *npl* luci *fpl* della ribalta; ~**man** *n* lacchè *m inv*; ~**note** *n* nota (a piè di pagina); ~**path** *n* sentiero; (*in street*) marciapiede *m*; ~**sore** *a* coi piedi doloranti *or* dolenti; ~**step** *n* passo; ~**wear** *n* calzatura.
for [fɔ:*] *prep* per // *cj* poiché; ~ **all his money/he says ...** nonostante *or* malgrado tutto il suo denaro/quel che dice ...; **I haven't seen him** ~ **a week** è una settimana che non lo vedo, non lo vedo da una settimana; **he went down** ~ **the paper** è sceso a prendere il giornale; ~ **sale** da vendere.
forage ['fɔrɪdʒ] *vi* foraggiare.
foray ['fɔreɪ] *n* incursione *f*.
forbad(e) [fə'bæd] *pt of* **forbid**.
forbearing [fɔ:'bɛərɪŋ] *a* paziente, tollerante.
forbid, *pt* **forbad(e),** *pp* **forbidden** [fə'bɪd, -'bæd, -'bɪdn] *vt* vietare, interdire; ~**den** *a* vietato(a); ~**ding** *a* arcigno(a), d'aspetto minaccioso.
force [fɔ:s] *n* forza // *vt* forzare; **the F**~**s** *npl* le forze armate; **in** ~ (*in large numbers*) in gran numero; (*law*) in vigore; **to come into** ~ entrare in vigore; ~**d** [fɔ:st] *a* forzato(a); ~**ful** *a* forte, vigoroso(a).
forceps ['fɔ:sɛps] *npl* forcipe *m*.
forcibly ['fɔ:səblɪ] *ad* con la forza; (*vigorously*) vigorosamente.
ford [fɔ:d] *n* guado // *vt* guadare.
fore [fɔ:*] *n*: **to the** ~ in prima linea; **to come to the** ~ mettersi in evidenza.
forearm ['fɔ:rɑ:m] *n* avambraccio.
foreboding [fɔ:'bəudɪŋ] *n* presagio di male.
forecast ['fɔ:kɑ:st] *n* previsione *f* // *vt* (*irg*: *like* **cast**) prevedere.
forecourt ['fɔ:kɔ:t] *n* (*of garage*) corte *f* esterna.
forefathers ['fɔ:fɑ:ðəz] *npl* antenati *mpl*, avi *mpl*.
forefinger ['fɔ:fɪŋgə*] *n* (dito) indice *m*.
forego [fɔ:'gəu] *vt* = **forgo.**
foregone ['fɔ:gɔn] *a*: **it's a** ~ **conclusion** è una conclusione scontata.
foreground ['fɔ:graund] *n* primo piano.
forehead ['fɔrɪd] *n* fronte *f*.
foreign ['fɔrɪn] *a* straniero(a); (*trade*) estero(a); ~ **body** *n* corpo estraneo; ~**er** *n* straniero/a; ~ **exchange market** *n* mercato delle valute; ~ **exchange rate** *n* cambio; ~ **minister** *n* ministro degli Affari esteri.
foreman ['fɔ:mən] *n* caposquadra *m*.
foremost ['fɔ:məust] *a* principale; più in vista.
forensic [fə'rɛnsɪk] *a*: ~ **medicine** medicina legale.
forerunner ['fɔ:rʌnə*] *n* precursore *m*.
foresee, *pt* **foresaw,** *pp* **foreseen** [fɔ:'si:, -'sɔ:, -'si:n] *vt* prevedere; ~**able** *a* prevedibile.
foresight ['fɔ:saɪt] *n* previdenza.
forest ['fɔrɪst] *n* foresta.
forestall [fɔ:'stɔ:l] *vt* prevenire.
forestry ['fɔrɪstrɪ] *n* silvicoltura.
foretaste ['fɔ:teɪst] *n* pregustazione *f*.
foretell, *pt,pp* **foretold** [fɔ:'tɛl, -'təuld] *vt* predire.
forever [fə'rɛvə*] *ad* per sempre; (*fig*) sempre, di continuo.
forewent [fɔ:'wɛnt] *pt of* **forego**.
foreword ['fɔ:wə:d] *n* prefazione *f*.
forfeit ['fɔ:fɪt] *n* ammenda, pena // *vt* perdere; (*one's happiness, health*) giocarsi.
forgave [fə'geɪv] *pt of* **forgive.**
forge [fɔ:dʒ] *n* fucina // *vt* (*signature, money*) contraffare, falsificare; (*wrought iron*) fucinare, foggiare; **to** ~ **ahead** *vi* tirare avanti; ~**r** *n* contraffattore *m*; ~**ry** *n* falso; (*activity*) contraffazione *f*.
forget, *pt* **forgot,** *pp* **forgotten** [fə'gɛt, -'gɔt, -'gɔtn] *vt,vi* dimenticare; ~**ful** *a* di corta memoria; ~**ful of** dimentico(a) di.
forgive, *pt* **forgave,** *pp* **forgiven** [fə'gɪv, -'geɪv, -'gɪvn] *vt* perdonare; ~**ness** *n* perdono.
forgo, *pt* **forwent,** *pp* **forgone** [fɔ:'gəu, -'wɛnt, -'gɔn] *vt* rinunciare a.
forgot [fə'gɔt] *pt of* **forget**.
forgotten [fə'gɔtn] *pp of* **forget**.
fork [fɔ:k] *n* (*for eating*) forchetta; (*for gardening*) forca; (*of roads*) bivio; (*of railways*) inforcazione *f* // *vi* (*road*) biforcarsi; **to** ~ **out** (*col: pay*) *vt* sborsare // *vi* pagare; ~**ed** [fɔ:kt] *a* (*lightning*) a zigzag; ~**-lift truck** *n* carrello elevatore.
form [fɔ:m] *n* forma; (*SCOL*) classe *f*; (*questionnaire*) scheda // *vt* formare; **in top** ~ in gran forma.
formal ['fɔ:məl] *a* (*offer, receipt*) vero(a) e proprio(a); (*person*) cerimonioso(a); (*occasion, dinner*) formale, ufficiale; (*ART, PHILOSOPHY*) formale; ~**ly** *ad* ufficialmente; formalmente; cerimoniosamente.
format ['fɔ:mæt] *n* formato.
formation [fɔ:'meɪʃən] *n* formazione *f*.
formative ['fɔ:mətɪv] *a*: ~ **years** anni *mpl* formativi.
former ['fɔ:mə*] *a* vecchio(a) (*before n*), ex *inv* (*before n*); **the** ~ **... the latter** quello ... questo; ~**ly** *ad* in passato.
formidable ['fɔ:mɪdəbl] *a* formidabile.

formula ['fɔ:mjulə] *n* formula.
formulate ['fɔ:mjuleɪt] *vt* formulare.
forsake, *pt* **forsook,** *pp* **forsaken** [fə'seɪk, -'suk, -'seɪkən] *vt* abbandonare.
fort [fɔ:t] *n* forte *m*.
forte ['fɔ:tɪ] *n* forte *m*.
forth [fɔ:θ] *ad* in avanti; **to go back and ~** andare avanti e indietro; **and so ~** e così via; **~coming** *a* prossimo(a); (*character*) aperto(a), comunicativo(a); **~right** *a* franco(a), schietto(a).
fortieth ['fɔ:tɪɪθ] *num* quarantesimo(a).
fortification [fɔ:tɪfɪ'keɪʃən] *n* fortificazione *f*.
fortify ['fɔ:tɪfaɪ] *vt* fortificare.
fortitude ['fɔ:tɪtju:d] *n* forza d'animo.
fortnight ['fɔ:tnaɪt] *n* quindici giorni *mpl*, due settimane *fpl*; **~ly** *a* bimensile // *ad* ogni quindici giorni.
fortress ['fɔ:trɪs] *n* fortezza, rocca.
fortuitous [fɔ:'tju:ɪtəs] *a* fortuito(a).
fortunate ['fɔ:tʃənɪt] *a* fortunato(a); **it is ~ that** è una fortuna che; **~ly** *ad* fortunatamente.
fortune ['fɔ:tʃən] *n* fortuna; **~teller** *n* indovino/a.
forty ['fɔ:tɪ] *num* quaranta.
forum ['fɔ:rəm] *n* foro.
forward ['fɔ:wəd] *a* (*ahead of schedule*) in anticipo; (*movement, position*) in avanti; (*not shy*) aperto(a); diretto(a); sfacciato(a) // *ad* avanti // *n* (SPORT) avanti *m inv* // *vt* (*letter*) inoltrare; (*parcel, goods*) spedire; (*fig*) promuovere, appoggiare; **to move ~** avanzare; **~(s)** *ad* avanti.
forwent [fɔ:'wɛnt] *pt of* **forgo**.
fossil ['fɔsl] *a,n* fossile (*m*).
foster ['fɔstə*] *vt* incoraggiare, nutrire; (*child*) adottare; **~ brother** *n* fratello adottivo; fratello di latte; **~ child** *n* bambino(a) adottato(a); **~ mother** *n* madre *f* adottiva; nutrice *f*.
fought [fɔ:t] *pt, pp of* **fight**.
foul [faul] *a* (*smell, food*) cattivo(a); (*weather*) sporco(a); (*language*) osceno(a); (*deed*) infame // *n* (FOOTBALL) fallo // *vt* sporcare; (*football player*) commettere un fallo su.
found [faund] *pt, pp of* **find** // *vt* (*establish*) fondare; **~ation** [-'deɪʃən] *n* (*act*) fondazione *f*; (*base*) base *f*; (*also*: **~ation cream**) fondo tinta; **~ations** *npl* (*of building*) fondamenta *fpl*.
founder ['faundə*] *n* fondatore/ trice // *vi* affondare.
foundry ['faundrɪ] *n* fonderia.
fount [faunt] *n* fonte *f*; **~ain** ['fauntɪn] *n* fontana; **~ain pen** *n* penna stilografica.
four [fɔ:*] *num* quattro; **on all ~s** a carponi; **~some** ['fɔ:səm] *n* partita a quattro; uscita in quattro; **~teen** *num* quattordici; **~th** *num* quarto(a).
fowl [faul] *n* pollame *m*; volatile *m*.
fox [fɔks] *n* volpe *f* // *vt* confondere.
foyer ['fɔɪeɪ] *n* atrio; (THEATRE) ridotto.
fraction ['frækʃən] *n* frazione *f*.
fracture ['fræktʃə*] *n* frattura // *vt* fratturare.
fragile ['frædʒaɪl] *a* fragile.
fragment ['frægmənt] *n* frammento; **~ary** *a* frammentario(a).
fragrance ['freɪgrəns] *n* fragranza, profumo.
fragrant ['freɪgrənt] *a* fragrante, profumato(a).
frail [freɪl] *a* debole, delicato(a).
frame [freɪm] *n* (*of building*) armatura; (*of human, animal*) ossatura, corpo; (*of picture*) cornice *f*; (*of door, window*) telaio; (*of spectacles*: *also*: **~s**) montatura; **~ of mind** *n* stato d'animo; **~work** *n* struttura.
France [frɑ:ns] *n* Francia.
franchise ['fræntʃaɪz] *n* (POL) diritto di voto.
frank [fræŋk] *a* franco(a), aperto(a) // *vt* (*letter*) affrancare; **~ly** *ad* francamente, sinceramente; **~ness** *n* franchezza.
frantic ['fræntɪk] *a* frenetico(a).
fraternal [frə'tə:nl] *a* fraterno(a).
fraternity [frə'tə:nɪtɪ] *n* (*club*) associazione *f*; (*spirit*) fratellanza.
fraternize ['frætənaɪz] *vi* fraternizzare.
fraud [frɔ:d] *n* frode *f*, inganno, truffa; impostore/a.
fraudulent ['frɔ:djulənt] *a* fraudolento(a).
fraught [frɔ:t] *a*: **~ with** pieno(a) di, intriso(a) da.
fray [freɪ] *n* baruffa // *vt* logorare // *vi* logorarsi; **her nerves were ~ed** aveva i nervi a pezzi.
freak [fri:k] *n* fenomeno, mostro // *cpd* fenomenale.
freckle ['frɛkl] *n* lentiggine *f*.
free [fri:] *a* libero(a); (*gratis*) gratuito(a); (*liberal*) generoso(a) // *vt* (*prisoner, jammed person*) liberare; (*jammed object*) districare; **~ (of charge)** *ad* gratuitamente; **~dom** ['fri:dəm] *n* libertà; **~-for-all** *n* parapiglia *m* generale; **~ kick** *n* calcio libero; **~lance** *a* indipendente; **~ly** *ad* liberamente; (*liberally*) liberalmente; **~mason** *n* massone *m*; **~ trade** *n* libero scambio; **~way** *n* (*US*) superstrada; **~wheel** *vi* andare a ruota libera; **~ will** *n* libero arbitrio; **of one's own ~ will** di spontanea volontà.
freeze [fri:z] *vb* (*pt* **froze,** *pp* **frozen** [frəuz, 'frəuzn]) *vi* gelare // *vt* gelare; (*food*) congelare; (*prices, salaries*) bloccare // *n* gelo; blocco; **~r** *n* congelatore *m*.
freezing ['fri:zɪŋ] *a*: **~ cold** *a* gelido(a); **~ point** *n* punto di congelamento; **3 degrees below ~** 3 gradi sotto zero.
freight [freɪt] *n* (*goods*) merce *f*, merci *fpl*; (*money charged*) spese *fpl* di trasporto; **~ car** *n* (*US*) carro *m* merci *inv*; **~er** *n* (NAUT) nave *f* da carico.
French [frɛntʃ] *a* francese // *n* (LING) francese *m*; **the ~** i Francesi; **~ fried potatoes** *npl* patate *fpl* fritte; **~man** *n* francese *m*; **~ window** *n* portafinestra; **~woman** *n* francese *f*.
frenzy ['frɛnzɪ] *n* frenesia.

frequency ['fri:kwənsı] *n* frequenza.
frequent *a* ['fri:kwənt] frequente // *vt* [frı'kwɛnt] frequentare; **~ly** *ad* frequentemente, spesso.
fresco ['frɛskəu] *n* affresco.
fresh [frɛʃ] *a* fresco(a); (*new*) nuovo(a); (*cheeky*) sfacciato(a); **~en** *vi* (*wind, air*) rinfrescare; **to ~en up** *vi* rinfrescarsi; **~ly** *ad* di recente, di fresco; **~ness** *n* freschezza; **~water** *a* (*fish*) d'acqua dolce.
fret [frɛt] *vi* agitarsi, affliggersi.
friar ['fraıə*] *n* frate *m.*
friction ['frıkʃən] *n* frizione *f*, attrito.
Friday ['fraıdı] *n* venerdì *m inv.*
fridge [frıdʒ] *n* frigo, frigorifero.
fried [fraıd] *pt, pp of* **fry** // *a* fritto(a).
friend [frɛnd] *n* amico/a; **~liness** *n* amichevolezza; **~ly** *a* amichevole; **~ship** *n* amicizia.
frieze [fri:z] *n* fregio.
frigate ['frıgıt] *n* (NAUT: *modern*) fregata.
fright [fraıt] *n* paura, spavento; **~en** *vt* spaventare, far paura a; **~ening** *a* spaventoso(a), pauroso(a); **~ful** *a* orribile; **~fully** *ad* terribilmente.
frigid ['frıdʒıd] *a* (*woman*) frigido(a).
frill [frıl] *n* balza.
fringe [frındʒ] *n* frangia; (*edge*: *of forest etc*) margine *m*; (*fig*): **on the ~** al margine.
frisk [frısk] *vt* perquisire.
frisky ['frıskı] *a* vivace, vispo(a).
fritter ['frıtə*] *n* frittella; **to ~ away** *vt* sprecare.
frivolity [frı'vɔlıtı] *n* frivolezza.
frivolous ['frıvələs] *a* frivolo(a).
frizzy ['frızı] *a* crespo(a).
fro [frəu] *see* **to**.
frock [frɔk] *n* vestito.
frog [frɔg] *n* rana; **~man** *n* uomo *m* rana *inv.*
frolic ['frɔlık] *vi* sgambettare.
from [frɔm] *prep* da; **~ a pound/January** da una sterlina in su/gennaio in poi; **~ what he says** a quanto dice.
front [frʌnt] *n* (*of house, dress*) davanti *m inv*; (*of train*) testa; (*of book*) copertina; (*promenade*: *also*: **sea ~**) lungomare *m*; (MIL, POL, METEOR) fronte *m*; (*fig*: *appearances*) fronte *f* // *a* primo(a); anteriore, davanti *inv*; **~al** *a* frontale; **~ door** *n* porta d'entrata; (*of car*) sportello anteriore; **~ier** ['frʌntıə*] *n* frontiera; **~ page** *n* prima pagina; **~ room** *n* (*Brit*) salotto; **~-wheel drive** *n* trasmissione *f* anteriore.
frost [frɔst] *n* gelo; (*also*: **hoar ~**) brina; **~bite** *n* congelamento; **~ed** *a* (*glass*) smerigliato(a); **~y** *a* (*window*) coperto(a) di ghiaccio; (*welcome*) gelido(a).
froth ['frɔθ] *n* spuma; schiuma.
frown [fraun] *n* cipiglio // *vi* accigliarsi.
froze [frəuz] *pt of* **freeze**; **~n** *pp of* **freeze** // *a* (*food*) congelato(a).
frugal ['fru:gəl] *a* frugale.
fruit [fru:t] *n, pl inv* frutto; (*collectively*) frutta; **~ful** *a* fruttuoso(a); (*plant*) fruttifero(a); (*soil*) fertile; **~ion** [fru:'ıʃən] *n*: **to come to ~ion** realizzarsi; **~ machine** *n* macchina *f* mangiasoldi *inv*; **~ salad** *n* macedonia.
frustrate [frʌs'treıt] *vt* frustrare; **~d** *a* frustrato(a); **frustration** [-'treıʃən] *n* frustrazione *f.*
fry, *pt, pp* **fried** [fraı, -d] *vt* friggere; **the small ~** i pesci piccoli; **~ing pan** *n* padella.
ft. *abbr of* **foot, feet**.
fuchsia ['fju:ʃə] *n* fucsia.
fudge [fʌdʒ] *n* (CULIN) *specie di caramella a base di latte, burro e zucchero.*
fuel [fjuəl] *n* (*for heating*) combustibile *m*; (*for propelling*) carburante *m*; **~ oil** *n* nafta; **~ tank** *n* deposito *m* nafta *inv*; (*on vehicle*) serbatoio (della benzina).
fugitive ['fju:dʒıtıv] *n* fugitivo/a, profugo/a.
fulfil [ful'fıl] *vt* (*function*) compiere; (*order*) eseguire; (*wish, desire*) soddisfare, appagare; **~ment** *n* (*of wishes*) soddisfazione *f*, appagamento.
full [ful] *a* pieno(a); (*details, skirt*) ampio(a) // *ad*: **to know ~ well that** sapere benissimo che; **~ employment** piena occupazione; **~ fare** tariffa completa; **a ~ two hours** due ore intere; **at ~ speed** a tutta velocità; **in ~** per intero; **~back** *n* (RUGBY, FOOTBALL) terzino; **~-length** *a* (*portrait*) in piedi; **~ moon** *n* luna piena; **~-sized** *a* (*portrait etc*) a grandezza naturale; **~ stop** *n* punto; **~-time** *a* (*work*) a tempo pieno // *n* (SPORT) fine *f* partita; **~y** *ad* interamente, pienamente, completamente.
fumble ['fʌmbl] *vi* brancolare, andare a tentoni // *vt* (*ball*) lasciarsi sfuggire; **to ~ with** *vt fus* trafficare.
fume [fju:m] *vi* essere furioso(a); **~s** *npl* esalazioni *fpl*, vapori *mpl.*
fumigate ['fju:mıgeıt] *vt* suffumicare.
fun [fʌn] *n* divertimento, spasso; **to have ~** divertirsi; **for ~** per scherzo; **it's not much ~** non è molto divertente; **to make ~ of** *vt fus* prendersi gioco di.
function ['fʌŋkʃən] *n* funzione *f*; cerimonia, ricevimento // *vi* funzionare; **~al** *a* funzionale.
fund [fʌnd] *n* fondo, cassa; (*source*) fondo; (*store*) riserva; **~s** *npl* fondi *mpl.*
fundamental [fʌndə'mɛntl] *a* fondamentale; **~s** *npl* basi *fpl*; **~ly** *ad* essenzialmente, fondamentalmente.
funeral ['fju:nərəl] *n* funerale *m*; **~ service** *n* ufficio funebre.
fun fair ['fʌnfɛə*] *n* luna park *m inv.*
fungus, *pl* **fungi** ['fʌŋgəs, -gaı] *n* fungo; (*mould*) muffa.
funnel ['fʌnl] *n* imbuto; (*of ship*) ciminiera.
funny ['fʌnı] *a* divertente, buffo(a); (*strange*) strano(a), bizzarro(a).
fur [fə:*] *n* pelo; pelliccia; (*in kettle etc*) deposito calcare; **~ coat** *n* pelliccia.
furious ['fjuərıəs] *a* furioso(a); (*effort*)

accanito(a); **~ly** *ad* furiosamente; accanitamente.
furlong ['fɔ:lɔŋ] *n* = *201.17 m* (*termine ippico*).
furlough ['fɔ:ləu] *n* (*US*) congedo, permesso.
furnace ['fɔ:nɪs] *n* fornace *f*.
furnish ['fɔ:nɪʃ] *vt* ammobiliare; (*supply*) fornire; **~ings** *npl* mobili *mpl*, mobilia.
furniture ['fɔ:nɪtʃə*] *n* mobili *mpl*; **piece of ~** mobile *m*.
furrow ['fʌrəu] *n* solco.
furry ['fɔ:rɪ] *a* (*animal*) peloso(a).
further ['fɔ:ðə*] *a* supplementare, altro(a); nuovo(a); più lontano(a) // *ad* più lontano; (*more*) di più; (*moreover*) inoltre // *vt* favorire, promuovere; **until ~ notice** fino a nuovo avviso; **college of ~ education** *n istituto statale con corsi specializzati* (*di formazione professionale, aggiornamento professionale etc*); **~more** [fɔ:ðə'mɔ:*] *ad* inoltre, per di più.
furthest ['fɔ:ðɪst] *superlative of* **far**.
furtive ['fɔ:tɪv] *a* furtivo(a).
fury ['fjuərɪ] *n* furore *m*.
fuse [fju:z] *n* fusibile *m*; (*for bomb etc*) miccia, spoletta // *vt* fondere; (*ELEC*): **to ~ the lights** far saltare i fusibili // *vi* fondersi; **~ box** *n* cassetta dei fusibili.
fuselage ['fju:zəlɑ:ʒ] *n* fusoliera.
fusion ['fju:ʒən] *n* fusione *f*.
fuss [fʌs] *n* chiasso, trambusto, confusione *f*; (*complaining*) storie *fpl*; **to make a ~** fare delle storie; **~y** *a* (*person*) puntiglioso(a), esigente; che fa le storie; (*dress*) carico(a) di fronzoli; (*style*) elaborato(a).
futile ['fju:taɪl] *a* futile.
futility [fju:'tɪlɪtɪ] *n* futilità.
future ['fju:tʃə*] *a* futuro(a) // *n* futuro, avvenire *m*; (*LING*) futuro; **in ~** in futuro; **futuristic** [-'rɪstɪk] *a* futuristico(a).
fuzzy ['fʌzɪ] *a* (*PHOT*) indistinto(a), sfocato(a); (*hair*) crespo(a).

G

g. *abbr of* **gram(s)**.
G [dʒi:] *n* (*MUS*) sol *m*.
gabble ['gæbl] *vi* borbottare; farfugliare.
gable ['geɪbl] *n* timpano.
gadget ['gædʒɪt] *n* aggeggio.
gag [gæg] *n* bavaglio; (*joke*) facezia, scherzo // *vt* imbavagliare.
gaiety ['geɪɪtɪ] *n* gaiezza.
gaily ['geɪlɪ] *ad* allegramente.
gain [geɪn] *n* guadagno, profitto // *vt* guadagnare // *vi* (*watch*) andare avanti; **to ~ in/by** aumentare di/con; **to ~ 3lbs (in weight)** crescere di 3 libbre; **~ful** *a* profittevole, lucrativo(a).
gainsay [geɪn'seɪ] *vt irg* (*like* **say**) contraddire; negare.
gait [geɪt] *n* andatura.
gal. *abbr of* **gallon**.
gala ['gɑ:lə] *n* gala.
galaxy ['gæləksɪ] *n* galassia.
gale [geɪl] *n* vento forte; burrasca.
gallant ['gælənt] *a* valoroso(a); (*towards ladies*) galante, cortese.
gall-bladder ['gɔ:lblædə*] *n* cistifellea.
gallery ['gælərɪ] *n* galleria.
galley ['gælɪ] *n* (*ship's kitchen*) cambusa; (*ship*) galea.
gallon ['gæln] *n* gallone *m* (= *4.543 l*; *8 pints*).
gallop ['gæləp] *n* galoppo // *vi* galoppare.
gallows ['gæləuz] *n* forca.
gallstone ['gɔ:lstəun] *n* calcolo biliare.
gambit ['gæmbɪt] *n* (*fig*): **(opening) ~** prima mossa.
gamble ['gæmbl] *n* azzardo, rischio calcolato // *vt*, *vi* giocare; **to ~ on** (*fig*) giocare su; **~r** *n* giocatore/trice d'azzardo; **gambling** *n* gioco d'azzardo.
game [geɪm] *n* gioco; (*event*) partita; (*HUNTING*) selvaggina // *a* coraggioso(a); (*ready*): **to be ~ (for sth/to do)** essere pronto(a) (a qc/a fare); **big ~** *n* selvaggina grossa; **~keeper** *n* guardacaccia *m inv*.
gammon ['gæmən] *n* (*bacon*) prosciutto praga; (*ham*) prosciutto affumicato.
gang [gæŋ] *n* banda, squadra // *vi*: **to ~ up on sb** far combutta contro qd.
gangrene ['gæŋgri:n] *n* cancrena.
gangster ['gæŋstə*] *n* gangster *m inv*.
gangway ['gæŋweɪ] *n* passerella; (*of bus*) passaggio.
gaol [dʒeɪl] *n*, *vt* = **jail**.
gap [gæp] *n* buco; (*in time*) intervallo; (*fig*) lacuna; vuoto.
gape [geɪp] *vi* restare a bocca aperta; **gaping** *a* (*hole*) squarciato(a).
garage ['gærɑ:ʒ] *n* garage *m inv*.
garbage ['gɑ:bɪdʒ] *n* immondizie *fpl*, rifiuti *mpl*; **~ can** *n* (*US*) bidone *m* della spazzatura.
garbled ['gɑ:bld] *a* deformato(a); ingarbugliato(a).
garden ['gɑ:dn] *n* giardino // *vi* lavorare nel giardino; **~er** *n* giardiniere/a; **~ing** *n* giardinaggio.
gargle ['gɑ:gl] *vi* fare gargarismi // *n* gargarismo.
gargoyle ['gɑ:gɔɪl] *n* gargouille *f inv*.
garish ['gɛərɪʃ] *a* vistoso(a).
garland ['gɑ:lənd] *n* ghirlanda; corona.
garlic ['gɑ:lɪk] *n* aglio.
garment ['gɑ:mənt] *n* indumento.
garnish ['gɑ:nɪʃ] *vt* guarnire.
garret ['gærɪt] *n* soffitta.
garrison ['gærɪsn] *n* guarnigione *f* // *vt* guarnire.
garrulous ['gærjuləs] *a* ciarliero(a), loquace.
garter ['gɑ:tə*] *n* giarrettiera.
gas [gæs] *n* gas *m inv*; (*US*: *gasoline*) benzina // *vt* asfissiare con il gas; (*MIL*) gasare; **~ cooker** *n* cucina a gas; **~ fire** *n* radiatore *m* a gas.
gash [gæʃ] *n* sfregio // *vt* sfregiare.
gasket ['gæskɪt] *n* (*AUT*) guarnizione *f*.

gasmask ['gæsmɑ:sk] *n* maschera *f* antigas *inv*.
gas meter ['gæsmi:tə*] *n* contatore *m* del gas.
gasoline ['gæsəli:n] *n* (*US*) benzina.
gasp [gɑ:sp] *vi* ansare, boccheggiare; (*fig*) tirare il fiato.
gas ring ['gæsrɪŋ] *n* fornello a gas.
gas stove ['gæsstəuv] *n* cucina a gas.
gassy ['gæsɪ] *a* gassoso(a).
gastric ['gæstrɪk] *a* gastrico(a).
gastronomy [gæs'trɔnəmɪ] *n* gastronomia.
gate [geɪt] *n* cancello; **~crash** *vt* partecipare senza invito a; **~way** *n* porta.
gather ['gæðə*] *vt* (*flowers, fruit*) cogliere; (*pick up*) raccogliere; (*assemble*) radunare; raccogliere; (*understand*) capire // *vi* (*assemble*) radunarsi; **to ~ speed** acquistare velocità; **~ing** *n* adunanza.
gauche [gəuʃ] *a* goffo(a), maldestro(a).
gaudy ['gɔ:dɪ] *a* vistoso(a).
gauge [geɪdʒ] *n* (*standard measure*) calibro; (RAIL) scartamento; (*instrument*) indicatore *m* // *vt* misurare.
gaunt [gɔ:nt] *a* scarno(a); (*grim, desolate*) desolato(a).
gauntlet ['gɔ:ntlɪt] *n* (*fig*): **to run the ~ through an angry crowd** passare sotto il fuoco di una folla ostile.
gauze [gɔ:z] *n* garza.
gave [geɪv] *pt of* **give**.
gawp [gɔ:p] *vi*: **to ~ at** guardare a bocca aperta.
gay [geɪ] *a* (*person*) gaio(a), allegro(a); (*colour*) vivace, vivo(a); (*col*) omosessuale.
gaze [geɪz] *n* sguardo fisso; **to ~ at** *vt fus* guardare fisso.
gazelle [gə'zɛl] *n* gazzella.
gazumping [gə'zʌmpɪŋ] *n il fatto di non mantenere una promessa di vendita per accettare un prezzo più alto.*
G.B. *abbr see* **great**.
G.C.E. *n* (*abbr of General Certificate of Education*) ≈ maturità.
gear [gɪə*] *n* attrezzi *mpl*, equipaggiamento; roba; (TECH) ingranaggio; (AUT) marcia; **in top/low/bottom ~** in quarta (*or* quinta)/seconda/prima; **in ~** in marcia; **out of ~** in folle; **~ box** *n* scatola del cambio; **~ lever, ~ shift** (*US*) *n* leva del cambio.
geese [gi:s] *npl of* **goose**.
gelatin(e) ['dʒɛləti:n] *n* gelatina.
gelignite ['dʒɛlɪgnaɪt] *n* nitroglicerina.
gem [dʒɛm] *n* gemma.
Gemini ['dʒɛmɪnaɪ] *n* Gemelli *mpl*.
gender ['dʒɛndə*] *n* genere *m*.
general ['dʒɛnərl] *n* generale *m* // *a* generale; **in ~** in genere; **~ election** *n* elezioni *fpl* generali; **~ization** [-'zeɪʃən] *n* generalizzazione *f*; **~ize** *vi* generalizzare; **~ly** *ad* generalmente; **~ practitioner (G.P.)** *n* medico generico.
generate ['dʒɛnəreɪt] *vt* generare.
generation [dʒɛnə'reɪʃən] *n* generazione *f*.
generator ['dʒɛnəreɪtə*] *n* generatore *m*.
generosity [dʒɛnə'rɔsɪtɪ] *n* generosità.
generous ['dʒɛnərəs] *a* generoso(a); (*copious*) abbondante.
genetics [dʒɪ'nɛtɪks] *n* genetica.
Geneva [dʒɪ'ni:və] *n* Ginevra.
genial ['dʒi:nɪəl] *a* geniale, cordiale.
genitals ['dʒɛnɪtlz] *npl* genitali *mpl*.
genitive ['dʒɛnɪtɪv] *n* genitivo.
genius ['dʒi:nɪəs] *n* genio.
gent [dʒɛnt] *n abbr of* **gentleman**.
genteel [dʒɛn'ti:l] *a* raffinato(a), distinto(a).
gentle ['dʒɛntl] *a* delicato(a); (*persona*) dolce.
gentleman ['dʒɛntlmən] *n* signore *m*; (*well-bred man*) gentiluomo.
gentleness ['dʒɛntlnɪs] *n* delicatezza; dolcezza.
gently ['dʒɛntlɪ] *ad* delicatamente.
gentry ['dʒɛntrɪ] *n* nobiltà minore.
gents [dʒɛnts] *n* W.C. *m* (per signori).
genuine ['dʒɛnjuɪn] *a* autentico(a); sincero(a).
geographic(al) [dʒɪə'græfɪk(l)] *a* geografico(a).
geography [dʒɪ'ɔgrəfɪ] *n* geografia.
geological [dʒɪə'lɔdʒɪkl] *a* geologico(a).
geologist [dʒɪ'ɔlədʒɪst] *n* geologo/a.
geology [dʒɪ'ɔlədʒɪ] *n* geologia.
geometric(al) [dʒɪə'mɛtrɪk(l)] *a* geometrico(a).
geometry [dʒɪ'ɔmətrɪ] *n* geometria.
geranium [dʒɪ'reɪnjəm] *n* geranio.
germ [dʒə:m] *n* (MED) microbo; (BIOL, *fig*) germe *m*.
German ['dʒə:mən] *a* tedesco(a) // *n* tedesco/a; (LING) tedesco; **~ measles** *n* rosolia.
Germany ['dʒə:mənɪ] *n* Germania.
germination [dʒə:mɪ'neɪʃən] *n* germinazione *f*.
gestation [dʒɛs'teɪʃən] *n* gestazione *f*.
gesticulate [dʒɛs'tɪkjuleɪt] *vi* gesticolare.
gesture ['dʒɛstjə*] *n* gesto.
get, *pt, pp* **got**, *pp* **gotten** (*US*) [gɛt, gɔt, 'gɔtn] *vt* (*obtain*) avere, ottenere; (*receive*) ricevere; (*find*) trovare; (*buy*) comprare; (*catch*) acchiappare; (*fetch*) andare a prendere; (*understand*) comprendere, capire; (*have*): **to have got** avere; (*become*): **to ~ rich/old** arricchirsi/invecchiare // *vi*: **to ~ to** (*place*) andare a; arrivare a; pervenire a; **he got across the bridge/under the fence** lui ha attraversato il ponte/è passato sotto il recinto; **to ~ ready/washed/shaved** *etc* prepararsi/lavarsi/farsi la barba *etc*; **to ~ sb to do sth** far fare qc a qd; **to ~ sth through/out of** far passare qc per/uscire qc da; **to ~ about** *vi* muoversi; (*news*) diffondersi; **to ~ along** *vi* (*agree*) andare d'accordo; (*depart*) andarsene; (*manage*) = **to get by**; **to ~ at** *vt fus* (*attack*) prendersela con; (*reach*) raggiungere, arrivare a; **to ~ away** *vi* partire,

andarsene; (*escape*) scappare; **to ~ away with** *vt fus* cavarsela; farla franca; **to ~ back** *vi* (*return*) ritornare, tornare // *vt* riottenere, riavere; **to ~ by** *vi* (*pass*) passare; (*manage*) farcela; **to ~ down** *vi, vt fus* scendere // *vt* far scendere; (*depress*) buttare giù; **to ~ down to** *vt fus* (*work*) mettersi a (fare); **to ~ in** *vi* entrare; (*train*) arrivare; (*arrive home*) ritornare, tornare; **to ~ into** *vt fus* entrare in; **to ~ into a rage** incavolarsi; **to ~ off** *vi* (*from train etc*) scendere; (*depart*: *person, car*) andare via; (*escape*) cavarsela // *vt* (*remove*: *clothes, stain*) levare // *vt fus* (*train, bus*) scendere da; **to ~ on** *vi* (*at exam etc*) andare; (*agree*): **to ~ on (with)** andare d'accordo (con) // *vt fus* montare in; (*horse*) montare su; **to ~ out** *vi* uscire; (*of vehicle*) scendere // *vt* tirar fuori, far uscire; **to ~ out of** *vt fus* uscire da; (*duty etc*) evitare; **to ~ over** *vt fus* (*illness*) riaversi da; **to ~ round** *vt fus* aggirare; (*fig*: *person*) rigirare; **to ~ through** *vi* (TEL) avere la linea; **to ~ through to** *vt fus* (TEL) parlare a; **to ~ together** *vi* riunirsi // *vt* raccogliere; (*people*) adunare; **to ~ up** *vi* (*rise*) alzarsi // *vt fus* far alzare; **to ~ up to** *vt fus* (*reach*) raggiungere; (*prank etc*) fare; **~away** *n* fuga.

geyser ['gi:zə*] *n* scaldabagno; (GEO) geyser *m inv*.

Ghana ['gɑ:nə] *n* Ghana *m*; **~ian** [-'neɪən] *a, n* ganaense (*m/f*).

ghastly ['gɑ:stlɪ] *a* orribile, orrendo(a).

gherkin ['gə:kɪn] *n* cetriolino.

ghetto ['gɛtəu] *n* ghetto.

ghost [gəust] *n* fantasma *m*, spettro; **~ly** *a* spettrale.

giant ['dʒaɪənt] *n* gigante/essa // *a* gigante, enorme.

gibberish ['dʒɪbərɪʃ] *n* farfugliare *m*.

gibe [dʒaɪb] *n* frecciata.

giblets ['dʒɪblɪts] *npl* frattaglie *fpl*.

giddiness ['gɪdɪnɪs] *n* vertigine *f*.

giddy ['gɪdɪ] *a* (*dizzy*): **to be ~** aver le vertigini; (*height*) vertiginoso(a).

gift [gɪft] *n* regalo; (*donation, ability*) dono; **~ed** *a* dotato(a).

gigantic [dʒaɪ'gæntɪk] *a* gigantesco(a).

giggle ['gɪgl] *vi* ridere scioccamente.

gild [gɪld] *vt* dorare.

gill [dʒɪl] *n* (*measure*) = *0.14 l; 0.25 pints*; **~s** [gɪlz] *npl* (*of fish*) branchie *fpl*.

gilt [gɪlt] *n* doratura // *a* dorato(a).

gimlet ['gɪmlɪt] *n* succhiello.

gimmick ['gɪmɪk] *n* trucco.

gin [dʒɪn] *n* (*liquor*) gin *m*.

ginger ['dʒɪndʒə*] *n* zenzero; **~ ale, ~ beer** *n* bibita gassosa allo zenzero; **~bread** *n* pan *m* di zenzero; **~-haired** *a* rossiccio(a).

gingerly ['dʒɪndʒəlɪ] *ad* cautamente.

gingham ['gɪŋəm] *n* percalle *m* a righe *or* quadretti.

gipsy ['dʒɪpsɪ] *n* zingaro/a.

giraffe [dʒɪ'rɑ:f] *n* giraffa.

girder ['gə:də*] *n* trave *f*.

girdle ['gə:dl] *n* (*corset*) guaina.

girl [gə:l] *n* ragazza; (*young unmarried woman*) signorina; (*daughter*) figlia, figliola; **~friend** *n* (*of girl*) amica; (*of boy*) ragazza; **~ish** *a* da ragazza.

girth [gə:θ] *n* circonferenza; (*of horse*) cinghia.

gist [dʒɪst] *n* succo.

give [gɪv] *n* (*of fabric*) elasticità // *vb* (*pt* **gave**, *pp* **given** [geɪv, 'gɪvn]) *vt* dare // *vi* cedere; **to ~ sb sth, ~ sth to sb** dare qc a qd; **to ~ a cry/sigh** emettere un grido/sospiro; **to ~ away** *vt* dare via; (*give free*) fare dono di; (*betray*) tradire; (*disclose*) rivelare; (*bride*) condurre all'altare; **to ~ back** *vt* rendere; **to ~ in** *vi* cedere // *vt* consegnare; **to ~ off** *vt* emettere; **to ~ out** *vt* distribuire; annunciare; **to ~ up** *vi* rinunciare // *vt* rinunciare a; **to ~ up smoking** smettere di fumare; **to ~ o.s. up** arrendersi; **to ~ way** *vi* cedere; (AUT) dare la precedenza.

glacier ['glæsɪə*] *n* ghiacciaio.

glad [glæd] *a* lieto(a), contento(a); **~den** *vt* rallegrare, allietare.

gladly ['glædlɪ] *ad* volentieri.

glamorous ['glæmərəs] *a* attraente, seducente.

glamour ['glæmə*] *n* attrattiva.

glance [glɑ:ns] *n* occhiata, sguardo // *vi*: **to ~ at** dare un'occhiata a; **to ~ off** (*bullet*) rimbalzare su; **glancing** *a* (*blow*) che colpisce di striscio.

gland [glænd] *n* ghiandola.

glare [glɛə*] *n* riverbero, luce *f* abbagliante; (*look*) sguardo furioso // *vi* abbagliare; **to ~ at** guardare male; **glaring** *a* (*mistake*) madornale.

glass [glɑ:s] *n* (*substance*) vetro; (*tumbler*) bicchiere *m*; (*also*: **looking ~**) specchio; **~es** *npl* occhiali *mpl*; **~house** *n* serra; **~ware** *n* vetrame *m*; **~y** *a* (*eyes*) vitreo(a).

glaze [gleɪz] *vt* (*door*) fornire di vetri; (*pottery*) smaltare // *n* vetrina; **~d** *a* (*eye*) vitreo(a); (*tiles, pottery*) smaltato(a).

glazier ['gleɪzɪə*] *n* vetraio.

gleam [gli:m] *n* barlume *m*; raggio // *vi* luccicare; **~ing** *a* lucente.

glee [gli:] *n* allegrezza, gioia; **~ful** *a* allegro(a), gioioso(a).

glen [glɛn] *n* valletta.

glib [glɪb] *a* dalla parola facile; facile.

glide [glaɪd] *vi* scivolare; (AVIAT, *birds*) planare // *n* scivolata; planata; **~r** *n* (AVIAT) aliante *m*; **gliding** *n* (AVIAT) volo a vela.

glimmer ['glɪmə*] *vi* luccicare // *n* barlume *m*.

glimpse [glɪmps] *n* impressione *f* fugace // *vt* vedere al volo.

glint [glɪnt] *n* luccichio // *vi* luccicare.

glisten ['glɪsn] *vi* luccicare.

glitter ['glɪtə*] *vi* scintillare // *n* scintillio.

gloat [gləut] *vi*: **to ~ (over)** gongolare di piacere (per).

global ['gləubl] *a* globale.

globe [gləub] *n* globo, sfera.

gloom [glu:m] *n* oscurità, buio; (*sadness*) tristezza, malinconia; **~y** *a* fosco(a), triste.
glorify ['glɔ:rɪfaɪ] *vt* glorificare.
glorious ['glɔ:rɪəs] *a* glorioso(a); magnifico(a).
glory ['glɔ:rɪ] *n* gloria; splendore *m* // *vi*: **to ~ in** gloriarsi di *or* in.
gloss [glɔs] *n* (*shine*) lucentezza; **to ~ over** *vt fus* scivolare su.
glossary ['glɔsərɪ] *n* glossario.
glossy ['glɔsɪ] *a* lucente; **~ (magazine)** *n* rivista di lusso.
glove [glʌv] *n* guanto.
glow [gləu] *vi* ardere; (*face*) essere luminoso(a) // *n* bagliore *m*; (*of face*) rossore *m*.
glower ['glauə*] *vi*: **to ~ (at sb)** guardare (qd) in cagnesco.
glucose ['glu:kəus] *n* glucosio.
glue [glu:] *n* colla // *vt* incollare.
glum [glʌm] *a* abbattuto(a).
glut [glʌt] *n* eccesso // *vt* saziare; (*market*) saturare.
glutton ['glʌtn] *n* ghiottone/a; **a ~ for work** un(a) patito(a) del lavoro; **~ous** *a* ghiotto(a), goloso(a); **~y** *n* ghiottoneria; (*sin*) gola.
glycerin(e) ['glɪsəri:n] *n* glicerina.
gm, gms *abbr of* **gram(s)**.
gnarled [nɑ:ld] *a* nodoso(a).
gnat [næt] *n* moscerino.
gnaw [nɔ:] *vt* rodere.
gnome [nəum] *n* gnomo.
go [gəu] *vb* (*pt* **went,** *pp* **gone** [wɛnt, gɔn]) *vi* andare; (*depart*) partire, andarsene; (*work*) funzionare; (*be sold*): **to ~ for £10** essere venduto per 10 sterline; (*fit, suit*): **to ~ with** andare bene con; (*become*): **to ~ pale** diventare pallido(a); **to ~ mouldy** ammuffire; (*break etc*) cedere // *n* (*pl*: **~es**): **to have a ~ (at)** provare; **to be on the ~** essere in moto; **whose ~ is it?** a chi tocca?; **he's going to do** sta per fare; **to ~ for a walk** andare a fare una passeggiata; **to ~ dancing/shopping** andare a ballare/fare la spesa; **how did it ~?** com'è andato?; **to ~ about** *vi* (*rumour*) correre, circolare // *vt fus*: **how do I ~ about this?** qual'è la prassi per questo?; **to ~ ahead** *vi* andare avanti; **~ ahead!** faccia pure!; **to ~ along** *vi* andare, avanzare // *vt fus* percorrere; **to ~ away** *vi* partire, andarsene; **to ~ back** *vi* tornare, ritornare; (*go again*) andare di nuovo; **to ~ back on** *vt fus* (*promise*) non mantenere; **to ~ by** *vi* (*years, time*) scorrere // *vt fus* attenersi a, seguire (alla lettera); prestar fede a; **to ~ down** *vi* scendere; (*ship*) affondare; (*sun*) tramontare // *vt fus* scendere; **to ~ for** *vt fus* (*fetch*) andare a prendere; (*like*) andar matto(a) per; (*attack*) attaccare; saltare addosso a; **to ~ in** *vi* entrare; **to ~ in for** *vt fus* (*competition*) iscriversi a; (*like*) interessarsi di; **to ~ into** *vt fus* entrare in; (*investigate*) indagare, esaminare; (*embark on*) lanciarsi in; **to ~ off** *vi* partire, andar via; (*food*) guastarsi; (*explode*) esplodere, scoppiare; (*event*) passare // *vt fus*: **I've gone off chocolate** la cioccolata non mi piace più; **the gun went off** il fucile si scaricò; **to ~ on** *vi* continuare; (*happen*) succedere; **to ~ on doing** continuare a fare; **to ~ on with** *vt fus* continuare, proseguire; **to ~ out** *vi* uscire; (*fire, light*) spegnersi; **to ~ over** *vi* (*ship*) ribaltarsi // *vt fus* (*check*) esaminare; **to ~ through** *vt fus* (*town etc*) attraversare; **to ~ up** *vi, vt fus* salire; **to ~ without** *vt fus* fare a meno di.
goad [gəud] *vt* spronare.
go-ahead ['gəuəhɛd] *a* intraprendente // *n* via *m*.
goal [gəul] *n* (SPORT) gol *m*, rete *f*; (: *place*) porta; (*fig: aim*) fine *m*, scopo; **~keeper** *n* portiere *m*; **~-post** *n* palo (della porta).
goat [gəut] *n* capra.
gobble ['gɔbl] *vt* (*also*: **~ down, ~ up**) ingoiare.
go-between ['gəubɪtwi:n] *n* intermediario/a.
goblet ['gɔblɪt] *n* calice *m*, coppa.
goblin ['gɔblɪn] *n* folletto.
god [gɔd] *n* dio; **G~** *n* Dio; **~child** *n* figlioccio/a; **~dess** *n* dea; **~father** *n* padrino; **~-forsaken** *a* desolato(a), sperduto(a); **~mother** *n* madrina; **~send** *n* dono del cielo; **~son** *n* figlioccio.
goggles ['gɔglz] *npl* occhiali *mpl* (di protezione).
going ['gəuɪŋ] *n* (*conditions*) andare *m*, stato del terreno // *a*: **the ~ rate** la tariffa in vigore; **a ~ concern** un'azienda avviata.
gold [gəuld] *n* oro // *a* d'oro; **~en** *a* (*made of gold*) d'oro; (*gold in colour*) dorato(a); **~en rule** regola prima; **~en age** età d'oro; **~fish** *n* pesce *m* dorato *or* rosso; **~mine** *n* miniera d'oro.
golf [gɔlf] *n* golf *m*; **~ club** *n* circolo di golf; (*stick*) bastone *m or* mazza da golf; **~ course** *n* campo di golf; **~er** *n* giocatore/trice di golf.
gondola ['gɔndələ] *n* gondola.
gone [gɔn] *pp of* **go** // *a* partito(a).
gong [gɔŋ] *n* gong *m inv*.
good [gud] *a* buono(a); (*kind*) buono(a), gentile; (*child*) bravo(a) // *n* bene *m*; **~s** *npl* beni *mpl*; merci *fpl*; **she is ~ with children/her hands** lei sa fare coi bambini/è abile nei lavori manuali; **would you be ~ enough to ...?** avrebbe la gentilezza di ...?; **a ~ deal (of)** molto(a), una buona quantità (di); **a ~ many** molti(e); **~ morning!** buon giorno!; **~ afternoon/evening!** buona sera!; **~ night!** buona notte!; **~bye!** arrivederci!; **G~ Friday** *n* Venerdì Santo; **~-looking** *a* bello(a); **~ness** *n* (*of person*) bontà; **for ~ness sake!** per amor di Dio!; **~will** *n* amicizia, benevolenza; (COMM) avviamento.
goose, *pl* **geese** [gu:s, gi:s] *n* oca.
gooseberry ['guzbərɪ] *n* uva spina.

gooseflesh ['gu:sflɛʃ] *n* pelle *f* d'oca.
gore [gɔ:*] *vt* incornare // *n* sangue *m* (coagulato).
gorge [gɔ:dʒ] *n* gola // *vt*: **to ~ o.s. (on)** ingozzarsi (di).
gorgeous ['gɔ:dʒəs] *a* magnifico(a).
gorilla [gə'rɪlə] *n* gorilla *m inv.*
gorse [gɔ:s] *n* ginestrone *m.*
gory ['gɔ:rɪ] *a* sanguinoso(a).
go-slow ['gəu'sləu] *n* rallentamento dei lavori (*per agitazione sindacale*).
gospel ['gɔspl] *n* vangelo.
gossamer ['gɔsəmə*] *n* (*cobweb*) fili *mpl* della Madonna *or* di ragnatela; (*light fabric*) stoffa sottilissima.
gossip ['gɔsɪp] *n* chiacchiere *fpl*; pettegolezzi *mpl*; (*person*) pettegolo/a // *vi* chiacchierare; (*maliciously*) pettegolare.
got [gɔt] *pt,pp of* **get**; **~ten** (*US*) *pp of* **get**.
gout [gaut] *n* gotta.
govern ['gʌvən] *vt* governare; (LING) reggere.
governess ['gʌvənɪs] *n* governante *f.*
government ['gʌvnmənt] *n* governo; (*ministers*) ministero // *cpd* statale; **~al** [-'mɛntl] *a* governativo(a).
governor ['gʌvənə*] *n* (*of state, bank*) governatore *m*; (*of school, hospital*) amministratore *m.*
Govt *abbr of* **government**.
gown [gaun] *n* vestito lungo; (*of teacher, judge*) toga.
G.P. *n abbr see* **general**.
grab [græb] *vt* afferrare, arraffare; (*property, power*) impadronirsi di.
grace [greɪs] *n* grazia // *vt* onorare; **5 days' ~** dilazione *f* di 5 giorni; **to say ~** dire il benedicite; **~ful** *a* elegante, aggraziato(a); **gracious** ['greɪʃəs] *a* grazioso(a); misericordioso(a).
gradation [grə'deɪʃən] *n* gradazione *f.*
grade [greɪd] *n* (COMM) qualità *f inv*; classe *f*; categoria; (*in hierarchy*) grado; (*US*: SCOL) voto; classe *f* // *vt* classificare; ordinare; graduare; **~ crossing** *n* (*US*) passaggio a livello.
gradient ['greɪdɪənt] *n* pendenza, inclinazione *f.*
gradual ['grædjuəl] *a* graduale; **~ly** *ad* man mano, a poco a poco.
graduate *n* ['grædjuɪt] laureato/a // *vi* ['grædjueɪt] laurearsi; **graduation** [-'eɪʃən] *n* cerimonia del conferimento della laurea.
graft [grɑ:ft] *n* (AGR, MED) innesto // *vt* innestare; **hard ~** *n* (*col*): **by sheer hard ~** lavorando da matti.
grain [greɪn] *n* grano; (*of sand*) granello; (*of wood*) venatura; **it goes against the ~** va contro la propria natura.
gram [græm] *n* grammo.
grammar ['græmə*] *n* grammatica.
grammatical [grə'mætɪkl] *a* grammaticale.
gramme [græm] *n* = **gram**.
gramophone ['græməfəun] *n* grammofono.
granary ['grænərɪ] *n* granaio.
grand [grænd] *a* grande, magnifico(a); grandioso(a); **~children** *npl* nipoti *mpl*; **~dad** *n* nonno; **~daughter** *n* nipote *f*; **~father** *n* nonno; **~iose** ['grændɪəuz] *a* grandioso(a); (*pej*) pomposo(a); **~ma** *n* nonna; **~mother** *n* nonna; **~pa** *n* = **~dad**; **~ piano** *n* pianoforte *m* a coda; **~son** *n* nipote *m*; **~stand** *n* (SPORT) tribuna.
granite ['grænɪt] *n* granito.
granny ['grænɪ] *n* nonna.
grant [grɑ:nt] *vt* accordare; (*a request*) accogliere; (*admit*) ammettere, concedere // *n* (SCOL) borsa; (ADMIN) sussidio, sovvenzione *f*; **to take sth for ~ed** dare qc per scontato.
granulated ['grænjuleɪtɪd] *a*: **~ sugar** *n* zucchero cristallizzato.
granule ['grænju:l] *n* granello.
grape [greɪp] *n* chicco d'uva, acino.
grapefruit ['greɪpfru:t] *n* pompelmo.
graph [grɑ:f] *n* grafico; **~ic** *a* grafico(a); (*vivid*) vivido(a).
grapple ['græpl] *vi*: **to ~ with** essere alle prese con.
grasp [grɑ:sp] *vt* afferrare // *n* (*grip*) presa; (*fig*) potere *m*; comprensione *f*; **~ing** *a* avido(a).
grass [grɑ:s] *n* erba; **~hopper** *n* cavalletta; **~land** *n* prateria; **~y** *a* erboso(a).
grate [greɪt] *n* graticola (del focolare) // *vi* cigolare, stridere // *vt* (CULIN) grattugiare.
grateful ['greɪtful] *a* grato(a), riconoscente; **~ly** *ad* con gratitudine.
grater ['greɪtə*] *n* grattugia.
gratify ['grætɪfaɪ] *vt* appagare; (*whim*) soddisfare; **~ing** *a* gradito(a); soddisfacente.
grating ['greɪtɪŋ] *n* (*iron bars*) grata // *a* (*noise*) stridente, stridulo(a).
gratitude ['grætɪtju:d] *n* gratitudine *f.*
gratuity [grə'tju:ɪtɪ] *n* mancia.
grave [greɪv] *n* tomba // *a* grave, serio(a).
gravel ['grævl] *n* ghiaia.
gravestone ['greɪvstəun] *n* pietra tombale.
graveyard ['greɪvjɑ:d] *n* cimitero.
gravitate ['grævɪteɪt] *vi* gravitare.
gravity ['grævɪtɪ] *n* (PHYSICS) gravità; pesantezza; (*seriousness*) gravità, serietà.
gravy ['greɪvɪ] *n* intingolo della carne; salsa.
gray [greɪ] *a* = **grey**.
graze [greɪz] *vi* pascolare, pascere // *vt* (*touch lightly*) sfiorare; (*scrape*) escoriare // *n* (MED) escoriazione *f.*
grease [gri:s] *n* (*fat*) grasso; (*lubricant*) lubrificante *m* // *vt* ingrassare; lubrificare; **~proof paper** *n* carta oleata; **greasy** *a* grasso(a), untuoso(a).
great [greɪt] *a* grande; (*col*) magnifico(a), meraviglioso(a); **G~ Britain** *n* Gran

Bretagna; **~-grandfather** *n* bisnonno; **~-grandmother** *n* bisnonna; **~ly** *ad* molto; **~ness** *n* grandezza.

Grecian ['gri:ʃən] *a* greco(a).

Greece [gri:s] *n* Grecia.

greed [gri:d] *n* (*also*: **~iness**) avarizia; (*for food*) golosità, ghiottoneria; **~ily** *ad* avidamente; golosamente; **~y** *a* avido(a); goloso(a), ghiotto(a).

Greek [gri:k] *a* greco(a) // *n* greco/a; (LING) greco.

green [gri:n] *a* verde; (*inexperienced*) inesperto(a), ingenuo(a) // *n* verde *m*; (*stretch of grass*) prato; (*also*: **village ~**) ≈ piazza del paese; **~s** *npl* verdura; **~grocer** *n* fruttivendolo/a, erbivendolo/a; **~house** *n* serra.

Greenland ['gri:nlənd] *n* Groenlandia.

greet [gri:t] *vt* salutare; **~ing** *n* saluto; **Christmas/birthday ~ings** auguri *mpl* di Natale/di compleanno.

gregarious [grə'gɛərɪəs] *a* gregario(a); socievole.

grenade [grə'neɪd] *n* granata.

grew [gru:] *pt of* **grow**.

grey [greɪ] *a* grigio(a); **~-haired** *a* dai capelli grigi; **~hound** *n* levriere *m*.

grid [grɪd] *n* grata; (ELEC) rete *f*; **~iron** *n* graticola.

grief [gri:f] *n* dolore *m*.

grievance ['gri:vəns] *n* doglianza, lagnanza.

grieve [gri:v] *vi* addolorarsi; rattristarsi // *vt* addolorare.

grill [grɪl] *n* (*on cooker*) griglia // *vt* cuocere ai ferri; (*question*) interrogare senza sosta.

grille [grɪl] *n* grata; (AUT) griglia.

grill(room) ['grɪl(rum)] *n* rosticceria.

grim [grɪm] *a* sinistro(a), brutto(a).

grimace [grɪ'meɪs] *n* smorfia // *vi* fare smorfie; fare boccacce.

grime [graɪm] *n* sudiciume *m*.

grimy ['graɪmɪ] *a* sudicio(a).

grin [grɪn] *n* sorriso smagliante // *vi* sorridere.

grind [graɪnd] *vt* (*pt, pp* **ground** [graund]) macinare; (*make sharp*) arrotare // *n* (*work*) sgobbata; **to ~ one's teeth** digrignare i denti.

grip [grɪp] *n* impugnatura; presa; (*holdall*) borsa da viaggio // *vt* impugnare; afferrare; **to come to ~s with** affrontare; cercare di risolvere.

gripe(s) [graɪp(s)] *n*(*pl*) colica.

gripping ['grɪpɪŋ] *a* avvincente.

grisly ['grɪzlɪ] *a* macabro(a), orrido(a).

gristle ['grɪsl] *n* cartilagine *f*.

grit [grɪt] *n* ghiaia; (*courage*) fegato // *vt* (*road*) coprire di sabbia; **to ~ one's teeth** stringere i denti.

groan [grəun] *n* gemito // *vi* gemere.

grocer ['grəusə*] *n* negoziante *m* di generi alimentari; **~ies** *npl* provviste *fpl*.

groggy ['grɔgɪ] *a* barcollante.

groin [grɔɪn] *n* inguine *m*.

groom [gru:m] *n* palafreniere *m*; (*also*: **bride~**) sposo // *vt* (*horse*) strigliare; (*fig*): **to ~ sb for** avviare qd a.

groove [gru:v] *n* scanalatura, solco.

grope [grəup] *vi* andar tentoni; **to ~ for** *vt fus* cercare a tastoni.

gross [grəus] *a* grossolano(a); (COMM) lordo(a) // *n, pl inv* (*twelve dozen*) grossa; **~ly** *ad* (*greatly*) molto.

grotesque [grə'tɛsk] *a* grottesco(a).

grotto ['grɔtəu] *n* grotta.

ground [graund] *pt, pp of* **grind** // *n* suolo, terra; (*land*) terreno; (SPORT) campo; (*reason*: *gen pl*) ragione *f* // *vt* (*plane*) tenere a terra // *vi* (*ship*) arenarsi; **~s** *npl* (*of coffee etc*) fondi *mpl*; (*gardens etc*) terreno, giardini *mpl*; **on/to the ~** per/a terra; **~ floor** *n* pianterreno; **~ing** *n* (*in education*) basi *fpl*; **~sheet** *n* pavimento a catino per tenda; **~ staff** *n* personale *m* di terra; **~work** *n* preparazione *f*.

group [gru:p] *n* gruppo // *vt* raggruppare // *vi* raggrupparsi.

grouse [graus] *n, pl inv* (*bird*) tetraone *m* // *vi* (*complain*) brontolare.

grove [grəuv] *n* boschetto.

grovel ['grɔvl] *vi* (*fig*): **to ~ (before)** avvilirsi (ai piedi di).

grow, *pt* **grew,** *pp* **grown** [grəu, gru:, grəun] *vi* crescere; (*increase*) aumentare; (*become*): **to ~ rich/weak** arricchirsi/indebolirsi // *vt* coltivare, far crescere; **to ~ up** *vi* farsi grande, crescere; **~er** *n* coltivatore/trice; **~ing** *a* (*fear, amount*) crescente.

growl [graul] *vi* ringhiare.

grown [grəun] *pp of* **grow** // *a* adulto(a), maturo(a); **~-up** *n* adulto/a, grande *m/f*.

growth [grəuθ] *n* crescita, sviluppo; (*what has grown*) crescita; (MED) escrescenza, tumore *m*.

grub [grʌb] *n* larva; (*col*: *food*) roba (da mangiare).

grubby ['grʌbɪ] *a* sporco(a).

grudge [grʌdʒ] *n* rancore *m* // *vt*: **to ~ sb sth** dare qc a qd di malavoglia; invidiare qc a qd; **to bear sb a ~ (for)** serbar rancore a qd (per); **grudgingly** *ad* di malavoglia, di malincuore.

gruelling ['gruəlɪŋ] *a* strapazzoso(a).

gruesome ['gru:səm] *a* orribile.

gruff [grʌf] *a* rozzo(a).

grumble ['grʌmbl] *vi* brontolare, lagnarsi.

grumpy ['grʌmpɪ] *a* stizzito(a).

grunt [grʌnt] *vi* grugnire // *n* grugnito.

guarantee [gærən'ti:] *n* garanzia // *vt* garantire.

guarantor [gærən'tɔ:*] *n* garante *m/f*.

guard [gɑ:d] *n* guardia, custodia; (*squad*, FENCING) guardia; (BOXING) difesa; (*one man*) guardia, sentinella; (RAIL) capotreno // *vt* fare la guardia a; **~ed** *a* (*fig*) cauto(a), guardingo(a); **~ian** *n* custode *m*; (*of minor*) tutore/trice; **~'s van** *n* (RAIL) vagone *m* di servizio.

guerrilla [gə'rɪlə] *n* guerrigliero; **~ warfare** *n* guerriglia.

guess [gɛs] *vi* indovinare // *vt* indovinare; (*US*) credere, pensare // *n* congettura; **to**

have a ~ cercare di indovinare.

guest [gɛst] *n* ospite *m/f*; (*in hotel*) cliente *m/f*; **~-house** *n* pensione *f*; **~ room** *n* camera degli ospiti.

guffaw [gʌ'fɔ:] *n* risata sonora // *vi* scoppiare di una risata sonora.

guidance ['gaɪdəns] *n* guida, direzione *f*.

guide [gaɪd] *n* (*person, book etc*) guida // *vt* guidare; **(girl) ~** *n* giovane esploratrice *f*; **~book** *n* guida; **~d missile** *n* missile *m* telecomandato; **~ dog** *n* cane *m* guida *inv*; **~lines** *npl* (*fig*) indicazioni *fpl*, linee *fpl* direttive.

guild [gɪld] *n* arte *f*, corporazione *f*; associazione *f*; **~hall** *n* (*Brit*) palazzo municipale.

guile [gaɪl] *n* astuzia.

guillotine ['gɪləti:n] *n* ghigliottina.

guilt [gɪlt] *n* colpevolezza; **~y** *a* colpevole.

guinea ['gɪnɪ] *n* (*Brit*) ghinea (= *21 shillings: valuta ora fuori uso*).

guinea pig ['gɪnɪpɪg] *n* cavia.

guise [gaɪz] *n* maschera.

guitar [gɪ'tɑ:*] *n* chitarra; **~ist** *n* chitarrista *m/f*.

gulf [gʌlf] *n* golfo; (*abyss*) abisso.

gull [gʌl] *n* gabbiano.

gullet ['gʌlɪt] *n* gola.

gullible ['gʌlɪbl] *a* credulo(a).

gully ['gʌlɪ] *n* burrone *m*; gola; canale *m*.

gulp [gʌlp] *vi* deglutire; (*from emotion*) avere il nodo in gola // *vt* (*also*: **~ down**) tracannare, inghiottire.

gum [gʌm] *n* (ANAT) gengiva; (*glue*) colla; (*sweet*) gelatina di frutta; (*also*: **chewing-~**) chewing-gum *m* // *vt* incollare; **~boots** *npl* stivali *mpl* di gomma.

gumption ['gʌmpʃən] *n* buon senso, senso pratico.

gun [gʌn] *n* fucile *m*; (*small*) pistola, rivoltella; (*rifle*) carabina; (*shotgun*) fucile da caccia; (*cannon*) cannone *m*; **~boat** *n* cannoniera; **~fire** *n* spari *mpl*; **~man** *n* bandito armato; **~ner** *n* artigliere *m*; **at ~point** sotto minaccia di fucile; **~powder** *n* polvere *f* da sparo; **~shot** *n* sparo; **within ~shot** a portata di fucile.

gurgle ['gə:gl] *n* gorgoglio // *vi* gorgogliare.

gush [gʌʃ] *n* fiotto, getto // *vi* sgorgare; (*fig*) abbandonarsi ad effusioni.

gusset ['gʌsɪt] *n* gherone *m*.

gust [gʌst] *n* (*of wind*) raffica; (*of smoke*) buffata.

gusto ['gʌstəu] *n* entusiasmo.

gut [gʌt] *n* intestino, budello; (MUS *etc*) minugia; **~s** *npl* (*courage*) fegato.

gutter ['gʌtə*] *n* (*of roof*) grondaia; (*in street*) cunetta.

guttural ['gʌtərl] *a* gutturale.

guy [gaɪ] *n* (*also*: **~rope**) cavo *or* corda di fissaggio; (*col*: *man*) tipo, elemento.

guzzle ['gʌzl] *vi* gozzovigliare // *vt* trangugiare.

gym [dʒɪm] *n* (*also*: **gymnasium**) palestra; (*also*: **gymnastics**) ginnastica; **~ slip** *n* grembiule *m* da scuola (*per ragazze*).

gymnast ['dʒɪmnæst] *n* ginnasta *m/f*; **~ics** [-'næstɪks] *n, npl* ginnastica.

gynaecology [gaɪnə'kɔlədʒɪ] *n* ginecologia.

gypsy ['dʒɪpsɪ] *n* = **gipsy**.

gyrate [dʒaɪ'reɪt] *vi* girare.

H

haberdashery ['hæbə'dæʃərɪ] *n* merceria.

habit ['hæbɪt] *n* abitudine *f*; (*costume*) abito; (REL) tonaca.

habitation [hæbɪ'teɪʃən] *n* abitazione *f*.

habitual [hə'bɪtjuəl] *a* abituale; (*drinker, liar*) inveterato(a); **~ly** *ad* abitualmente, di solito.

hack [hæk] *vt* tagliare, fare a pezzi // *n* (*cut*) taglio; (*blow*) colpo; (*pej*: *writer*) negro.

hackney cab ['hæknɪ'kæb] *n* carrozza a nolo.

hackneyed ['hæknɪd] *a* comune, trito(a).

had [hæd] *pt, pp of* **have**.

haddock ['hædək] *n* eglefino.

haemorrhage ['hɛmərɪdʒ] *n* emorragia.

haemorrhoids ['hɛmərɔɪdz] *npl* emorroidi *fpl*.

haggard ['hægəd] *a* smunto(a).

haggle ['hægl] *vi* mercanteggiare.

Hague [heɪg] *n*: **The ~** L'Aia.

hail [heɪl] *n* grandine *f* // *vt* (*call*) chiamare; (*greet*) salutare // *vi* grandinare; **~stone** *n* chicco di grandine.

hair [hɛə*] *n* capelli *mpl*; (*single hair*: *on head*) capello; (: *on body*) pelo; **to do one's ~** pettinarsi; **~brush** *n* spazzola per capelli; **~cut** *n* taglio di capelli; **I need a ~cut** ho bisogno di farmi i capelli; **~do** ['hɛədu:] *n* acconciatura, pettinatura; **~-dresser** *n* parrucchiere/a; **~-drier** *n* asciugacapelli *m inv*; **~net** *n* retina (per capelli); **~ oil** *n* brillantina; **~piece** *n* toupet *m inv*; **~pin** *n* forcina; **~pin bend** *n* tornante *m*; **~raising** *a* orripilante; **~style** *n* pettinatura, acconciatura; **~y** *a* irsuto(a); peloso(a); (*fig*) spaventoso(a).

hake [heɪk] *n* nasello.

half [hɑ:f] *n* (*pl*: **halves** [hɑ:vz]) mezzo, metà *f inv* // *a* mezzo(a) // *ad* a mezzo, a metà; **~-an-hour** mezz'ora; **two and a ~** due e mezzo; **a week and a ~** una settimana e mezza; **~ (of it)** la metà; **~ (of)** la metà di; **~ the amount of** la metà di; **to cut sth in ~** tagliare qc in due; **~-back** *n* (SPORT) mediano; **~-breed, ~-caste** *n* meticcio/a; **~-hearted** *a* tiepido(a); **~-hour** *n* mezz'ora; **~penny** ['heɪpnɪ] *n* mezzo penny *m inv*; **(at) ~-price** a metà prezzo; **~-time** *n* intervallo; **~way** *ad* a metà strada.

halibut ['hælɪbət] *n, pl inv* ippoglosso.

hall [hɔ:l] *n* sala, salone *m*; (*entrance way*) entrata; (*corridor*) corridoio; (*mansion*) grande villa, maniero; **~ of residence** *n* casa dello studente.

hallmark ['hɔ:lmɑ:k] *n* marchio di garanzia; (*fig*) caratteristica.

hallo [hə'ləu] *excl* = **hello.**
hallucination [həlu:sɪ'neɪʃən] *n* allucinazione *f.*
halo ['heɪləu] *n* (*of saint etc*) aureola; (*of sun*) alone *m.*
halt [hɔ:lt] *n* fermata // *vt* fermare // *vi* fermarsi.
halve [hɑ:v] *vt* (*apple etc*) dividere a metà; (*expense*) ridurre di metà.
halves [hɑ:vz] *npl of* **half.**
ham [hæm] *n* prosciutto.
hamburger ['hæmbə:gə*] *n* hamburger *m inv.*
hamlet ['hæmlɪt] *n* paesetto.
hammer ['hæmə*] *n* martello // *vt* martellare; (*fig*) sconfiggere duramente.
hammock ['hæmək] *n* amaca.
hamper ['hæmpə*] *vt* impedire // *n* cesta.
hand [hænd] *n* mano *f*; (*of clock*) lancetta; (*handwriting*) scrittura; (*at cards*) carte *fpl*; (*: game*) partita; (*worker*) operaio/a // *vt* dare, passare; **to give sb a ~** dare una mano a qd; **at ~** a portata di mano; **in ~** a disposizione; (*work*) in corso; **on the one ~ ..., on the other ~** da un lato ..., dall'altro; **to ~ in** *vt* consegnare; **to ~ out** *vt* distribuire; **to ~ over** *vt* passare; cedere; **~bag** *n* borsetta; **~ball** *n* pallamano *f*; **~basin** *n* lavandino; **~book** *n* manuale *m*; **~brake** *n* freno a mano; **~cuffs** *npl* manette *fpl*; **~ful** *n* manata, pugno.
handicap ['hændɪkæp] *n* handicap *m inv* // *vt* andicappare.
handicraft ['hændɪkrɑ:ft] *n* lavoro d'artigiano.
handkerchief ['hæŋkətʃɪf] *n* fazzoletto.
handle ['hændl] *n* (*of door etc*) maniglia; (*of cup etc*) ansa; (*of knife etc*) impugnatura; (*of saucepan*) manico; (*for winding*) manovella // *vt* toccare, maneggiare; (*deal with*) occuparsi di; (*treat: people*) trattare; '**~ with care**' 'fragile'; **~bar(s)** *n(pl)* manubrio.
hand-luggage ['hændlʌgɪdʒ] *n* bagagli *mpl* a mano.
handmade ['hændmeɪd] *a* fatto(a) a mano.
handsome ['hænsəm] *a* bello(a); generoso(a); considerevole.
handwriting ['hændraɪtɪŋ] *n* scrittura.
handwritten ['hændrɪtn] *a* scritto(a) a mano, manoscritto(a).
handy ['hændɪ] *a* (*person*) destro(a); (*close at hand*) a portata di mano; (*convenient*) comodo(a); **~man** *n* tuttofare *m inv*; **tools for the ~man** arnesi per il fatelo-da-voi.
hang, *pt, pp* **hung** [hæŋ, hʌŋ] *vt* appendere; (*criminal: pt,pp* **hanged**) impiccare // *vi* pendere; (*hair*) scendere; (*drapery*) cadere; **to ~ about** *vi* bighellonare, ciondolare; **to ~ on** *vi* (*wait*) aspettare; **to ~ up** *vi* (TEL) riattaccare // *vt* appendere.
hangar ['hæŋə*] *n* hangar *m inv.*
hanger ['hæŋə*] *n* gruccia.
hanger-on [hæŋər'ɔn] *n* parassita *m.*
hang-gliding ['hæŋglaɪdɪŋ] *n* volo col deltaplano.
hangover ['hæŋəuvə*] *n* (*after drinking*) postumi *mpl* di sbornia.
hang-up ['hæŋʌp] *n* complesso.
hank [hæŋk] *n* matassa.
hanker ['hæŋkə*] *vi*: **to ~ after** bramare.
hankie, hanky ['hæŋkɪ] *n abbr of* **handkerchief.**
haphazard [hæp'hæzəd] *a* a casaccio, alla carlona.
happen ['hæpən] *vi* accadere, succedere; **I ~ed to be out** mi capitò di essere fuori; **as it ~s** guarda caso; **~ing** *n* avvenimento.
happily ['hæpɪlɪ] *ad* felicemente; fortunatamente.
happiness ['hæpɪnɪs] *n* felicità, contentezza.
happy ['hæpɪ] *a* felice, contento(a); **~ with** (*arrangements etc*) soddisfatto(a) di; **~-go-lucky** *a* spensierato(a).
harass ['hærəs] *vt* molestare; **~ment** *n* molestia.
harbour ['hɑ:bə*] *n* porto // *vt* dare rifugio a; **~ master** *n* capitano di porto.
hard [hɑ:d] *a* duro(a) // *ad* (*work*) sodo; (*think, try*) bene; **to drink ~** bere forte; **~ luck!** peccato!; **no ~ feelings!** senza rancore!; **to be ~ of hearing** essere duro(a) d'orecchio; **to be ~ done by** essere trattato(a) ingiustamente; **~back** *n* libro rilegato; **~board** *n* legno precompresso; **~-boiled egg** *n* uovo sodo; **~ cash** *n* denaro in contanti; **~en** *vt, vi* indurire; **~ labour** *n* lavori forzati *mpl.*
hardly ['hɑ:dlɪ] *ad* (*scarcely*) appena; **it's ~ the case** non è proprio il caso; **~ anyone/ anywhere** quasi nessuno/da nessuna parte.
hardness ['hɑ:dnɪs] *n* durezza.
hard sell ['hɑ:d'sɛl] *n* (COMM) intensa campagna promozionale.
hardship ['hɑ:dʃɪp] *n* avversità *f inv*; privazioni *fpl.*
hard-up [hɑ:d'ʌp] *a* (*col*) al verde.
hardware ['hɑ:dwɛə*] *n* ferramenta *fpl*; (COMPUTERS) hardware *m*; **~ shop** *n* (negozio di) ferramenta *fpl.*
hardy ['hɑ:dɪ] *a* robusto(a); (*plant*) resistente al gelo.
hare [hɛə*] *n* lepre *f*; **~-brained** *a* folle; scervellato(a); **~lip** *n* (MED) labbro leporino.
harem [hɑ:'ri:m] *n* harem *m inv.*
harm [hɑ:m] *n* male *m*; (*wrong*) danno // *vt* (*person*) fare male a; (*thing*) danneggiare; **to mean no ~** non avere l'intenzione d'offendere; **out of ~'s way** al sicuro; **~ful** *a* dannoso(a); **~less** *a* innocuo(a); inoffensivo(a).
harmonica [hɑ:'mɔnɪkə] *n* armonica.
harmonics [hɑ:'mɔnɪks] *npl* armonia.
harmonious [hɑ:'məunɪəs] *a* armonioso(a).
harmonium [hɑ:'məunɪəm] *n* armonium *m inv.*

harmonize ['hɑːmənaɪz] *vt, vi* armonizzare.
harmony ['hɑːmənɪ] *n* armonia.
harness ['hɑːnɪs] *n* bardatura, finimenti *mpl* // *vt* (*horse*) bardare; (*resources*) sfruttare.
harp [hɑːp] *n* arpa // *vi*: **to ~ on about** insistere tediosamente su; **~ist** *n* arpista *m/f*.
harpoon [hɑː'puːn] *n* arpione *m*.
harpsichord ['hɑːpsɪkɔːd] *n* clavicembalo.
harrow ['hærəu] *n* (AGR) erpice *m*.
harrowing ['hærəuɪŋ] *a* straziante.
harsh [hɑːʃ] *a* (*hard*) duro(a); (*severe*) severo(a); (*unpleasant*: *sound*) rauco(a); (: *colour*) chiassoso(a); violento(a); **~ly** *ad* duramente; severamente; **~ness** *n* durezza; severità.
harvest ['hɑːvɪst] *n* raccolto; (*of grapes*) vendemmia // *vt* fare il raccolto di, raccogliere; vendemmiare; **~er** *n* (*machine*) mietitrice *f*.
has [hæz] *see* **have**.
hash [hæʃ] *n* (CULIN) *specie di spezzatino fatto con carne già cotta*; (*fig*: *mess*) pasticcio; *also abbr of* **hashish**.
hashish ['hæʃɪʃ] *n* hascisc *m*.
haste [heɪst] *n* fretta; precipitazione *f*; **~n** ['heɪsn] *vt* affrettare // *vi* affrettarsi; **hastily** *ad* in fretta; precipitosamente; **hasty** *a* affrettato(a); precipitoso(a).
hat [hæt] *n* cappello; **~box** *n* cappelliera.
hatch [hætʃ] *n* (NAUT: *also*: **~way**) boccaporto; (*also*: **service ~**) portello di servizio // *vi* schiudersi // *vt* covare.
hatchback ['hætʃbæk] *n* (AUT) tre (*or* cinque) porte *f inv*.
hatchet ['hætʃɪt] *n* accetta.
hate [heɪt] *vt* odiare, detestare // *n* odio; **to ~ to do** *or* **doing** detestare fare; **~ful** *a* odioso(a), detestabile.
hatred ['heɪtrɪd] *n* odio.
hat trick ['hættrɪk] *n* (SPORT, *also fig*) tris *m inv* (*3 reti segnate durante una partita etc*).
haughty ['hɔːtɪ] *a* altero(a), arrogante.
haul [hɔːl] *vt* trascinare, tirare // *n* (*of fish*) pescata; (*of stolen goods etc*) bottino; **~age** *n* trasporto; autotrasporto; **~ier** *n* trasportatore *m*.
haunch [hɔːntʃ] *n* anca.
haunt [hɔːnt] *vt* (*subj*: *fear*) pervadere; (: *person*) frequentare // *n* rifugio; **a ghost ~s this house** questa casa è abitata da un fantasma.
have *pt,pp* **had** [hæv, hæd] *vt* avere; (*meal, shower*) fare; **to ~ sth done** far fare qc; **he had a suit made** si fece fare un abito; **she has to do it** lo deve fare; **I had better leave** è meglio che io vada; **to ~ it out with sb** metterlo in chiaro con qd; **I won't ~ it** questo non mi va affatto; **he's been had** (*col*) c'è cascato dentro.
haven ['heɪvn] *n* porto; (*fig*) rifugio.
haversack ['hævəsæk] *n* zaino.
havoc ['hævək] *n* caos *m*.
hawk [hɔːk] *n* falco.
hawker ['hɔːkə*] *n* venditore *m* ambulante.
hay [heɪ] *n* fieno; **~ fever** *n* febbre *f* da fieno; **~stack** *n* mucchio di fieno.
haywire ['heɪwaɪə*] *a* (*col*): **to go ~** perdere la testa; impazzire.
hazard ['hæzəd] *n* azzardo, ventura; pericolo, rischio; **~ous** *a* pericoloso(a), rischioso(a).
haze [heɪz] *n* foschia.
hazelnut ['heɪzlnʌt] *n* nocciola.
hazy ['heɪzɪ] *a* fosco(a); (*idea*) vago(a); (*photograph*) indistinto(a).
he [hiː] *pronoun* lui, egli; **it is ~ who ...** è lui che ...; **here ~ is** eccolo; **~-bear** *n* orso maschio.
head [hɛd] *n* testa, capo; (*leader*) capo // *vt* (*list*) essere in testa a; (*group*) essere a capo di; **~s (or tails)** testa (o croce), pari (o gaffo); **to ~ the ball** dare di testa alla palla; **to ~ for** *vt fus* dirigersi verso; **~ache** *n* mal *m* di testa; **~ing** *n* titolo; intestazione *f*; **~lamp** *n* fanale *m*; **~land** *n* promontorio; **~light** = **~lamp**; **~line** *n* titolo; **~long** *ad* (*fall*) a capofitto; (*rush*) precipitosamente; **~master** *n* preside *m*; **~mistress** *n* preside *f*; **~ office** *n* sede *f* (centrale); **~-on** *a* (*collision*) frontale; **~quarters (HQ)** *npl* ufficio centrale; (MIL) quartiere *m* generale; **~-rest** *n* poggiacapo; **~room** *n* (*in car*) altezza dell'abitacolo; (*under bridge*) altezza limite; **~scarf** *n* foulard *m inv*; **~strong** *a* testardo(a); **~ waiter** *n* capocameriere *m*; **~way** *n* progresso, cammino; **~wind** *n* controvento; **~y** *a* che dà alla testa; inebriante.
heal [hiːl] *vt,vi* guarire.
health [hɛlθ] *n* salute *f*; **the H~ Service** ≈ il Servizio Sanitario Statale; **~y** *a* (*person*) in buona salute; (*climate*) salubre; (*food*) salutare; (*attitude etc*) sano(a).
heap [hiːp] *n* mucchio // *vt* ammucchiare.
hear, *pt, pp* **heard** [hɪə*, hɔːd] *vt* sentire; (*news*) ascoltare; (*lecture*) assistere a // *vi* sentire; **to ~ about** avere notizie di; sentire parlare di; **to ~ from sb** ricevere notizie da qd; **~ing** *n* (*sense*) udito; (*of witnesses*) audizione *f*; (*of a case*) udienza; **~ing aid** *n* apparecchio acustico; **by ~say** *ad* per sentito dire.
hearse [hɔːs] *n* carro funebre.
heart [hɑːt] *n* cuore *m*; **~s** *npl* (CARDS) cuori *mpl*; **at ~** in fondo; **by ~** (*learn, know*) a memoria; **to lose ~** perdere coraggio, scoraggiarsi; **~ attack** *n* attacco di cuore; **~beat** *n* battito del cuore; **~breaking** *a* straziante; **to be ~broken** avere il cuore spezzato; **~burn** *n* bruciore *m* di stomaco; **~felt** *a* sincero(a).
hearth [hɑːθ] *n* focolare *m*.
heartily ['hɑːtɪlɪ] *ad* (*laugh*) di cuore; (*eat*) di buon appetito.
heartless ['hɑːtlɪs] *a* senza cuore, insensibile; crudele.
heartwarming ['hɑːtwɔːmɪŋ] *a* confortante, che scalda il cuore.

hearty ['hɑ:tɪ] *a* caloroso(a); robusto(a), sano(a); vigoroso(a).
heat [hi:t] *n* calore *m*; (*fig*) ardore *m*; fuoco; (*SPORT*: *also*: **qualifying** ~) prova eliminatoria // *vt* scaldare; **to ~ up** *vi* (*liquids*) scaldarsi; (*room*) riscaldarsi // *vt* riscaldare; **~ed** *a* riscaldato(a); (*fig*) appassionato(a); acceso(a), eccitato(a); **~er** *n* stufa; radiatore *m*.
heath [hi:θ] *n* (*Brit*) landa.
heathen ['hi:ðn] *a, n* pagano(a).
heather ['hɛðə*] *n* erica.
heating ['hi:tɪŋ] *n* riscaldamento.
heatstroke ['hi:tstrəuk] *n* colpo di sole.
heatwave ['hi:tweɪv] *n* ondata di caldo.
heave [hi:v] *vt* sollevare (con sforzo) // *vi* sollevarsi // *n* conato di vomito; (*push*) grande spinta.
heaven ['hɛvn] *n* paradiso, cielo; **~ forbid!** Dio ce ne guardi!; **~ly** *a* divino(a), celeste.
heavily ['hɛvɪlɪ] *ad* pesantemente; (*drink, smoke*) molto.
heavy ['hɛvɪ] *a* pesante; (*sea*) grosso(a); (*rain*) forte; (*drinker, smoker*) gran (*before noun*); **it's ~ going** è una gran fatica; **~weight** *n* (*SPORT*) peso massimo.
Hebrew ['hi:bru:] *a* ebreo(a) // *n* (*LING*) ebraico.
heckle ['hɛkl] *vt* interpellare e dare noia a (*un oratore*).
hectic ['hɛktɪk] *a* movimentato(a).
he'd [hi:d] = **he would, he had**.
hedge [hɛdʒ] *n* siepe *f* // *vi* essere elusivo(a); **to ~ one's bets** (*fig*) coprirsi dai rischi.
hedgehog ['hɛdʒhɔg] *n* riccio.
heed [hi:d] *vt* (*also*: **take ~ of**) badare a, far conto di; **~less** *a* sbadato(a).
heel [hi:l] *n* (*ANAT*) calcagno; (*of shoe*) tacco // *vt* (*shoe*) rifare i tacchi a.
hefty ['hɛftɪ] *a* (*person*) solido(a); (*parcel*) pesante; (*piece, price*) grosso(a).
heifer ['hɛfə*] *n* giovenca.
height [haɪt] *n* altezza; (*high ground*) altura; (*fig*: *of glory*) apice *m*; (: *of stupidity*) colmo; **~en** *vt* innalzare; (*fig*) accrescere.
heir [ɛə*] *n* erede *m*; **~ess** *n* erede *f*; **~loom** *n* mobile *m* (*or* gioiello *or* quadro) di famiglia.
held [hɛld] *pt, pp of* **hold**.
helicopter ['hɛlɪkɔptə*] *n* elicottero.
hell [hɛl] *n* inferno; **a ~ of a ...** (*col*) un(a) maledetto(a) ... .
he'll [hi:l] = **he will, he shall**.
hellish ['hɛlɪʃ] *a* infernale.
hello [hə'ləu] *excl* buon giorno!; ciao! (*to sb one addresses as 'tu'*); (*surprise*) ma guarda!
helm [hɛlm] *n* (*NAUT*) timone *m*.
helmet ['hɛlmɪt] *n* casco.
helmsman ['hɛlmzmən] *n* timoniere *m*.
help [hɛlp] *n* aiuto; (*charwoman*) donna di servizio; (*assistant etc*) impiegato/a // *vt* aiutare; **~!** aiuto!; **~ yourself (to bread)** si serva (del pane); **I can't ~ saying** non posso evitare di dire; **he can't ~ it** non ci può far niente; **~er** *n* aiutante *m/f*, assistente *m/f*; **~ful** *a* di grande aiuto; (*useful*) utile; **~ing** *n* porzione *f*; **~less** *a* impotente; debole.
hem [hɛm] *n* orlo // *vt* fare l'orlo a; **to ~ in** *vt* cingere.
hemisphere ['hɛmɪsfɪə*] *n* emisfero.
hemp [hɛmp] *n* canapa.
hen [hɛn] *n* gallina.
hence [hɛns] *ad* (*therefore*) dunque; **2 years ~** di qui a 2 anni; **~forth** *ad* d'ora in poi.
henchman ['hɛntʃmən] *n* (*pej*) caudatario.
henpecked ['hɛnpɛkt] *a* dominato dalla moglie.
her [hə:*] *pronoun* (*direct*) la, l' + *vowel*; (*indirect*) le; (*stressed, after prep*) lei; *see note at* **she** // *a* il(la) suo(a), i(le) suoi(sue); **I see ~** la vedo; **give ~ a book** le dia un libro; **after ~** dopo (di) lei.
herald ['hɛrəld] *n* araldo // *vt* annunciare.
heraldry ['hɛrəldrɪ] *n* araldica.
herb [hə:b] *n* erba; **~s** *npl* (*CULIN*) erbette *fpl*.
herd [hə:d] *n* mandria.
here [hɪə*] *ad* qui, qua // *excl* ehi!; **~!** presente!; **~'s my sister** ecco mia sorella; **~ she is** eccola; **~ she comes** eccola che viene; **~after** *ad* in futuro; dopo questo // *n*: **the ~after** l'al di là *m*; **~by** *ad* (*in letter*) con la presente.
hereditary [hɪ'rɛdɪtrɪ] *a* ereditario(a).
heredity [hɪ'rɛdɪtɪ] *n* eredità.
heresy ['hɛrəsɪ] *n* eresia.
heretic ['hɛrətɪk] *n* eretico/a; **~al** [hɪ'rɛtɪkl] *a* eretico(a).
herewith [hɪə'wɪð] *ad* qui accluso.
heritage ['hɛrɪtɪdʒ] *n* eredità; (*fig*) retaggio.
hermetically [hə:'mɛtɪklɪ] *ad* ermeticamente.
hermit ['hə:mɪt] *n* eremita *m*.
hernia ['hə:nɪə] *n* ernia.
hero, ~es ['hɪərəu] *n* eroe *m*; **~ic** [hɪ'rəuɪk] *a* eroico(a).
heroin ['hɛrəuɪn] *n* eroina.
heroine ['hɛrəuɪn] *n* eroina.
heroism ['hɛrəuɪzm] *n* eroismo.
heron ['hɛrən] *n* airone *m*.
herring ['hɛrɪŋ] *n* aringa.
hers [hə:z] *pronoun* il(la) suo(a), i(le) suoi(sue).
herself [hə:'sɛlf] *pronoun* (*reflexive*) si; (*emphatic*) lei stessa; (*after prep*) se stessa, sé.
he's [hi:z] = **he is, he has**.
hesitant ['hɛzɪtənt] *a* esitante, indeciso(a).
hesitate ['hɛzɪteɪt] *vi*: **to ~ (about/to do)** esitare (su/a fare); **hesitation** [-'teɪʃən] *n* esitazione *f*.
het up [hɛt'ʌp] *a* agitato(a).
hew [hju:] *vt* tagliare (con l'accetta).
hexagon ['hɛksəgən] *n* esagono; **~al** [-'sægənl] *a* esagonale.
heyday ['heɪdeɪ] *n*: **the ~ of** i bei giorni di, l'età d'oro di.
hi [haɪ] *excl* ciao!

hibernate ['haɪbəneɪt] *vi* svernare.
hiccough, hiccup ['hɪkʌp] *vi* singhiozzare // *n* singhiozzo; **to have (the) ~s** avere il singhiozzo.
hid [hɪd] *pt of* **hide**.
hidden ['hɪdn] *pp of* **hide**.
hide [haɪd] *n* (*skin*) pelle *f* // *vb* (*pt* **hid**, *pp* **hidden** [hɪd, 'hɪdn]) *vt*: **to ~ sth (from sb)** nascondere qc (a qd) // *vi*: **to ~ (from sb)** nascondersi (da qd); **~-and-seek** *n* rimpiattino; **~away** *n* nascondiglio.
hideous ['hɪdɪəs] *a* laido(a); orribile.
hiding ['haɪdɪŋ] *n* (*beating*) bastonata; **to be in ~** (*concealed*) tenersi nascosto(a); **~ place** *n* nascondiglio.
hierarchy ['haɪərɑ:kɪ] *n* gerarchia.
high [haɪ] *a* alto(a); (*speed, respect, number*) grande; (*wind*) forte // *ad* alto, in alto; **20m ~** alto(a) 20m; **~brow** *a, n* intellettuale (*m/f*); **~chair** *n* seggiolone *m*; **~-flying** *a* (*fig*) ambizioso(a); **~-handed** *a* prepotente; **~-heeled** *a* a tacchi alti; **~jack** = **hijack**; **~ jump** *n* (SPORT) salto in alto; **~light** *n* (*fig*: *of event*) momento culminante // *vt* lumeggiare; **~ly** *ad* molto; **~ly strung** *a* teso(a) di nervi, eccitabile; **H~ Mass** *n* messa cantata *or* solenne; **~ness** *n* altezza; **Her H~ness** Sua Altezza; **~-pitched** *a* acuto(a); **~-rise block** *n* palazzone *m*.
high school ['haɪsku:l] *n* scuola secondaria; (*US*) istituto superiore d'istruzione.
high street ['haɪstri:t] *n* strada principale.
highway ['haɪweɪ] *n* strada maestra.
hijack ['haɪdʒæk] *vt* dirottare; **~er** *n* dirottatore/trice.
hike [haɪk] *vi* fare un'escursione a piedi // *n* escursione *f* a piedi; **~r** *n* escursionista *m/f*.
hilarious [hɪ'lɛərɪəs] *a* (*behaviour, event*) che fa schiantare dal ridere.
hilarity [hɪ'lærɪtɪ] *n* ilarità.
hill [hɪl] *n* collina, colle *m*; (*fairly high*) montagna; (*on road*) salita; **~side** *n* fianco della collina; **~y** *a* collinoso(a); montagnoso(a).
hilt [hɪlt] *n* (*of sword*) elsa.
him [hɪm] *pronoun* (*direct*) lo, l' + *vowel*; (*indirect*) gli; (*stressed, after prep*) lui; **I see ~** lo vedo; **give ~ a book** gli dia un libro; **after ~** dopo (di) lui; **~self** *pronoun* (*reflexive*) si; (*emphatic*) lui stesso; (*after prep*) se stesso, sé.
hind [haɪnd] *a* posteriore // *n* cerva.
hinder ['hɪndə*] *vt* ostacolare; (*delay*) tardare; (*prevent*): **to ~ sb from doing** impedire a qd di fare; **hindrance** ['hɪndrəns] *n* ostacolo, impedimento.
Hindu ['hɪndu:] *n* indù *m/f inv*.
hinge [hɪndʒ] *n* cardine *m* // *vi* (*fig*): **to ~ on** dipendere da.
hint [hɪnt] *n* accenno, allusione *f*; (*advice*) consiglio // *vt*: **to ~ that** lasciar capire che // *vi*: **to ~ at** accennare a.
hip [hɪp] *n* anca, fianco.
hippopotamus [hɪpə'pɔtəməs] *n* ippopotamo.
hire ['haɪə*] *vt* (*car, equipment*) noleggiare; (*worker*) assumere, dare lavoro a // *n* nolo, noleggio; **for ~** da nolo; (*taxi*) libero(a); **~ purchase (H.P.)** *n* acquisto (*or* vendita) rateale.
his [hɪz] *a, pronoun* il(la) suo(sua), i(le) suoi(sue).
hiss [hɪs] *vi* fischiare; (*cat, snake*) sibilare // *n* fischio; sibilo.
historian [hɪ'stɔ:rɪən] *n* storico/a.
historic(al) [hɪ'stɔrɪk(l)] *a* storico(a).
history ['hɪstərɪ] *n* storia.
hit [hɪt] *vt* (*pt, pp* **hit**) colpire, picchiare; (*knock against*) battere; (*reach*: *target*) raggiungere; (*collide with*: *car*) urtare contro; (*fig*: *affect*) colpire; (*find*) incontrare // *n* colpo; (*success, song*) successo; **to ~ it off with sb** andare molto d'accordo con qd; **~-and-run driver** *n* pirata *m* della strada.
hitch [hɪtʃ] *vt* (*fasten*) attaccare; (*also*: **~ up**) tirare su // *n* (*difficulty*) intoppo, difficoltà *f inv*; **to ~ a lift** fare l'autostop.
hitch-hike ['hɪtʃhaɪk] *vi* fare l'autostop; **~r** *n* autostoppista *m/f*.
hive [haɪv] *n* alveare *m*.
H.M.S. *abbr of His(Her) Majesty's Ship*.
hoard [hɔ:d] *n* (*of food*) provviste *fpl*; (*of money*) gruzzolo // *vt* ammassare.
hoarding ['hɔ:dɪŋ] *n* tabellone *m* per affissioni.
hoarse [hɔ:s] *a* rauco(a).
hoax [həuks] *n* scherzo; falso allarme.
hob [hɔb] *n* piastra (con fornelli).
hobble ['hɔbl] *vi* zoppicare.
hobby ['hɔbɪ] *n* hobby *m inv*, passatempo.
hobo ['həubəu] *n* (*US*) vagabondo.
hock [hɔk] *n* vino del Reno.
hockey ['hɔkɪ] *n* hockey *m*.
hoe [həu] *n* zappa.
hog [hɔg] *n* maiale *m* // *vt* (*fig*) arraffare; **to go the whole ~** farlo fino in fondo.
hoist [hɔɪst] *n* paranco // *vt* issare.
hold [həuld] *vb* (*pt, pp* **held** [hɛld]) *vt* tenere; (*contain*) contenere; (*keep back*) trattenere; (*believe*) mantenere; considerare; (*possess*) avere, possedere; detenere // *vi* (*withstand pressure*) tenere; (*be valid*) essere valido(a) // *n* presa; (*fig*) potere *m*; (NAUT) stiva; **~ the line!** (TEL) resti in linea!; **to ~ one's own** (*fig*) difendersi bene; **to catch** *or* **get (a) ~ of** afferrare; **to get ~ of** (*fig*) trovare; **to ~ back** *vt* trattenere; (*secret*) tenere celato(a); **to ~ down** *vt* (*person*) tenere a terra; (*job*) tenere; **to ~ off** *vt* tener lontano; **to ~ on** *vi* tener fermo; (*wait*) aspettare; **to ~ on to** *vt fus* tenersi stretto(a) a; (*keep*) conservare; **to ~ out** *vt* offrire // *vi* (*resist*) resistere; **to ~ up** *vt* (*raise*) alzare; (*support*) sostenere; (*delay*) ritardare; **~all** *n* borsone *m*; **~er** *n* (*of ticket, title*) possessore/posseditrice; (*of office etc*) incaricato/a; (*of record*) detentore/trice; **~ing** *n* (*share*) azioni *fpl*, titoli *mpl*; (*farm*) podere *m*, tenuta; **~ing**

company *n* holding *f inv*; **~up** *n* (*robbery*) rapina a mano armata; (*delay*) ritardo; (*in traffic*) blocco.
hole [həul] *n* buco, buca // *vt* bucare.
holiday ['hɔlədɪ] *n* vacanza; (*day off*) giorno di vacanza; (*public*) giorno festivo; **~-maker** *n* villeggiante *m/f*; **~ resort** *n* luogo di villeggiatura.
holiness ['həulɪnɪs] *n* santità.
Holland ['hɔlənd] *n* Olanda.
hollow ['hɔləu] *a* cavo(a), vuoto(a); (*fig*) falso(a); vano(a) // *n* cavità *f inv*; (*in land*) valletta, depressione *f* // *vt*: **to ~ out** scavare.
holly ['hɔlɪ] *n* agrifoglio.
holster ['həulstə*] *n* fondina (di pistola).
holy ['həulɪ] *a* santo(a); (*bread*) benedetto(a), consacrato(a); (*ground*) consacrato(a); **H~ Ghost** *or* **Spirit** *n* Spirito Santo; **~ orders** *npl* ordini *mpl* (sacri).
homage ['hɔmɪdʒ] *n* omaggio; **to pay ~ to** rendere omaggio a.
home [həum] *n* casa; (*country*) patria; (*institution*) casa, ricovero // *a* familiare; (*cooking etc*) casalingo(a); (ECON, POL) nazionale, interno(a) // *ad* a casa; in patria; (*right in*: *nail etc*) fino in fondo; **at ~** a casa; **to go** (*or* **come**) **~** tornare a casa (*or* in patria); **make yourself at ~** si metta a suo agio; **~ address** *n* indirizzo di casa; **~land** *n* patria; **~less** *a* senza tetto; spatriato(a); **~ly** *a* semplice, alla buona; accogliente; **~-made** *a* casalingo(a); **~ rule** *n* autogoverno; **H~ Secretary** *n* (*Brit*) ministro dell'Interno; **~sick** *a*: **to be ~sick** avere la nostalgia; **~ town** *n* città *f inv* natale; **~ward** ['həumwəd] *a* (*journey*) di ritorno; **~work** *n* compiti *mpl* (per casa).
homicide ['hɔmɪsaɪd] *n* (*US*) omicidio.
homoeopathy [həumɪ'ɔpəθɪ] *n* omeopatia.
homogeneous [hɔməu'dʒi:nɪəs] *a* omogeneo(a).
homosexual [hɔməu'sɛksjuəl] *a,n* omosessuale (*m/f*).
honest ['ɔnɪst] *a* onesto(a); sincero(a); **~ly** *ad* onestamente; sinceramente; **~y** *n* onestà.
honey ['hʌnɪ] *n* miele *m*; **~comb** *n* favo; **~moon** *n* luna di miele; (*trip*) viaggio di nozze.
honk [hɔŋk] *n* (AUT) colpo di clacson // *vi* suonare il clacson.
honorary ['ɔnərərɪ] *a* onorario(a); (*duty, title*) onorifico(a).
honour ['ɔnə*] *vt* onorare // *n* onore *m*; **~able** *a* onorevole; **~s degree** *n* (SCOL) *laurea specializzata.*
hood [hud] *n* cappuccio; (*Brit*: AUT) capote *f*; (*US*: AUT) cofano; **~wink** *vt* infinocchiare.
hoof, ~s *or* **hooves** [hu:f, hu:vz] *n* zoccolo.
hook [huk] *n* gancio; (*for fishing*) amo // *vt* uncinare; (*dress*) agganciare.
hooligan ['hu:lɪgən] *n* giovinastro, teppista *m.*
hoop [hu:p] *n* cerchio.
hoot [hu:t] *vi* (AUT) suonare il clacson // *n* colpo di clacson; **~er** *n* (AUT) clacson *m inv*; (NAUT) sirena.
hooves [hu:vz] *npl of* **hoof.**
hop [hɔp] *vi* saltellare, saltare; (*on one foot*) saltare su una gamba // *n* salto.
hope [həup] *vt,vi* sperare // *n* speranza; **I ~ so/not** spero di sì/no; **~ful** *a* (*person*) pieno(a) di speranza; (*situation*) promettente; **~fully** *ad* con speranza; **~less** *a* senza speranza, disperato(a); (*useless*) inutile.
hops [hɔps] *npl* luppoli *mpl.*
horde [hɔ:d] *n* orda.
horizon [hə'raɪzn] *n* orizzonte *m*; **~tal** [hɔrɪ'zɔntl] *a* orizzontale.
hormone ['hɔ:məun] *n* ormone *m.*
horn [hɔ:n] *n* corno; (AUT) clacson *m inv*; **~ed** *a* (*animal*) cornuto(a).
hornet ['hɔ:nɪt] *n* calabrone *m.*
horny ['hɔ:nɪ] *a* corneo(a); (*hands*) calloso(a).
horoscope ['hɔrəskəup] *n* oroscopo.
horrible ['hɔrɪbl] *a* orribile, tremendo(a).
horrid ['hɔrɪd] *a* orrido(a); (*person*) antipatico(a).
horrify ['hɔrɪfaɪ] *vt* scandalizzare.
horror ['hɔrə*] *n* orrore *m*; **~ film** *n* film *m inv* dell'orrore.
hors d'œuvre [ɔ:'də:vrə] *n* antipasto.
horse [hɔ:s] *n* cavallo; **on ~back** *a* cavallo; **~ chestnut** *n* ippocastano; **~-drawn** *a* tirato(a) da cavallo; **~man** *n* cavaliere *m*; **~power (h.p.)** *n* cavallo (vapore); **~-racing** *n* ippica; **~radish** *n* barbaforte *m*; **~shoe** *n* ferro di cavallo.
horticulture ['hɔ:tɪkʌltʃə*] *n* orticoltura.
hose [həuz] *n* (*also*: **~pipe**) tubo; (*also*: **garden ~**) tubo per annaffiare.
hosiery ['həuzɪərɪ] *n* (*in shop*) (reparto di) calze *fpl* e calzini *mpl.*
hospitable [hɔs'pɪtəbl] *a* ospitale.
hospital ['hɔspɪtl] *n* ospedale *m.*
hospitality [hɔspɪ'tælɪtɪ] *n* ospitalità.
host [həust] *n* ospite *m*; (*large number*): **a ~ of** una schiera di; (REL) ostia.
hostage ['hɔstɪdʒ] *n* ostaggio/a.
hostel ['hɔstl] *n* ostello; **(youth) ~** *n* ostello della gioventù.
hostess ['həustɪs] *n* ospite *f.*
hostile ['hɔstaɪl] *a* ostile.
hostility [hɔ'stɪlɪtɪ] *n* ostilità.
hot [hɔt] *a* caldo(a); (*as opposed to only warm*) molto caldo(a); (*spicy*) piccante; (*fig*) accanito(a); ardente; violento(a), focoso(a); **~ dog** *n* hot dog *m inv.*
hotel [həu'tɛl] *n* albergo; **~ier** *n* albergatore/trice.
hot: **~headed** *a* focoso(a), eccitabile; **~house** *n* serra; **~ly** *ad* violentamente; **~plate** *n* fornello; piastra riscaldante; **~-water bottle** *n* borsa dell'acqua calda.
hound [haund] *vt* perseguitare // *n* segugio.
hour ['auə*] *n* ora; **~ly** *a* ogni ora.
house *n* [haus] (*pl*: **~s** ['hauzɪz]) (*also*:

firm) casa; (*POL*) camera; (*THEATRE*) sala; pubblico; spettacolo // *vt* [hauz] (*person*) ospitare, alloggiare; **the H~ (of Commons)** la Camera dei Comuni; **on the ~** (*fig*) offerto(a) dalla casa; **~ arrest** *n* confino (a casa); **~boat** *n* house boat *f inv*; **~breaking** *n* furto con scasso; **~hold** *n* famiglia; casa; **~keeper** *n* governante *f*; **~keeping** *n* (*work*) governo della casa; **~-warming party** *n* festa per inaugurare la casa nuova; **~wife** *n* massaia; **~work** *n* faccende *fpl* domestiche.

housing ['hauzıŋ] *n* alloggio; **~ estate** *n* *zona residenziale con case popolari e/o private.*

hovel ['hɔvl] *n* casupola.

hover ['hɔvə*] *vi* librarsi a volo; **to ~ round sb** aggirarsi intorno a qd; **~craft** *n* hovercraft *m inv*.

how [hau] *ad* come; **~ are you?** come sta?; **~ long have you been here?** da quanto tempo sta qui?; **~ lovely!** che bello!; **~ many?** quanti(e)?; **~ much?** quanto(a)?; **~ many people/much milk?** quante persone/quanto latte?; **~ is it that ...?** com'è che ...? *+ sub*; **~ever** *ad* in qualsiasi modo *or* maniera che; (*+ adjective*) per quanto *+ sub*; (*in questions*) come // *cj* comunque, però.

howl [haul] *n* ululato // *vi* ululare.

howler ['haulə*] *n* marronata.

h.p., H.P. *see* **hire**; **horse**.

HQ *abbr of* **headquarters**.

hub [hʌb] *n* (*of wheel*) mozzo; (*fig*) fulcro.

hubbub ['hʌbʌb] *n* baccano.

huddle ['hʌdl] *vi*: **to ~ together** rannicchiarsi l'uno contro l'altro.

hue [hju:] *n* tinta; **~ and cry** *n* clamore *m*.

huff [hʌf] *n*: **in a ~** stizzito(a).

hug [hʌg] *vt* abbracciare; (*shore, kerb*) stringere // *n* abbraccio, stretta.

huge [hju:dʒ] *a* enorme, immenso(a).

hulk [hʌlk] *n* carcassa; **~ing** *a*: **~ing (great)** grosso(a) e goffo(a).

hull [hʌl] *n* (*of ship*) scafo.

hullo [hə'ləu] *excl* = **hello**.

hum [hʌm] *vt* (*tune*) canticchiare // *vi* canticchiare; (*insect, plane, tool*) ronzare.

human ['hju:mən] *a* umano(a) // *n* essere *m* umano.

humane [hju:'meın] *a* umanitario(a).

humanity [hju:'mænıtı] *n* umanità; **the humanities** gli studi umanistici.

humble ['hʌmbl] *a* umile, modesto(a) // *vt* umiliare; **humbly** *ad* umilmente, modestamente.

humbug ['hʌmbʌg] *n* inganno; sciocchezze *fpl*.

humdrum ['hʌmdrʌm] *a* monotono(a), tedioso(a).

humid ['hju:mıd] *a* umido(a); **~ity** [-'mıdıtı] *n* umidità.

humiliate [hju:'mılıeıt] *vt* umiliare; **humiliation** [-'eıʃən] *n* umiliazione *f*.

humility [hju:'mılıtı] *n* umiltà.

humorist ['hju:mərıst] *n* umorista *m/f*.

humorous ['hju:mərəs] *a* umoristico(a); (*person*) buffo(a).

humour ['hju:mə*] *n* umore *m* // *vt* (*person*) compiacere; (*sb's whims*) assecondare.

hump [hʌmp] *n* gobba; **~back** *n* schiena d'asino.

hunch [hʌntʃ] *n* gobba; (*premonition*) intuizione *f*; **~back** *n* gobbo/a; **~ed** *a* incurvato(a).

hundred ['hʌndrəd] *num* cento; **~weight** *n* (*Brit*) = *50.8 kg*; *112 lb*; (*US*) = *45.3 kg*; *100 lb*.

hung [hʌŋ] *pt, pp of* **hang**.

Hungarian [hʌŋ'gɛərıən] *a* ungherese // *n* ungherese *m/f*; (*LING*) ungherese *m*.

Hungary ['hʌŋgərı] *n* Ungheria.

hunger ['hʌŋgə*] *n* fame *f* // *vi*: **to ~ for** desiderare ardentemente.

hungrily ['hʌŋgrəlı] *ad* voracemente; (*fig*) avidamente.

hungry ['hʌŋgrı] *a* affamato(a); **to be ~** aver fame.

hunt [hʌnt] *vt* (*seek*) cercare; (*SPORT*) cacciare // *vi* andare a caccia // *n* caccia; **~er** *n* cacciatore *m*; **~ing** *n* caccia.

hurdle ['hə:dl] *n* (*SPORT, fig*) ostacolo.

hurl [hə:l] *vt* lanciare con violenza.

hurrah, hurray [hu'rɑ:, hu'reı] *excl* urrà!, evviva!

hurricane ['hʌrıkən] *n* uragano.

hurried ['hʌrıd] *a* affrettato(a); (*work*) fatto(a) in fretta; **~ly** *ad* in fretta.

hurry ['hʌrı] *n* fretta // *vi* affrettarsi // *vt* (*person*) affrettare; (*work*) far in fretta; **to be in a ~** aver fretta; **to do sth in a ~** fare qc in fretta; **to ~ in/out** entrare/uscire in fretta.

hurt [hə:t] *vb* (*pt, pp* **hurt**) *vt* (*cause pain to*) far male a; (*injure, fig*) ferire // *vi* far male // *a* ferito(a); **~ful** *a* (*remark*) che ferisce.

hurtle ['hə:tl] *vt* scagliare // *vi*: **to ~ past/down** passare/scendere a razzo.

husband ['hʌzbənd] *n* marito.

hush [hʌʃ] *n* silenzio, calma // *vt* zittire; **~!** zitto(a)!

husk [hʌsk] *n* (*of wheat*) cartoccio; (*of rice, maize*) buccia.

husky ['hʌskı] *a* roco(a) // *n* cane *m* esquimese.

hustle ['hʌsl] *vt* spingere, incalzare // *n* pigia pigia *m inv*; **~ and bustle** *n* trambusto.

hut [hʌt] *n* rifugio; (*shed*) ripostiglio.

hutch [hʌtʃ] *n* gabbia.

hyacinth ['haıəsınθ] *n* giacinto.

hybrid ['haıbrıd] *a* ibrido(a) // *n* ibrido.

hydrant ['haıdrənt] *n* idrante *m*.

hydraulic [haı'drɔ:lık] *a* idraulico(a).

hydroelectric [haıdrəuı'lɛktrık] *a* idroelettrico(a).

hydrogen ['haıdrədʒən] *n* idrogeno.

hyena [haı'i:nə] *n* iena.

hygiene ['haıdʒi:n] *n* igiene *f*.

hygienic [haı'dʒi:nık] *a* igienico(a).

hymn [hım] *n* inno; cantica.

hyphen ['haɪfn] *n* trattino.
hypnosis [hɪp'nəusɪs] *n* ipnosi *f.*
hypnotism ['hɪpnətɪzm] *n* ipnotismo.
hypnotist ['hɪpnətɪst] *n* ipnotizzatore/trice.
hypnotize ['hɪpnətaɪz] *vt* ipnotizzare.
hypocrisy [hɪ'pɔkrɪsɪ] *n* ipocrisia.
hypocrite ['hɪpəkrɪt] *n* ipocrita *m/f*; **hypocritical** [-'krɪtɪkl] *a* ipocrita.
hypothesis, *pl* **hypotheses** [haɪ'pɔθɪsɪs, -si:z] *n* ipotesi *f inv.*
hypothetical [haɪpəu'θɛtɪkl] *a* ipotetico(a).
hysteria [hɪ'stɪərɪə] *n* isteria.
hysterical [hɪ'stɛrɪkl] *a* isterico(a).
hysterics [hɪ'stɛrɪks] *npl* accesso di isteria; (*laughter*) attacco di riso.

I

I [aɪ] *pronoun* io.
ice [aɪs] *n* ghiaccio; (*on road*) gelo // *vt* (*cake*) glassare; (*drink*) mettere in fresco // *vi* (*also*: ~ **over**) ghiacciare; (*also*: ~ **up**) gelare; ~ **axe** *n* picozza da ghiaccio; ~**berg** *n* iceberg *m inv*; ~**box** *n* (*US*) frigorifero; (*Brit*) reparto ghiaccio; (*insulated box*) frigo portatile; ~**-cold** *a* gelato(a); ~ **cream** *n* gelato; ~ **hockey** *n* hockey *m* su ghiaccio.
Iceland ['aɪslənd] *n* Islanda; ~**er** *n* islandese *m/f*; ~**ic** [-'lændɪk] *a* islandese // *n* (LING) islandese *m.*
ice rink ['aɪsrɪŋk] *n* pista di pattinaggio.
icicle ['aɪsɪkl] *n* ghiacciolo.
icing ['aɪsɪŋ] *n* (AVIAT *etc*) patina di ghiaccio; (CULIN) glassa; ~ **sugar** *n* zucchero a velo.
icon ['aɪkɔn] *n* icona.
icy ['aɪsɪ] *a* ghiacciato(a); (*weather, temperature*) gelido(a).
I'd [aɪd] = **I would, I had**.
idea [aɪ'dɪə] *n* idea.
ideal [aɪ'dɪəl] *a, n* ideale (*m*); ~**ist** *n* idealista *m/f.*
identical [aɪ'dɛntɪkl] *a* identico(a).
identification [aɪdɛntɪfɪ'keɪʃən] *n* identificazione *f*; **means of** ~ carta d'identità.
identify [aɪ'dɛntɪfaɪ] *vt* identificare.
identity [aɪ'dɛntɪtɪ] *n* identità *f inv.*
ideology [aɪdɪ'ɔlədʒɪ] *n* ideologia.
idiocy ['ɪdɪəsɪ] *n* idiozia.
idiom ['ɪdɪəm] *n* idioma *m*; (*phrase*) espressione *f* idiomatica.
idiosyncrasy [ɪdɪəu'sɪŋkrəsɪ] *n* idiosincrasia.
idiot ['ɪdɪət] *n* idiota *m/f*; ~**ic** [-'ɔtɪk] *a* idiota.
idle ['aɪdl] *a* inattivo(a); (*lazy*) pigro(a), ozioso(a); (*unemployed*) disoccupato(a); (*question, pleasures*) inutile, ozioso(a); **to lie** ~ stare fermo, non funzionare; ~**ness** *n* ozio; pigrizia; ~**r** *n* ozioso/a; fannullone/a.
idol ['aɪdl] *n* idolo; ~**ize** *vt* idoleggiare.
idyllic [ɪ'dɪlɪk] *a* idillico(a).
i.e. *ad* (*abbr of id est*) cioè.
if [ɪf] *cj* se.
igloo ['ɪglu:] *n* igloo *m inv.*
ignite [ɪg'naɪt] *vt* accendere // *vi* accendersi.
ignition [ɪg'nɪʃən] *n* (AUT) accensione *f*; **to switch on/off the** ~ accendere/spegnere il motore; ~ **key** *n* (AUT) chiave *f* dell'accensione.
ignorance ['ɪgnərəns] *n* ignoranza.
ignorant ['ɪgnərənt] *a* ignorante.
ignore [ɪg'nɔ:*] *vt* non tener conto di; (*person, fact*) ignorare.
I'll [aɪl] = **I will, I shall**.
ill [ɪl] *a* (*sick*) malato(a); (*bad*) cattivo(a) // *n* male *m*; **to take** *or* **be taken** ~ ammalarsi; ~**-advised** *a* (*decision*) poco giudizioso(a); (*person*) mal consigliato(a); ~**-at-ease** *a* a disagio.
illegal [ɪ'li:gl] *a* illegale.
illegible [ɪ'lɛdʒɪbl] *a* illeggibile.
illegitimate [ɪlɪ'dʒɪtɪmət] *a* illegittimo(a).
ill-fated [ɪl'feɪtɪd] *a* nefasto(a).
ill feeling [ɪl'fi:lɪŋ] *n* rancore *m.*
illicit [ɪ'lɪsɪt] *a* illecito(a).
illiterate [ɪ'lɪtərət] *a* illetterato(a); (*letter*) scorretto(a).
ill-mannered [ɪl'mænəd] *a* maleducato(a), sgarbato(a).
illness ['ɪlnɪs] *n* malattia.
illogical [ɪ'lɔdʒɪkl] *a* illogico(a).
ill-treat [ɪl'tri:t] *vt* maltrattare.
illuminate [ɪ'lu:mɪneɪt] *vt* illuminare; **illumination** [-'neɪʃən] *n* illuminazione *f.*
illusion [ɪ'lu:ʒən] *n* illusione *f.*
illusive, illusory [ɪ'lu:sɪv, ɪ'lu:sərɪ] *a* illusorio(a).
illustrate ['ɪləstreɪt] *vt* illustrare; **illustration** [-'streɪʃən] *n* illustrazione *f.*
illustrious [ɪ'lʌstrɪəs] *a* illustre.
ill will [ɪl'wɪl] *n* cattiva volontà.
I'm [aɪm] = **I am.**
image ['ɪmɪdʒ] *n* immagine *f*; (*public face*) immagine (pubblica); ~**ry** *n* immagini *fpl.*
imaginary [ɪ'mædʒɪnərɪ] *a* immaginario(a).
imagination [ɪmædʒɪ'neɪʃən] *n* immaginazione *f*, fantasia.
imaginative [ɪ'mædʒɪnətɪv] *a* immaginoso(a).
imagine [ɪ'mædʒɪn] *vt* immaginare.
imbalance [ɪm'bæləns] *n* sbilancio.
imbecile ['ɪmbəsi:l] *n* imbecille *m/f.*
imitate ['ɪmɪteɪt] *vt* imitare; **imitation** [-'teɪʃən] *n* imitazione *f*; **imitator** *n* imitatore/trice.
immaculate [ɪ'mækjulət] *a* immacolato(a); (*dress, appearance*) impeccabile.
immaterial [ɪmə'tɪərɪəl] *a* immateriale, indifferente.
immature [ɪmə'tjuə*] *a* immaturo(a).
immediate [ɪ'mi:dɪət] *a* immediato(a); ~**ly** *ad* (*at once*) subito, immediatamente; ~**ly next to** proprio accanto a.
immense [ɪ'mɛns] *a* immenso(a); enorme.
immerse [ɪ'mə:s] *vt* immergere.

immersion heater [ɪ'mɜ:ʃnhi:tə*] *n* riscaldatore *m* a immersione.
immigrant ['ɪmɪgrənt] *n* immigrante *m/f*; immigrato/a.
immigration [ɪmɪ'greɪʃən] *n* immigrazione *f*.
imminent ['ɪmɪnənt] *a* imminente.
immobilize [ɪ'məubɪlaɪz] *vt* immobilizzare.
immoral [ɪ'mɔrl] *a* immorale; **~ity** [-'rælɪtɪ] *n* immoralità.
immortal [ɪ'mɔ:tl] *a, n* immortale (*m/f*); **~ize** *vt* rendere immortale.
immune [ɪ'mju:n] *a*: **~ (to)** immune (da).
immunize ['ɪmjunaɪz] *vt* immunizzare.
impact ['ɪmpækt] *n* impatto.
impair [ɪm'pɛə*] *vt* danneggiare.
impale [ɪm'peɪl] *vt* impalare.
impartial [ɪm'pɑ:ʃl] *a* imparziale; **~ity** [ɪmpɑ:ʃɪ'ælɪtɪ] *n* imparzialità.
impassable [ɪm'pɑ:səbl] *a* insuperabile; (*road*) impraticabile.
impatience [ɪm'peɪʃəns] *n* impazienza.
impatient [ɪm'peɪʃənt] *a* impaziente.
impeach [ɪm'pi:tʃ] *vt* accusare, attaccare; (*public official*) incriminare.
impeccable [ɪm'pɛkəbl] *a* impeccabile.
impede [ɪm'pi:d] *vt* impedire.
impediment [ɪm'pɛdɪmənt] *n* impedimento; (*also*: **speech ~**) difetto di pronuncia.
impending [ɪm'pɛndɪŋ] *a* imminente.
imperative [ɪm'pɛrətɪv] *a* imperativo(a); necessario(a), urgente; (*voice*) imperioso(a) // *n* (LING) imperativo.
imperceptible [ɪmpə'sɛptɪbl] *a* impercettibile.
imperfect [ɪm'pə:fɪkt] *a* imperfetto(a); (*goods etc*) difettoso(a) // *n* (LING: *also*: **~ tense**) imperfetto; **~ion** [-'fɛkʃən] *n* imperfezione *f*.
imperial [ɪm'pɪərɪəl] *a* imperiale; (*measure*) legale.
impersonal [ɪm'pə:sənl] *a* impersonale.
impersonate [ɪm'pə:səneɪt] *vt* impersonare; (THEATRE) fare la mimica di; **impersonation** [-'neɪʃən] *n* (LAW) usurpazione *f* d'identità; (THEATRE) mimica.
impertinent [ɪm'pə:tɪnənt] *a* insolente, impertinente.
impervious [ɪm'pə:vɪəs] *a* impermeabile; (*fig*): **~ to** insensibile a; impassibile di fronte a.
impetuous [ɪm'pɛtjuəs] *a* impetuoso(a), precipitoso(a).
impetus ['ɪmpətəs] *n* impeto.
impinge [ɪm'pɪndʒ]: **to ~ on** *vt fus* (*person*) colpire; (*rights*) ledere.
implausible [ɪm'plɔ:zɪbl] *a* non plausibile.
implement *n* ['ɪmplɪmənt] attrezzo; (*for cooking*) utensile *m* // *vt* ['ɪmplɪmɛnt] effettuare.
implicate ['ɪmplɪkeɪt] *vt* implicare; **implication** [-'keɪʃən] *n* implicazione *f*.
implicit [ɪm'plɪsɪt] *a* implicito(a); (*complete*) completo(a).
implore [ɪm'plɔ:*] *vt* implorare.
imply [ɪm'plaɪ] *vt* insinuare; suggerire.
impolite [ɪmpə'laɪt] *a* scortese.
imponderable [ɪm'pɔndərəbl] *a* imponderabile.
import *vt* [ɪm'pɔ:t] importare // *n* ['ɪmpɔ:t] (COMM) importazione *f*; (*meaning*) significato, senso.
importance [ɪm'pɔ:tns] *n* importanza.
important [ɪm'pɔ:tnt] *a* importante.
imported [ɪm'pɔ:tɪd] *a* importato(a).
importer [ɪm'pɔ:tə*] *n* importatore/trice.
impose [ɪm'pəuz] *vt* imporre // *vi*: **to ~ on sb** sfruttare la bontà di qd.
imposing [ɪm'pəuzɪŋ] *a* imponente.
impossibility [ɪmpɔsə'bɪlɪtɪ] *n* impossibilità.
impossible [ɪm'pɔsɪbl] *a* impossibile.
impostor [ɪm'pɔstə*] *n* impostore/a.
impotence ['ɪmpətns] *n* impotenza.
impotent ['ɪmpətnt] *a* impotente.
impound [ɪm'paund] *vt* confiscare.
impoverished [ɪm'pɔvərɪʃt] *a* impoverito(a).
impracticable [ɪm'præktɪkəbl] *a* impraticabile.
impractical [ɪm'præktɪkl] *a* non pratico(a).
imprecise [ɪmprɪ'saɪs] *a* impreciso(a).
impregnable [ɪm'prɛgnəbl] *a* (*fortress*) inespugnabile; (*fig*) inoppugnabile; irrefutabile.
impregnate ['ɪmprɛgneɪt] *vt* impregnare; (*fertilize*) fecondare.
impresario [ɪmprɪ'sɑ:rɪəu] *n* impresario/a.
impress [ɪm'prɛs] *vt* impressionare; (*mark*) imprimere, stampare; **to ~ sth on sb** far capire qc a qd.
impression [ɪm'prɛʃən] *n* impressione *f*; **to be under the ~ that** avere l'impressione che; **~able** *a* impressionabile; **~ist** *n* impressionista *m/f*.
impressive [ɪm'prɛsɪv] *a* impressionante.
imprison [ɪm'prɪzn] *vt* imprigionare; **~ment** *n* imprigionamento.
improbable [ɪm'prɔbəbl] *a* improbabile; (*excuse*) inverosimile.
impromptu [ɪm'prɔmptju:] *a* improvvisato(a).
improper [ɪm'prɔpə*] *a* scorretto(a); (*unsuitable*) inadatto(a), improprio(a); sconveniente, indecente; **impropriety** [ɪmprə'praɪətɪ] *n* sconvenienza; (*of expression*) improprietà.
improve [ɪm'pru:v] *vt* migliorare // *vi* migliorare; (*pupil etc*) fare progressi; **~ment** *n* miglioramento; progresso.
improvisation [ɪmprəvaɪ'zeɪʃən] *n* improvvisazione *f*.
improvise ['ɪmprəvaɪz] *vt,vi* improvvisare.
impudent ['ɪmpjudnt] *a* impudente, sfacciato(a).
impulse ['ɪmpʌls] *n* impulso.
impulsive [ɪm'pʌlsɪv] *a* impulsivo(a).

impunity [ɪm'pju:nɪtɪ] *n* impunità.
impure [ɪm'pjuə*] *a* impuro(a).
impurity [ɪm'pjuərɪtɪ] *n* impurità *f inv.*
in [ɪn] *prep* in; (*with time: during, within*): ~ **May/2 days** in maggio/2 giorni; (: *after*): ~ **2 weeks** entro 2 settimane; (*with town*) a; (*with country*): **it's** ~ **France** è in Francia // *ad* entro, dentro; (*fashionable*) alla moda; **is he** ~**?** lui c'è?; ~ **town/the country** in città/campagna; ~ **the sun** al sole; ~ **the rain** sotto la pioggia; ~ **French** in francese; **a man** ~ **10** un uomo su 10; ~ **hundreds** a centinaia; **the best pupil** ~ **the class** il migliore alunno della classe; ~ **saying this** nel dire questo; **their party is** ~ il loro partito è al potere; **to run/limp** *etc* ~ entrare correndo/zoppicando; **the** ~**s and outs of** i dettagli di.
in., ins *abbr of* **inch(es)**.
inability [ɪnə'bɪlɪtɪ] *n* inabilità, incapacità.
inaccessible [ɪnək'sɛsɪbl] *a* inaccessibile.
inaccuracy [ɪn'ækjurəsɪ] *n* inaccuratezza; imprecisione *f.*
inaccurate [ɪn'ækjurət] *a* inesatto(a), impreciso(a).
inactivity [ɪnæk'tɪvɪtɪ] *n* inattività.
inadequacy [ɪn'ædɪkwəsɪ] *n* insufficienza.
inadequate [ɪn'ædɪkwət] *a* insufficiente.
inadvertently [ɪnəd'və:tntlɪ] *ad* senza volerlo.
inadvisable [ɪnəd'vaɪzəbl] *a* sconsigliabile.
inane [ɪ'neɪn] *a* vacuo(a), stupido(a).
inanimate [ɪn'ænɪmət] *a* inanimato(a).
inappropriate [ɪnə'prəuprɪət] *a* disadatto(a); (*word, expression*) improprio(a).
inapt [ɪn'æpt] *a* maldestro(a); fuori luogo; ~**itude** *n* improprietà.
inarticulate [ɪnɑ:'tɪkjulət] *a* (*person*) che si esprime male; (*speech*) inarticolato(a).
inasmuch as [ɪnəz'mʌtʃæz] *ad* in quanto che; (*seeing that*) poiché.
inattention [ɪnə'tɛnʃən] *n* mancanza di attenzione.
inattentive [ɪnə'tɛntɪv] *a* disattento(a), distratto(a); negligente.
inaudible [ɪn'ɔ:dɪbl] *a* impercettibile.
inaugural [ɪ'nɔ:gjurəl] *a* inaugurale.
inaugurate [ɪ'nɔ:gjureɪt] *vt* inaugurare; (*president, official*) insediare; **inauguration** [-'reɪʃən] *n* inaugurazione *f*; insediamento in carica.
in-between [ɪnbɪ'twi:n] *a* fra i (*or* le) due.
inborn [ɪn'bɔ:n] *a* (*feeling*) innato(a); (*defect*) congenito(a).
inbred [ɪn'brɛd] *a* innato(a); (*family*) connaturato(a).
inbreeding [ɪn'bri:dɪŋ] *n* incrocio ripetuto di animali consanguinei; unioni *fpl* fra consanguinei.
Inc. *abbr see* **incorporated**.
incapability [ɪnkeɪpə'bɪlɪtɪ] *n* incapacità.
incapable [ɪn'keɪpəbl] *a* incapace.
incapacitate [ɪnkə'pæsɪteɪt] *vt*: **to** ~ **sb from doing** rendere qd incapace di fare.
incarnate [ɪn'kɑ:nɪt] *a* incarnato(a); **incarnation** [-'neɪʃən] *n* incarnazione *f.*
incendiary [ɪn'sɛndɪərɪ] *a* incendiario(a).
incense *n* ['ɪnsɛns] incenso // *vt* [ɪn'sɛns] (*anger*) infuriare.
incentive [ɪn'sɛntɪv] *n* incentivo.
incessant [ɪn'sɛsnt] *a* incessante; ~**ly** *ad* di continuo, senza sosta.
incest ['ɪnsɛst] *n* incesto.
inch [ɪntʃ] *n* pollice *m* (*= 25 mm; 12 in a foot*); **within an** ~ **of** a un pelo da.
incidence ['ɪnsɪdns] *n* (*of crime, disease*) incidenza.
incident ['ɪnsɪdnt] *n* incidente *m*; (*in book*) episodio.
incidental [ɪnsɪ'dɛntl] *a* accessorio(a), d'accompagnamento; (*unplanned*) incidentale; ~ **to** marginale a; ~ **expenses** *npl* spese *fpl* accessorie; ~**ly** [-'dɛntəlɪ] *ad* (*by the way*) a proposito.
incinerator [ɪn'sɪnəreɪtə*] *n* inceneritore *m.*
incipient [ɪn'sɪpɪənt] *a* incipiente.
incision [ɪn'sɪʒən] *n* incisione *f.*
incisive [ɪn'saɪsɪv] *a* incisivo(a); tagliante; acuto(a).
incite [ɪn'saɪt] *vt* incitare.
inclination [ɪnklɪ'neɪʃən] *n* inclinazione *f.*
incline *n* ['ɪnklaɪn] pendenza, pendio // *vb* [ɪn'klaɪn] *vt* inclinare // *vi*: **to** ~ **to** tendere a; **to be** ~**d to do** tendere a fare; essere propenso(a) a fare; **to be well** ~**d towards sb** essere ben disposto(a) verso qd.
include [ɪn'klu:d] *vt* includere, comprendere; **including** *prep* compreso(a), incluso(a).
inclusion [ɪn'klu:ʒən] *n* inclusione *f.*
inclusive [ɪn'klu:sɪv] *a* incluso(a), compreso(a).
incognito [ɪnkɔg'ni:təu] *ad* in incognito.
incoherent [ɪnkəu'hɪərənt] *a* incoerente.
income ['ɪŋkʌm] *n* reddito; ~ **tax** *n* imposta sul reddito; ~ **tax return** *n* dichiarazione *f* annuale dei redditi.
incoming ['ɪnkʌmɪŋ] *a*: ~ **tide** *n* marea montante.
incompatible [ɪnkəm'pætɪbl] *a* incompatibile.
incompetence [ɪn'kɔmpɪtns] *n* incompetenza, incapacità.
incompetent [ɪn'kɔmpɪtnt] *a* incompetente, incapace.
incomplete [ɪnkəm'pli:t] *a* incompleto(a).
incomprehensible [ɪnkɔmprɪ'hɛnsɪbl] *a* incomprensibile.
inconclusive [ɪnkən'klu:sɪv] *a* improduttivo(a); (*argument*) poco convincente.
incongruous [ɪn'kɔŋgruəs] *a* poco appropriato(a); (*remark, act*) incongruo(a).
inconsequential [ɪnkɔnsɪ'kwɛnʃl] *a* senza importanza.
inconsiderate [ɪnkən'sɪdərət] *a* sconsiderato(a).
inconsistent [ɪnkən'sɪstnt] *a* incoerente;

poco logico(a); contraddittorio(a).
inconspicuous [ınkən'spıkjuəs] *a* incospicuo(a); (*colour*) poco appariscente; (*dress*) dimesso(a).
inconstant [ın'kɔnstnt] *a* incostante; mutevole.
incontinent [ın'kɔntınənt] *a* incontinente.
inconvenience [ınkən'vi:njəns] *n* inconveniente *m*; (*trouble*) disturbo // *vt* disturbare.
inconvenient [ınkən'vi:njənt] *a* scomodo(a).
incorporate [ın'kɔ:pəreıt] *vt* incorporare; (*contain*) contenere; **~d** *a*: **~d company** (*US, abbr* **Inc.**) società *f inv* anonima (S.A.).
incorrect [ınkə'rɛkt] *a* scorretto(a); (*opinion, statement*) impreciso(a).
incorruptible [ınkə'rʌptıbl] *a* incorruttibile.
increase *n* ['ınkri:s] aumento // *vi* [ın'kri:s] aumentare.
increasing [ın'kri:sıŋ] *a* (*number*) crescente; **~ly** *ad* sempre più.
incredible [ın'krɛdıbl] *a* incredibile.
incredulous [ın'krɛdjuləs] *a* incredulo(a).
increment ['ınkrımənt] *n* aumento, incremento.
incriminate [ın'krımıneıt] *vt* compromettere.
incubation [ınkju'beıʃən] *n* incubazione *f*.
incubator ['ınkjubeıtə*] *n* incubatrice *f*.
incur [ın'kə:*] *vt* (*expenses*) incorrere; (*anger, risk*) esporsi a; (*debt*) contrarre; (*loss*) subire.
incurable [ın'kjuərəbl] *a* incurabile.
incursion [ın'kə:ʃən] *n* incursione *f*.
indebted [ın'dɛtıd] *a*: **to be ~ to sb (for)** essere obbligato(a) verso qd (per).
indecent [ın'di:snt] *a* indecente.
indecision [ındı'sıʒən] *n* indecisione *f*.
indecisive [ındı'saısıv] *a* indeciso(a); (*discussion*) non decisivo(a).
indeed [ın'di:d] *ad* infatti; veramente; **yes ~!** certamente!
indefinable [ındı'faınəbl] *a* indefinibile.
indefinite [ın'dɛfınıt] *a* indefinito(a); (*answer*) vago(a); (*period, number*) indeterminato(a); **~ly** *ad* (*wait*) indefinitamente.
indelible [ın'dɛlıbl] *a* indelebile.
indemnify [ın'dɛmnıfaı] *vt* indennizzare.
indentation [ındɛn'teıʃən] *n* intaccatura.
independence [ındı'pɛndns] *n* indipendenza.
independent [ındı'pɛndnt] *a* indipendente.
indescribable [ındı'skraıbəbl] *a* indescrivibile.
index ['ındɛks] *n* (*pl*: **~es**: *in book*) indice *m*; (: *in library etc*) catalogo; (*pl*: **indices** ['ındısi:z]: *ratio, sign*) indice *m*; **~ card** *n* scheda; **~ finger** *n* (dito) indice *m*; **~-linked** *a* legato(a) al costo della vita.
India ['ındıə] *n* India; **~n** *a, n* indiano(a); **~n ink** *n* inchiostro di china; **~n Ocean** *n* Oceano Indiano.
indicate ['ındıkeıt] *vt* indicare;
indication [-'keıʃən] *n* indicazione *f*, segno.
indicative [ın'dıkətıv] *a* indicativo(a) // *n* (LING) indicativo.
indicator ['ındıkeıtə*] *n* indicatore *m*.
indices ['ındısi:z] *npl of* **index**.
indict [ın'daıt] *vt* accusare; **~able** *a* passibile di pena; **~ment** *n* accusa.
indifference [ın'dıfrəns] *n* indifferenza.
indifferent [ın'dıfrənt] *a* indifferente; (*poor*) mediocre.
indigenous [ın'dıdʒınəs] *a* indigeno(a).
indigestible [ındı'dʒɛstıbl] *a* indigeribile.
indigestion [ındı'dʒɛstʃən] *n* indigestione *f*.
indignant [ın'dıgnənt] *a*: **~ (at sth/with sb)** indignato(a) (per qc/contro qd).
indignation [ındıg'neıʃən] *n* indignazione *f*.
indignity [ın'dıgnıtı] *n* affronto.
indirect [ındı'rɛkt] *a* indiretto(a).
indiscreet [ındı'skri:t] *a* indiscreto(a); (*rash*) imprudente.
indiscretion [ındı'skrɛʃən] *n* indiscrezione *f*; imprudenza.
indiscriminate [ındı'skrımınət] *a* (*person*) che non sa discernere; (*admiration*) cieco(a); (*killings*) indiscriminato(a).
indispensable [ındı'spɛnsəbl] *a* indispensabile.
indisposed [ındı'spəuzd] *a* (*unwell*) indisposto(a).
indisputable [ındı'spju:təbl] *a* incontestabile, indiscutibile.
indistinct [ındı'stıŋkt] *a* indistinto(a); (*memory, noise*) vago(a).
individual [ındı'vıdjuəl] *n* individuo // *a* individuale; (*characteristic*) particolare, originale; **~ist** *n* individualista *m/f*; **~ity** [-'ælıtı] *n* individualità.
indoctrinate [ın'dɔktrıneıt] *vt* indottrinare; **indoctrination** [-'neıʃən] *n* indottrinamento.
indolent ['ındələnt] *a* indolente.
indoor ['ındɔ:*] *a* da interno; (*plant*) d'appartamento; (*swimming-pool*) coperto(a); (*sport, games*) fatto(a) al coperto; **~s** [ın'dɔ:z] *ad* all'interno; (*at home*) in casa.
indubitable [ın'dju:bıtəbl] *a* indubitabile.
induce [ın'dju:s] *vt* persuadere; (*bring about*) provocare; **~ment** *n* incitamento; (*incentive*) stimolo, incentivo.
induction [ın'dʌkʃən] *n* (MED: *of birth*) parto indotto; **~ course** *n* corso di avviamento.
indulge [ın'dʌldʒ] *vt* (*whim*) compiacere, soddisfare; (*child*) viziare // *vi*: **to ~ in sth** concedersi qc; abbandonarsi a qc; **~nce** *n* lusso (che uno si permette); (*leniency*) indulgenza; **~nt** *a* indulgente.
industrial [ın'dʌstrıəl] *a* industriale; (*injury*) sul lavoro; (*dispute*) di lavoro; **~ action** *n* azione *f* rivendicativa; **~ estate** *n* zona industriale; **~ist** *n* industriale *m*; **~ize** *vt* industrializzare.

industrious [ɪn'dʌstrɪəs] *a* industrioso(a), assiduo(a).
industry ['ɪndəstrɪ] *n* industria; (*diligence*) operosità.
inebriated [ɪ'ni:brɪeɪtɪd] *a* ubriaco(a).
inedible [ɪn'ɛdɪbl] *a* immangiabile.
ineffective [ɪnɪ'fɛktɪv] *a* inefficace.
ineffectual [ɪnɪ'fɛktʃuəl] *a* inefficace; incompetente.
inefficiency [ɪnɪ'fɪʃənsɪ] *n* inefficienza.
inefficient [ɪnɪ'fɪʃənt] *a* inefficiente.
ineligible [ɪn'ɛlɪdʒɪbl] *a* (*candidate*) ineleggibile; **to be ~ for sth** non avere il diritto a qc.
inept [ɪ'nɛpt] *a* inetto(a).
inequality [ɪnɪ'kwɔlɪtɪ] *n* ineguaglianza.
inert [ɪ'nə:t] *a* inerte.
inertia [ɪ'nə:ʃə] *n* inerzia.
inescapable [ɪnɪ'skeɪpəbl] *a* inevitabile.
inestimable [ɪn'ɛstɪməbl] *a* inestimabile, incalcolabile.
inevitable [ɪn'ɛvɪtəbl] *a* inevitabile.
inexact [ɪnɪg'zækt] *a* inesatto(a).
inexhaustible [ɪnɪg'zɔ:stɪbl] *a* inesauribile; (*person*) instancabile.
inexorable [ɪn'ɛksərəbl] *a* inesorabile.
inexpensive [ɪnɪk'spɛnsɪv] *a* poco costoso(a).
inexperience [ɪnɪk'spɪərɪəns] *n* inesperienza; **~d** *a* inesperto(a), senza esperienza.
inexplicable [ɪnɪk'splɪkəbl] *a* inesplicabile.
inextricable [ɪnɪk'strɪkəbl] *a* inestricabile.
infallibility [ɪnfælə'bɪlɪtɪ] *n* infallibilità.
infallible [ɪn'fælɪbl] *a* infallibile.
infamous ['ɪnfəməs] *a* infame.
infamy ['ɪnfəmɪ] *n* infamia.
infancy ['ɪnfənsɪ] *n* infanzia.
infant ['ɪnfənt] *n* (*baby*) infante *m/f*; (*young child*) bambino/a; **~ile** *a* infantile; **~ school** *n* scuola elementare (*per bambini dall'età di 5 a 7 anni*).
infantry ['ɪnfəntrɪ] *n* fanteria; **~man** *n* fante *m*.
infatuated [ɪn'fætjueɪtɪd] *a*: **~ with** infatuato(a) di.
infatuation [ɪnfætju'eɪʃən] *n* infatuazione *f*.
infect [ɪn'fɛkt] *vt* infettare; **~ed with** (*illness*) affetto(a) da; **~ion** [ɪn'fɛkʃən] *n* infezione *f*; contagio; **~ious** [ɪn'fɛkʃəs] *a* infettivo(a); (*also*: *fig*) contagioso(a).
infer [ɪn'fə:*] *vt* inferire, dedurre; **~ence** ['ɪnfərəns] *n* deduzione *f*; conclusione *f*.
inferior [ɪn'fɪərɪə*] *a* inferiore; (*goods*) di qualità scadente // *n* inferiore *m/f*; (*in rank*) subalterno/a; **~ity** [ɪnfɪərɪ'ɔrətɪ] *n* inferiorità; **~ity complex** *n* complesso di inferiorità.
infernal [ɪn'fə:nl] *a* infernale.
inferno [ɪn'fə:nəu] *n* inferno.
infertile [ɪn'fə:taɪl] *a* sterile; **infertility** [-'tɪlɪtɪ] *n* sterilità.
infested [ɪn'fɛstɪd] *a*: **~ (with)** infestato(a) (di).
infidelity [ɪnfɪ'dɛlɪtɪ] *n* infedeltà.
in-fighting ['ɪnfaɪtɪŋ] *n* lotte *fpl* intestine.
infiltrate ['ɪnfɪltreɪt] *vt* (*troops etc*) far penetrare; (*enemy line etc*) infiltrare // *vi* infiltrarsi.
infinite ['ɪnfɪnɪt] *a* infinito(a).
infinitive [ɪn'fɪnɪtɪv] *n* infinito.
infinity [ɪn'fɪnɪtɪ] *n* infinità; (*also* MATH) infinito.
infirmary [ɪn'fə:mərɪ] *n* ospedale *m*; (*in school, factory*) infermeria.
infirmity [ɪn'fə:mɪtɪ] *n* infermità *f inv*.
inflame [ɪn'fleɪm] *vt* infiammare.
inflammable [ɪn'flæməbl] *a* infiammabile.
inflammation [ɪnflə'meɪʃən] *n* infiammazione *f*.
inflate [ɪn'fleɪt] *vt* (*tyre, balloon*) gonfiare; (*fig*) esagerare; gonfiare; **to ~ the currency** far ricorso all'inflazione; **~d** *a* (*style*) gonfio(a); (*value*) esagerato(a); **inflation** [ɪn'fleɪʃən] *n* (ECON) inflazione *f*.
inflexible [ɪn'flɛksɪbl] *a* inflessibile, rigido(a).
inflict [ɪn'flɪkt] *vt*: **to ~ on** infliggere a; **~ion** [ɪn'flɪkʃən] *n* infliggere *m*; inflizione *f*; afflizione *f*.
inflow ['ɪnfləu] *n* afflusso.
influence ['ɪnfluəns] *n* influenza // *vt* influenzare; **under the ~ of** sotto l'influenza di.
influential [ɪnflu'ɛnʃl] *a* influente.
influenza [ɪnflu'ɛnzə] *n* (MED) influenza.
influx ['ɪnflʌks] *n* afflusso.
inform [ɪn'fɔ:m] *vt*: **to ~ sb (of)** informare qd (di); **to ~ sb about** mettere qd al corrente di.
informal [ɪn'fɔ:ml] *a* (*person, manner*) alla buona, semplice; (*visit, discussion*) informale; (*announcement, invitation*) non ufficiale; **'dress ~'** 'non è richiesto l'abito scuro'; **~ity** [-'mælɪtɪ] *n* semplicità, informalità; carattere *m* non ufficiale.
information [ɪnfə'meɪʃən] *n* informazioni *fpl*; notizie *fpl*; (*knowledge*) particolari *mpl*; **a piece of ~** un'informazione.
informative [ɪn'fɔ:mətɪv] *a* istruttivo(a).
informer [ɪn'fɔ:mə*] *n* informatore/trice.
infra-red [ɪnfrə'rɛd] *a* infrarosso(a).
infrequent [ɪn'fri:kwənt] *a* infrequente, raro(a).
infringe [ɪn'frɪndʒ] *vt* infrangere // *vi*: **to ~ on** calpestare; **~ment** *n*: **~ment (of)** infrazione *f* (di).
infuriating [ɪn'fjuərɪeɪtɪŋ] *a* molto irritante.
ingenious [ɪn'dʒi:njəs] *a* ingegnoso(a).
ingenuity [ɪndʒɪ'nju:ɪtɪ] *n* ingegnosità.
ingot ['ɪŋgət] *n* lingotto.
ingrained [ɪn'greɪnd] *a* radicato(a).
ingratiate [ɪn'greɪʃɪeɪt] *vt*: **to ~ o.s. with** ingraziarsi.
ingratitude [ɪn'grætɪtju:d] *n* ingratitudine *f*.
ingredient [ɪn'gri:dɪənt] *n* ingrediente *m*; elemento.
inhabit [ɪn'hæbɪt] *vt* abitare.

inhabitant [ɪn'hæbɪtnt] *n* abitante *m/f*.
inhale [ɪn'heɪl] *vt* inalare // *vi* (*in smoking*) aspirare.
inherent [ɪn'hɪərənt] *a*: ~ (**in** *or* **to**) inerente (a).
inherit [ɪn'hɛrɪt] *vt* ereditare; ~**ance** *n* eredità.
inhibit [ɪn'hɪbɪt] *vt* (PSYCH) inibire; **to** ~ **sb from doing** impedire a qd di fare; ~**ion** [-'bɪʃən] *n* inibizione *f*.
inhospitable [ɪnhɔs'pɪtəbl] *a* inospitale.
inhuman [ɪn'hju:mən] *a* inumano(a).
inimitable [ɪ'nɪmɪtəbl] *a* inimitabile.
iniquity [ɪ'nɪkwɪtɪ] *n* iniquità *f inv*.
initial [ɪ'nɪʃl] *a* iniziale // *n* iniziale *f* // *vt* siglare; ~**s** *npl* iniziali *fpl*; (*as signature*) sigla; ~**ly** *ad* inizialmente, all'inizio.
initiate [ɪ'nɪʃɪeɪt] *vt* (*start*) avviare; intraprendere; iniziare; (*person*) iniziare; **initiation** [-'eɪʃən] *n* (*into secret etc*) iniziazione *f*.
initiative [ɪ'nɪʃətɪv] *n* iniziativa.
inject [ɪn'dʒɛkt] *vt* (*liquid*) iniettare; (*person*) fare una puntura a; ~**ion** [ɪn'dʒɛkʃən] *n* iniezione *f*, puntura.
injure ['ɪndʒə*] *vt* ferire; (*wrong*) fare male *or* torto a; (*damage*: *reputation etc*) nuocere a.
injury ['ɪndʒərɪ] *n* ferita; (*wrong*) torto; ~ **time** *n* (SPORT) tempo di ricupero.
injustice [ɪn'dʒʌstɪs] *n* ingiustizia.
ink [ɪŋk] *n* inchiostro.
inkling ['ɪŋklɪŋ] *n* sentore *m*, vaga idea.
inlaid ['ɪnleɪd] *a* incrostato(a); (*table etc*) intarsiato(a).
inland *a* ['ɪnlənd] interno(a) // *ad* [ɪn'lænd] all'interno; **I~ Revenue** *n* (*Brit*) fisco, entrate *fpl* fiscali.
in-laws ['ɪnlɔ:z] *npl* suoceri *mpl*; cognati *mpl*.
inlet ['ɪnlɛt] *n* (GEO) insenatura, baia; ~ **pipe** *n* (TECH) tubo d'immissione.
inmate ['ɪnmeɪt] *n* (*in prison*) carcerato/a; (*in asylum*) ricoverato/a.
inn [ɪn] *n* locanda.
innate [ɪ'neɪt] *a* innato(a).
inner ['ɪnə*] *a* interno(a), interiore; ~ **tube** *n* camera d'aria.
innocence ['ɪnəsns] *n* innocenza.
innocent ['ɪnəsnt] *a* innocente.
innocuous [ɪ'nɔkjuəs] *a* innocuo(a).
innovation [ɪnəu'veɪʃən] *n* innovazione *f*.
innuendo, ~es [ɪnju'ɛndəu] *n* insinuazione *f*.
innumerable [ɪ'nju:mrəbl] *a* innumerevole.
inoculation [ɪnɔkju'leɪʃən] *n* inoculazione *f*.
inopportune [ɪn'ɔpətju:n] *a* inopportuno(a).
inordinately [ɪ'nɔ:dɪnətlɪ] *ad* smoderatamente.
inorganic [ɪnɔ:'gænɪk] *a* inorganico(a).
in-patient ['ɪnpeɪʃənt] *n* ricoverato/a.
input ['ɪnput] *n* (ELEC) energia, potenza; (*of machine*) alimentazione *f*; (*of computer*) input *m*.
inquest ['ɪnkwɛst] *n* inchiesta.
inquire [ɪn'kwaɪə*] *vi* informarsi // *vt* domandare, informarsi di; **to ~ about** *vt fus* informarsi di; **to ~ into** *vt fus* fare indagini su; **inquiring** *a* (*mind*) inquisitivo(a); **inquiry** *n* domanda; (LAW) indagine *f*, investigazione *f*.
inquisitive [ɪn'kwɪzɪtɪv] *a* curioso(a).
inroad ['ɪnrəud] *n* incursione *f*.
insane [ɪn'seɪn] *a* matto(a), pazzo(a); (MED) alienato(a).
insanitary [ɪn'sænɪtərɪ] *a* insalubre.
insanity [ɪn'sænɪtɪ] *n* follia; (MED) alienazione *f* mentale.
insatiable [ɪn'seɪʃəbl] *a* insaziabile.
inscribe [ɪn'skraɪb] *vt* iscrivere.
inscription [ɪn'skrɪpʃən] *n* iscrizione *f*; dedica.
inscrutable [ɪn'skru:təbl] *a* imperscrutabile.
insect ['ɪnsɛkt] *n* insetto; ~**icide** [ɪn'sɛktɪsaɪd] *n* insetticida *m*.
insecure [ɪnsɪ'kjuə*] *a* malfermo(a); malsicuro(a); (*person*) ansioso(a); **insecurity** *n* mancanza di sicurezza.
insensible [ɪn'sɛnsɪbl] *a* insensibile; (*unconscious*) privo(a) di sensi.
insensitive [ɪn'sɛnsɪtɪv] *a* insensibile.
inseparable [ɪn'sɛprəbl] *a* inseparabile.
insert *vt* [ɪn'sə:t] inserire, introdurre // *n* ['ɪnsə:t] inserto; ~**ion** [ɪn'sə:ʃən] *n* inserzione *f*.
inshore [ɪn'ʃɔ:*] *a* costiero(a) // *ad* presso la riva; verso la riva.
inside ['ɪn'saɪd] *n* interno, parte *f* interiore // *a* interno(a), interiore // *ad* dentro, all'interno // *prep* dentro, all'interno di; (*of time*): ~ **10 minutes** entro 10 minuti; ~**s** *npl* (*col*) ventre *m*; ~ **lane** *n* (AUT) corsia di marcia; ~ **out** *ad* (*turn*) a rovescio; (*know*) in fondo.
insidious [ɪn'sɪdɪəs] *a* insidioso(a).
insight ['ɪnsaɪt] *n* acume *m*, perspicacia; (*glimpse, idea*) percezione *f*.
insignificant [ɪnsɪg'nɪfɪknt] *a* insignificante.
insincere [ɪnsɪn'sɪə*] *a* insincero(a).
insinuate [ɪn'sɪnjueɪt] *vt* insinuare; **insinuation** [-'eɪʃən] *n* insinuazione *f*.
insipid [ɪn'sɪpɪd] *a* insipido(a), insulso(a).
insist [ɪn'sɪst] *vi* insistere; **to ~ on doing** insistere per fare; **to ~ that** insistere perché + *sub*; (*claim*) sostenere che; ~**ence** *n* insistenza; ~**ent** *a* insistente.
insolence ['ɪnsələns] *n* insolenza.
insolent ['ɪnsələnt] *a* insolente.
insoluble [ɪn'sɔljubl] *a* insolubile.
insolvent [ɪn'sɔlvənt] *a* insolvente.
insomnia [ɪn'sɔmnɪə] *n* insonnia.
inspect [ɪn'spɛkt] *vt* ispezionare; (*ticket*) controllare; ~**ion** [ɪn'spɛkʃən] *n* ispezione *f*; controllo; ~**or** *n* ispettore/trice; controllore *m*.
inspiration [ɪnspə'reɪʃən] *n* ispirazione *f*.
inspire [ɪn'spaɪə*] *vt* ispirare; **inspiring** *a* stimolante.
instability [ɪnstə'bɪlɪtɪ] *n* instabilità.

install [ɪn'stɔ:l] *vt* installare; **~ation** [ɪnstə'leɪʃən] *n* installazione *f*.
instalment [ɪn'stɔ:lmənt] *n* rata; (*of* TV *serial etc*) puntata.
instance ['ɪnstəns] *n* esempio, caso; **for ~** per *or* ad esempio.
instant ['ɪnstənt] *n* istante *m*, attimo // *a* immediato(a); urgente; (*coffee, food*) in polvere; **the 10th ~** il 10 corrente; **~ly** *ad* immediatamente, subito.
instead [ɪn'stɛd] *ad* invece; **~ of** invece di.
instep ['ɪnstɛp] *n* collo del piede; (*of shoe*) collo della scarpa.
instigation [ɪnstɪ'geɪʃən] *n* istigazione *f*.
instil [ɪn'stɪl] *vt*: **to ~ (into)** inculcare (in).
instinct ['ɪnstɪŋkt] *n* istinto.
instinctive [ɪn'stɪŋktɪv] *a* istintivo(a); **~ly** *ad* per istinto.
institute ['ɪnstɪtju:t] *n* istituto // *vt* istituire, stabilire; (*inquiry*) avviare; (*proceedings*) iniziare.
institution [ɪnstɪ'tju:ʃən] *n* istituzione *f*; istituto (d'istruzione); istituto (psichiatrico).
instruct [ɪn'strʌkt] *vt* istruire; **to ~ sb in sth** insegnare qc a qd; **to ~ sb to do** dare ordini a qd di fare; **~ion** [ɪn'strʌkʃən] *n* istruzione *f*; **~ive** *a* istruttivo(a); **~or** *n* istruttore/trice; (*for skiing*) maestro/a.
instrument ['ɪnstrumənt] *n* strumento; **~al** [-'mɛntl] *a* (MUS) strumentale; **to be ~al in** essere d'aiuto in; **~alist** [-'mɛntəlɪst] *n* strumentista *m/f*; **~ panel** *n* quadro *m* portastrumenti *inv*.
insubordinate [ɪnsə'bɔ:dənɪt] *a* insubordinato(a); **insubordination** [-'neɪʃən] *n* insubordinazione *f*.
insufferable [ɪn'sʌfrəbl] *a* insopportabile.
insufficient [ɪnsə'fɪʃənt] *a* insufficiente.
insular ['ɪnsjulə*] *a* insulare; (*person*) di mente ristretta.
insulate ['ɪnsjuleɪt] *vt* isolare; **insulating tape** *n* nastro isolante; **insulation** [-'leɪʃən] *n* isolamento.
insulin ['ɪnsjulɪn] *n* insulina.
insult *n* ['ɪnsʌlt] insulto, affronto // *vt* [ɪn'sʌlt] insultare; **~ing** *a* offensivo(a), ingiurioso(a).
insuperable [ɪn'sju:prəbl] *a* insormontabile, insuperabile.
insurance [ɪn'ʃuərəns] *n* assicurazione *f*; **fire/life ~** assicurazione contro gli incendi/sulla vita; **~ policy** *n* polizza d'assicurazione.
insure [ɪn'ʃuə*] *vt* assicurare.
insurrection [ɪnsə'rɛkʃən] *n* insurrezione *f*.
intact [ɪn'tækt] *a* intatto(a).
intake ['ɪnteɪk] *n* (TECH) immissione *f*; (*of food*) consumo; (*of pupils etc*) afflusso.
intangible [ɪn'tændʒɪbl] *a* intangibile.
integral ['ɪntɪgrəl] *a* integrale; (*part*) integrante.
integrate ['ɪntɪgreɪt] *vt* integrare.
integrity [ɪn'tɛgrɪtɪ] *n* integrità.
intellect ['ɪntəlɛkt] *n* intelletto; **~ual** [-'lɛktjuəl] *a, n* intellettuale (*m/f*).
intelligence [ɪn'tɛlɪdʒəns] *n* intelligenza; (MIL *etc*) informazioni *fpl*.
intelligent [ɪn'tɛlɪdʒənt] *a* intelligente.
intelligible [ɪn'tɛlɪdʒɪbl] *a* intelligibile.
intemperate [ɪn'tɛmpərət] *a* immoderato(a); (*drinking too much*) intemperante nel bere.
intend [ɪn'tɛnd] *vt* (*gift etc*): **to ~ sth for** destinare qc a; **to ~ to do** aver l'intenzione di fare.
intense [ɪn'tɛns] *a* intenso(a); (*person*) di forti sentimenti; **~ly** *ad* intensamente; profondamente.
intensify [ɪn'tɛnsɪfaɪ] *vt* intensificare.
intensity [ɪn'tɛnsɪtɪ] *n* intensità.
intensive [ɪn'tɛnsɪv] *a* intensivo(a); **~ care unit** *n* reparto terapia intensiva.
intent [ɪn'tɛnt] *n* intenzione *f* // *a*: **~ (on)** intento(a) (a), immerso(a) (in); **to all ~s and purposes** a tutti gli effetti; **to be ~ on doing sth** essere deciso a fare qc.
intention [ɪn'tɛnʃən] *n* intenzione *f*; **~al** *a* intenzionale, deliberato(a); **~ally** *ad* apposta.
intently [ɪn'tɛntlɪ] *ad* attentamente.
inter [ɪn'tə:*] *vt* sotterrare.
interact [ɪntər'ækt] *vi* agire reciprocamente; **~ion** [-'ækʃən] *n* azione *f* reciproca.
intercede [ɪntə'si:d] *vi*: **to ~ (with)** intercedere (presso).
intercept [ɪntə'sɛpt] *vt* intercettare; (*person*) fermare; **~ion** [-'sɛpʃən] *n* intercettamento.
interchange *n* ['ɪntətʃeɪndʒ] (*exchange*) scambio; (*on motorway*) incrocio pluridirezionale // *vt* [ɪntə'tʃeɪndʒ] scambiare; sostituire l'uno(a) per l'altro(a); **~able** *a* intercambiabile.
intercom ['ɪntəkɔm] *n* interfono.
interconnect [ɪntəkə'nɛkt] *vi* (*rooms*) essere in comunicazione.
intercourse ['ɪntəkɔ:s] *n* rapporti *mpl*.
interest ['ɪntrɪst] *n* interesse *m*; (COMM: *stake, share*) interessi *mpl* // *vt* interessare; **~ed** *a* interessato(a); **to be ~ed in** interessarsi di; **~ing** *a* interessante.
interfere [ɪntə'fɪə*] *vi*: **to ~ in** (*quarrel, other people's business*) immischiarsi in; **to ~ with** (*object*) toccare; (*plans*) ostacolare; (*duty*) interferire con.
interference [ɪntə'fɪərəns] *n* interferenza.
interim ['ɪntərɪm] *a* provvisorio(a) // *n*: **in the ~** nel frattempo.
interior [ɪn'tɪərɪə*] *n* interno; (*of country*) entroterra // *a* interiore, interno(a).
interjection [ɪntə'dʒɛkʃən] *n* interiezione *f*.
interlock [ɪntə'lɔk] *vi* ingranarsi // *vt* ingranare.
interloper ['ɪntələupə*] *n* intruso/a.
interlude ['ɪntəlu:d] *n* intervallo; (THEATRE) intermezzo.
intermarry [ɪntə'mærɪ] *vi* imparentarsi

per mezzo di matrimonio; sposarsi tra parenti.

intermediary [ɪntə'mi:dɪərɪ] *n* intermediario/a.

intermediate [ɪntə'mi:dɪət] *a* intermedio(a); (*SCOL: course, level*) medio(a).

intermission [ɪntə'mɪʃən] *n* pausa; (*THEATRE, CINEMA*) intermissione *f*, intervallo.

intermittent [ɪntə'mɪtnt] *a* intermittente.

intern *vt* [ɪn'tə:n] internare // *n* ['ɪntə:n] (*US*) medico interno.

internal [ɪn'tə:nl] *a* interno(a); **~ly** *ad* all'interno; **I~ Revenue** *n* (*US*) fisco.

international [ɪntə'næʃənl] *a* internazionale // *n* (*SPORT*) partita internazionale.

internment [ɪn'tə:nmənt] *n* internamento.

interplay ['ɪntəpleɪ] *n* azione e reazione *f*.

interpret [ɪn'tə:prɪt] *vt* interpretare // *vi* fare da interprete; **~ation** [-'teɪʃən] *n* interpretazione *f*; **~er** *n* interprete *m/f*.

interrelated [ɪntərɪ'leɪtɪd] *a* correlato(a).

interrogate [ɪn'tɛrəugeɪt] *vt* interrogare; **interrogation** [-'geɪʃən] *n* interrogazione *f*; (*of suspect etc*) interrogatorio; **interrogative** [ɪntə'rɔgətɪv] *a* interrogativo(a) // *n* (*LING*) interrogativo; **interrogator** *n* interrogante *m/f*.

interrupt [ɪntə'rʌpt] *vt* interrompere; **~ion** [-'rʌpʃən] *n* interruzione *f*.

intersect [ɪntə'sɛkt] *vt* intersecare // *vi* (*roads*) intersecarsi; **~ion** [-'sɛkʃən] *n* intersezione *f*; (*of roads*) incrocio.

intersperse [ɪntə'spə:s] *vt*: **to ~ with** costellare di.

intertwine [ɪntə'twaɪn] *vt* intrecciare // *vi* intrecciarsi.

interval ['ɪntəvl] *n* intervallo; **at ~s** a intervalli.

intervene [ɪntə'vi:n] *vi* (*time*) intercorrere; (*event, person*) intervenire; **intervention** [-'vɛnʃən] *n* intervento.

interview ['ɪntəvju:] *n* (*RADIO, TV etc*) intervista; (*for job*) colloquio // *vt* intervistare; avere un colloquio con; **~er** *n* intervistatore/trice.

intestate [ɪn'tɛsteɪt] *a* intestato(a).

intestine [ɪn'tɛstɪn] *n* intestino.

intimacy ['ɪntɪməsɪ] *n* intimità.

intimate *a* ['ɪntɪmət] intimo(a); (*knowledge*) profondo(a) // *vt* ['ɪntɪmeɪt] sottintendere, suggerire; **~ly** *ad* intimamente.

intimation [ɪntɪ'meɪʃən] *n* annuncio.

intimidate [ɪn'tɪmɪdeɪt] *vt* intimidire, intimorire; **intimidation** [-'deɪʃən] *n* intimidazione *f*.

into ['ɪntu] *prep* dentro, in; **come ~ the house** vieni dentro la casa.

intolerable [ɪn'tɔlərəbl] *a* intollerabile.

intolerance [ɪn'tɔlərns] *n* intolleranza.

intolerant [ɪn'tɔlərnt] *a* intollerante.

intonation [ɪntəu'neɪʃən] *n* intonazione *f*.

intoxicate [ɪn'tɔksɪkeɪt] *vt* inebriare; **~d** *a* inebriato(a); **intoxication** [-'keɪʃən] *n* ebbrezza.

intractable [ɪn'træktəbl] *a* intrattabile.

intransigent [ɪn'trænsɪdʒənt] *a* intransigente.

intransitive [ɪn'trænsɪtɪv] *a* intransitivo(a).

intravenous [ɪntrə'vi:nəs] *a* endovenoso(a).

intrepid [ɪn'trɛpɪd] *a* intrepido(a).

intricacy ['ɪntrɪkəsɪ] *n* complessità *f inv*.

intricate ['ɪntrɪkət] *a* intricato(a), complicato(a).

intrigue [ɪn'tri:g] *n* intrigo // *vt* affascinare; **intriguing** *a* affascinante.

intrinsic [ɪn'trɪnsɪk] *a* intrinseco(a).

introduce [ɪntrə'dju:s] *vt* introdurre; **to ~ sb (to sb)** presentare qd (a qd); **to ~ sb to** (*pastime, technique*) iniziare qd a; **introduction** [-'dʌkʃən] *n* introduzione *f*; (*of person*) presentazione *f*; **introductory** *a* introduttivo(a).

introspective [ɪntrəu'spɛktɪv] *a* introspettivo(a).

introvert ['ɪntrəuvə:t] *a* introverso(a) // *n* introverso.

intrude [ɪn'tru:d] *vi* (*person*) intrudersi; **to ~ on** *or* **into** intrudersi in; **am I intruding?** disturbo?; **~r** *n* intruso/a; **intrusion** [-ʒən] *n* intrusione *f*.

intuition [ɪntju:'ɪʃən] *n* intuizione *f*.

intuitive [ɪn'tju:ɪtɪv] *a* intuitivo(a); dotato(a) di intuito.

inundate ['ɪnʌndeɪt] *vt*: **to ~ with** inondare di.

invade [ɪn'veɪd] *vt* invadere; **~r** *n* invasore *m*.

invalid *n* ['ɪnvəlɪd] malato/a; (*with disability*) invalido/a // *a* [ɪn'vælɪd] (*not valid*) invalido(a), non valido(a); **~ate** [ɪn'vælɪdeɪt] *vt* invalidare.

invaluable [ɪn'væljuəbl] *a* inapprezzabile, inestimabile.

invariable [ɪn'vɛərɪəbl] *a* invariabile; (*fig*) scontato(a).

invasion [ɪn'veɪʒən] *n* invasione *f*.

invective [ɪn'vɛktɪv] *n* invettiva.

invent [ɪn'vɛnt] *vt* inventare; **~ion** [ɪn'vɛnʃən] *n* invenzione *f*; **~ive** *a* inventivo(a); **~or** *n* inventore *m*.

inventory ['ɪnvəntrɪ] *n* inventario.

inverse [ɪn'və:s] *a* inverso(a) // *n* inverso, contrario.

invert [ɪn'və:t] *vt* invertire; (*cup, object*) rovesciare; **~ed commas** *npl* virgolette *fpl*.

invertebrate [ɪn'və:tɪbrət] *n* invertebrato.

invest [ɪn'vɛst] *vt* investire // *vi* fare investimenti.

investigate [ɪn'vɛstɪgeɪt] *vt* investigare, indagare; (*crime*) fare indagini su; **investigation** [-'geɪʃən] *n* investigazione *f*; (*of crime*) indagine *f*; **investigator** *n* investigatore/trice.

investiture [ɪn'vɛstɪtʃə*] *n* investitura.

investment [ɪn'vɛstmənt] *n* investimento.

investor [ɪn'vɛstə*] *n* investitore/trice; azionista *m/f*.
inveterate [ɪn'vɛtərət] *a* inveterato(a).
invidious [ɪn'vɪdɪəs] *a* odioso(a); (*task*) spiacevole.
invigorating [ɪn'vɪgəreɪtɪŋ] *a* stimolante; vivificante.
invincible [ɪn'vɪnsɪbl] *a* invincibile.
inviolate [ɪn'vaɪələt] *a* inviolato(a).
invisible [ɪn'vɪzɪbl] *a* invisibile.
invitation [ɪnvɪ'teɪʃən] *n* invito.
invite [ɪn'vaɪt] *vt* invitare; (*opinions etc*) sollecitare; (*trouble*) provocare; **inviting** *a* invitante, attraente.
invoice ['ɪnvɔɪs] *n* fattura // *vt* fatturare.
invoke [ɪn'vəuk] *vt* invocare.
involuntary [ɪn'vɔləntrɪ] *a* involontario(a).
involve [ɪn'vɔlv] *vt* (*entail*) richiedere, comportare; (*associate*): **to ~ sb (in)** implicare qd (in); coinvolgere qd (in); **~d** *a* involuto(a), complesso(a); **to feel ~d** sentirsi coinvolto(a); **~ment** *n* implicazione *f*; coinvolgimento; **~ment (in)** impegno (in); partecipazione *f* (in).
invulnerable [ɪn'vʌlnərəbl] *a* invulnerabile.
inward ['ɪnwəd] *a* (*movement*) verso l'interno; (*thought, feeling*) interiore, intimo(a); **~ly** *ad* (*feel, think etc*) nell'intimo, entro di sé; **~(s)** *ad* verso l'interno.
iodine ['aɪəudi:n] *n* iodio.
iota [aɪ'əutə] *n* (*fig*) ette *m*, briciolo.
IOU *n* (*abbr of I owe you*) pagherò *m inv*.
IQ *n* (*abbr of intelligence quotient*) quoziente *m* d'intelligenza.
Iran [ɪ'rɑ:n] *n* Iran *m*; **~ian** [ɪ'reɪnɪən] *a* iraniano(a) // *n* iraniano/a; (*LING*) iranico.
Iraq [ɪ'rɑ:k] *n* Iraq *m*; **~i** *a* iracheno(a) // *n* iracheno/a; (*LING*) iracheno.
irascible [ɪ'ræsɪbl] *a* irascibile.
irate [aɪ'reɪt] *a* irato(a).
Ireland ['aɪlənd] *n* Irlanda.
iris, ~es ['aɪrɪs, -ɪz] *n* iride *f*; (*BOT*) giaggiolo, iride.
Irish ['aɪrɪʃ] *a* irlandese // *npl*: **the ~** gli Irlandesi; **~man** *n* irlandese *m*; **~ sea** *n* Mar *m* d'Irlanda; **~woman** *n* irlandese *f*.
irk [ə:k] *vt* seccare; **~some** *a* seccante.
iron ['aɪən] *n* ferro; (*for clothes*) ferro da stiro // *a* di *or* in ferro // *vt* (*clothes*) stirare; **~s** *npl* (*chains*) catene *fpl*; **to ~ out** *vt* (*crease*) appianare; (*fig*) spianare; far sparire; **the ~ curtain** la cortina di ferro.
ironic(al) [aɪ'rɔnɪk(l)] *a* ironico(a).
ironing ['aɪənɪŋ] *n* stiratura; **~ board** *n* cavalletto da stiro.
ironmonger ['aɪənmʌŋgə*] *n* negoziante *m* in ferramenta; **~'s (shop)** *n* (negozio di) ferramenta.
ironworks ['aɪənwə:ks] *n* ferriera.
irony ['aɪrənɪ] *n* ironia.
irrational [ɪ'ræʃənl] *a* irrazionale; irragionevole; illogico(a).
irreconcilable [ɪrɛkən'saɪləbl] *a* irreconciliabile; (*opinion*): **~ with** inconciliabile con.
irredeemable [ɪrɪ'di:məbl] *a* (*COMM*) irredimibile.
irrefutable [ɪrɪ'fju:təbl] *a* irrefutabile.
irregular [ɪ'rɛgjulə*] *a* irregolare; **~ity** [-'lærɪtɪ] *n* irregolarità *f inv*.
irrelevance [ɪ'rɛləvəns] *n* inappropriatezza.
irrelevant [ɪ'rɛləvənt] *a* non appropriato(a).
irreparable [ɪ'rɛprəbl] *a* irreparabile.
irreplaceable [ɪrɪ'pleɪsəbl] *a* insostituibile.
irrepressible [ɪrɪ'prɛsəbl] *a* irrefrenabile.
irreproachable [ɪrɪ'prəutʃəbl] *a* irreprensibile.
irresistible [ɪrɪ'zɪstɪbl] *a* irresistibile.
irresolute [ɪ'rɛzəlu:t] *a* irresoluto(a), indeciso(a).
irrespective [ɪrɪ'spɛktɪv]: **~ of** *prep* senza riguardo a.
irresponsible [ɪrɪ'spɔnsɪbl] *a* irresponsabile.
irreverent [ɪ'rɛvərnt] *a* irriverente.
irrevocable [ɪ'rɛvəkəbl] *a* irrevocabile.
irrigate ['ɪrɪgeɪt] *vt* irrigare; **irrigation** [-'geɪʃən] *n* irrigazione *f*.
irritable ['ɪrɪtəbl] *a* irritabile.
irritate ['ɪrɪteɪt] *vt* irritare; **irritation** [-'teɪʃən] *n* irritazione *f*.
is [ɪz] *vb see* **be**.
Islam ['ɪzlɑ:m] *n* Islam *m*.
island ['aɪlənd] *n* isola; (*also*: **traffic ~**) salvagente *m inv*; **~er** *n* isolano/a.
isle [aɪl] *n* isola.
isn't ['ɪznt] = **is not**.
isolate ['aɪsəleɪt] *vt* isolare; **~d** *a* isolato(a); **isolation** [-'leɪʃən] *n* isolamento.
isotope ['aɪsəutəup] *n* isotopo.
Israel ['ɪzreɪl] *n* Israele *m*; **~i** [ɪz'reɪlɪ] *a, n* israeliano(a).
issue ['ɪsju:] *n* questione *f*, problema *m*; (*outcome*) esito, risultato; (*of banknotes etc*) emissione *f*; (*of newspaper etc*) numero; (*offspring*) discendenza // *vt* (*rations, equipment*) distribuire; (*orders*) dare; (*book*) pubblicare; (*banknotes, cheques, stamps*) emettere; **at ~** in gioco, in discussione.
isthmus ['ɪsməs] *n* istmo.
it [ɪt] *pronoun* (*subject*) esso(a); (*direct object*) lo(la), l'; (*indirect object*) gli(le); **~'s raining** piove; **it's on ~** è lì sopra; **he's proud of ~** ne è fiero; **he agreed to ~** ha acconsentito.
Italian [ɪ'tæljən] *a* italiano(a) // *n* italiano/a; (*LING*) italiano; **the ~s** gli Italiani.
italic [ɪ'tælɪk] *a* corsivo(a); **~s** *npl* corsivo.
Italy ['ɪtəlɪ] *n* Italia.
itch [ɪtʃ] *n* prurito // *vi* (*person*) avere il prurito; (*part of body*) prudere; **I'm ~ing to do** non vedo l'ora di fare; **~y** *a* che prude.
it'd ['ɪtd] = **it would**; **it had**.

item ['aɪtəm] *n* articolo; (*on agenda*) punto; (*in programme*) numero; (*also*: **news ~**) notizia; **~ize** *vt* specificare, dettagliare.
itinerant [ɪ'tɪnərənt] *a* ambulante.
itinerary [aɪ'tɪnərərɪ] *n* itinerario.
it'll ['ɪtl] = **it will, it shall**.
its [ɪts] *a, pronoun* il(la) suo(a), i(le) suoi(sue).
it's [ɪts] = **it is; it has**.
itself [ɪt'sɛlf] *pronoun* (*emphatic*) esso(a) stesso(a); (*reflexive*) si.
ITV *n abbr of Independent Television* (*canale televisivo in concorrenza con la BBC*).
I've [aɪv] = **I have**.
ivory ['aɪvərɪ] *n* avorio.
ivy ['aɪvɪ] *n* edera.

J

jab [dʒæb] *vt*: **to ~ sth into** affondare *or* piantare qc dentro // *n* colpo; (MED: *col*) puntura.
jabber ['dʒæbə*] *vt,vi* borbottare.
jack [dʒæk] *n* (AUT) cricco; (CARDS) fante *m*; **to ~ up** *vt* sollevare sul cricco.
jacket ['dʒækɪt] *n* giacca; (*of book*) copertura; **potatoes in their ~s** patate *fpl* con la buccia.
jack-knife ['dʒæknaɪf] *vi*: **the lorry ~d** l'autotreno si è piegato su se stesso.
jackpot ['dʒækpɔt] *n* bottino.
jade [dʒeɪd] *n* (*stone*) giada.
jaded ['dʒeɪdɪd] *a* sfinito(a), spossato(a).
jagged ['dʒægɪd] *a* sbocconcellato(a); (*cliffs etc*) frastagliato(a).
jail [dʒeɪl] *n* prigione *f*; **~break** *n* evasione *f*; **~er** *n* custode *m* del carcere.
jam [dʒæm] *n* marmellata; (*of shoppers etc*) ressa; (*also*: **traffic ~**) ingorgo // *vt* (*passage etc*) ingombrare, ostacolare; (*mechanism, drawer etc*) bloccare; (RADIO) disturbare con interferenze // *vi* (*mechanism, sliding part*) incepparsi, bloccarsi; (*gun*) incepparsi; **to ~ sth into** forzare qc dentro; infilare qc a forza dentro.
Jamaica [dʒə'meɪkə] *n* Giamaica.
jangle ['dʒæŋgl] *vi* risuonare; (*bracelet*) tintinnare.
janitor ['dʒænɪtə*] *n* (*caretaker*) portiere *m*; (: SCOL) bidello.
January ['dʒænjuərɪ] *n* gennaio.
Japan [dʒə'pæn] *n* Giappone *m*; **~ese** [dʒæpə'ni:z] *a* giapponese // *n, pl inv* giapponese *m/f*; (LING) giapponese *m*.
jar [dʒɑ:*] *n* (*glass*) barattolo, vasetto // *vi* (*sound*) stridere; (*colours etc*) stonare.
jargon ['dʒɑ:gən] *n* gergo.
jasmin(e) ['dʒæzmɪn] *n* gelsomino.
jaundice ['dʒɔ:ndɪs] *n* itterizia; **~d** *a* (*fig*) invidioso(a) e critico(a).
jaunt [dʒɔ:nt] *n* gita; **~y** *a* vivace; disinvolto(a).
javelin ['dʒævlɪn] *n* giavellotto.
jaw [dʒɔ:] *n* mascella.
jaywalker ['dʒeɪwɔ:kə*] *n* pedone(a) indisciplinato(a).
jazz [dʒæz] *n* jazz *m*; **to ~ up** *vt* rendere vivace; **~y** *a* vistoso(a), chiassoso(a).
jealous ['dʒɛləs] *a* geloso(a); **~y** *n* gelosia.
jeans [dʒi:nz] *npl* (blue-)jeans *mpl*.
jeep [dʒi:p] *n* jeep *m inv*.
jeer [dʒɪə*] *vi*: **to ~ (at)** fischiare; beffeggiare.
jelly ['dʒɛlɪ] *n* gelatina; **~fish** *n* medusa.
jeopardize ['dʒɛpədaɪz] *vt* mettere in pericolo.
jeopardy ['dʒɛpədɪ] *n*: **in ~** in pericolo.
jerk [dʒə:k] *n* scossa; strappo; contrazione *f*, spasimo // *vt* dare una scossa a // *vi* (*vehicles*) sobbalzare.
jerkin ['dʒə:kɪn] *n* giubbotto.
jerky ['dʒə:kɪ] *a* a scatti; a sobbalzi.
jersey ['dʒə:zɪ] *n* maglia.
jest [dʒɛst] *n* scherzo; **in ~** per scherzo.
jet [dʒɛt] *n* (*of gas, liquid*) getto; (AVIAT) aviogetto; **~-black** *a* nero(a) come l'ebano, corvino(a); **~ engine** *n* motore *m* a reazione.
jetsam ['dʒɛtsəm] *n* relitti *mpl* di mare.
jettison ['dʒɛtɪsn] *vt* gettare in mare.
jetty ['dʒɛtɪ] *n* molo.
Jew [dʒu:] *n* ebreo.
jewel ['dʒu:əl] *n* gioiello; **~ler** *n* orefice *m*, gioielliere/a; **~ler's (shop)** *n* oreficeria, gioielleria; **~lery** *n* gioielli *mpl*.
Jewess ['dʒu:ɪs] *n* ebrea.
Jewish ['dʒu:ɪʃ] *a* giudeo(a); giudaico(a).
jib [dʒɪb] *n* (NAUT) fiocco; (*of crane*) braccio.
jibe [dʒaɪb] *n* beffa.
jiffy ['dʒɪfɪ] *n* (*col*): **in a ~** in un batter d'occhio.
jigsaw ['dʒɪgsɔ:] *n* (*also*: **~ puzzle**) puzzle *m inv*.
jilt [dʒɪlt] *vt* piantare in asso.
jingle ['dʒɪŋgl] *n* (*advert*) sigla pubblicitaria // *vi* tintinnare, scampanellare.
jinx [dʒɪŋks] *n* (*col*) iettatura; (*person*) iettatore/trice.
jitters ['dʒɪtəz] *npl* (*col*): **to get the ~** aver fifa.
job [dʒɔb] *n* lavoro; (*employment*) impiego, posto; **~less** *a* senza lavoro, disoccupato(a).
jockey ['dʒɔkɪ] *n* fantino, jockey *m inv* // *vi*: **to ~ for position** manovrare per una posizione di vantaggio.
jocular ['dʒɔkjulə*] *a* gioviale, scherzoso(a); faceto(a).
jog [dʒɔg] *vt* scossare // *vi* (SPORT) fare il footing; **to ~ along** trottare; (*fig*) andare avanti piano piano; **to ~ sb's memory** stimolare la memoria di qd; **~ging** *n* footing *m*.
join [dʒɔɪn] *vt* unire, congiungere; (*become member of*) iscriversi a; (*meet*) raggiungere; riunirsi a // *vi* (*roads, rivers*) confluire // *n* giuntura; **to ~ up** *vi* arruolarsi.
joiner ['dʒɔɪnə*] *n* falegname *m*; **~y** *n* falegnameria.
joint [dʒɔɪnt] *n* (TECH) giuntura; giunto; (ANAT) articolazione *f*, giuntura; (CULIN)

arrosto; (*col*: *place*) locale *m* // *a* comune; **~ly** *ad* in comune, insieme.
joist [dʒɔɪst] *n* trave *f*.
joke [dʒəuk] *n* scherzo; (*funny story*) barzelletta; (*also*: **practical ~**) beffa // *vi* scherzare; **~r** *n* buffone/a, burlone/a; (CARDS) matta, jolly *m inv*.
jolly ['dʒɔlɪ] *a* allegro(a), gioioso(a) // *ad* (*col*) veramente, proprio.
jolt [dʒəult] *n* scossa, sobbalzo // *vt* scossare.
Jordan [dʒɔ:dən] *n* Giordania.
jostle ['dʒɔsl] *vt* spingere coi gomiti // *vi* farsi spazio coi gomiti.
jot [dʒɔt] *n*: **not one ~** nemmeno un po'; **to ~ down** *vt* annotare in fretta, gettare giù; **~ter** *n* quaderno; blocco.
journal ['dʒə:nl] *n* giornale *m*; rivista; diario; **~ese** [-'li:z] *n* (*pej*) stile *m* giornalistico; **~ism** *n* giornalismo; **~ist** *n* giornalista *m/f*.
journey ['dʒə:nɪ] *n* viaggio; (*distance covered*) tragitto.
jowl [dʒaul] *n* mandibola; guancia.
joy [dʒɔɪ] *n* gioia; **~ful, ~ous** *a* gioioso(a), allegro(a); **~ ride** *n* gita in automobile (*specialmente rubata*).
J.P. *n abbr see* **justice**.
Jr, Jun., Junr *abbr of* **junior**.
jubilant ['dʒu:bɪlnt] *a* giubilante; trionfante.
jubilation [dʒu:bɪ'leɪʃən] *n* giubilo.
jubilee ['dʒu:bɪli:] *n* giubileo.
judge [dʒʌdʒ] *n* giudice *m/f* // *vt* giudicare; **judg(e)ment** *n* giudizio; (*punishment*) punizione *f*.
judicial [dʒu:'dɪʃl] *a* giudiziale, giudiziario(a).
judicious [dʒu:'dɪʃəs] *a* giudizioso(a).
judo ['dʒu:dəu] *n* judo *m*.
jug [dʒʌg] *n* brocca, bricco.
juggernaut ['dʒʌgənɔ:t] *n* (*huge truck*) bestione *m*.
juggle ['dʒʌgl] *vi* fare giochi di destrezza; **~r** *n* giocoliere/a.
Jugoslav ['ju:gəu'slɑ:v] *a,n* = **Yugoslav**.
juice [dʒu:s] *n* succo.
juicy ['dʒu:sɪ] *a* succoso(a).
jukebox ['dʒu:kbɔks] *n* juke-box *m inv*.
July [dʒu:'laɪ] *n* luglio.
jumble ['dʒʌmbl] *n* miscuglio // *vt* (*also*: **~ up**) mischiare; **~ sale** *n* (*Brit*) vendita di oggetti per beneficenza.
jumbo ['dʒʌmbəu] *a*: **~ jet** jumbo-jet *m inv*.
jump [dʒʌmp] *vi* saltare, balzare; (*start*) sobbalzare; (*increase*) rincarare // *vt* saltare // *n* salto, balzo; sobbalzo.
jumper ['dʒʌmpə*] *n* maglia.
jumpy ['dʒʌmpɪ] *a* nervoso(a), agitato(a).
junction ['dʒʌŋkʃən] *n* (*of roads*) incrocio; (*of rails*) nodo ferroviario.
juncture ['dʒʌŋktʃə*] *n*: **at this ~** in questa congiuntura.
June [dʒu:n] *n* giugno.
jungle ['dʒʌŋgl] *n* giungla.
junior ['dʒu:nɪə*] *a, n*: **he's ~ to me (by 2 years), he's my ~ (by 2 years)** è più giovane di me (di 2 anni); **he's ~ to me** (*seniority*) è al di sotto di me, ho più anzianità di lui; **~ school** *n* scuola elementare (*da 8 a 11 anni*).
juniper ['dʒu:nɪpə*] *n*: **~ berry** bacca di ginepro.
junk [dʒʌŋk] *n* (*rubbish*) chincaglia; (*ship*) giunca; **~shop** *n* chincaglieria.
junta ['dʒʌntə] *n* giunta.
jurisdiction [dʒuərɪs'dɪkʃən] *n* giurisdizione *f*.
jurisprudence [dʒuərɪs'pru:dəns] *n* giurisprudenza.
juror ['dʒuərə*] *n* giurato.
jury ['dʒuərɪ] *n* giuria.
just [dʒʌst] *a* giusto(a) // *ad*: **he's ~ done it/left** lui lo ha appena fatto/è appena partito; **~ as I expected** proprio come me lo aspettavo; **~ right** proprio giusto; **~ 2 o'clock** le 2 precise; **it was ~ before/enough/here** era poco prima/appena assai/proprio qui; **it's ~ me** sono solo io; **it's ~ a mistake** non è che uno sbaglio; **~ missed/caught** appena perso/preso; **~ listen to this!** senta un po' questo!
justice ['dʒʌstɪs] *n* giustizia; **J~ of the Peace (J.P.)** *n* giudice *m* conciliatore.
justification [dʒʌstɪfɪ'keɪʃən] *n* giustificazione *f*.
justify ['dʒʌstɪfaɪ] *vt* giustificare.
justly ['dʒʌstlɪ] *ad* giustamente.
justness ['dʒʌstnɪs] *n* giustezza.
jut [dʒʌt] *vi* (*also*: **~ out**) sporgersi.
juvenile ['dʒu:vənaɪl] *a* giovane, giovanile; (*court*) dei minorenni; (*books*) per ragazzi // *n* giovane *m/f*, minorenne *m/f*.
juxtapose ['dʒʌkstəpəuz] *vt* giustapporre.

K

kaleidoscope [kə'laɪdəskəup] *n* caleidoscopio.
kangaroo [kæŋgə'ru:] *n* canguro.
keel [ki:l] *n* chiglia; **on an even ~** (*fig*) in uno stato normale.
keen [ki:n] *a* (*interest, desire*) vivo(a); (*eye, intelligence*) acuto(a); (*competition*) serrato(a); (*edge*) affilato(a); (*eager*) entusiastico(a); **to be ~ to do** *or* **on doing sth** avere una gran voglia di fare qc; **to be ~ on sth** essere appassionato(a) di qc; **to be ~ on sb** avere un debole per qd; **~ness** *n* (*eagerness*) entusiasmo.
keep [ki:p] *vb* (*pt,pp* **kept** [kɛpt]) *vt* tenere; (*hold back*) trattenere; (*feed*: *one's family etc*) mantenere, sostentare; (*a promise*) mantenere; (*chickens, bees, pigs etc*) allevare // *vi* (*food*) mantenersi; (*remain*: *in a certain state or place*) restare // *n* (*of castle*) maschio; (*food etc*): **enough for his ~** abbastanza per vitto e alloggio; **to ~ doing sth** continuare a fare qc; fare qc di continuo; **to ~ sb from doing/sth from happening** impedire a qd di fare/che qc succeda; **to ~ sb happy/a**

place tidy tenere qd occupato(a)/un luogo in ordine; **to ~ sth to o.s.** tenere qc per sé; **to ~ sth (back) from sb** celare qc a qd; **to ~ time** (*clock*) andar bene; **to ~ on** *vi* continuare; **to ~ on doing** continuare a fare; **to ~ out** *vt* tener fuori; **'~ out'** 'vietato l'accesso'; **to ~ up** *vi* mantenersi // *vt* continuare, mantenere; **to ~ up with** tener dietro a, andare di pari passo con; (*work etc*) farcela a seguire; **~er** *n* custode *m/f*, guardiano/a; **~ing** *n* (*care*) custodia; **in ~ing with** in armonia con; in accordo con; **~sake** *n* ricordo.

keg [kɛg] *n* barilotto.

kennel ['kɛnl] *n* canile *m*.

Kenya ['kɛnjə] *n* Kenia *m*.

kept [kɛpt] *pt,pp of* **keep.**

kerb [kə:b] *n* orlo del marciapiede.

kernel ['kə:nl] *n* nocciolo.

kerosene ['kɛrəsi:n] *n* cherosene *m*.

ketchup ['kɛtʃəp] *n* ketchup *m inv*.

kettle ['kɛtl] *n* bollitore *m*; **~ drum** *n* timpano.

key [ki:] *n* (*gen*, MUS) chiave *f*; (*of piano, typewriter*) tasto // *cpd* chiave *inv*; **~board** *n* tastiera; **~hole** *n* buco della serratura; **~note** *n* (MUS) tonica; (*fig*) nota dominante; **~ ring** *n* portachiavi *m inv*.

khaki ['kɑ:kɪ] *a,n* cachi (*m*).

kick [kɪk] *vt* calciare, dare calci a // *vi* (*horse*) tirar calci // *n* calcio; (*of rifle*) contraccolpo; (*thrill*): **he does it for ~s** lo fa giusto per il piacere di farlo; **to ~ off** *vi* (SPORT) dare il primo calcio; **~-off** *n* (SPORT) calcio d'inizio.

kid [kɪd] *n* ragazzino/a; (*animal, leather*) capretto // *vi* (*col*) scherzare // *vt* (*col*) prendere in giro.

kidnap ['kɪdnæp] *vt* rapire; **~per** *n* rapitore/trice; **~ping** *n* rapimento.

kidney ['kɪdnɪ] *n* (ANAT) rene *m*; (CULIN) rognone *m*.

kill [kɪl] *vt* uccidere, ammazzare; (*fig*) sopprimere; sopraffare; ammazzare // *n* uccisione *f*; **~er** *n* uccisore *m*, killer *m inv*; assassino/a; **~ing** *n* assassinio; (*massacre*) strage *f*.

kiln [kɪln] *n* forno.

kilo ['ki:ləu] *n* chilo; **~gram(me)** ['kɪləugræm] *n* chilogrammo; **~metre** ['kɪləmi:tə*] *n* chilometro; **~watt** ['kɪləuwɔt] *n* chilowatt *m inv*.

kilt [kɪlt] *n* gonnellino scozzese.

kimono [kɪ'məunəu] *n* chimono.

kin [kɪn] *n see* **next, kith.**

kind [kaɪnd] *a* gentile, buono(a) // *n* sorta, specie *f*; (*species*) genere *m*; **in ~** (COMM) in natura; (*fig*): **to repay sb in ~** ripagare qd della stessa moneta.

kindergarten ['kɪndəgɑ:tn] *n* giardino d'infanzia.

kind-hearted [kaɪnd'hɑ:tɪd] *a* di buon cuore.

kindle ['kɪndl] *vt* accendere, infiammare.

kindly ['kaɪndlɪ] *a* pieno(a) di bontà, benevolo(a) // *ad* con bontà, gentilmente; **will you ~...** vuole... per favore; **he didn't take it ~** se l'è presa a male.

kindness ['kaɪndnɪs] *n* bontà, gentilezza.

kindred ['kɪndrɪd] *a* imparentato(a); **~ spirit** *n* spirito affino.

kinetic [kɪ'nɛtɪk] *a* cinetico(a).

king [kɪŋ] *n* re *m inv*; **~dom** *n* regno, reame *m*; **~fisher** *n* martin *m inv* pescatore; **~-size** *a* super *inv*; gigante.

kink [kɪŋk] *n* (*of rope*) storta.

kinky ['kɪŋkɪ] *a* (*fig*) eccentrico(a); dai gusti particolari.

kiosk ['ki:ɔsk] *n* edicola, chiosco; cabina (telefonica).

kipper ['kɪpə*] *n* aringa affumicata.

kiss [kɪs] *n* bacio // *vt* baciare; **to ~ (each other)** baciarsi.

kit [kɪt] *n* equipaggiamento, corredo; (*set of tools etc*) attrezzi *mpl*; (*for assembly*) scatola di montaggio; **~bag** *n* zaino; sacco militare.

kitchen ['kɪtʃɪn] *n* cucina; **~ sink** *n* acquaio.

kite [kaɪt] *n* (*toy*) aquilone *m*; (ZOOL) nibbio.

kith [kɪθ] *n*: **~ and kin** amici e parenti *mpl*.

kitten ['kɪtn] *n* gattino/a, micino/a.

kitty ['kɪtɪ] *n* (*money*) fondo comune.

kleptomaniac [klɛptəu'meɪnɪæk] *n* cleptomane *m/f*.

knack [næk] *n*: **to have a ~ (for doing)** avere una pratica (per fare); **to have the ~ of** avere l'abitudine di; **there's a ~** c'è un modo.

knapsack ['næpsæk] *n* zaino, sacco da montagna.

knave [neɪv] *n* (CARDS) fante *m*.

knead [ni:d] *vt* impastare.

knee [ni:] *n* ginocchio; **~cap** *n* rotula.

kneel [ni:l] *vi* (*pt,pp* **knelt** [nɛlt]) inginocchiarsi.

knell [nɛl] *n* intocco.

knew [nju:] *pt of* **know.**

knickers ['nɪkəz] *npl* mutandine *fpl*.

knife, knives [naɪf, naɪvz] *n* coltello // *vt* accoltellare, dare una coltellata a.

knight [naɪt] *n* cavaliere *m*; (CHESS) cavallo; **~hood** *n* cavalleria; (*title*): **to get a ~hood** essere fatto cavaliere.

knit [nɪt] *vt* fare a maglia; (*fig*): **to ~ together** unire // *vi* lavorare a maglia; (*broken bones*) saldarsi; **~ting** *n* lavoro a maglia; **~ting needle** *n* ferro; **~wear** *n* maglieria.

knives [naɪvz] *npl of* **knife.**

knob [nɔb] *n* bottone *m*; manopola; (*fig*): **a ~ of butter** una noce di burro.

knock [nɔk] *vt* colpire; urtare; (*fig*: *col*) criticare // *vi* (*engine*) battere; (*at door etc*): **to ~ at/on** bussare a // *n* bussata; colpo, botta; **to ~ down** *vt* abbattere; **to ~ off** *vi* (*col*: *finish*) smettere (di lavorare); **to ~ out** *vt* stendere; (BOXING) mettere K.O.; **~er** *n* (*on door*) battente *m*; **~-kneed** *a* che ha le gambe ad x; **~out** *n* (BOXING) knock out *m inv*.

knot [nɔt] *n* nodo // *vt* annodare; **~ty** *a* (*fig*) spinoso(a).
know [nəu] *vt* (*pt* **knew,** *pp* **known** [nju:, nəun]) sapere; (*person, author, place*) conoscere; **to ~ that...** sapere che...; **to ~ how to do** sapere fare; **~-how** *n* tecnica; pratica; **~ing** *a* (*look etc*) d'intesa; **~ingly** *ad* consapevolmente; di complicità.
knowledge ['nɔlɪdʒ] *n* consapevolezza; (*learning*) conoscenza, sapere *m*; **~able** *a* ben informato(a).
known [nəun] *pp of* **know.**
knuckle ['nʌkl] *n* nocca.
K.O. *n* (*abbr of knockout*) K.O. *m* // *vt* mettere K.O.
Koran [kɔ'rɑ:n] *n* Corano.
kw *abbr of* **kilowatt(s).**

L

l. *abbr of* **litre.**
lab [læb] *n* (*abbr of* **laboratory**) laboratorio.
label ['leɪbl] *n* etichetta, cartellino; (*brand: of record*) casa // *vt* etichettare.
laboratory [lə'bɔrətərɪ] *n* laboratorio.
laborious [lə'bɔ:rɪəs] *a* laborioso(a).
labour ['leɪbə*] *n* (*task*) lavoro; (*workmen*) manodopera; (*MED*) travaglio del parto, doglie *fpl* // *vi*: **to ~ (at)** lavorare duro (a); **in ~** (*MED*) in travaglio; **L~, the L~ party** il partito laburista, i laburisti; **~ camp** *n* campo dei lavori forzati; **~er** *n* manovale *m*; (*on farm*) lavoratore *m* agricolo; **~ force** *n* manodopera; **~ pains** *npl* doglie *fpl.*
labyrinth ['læbɪrɪnθ] *n* labirinto.
lace [leɪs] *n* merletto, pizzo; (*of shoe etc*) laccio // *vt* (*shoe*) allacciare.
lack [læk] *n* mancanza // *vt* mancare di; **through** *or* **for ~ of** per mancanza di; **to be ~ing** mancare; **to be ~ing in** mancare di.
lackadaisical [lækə'deɪzɪkl] *a* disinteressato(a), noncurante.
laconic [lə'kɔnɪk] *a* laconico(a).
lacquer ['lækə*] *n* lacca.
lad [læd] *n* ragazzo, giovanotto.
ladder ['lædə*] *n* scala; (*in tights*) smagliatura // *vt* (*tights*) smagliare // *vi* smagliarsi.
laden ['leɪdn] *a*: **~ (with)** carico(a) *or* caricato(a) (di).
ladle ['leɪdl] *n* mestolo.
lady ['leɪdɪ] *n* signora; dama; **L~ Smith** lady Smith; **the ladies' (toilets)** gabinetti *mpl* per signore; **~bird, ~bug** (*US*) *n* coccinella; **~-in-waiting** *n* dama di compagnia; **~like** *a* da signora, distinto(a).
lag [læg] *n* = **time ~** // *vi* (*also*: **~ behind**) trascinarsi // *vt* (*pipes*) rivestire di materiale isolante.
lager ['lɑ:gə*] *n* lager *m inv.*
lagging ['lægɪŋ] *n* rivestimento di materiale isolante.
lagoon [lə'gu:n] *n* laguna.
laid [leɪd] *pt, pp of* **lay.**
lain [leɪn] *pp of* **lie.**
lair [lɛə*] *n* covo, tana.
laity ['leɪətɪ] *n* laici *mpl.*
lake [leɪk] *n* lago.
lamb [læm] *n* agnello; **~ chop** *n* cotoletta d'agnello; **~swool** *n* lamb's wool *m.*
lame [leɪm] *a* zoppo(a).
lament [lə'mɛnt] *n* lamento // *vt* lamentare, piangere; **~able** ['læməntəbl] *a* doloroso(a); deplorevole.
laminated ['læmɪneɪtɪd] *a* laminato(a).
lamp [læmp] *n* lampada.
lampoon [læm'pu:n] *n* pasquinata.
lamp: ~post *n* lampione *m*; **~shade** *n* paralume *m.*
lance [lɑ:ns] *n* lancia // *vt* (*MED*) incidere; **~ corporal** *n* caporale *m.*
land [lænd] *n* (*as opposed to sea*) terra (ferma); (*country*) paese *m*; (*soil*) terreno; suolo; (*estate*) terreni *mpl*, terre *fpl* // *vi* (*from ship*) sbarcare; (*AVIAT*) atterrare; (*fig: fall*) cadere // *vt* (*obtain*) acchiappare; (*passengers*) sbarcare; (*goods*) scaricare; **to ~ up** *vi* andare a finire; **~ing** *n* sbarco; atterraggio; (*of staircase*) pianerottolo; **~ing stage** *n* pontile *m* da sbarco; **~ing strip** *n* pista d'atterraggio; **~lady** *n* padrona *or* proprietaria di casa; **~locked** *a* senza sbocco sul mare; **~lord** *n* padrone *m or* proprietario di casa; (*of pub etc*) oste *m*; **~lubber** *n* marinaio d'acqua dolce; **~mark** *n* punto di riferimento; **~owner** *n* proprietario(a) terriero(a).
landscape ['lænskeɪp] *n* paesaggio.
landslide ['lændslaɪd] *n* (*GEO*) frana; (*fig: POL*) valanga.
lane [leɪn] *n* (*in country*) viottolo; (*in town*) stradetta; (*AUT, in race*) corsia.
language ['læŋgwɪdʒ] *n* lingua; (*way one speaks*) linguaggio; **bad ~** linguaggio volgare.
languid ['læŋgwɪd] *a* languente; languido(a).
languish ['læŋgwɪʃ] *vi* languire.
lank [læŋk] *a* (*hair*) liscio(a) e opaco(a).
lanky ['læŋkɪ] *a* allampanato(a).
lantern ['læntn] *n* lanterna.
lap [læp] *n* (*of track*) giro; (*of body*): **in** *or* **on one's ~** in grembo // *vt* (*also*: **~ up**) papparsi, leccare // *vi* (*waves*) sciabordare.
lapel [lə'pɛl] *n* risvolto.
Lapland ['læplænd] *n* Lapponia.
Lapp [læp] *a* lappone // *n* lappone *m/f*; (*LING*) lappone *m.*
lapse [læps] *n* lapsus *m inv*; (*longer*) caduta // *vi* (*law, act*) passare; (*ticket, passport*) scadere; **to ~ into bad habits** pigliare cattive abitudini; **~ of time** spazio di tempo.
larceny ['lɑ:sənɪ] *n* furto.
lard [lɑ:d] *n* lardo.
larder ['lɑ:də*] *n* dispensa.
large [lɑ:dʒ] *a* grande; (*person, animal*)

grosso(a); **at** ~ (*free*) in libertà; (*generally*) in generale; nell'insieme; **~ly** *ad* in gran parte.

lark [lɑ:k] *n* (*bird*) allodola; (*joke*) scherzo, gioco; **to ~ about** *vi* fare lo stupido.

larva, *pl* **larvae** ['lɑ:və, -i:] *n* larva.

laryngitis [lærɪn'dʒaɪtɪs] *n* laringite *f*.

larynx ['lærɪŋks] *n* laringe *f*.

lascivious [lə'sɪvɪəs] *a* lascivo(a).

laser ['leɪzə*] *n* laser *m*.

lash [læʃ] *n* frustata; (*gen*: **eyelash**) ciglio // *vt* frustare; (*tie*) assicurare con una corda; **to ~ out** *vi*: **to ~ out (at** *or* **against sb/sth)** attaccare violentemente (qd/qc); **to ~ out (on sth)** (*col*: *spend*) spendere un sacco di soldi (per qc).

lass [læs] *n* ragazza.

lasso [læ'su:] *n* laccio // *vt* acchiappare con il laccio.

last [lɑ:st] *a* ultimo(a); (*week, month, year*) scorso(a), passato(a) // *ad* per ultimo // *vi* durare; **~ week** la settimana scorsa; **~ night** ieri sera, la notte scorsa; **at ~** finalmente, alla fine; **~ing** *a* durevole; **~-minute** *a* fatto(a) (*or* preso(a) *etc*) all'ultimo momento.

latch [lætʃ] *n* serratura a scatto; **~key** *n* chiave *f* di casa.

late [leɪt] *a* (*not on time*) in ritardo; (*far on in day etc*) tardi *inv*; tardo(a); (*recent*) recente, ultimo(a); (*former*) ex; (*dead*) defunto(a) // *ad* tardi; (*behind time, schedule*) in ritardo; **of ~** di recente; **in ~ May** verso la fine di maggio; **~comer** *n* ritardatario/a; **~ly** *ad* recentemente; **~ness** *n* (*of person*) ritardo; (*of event*) tardezza, ora tarda.

latent ['leɪtnt] *a* latente.

later ['leɪtə*] *a* (*date etc*) posteriore; (*version etc*) successivo(a) // *ad* più tardi.

lateral ['lætərl] *a* laterale.

latest ['leɪtɪst] *a* ultimo(a), più recente; **at the ~** al più tardi.

lath, ~s [læθ, læðz] *n* assicella.

lathe [leɪð] *n* tornio.

lather ['lɑ:ðə*] *n* schiuma di sapone // *vt* insaponare.

Latin ['lætɪn] *n* latino // *a* latino(a); **~ America** *n* America Latina; **~-American** *a* sudamericano(a).

latitude ['lætɪtju:d] *n* latitudine *f*.

latrine [lə'tri:n] *n* latrina.

latter ['lætə*] *a* secondo(a); più recente // *n*: **the ~** quest'ultimo, il secondo; **~ly** *ad* recentemente, negli ultimi tempi.

lattice ['lætɪs] *n* traliccio; graticolato.

laudable ['lɔ:dəbl] *a* lodevole.

laugh [lɑ:f] *n* risata // *vi* ridere; **to ~ at** *vt fus* (*misfortune etc*) ridere di; **I ~ed at his joke** la sua barzelletta mi fece ridere; **to ~ off** *vt* prendere alla leggera; **~able** *a* ridicolo(a); **~ing** *a* (*face*) ridente; **the ~ing stock of** lo zimbello di; **~ter** *n* riso; risate *fpl*.

launch [lɔ:ntʃ] *n* (*of rocket etc*) lancio; (*of new ship*) varo; (*boat*) scialuppa; (*also*: **motor ~**) lancia // *vt* (*rocket*) lanciare; (*ship, plan*) varare; **~ing** *n* lancio; varo; **~(ing) pad** *n* rampa di lancio.

launder ['lɔ:ndə*] *vt* lavare e stirare.

launderette [lɔ:n'drɛt] *n* lavanderia (automatica).

laundry ['lɔ:ndrɪ] *n* lavanderia; (*clothes*) biancheria; **to do the ~** fare il bucato.

laureate ['lɔ:rɪət] *a see* **poet**.

laurel ['lɔrl] *n* lauro.

lava ['lɑ:və] *n* lava.

lavatory ['lævətərɪ] *n* gabinetto.

lavender ['lævəndə*] *n* lavanda.

lavish ['lævɪʃ] *a* copioso(a); abbondante; (*giving freely*): **~ with** prodigo(a) di, largo(a) in // *vt*: **to ~ on sb/sth** (*care*) profondere a qd/qc.

law [lɔ:] *n* legge *f*; **~-abiding** *a* ubbidiente alla legge; **~ and order** *n* l'ordine *m* pubblico; **~breaker** *n* violatore/trice della legge; **~ court** *n* tribunale *m*, corte *f* di giustizia; **~ful** *a* legale; lecito(a); **~less** *a* senza legge; illegale.

lawn [lɔ:n] *n* tappeto erboso; **~mower** *n* tosaerba *m or f inv*; **~ tennis** [-'tɛnɪs] *n* tennis *m* su prato.

law: **~ school** *n* facoltà di legge; **~ student** *n* studente/essa di legge.

lawsuit ['lɔ:su:t] *n* processo, causa.

lawyer ['lɔ:jə*] *n* (*consultant, with company*) giurista *m/f*; (*for sales, wills etc*) ≈ notaio; (*partner, in court*) ≈ avvocato/essa.

lax [læks] *a* rilassato(a).

laxative ['læksətɪv] *n* lassativo.

laxity ['læksɪtɪ] *n* rilassamento.

lay [leɪ] *pt of* **lie** // *a* laico(a); secolare // *vt* (*pt, pp* **laid** [leɪd]) posare, mettere; (*eggs*) fare; (*trap*) tendere; (*plans*) fare, elaborare; **to ~ the table** apparecchiare la tavola; **to ~ aside** *or* **by** *vt* mettere da parte; **to ~ down** *vt* mettere giù; **to ~ off** *vt* (*workers*) licenziare; **to ~ on** *vt* (*water, gas*) installare, mettere; (*provide*) fornire; (*paint*) applicare; **to ~ out** *vt* (*design*) progettare; (*display*) presentare; (*spend*) sborsare; **to ~ up** *vt* (*to store*) accumulare; (*ship*) mettere in disarmo; (*subj*: *illness*) costringere a letto; **~about** *n* sfaccendato/a, fannullone/a; **~-by** *n* piazzola (di sosta).

layer ['leɪə*] *n* strato.

layman ['leɪmən] *n* laico; profano.

layout ['leɪaut] *n* lay-out *m inv*, disposizione *f*; (PRESS) impaginazione *f*.

laze [leɪz] *vi* oziare.

laziness ['leɪzɪnɪs] *n* pigrizia.

lazy ['leɪzɪ] *a* pigro(a).

lb. *abbr of* **pound** (*weight*).

lead [li:d] *see also next headword*; *n* (*front position*) posizione *f* di testa; (*distance, time ahead*) vantaggio; (*clue*) indizio; (*to battery*) filo conduttore; (ELEC) conduttore *m* isolato; (*for dog*) guinzaglio; (THEATRE) parte *f* principale // *vb* (*pt,pp* **led** [lɛd]) *vt* menare, guidare, condurre; (*induce*) indurre; (*be leader of*) essere a capo di; (SPORT) essere in testa a // *vi* condurre, essere in testa; **to ~ to** menare a; condurre a; portare a; **to ~ astray** *vt* sviare; **to ~ away** *vt* condurre via; **to ~ back** to ricondurre a; **to ~ on** *vt* (*tease*) tenere sulla corda; **to ~ on to** *vt* (*induce*) portare a; **to ~ up** to portare a; (*fig*) preparare la strada per.

lead [lɛd] *see also previous headword*; *n* piombo; (*in pencil*) mina; **~en** *a* di piombo.

leader ['li:də*] *n* capo; direttore/trice, leader *m inv*; (*in newspaper*) articolo di fondo; **~ship** *n* direzione *f*; capacità di comando.

leading ['li:dɪŋ] *a* primo(a); principale; **~ man/lady** *n* (THEATRE) primo attore/prima attrice.

leaf, leaves [li:f, li:vz] *n* foglia; (*of table*) ribalta.

leaflet ['li:flɪt] *n* dépliant *m inv*; (POL, REL) volantino.

league [li:g] *n* lega; (FOOTBALL) campionato; **to be in ~ with** essere in lega con.

leak [li:k] *n* (*out, also fig*) fuga; (*in*) infiltrazione *f* // *vi* (*pipe, liquid etc*) perdere; (*shoes*) lasciar passare l'acqua // *vt* (*liquid*) spandere; (*information*) divulgare; **to ~ out** *vi* perdere; (*information*) trapelare.

lean [li:n] *a* magro(a) // *n* (*of meat*) carne *f* magra // *vb* (*pt,pp* **leaned** *or* **leant** [lɛnt]) *vt*: **to ~ sth on** appoggiare qc su // *vi* (*slope*) pendere; (*rest*): **to ~ against** appoggiarsi contro; essere appoggiato(a) a; **to ~ on** appoggiarsi a; **to ~ back/forward** *vi* sporgersi in avanti/indietro; **to ~ over** *vi* inclinarsi; **~ing** *n*: **~ing (towards)** propensione *f* (per).

leap [li:p] *n* salto, balzo // *vi* (*pt,pp* **leaped** *or* **leapt** [lɛpt]) saltare, balzare; **~frog** *n* gioco di saltamontone; **~ year** *n* anno bisestile.

learn, *pt,pp* **learned** *or* **learnt** [lə:n, -t] *vt,vi* imparare; **~ed** ['lə:nɪd] *a* erudito(a), dotto(a); **~er** *n* principiante *m/f*; apprendista *m/f*; **~ing** *n* erudizione *f*, sapienza.

lease [li:s] *n* contratto d'affitto // *vt* affittare.

leash [li:ʃ] *n* guinzaglio.

least [li:st] *a*: **the ~** *+ noun* il(la) più piccolo(a), il(la) minimo(a); (*smallest amount of*) il(la) meno; **the ~** *+ adjective*: **the ~ beautiful girl** la ragazza meno bella; **the ~ expensive** il(la) meno caro(a); **the ~ money** il meno denaro; **at ~** almeno; **not in the ~** affatto, per nulla.

leather ['lɛðə*] *n* cuoio // *cpd* di cuoio.

leave [li:v] *vb* (*pt,pp* **left** [lɛft]) *vt* lasciare; (*go away from*) partire da // *vi* partire, andarsene // *n* (*time off*) congedo; (MIL, *also*: *consent*) licenza; **to be left** rimanere; **there's some milk left over** c'è rimasto del latte; **on ~** in congedo; **to take one's ~ of** congedarsi di; **to ~ out** *vt* omettere, tralasciare.

leaves [li:vz] *npl of* **leaf**.

Lebanon ['lɛbənən] *n* Libano.

lecherous ['lɛtʃərəs] *a* lascivo(a), lubrico(a).

lectern ['lɛktə:n] *n* leggio.

lecture ['lɛktʃə*] *n* conferenza; (SCOL) lezione *f* // *vi* fare conferenze; fare lezioni; **to ~ on** fare una conferenza su.

lecturer ['lɛktʃərə*] *n* (*speaker*) conferenziere/a; (*at university*) professore/essa, docente *m/f*.

led [lɛd] *pt,pp of* **lead**.

ledge [lɛdʒ] *n* (*of window*) davanzale *m*; (*on wall etc*) sporgenza; (*of mountain*) cornice *f*, cengia.

ledger ['lɛdʒə*] *n* libro maestro, registro.

lee [li:] *n* lato sottovento.

leech [li:tʃ] *n* sanguisuga.

leek [li:k] *n* porro.

leer [lɪə*] *vi*: **to ~ at sb** gettare uno sguardo voglioso *or* maligno su qd.

leeway ['li:weɪ] *n* (*fig*): **to have some ~** avere una certa libertà di agire.

left [lɛft] *pt,pp of* **leave** // *a* sinistro(a) // *ad* a sinistra // *n* sinistra; **the L~** (POL) la sinistra; **~-handed** *a* mancino(a); **~-hand side** *n* lato *or* fianco sinistro; **~-luggage (office)** *n* deposito *m* bagagli *inv*; **~-overs** *npl* avanzi *mpl*, resti *mpl*; **~ wing** *n* (MIL, SPORT) ala sinistra; (POL) sinistra; **~-wing** *a* (POL) di sinistra.

leg [lɛg] *n* gamba; (*of animal*) zampa; (*of furniture*) piede *m*; (CULIN: *of chicken*) coscia; (*of journey*) tappa; **lst/2nd ~** (SPORT) partita di andata/ritorno.

legacy ['lɛgəsɪ] *n* eredità *f inv*.

legal ['li:gl] *a* legale; **~ize** *vt* legalizzare.

legation [lɪ'geɪʃən] *n* legazione *f*.

legend ['lɛdʒənd] *n* leggenda; **~ary** *a* leggendario(a).

leggings ['lɛgɪŋz] *npl* ghette *fpl*.

legible ['lɛdʒəbl] *a* leggibile.

legion ['li:dʒən] *n* legione *f*.

legislate ['lɛdʒɪsleɪt] *vi* legiferare; **legislation** [-'leɪʃən] *n* legislazione *f*; **legislative** ['lɛdʒɪslətɪv] *a* legislativo(a); **legislator** *n* legislatore/trice; **legislature** ['lɛdʒɪslətʃə*] *n* corpo legislativo.

legitimacy [lɪ'dʒɪtɪməsɪ] *n* legittimità.

legitimate [lɪ'dʒɪtɪmət] *a* legittimo(a).

leg-room ['lɛgru:m] *n* spazio per le gambe.

leisure ['lɛʒə*] *n* agio, tempo libero; ricreazioni *fpl*; **at ~** all'agio; a proprio comodo; **~ centre** *n* centro di ricreazione; **~ly** *a* tranquillo(a); fatto(a) con comodo *or* senza fretta.

lemon ['lɛmən] *n* limone *m*; **~ade** *n* [-'neɪd] limonata.

lend, *pt,pp* **lent** [lɛnd, lɛnt] *vt*: **to ~ sth (to sb)** prestare qc (a qd); **~er** *n* prestatore/trice; **~ing library** *n* biblioteca circolante.

length [lɛŋθ] *n* lunghezza; (*section*: *of road, pipe etc*) pezzo, tratto; **at ~** (*at last*) finalmente, alla fine; (*lengthily*) a lungo; **~en** *vt* allungare, prolungare // *vi*

allungarsi; ~**ways** *ad* per il lungo; ~**y** *a* molto lungo(a).
leniency ['li:nɪənsɪ] *n* indulgenza, clemenza.
lenient ['li:nɪənt] *a* indulgente, clemente.
lens [lɛnz] *n* lente *f*; (*of camera*) obiettivo.
lent [lɛnt] *pt,pp of* **lend**.
Lent [lɛnt] *n* Quaresima.
lentil ['lɛntl] *n* lenticchia.
Leo ['li:əu] *n* Leone *m*.
leopard ['lɛpəd] *n* leopardo.
leotard ['li:ətɑ:d] *n* calzamaglia.
leper ['lɛpə*] *n* lebbroso/a.
leprosy ['lɛprəsɪ] *n* lebbra.
lesbian ['lɛzbɪən] *n* lesbica.
less [lɛs] *det, pronoun, ad* meno; ~ **than you/ever** meno di Lei/che mai; ~ **and** ~ sempre meno; **the** ~ **he works ...** meno lui lavora ... .
lessen ['lɛsn] *vi* diminuire, attenuarsi // *vt* diminuire, ridurre.
lesson ['lɛsn] *n* lezione *f*.
lest [lɛst] *cj* per paura di + *infinitive*, per paura che + *sub*.
let, *pt,pp* **let** [lɛt] *vt* lasciare; (*lease*) dare in affitto; **he** ~ **me go** mi ha lasciato andare; ~**'s go** andiamo; ~ **him come** lo lasci venire; **'to** ~**'** 'affittasi'; **to** ~ **down** *vt* (*lower*) abbassare; (*dress*) allungare; (*hair*) sciogliere; (*disappoint*) deludere; **to** ~ **go** *vi* mollare // *vt* lasciare andare; **to** ~ **in** *vt* lasciare entrare; (*visitor etc*) far entrare; **to** ~ **off** *vt* lasciare andare; (*firework etc*) far partire; (*smell etc*) emettere; **to** ~ **out** *vt* lasciare uscire; (*dress*) allargare; (*scream*) emettere; **to** ~ **up** *vi* diminuire.
lethal ['li:θl] *a* letale, mortale.
lethargic [lɛ'θɑ:dʒɪk] *a* letargico(a).
lethargy ['lɛθədʒɪ] *n* letargia.
letter ['lɛtə*] *n* lettera; ~**s** *npl* (LITERATURE) lettere; ~ **bomb** *n* lettera esplosiva; ~**box** *n* buca delle lettere; ~**ing** *n* iscrizione *f*; caratteri *mpl*.
lettuce ['lɛtɪs] *n* lattuga, insalata.
leukaemia [lu:'ki:mɪə] *n* leucemia.
level ['lɛvl] *a* piatto(a), piano(a); orizzontale // *n* livello // *vt* livellare, spianare; **to be** ~ **with** essere alla pari di; **'A'** ~**s** *npl* ≈ esami *mpl* di maturità; **'O'** ~**s** *npl esami fatti in Inghilterra all'età di 16 anni;* **on the** ~ piatto(a); (*fig*) onesto(a); **to** ~ **off** *or* **out** *vi* (*prices etc*) stabilizzarsi; ~ **crossing** *n* passaggio a livello; ~**-headed** *a* equilibrato(a).
lever ['li:və*] *n* leva // *vt*: **to** ~ **up/out** sollevare/estrarre con una leva; ~**age** *n*: ~**age (on** *or* **with)** ascendente *m* (su).
levity ['lɛvɪtɪ] *n* leggerezza, frivolità.
levy ['lɛvɪ] *n* tassa, imposta // *vt* imporre; percepire.
lewd [lu:d] *a* osceno(a), lascivo(a).
liability [laɪə'bɪlətɪ] *n* responsabilità *f inv*; (*handicap*) peso; **liabilities** *npl* debiti *mpl*; (*on balance sheet*) passivo.
liable ['laɪəbl] *a* (*subject*): ~ **to** soggetto(a) a; passibile di; (*responsible*): ~ **(for)** responsabile di; (*likely*): ~ **to do** propenso(a) a fare.
liaison [li:'eɪzɔn] *n* relazione *f*; (MIL) collegamento.
liar ['laɪə*] *n* bugiardo/a.
libel ['laɪbl] *n* libello; diffamazione *f* // *vt* diffamare.
liberal ['lɪbərl] *a* liberale; (*generous*): **to be** ~ **with** distribuire liberalmente.
liberate ['lɪbəreɪt] *vt* liberare; **liberation** [-'reɪʃən] *n* liberazione *f*.
liberty ['lɪbətɪ] *n* libertà *f inv*; **at** ~ **to do** libero(a) di fare; **to take the** ~ **of** prendersi la libertà di, permettersi di.
Libra ['li:brə] *n* Bilancia.
librarian [laɪ'brɛərɪən] *n* bibliotecario/a.
library ['laɪbrərɪ] *n* biblioteca.
libretto [lɪ'brɛtəu] *n* libretto.
Libya ['lɪbɪə] *n* Libia; ~**n** *a, n* libico(a).
lice [laɪs] *npl of* **louse**.
licence ['laɪsns] *n* autorizzazione *f*, permesso; (COMM) licenza; (RADIO, TV) canone *m*, abbonamento; (*also*: **driving** ~) patente *f* di guida; (*excessive freedom*) licenza; ~ **plate** *n* targa.
license ['laɪsns] *n* (*US*) = **licence** // *vt* dare una licenza a; ~**d** *a* (*for alcohol*) che ha la licenza di vendere bibite alcoliche.
licentious [laɪ'sɛnʃəs] *a* licenzioso(a).
lichen ['laɪkən] *n* lichene *m*.
lick [lɪk] *vt* leccare // *n* leccata; **a** ~ **of paint** una passata di vernice.
licorice ['lɪkərɪs] *n* = **liquorice**.
lid [lɪd] *n* coperchio.
lido ['laɪdəu] *n* piscina all'aperto.
lie [laɪ] *n* bugia, menzogna // *vi* mentire, dire bugie; (*pt* **lay**, *pp* **lain** [leɪ, leɪn]) (*rest*) giacere, star disteso(a); (*in grave*) giacere, riposare; (*of object: be situated*) trovarsi, essere; **to** ~ **low** (*fig*) latitare; **to have a** ~**-down** sdraiarsi, riposarsi; **to have a** ~**-in** rimanere a letto.
lieutenant [lɛf'tɛnənt] *n* tenente *m*.
life, lives [laɪf, laɪvz] *n* vita // *cpd* di vita; della vita; a vita; ~ **assurance** *n* assicurazione *f* sulla vita; ~**belt** *n* cintura di salvataggio; ~**boat** *n* scialuppa di salvataggio; ~ **expectancy** *n* durata media della vita; ~**guard** *n* bagnino; ~ **jacket** *n* salvagente *m*, cintura di salvataggio; ~**less** *a* senza vita; ~**like** *a* verosimile; rassomigliante; ~**line** *n* cavo di salvataggio; ~**long** *a* per tutta la vita; ~ **preserver** *n* (*US*) salvagente *m*, cintura di salvataggio; (*Brit*: *col*) sfollagente *m inv*; ~**-raft** *n* zattera di salvataggio; ~**-saver** *n* bagnino; ~**-sized** *a* a grandezza naturale; ~**time** *n*: **in his** ~**time** durante la sua vita; **in a** ~**time** nell'arco della vita; in tutta la vita.
lift [lɪft] *vt* sollevare, levare; (*steal*) prendere, rubare // *vi* (*fog*) alzarsi // *n* (*elevator*) ascensore *m*; **to give sb a** ~ dare un passaggio a qd; ~**-off** *n* decollo.
ligament ['lɪgəmənt] *n* legamento.
light [laɪt] *n* luce *f*, lume *m*; (*daylight*) luce *f*, giorno; (*lamp*) lampada; (AUT: *rear* ~) luce *f* di posizione; (: *headlamp*) fanale *m*;

(*for cigarette etc*): **have you got a ~?** ha del fuoco?; **~s** *npl* (*AUT*: *traffic ~s*) semaforo // *vt* (*pt, pp* **lighted** *or* **lit** [lɪt]) (*candle, cigarette, fire*) accendere; (*room*) illuminare // *a* (*room, colour*) chiaro(a); (*not heavy, also fig*) leggero(a); **to ~ up** *vi* illuminarsi // *vt* (*illuminate*) illuminare; **~ bulb** *n* lampadina; **~en** *vi* schiarirsi // *vt* (*give light to*) illuminare; (*make lighter*) schiarire; (*make less heavy*) alleggerire; **~er** *n* (*also*: **cigarette ~**) accendino; (*boat*) chiatta; **~-headed** *a* stordito(a); **~-hearted** *a* gioioso(a), gaio(a); **~house** *n* faro; **~ing** *n* illuminazione *f*; **~ing-up time** *n orario per l'accensione delle luci*; **~ly** *ad* leggermente; **~ meter** *n* (*PHOT*) esposimetro; **~ness** *n* chiarezza; (*in weight*) leggerezza.

lightning ['laɪtnɪŋ] *n* lampo, fulmine *m*; **~ conductor** *n* parafulmine *m*.

lightweight ['laɪtweɪt] *a* (*suit*) leggero(a); (*boxer*) peso leggero *inv*.

light year ['laɪtjɪə*] *n* anno *m* luce *inv*.

like [laɪk] *vt* (*person*) volere bene a; (*activity, object, food*): **I ~ swimming/that book/chocolate** mi piace nuotare/quel libro/il cioccolato // *prep* come // *a* simile, uguale // *n*: **the ~** un(a) simile; uno(a) uguale; (*pej*) una cosa simile; uno(a) uguale; **his ~s and dislikes** i suoi gusti; **I would ~, I'd ~** mi piacerebbe, vorrei; **to be/look ~ sb/sth** somigliare a qd/qc; **that's just ~ him** è proprio da lui; **~able** *a* simpatico(a).

likelihood ['laɪklɪhud] *n* probabilità.

likely ['laɪklɪ] *a* probabile; plausibile; **he's ~ to leave** probabilmente partirà, è probabile che parta.

like-minded [laɪk'maɪndɪd] *a* che pensa allo stesso modo.

liken ['laɪkən] *vt*: **to ~ sth to** paragonare qc a.

likewise ['laɪkwaɪz] *ad* similmente, nello stesso modo.

liking ['laɪkɪŋ] *n*: **~ (for)** simpatia (per); debole *m* (per).

lilac ['laɪlək] *n* lilla *m inv* // *a* lilla *inv*.

lilting ['lɪltɪŋ] *a* melodioso(a).

lily ['lɪlɪ] *n* giglio; **~ of the valley** *n* mughetto.

limb [lɪm] *n* membro.

limber ['lɪmbə*]: **to ~ up** *vi* riscaldarsi i muscoli.

limbo ['lɪmbəu] *n*: **to be in ~** (*fig*) essere in sospeso.

lime [laɪm] *n* (*tree*) tiglio; (*fruit*) limetta; (*GEO*) calce *f*.

limelight ['laɪmlaɪt] *n*: **in the ~** (*fig*) alla ribalta, in vista.

limerick ['lɪmərɪk] *n poesiola umoristica di 5 versi*.

limestone ['laɪmstəun] *n* pietra calcarea; (*GEO*) calcare *m*.

limit ['lɪmɪt] *n* limite *m* // *vt* limitare; **~ation** [-'teɪʃən] *n* limitazione *f*, limite *m*; **~ed** *a* limitato(a), ristretto(a); **~ed (liability) company (Ltd)** *n* ≈ società *f inv* a responsabilità limitata (S.r.l.).

limousine ['lɪməzi:n] *n* limousine *f inv*.

limp [lɪmp] *vi* zoppicare // *a* floscio(a), flaccido(a).

limpet ['lɪmpɪt] *n* patella.

line [laɪn] *n* linea; (*rope*) corda; (*wire*) filo; (*of poem*) verso; (*row, series*) fila, riga; coda // *vt* (*clothes*): **to ~ (with)** foderare (di); (*box*): **to ~ (with)** rivestire *or* foderare (di); (*subj*: *trees, crowd*) fiancheggiare; **in ~ with** d'accordo con; **to ~ up** *vi* allinearsi, mettersi in fila // *vt* mettere in fila.

linear ['lɪnɪə*] *a* lineare.

linen ['lɪnɪn] *n* biancheria, panni *mpl*; (*cloth*) tela di lino.

liner ['laɪnə*] *n* nave *f* di linea.

linesman ['laɪnzmən] *n* guardalinee *m inv*.

line-up ['laɪnʌp] *n* allineamento, fila; (*SPORT*) formazione *f* di gioco.

linger ['lɪŋgə*] *vi* attardarsi; indugiare; (*smell, tradition*) persistere; **~ing** *a* lungo(a); persistente; (*death*) lento(a).

lingo, ~es ['lɪŋgəu] *n* (*pej*) gergo.

linguist ['lɪŋgwɪst] *n* linguista *m/f*; poliglotta *m/f*; **~ic** [lɪŋ'gwɪstɪk] *a* linguistico(a); **~ics** *n* linguistica.

lining ['laɪnɪŋ] *n* fodera.

link [lɪŋk] *n* (*of a chain*) anello; (*connection*) legame *m*, collegamento // *vt* collegare, unire, congiungere; **~s** *npl* pista *or* terreno da golf; **to ~ up** *vt* collegare, unire // *vi* riunirsi; associarsi.

linoleum [lɪ'nəulɪəm] *n* linoleum *m inv*.

lint [lɪnt] *n* garza.

lintel ['lɪntl] *n* architrave *f*.

lion ['laɪən] *n* leone *m*; **~ cub** leoncino; **~ess** *n* leonessa.

lip [lɪp] *n* labbro; (*of cup etc*) orlo; (*insolence*) sfacciataggine *f*; **~read** *vi* leggere sulle labbra; **to pay ~ service to sth** essere favorevole a qc solo a parole; **~stick** *n* rossetto.

liqueur [lɪ'kjuə*] *n* liquore *m*.

liquid ['lɪkwɪd] *n* liquido // *a* liquido(a); **~ assets** *npl* attività *fpl* liquide, crediti *mpl* liquidi.

liquidate ['lɪkwɪdeɪt] *vt* liquidare; **liquidation** [-'deɪʃən] *n* liquidazione *f*; **liquidator** *n* liquidatore *m*.

liquidize ['lɪkwɪdaɪz] *vt* (*CULIN*) passare al frullatore.

liquor ['lɪkə*] *n* alcool *m*.

liquorice ['lɪkərɪs] *n* liquirizia.

lisp [lɪsp] *n* difetto nel pronunciare le sibilanti.

list [lɪst] *n* lista, elenco; (*of ship*) sbandamento // *vt* (*write down*) mettere in lista; fare una lista di; (*enumerate*) elencare // *vi* (*ship*) sbandare.

listen ['lɪsn] *vi* ascoltare; **to ~ to** ascoltare; **~er** *n* ascoltatore/trice.

listless ['lɪstlɪs] *a* apatico(a).

lit [lɪt] *pt,pp of* **light**.

litany ['lɪtənɪ] *n* litania.

literacy ['lɪtərəsɪ] *n* fatto di sapere leggere e scrivere; cultura.

literal ['lɪtərl] *a* letterale; **~ly** *ad* alla lettera, letteralmente.
literary ['lɪtərərɪ] *a* letterario(a).
literate ['lɪtərət] *a* che sa leggere e scrivere, istruito(a).
literature ['lɪtərɪtʃə*] *n* letteratura; (*brochures etc*) materiale *m*.
lithe [laɪð] *a* agile, snello(a).
litigate ['lɪtɪgeɪt] *vt* muovere causa a // *vi* litigare; **litigation** [-'geɪʃən] *n* causa.
litre ['li:tə*] *n* litro.
litter ['lɪtə*] *n* (*rubbish*) rifiuti *mpl*; (*young animals*) figliata // *vt* sparpagliare; lasciare rifiuti in; **~ bin** *n* cestino per rifiuti; **~ed with** coperto(a) di.
little ['lɪtl] *a* (*small*) piccolo(a); (*not much*) poco(a) // *ad* poco; **a ~** un po' (di); **a ~ milk** un po' di latte; **~ by ~** a poco a poco; **to make ~ of** dare poca importanza a.
liturgy ['lɪtədʒɪ] *n* liturgia.
live *vi* [lɪv] vivere; (*reside*) vivere, abitare // *a* [laɪv] (*animal*) vivo(a); (*wire*) sotto tensione; (*broadcast*) diretto(a); **to ~ down** *vt* far dimenticare (alla gente); **to ~ in** *vi* essere interno(a); avere vitto e alloggio; **to ~ on** *vt fus* (*food*) vivere di // *vi* sopravvivere, continuare a vivere; **to ~ up to** *vt fus* tener fede a, non venir meno a.
livelihood ['laɪvlɪhud] *n* vita, mezzi *mpl* di sussistenza.
liveliness ['laɪvlɪnəs] *n* vivacità.
lively ['laɪvlɪ] *a* vivace, vivo(a).
liver ['lɪvə*] *n* fegato.
livery ['lɪvərɪ] *n* livrea.
lives [laɪvz] *npl of* **life**.
livestock ['laɪvstɔk] *n* bestiame *m*.
livid ['lɪvɪd] *a* livido(a); (*furious*) livido(a) di rabbia, furibondo(a).
living ['lɪvɪŋ] *a* vivo(a), vivente // *n*: **to earn** *or* **make a ~** guadagnarsi la vita; **~ room** *n* soggiorno; **~ standards** *npl* tenore *m* di vita; **~ wage** *n* salario sufficiente per vivere.
lizard ['lɪzəd] *n* lucertola.
llama ['lɑ:mə] *n* lama *m inv*.
load [ləud] *n* (*weight*) peso; (ELEC, TECH, *thing carried*) carico // *vt*: **to ~ (with)** (*lorry, ship*) caricare (di); (*gun, camera*) caricare (con); **a ~ of, ~s of** (*fig*) un sacco di; **~ed** *a* (*dice*) falsato(a); (*question, word*) capzioso(a).
loaf, loaves [ləuf, ləuvz] *n* pane *m*, pagnotta // *vi* (*also*: **~ about, ~ around**) bighellonare.
loam [ləum] *n* terra di marna.
loan [ləun] *n* prestito // *vt* dare in prestito; **on ~** in prestito.
loath [ləuθ] *a*: **to be ~ to do** essere restio(a) a fare.
loathe [ləuð] *vt* detestare, aborrire; **loathing** *n* aborrimento, disgusto.
loaves [ləuvz] *npl of* **loaf**.
lobby ['lɔbɪ] *n* atrio, vestibolo; (POL: *pressure group*) gruppo di pressione // *vt* fare pressione su.
lobe [ləub] *n* lobo.
lobster ['lɔbstə*] *n* aragosta.
local ['ləukl] *a* locale // *n* (*pub*) bar *m inv* *or* caffè *m inv* vicino; **the ~s** *npl* la gente della zona; **~ call** *n* telefonata urbana; **~ government** *n* amministrazione *f* locale.
locality [ləu'kælɪtɪ] *n* località *f inv*; (*position*) posto, luogo.
locally ['ləukəlɪ] *ad* da queste parti; nel vicinato.
locate [ləu'keɪt] *vt* (*find*) trovare; (*situate*) collocare.
location [ləu'keɪʃən] *n* posizione *f*; **on ~** (CINEMA) all'esterno.
loch [lɔx] *n* lago.
lock [lɔk] *n* (*of door, box*) serratura; (*of canal*) chiusa; (*of hair*) ciocca, riccio // *vt* (*with key*) chiudere a chiave; (*immobilize*) bloccare // *vi* (*door etc*) chiudersi a chiave; (*wheels*) bloccarsi, incepparsi.
locker ['lɔkə*] *n* armadietto.
locket ['lɔkɪt] *n* medaglione *m*.
lockjaw ['lɔkdʒɔ:] *n* tetano.
locomotive [ləukə'məutɪv] *n* locomotiva.
locust ['ləukəst] *n* locusta.
lodge [lɔdʒ] *n* casetta, portineria // *vi* (*person*): **to ~ (with)** essere a pensione (presso *or* da) // *vt* (*appeal etc*) presentare, fare; **to ~ a complaint** presentare un reclamo; **to ~ (itself) in/between** piantarsi dentro/fra; **~r** *n* affittuario/a; (*with room and meals*) pensionante *m/f*.
lodgings ['lɔdʒɪŋz] *npl* camera d'affitto; camera ammobiliata.
loft [lɔft] *n* soffitto; (AGR) granaio.
lofty ['lɔftɪ] *a* alto(a); (*haughty*) altezzoso(a).
log [lɔg] *n* (*of wood*) ceppo; (*book*) = **logbook**.
logbook ['lɔgbuk] *n* (NAUT, AVIAT) diario di bordo; (*of lorry-driver*) registro di viaggio; (*of events, movement of goods etc*) registro; (*of car*) libretto di circolazione.
loggerheads ['lɔgəhɛdz] *npl*: **at ~ (with)** ai ferri corti (con).
logic ['lɔdʒɪk] *n* logica; **~al** *a* logico(a); **~ally** *ad* logicamente.
logistics [lɔ'dʒɪstɪks] *n* logistica.
loin [lɔɪn] *n* (CULIN) lombata; **~s** *npl* reni *fpl*.
loiter ['lɔɪtə*] *vi* attardarsi; **to ~ (about)** indugiare, bighellonare.
loll [lɔl] *vi* (*also*: **~ about**) essere stravaccato(a).
lollipop ['lɔlɪpɔp] *n* lecca lecca *m inv*; **~ man/lady** *n impiegato/a che aiuta i bambini ad attraversare la strada in vicinanza di scuole*.
London ['lʌndən] *n* Londra; **~er** *n* londinese *m/f*.
lone [ləun] *a* solitario(a).
loneliness ['ləunlɪnɪs] *n* solitudine *f*, isolamento.
lonely ['ləunlɪ] *a* solo(a); solitario(a), isolato(a); **to feel ~** sentirsi solo.
loner ['ləunə*] *n* solitario/a.

long [lɔŋ] *a* lungo(a) // *ad* a lungo, per molto tempo // *vi*: **to ~ for sth/to do** desiderare qc/di fare; non veder l'ora di aver qc/di fare; **he had ~ understood that...** aveva capito da molto tempo che...; **how ~ is this river/course?** quanto è lungo questo fiume/corso?; **6 metres ~** lungo 6 metri; **6 months ~** che dura 6 mesi, di 6 mesi; **all night ~** tutta la notte; **~ before** molto tempo prima; **before ~** (+ *future*) presto, fra poco; (+ *past*) poco tempo dopo; **at ~ last** finalmente; **~-distance** *a* (*race*) di fondo; (*call*) interurbano(a); **~hand** *n* scrittura normale; **~ing** *n* desiderio, voglia, brama // *a* di desiderio; pieno(a) di nostalgia.
longitude ['lɔŋgɪtju:d] *n* longitudine *f*.
long: **~ jump** *n* salto in lungo; **~-lost** *a* perduto(a) da tempo; **~-playing** *a*: **~-playing record (L.P.)** *n* (disco) 33 giri *m inv*; **~-range** *a* a lunga portata; **~-sighted** *a* presbite; (*fig*) lungimirante; **~-standing** *a* di vecchia data; **~-suffering** *a* estremamente paziente; infinitamente tollerante; **~-term** *a* a lungo termine; **~ wave** *n* onde *fpl* lunghe; **~-winded** *a* prolisso(a), interminabile.
loo [lu:] *n* (*col*) W.C. *m inv*, cesso.
look [luk] *vi* guardare; (*seem*) sembrare, parere; (*building etc*): **to ~ south/on to the sea** dare a sud/sul mare // *n* sguardo; (*appearance*) aspetto, aria; **~s** *npl* aspetto; bellezza; **to ~ like** assomigliare a; **to ~ after** *vt fus* occuparsi di, prendere cura di; guardare, badare a; **to ~ at** *vt fus* guardare; **to ~ down on** *vt fus* (*fig*) guardare dall'alto, disprezzare; **to ~ for** *vt fus* cercare; **to ~ forward to** *vt fus* non veder l'ora di; **to ~ on** *vi* fare da spettatore; **to ~ out** *vi* (*beware*): **to ~ out (for)** stare in guardia (per); **to ~ out for** *vt fus* stare in aspetto per; cercare; **to ~ to** *vt fus* stare attento(a) a; (*rely on*) contare su; **to ~ up** *vi* alzare gli occhi; (*improve*) migliorare // *vt* (*word*) cercare; (*friend*) andare a trovare; **to ~ up to** *vt fus* avere rispetto per; **~-out** *n* posto d'osservazione; guardia; **to be on the ~-out (for)** stare in guardia (per).
loom [lu:m] *n* telaio // *vi* sorgere; (*fig*) minacciare.
loop [lu:p] *n* cappio; **~hole** *n* via d'uscita; scappatoia.
loose [lu:s] *a* (*knot*) sciolto(a); (*screw*) allentato(a); (*stone*) cadente; (*clothes*) ampio(a), largo(a); (*animal*) in libertà, scappato(a); (*life, morals*) dissoluto(a); (*discipline*) allentato(a); (*thinking*) poco rigoroso(a), vago(a); **to be at a ~ end** non saper che fare; **~ly** *ad* lentamente; approssimativamente; **~n** *vt* sciogliere.
loot [lu:t] *n* bottino // *vt* saccheggiare; **~ing** *n* saccheggio.
lop [lɔp]: **to ~ off** *vt* tagliare via, recidere.
lop-sided ['lɔp'saɪdɪd] *a* non equilibrato(a), assimetrico(a).
lord [lɔ:d] *n* signore *m*; **L~ Smith** lord Smith; **the L~** il Signore; **the (House of) L~s** la Camera dei Lord; **~ly** *a* nobile, maestoso(a); (*arrogant*) altero(a); **~ship** *n*: **your L~ship** Sua Eccellenza.
lore [lɔ:*] *n* tradizioni *fpl*.
lorry ['lɔrɪ] *n* camion *m inv*; **~ driver** *n* camionista *m*.
lose, *pt,pp* **lost** [lu:z, lɔst] *vt* perdere; (*pursuers*) distanziare // *vi* perdere; **to ~ (time)** (*clock*) ritardare; **~r** *n* perdente *m/f*.
loss [lɔs] *n* perdita; **to be at a ~** essere perplesso(a).
lost [lɔst] *pt,pp of* **lose** // *a* perduto(a); **~ property** *n* oggetti *mpl* smarriti.
lot [lɔt] *n* (*at auctions*) lotto; (*destiny*) destino, sorte *f*; **the ~** tutto(a) quanto(a); tutti(e) quanti(e); **a ~** molto; **a ~ of** una gran quantità di, un sacco di; **~s of** molto(a); **to draw ~s (for sth)** tirare a sorte (per qc).
lotion ['ləuʃən] *n* lozione *f*.
lottery ['lɔtərɪ] *n* lotteria.
loud [laud] *a* forte, alto(a); (*gaudy*) vistoso(a), sgargiante // *ad* (*speak etc*) forte; **~hailer** *n* portavoce *m inv*; **~ly** *ad* fortemente, ad alta voce; **~speaker** *n* altoparlante *m*.
lounge [laundʒ] *n* salotto, soggiorno // *vi* oziare; starsene colle mani in mano; **~ suit** *n* abito completo; abito da passeggio.
louse, *pl* **lice** [laus, laɪs] *n* pidocchio.
lousy ['lauzɪ] *a* (*fig*) orrendo(a), schifoso(a).
lout [laut] *n* zoticone *m*.
lovable ['lʌvəbl] *a* simpatico(a), carino(a); amabile.
love [lʌv] *n* amore *m* // *vt* amare; voler bene a; **to ~ to do: I ~ to do** mi piace fare; **to be in ~ with** essere innamorato(a) di; **to make ~** fare l'amore; **'15 ~'** (TENNIS) '15 a zero'; **~ affair** *n* intrigo amoroso; **~ letter** *n* lettera d'amore.
lovely ['lʌvlɪ] *a* bello(a); incantevole; gradevole, piacevole.
lover ['lʌvə*] *n* amante *m/f*; (*amateur*): **a ~ of** un(un')amante di; un(un')appassionato(a) di.
loving ['lʌvɪŋ] *a* affettuoso(a), amoroso(a), tenero(a).
low [ləu] *a* basso(a) // *ad* in basso // *n* (METEOR) depressione *f* // *vi* (*cow*) muggire; **to feel ~** sentirsi giù; **he's very ~** (*ill*) è molto debole; **to turn (down) ~** *vt* abbassare; **~-cut** *a* (*dress*) scollato(a); **~ly** *a* umile, modesto(a); **~-lying** *a* a basso livello; **~-paid** *a* mal pagato(a).
loyal ['lɔɪəl] *a* fedele, leale; **~ty** *n* fedeltà, lealtà.
lozenge ['lɔzɪndʒ] *n* (MED) pastiglia; (GEOM) losanga.
L.P. *n abbr see* **long-playing**.
Ltd *abbr see* **limited**.
lubricant ['lu:brɪkənt] *n* lubrificante *m*.
lubricate ['lu:brɪkeɪt] *vt* lubrificare.
lucid ['lu:sɪd] *a* lucido(a); **~ity** [-'sɪdɪtɪ] *n* lucidità.
luck [lʌk] *n* fortuna, sorte *f*; **bad ~**

sfortuna, mala sorte; **~ily** *ad* fortunatamente, per fortuna; **~y** *a* fortunato(a); (*number etc*) che porta fortuna.
lucrative ['lu:krətɪv] *a* lucrativo(a), lucroso(a), profittevole.
ludicrous ['lu:dɪkrəs] *a* ridicolo(a), assurdo(a).
lug [lʌg] *vt* trascinare.
luggage ['lʌgɪdʒ] *n* bagagli *mpl*; ~ **rack** *n* portabagagli *m inv*.
lukewarm ['lu:kwɔ:m] *a* tiepido(a).
lull [lʌl] *n* intervallo di calma // *vt* (*child*) cullare; (*person, fear*) acquietare, calmare.
lullaby ['lʌləbaɪ] *n* ninnananna.
lumbago [lʌm'beɪgəu] *n* lombaggine *f*.
lumber ['lʌmbə*] *n* roba vecchia; **~jack** *n* boscaiolo.
luminous ['lu:mɪnəs] *a* luminoso(a).
lump [lʌmp] *n* pezzo; (*in sauce*) grumo; (*swelling*) gonfiore *m* // *vt* (*also*: ~ **together**) riunire, mettere insieme; **a** ~ **sum** somma globale; **~y** *a* (*sauce*) grumoso(a).
lunacy ['lu:nəsɪ] *n* demenza, follia, pazzia.
lunar ['lu:nə*] *a* lunare.
lunatic ['lu:nətɪk] *a, n* pazzo(a), matto(a).
lunch [lʌntʃ] *n* pranzo.
luncheon ['lʌntʃən] *n* pranzo; ~ **voucher** *n* buono *m* pasto *inv*.
lung [lʌŋ] *n* polmone *m*.
lunge [lʌndʒ] *vi* (*also*: ~ **forward**) fare un balzo in avanti.
lurch [lə:tʃ] *vi* vacillare, barcollare // *n* scatto improvviso.
lure [luə*] *n* richiamo; lusinga // *vt* allettare.
lurid ['luərɪd] *a* sgargiante; (*details etc*) impressionante.
lurk [lə:k] *vi* stare in agguato.
luscious ['lʌʃəs] *a* succulento(a); delizioso(a).
lush [lʌʃ] *a* lussureggiante.
lust [lʌst] *n* lussuria; cupidigia; desiderio; (*fig*): ~ **for** sete *f* di; **to** ~ **after** *vt fus* bramare, desiderare; **~ful** *a* lascivo(a), voglioso(a).
lustre ['lʌstə*] *n* lustro, splendore *m*.
lusty ['lʌstɪ] *a* vigoroso(a), robusto(a).
lute [lu:t] *n* liuto.
Luxembourg ['lʌksəmbə:g] *n* Lussemburgo.
luxuriant [lʌg'zjuərɪənt] *a* lussureggiante.
luxurious [lʌg'zjuərɪəs] *a* sontuoso(a), di lusso.
luxury ['lʌkʃərɪ] *n* lusso // *cpd* di lusso.
lying ['laɪɪŋ] *n* mentire *m*.
lynch [lɪntʃ] *vt* linciare.
lynx [lɪnks] *n* lince *f*.
lyre ['laɪə*] *n* lira.
lyric ['lɪrɪk] *a* lirico(a); **~s** *npl* (*of song*) parole *fpl*; **~al** *a* lirico(a).

M

m. *abbr of* **metre, mile, million**.
M.A. *abbr see* **master.**
mac [mæk] *n* impermeabile *m*.
macaroni [mækə'rəunɪ] *n* maccheroni *mpl*.
mace [meɪs] *n* mazza; (*spice*) macis *m or f*.
machine [mə'ʃi:n] *n* macchina // *vt* (*dress etc*) cucire a macchina; ~ **gun** *n* mitragliatrice *f*; **~ry** *n* macchinario, macchine *fpl*; (*fig*) macchina; **machinist** *n* macchinista *m/f*.
mackerel ['mækrl] *n, pl inv* sgombro.
mackintosh ['mækɪntɔʃ] *n* impermeabile *m*.
mad [mæd] *a* matto(a), pazzo(a); (*foolish*) sciocco(a); (*angry*) furioso(a).
madam ['mædəm] *n* signora.
madden ['mædn] *vt* fare infuriare.
made [meɪd] *pt, pp of* **make**; **~-to-measure** *a* fatto(a) su misura.
madly ['mædlɪ] *ad* follemente; (*love*) alla follia.
madman ['mædmən] *n* pazzo, alienato.
madness ['mædnɪs] *n* pazzia.
magazine [mægə'zi:n] *n* (PRESS) rivista; (MIL: *store*) magazzino, deposito; (*of firearm*) caricatore *m*.
maggot ['mægət] *n* baco, verme *m*.
magic ['mædʒɪk] *n* magia // *a* magico(a); **~al** *a* magico(a); **~ian** [mə'dʒɪʃən] *n* mago/a.
magistrate ['mædʒɪstreɪt] *n* magistrato; giudice *m/f*.
magnanimous [mæg'nænɪməs] *a* magnanimo(a).
magnate ['mægneɪt] *n* magnate *m*.
magnet ['mægnɪt] *n* magnete *m*, calamita; **~ic** [-'nɛtɪk] *a* magnetico(a); **~ism** *n* magnetismo.
magnification [mægnɪfɪ'keɪʃən] *n* ingrandimento.
magnificence [mæg'nɪfɪsns] *n* magnificenza.
magnificent [mæg'nɪfɪsnt] *a* magnifico(a).
magnify ['mægnɪfaɪ] *vt* ingrandire; **~ing glass** *n* lente *f* d'ingrandimento.
magnitude ['mægnɪtju:d] *n* grandezza; importanza.
magnolia [mæg'nəulɪə] *n* magnolia.
magpie ['mægpaɪ] *n* gazza.
mahogany [mə'hɔgənɪ] *n* mogano // *cpd* di *or* in mogano.
maid [meɪd] *n* domestica; (*in hotel*) cameriera; **old** ~ (*pej*) vecchia zitella.
maiden ['meɪdn] *n* fanciulla // *a* (*aunt etc*) nubile; (*speech, voyage*) inaugurale; ~ **name** *n* nome *m* nubile *or* da ragazza.
mail [meɪl] *n* posta // *vt* spedire (per posta); **~box** *n* (*US*) cassetta per la posta; **~ing list** *n* elenco d'indirizzi; **~-order** *n* vendita (*or* acquisto) per corrispondenza.
maim [meɪm] *vt* mutilare.
main [meɪn] *a* principale // *n* (*pipe*)

conduttura principale; **the ~s** (*ELEC*) la linea principale; **~s operated** *a* che funziona a elettricità; **in the ~** nel complesso, nell'insieme; **~land** *n* continente *m*; **~stay** *n* (*fig*) sostegno principale.

maintain [meɪn'teɪn] *vt* mantenere; (*affirm*) sostenere; **maintenance** ['meɪntənəns] *n* manutenzione *f*; (*alimony*) alimenti *mpl*.

maisonette [meɪzə'nɛt] *n* appartamento a due piani.

maize [meɪz] *n* granturco, mais *m*.

majestic [mə'dʒɛstɪk] *a* maestoso(a).

majesty ['mædʒɪstɪ] *n* maestà *f inv*.

major ['meɪdʒə*] *n* (*MIL*) maggiore *m* // *a* (*greater, MUS*) maggiore; (*in importance*) principale, importante.

majority [mə'dʒɔrɪtɪ] *n* maggioranza.

make [meɪk] *vt* (*pt, pp* **made** [meɪd]) fare; (*manufacture*) fare, fabbricare; (*cause to be*): **to ~ sb sad** *etc* rendere qd triste *etc*; (*force*): **to ~ sb do sth** costringere qd a fare qc, far fare qc a qd; (*equal*): **2 and 2 ~ 4** 2 più 2 fa 4 // *n* fabbricazione *f*; (*brand*) marca; **to ~ do with** arrangiarsi con; **to ~ for** *vt fus* (*place*) avviarsi verso; **to ~ out** *vt* (*write out*) scrivere; (*understand*) capire; (*see*) distinguere; (: *numbers*) decifrare; **to ~ up** *vt* (*invent*) inventare; (*parcel*) fare // *vi* conciliarsi; (*with cosmetics*) truccarsi; **to ~ up for** *vt fus* compensare; ricuperare; **~-believe** *a* immaginario(a); **~r** *n* fabbricante *m/f*; creatore/trice, autore/trice; **~shift** *a* improvvisato(a); **~-up** *n* trucco; (*articles*) cosmetici *mpl*.

making ['meɪkɪŋ] *n* (*fig*): **in the ~** in formazione.

maladjusted [mælə'dʒʌstɪd] *a* incapace di adattarsi.

malaise [mæ'leɪz] *n* malessere *m*.

malaria [mə'lɛərɪə] *n* malaria.

Malaysia [mə'leɪzɪə] *n* Malaysia.

male [meɪl] *n* (*BIOL, ELEC*) maschio // *a* maschile; maschio(a); **~ and female students** studenti e studentesse; **~ sex** sesso maschile.

malevolent [mə'lɛvələnt] *a* malevolo(a).

malfunction [mæl'fʌŋkʃən] *n* funzione *f* difettosa.

malice ['mælɪs] *n* malevolenza; **malicious** [mə'lɪʃəs] *a* malevolo(a); (*LAW*) doloso(a).

malign [mə'laɪn] *vt* malignare su; calunniare.

malignant [mə'lɪgnənt] *a* (*MED*) maligno(a).

malingerer [mə'lɪŋgərə*] *n* scansafatiche *m/f inv*.

malleable ['mælɪəbl] *a* malleabile.

mallet ['mælɪt] *n* maglio.

malnutrition [mælnju:'trɪʃən] *n* denutrizione *f*.

malpractice [mæl'præktɪs] *n* prevaricazione *f*; negligenza.

malt [mɔ:lt] *n* malto.

Malta ['mɔ:ltə] *n* Malta; **Maltese** [-'ti:z] *a*, *n* (*pl inv*) maltese (*m/f*).

maltreat [mæl'tri:t] *vt* maltrattare.

mammal ['mæml] *n* mammifero.

mammoth ['mæməθ] *n* mammut *m inv* // *a* enorme, gigantesco(a).

man, *pl* men [mæn, mɛn] *n* uomo; (*CHESS*) pezzo; (*DRAUGHTS*) pedina // *vt* fornire d'uomini; stare a; essere di servizio a.

manage ['mænɪdʒ] *vi* farcela // *vt* (*be in charge of*) occuparsi di; gestire; **~able** *a* maneggevole; fattibile; **~ment** *n* amministrazione *f*, direzione *f*; **~r** *n* direttore *m*; (*COMM*) gerente *m*; (*of artist*) manager *m inv*; **~ress** [-ə'rɛs] *n* direttrice *f*; gerente *f*; **~rial** [-ə'dʒɪerɪəl] *a* dirigenziale; **managing** *a*: **managing director** amministratore *m* delegato.

mandarin ['mændərɪn] *n* mandarino.

mandate ['mændeɪt] *n* mandato.

mandatory ['mændətərɪ] *a* obbligatorio(a); (*powers etc*) mandatorio(a).

mandolin(e) ['mændəlɪn] *n* mandolino.

mane [meɪn] *n* criniera.

maneuver [mə'nu:və*] *etc* (*US*) = **manoeuvre** *etc*.

manful ['mænful] *a* coraggioso(a), valoroso(a).

mangle ['mæŋgl] *vt* straziare; mutilare // *n* mangano.

mango, ~es ['mæŋgəu] *n* mango.

mangy ['meɪndʒɪ] *a* rognoso(a).

manhandle ['mænhændl] *vt* malmenare.

manhole ['mænhəul] *n* botola stradale.

manhood ['mænhud] *n* età virile; virilità.

manhunt ['mænhʌnt] *n* caccia all'uomo.

mania ['meɪnɪə] *n* mania; **~c** ['meɪnɪæk] *n* maniaco/a.

manicure ['mænɪkjuə*] *n* manicure *f inv*; **~ set** *n* trousse *f inv* della manicure.

manifest ['mænɪfɛst] *vt* manifestare // *a* manifesto(a), palese; **~ation** [-'teɪʃən] *n* manifestazione *f*.

manifesto [mænɪ'fɛstəu] *n* manifesto.

manipulate [mə'nɪpjuleɪt] *vt* manipolare.

mankind [mæn'kaɪnd] *n* umanità, genere *m* umano.

manly ['mænlɪ] *a* virile; coraggioso(a).

man-made ['mæn'meɪd] *a* sintetico(a); artificiale.

manner ['mænə*] *n* maniera, modo; **~s** *npl* maniere *fpl*; **~ism** *n* vezzo, tic *m inv*.

manoeuvre [mə'nu:və*] *vt* manovrare // *vi* far manovre // *n* manovra.

manor ['mænə*] *n* (*also*: **~ house**) maniero.

manpower ['mænpauə*] *n* manodopera.

mansion ['mænʃən] *n* casa signorile.

manslaughter ['mænslɔ:tə*] *n* omicidio preterintenzionale.

mantelpiece ['mæntlpi:s] *n* mensola del caminetto.

mantle ['mæntl] *n* mantello.

manual ['mænjuəl] *a* manuale // *n* manuale *m*.

manufacture [mænju'fæktʃə*] *vt* fabbricare // *n* fabbricazione *f*, manifattura; **~r** *n* fabbricante *m*.

manure [mə'njuə*] *n* concime *m*.
manuscript ['mænjuskrıpt] *n* manoscritto.
many ['mɛnı] *det* molti(e) // *pronoun* molti(e), un gran numero; **a great ~** moltissimi(e), un gran numero (di); **~ a...** molti(e)..., più di un(a)... .
map [mæp] *n* carta (geografica) // *vt* fare una carta di; **to ~ out** *vt* tracciare un piano di.
maple ['meıpl] *n* acero.
mar [mɑ:*] *vt* sciupare.
marathon ['mærəθən] *n* maratona.
marauder [mə'rɔ:də*] *n* saccheggiatore *m*; predatore *m*.
marble ['mɑ:bl] *n* marmo; (*toy*) pallina, bilia; **~s** *n* (*game*) palline, bilie.
March [mɑ:tʃ] *n* marzo.
march [mɑ:tʃ] *vi* marciare; sfilare // *n* marcia; (*demonstration*) dimostrazione *f*; **~-past** *n* sfilata.
mare [mɛə*] *n* giumenta.
margarine [mɑ:dʒə'ri:n] *n* margarina.
margin ['mɑ:dʒın] *n* margine *m*; **~al** *a* marginale.
marigold ['mærıgəuld] *n* calendola.
marijuana [mærı'wɑ:nə] *n* marijuana.
marina [mə'ri:nə] *n* marina.
marine [mə'ri:n] *a* (*animal, plant*) marino(a); (*forces, engineering*) marittimo(a) // *n* fante *m* di marina; (*US*) marine *m inv*.
marital ['mærıtl] *a* maritale, coniugale.
maritime ['mærıtaım] *a* marittimo(a).
mark [mɑ:k] *n* segno; (*stain*) macchia; (*of skid etc*) traccia; (SCOL) voto; (SPORT) bersaglio; (*currency*) marco // *vt* segnare; (*stain*) macchiare; (SCOL) dare un voto a; correggere; **to ~ time** segnare il passo; **to ~ out** *vt* delimitare; **~ed** *a* spiccato(a), chiaro(a); **~er** *n* (*sign*) segno; (*bookmark*) segnalibro.
market ['mɑ:kıt] *n* mercato // *vt* (COMM) mettere in vendita; **~ day** *n* giorno di mercato; **~ garden** *n* (*Brit*) orto industriale; **~ing** *n* marketing *m*; **~ place** *n* piazza del mercato.
marksman ['mɑ:ksmən] *n* tiratore *m* scelto; **~ship** *n* abilità nel tiro.
marmalade ['mɑ:məleıd] *n* marmellata d'arance.
maroon [mə'ru:n] *vt* (*fig*): **to be ~ed (in** *or* **at)** essere abbandonato(a) (in) // *a* bordeaux *inv*.
marquee [mɑ:'ki:] *n* padiglione *m*.
marquess, marquis ['mɑ:kwıs] *n* marchese *m*.
marriage ['mærıdʒ] *n* matrimonio; **~ bureau** *n* agenzia matrimoniale.
married ['mærıd] *a* sposato(a); (*life, love*) coniugale, matrimoniale.
marrow ['mærəu] *n* midollo; (*vegetable*) zucca.
marry ['mærı] *vt* sposare, sposarsi con; (*subj: father, priest etc*) dare in matrimonio // *vi* (*also*: **get married**) sposarsi.
Mars [mɑ:z] *n* (*planet*) Marte *m*.
marsh [mɑ:ʃ] *n* palude *f*.
marshal ['mɑ:ʃl] *n* maresciallo; (*US*: *fire*) capo; (: *police*) capitano // *vt* adunare.
marshy ['mɑ:ʃı] *a* paludoso(a).
martial ['mɑ:ʃl] *a* marziale; **~ law** *n* legge *f* marziale.
Martian ['mɑ:ʃıən] *n* marziano/a.
martyr ['mɑ:tə*] *n* martire *m/f* // *vt* martirizzare; **~dom** *n* martirio.
marvel ['mɑ:vl] *n* meraviglia // *vi*: **to ~ (at)** meravigliarsi (di); **~lous** *a* meraviglioso(a).
Marxism ['mɑ:ksızəm] *n* marxismo; **Marxist** *a, n* marxista (*m/f*).
marzipan ['mɑ:zıpæn] *n* marzapane *m*.
mascara [mæs'kɑ:rə] *n* mascara *m*.
mascot ['mæskət] *n* mascotte *f inv*.
masculine ['mæskjulın] *a* maschile // *n* genere *m* maschile; **masculinity** [-'lınıtı] *n* mascolinità.
mashed [mæʃt] *a*: **~ potatoes** purè *m* di patate.
mask [mɑ:sk] *n* maschera // *vt* mascherare.
masochist ['mæsəukıst] *n* masochista *m/f*.
mason ['meısn] *n* (*also*: **stone~**) scalpellino; (*also*: **free~**) massone *m*; **~ry** *n* muratura.
masquerade [mæskə'reıd] *n* ballo in maschera; (*fig*) mascherata // *vi*: **to ~ as** farsi passare per.
mass [mæs] *n* moltitudine *f*, massa; (PHYSICS) massa; (REL) messa // *vi* ammassarsi; **the ~es** le masse.
massacre ['mæsəkə*] *n* massacro // *vt* massacrare.
massage ['mæsɑ:ʒ] *n* massaggio // *vt* massaggiare.
masseur [mæ'sə:*] *n* massaggiatore *m*; **masseuse** [-'sə:z] *n* massaggiatrice *f*.
massive ['mæsıv] *a* enorme, massiccio(a).
mass media ['mæs'mi:dıə] *npl* mass media *mpl*.
mass-produce ['mæsprə'dju:s] *vt* produrre in serie.
mast [mɑ:st] *n* albero.
master ['mɑ:stə*] *n* padrone *m*; (ART *etc*, *teacher: in primary school*) maestro; (: *in secondary school*) professore *m*; (*title for boys*): **M~ X** Signorino X // *vt* domare; (*learn*) imparare a fondo; (*understand*) conoscere a fondo; **M~'s degree** *n titolo accademico superiore al 'Bachelor'*; **~ key** *n* chiave *f* maestra; **~ly** *a* magistrale; **~mind** *n* mente *f* superiore // *vt* essere il cervello di; **~piece** *n* capolavoro; **~ plan** *n* piano generale; **~ stroke** *n* colpo maestro; **~y** *n* dominio; padronanza.
masturbate ['mæstəbeıt] *vi* masturbare; **masturbation** [-'beıʃən] *n* masturbazione *f*.
mat [mæt] *n* stuoia; (*also*: **door~**) stoino, zerbino // *a* = **matt**.
match [mætʃ] *n* fiammifero; (*game*) partita, incontro; (*fig*) uguale *m/f*; matrimonio; partito // *vt* intonare; (*go well with*) andare benissimo con; (*equal*) uguagliare // *vi* combaciare; **to be a good**

~ andare bene; **to ~ up** *vt* intonare; **~box** *n* scatola di fiammiferi; **~ing** *a* ben assortito(a); **~less** *a* senza pari.

mate [meɪt] *n* compagno/a di lavoro; (*col*) amico/a; (*animal*) compagno/a; (*in merchant navy*) secondo // *vi* accoppiarsi // *vt* accoppiare.

material [mə'tɪərɪəl] *n* (*substance*) materiale *m*, materia; (*cloth*) stoffa // *a* materiale; (*important*) essenziale; **~s** *npl* materiali *mpl*; **~istic** [-ə'lɪstɪk] *a* materialistico(a); **~ize** *vi* realizzarsi.

maternal [mə'tə:nl] *a* materno(a).

maternity [mə'tə:nɪtɪ] *n* maternità // *cpd* di maternità; (*clothes*) pre-maman *inv*; **~ hospital** *n* ≈ clinica ostetrica.

mathematical [mæθə'mætɪkl] *a* matematico(a).

mathematician [mæθəmə'tɪʃən] *n* matematico/a.

mathematics [mæθə'mætɪks] *n* matematica.

maths [mæθs] *n* matematica.

matinée ['mætɪneɪ] *n* matinée *f inv*.

mating ['meɪtɪŋ] *n* accoppiamento; **~ call** *n* chiamata all'accoppiamento; **~ season** *n* stagione *f* degli amori.

matriarchal [meɪtrɪ'ɑ:kl] *a* matriarcale.

matriculation [mətrɪkju'leɪʃən] *n* immatricolazione *f*.

matrimonial [mætrɪ'məunɪəl] *a* matrimoniale, coniugale.

matrimony ['mætrɪmənɪ] *n* matrimonio.

matron ['meɪtrən] *n* (*in hospital*) capoinfermiera; (*in school*) infermiera; **~ly** *a* matronale; dignitoso(a).

matt [mæt] *a* opaco(a).

matted ['mætɪd] *a* ingarbugliato(a).

matter ['mætə*] *n* questione *f*; (PHYSICS) materia, sostanza; (*content*) contenuto; (MED: *pus*) pus *m* // *vi* importare; **it doesn't ~** non importa; (*I don't mind*) non fa niente; **what's the ~?** che cosa c'è?; **no ~ what** qualsiasi cosa accada; **that's another ~** quello è un altro affare; **as a ~ of course** come cosa naturale; **as a ~ of fact** in verità; **~-of-fact** *a* prosaico(a).

matting ['mætɪŋ] *n* stuoia.

mattress ['mætrɪs] *n* materasso.

mature [mə'tjuə*] *a* maturo(a); (*cheese*) stagionato(a) // *vi* maturare; stagionare; (COMM) scadere; **maturity** *n* maturità.

maudlin ['mɔ:dlɪn] *a* lacrimoso(a).

maul [mɔ:l] *vt* lacerare.

mausoleum [mɔ:sə'lɪəm] *n* mausoleo.

mauve [məuv] *a* malva *inv*.

mawkish ['mɔ:kɪʃ] *a* sdolcinato(a); insipido(a).

max. *abbr of* **maximum**.

maxim ['mæksɪm] *n* massima.

maximum ['mæksɪməm] *a* massimo(a) // *n* (*pl* **maxima** ['mæksɪmə]) massimo.

May [meɪ] *n* maggio.

may [meɪ] *vi* (*conditional*: **might**) (*indicating possibility*): **he ~ come** può darsi che venga; (*be allowed to*): **~ I smoke?** posso fumare?; (*wishes*): **~ God bless you!** Dio la benedica!; **he might be there** può darsi che ci sia; **I might as well go** potrei anche andarmene; **you might like to try** forse le piacerebbe provare.

maybe ['meɪbi:] *ad* forse, può darsi; **~ he'll...** può darsi che lui... *+sub*, forse lui... .

mayday ['meɪdeɪ] *n* S.O.S. *m*.

May Day ['meɪdeɪ] *n* il primo maggio.

mayhem ['meɪhɛm] *n* cagnara.

mayonnaise [meɪə'neɪz] *n* maionese *f*.

mayor [mɛə*] *n* sindaco; **~ess** *n* sindaca; moglie *f* del sindaco.

maze [meɪz] *n* labirinto, dedalo.

me [mi:] *pronoun* mi, m' + *vowel*; (*stressed, after prep*) me.

meadow ['mɛdəu] *n* prato.

meagre ['mi:gə*] *a* magro(a).

meal [mi:l] *n* pasto; (*flour*) farina; **~time** *n* l'ora di mangiare; **~y-mouthed** *a* che parla attraverso eufemismi.

mean [mi:n] *a* (*with money*) avaro(a), gretto(a); (*unkind*) meschino(a), maligno(a); (*average*) medio(a) // *vt* (*pt, pp* **meant** [mɛnt]) (*signify*) significare, voler dire; (*intend*): **to ~ to do** aver l'intenzione di fare // *n* mezzo; (MATH) media; **~s** *npl* mezzi *mpl*; **by ~s of** per mezzo di; (*person*) a mezzo di; **by all ~s** ma certo, prego; **to be meant for** essere destinato(a) a; **what do you ~?** che cosa vuol dire?

meander [mɪ'ændə*] *vi* far meandri; (*fig*) divagare.

meaning ['mi:nɪŋ] *n* significato, senso; **~ful** *a* significativo(a); **~less** *a* senza senso.

meanness ['mi:nnɪs] *n* avarizia; meschinità.

meant [mɛnt] *pt, pp of* **mean**.

meantime ['mi:ntaɪm] *ad*, **meanwhile** ['mi:nwaɪl] *ad* (*also*: **in the ~**) nel frattempo.

measles ['mi:zlz] *n* morbillo.

measly ['mi:zlɪ] *a* (*col*) miserabile.

measure ['mɛʒə*] *vt, vi* misurare // *n* misura; (*ruler*) metro; **~d** *a* misurato(a); **~ments** *npl* misure *fpl*; **chest/hip ~ment** giro petto/fianchi.

meat [mi:t] *n* carne *f*; **~y** *a* che sa di carne; (*fig*) sostanzioso(a).

Mecca ['mɛkə] *n* Mecca.

mechanic [mɪ'kænɪk] *n* meccanico; **~s** *n* meccanica // *npl* meccanismo; **~al** *a* meccanico(a).

mechanism ['mɛkənɪzəm] *n* meccanismo.

mechanization [mɛkənaɪ'zeɪʃən] *n* meccanizzazione *f*.

medal ['mɛdl] *n* medaglia; **~lion** [mɪ'dælɪən] *n* medaglione *m*; **~list** *n* (SPORT) vincitore/trice di medaglia.

meddle ['mɛdl] *vi*: **to ~ in** immischiarsi in, mettere le mani in; **to ~ with** toccare.

media ['mi:dɪə] *npl* media *mpl*.

mediaeval [mɛdɪ'i:vl] *a* = **medievale**.

mediate ['mi:dɪeɪt] *vi* interporsi; fare da mediatore/trice; **mediation** [-'eɪʃən] *n*

mediazione *f*; **mediator** *n* mediatore/trice.
medical ['mɛdɪkl] *a* medico(a); ~ **student** *n* studente/essa di medicina.
medicated ['mɛdɪkeɪtɪd] *a* medicato(a).
medicinal [mɛ'dɪsɪnl] *a* medicinale.
medicine ['mɛdsɪn] *n* medicina; ~ **chest** *n* armadietto farmaceutico.
medieval [mɛdɪ'i:vl] *a* medievale.
mediocre [mi:dɪ'əukə*] *a* mediocre; **mediocrity** [-'ɔkrɪtɪ] *n* mediocrità.
meditate ['mɛdɪteɪt] *vi*: **to** ~ **(on)** meditare (su); **meditation** [-'teɪʃən] *n* meditazione *f*.
Mediterranean [mɛdɪtə'reɪnɪən] *a* mediterraneo(a); **the** ~ **(Sea)** il (mare) Mediterraneo.
medium ['mi:dɪəm] *a* medio(a) // *n* (*pl* **media**: *means*) mezzo; (*pl* **mediums**: *person*) medium *m inv*; **the happy** ~ il giusto medio.
medley ['mɛdlɪ] *n* selezione *f*.
meek [mi:k] *a* dolce, umile.
meet, *pt, pp* **met** [mi:t, mɛt] *vt* incontrare; (*for the first time*) fare la conoscenza di; (*go and fetch*): **I'll** ~ **you at the station** verrò a prenderla alla stazione; (*fig*) affrontare; soddisfare; raggiungere // *vi* incontrarsi; (*in session*) riunirsi; (*join*: *objects*) unirsi; **to** ~ **with** *vt fus* incontrare; ~**ing** *n* incontro; (*session*: *of club etc*) riunione *f*; (*interview*) intervista; **she's at a** ~**ing** (COMM) è in riunione.
megaphone ['mɛgəfəun] *n* megafono.
melancholy ['mɛlənkəlɪ] *n* malinconia // *a* malinconico(a).
mellow ['mɛləu] *a* (*wine, sound*) ricco(a); (*person, light*) dolce; (*colour*) caldo(a); (*fruit*) maturo(a) // *vi* (*person*) addolcirsi.
melodious [mɪ'ləudɪəs] *a* melodioso(a).
melodrama ['mɛləudrɑ:mə] *n* melodramma *m*.
melody ['mɛlədɪ] *n* melodia.
melon ['mɛlən] *n* melone *m*.
melt [mɛlt] *vi* (*gen*) sciogliersi, struggersi; (*metals*) fondersi; (*fig*) intenerirsi // *vt* sciogliere, struggere; fondere; (*person*) commuovere; **to** ~ **away** *vi* sciogliersi completamente; **to** ~ **down** *vt* fondere; ~**ing point** *n* punto di fusione.
member ['mɛmbə*] *n* membro; ~ **country/state** *n* paese *m*/stato membro; **M**~ **of Parliament (M.P.)** deputato; ~**ship** *n* iscrizione *f*; (numero d')iscritti *mpl*, membri *mpl*.
membrane ['mɛmbreɪn] *n* membrana.
memento [mə'mɛntəu] *n* ricordo, souvenir *m inv*.
memo ['mɛməu] *n* appunto; (COMM *etc*) comunicazione *f* di servizio.
memoir ['mɛmwɑ:*] *n* memoria; ~**s** *npl* memorie *fpl*, ricordi *mpl*.
memorable ['mɛmərəbl] *a* memorabile.
memorandum, *pl* **memoranda** [mɛmə'rændəm, -də] *n* appunto; (COMM *etc*) comunicazione *f* di servizio; (DIPLOMACY) memorandum *m inv*.
memorial [mɪ'mɔ:rɪəl] *n* monumento commemorativo // *a* commemorativo(a).
memorize ['mɛməraɪz] *vt* imparare a memoria.
memory ['mɛmərɪ] *n* memoria; (*recollection*) ricordo; **in** ~ **of** in memoria di.
men [mɛn] *npl of* **man.**
menace ['mɛnəs] *n* minaccia // *vt* minacciare; **menacing** *a* minaccioso(a).
menagerie [mɪ'nædʒərɪ] *n* serraglio.
mend [mɛnd] *vt* aggiustare, riparare; (*darn*) rammendare // *n* rammendo; **on the** ~ in via di guarigione.
menial ['mi:nɪəl] *a* da servo, domestico(a); umile.
meningitis [mɛnɪn'dʒaɪtɪs] *n* meningite *f*.
menopause ['mɛnəupɔ:z] *n* menopausa.
menstruate ['mɛnstrueɪt] *vi* mestruare; **menstruation** [-'eɪʃən] *n* mestruazione *f*.
mental ['mɛntl] *a* mentale.
mentality [mɛn'tælɪtɪ] *n* mentalità *f inv*.
mention ['mɛnʃən] *n* menzione *f* // *vt* menzionare, far menzione di; **don't** ~ **it!** non c'è di che!, prego!
menu ['mɛnju:] *n* (*set* ~) menu *m inv*; (*printed*) carta.
mercantile ['mə:kəntaɪl] *a* mercantile; (*law*) commerciale.
mercenary ['mə:sɪnərɪ] *a* venale // *n* mercenario.
merchandise ['mə:tʃəndaɪz] *n* merci *fpl*.
merchant ['mə:tʃənt] *n* mercante *m*, commerciante *m*; **timber/wine** ~ negoziante *m* di legno/vino; ~ **bank** *n* banca d'affari; ~ **navy** *n* marina mercantile.
merciful ['mə:sɪful] *a* pietoso(a), clemente.
merciless ['mə:sɪlɪs] *a* spietato(a).
mercury ['mə:kjurɪ] *n* mercurio.
mercy ['mə:sɪ] *n* pietà; (REL) misericordia; **to have** ~ **on sb** aver pietà di qd; **at the** ~ **of** alla mercè di.
mere [mɪə*] *a* semplice; **by a** ~ **chance** per mero caso; ~**ly** *ad* semplicemente, non ... che.
merge [mə:dʒ] *vt* unire // *vi* fondersi, unirsi; (COMM) fondersi; ~**r** *n* (COMM) fusione *f*.
meridian [mə'rɪdɪən] *n* meridiano.
meringue [mə'ræŋ] *n* meringa.
merit ['mɛrɪt] *n* merito, valore *m* // *vt* meritare.
mermaid ['mə:meɪd] *n* sirena.
merriment ['mɛrɪmənt] *n* gaiezza, allegria.
merry ['mɛrɪ] *a* gaio(a), allegro(a); ~**-go-round** *n* carosello.
mesh [mɛʃ] *n* maglia; rete *f* // *vi* (*gears*) ingranarsi.
mesmerize ['mɛzməraɪz] *vt* ipnotizzare; affascinare.
mess [mɛs] *n* confusione *f*, disordine *m*; (*fig*) pasticcio; (MIL) mensa; **to** ~ **about** *vi* (*col*) trastullarsi; **to** ~ **about with** *vt fus* (*col*) gingillarsi con; (: *plans*) fare un

pasticcio di; **to ~ up** *vt* sporcare; fare un pasticcio di; rovinare.
message ['mɛsɪdʒ] *n* messaggio.
messenger ['mɛsɪndʒə*] *n* messaggero/a.
messy ['mɛsɪ] *a* sporco(a); disordinato(a).
met [mɛt] *pt, pp of* **meet.**
metabolism [mɛ'tæbəlɪzəm] *n* metabolismo.
metal ['mɛtl] *n* metallo // *vt* massicciare; **~lic** [-'tælɪk] *a* metallico(a); **~lurgy** [-'tælədʒɪ] *n* metallurgia.
metamorphosis, *pl* **phoses** [mɛtə'mɔ:fəsɪs, -i:z] *n* metamorfosi *f inv.*
metaphor ['mɛtəfə*] *n* metafora.
metaphysics [mɛtə'fɪzɪks] *n* metafisica.
mete [mi:t]: **to ~ out** *vt fus* infliggere.
meteor ['mi:tɪə*] *n* meteora.
meteorology [mi:tɪə'rɔlədʒɪ] *n* meteorologia.
meter ['mi:tə*] *n* (*instrument*) contatore *m*; (*US*) = **metre.**
method ['mɛθəd] *n* metodo; **~ical** [mɪ'θɔdɪkl] *a* metodico(a).
methylated spirit ['mɛθɪleɪtɪd'spɪrɪt] *n* (*also*: **meths**) alcool *m* denaturato.
meticulous [mɛ'tɪkjuləs] *a* meticoloso(a).
metre ['mi:tə*] *n* metro.
metric ['mɛtrɪk] *a* metrico(a); **~al** *a* metrico(a); **~ation** [-'keɪʃən] *n* conversione *f* al sistema metrico.
metronome ['mɛtrənəum] *n* metronomo.
metropolis [mɪ'trɔpəlɪs] *n* metropoli *f inv.*
mettle ['mɛtl] *n* coraggio.
mew [mju:] *vi* (*cat*) miagolare.
Mexican ['mɛksɪkən] *a, n* messicano(a).
Mexico ['mɛksɪkəu] *n* Messico; **~ City** Città del Messico.
mezzanine ['mɛtsəni:n] *n* mezzanino.
miaow [mi:'au] *vi* miagolare.
mice [maɪs] *npl of* **mouse.**
microbe ['maɪkrəub] *n* microbio.
microfilm ['maɪkrəufɪlm] *n* microfilm *m inv* // *vt* microfilmare.
microphone ['maɪkrəfəun] *n* microfono.
microscope ['maɪkrəskəup] *n* microscopio; **microscopic** [-'skɔpɪk] *a* microscopico(a).
mid [mɪd] *a*: **~ May** metà maggio; **~ afternoon** metà pomeriggio; **in ~ air** a mezz'aria; **~day** *n* mezzogiorno.
middle ['mɪdl] *n* mezzo; centro; (*waist*) vita // *a* di mezzo; **~-aged** *a* di mezza età; **the M~ Ages** *npl* il Medioevo; **~-class** *a* ≈ borghese; **the ~ class(es)** ≈ la borghesia; **M~ East** *n* Medio Oriente *m*; **~man** *n* intermediario; agente *m* rivenditore.
middling ['mɪdlɪŋ] *a* medio(a).
midge [mɪdʒ] *n* moscerino.
midget ['mɪdʒɪt] *n* nano/a.
Midlands ['mɪdləndz] *npl contee del centro dell'Inghilterra.*
midnight ['mɪdnaɪt] *n* mezzanotte *f.*
midriff ['mɪdrɪf] *n* diaframma *m.*
midst [mɪdst] *n*: **in the ~ of** in mezzo a.
midsummer [mɪd'sʌmə*] *n* mezza *or* piena estate *f.*
midway [mɪd'weɪ] *a, ad*: **~ (between)** a mezza strada (fra).
midwife, midwives ['mɪdwaɪf, -vz] *n* levatrice *f*; **~ry** [-wɪfərɪ] *n* ostetrica.
midwinter [mɪd'wɪntə*] *n* pieno inverno.
might [maɪt] *vb see* **may** // *n* potere *m*, forza; **~y** *a* forte, potente // *ad* (*col*) molto.
migraine ['mi:greɪn] *n* emicrania.
migrant ['maɪgrənt] *n* (*bird, animal*) migratore *m*; (*person*) migrante *m/f*; nomade *m/f* // *a* migratore(trice); nomade; (*worker*) emigrato(a).
migrate [maɪ'greɪt] *vi* migrare; **migration** [-'greɪʃən] *n* migrazione *f.*
mike [maɪk] *n* (*abbr of* **microphone**) microfono.
mild [maɪld] *a* mite; (*person, voice*) dolce; (*flavour*) delicato(a); (*illness*) leggero(a) // *n* birra leggera.
mildew ['mɪldju:] *n* muffa.
mildly ['maɪldlɪ] *ad* mitemente; dolcemente; delicatamente; leggeramente; **to put it ~** a dire poco.
mile [maɪl] *n* miglio; **~age** *n* distanza in miglia, ≈ chilometraggio; **~ometer** *n* = **milometer**; **~stone** *n* pietra miliare.
milieu ['mi:ljə:] *n* ambiente *m.*
militant ['mɪlɪtnt] *a,n* militante (*m/f*).
military ['mɪlɪtərɪ] *a* militare // *n*: **the ~** i militari, l'esercito.
militate ['mɪlɪteɪt] *vi*: **to ~ against** essere d'ostacolo a.
militia [mɪ'lɪʃə] *n* milizia.
milk [mɪlk] *n* latte *m* // *vt* (*cow*) mungere; (*fig*) sfruttare; **~ chocolate** *n* cioccolato al latte; **~ing** *n* mungitura; **~man** *n* lattaio; **~ shake** *n* frappé *m inv*; **~y** *a* lattiginoso(a); (*colour*) latteo(a); **M~y Way** *n* Via Lattea.
mill [mɪl] *n* mulino; (*small: for coffee, pepper etc*) macinino; (*factory*) fabbrica; (*spinning ~*) filatura // *vt* macinare // *vi* (*also*: **~ about**) formicolare.
millennium, *pl* **~s** *or* **millennia** [mɪ'lɛnɪəm, -'lɛnɪə] *n* millennio.
miller ['mɪlə*] *n* mugnaio.
millet ['mɪlɪt] *n* miglio.
milli... ['mɪlɪ] *prefix*: **~gram(me)** *n* milligrammo; **~litre** *n* millilitro; **~metre** *n* millimetro.
milliner ['mɪlɪnə*] *n* modista; **~y** *n* modisteria.
million ['mɪljən] *n* milione *m*; **~aire** *n* milionario, ≈ miliardario.
millstone ['mɪlstəun] *n* macina.
milometer [maɪ'lɔmɪtə*] *n* ≈ contachilometri *m inv.*
mime [maɪm] *n* mimo // *vt, vi* mimare.
mimic ['mɪmɪk] *n* imitatore/trice // *vt* fare la mimica di // *vi* fare la mimica; **~ry** *n* mimica; (ZOOL) mimetismo.
min. *abbr of* **minute(s), minimum.**
minaret [mɪnə'rɛt] *n* minareto.
mince [mɪns] *vt* tritare, macinare // *vi* (*in walking*) camminare a passettini // *n* (CULIN) carne *f* tritata *or* macinata; **he**

does not ~ (his) words parla chiaro e tondo; **~meat** *n frutta secca tritata per uso in pasticceria*; **~ pie** *n specie di torta con frutta secca*; **~r** *n* tritacarne *m inv.*

mind [maɪnd] *n* mente *f* // *vt* (*attend to, look after*) badare a, occuparsi di; (*be careful*) fare attenzione a, stare attento(a) a; (*object to*): **I don't ~ the noise** il rumore non mi dà alcun fastidio; **do you ~ if ...?** le dispiace se ...?; **I don't ~** non m'importa; **it is on my ~** mi preoccupa; **to my ~** secondo me, a mio parere; **to be out of one's ~** essere uscito(a) di mente; **never ~** non importa, non fa niente; **to keep sth in ~** non dimenticare qc; **to make up one's ~** decidersi; **'~ the step'** 'attenzione allo scalino'; **to have in ~ to do** aver l'intenzione di fare; **~ful** *a*: **~ful of** attento(a) a; memore di; **~less** *a* idiota.

mine [maɪn] *pronoun* il(la) mio(a), *pl* i(le) miei(mie); **this book is ~** questo libro è mio // *n* miniera; (*explosive*) mina // *vt* (*coal*) estrarre; (*ship, beach*) minare; **~ detector** *n* rivelatore *m* di mine; **~field** *n* campo minato; **~r** *n* minatore *m*.

mineral ['mɪnərəl] *a* minerale // *n* minerale *m*; **~s** *npl* (*soft drinks*) bevande *fpl* gasate; **~ogy** [-'rælədʒɪ] *n* mineralogia; **~ water** *n* acqua minerale.

minesweeper ['maɪnswi:pə*] *n* dragamine *m inv.*

mingle ['mɪŋgl] *vt* mescolare, mischiare // *vi*: **to ~ with** mescolarsi a, mischiarsi con.

miniature ['mɪnətʃə*] *a* in miniatura // *n* miniatura.

minibus ['mɪnɪbʌs] *n* minibus *m inv.*

minim ['mɪnɪm] *n* (MUS) minima.

minimal ['mɪnɪml] *a* minimo(a).

minimize ['mɪnɪmaɪz] *vt* minimizzare.

minimum ['mɪnɪməm] *n* (*pl*: **minima** ['mɪnɪmə]) minimo // *a* minimo(a).

mining ['maɪnɪŋ] *n* industria mineraria // *a* minerario(a); di minatori.

minion ['mɪnjən] *n* (*pej*) caudatario; favorito/a.

miniskirt ['mɪnɪskə:t] *n* minigonna.

minister ['mɪnɪstə*] *n* (POL) ministro; (REL) pastore *m*; **~ial** [-'tɪərɪəl] *a* (POL) ministeriale.

ministry ['mɪnɪstrɪ] *n* ministero; (REL): **to go into the ~** diventare pastore.

mink [mɪŋk] *n* visone *m*; **~ coat** *n* pelliccia di visone.

minnow ['mɪnəu] *n* pesciolino d'acqua dolce.

minor ['maɪnə*] *a* minore, di poca importanza; (MUS) minore // *n* (LAW) minorenne *m/f*.

minority [maɪ'nɔrɪtɪ] *n* minoranza.

minstrel ['mɪnstrəl] *n* giullare *m*, menestrello.

mint [mɪnt] *n* (*plant*) menta; (*sweet*) pasticca di menta // *vt* (*coins*) battere; **the (Royal) M~** la Zecca; **in ~ condition** come nuovo(a) di zecca; **~ sauce** *n* salsa di menta.

minuet [mɪnju'ɛt] *n* minuetto.

minus ['maɪnəs] *n* (*also*: **~ sign**) segno meno // *prep* meno.

minute *a* [maɪ'nju:t] minuscolo(a); (*detail*) minuzioso(a) // *n* ['mɪnɪt] minuto; (*official record*) processo verbale, resoconto sommario; **~s** *npl* verbale *m*, verbali *mpl*.

miracle ['mɪrəkl] *n* miracolo; **miraculous** [mɪ'rækjuləs] *a* miracoloso(a).

mirage ['mɪrɑ:ʒ] *n* miraggio.

mirror ['mɪrə*] *n* specchio // *vt* rispecchiare, riflettere.

mirth [mə:θ] *n* gaiezza.

misadventure [mɪsəd'vɛntʃə*] *n* disavventura; **death by ~** morte *f* accidentale.

misanthropist [mɪ'zænθrəpɪst] *n* misantropo/a.

misapprehension ['mɪsæprɪ'hɛnʃən] *n* malinteso.

misappropriate [mɪsə'prəuprɪeɪt] *vt* appropriarsi indebitamente di.

misbehave [mɪsbɪ'heɪv] *vi* comportarsi male; **misbehaviour** *n* comportamento scorretto.

miscalculate [mɪs'kælkjuleɪt] *vt* calcolare male; **miscalculation** [-'leɪʃən] *n* errore *m* di calcolo.

miscarriage ['mɪskærɪdʒ] *n* (MED) aborto spontaneo; **~ of justice** errore *m* giudiziario.

miscellaneous [mɪsɪ'leɪnɪəs] *a* (*items*) vario(a); (*selection*) misto(a).

miscellany [mɪ'sɛlənɪ] *n* raccolta.

mischief ['mɪstʃɪf] *n* (*naughtiness*) birichineria; (*harm*) male *m*, danno; (*maliciousness*) malizia; **mischievous** *a* (*naughty*) birichino(a); (*harmful*) dannoso(a).

misconception ['mɪskən'sɛpʃən] *n* idea sbagliata.

misconduct [mɪs'kɔndʌkt] *n* cattiva condotta; **professional ~** reato professionale.

misconstrue [mɪskən'stru:] *vt* interpretare male.

miscount [mɪs'kaunt] *vt,vi* contare male.

misdemeanour [mɪsdɪ'mi:nə*] *n* misfatto; infrazione *f*.

misdirect [mɪsdɪ'rɛkt] *vt* mal indirizzare.

miser ['maɪzə*] *n* avaro.

miserable ['mɪzərəbl] *a* infelice; (*wretched*) miserabile.

miserly ['maɪzəlɪ] *a* avaro(a).

misery ['mɪzərɪ] *n* (*unhappiness*) tristezza; (*pain*) sofferenza; (*wretchedness*) miseria.

misfire [mɪs'faɪə*] *vi* far cilecca; (*car engine*) dare accensione irregolare.

misfit ['mɪsfɪt] *n* (*person*) spostato/a.

misfortune [mɪs'fɔ:tʃən] *n* sfortuna.

misgiving(s) [mɪs'gɪvɪŋ(z)] *n(pl)* dubbi *mpl*, sospetti *mpl*.

misguided [mɪs'gaɪdɪd] *a* sbagliato(a); poco giudizioso(a).

mishandle [mɪs'hændl] *vt* (*treat roughly*) maltrattare; (*mismanage*) trattare male.

mishap ['mɪshæp] *n* disgrazia.

misinform [mɪsɪn'fɔːm] *vt* informare male.
misinterpret [mɪsɪn'təːprɪt] *vt* interpretare male.
misjudge [mɪs'dʒʌdʒ] *vt* giudicare male.
mislay [mɪs'leɪ] *vt irg* smarrire.
mislead [mɪs'liːd] *vt irg* sviare; **~ing** *a* ingannevole.
mismanage [mɪs'mænɪdʒ] *vt* gestire male; trattare male; **~ment** *n* cattiva amministrazione *f.*
misnomer [mɪs'nəumə*] *n* termine *m* sbagliato *or* improprio.
misplace [mɪs'pleɪs] *vt* smarrire; collocare fuori posto.
misprint ['mɪsprɪnt] *n* errore *m* di stampa.
mispronounce [mɪsprə'nauns] *vt* pronunziare male.
misread [mɪs'riːd] *vt irg* leggere male.
misrepresent [mɪsrɛprɪ'zɛnt] *vt* travisare.
miss [mɪs] *vt* (*fail to get*) perdere; (*regret the absence of*): **I ~ him/it** sento la sua mancanza, lui/esso mi manca // *vi* mancare // *n* (*shot*) colpo mancató; (*fig*): **that was a near ~** c'è mancato poco; **to ~ out** *vt* omettere.
Miss [mɪs] *n* Signorina.
missal ['mɪsl] *n* messale *m.*
misshapen [mɪs'ʃeɪpən] *a* deforme.
missile ['mɪsaɪl] *n* (AVIAT) missile *m*; (*object thrown*) proiettile *m.*
missing ['mɪsɪŋ] *a* perso(a), smarrito(a); (*after escape, disaster: person*) mancante; **to go ~** sparire.
mission ['mɪʃən] *n* missione *f*; **~ary** *n* missionario/a.
misspent ['mɪs'spɛnt] *a*: **his ~ youth** la sua gioventù sciupata.
mist [mɪst] *n* nebbia, foschia // *vi* (*also*: **~ over, ~ up**) annebbiarsi; (*windows*) appannarsi.
mistake [mɪs'teɪk] *n* sbaglio, errore *m* // *vt* (*irg*: *like* **take**) sbagliarsi di; fraintendere; **to ~ for** prendere per; **~n** *a* (*idea etc*) sbagliato(a); **to be ~n** sbagliarsi; **~n identity** *n* errore *m* di persona.
mister ['mɪstə*] *n* (*col*) signore *m*; *see* **Mr.**
mistletoe ['mɪsltəu] *n* vischio.
mistook [mɪs'tuk] *pt of* **mistake**.
mistranslation [mɪstræns'leɪʃən] *n* traduzione *f* errata.
mistreat [mɪs'triːt] *vt* maltrattare.
mistress ['mɪstrɪs] *n* padrona; (*lover*) amante *f*; (*in primary school*) maestra; *see* **Mrs.**
mistrust [mɪs'trʌst] *vt* diffidare di.
misty ['mɪstɪ] *a* nebbioso(a), brumoso(a).
misunderstand [mɪsʌndə'stænd] *vt, vi irg* capire male, fraintendere; **~ing** *n* malinteso, equivoco.
misuse *n* [mɪs'juːs] cattivo uso; (*of power*) abuso // *vt* [mɪs'juːz] far cattivo uso di; abusare di.
mitigate ['mɪtɪgeɪt] *vt* mitigare.
mitre ['maɪtə*] *n* mitra; (CARPENTRY) ugnatura.
mitt(en) ['mɪt(n)] *n* mezzo guanto; manopola.
mix [mɪks] *vt* mescolare // *vi* mescolarsi // *n* mescolanza; preparato; **to ~ up** *vt* mescolare; (*confuse*) confondere; **~ed** *a* misto(a); **~ed grill** *n* misto alla griglia; **~ed-up** *a* (*confused*) confuso(a); **~er** *n* (*for food*) sbattitore *m*; (*person*): **he is a good ~er** è molto socievole; **~ture** *n* mescolanza; (*blend: of tobacco etc*) miscela; (MED) sciroppo; **~-up** *n* confusione *f.*
moan [məun] *n* gemito // *vi* gemere; (*col: complain*): **to ~ (about)** lamentarsi (di); **~ing** *n* gemiti *mpl.*
moat [məut] *n* fossato.
mob [mɔb] *n* folla; (*disorderly*) calca; (*pej*): **the ~** la plebaglia // *vt* accalcarsi intorno a.
mobile ['məubaɪl] *a* mobile; **~ home** *n* grande roulotte *f inv* (utilizzata come domicilio).
mobility [məu'bɪlɪtɪ] *n* mobilità.
moccasin ['mɔkəsɪn] *n* mocassino.
mock [mɔk] *vt* deridere, burlarsi di // *a* falso(a); **~ery** *n* derisione *f*; **~ing** *a* derisorio(a); **~-up** *n* modello dimostrativo; abbozzo.
mod [mɔd] *a see* **convenience**.
mode [məud] *n* modo.
model ['mɔdl] *n* modello; (*person: for fashion*) indossatore/trice; (*: for artist*) modello/a // *vt* modellare // *vi* fare l'indossatore (*or* l'indossatrice) // *a* (*railway: toy*) modello *inv* in scala; (*child, factory*) modello *inv*; **to ~ clothes** presentare degli abiti.
moderate *a, n* ['mɔdərət] moderato(a) // *vb* ['mɔdəreɪt] *vi* moderarsi, placarsi // *vt* moderare; **moderation** [-'reɪʃən] *n* moderazione *f,* misura.
modern ['mɔdən] *a* moderno(a); **~ize** *vt* modernizzare.
modest ['mɔdɪst] *a* modesto(a); **~y** *n* modestia.
modicum ['mɔdɪkəm] *n*: **a ~ of** un minimo di.
modification [mɔdɪfɪ'keɪʃən] *n* modificazione *f.*
modify ['mɔdɪfaɪ] *vt* modificare.
module ['mɔdjuːl] *n* modulo.
mohair ['məuhɛə*] *n* mohair *m.*
moist [mɔɪst] *a* umido(a); **~en** ['mɔɪsn] *vt* inumidire; **~ure** ['mɔɪstʃə*] *n* umidità; (*on glass*) goccioline *fpl* di vapore; **~urizer** ['mɔɪstʃəraɪzə*] *n* idratante *f.*
molar ['məulə*] *n* molare *m.*
molasses [məu'læsɪz] *n* molassa.
mold [məuld] *n, vt* (*US*) = **mould**.
mole [məul] *n* (*animal*) talpa; (*spot*) neo.
molecule ['mɔlɪkjuːl] *n* molecola.
molest [məu'lɛst] *vt* molestare.
mollusc ['mɔləsk] *n* mollusco.
mollycoddle ['mɔlɪkɔdl] *vt* coccolare, vezzeggiare.

molt [məult] *vi* (*US*) = **moult**.
molten ['məultən] *a* fuso(a).
moment ['məumənt] *n* momento, istante *m*; importanza; ~**ary** *a* momentaneo(a), passeggero(a); ~**ous** [-'mɛntəs] *a* di grande importanza.
momentum [məu'mɛntəm] *n* velocità acquisita, slancio; (PHYSICS) momento; **to gather** ~ aumentare di velocità.
monarch ['mɔnək] *n* monarca *m*; ~**ist** *n* monarchico/a; ~**y** *n* monarchia.
monastery ['mɔnəstərı] *n* monastero.
monastic [mə'næstık] *a* monastico(a).
Monday ['mʌndı] *n* lunedì *m inv*.
monetary ['mʌnıtərı] *a* monetario(a).
money ['mʌnı] *n* denaro, soldi *mpl*; ~**lender** *n* prestatore *m* di denaro; ~ **order** *n* vaglia *m inv*.
mongol ['mɔŋgəl] *a,n* (MED) mongoloide (*m/f*).
mongrel ['mʌŋgrəl] *n* (*dog*) cane *m* bastardo.
monitor ['mɔnıtə*] *n* (SCOL) capoclasse *m/f*; (*also*: **television** ~) monitor *m inv* // *vt* controllare.
monk [mʌŋk] *n* monaco.
monkey ['mʌŋkı] *n* scimmia; ~ **nut** *n* nocciolina americana; ~ **wrench** *n* chiave *f* a rullino.
mono... ['mɔnəu] *prefix*: ~**chrome** *a* monocromo(a).
monocle ['mɔnəkl] *n* monocolo.
monogram ['mɔnəgræm] *n* monogramma *m*.
monologue ['mɔnəlɔg] *n* monologo.
monopolize [mə'nɔpəlaız] *vt* monopolizzare.
monopoly [mə'nɔpəlı] *n* monopolio.
monosyllabic [mɔnəusı'læbık] *a* monosillabico(a); (*person*) che parla a monosillabi.
monotone ['mɔnətəun] *n* pronunzia (*or* voce *f*) monotona.
monotonous [mə'nɔtənəs] *a* monotono(a).
monotony [mə'nɔtənı] *n* monotonia.
monsoon [mɔn'su:n] *n* monsone *m*.
monster ['mɔnstə*] *n* mostro.
monstrosity [mɔns'trɔsıtı] *n* mostruosità *f inv*.
monstrous ['mɔnstrəs] *a* mostruoso(a).
montage [mɔn'tɑ:ʒ] *n* montaggio.
month [mʌnθ] *n* mese *m*; ~**ly** *a* mensile // *ad* al mese; ogni mese // *n* (*magazine*) rivista mensile.
monument ['mɔnjumənt] *n* monumento; ~**al** [-'mɛntl] *a* monumentale; (*fig*) colossale.
moo [mu:] *vi* muggire, mugghiare.
mood [mu:d] *n* umore *m*; **to be in a good/bad** ~ essere di buon/cattivo umore; **to be in the** ~ **for** essere disposto(a) a, aver voglia di; ~**y** *a* (*variable*) capriccioso(a), lunatico(a); (*sullen*) imbronciato(a).
moon [mu:n] *n* luna; ~**beam** *n* raggio di luna; ~**light** *n* chiaro di luna; ~**lit** *a* illuminato(a) dalla luna.
moor [muə*] *n* brughiera // *vt* (*ship*) ormeggiare // *vi* ormeggiarsi.
moorings ['muərıŋz] *npl* (*chains*) ormeggi *mpl*; (*place*) ormeggio.
moorland ['muələnd] *n* brughiera.
moose [mu:s] *n, pl inv* alce *m*.
moot [mu:t] *vt* sollevare // *a*: ~ **point** punto discutibile.
mop [mɔp] *n* lavapavimenti *m inv* // *vt* lavare con lo straccio; **to** ~ **one's brow** asciugarsi la fronte; **to** ~ **up** *vt* asciugare con uno straccio; ~ **of hair** *n* zazzera.
mope [məup] *vi* fare il broncio.
moped ['məupɛd] *n* (*Brit*) ciclomotore *m*.
moral ['mɔrl] *a* morale // *n* morale *f*; ~**s** *npl* moralità.
morale [mɔ'rɑ:l] *n* morale *m*.
morality [mə'rælıtı] *n* moralità.
morass [mə'ræs] *n* palude *f*, pantano.
morbid ['mɔ:bıd] *a* morboso(a).
more [mɔ:*] *det* più // *ad* più, di più; ~ **people** più gente; **I want** ~ ne voglio ancora *or* di più; ~ **dangerous than** più pericoloso di (*or* che); ~ **or less** più o meno; ~ **than ever** più che mai.
moreover [mɔ:'rəuvə*] *ad* inoltre, di più.
morgue [mɔ:g] *n* obitorio.
morning ['mɔ:nıŋ] *n* mattina, mattino; mattinata; **in the** ~ la mattina; **7 o'clock in the** ~ le 7 di *or* della mattina.
Morocco [mə'rɔkəu] *n* Marocco.
moron ['mɔ:rɔn] *n* deficiente *m/f*; ~**ic** [mə'rɔnık] *a* deficiente.
morose [mə'rəus] *a* cupo(a), tetro(a).
morphine ['mɔ:fi:n] *n* morfina.
Morse [mɔ:s] *n* (*also*: ~ **code**) alfabeto Morse.
morsel ['mɔ:sl] *n* boccone *m*.
mortal ['mɔ:tl] *a, n* mortale (*m*); ~**ity** [-'tælıtı] *n* mortalità.
mortar ['mɔ:tə*] *n* (CONSTR) malta; (*dish*) mortaio.
mortgage ['mɔ:gıdʒ] *n* ipoteca; (*loan*) prestito ipotecario // *vt* ipotecare.
mortified ['mɔ:tıfaıd] *a* umiliato(a).
mortuary ['mɔ:tjuərı] *n* camera mortuaria; obitorio.
mosaic [məu'zeıık] *n* mosaico.
Moscow ['mɔskəu] *n* Mosca.
Moslem ['mɔzləm] *a, n* = **Muslim**.
mosque [mɔsk] *n* moschea.
mosquito, ~es [mɔs'ki:təu] *n* zanzara; ~ **net** *n* zanzariera.
moss [mɔs] *n* muschio; ~**y** *a* muscoso(a).
most [məust] *det* la maggior parte di; il più di // *pronoun* la maggior parte // *ad* più; (*work, sleep etc*) di più; (*very*) molto, estremamente; **the** ~ (*also*: + *adjective*) il(la) più; ~ **fish** la maggior parte dei pesci; ~ **of** la maggior parte di; **at the (very)** ~ al massimo; **to make the** ~ **of** trarre il massimo vantaggio da; ~**ly** *ad* per lo più.
MOT *n* (*abbr of Ministry of Transport*): **the** ~ **(test)** *revisione annuale obbligatoria degli autoveicoli*.
motel [məu'tɛl] *n* motel *m inv*.

moth [mɔθ] *n* farfalla notturna; tarma; **~ball** *n* palla di canfora; **~-eaten** *a* tarmato(a).
mother ['mʌðə*] *n* madre *f* // *vt* (*care for*) fare da madre a; **~hood** *n* maternità; **~-in-law** *n* suocera; **~ly** *a* materno(a); **~-of-pearl** *n* madreperla; **~-to-be** *n* futura mamma; **~ tongue** *n* madrelingua.
mothproof ['mɔθpru:f] *a* antitarmico(a).
motif [məu'ti:f] *n* motivo.
motion ['məuʃən] *n* movimento, moto; (*gesture*) gesto; (*at meeting*) mozione *f* // *vt, vi*: **to ~ (to) sb to do** fare cenno a qd di fare; **~less** *a* immobile; **~ picture** *n* film *m inv*.
motivated ['məutɪveɪtɪd] *a* motivato(a).
motivation [məutɪ'veɪʃən] *n* motivazione *f*.
motive ['məutɪv] *n* motivo // *a* motore(trice).
motley ['mɔtlɪ] *a* eterogeneo(a), molto vario(a).
motor ['məutə*] *n* motore *m*; (*col*: *vehicle*) macchina // *a* motore(trice); **~bike** *n* moto *f inv*; **~boat** *n* motoscafo; **~car** *n* automobile *f*; **~cycle** *n* motocicletta; **~cyclist** *n* motociclista *m/f*; **~ing** *n* turismo automobilistico // *a*: **~ing holiday** *n* vacanza in macchina; **~ist** *n* automobilista *m/f*; **~ racing** *n* corse *fpl* automobilistiche; **~ scooter** *n* motorscooter *m inv*; **~ vehicle** *n* autoveicolo; **~way** *n* (*Brit*) autostrada.
mottled ['mɔtld] *a* chiazzato(a), marezzato(a).
motto, ~es ['mɔtəu] *n* motto.
mould [məuld] *n* forma, stampo; (*mildew*) muffa // *vt* formare; (*fig*) foggiare; **~er** *vi* (*decay*) ammuffire; **~y** *a* ammuffito(a).
moult [məult] *vi* far la muta.
mound [maund] *n* rialzo, collinetta.
mount [maunt] *n* monte *m*, montagna; (*horse*) cavalcatura; (*for jewel etc*) montatura // *vt* montare; (*horse*) montare a // *vi* salire, montare; (*also*: **~ up**) aumentare.
mountain ['mauntɪn] *n* montagna // *cpd* di montagna; **~eer** [-'nɪə*] *n* alpinista *m/f*; **~eering** [-'nɪərɪŋ] *n* alpinismo; **to go ~eering** fare dell'alpinismo; **~ous** *a* montagnoso(a); **~side** *n* fianco della montagna.
mourn [mɔ:n] *vt* piangere, lamentare // *vi*: **to ~ (for)** piangere, lamentarsi (di); **~er** *n* parente *m/f or* amico/a del defunto; persona venuta a rendere omaggio al defunto; **~ful** *a* triste, lugubre; **~ing** *n* lutto // *cpd* (*dress*) da lutto; **in ~ing** in lutto.
mouse, *pl* mice [maus, maɪs] *n* topo; **~trap** *n* trappola per i topi.
moustache [məs'tɑ:ʃ] *n* baffi *mpl*.
mousy ['mausɪ] *a* (*person*) timido(a); (*hair*) marrone indefinito(a).
mouth, ~s [mauθ, -ðz] *n* bocca; (*of river*) bocca, foce *f*; (*opening*) orifizio; **~ful** *n* boccata; **~ organ** *n* armonica; **~-watering** *a* che fa venire l'acquolina in bocca.
movable ['mu:vəbl] *a* mobile.
move [mu:v] *n* (*movement*) movimento; (*in game*) mossa; (: *turn to play*) turno; (*change of house*) trasloco // *vt* muovere, spostare; (*emotionally*) commuovere; (POL: *resolution etc*) proporre // *vi* (*gen*) muoversi, spostarsi; (*traffic*) circolare; (*also*: **~ house**) cambiar casa, traslocare; **to ~ towards** andare verso; **to ~ sb to do sth** indurre *or* spingere qd a fare qc; **to get a ~ on** affrettarsi, sbrigarsi; **to ~ about** *vi* (*fidget*) agitarsi; (*travel*) viaggiare; **to ~ along** *vi* muoversi avanti; **to ~ away** *vi* allontanarsi, andarsene; **to ~ back** *vi* indietreggiare; (*return*) ritornare; **to ~ forward** *vi* avanzare // *vt* avanzare, spostare in avanti; (*people*) far avanzare; **to ~ in** *vi* (*to a house*) entrare (in una nuova casa); **to ~ on** *vi* riprendere la strada // *vt* (*onlookers*) far circolare; **to ~ out** *vi* (*of house*) sgombrare; **to ~ up** *vi* avanzare.
movement ['mu:vmənt] *n* (*gen*) movimento; (*gesture*) gesto; (*of stars, water, physical*) moto.
movie ['mu:vɪ] *n* film *m inv*; **the ~s** il cinema; **~ camera** *n* cinepresa.
moving ['mu:vɪŋ] *a* mobile; commovente.
mow, *pt* mowed, *pp* mowed *or* mown [meu, -n] *vt* falciare; (*lawn*) mietere; **to ~ down** *vt* falciare; **~er** *n* falciatore/trice.
M.P. *n abbr see* **member**.
m.p.g. *abbr* = *miles per gallon* (*30 m.p.g. = 9.5 l. per 100 km*).
m.p.h. *abbr* = *miles per hour* (*60 m.p.h. = 96 km/h*).
Mr ['mɪstə*] *n*: **~ X** Signor X, Sig. X.
Mrs ['mɪsɪz] *n*: **~ X** Signora X, Sig.ra X.
Ms [mɪz] *n* (= *Miss or Mrs*): **~ X** ≈ Signora X, Sig.ra X.
much [mʌtʃ] *det* molto(a) // *ad, n or pronoun* molto; **~ milk** molto latte; **how ~ is it?** quanto costa?
muck [mʌk] *n* (*mud*) fango; (*dirt*) sporcizia; **to ~ about** *vi* (*col*) fare lo stupido; (*waste time*) gingillarsi; **~y** *a* (*dirty*) sporco(a), lordo(a).
mucus ['mju:kəs] *n* muco.
mud [mʌd] *n* fango.
muddle ['mʌdl] *n* confusione *f*, disordine *m*; pasticcio // *vt* (*also*: **~ up**) impasticciare; **to be in a ~** (*person*) non riuscire a raccapezzarsi; **to get in a ~** (*while explaining etc*) imbrogliarsi; **to ~ through** *vi* cavarsela alla meno peggio.
mud: **~dy** *a* fangoso(a); **~guard** *n* parafango; **~-slinging** *n* (*fig*) infangamento.
muff [mʌf] *n* manicotto.
muffin ['mʌfɪn] *n specie di pasticcino soffice da tè*.
muffle ['mʌfl] *vt* (*sound*) smorzare, attutire; (*against cold*) imbacuccare; **~d** *a* smorzato(a), attutito(a).
mufti ['mʌftɪ] *n*: **in ~** in borghese.
mug [mʌg] *n* (*cup*) tazzone *m*; (: *for beer*) boccale *m*; (*col*: *face*) muso; (: *fool*)

scemo/a // *vt* (*assault*) assalire; ~**ging** *n* assalto.
muggy ['mʌgɪ] *a* afoso(a).
mule [mju:l] *n* mulo.
mull [mʌl]: **to ~ over** *vt* rimuginare.
mulled [mʌld] *a*: **~ wine** vino caldo.
multi... ['mʌltɪ] *prefix* multi...; **~coloured** *a* multicolore, variopinto(a).
multiple ['mʌltɪpl] *a* multiplo(a); molteplice // *n* multiplo; **~ sclerosis** *n* sclerosi *f* a placche.
multiplication [mʌltɪplɪ'keɪʃən] *n* moltiplicazione *f*.
multiply ['mʌltɪplaɪ] *vt* moltiplicare // *vi* moltiplicarsi.
multitude ['mʌltɪtju:d] *n* moltitudine *f*.
mum [mʌm] *n* mamma // *a*: **to keep ~** non aprire bocca; **~'s the word!** acqua in bocca!
mumble ['mʌmbl] *vt, vi* borbottare.
mummy ['mʌmɪ] *n* (*mother*) mamma; (*embalmed*) mummia.
mumps [mʌmps] *n* orecchioni *mpl*.
munch [mʌntʃ] *vt,vi* sgranocchiare.
mundane [mʌn'deɪn] *a* terra a terra *inv*.
municipal [mju:'nɪsɪpl] *a* municipale; **~ity** [-'pælɪtɪ] *n* municipio.
munitions [mju:'nɪʃənz] *npl* munizioni *fpl*.
mural ['mjuərl] *n* dipinto murale.
murder ['mə:də*] *n* assassinio, omicidio // *vt* assassinare; **~er** *n* omicida *m*, assassino; **~ous** *a* micidiale.
murk [mə:k] *n* oscurità, buio; **~y** *a* tenebroso(a), buio(a).
murmur ['mə:mə*] *n* mormorio // *vt, vi* mormorare.
muscle ['mʌsl] *n* muscolo; **to ~ in** *vi* immischiarsi.
muscular ['mʌskjulə*] *a* muscolare; (*person, arm*) muscoloso(a).
muse [mju:z] *vi* meditare, sognare // *n* musa.
museum [mju:'zɪəm] *n* museo.
mushroom ['mʌʃrum] *n* fungo // *vi* (*fig*) svilupparsi rapidamente.
music ['mju:zɪk] *n* musica; **~al** *a* musicale // *n* (*show*) commedia musicale; **~al box** *n* scatola armonica; **~al instrument** *n* strumento musicale; **~ hall** *n* teatro di varietà; **~ian** [-'zɪʃən] *n* musicista *m/f*.
musket ['mʌskɪt] *n* moschetto.
Muslim ['mʌzlɪm] *a, n* musulmano(a).
muslin ['mʌzlɪn] *n* mussolina.
mussel ['mʌsl] *n* cozza.
must [mʌst] *auxiliary vb* (*obligation*): **I ~ do it** devo farlo; (*probability*): **he ~ be there by now** dovrebbe essere arrivato ormai; **I ~ have made a mistake** devo essermi sbagliato // *n* cosa da non mancare; cosa d'obbligo.
mustard ['mʌstəd] *n* senape *f*, mostarda.
muster ['mʌstə*] *vt* radunare.
mustn't ['mʌsnt] = **must not**.
musty ['mʌstɪ] *a* che sa di muffa *or* di rinchiuso.
mute [mju:t] *a,n* muto(a).
mutilate ['mju:tɪleɪt] *vt* mutilare; **mutilation** [-'leɪʃən] *n* mutilazione *f*.
mutinous ['mju:tɪnəs] *a* (*troops*) ammutinato(a); (*attitude*) ribelle.
mutiny ['mju:tɪnɪ] *n* ammutinamento // *vi* ammutinarsi.
mutter ['mʌtə*] *vt,vi* borbottare, brontolare.
mutton ['mʌtn] *n* carne *f* di montone.
mutual ['mju:tʃuəl] *a* mutuo(a), reciproco(a).
muzzle ['mʌzl] *n* muso; (*protective device*) museruola; (*of gun*) bocca // *vt* mettere la museruola a.
my [maɪ] *a* il(la) mio(a), *pl* i(le) miei(mie).
myself [maɪ'sɛlf] *pronoun* (*reflexive*) mi; (*emphatic*) io stesso(a); (*after prep*) me.
mysterious [mɪs'tɪərɪəs] *a* misterioso(a).
mystery ['mɪstərɪ] *n* mistero; **~ story** *n* racconto del mistero.
mystic ['mɪstɪk] *n* mistico // *a* (*mysterious*) esoterico(a); **~al** *a* mistico(a).
mystify ['mɪstɪfaɪ] *vt* mistificare; (*puzzle*) confondere.
mystique [mɪs'ti:k] *n* fascino.
myth [mɪθ] *n* mito; **~ology** [mɪ'θɔlədʒɪ] *n* mitologia.

N

nab [næb] *vt* (*col*) beccare, acchiappare.
nag [næg] *n* (*pej*: *horse*) ronzino; (: *person*) brontolone/a // *vt* tormentare // *vi* brontolare in continuazione; **~ging** *a* (*doubt, pain*) persistente.
nail [neɪl] *n* (*human*) unghia; (*metal*) chiodo // *vt* inchiodare; **to ~ sb down to a date/price** costringere qd a un appuntamento/ad accettare un prezzo; **~brush** *n* spazzolino da *or* per unghie; **~file** *n* lima da *or* per unghie; **~ polish** *n* smalto da *or* per unghie; **~ scissors** *npl* forbici *fpl* da *or* per unghie; **~ varnish** *n* = **~ polish**.
naïve [naɪ'i:v] *a* ingenuo(a).
naked ['neɪkɪd] *a* nudo(a).
name [neɪm] *n* nome *m*; (*reputation*) nome, reputazione *f* // *vt* (*baby etc*) chiamare; (*plant, illness*) nominare; (*person, object*) identificare; (*price, date*) fissare; **in the ~ of** in nome di; **~ dropping** *n menzionare qd o qc per fare bella figura*; **~less** *a* senza nome; **~ly** *ad* cioè; **~sake** *n* omonimo.
nanny ['nænɪ] *n* bambinaia.
nap [næp] *n* (*sleep*) pisolino; (*of cloth*) peluria; **to have a ~** schiacciare un pisolino; **to be caught ~ping** essere preso alla sprovvista.
napalm ['neɪpɑ:m] *n* napalm *m*.
nape [neɪp] *n*: **~ of the neck** nuca.
napkin ['næpkɪn] *n* tovagliolo; (*Brit*: *for baby*) pannolino.
nappy ['næpɪ] *n* pannolino.
narcotic [nɑ:'kɔtɪk] *n* narcotico.
nark [nɑ:k] *vt* (*col*) scocciare.
narrate [nə'reɪt] *vt* raccontare, narrare.

narrative ['nærətɪv] *n* narrativa // *a* narrativo(a).
narrow ['nærəu] *a* stretto(a); (*fig*): **to take a ~ view of** avere una visione limitata di // *vi* restringersi; **to have a ~ escape** farcela per un pelo; **to ~ sth down to** ridurre qc a; **~ly** *ad* per un pelo; (*time*) per poco; **~-minded** *a* meschino(a).
nasal ['neɪzl] *a* nasale.
nasty ['nɑ:stɪ] *a* (*person, remark*) cattivo(a); (*smell, wound, situation*) brutto(a).
nation ['neɪʃən] *n* nazione *f*.
national ['næʃənl] *a* nazionale // *n* cittadino/a; **~ dress** *n* costume *m* nazionale; **~ism** *n* nazionalismo; **~ist** *a,n* nazionalista (*m/f*); **~ity** [-'nælɪtɪ] *n* nazionalità *f inv*; **~ization** [-aɪ'zeɪʃən] *n* nazionalizzazione *f*; **~ize** *vt* nazionalizzare; **~ly** *ad* a livello nazionale.
nation-wide ['neɪʃənwaɪd] *a* diffuso(a) in tutto il paese // *ad* in tutto il paese.
native ['neɪtɪv] *n* abitante *m/f* del paese; (*in colonies*) indigeno/a // *a* indigeno(a); (*country*) natio(a); (*ability*) innato(a); **a ~ of Russia** un nativo della Russia; **a ~ speaker of French** una persona di madrelingua francese; **~ language** madrelingua.
natter ['nætə*] *vi* chiacchierare.
natural ['nætʃrəl] *a* naturale; (*ability*) innato(a); (*manner*) semplice; **~ gas** *n* gas *m* metano; **~ist** *n* naturalista *m/f*; **~ize** *vt* naturalizzare; **~ly** *ad* naturalmente; (*by nature: gifted*) di natura.
nature ['neɪtʃə*] *n* natura; (*character*) carattere *m*; **by ~** di natura.
naught [nɔ:t] *n* zero.
naughty ['nɔ:tɪ] *a* (*child*) birichino(a), cattivello(a); (*story, film*) spinto(a).
nausea ['nɔ:sɪə] *n* (MED) nausea; (*fig: disgust*) schifo; **~te** ['nɔ:sɪeɪt] *vt* nauseare; far schifo a.
nautical ['nɔ:tɪkl] *a* nautico(a).
naval ['neɪvl] *a* navale; **~ officer** *n* ufficiale *m* di marina.
nave [neɪv] *n* navata centrale.
navel ['neɪvl] *n* ombelico.
navigable ['nævɪgəbl] *a* navigabile.
navigate ['nævɪgeɪt] *vt* percorrere navigando // *vi* navigare; **navigation** [-'geɪʃən] *n* navigazione *f*; **navigator** *n* (NAUT, AVIAT) ufficiale *m* di rotta; (*explorer*) navigatore *m*; (AUT) copilota *m/f*.
navvy ['nævɪ] *n* manovale *m*.
navy ['neɪvɪ] *n* marina; **~(-blue)** *a* blu scuro *inv*.
near [nɪə*] *a* vicino(a); (*relation*) prossimo(a) // *ad* vicino // *prep* (*also*: **~ to**) vicino a, presso; (*time*) verso // *vt* avvicinarsi a; **to come ~** *vi* avvicinarsi; **~by** [nɪə'baɪ] *a* vicino(a) // *ad* vicino; **N~ East** *n* Medio Oriente *m*; **~ly** *ad* quasi; **~ miss** *n*: **that was a ~ miss** c'è mancato poco; **~ness** *n* vicinanza; **~side** *n* (AUT: *right-hand drive*) lato sinistro; **~-sighted** *a* miope.
neat [ni:t] *a* (*person, room*) ordinato(a); (*work*) pulito(a); (*solution, plan*) ben indovinato(a), azzeccato(a); (*spirits*) liscio(a); **~ly** *ad* con ordine; (*skilfully*) abilmente.
nebulous ['nɛbjuləs] *a* nebuloso(a); (*fig*) vago(a).
necessarily ['nɛsɪsrɪlɪ] *ad* necessariamente.
necessary ['nɛsɪsrɪ] *a* necessario(a).
necessitate [nɪ'sɛsɪteɪt] *vt* rendere necessario(a).
necessity [nɪ'sɛsɪtɪ] *n* necessità *f inv*.
neck [nɛk] *n* collo; (*of garment*) colletto; **~ and ~** testa a testa.
necklace ['nɛklɪs] *n* collana.
neckline ['nɛklaɪn] *n* scollatura.
née [neɪ] *a*: **~ Scott** nata Scott.
need [ni:d] *n* bisogno // *vt* aver bisogno di.
needle ['ni:dl] *n* ago // *vt* punzecchiare.
needless ['ni:dlɪs] *a* inutile.
needlework ['ni:dlwə:k] *n* cucito.
needy ['ni:dɪ] *a* bisognoso(a).
negation [nɪ'geɪʃən] *n* negazione *f*.
negative ['nɛgətɪv] *n* negativo // *a* negativo(a).
neglect [nɪ'glɛkt] *vt* trascurare // *n* (*of person, duty*) negligenza; **(state of) ~** stato di abbandono.
negligee ['nɛglɪʒeɪ] *n* négligé *m inv*.
negligence ['nɛglɪdʒəns] *n* negligenza.
negligent ['nɛglɪdʒənt] *a* negligente; **~ly** *ad* con negligenza.
negligible ['nɛglɪdʒɪbl] *a* insignificante, trascurabile.
negotiable [nɪ'gəuʃɪəbl] *a* negoziabile; (*cheque*) trasferibile; (*road*) transitabile.
negotiate [nɪ'gəuʃɪeɪt] *vi* negoziare // *vt* (COMM) negoziare; (*obstacle*) superare; **negotiation** [-'eɪʃən] *n* negoziato, trattativa; **negotiator** *n* negoziatore/trice.
Negress ['ni:grɪs] *n* negra.
Negro ['ni:grəu] *a, n* (*pl*: **~es**) negro(a).
neighbour ['neɪbə*] *n* vicino/a; **~hood** *n* vicinato; **~ing** *a* vicino(a); **~ly** *a*: **he is a ~ly person** è un buon vicino.
neither ['naɪðə*] *a, pronoun* né l'uno(a) né l'altro(a), nessuno(a) dei(delle) due // *cj* neanche, nemmeno, neppure // *ad*: **~ good nor bad** né buono né cattivo; **I didn't move and ~ did Claude** io non mi mossi e nemmeno Claude.
neon ['ni:ɔn] *n* neon *m*; **~ light** *n* luce *f* al neon; **~ sign** *n* insegna al neon.
nephew ['nɛvju:] *n* nipote *m*.
nerve [nə:v] *n* nervo; (*fig*) coraggio; (*impudence*) faccia tosta; **a fit of ~s** una crisi di nervi; **~-racking** *a* che spezza i nervi.
nervous ['nə:vəs] *a* nervoso(a); **~ breakdown** *n* esaurimento nervoso; **~ness** *n* nervosismo.
nest [nɛst] *n* nido.
nestle ['nɛsl] *vi* accoccolarsi.
net [nɛt] *n* rete *f* // *a* netto(a); **~ball** *n* *specie di pallacanestro*.

Netherlands ['nɛðələndz] *npl*: **the ~** i Paesi Bassi.
nett [nɛt] *a* = **net**.
netting ['nɛtɪŋ] *n* (*for fence etc*) reticolato.
nettle ['nɛtl] *n* ortica.
network ['nɛtwɔ:k] *n* rete *f*.
neurosis, *pl* **neuroses** [njuə'rəusɪs, -si:z] *n* nevrosi *f inv*.
neurotic [njuə'rɔtɪk] *a, n* nevrotico(a).
neuter ['nju:tə*] *a* neutro(a) // *n* neutro // *vt* (*cat etc*) castrare.
neutral ['nju:trəl] *a* neutro(a); (*person, nation*) neutrale // *n* (AUT): **in ~** in folle; **~ity** [-'trælɪtɪ] *n* neutralità.
never ['nɛvə*] *ad* (non...) mai; **~ again** mai più; **I'll ~ go there again** non ci vado più; **~-ending** *a* interminabile; **~theless** [nɛvəðə'lɛs] *ad* tuttavia, ciò nonostante, ciò nondimeno.
new [nju:] *a* nuovo(a); (*brand new*) nuovo(a) di zecca; **~born** *a* neonato(a); **~comer** ['nju:kʌmə*] *n* nuovo(a) venuto(a); **~ly** *ad* di recente; **~ moon** *n* luna nuova.
news [nju:z] *n* notizie *fpl*; (RADIO) giornale *m* radio; (TV) telegiornale *m*; **a piece of ~** una notizia; **~ agency** *n* agenzia di stampa; **~agent** *n* giornalaio; **~ flash** *n* notizia *f* lampo *inv*; **~paper** *n* giornale *m*; **~ stand** *n* edicola.
New Year ['nju:'jɪə*] *n* Anno Nuovo; **~'s Day** *n* il Capodanno; **~'s Eve** *n* la vigilia di Capodanno.
New Zealand [nju:'zi:lənd] *n* Nuova Zelanda.
next [nɛkst] *a* prossimo(a) // *ad* accanto; (*in time*) dopo; **when do we meet ~?** quando ci rincontriamo?; **~ door** *ad* accanto; **~-of-kin** *n* parente *m/f* prossimo(a); **~ time** *ad* la prossima volta; **~ to** *prep* accanto a; **~ to nothing** quasi niente.
N.H.S. *n abbr of National Health Service*.
nib [nɪb] *n* (*of pen*) pennino.
nibble ['nɪbl] *vt* mordicchiare.
nice [naɪs] a (*holiday, trip*) piacevole; (*flat, picture*) bello(a); (*person*) simpatico(a), gentile; (*distinction, point*) sottile; **~-looking** *a* bello(a); **~ly** *ad* bene.
niceties ['naɪsɪtɪz] *npl* finezze *fpl*.
nick [nɪk] *n* tacca // *vt* (*col*) rubare; **in the ~ of time** appena in tempo.
nickel ['nɪkl] *n* nichel *m*; (US) *moneta da cinque centesimi di dollaro*.
nickname ['nɪkneɪm] *n* soprannome *m* // *vt* soprannominare.
nicotine ['nɪkəti:n] *n* nicotina.
niece [ni:s] *n* nipote *f*.
Nigeria [naɪ'dʒɪərɪə] *n* Nigeria.
niggling ['nɪglɪŋ] *a* pignolo(a).
night [naɪt] *n* notte *f*; (*evening*) sera; **at ~** la sera; **by ~** di notte; **~cap** *n bicchierino prima di andare a letto;* **~ club** *n* locale *m* notturno; **~dress** *n* camicia da notte; **~fall** *n* crepuscolo; **~ie** ['naɪtɪ] *n* camicia da notte.
nightingale ['naɪtɪŋgeɪl] *n* usignolo.
night life ['naɪtlaɪf] *n* vita notturna.
nightly ['naɪtlɪ] *a* di ogni notte *or* sera; (*by night*) notturno(a) // *ad* ogni notte *or* sera.
nightmare ['naɪtmɛə*] *n* incubo.
night school ['naɪtsku:l] *n* scuola serale.
night-time ['naɪttaɪm] *n* notte *f*.
night watchman ['naɪt'wɔtʃmən] *n* guardiano notturno.
nil [nɪl] *n* nulla *m*; (SPORT) zero.
nimble ['nɪmbl] *a* agile.
nine [naɪn] *num* nove; **~teen** *num* diciannove; **~ty** *num* novanta.
ninth [naɪnθ] *a* nono(a).
nip [nɪp] *vt* pizzicare.
nipple ['nɪpl] *n* (ANAT) capezzolo.
nippy ['nɪpɪ] *a* (*weather*) pungente; (*car, person*) svelto(a).
nitrogen ['naɪtrədʒən] *n* azoto.
no [nəu] *det* nessuno(a), non; **I have ~ money** non ho soldi; **there is ~ reason to believe...** non c'è nessuna ragione per credere...; **I have ~ books** non ho libri // *ad* non; **I have ~ more wine** non ho più vino // *excl, n* no (*m inv*); **~ entry** vietata l'entrata.
nobility [nəu'bɪlɪtɪ] *n* nobiltà.
noble ['nəubl] *a, n* nobile (*m*).
nobody ['nəubədɪ] *pronoun* nessuno.
nod [nɔd] *vi* accennare col capo, fare un cenno; (*sleep*) sonnecchiare // *n* cenno; **to ~ off** *vi* assopirsi.
noise [nɔɪz] *n* rumore *m*; (*din, racket*) chiasso; **noisy** *a* (*street, car*) rumoroso(a); (*person*) chiassoso(a).
nomad ['nəumæd] *n* nomade *m/f*.
no man's land ['nəumænzlænd] *n* terra di nessuno.
nominal ['nɔmɪnl] *a* nominale.
nominate ['nɔmɪneɪt] *vt* (*propose*) proporre come candidato; (*elect*) nominare.
nomination [nɔmɪ'neɪʃən] *n* nomina; candidatura.
nominee [nɔmɪ'ni:] *n* persona nominata; candidato.
non... [nɔn] *prefix* non...; **~-alcoholic** *a* analcolico(a).
nonchalant ['nɔnʃəlnt] *a* incurante, indifferente.
non-committal ['nɔnkə'mɪtl] *a* evasivo(a).
nondescript ['nɔndɪskrɪpt] *a* qualunque *inv*.
none [nʌn] *pronoun* (*not one thing*) niente; (*not one person*) nessuno(a).
nonentity [nɔ'nɛntɪtɪ] *n* persona insignificante.
non: **~-fiction** *n* saggistica; **~-flammable** *a* ininfiammabile.
nonplussed [nɔn'plʌst] *a* sconcertato(a).
nonsense ['nɔnsəns] *n* sciocchezze *fpl*.
non: **~-smoker** *n* non fumatore/trice; **~-stick** *a* antiaderente, antiadesivo(a); **~-stop** *a* continuo(a); (*train, bus*) direttissimo(a) // *ad* senza sosta.
noodles ['nu:dlz] *npl* taglierini *mpl*.
nook [nuk] *n*: **~s and crannies** angoli *mpl*.

noon [nu:n] *n* mezzogiorno.
no one ['nəuwʌn] *pronoun* = **nobody**.
nor [nɔ:*] *cj* = **neither** // *ad see* **neither**.
norm [nɔ:m] *n* norma.
normal ['nɔ:ml] *a* normale; **~ly** *ad* normalmente.
north [nɔ:θ] *n* nord *m*, settentrione *m* // *a* nord *inv*, del nord, settentrionale // *ad* verso nord; **N~ America** *n* America del Nord; **~-east** *n* nord-est *m*; **~ern** ['nɔ:ðən] *a* del nord, settentrionale; **N~ern Ireland** *n* Irlanda del Nord; **N~ Pole** *n* Polo Nord; **N~ Sea** *n* Mare *m* del Nord; **~ward(s)** ['nɔ:θwəd(z)] *ad* verso nord; **~-west** *n* nord-ovest *m*.
Norway ['nɔ:weɪ] *n* Norvegia.
Norwegian [nɔ:'wi:dʒən] *a* norvegese // *n* norvegese *m/f*; (LING) norvegese *m*.
nose [nəuz] *n* naso; (*of animal*) muso; **~-dive** *n* picchiata; **~y** *a* curioso(a).
nostalgia [nɔs'tældʒɪə] *n* nostalgia; **nostalgic** *a* nostalgico(a).
nostril ['nɔstrɪl] *n* narice *f*; (*of horse*) frogia.
nosy ['nəuzɪ] *a* = **nosey**.
not [nɔt] *ad* non; **~ at all** niente affatto; **you must ~** *or* **mustn't do this** non deve fare questo; **he isn't...** egli non è... .
notable ['nəutəbl] *a* notevole.
notably ['nəutəblɪ] *ad* notevolmente.
notch [nɔtʃ] *n* tacca.
note [nəut] *n* nota; (*letter, banknote*) biglietto // *vt* prendere nota di; **to take ~s** prendere appunti; **~book** *n* taccuino; **~d** ['nəutɪd] *a* celebre; **~paper** *n* carta da lettere.
nothing ['nʌθɪŋ] *n* nulla *m*, niente *m*; **~ new** niente di nuovo; **for ~** (*free*) per niente.
notice ['nəutɪs] *n* avviso; (*of leaving*) preavviso // *vt* notare, accorgersi di; **to take ~ of** fare attenzione a; **to bring sth to sb's ~** far notare qc a qd; **~able** *a* evidente; **~ board** *n* (*Brit*) tabellone *m* per affissi.
notify ['nəutɪfaɪ] *vt*: **to ~ sth to sb** far sapere qc a qd; **to ~ sb of sth** avvisare qd di qc.
notion ['nəuʃən] *n* idea; (*concept*) nozione *f*.
notorious [nəu'tɔ:rɪəs] *a* famigerato(a).
notwithstanding [nɔtwɪθ'stændɪŋ] *ad* nondimeno // *prep* nonostante, malgrado.
nougat ['nu:gɑ:] *n* torrone *m*.
nought [nɔ:t] *n* zero.
noun [naun] *n* nome *m*, sostantivo.
nourish ['nʌrɪʃ] *vt* nutrire; **~ing** *a* nutriente; **~ment** *n* nutrimento.
novel ['nɔvl] *n* romanzo // *a* nuovo(a); **~ist** *n* romanziere/a; **~ty** *n* novità *f inv*.
November [nəu'vɛmbə*] *n* novembre *m*.
novice ['nɔvɪs] *n* principiante *m/f*; (REL) novizio/a.
now [nau] *ad* ora, adesso; **~ and then, ~ and again** ogni tanto; **from ~ on** da ora in poi; **~adays** ['nauədeɪz] *ad* oggidì.
nowhere ['nəuwɛə*] *ad* in nessun luogo, da nessuna parte.
nozzle ['nɔzl] *n* (*of hose*) boccaglio.
nuance ['nju:ã:ns] *n* sfumatura.
nuclear ['nju:klɪə*] *a* nucleare.
nucleus, *pl* **nuclei** ['nju:klɪəs, 'nju:klɪaɪ] *n* nucleo.
nude [nju:d] *a* nudo(a) // *n* (ART) nudo; **in the ~** tutto(a) nudo(a).
nudge [nʌdʒ] *vt* dare una gomitata a.
nudist ['nju:dɪst] *n* nudista *m/f*.
nudity ['nju:dɪtɪ] *n* nudità.
nuisance ['nju:sns] *n*: **it's a ~** è una seccatura; **he's a ~** lui dà fastidio.
null [nʌl] *a*: **~ and void** nullo(a); **~ify** ['nʌlɪfaɪ] *vt* annullare.
numb [nʌm] *a* intormentito(a).
number ['nʌmbə*] *n* numero // *vt* numerare; (*include*) contare; **a ~ of** un certo numero di; **the staff ~s 20** gli impiegati sono in 20; **~ plate** *n* targa.
numeral ['nju:mərəl] *n* numero, cifra.
numerical [nju:'mɛrɪkl] *a* numerico(a).
numerous ['nju:mərəs] *a* numeroso(a).
nun [nʌn] *n* suora, monaca.
nurse [nə:s] *n* infermiere/a // *vt* (*patient, cold*) curare; (*hope*) nutrire; **~(maid)** *n* bambinaia.
nursery ['nə:sərɪ] *n* (*room*) camera dei bambini; (*institution*) asilo; (*for plants*) vivaio; **~ rhyme** *n* filastrocca; **~ school** *n* scuola materna; **~ slope** *n* (SKI) pista per principianti.
nursing ['nə:sɪŋ] *n* (*profession*) professione *f* di infermiere (*or* di infermiera); **~ home** *n* casa di cura.
nut [nʌt] *n* (*of metal*) dado; (*fruit*) noce *f*; **he's ~s** (*col*) è matto; **~case** *n* (*col*) mattarello/a; **~crackers** *npl* schiaccianoci *m inv*; **~meg** ['nʌtmɛg] *n* noce *f* moscata.
nutrition [nju:'trɪʃən] *n* nutrizione *f*.
nutritious [nju:'trɪʃəs] *a* nutriente.
nutshell ['nʌtʃɛl] *n* guscio di noce; **in a ~** in poche parole.
nylon ['naɪlɔn] *n* nailon *m*; **~s** *npl* calze *fpl* di nailon.

O

oaf [əuf] *n* zoticone *m*.
oak [əuk] *n* quercia.
O.A.P. *abbr see* **old**.
oar [ɔ:*] *n* remo.
oasis, *pl* **oases** [əu'eɪsɪs, əu'eɪsi:z] *n* oasi *f inv*.
oath [əuθ] *n* giuramento; (*swear word*) bestemmia; **on ~** sotto giuramento; giurato(a).
oatmeal ['əutmi:l] *n* farina d'avena.
oats [əuts] *n* avena.
obedience [ə'bi:dɪəns] *n* ubbidienza; **in ~ to** conformemente a.
obedient [ə'bi:dɪənt] *a* ubbidiente.
obelisk ['ɔbɪlɪsk] *n* obelisco.
obesity [əu'bi:sɪtɪ] *n* obesità.
obey [ə'beɪ] *vt* ubbidire a; (*instructions, regulations*) osservare // *vi* ubbidire.
obituary [ə'bɪtjuərɪ] *n* necrologia.

object *n* ['ɔbdʒɪkt] oggetto; (*purpose*) scopo, intento; (*LING*) complemento oggetto // *vi* [əb'dʒɛkt]: **to ~ to** (*attitude*) disapprovare; (*proposal*) protestare contro, sollevare delle obiezioni contro; **I ~!** mi oppongo!; **he ~ed that ...** obiettò che ...; **~ion** [əb'dʒɛkʃən] *n* obiezione *f*; (*drawback*) inconveniente *m*; **~ionable** [əb'dʒɛkʃənəbl] *a* antipatico(a); (*smell*) sgradevole; (*language*) scostumato(a); **~ive** *n* obiettivo // *a* obiettivo(a); **~ivity** [ɔbdʒɪk'tɪvɪtɪ] *n* obiettività; **~or** *n* oppositore/trice.
obligation [ɔblɪ'geɪʃən] *n* obbligo, dovere *m*; (*debt*) obbligo (di riconoscenza).
obligatory [ə'blɪgətərɪ] *a* obbligatorio(a).
oblige [ə'blaɪdʒ] *vt* (*force*): **to ~ sb to do** costringere qd a fare; (*do a favour*) fare una cortesia a; **to be ~d to sb for sth** essere grato a qd per qc; **obliging** *a* servizievole, compiacente.
oblique [ə'bli:k] *a* obliquo(a); (*allusion*) indiretto(a).
obliterate [ə'blɪtəreɪt] *vt* cancellare.
oblivion [ə'blɪvɪən] *n* oblio.
oblivious [ə'blɪvɪəs] *a*: **~ of** incurante di; inconscio(a) di.
oblong ['ɔblɔŋ] *a* oblungo(a) // *n* rettangolo.
obnoxious [əb'nɔkʃəs] *a* odioso(a); (*smell*) disgustoso(a), ripugnante.
oboe ['əubəu] *n* oboe *m*.
obscene [əb'si:n] *a* osceno(a).
obscenity [əb'sɛnɪtɪ] *n* oscenità *f inv*.
obscure [əb'skjuə*] *a* oscuro(a) // *vt* oscurare; (*hide*: *sun*) nascondere; **obscurity** *n* oscurità.
obsequious [əb'si:kwɪəs] *a* ossequioso(a).
observable [əb'zə:vəbl] *a* osservabile; (*appreciable*) notevole.
observance [əb'zə:vns] *n* osservanza.
observant [əb'zə:vnt] *a* attento(a).
observation [ɔbzə'veɪʃən] *n* osservazione *f*; (*by police etc*) sorveglianza.
observatory [əb'zə:vətrɪ] *n* osservatorio.
observe [əb'zə:v] *vt* osservare; (*remark*) fare osservare; **~r** *n* osservatore/trice.
obsess [əb'sɛs] *vt* ossessionare; **~ion** [əb'sɛʃən] *n* ossessione *f*; **~ive** *a* ossessivo(a).
obsolescence [ɔbsə'lɛsns] *n* obsolescenza.
obsolete ['ɔbsəli:t] *a* obsoleto(a); (*word*) desueto(a).
obstacle ['ɔbstəkl] *n* ostacolo; **~ race** *n* corsa agli ostacoli.
obstetrics [ɔb'stɛtrɪks] *n* ostetrica.
obstinacy ['ɔbstɪnəsɪ] *n* ostinatezza.
obstinate ['ɔbstɪnɪt] *a* ostinato(a).
obstreperous [əb'strɛpərəs] *a* turbolento(a).
obstruct [əb'strʌkt] *vt* (*block*) ostruire, ostacolare; (*halt*) fermare; (*hinder*) impedire; **~ion** [əb'strʌkʃən] *n* ostruzione *f*; ostacolo; **~ive** *a* ostruttivo(a).
obtain [əb'teɪn] *vt* ottenere // *vi* essere in uso; **~able** *a* ottenibile.
obtrusive [əb'tru:sɪv] *a* (*person*) importuno(a); (*smell*) invadente; (*building etc*) imponente e invadente.
obtuse [əb'tju:s] *a* ottuso(a).
obviate ['ɔbvɪeɪt] *vt* ovviare a, evitare.
obvious ['ɔbvɪəs] *a* ovvio(a), evidente; **~ly** *ad* ovviamente; certo.
occasion [ə'keɪʒən] *n* occasione *f*; (*event*) avvenimento // *vt* cagionare; **~al** *a* occasionale; **I smoke an ~al cigarette** ogni tanto fumo una sigaretta.
occupation [ɔkju'peɪʃən] *n* occupazione *f*; (*job*) mestiere *m*, professione *f*; **~al hazard** *n* rischio del mestiere.
occupier ['ɔkjupaɪə*] *n* occupante *m/f*.
occupy ['ɔkjupaɪ] *vt* occupare; **to ~ o.s. by doing** occuparsi a fare.
occur [ə'kə:*] *vi* accadere; (*difficulty, opportunity*) capitare; (*phenomenon, error*) trovarsi; **to ~ to sb** venire in mente a qd; **~rence** *n* caso, fatto; presenza.
ocean ['əuʃən] *n* oceano; **~-going** *a* d'alto mare.
ochre ['əukə*] *a* ocra *inv*.
o'clock [ə'klɔk] *ad*: **it is 5 ~** sono le 5.
octagonal [ɔk'tægənl] *a* ottagonale.
octane ['ɔkteɪn] *n* ottano.
octave ['ɔktɪv] *n* ottavo.
October [ɔk'təubə*] *n* ottobre *m*.
octopus ['ɔktəpəs] *n* polpo, piovra.
odd [ɔd] *a* (*strange*) strano(a), bizzarro(a); (*number*) dispari *inv*; (*left over*) in più; (*not of a set*) spaiato(a); **60-~** 60 e oltre; **at ~ times** di tanto in tanto; **the ~ one out** l'eccezione *f*; **~ity** *n* bizzarria; (*person*) originale *m*; **~-job man** *n* tuttofare *m inv*; **~ jobs** *npl* lavori *mpl* occasionali; **~ly** *ad* stranamente; **~ments** *npl* (*COMM*) rimanenze *fpl*; **~s** *npl* (*in betting*) quota; **the ~s are against his coming** c'è poca probabilità che venga; **it makes no ~s** non importa; **at ~s** in contesa.
ode [əud] *n* ode *f*.
odious ['əudɪəs] *a* odioso(a), ripugnante.
odour ['əudə*] *n* odore *m*; **~less** *a* inodoro(a).
of [ɔv, əv] *prep* di; **a friend ~ ours** un nostro amico; **3 ~ them went** 3 di loro sono andati; **the 5th ~ July** il 5 luglio; **a boy ~ 10** un ragazzo di 10 anni.
off [ɔf] *a,ad* (*engine*) spento(a); (*tap*) chiuso(a); (*food*: *bad*) andato(a) a male; (*absent*) assente; (*cancelled*) sospeso(a) // *prep* da; a poca distanza di; **to be ~** (*to leave*) partire, andarsene; **to be ~ sick** essere assente per malattia; **a day ~** un giorno di vacanza; **to have an ~ day** non essere in forma; **he had his coat ~** si era tolto il cappotto; **10% ~** (*COMM*) con uno sconto di 10%; **5 km ~ (the road)** a 5 km (dalla strada); **~ the coast** al largo della costa; **a house ~ the main road** una casa fuori della strada maestra; **I'm ~ meat** la carne non mi va più; non mangio più la carne; **on the ~ chance** a caso.
offal ['ɔfl] *n* (*CULIN*) frattaglie *fpl*.
offbeat ['ɔfbi:t] *a* eccentrico(a).

off-colour ['ɔf'kʌlə*] *a* (*ill*) malato(a), indisposto(a).
offence, offense (*US*) [ə'fɛns] *n* (*LAW*) contravvenzione *f*; (: *more serious*) reato; **to take ~ at** offendersi per.
offend [ə'fɛnd] *vt* (*person*) offendere; **~er** *n* delinquente *m/f*; (*against regulations*) contravventore/trice.
offensive [ə'fɛnsɪv] *a* offensivo(a); (*smell etc*) sgradevole, ripugnante // *n* (*MIL*) offensiva.
offer ['ɔfə*] *n* offerta, proposta // *vt* offrire; **'on ~'** (*COMM*) 'in offerta speciale'; **~ing** *n* offerta.
offhand [ɔf'hænd] *a* disinvolto(a), noncurante // *ad* all'impronto.
office ['ɔfɪs] *n* (*place*) ufficio; (*position*) carica; **to take ~** entrare in carica; **~ block** *n* complesso di uffici; **~ boy** *n* garzone *m*; **~r** *n* (*MIL etc*) ufficiale *m*; (*of organization*) funzionario; (*also*: **police ~r**) agente *m* di polizia; **~ worker** *n* impiegato/a d'ufficio.
official [ə'fɪʃl] *a* (*authorized*) ufficiale // *n* ufficiale *m*; (*civil servant*) impiegato/a statale; funzionario; **~ly** *ad* ufficialmente.
officious [ə'fɪʃəs] *a* invadente.
offing ['ɔfɪŋ] *n*: **in the ~** (*fig*) in vista.
off: **~-licence** *n* (*Brit*: *shop*) spaccio di bevande alcoliche; **~-peak** *a* (*ticket etc*) a tariffa ridotta; (*time*) non di punta; **~-season** *a, ad* fuori stagione.
offset ['ɔfsɛt] *vt irg* (*counteract*) controbilanciare, compensare.
offshore [ɔf'ʃɔ:*] *a* (*breeze*) di terra; (*island*) vicino alla costa; (*fishing*) costiero(a).
offside ['ɔf'saɪd] *a* (*SPORT*) fuori gioco // *n* (*AUT*: *with right-hand drive*) lato destro.
offspring ['ɔfsprɪŋ] *n* prole *f*, discendenza.
off: **~stage** *ad* dietro le quinte; **~-white** *a* bianco sporco *inv*.
often ['ɔfn] *ad* spesso; **as ~ as not** quasi sempre.
ogle ['əugl] *vt* occhieggiare.
oil [ɔɪl] *n* olio; (*petroleum*) petrolio; (*for central heating*) nafta // *vt* (*machine*) lubrificare; **~can** *n* oliatore *m* a mano; (*for storing*) latta da olio; **~field** *n* giacimento petrolifero; **~-fired** *a* a nafta; **~ level** *n* livello dell'olio; **~ painting** *n* quadro a olio; **~ refinery** *n* raffineria di petrolio; **~ rig** *n* derrick *m inv*; (*at sea*) piattaforma per trivellazioni subacquee; **~skins** *npl* indumenti *mpl* di tela cerata; **~ slick** *n* chiazza d'olio; **~ tanker** *n* petroliera; **~ well** *n* pozzo petrolifero; **~y** *a* unto(a), oleoso(a); (*food*) untuoso(a).
ointment ['ɔɪntmənt] *n* unguento.
O.K., okay ['əu'keɪ] *excl* d'accordo! // *vt* approvare; **is it ~?, are you ~?** tutto bene?
old [əuld] *a* vecchio(a); (*ancient*) antico(a), vecchio(a); (*person*) vecchio(a), anziano(a); **how ~ are you?** quanti anni ha?; **he's 10 years ~** ha 10 anni; **~ age** *n* vecchiaia; **~-age pensioner (O.A.P.)** *n* pensionato/a; **~er brother/sister** fratello/sorella maggiore; **~-fashioned** *a* antiquato(a), fuori moda; (*person*) all'antica.
olive ['ɔlɪv] *n* (*fruit*) oliva; (*tree*) olivo // *a* (*also*: **~-green**) verde oliva *inv*; **~ oil** *n* olio d'oliva.
Olympic [əu'lɪmpɪk] *a* olimpico(a); **the ~ Games, the ~s** i giochi olimpici, le Olimpiadi.
omelet(te) ['ɔmlɪt] *n* omelette *f inv*.
omen ['əumən] *n* presagio, augurio.
ominous ['ɔmɪnəs] *a* minaccioso(a); (*event*) di malaugurio.
omission [əu'mɪʃən] *n* omissione *f*.
omit [əu'mɪt] *vt* omettere.
on [ɔn] *prep* su; (*on top of*) sopra // *ad* (*machine*) in moto; (*light, radio*) acceso(a); (*tap*) aperto(a); **is the meeting still ~?** avrà sempre luogo la riunione?; la riunione è ancora in corso?; **when is this film ~?** quando c'è questo film?; **~ the train** in treno; **~ the wall** sul *or* al muro; **~ television** alla televisione; **~ learning this** imparando questo; **~ arrival** all'arrivo; **~ the left** sulla *or* a sinistra; **~ Friday** venerdì; **~ Fridays** di *or* il venerdì; **a week ~ Friday** venerdì fra otto giorni; **put your coat ~** mettiti il cappotto; **to walk** *etc* **~** continuare a camminare *etc*; **it's not ~!** non è possibile!; **~ and off** ogni tanto.
once [wʌns] *ad* una volta // *cj* non appena, quando; **at ~** subito; (*simultaneously*) a un tempo; **all at ~** *ad* (tutto) ad un tratto; **~ a week** una volta alla settimana; **~ more** ancora una volta; **~ and for all** una volta per sempre.
oncoming ['ɔnkʌmɪŋ] *a* (*traffic*) che viene in senso opposto.
one [wʌn] *det, num* un(uno) *m*, una(un') *f* // *pronoun* uno(a); (*impersonal*) si; **this ~** questo(a) qui; **that ~** quello(a) là; **the ~ book which...** l'unico libro che...; **~ by ~** a uno(a) a uno(a); **~ never knows** non si sa mai; **to express ~'s opinion** esprimere la propria opinione; **~ another** l'un(a) l'altro(a); **~-man** *a* (*business*) diretto(a) *etc* da un solo uomo; **~self** *pronoun* si; (*after prep, also emphatic*) sé, se stesso(a); **~-way** *a* (*street, traffic*) a senso unico.
ongoing ['ɔngəuɪŋ] *a* in corso; in attuazione.
onion ['ʌnjən] *n* cipolla.
onlooker ['ɔnlukə*] *n* spettatore/trice.
only ['əunlɪ] *ad* solo, soltanto // *a* solo(a), unico(a) // *cj* solo che, ma; **an ~ child** un figlio unico; **not ~** non solo; **I ~ took one** ne ho preso soltanto uno, non ne ho preso che uno.
onset ['ɔnsɛt] *n* inizio; (*of winter, old age*) approssimarsi *m*.
onshore ['ɔnʃɔ:*] *a* (*wind*) di mare.
onslaught ['ɔnslɔ:t] *n* attacco, assalto.
onto ['ɔntu] *prep* = **on to**.
onus ['əunəs] *n* onere *m*, peso.
onward(s) ['ɔnwəd(z)] *ad* (*move*) in

avanti; **from this time** ~ d'ora in poi.
onyx ['ɔnɪks] *n* onice *f*.
ooze [u:z] *vi* stillare.
opal ['əupl] *n* opale *m or f*.
opaque [əu'peɪk] *a* opaco(a).
open ['əupn] *a* aperto(a); (*road*) libero(a); (*meeting*) pubblico(a); (*admiration*) evidente, franco(a); (*question*) insoluto(a); (*enemy*) dichiarato(a) // *vt* aprire // *vi* (*eyes, door, debate*) aprirsi; (*flower*) sbocciare; (*shop, bank, museum*) aprire; (*book etc: commence*) cominciare; **to ~ on to** *vt fus* (*subj: room, door*) dare su; **to ~ out** *vt* aprire // *vi* aprirsi; **to ~ up** *vt* aprire; (*blocked road*) sgombrare // *vi* aprirsi; **in the ~ (air)** all'aperto; **~-air** *a* all'aperto; **~ing** *n* apertura; (*opportunity*) occasione *f*, opportunità *f inv*; sbocco; (*job*) posto vacante; **~ly** *ad* apertamente; **~-minded** *a* che ha la mente aperta; **~ sandwich** *n* canapè *m inv*; **the ~ sea** il mare aperto, l'alto mare.
opera ['ɔpərə] *n* opera; **~ glasses** *npl* binocolo da teatro; **~ house** *n* opera.
operate ['ɔpəreɪt] *vt* (*machine*) azionare, far funzionare; (*system*) usare // *vi* funzionare; (*drug*) essere efficace; **to ~ on sb (for)** (*MED*) operare qd (di).
operatic [ɔpə'rætɪk] *a* dell'opera, lirico(a).
operating ['ɔpəreɪtɪŋ] *a*: **~ table** tavolo operatorio; **~ theatre** sala operatoria.
operation [ɔpə'reɪʃən] *n* operazione *f*; **to be in ~** (*machine*) essere in azione *or* funzionamento; (*system*) essere in vigore; **~al** *a* in funzione; d'esercizio.
operative ['ɔpərətɪv] *a* (*measure*) operativo(a) // *n* (*in factory*) operaio/a.
operator ['ɔpəreɪtə*] *n* (*of machine*) operatore/trice; (*TEL*) centralinista *m/f*.
operetta [ɔpə'rɛtə] *n* operetta.
opinion [ə'pɪnɪən] *n* opinione *f*, parere *m*; **in my ~** secondo me, a mio avviso; **~ated** *a* dogmatico(a).
opium ['əupɪəm] *n* oppio.
opponent [ə'pəunənt] *n* avversario/a.
opportune ['ɔpətju:n] *a* opportuno(a); **opportunist** [-'tju:nɪst] *n* opportunista *m/f*.
opportunity [ɔpə'tju:nɪtɪ] *n* opportunità *f inv*, occasione *f*.
oppose [ə'pəuz] *vt* opporsi a; **~d to** *a* contrario(a) a; **as ~d to** in contrasto con; **opposing** *a* opposto(a); (*team*) avversario(a).
opposite ['ɔpəzɪt] *a* opposto(a); (*house etc*) di fronte // *ad* di fronte, dirimpetto // *prep* di fronte a // *n* opposto, contrario; (*of word*) contrario; **his ~ number** il suo corrispondente.
opposition [ɔpə'zɪʃən] *n* opposizione *f*.
oppress [ə'prɛs] *vt* opprimere; **~ion** [ə'prɛʃən] *n* oppressione *f*; **~ive** *a* oppressivo(a).
opt [ɔpt] *vi*: **to ~ for** optare per; **to ~ to do** scegliere di fare; **to ~ out of** ritirarsi da.
optical ['ɔptɪkl] *a* ottico(a).
optician [ɔp'tɪʃən] *n* ottico.
optimism ['ɔptɪmɪzəm] *n* ottimismo.
optimist ['ɔptɪmɪst] *n* ottimista *m/f*; **~ic** [-'mɪstɪk] *a* ottimistico(a).
optimum ['ɔptɪməm] *a* ottimale.
option ['ɔpʃən] *n* scelta; (*SCOL*) materia facoltativa; (*COMM*) opzione *f*; **to keep one's ~s open** (*fig*) non impegnarsi; **~al** *a* facoltativo(a); (*COMM*) a scelta.
opulence ['ɔpjuləns] *n* opulenza; abbondanza.
or [ɔ:*] *cj* o, oppure; (*with negative*): **he hasn't seen ~ heard anything** non ha visto né sentito niente; **~ else** se no, altrimenti; oppure.
oracle ['ɔrəkl] *n* oracolo.
oral ['ɔ:rəl] *a* orale // *n* esame *m* orale.
orange ['ɔrɪndʒ] *n* (*fruit*) arancia // *a* arancione.
oration [ɔ:'reɪʃən] *n* orazione *f*.
orator ['ɔrətə*] *n* oratore/trice.
oratorio [ɔrə'tɔ:rɪəu] *n* oratorio.
orb [ɔ:b] *n* orbe *m*.
orbit ['ɔ:bɪt] *n* orbita // *vt* orbitare intorno a.
orchard ['ɔ:tʃəd] *n* frutteto.
orchestra ['ɔ:kɪstrə] *n* orchestra; **~l** [-'kɛstrəl] *a* orchestrale; (*concert*) sinfonico(a).
orchid ['ɔ:kɪd] *n* orchidea.
ordain [ɔ:'deɪn] *vt* (*REL*) ordinare; (*decide*) decretare.
ordeal [ɔ:'di:l] *n* prova, travaglio.
order ['ɔ:də*] *n* ordine *m*; (*COMM*) ordinazione *f* // *vt* ordinare; **in ~** in ordine; (*of document*) in regola; **in ~ of size** in ordine di grandezza; **in ~ to do** per fare; **in ~ that** affinché *+sub*; **to ~ sb to do** ordinare a qd di fare; **the lower ~s** (*pej*) i ceti inferiori; **~ form** *n* modulo d'ordinazione; **~ly** *n* (*MIL*) attendente *m* // *a* (*room*) in ordine; (*mind*) metodico(a); (*person*) ordinato(a), metodico(a).
ordinal ['ɔ:dɪnl] *a* (*number*) ordinale.
ordinary ['ɔ:dnrɪ] *a* normale, comune; (*pej*) mediocre.
ordination [ɔ:dɪ'neɪʃən] *n* ordinazione *f*.
ore [ɔ:*] *n* minerale *m* grezzo.
organ ['ɔ:gən] *n* organo; **~ic** [ɔ:'gænɪk] *a* organico(a).
organism ['ɔ:gənɪzəm] *n* organismo.
organist ['ɔ:gənɪst] *n* organista *m/f*.
organization [ɔ:gənaɪ'zeɪʃən] *n* organizzazione *f*.
organize ['ɔ:gənaɪz] *vt* organizzare; **~r** *n* organizzatore/trice.
orgasm ['ɔ:gæzəm] *n* orgasmo.
orgy ['ɔ:dʒɪ] *n* orgia.
Orient ['ɔ:rɪənt] *n*: **the ~** l'Oriente *m*; **oriental** [-'ɛntl] *a, n* orientale (*m/f*).
orientate ['ɔ:rɪənteɪt] *vt* orientare.
orifice ['ɔrɪfɪs] *n* orifizio.
origin ['ɔrɪdʒɪn] *n* origine *f*.
original [ə'rɪdʒɪnl] *a* originale; (*earliest*) originario(a) // *n* originale *m*; **~ity** [-'nælɪtɪ] *n* originalità; **~ly** *ad* (*at first*) all'inizio.
originate [ə'rɪdʒɪneɪt] *vi*: **to ~ from**

venire da, essere originario(a) di; (*suggestion*) provenire da.
ornament ['ɔ:nəmənt] *n* ornamento; (*trinket*) ninnolo; **~al** [-'mɛntl] *a* ornamentale.
ornate [ɔ:'neɪt] *a* molto ornato(a).
ornithologist [ɔ:nɪ'θɔlədʒɪst] *n* ornitologo/a.
ornithology [ɔ:nɪ'θɔlədʒɪ] *n* ornitologia.
orphan ['ɔ:fn] *n* orfano/a // *vt*: **to be ~ed** diventare orfano; **~age** *n* orfanotrofio.
orthodox ['ɔ:θədɔks] *a* ortodosso(a).
orthopaedic [ɔ:θə'pi:dɪk] *a* ortopedico(a).
oscillate ['ɔsɪleɪt] *vi* oscillare.
ostensible [ɔs'tɛnsɪbl] *a* preteso(a); apparente; **ostensibly** *ad* all'apparenza.
ostentation [ɔstɛn'teɪʃən] *n* ostentazione *f*.
ostentatious [ɔstɛn'teɪʃəs] *a* pretenzioso(a); ostentato(a).
osteopath ['ɔstɪəpæθ] *n* specialista *m/f* di osteopatia.
ostracize ['ɔstrəsaɪz] *vt* dare l'ostracismo a.
ostrich ['ɔstrɪtʃ] *n* struzzo.
other ['ʌðə*] *a* altro(a); **~ than** altro che; a parte; **~wise** *ad,cj* altrimenti.
otter ['ɔtə*] *n* lontra.
ought, *pt* **ought** [ɔ:t] *auxiliary vb*: **I ~ to do it** dovrei farlo; **this ~ to have been corrected** questo avrebbe dovuto essere corretto; **he ~ to win** dovrebbe vincere.
ounce [auns] *n* oncia (= *28.35 g*; *16 in a pound*).
our ['auə*] *a* il(la) nostro(a), *pl* i(le) nostri(e); **~s** *pronoun* il(la) nostro(a), *pl* i(le) nostri(e); **~selves** *pronoun pl* (*reflexive*) ci; (*after preposition*) noi; (*emphatic*) noi stessi(e).
oust [aust] *vt* cacciare, espellere.
out [aut] *ad* fuori; (*published, not at home etc*) uscito(a); (*light, fire*) spento(a); **~ here** qui fuori; **~ there** là fuori; **he's ~** è uscito; (*unconscious*) ha perso conoscenza; **to be ~ in one's calculations** essersi sbagliato nei calcoli; **to run/back** *etc* **~** uscire di corsa/a marcia indietro *etc*; **~ loud** *ad* ad alta voce; **~ of** (*outside*) fuori di; (*because of*: *anger etc*) per; (*from among*): **~ of 10** su 10; (*without*): **~ of petrol** senza benzina, a corto di benzina; **made ~ of wood** di *or* in legno; **~ of order** (*machine etc*) guasto(a).
outboard ['autbɔ:d] *n*: **~ (motor)** (motore *m*) fuoribordo.
outbreak ['autbreɪk] *n* scoppio; epidemia.
outbuilding ['autbɪldɪŋ] *n* dipendenza.
outburst ['autbə:st] *n* scoppio.
outcast ['autkɑ:st] *n* esule *m/f*; (*socially*) paria *m inv*.
outclass [aut'klɑ:s] *vt* surclassare.
outcome ['autkʌm] *n* esito, risultato.
outcry ['autkraɪ] *n* protesta, clamore *m*.
outdated [aut'deɪtɪd] *a* (*custom, clothes*) fuori moda; (*idea*) sorpassato(a).
outdo [aut'du:] *vt irg* sorpassare.
outdoor [aut'dɔ:*] *a* all'aperto; **~s** *ad* fuori; all'aria aperta.
outer ['autə*] *a* esteriore; **~ space** *n* spazio cosmico.
outfit ['autfɪt] *n* equipaggiamento; (*clothes*) abito; **'~ter's'** 'confezioni da uomo'.
outgoings ['autgəuɪŋz] *npl* (*expenses*) spese *fpl*.
outgrow [aut'grəu] *vt irg* (*clothes*) diventare troppo grande per.
outing ['autɪŋ] *n* gita; escursione *f*.
outlandish [aut'lændɪʃ] *a* strano(a).
outlaw ['autlɔ:] *n* fuorilegge *m/f* // *vt* (*person*) mettere fuori della legge; (*practice*) proscrivere.
outlay ['autleɪ] *n* spese *fpl*; (*investment*) sborsa, spesa.
outlet ['autlɛt] *n* (*for liquid etc*) sbocco, scarico; (*for emotion*) sfogo; (*for goods*) sbocco; (*also*: **retail ~**) punto di vendita.
outline ['autlaɪn] *n* contorno, profilo; (*summary*) abbozzo, grandi linee *fpl*.
outlive [aut'lɪv] *vt* sopravvivere a.
outlook ['autluk] *n* prospettiva, vista.
outlying ['autlaɪɪŋ] *a* periferico(a).
outmoded [aut'məudɪd] *a* passato(a) di moda; antiquato(a).
outnumber [aut'nʌmbə*] *vt* superare in numero.
outpatient ['autpeɪʃənt] *n* paziente *m/f* ambulatoriale.
outpost ['autpəust] *n* avamposto.
output ['autput] *n* produzione *f*.
outrage ['autreɪdʒ] *n* oltraggio; scandalo // *vt* oltraggiare; **~ous** [-'reɪdʒəs] *a* oltraggioso(a); scandaloso(a).
outrider ['autraɪdə*] *n* (*on motorcycle*) battistrada *m inv*.
outright *ad* [aut'raɪt] completamente; schiettamente; apertamente; sul colpo // *a* ['autraɪt] completo(a); schietto(a) e netto(a).
outset ['autsɛt] *n* inizio.
outside [aut'saɪd] *n* esterno, esteriore *m* // *a* esterno(a), esteriore // *ad* fuori, all'esterno // *prep* fuori di, all'esterno di; **at the ~** (*fig*) al massimo; **~ lane** *n* (AUT) corsia di sorpasso; **~r** *n* (*in race etc*) outsider *m inv*; (*stranger*) straniero/a.
outsize ['autsaɪz] *a* enorme; (*clothes*) per taglie forti.
outskirts ['autskə:ts] *npl* sobborghi *mpl*.
outspoken [aut'spəukən] *a* molto franco(a).
outstanding [aut'stændɪŋ] *a* eccezionale, di rilievo; (*unfinished*) non completo(a); non evaso(a); non regolato(a).
outstay [aut'steɪ] *vt*: **to ~ one's welcome** diventare un ospite sgradito.
outstretched [aut'strɛtʃt] *a* (*hand*) teso(a); (*body*) disteso(a).
outward ['autwəd] *a* (*sign, appearances*) esteriore; (*journey*) d'andata; **~ly** *ad* esteriormente; in apparenza.
outweigh [aut'weɪ] *vt* avere maggior peso di.
outwit [aut'wɪt] *vt* superare in astuzia.
oval ['əuvl] *a,n* ovale (*m*).

ovary [ˈəuvərɪ] *n* ovaia.
ovation [əuˈveɪʃən] *n* ovazione *f.*
oven [ˈʌvn] *n* forno; ~**proof** *a* da forno.
over [ˈəuvə*] *ad* al di sopra // *a* (*or ad*) (*finished*) finito(a), terminato(a); (*too*) troppo; (*remaining*) che avanza // *prep* su; sopra; (*above*) al di sopra di; (*on the other side of*) di là di; (*more than*) più di; (*during*) durante; ~ **here** qui; ~ **there** là; **all** ~ (*everywhere*) dappertutto; (*finished*) tutto(a) finito(a); ~ **and** ~ **(again)** più e più volte; ~ **and above** oltre (a); **to ask sb** ~ invitare qd (a passare).
over... [ˈəuvə*] *prefix*: ~**abundant** sovrabbondante.
overact [əuvərˈækt] *vi* (THEATRE) esagerare *or* strafare la propria parte.
overall *a,n* [ˈəuvərɔ:l] *a* totale // *n* (*Brit*) grembiule *m* // *ad* [əuvərˈɔ:l] nell'insieme, complessivamente; ~**s** *npl* tuta (da lavoro).
overawe [əuvərˈɔ:] *vt* intimidire.
overbalance [əuvəˈbæləns] *vi* perdere l'equilibrio.
overbearing [əuvəˈbɛərɪŋ] *a* imperioso(a), prepotente.
overboard [ˈəuvəbɔ:d] *ad* (NAUT) fuori bordo, in mare.
overcast [ˈəuvəkɑ:st] *a* coperto(a).
overcharge [əuvəˈtʃɑ:dʒ] *vt*: **to** ~ **sb for sth** far pagare troppo caro a qd per qc.
overcoat [ˈəuvəkəut] *n* soprabito, cappotto.
overcome [əuvəˈkʌm] *vt irg* superare; sopraffare.
overcrowded [əuvəˈkraudɪd] *a* sovraffollato(a).
overcrowding [əuvəˈkraudɪŋ] *n* sovraffollamento; (*in bus*) calca.
overdo [əuvəˈdu:] *vt irg* esagerare; (*overcook*) cuocere troppo.
overdose [ˈəuvədəus] *n* dose *f* eccessiva.
overdraft [ˈəuvədrɑ:ft] *n* scoperto (di conto).
overdrawn [əuvəˈdrɔ:n] *a* (*account*) scoperto(a).
overdue [əuvəˈdju:] *a* in ritardo; (*recognition*) tardivo(a).
overestimate [əuvərˈɛstɪmeɪt] *vt* sopravvalutare.
overexertion [əuvərɪgˈzə:ʃən] *n* logorio (fisico).
overexpose [əuvərɪkˈspəuz] *vt* (PHOT) sovraesporre.
overflow [əuvəˈfləu] *vi* traboccare.
overgrown [əuvəˈgrəun] *a* (*garden*) ricoperto(a) di vegetazione.
overhaul *vt* [əuvəˈhɔ:l] revisionare // *n* [ˈəuvəhɔ:l] revisione *f.*
overhead *ad* [əuvəˈhɛd] di sopra // *a* [ˈəuvəhɛd] aereo(a); (*lighting*) verticale; ~**s** *npl* spese *fpl* generali.
overhear [əuvəˈhɪə*] *vt irg* sentire (per caso).
overjoyed [əuvəˈdʒɔɪd] *a* pazzo(a) di gioia.
overland [ˈəuvəlænd] *a, ad* per via di terra.
overlap [əuvəˈlæp] *vi* sovrapporsi.
overload [əuvəˈləud] *vt* sovraccaricare.
overlook [əuvəˈluk] *vt* (*have view of*) dare su; (*miss*) trascurare; (*forgive*) passare sopra a.
overnight [əuvəˈnaɪt] *ad* (*happen*) durante la notte; (*fig*) tutto ad un tratto // *a* di notte; fulmineo(a); **he stayed there** ~ ci ha passato la notte; **if you travel** ~**...** se viaggia di notte... .
overpass [ˈəuvəpɑ:s] *n* cavalcavia *m inv.*
overpower [əuvəˈpauə*] *vt* sopraffare; ~**ing** *a* irresistibile; (*heat, stench*) soffocante.
overrate [əuvəˈreɪt] *vt* sopravvalutare.
overreact [əuvəri:ˈækt] *vi* reagire in modo esagerato.
override [əuvəˈraɪd] *vt* (*irg*: *like* **ride**) (*order, objection*) passar sopra a; (*decision*) annullare; **overriding** *a* preponderante.
overrule [əuvəˈru:l] *vt* (*decision*) annullare; (*claim*) respingere.
overseas [əuvəˈsi:z] *ad* oltremare; (*abroad*) all'estero // *a* (*trade*) estero(a); (*visitor*) straniero(a).
overseer [ˈəuvəsɪə*] *n* (*in factory*) caposquadra *m.*
overshadow [əuvəˈʃædəu] *vt* (*fig*) eclissare.
overshoot [əuvəˈʃu:t] *vt irg* superare.
oversight [ˈəuvəsaɪt] *n* omissione *f*, svista.
oversimplify [əuvəˈsɪmplɪfaɪ] *vt* rendere troppo semplice.
oversleep [əuvəˈsli:p] *vi irg* dormire troppo a lungo.
overspill [ˈəuvəspɪl] *n* eccedenza di popolazione.
overstate [əuvəˈsteɪt] *vt* esagerare; ~**ment** *n* esagerazione *f.*
overt [əuˈvə:t] *a* palese.
overtake [əuvəˈteɪk] *vt irg* sorpassare; **overtaking** *n* (AUT) sorpasso.
overthrow [əuvəˈθrəu] *vt irg* (*government*) rovesciare.
overtime [ˈəuvətaɪm] *n* (lavoro) straordinario.
overtone [ˈəuvətəun] *n* (*also*: ~**s**) sottinteso.
overture [ˈəuvətʃuə*] *n* (MUS) ouverture *f inv*; (*fig*) approccio.
overturn [əuvəˈtə:n] *vt* rovesciare // *vi* rovesciarsi.
overweight [əuvəˈweɪt] *a* (*person*) troppo grasso(a); (*luggage*) troppo pesante.
overwhelm [əuvəˈwɛlm] *vt* sopraffare; sommergere; schiacciare; ~**ing** *a* (*victory, defeat*) schiacciante; (*desire*) irresistibile.
overwork [əuvəˈwə:k] *vt* far lavorare troppo // *vi* lavorare troppo, strapazzarsi.
overwrought [əuvəˈrɔ:t] *a* molto agitato(a).
owe [əu] *vt* dovere; **to** ~ **sb sth, to** ~ **sth to sb** dovere qc a qd.
owing to [ˈəuɪŋtu:] *prep* a causa di, a motivo di.
owl [aul] *n* gufo.
own [əun] *vt* possedere // *a* proprio(a); **a**

room of my ~ la mia propria camera; **to get one's** ~ **back** vendicarsi; **on one's** ~ tutto(a) solo(a); **to** ~ **up** *vi* confessare; **~er** *n* proprietario/a; **~ership** *n* possesso.
ox, *pl* **oxen** [ɔks, 'ɔksn] *n* bue *m*.
oxide ['ɔksaɪd] *n* ossido.
oxtail ['ɔksteɪl] *n*: ~ **soup** minestra di coda di bue.
oxygen ['ɔksɪdʒən] *n* ossigeno; ~ **mask/tent** *n* maschera/tenda ad ossigeno.
oyster ['ɔɪstə*] *n* ostrica.
oz. *abbr of* **ounce(s)**.
ozone ['əuzəun] *n* ozono.

P

p [pi:] *abbr of* **penny, pence**.
p.a. *abbr of* **per annum**.
pa [pɑ:] *n* (*col*) papà *m inv*, babbo.
pace [peɪs] *n* passo; (*speed*) passo; velocità // *vi*: **to** ~ **up and down** camminare su e giù; **to keep** ~ **with** camminare di pari passo a; (*events*) tenersi al corrente di; **~maker** *n* (MED) segnapasso.
pacific [pə'sɪfɪk] *n*: **the P~ (Ocean)** il Pacifico, l'Oceano Pacifico.
pacifist ['pæsɪfɪst] *n* pacifista *m/f*.
pacify ['pæsɪfaɪ] *vt* pacificare; (*soothe*) calmare.
pack [pæk] *n* pacco; balla; (*of hounds*) muta; (*of thieves etc*) banda; (*of cards*) mazzo // *vt* (*goods*) impaccare, imballare; (*in suitcase etc*) mettere; (*box*) riempire; (*cram*) stipare, pigiare; (*press down*) tamponare; turare; **to** ~ **(one's bags)** fare la valigia.
package ['pækɪdʒ] *n* pacco; balla; (*also*: ~ **deal**) pacchetto; forfait *m inv*; ~ **tour** *n* viaggio organizzato.
packet ['pækɪt] *n* pacchetto.
pack ice ['pækaɪs] *n* banchisa.
packing ['pækɪŋ] *n* imballaggio; ~ **case** *n* cassa da imballaggio.
pact [pækt] *n* patto, accordo; trattato.
pad [pæd] *n* blocco; (*for inking*) tampone *m*; (*col*: *flat*) appartamentino // *vt* imbottire; **~ding** *n* imbottitura; (*fig*) riempitivo.
paddle ['pædl] *n* (*oar*) pagaia // *vi* sguazzare; ~ **steamer** *n* vapore *m* con ruote a pala; **paddling pool** *n* piscina per bambini.
paddock ['pædək] *n* recinto; paddock *m inv*.
paddy ['pædɪ] *n*: ~ **field** *n* risaia.
padlock ['pædlɔk] *n* lucchetto.
padre ['pɑ:drɪ] *n* cappellano.
paediatrics [pi:dɪ'ætrɪks] *n* pediatria.
pagan ['peɪgən] *a,n* pagano(a).
page [peɪdʒ] *n* pagina; (*also*: ~ **boy**) fattorino; (*at wedding*) paggio // *vt* (*in hotel etc*) (far) chiamare.
pageant ['pædʒənt] *n* spettacolo storico; grande cerimonia; **~ry** *n* pompa.
paid [peɪd] *pt, pp of* **pay** // *a* (*work, official*) rimunerato(a); **to put** ~ **to** mettere fine a.
pail [peɪl] *n* secchio.
pain [peɪn] *n* dolore *m*; **to be in** ~ soffrire, aver male; **to have a** ~ **in** aver male *or* un dolore a; **to take ~s to do** mettercela tutta per fare; **~ed** *a* addolorato(a), afflitto(a); **~ful** *a* doloroso(a), che fa male; difficile, penoso(a); **~killer** *n* antalgico, antidolorifico; **~less** *a* indolore; **~staking** ['peɪnzteɪkɪŋ] *a* sollecito(a).
paint [peɪnt] *n* vernice *f*, colore *m* // *vt* dipingere; (*walls, door etc*) verniciare; **to** ~ **the door blue** verniciare la porta di azzurro; **~brush** *n* pennello; **~er** *n* pittore *m*; imbianchino; **~ing** *n* pittura; verniciatura; (*picture*) dipinto, quadro; **~-stripper** *n* prodotto sverniciante.
pair [pɛə*] *n* (*of shoes, gloves etc*) paio; (*of people*) coppia; duo *m inv*; **a** ~ **of scissors** un paio di forbici.
pajamas [pɪ'dʒɑ:məz] *npl* (*US*) pigiama *m*.
Pakistan [pɑ:kɪ'stɑ:n] *n* Pakistan *m*; **~i** *a, n* pakistano(a).
pal [pæl] *n* (*col*) amico/a, compagno/a.
palace ['pæləs] *n* palazzo.
palatable ['pælɪtəbl] *a* gustoso(a).
palate ['pælɪt] *n* palato.
palaver [pə'lɑ:və*] *n* chiacchiere *fpl*; storie *fpl*.
pale [peɪl] *a* pallido(a); ~ **blue** *a* azzurro *or* blu pallido *inv*; **~ness** *n* pallidezza.
Palestine ['pælɪstaɪn] *n* Palestina; **Palestinian** [-'tɪnɪən] *a, n* palestinese (*m/f*).
palette ['pælɪt] *n* tavolozza.
palisade [pælɪ'seɪd] *n* palizzata.
pall [pɔ:l] *n* (*of smoke*) cappa // *vi*: **to** ~ **(on)** diventare noioso(a) (a).
pallid ['pælɪd] *a* pallido(a), smorto(a).
pally ['pælɪ] *a* (*col*) amichevole.
palm [pɑ:m] *n* (ANAT) palma, palmo; (*also*: ~ **tree**) palma // *vt*: **to** ~ **sth off on sb** (*col*) rifilare qc a qd; **~ist** *n* chiromante *m/f*; **P~ Sunday** *n* la Domenica delle Palme.
palpable ['pælpəbl] *a* palpabile.
palpitation [pælpɪ'teɪʃən] *n* palpitazione *f*.
paltry ['pɔ:ltrɪ] *a* derisorio(a); insignificante.
pamper ['pæmpə*] *vt* viziare, accarezzare.
pamphlet ['pæmflət] *n* dépliant *m inv*.
pan [pæn] *n* (*also*: **sauce~**) casseruola; (*also*: **frying** ~) padella // *vi* (CINEMA) fare una panoramica.
panacea [pænə'sɪə] *n* panacea.
Panama ['pænəmɑ:] *n* Panama; ~ **canal** *n* canale *m* di Panama.
pancake ['pænkeɪk] *n* frittella.
panda ['pændə] *n* panda *m inv*.
pandemonium [pændɪ'məunɪəm] *n* pandemonio.
pander ['pændə*] *vi*: **to** ~ **to** lusingare; concedere tutto a.
pane [peɪn] *n* vetro.
panel ['pænl] *n* (*of wood, cloth etc*)

pannello; (RADIO, TV) giuria; ~**ling** *n* rivestimento a pannelli.

pang [pæŋ] *n*: ~**s of hunger** spasimi *mpl* della fame; ~**s of conscience** morsi *mpl* di coscienza.

panic ['pænɪk] *n* panico // *vi* perdere il sangue freddo; ~**ky** *a* (*person*) pauroso(a).

pannier ['pænɪə*] *n* (*on animal*) bisaccia; (*on bicycle*) borsa.

panorama [pænə'rɑ:mə] *n* panorama *m*.

pansy ['pænzɪ] *n* (BOT) viola del pensiero, pensée *f inv*; (*col*) femminuccia.

pant [pænt] *vi* ansare.

panther ['pænθə*] *n* pantera.

panties ['pæntɪz] *npl* slip *m*, mutandine *fpl*.

pantomime ['pæntəmaɪm] *n* pantomima.

pantry ['pæntrɪ] *n* dispensa.

pants [pænts] *npl* mutande *fpl*, slip *m*; (*US*: *trousers*) pantaloni *mpl*.

papacy ['peɪpəsɪ] *n* papato.

papal ['peɪpəl] *a* papale, pontificio(a).

paper ['peɪpə*] *n* carta; (*also*: **wall**~) carta da parati, tappezzeria; (*also*: **news**~) giornale *m*; (*study, article*) saggio; (*exam*) prova scritta // *a* di carta // *vt* tappezzare; (**identity**) ~**s** *npl* carte *fpl*, documenti *mpl*; ~**back** *n* tascabile *m*; edizione *f* economica; ~ **bag** *n* sacchetto di carta; ~ **clip** *n* graffetta, clip *f inv*; ~ **mill** *n* cartiera; ~**weight** *n* fermacarte *m inv*; ~**work** *n* lavoro amministrativo.

papier-mâché ['pæpɪeɪ'mæʃeɪ] *n* cartapesta.

paprika ['pæprɪkə] *n* paprica.

par [pɑ:*] *n* parità, pari *f*; (GOLF) norma; **on a** ~ **with** alla pari con.

parable ['pærəbl] *n* parabola.

parachute ['pærəʃu:t] *n* paracadute *m inv* // *vi* scendere col paracadute; **parachutist** *n* paracadutista *m/f*.

parade [pə'reɪd] *n* parata; (*inspection*) rivista, rassegna // *vt* (*fig*) fare sfoggio di // *vi* sfilare in parata.

paradise ['pærədaɪs] *n* paradiso.

paradox ['pærədɔks] *n* paradosso; ~**ical** [-'dɔksɪkl] *a* paradossale.

paraffin ['pærəfɪn] *n*: ~ (**oil**) paraffina.

paragraph ['pærəgrɑ:f] *n* paragrafo.

parallel ['pærəlɛl] *a* parallelo(a); (*fig*) analogo(a) // *n* (*line*) parallela; (*fig*, GEO) parallelo.

paralysis [pə'rælɪsɪs] *n* paralisi *f inv*.

paralyze ['pærəlaɪz] *vt* paralizzare.

paramount ['pærəmaunt] *a*: **of** ~ **importance** di capitale importanza.

paranoia [pærə'nɔɪə] *n* paranoia.

paraphernalia [pærəfə'neɪlɪə] *n* attrezzi *mpl*, roba.

paraphrase ['pærəfreɪz] *vt* parafrasare.

paraplegic [pærə'pli:dʒɪk] *n* paraplegico(a).

parasite ['pærəsaɪt] *n* parassita *m*.

paratrooper ['pærətru:pə*] *n* paracadutista *m* (*soldato*).

parcel ['pɑ:sl] *n* pacco, pacchetto // *vt* (*also*: ~ **up**) impaccare.

parch [pɑ:ʃ] *vt* riardere; ~**ed** *a* (*person*) assetato(a).

parchment ['pɑ:tʃmənt] *n* pergamena.

pardon ['pɑ:dn] *n* perdono; grazia // *vt* perdonare; (LAW) graziare; ~! scusi!; ~ **me!** mi scusi!; **I beg your** ~! scusi!; **I beg your** ~? prego?

parent ['pɛərənt] *n* genitore *m*; ~**s** *npl* genitori *mpl*; ~**al** [pə'rɛntl] *a* dei genitori.

parenthesis, *pl* **parentheses** [pə'rɛnθɪsɪs, -si:z] *n* parentesi *f inv*.

Paris ['pærɪs] *n* Parigi.

parish ['pærɪʃ] *n* parrocchia; (*civil*) ≈ municipio // *a* parrocchiale; ~**ioner** [pə'rɪʃənə*] *n* parrocchiano/a.

parity ['pærɪtɪ] *n* parità.

park [pɑ:k] *n* parco // *vt, vi* parcheggiare; ~**ing** *n* parcheggio; ~**ing lot** *n* (*US*) posteggio, parcheggio; ~**ing meter** *n* parchimetro; ~**ing place** *n* posto di parcheggio.

parliament ['pɑ:ləmənt] *n* parlamento; ~**ary** [-'mɛntərɪ] *a* parlamentare.

parlour ['pɑ:lə*] *n* salotto.

parochial [pə'rəukɪəl] *a* parrocchiale; (*pej*) provinciale.

parody ['pærədɪ] *n* parodia.

parole [pə'rəul] *n*: **on** ~ lasciato(a) libero(a) sulla parola.

parquet ['pɑ:keɪ] *n*: ~ **floor**(**ing**) parquet *m*.

parrot ['pærət] *n* pappagallo; ~ **fashion** *ad* in modo pappagallesco.

parry ['pærɪ] *vt* parare.

parsimonious [pɑ:sɪ'məunɪəs] *a* parsimonioso(a).

parsley ['pɑ:slɪ] *n* prezzemolo.

parsnip ['pɑ:snɪp] *n* pastinaca.

parson ['pɑ:sn] *n* prete *m*; (*Church of England*) parroco.

part [pɑ:t] *n* parte *f*; (*of machine*) pezzo; (MUS) voce *f*; parte // *a* in parte // *ad* = **partly** // *vt* separare // *vi* (*people*) separarsi; (*roads*) dividersi; **to take** ~ **in** prendere parte a; **on his** ~ da parte sua; **for my** ~ per parte mia; **for the most** ~ in generale; nella maggior parte dei casi; **to** ~ **with** *vt fus* separarsi da; rinunciare a; (*take leave*) lasciare; **in** ~ **exchange** in pagamento parziale.

partial ['pɑ:ʃl] *a* parziale; **to be** ~ **to** avere un debole per.

participate [pɑ:'tɪsɪpeɪt] *vi*: **to** ~ (**in**) prendere parte (a), partecipare (a); **participation** [-'peɪʃən] *n* partecipazione *f*.

participle ['pɑ:tɪsɪpl] *n* participio.

particle ['pɑ:tɪkl] *n* particella.

particular [pə'tɪkjulə*] *a* particolare; speciale; (*fussy*) difficile; meticoloso(a); ~**s** *npl* particolari *mpl*, dettagli *mpl*; (*information*) informazioni *fpl*; ~**ly** *ad* particolarmente; in particolare.

parting ['pɑ:tɪŋ] *n* separazione *f*; (*in hair*) scriminatura // *a* d'addio.

partisan [pɑ:tɪ'zæn] *n* partigiano/a // *a* partigiano(a); di parte.

partition [pɑ:'tɪʃən] *n* (POL) partizione *f*; (*wall*) tramezzo.
partly ['pɑ:tlɪ] *ad* parzialmente; in parte.
partner ['pɑ:tnə*] *n* (COMM) socio/a; (SPORT) compagno/a; (*at dance*) cavaliere/dama; ~**ship** *n* associazione *f*; (COMM) società *f inv*.
partridge ['pɑ:trɪdʒ] *n* pernice *f*.
part-time ['pɑ:t'taɪm] *a,ad* a orario ridotto.
party ['pɑ:tɪ] *n* (POL) partito; (*team*) squadra; gruppo; (LAW) parte *f*; (*celebration*) ricevimento; serata; festa.
pass [pɑ:s] *vt* (*gen*) passare; (*place*) passare davanti a; (*exam*) passare, superare; (*candidate*) promuovere; (*overtake, surpass*) sorpassare, superare; (*approve*) approvare // *vi* passare // *n* (*permit*) lasciapassare *m inv*; permesso; (*in mountains*) passo, gola; (SPORT) passaggio; (SCOL: *also*: ~ **mark**): **to get a** ~ prendere la sufficienza; **could you** ~ **the vegetables round?** potrebbe far passare i contorni?; **to** ~ **away** *vi* morire; **to** ~ **by** *vi* passare // *vt* trascurare; **to** ~ **for** passare per; **to** ~ **out** *vi* svenire; ~**able** *a* (*road*) praticabile; (*work*) accettabile.
passage ['pæsɪdʒ] *n* (*gen*) passaggio; (*also*: ~**way**) corridoio; (*in book*) brano, passo; (*by boat*) traversata.
passenger ['pæsɪndʒə*] *n* passeggero/a.
passer-by [pɑ:sə'baɪ] *n* passante *m/f*.
passing ['pɑ:sɪŋ] *a* (*fig*) fuggevole; **a** ~ **reference** un accenno; **in** ~ incidentalmente.
passion ['pæʃən] *n* passione *f*; amore *m*; ~**ate** *a* appassionato(a).
passive ['pæsɪv] *a* (*also* LING) passivo(a).
passport ['pɑ:spɔ:t] *n* passaporto.
password ['pɑ:swə:d] *n* parola d'ordine.
past [pɑ:st] *prep* (*further than*) oltre, di là di; dopo; (*later than*) dopo // *a* passato(a); (*president etc*) ex *inv* // *n* passato; **he's** ~ **forty** ha più di quarant'anni; **for the** ~ **few days** da qualche giorno; in questi ultimi giorni; **to run** ~ passare di corsa.
pasta ['pæstə] *n* pasta.
paste [peɪst] *n* (*glue*) colla; (CULIN) pâté *m inv*; pasta // *vt* collare.
pastel ['pæstl] *a* pastello(a).
pasteurized ['pæstəraɪzd] *a* pastorizzato(a).
pastille ['pæstl] *n* pastiglia.
pastime ['pɑ:staɪm] *n* passatempo.
pastoral ['pɑ:stərl] *a* pastorale.
pastry ['peɪstrɪ] *n* pasta.
pasture ['pɑ:stʃə*] *n* pascolo.
pasty *n* ['pæstɪ] pasticcio di carne // *a* ['peɪstɪ] pastoso(a); (*complexion*) pallido(a).
pat [pæt] *vt* accarezzare, dare un colpetto (affettuoso) a // *n*: **a** ~ **of butter** un panetto di burro.
patch [pætʃ] *n* (*of material*) toppa; (*spot*) macchia; (*of land*) pezzo // *vt* (*clothes*) rattoppare; **a bad** ~ un brutto periodo; **to** ~ **up** *vt* rappezzare; ~**work** *n* patchwork *m*; ~**y** *a* irregolare.
pâté ['pæteɪ] *n* pâté *m inv*.
patent ['peɪtnt] *n* brevetto // *vt* brevettare // *a* patente, manifesto(a); ~ **leather** *n* cuoio verniciato.
paternal [pə'tə:nl] *a* paterno(a).
paternity [pə'tə:nɪtɪ] *n* paternità.
path [pɑ:θ] *n* sentiero, viottolo; viale *m*; (*fig*) via, strada; (*of planet, missile*) traiettoria.
pathetic [pə'θɛtɪk] *a* (*pitiful*) patetico(a); (*very bad*) penoso(a).
pathologist [pə'θɔlədʒɪst] *n* patologo/a.
pathology [pə'θɔlədʒɪ] *n* patologia.
pathos ['peɪθɔs] *n* pathos *m*.
pathway ['pɑ:θweɪ] *n* sentiero, viottolo.
patience ['peɪʃns] *n* pazienza; (CARDS) solitario.
patient ['peɪʃnt] *n* paziente *m/f*; malato/a // *a* paziente.
patio ['pætɪəu] *n* terrazza.
patriot ['peɪtrɪət] *n* patriota *m/f*; ~**ic** [pætrɪ'ɔtɪk] *a* patriottico(a).
patrol [pə'trəul] *n* pattuglia // *vt* pattugliare; ~ **car** *n* autoradio *f inv* (della polizia); ~**man** *n* (*US*) poliziotto.
patron ['peɪtrən] *n* (*in shop*) cliente *m/f*; (*of charity*) benefattore/trice; ~**age** ['pætrənɪdʒ] *n* patronato; ~**ize** ['pætrənaɪz] *vt* essere cliente abituale di; (*fig*) trattare con condiscendenza; ~ **saint** *n* patrono.
patter ['pætə*] *n* picchiettio; (*sales talk*) propaganda di vendita // *vi* picchiettare.
pattern ['pætən] *n* modello; (*design*) disegno, motivo; (*sample*) campione *m*.
paunch [pɔ:ntʃ] *n* pancione *m*.
pauper ['pɔ:pə*] *n* indigente *m/f*.
pause [pɔ:z] *n* pausa // *vi* fare una pausa, arrestarsi.
pave [peɪv] *vt* pavimentare; **to** ~ **the way for** aprire la via a.
pavement ['peɪvmənt] *n* (*Brit*) marciapiede *m*.
pavilion [pə'vɪlɪən] *n* padiglione *m*; tendone *m*.
paving ['peɪvɪŋ] *n* pavimentazione *f*; ~ **stone** *n* lastra di pietra.
paw [pɔ:] *n* zampa // *vt* dare una zampata a; (*subj*: *person*: *pej*) palpare.
pawn [pɔ:n] *n* pegno; (CHESS) pedone *m*; (*fig*) pedina // *vt* dare in pegno; ~**broker** *n* prestatore *m* su pegno; ~**shop** *n* monte *m* di pietà.
pay [peɪ] *n* stipendio; paga // *vb* (*pt,pp* **paid** [peɪd]) *vt* pagare // *vi* pagare; (*be profitable*) rendere; **to** ~ **attention (to)** fare attenzione (a); **to** ~ **back** *vt* rimborsare; **to** ~ **for** *vt fus* pagare; **to** ~ **in** *vt* versare; **to** ~ **up** *vt* saldare; ~**able** *a* pagabile; ~ **day** *n* giorno di paga; ~**ee** *n* beneficiario/a; ~**ment** *n* pagamento; versamento; saldamento; ~ **packet** *n* busta *f* paga *inv*; ~**roll** *n* ruolo (organico).
p.c. *abbr of* **per cent**.
pea [pi:] *n* pisello.

peace [pi:s] *n* pace *f*; (*calm*) calma, tranquillità; **~able** *a* pacifico(a); **~ful** *a* pacifico(a), calmo(a); **~-keeping** *n* mantenimento della pace.
peach [pi:tʃ] *n* pesca.
peacock ['pi:kɔk] *n* pavone *m*.
peak [pi:k] *n* (*of mountain*) cima, vetta; (*mountain itself*) picco; (*fig*) massimo; (: *of career*) acme *f*; **~ period** *n* periodo di punta.
peal [pi:l] *n* (*of bells*) scampanio, carillon *m inv*; **~s of laughter** scoppi *mpl* di risa.
peanut ['pi:nʌt] *n* arachide *f*, nocciolina americana; **~ butter** *n* burro di arachidi.
pear [pɛə*] *n* pera.
pearl [pə:l] *n* perla.
peasant ['pɛznt] *n* contadino/a.
peat [pi:t] *n* torba.
pebble ['pɛbl] *n* ciottolo.
peck [pɛk] *vt* (*also*: **~ at**) beccare; (*food*) mangiucchiare // *n* colpo di becco; (*kiss*) bacetto; **~ish** *a* (*col*): **I feel ~ish** ho un languorino.
peculiar [pɪ'kju:lɪə*] *a* strano(a), bizzarro(a); peculiare; **~ to** peculiare di; **~ity** [pɪkju:lɪ'ærɪtɪ] *n* peculiarità *f inv*; (*oddity*) bizzarria.
pecuniary [pɪ'kju:nɪərɪ] *a* pecuniario(a).
pedal ['pɛdl] *n* pedale *m* // *vi* pedalare.
pedantic [pɪ'dæntɪk] *a* pedantesco(a).
pedestal ['pɛdəstl] *n* piedestallo.
pedestrian [pɪ'dɛstrɪən] *n* pedone/a // *a* pedonale; (*fig*) prosaico(a), pedestre.
pediatrics [pi:dɪ'ætrɪks] *n* (*US*) = **paediatrics.**
pedigree ['pɛdɪgri:] *n* stirpe *f*; (*of animal*) pedigree *m inv* // *cpd* (*animal*) di razza.
pedlar ['pɛdlə*] *n* venditore *m* ambulante.
peek [pi:k] *vi* guardare furtivamente.
peel [pi:l] *n* buccia; (*of orange, lemon*) scorza // *vt* sbucciare // *vi* (*paint etc*) staccarsi.
peep [pi:p] *n* (*look*) sguardo furtivo, sbirciata; (*sound*) pigolio // *vi* guardare furtivamente; **to ~ out** *vi* mostrarsi furtivamente; **~hole** *n* spioncino.
peer [pɪə*] *vi*: **to ~ at** scrutare // *n* (*noble*) pari *m inv*; (*equal*) pari *m/f inv*, uguale *m/f*; **~age** *n* dignità di pari; pari *mpl*.
peeved [pi:vd] *a* stizzito(a).
peevish ['pi:vɪʃ] *a* stizzoso(a).
peg [pɛg] *n* caviglia; (*for coat etc*) attaccapanni *m inv*; (*also*: **clothes ~**) molletta; **off the ~** *ad* confezionato(a).
pejorative [pɪ'dʒɔrətɪv] *a* peggiorativo(a).
pekingese [pi:kɪ'ni:z] *n* pechinese *m*.
pelican ['pɛlɪkən] *n* pellicano.
pellet ['pɛlɪt] *n* pallottola, pallina.
pelmet ['pɛlmɪt] *n* mantovana; cassonetto.
pelt [pɛlt] *vt*: **to ~ sb (with)** bombardare qd (con) // *vi* (*rain*) piovere a dirotto // *n* pelle *f*.
pelvis ['pɛlvɪs] *n* pelvi *f inv*, bacino.
pen [pɛn] *n* penna; (*for sheep*) recinto.
penal ['pi:nl] *a* penale; **~ize** *vt* punire; (SPORT) penalizzare; (*fig*) svantaggiare.
penalty ['pɛnltɪ] *n* penalità *f inv*; sanzione *f* penale; (*fine*) ammenda; (SPORT) penalizzazione *f*; **~ (kick)** *n* (FOOTBALL) calcio di rigore.
penance ['pɛnəns] *n* penitenza.
pence [pɛns] *npl of* **penny.**
pencil ['pɛnsl] *n* matita; **~ sharpener** *n* temperamatite *m inv*.
pendant ['pɛndnt] *n* pendaglio.
pending ['pɛndɪŋ] *prep* in attesa di // *a* in sospeso.
pendulum ['pɛndjuləm] *n* pendolo.
penetrate ['pɛnɪtreɪt] *vt* penetrare; **penetrating** *a* penetrante; **penetration** [-'treɪʃən] *n* penetrazione *f*.
penfriend ['pɛnfrɛnd] *n* corrispondente *m/f*.
penguin ['pɛŋgwɪn] *n* pinguino.
penicillin [pɛnɪ'sɪlɪn] *n* penicillina.
peninsula [pə'nɪnsjulə] *n* penisola.
penis ['pi:nɪs] *n* pene *m*.
penitence ['pɛnɪtns] *n* penitenza.
penitent ['pɛnɪtnt] *a* penitente.
penitentiary [pɛnɪ'tɛnʃərɪ] *n* (*US*) carcere *m*.
penknife ['pɛnnaɪf] *n* temperino.
pennant ['pɛnənt] *n* banderuola.
penniless ['pɛnɪlɪs] *a* senza un soldo.
penny, *pl* **pennies** *or* **pence** ['pɛnɪ, 'pɛnɪz, pɛns] *n* penny *m* (*pl* pence).
pension ['pɛnʃən] *n* pensione *f*; **~able** *a* che ha diritto a una pensione; **~er** *n* pensionato/a.
pensive ['pɛnsɪv] *a* pensoso(a).
pentagon ['pɛntəgən] *n* pentagono.
Pentecost ['pɛntɪkɔst] *n* Pentecoste *f*.
penthouse ['pɛnthaus] *n* appartamento (di lusso) nell'attico.
pent-up ['pɛntʌp] *a* (*feelings*) represso(a).
penultimate [pɛ'nʌltɪmət] *a* penultimo(a).
people ['pi:pl] *npl* gente *f*; persone *fpl*; (*citizens*) popolo // *n* (*nation, race*) popolo // *vt* popolare; **4/several ~ came** 4/parecchie persone sono venute; **the room was full of ~** la stanza era piena di gente; **~ say that...** si dice *or* la gente dice che... .
pep [pɛp] *n* (*col*) dinamismo; **to ~ up** *vt* vivacizzare; (*food*) rendere più gustoso(a).
pepper ['pɛpə*] *n* pepe *m*; (*vegetable*) peperone *m* // *vt* pepare; **~mint** *n* (*plant*) menta peperita; (*sweet*) pasticca di menta.
peptalk ['pɛptɔ:k] *n* (*col*) discorso di incoraggiamento.
per [pə:*] *prep* per; a; **~ hour** all'ora; **~ kilo** *etc* il chilo *etc*; **~ day** al giorno; **~ cent** per cento; **~ annum** all'anno.
perceive [pə'si:v] *vt* percepire; (*notice*) accorgersi di.
percentage [pə'sɛntɪdʒ] *n* percentuale *f*.
perceptible [pə'sɛptɪbl] *a* percettibile.
perception [pə'sɛpʃən] *n* percezione *f*; sensibilità; perspicacia.
perceptive [pə'sɛptɪv] *a* percettivo(a); perspicace.
perch [pə:tʃ] *n* (*fish*) pesce *m* persico; (*for*

bird) sostegno, ramo // *vi* appollaiarsi.
percolator ['pə:kəleɪtə*] *n* caffettiera a pressione; caffettiera elettrica.
percussion [pə'kʌʃən] *n* percussione *f.*
peremptory [pə'rɛmptərɪ] *a* perentorio(a).
perennial [pə'rɛnɪəl] *a* perenne // *n* pianta perenne.
perfect *a,n* ['pə:fɪkt] *a* perfetto(a) // *n* (*also*: ~ **tense**) perfetto, passato prossimo // *vt* [pə'fɛkt] perfezionare; mettere a punto; ~**ion** [-'fɛkʃən] *n* perfezione *f*; ~**ionist** *n* perfezionista *m/f.*
perforate ['pə:fəreɪt] *vt* perforare; **perforation** [-'reɪʃən] *n* perforazione *f*; (*line of holes*) dentellatura.
perform [pə'fɔ:m] *vt* (*carry out*) eseguire, fare; (*symphony etc*) suonare; (*play, ballet*) dare; (*opera*) fare // *vi* suonare; recitare; ~**ance** *n* esecuzione *f*; (*at theatre etc*) rappresentazione *f*, spettacolo; (*of an artist*) interpretazione *f*; (*of player etc*) performance *f*; (*of car, engine*) prestazione *f*; ~**er** *n* artista *m/f*; ~**ing** *a* (*animal*) ammaestrato(a).
perfume ['pə:fju:m] *n* profumo.
perfunctory [pə'fʌŋktərɪ] *a* superficiale, per la forma.
perhaps [pə'hæps] *ad* forse.
peril ['pɛrɪl] *n* pericolo; ~**ous** *a* pericoloso(a).
perimeter [pə'rɪmɪtə*] *n* perimetro; ~ **wall** *n* muro di cinta.
period ['pɪərɪəd] *n* periodo; (HISTORY) epoca; (SCOL) lezione *f*; (*full stop*) punto; (MED) mestruazioni *fpl* // *a* (*costume, furniture*) d'epoca; ~**ic** [-'ɔdɪk] *a* periodico(a); ~**ical** [-'ɔdɪkl] *a* periodico(a) // *n* periodico.
peripheral [pə'rɪfərəl] *a* periferico(a).
periphery [pə'rɪfərɪ] *n* periferia.
periscope ['pɛrɪskəup] *n* periscopio.
perish ['pɛrɪʃ] *vi* perire, morire; (*decay*) deteriorarsi; ~**able** *a* deperibile; ~**ing** *a* (*col*: *cold*) da morire.
perjure ['pə:dʒə*] *vt*: **to** ~ **o.s.** spergiurare; **perjury** *n* spergiuro.
perk [pə:k] *n* vantaggio; **to** ~ **up** *vi* (*cheer up*) rianimarsi; ~**y** *a* (*cheerful*) vivace, allegro(a).
perm [pə:m] *n* (*for hair*) permanente *f.*
permanence ['pə:mənəns] *n* permanenza.
permanent ['pə:mənənt] *a* permanente.
permeate ['pə:mɪeɪt] *vi* penetrare // *vt* permeare.
permissible [pə'mɪsɪbl] *a* permissibile, ammissibile.
permission [pə'mɪʃən] *n* permesso.
permissive [pə'mɪsɪv] *a* tollerante; **the** ~ **society** la società permissiva.
permit *n* ['pə:mɪt] permesso // *vt* [pə'mɪt] permettere; **to** ~ **sb to do** permettere a qd di fare, dare il permesso a qd di fare.
permutation [pə:mju'teɪʃən] *n* permutazione *f.*
pernicious [pɔ:'nɪʃəs] *a* pernicioso(a), nocivo(a).
perpendicular [pə:pən'dɪkjulə*] *a,n* perpendicolare (*f*).
perpetrate ['pə:pɪtreɪt] *vt* perpetrare, commettere.
perpetual [pə'pɛtjuəl] *a* perpetuo(a).
perpetuity [pə:pɪ'tju:ɪtɪ] *n*: **in** ~ in perpetuo.
perplex [pə'plɛks] *vt* rendere perplesso(a); (*complicate*) imbrogliare.
persecute ['pə:sɪkju:t] *vt* perseguitare; **persecution** [-'kju:ʃən] *n* persecuzione *f.*
persevere [pə:sɪ'vɪə*] *vi* perseverare.
Persian ['pə:ʃən] *a* persiano(a) // *n* (LING) persiano; **the (~) Gulf** *n* il Golfo Persico.
persist [pə'sɪst] *vi*: **to** ~ **(in doing)** persistere (nel fare); ostinarsi (a fare); ~**ence** *n* persistenza; ostinazione *f*; ~**ent** *a* persistente; ostinato(a).
person ['pə:sn] *n* persona; ~**able** *a* di bell'aspetto; ~**al** *a* personale; individuale; ~**ality** [-'nælɪtɪ] *n* personalità *f inv*; ~**ally** *ad* personalmente; ~**ify** [-'sɔnɪfaɪ] *vt* personificare.
personnel [pə:sə'nɛl] *n* personale *m*; ~ **manager** *n* direttore/trice del personale.
perspective [pə'spɛktɪv] *n* prospettiva.
perspicacity [pə:spɪ'kæsɪtɪ] *n* perspicacia.
perspiration [pə:spɪ'reɪʃən] *n* traspirazione *f*, sudore *m.*
perspire [pə'spaɪə*] *vi* traspirare.
persuade [pə'sweɪd] *vt* persuadere.
persuasion [pə'sweɪʒən] *n* persuasione *f.*
persuasive [pə'sweɪsɪv] *a* persuasivo(a).
pert [pə:t] *a* (*bold*) sfacciato(a), impertinente.
pertaining [pə:'teɪnɪŋ]: ~ **to** *prep* che riguarda.
pertinent ['pə:tɪnənt] *a* pertinente.
perturb [pə'tə:b] *vt* turbare.
Peru [pə'ru:] *n* Perù *m.*
perusal [pə'ru:zl] *n* attenta lettura.
Peruvian [pə'ru:vjən] *a, n* peruviano(a).
pervade [pə'veɪd] *vt* pervadere.
perverse [pə'və:s] *a* perverso(a).
perversion [pə'və:ʃn] *n* pervertimento, perversione *f.*
perversity [pə'və:sɪtɪ] *n* perversità.
pervert *n* ['pə:və:t] pervertito/a // *vt* [pə'və:t] pervertire.
pessimism ['pɛsɪmɪzəm] *n* pessimismo.
pessimist ['pɛsɪmɪst] *n* pessimista *m/f*; ~**ic** [-'mɪstɪk] *a* pessimistico(a).
pest [pɛst] *n* animale *m* (*or* insetto) pestifero; (*fig*) peste *f.*
pester ['pɛstə*] *vt* tormentare, molestare.
pesticide ['pɛstɪsaɪd] *n* pesticida *m.*
pestle ['pɛsl] *n* pestello.
pet [pɛt] *n* animale *m* domestico; (*favourite*) favorito/a // *vt* accarezzare // *vi* (*col*) fare il petting; ~ **lion** *n* leone *m* ammaestrato.
petal ['pɛtl] *n* petalo.
peter ['pi:tə*]: **to** ~ **out** *vi* esaurirsi; estinguersi.
petite [pə'ti:t] *a* piccolo(a) e aggraziato(a).
petition [pə'tɪʃən] *n* petizione *f.*

petrified ['pɛtrɪfaɪd] *a* (*fig*) morto(a) di paura.
petrol ['pɛtrəl] *n* (*Brit*) benzina.
petroleum [pə'trəulɪəm] *n* petrolio.
petrol: ~ **pump** *n* (*in car, at garage*) pompa di benzina; ~ **station** *n* stazione *f* di rifornimento; ~ **tank** *n* serbatoio della benzina.
petticoat ['pɛtɪkəut] *n* sottana.
pettiness ['pɛtɪnɪs] *n* meschinità.
petty ['pɛtɪ] *a* (*mean*) meschino(a); (*unimportant*) insignificante; ~ **cash** *n* piccola cassa; ~ **officer** *n* sottufficiale *m* di marina.
petulant ['pɛtjulənt] *a* irritabile.
pew [pju:] *n* panca (di chiesa).
pewter ['pju:tə*] *n* peltro.
phallic ['fælɪk] *a* fallico(a).
phantom ['fæntəm] *n* fantasma *m*.
Pharaoh ['fɛərəu] *n* faraone *m*.
pharmacist ['fɑ:məsɪst] *n* farmacista *m/f*.
pharmacy ['fɑ:məsɪ] *n* farmacia.
phase [feɪz] *n* fase *f*, periodo // *vt*: **to** ~ **sth in/out** introdurre/eliminare qc progressivamente.
Ph.D. (*abbr* = *Doctor of Philosophy*) *n* (*degree*) *dottorato di ricerca*.
pheasant ['fɛznt] *n* fagiano.
phenomenon, *pl* **phenomena** [fə'nɔmɪnən, -nə] *n* fenomeno.
phew [fju:] *excl* uff!
phial ['faɪəl] *n* fiala.
philanthropic [fɪlən'θrɔpɪk] *a* filantropico(a).
philanthropist [fɪ'lænθrəpɪst] *n* filantropo.
philately [fɪ'lætəlɪ] *n* filatelia.
Philippines ['fɪlɪpi:nz] *npl* (*also*: **Philippine Islands**) Filippine *fpl*.
philosopher [fɪ'lɔsəfə*] *n* filosofo/a.
philosophical [fɪlə'sɔfɪkl] *a* filosofico(a).
philosophy [fɪ'lɔsəfɪ] *n* filosofia.
phlegm [flɛm] *n* flemma; ~**atic** [flɛg'mætɪk] *a* flemmatico(a).
phobia ['fəubjə] *n* fobia.
phone [fəun] *n* telefono // *vt* telefonare; **to** ~ **back** *vt, vi* richiamare.
phonetics [fə'nɛtɪks] *n* fonetica.
phon(e)y ['fəunɪ] *a* falso(a), fasullo(a) // *n* (*person*) ciarlatano.
phonograph ['fəunəgrɑ:f] *n* (*US*) giradischi *m*.
phosphate ['fɔsfeɪt] *n* fosfato.
phosphorus ['fɔsfərəs] *n* fosforo.
photo ['fəutəu] *n* foto *f inv*.
photo... ['fəutəu] *prefix*: ~**copier** *n* fotocopiatrice *f*; ~**copy** *n* fotocopia // *vt* fotocopiare; ~**genic** [-'dʒɛnɪk] *a* fotogenico(a); ~**graph** *n* fotografia // *vt* fotografare; ~**grapher** [fə'tɔgrəfə*] *n* fotografo; ~**graphic** [-'græfɪk] *a* fotografico(a); ~**graphy** [fə'tɔgrəfɪ] *n* fotografia.
phrase [freɪz] *n* espressione *f*; (LING) locuzione *f*; (MUS) frase *f* // *vt* esprimere; ~ **book** *n* vocabolarietto.
physical ['fɪzɪkl] *a* fisico(a); ~**ly** *ad* fisicamente.
physician [fɪ'zɪʃən] *n* medico.
physicist ['fɪzɪsɪst] *n* fisico.
physics ['fɪzɪks] *n* fisica.
physiology [fɪzɪ'ɔlədʒɪ] *n* fisiologia.
physiotherapist [fɪzɪəu'θɛrəpɪst] *n* fisioterapista *m/f*.
physiotherapy [fɪzɪəu'θɛrəpɪ] *n* fisioterapia.
physique [fɪ'zi:k] *n* fisico; costituzione *f*.
pianist ['pi:ənɪst] *n* pianista *m/f*.
piano [pɪ'ænəu] *n* pianoforte *m*.
piccolo ['pɪkələu] *n* ottavino.
pick [pɪk] *n* (*tool*: *also*: ~**-axe**) piccone *m* // *vt* scegliere; (*gather*) cogliere; **take your** ~ scelga; **the** ~ **of** il fior fiore di; **to** ~ **one's teeth** stuzzicarsi i denti; **to** ~ **pockets** borseggiare; **to** ~ **on** *vt fus* (*person*) avercela con; **to** ~ **out** *vt* scegliere; (*distinguish*) distinguere; **to** ~ **up** *vi* (*improve*) migliorarsi // *vt* raccogliere; (*collect*) passare a prendere; (AUT: *give lift to*) far salire; (*learn*) imparare; **to** ~ **up speed** acquistare velocità; **to** ~ **o.s. up** rialzarsi.
picket ['pɪkɪt] *n* (*in strike*) scioperante *m/f* che fa parte di un picchetto; picchetto // *vt* picchettare; ~ **line** *n* controllo del picchetto.
pickle ['pɪkl] *n* (*also*: ~**s**: *as condiment*) sottaceti *mpl* // *vt* mettere sottaceto; mettere in salamoia.
pick-me-up ['pɪkmi:ʌp] *n* tiramisù *m inv*.
pickpocket ['pɪkpɔkɪt] *n* borsaiolo.
pickup ['pɪkʌp] *n* (*on record player*) pick-up *m inv*; (*small truck*) camioncino.
picnic ['pɪknɪk] *n* picnic *m inv* // *vi* fare un picnic.
pictorial [pɪk'tɔ:rɪəl] *a* illustrato(a).
picture ['pɪktʃə*] *n* quadro; (*painting*) pittura; (*photograph*) foto(grafia); (*drawing*) disegno; (*film*) film *m inv* // *vt* raffigurarsi; **the** ~**s** il cinema; ~ **book** *n* libro illustrato.
picturesque [pɪktʃə'rɛsk] *a* pittoresco(a).
piddling ['pɪdlɪŋ] *a* (*col*) insignificante.
pidgin ['pɪdʒɪn] *a*: ~ **English** *n inglese semplificato misto ad elementi indigeni*.
pie [paɪ] *n* torta; (*of meat*) pasticcio.
piebald ['paɪbɔ:ld] *a* pezzato(a).
piece [pi:s] *n* pezzo; (*of land*) appezzamento; (*item*): **a** ~ **of furniture/advice** un mobile/ consiglio // *vt*: **to** ~ **together** mettere insieme; **in** ~**s** (*broken*) in pezzi; (*not yet assembled*) smontato(a); **to take to** ~**s** smontare; ~**meal** *ad* pezzo a pezzo, a spizzico; ~**work** *n* (lavoro a) cottimo.
pier [pɪə*] *n* molo; (*of bridge etc*) pila.
pierce [pɪəs] *vt* forare; (*with arrow etc*) trafiggere.
piercing ['pɪəsɪŋ] *a* (*cry*) acuto(a).
piety ['paɪətɪ] *n* pietà, devozione *f*.
pig [pɪg] *n* maiale *m*, porco.
pigeon ['pɪdʒən] *n* piccione *m*; ~**hole** *n*

casella; **~-toed** *a* che cammina con i piedi in dentro.
piggy bank ['pɪgɪbæŋk] *n* salvadanaro.
pigheaded ['pɪg'hɛdɪd] *a* caparbio(a), cocciuto(a).
piglet ['pɪglɪt] *n* porcellino.
pigment ['pɪgmənt] *n* pigmento.
pigmy ['pɪgmɪ] *n* = **pygmy.**
pigsty ['pɪgstaɪ] *n* porcile *m.*
pigtail ['pɪgteɪl] *n* treccina.
pike [paɪk] *n* (*spear*) picca; (*fish*) luccio.
pilchard ['pɪltʃəd] *n specie di sardina.*
pile [paɪl] *n* (*pillar, of books*) pila; (*heap*) mucchio; (*of carpet*) pelo // *vb* (*also*: **~ up**) *vt* ammucchiare // *vi* ammucchiarsi.
piles [paɪlz] *npl* emorroidi *fpl.*
pileup ['paɪlʌp] *n* (AUT) tamponamento a catena.
pilfering ['pɪlfərɪŋ] *n* rubacchiare *m.*
pilgrim ['pɪlgrɪm] *n* pellegrino/a; **~age** *n* pellegrinaggio.
pill [pɪl] *n* pillola; **the ~** la pillola.
pillage ['pɪlɪdʒ] *vt* saccheggiare.
pillar ['pɪlə*] *n* colonna; **~ box** *n* (*Brit*) cassetta postale.
pillion ['pɪljən] *n* (*of motor cycle*) sellino posteriore.
pillory ['pɪlərɪ] *n* berlina // *vt* mettere alla berlina.
pillow ['pɪləu] *n* guanciale *m*; **~case** *n* federa.
pilot ['paɪlət] *n* pilota *m/f* // *cpd* (*scheme etc*) pilota *inv* // *vt* pilotare; **~ boat** *n* battello pilota; **~ light** *n* fiamma pilota.
pimp [pɪmp] *n* mezzano.
pimple ['pɪmpl] *n* foruncolo.
pin [pɪn] *n* spillo; (TECH) perno // *vt* attaccare con uno spillo; **~s and needles** formicolio; **to ~ sb down** (*fig*) obbligare qd a pronunziarsi.
pinafore ['pɪnəfɔ:*] *n* grembiule *m* (senza maniche); **~ dress** *n* scamiciato.
pincers ['pɪnsəz] *npl* pinzette *fpl.*
pinch [pɪntʃ] *n* pizzicotto, pizzico // *vt* pizzicare; (*col*: *steal*) grattare // *vi* (*shoe*) stringere; **at a ~** in caso di bisogno.
pincushion ['pɪnkuʃən] *n* puntaspilli *m inv.*
pine [paɪn] *n* (*also*: **~ tree**) pino // *vi*: **to ~ for** struggersi dal desiderio di; **to ~ away** *vi* languire.
pineapple ['paɪnæpl] *n* ananas *m inv.*
ping [pɪŋ] *n* (*noise*) tintinnio; **~-pong** *n* ping-pong *m*.
pink [pɪŋk] *a* rosa *inv* // *n* (*colour*) rosa *m inv*; (BOT) garofano.
pinnacle ['pɪnəkl] *n* pinnacolo.
pinpoint ['pɪnpɔɪnt] *vt* indicare con precisione.
pinstripe ['pɪnstraɪp] *n* stoffa gessata.
pint [paɪnt] *n* pinta (*=0.56 l*).
pinup ['pɪnʌp] *n* pin-up girl *f inv.*
pioneer [paɪə'nɪə*] *n* pioniere/a.
pious ['paɪəs] *a* pio(a).
pip [pɪp] *n* (*seed*) seme *m*; (*time signal on radio*) segnale *m* orario.
pipe [paɪp] *n* tubo; (*for smoking*) pipa; (MUS) piffero // *vt* portare per mezzo di tubazione; **~s** *npl* (*also*: **bag~s**) cornamusa (scozzese); **to ~ down** *vi* (*col*) calmarsi; **~ dream** *n* vana speranza; **~line** *n* conduttura; (*for oil*) oleodotto; **~r** *n* piffero; suonatore/trice di cornamusa.
piping ['paɪpɪŋ] *ad*: **~ hot** caldo bollente.
pique [pi:k] *n* picca.
piracy ['paɪərəsɪ] *n* pirateria.
pirate ['paɪərət] *n* pirata *m*; **~ radio** *n* radio pirata *f inv.*
pirouette [pɪru'ɛt] *n* piroetta // *vi* piroettare.
Pisces ['paɪsi:z] *n* Pesci *mpl.*
pistol ['pɪstl] *n* pistola.
piston ['pɪstən] *n* pistone *m.*
pit [pɪt] *n* buca, fossa; (*also*: **coal ~**) miniera; (*also*: **orchestra ~**) orchestra // *vt*: **to ~ sb against sb** opporre qd a qd; **~s** *npl* (AUT) box *m*; **to ~ o.s. against** opporsi a.
pitch [pɪtʃ] *n* (*throw*) lancia; (MUS) tono; (*of voice*) altezza; (SPORT) campo; (NAUT) beccheggio; (*tar*) pece *f* // *vt* (*throw*) lanciare // *vi* (*fall*) cascare; (NAUT) beccheggiare; **to ~ a tent** piantare una tenda; **~-black** *a* nero(a) come la pece; **~ed battle** *n* battaglia campale.
pitcher ['pɪtʃə*] *n* brocca.
pitchfork ['pɪtʃfɔ:k] *n* forcone *m.*
piteous ['pɪtɪəs] *a* pietoso(a).
pitfall ['pɪtfɔ:l] *n* trappola.
pith [pɪθ] *n* (*of plant*) midollo; (*of orange*) parte *f* interna della scorza; (*fig*) essenza, succo; vigore *m.*
pithy ['pɪθɪ] *a* conciso(a); vigoroso(a).
pitiable ['pɪtɪəbl] *a* pietoso(a).
pitiful ['pɪtɪful] *a* (*touching*) pietoso(a); (*contemptible*) miserabile.
pitiless ['pɪtɪlɪs] *a* spietato(a).
pittance ['pɪtns] *n* miseria, magro salario.
pity ['pɪtɪ] *n* pietà // *vt* aver pietà di; **what a ~!** che peccato!; **~ing** *a* compassionevole.
pivot ['pɪvət] *n* perno // *vi* imperniarsi.
pixie ['pɪksɪ] *n* folletto.
placard ['plækɑ:d] *n* affisso.
placate [plə'keɪt] *vt* placare, calmare.
place [pleɪs] *n* posto, luogo; (*proper position, rank, seat*) posto; (*house*) casa, alloggio; (*home*): **at/to his ~** a casa sua // *vt* (*object*) posare, mettere; (*identify*) riconoscere; individuare; **to take ~** aver luogo; succedere; **to ~ an order** dare un'ordinazione; **out of ~** (*not suitable*) inopportuno(a); **in the first ~** in primo luogo; **~ mat** *n* sottopiatto.
placid ['plæsɪd] *a* placido(a), calmo(a).
plagiarism ['pleɪdʒjərɪzm] *n* plagio.
plagiarize ['pleɪdʒjəraɪz] *vt* plagiare.
plague [pleɪg] *n* piaga; (MED) peste *f.*
plaice [pleɪs] *n, pl inv* pianuzza.
plaid [plæd] *n* plaid *m inv.*
plain [pleɪn] *a* (*clear*) chiaro(a), palese; (*simple*) semplice; (*frank*) franco(a), aperto(a); (*not handsome*) bruttino(a); (*without seasoning etc*) scondito(a);

naturale; (*in one colour*) tinta unita *inv* // *ad* francamente, chiaramente // *n* pianura; **in ~ clothes** (*police*) in borghese; **~ly** *ad* chiaramente; (*frankly*) francamente; **~ness** *n* semplicità.
plaintiff ['pleɪntɪf] *n* attore/trice.
plait [plæt] *n* treccia.
plan [plæn] *n* pianta; (*scheme*) progetto, piano // *vt* (*think in advance*) progettare; (*prepare*) organizzare // *vi* far piani *or* progetti; **to ~ to do** progettare di fare.
plane [pleɪn] *n* (AVIAT) aereo; (*tree*) platano; (*tool*) pialla; (ART, MATH *etc*) piano // *a* piano(a), piatto(a) // *vt* (*with tool*) piallare.
planet ['plænɪt] *n* pianeta *m*.
planetarium [plænɪ'tɛərɪəm] *n* planetario.
plank [plæŋk] *n* tavola, asse *f*.
plankton ['plæŋktən] *n* plancton *m*.
planner ['plænə*] *n* pianificatore/trice.
planning ['plænɪŋ] *n* progettazione *f*; **family ~** pianificazione *f* delle nascite.
plant [plɑ:nt] *n* pianta; (*machinery*) impianto; (*factory*) fabbrica // *vt* piantare; (*bomb*) mettere.
plantation [plæn'teɪʃən] *n* piantagione *f*.
plaque [plæk] *n* placca.
plasma ['plæzmə] *n* plasma *m*.
plaster ['plɑ:stə*] *n* intonaco; (*also*: **~ of Paris**) gesso; (*also*: **sticking ~**) cerotto // *vt* intonacare; ingessare; (*cover*): **to ~ with** coprire di; **in ~** (*leg etc*) ingessato(a); **~ed** *a* (*col*) ubriaco(a) fradicio(a); **~er** *n* intonacatore *m*.
plastic ['plæstɪk] *n* plastica // *a* (*made of plastic*) di *or* in plastica; (*flexible*) plastico(a), malleabile; (*art*) plastico(a).
plasticine ['plæstɪsi:n] *n* ® plastilina ®.
plastic surgery ['plæstɪk'sə:dʒərɪ] *n* chirurgia plastica.
plate [pleɪt] *n* (*dish*) piatto; (*sheet of metal*) lamiera; (PHOT) lastra; (*in book*) tavola; **gold ~** (*dishes*) vasellame *m* d'oro; **silver ~** (*dishes*) argenteria.
plateau, ~s *or* **~x** ['plætəu, -z] *n* altipiano.
plateful ['pleɪtful] *n* piatto.
plate glass [pleɪt'glɑ:s] *n* vetro piano.
platform ['plætfɔ:m] *n* (*at meeting*) piattaforma; (*stage*) palco; (RAIL) marciapiede *m*; **~ ticket** *n* biglietto d'ingresso ai binari.
platinum ['plætɪnəm] *n* platino.
platitude ['plætɪtju:d] *n* luogo comune.
platoon [plə'tu:n] *n* plotone *m*.
platter ['plætə*] *n* piatto.
plausible ['plɔ:zɪbl] *a* plausibile, credibile; (*person*) convincente.
play [pleɪ] *n* gioco; (THEATRE) commedia // *vt* (*game*) giocare a; (*team, opponent*) giocare contro; (*instrument, piece of music*) suonare; (*play, part*) interpretare // *vi* giocare; suonare; recitare; **to ~ down** *vt* minimizzare; **to ~ up** *vi* (*cause trouble*) fare i capricci; **to ~act** *vi* fare la commedia; **~ed-out** *a* spossato(a); **~er** *n* giocatore/trice; (THEATRE) attore/trice; (MUS) musicista *m/f*; **~ful** *a* giocoso(a); **~ground** *n* campo di ricreazioni; **~group** *n* giardino d'infanzia; **~ing card** *n* carta da gioco; **~ing field** *n* campo sportivo; **~mate** *n* compagno/a di gioco; **~-off** *n* (SPORT) bella; **~ on words** *n* gioco di parole; **~pen** *n* box *m inv*; **~thing** *n* giocattolo; **~wright** *n* drammaturgo/a.
plea [pli:] *n* (*request*) preghiera, domanda; (*excuse*) scusa; (LAW) (argomento di) difesa.
plead [pli:d] *vt* patrocinare; (*give as excuse*) addurre a pretesto // *vi* (LAW) perorare la causa; (*beg*): **to ~ with sb** implorare qd.
pleasant ['plɛznt] *a* piacevole, gradevole; **~ly** *ad* piacevolmente; **~ness** *n* (*of person*) amabilità; (*of place*) amenità; **~ry** *n* (*joke*) scherzo.
please [pli:z] *vt* piacere a // *vi* (*think fit*): **do as you ~** faccia come le pare; **~!** per piacere!; **my bill, ~** il conto, per piacere; **~ yourself!** come ti (*or* le) pare!; **~d** *a*: **~d (with)** contento(a) di; **pleasing** *a* piacevole, che fa piacere.
pleasurable ['plɛʒərəbl] *a* molto piacevole, molto gradevole.
pleasure ['plɛʒə*] *n* piacere *m*; **'it's a ~'** 'prego'; **~ steamer** *n* vapore *m* da diporto.
pleat [pli:t] *n* piega.
plebiscite ['plɛbɪsɪt] *n* plebiscito.
plectrum ['plɛktrəm] *n* plettro.
pledge [plɛdʒ] *n* pegno; (*promise*) promessa // *vt* impegnare; promettere.
plentiful ['plɛntɪful] *a* abbondante, copioso(a).
plenty ['plɛntɪ] *n* abbondanza; **~ of** tanto(a), molto(a); un'abbondanza di.
pleurisy ['pluərɪsɪ] *n* pleurite *f*.
pliable ['plaɪəbl] *a* flessibile; (*person*) malleabile.
pliers ['plaɪəz] *npl* pinza.
plight [plaɪt] *n* situazione *f* critica.
plimsolls ['plɪmsəlz] *npl* scarpe *fpl* da tennis.
plinth [plɪnθ] *n* plinto; piedistallo.
plod [plɔd] *vi* camminare a stento; (*fig*) sgobbare; **~der** *n* sgobbone *m*.
plonk [plɔŋk] (*col*) *n* (*wine*) vino da poco // *vt*: **to ~ sth down** buttare giù qc bruscamente.
plot [plɔt] *n* congiura, cospirazione *f*; (*of story, play*) trama; (*of land*) lotto // *vt* (*mark out*) fare la pianta di; rilevare; (: *diagram etc*) tracciare; (*conspire*) congiurare, cospirare // *vi* congiurare; **~ter** *n* cospiratore/trice.
plough, plow (*US*) [plau] *n* aratro // *vt* (*earth*) arare; **to ~ back** *vt* (COMM) reinvestire; **to ~ through** *vt fus* (*snow etc*) procedere a fatica in.
ploy [plɔɪ] *n* stratagemma *m*.
pluck [plʌk] *vt* (*fruit*) cogliere; (*musical instrument*) pizzicare; (*bird*) spennare // *n* coraggio, fegato; **to ~ up courage** farsi coraggio; **~y** *a* coraggioso(a).
plug [plʌg] *n* tappo; (ELEC) spina; (AUT)

candela // *vt* (*hole*) tappare; (*col*: *advertise*) spingere.
plum [plʌm] *n* (*fruit*) susina // *a*: ~ **job** *n* (*col*) impiego ottimo *or* favoloso.
plumb [plʌm] *a* verticale // *n* piombo // *ad* (*exactly*) esattamente // *vt* sondare.
plumber ['plʌmə*] *n* idraulico.
plumbing ['plʌmɪŋ] *n* (*trade*) lavoro di idraulico; (*piping*) tubature *fpl*.
plumbline ['plʌmlaɪn] *n* filo a piombo.
plume [plu:m] *n* piuma, penna; (*decorative*) pennacchio.
plummet ['plʌmɪt] *vi* cadere a piombo.
plump [plʌmp] *a* grassoccio(a); **to ~ for** *vt fus* (*col*: *choose*) decidersi per.
plunder ['plʌndə*] *n* saccheggio // *vt* saccheggiare.
plunge [plʌndʒ] *n* tuffo // *vt* immergere // *vi* (*fall*) cadere, precipitare; **to take the ~** saltare il fosso; **plunging** *a* (*neckline*) profondo(a).
pluperfect [plu:'pə:fɪkt] *n* piucchepperfetto.
plural ['pluərl] *a*, *n* plurale (*m*).
plus [plʌs] *n* (*also*: ~ **sign**) segno più // *prep* più; **ten/twenty ~** più di dieci/venti; ~ **fours** *npl* calzoni *mpl* alla zuava.
plush [plʌʃ] *a* lussuoso(a).
ply [plaɪ] *n* (*of wool*) capo; (*of wood*) strato // *vt* (*tool*) maneggiare; (*a trade*) esercitare // *vi* (*ship*) fare il servizio; **to ~ sb with drink** dare di bere continuamente a qd; **~wood** *n* legno compensato.
P.M. *abbr see* **prime**.
p.m. *ad* (*abbr of post meridiem*) del pomeriggio.
pneumatic [nju:'mætɪk] *a* pneumatico(a).
pneumonia [nju:'məunɪə] *n* polmonite *f*.
P.O. *abbr see* **post office**.
poach [pəutʃ] *vt* (*cook*) affogare; (*steal*) cacciare (*or* pescare) di frodo // *vi* fare il bracconiere; **~ed** *a* (*egg*) affogato(a); **~er** *n* bracconiere *m*; **~ing** *n* caccia (*or* pesca) di frodo.
pocket ['pɔkɪt] *n* tasca // *vt* intascare; **to be out of ~** rimetterci; **~book** *n* (*wallet*) portafoglio; (*notebook*) taccuino; ~ **knife** *n* temperino; ~ **money** *n* paghetta, settimana.
pockmarked ['pɔkmɑ:kt] *a* (*face*) butterato(a).
pod [pɔd] *n* guscio // *vt* sgusciare.
podgy ['pɔdʒɪ] *a* grassoccio(a).
poem ['pəuɪm] *n* poesia.
poet ['pəuɪt] *n* poeta/essa; **~ic** [-'ɛtɪk] *a* poetico(a); ~ **laureate** *n* poeta *m* laureato (*nominato dalla Corte Reale*); **~ry** *n* poesia.
poignant ['pɔɪnjənt] *a* struggente; (*sharp*) pungente.
point [pɔɪnt] *n* (*gen*) punto; (*tip*: *of needle etc*) punta; (*in time*) punto, momento; (*SCOL*) voto; (*main idea, important part*) nocciolo; (*also*: **decimal ~**): **2 ~ 3 (2.3)** 2 virgola 3 (2,3) // *vt* (*show*) indicare; (*gun etc*): **to ~ sth at** puntare qc contro // *vi* mostrare a dito; **~s** *npl* (*AUT*) puntine *fpl*; (*RAIL*) scambio; **to make a ~** fare un'osservazione; **to get the ~** capire; **to come to the ~** venire al fatto; **there's no ~ (in doing)** è inutile (fare); **good ~s** vantaggi *mpl*; (*of person*) qualità *fpl*; **to ~ out** *vt* far notare; **to ~ to** indicare; (*fig*) dimostrare; **~-blank** *ad* (*also*: **at ~-blank range**) a bruciapelo; (*fig*) categoricamente; **~ed** *a* (*shape*) aguzzo(a), appuntito(a); (*remark*) specifico(a); **~edly** *ad* in maniera inequivocabile; **~er** *n* (*stick*) bacchetta; (*needle*) lancetta; (*dog*) pointer *m*, cane *m* da punta; **~less** *a* inutile, vano(a); ~ **of view** *n* punto di vista.
poise [pɔɪz] *n* (*balance*) equilibrio; (*of head, body*) portamento; (*calmness*) calma // *vt* tenere in equilibrio; **to be ~d for** (*fig*) essere pronto(a) a.
poison ['pɔɪzn] *n* veleno // *vt* avvelenare; **~ing** *n* avvelenamento; **~ous** *a* velenoso(a).
poke [pəuk] *vt* (*fire*) attizzare; (*jab with finger, stick etc*) punzecchiare; (*put*): **to ~ sth in(to)** spingere qc dentro; **to ~ about** *vi* frugare.
poker ['pəukə*] *n* attizzatoio; (*CARDS*) poker *m*; **~-faced** *a* dal viso impassibile.
poky ['pəukɪ] *a* piccolo(a) e stretto(a).
Poland ['pəulənd] *n* Polonia.
polar ['pəulə*] *a* polare; ~ **bear** *n* orso bianco.
polarize ['pəuləraɪz] *vt* polarizzare.
pole [pəul] *n* (*of wood*) palo; (*ELEC, GEO*) polo.
Pole [pəul] *n* polacco/a.
polecat ['pəulkæt] *n* (*US*) puzzola.
polemic [pɔ'lɛmɪk] *n* polemica.
pole star ['pəulstɑ:*] *n* stella polare.
pole vault ['pəulvɔ:lt] *n* salto con l'asta.
police [pə'li:s] *n* polizia // *vt* mantenere l'ordine in; ~ **car** *n* macchina della polizia; **~man** *n* poliziotto, agente *m* di polizia; ~ **station** *n* posto di polizia; **~woman** *n* donna *f* poliziotto *inv*.
policy ['pɔlɪsɪ] *n* politica; (*also*: **insurance ~**) polizza (d'assicurazione).
polio ['pəulɪəu] *n* polio *f*.
Polish ['pəulɪʃ] *a* polacco(a) // *n* (*LING*) polacco.
polish ['pɔlɪʃ] *n* (*for shoes*) lucido; (*for floor*) cera; (*for nails*) smalto; (*shine*) lucentezza, lustro; (*fig*: *refinement*) raffinatezza // *vt* lucidare; (*fig*: *improve*) raffinare; **to ~ off** *vt* (*work*) sbrigare; (*food*) mangiarsi; **~ed** *a* (*fig*) raffinato(a).
polite [pə'laɪt] *a* cortese; **~ly** *ad* cortesemente; **~ness** *n* cortesia.
politic ['pɔlɪtɪk] *a* diplomatico(a); **~al** [pə'lɪtɪkl] *a* politico(a); **~ian** [-'tɪʃən] *n* politico; **~s** *npl* politica.
polka ['pɔlkə] *n* polca; ~ **dot** *n* pois *m inv*.
poll [pəul] *n* scrutinio; (*votes cast*) voti *mpl*; (*also*: **opinion ~**) sondaggio (d'opinioni) // *vt* ottenere.
pollen ['pɔlən] *n* polline *m*.

pollination [pɔlɪ'neɪʃən] *n* impollinazione *f.*

polling ['pəulɪŋ]: ~ **booth** *n* cabina elettorale; ~ **day** *n* giorno delle elezioni; ~ **station** *n* sezione *f* elettorale.

pollute [pə'lu:t] *vt* inquinare.

pollution [pə'lu:ʃən] *n* inquinamento.

polo ['pəuləu] *n* polo; ~**-neck** *a* a collo alto risvoltato.

polyester [pɔlɪ'ɛstə*] *n* poliestere *m.*

polygamy [pə'lɪgəmɪ] *n* poligamia.

Polynesia [pɔlɪ'ni:zɪə] *n* Polinesia.

polytechnic [pɔlɪ'tɛknɪk] *n* (*college*) *istituto superiore ad indirizzo tecnologico.*

polythene ['pɔlɪθi:n] *n* politene *m*; ~ **bag** *n* sacco di plastica.

pomegranate ['pɔmɪgrænɪt] *n* melagrana.

pommel ['pɔml] *n* pomo.

pomp [pɔmp] *n* pompa, fasto.

pompous ['pɔmpəs] *a* pomposo(a).

pond [pɔnd] *n* pozza; stagno.

ponder ['pɔndə*] *vt* ponderare, riflettere su; ~**ous** *a* ponderoso(a), pesante.

pontiff ['pɔntɪf] *n* pontefice *m.*

pontificate [pɔn'tɪfɪkeɪt] *vi* (*fig*): **to** ~ **(about)** pontificare (su).

pontoon [pɔn'tu:n] *n* pontone *m.*

pony ['pəunɪ] *n* pony *m inv*; ~**tail** *n* coda di cavallo.

poodle ['pu:dl] *n* barboncino, barbone *m.*

pooh-pooh ['pu:'pu:] *vt* deridere.

pool [pu:l] *n* (*of rain*) pozza; (*pond*) stagno; (*artificial*) vasca; (*also*: **swimming** ~) piscina; (*sth shared*) fondo comune; (*billiards*) *specie di biliardo a buca* // *vt* mettere in comune.

poor [puə*] *a* povero(a); (*mediocre*) mediocre, cattivo(a) // *npl*: **the** ~ i poveri; ~**ly** *ad* poveramente; male // *a* indisposto(a), malato(a).

pop [pɔp] *n* (*noise*) schiocco; (MUS) musica pop; (*US*: *col*: *father*) babbo // *vt* (*put*) mettere (in fretta) // *vi* scoppiare; (*cork*) schioccare; **to** ~ **in** *vi* passare; **to** ~ **out** *vi* fare un salto fuori; **to** ~ **up** *vi* apparire, sorgere; ~ **concert** *n* concerto *m* pop *inv*; ~**corn** *n* pop-corn *m.*

pope [pəup] *n* papa *m.*

poplar ['pɔplə*] *n* pioppo.

poplin ['pɔplɪn] *n* popeline *f.*

poppy ['pɔpɪ] *n* papavero.

populace ['pɔpjuləs] *n* popolo.

popular ['pɔpjulə*] *a* popolare; (*fashionable*) in voga; ~**ity** [-'lærɪtɪ] *n* popolarità; ~**ize** *vt* divulgare; (*science*) volgarizzare.

population [pɔpju'leɪʃən] *n* popolazione *f.*

populous ['pɔpjuləs] *a* popolato(a).

porcelain ['pɔ:slɪn] *n* porcellana.

porch [pɔ:tʃ] *n* veranda.

porcupine ['pɔ:kjupaɪn] *n* porcospino.

pore [pɔ:*] *n* poro // *vi*: **to** ~ **over** essere immerso(a) in.

pork [pɔ:k] *n* carne *f* di maiale.

pornographic [pɔ:nə'græfɪk] *a* pornografico(a).

pornography [pɔ:'nɔgrəfɪ] *n* pornografia.

porous ['pɔ:rəs] *a* poroso(a).

porpoise ['pɔ:pəs] *n* focena.

porridge ['pɔrɪdʒ] *n* porridge *m.*

port [pɔ:t] *n* porto; (*opening in ship*) portello; (NAUT: *left side*) babordo; (*wine*) porto.

portable ['pɔ:təbl] *a* portatile.

portal ['pɔ:tl] *n* portale *m.*

portcullis [pɔ:t'kʌlɪs] *n* saracinesca.

portent ['pɔ:tɛnt] *n* presagio.

porter ['pɔ:tə*] *n* (*for luggage*) facchino, portabagagli *m inv*; (*doorkeeper*) portiere *m*, portinaio.

porthole ['pɔ:thəul] *n* oblò *m inv.*

portico ['pɔ:tɪkəu] *n* portico.

portion ['pɔ:ʃən] *n* porzione *f.*

portly ['pɔ:tlɪ] *a* corpulento(a).

portrait ['pɔ:treɪt] *n* ritratto.

portray [pɔ:'treɪ] *vt* fare il ritratto di; (*character on stage*) rappresentare; (*in writing*) ritrarre; ~**al** *n* ritratto; rappresentazione *f.*

Portugal ['pɔ:tjugl] *n* Portogallo.

Portuguese [pɔ:tju'gi:z] *a* portoghese // *n, pl inv* portoghese *m/f*; (LING) portoghese *m.*

pose [pəuz] *n* posa // *vi* posare; (*pretend*): **to** ~ **as** atteggiarsi a, posare a // *vt* porre.

posh [pɔʃ] *a* (*col*) elegante; (*family*) per bene.

position [pə'zɪʃən] *n* posizione *f*; (*job*) posto // *vt* mettere in posizione, collocare.

positive ['pɔzɪtɪv] *a* positivo(a); (*certain*) sicuro(a), certo(a); (*definite*) preciso(a); definitivo(a).

posse ['pɔsɪ] *n* (*US*) drappello.

possess [pə'zɛs] *vt* possedere; ~**ion** [pə'zɛʃən] *n* possesso; (*object*) bene *m*; ~**ive** *a* possessivo(a); ~**or** *n* possessore/posseditrice.

possibility [pɔsɪ'bɪlɪtɪ] *n* possibilità *f inv.*

possible ['pɔsɪbl] *a* possibile; **if** ~ se possibile; **as big as** ~ il più grande possibile.

possibly ['pɔsɪblɪ] *ad* (*perhaps*) forse; **if you** ~ **can** se le è possibile; **I cannot** ~ **come** proprio non posso venire.

post [pəust] *n* posta; (*collection*) levata; (*job, situation*) posto; (*pole*) palo // *vt* (*send by post*) impostare; (MIL) appostare; (*appoint*): **to** ~ **to** assegnare a; (*notice*) affiggere; ~**age** *n* affrancatura; ~**al** *a* postale; ~**al order** *n* vaglia *m inv* postale; ~**box** *n* cassetta postale; ~**card** *n* cartolina.

postdate ['pəust'deɪt] *vt* (*cheque*) postdatare.

poster ['pəustə*] *n* manifesto, affisso.

poste restante [pəust'rɛstɑ̃:nt] *n* fermo posta *m.*

posterity [pɔs'tɛrɪtɪ] *n* posterità.

postgraduate ['pəust'grædjuət] *n* ≈ laureato/a che continua gli studi.

posthumous ['pɔstjuməs] *a* postumo(a); ~**ly** *ad* dopo la mia (*or* sua *etc*) morte.

postman ['pəustmən] *n* postino.
postmark ['pəustmɑ:k] *n* bollo *or* timbro postale.
postmaster ['pəustmɑ:stə*] *n* direttore *m* d'un ufficio postale.
post-mortem [pəust'mɔ:təm] *n* autopsia.
post office ['pəustɔfɪs] *n* (*building*) ufficio postale; (*organization*) poste *fpl*; ~ **box (P.O. box)** *n* casella postale (C.P.).
postpone [pɔs'pəun] *vt* rinviare; ~**ment** *n* rinvio.
postscript ['pəustskrɪpt] *n* poscritto.
postulate ['pɔstjuleɪt] *vt* postulare.
posture ['pɔstʃə*] *n* portamento; (*pose*) posa, atteggiamento // *vi* posare.
postwar ['pəust'wɔ:*] *a* del dopoguerra.
posy ['pəuzɪ] *n* mazzetto di fiori.
pot [pɔt] *n* (*for cooking*) pentola; casseruola; (*for plants, jam*) vaso; (*col: marijuana*) erba // *vt* (*plant*) piantare in vaso; **to go to** ~ andare in malora.
potash ['pɔtæʃ] *n* potassa.
potato, ~es [pə'teɪtəu] *n* patata.
potency ['pəutnsɪ] *n* potenza; (*of drink*) forza.
potent ['pəutnt] *a* potente, forte.
potentate ['pəutnteɪt] *n* potentato.
potential [pə'tɛnʃl] *a* potenziale // *n* possibilità *fpl*; ~**ly** *ad* potenzialmente.
pothole ['pɔthəul] *n* (*in road*) buca; (*underground*) marmitta; ~**r** *n* speleologo/a; **potholing** *n*: **to go potholing** fare la speleologia.
potion ['pəuʃən] *n* pozione *f*.
potluck [pɔt'lʌk] *n*: **to take** ~ tentare la sorte.
potshot ['pɔtʃɔt] *n*: **to take ~s at** tirare a vanvera contro.
potted ['pɔtɪd] *a* (*food*) in conserva; (*plant*) in vaso.
potter ['pɔtə*] *n* vasaio // *vi*: **to ~ around, ~ about** lavoracchiare; ~**y** *n* ceramiche *fpl*.
potty ['pɔtɪ] *a* (*col: mad*) tocco(a) // *n* (*child's*) vasino.
pouch [pautʃ] *n* borsa; (*ZOOL*) marsupio.
pouf(fe) [pu:f] *n* (*stool*) pouf *m inv*.
poultice ['pəultɪs] *n* impiastro, cataplasma.
poultry ['pəultrɪ] *n* pollame *m*.
pounce [pauns] *vi*: **to ~ (on)** balzare addosso a, piombare su // *n* balzo.
pound [paund] *n* (*weight*) libbra; (*money*) (lira) sterlina; (*for dogs*) canile *m* municipale // *vt* (*beat*) battere; (*crush*) pestare, polverizzare // *vi* (*beat*) battere, martellare.
pour [pɔ:*] *vt* versare // *vi* riversarsi; (*rain*) piovere a dirotto; **to ~ away** *vt* vuotare; **to ~ in** *vi* (*people*) entrare a flotti; **to ~ out** *vt* vuotare; versare; (*serve: a drink*) mescere; ~**ing** *a*: ~**ing rain** pioggia torrenziale.
pout [paut] *vi* sporgere le labbra; fare il broncio.
poverty ['pɔvətɪ] *n* povertà, miseria; ~**-stricken** *a* molto povero(a), misero(a).
powder ['paudə*] *n* polvere *f* // *vt* spolverizzare; (*face*) incipriare; ~ **room** *n* toilette *f inv* (per signore); ~**y** *a* polveroso(a).
power ['pauə*] *n* (*strength*) potenza, forza; (*ability, POL: of party, leader*) potere *m*; (*MATH*) potenza; (*ELEC*) corrente *f* // *vt* fornire di energia; **mental ~s** capacità *fpl* mentali; ~ **cut** *n* interruzione *f or* mancanza di corrente; ~**ed** *a*: ~**ed by** azionato(a) da; ~**ful** *a* potente, forte; ~**less** *a* impotente, senza potere; ~ **point** *n* presa di corrente; ~ **station** *n* centrale *f* elettrica.
powwow ['pauwau] *n* riunione *f*.
pox [pɔks] *n see* **chicken**.
p.p. *abbr*: ~ **J. Smith** per il Signor J. Smith.
P.R. *abbr of* **public relations**.
practicability [præktɪkə'bɪlɪtɪ] *n* praticabilità.
practicable ['præktɪkəbl] *a* (*scheme*) praticabile.
practical ['præktɪkl] *a* pratico(a); ~ **joke** *n* beffa; ~**ly** *ad* (*almost*) quasi.
practice ['præktɪs] *n* pratica; (*of profession*) esercizio; (*at football etc*) allenamento; (*business*) gabinetto; clientela // *vt,vi* (*US*) = **practise**; **in** ~ (*in reality*) in pratica; **out of** ~ fuori esercizio; **2 hours' piano** ~ 2 ore di esercizio al pianoforte.
practise, (*US*) **practice** ['præktɪs] *vt* (*work at: piano, one's backhand etc*) esercitarsi a; (*train for: skiing, running etc*) allenarsi a; (*a sport, religion*) praticare; (*method*) usare; (*profession*) esercitare // *vi* esercitarsi; (*train*) allenarsi; **practising** *a* (*Christian etc*) praticante; (*lawyer*) che esercita la professione.
practitioner [præk'tɪʃənə*] *n* professionista *m/f*.
pragmatic [præg'mætɪk] *a* prammatico(a).
prairie ['prɛərɪ] *n* prateria.
praise [preɪz] *n* elogio, lode *f* // *vt* elogiare, lodare; ~**worthy** *a* lodevole.
pram [præm] *n* carrozzina.
prance [prɑ:ns] *vi* (*horse*) impennarsi.
prank [præŋk] *n* burla.
prattle ['prætl] *vi* cinguettare.
prawn [prɔ:n] *n* gamberetto.
pray [preɪ] *vi* pregare.
prayer [prɛə*] *n* preghiera; ~ **book** *n* libro di preghiere.
preach [pri:tʃ] *vt,vi* predicare; ~**er** *n* predicatore/trice.
preamble [prɪ'æmbl] *n* preambolo.
precarious [prɪ'kɛərɪəs] *a* precario(a).
precaution [prɪ'kɔ:ʃən] *n* precauzione *f*; ~**ary** *a* (*measure*) precauzionale.
precede [prɪ'si:d] *vt,vi* precedere.
precedence ['prɛsɪdəns] *n* precedenza; **to take ~ over** avere la precedenza su.
precedent ['prɛsɪdənt] *n* precedente *m*.
preceding [prɪ'si:dɪŋ] *a* precedente.

precept ['pri:sɛpt] *n* precetto.
precinct ['pri:sɪŋkt] *n* (*round cathedral*) recinto; **~s** *npl* (*neighbourhood*) dintorni *mpl*, vicinanze *fpl*; **pedestrian ~** *n* zona pedonale.
precious ['prɛʃəs] *a* prezioso(a).
precipice ['prɛsɪpɪs] *n* precipizio.
precipitate [prɪ'sɪpɪtɪt] *a* (*hasty*) precipitoso(a); **precipitation** [-'teɪʃən] *n* precipitazione *f*.
precipitous [prɪ'sɪpɪtəs] *a* (*steep*) erto(a), ripido(a).
précis, *pl* **précis** ['preɪsɪ:, -z] *n* riassunto.
precise [prɪ'saɪs] *a* preciso(a); **~ly** *ad* precisamente; **~ly!** appunto!
preclude [prɪ'klu:d] *vt* precludere, impedire; **to ~ sb from doing** impedire a qd di fare.
precocious [prɪ'kəuʃəs] *a* precoce.
preconceived [pri:kən'si:vd] *a* (*idea*) preconcetto(a).
precondition [pri:kən'dɪʃən] *n* condizione *f* necessaria.
precursor [pri:'kə:sə*] *n* precursore *m*.
predator ['prɛdətə*] *n* predatore *m*; **~y** *a* predatore(trice).
predecessor ['pri:dɪsɛsə*] *n* predecessore/a.
predestination [pri:dɛstɪ'neɪʃən] *n* predestinazione *f*.
predetermine [pri:dɪ'tə:mɪn] *vt* predeterminare.
predicament [prɪ'dɪkəmənt] *n* situazione *f* difficile.
predicate ['prɛdɪkɪt] *n* (LING) predicativo.
predict [prɪ'dɪkt] *vt* predire; **~ion** [-'dɪkʃən] *n* predizione *f*.
predominant [prɪ'dɔmɪnənt] *a* predominante; **~ly** *ad* in maggior parte; soprattutto.
predominate [prɪ'dɔmɪneɪt] *vi* predominare.
pre-eminent [pri:'ɛmɪnənt] *a* preminente.
pre-empt [pri:'ɛmt] *vt* acquistare per diritto di prelazione.
preen [pri:n] *vt*: **to ~ itself** (*bird*) lisciarsi le penne.
prefab ['pri:fæb] *n* casa prefabbricata.
prefabricated [pri:'fæbrikeɪtɪd] *a* prefabbricato(a).
preface ['prɛfəs] *n* prefazione *f*.
prefect ['pri:fɛkt] *n* (*Brit: in school*) studente/essa con funzioni disciplinari; (*in Italy*) prefetto.
prefer [prɪ'fə:*] *vt* preferire; **~able** ['prɛfrəbl] *a* preferibile; **~ably** ['prɛfrəblɪ] *ad* preferibilmente; **~ence** ['prɛfrəns] *n* preferenza; **~ential** [prɛfə'rɛnʃəl] *a* preferenziale.
prefix ['pri:fɪks] *n* prefisso.
pregnancy ['prɛgnənsɪ] *n* gravidanza.
pregnant ['prɛgnənt] *a* incinta *af*.
prehistoric ['pri:hɪs'tɔrɪk] *a* preistorico(a).
prejudge [pri:'dʒʌdʒ] *vt* pregiudicare.
prejudice ['prɛdʒudɪs] *n* pregiudizio; (*harm*) torto, danno // *vt* pregiudicare, ledere; **~d** *a* (*person*) pieno(a) di pregiudizi; (*view*) prevenuto(a).
prelate ['prɛlət] *n* prelato.
preliminary [prɪ'lɪmɪnərɪ] *a* preliminare; **preliminaries** *npl* preliminari *mpl*.
prelude ['prɛlju:d] *n* preludio.
premarital ['pri:'mærɪtl] *a* prematrimoniale.
premature ['prɛmətʃuə*] *a* prematuro(a).
premeditated [pri:'mɛdɪteɪtɪd] *a* premeditato(a).
premier ['prɛmɪə*] *a* primo(a) // *n* (POL) primo ministro.
première ['prɛmɪɛə*] *n* première *f inv*.
premise ['prɛmɪs] *n* premessa; **~s** *npl* locale *m*; **on the ~s** sul posto.
premium ['pri:mɪəm] *n* premio.
premonition [prɛmə'nɪʃən] *n* premonizione *f*.
preoccupation [pri:ɔkju'peɪʃən] *n* preoccupazione *f*.
preoccupied [pri:'ɔkjupaɪd] *a* preoccupato(a).
prep [prɛp] *n* (SCOL: *study*) studio; **~ school** *n* = **preparatory school**.
prepaid [pri:'peɪd] *a* pagato(a) in anticipo.
preparation [prɛpə'reɪʃən] *n* preparazione *f*; **~s** *npl* (*for trip, war*) preparativi *mpl*.
preparatory [prɪ'pærətərɪ] *a* preparatorio(a); **~ school** *n* scuola elementare privata.
prepare [prɪ'pɛə*] *vt* preparare // *vi*: **to ~ for** prepararsi a; **~d for** preparato(a) a; **~d to** pronto(a) a.
preponderance [prɪ'pɔndərns] *n* preponderanza.
preposition [prɛpə'zɪʃən] *n* preposizione *f*.
preposterous [prɪ'pɔstərəs] *a* assurdo(a).
prerequisite [pri:'rɛkwɪzɪt] *n* requisito indispensabile.
prerogative [prɪ'rɔgətɪv] *n* prerogativa.
presbytery ['prɛzbɪtərɪ] *n* presbiterio.
prescribe [prɪ'skraɪb] *vt* prescrivere; (MED) ordinare.
prescription [prɪ'skrɪpʃən] *n* prescrizione *f*; (MED) ricetta.
presence ['prɛzns] *n* presenza; **~ of mind** *n* presenza di spirito.
present ['prɛznt] *a* presente; (*wife, residence, job*) attuale // *n* regalo; (*also*: **~ tense**) tempo presente // *vt* [prɪ'zɛnt] presentare; (*give*): **to ~ sb with sth** offrire qc a qd; **at ~** al momento; **~able** [prɪ'zɛntəbl] *a* presentabile; **~ation** [-'teɪʃən] *n* presentazione *f*; (*gift*) regalo, dono; (*ceremony*) cerimonia per il conferimento di un regalo; **~-day** *a* attuale, d'oggigiorno; **~ly** *ad* (*soon*) fra poco, presto; (*at present*) al momento.
preservation [prɛzə'veɪʃən] *n* preservazione *f*, conservazione *f*.
preservative [prɪ'zə:vətɪv] *n* conservante *m*.
preserve [prɪ'zə:v] *vt* (*keep safe*) preservare, proteggere; (*maintain*) conservare; (*food*) mettere in conserva //

n (*for game, fish*) riserva; (*often pl*: *jam*) marmellata; (: *fruit*) frutta sciroppata.
preside [prɪ'zaɪd] *vi* presiedere.
presidency ['prɛzɪdənsɪ] *n* presidenza.
president ['prɛzɪdənt] *n* presidente *m*; **~ial** [-'dɛnʃl] *a* presidenziale.
press [prɛs] *n* (*tool, machine*) pressa; (*for wine*) torchio; (*newspapers*) stampa; (*crowd*) folla // *vt* (*push*) premere, pigiare; (*squeeze*) spremere; (: *hand*) stringere; (*clothes*: *iron*) stirare; (*pursue*) incalzare; (*insist*): **to ~ sth on sb** far accettare qc da qd // *vi* premere; accalcare; **we are ~ed for time** ci manca il tempo; **to ~ for sth** insistere per avere qc; **to ~ on** *vi* continuare; **~ agency** *n* agenzia di stampa; **~ conference** *n* conferenza stampa; **~ cutting** *n* ritaglio di giornale; **~ing** *a* urgente // *n* stiratura; **~ stud** *n* bottone *m* a pressione.
pressure ['prɛʃə*] *n* pressione *f*; **~ cooker** *n* pentola a pressione; **~ gauge** *n* manometro; **~ group** *n* gruppo di pressione; **pressurized** *a* pressurizzato(a).
prestige [prɛs'ti:ʒ] *n* prestigio.
prestigious [prɛs'tɪdʒəs] *a* prestigioso(a).
presumably [prɪ'zju:məblɪ] *ad* presumibilmente.
presume [prɪ'zju:m] *vt* supporre; **to ~ to do** (*dare*) permettersi di fare.
presumption [prɪ'zʌmpʃən] *n* presunzione *f*; (*boldness*) audacia.
presumptuous [prɪ'zʌmpʃəs] *a* presuntuoso(a).
presuppose [pri:sə'pəuz] *vt* presupporre.
pretence, pretense (*US*) [prɪ'tɛns] *n* (*claim*) pretesa; **to make a ~ of doing** far finta di fare.
pretend [prɪ'tɛnd] *vt* (*feign*) fingere // *vi* (*feign*) far finta; (*claim*): **to ~ to sth** pretendere a qc; **to ~ to do** far finta di fare.
pretentious [prɪ'tɛnʃəs] *a* pretenzioso(a).
preterite ['prɛtərɪt] *n* preterito.
pretext ['pri:tɛkst] *n* pretesto.
pretty ['prɪtɪ] *a* grazioso(a), carino(a) // *ad* abbastanza, assai.
prevail [prɪ'veɪl] *vi* (*win, be usual*) prevalere; (*persuade*): **to ~ (up)on sb to do** persuadere qd a fare; **~ing** *a* dominante.
prevalent ['prɛvələnt] *a* (*belief*) predominante; (*customs*) diffuso(a); (*fashion*) corrente; (*disease*) comune.
prevarication [prɪværɪ'keɪʃən] *n* tergiversazione *f*.
prevent [prɪ'vɛnt] *vt* prevenire; **to ~ sb from doing** impedire a qd di fare; **~able** *a* evitabile; **~ative** *a* preventivo(a); **~ion** [-'vɛnʃən] *n* prevenzione *f*; **~ive** *a* preventivo(a).
preview ['pri:vju:] *n* (*of film*) anteprima.
previous ['pri:vɪəs] *a* precedente; anteriore; **~ly** *ad* prima.
prewar ['pri:'wɔ:*] *a* anteguerra *inv*.
prey [preɪ] *n* preda // *vi*: **to ~ on** far preda di; **it was ~ing on his mind** gli rodeva la mente.
price [praɪs] *n* prezzo // *vt* (*goods*) fissare il prezzo di; valutare; **~less** *a* inapprezzabile.
prick [prɪk] *n* puntura // *vt* pungere; **to ~ up one's ears** drizzare gli orecchi.
prickle ['prɪkl] *n* (*of plant*) spina; (*sensation*) pizzicore *m*.
prickly ['prɪklɪ] *a* spinoso(a); (*fig*: *person*) permaloso(a); **~ heat** *n* sudamina.
pride [praɪd] *n* orgoglio; superbia // *vt*: **to ~ o.s. on** essere orgoglioso(a) di; vantarsi di.
priest [pri:st] *n* prete *m*, sacerdote *m*; **~ess** *n* sacerdotessa; **~hood** *n* sacerdozio.
prig [prɪg] *n*: **he's a ~** è compiaciuto di se stesso.
prim [prɪm] *a* pudico(a); contegnoso(a).
primarily ['praɪmərɪlɪ] *ad* principalmente, essenzialmente.
primary ['praɪmərɪ] *a* primario(a); (*first in importance*) primo(a); **~ school** *n* scuola elementare.
primate *n* (REL: ['praɪmɪt], ZOOL: ['praɪmeɪt]) primate *m*.
prime [praɪm] *a* primario(a), fondamentale; (*excellent*) di prima qualità // *vt* (*gun*) innescare; (*pump*) adescare; (*fig*) mettere al corrente; **in the ~ of life** nel fiore della vita; **~ minister (P.M.)** *n* primo ministro; **~r** *n* (*book*) testo elementare.
primeval [praɪ'mi:vl] *a* primitivo(a).
primitive ['prɪmɪtɪv] *a* primitivo(a).
primrose ['prɪmrəuz] *n* primavera.
primus (stove) ['praɪməs(stəuv)] *n* ® fornello a petrolio.
prince [prɪns] *n* principe *m*.
princess [prɪn'sɛs] *n* principessa.
principal ['prɪnsɪpl] *a* principale // *n* (*headmaster*) preside *m*.
principality [prɪnsɪ'pælɪtɪ] *n* principato.
principle ['prɪnsɪpl] *n* principio.
print [prɪnt] *n* (*mark*) impronta; (*letters*) caratteri *mpl*; (*fabric*) tessuto stampato; (ART, PHOT) stampa // *vt* imprimere; (*publish*) stampare, pubblicare; (*write in capitals*) scrivere in stampatello; **out of ~** esaurito(a); **~ed matter** *n* stampe *fpl*; **~er** *n* tipografo; **~ing** *n* stampa; **~ing press** *n* macchina tipografica; **~-out** *n* tabulato.
prior ['praɪə*] *a* precedente // *n* priore *m*; **~ to doing** prima di fare.
priority [praɪ'ɔrɪtɪ] *n* priorità *f inv*; precedenza.
priory ['praɪərɪ] *n* monastero.
prise [praɪz] *vt*: **to ~ open** forzare.
prism ['prɪzəm] *n* prisma *m*.
prison ['prɪzn] *n* prigione *f*; **~er** *n* prigioniero/a.
pristine ['prɪsti:n] *a* originario(a); intatto(a); puro(a).
privacy ['prɪvəsɪ] *n* solitudine *f*, intimità.
private ['praɪvɪt] *a* privato(a); personale

// *n* soldato semplice; '~' (*on envelope*) 'riservata'; **in** ~ in privato; ~ **eye** *n* investigatore *m* privato; ~**ly** *ad* in privato; (*within oneself*) dentro di sé.
privet ['prıvıt] *n* ligustro.
privilege ['prıvılıdʒ] *n* privilegio; ~**d** *a* privilegiato(a).
privy ['prıvı] *a*: **to be** ~ **to** essere al corrente di; **P**~ **Council** *n* Consiglio della Corona.
prize [praız] *n* premio // *a* (*example, idiot*) perfetto(a); (*bull, novel*) premiato(a) // *vt* apprezzare, pregiare; ~ **fight** *n* incontro di pugilato tra professionisti; ~ **giving** *n* premiazione *f*; ~**winner** *n* premiato/a.
pro [prəu] *n* (SPORT) professionista *m/f*; **the** ~**s and cons** il pro e il contro.
probability [prɔbə'bılıtı] *n* probabilità *f inv*.
probable ['prɔbəbl] *a* probabile; **probably** *ad* probabilmente.
probation [prə'beıʃən] *n* (*in employment*) periodo di prova; (LAW) libertà vigilata; **on** ~ (*employee*) in prova; (LAW) in libertà vigilata.
probe [prəub] *n* (MED, SPACE) sonda; (*enquiry*) indagine *f*, investigazione *f* // *vt* sondare, esplorare; indagare.
probity ['prəubıtı] *n* probità.
problem ['prɔbləm] *n* problema *m*; ~**atic** [-'mætık] *a* problematico(a).
procedure [prə'si:dʒə*] *n* (ADMIN, LAW) procedura; (*method*) metodo, procedimento.
proceed [prə'si:d] *vi* (*go forward*) avanzare, andare avanti; (*go about it*) procedere; (*continue*): **to** ~ **(with)** continuare; **to** ~ **to** andare a; passare a; **to** ~ **to do** mettersi a fare; ~**ing** *n* procedimento, modo d'agire; ~**ings** *npl* misure *fpl*; (LAW) procedimento; (*meeting*) riunione *f*; (*records*) rendiconti *mpl*; atti *mpl*; ~**s** ['prəusi:dz] *npl* profitto, incasso.
process ['prəusɛs] *n* processo; (*method*) metodo, sistema *m* // *vt* trattare; (*information*) elaborare; ~**ing** *n* trattamento; elaborazione *f*.
procession [prə'sɛʃən] *n* processione *f*, corteo.
proclaim [prə'kleım] *vt* proclamare, dichiarare.
proclamation [prɔklə'meıʃən] *n* proclamazione *f*.
procrastination [prəukræstı'neıʃən] *n* procrastinazione *f*.
procreation [prəukrı'eıʃən] *n* procreazione *f*.
procure [prə'kjuə*] *vt* (*for o.s.*) procurarsi; (*for sb*) procurare.
prod [prɔd] *vt* pungolare // *n* (*push, jab*) pungolo.
prodigal ['prɔdıgl] *a* prodigo(a).
prodigious [prə'dıdʒəs] *a* prodigioso(a).
prodigy ['prɔdıdʒı] *n* prodigio.
produce *n* ['prɔdju:s] (AGR) prodotto, prodotti *mpl* // *vt* [prə'dju:s] produrre; (*to show*) esibire, mostrare; (*cause*) cagionare, causare; (THEATRE) mettere in scena; ~**r** *n* (THEATRE) direttore/trice; (AGR, CINEMA) produttore *m*.
product ['prɔdʌkt] *n* prodotto.
production [prə'dʌkʃən] *n* produzione *f*; (THEATRE) messa in scena; ~ **line** *n* catena di lavorazione.
productive [prə'dʌktıv] *a* produttivo(a).
productivity [prɔdʌk'tıvıtı] *n* produttività.
profane [prə'feın] *a* profano(a); (*language*) empio(a).
profess [prə'fɛs] *vt* professare.
profession [prə'fɛʃən] *n* professione *f*; ~**al** *n* (SPORT) professionista *m/f* // *a* professionale; (*work*) da professionista; ~**alism** *n* professionismo.
professor [prə'fɛsə*] *n* professore *m* (*titolare di una cattedra*).
proficiency [prə'fıʃənsı] *n* competenza, abilità.
proficient [prə'fıʃənt] *a* competente, abile.
profile ['prəufaıl] *n* profilo.
profit ['prɔfıt] *n* profitto; beneficio // *vi*: **to** ~ **(by** *or* **from)** approfittare (di); ~**ability** [-'bılıtı] *n* redditività; ~**able** *a* redditizio(a).
profiteering [prɔfı'tıərıŋ] *n* (*pej*) affarismo.
profound [prə'faund] *a* profondo(a).
profuse [prə'fju:s] *a* infinito(a), abbondante; ~**ly** *ad* con grande effusione; **profusion** [-'fju:ʒən] *n* profusione *f*, abbondanza.
progeny ['prɔdʒını] *n* progenie *f*; discendenti *mpl*.
programme, program (*US*) ['prəugræm] *n* programma *m* // *vt* programmare; **programming, programing** (*US*) *n* programmazione *f*.
progress *n* ['prəugrɛs] progresso // *vi* [prə'grɛs] avanzare, procedere; **in** ~ in corso; **to make** ~ far progressi; ~**ion** [-'grɛʃən] *n* progressione *f*; ~**ive** [-'grɛsıv] *a* progressivo(a); (*person*) progressista *m/f*; ~**ively** [-'grɛsıvlı] *ad* progressivamente.
prohibit [prə'hıbıt] *vt* proibire, vietare; ~**ion** [prəuı'bıʃən] *n* (*US*) proibizionismo; ~**ive** *a* (*price etc*) proibitivo(a).
project *n* ['prɔdʒɛkt] (*plan*) piano; (*venture*) progetto; (SCOL) studio // *vb* [prə'dʒɛkt] *vt* proiettare // *vi* (*stick out*) sporgere.
projectile [prə'dʒɛktaıl] *n* proiettile *m*.
projection [prə'dʒɛkʃən] *n* proiezione *f*; sporgenza.
projector [prə'dʒɛktə*] *n* proiettore *m*.
proletarian [prəulı'tɛərıən] *a*, *n* proletario(a).
proletariat [prəulı'tɛərıət] *n* proletariato.
proliferate [prə'lıfəreıt] *vi* proliferare; **proliferation** [-'reıʃən] *n* proliferazione *f*.
prolific [prə'lıfık] *a* prolifico(a).
prologue ['prəulɔg] *n* prologo.
prolong [prə'lɔŋ] *vt* prolungare.
prom [prɔm] *n abbr of* **promenade**; (*US*: *ball*) ballo studentesco.
promenade [prɔmə'nɑ:d] *n* (*by sea*)

lungomare *m*; ~ **concert** *n* concerto di musica classica.
prominence ['prɔmɪnəns] *n* prominenza; importanza.
prominent ['prɔmɪnənt] *a* (*standing out*) prominente; (*important*) importante.
promiscuity [prɔmɪs'kju:ɪtɪ] *n* (*sexual*) rapporti *mpl* multipli.
promiscuous [prə'mɪskjuəs] *a* (*sexually*) di facili costumi.
promise ['prɔmɪs] *n* promessa // *vt,vi* promettere; **promising** *a* promettente.
promontory ['prɔmɔntrɪ] *n* promontorio.
promote [prə'məut] *vt* promuovere; (*venture, event*) organizzare; ~**r** *n* (*of sporting event*) organizzatore/trice; **promotion** [-'məuʃən] *n* promozione *f*; (*of new product*) promotion *m*.
prompt [prɔmpt] *a* rapido(a), svelto(a); puntuale; (*reply*) sollecito(a) // *ad* (*punctually*) in punto // *vt* incitare; provocare; (*THEATRE*) suggerire a; **to ~ sb to do** spingere qd a fare; ~**er** *n* (*THEATRE*) suggeritore *m*; ~**ly** *ad* prontamente; puntualmente; ~**ness** *n* prontezza; puntualità.
prone [prəun] *a* (*lying*) prono(a); ~ **to** propenso(a) a, incline a.
prong [prɔŋ] *n* rebbio, punta.
pronoun ['prəunaun] *n* pronome *m*.
pronounce [prə'nauns] *vt* pronunziare // *vi*: **to ~ (up)on** pronunziare su; ~**d** *a* (*marked*) spiccato(a); ~**ment** *n* dichiarazione *f*.
pronunciation [prənʌnsɪ'eɪʃən] *n* pronunzia.
proof [pru:f] *n* prova; (*of book*) bozza; (*PHOT*) provino; (*of alcohol*) grado // *a*: ~ **against** a prova di.
prop [prɔp] *n* sostegno, appoggio // *vt* (*also*: ~ **up**) sostenere, appoggiare; (*lean*): **to ~ sth against** appoggiare qc contro *or* a.
propaganda [prɔpə'gændə] *n* propaganda.
propagation [prɔpə'geɪʃən] *n* propagazione *f*.
propel [prə'pɛl] *vt* spingere (in avanti), muovere; ~**ler** *n* elica; ~**ling pencil** *n* matita a mina.
propensity [prə'pɛnsɪtɪ] *n* tendenza.
proper ['prɔpə*] *a* (*suited, right*) adatto(a), appropriato(a); (*seemly*) decente; (*authentic*) vero(a); (*col*: *real*) *noun* + vero(a) e proprio(a); ~**ly** *ad* decentemente; proprio, del tutto; ~ **noun** *n* nome *m* proprio.
property ['prɔpətɪ] *n* (*things owned*) beni *mpl*; proprietà *fpl*; bene *m* immobile; tenuta, terra; (*CHEM etc*: *quality*) proprietà *f inv*; ~ **owner** *n* proprietario/a.
prophecy ['prɔfɪsɪ] *n* profezia.
prophesy ['prɔfɪsaɪ] *vt* predire.
prophet ['prɔfɪt] *n* profeta *m*; ~**ic** [prə'fɛtɪk] *a* profetico(a).
proportion [prə'pɔ:ʃən] *n* proporzione *f*; (*share*) parte *f* // *vt* proporzionare, commisurare; ~**al** *a* proporzionale; ~**ate** *a* proporzionato(a).
proposal [prə'pəuzl] *n* proposta; (*plan*) progetto; (*of marriage*) proposta di matrimonio.
propose [prə'pəuz] *vt* proporre, suggerire // *vi* fare una proposta di matrimonio; **to ~ to do** proporsi di fare, aver l'intenzione di fare.
proposition [prɔpə'zɪʃən] *n* proposizione *f*.
propound [prə'paund] *vt* proporre, presentare.
proprietor [prə'praɪətə*] *n* proprietario/a.
propulsion [prə'pʌlʃən] *n* propulsione *f*.
prosaic [prəu'zeɪɪk] *a* prosaico(a).
prose [prəuz] *n* prosa; (*SCOL*: *translation*) traduzione *f* dalla madrelingua.
prosecute ['prɔsɪkju:t] *vt* processare; **prosecution** [-'kju:ʃən] *n* processo; (*accusing side*) accusa; **prosecutor** *n* accusatore/trice; (*also*: **public** ~) pubblico ministero.
prospect *n* ['prɔspɛkt] prospettiva; (*hope*) speranza // *vb* [prə'spɛkt] *vt* fare assaggi in // *vi* fare assaggi; ~**s** *npl* (*for work etc*) prospettive *fpl*; **prospecting** *n* prospezione *f*; **prospective** *a* possibile; futuro(a); **prospector** *n* prospettore *m*.
prospectus [prə'spɛktəs] *n* prospetto, programma *m*.
prosper ['prɔspə*] *vi* prosperare; ~**ity** [-'spɛrɪtɪ] *n* prosperità; ~**ous** *a* prospero(a).
prostitute ['prɔstɪtju:t] *n* prostituta.
prostrate ['prɔstreɪt] *a* prostrato(a).
protagonist [prə'tægənɪst] *n* protagonista *m/f*.
protect [prə'tɛkt] *vt* proteggere, salvaguardare; ~**ion** *n* protezione *f*; ~**ive** *a* protettivo(a); ~**or** *n* protettore/trice.
protégé ['prəutəʒeɪ] *n* protetto; ~**e** *n* protetta.
protein ['prəuti:n] *n* proteina.
protest *n* ['prəutɛst] protesta // *vi* [prə'tɛst] protestare.
Protestant ['prɔtɪstənt] *a,n* protestante (*m/f*).
protocol ['prəutəkɔl] *n* protocollo.
prototype ['prəutətaɪp] *n* prototipo.
protracted [prə'træktɪd] *a* tirato(a) per le lunghe.
protrude [prə'tru:d] *vi* sporgere.
protuberance [prə'tju:bərəns] *n* sporgenza.
proud [praud] *a* fiero(a), orgoglioso(a); (*pej*) superbo(a).
prove [pru:v] *vt* provare, dimostrare // *vi*: **to ~ correct** *etc* risultare vero(a) *etc*; **to ~ o.s.** mostrare le proprie capacità; **to ~ o.s./itself (to be) useful** *etc* mostrarsi *or* rivelarsi utile *etc*.
proverb ['prɔvə:b] *n* proverbio; ~**ial** [prə'və:bɪəl] *a* proverbiale.
provide [prə'vaɪd] *vt* fornire, provvedere; **to ~ sb with sth** fornire *or* provvedere qd di qc; **to ~ for** *vt* provvedere a; ~**d (that)** *cj* purché + *sub*, a condizione che + *sub*.

Providence ['prɔvɪdəns] *n* Provvidenza.
providing [prə'vaɪdɪŋ] *cj* purché + *sub*, a condizione che + *sub*.
province ['prɔvɪns] *n* provincia; **provincial** [prə'vɪnʃəl] *a* provinciale.
provision [prə'vɪʒən] *n* (*supply*) riserva; (*supplying*) provvista; rifornimento; (*stipulation*) condizione *f*; **~s** *npl* (*food*) provviste *fpl*; **~al** *a* provvisorio(a).
proviso [prə'vaɪzəu] *n* condizione *f*.
provocation [prɔvə'keɪʃən] *n* provocazione *f*.
provocative [prə'vɔkətɪv] *a* (*aggressive*) provocatorio(a); (*thought-provoking*) stimolante; (*seductive*) provocante.
provoke [prə'vəuk] *vt* provocare; incitare.
prow [prau] *n* prua.
prowess ['prauɪs] *n* prodezza.
prowl [praul] *vi* (*also*: **~ about, ~ around**) aggirarsi furtivamente; **~er** *n* tipo sospetto (*che s'aggira con l'intenzione di rubare, aggredire etc*).
proximity [prɔk'sɪmɪtɪ] *n* prossimità.
proxy ['prɔksɪ] *n* procura; **by ~** per procura.
prudence ['pru:dns] *n* prudenza.
prudent ['pru:dnt] *a* prudente.
prudish ['pru:dɪʃ] *a* puritano(a).
prune [pru:n] *n* prugna secca // *vt* potare.
pry [praɪ] *vi*: **to ~ into** ficcare il naso in.
psalm [sɑ:m] *n* salmo.
pseudo- ['sju:dəu] *prefix* pseudo...; **~nym** *n* pseudonimo.
psyche ['saɪkɪ] *n* psiche *f*.
psychiatric [saɪkɪ'ætrɪk] *a* psichiatrico(a).
psychiatrist [saɪ'kaɪətrɪst] *n* psichiatra *m/f*.
psychiatry [saɪ'kaɪətrɪ] *n* psichiatria.
psychic ['saɪkɪk] *a* (*also*: **~al**) psichico(a); (*person*) dotato(a) di qualità telepatiche.
psychoanalyse [saɪkəu'ænəlaɪz] *vt* psicanalizzare.
psychoanalysis, *pl* **lyses** [saɪkəuə'nælɪsɪs, -si:z] *n* psicanalisi *f inv*.
psychoanalyst [saɪkəu'ænəlɪst] *n* psicanalista *m/f*.
psychological [saɪkə'lɔdʒɪkl] *a* psicologico(a).
psychologist [saɪ'kɔlədʒɪst] *n* psicologo/a.
psychology [saɪ'kɔlədʒɪ] *n* psicologia.
psychopath ['saɪkəupæθ] *n* psicopatico/a.
psychotic [saɪ'kɔtɪk] *a,n* psicotico(a).
P.T.O. *abbr* (= *please turn over*) v.r. (vedi retro).
pub [pʌb] *n* (*abbr of* **public house**) pub *m inv*.
puberty ['pju:bətɪ] *n* pubertà.
public ['pʌblɪk] *a* pubblico(a) // *n* pubblico; **the general ~** il pubblico.
publican ['pʌblɪkən] *n* proprietario di un pub.
publication [pʌblɪ'keɪʃən] *n* pubblicazione *f*.
public: **~ company** *n* società *f inv* per azioni (*costituita tramite pubblica sottoscrizione*); **~ convenience** *n* gabinetti *mpl*; **~ house** *n* pub *m inv*.
publicity [pʌb'lɪsɪtɪ] *n* pubblicità.
publicly ['pʌblɪklɪ] *ad* pubblicamente.
public: **~ opinion** *n* opinione *f* pubblica; **~ relations** *n* pubbliche relazioni *fpl*; **~ school** *n* (*Brit*) scuola privata; **~-spirited** *a* che ha senso civico.
publish ['pʌblɪʃ] *vt* pubblicare; **~er** *n* editore *m*; **~ing** *n* (*industry*) editoria; (*of a book*) pubblicazione *f*.
puce [pju:s] *a* color pulce *inv*.
puck [pʌk] *n* (ICE HOCKEY) disco.
pucker ['pʌkə*] *vt* corrugare.
pudding ['pudɪŋ] *n* budino; (*dessert*) dolce *m*.
puddle ['pʌdl] *n* pozza, pozzanghera.
puerile ['pjuəraɪl] *a* puerile.
puff [pʌf] *n* sbuffo; (*also*: **powder ~**) piumino // *vt*: **to ~ one's pipe** tirare sboccate di fumo // *vi* uscire a sbuffi; (*pant*) ansare; **to ~ out smoke** mandar fuori sbuffi di fumo; **~ed** *a* (*col*: *out of breath*) senza fiato.
puffin ['pʌfɪn] *n* puffino.
puff pastry ['pʌf'peɪstrɪ] *n* pasta sfoglia.
puffy ['pʌfɪ] *a* gonfio(a).
pugnacious [pʌg'neɪʃəs] *a* combattivo(a).
pull [pul] *n* (*tug*): **to give sth a ~** tirare su qc; (*fig*) influenza // *vt* tirare; (*muscle*) strappare // *vi* tirare; **to ~ to pieces** fare a pezzi; **to ~ one's punches** (BOXING) risparmiare l'avversario; **not to ~ one's punches** (*fig*) non avere peli sulla lingua; **to ~ one's weight** dare il proprio contributo; **to ~ o.s. together** ricomporsi, riprendersi; **to ~ sb's leg** prendere in giro qd; **to ~ apart** *vt* (*break*) fare a pezzi; **to ~ down** *vt* (*house*) demolire; (*tree*) abbattere; **to ~ in** *vi* (AUT: *at the kerb*) accostarsi; (RAIL) entrare in stazione; **to ~ off** *vt* (*deal etc*) portare a compimento; **to ~ out** *vi* partire; (AUT: *come out of line*) spostarsi sulla mezzeria // *vt* staccare; far uscire; (*withdraw*) ritirare; **to ~ through** *vi* farcela; **to ~ up** *vi* (*stop*) fermarsi // *vt* (*uproot*) sradicare; (*stop*) fermare.
pulley ['pulɪ] *n* puleggia, carrucola.
pullover ['puləuvə*] *n* pullover *m inv*.
pulp [pʌlp] *n* (*of fruit*) polpa; (*for paper*) pasta per carta.
pulpit ['pulpɪt] *n* pulpito.
pulsate [pʌl'seɪt] *vi* battere, palpitare.
pulse [pʌls] *n* polso.
pulverize ['pʌlvəraɪz] *vt* polverizzare.
puma ['pju:mə] *n* puma *m inv*.
pummel ['pʌml] *vt* dare pugni a.
pump [pʌmp] *n* pompa; (*shoe*) scarpetta // *vt* pompare; (*fig*: *col*) far parlare; **to ~ up** *vt* gonfiare.
pumpkin ['pʌmpkɪn] *n* zucca.
pun [pʌn] *n* gioco di parole.
punch [pʌntʃ] *n* (*blow*) pugno; (*fig*: *force*) forza; (*tool*) punzone *m*; (*drink*) ponce *m* // *vt* (*hit*): **to ~ sb/sth** dare un pugno a qd/qc; **to ~ a hole (in)** fare un buco (in); **~-up** *n* (*col*) rissa.

punctual ['pʌŋktjuəl] *a* puntuale; **~ity** [-'ælɪtɪ] *n* puntualità.
punctuate ['pʌŋktjueɪt] *vt* punteggiare; **punctuation** [-'eɪʃən] *n* interpunzione *f*, punteggiatura.
puncture ['pʌŋktʃə*] *n* foratura // *vt* forare.
pundit ['pʌndɪt] *n* sapientone/a.
pungent ['pʌndʒənt] *a* piccante; (*fig*) mordace, caustico(a).
punish ['pʌnɪʃ] *vt* punire; **~able** *a* punibile; **~ment** *n* punizione *f*.
punt [pʌnt] *n* (*boat*) barchino; (FOOTBALL) colpo a volo.
puny ['pju:nɪ] *a* gracile.
pup [pʌp] *n* cucciolo/a.
pupil ['pju:pl] *n* allievo/a; alunno/a.
puppet ['pʌpɪt] *n* burattino.
puppy ['pʌpɪ] *n* cucciolo/a, cagnolino/a.
purchase ['pə:tʃɪs] *n* acquisto, compera // *vt* comprare; **~r** *n* compratore/trice.
pure [pjuə*] *a* puro(a).
purge [pə:dʒ] *n* (MED) purga; (POL) epurazione *f* // *vt* purgare; (*fig*) epurare.
purification [pjuərɪfɪ'keɪʃən] *n* purificazione *f*.
purify ['pjuərɪfaɪ] *vt* purificare.
purist ['pjuərɪst] *n* purista *m/f*.
puritan ['pjuərɪtən] *n* puritano/a; **~ical** [-'tænɪkl] *a* puritano(a).
purity ['pjuərɪtɪ] *n* purità.
purl [pə:l] *n* punto rovescio.
purple ['pə:pl] *a* di porpora; viola *inv*.
purport [pə:'pɔ:t] *vi*: **to ~ to be/do** pretendere di essere/fare.
purpose ['pə:pəs] *n* intenzione *f*, scopo; **on ~** apposta; **~ful** *a* deciso(a), risoluto(a); **~ly** *ad* apposta.
purr [pə:*] *vi* fare le fusa.
purse [pə:s] *n* borsellino // *vt* contrarre.
purser ['pə:sə*] *n* (NAUT) commissario di bordo.
pursue [pə'sju:] *vt* inseguire; **~r** *n* inseguitore/trice.
pursuit [pə'sju:t] *n* inseguimento; (*occupation*) occupazione *f*, attività *f inv*; **scientific ~s** ricerche *fpl* scientifiche.
purveyor [pə'veɪə*] *n* fornitore/trice.
pus [pʌs] *n* pus *m*.
push [puʃ] *n* spinta; (*effort*) grande sforzo; (*drive*) energia // *vt* spingere; (*button*) premere; (*thrust*): **to ~ sth (into)** ficcare qc (in); (*fig*) fare pubblicità a // *vi* spingere; premere; **to ~ aside** *vt* scostare; **to ~ off** *vi* (*col*) filare; **to ~ on** *vi* (*continue*) continuare; **to ~ through** *vt* (*measure*) far approvare; **to ~ up** *vt* (*total, prices*) far salire; **~chair** *n* passeggino; **~over** *n* (*col*): **it's a ~over** è un lavoro da bambini; **~y** *a* (*pej*) opportunista.
puss, pussy(-cat) [pus, 'pusɪ(kæt)] *n* micio.
put, *pt, pp* **put** [put] *vt* mettere, porre; (*say*) dire, esprimere; (*a question*) fare; (*estimate*) stimare; **to ~ about** *vi* (NAUT) virare di bordo // *vt* (*rumour*) diffondere; **to ~ across** *vt* (*ideas etc*) comunicare; far capire; **to ~ away** *vt* (*return*) mettere a posto; **to ~ back** *vt* (*replace*) rimettere (a posto); (*postpone*) rinviare; (*delay*) ritardare; **to ~ by** *vt* (*money*) mettere da parte; **to ~ down** *vt* (*parcel etc*) posare, mettere giù; (*pay*) versare; (*in writing*) mettere per iscritto; (*suppress*: *revolt etc*) reprimere, sopprimere; (*attribute*) attribuire; **to ~ forward** *vt* (*ideas*) avanzare, proporre; (*date*) anticipare; **to ~ in** *vt* (*application, complaint*) presentare; **to ~ off** *vt* (*postpone*) rimandare, rinviare; (*discourage*) dissuadere; **to ~ on** *vt* (*clothes, lipstick etc*) mettere; (*light etc*) accendere; (*play etc*) mettere in scena; (*food, meal*) servire; (*brake*) mettere; **to ~ on weight** ingrassare; **to ~ on airs** darsi delle arie; **to ~ out** *vt* mettere fuori; (*one's hand*) porgere; (*light etc*) spegnere; (*person*: *inconvenience*) scomodare; **to ~ up** *vt* (*raise*) sollevare, alzare; (*pin up*) affiggere; (*hang*) appendere; (*build*) costruire, erigere; (*increase*) aumentare; (*accommodate*) alloggiare; **to ~ up with** *vt fus* sopportare.
putrid ['pju:trɪd] *a* putrido(a).
putt [pʌt] *vt* (*ball*) colpire leggermente // *n* colpo leggero; **~er** *n* (GOLF) putter *m inv*; **~ing green** *n* green *m inv*; campo da putting.
putty ['pʌtɪ] *n* stucco.
put-up ['putʌp] *a*: **~ job** *n* montatura.
puzzle ['pʌzl] *n* enigma *m*, mistero; (*jigsaw*) puzzle *m* // *vt* confondere, rendere perplesso(a) // *vi* scervellarsi; **puzzling** *a* sconcertante, inspiegabile.
pygmy ['pɪgmɪ] *n* pigmeo/a.
pyjamas [pɪ'dʒɑ:məz] *npl* pigiama *m*.
pylon ['paɪlən] *n* pilone *m*.
pyramid ['pɪrəmɪd] *n* piramide *f*.
python ['paɪθən] *n* pitone *m*.

Q

quack [kwæk] *n* (*of duck*) qua qua *m inv*; (*pej*: *doctor*) dottoruccio/a.
quad [kwɔd] *abbr of* **quadrangle, quadruplet**.
quadrangle ['kwɔdræŋgl] *n* (MATH) quadrilatero; (*courtyard*) cortile *m*.
quadruped ['kwɔdruped] *n* quadrupede *m*.
quadruple [kwɔ'drupl] *a* quadruplo(a) // *n* quadruplo // *vt* quadruplicare // *vi* quadruplicarsi; **~t** [-'dru:plɪt] *n* uno/a di quattro gemelli.
quagmire ['kwægmaɪə*] *n* pantano.
quail [kweɪl] *n* (ZOOL) quaglia.
quaint [kweɪnt] *a* bizzarro(a); (*old-fashioned*) antiquato(a); grazioso(a), pittoresco(a).
quake [kweɪk] *vi* tremare // *n abbr of* **earthquake**.
Quaker ['kweɪkə*] *n* quacchero/a.
qualification [kwɔlɪfɪ'keɪʃən] *n* (*degree etc*) qualifica, titolo; (*ability*) competenza,

qualificazione *f*; (*limitation*) riserva, restrizione *f*.
qualified ['kwɔlɪfaɪd] *a* qualificato(a); (*able*) competente, qualificato(a); (*limited*) condizionato(a).
qualify ['kwɔlɪfaɪ] *vt* abilitare; (*limit*: *statement*) modificare, precisare // *vi*: **to ~ (as)** qualificarsi (come); **to ~ (for)** acquistare i requisiti necessari (per); (SPORT) qualificarsi (per *or* a).
qualitative ['kwɔlɪtətɪv] *a* qualitativo(a).
quality ['kwɔlɪtɪ] *n* qualità *f inv*.
qualm [kwɑ:m] *n* dubbio; scrupolo.
quandary ['kwɔndrɪ] *n*: **in a ~** in un dilemma.
quantitative ['kwɔntɪtətɪv] *a* quantitativo(a).
quantity ['kwɔntɪtɪ] *n* quantità *f inv*; **~ surveyor** *n* geometra *m* (*specializzato nel calcolare la quantità e il costo del materiale da costruzione*).
quarantine ['kwɔrnti:n] *n* quarantena.
quarrel ['kwɔrl] *n* lite *f*, disputa // *vi* litigare; **~some** *a* litigioso(a).
quarry ['kwɔrɪ] *n* (*for stone*) cava; (*animal*) preda // *vt* (*marble etc*) estrarre.
quart [kwɔ:t] *n* ≈ litro (= *2 pints*).
quarter ['kwɔ:tə*] *n* quarto; (*of year*) trimestre *m*; (*district*) quartiere *m* // *vt* dividere in quattro; (MIL) alloggiare; **~s** *npl* alloggio; (MIL) alloggi *mpl*, quadrato; **a ~ of an hour** un quarto d'ora; **~ final** *n* quarto di finale; **~ly** *a* trimestrale // *ad* trimestralmente; **~master** *n* (MIL) furiere *m*.
quartet(te) [kwɔ:'tɛt] *n* quartetto.
quartz [kwɔ:ts] *n* quarzo; **~ watch** *n* orologio al quarzo.
quash [kwɔʃ] *vt* (*verdict*) annullare.
quasi- ['kweɪzaɪ] *prefix* quasi + *noun*; quasi, pressoché + *adjective*.
quaver ['kweɪvə*] *n* (MUS) croma // *vi* tremolare.
quay [ki:] *n* (*also*: **~side**) banchina.
queasy ['kwi:zɪ] *a* (*stomach*) delicato(a); **to feel ~** aver la nausea.
queen [kwi:n] *n* (*gen*) regina; (CARDS *etc*) regina, donna; **~ mother** *n* regina madre.
queer [kwɪə*] *a* strano(a), curioso(a); (*suspicious*) dubbio(a), sospetto(a); (*sick*): **I feel ~** mi sento poco bene // *n* (*col*) finocchio.
quell [kwɛl] *vt* domare.
quench [kwɛntʃ] *vt* (*flames*) spegnere; **to ~ one's thirst** dissetarsi.
query ['kwɪərɪ] *n* domanda, questione *f*; (*doubt*) dubbio // *vt* mettere in questione.
quest [kwɛst] *n* cerca, ricerca.
question ['kwɛstʃən] *n* domanda, questione *f* // *vt* (*person*) interrogare; (*plan, idea*) mettere in questione *or* in dubbio; **it's a ~ of doing** si tratta di fare; **beyond ~** fuori di dubbio; **out of the ~** fuori discussione, impossibile; **~able** *a* discutibile; **~ing** *a* interrogativo(a) // *n* interrogatorio; **~ mark** *n* punto interrogativo.
questionnaire [kwɛstʃə'nɛə*] *n* questionario.
queue [kju:] *n* coda, fila // *vi* fare la coda.
quibble ['kwɪbl] *vi* cavillare.
quick [kwɪk] *a* rapido(a), veloce; (*reply*) pronto(a); (*mind*) pronto(a), acuto(a) // *ad* rapidamente, presto // *n*: **cut to the ~** (*fig*) toccato(a) sul vivo; **be ~!** fa presto!; **~en** *vt* accelerare, affrettare; (*rouse*) animare, stimolare // *vi* accelerare, affrettarsi; **~ly** *ad* rapidamente, velocemente; **~ness** *n* rapidità; prontezza; acutezza; **~sand** *n* sabbie *fpl* mobili; **~step** *n* (*dance*) fox-trot *m inv*; **~-witted** *a* pronto(a) d'ingegno.
quid [kwɪd] *n, pl inv* (*Brit*: *col*) sterlina.
quiet ['kwaɪət] *a* tranquillo(a), quieto(a); (*ceremony*) semplice; (*colour*) discreto(a) // *n* tranquillità, calma; **keep ~!** sta zitto!; **on the ~** di nascosto; **~en** (*also*: **~en down**) *vi* calmarsi, chetarsi // *vt* calmare, chetare; **~ly** *ad* tranquillamente, calmamente; sommessamente; discretamente; **~ness** *n* tranquillità, calma; silenzio.
quill [kwɪl] *n* penna d'oca.
quilt [kwɪlt] *n* piumino; **(continental) ~** *n* sofficione *m* imbottito.
quin [kwɪn] *abbr of* **quintuplet**.
quinine [kwɪ'ni:n] *n* chinino.
quintet(te) [kwɪn'tɛt] *n* quintetto.
quintuplet [kwɪn'tju:plɪt] *n* uno/a di cinque gemelli.
quip [kwɪp] *n* frizzo.
quirk [kwə:k] *n* ghiribizzo.
quit, *pt, pp* **quit** *or* **quitted** [kwɪt] *vt* lasciare, partire da // *vi* (*give up*) mollare; (*resign*) dimettersi; **notice to ~** preavviso (*dato all'inquilino*).
quite [kwaɪt] *ad* (*rather*) assai; (*entirely*) completamente, del tutto; **I ~ understand** capisco perfettamente; **~ a few of them** non pochi di loro; **~ (so)!** esatto!
quits [kwɪts] *a*: **~ (with)** pari (con).
quiver ['kwɪvə*] *vi* tremare, fremere // *n* (*for arrows*) faretra.
quiz [kwɪz] *n* (*game*) quiz *m inv*; indovinello // *vt* interrogare; **~zical** *a* enigmatico(a).
quoits [kwɔɪts] *npl* gioco degli anelli.
quorum ['kwɔ:rəm] *n* quorum *m*.
quota ['kwəutə] *n* quota.
quotation [kwəu'teɪʃən] *n* citazione *f*; (*of shares etc*) quotazione *f*; (*estimate*) preventivo; **~ marks** *npl* virgolette *fpl*.
quote [kwəut] *n* citazione *f* // *vt* (*sentence*) citare; (*price*) dare, fissare; (*shares*) quotare // *vi*: **to ~ from** citare; **to ~ for a job** dare un preventivo per un lavoro.

R

rabbi ['ræbaɪ] *n* rabbino.
rabbit ['ræbɪt] *n* coniglio; **~ hutch** *n* conigliera.
rabble ['ræbl] *n* (*pej*) canaglia, plebaglia.

rabid ['ræbɪd] *a* rabbioso(a); (*fig*) fanatico(a).
rabies ['reɪbi:z] *n* rabbia.
RAC *n abbr of Royal Automobile Club.*
raccoon [rə'ku:n] *n* procione *m.*
race [reɪs] *n* corsa; (*competition*) gara, corsa // *vt* (*person*) gareggiare (in corsa) con; (*horse*) far correre; (*engine*) imballare // *vi* correre; **~course** *n* campo di corse, ippodromo; **~horse** *n* cavallo da corsa; **~ relations** *npl* rapporto fra le razze.
racial ['reɪʃl] *a* razziale; **~ discrimination** *n* discriminazione *f* razziale; **~ism** *n* razzismo; **~ist** *a, n* razzista (*m/f*).
racing ['reɪsɪŋ] *n* corsa; **~ car** *n* macchina da corsa; **~ driver** *n* corridore *m* automobilista.
racist ['reɪsɪst] *a,n* (*pej*) razzista (*m/f*).
rack [ræk] *n* rastrelliera; (*also*: **luggage ~**) rete *f*, portabagagli *m inv*; (*also*: **roof ~**) portabagagli // *vt* torturare, tormentare; **toast ~** *n* portatoast *m inv.*
racket ['rækɪt] *n* (*for tennis*) racchetta; (*noise*) fracasso; baccano; (*swindle*) imbroglio, truffa; (*organized crime*) racket *m inv.*
racoon [rə'ku:n] *n* = **raccoon.**
racquet ['rækɪt] *n* racchetta.
racy ['reɪsɪ] *a* brioso(a); piccante.
radar ['reɪdɑ:*] *n* radar *m* // *cpd* radar *inv.*
radiance ['reɪdɪəns] *n* splendore *m*, radiosità.
radiant ['reɪdɪənt] *a* raggiante; (PHYSICS) radiante.
radiate ['reɪdɪeɪt] *vt* (*heat*) irraggiare, irradiare // *vi* (*lines*) irradiarsi.
radiation [reɪdɪ'eɪʃən] *n* irradiamento; (*radioactive*) radiazione *f.*
radiator ['reɪdɪeɪtə*] *n* radiatore *m*; **~ cap** *n* tappo del radiatore.
radical ['rædɪkl] *a* radicale.
radii ['reɪdɪaɪ] *npl of* **radius.**
radio ['reɪdɪəu] *n* radio *f inv*; **on the ~** alla radio; **~ station** *n* stazione *f* radio *inv.*
radio... ['reɪdɪəu] *prefix*: **~active** *a* radioattivo(a); **~activity** *n* radioattività; **~grapher** [-'ɔgrəfə*] *n* radiologo/a; **~graphy** [-'ɔgrəfɪ] *n* radiografia; **~logy** [-'ɔlədʒɪ] *n* radiologia.
radish ['rædɪʃ] *n* ravanello.
radium ['reɪdɪəm] *n* radio.
radius, *pl* **radii** ['reɪdɪəs, -ɪaɪ] *n* raggio; (ANAT) radio.
raffia ['ræfɪə] *n* rafia.
raffle ['ræfl] *n* lotteria.
raft [rɑ:ft] *n* zattera.
rafter ['rɑ:ftə*] *n* trave *f.*
rag [ræg] *n* straccio, cencio; (*pej*: *newspaper*) giornalaccio, bandiera; (*for charity*) *iniziativa studentesca a scopo caritativo* // *vt* prendere in giro; **~s** *npl* stracci *mpl*, brandelli *mpl*; **~-and-bone man** *n* straccivendolo; **~bag** *n* (*fig*) guazzabuglio.
rage [reɪdʒ] *n* (*fury*) collera, furia // *vi* (*person*) andare su tutte le furie; (*storm*) infuriare; **it's all the ~** fa furore.
ragged ['rægɪd] *a* (*edge*) irregolare; (*cuff*) logoro(a); (*appearance*) pezzente.
raid [reɪd] *n* (MIL) incursione *f*; (*criminal*) rapina; (*by police*) irruzione *f* // *vt* fare un'incursione in; rapinare; fare irruzione in; **~er** *n* rapinatore/trice; (*plane*) aeroplano da incursione.
rail [reɪl] *n* (*on stair*) ringhiera; (*on bridge, balcony*) parapetto; (*of ship*) battagliola; (*for train*) rotaia; **~s** *npl* binario, rotaie *fpl*; **by ~** per ferrovia; **~ing(s)** *n(pl)* ringhiere *fpl*; **~road** *n* (*US*), **~way** *n* ferrovia; **~wayman** *n* ferroviere *m*; **~way station** *n* stazione *f* ferroviaria.
rain [reɪn] *n* pioggia // *vi* piovere; **in the ~** sotto la pioggia; **~bow** *n* arcobaleno; **~coat** *n* impermeabile *m*; **~drop** *n* goccia di pioggia; **~fall** *n* pioggia; (*measurement*) piovosità; **~proof** *a* impermeabile; **~y** *a* piovoso(a).
raise [reɪz] *n* aumento // *vt* (*lift*) alzare; sollevare; (*build*) erigere; (*increase*) aumentare; (*a protest, doubt, question*) sollevare; (*cattle, family*) allevare; (*crop*) coltivare; (*army, funds*) raccogliere; (*loan*) ottenere; **to ~ one's voice** alzare la voce.
raisin ['reɪzn] *n* uva secca.
rajah ['rɑ:dʒə] *n* ragià *m inv.*
rake [reɪk] *n* (*tool*) rastrello; (*person*) libertino // *vt* (*garden*) rastrellare; (*with machine gun*) spazzare.
rakish ['reɪkɪʃ] *a* dissoluto(a); disinvolto(a).
rally ['rælɪ] *n* (POL *etc*) riunione *f*; (AUT) rally *m inv*; (TENNIS) scambio // *vt* riunire, radunare // *vi* raccogliersi, radunarsi; (*sick person, Stock Exchange*) riprendersi; **to ~ round** *vt fus* raggrupparsi intorno a; venire in aiuto di.
ram [ræm] *n* montone *m*; (*also*: *device*) ariete *m* // *vt* conficcare; (*crash into*) cozzare, sbattere contro; percuotere; speronare.
ramble ['ræmbl] *n* escursione *f* // *vi* (*pej*: *also*: **~ on**) divagare; **~r** *n* escursionista *m/f*; (BOT) rosa rampicante; **rambling** *a* (*speech*) sconnesso(a); (BOT) rampicante.
ramification [ræmɪfɪ'keɪʃən] *n* ramificazione *f.*
ramp [ræmp] *n* rampa.
rampage [ræm'peɪdʒ] *n*: **to be on the ~** scatenarsi in modo violento // *vi*: **they went rampaging through the town** si sono scatenati in modo violento per la città.
rampant ['ræmpənt] *a* (*disease etc*) che infierisce.
rampart ['ræmpɑ:t] *n* bastione *m.*
ramshackle ['ræmʃækl] *a* (*house*) cadente; (*car etc*) sgangherato(a).
ran [ræn] *pt of* **run.**
ranch [rɑ:ntʃ] *n* ranch *m inv*; **~er** *n* proprietario di un ranch; cowboy *m inv.*
rancid ['rænsɪd] *a* rancido(a).

rancour ['ræŋkə*] *n* rancore *m*.
random ['rændəm] *a* fatto(a) *or* detto(a) per caso // *n*: **at ~** a casaccio.
randy ['rændı] *a* (*col*) arrapato(a); lascivo(a).
rang [ræŋ] *pt of* **ring**.
range [reındʒ] *n* (*of mountains*) catena; (*of missile, voice*) portata; (*of products*) gamma; (*MIL*: *also*: **shooting ~**) campo di tiro; (*also*: **kitchen ~**) fornello, cucina economica // *vi*: **to ~ over** coprire; **to ~ from ... to** andare da ... a; **~r** *n* guardia forestale.
rank [ræŋk] *n* fila; (*MIL*) grado; (*also*: **taxi ~**) posteggio di taxi // *vi*: **to ~ among** essere nel numero di // *a* puzzolente; vero(a) e proprio(a); **the ~s** (*MIL*) la truppa; **the ~ and file** (*fig*) la gran massa.
rankle ['ræŋkl] *vi* bruciare.
ransack ['rænsæk] *vt* rovistare; (*plunder*) saccheggiare.
ransom ['rænsəm] *n* riscatto; **to hold sb to ~** (*fig*) esercitare pressione su qd.
rant [rænt] *vi* vociare; **~ing** *n* vociare *m*.
rap [ræp] *n* colpo secco e lievo; picchio // *vt* bussare a; picchiare su.
rape [reıp] *n* violenza carnale, stupro // *vt* violentare.
rapid ['ræpıd] *a* rapido(a); **~s** *npl* (*GEO*) rapida.
rapist ['reıpıst] *n* violentatore *m*.
rapport [ræ'pɔ:*] *n* rapporto.
rapture ['ræptʃə*] *n* estasi *f inv*; **to go into ~s over** andare in solluchero per; **rapturous** *a* estatico(a).
rare [rɛə*] *a* raro(a); (*CULIN*: *steak*) al sangue.
rarefied ['rɛərıfaıd] *a* (*air, atmosphere*) rarefatto(a).
rarely ['rɛəlı] *ad* raramente.
rarity ['rɛərıtı] *n* rarità *f inv*.
rascal ['rɑ:skl] *n* mascalzone *m*.
rash [ræʃ] *a* imprudente, sconsiderato(a) // *n* (*MED*) eruzione *f*.
rasher ['ræʃə*] *n* fetta sottile (di lardo *or* prosciutto).
rasp [rɑ:sp] *n* (*tool*) lima.
raspberry ['rɑ:zbərı] *n* lampone *m*.
rasping ['rɑ:spıŋ] *a* stridulo(a).
rat [ræt] *n* ratto.
ratchet ['rætʃıt] *n* (*TECH*) dente *m* d'arresto.
rate [reıt] *n* (*proportion*) tasso, percentuale *f*; (*speed*) velocità *f inv*; (*price*) tariffa // *vt* giudicare; stimare; **to ~ sb/sth as** valutare qd/qc come; **to ~ sb/sth among** annoverare qd/qc tra; **~s** *npl* (*Brit*) imposte *fpl* comunali; (*fees*) tariffe *fpl*; **~able value** *n* valore *m* imponibile *or* locativo (di una proprietà); **~ of exchange** *n* corso dei cambi; **~payer** *n* contribuente *m/f* (che paga le imposte comunali).
rather ['rɑ:ðə*] *ad* piuttosto; **it's ~ expensive** è piuttosto caro; (*too much*) è un po' caro; **I would** *or* **I'd ~ go** preferirei andare.
ratification [rætıfı'keıʃən] *n* ratificazione *f*.
ratify ['rætıfaı] *vt* ratificare.
rating ['reıtıŋ] *n* classificazione *f*; punteggio di merito; (*NAUT*: *sailor*) marinaio semplice.
ratio ['reıʃıəu] *n* proporzione *f*.
ration ['ræʃən] *n* (*gen pl*) razioni *fpl* // *vt* razionare.
rational ['ræʃənl] *a* razionale, ragionevole; (*solution, reasoning*) logico(a); **~e** [-'nɑ:l] *n* fondamento logico; giustificazione *f*; **~ize** *vt* razionalizzare; **~ly** *ad* razionalmente; logicamente.
rat race ['rætreıs] *n* mondo cane.
rattle ['rætl] *n* tintinnio; (*louder*) strepito; (*object: of baby*) sonaglino; (*: of sports fan*) raganella // *vi* risuonare, tintinnare; fare un rumore di ferraglia // *vt* scuotere (con strepito); **~snake** *n* serpente *m* a sonagli.
raucous ['rɔ:kəs] *a* rauco(a).
ravage ['rævıdʒ] *vt* devastare; **~s** *npl* danni *mpl*.
rave [reıv] *vi* (*in anger*) infuriarsi; (*with enthusiasm*) andare in estasi; (*MED*) delirare.
raven ['reıvən] *n* corvo.
ravenous ['rævənəs] *a* affamato(a).
ravine [rə'vi:n] *n* burrone *m*.
raving ['reıvıŋ] *a*: **~ lunatic** *n* pazzo(a) furioso(a).
ravioli [rævı'əulı] *n* ravioli *mpl*.
ravish ['rævıʃ] *vt* (*delight*) estasiare; **~ing** *a* incantevole.
raw [rɔ:] *a* (*uncooked*) crudo(a); (*not processed*) greggio(a); (*sore*) vivo(a); (*inexperienced*) inesperto(a); **~ material** *n* materia prima.
ray [reı] *n* raggio.
rayon ['reıɔn] *n* raion *m*.
raze [reız] *vt* radere, distruggere.
razor ['reızə*] *n* rasoio; **~ blade** *n* lama di rasoio.
Rd *abbr of* **road**.
re [ri:] *prep* con riferimento a.
reach [ri:tʃ] *n* portata; (*of river etc*) tratto // *vt* raggiungere; arrivare a // *vi* stendersi; **out of/within ~** (*object*) fuori/a portata di mano; **within easy ~ (of)** (*place*) a breve distanza (di), vicino (a); **to ~ out** *vi*: **to ~ out for** stendere la mano per prendere.
react [ri:'ækt] *vi* reagire; **~ion** [-'ækʃən] *n* reazione *f*; **~ionary** [-'ækʃənrı] *a,n* reazionario(a).
reactor [ri:'æktə*] *n* reattore *m*.
read, *pt,pp* **read** [ri:d, rɛd] *vi* leggere // *vt* leggere; (*understand*) intendere, interpretare; (*study*) studiare; **to ~ out** *vt* leggere ad alta voce; **~er** *n* lettore/trice; (*book*) libro di lettura; (*at university*) *professore con funzioni preminenti di ricerca*; **~ership** *n* (*of paper etc*) numero di lettori.
readily ['rɛdılı] *ad* volentieri; (*easily*) facilmente.
readiness ['rɛdınıs] *n* prontezza; **in ~** (*prepared*) pronto(a).

reading ['ri:dɪŋ] *n* lettura; (*understanding*) interpretazione *f*; (*on instrument*) indicazione *f*; ~ **lamp** *n* lampada da studio; ~ **room** *n* sala di lettura.
readjust [ri:ə'dʒʌst] *vt* raggiustare // *vi* (*person*): **to** ~ **(to)** riadattarsi (a).
ready ['rɛdɪ] *a* pronto(a); (*willing*) pronto(a), disposto(a); (*quick*) rapido(a); (*available*) disponibile // *ad*: ~**-cooked** già cotto(a) // *n*: **at the** ~ (MIL) pronto a sparare; (*fig*) tutto(a) pronto(a); ~ **cash** *n* denaro in contanti; ~**-made** *a* prefabbricato(a); (*clothes*) confezionato(a).
real [rɪəl] *a* reale; vero(a); **in** ~ **terms** in realtà; ~ **estate** *n* beni *mpl* immobili; ~**ism** *n* (*also* ART) realismo; ~**ist** *n* realista *m/f*; ~**istic** [-'lɪstɪk] *a* realistico(a).
reality [ri:'ælɪtɪ] *n* realtà *f inv*; **in** ~ in realtà, in effetti.
realization [rɪəlaɪ'zeɪʃən] *n* presa di coscienza; realizzazione *f*.
realize ['rɪəlaɪz] *vt* (*understand*) rendersi conto di; (*a project*, COMM: *asset*) realizzare.
really ['rɪəlɪ] *ad* veramente, davvero.
realm [rɛlm] *n* reame *m*, regno.
ream [ri:m] *n* risma.
reap [ri:p] *vt* mietere; (*fig*) raccogliere.
reappear [ri:ə'pɪə*] *vi* ricomparire, riapparire; ~**ance** *n* riapparizione *f*.
rear [rɪə*] *a* di dietro; (AUT: *wheel etc*) posteriore // *n* didietro, parte *f* posteriore // *vt* (*cattle, family*) allevare // *vi* (*also*: ~ **up**) (*animal*) impennarsi; ~**guard** *n* retroguardia.
rearm [ri:'ɑ:m] *vt, vi* riarmare; ~**ament** *n* riarmo.
rearrange [ri:ə'reɪndʒ] *vt* riordinare.
rear-view ['rɪəvju:] *a*: ~ **mirror** *n* (AUT) specchio retrovisivo.
reason ['ri:zn] *n* ragione *f*; (*cause, motive*) ragione, motivo // *vi*: **to** ~ **with sb** far ragionare qd; **to have** ~ **to think** avere motivi per pensare; **it stands to** ~ **that** è ovvio che; ~**able** *a* ragionevole; (*not bad*) accettabile; ~**ably** *ad* ragionevolmente; ~**ed** *a* (*argument*) ponderato(a); ~**ing** *n* ragionamento.
reassert [ri:ə'sə:t] *vt* riaffermare.
reassure [ri:ə'ʃuə*] *vt* rassicurare; **to** ~ **sb of** rassicurare qd di *or* su; **reassuring** *a* rassicurante.
rebate ['ri:beɪt] *n* (*on product*) ribasso; (*on tax etc*) sgravio; (*repayment*) rimborso.
rebel *n* ['rɛbl] ribelle *m/f* // *vi* [rɪ'bɛl] ribellarsi; ~**lion** *n* ribellione *f*; ~**lious** *a* ribelle.
rebirth [ri:'bə:θ] *n* rinascita.
rebound *vi* [rɪ'baund] (*ball*) rimbalzare // *n* ['ri:baund] rimbalzo.
rebuff [rɪ'bʌf] *n* secco rifiuto // *vt* respingere.
rebuild [ri:'bɪld] *vt irg* ricostruire.
rebuke [rɪ'bju:k] *n* rimprovero // *vt* rimproverare.
rebut [rɪ'bʌt] *vt* rifiutare; ~**tal** *n* rifiuto.
recall [rɪ'kɔ:l] *vt* richiamare; (*remember*) ricordare, richiamare alla mente // *n* richiamo; **beyond** ~ *a* irrevocabile.
recant [rɪ'kænt] *vi* ritrattarsi; (REL) fare abiura.
recap ['ri:kæp] *n* ricapitolazione *f* // *vt* ricapitolare // *vi* riassumere.
recapture [ri:'kæptʃə*] *vt* riprendere; (*atmosphere*) ricreare.
recede [rɪ'si:d] *vi* allontanarsi; ritirarsi; calare; **receding** *a* (*forehead, chin*) sfuggente; **he's got a receding hairline** sta stempiando.
receipt [rɪ'si:t] *n* (*document*) ricevuta; (*act of receiving*) ricevimento; ~**s** *npl* (COMM) introiti *mpl*.
receive [rɪ'si:v] *vt* ricevere; (*guest*) ricevere, accogliere.
receiver [rɪ'si:və*] *n* (TEL) ricevitore *m*; (*of stolen goods*) ricettatore/trice; (LAW) curatore *m* fallimentare.
recent ['ri:snt] *a* recente; ~**ly** *ad* recentemente.
receptacle [rɪ'sɛptɪkl] *n* recipiente *m*.
reception [rɪ'sɛpʃən] *n* ricevimento; (*welcome*) accoglienza; (TV *etc*) ricezione *f*; ~ **desk** *n* ricevimento; ~**ist** *n* receptionist *m/f inv*.
receptive [rɪ'sɛptɪv] *a* ricettivo(a).
recess [rɪ'sɛs] *n* (*in room*) alcova; (POL *etc*: *holiday*) vacanze *fpl*.
recharge [ri:'tʃɑ:dʒ] *vt* (*battery*) ricaricare.
recipe ['rɛsɪpɪ] *n* ricetta.
recipient [rɪ'sɪpɪənt] *n* beneficiario/a; (*of letter*) destinatario.
reciprocal [rɪ'sɪprəkl] *a* reciproco(a).
reciprocate [rɪ'sɪprəkeɪt] *vt* ricambiare, contraccambiare.
recital [rɪ'saɪtl] *n* recital *m inv*.
recite [rɪ'saɪt] *vt* (*poem*) recitare.
reckless ['rɛkləs] *a* (*driver etc*) spericolato(a).
reckon ['rɛkən] *vt* (*count*) calcolare; (*consider*) considerare, stimare; (*think*): **I** ~ **that ...** penso che ...; **to** ~ **on** *vt fus* contare su; ~**ing** *n* conto; stima; **the day of** ~**ing** il giorno del giudizio.
reclaim [rɪ'kleɪm] *vt* (*land*) bonificare; (*demand back*) richiedere, reclamare; **reclamation** [rɛklə'meɪʃən] *n* bonifica.
recline [rɪ'klaɪn] *vi* stare sdraiato(a); **reclining** *a* (*seat*) ribaltabile.
recluse [rɪ'klu:s] *n* eremita *m*, appartato/a.
recognition [rɛkəg'nɪʃən] *n* riconoscimento; **to gain** ~ essere riconosciuto(a); **transformed beyond** ~ irriconoscibile.
recognizable ['rɛkəgnaɪzəbl] *a* riconoscibile.
recognize ['rɛkəgnaɪz] *vt*: **to** ~ **(by/as)** riconoscere (a *or* da/come).
recoil [rɪ'kɔɪl] *vi* (*gun*) rinculare; (*spring*) balzare indietro; (*person*): **to** ~ **(from)** indietreggiare (davanti a) // *n* rinculo; contraccolpo.
recollect [rɛkə'lɛkt] *vt* ricordare; ~**ion** [-'lɛkʃən] *n* ricordo.

recommend [rɛkə'mɛnd] *vt* raccomandare; (*advise*) consigliare; **~ation** [-'deɪʃən] *n* raccomandazione *f*; consiglio.

recompense ['rɛkəmpɛns] *vt* ricompensare; (*compensate*) risarcire.

reconcile ['rɛkənsaɪl] *vt* (*two people*) riconciliare; (*two facts*) conciliare, quadrare; **to ~ o.s. to** rassegnarsi a; **reconciliation** [-sɪlɪ'eɪʃən] *n* riconciliazione *f*; conciliazione *f*.

recondition [ri:kən'dɪʃən] *vt* rimettere a nuovo; rifare.

reconnaissance [rɪ'kɔnɪsns] *n* (MIL) ricognizione *f*.

reconnoitre [rɛkə'nɔɪtə*] (MIL) *vt* fare una ricognizione di // *vi* fare una ricognizione.

reconsider [ri:kən'sɪdə*] *vt* riconsiderare.

reconstruct [ri:kən'strʌkt] *vt* ricostruire; **~ion** [-kʃən] *n* ricostruzione *f*.

record *n* ['rɛkɔ:d] ricordo, documento; (*of meeting etc*) nota, verbale *m*; (*register*) registro; (*file*) pratica, dossier *m inv*; (*also*: **police ~**) fedina penale sporca; (MUS: *disc*) disco; (SPORT) record *m inv*, primato // *vt* [rɪ'kɔ:d] (*set down*) prendere nota di, registrare; (*relate*) raccontare; (MUS: *song etc*) registrare; **in ~ time** a tempo di record; **to keep a ~ of** tener nota di; **off the ~** *a* ufficioso(a); **~ card** *n* (*in file*) scheda; **~er** *n avvocato che funge da giudice*; (MUS) flauto diritto; **~ holder** *n* (SPORT) primatista *m/f*; **~ing** *n* (MUS) registrazione *f*; **~ library** *n* discoteca; **~ player** *n* giradischi *m inv*.

recount [rɪ'kaunt] *vt* raccontare, narrare.

re-count ['ri:kaunt] *n* (POL: *of votes*) nuovo computo.

recoup [rɪ'ku:p] *vt* ricuperare.

recourse [rɪ'kɔ:s] *n* ricorso; rimedio; **to have ~ to** ricorrere a.

recover [rɪ'kʌvə*] *vt* ricuperare // *vi* (*from illness*) rimettersi (in salute), ristabilirsi; (*country, person: from shock*) riprendersi.

re-cover [ri:'kʌvə*] *vt* (*chair etc*) ricoprire.

recovery [rɪ'kʌvərɪ] *n* ricupero; ristabilimento; ripresa.

recreate [ri:krɪ'eɪt] *vt* ricreare.

recreation [rɛkrɪ'eɪʃən] *n* ricreazione *f*; svago; **~al** *a* ricreativo(a).

recrimination [rɪkrɪmɪ'neɪʃən] *n* recriminazione *f*.

recruit [rɪ'kru:t] *n* recluta // *vt* reclutare; **~ment** *n* reclutamento.

rectangle ['rɛktæŋgl] *n* rettangolo; **rectangular** [-'tæŋgjulə*] *a* rettangolare.

rectify ['rɛktɪfaɪ] *vt* (*error*) rettificare; (*omission*) riparare.

rector ['rɛktə*] *n* (REL) parroco (*anglicano*); **rectory** *n* presbiterio.

recuperate [rɪ'kju:pəreɪt] *vi* ristabilirsi.

recur [rɪ'kə:*] *vi* riaccadere; (*idea, opportunity*) riapparire; (*symptoms*) ripresentarsi; **~rence** *n* recrudescenza; riapparizione *f*; rinnovo; **~rent** *a* ricorrente, periodico(a); **~ring** *a* (MATH) periodico(a).

red [rɛd] *n* rosso; (POL: *pej*) rosso/a // *a* rosso(a); **in the ~** (*account*) scoperto; (*business*) in deficit; **~ carpet treatment** *n* cerimonia col gran pavese; **R~ Cross** *n* Croce *f* Rossa; **~currant** *n* ribes *m inv*; **~den** *vt* arrossare // *vi* arrossire; **~dish** *a* rossiccio(a).

redeem [rɪ'di:m] *vt* (*debt*) riscattare; (*sth in pawn*) ritirare; (*fig, also* REL) redimere; **~ing** *a* (*feature*) che salva.

redeploy [ri:dɪ'plɔɪ] *vt* (*resources*) riorganizzare.

red-haired [rɛd'hɛəd] *a* dai capelli rossi.

red-handed [rɛd'hændɪd] *a*: **to be caught ~** essere preso(a) in flagrante *or* con le mani nel sacco.

redhead ['rɛdhɛd] *n* rosso/a.

red herring ['rɛd'hɛrɪŋ] *n* (*fig*) falsa pista.

red-hot [rɛd'hɔt] *a* arroventato(a).

redirect [ri:daɪ'rɛkt] *vt* (*mail*) far seguire.

redistribute [ri:dɪ'strɪbju:t] *vt* ridistribuire.

red light ['rɛd'laɪt] *n*: **to go through a ~** (AUT) passare col rosso; **red-light district** *n* quartiere *m* luce rossa *inv*.

redness ['rɛdnɪs] *n* rossore *m*; (*of hair*) rosso.

redo [ri:'du:] *vt irg* rifare.

redolent ['rɛdəulnt] *a*: **~ of** che sa di; (*fig*) che ricorda.

redouble [ri:'dʌbl] *vt*: **to ~ one's efforts** raddoppiare gli sforzi.

redress [rɪ'drɛs] *n* riparazione *f*.

red tape ['rɛd'teɪp] *n* (*fig*) burocrazia.

reduce [rɪ'dju:s] *vt* ridurre; (*lower*) ridurre, abbassare; **reduction** [rɪ'dʌkʃən] *n* riduzione *f*; (*of price*) ribasso; (*discount*) sconto.

redundancy [rɪ'dʌndənsɪ] *n* licenziamento.

redundant [rɪ'dʌndnt] *a* (*worker*) licenziato(a); (*detail, object*) superfluo(a); **to make ~** licenziare.

reed [ri:d] *n* (BOT) canna; (MUS: *of clarinet etc*) ancia.

reef [ri:f] *n* (*at sea*) scogliera.

reek [ri:k] *vi*: **to ~ (of)** puzzare (di).

reel [ri:l] *n* bobina, rocchetto; (TECH) aspo; (FISHING) mulinello; (CINEMA) rotolo // *vt* (TECH) annaspare; (*also*: **~ up**) avvolgere // *vi* (*sway*) barcollare.

re-election [ri:ɪ'lɛkʃən] *n* rielezione *f*.

ref [rɛf] *n* (*col: abbr of* **referee**) arbitro.

refectory [rɪ'fɛktərɪ] *n* refettorio.

refer [rɪ'fə:*] *vt*: **to ~ sb (or sth) to** (*dispute, decision*) deferire qc a; (*inquirer: for information*) indirizzare qd a; (*reader: to text*) rimandare qd a; **to ~ to** *vt fus* (*allude to*) accennare a; (*apply to*) riferire a; (*consult*) rivolgersi a; **~ring to your letter** (COMM) in riferimento alla Vostra lettera.

referee [rɛfə'ri:] *n* arbitro; (*for job application*) referenza // *vt* arbitrare.

reference ['rɛfrəns] *n* riferimento;

(*mention*) menzione *f*, allusione *f*; (*for job application: letter*) referenza; lettera di raccomandazione; (: *person*) referenza; **with ~ to** a riguardo; (*COMM*: *in letter*) in *or* con riferimento a; **~ book** *n* libro di consultazione.

referendum, *pl* **referenda** [rɛfə'rɛndəm, -də] *n* referendum *m inv*.

refill *vt* [ri:'fɪl] riempire di nuovo; (*pen, lighter etc*) ricaricare // *n* ['ri:fɪl] (*for pen etc*) ricambio.

refine [rɪ'faɪn] *vt* raffinare; **~d** *a* (*person, taste*) raffinato(a); **~ment** *n* (*of person*) raffinatezza; **~ry** *n* raffineria.

reflect [rɪ'flɛkt] *vt* (*light, image*) riflettere; (*fig*) rispecchiare // *vi* (*think*) riflettere, considerare; **to ~ on** *vt fus* (*discredit*) rispecchiarsi su; **~ion** [-'flɛkʃən] *n* riflessione *f*; (*image*) riflesso; (*criticism*): **~ion on** giudizio su; attacco a; **on ~ion** pensandoci sopra; **~or** *n* (*also AUT*) catarifrangente *m*.

reflex ['ri:flɛks] *a* riflesso(a) // *n* riflesso; **~ive** [rɪ'flɛksɪv] *a* (*LING*) riflessivo(a).

reform [rɪ'fɔ:m] *n* riforma // *vt* riformare; **the R~ation** [rɛfə'meɪʃən] *n* la Riforma; **~ed** *a* cambiato(a) (per il meglio); **~er** *n* riformatore/trice.

refrain [rɪ'freɪn] *vi*: **to ~ from doing** trattenersi dal fare // *n* ritornello.

refresh [rɪ'frɛʃ] *vt* rinfrescare; (*subj*: *food, sleep*) ristorare; **~er course** *n* corso di aggiornamento; **~ment room** *n* posto di ristoro; **~ments** *npl* rinfreschi *mpl*.

refrigeration [rɪfrɪdʒə'reɪʃən] *n* refrigerazione *f*.

refrigerator [rɪ'frɪdʒəreɪtə*] *n* frigorifero.

refuel [ri:'fjuəl] *vt* rifornire (di carburante) // *vi* far rifornimento (di carburante).

refuge ['rɛfju:dʒ] *n* rifugio; **to take ~ in** rifugiarsi in.

refugee [rɛfju'dʒi:] *n* rifugiato/a, profugo/a.

refund *n* ['ri:fʌnd] rimborso // *vt* [rɪ'fʌnd] rimborsare.

refurbish [ri:'fə:bɪʃ] *vt* rimettere a nuovo.

refusal [rɪ'fju:zəl] *n* rifiuto.

refuse *n* ['rɛfju:s] rifiuti *mpl* // *vt, vi* [rɪ'fju:z] rifiutare; **~ collector** *n* netturbino.

refute [rɪ'fju:t] *vt* confutare.

regain [rɪ'geɪn] *vt* riguadagnare; riacquistare, ricuperare.

regal ['ri:gl] *a* regio(a); **~ia** [rɪ'geɪlɪə] *n* insegne *fpl* regie.

regard [rɪ'gɑ:d] *n* riguardo, stima // *vt* considerare, stimare; **to give one's ~s to** porgere i suoi saluti a; **~ing, as ~s, with ~ to** riguardo a; **~less** *ad* lo stesso; **~less of** a dispetto di, nonostante.

regatta [rɪ'gætə] *n* regata.

regency ['ri:dʒənsɪ] *n* reggenza.

regent ['ri:dʒənt] *n* reggente *m*.

régime [reɪ'ʒi:m] *n* regime *m*.

regiment ['rɛdʒɪmənt] *n* reggimento; **~al** [-'mɛntl] *a* reggimentale; **~ation** [-'teɪʃən] *n* irreggimentazione *f*.

region ['ri:dʒən] *n* regione *f*; **in the ~ of** (*fig*) all'incirca di; **~al** *a* regionale.

register ['rɛdʒɪstə*] *n* registro; (*also: electoral ~*) lista elettorale // *vt* registrare; (*vehicle*) immatricolare; (*luggage*) spedire assicurato(a); (*letter*) raccomandare; (*subj: instrument*) segnare // *vi* iscriversi; (*at hotel*) firmare il registro; (*make impression*) entrare in testa; **~ed** *a* (*design*) depositato(a); (*letter*) raccomandato(a).

registrar ['rɛdʒɪstrɑ:*] *n* ufficiale *m* di stato civile; segretario.

registration [rɛdʒɪs'treɪʃən] *n* (*act*) registrazione *f*; iscrizione *f*; (*AUT*: *also*: **~ number**) numero di targa.

registry ['rɛdʒɪstrɪ] *n* ufficio del registro; **~ office** *n* anagrafe *f*.

regret [rɪ'grɛt] *n* rimpianto, rincrescimento // *vt* rimpiangere; **I ~ that I/he cannot help** mi rincresce di non poter aiutare/che lui non possa aiutare; **~fully** *ad* con rincrescimento; **~table** *a* deplorevole.

regroup [ri:'gru:p] *vt* raggruppare // *vi* raggrupparsi.

regular ['rɛgjulə*] *a* regolare; (*usual*) abituale, normale; (*soldier*) dell'esercito regolare; (*COMM*: *size*) normale // *n* (*client etc*) cliente *m/f* abituale; **~ity** [-'lærɪtɪ] *n* regolarità *f inv*; **~ly** *ad* regolarmente.

regulate ['rɛgjuleɪt] *vt* regolare; **regulation** [-'leɪʃən] *n* (*rule*) regola, regolamento; (*adjustment*) regolazione *f*.

rehabilitation ['ri:həbɪlɪ'teɪʃən] *n* (*of offender*) riabilitazione *f*; (*of disabled*) riadattamento.

rehash [ri:'hæʃ] *vt* (*col*) rimaneggiare.

rehearsal [rɪ'hə:səl] *n* prova.

rehearse [rɪ'hə:s] *vt* provare.

reign [reɪn] *n* regno // *vi* regnare; **~ing** *a* (*monarch*) regnante; (*champion*) attuale.

reimburse [ri:ɪm'bə:s] *vt* rimborsare.

rein [reɪn] *n* (*for horse*) briglia.

reincarnation [ri:ɪnkɑ:'neɪʃən] *n* reincarnazione *f*.

reindeer ['reɪndɪə*] *n, pl inv* renna.

reinforce [ri:ɪn'fɔ:s] *vt* rinforzare; **~d concrete** *n* cemento armato; **~ment** *n* (*action*) rinforzamento; **~ments** *npl* (*MIL*) rinforzi *mpl*.

reinstate [ri:ɪn'steɪt] *vt* reintegrare.

reissue [ri:'ɪʃju:] *vt* (*book*) ristampare, ripubblicare; (*film*) distribuire di nuovo.

reiterate [ri:'ɪtəreɪt] *vt* reiterare, ripetere.

reject *n* ['ri:dʒɛkt] (*COMM*) scarto // *vt* [rɪ'dʒɛkt] rifiutare, respingere; (*COMM*: *goods*) scartare; **~ion** [rɪ'dʒɛkʃən] *n* rifiuto.

rejoice [rɪ'dʒɔɪs] *vi*: **to ~ (at *or* over)** provare diletto in.

rejuvenate [rɪ'dʒu:vəneɪt] *vt* ringiovanire.

rekindle [ri:'kɪndl] *vt* riaccendere.

relapse [rɪ'læps] *n* (*MED*) ricaduta.

relate [rɪ'leɪt] *vt* (*tell*) raccontare; (*connect*) collegare; **~d** *a* imparentato(a);

collegato(a), connesso(a); **~d to** imparentato(a) con; collegato(a) *or* connesso(a) con; **relating**: **relating to** *prep* che riguarda, rispetto a.

relation [rɪ'leɪʃən] *n* (*person*) parente *m/f*; (*link*) rapporto, relazione *f*; **~ship** *n* rapporto; (*personal ties*) rapporti *mpl*, relazioni *fpl*.

relative ['rɛlətɪv] *n* parente *m/f* // *a* relativo(a); (*respective*) rispettivo(a); **~ly** *ad* relativamente.

relax [rɪ'læks] *vi* rilasciarsi; (*person: unwind*) rilassarsi // *vt* rilasciare; (*mind, person*) rilassare; **~ation** [ri:læk'seɪʃən] *n* rilasciamento; rilassamento; (*entertainment*) ricreazione *f*, svago; **~ed** *a* rilasciato(a); rilassato(a); **~ing** *a* rilassante.

relay ['ri:leɪ] *n* (SPORT) corsa a staffetta // *vt* (*message*) trasmettere.

release [rɪ'li:s] *n* (*from prison*) rilascio; (*from obligation*) liberazione *f*; (*of gas etc*) emissione *f*; (*of film etc*) distribuzione *f*; (*record*) disco; (*device*) disinnesto // *vt* (*prisoner*) rilasciare; (*from obligation, wreckage etc*) liberare; (*book, film*) fare uscire; (*news*) rendere pubblico(a); (*gas etc*) emettere; (TECH: *catch, spring etc*) disinnestare; (*let go*) rilasciare; lasciar andare; sciogliere; **to ~ one's grip** mollare la presa; **to ~ the clutch** (AUT) staccare la frizione.

relegate ['rɛləgeɪt] *vt* relegare.

relent [rɪ'lɛnt] *vi* cedere; **~less** *a* implacabile.

relevance ['rɛləvəns] *n* pertinenza; **~ of sth to sth** rapporto tra qc e qc.

relevant ['rɛləvənt] *a* pertinente; (*chapter*) in questione; **~ to** pertinente a.

reliability [rɪlaɪə'bɪlɪtɪ] *n* fidabilità; affidabilità.

reliable [rɪ'laɪəbl] *a* (*person, firm*) fidato(a), che dà affidamento; (*method*) sicuro(a); (*machine*) affidabile; **reliably** *ad*: **to be reliably informed** sapere da fonti sicure.

reliance [rɪ'laɪəns] *n*: **~ (on)** fiducia (in); bisogno (di).

relic ['rɛlɪk] *n* (REL) reliquia; (*of the past*) resto.

relief [rɪ'li:f] *n* (*from pain, anxiety*) sollievo; (*help, supplies*) soccorsi *mpl*; (*of guard*) cambio; (ART, GEO) rilievo.

relieve [rɪ'li:v] *vt* (*pain, patient*) sollevare; (*bring help*) soccorrere; (*take over from: gen*) sostituire; (*: guard*) rilevare; **to ~ sb of sth** alleggerire qd di qc.

religion [rɪ'lɪdʒən] *n* religione *f*; **religious** *a* religioso(a).

relinquish [rɪ'lɪŋkwɪʃ] *vt* abbandonare; (*plan, habit*) rinunziare a.

relish ['rɛlɪʃ] *n* (CULIN) condimento; (*enjoyment*) gran piacere *m* // *vt* (*food etc*) godere; **to ~ doing** adorare fare.

relive [ri:'lɪv] *vt* rivivere.

reload [ri:'ləud] *vt* ricaricare.

reluctance [rɪ'lʌktəns] *n* riluttanza.

reluctant [rɪ'lʌktənt] *a* riluttante, mal disposto(a); **~ly** *ad* di mala voglia, a malincuore.

rely [rɪ'laɪ]: **to ~ on** *vt fus* contare su; (*be dependent*) dipendere da.

remain [rɪ'meɪn] *vi* restare, rimanere; **~der** *n* resto; (COMM) rimanenza; **~ing** *a* che rimane; **~s** *npl* resti *mpl*.

remand [rɪ'mɑ:nd] *n*: **on ~** in detenzione preventiva // *vt*: **to ~ in custody** rinviare in carcere; trattenere a disposizione della legge.

remark [rɪ'mɑ:k] *n* osservazione *f* // *vt* osservare, dire; (*notice*) notare; **~able** *a* notevole; eccezionale.

remedial [rɪ'mi:dɪəl] *a* (*tuition, classes*) di riparazione.

remedy ['rɛmədɪ] *n*: **~ (for)** rimedio (per) // *vt* rimediare a.

remember [rɪ'mɛmbə*] *vt* ricordare, ricordarsi di; **~ me to** (*in letter*) ricordami a; **remembrance** *n* memoria; ricordo.

remind [rɪ'maɪnd] *vt*: **to ~ sb of sth** ricordare qc a qd; **to ~ sb to do** ricordare a qd di fare; **~er** *n* richiamo; (*note etc*) promemoria *m inv*.

reminisce [rɛmɪ'nɪs] *vi*: **to ~ (about)** abbandonarsi ai ricordi (di).

reminiscences [rɛmɪ'nɪsnsɪz] *npl* reminiscenze *fpl*, memorie *fpl*.

reminiscent [rɛmɪ'nɪsnt] *a*: **~ of** che fa pensare a, che richiama.

remission [rɪ'mɪʃən] *n* remissione *f*; (*of fee*) esonero.

remit [rɪ'mɪt] *vt* (*send: money*) rimettere; **~tance** *n* rimessa.

remnant ['rɛmnənt] *n* resto, avanzo; **~s** *npl* (COMM) scampoli *mpl*; fine *f* serie.

remorse [rɪ'mɔ:s] *n* rimorso; **~ful** *a* pieno(a) di rimorsi; **~less** *a* (*fig*) spietato(a).

remote [rɪ'məut] *a* remoto(a), lontano(a); (*person*) distaccato(a); **~ control** *n* telecomando; **~ly** *ad* remotamente; (*slightly*) vagamente; **~ness** *n* lontananza.

remould ['ri:məuld] *n* (*tyre*) gomma rivestita.

removable [rɪ'mu:vəbl] *a* (*detachable*) staccabile.

removal [rɪ'mu:vəl] *n* (*taking away*) rimozione *f*; soppressione *f*; (*from house*) trasloco; (*from office: sacking*) destituzione *f*; (MED) ablazione *f*; **~ van** *n* furgone *m* per traslochi.

remove [rɪ'mu:v] *vt* togliere, rimuovere; (*employee*) destituire; (*stain*) far sparire; (*doubt, abuse*) sopprimere, eliminare.

remuneration [rɪmju:nə'reɪʃən] *n* rimunerazione *f*.

rend, *pt, pp* **rent** [rɛnd, rɛnt] *vt* lacerare.

render ['rɛndə*] *vt* rendere; (CULIN: *fat*) struggere; **~ing** *n* (MUS *etc*) interpretazione *f*.

rendez-vous ['rɔndɪvu:] *n* appuntamento; (*place*) luogo d'incontro; (*meeting*) incontro.

renegade ['rɛnɪgeɪd] *n* rinnegato/a.

renew [rɪ'nju:] *vt* rinnovare; (*negotiations*) riprendere; **~al** *n* rinnovamento; ripresa.
renounce [rɪ'nauns] *vt* rinunziare a; (*disown*) ripudiare.
renovate ['rɛnəveɪt] *vt* rinnovare; (*art work*) restaurare; **renovation** [-'veɪʃən] *n* rinnovamento; restauro.
renown [rɪ'naun] *n* rinomanza; **~ed** *a* rinomato(a).
rent [rɛnt] *pt, pp of* **rend** // *n* affitto // *vt* (*take for rent*) prendere in affitto; (*also*: **~ out**) dare in affitto; **~al** *n* (*for television, car*) fitto.
renunciation [rɪnʌnsɪ'eɪʃən] *n* rinnegamento; (*self-denial*) rinunzia.
reopen [ri:'əupən] *vt* riaprire; **~ing** *n* riapertura.
reorder [rɪ:'ɔ:də*] *vt* ordinare di nuovo; (*rearrange*) riorganizzare.
reorganize [ri:'ɔ:gənaɪz] *vt* riorganizzare.
rep [rɛp] *n* (COMM: *abbr of* **representative**) rappresentante *m/f*; (THEATRE: *abbr of* **repertory**) teatro di repertorio.
repair [rɪ'pɛə*] *n* riparazione *f* // *vt* riparare; **in good/bad ~** in buona/cattiva condizione; **~ kit** *n* corredo per riparazioni; **~ shop** *n* (AUT *etc*) officina.
repartee [rɛpɑ:'ti:] *n* risposta pronta.
repay [ri:'peɪ] *vt irg* (*money, creditor*) rimborsare, ripagare; (*sb's efforts*) ricompensare; **~ment** *n* rimborsamento; ricompensa.
repeal [rɪ'pi:l] *n* (*of law*) abrogazione *f*; (*of sentence*) annullamento // *vt* abrogare; annullare.
repeat [rɪ'pi:t] *n* (RADIO, TV) replica // *vt* ripetere; (*pattern*) riprodurre; (*promise, attack, also* COMM: *order*) rinnovare; **~edly** *ad* ripetutamente, spesso.
repel [rɪ'pɛl] *vt* respingere; **~lent** *a* repellente // *n*: **insect ~lent** prodotto *m* anti-insetti *inv*.
repent [rɪ'pɛnt] *vi*: **to ~ (of)** pentirsi (di); **~ance** *n* pentimento.
repercussion [ri:pə'kʌʃən] *n* (*consequence*) ripercussione *f*.
repertoire ['rɛpətwɑ:*] *n* repertorio.
repertory ['rɛpətərɪ] *n* (*also*: **~ theatre**) teatro di repertorio.
repetition [rɛpɪ'tɪʃən] *n* ripetizione *f*; (COMM: *order etc*) rinnovo.
repetitive [rɪ'pɛtɪtɪv] *a* (*movement*) che si ripete; (*work*) monotono(a); (*speech*) pieno(a) di ripetizioni.
replace [rɪ'pleɪs] *vt* (*put back*) rimettere a posto; (*take the place of*) sostituire; (TEL): '**~ the receiver**' 'riattaccare'; **~ment** *n* rimessa; sostituzione *f*; (*person*) sostituto/a; **~ment part** *n* pezzo di ricambio.
replenish [rɪ'plɛnɪʃ] *vt* (*glass*) riempire; (*stock etc*) rifornire.
replete [rɪ'pli:t] *a* ripieno(a); (*well-fed*) sazio(a).
replica ['rɛplɪkə] *n* replica, copia.
reply [rɪ'plaɪ] *n* risposta // *vi* rispondere.
report [rɪ'pɔ:t] *n* rapporto; (PRESS *etc*) cronaca; (*also*: **school ~**) pagella // *vt* riportare; (PRESS *etc*) fare una cronaca su; (*bring to notice: occurrence*) segnalare; (: *person*) denunciare // *vi* (*make a report*) fare un rapporto (*or* una cronaca); (*present o.s.*): **to ~ (to sb)** presentarsi (a qd); **it is ~ed that** si dice che; **~ed speech** *n* (LING) discorso indiretto; **~er** *n* reporter *m inv*.
reprehensible [rɛprɪ'hɛnsɪbl] *a* riprensibile.
represent [rɛprɪ'zɛnt] *vt* rappresentare; **~ation** [-'teɪʃən] *n* rappresentazione *f*; **~ations** *npl* (*protest*) protesta; **~ative** *n* rappresentativo/a; (US: POL) deputato/a // *a* rappresentativo(a), caratteristico(a).
repress [rɪ'prɛs] *vt* reprimere; **~ion** [-'prɛʃən] *n* repressione *f*; **~ive** *a* repressivo(a).
reprieve [rɪ'pri:v] *n* (LAW) sospensione *f* dell'esecuzione della condanna; (*fig*) dilazione *f* // *vt* sospendere l'esecuzione della condanna a; accordare una dilazione a.
reprimand ['rɛprɪmɑ:nd] *n* rampogna // *vt* rampognare.
reprisal [rɪ'praɪzl] *n* rappresaglia.
reproach [rɪ'prəutʃ] *n* rimprovero // *vt*: **to ~ sb with sth** rimproverare qd di qc; **beyond ~** irreprensibile; **~ful** *a* di rimprovero.
reproduce [ri:prə'dju:s] *vt* riprodurre // *vi* riprodursi; **reproduction** [-'dʌkʃən] *n* riproduzione *f*; **reproductive** [-'dʌktɪv] *a* riproduttore(trice); riproduttivo(a).
reprove [rɪ'pru:v] *vt* (*action*) disapprovare; (*person*): **to ~ (for)** biasimare (per); **reproving** *a* di disapprovazione.
reptile ['rɛptaɪl] *n* rettile *m*.
republic [rɪ'pʌblɪk] *n* repubblica; **~an** *a,n* repubblicano(a).
repudiate [rɪ'pju:dɪeɪt] *vt* ripudiare.
repugnant [rɪ'pʌgnənt] *a* ripugnante.
repulse [rɪ'pʌls] *vt* respingere.
repulsion [rɪ'pʌlʃən] *n* ripulsione *f*.
repulsive [rɪ'pʌlsɪv] *a* ripugnante, ripulsivo(a).
reputable ['rɛpjutəbl] *a* di buona reputazione; (*occupation*) rispettabile.
reputation [rɛpju'teɪʃən] *n* reputazione *f*.
repute [rɪ'pju:t] *n* reputazione *f*; **~d** *a* reputato(a); **~dly** *ad* secondo quanto si dice.
request [rɪ'kwɛst] *n* domanda; (*formal*) richiesta // *vt*: **to ~ (of *or* from sb)** chiedere (a qd).
requiem ['rɛkwɪəm] *n* requiem *m or f inv*.
require [rɪ'kwaɪə*] *vt* (*need: subj: person*) aver bisogno di; (*: thing, situation*) richiedere; (*want*) volere; esigere; (*order*) obbligare; **~d** *a* richiesto(a); **if ~d** in caso di bisogno; **~ment** *n* esigenza; bisogno; requisito.
requisite ['rɛkwɪzɪt] *n* cosa necessaria // *a* necessario(a); **toilet ~s** articoli *mpl* da toletta.
requisition [rɛkwɪ'zɪʃən] *n*: **~ (for)** richiesta (di) // *vt* (MIL) requisire.

rescind [rɪ'sɪnd] *vt* annullare; (*law*) abrogare; (*judgment*) rescindere.
rescue ['rɛskju:] *n* salvataggio; (*help*) soccorso // *vt* salvare; ~ **party** *n* squadra di salvataggio; ~**r** *n* salvatore/trice.
research [rɪ'sə:tʃ] *n* ricerca, ricerche *fpl* // *vt* fare ricerche su; ~**er** *n* ricercatore/trice; ~ **work** *n* ricerche *fpl.*
resemblance [rɪ'zɛmbləns] *n* somiglianza.
resemble [rɪ'zɛmbl] *vt* assomigliare a.
resent [rɪ'zɛnt] *vt* risentirsi di; ~**ful** *a* pieno(a) di risentimento; ~**ment** *n* risentimento.
reservation [rɛzə'veɪʃən] *n* (*booking*) prenotazione *f*; (*doubt*) dubbio; (*protected area*) riserva; (*on road: also:* **central** ~) spartitraffico *m inv*; **to make a** ~ **(in an hotel/a restaurant/on a plane)** prenotare una camera/una tavola/un posto.
reserve [rɪ'zə:v] *n* riserva // *vt* (*seats etc*) prenotare; ~**s** *npl* (MIL) riserve *fpl*; **in** ~ in serbo; ~**d** *a* (*shy*) riservato(a); (*seat*) prenotato(a).
reservoir ['rɛzəvwɑ:*] *n* serbatoio.
reshape [ri:'ʃeɪp] *vt* (*policy*) ristrutturare.
reshuffle [ri:'ʃʌfl] *n*: **Cabinet** ~ (POL) rimpasto governativo.
reside [rɪ'zaɪd] *vi* risiedere.
residence ['rɛzɪdəns] *n* residenza; ~ **permit** *n* permesso di soggiorno.
resident ['rɛzɪdənt] *n* residente *m/f*; (*in hotel*) cliente *m/f* fisso(a) // *a* residente.
residential [rɛzɪ'dɛnʃl] *a* di residenza; (*area*) residenziale.
residue ['rɛzɪdju:] *n* resto; (CHEM, PHYSICS) residuo.
resign [rɪ'zaɪn] *vt* (*one's post*) dimettersi da // *vi* dimettersi; **to** ~ **o.s. to** rassegnarsi a; ~**ation** [rɛzɪg'neɪʃən] *n* dimissioni *fpl*; rassegnazione *f*; ~**ed** *a* rassegnato(a).
resilience [rɪ'zɪlɪəns] *n* (*of material*) elasticità, resilienza; (*of person*) capacità di recupero.
resilient [rɪ'zɪlɪənt] *a* (*person*) che si riprende facilmente.
resin ['rɛzɪn] *n* resina.
resist [rɪ'zɪst] *vt* resistere a; ~**ance** *n* resistenza.
resolute ['rɛzəlu:t] *a* risoluto(a).
resolution [rɛzə'lu:ʃən] *n* risoluzione *f.*
resolve [rɪ'zɔlv] *n* risoluzione *f* // *vt* (*decide*): **to** ~ **to do** decidere di fare; ~**d** *a* risoluto(a).
resonant ['rɛzənənt] *a* risonante.
resort [rɪ'zɔ:t] *n* (*town*) stazione *f*; (*recourse*) ricorso // *vi*: **to** ~ **to** aver ricorso a; **as a last** ~ come ultimo ricorso.
resound [rɪ'zaund] *vi*: **to** ~ **(with)** risonare (di); ~**ing** *a* risonante.
resource [rɪ'sɔ:s] *n* risorsa; ~**s** *npl* risorse *fpl*; ~**ful** *a* pieno(a) di risorse, intraprendente.
respect [rɪs'pɛkt] *n* rispetto // *vt* rispettare; **with** ~ **to** rispetto a, riguardo a; **in this** ~ per questo riguardo; ~**ability** [-ə'bɪlɪtɪ] *n* rispettabilità; ~**able** *a* rispettabile; ~**ful** *a* rispettoso(a).
respective [rɪs'pɛktɪv] *a* rispettivo(a); ~**ly** *ad* rispettivamente.
respiration [rɛspɪ'reɪʃən] *n* respirazione *f.*
respite ['rɛspaɪt] *n* respiro, tregua.
resplendent [rɪs'plɛndənt] *a* risplendente.
respond [rɪs'pɔnd] *vi* rispondere.
response [rɪs'pɔns] *n* risposta.
responsibility [rɪspɔnsɪ'bɪlɪtɪ] *n* responsabilità *f inv.*
responsible [rɪs'pɔnsɪbl] *a* (*liable*): ~ **(for)** responsabile (di); (*trustworthy*) fidato(a); (*job*) di (grande) responsabilità; **responsibly** *ad* responsabilmente.
responsive [rɪs'pɔnsɪv] *a* che reagisce.
rest [rɛst] *n* riposo; (*stop*) sosta, pausa; (MUS) pausa; (*support*) appoggio, sostegno; (*remainder*) resto, avanzi *mpl* // *vi* riposarsi; (*be supported*): **to** ~ **on** appoggiarsi su; (*remain*) rimanere, restare // *vt* (*lean*): **to** ~ **sth on/against** appoggiare qc su/contro; **the** ~ **of them** gli altri; **it** ~**s with him to decide** sta a lui decidere.
restart [ri:'stɑ:t] *vt* (*engine*) rimettere in marcia; (*work*) ricominciare.
restaurant ['rɛstərɔŋ] *n* ristorante *m*; ~ **car** *n* vagone *m* ristorante.
restful ['rɛstful] *a* riposante.
rest home ['rɛsthəum] *n* casa di riposo.
restitution [rɛstɪ'tju:ʃən] *n* (*act*) restituzione *f*; (*reparation*) riparazione *f.*
restive ['rɛstɪv] *a* agitato(a), impaziente; (*horse*) restio(a).
restless ['rɛstlɪs] *a* agitato(a), irrequieto(a).
restock [ri:'stɔk] *vt* rifornire.
restoration [rɛstə'reɪʃən] *n* restauro; restituzione *f.*
restore [rɪ'stɔ:*] *vt* (*building*) restaurare; (*sth stolen*) restituire; (*peace, health*) ristorare.
restrain [rɪs'treɪn] *vt* (*feeling*) contenere, frenare; (*person*): **to** ~ **(from doing)** trattenere (dal fare); ~**ed** *a* (*style*) contenuto(a), sobrio(a); (*manner*) riservato(a); ~**t** *n* (*restriction*) limitazione *f*; (*moderation*) ritegno.
restrict [rɪs'trɪkt] *vt* restringere, limitare; ~**ed area** *n* (AUT) zona a velocità limitata; ~**ion** [-kʃən] *n* restrizione *f*, limitazione *f*; ~**ive** *a* restrittivo(a).
rest room ['rɛstrum] *n* (*US*) toletta.
result [rɪ'zʌlt] *n* risultato // *vi*: **to** ~ **in** avere per risultato.
resume [rɪ'zju:m] *vt*, *vi* (*work, journey*) riprendere.
resumption [rɪ'zʌmpʃən] *n* ripresa.
resurgence [rɪ'sə:dʒəns] *n* rinascita.
resurrection [rɛzə'rɛkʃən] *n* risurrezione *f.*
resuscitate [rɪ'sʌsɪteɪt] *vt* (MED) risuscitare; **resuscitation** [-'teɪʃən] *n* rianimazione *f.*
retail ['ri:teɪl] *n* (vendita al) minuto // *cpd* al minuto // *vt* vendere al minuto; ~**er** *n* commerciante *m/f* al minuto, dettagliante

m; ~ **price** *n* prezzo al minuto.
retain [rɪ'teɪn] *vt* (*keep*) tenere, serbare; ~**er** *n* (*servant*) servitore *m*; (*fee*) onorario.
retaliate [rɪ'tælɪeɪt] *vi*: **to** ~ **(against)** vendicarsi (di); **retaliation** [-'eɪʃən] *n* vendetta, rappresaglie *fpl*.
retarded [rɪ'tɑ:dɪd] *a* ritardato(a); (*also*: **mentally** ~) tardo(a) (di mente).
retch [rɛtʃ] *vi* aver conati di vomito.
rethink ['ri:'θɪŋk] *vt* ripensare.
reticence ['rɛtɪsns] *n* reticenza.
reticent ['rɛtɪsnt] *a* reticente.
retina ['rɛtɪnə] *n* retina.
retinue ['rɛtɪnju:] *n* seguito, scorta.
retire [rɪ'taɪə*] *vi* (*give up work*) andare in pensione; (*withdraw*) ritirarsi, andarsene; (*go to bed*) andare a letto, ritirarsi; ~**d** *a* (*person*) pensionato(a); ~**ment** *n* pensione *f*; **retiring** *a* (*person*) riservato(a).
retort [rɪ'tɔ:t] *n* (*reply*) rimbecco; (*container*) storta // *vi* rimbeccare.
retrace [ri:'treɪs] *vt* ricostruire; **to** ~ **one's steps** tornare sui passi.
retract [rɪ'trækt] *vt* (*statement*) ritrattare; (*claws, undercarriage, aerial*) ritrarre, ritirare // *vi* ritrarsi; ~**able** *a* retrattile.
retrain [ri:'treɪn] *vt* (*worker*) riaddestrare; ~**ing** *n* riaddestramento.
retreat [rɪ'tri:t] *n* ritirata; (*place*) rifugio // *vi* battere in ritirata; (*flood*) ritirarsi.
retrial [ri:'traɪəl] *n* nuovo processo.
retribution [rɛtrɪ'bju:ʃən] *n* castigo.
retrieval [rɪ'tri:vəl] *n* ricupero; riparazione *f*.
retrieve [rɪ'tri:v] *vt* (*sth lost*) ricuperare, ritrovare; (*situation, honour*) salvare; (*error, loss*) riparare; (COMPUTERS) ricuperare; ~**r** *n* cane *m* da riporto.
retrospect ['rɛtrəspɛkt] *n*: **in** ~ guardando indietro; ~**ive** [-'spɛktɪv] *a* retrospettivo(a); (*law*) retroattivo(a).
return [rɪ'tə:n] *n* (*going or coming back*) ritorno; (*of sth stolen etc*) restituzione *f*; (*recompense*) ricompensa; (FINANCE: *from land, shares*) profitto, reddito; (*report*) rapporto // *cpd* (*journey, match*) di ritorno; (*ticket*) di andata e ritorno // *vi* tornare, ritornare // *vt* rendere, restituire; (*bring back*) riportare; (*send back*) mandare indietro; (*put back*) rimettere; (POL: *candidate*) eleggere; ~**s** *npl* (COMM) incassi *mpl*; profitti *mpl*; **many happy** ~**s (of the day)!** auguri!, buon compleanno!
reunion [ri:'ju:nɪən] *n* riunione *f*.
reunite [ri:ju:'naɪt] *vt* riunire.
rev [rɛv] *n* (*abbr of* **revolution**: AUT) giro // *vb* (*also*: ~ **up**) *vt* imballare // *vi* imballarsi.
revamp ['ri:'væmp] *vt* rinnovare; riorganizzare.
reveal [rɪ'vi:l] *vt* (*make known*) rivelare, svelare; (*display*) rivelare, mostrare; ~**ing** *a* rivelatore(trice); (*dress*) scollato(a).
reveille [rɪ'vælɪ] *n* (MIL) sveglia.
revel ['rɛvl] *vi*: **to** ~ **in sth/in doing** dilettarsi di qc/a fare.
revelation [rɛvə'leɪʃən] *n* rivelazione *f*.
reveller ['rɛvlə*] *n* crapulone/a, festaiolo/a.
revelry ['rɛvlrɪ] *n* crapula, baldoria.
revenge [rɪ'vɛndʒ] *n* vendetta; (*in game etc*) rivincita // *vt* vendicare; **to take** ~ vendicarsi; ~**ful** *a* vendicatore(trice); vendicativo(a).
revenue ['rɛvənju:] *n* reddito.
reverberate [rɪ'və:bəreɪt] *vi* (*sound*) rimbombare; (*light*) riverberarsi; **reverberation** [-'reɪʃən] *n* (*of light, sound*) riverberazione *f*.
reverence ['rɛvərəns] *n* venerazione *f*, riverenza.
reverent ['rɛvərənt] *a* riverente.
reverie ['rɛvərɪ] *n* fantasticheria.
reversal [rɪ'və:sl] *n* capovolgimento.
reverse [rɪ'və:s] *n* contrario, opposto; (*back*) rovescio; (AUT: *also*: ~ **gear**) marcia indietro // *a* (*order, direction*) contrario(a), opposto(a) // *vt* (*turn*) invertire, rivoltare; (*change*) capovolgere, rovesciare; (LAW: *judgment*) cassare // *vi* (AUT) fare marcia indietro; ~**d charge call** *n* (TEL) telefonata con addebito al ricevente.
reversion [rɪ'və:ʃən] *n* ritorno.
revert [rɪ'və:t] *vi*: **to** ~ **to** tornare a.
review [rɪ'vju:] *n* rivista; (*of book, film*) recensione *f* // *vt* passare in rivista; fare la recensione di; ~**er** *n* recensore/a.
revise [rɪ'vaɪz] *vt* (*manuscript*) rivedere, correggere; (*opinion*) emendare, modificare; (*study: subject, notes*) ripassare; **revision** [rɪ'vɪʒən] *n* revisione *f*; ripasso.
revitalize [ri:'vaɪtəlaɪz] *vt* ravvivare.
revival [rɪ'vaɪvəl] *n* ripresa; ristabilimento; (*of faith*) risveglio.
revive [rɪ'vaɪv] *vt* (*person*) rianimare; (*custom*) far rivivere; (*hope, courage*) ravvivare; (*play, fashion*) riesumare // *vi* (*person*) rianimarsi; (*hope*) ravvivarsi; (*activity*) riprendersi.
revoke [rɪ'vəuk] *vt* revocare; (*promise, decision*) rinvenire su.
revolt [rɪ'vəult] *n* rivolta, ribellione *f* // *vi* rivoltarsi, ribellarsi; ~**ing** *a* ripugnante.
revolution [rɛvə'lu:ʃən] *n* rivoluzione *f*; (*of wheel etc*) rivoluzione, giro; ~**ary** *a*, *n* rivoluzionario(a); ~**ize** *vt* rivoluzionare.
revolve [rɪ'vɔlv] *vi* girare.
revolver [rɪ'vɔlvə*] *n* rivoltella.
revolving [rɪ'vɔlvɪŋ] *a* girevole.
revue [rɪ'vju:] *n* (THEATRE) rivista.
revulsion [rɪ'vʌlʃən] *n* ripugnanza.
reward [rɪ'wɔ:d] *n* ricompensa, premio // *vt*: **to** ~ **(for)** ricompensare (per); ~**ing** *a* (*fig*) soddisfacente.
rewind [ri:'waɪnd] *vt irg* (*watch*) ricaricare; (*ribbon etc*) riavvolgere.
rewire [ri:'waɪə*] *vt* (*house*) rifare l'impianto elettrico di.

reword [ri:'wə:d] *vt* formulare *or* esprimere con altre parole.
rewrite [ri:'raɪt] *vt irg* riscrivere.
rhapsody ['ræpsədɪ] *n* (MUS) rapsodia; (*fig*) elogio stravagante.
rhetoric ['rɛtərɪk] *n* retorica; **~al** [rɪ'tɔrɪkl] *a* retorico(a).
rheumatic [ru:'mætɪk] *a* reumatico(a).
rheumatism ['ru:mətɪzəm] *n* reumatismo.
Rhine [raɪn] *n*: **the ~** il Reno.
rhinoceros [raɪ'nɔsərəs] *n* rinoceronte *m.*
rhododendron [rəudə'dɛndrn] *n* rododendro.
Rhone [rəun] *n*: **the ~** il Rodano.
rhubarb ['ru:bɑ:b] *n* rabarbaro.
rhyme [raɪm] *n* rima; (*verse*) poesia.
rhythm ['rɪðm] *n* ritmo; **~ic(al)** *a* ritmico(a); **~ically** *ad* con ritmo.
rib [rɪb] *n* (ANAT) costola // *vt* (*tease*) punzecchiare.
ribald ['rɪbəld] *a* licenzioso(a), volgare.
ribbed [rɪbd] *a* (*knitting*) a coste.
ribbon ['rɪbən] *n* nastro; **in ~s** (*torn*) a brandelli.
rice [raɪs] *n* riso; **~field** *n* risaia; **~ pudding** *n* budino di riso.
rich [rɪtʃ] *a* ricco(a); (*clothes*) sontuoso(a); **the ~** i ricchi; **~es** *npl* ricchezze *fpl*; **~ness** *n* ricchezza.
rickets ['rɪkɪts] *n* rachitismo.
rickety ['rɪkɪtɪ] *a* zoppicante.
rickshaw ['rɪkʃɔ:] *n* risciò *m inv.*
ricochet ['rɪkəʃeɪ] *n* rimbalzo // *vi* rimbalzare.
rid, *pt, pp* **rid** [rɪd] *vt*: **to ~ sb of** sbarazzare *or* liberare qd di; **to get ~ of** sbarazzarsi di; **good riddance!** che liberazione!
ridden ['rɪdn] *pp of* **ride**.
riddle ['rɪdl] *n* (*puzzle*) indovinello // *vt*: **to be ~d with** essere crivellato(a) di.
ride [raɪd] *n* (*on horse*) cavalcata; (*outing*) passeggiata; (*distance covered*) cavalcata; corsa // *vb* (*pt* **rode**, *pp* **ridden** [rəud, 'rɪdn]) *vi* (*as sport*) cavalcare; (*go somewhere: on horse, bicycle*) andare (a cavallo *or* in bicicletta *etc*); (*journey: on bicycle, motor cycle, bus*) andare, viaggiare // *vt* (*a horse*) montare, cavalcare; **we rode all day** abbiamo cavalcato tutto il giorno; **to ~ a horse/bicycle/camel** montare a cavallo/in bicicletta/in groppa a un cammello; **to ~ at anchor** (NAUT) essere alla fonda; **horse ~** cavalcata; **car ~** passeggiata in macchina; **to take sb for a ~** (*fig*) prendere in giro qd; fregare qd; **~r** *n* cavalcatore/trice; (*in race*) fantino; (*on bicycle*) ciclista *m/f*; (*on motorcycle*) motociclista *m/f*; (*in document*) clausola addizionale, aggiunta.
ridge [rɪdʒ] *n* (*of hill*) cresta; (*of roof*) colmo; (*of mountain*) giogo; (*on object*) riga (in rilievo).
ridicule ['rɪdɪkju:l] *n* ridicolo; scherno // *vt* mettere in ridicolo.
ridiculous [rɪ'dɪkjuləs] *a* ridicolo(a).
riding ['raɪdɪŋ] *n* equitazione *f*; **~ school** *n* scuola d'equitazione.
rife [raɪf] *a* diffuso(a); **to be ~ with** abbondare di.
riffraff ['rɪfræf] *n* canaglia.
rifle ['raɪfl] *n* carabina // *vt* vuotare; **~ range** *n* campo di tiro; (*indoor*) tiro al bersaglio.
rift [rɪft] *n* fessura, crepatura; (*fig: disagreement*) incrinatura, disaccordo.
rig [rɪg] *n* (*also*: **oil ~**: *on land*) derrick *m inv*; (: *at sea*) piattaforma per trivellazioni subacquee // *vt* (*election etc*) truccare; **to ~ out** *vt* attrezzare; (*pej*) abbigliare, agghindare; **to ~ up** *vt* allestire; **~ging** *n* (NAUT) attrezzatura.
right [raɪt] *a* giusto(a); (*suitable*) appropriato(a); (*not left*) destro(a) // *n* (*title, claim*) diritto; (*not left*) destra // *ad* (*answer*) correttamente; (*not on the left*) a destra // *vt* raddrizzare; (*fig*) riparare // *excl* bene!; **to be ~** (*person*) aver ragione; (*answer*) essere giusto(a) *or* corretto(a); **~ now** proprio adesso; subito; **~ against the wall** proprio contro il muro; **~ ahead** sempre diritto; proprio davanti; **~ in the middle** proprio nel mezzo; **~ away** subito; **by ~s** di diritto; **on the ~** a destra; **~ angle** *n* angolo retto; **~eous** ['raɪtʃəs] *a* retto(a), virtuoso(a); (*anger*) giusto(a), giustificato(a); **~eousness** ['raɪtʃəsnɪs] *n* rettitudine *f*, virtù *f*; **~ful** *a* (*heir*) legittimo(a); **~-handed** *a* (*person*) che adopera la mano destra; **~-hand man** *n* braccio destro; **the ~-hand side** il lato destro; **~ly** *ad* bene, correttamente; (*with reason*) a ragione; **~-minded** *a* sensato(a); **~ of way** *n* diritto di passaggio; (AUT) precedenza; **~ wing** *n* (MIL, SPORT) ala destra; (POL) destra; **~-wing** *a* (POL) di destra.
rigid ['rɪdʒɪd] *a* rigido(a); (*principle*) rigoroso(a); **~ity** [rɪ'dʒɪdɪtɪ] *n* rigidità; **~ly** *ad* rigidamente.
rigmarole ['rɪgmərəul] *n* tiritera; commedia.
rigorous ['rɪgərəs] *a* rigoroso(a).
rigour ['rɪgə*] *n* rigore *m.*
rim [rɪm] *n* orlo; (*of spectacles*) montatura; (*of wheel*) cerchione *m*; **~less** *a* (*spectacles*) senza montatura; **~med** *a* bordato(a); cerchiato(a).
rind [raɪnd] *n* (*of bacon*) cotenna; (*of lemon etc*) scorza.
ring [rɪŋ] *n* anello; (*also*: **wedding ~**) fede *f*; (*of people, objects*) cerchio; (*of spies*) giro; (*of smoke etc*) spirale *m*; (*arena*) pista, arena; (*for boxing*) ring *m inv*; (*sound of bell*) scampanio; (*telephone call*) colpo di telefono // *vb* (*pt* **rang**, *pp* **rung** [ræŋ, rʌŋ]) *vi* (*person, bell, telephone*) suonare; (*also*: **~ out**: *voice, words*) risuonare; (TEL) telefonare // *vt* (TEL: *also*: **~ up**) telefonare a; **to ~ the bell** suonare; **to ~ back** *vt, vi* (TEL) richiamare; **to ~ off** *vi* (TEL) mettere giù, riattaccare; **~leader** *n* (*of gang*) capobanda *m.*
ringlets ['rɪŋlɪts] *npl* boccoli *mpl.*

ring road ['rɪŋrəud] *n* raccordo anulare.
rink [rɪŋk] *n* (*also*: **ice ~**) pista di pattinaggio.
rinse [rɪns] *n* risciacquatura; (*hair tint*) colorito // *vt* sciacquare; darsi il colorito a.
riot ['raɪət] *n* sommossa, tumulto // *vi* tumultuare; **a ~ of colours** un'orgia di colori; **to run ~** creare disordine; **~ous** *a* tumultuoso(a); che fa crepare dal ridere; **~ously funny** che fa crepare dal ridere.
rip [rɪp] *n* strappo // *vt* strappare // *vi* strapparsi; **~cord** *n* cavo di sfilamento.
ripe [raɪp] *a* (*fruit*) maturo(a); (*cheese*) stagionato(a); **~n** *vt* maturare // *vi* maturarsi; stagionarsi; **~ness** *n* maturità.
ripple ['rɪpl] *n* increspamento, ondulazione *f*; mormorio // *vi* incresparsi.
rise [raɪz] *n* (*slope*) salita, pendio; (*hill*) altura; (*increase: in wages*) aumento; (: *in prices, temperature*) rialzo, aumento; (*fig: to power etc*) ascesa // *vi* (*pt* **rose**, *pp* **risen** [rəuz, 'rɪzn]) alzarsi, levarsi; (*prices*) aumentarsi; (*waters, river*) crescere; (*sun, wind, person: from chair, bed*) levarsi; (*also*: **~ up**: *rebel*) insorgere; ribellarsi; **to give ~ to** provocare, dare origine a; **to ~ to the occasion** essere all'altezza.
risk [rɪsk] *n* rischio; pericolo // *vt* rischiare; **to take** *or* **run the ~ of doing** correre il rischio di fare; **at ~** in pericolo; **~y** *a* rischioso(a).
risqué ['ri:skeɪ] *a* (*joke*) spinto(a).
rissole ['rɪsəul] *n* crocchetta.
rite [raɪt] *n* rito.
ritual ['rɪtjuəl] *a, n* rituale (*m*).
rival ['raɪvl] *n* rivale *m/f*; (*in business*) concorrente *m/f* // *a* rivale; che fa concorrenza // *vt* essere in concorrenza con; **to ~ sb/sth in** competere con qd/qc in; **~ry** *n* rivalità; concorrenza.
river ['rɪvə*] *n* fiume *m* // *cpd* (*port, traffic*) fluviale; **~bank** *n* argine *m*; **~bed** *n* alveo (fluviale); **~side** *n* sponda del fiume.
rivet ['rɪvɪt] *n* ribattino, rivetto // *vt* ribadire; (*fig*) concentrare, fissare.
Riviera [rɪvɪ'ɛərə] *n*: **the (French) ~** la Costa Azzurra.
RN *abbr of Royal Navy*.
road [rəud] *n* strada; (*small*) cammino; (*in town*) via; **~block** *n* blocco stradale; **~hog** *n* guidatore *m* egoista e spericolato; **~ map** *n* carta stradale; **~side** *n* margine *m* della strada; **~sign** *n* cartello stradale; **~way** *n* carreggiata; **~worthy** *a* in buono stato di marcia.
roam [rəum] *vi* errare, vagabondare // *vt* vagare per.
roar [rɔ:*] *n* ruggito; (*of crowd*) tumulto; (*of thunder, storm*) muggito // *vi* ruggire; tumultuare; muggire; **to ~ with laughter** scoppiare dalle risa; **a ~ing fire** un bel fuoco; **to do a ~ing trade** fare affari d'oro.
roast [rəust] *n* arrosto // *vt* (*meat*) arrostire.
rob [rɔb] *vt* (*person*) rubare; (*bank*) svaligiare; **to ~ sb of sth** derubare qd di qc; (*fig: deprive*) privare qd di qc; **~ber** *n* ladro; (*armed*) rapinatore *m*; **~bery** *n* furto; rapina.
robe [rəub] *n* (*for ceremony etc*) abito; (*also*: **bath ~**) accappatoio // *vt* vestire.
robin ['rɔbɪn] *n* pettirosso.
robot ['rəubɔt] *n* robot *m inv*.
robust [rəu'bʌst] *a* robusto(a); (*material*) solido(a).
rock [rɔk] *n* (*substance*) roccia; (*boulder*) masso; roccia; (*in sea*) scoglio; (*sweet*) zucchero candito // *vt* (*swing gently: cradle*) dondolare; (: *child*) cullare; (*shake*) scrollare, far tremare // *vi* dondolarsi; scrollarsi, tremare; **on the ~s** (*drink*) col ghiaccio; (*ship*) sugli scogli; (*marriage etc*) in crisi; **~-bottom** *n* (*fig*) stremo; **~ery** *n* giardino roccioso.
rocket ['rɔkɪt] *n* razzo; (MIL) razzo, missile *m*.
rock face ['rɔkfeɪs] *n* parete *f* della roccia.
rock fall ['rɔkfɔ:l] *n* caduta di massa.
rocking chair ['rɔkɪŋtʃɛə*] *n* sedia a dondolo.
rocking horse ['rɔkɪŋhɔ:s] *n* cavallo a dondolo.
rocky ['rɔkɪ] *a* (*hill*) roccioso(a); (*path*) sassoso(a); (*unsteady: table*) traballante.
rod [rɔd] *n* (*metallic,* TECH) asta; (*wooden*) bacchetta; (*also*: **fishing ~**) canna da pesca.
rode [rəud] *pt of* **ride**.
rodent ['rəudnt] *n* roditore *m*.
rodeo ['rəudɪəu] *n* rodeo.
roe [rəu] *n* (*species: also*: **~ deer**) capriolo; (*of fish*) uova *fpl* di pesce; **soft ~** latte *m* di pesce.
rogue [rəug] *n* mascalzone *m*; **roguish** *a* birbantesco(a).
role [rəul] *n* ruolo.
roll [rəul] *n* rotolo; (*of banknotes*) mazzo; (*also*: **bread ~**) panino; (*register*) lista; (*sound: of drums etc*) rullo; (*movement: of ship*) rullio // *vt* rotolare; (*also*: **~ up**: *string*) aggomitolare; (*also*: **~ out**: *pastry*) stendere // *vi* rotolare; (*wheel*) girare; **to ~ in** *vi* (*mail, cash*) arrivare a bizzeffe; **to ~ over** *vi* rivoltarsi; **to ~ up** *vi* (*col: arrive*) arrivare // *vt* (*carpet*) arrotolare; **~ call** *n* appello; **~ed gold** *a* d'oro laminato; **~er** *n* rullo; (*wheel*) rotella; **~er skates** *npl* pattini *mpl* a rotelle.
rolling ['rəulɪŋ] *a* (*landscape*) ondulato(a); **~ pin** *n* matterello; **~ stock** *n* (RAIL) materiale *m* rotabile.
Roman ['rəumən] *a, n* romano(a); **~ Catholic** *a, n* cattolico(a).
romance [rə'mæns] *n* storia (*or* avventura *or* film *m inv*) romantico(a); (*charm*) poesia; (*love affair*) idillio.
Romanesque [rəumə'nɛsk] *a* romanico(a).
Romania [rəu'meɪnɪə] *n* Romania; **~n** *a, n* romeno(a).
romantic [rə'mæntɪk] *a* romantico(a); sentimentale.

romanticism [rə'mæntɪsɪzəm] *n* romanticismo.
Rome [rəum] *n* Roma.
romp [rɔmp] *n* gioco rumoroso // *vi* (*also*: ~ **about**) far chiasso, giocare in un modo rumoroso.
rompers ['rɔmpəz] *npl* pagliaccetto.
roof [ru:f] *n* tetto; (*of tunnel, cave*) volta // *vt* coprire (con un tetto); ~ **garden** *n* giardino pensile; ~**ing** *n* materiale *m* per copertura; ~ **rack** *n* (AUT) portabagagli *m inv*.
rook [ruk] *n* (*bird*) corvo nero; (CHESS) torre *f* // *vt* (*cheat*) truffare, spennare.
room [ru:m] *n* (*in house*) stanza, camera; (*in school etc*) sala; (*space*) posto, spazio; ~**s** *npl* (*lodging*) alloggio; ~**ing house** *n* (*US*) *casa in cui si affittano camere o appartamentini ammobiliati*; ~**mate** *n* compagno/a di stanza; ~ **service** *n* servizio da camera; ~**y** *a* spazioso(a); (*garment*) ampio(a).
roost [ru:st] *n* appollaiato // *vi* appollaiarsi.
rooster ['ru:stə*] *n* gallo.
root [ru:t] *n* radice *f* // *vt* (*plant, belief*) far radicare; **to ~ about** *vi* (*fig*) frugare; **to ~ for** *vt fus* fare il tifo per; **to ~ out** *vt* estirpare.
rope [rəup] *n* corda, fune *f*; (NAUT) cavo // *vt* (*box*) legare; (*climbers*) legare in cordata; **to ~ sb in** (*fig*) coinvolgere qd; **to know the ~s** (*fig*) conoscere i trucchi del mestiere; ~ **ladder** *n* scala di corda.
rosary ['rəuzərɪ] *n* rosario; roseto.
rose [rəuz] *pt of* **rise** // *n* rosa; (*on watering can*) rosetta // *a* rosa *inv*.
rosé ['rəuzeɪ] *n* vino rosato.
rose: ~**bed** *n* roseto; ~**bud** *n* bocciolo di rosa; ~**bush** *n* rosaio.
rosemary ['rəuzmərɪ] *n* rosmarino.
rosette [rəu'zɛt] *n* rosetta; (*larger*) coccarda.
roster ['rɔstə*] *n*: **duty ~** ruolino di servizio.
rostrum ['rɔstrəm] *n* tribuna.
rosy ['rəuzɪ] *a* roseo(a).
rot [rɔt] *n* (*decay*) putrefazione *f*; (*fig*: *pej*) stupidaggini *fpl* // *vt, vi* imputridire, marcire.
rota ['rəutə] *n* ruolino di servizio.
rotary ['rəutərɪ] *a* rotante.
rotate [rəu'teɪt] *vt* (*revolve*) far girare; (*change round*: *crops*) avvicendare; (: *jobs*) fare a turno // *vi* (*revolve*) girare; **rotating** *a* (*movement*) rotante; **rotation** [-'teɪʃən] *n* rotazione *f*.
rotor ['rəutə*] *n* rotore *m*.
rotten ['rɔtn] *a* (*decayed*) putrido(a), marcio(a); (*dishonest*) corrotto(a); (*col*: *bad*) brutto(a); (: *action*) vigliacco(a); **to feel ~** (*ill*) sentirsi proprio male.
rotund [rəu'tʌnd] *a* grassoccio(a); tondo(a).
rouble ['ru:bl] *n* rublo.
rouge [ru:ʒ] *n* rossetto.
rough [rʌf] *a* aspro(a); (*person, manner*: *coarse*) rozzo(a), aspro(a); (: *violent*) brutale; (*district*) malfamato(a); (*weather*) cattivo(a); (*plan*) abbozzato(a); (*guess*) approssimativo(a) // *n* (GOLF) macchia; (*person*) duro; **to ~ it** far vita dura; **to play ~** far il gioco pesante; **to sleep ~** dormire all'addiaccio; **to feel ~** sentirsi male; **to ~ out** *vt* (*draft*) abbozzare; ~**en** *vt* (*a surface*) rendere ruvido(a); ~**ly** *ad* (*handle*) rudemente, brutalmente; (*make*) grossolanamente; (*approximately*) approssimativamente; ~**ness** *n* asprezza; rozzezza; brutalità; ~ **work** *n* (*at school etc*) brutta copia.
roulette [ru:'lɛt] *n* roulette *f*.
Roumania [ru:'meɪnɪə] *n* = **Romania**.
round [raund] *a* rotondo(a) // *n* tondo, cerchio; (*of toast*) fetta; (*duty*: *of policeman, milkman etc*) giro; (: *of doctor*) visite *fpl*; (*game*: *of cards, in competition*) partita; (BOXING) round *m inv*; (*of talks*) serie *f inv* // *vt* (*corner*) girare; (*bend*) prendere; (*cape*) doppiare // *prep* intorno a // *ad*: **right ~, all ~** tutt'attorno; **all the year ~** tutto l'anno; **it's just ~ the corner** (*also fig*) è dietro l'angolo; **to go ~** fare il giro; **to go ~ an obstacle** aggirare un ostacolo; **to go ~ a house** visitare una casa; **to ~ off** *vt* (*speech etc*) finire; **to ~ up** *vt* radunare; (*criminals*) fare una retata di; (*prices*) arrotondare; ~**about** *n* (AUT) rotatoria; (*at fair*) giostra // *a* (*route, means*) indiretto(a); ~ **of ammunition** *n* cartuccia; ~ **of applause** *n* applausi *mpl*; ~ **of drinks** *n* giro di bibite; ~ **of sandwiches** *n* sandwich *m inv*; ~**ed** *a* arrotondato(a); (*style*) armonioso(a); ~**ly** *ad* (*fig*) chiaro e tondo; ~-**shouldered** *a* dalle spalle tonde; ~ **trip** *n* (viaggio di) andata e ritorno; ~**up** *n* raduno; (*of criminals*) retata.
rouse [rauz] *vt* (*wake up*) svegliare; (*stir up*) destare; provocare; risvegliare; **rousing** *a* (*speech, applause*) entusiastico(a).
rout [raut] *n* (MIL) rotta // *vt* mettere in rotta.
route [ru:t] *n* itinerario; (*of bus*) percorso; (*of trade, shipping*) rotta.
routine [ru:'ti:n] *a* (*work*) corrente, abituale; (*procedure*) solito(a) // *n* (*pej*) routine *f*, tran tran *m*; (THEATRE) numero; **daily ~** orario quotidiano.
roving ['rəuvɪŋ] *a* (*life*) itinerante.
row [rəu] *n* (*line*) riga, fila; (KNITTING) ferro; (*behind one another*: *of cars, people*) fila // *vi* (*in boat*) remare; (*as sport*) vogare // *vt* (*boat*) manovrare a remi; **in a ~** (*fig*) di fila.
row [rau] *n* (*noise*) baccano, chiasso; (*dispute*) lite *f* // *vi* litigare.
rowdiness ['raudɪnɪs] *n* baccano; (*fighting*) zuffa.
rowdy ['raudɪ] *a* chiassoso(a); turbolento(a) // *n* teppista *m/f*.
rowing ['rəuɪŋ] *n* canottaggio; ~ **boat** *n* barca a remi.
rowlock ['rɔlək] *n* scalmo.

royal ['rɔɪəl] *a* reale; **~ist** *a, n* realista (*m/f*).

royalty ['rɔɪəltɪ] *n* (*royal persons*) (membri *mpl* della) famiglia reale; (*payment*: *to author*) diritti *mpl* d'autore; (: *to inventor*) diritti di brevetto.

r.p.m. *abbr* (= *revs per minute*) giri/min. (giri/minuto).

R.S.V.P. *abbr* (= *répondez s'il vous plaît*) R.S.V.P.

Rt Hon. *abbr* (= *Right Honourable*) ≈ Onorevole.

rub [rʌb] *n* (*with cloth*) fregata, strofinata; (*on person*) frizione *f*, massaggio // *vt* fregare, strofinare; frizionare; **to ~ sb up the wrong way** lisciare qd contro pelo; **to ~ off** *vi* andare via; **to ~ off on** lasciare una traccia su.

rubber ['rʌbə*] *n* gomma; **~ band** *n* elastico; **~ plant** *n* ficus elastica *m inv*; **~ stamp** *n* timbro di gomma; **~y** *a* gommoso(a).

rubbish ['rʌbɪʃ] *n* (*from household*) immondizie *fpl*, rifiuti *mpl*; (*fig*: *pej*) cose *fpl* senza valore; robaccia; sciocchezze *fpl*; **~ bin** *n* pattumiera; **~ dump** *n* (*in town*) immondezzaio.

rubble ['rʌbl] *n* macerie *fpl*; (*smaller*) pietrisco.

ruble ['ru:bl] *n* (*US*) = **rouble**.

ruby ['ru:bɪ] *n* rubino.

rucksack ['rʌksæk] *n* zaino.

rudder ['rʌdə*] *n* timone *m*.

ruddy ['rʌdɪ] *a* (*face*) fresco(a); (*col*: *damned*) maledetto(a).

rude [ru:d] *a* (*impolite*: *person*) scortese, rozzo(a); (: *word, manners*) grossolano(a), rozzo(a); (*shocking*) indecente; **~ly** *ad* scortesemente; grossolanamente; **~ness** *n* scortesia; grossolanità.

rudiment ['ru:dɪmənt] *n* rudimento; **~ary** [-'mɛntərɪ] *a* rudimentale.

rueful ['ru:ful] *a* mesto(a), triste.

ruff [rʌf] *n* gorgiera.

ruffian ['rʌfɪən] *n* briccone *m*, furfante *m*.

ruffle ['rʌfl] *vt* (*hair*) scompigliare; (*clothes, water*) increspare; (*fig*: *person*) turbare.

rug [rʌg] *n* tappeto; (*for knees*) coperta.

rugby ['rʌgbɪ] *n* (*also*: **~ football**) rugby *m*.

rugged ['rʌgɪd] *a* (*landscape*) aspro(a); (*features, determination*) duro(a); (*character*) brusco(a).

rugger ['rʌgə*] *n* (*col*) rugby *m*.

ruin ['ru:ɪn] *n* rovina // *vt* rovinare; (*spoil*: *clothes*) sciupare; **~s** *npl* rovine *fpl*, ruderi *mpl*; **~ation** [-'neɪʃən] *n* rovina; **~ous** *a* rovinoso(a); (*expenditure*) inverosimile.

rule [ru:l] *n* regola; (*regulation*) regolamento, regola; (*government*) governo // *vt* (*country*) governare; (*person*) dominare; (*decide*) decidere // *vi* regnare; decidere; (*LAW*) dichiarare; **as a ~** normalmente; **~d** *a* (*paper*) vergato(a); **~r** *n* (*sovereign*) sovrano/a; (*leader*) capo (dello Stato); (*for measuring*) regolo, riga; **ruling** *a* (*party*) al potere; (*class*) dirigente // *n* (*LAW*) decisione *f*.

rum [rʌm] *n* rum *m* // *a* (*col*) strano(a).

Rumania [ru:'meɪnɪə] *n* = **Romania**.

rumble ['rʌmbl] *n* rimbombo; brontolio // *vi* rimbombare; (*stomach, pipe*) brontolare.

rummage ['rʌmɪdʒ] *vi* frugare.

rumour ['ru:mə*] *n* voce *f* // *vt*: **it is ~ed that** corre voce che.

rump [rʌmp] *n* (*of animal*) groppa; **~ steak** *n* bistecca di girello.

rumpus ['rʌmpəs] *n* (*col*) baccano; (: *quarrel*) rissa.

run [rʌn] *n* corsa; (*outing*) gita (in macchina); (*distance travelled*) percorso, tragitto; (*series*) serie *f*; (*THEATRE*) periodo di rappresentazione; (*SKI*) pista // *vb* (*pt* **ran**, *pp* **run** [ræn, rʌn]) *vt* (*operate*: *business*) gestire, dirigere; (: *competition, course*) organizzare; (: *hotel*) gestire; (: *house*) governare; (*force through*: *rope, pipe*): **to ~ sth through** far passare qc attraverso; (*to pass*: *hand, finger*): **to ~ sth over** passare qc su; (*water, bath*) far scorrere // *vi* correre; (*pass*: *road etc*) passare; (*work*: *machine, factory*) funzionare, andare; (*bus, train*: *operate*) far servizio; (: *travel*) circolare; (*continue*: *play, contract*) durare; (*slide*: *drawer*; *flow*: *river, bath*) scorrere; (*colours, washing*) stemperarsi; (*in election*) presentarsi candidato; **there was a ~ on ...** c'era una corsa a ...; **in the long ~** alla lunga; in fin dei conti; **on the ~** in fuga; **I'll ~ you to the station** la porto alla stazione; **to ~ a risk** correre un rischio; **to ~ about** *vi* (*children*) correre qua e là; **to ~ across** *vt fus* (*find*) trovare per caso; **to ~ away** *vi* fuggire; **to ~ down** *vi* (*clock*) scaricarsi // *vt* (*AUT*) investire; (*criticize*) criticare; **to be ~ down** essere esausto(a) *or* a zero; **to ~ off** *vi* fuggire; **to ~ out** *vi* (*person*) uscire di corsa; (*liquid*) colare; (*lease*) scadere; (*money*) esaurirsi; **to ~ out of** *vt fus* rimanere a corto di; **to ~ over** *vt sep* (*AUT*) investire, arrotare // *vt fus* (*revise*) rivedere; **to ~ through** *vt fus* (*instructions*) dare una scorsa a; **to ~ up** *vt* (*debt*) lasciar accumulare; **to ~ up against** (*difficulties*) incontrare; **~away** *a* (*person*) fuggiasco(a); (*horse*) in libertà; (*truck*) fuori controllo; (*inflation*) galoppante.

rung [rʌŋ] *pp of* **ring** // *n* (*of ladder*) piolo.

runner ['rʌnə*] *n* (*in race*) corridore *m*; (*on sledge*) pattino; (*for drawer etc, carpet*: *in hall etc*) guida; **~ bean** *n* (*BOT*) fagiolo rampicante; **~-up** *n* secondo(a) arrivato(a).

running ['rʌnɪŋ] *n* corsa; direzione *f*; organizzazione *f*; funzionamento // *a* (*water*) corrente; (*commentary*) simultaneo(a); **6 days ~** 6 giorni di seguito.

runny ['rʌnɪ] *a* che cola.

run-of-the-mill ['rʌnəvðə'mɪl] *a* solito(a), banale.

runt [rʌnt] *n* (*also*: *pej*) omuncolo; (*ZOOL*)

animale *m* più piccolo del normale.
run-through ['rʌnθru:] *n* prova.
runway ['rʌnweɪ] *n* (*AVIAT*) pista (di decollo).
rupture ['rʌptʃə*] *n* (*MED*) ernia // *vt*: **to ~ o.s.** farsi venire un'ernia.
rural ['ruərl] *a* rurale.
ruse [ru:z] *n* trucco.
rush [rʌʃ] *n* corsa precipitosa; (*of crowd*) afflusso; (*hurry*) furia, fretta; (*current*) flusso // *vt* mandare *or* spedire velocemente; (*attack: town etc*) prendere d'assalto // *vi* precipitarsi; **don't ~ me!** non farmi fretta!; **~es** *npl* (*BOT*) giunchi *mpl*; **~ hour** *n* ora di punta.
rusk [rʌsk] *n* biscotto.
Russia ['rʌʃə] *n* Russia; **~n** *a* russo(a) // *n* russo/a; (*LING*) russo.
rust [rʌst] *n* ruggine *f* // *vi* arrugginirsi.
rustic ['rʌstɪk] *a* rustico(a) // *n* (*pej*) cafone/a.
rustle ['rʌsl] *vi* frusciare // *vt* (*paper*) far frusciare; (*US: cattle*) rubare.
rustproof ['rʌstpru:f] *a* inossidabile.
rusty ['rʌstɪ] *a* arrugginito(a).
rut [rʌt] *n* solco; (*ZOOL*) fregola.
ruthless ['ru:θlɪs] *a* spietato(a).
rye ['raɪ] *n* segale *f*.

S

Sabbath ['sæbəθ] *n* (*Jewish*) sabato; (*Christian*) domenica.
sabbatical [sə'bætɪkl] *a*: **~ year** *n* anno sabbatico.
sabotage ['sæbətɑ:ʒ] *n* sabotaggio // *vt* sabotare.
saccharin(e) ['sækərɪn] *n* saccarina.
sack [sæk] *n* (*bag*) sacco // *vt* (*dismiss*) licenziare, mandare a spasso; (*plunder*) saccheggiare; **to get the ~** essere mandato a spasso; **a ~ful of** un sacco di; **~ing** *n* tela di sacco; (*dismissal*) licenziamento.
sacrament ['sækrəmənt] *n* sacramento.
sacred ['seɪkrɪd] *a* sacro(a).
sacrifice ['sækrɪfaɪs] *n* sacrificio // *vt* sacrificare.
sacrilege ['sækrɪlɪdʒ] *n* sacrilegio.
sacrosanct ['sækrəusæŋkt] *a* sacrosanto(a).
sad [sæd] *a* triste; **~den** *vt* rattristare.
saddle ['sædl] *n* sella // *vt* (*horse*) sellare; **to be ~d with sth** (*col*) avere qc sulle spalle; **~bag** *n* bisaccia; (*on bicycle*) borsa.
sadism ['seɪdɪzm] *n* sadismo; **sadist** *n* sadico/a; **sadistic** [sə'dɪstɪk] *a* sadico(a).
sadness ['sædnɪs] *n* tristezza.
safari [sə'fɑ:rɪ] *n* safari *m inv*.
safe [seɪf] *a* sicuro(a); (*out of danger*) salvo(a), al sicuro; (*cautious*) prudente // *n* cassaforte *f*; **~ from** al sicuro da; **~ and sound** sano(a) e salvo(a); **(just) to be on the ~ side** per non correre rischi; **~guard** *n* salvaguardia // *vt* salvaguardare; **~keeping** *n* custodia; **~ly** *ad* sicuramente; sano(a) e salvo(a); prudentemente.
safety ['seɪftɪ] *n* sicurezza; **~ belt** *n* cintura di sicurezza; **~ pin** *n* spilla di sicurezza.
saffron ['sæfrən] *n* zafferano.
sag [sæg] *vi* incurvarsi; afflosciarsi.
sage [seɪdʒ] *n* (*herb*) salvia; (*man*) saggio.
Sagittarius [sædʒɪ'tɛərɪəs] *n* Sagittario.
sago ['seɪgəu] *n* sagù *m*.
said [sɛd] *pt, pp of* **say**.
sail [seɪl] *n* (*on boat*) vela; (*trip*): **to go for a ~** fare un giro in barca a vela // *vt* (*boat*) condurre, governare // *vi* (*travel: ship*) navigare; (*: passenger*) viaggiare per mare; (*set off*) salpare; (*SPORT*) fare della vela; **they ~ed into Genoa** entrarono nel porto di Genova; **to ~ through** (*fig*) *vt fus* superare senza difficoltà // *vi* farcela senza difficoltà; **~boat** *n* (*US*) barca a vela; **~ing** *n* (*SPORT*) vela; **to go ~ing** fare della vela; **~ing boat** *n* barca a vela; **~ing ship** *n* veliero; **~or** *n* marinaio.
saint [seɪnt] *n* santo/a.
sake [seɪk] *n*: **for the ~ of** per, per amore di, per il bene di; **for pity's ~** per pietà.
salad ['sæləd] *n* insalata; **~ bowl** *n* insalatiera; **~ cream** *n* (tipo di) maionese *f*; **~ dressing** *n* condimento per insalata; **~ oil** *n* olio da tavola.
salary ['sælərɪ] *n* stipendio.
sale [seɪl] *n* vendita; (*at reduced prices*) svendita, liquidazione *f*; **'for ~'** 'in vendita'; **on ~ or return** da vendere o rimandare; **~room** *n* sala delle aste; **~sman** *n* commesso; (*representative*) rappresentante *m*; **~swoman** *n* commessa.
salient ['seɪlɪənt] *a* saliente.
saliva [sə'laɪvə] *n* saliva.
sallow ['sæləu] *a* giallastro(a).
salmon ['sæmən] *n, pl inv* salmone *m*.
saloon [sə'lu:n] *n* (*US*) saloon *m inv*, bar *m inv*; (*AUT*) berlina; (*ship's lounge*) salone *m*.
salt [sɔlt] *n* sale *m* // *vt* salare // *cpd* di sale; (*CULIN*) salato(a); **~ cellar** *n* saliera; **~y** *a* salato(a).
salutary ['sæljutərɪ] *a* salutare.
salute [sə'lu:t] *n* saluto // *vt* salutare.
salvage ['sælvɪdʒ] *n* (*saving*) salvataggio; (*things saved*) beni *mpl* salvati *or* recuperati // *vt* salvare, mettere in salvo.
salvation [sæl'veɪʃən] *n* salvezza; **S~ Army** *n* Esercito della Salvezza.
salvo ['sælvəu] *n* salva.
same [seɪm] *a* stesso(a), medesimo(a) // *pronoun*: **the ~** lo(la) stesso(a), gli(le) stessi(e); **the ~ book as** lo stesso libro di (*or* che); **all** *or* **just the ~** tuttavia; **to do the ~** fare la stessa cosa; **to do the ~ as sb** fare come qd.
sample ['sɑ:mpl] *n* campione *m* // *vt* (*food*) assaggiare; (*wine*) degustare.
sanatorium, *pl* **sanatoria** [sænə'tɔ:rɪəm, -rɪə] *n* sanatorio.
sanctimonious [sæŋktɪ'məunɪəs] *a* bigotto(a), bacchettone(a).

sanction ['sæŋkʃən] *n* sanzione *f* // *vt* sancire, sanzionare.
sanctity ['sæŋktɪtɪ] *n* santità.
sanctuary ['sæŋktjuərɪ] *n* (*holy place*) santuario; (*refuge*) rifugio; (*for wildlife*) riserva.
sand [sænd] *n* sabbia // *vt* cospargere di sabbia; ~**s** *npl* spiaggia.
sandal ['sændl] *n* sandalo.
sandcastle ['sændkɑ:sl] *n* castello di sabbia.
sand dune ['sænddju:n] *n* duna di sabbia.
sandpaper ['sændpeɪpə*] *n* carta vetrata.
sandpit ['sændpɪt] *n* (*for children*) *buca di sabbia per i giochi dei bambini.*
sandstone ['sændstəun] *n* arenaria.
sandwich ['sændwɪtʃ] *n* tramezzino, panino, sandwich *m inv* // *vt* (*also*: ~ **in**) intramezzare, interporre; **cheese/ham** ~ sandwich al formaggio/prosciutto; ~ **course** *n* corso di formazione professionale.
sandy ['sændɪ] *a* sabbioso(a); (*colour*) color sabbia *inv*, biondo(a) rossiccio(a).
sane [seɪn] *a* (*person*) sano(a) di mente; (*outlook*) sensato(a).
sang [sæŋ] *pt of* **sing**.
sanguine ['sæŋgwɪn] *a* ottimista.
sanitary ['sænɪtərɪ] *a* (*system, arrangements*) sanitario(a); (*clean*) igienico(a); ~ **towel,** ~ **napkin** (*US*) *n* assorbente *m* (igienico).
sanitation [sænɪ'teɪʃən] *n* (*in house*) impianti *mpl* sanitari; (*in town*) fognature *fpl*.
sanity ['sænɪtɪ] *n* sanità mentale; (*common sense*) buon senso.
sank [sæŋk] *pt of* **sink**.
Santa Claus [sæntə'klɔ:z] *n* Babbo Natale.
sap [sæp] *n* (*of plants*) linfa // *vt* (*strength*) fiaccare.
sapling ['sæplɪŋ] *n* alberello.
sapphire ['sæfaɪə*] *n* zaffiro.
sarcasm ['sɑ:kæzm] *n* sarcasmo.
sarcastic [sɑ:'kæstɪk] *a* sarcastico(a).
sardine [sɑ:'di:n] *n* sardina.
Sardinia [sɑ:'dɪnɪə] *n* Sardegna.
sash [sæʃ] *n* fascia; ~ **window** *n* finestra a ghigliottina.
sat [sæt] *pt,pp of* **sit**.
Satan ['seɪtən] *n* Satana *m*.
satchel ['sætʃl] *n* cartella.
satellite ['sætəlaɪt] *a, n* satellite (*m*).
satin ['sætɪn] *n* raso, satin *m* // *a* di *or* in satin.
satire ['sætaɪə*] *n* satira; **satirical** [sə'tɪrɪkl] *a* satirico(a).
satisfaction [sætɪs'fækʃən] *n* soddisfazione *f*.
satisfactory [sætɪs'fæktərɪ] *a* soddisfacente.
satisfy ['sætɪsfaɪ] *vt* soddisfare; (*convince*) convincere; ~**ing** *a* soddisfacente.
saturate ['sætʃəreɪt] *vt*: **to** ~ **(with)** saturare (di).
Saturday ['sætədɪ] *n* sabato.
sauce [sɔ:s] *n* salsa; (*containing meat, fish*) sugo; ~**pan** *n* casseruola.
saucer ['sɔ:sə*] *n* sottocoppa *m*, piattino.
saucy ['sɔ:sɪ] *a* impertinente.
saunter ['sɔ:ntə*] *vi* andare a zonzo, bighellonare.
sausage ['sɔsɪdʒ] *n* salsiccia; ~ **roll** *n rotolo di pasta sfoglia ripiena di salsiccia.*
savage ['sævɪdʒ] *a* (*cruel, fierce*) selvaggio(a), feroce; (*primitive*) primitivo(a) // *n* selvaggio/a // *vt* attaccare selvaggiamente; ~**ry** *n* crudeltà, ferocia.
save [seɪv] *vt* (*person, belongings*) salvare; (*money*) risparmiare, mettere da parte; (*time*) risparmiare; (*food*) conservare; (*avoid: trouble*) evitare // *vi* (*also*: ~ **up**) economizzare // *n* (SPORT) parata // *prep* salvo, a eccezione di.
saving ['seɪvɪŋ] *n* risparmio // *a*: **the** ~ **grace of** l'unica cosa buona di; ~**s** *npl* risparmi *mpl*; ~**s bank** *n* cassa di risparmio.
saviour ['seɪvjə*] *n* salvatore *m*.
savour ['seɪvə*] *n* sapore *m*, gusto // *vt* gustare; ~**y** *a* saporito(a); (*dish: not sweet*) salato(a).
saw [sɔ:] *pt of* **see** // *n* (*tool*) sega // *vt* (*pt* **sawed**, *pp* **sawed** *or* **sawn** [sɔ:n]) segare; ~**dust** *n* segatura; ~**mill** *n* segheria.
saxophone ['sæksəfəun] *n* sassofono.
say [seɪ] *n*: **to have one's** ~ fare sentire il proprio parere; **to have a** ~ avere voce in capitolo // *vt* (*pt, pp* **said** [sɛd]) dire; **could you** ~ **that again?** potrebbe ripeterlo?; **that is to** ~ cioè, vale a dire; **to** ~ **nothing of** per non parlare di; ~ **that ...** mettiamo *or* diciamo che ...; **that goes without** ~**ing** va da sé; ~**ing** *n* proverbio, detto.
scab [skæb] *n* crosta; (*pej*) crumiro/a; ~**by** *a* crostoso(a).
scaffold ['skæfəuld] *n* impalcatura; (*gallows*) patibolo; ~**ing** *n* impalcatura.
scald [skɔ:ld] *n* scottatura // *vt* scottare.
scale [skeɪl] *n* scala; (*of fish*) squama // *vt* (*mountain*) scalare; ~**s** *npl* bilancia; **on a large** ~ su vasta scala; ~ **model** *n* modello in scala; **small-**~ **model** *n* modello in scala ridotta.
scallop ['skɔləp] *n* pettine *m*.
scalp [skælp] *n* cuoio capelluto // *vt* scotennare.
scalpel ['skælpl] *n* bisturi *m inv*.
scamper ['skæmpə*] *vi*: **to** ~ **away,** ~ **off** darsela a gambe.
scan [skæn] *vt* scrutare; (*glance at quickly*) scorrere, dare un'occhiata a; (*poetry*) scandire; (TV) analizzare; (RADAR) esplorare.
scandal ['skændl] *n* scandalo; (*gossip*) pettegolezzi *mpl*; ~**ize** *vt* scandalizzare; ~**ous** *a* scandaloso(a).
Scandinavia [skændɪ'neɪvɪə] *n* Scandinavia; ~**n** *a, n* scandinavo(a).
scant [skænt] *a* scarso(a); ~**y** *a* insufficiente; (*swimsuit*) ridotto(a).
scapegoat ['skeɪpgəut] *n* capro espiatorio.

scar [skɑ:] *n* cicatrice *f* // *vt* sfregiare.
scarce [skɛəs] *a* scarso(a); (*copy, edition*) raro(a); **~ly** *ad* appena; **scarcity** *n* scarsità, mancanza.
scare [skɛə*] *n* spavento; panico // *vt* spaventare, atterrire; **to ~ sb stiff** spaventare a morte qd; **~crow** *n* spaventapasseri *m inv*; **~d** *a*: **to be ~d** aver paura; **~monger** *n* allarmista *m/f*.
scarf, **scarves** [skɑ:f, skɑ:vz] *n* (*long*) sciarpa; (*square*) fazzoletto da testa, foulard *m inv*.
scarlet ['skɑ:lɪt] *a* scarlatto(a); **~ fever** *n* scarlattina.
scarves [skɑ:vz] *npl of* **scarf**.
scathing ['skeɪðɪŋ] *a* aspro(a).
scatter ['skætə*] *vt* spargere; (*crowd*) disperdere // *vi* disperdere; **~brained** *a* scervellato(a), sbadato(a); **~ed** *a* sparso(a), sparpagliato(a).
scatty ['skætɪ] *a* (*col*) scervellato(a), sbadato(a).
scavenger ['skævəndʒə*] *n* spazzino.
scene [si:n] *n* (THEATRE, *fig etc*) scena; (*of crime, accident*) scena, luogo; (*sight, view*) vista, veduta; **~ry** *n* (THEATRE) scenario; (*landscape*) panorama *m*; **scenic** *a* scenico(a); panoramico(a).
scent [sɛnt] *n* odore *m*, profumo; (*fig: track*) pista; (*sense of smell*) olfatto, odorato.
sceptic ['skɛptɪk] *n* scettico/a; **~al** *a* scettico(a); **~ism** ['skɛptɪsɪzm] *n* scetticismo.
sceptre ['sɛptə*] *n* scettro.
schedule ['ʃɛdju:l] *n* programma *m*, piano; (*of trains*) orario; (*of prices etc*) lista, tabella // *vt* stabilire; **as ~d** come stabilito; **on ~** in orario; in regola con la tabella di marcia; **to be ahead of/behind ~** essere in anticipo/ritardo sul previsto.
scheme [ski:m] *n* piano, progetto; (*method*) sistema *m*; (*dishonest plan, plot*) intrigo, trama; (*arrangement*) disposizione *f*, sistemazione *f* // *vt* progettare; (*plot*) ordire // *vi* fare progetti; (*intrigue*) complottare; **scheming** *a* intrigante // *n* intrighi *mpl*, macchinazioni *fpl*.
schism ['skɪzəm] *n* scisma *m*.
schizophrenic [skɪtsə'frɛnɪk] *a* schizofrenico(a).
scholar ['skɔlə*] *n* erudito/a; **~ly** *a* dotto(a), erudito(a); **~ship** *n* erudizione *f*; (*grant*) borsa di studio.
school [sku:l] *n* scuola; (*in university*) scuola, facoltà *f inv* // *cpd* scolare, scolastico(a) // *vt* (*animal*) addestrare; **~book** *n* libro scolastico; **~boy** *n* scolaro; **~days** *npl* giorni *mpl* di scuola; **~girl** *n* scolara; **~ing** *n* istruzione *f*; **~-leaving age** *n* età dell'adempimento dell'obbligo scolastico; **~master** *n* (*primary*) maestro; (*secondary*) insegnante *m*; **~mistress** *n* maestra; insegnante *f*; **~teacher** *n* insegnante *m/f*, docente *m/f*; (*primary*) maestro/a.
schooner ['sku:nə*] *n* (*ship*) goletta, schooner *m inv*; (*glass*) bicchiere *m* alto da sherry.
sciatica [saɪ'ætɪkə] *n* sciatica.
science ['saɪəns] *n* scienza; **~ fiction** *n* fantascienza; **scientific** [-'tɪfɪk] *a* scientifico(a); **scientist** *n* scienziato/a.
scintillating ['sɪntɪleɪtɪŋ] *a* scintillante.
scissors ['sɪzəz] *npl* forbici *fpl*; **a pair of ~** un paio di forbici.
scoff [skɔf] *vt* (*col: eat*) trangugiare, ingozzare // *vi*: **to ~ (at)** (*mock*) farsi beffe (di).
scold [skəuld] *vt* rimproverare.
scone [skɔn] *n* focaccina da tè.
scoop [sku:p] *n* mestolo; (*for ice cream*) cucchiaio dosatore; (PRESS) colpo giornalistico, notizia (in) esclusiva; **to ~ out** *vt* scavare; **to ~ up** *vt* tirare su, sollevare.
scooter ['sku:tə*] *n* (*motor cycle*) motoretta, scooter *m inv*; (*toy*) monopattino.
scope [skəup] *n* (*capacity: of plan, undertaking*) portata; (: *of person*) competenza; (*opportunity*) opportunità; **within the ~ of** entro la competenza di.
scorch [skɔ:tʃ] *vt* (*clothes*) strinare, bruciacchiare; (*earth, grass*) seccare, bruciare; **~er** *n* (*col: hot day*) giornata torrida; **~ing** *a* cocente, scottante.
score [skɔ:*] *n* punti *mpl*, punteggio; (MUS) partitura, spartito; (*twenty*) venti // *vt* (*goal, point*) segnare, fare; (*success*) ottenere // *vi* segnare; (FOOTBALL) fare un gol; (*keep score*) segnare i punti; **on that ~** a questo riguardo; **~board** *n* tabellone *m* segnapunti; **~card** *n* (SPORT) cartoncino segnapunti; **~r** *n* marcatore/trice; (*keeping score*) segnapunti *m inv*.
scorn [skɔ:n] *n* disprezzo // *vt* disprezzare.
Scorpio ['skɔ:pɪəu] *n* Scorpione *m*.
scorpion ['skɔ:pɪən] *n* scorpione *m*.
Scot [skɔt] *n* scozzese *m/f*.
scotch [skɔtʃ] *vt* (*rumour etc*) soffocare; **S~** *n* whisky *m* scozzese, scotch *m*.
scot-free ['skɔt'fri:] *a* impunito(a).
Scotland ['skɔtlənd] *n* Scozia.
Scots [skɔts] *a* scozzese; **~man/woman** *n* scozzese *m/f*.
Scottish ['skɔtɪʃ] *a* scozzese.
scoundrel ['skaundrl] *n* farabutto/a; (*child*) furfantello/a.
scour ['skauə*] *vt* (*clean*) pulire strofinando; raschiare via; ripulire; (*search*) battere, perlustrare.
scourge [skə:dʒ] *n* flagello.
scout [skaut] *n* (MIL) esploratore *m*; (*also*: **boy ~**) giovane esploratore, scout *m inv*; **to ~ around** *vi* cercare in giro.
scowl [skaul] *vi* accigliarsi, aggrottare le sopracciglia; **to ~ at** guardare torvo.
scraggy ['skrægɪ] *a* scarno(a), molto magro(a).
scram [skræm] *vi* (*col*) filare via.
scramble ['skræmbl] *n* arrampicata // *vi* inerpicarsi; **to ~ for** azzuffarsi per; **~d eggs** *npl* uova *fpl* strapazzate.

scrap [skræp] *n* pezzo, pezzetto; (*fight*) zuffa; (*also*: ~ **iron**) rottami *mpl* di ferro, ferraglia // *vt* demolire; (*fig*) scartare; ~**s** *npl* (*waste*) scarti *mpl*; ~**book** *n* album *m inv* di ritagli.

scrape [skreɪp] *vt,vi* raschiare, grattare // *n*: **to get into a** ~ cacciarsi in un guaio; ~**r** *n* raschietto.

scrap: ~ **heap** *n* mucchio di rottami; ~ **merchant** *n* commerciante *m* di ferraglia; ~ **paper** *n* cartaccia; ~**py** *a* frammentario(a), sconnesso(a).

scratch [skrætʃ] *n* graffio // *a*: ~ **team** *n* squadra raccogliticcia // *vt* graffiare, rigare // *vi* grattare, graffiare; **to start from** ~ cominciare *or* partire da zero; **to be up to** ~ essere all'altezza.

scrawl [skrɔ:l] *n* scarabocchio // *vi* scarabocchiare.

scrawny ['skrɔ:nɪ] *a* scarno(a), pelle e ossa *inv*.

scream [skri:m] *n* grido, urlo // *vi* urlare, gridare.

scree [skri:] *n* ghiaione *m*.

screech [skri:tʃ] *n* strido; (*of tyres, brakes*) stridore *m* // *vi* stridere.

screen [skri:n] *n* schermo; (*fig*) muro, cortina, velo // *vt* schermare, fare schermo a; (*from the wind etc*) riparare; (*film*) proiettare; (*book*) adattare per lo schermo; (*candidates etc*) selezionare; ~**ing** *n* (MED) dépistage *m inv*.

screw [skru:] *n* vite *f*; (*propeller*) elica // *vt* avvitare; ~**driver** *n* cacciavite *m*; ~**y** *a* (*col*) svitato(a).

scribble ['skrɪbl] *n* scarabocchio // *vt* scribacchiare in fretta // *vi* scarabocchiare.

script [skrɪpt] *n* (CINEMA *etc*) copione *m*; (*in exam*) elaborato *or* compito d'esame.

Scripture ['skrɪptʃə*] *n* sacre Scritture *fpl*.

scriptwriter ['skrɪptraɪtə*] *n* soggettista *m/f*.

scroll [skrəul] *n* rotolo di carta.

scrounge [skraundʒ] *vt* (*col*): **to** ~ **sth (off** *or* **from sb)** scroccare (qc a qd) // *vi*: **to** ~ **on sb** vivere alle spalle di qd; ~**r** *n* scroccone/a.

scrub [skrʌb] *n* (*clean*) strofinata; (*land*) boscaglia // *vt* pulire strofinando; (*reject*) annullare.

scruff [skrʌf] *n*: **by the** ~ **of the neck** per la collottola.

scruffy ['skrʌfɪ] *a* sciatto(a).

scrum(mage) ['skrʌm(ɪdʒ)] *n* mischia.

scruple ['skru:pl] *n* scrupolo.

scrupulous ['skru:pjuləs] *a* scrupoloso(a).

scrutinize ['skru:tɪnaɪz] *vt* scrutare, esaminare attentamente.

scrutiny ['skru:tɪnɪ] *n* esame *m* accurato.

scuff [skʌf] *vt* (*shoes*) consumare strascicando.

scuffle ['skʌfl] *n* baruffa, tafferuglio.

scullery ['skʌlərɪ] *n* retrocucina *m or f*.

sculptor ['skʌlptə*] *n* scultore *m*.

sculpture ['skʌlptʃə*] *n* scultura.

scum [skʌm] *n* schiuma; (*pej*: *people*) feccia.

scurrilous ['skʌrɪləs] *a* scurrile, volgare.

scurry ['skʌrɪ] *vi* sgambare, affrettarsi.

scurvy ['skə:vɪ] *n* scorbuto.

scuttle ['skʌtl] *n* (NAUT) portellino; (*also*: **coal** ~) secchio del carbone // *vt* (*ship*) autoaffondare // *vi* (*scamper*): **to** ~ **away,** ~ **off** darsela a gambe, scappare.

scythe [saɪð] *n* falce *f*.

sea [si:] *n* mare *m* // *cpd* marino(a), del mare; (*ship, sailor, port*) marittimo(a), di mare; **on the** ~ (*boat*) in mare; (*town*) di mare; **to be all at** ~ (*fig*) non sapere che pesci pigliare; ~ **bird** *n* uccello di mare; ~**board** *n* costa; ~ **breeze** *n* brezza di mare; ~**farer** *n* navigante *m*; ~**food** *n* frutti *mpl* di mare; ~ **front** *n* lungomare *m*; ~**going** *a* (*ship*) d'alto mare; ~**gull** *n* gabbiano.

seal [si:l] *n* (*animal*) foca; (*stamp*) sigillo; (*impression*) impronta del sigillo // *vt* sigillare.

sea level ['si:lɛvl] *n* livello del mare.

sea lion ['si:laɪən] *n* leone *m* marino.

seam [si:m] *n* cucitura; (*of coal*) filone *m*.

seaman ['si:mən] *n* marinaio.

seamy ['si:mɪ] *a* orribile.

seance ['seɪɔns] *n* seduta spiritica.

seaplane ['si:pleɪn] *n* idrovolante *m*.

seaport ['si:pɔ:t] *n* porto di mare.

search [sə:tʃ] *n* (*for person, thing*) ricerca; (*of drawer, pockets*) esame *m* accurato; (LAW: *at sb's home*) perquisizione *f* // *vt* perlustrare, frugare; (*examine*) esaminare minuziosamente // *vi*: **to** ~ **for** ricercare; **to** ~ **through** *vt fus* frugare; **in** ~ **of** alla ricerca di; ~**ing** *a* minuzioso(a); penetrante; ~**light** *n* proiettore *m*; ~ **party** *n* squadra di soccorso; ~ **warrant** *n* mandato di perquisizione.

seashore ['si:ʃɔ:*] *n* spiaggia.

seasick ['si:sɪk] *a* che soffre il mal di mare.

seaside ['si:saɪd] *n* spiaggia; ~ **resort** *n* stazione *f* balneare.

season ['si:zn] *n* stagione *f* // *vt* condire, insaporire; ~**al** *a* stagionale; ~**ing** *n* condimento; ~ **ticket** *n* abbonamento.

seat [si:t] *n* sedile *m*; (*in bus, train*: *place*) posto; (PARLIAMENT) seggio; (*buttocks*) didietro; (*of trousers*) fondo // *vt* far sedere; (*have room for*) avere *or* essere fornito(a) di posti a sedere per; ~ **belt** *n* cintura di sicurezza.

sea water ['si:wɔ:tə*] *n* acqua di mare.

seaweed ['si:wi:d] *n* alga.

seaworthy ['si:wə:ðɪ] *a* atto(a) alla navigazione.

sec. *abbr of* **second(s)**.

secluded [sɪ'klu:dɪd] *a* isolato(a), appartato(a).

seclusion [sɪ'klu:ʒən] *n* isolamento.

second ['sɛkənd] *num* secondo(a) // *ad* (*in race etc*) al secondo posto; (RAIL) in seconda // *n* (*unit of time*) secondo; (*in series, position*) secondo/a; (AUT: *also*: ~ **gear**) seconda; (COMM: *imperfect*) scarto

// *vt* (*motion*) appoggiare; **~ary** *a* secondario(a); **~ary school** *n* scuola secondaria; **~-class** *a* di seconda classe; **~er** *n* sostenitore/trice; **~hand** *a* di seconda mano, usato(a); **~ hand** *n* (*on clock*) lancetta dei secondi; **~ly** *ad* in secondo luogo; **~-rate** *a* scadente; **~ thoughts** *npl* ripensamenti *mpl*; **on ~ thoughts** ripensandoci bene.

secrecy ['si:krəsɪ] *n* segretezza.

secret ['si:krɪt] *a* segreto(a) // *n* segreto.

secretariat [sɛkrɪ'tɛərɪət] *n* segretariato.

secretary ['sɛkrətərɪ] *n* segretario/a; **S~ of State (for)** (*Brit*: POL) ministro (di).

secretive ['si:krətɪv] *a* riservato(a).

sect [sɛkt] *n* setta; **~arian** [-'tɛərɪən] *a* settario(a).

section ['sɛkʃən] *n* sezione *f* // *vt* sezionare, dividere in sezioni.

sector ['sɛktə*] *n* settore *m*.

secular ['sɛkjulə*] *a* secolare.

secure [sɪ'kjuə*] *a* (*free from anxiety*) sicuro(a); (*firmly fixed*) assicurato(a), ben fermato(a); (*in safe place*) al sicuro // *vt* (*fix*) fissare, assicurare; (*get*) ottenere, assicurarsi.

security [sɪ'kjuərɪtɪ] *n* sicurezza; (*for loan*) garanzia.

sedate [sɪ'deɪt] *a* posato(a); calmo(a) // *vt* calmare.

sedation [sɪ'deɪʃən] *n* (MED) l'effetto dei sedativi.

sedative ['sɛdɪtɪv] *n* sedativo, calmante *m*.

sediment ['sɛdɪmənt] *n* sedimento.

seduce [sɪ'dju:s] *vt* sedurre; **seduction** [-'dʌkʃən] *n* seduzione *f*; **seductive** [-'dʌktɪv] *a* seducente.

see [si:] *vb* (*pt* **saw**, *pp* **seen** [sɔ:, si:n]) *vt* vedere; (*accompany*): **to ~ sb to the door** accompagnare qd alla porta // *vi* vedere; (*understand*) capire // *n* sede *f* vescovile; **to ~ that** (*ensure*) badare che + *sub*, fare in modo che + *sub*; **to ~ off** *vt* salutare alla partenza; **to ~ through** *vt* portare a termine // *vt fus* non lasciarsi ingannare da; **to ~ to** *vt fus* occuparsi di.

seed [si:d] *n* seme *m*; (*fig*) germe *m*; (TENNIS) testa di serie; **to go to ~** fare seme; (*fig*) scadere; **~ling** *n* piantina di semenzaio; **~y** *a* (*shabby*: *person*) sciatto(a); (: *place*) cadente.

seeing ['si:ɪŋ] *cj*: **~ (that)** visto che.

seek, *pt,pp* **sought** [si:k, sɔ:t] *vt* cercare.

seem [si:m] *vi* sembrare, parere; **there seems to be ...** sembra che ci sia ...; **~ingly** *ad* apparentemente.

seen [si:n] *pp of* **see**.

seep [si:p] *vi* filtrare, trapelare.

seer [sɪə*] *n* profeta/essa, veggente *m/f*.

seesaw ['si:sɔ:] *n* altalena a bilico.

seethe [si:ð] *vi* ribollire; **to ~ with anger** fremere di rabbia.

see-through ['si:θru:] *a* trasparente.

segment ['sɛgmənt] *n* segmento.

segregate ['sɛgrɪgeɪt] *vt* segregare, isolare.

seismic ['saɪzmɪk] *a* sismico(a).

seize [si:z] *vt* (*grasp*) afferrare; (*take possession of*) impadronirsi di; (LAW) sequestrare; **to ~ (up)on** *vt fus* ricorrere a; **to ~ up** *vi* (TECH) grippare.

seizure ['si:ʒə*] *n* (MED) attacco; (LAW) confisca, sequestro.

seldom ['sɛldəm] *ad* raramente.

select [sɪ'lɛkt] *a* scelto(a) // *vt* scegliere, selezionare; **~ion** [-'lɛkʃən] *n* selezione *f*, scelta; **~ive** *a* selettivo(a).

self [sɛlf] *n* (*pl* **selves** [sɛlvz]): **the ~** l'io *m* // *prefix* auto...; **~-assured** *a* sicuro(a) di sé; **~-catering** *a* in cui ci si cucina da sé; **~-centred** *a* egocentrico(a); **~-coloured** *a* monocolore; **~-confidence** *n* sicurezza di sé; **~-conscious** *a* timido(a); **~-contained** *a* (*flat*) indipendente; **~-control** *n* autocontrollo; **~-defence** *n* autodifesa; (LAW) legittima difesa; **~-discipline** *n* autodisciplina; **~-employed** *a* che lavora in proprio; **~-evident** *a* evidente; **~-explanatory** *a* ovvio(a); **~-indulgent** *a* indulgente verso se stesso(a); **~-interest** *n* interesse *m* personale; **~ish** *a* egoista; **~ishness** *n* egoismo; **~lessly** *ad* altruisticamente; **~-pity** *n* autocommiserazione *f*; **~-portrait** *n* autoritratto; **~-possessed** *a* controllato(a); **~-preservation** *n* istinto di conservazione; **~-respect** *n* rispetto di sé, amor proprio; **~-respecting** *a* che ha rispetto di sé; **~-righteous** *a* soddisfatto(a) di sé; **~-sacrifice** *n* abnegazione *f*; **~-satisfied** *a* compiaciuto(a) di sé; **~-seal** *a* autosigillante; **~-service** *n* autoservizio, self-service *m*; **~-sufficient** *a* autosufficiente; **~-supporting** *a* economicamente indipendente.

sell, *pt,pp* **sold** [sɛl, səuld] *vt* vendere // *vi* vendersi; **to ~ at** *or* **for 1000 lire** essere in vendita a 1000 lire; **to ~ off** *vt* svendere, liquidare; **~er** *n* venditore/trice; **~ing price** *n* prezzo di vendita.

sellotape ['sɛləuteɪp] *n* ® nastro adesivo, scotch *m* ®.

sellout ['sɛlaut] *n* tradimento; (*of tickets*): **it was a ~** registrò un tutto esaurito.

selves [sɛlvz] *npl of* **self**.

semantic [sɪ'mæntɪk] *a* semantico(a); **~s** *n* semantica.

semaphore ['sɛməfɔ:*] *n* segnali *mpl* con bandiere; (RAIL) semaforo.

semen ['si:mən] *n* sperma *m*.

semi ['sɛmɪ] *prefix* semi...; **~-breve** *n* semibreve *f*; **~circle** *n* semicerchio; **~colon** *n* punto e virgola; **~conscious** *a* parzialmente cosciente; **~detached (house)** *n* casa gemella; **~final** *n* semifinale *f*.

seminar ['sɛmɪnɑ:*] *n* seminario.

semiquaver ['sɛmɪkweɪvə*] *n* semicroma.

semiskilled ['sɛmɪ'skɪld] *a*: **~ worker** *n* operaio(a) non specializzato(a).

semitone ['sɛmɪtəun] *n* (MUS) semitono.

semolina [sɛmə'li:nə] *n* semolino.
senate ['sɛnɪt] *n* senato; **senator** *n* senatore/trice.
send, *pt,pp* **sent** [sɛnd, sɛnt] *vt* mandare; **to ~ sb to Coventry** dare l'ostracismo a qd; **to ~ away** *vt* (*letter, goods*) spedire; (*person*) mandare via; **to ~ away for** *vt fus* richiedere per posta, farsi spedire; **to ~ back** *vt* rimandare; **to ~ for** *vt fus* mandare a chiamare, far venire; **to ~ off** *vt* (*goods*) spedire; (*SPORT*: *player*) espellere; **to ~ out** *vt* (*invitation*) diramare; **to ~ up** *vt* (*person, price*) far salire; (*parody*) mettere in ridicolo; **~er** *n* mittente *m/f.*
senile ['si:naɪl] *a* senile.
senior ['si:nɪə*] *a* (*older*) più vecchio(a); (*of higher rank*) di grado più elevato // *n* persona più anziana; (*in service*) persona con maggiore anzianità; **~ity** [-'ɔrɪtɪ] *n* anzianità.
sensation [sɛn'seɪʃən] *n* sensazione *f*; **to create a ~** fare scalpore; **~al** *a* sensazionale; (*marvellous*) eccezionale.
sense [sɛns] *n* senso; (*feeling*) sensazione *f*, senso; (*meaning*) senso, significato; (*wisdom*) buonsenso // *vt* sentire, percepire; **it makes ~** ha senso; **~s** *npl* ragione *f*; **~less** *a* sciocco(a); (*unconscious*) privo(a) di sensi.
sensibility [sɛnsɪ'bɪlɪtɪ] *n* sensibilità; **sensibilities** *npl* sensibilità *sg.*
sensible ['sɛnsɪbl] *a* sensato(a), ragionevole.
sensitive ['sɛnsɪtɪv] *a*: **~ (to)** sensibile (a); **sensitivity** [-'tɪvɪtɪ] *n* sensibilità.
sensual ['sɛnsjuəl] *a* sensuale.
sensuous ['sɛnsjuəs] *a* sensuale.
sent [sɛnt] *pt,pp of* **send**.
sentence ['sɛntns] *n* (*LING*) frase *f*; (*LAW*: *judgment*) sentenza; (: *punishment*) condanna // *vt*: **to ~ sb to death/to 5 years** condannare qd a morte/a 5 anni.
sentiment ['sɛntɪmənt] *n* sentimento; (*opinion*) opinione *f*; **~al** [-'mɛntl] *a* sentimentale.
sentry ['sɛntrɪ] *n* sentinella.
separate *a* ['sɛprɪt] separato(a) // *vb* ['sɛpəreɪt] *vt* separare // *vi* separarsi; **~ly** *ad* separatamente; **~s** *npl* (*clothes*) coordinati *mpl*; **separation** [-'reɪʃən] *n* separazione *f.*
September [sɛp'tɛmbə*] *n* settembre *m.*
septic ['sɛptɪk] *a* settico(a); (*wound*) infettato(a).
sequel ['si:kwl] *n* conseguenza; (*of story*) seguito.
sequence ['si:kwəns] *n* (*series*) serie *f*; (*order*) ordine *m.*
sequin ['si:kwɪn] *n* lustrino, paillette *f inv.*
serenade [sɛrə'neɪd] *n* serenata.
serene [sɪ'ri:n] *a* sereno(a), calmo(a); **serenity** [sə'rɛnɪtɪ] *n* serenità, tranquillità.
sergeant ['sɑ:dʒənt] *n* sergente *m*; (*POLICE*) brigadiere *m.*
serial ['sɪərɪəl] *n* (*PRESS*) romanzo a puntate; (*RADIO, TV*) trasmissione *f* a puntate // *a* (*number*) di serie; **~ize** *vt* pubblicare a puntate; trasmettere a puntate.
series ['sɪəri:s] *n* serie *f inv*; (*PUBLISHING*) collana.
serious ['sɪərɪəs] *a* serio(a), grave; **~ly** *ad* seriamente; **~ness** *n* serietà, gravità.
sermon ['sə:mən] *n* sermone *m.*
serrated [sɪ'reɪtɪd] *a* seghettato(a).
serum ['sɪərəm] *n* siero.
servant ['sə:vənt] *n* domestico/a.
serve [sə:v] *vt* (*employer etc*) servire, essere a servizio di; (*purpose*) servire a; (*customer, food, meal*) servire; (*apprenticeship*) fare; (*prison term*) scontare // *vi* (*also TENNIS*) servire; (*be useful*): **to ~ as/for/to do** servire da/per/per fare // *n* (*TENNIS*) servizio; **it ~s him right** ben gli sta, se l'èmeritata; **to ~ out, ~ up** *vt* (*food*) servire.
service ['sə:vɪs] *n* servizio; (*AUT*: *maintenance*) assistenza, revisione *f* // *vt* (*car, washing machine*) revisionare; **the S~s** le forze armate; **to be of ~ to sb, to do sb a ~** essere d'aiuto a qd; **to put one's car in for (a) ~** portare la macchina in officina per una revisione; **dinner ~** *n* servizio da tavola; **~able** *a* pratico(a), utile; **~ area** *n* (*on motorway*) area di servizio; **~man** *n* militare *m*; **~ station** *n* stazione *f* di servizio.
serviette [sə:vɪ'ɛt] *n* tovagliolo.
servile ['sə:vaɪl] *a* servile.
session ['sɛʃən] *n* (*sitting*) seduta, sessione *f*; (*SCOL*) anno scolastico (*or* accademico); **to be in ~** essere in seduta.
set [sɛt] *n* serie *f inv*; (*RADIO, TV*) apparecchio; (*TENNIS*) set *m inv*; (*group of people*) mondo, ambiente *m*; (*CINEMA*) scenario; (*THEATRE*: *stage*) scene *fpl*; (: *scenery*) scenario; (*MATH*) insieme *m*; (*HAIRDRESSING*) messa in piega // *a* (*fixed*) stabilito(a), determinato(a); (*ready*) pronto(a) // *vb* (*pt, pp* **set**) (*place*) posare, mettere; (*fix*) fissare; (*adjust*) regolare; (*decide*: *rules etc*) stabilire, fissare; (*TYP*) comporre // *vi* (*sun*) tramontare; (*jam, jelly*) rapprendersi; (*concrete*) fare presa; **to be ~ on doing** essere deciso a fare; **to be (dead) ~ against** essere completamente contrario a; **to ~ (to music)** mettere in musica; **to ~ on fire** dare fuoco a; **to ~ free** liberare; **to ~ sail** prendere il mare; **to ~ about** *vt fus* (*task*) intraprendere, mettersi a; **to ~ aside** *vt* mettere da parte; **to ~ back** *vt* (*in time*): **to ~ back (by)** mettere indietro (di); **to ~ off** *vi* partire // *vt* (*bomb*) far scoppiare; (*cause to start*) mettere in moto; (*show up well*) dare risalto a; **to ~ out** *vi*: **to ~ out to do** proporsi di fare // *vt* (*arrange*) disporre; (*state*) esporre, presentare; **to ~ up** *vt* (*organization*) fondare, costituire; (*record*) stabilire; (*monument*) innalzare; **~back** *n* (*hitch*) contrattempo, inconveniente *m.*
settee [sɛ'ti:] *n* divano, sofà *m inv.*

setting ['sɛtɪŋ] *n* ambiente *m*; (*of jewel*) montatura.

settle ['sɛtl] *vt* (*argument, matter*) appianare; (*problem*) risolvere; (MED: *calm*) calmare // *vi* (*bird, dust etc*) posarsi; (*sediment*) depositarsi; (*also*: ~ **down**) sistemarsi, stabilirsi; calmarsi; **to** ~ **to sth** applicarsi a qc; **to** ~ **for sth** accontentarsi di qc; **to** ~ **in** *vi* sistemarsi; **to** ~ **on sth** decidersi per qc; **to** ~ **up with sb** regolare i conti con qd; ~**ment** *n* (*payment*) pagamento, saldo; (*agreement*) accordo; (*colony*) colonia; (*village etc*) villaggio, comunità *f inv*; ~**r** *n* colonizzatore/trice.

setup ['sɛtʌp] *n* (*arrangement*) situazione *f*; sistemazione *f*; (*situation*) situazione.

seven ['sɛvn] *num* sette; ~**teen** *num* diciassette; ~**th** *num* settimo(a); ~**ty** *num* settanta.

sever ['sɛvə*] *vt* recidere, tagliare; (*relations*) troncare.

several ['sɛvərl] *a, pronoun* alcuni(e), diversi(e); ~ **of us** alcuni di noi.

severe [sɪ'vɪə*] *a* severo(a); (*serious*) serio(a), grave; (*hard*) duro(a); (*plain*) semplice, sobrio(a); **severity** [sɪ'vɛrɪtɪ] *n* severità; gravità; (*of weather*) rigore *m*.

sew, *pt* **sewed,** *pp* **sewn** [səu, səud, səun] *vt, vi* cucire; **to** ~ **up** *vt* ricucire.

sewage ['su:ɪdʒ] *n* acque *fpl* di scolo.

sewer ['su:ə*] *n* fogna.

sewing ['səuɪŋ] *n* cucitura; cucito; ~ **machine** *n* macchina da cucire.

sewn [səun] *pp of* **sew**.

sex [sɛks] *n* sesso; **to have** ~ **with** avere rapporti sessuali con; ~ **act** *n* atto sessuale.

sexual ['sɛksjuəl] *a* sessuale.

sexy ['sɛksɪ] *a* provocante, sexy *inv*.

shabby ['ʃæbɪ] *a* malandato(a); (*behaviour*) vergognoso(a).

shack [ʃæk] *n* baracca, capanna.

shackles ['ʃæklz] *npl* ferri *mpl*, catene *fpl*.

shade [ʃeɪd] *n* ombra; (*for lamp*) paralume *m*; (*of colour*) tonalità *f inv*; (*small quantity*): **a** ~ **of** un po' *or* un'ombra di // *vt* ombreggiare, fare ombra a; **in the** ~ all'ombra; **a** ~ **smaller** un tantino più piccolo.

shadow ['ʃædəu] *n* ombra // *vt* (*follow*) pedinare; ~ **cabinet** *n* (POL) governo *m* ombra *inv*; ~**y** *a* ombreggiato(a), ombroso(a); (*dim*) vago(a), indistinto(a).

shady ['ʃeɪdɪ] *a* ombroso(a); (*fig*: *dishonest*) losco(a), equivoco(a).

shaft [ʃɑ:ft] *n* (*of arrow, spear*) asta; (AUT, TECH) albero; (*of mine*) pozzo; (*of lift*) tromba; (*of light*) raggio.

shaggy ['ʃægɪ] *a* ispido(a).

shake [ʃeɪk] *vb* (*pt* **shook,** *pp* **shaken** [ʃuk, 'ʃeɪkn]) *vt* scuotere; (*bottle, cocktail*) agitare // *vi* tremare // *n* scossa; **to** ~ **hands with sb** stringere *or* dare la mano a qd; **to** ~ **off** *vt* scrollare (via); (*fig*) sbarazzarsi di; **to** ~ **up** *vt* scuotere; ~**-up** *n* riorganizzazione *f* drastica; **shaky** *a* (*hand, voice*) tremante; (*building*) traballante.

shale [ʃeɪl] *n* roccia scistosa.

shall [ʃæl] *auxiliary vb*: **I** ~ **go** andrò.

shallow ['ʃæləu] *a* poco profondo(a); (*fig*) superficiale.

sham [ʃæm] *n* finzione *f*, messinscena; (*jewellery, furniture*) imitazione *f* // *a* finto(a) // *vt* fingere, simulare.

shambles ['ʃæmblz] *n* confusione *f*, baraonda, scompiglio.

shame [ʃeɪm] *n* vergogna // *vt* far vergognare; **it is a** ~ **(that/to do)** è un peccato (che + *sub*/fare); **what a** ~**!** che peccato!; ~**faced** *a* vergognoso(a); ~**ful** *a* vergognoso(a); ~**less** *a* sfrontato(a); (*immodest*) spudorato(a).

shampoo [ʃæm'pu:] *n* shampoo *m inv* // *vt* fare lo shampoo a.

shamrock ['ʃæmrɔk] *n* trifoglio (*simbolo nazionale dell'Irlanda*).

shandy ['ʃændɪ] *n* birra con gassosa.

shanty ['ʃæntɪ] *n* baracca, capanna; ~**town** *n* bidonville *f inv*.

shape [ʃeɪp] *n* forma // *vt* formare; (*statement*) formulare; (*sb's ideas*) condizionare // *vi* (*also*: ~ **up**) (*events*) andare, mettersi; (*person*) cavarsela; **to take** ~ prendere forma; **-shaped** *suffix*: **heart-shaped** *a* a forma di cuore; ~**less** *a* senza forma, informe; ~**ly** *a* ben proporzionato(a).

share [ʃɛə*] *n* (*thing received, contribution*) parte *f*; (COMM) azione *f* // *vt* dividere; (*have in common*) condividere, avere in comune; **to** ~ **out (among** *or* **between)** dividere (tra); ~**holder** *n* azionista *m/f*.

shark [ʃɑ:k] *n* squalo, pescecane *m*.

sharp [ʃɑ:p] *a* (*razor, knife*) affilato(a); (*point*) acuto(a), acuminato(a); (*nose, chin*) aguzzo(a); (*outline*) netto(a); (*cold, pain*) pungente; (MUS) diesis; (*voice*) stridulo(a); (*person*: *quick-witted*) sveglio(a); (: *unscrupulous*) disonesto(a) // *n* (MUS) diesis *m inv* // *ad*: **at 2 o'clock** ~ alle due in punto; ~**en** *vt* affilare; (*pencil*) fare la punta a; (*fig*) aguzzare; ~**ener** *n* (*also*: **pencil** ~**ener)** temperamatite *m inv*; (*also*: **knife** ~**ener**) affilacoltelli *m inv*; ~**eyed** *a* dalla vista acuta.

shatter ['ʃætə*] *vt* mandare in frantumi, frantumare; (*fig*: *upset*) distruggere; (: *ruin*) rovinare // *vi* frantumarsi, andare in pezzi.

shave [ʃeɪv] *vt* radere, rasare // *vi* radersi, farsi la barba // *n*: **to have a** ~ farsi la barba; ~**n** *a* (*head*) rasato(a), tonsurato(a); ~**r** *n* (*also*: **electric** ~) rasoio elettrico.

shaving ['ʃeɪvɪŋ] *n* (*action*) rasatura; ~**s** *npl* (*of wood etc*) trucioli *mpl*; ~ **brush** *n* pennello da barba; ~ **cream** *n* crema da barba; ~ **soap** *n* sapone *m* da barba.

shawl [ʃɔ:l] *n* scialle *m*.

she [ʃi:] *pronoun* ella, lei, essa; ~**-cat** *n* gatta; ~**-elephant** *n* elefantessa; NB: *for ships, countries follow the gender of your translation.*

sheaf, sheaves [ʃi:f, ʃi:vz] *n* covone *m*.
shear [ʃɪə*] *vt* (*pt* **~ed,** *pp* **~ed** *or* **shorn** [ʃɔ:n]) (*sheep*) tosare; **to ~ off** *vt* tosare; (*branch*) tagliare; **~s** *npl* (*for hedge*) cesoie *fpl*.
sheath [ʃi:θ] *n* fodero, guaina; (*contraceptive*) preservativo.
sheaves [ʃi:vz] *npl of* **sheaf**.
shed [ʃɛd] *n* capannone *m* // *vt* (*pt,pp* **shed**) (*leaves, fur etc*) perdere; (*tears*) versare.
sheep [ʃi:p] *n, pl inv* pecora; **~dog** *n* cane *m* da pastore; **~ish** *a* vergognoso(a), timido(a); **~skin** *n* pelle *f* di pecora.
sheer [ʃɪə*] *a* (*utter*) vero(a) (e proprio(a)); (*steep*) a picco, perpendicolare; (*almost transparent*) sottile // *ad* a picco.
sheet [ʃi:t] *n* (*on bed*) lenzuolo; (*of paper*) foglio; (*of glass*) lastra; (*of metal*) foglio, lamina; **~ lightning** *n* lampo diffuso.
sheik(h) [ʃeɪk] *n* sceicco.
shelf, shelves [ʃɛlf, ʃɛlvz] *n* scaffale *m*, mensola.
shell [ʃɛl] *n* (*on beach*) conchiglia; (*of egg, nut etc*) guscio; (*explosive*) granata; (*of building*) scheletro // *vt* (*peas*) sgranare; (*MIL*) bombardare, cannoneggiare.
shellfish ['ʃɛlfɪʃ] *n, pl inv* (*crab etc*) crostaceo; (*scallop etc*) mollusco; (*pl*: *as food*) crostacei; molluschi.
shelter ['ʃɛltə*] *n* riparo, rifugio // *vt* riparare, proteggere; (*give lodging to*) dare rifugio *or* asilo a // *vi* ripararsi, mettersi al riparo; **~ed** *a* (*life*) ritirato(a); (*spot*) riparato(a), protetto(a).
shelve [ʃɛlv] *vt* (*fig*) accantonare, rimandare; **~s** *npl of* **shelf**.
shepherd ['ʃɛpəd] *n* pastore *m* // *vt* (*guide*) guidare.
sheriff ['ʃɛrɪf] *n* sceriffo.
sherry ['ʃɛrɪ] *n* sherry *m*.
shield [ʃi:ld] *n* scudo // *vt*: **to ~ (from)** riparare (da), proteggere (da *or* contro).
shift [ʃɪft] *n* (*change*) cambiamento; (*of workers*) turno // *vt* spostare, muovere; (*remove*) rimuovere // *vi* spostarsi, muoversi; **~ work** *n* lavoro a squadre; **~y** *a* ambiguo(a); (*eyes*) sfuggente.
shilling ['ʃɪlɪŋ] *n* scellino (= *12 old pence*; *20 in a pound*).
shilly-shally ['ʃɪlɪʃælɪ] *vi* tentennare, esitare.
shimmer ['ʃɪmə*] *vi* brillare, luccicare.
shin [ʃɪn] *n* tibia.
shine [ʃaɪn] *n* splendore *m*, lucentezza // *vb* (*pt, pp* **shone** [ʃɔn]) *vi* (ri)splendere, brillare // *vt* far brillare, far risplendere; (*torch*): **to ~ sth on** puntare qc verso.
shingle ['ʃɪŋgl] *n* (*on beach*) ciottoli *mpl*; (*on roof*) assicella di copertura; **~s** *n* (*MED*) erpete *m*.
shiny ['ʃaɪnɪ] *a* lucente, lucido(a).
ship [ʃɪp] *n* nave *f* // *vt* trasportare (via mare); (*send*) spedire (via mare); (*load*) imbarcare, caricare; **~building** *n* costruzione *f* navale; **~ment** *n* carico; **~ping** *n* (*ships*) naviglio; (*traffic*) navigazione *f*; **~shape** *a* in perfetto ordine; **~wreck** *n* relitto; (*event*) naufragio; **~yard** *n* cantiere *m* navale.
shire ['ʃaɪə*] *n* contea.
shirk [ʃə:k] *vt* sottrarsi a, evitare.
shirt [ʃə:t] *n* (*man's*) camicia; **in ~ sleeves** in maniche di camicia; **~y** *a* (*col*) incavolato(a).
shiver ['ʃɪvə*] *n* brivido // *vi* rabbrividire, tremare.
shoal [ʃəul] *n* (*of fish*) banco.
shock [ʃɔk] *n* (*impact*) urto, colpo; (*ELEC*) scossa; (*emotional*) colpo, shock *m inv*; (*MED*) shock // *vt* colpire, scioccare; scandalizzare; **~ absorber** *n* ammortizzatore *m*; **~ing** *a* scioccante, traumatizzante; scandaloso(a), oltraggioso(a); **~proof** *a* antiurto *inv*.
shod [ʃɔd] *pt, pp of* **shoe**.
shoddy ['ʃɔdɪ] *a* scadente.
shoe [ʃu:] *n* scarpa; (*also*: **horse~**) ferro di cavallo // *vt* (*pt,pp* **shod** [ʃɔd]) (*horse*) ferrare; **~brush** *n* spazzola per le scarpe; **~horn** *n* calzante *m*; **~lace** *n* stringa; **~ polish** *n* lucido per scarpe; **~shop** *n* calzoleria; **~tree** *n* forma per scarpe.
shone [ʃɔn] *pt,pp of* **shine**.
shook [ʃuk] *pt of* **shake**.
shoot [ʃu:t] *n* (*on branch, seedling*) germoglio // *vb* (*pt,pp* **shot** [ʃɔt]) *vt* (*game*) cacciare, andare a caccia di; (*person*) sparare a; (*execute*) fucilare; (*film*) girare // *vi* (*with gun*): **to ~ (at)** sparare (a), fare fuoco (su); (*with bow*): **to ~ (at)** tirare (su); (*FOOTBALL*) sparare, tirare (forte); **to ~ down** *vt* (*plane*) abbattere; **to ~ in/out** *vi* entrare/uscire come una freccia; **to ~ up** *vi* (*fig*) salire alle stelle; **~ing** *n* (*shots*) sparatoria; (*HUNTING*) caccia; **~ing range** *n* poligono (di tiro), tirassegno; **~ing star** *n* stella cadente.
shop [ʃɔp] *n* negozio; (*workshop*) officina // *vi* (*also*: **go ~ping**) fare spese; **~ assistant** *n* commesso/a; **~ floor** *n* officina; (*fig*) operai *mpl*, maestranze *fpl*; **~keeper** *n* negoziante *m/f*, bottegaio/a; **~lifting** *n* taccheggio; **~per** *n* compratore/trice; **~ping** *n* (*goods*) spesa, acquisti *mpl*; **~ping bag** *n* borsa per la spesa; **~ping centre** *n* centro commerciale; **~-soiled** *a* sciupato(a) a forza di stare in vetrina; **~ steward** *n* (*INDUSTRY*) rappresentante *m* sindacale; **~ window** *n* vetrina.
shore [ʃɔ:*] *n* (*of sea*) riva, spiaggia; (*of lake*) riva // *vt*: **to ~ (up)** puntellare.
shorn [ʃɔ:n] *pp of* **shear.**
short [ʃɔ:t] *a* (*not long*) corto(a); (*soon finished*) breve; (*person*) basso(a); (*curt*) brusco(a), secco(a); (*insufficient*) insufficiente // *n* (*also*: **~ film**) cortometraggio; **(a pair of) ~s** (i) calzoncini; **to be ~ of sth** essere a corto di *or* mancare di qc; **I'm 3 ~** me ne mancano 3; **in ~** in breve; **~ of doing** a meno che non si faccia; **everything ~ of** tutto fuorché; **it is ~ for** è

l'abbreviazione *or* il diminutivo di; **to cut ~** (*speech, visit*) accorciare, abbreviare; (*person*) interrompere; **to fall ~ of** non essere all'altezza di; **to stop ~** fermarsi di colpo; **to stop ~ of** non arrivare fino a; **~age** *n* scarsezza, carenza; **~bread** *n* biscotto di pasta frolla; **~-circuit** *n* cortocircuito // *vt* cortocircuitare // *vi* fare cortocircuito; **~coming** *n* difetto; **~(crust) pastry** *n* pasta frolla; **~cut** *n* scorciatoia; **~en** *vt* accorciare, ridurre; **~hand** *n* stenografia; **~hand typist** *n* stenodattilografo/a; **~ list** *n* (*for job*) rosa dei candidati; **~-lived** *a* effimero(a), di breve durata; **~ly** *ad* fra poco; **~-sighted** *a* miope; **~ story** *n* racconto, novella; **~-tempered** *a* irascibile; **~-term** *a* (*effect*) di *or* a breve durata; **~wave** *n* (RADIO) onde *fpl* corte.

shot [ʃɔt] *pt,pp of* **shoot** // *n* sparo, colpo; (*person*) tiratore *m*; (*try*) prova; (*injection*) iniezione *f*; (PHOT) foto *f inv*; **like a ~** come un razzo; (*very readily*) immediatamente; **~gun** *n* fucile *m* da caccia.

should [ʃud] *auxiliary vb*: **I ~ go now** dovrei andare ora; **he ~ be there now** dovrebbe essere arrivato ora; **I ~ go if I were you** se fossi in te andrei; **I ~ like to** mi piacerebbe.

shoulder ['ʃəuldə*] *n* spalla; (*of road*): **hard ~** banchina // *vt* (*fig*) addossarsi, prendere sulle proprie spalle; **~ bag** *n* borsa a tracolla; **~ blade** *n* scapola; **~ strap** *n* bretella, spallina.

shout [ʃaut] *n* urlo, grido // *vt* gridare // *vi* urlare, gridare; **to give sb a ~** chiamare qd gridando; **to ~ down** *vt* zittire gridando; **~ing** *n* urli *mpl*.

shove [ʃʌv] *vt* spingere; (*col*: *put*): **to ~ sth in** ficcare qc in; **to ~ off** *vi* (NAUT) scostarsi.

shovel ['ʃʌvl] *n* pala // *vt* spalare.

show [ʃəu] *n* (*of emotion*) dimostrazione *f*, manifestazione *f*; (*semblance*) apparenza; (*exhibition*) mostra, esposizione *f*; (THEATRE, CINEMA) spettacolo // *vb* (*pt* **~ed**, *pp* **shown** [ʃəun]) *vt* far vedere, mostrare; (*courage etc*) dimostrare, dar prova di; (*exhibit*) esporre // *vi* vedersi, essere visibile; **to ~ sb in** far entrare qd; **to ~ off** *vi* (*pej*) esibirsi, mettersi in mostra // *vt* (*display*) mettere in risalto; (*pej*) mettere in mostra; **to ~ sb out** accompagnare qd alla porta; **to ~ up** *vi* (*stand out*) essere ben visibile; (*col*: *turn up*) farsi vedere // *vt* mettere in risalto; (*unmask*) smascherare; **~ business** *n* industria dello spettacolo; **~down** *n* prova di forza.

shower ['ʃauə*] *n* (*rain*) acquazzone *m*; (*of stones etc*) pioggia; (*also*: **~bath**) doccia // *vi* fare la doccia // *vt*: **to ~ sb with** (*gifts, abuse etc*) coprire qd di; (*missiles*) lanciare contro qd una pioggia di.

showground ['ʃəugraund] *n* terreno d'esposizione.

showing ['ʃəuɪŋ] *n* (*of film*) proiezione *f*.

show jumping ['ʃəudʒʌmpɪŋ] *n* concorso ippico (di salto ad ostacoli).

showmanship ['ʃəumənʃɪp] *n* abilità d'impresario.

shown [ʃəun] *pp of* **show**.

show-off ['ʃəuɔf] *n* (*col*: *person*) esibizionista *m/f*.

showroom ['ʃəurum] *n* sala d'esposizione.

shrank [ʃræŋk] *pt of* **shrink**.

shrapnel ['ʃræpnl] *n* shrapnel *m*.

shred [ʃrɛd] *n* (*gen pl*) brandello // *vt* fare a brandelli; (CULIN) sminuzzare, tagliuzzare.

shrewd [ʃru:d] *a* astuto(a), scaltro(a).

shriek [ʃri:k] *n* strillo // *vt, vi* strillare.

shrift [ʃrɪft] *n*: **to give sb short ~** sbrigare qd.

shrill [ʃrɪl] *a* acuto(a), stridulo(a), stridente.

shrimp [ʃrɪmp] *n* gamberetto.

shrine [ʃraɪn] *n* reliquario; (*place*) santuario.

shrink [ʃrɪŋk] *vb* (*pt* **shrank**, *pp* **shrunk** [ʃræŋk, ʃrʌŋk]) *vi* restringersi; (*fig*) ridursi // *vt* (*wool*) far restringere // *n* (*col*: *pej*) psicanalista *m/f*; **~age** *n* restringimento.

shrivel ['ʃrɪvl] (*also*: **~ up**) *vt* raggrinzare, avvizzire // *vi* raggrinzirsi, avvizzire.

shroud [ʃraud] *n* sudario // *vt*: **~ed in mystery** avvolto(a) nel mistero.

Shrove Tuesday ['ʃrəuv'tju:zdɪ] *n* martedì *m* grasso.

shrub [ʃrʌb] *n* arbusto; **~bery** *n* arbusti *mpl*.

shrug [ʃrʌg] *n* scrollata di spalle // *vt,vi*: **to ~ (one's shoulders)** alzare le spalle, fare spallucce; **to ~ off** *vt* passare sopra a.

shrunk [ʃrʌŋk] *pp of* **shrink; ~en** *a* rattrappito(a).

shudder ['ʃʌdə*] *n* brivido // *vi* rabbrividire.

shuffle ['ʃʌfl] *vt* (*cards*) mescolare; **to ~ (one's feet)** strascicare i piedi.

shun [ʃʌn] *vt* sfuggire, evitare.

shunt [ʃʌnt] *vt* (RAIL: *direct*) smistare; (: *divert*) deviare // *vi*: **to ~ (to and fro)** fare la spola.

shut, *pt, pp* **shut** [ʃʌt] *vt* chiudere // *vi* chiudersi, chiudere; **to ~ down** *vt, vi* chiudere definitivamente; **to ~ off** *vt* fermare, bloccare; **to ~ up** *vi* (*col*: *keep quiet*) stare zitto(a), fare silenzio // *vt* (*close*) chiudere; (*silence*) far tacere; **~ter** *n* imposta; (PHOT) otturatore *m*.

shuttle ['ʃʌtl] *n* spola, navetta; (*also*: **~ service**) servizio *m* navetta *inv*.

shuttlecock ['ʃʌtlkɔk] *n* volano.

shy [ʃaɪ] *a* timido(a).

Siamese [saɪə'mi:z] *a*: **~ cat** gatto siamese.

Sicily ['sɪsɪlɪ] *n* Sicilia.

sick [sɪk] *a* (*ill*) malato(a); (*vomiting*): **to be ~** vomitare; (*humour*) macabro(a); **to feel ~** avere la nausea; **to be ~ of** (*fig*) averne abbastanza di; **~ bay** *n*

infermeria; ~**en** *vt* nauseare; ~**ening** *a* (*fig*) disgustoso(a), rivoltante.
sickle ['sɪkl] *n* falcetto.
sick: ~ **leave** *n* congedo per malattia; ~**ly** *a* malaticcio(a); (*causing nausea*) nauseante; ~**ness** *n* malattia; (*vomiting*) vomito; ~ **pay** *n* sussidio per malattia.
side [saɪd] *n* lato; (*of lake*) riva // *cpd* (*door, entrance*) laterale // *vi*: **to** ~ **with sb** parteggiare per qd, prendere le parti di qd; **by the** ~ **of** a fianco di; (*road*) sul ciglio di; ~ **by** ~ fianco a fianco; **to take** ~**s (with)** schierarsi (con); ~**board** *n* credenza; ~**boards**, ~**burns** *npl* (*whiskers*) basette *fpl*; ~ **effect** *n* (MED) effetto collaterale; ~**light** *n* (AUT) luce *f* di posizione; ~**line** *n* (SPORT) linea laterale; (*fig*) attività secondaria; ~**long** *a* obliquo(a); ~ **road** *n* strada secondaria; ~**saddle** *ad* all'amazzone; ~ **show** *n* attrazione *f*; ~**track** *vt* (*fig*) distrarre; ~**walk** *n* (*US*) marciapiede *m*; ~**ways** *ad* di traverso.
siding ['saɪdɪŋ] *n* (RAIL) binario di raccordo.
sidle ['saɪdl] *vi*: **to** ~ **up (to)** avvicinarsi furtivamente (a).
siege [si:dʒ] *n* assedio.
sieve [sɪv] *n* setaccio // *vt* setacciare.
sift [sɪft] *vt* passare al crivello; (*fig*) vagliare.
sigh [saɪ] *n* sospiro // *vi* sospirare.
sight [saɪt] *n* (*faculty*) vista; (*spectacle*) spettacolo; (*on gun*) mira // *vt* avvistare; **in** ~ in vista; **out of** ~ non visibile; ~**seeing** *n* giro turistico; **to go** ~**seeing** visitare una località; ~**seer** *n* turista *m/f*.
sign [saɪn] *n* segno; (*with hand etc*) segno, gesto; (*notice*) insegna, cartello // *vt* firmare; **to** ~ **in/out** *vi* firmare il registro (all'arrivo/alla partenza); **to** ~ **up** (MIL) *vt* arruolare // *vi* arruolarsi.
signal ['sɪgnl] *n* segnale *m* // *vt* (*person*) fare segno a; (*message*) segnalare.
signature ['sɪgnətʃə*] *n* firma; ~ **tune** *n* sigla musicale.
signet ring ['sɪgnətrɪŋ] *n* anello con sigillo.
significance [sɪg'nɪfɪkəns] *n* significato; importanza.
significant [sɪg'nɪfɪkənt] *a* significante.
signify ['sɪgnɪfaɪ] *vt* significare.
signpost ['saɪnpəust] *n* cartello indicatore.
silence ['saɪlns] *n* silenzio // *vt* far tacere, ridurre al silenzio; ~**r** *n* (*on gun*, AUT) silenziatore *m*.
silent ['saɪlnt] *a* silenzioso(a); (*film*) muto(a).
silhouette [sɪlu:'ɛt] *n* silhouette *f inv*.
silicon chip ['sɪlɪkən'tʃɪp] *n* piastrina di silicio.
silk [sɪlk] *n* seta // *cpd* di seta; ~**y** *a* di seta.
silly ['sɪlɪ] *a* stupido(a), sciocco(a).
silt [sɪlt] *n* limo.
silver ['sɪlvə*] *n* argento; (*money*) *monete da 5, 10 o 50 pence*; (*also*: ~**ware**) argenteria // *cpd* d'argento; ~ **paper** *n* carta argentata, (carta) stagnola; ~**-plated** *a* argentato(a); ~**smith** *n* argentiere *m*; ~**y** *a* (*colour*) argenteo(a); (*sound*) argentino(a).
similar ['sɪmɪlə*] *a*: ~ **(to)** simile (a); ~**ity** [-'lærɪtɪ] *n* somiglianza, rassomiglianza.
simile ['sɪmɪlɪ] *n* similitudine *f*.
simmer ['sɪmə*] *vi* cuocere a fuoco lento.
simple ['sɪmpl] *a* semplice; **simplicity** [-'plɪsɪtɪ] *n* semplicità; **simplify** ['sɪmplɪfaɪ] *vt* semplificare; **simply** *ad* semplicemente.
simulate ['sɪmjuleɪt] *vt* fingere, simulare.
simultaneous [sɪməl'teɪnɪəs] *a* simultaneo(a).
sin [sɪn] *n* peccato // *vi* peccare.
since [sɪns] *ad* da allora // *prep* da // *cj* (*time*) da quando; (*because*) poiché, dato che; ~ **then** da allora.
sincere [sɪn'sɪə*] *a* sincero(a); **sincerity** [-'sɛrɪtɪ] *n* sincerità.
sine [saɪn] *n* (MATH) seno.
sinew ['sɪnju:] *n* tendine *m*; ~**s** *npl* muscoli *mpl*.
sinful ['sɪnful] *a* peccaminoso(a).
sing, *pt* **sang**, *pp* **sung** [sɪŋ, sæŋ, sʌŋ] *vt,vi* cantare.
singe [sɪndʒ] *vt* bruciacchiare.
singer ['sɪŋə*] *n* cantante *m/f*.
single ['sɪŋgl] *a* solo(a), unico(a); (*unmarried*: *man*) celibe; (: *woman*) nubile; (*not double*) semplice // *n* (*also*: ~ **ticket**) biglietto di (sola) andata; (*record*) 45 giri *m*; ~**s** *npl* (TENNIS) singolo; **to** ~ **out** *vt* scegliere; (*distinguish*) distinguere; ~**-breasted** *a* a un petto; **in** ~ **file** in fila indiana; ~**-handed** *ad* senza aiuto, da solo(a); ~**-minded** *a* tenace, risoluto(a); ~ **room** *n* camera singola.
singlet ['sɪŋglɪt] *n* canottiera.
singly ['sɪŋglɪ] *ad* separatamente.
singular ['sɪŋgjulə*] *a* (*exceptional*, LING) singolare; (*unusual*) strano(a) // *n* (LING) singolare *m*.
sinister ['sɪnɪstə*] *a* sinistro(a).
sink [sɪŋk] *n* lavandino, acquaio // *vb* (*pt* **sank**, *pp* **sunk** [sæŋk, sʌŋk]) *vt* (*ship*) (fare) affondare, colare a picco; (*foundations*) scavare; (*piles etc*): **to** ~ **sth into** conficcare qc in // *vi* affondare, andare a fondo; (*ground etc*) cedere, avvallarsi; **to** ~ **in** *vi* conficcarsi, penetrare.
sinner ['sɪnə*] *n* peccatore/trice.
sinuous ['sɪnjuəs] *a* sinuoso(a).
sinus ['saɪnəs] *n* (ANAT) seno.
sip [sɪp] *n* sorso // *vt* sorseggiare.
siphon ['saɪfən] *n* sifone *m*; **to** ~ **off** *vt* travasare (con un sifone).
sir [sə*] *n* signore *m*; **S**~ **John Smith** Sir John Smith; **yes** ~ sì, signore.
siren ['saɪərn] *n* sirena.
sirloin ['sə:lɔɪn] *n* lombata di manzo.
sirocco [sɪ'rɔkəu] *n* scirocco.
sissy ['sɪsɪ] *n* (*col*) femminuccia.
sister ['sɪstə*] *n* sorella; (*nun*) suora;

(*nurse*) infermiera *f* caposala *inv*; **~-in-law** *n* cognata.
sit, *pt,pp* **sat** [sɪt, sæt] *vi* sedere, sedersi; (*assembly*) essere in seduta // *vt* (*exam*) sostenere, dare; **to ~ down** *vi* sedersi; **to ~ up** *vi* tirarsi su a sedere; (*not go to bed*) stare alzato(a) fino a tardi.
site [saɪt] *n* posto; (*also*: **building ~**) cantiere *m* // *vt* situare.
sit-in ['sɪtɪn] *n* (*demonstration*) sit-in *m inv*, manifestazione *f* di protesta con occupazione.
sitting ['sɪtɪŋ] *n* (*of assembly etc*) seduta; (*in canteen*) turno; **~ room** *n* soggiorno.
situated ['sɪtjueɪtɪd] *a* situato(a).
situation [sɪtju'eɪʃən] *n* situazione *f*.
six [sɪks] *num* sei; **~teen** *num* sedici; **~th** *a* sesto(a); **~ty** *num* sessanta.
size [saɪz] *n* dimensioni *fpl*; (*of clothing*) taglia, misura; (*of shoes*) numero; (*glue*) colla; **to ~ up** *vt* giudicare, farsi un'idea di; **~able** *a* considerevole.
sizzle ['sɪzl] *vi* sfrigolare.
skate [skeɪt] *n* pattino; (*fish*: *pl inv*) razza // *vi* pattinare; **~board** *n* skateboard *m inv*; **~r** *n* pattinatore/trice; **skating** *n* pattinaggio; **skating rink** *n* pista di pattinaggio.
skeleton ['skɛlɪtn] *n* scheletro; **~ staff** *n* personale *m* ridotto.
sketch [skɛtʃ] *n* (*drawing*) schizzo, abbozzo; (THEATRE) scenetta comica, sketch *m inv* // *vt* abbozzare, schizzare; **~ book** *n* album *m inv* per schizzi; **~ pad** *n* blocco per schizzi; **~y** *a* incompleto(a), lacunoso(a).
skewer ['skju:ə*] *n* spiedo.
ski [ski:] *n* sci *m inv* // *vi* sciare; **~ boot** *n* scarpone *m* da sci.
skid [skɪd] *n* slittamento // *vi* slittare.
skier ['ski:ə*] *n* sciatore/trice.
skiing ['ski:ɪŋ] *n* sci *m*.
skilful ['skɪlful] *a* abile.
ski lift ['ski:lɪft] *n* sciovia.
skill [skɪl] *n* abilità *f inv*, capacità *f inv*; **~ed** *a* esperto(a); (*worker*) qualificato(a), specializzato(a).
skim [skɪm] *vt* (*milk*) scremare; (*soup*) schiumare; (*glide over*) sfiorare // *vi*: **to ~ through** (*fig*) scorrere, dare una scorsa a.
skimp [skɪmp] *vt* (*work*) fare alla carlona; (*cloth etc*) lesinare; **~y** *a* misero(a); striminzito(a); frugale.
skin [skɪn] *n* pelle *f* // *vt* (*fruit etc*) sbucciare; (*animal*) scuoiare, spellare; **~-deep** *a* superficiale; **~ diving** *n* nuoto subacqueo; **~ graft** *n* innesto epidermico; **~ny** *a* molto magro(a), pelle e ossa *inv*; **~ test** *n* prova di reazione cutanea.
skip [skɪp] *n* saltello, balzo; (*container*) benna // *vi* saltare; (*with rope*) saltare la corda // *vt* (*pass over*) saltare.
skipper ['skɪpə*] *n* (NAUT, SPORT) capitano.
skipping rope ['skɪpɪŋrəup] *n* corda per saltare.
skirmish ['skə:mɪʃ] *n* scaramuccia.
skirt [skə:t] *n* gonna, sottana // *vt* fiancheggiare, costeggiare; **~ing board** *n* zoccolo.
skit [skɪt] *n* parodia; scenetta satirica.
ski tow ['ski:təu] *n* = **ski lift**.
skittle ['skɪtl] *n* birillo; **~s** *n* (*game*) (gioco dei) birilli *mpl*.
skive [skaɪv] *vi* (*Brit*: *col*) fare il lavativo.
skulk [skʌlk] *vi* muoversi furtivamente.
skull [skʌl] *n* cranio, teschio.
skunk [skʌŋk] *n* moffetta.
sky [skaɪ] *n* cielo; **~light** *n* lucernario; **~scraper** *n* grattacielo.
slab [slæb] *n* lastra.
slack [slæk] *a* (*loose*) allentato(a); (*slow*) lento(a); (*careless*) negligente // *n* (*in rope etc*) parte *f* non tesa; **~s** *npl* pantaloni *mpl*; **~en** (*also*: **~en off**) *vi* rallentare, diminuire // *vt* allentare.
slag [slæg] *n* scorie *fpl*; **~ heap** *n* ammasso di scorie.
slam [slæm] *vt* (*door*) sbattere; (*throw*) scaraventare; (*criticize*) stroncare // *vi* sbattere.
slander ['slɑ:ndə*] *n* calunnia; diffamazione *f* // *vt* calunniare; diffamare.
slang [slæŋ] *n* gergo; slang *m*.
slant [slɑ:nt] *n* pendenza, inclinazione *f*; (*fig*) angolazione *f*, punto di vista; **~ed** *a* tendenzioso(a); **~ing** *a* in pendenza, inclinato(a).
slap [slæp] *n* manata, pacca; (*on face*) schiaffo // *vt* dare una manata a; schiaffeggiare // *ad* (*directly*) in pieno; **~dash** *a* abborracciato(a); **~stick** *n* (*comedy*) farsa grossolana; **a ~-up meal** un pranzo (*or* una cena) coi fiocchi.
slash [slæʃ] *vt* squarciare; (*face*) sfregiare; (*fig*: *prices*) ridurre drasticamente, tagliare.
slate [sleɪt] *n* ardesia // *vt* (*fig*: *criticize*) stroncare, distruggere.
slaughter ['slɔ:tə*] *n* strage *f*, massacro // *vt* (*animal*) macellare; (*people*) trucidare, massacrare; **~house** *n* macello, mattatoio.
Slav [slɑ:v] *a* slavo(a).
slave [sleɪv] *n* schiavo/a // *vi* (*also*: **~ away**) lavorare come uno schiavo; **~ry** *n* schiavitù *f*.
sleazy ['sli:zɪ] *a* trasandato(a).
sledge [slɛdʒ] *n* slitta; **~hammer** *n* mazza, martello da fabbro.
sleek [sli:k] *a* (*hair*, *fur*) lucido(a), lucente; (*car*, *boat*) slanciato(a), affusolato(a).
sleep [sli:p] *n* sonno // *vi* (*pt*, *pp* **slept** [slɛpt]) dormire; **to go to ~** addormentarsi; **to ~ in** *vi* (*lie late*) alzarsi tardi; (*oversleep*) dormire fino a tardi; **~er** *n* (*person*) dormiente *m/f*; (RAIL: *on track*) traversina; (: *train*) treno di vagoni letto; **~ing** *a* addormentato(a); **~ing bag** *n* sacco a pelo; **~ing car** *n* vagone *m* letto *inv*, carrozza *f* letto *inv*; **~ing pill** *n* sonnifero; **~lessness** *n* insonnia; **a ~less night** una notte in bianco; **~walker** *n* sonnambulo/a; **~y** *a* assonnato(a), sonnolento(a); (*fig*) addormentato(a).

sleet [sli:t] *n* nevischio.
sleeve [sli:v] *n* manica; **~less** *a* (*garment*) senza maniche.
sleigh [sleɪ] *n* slitta.
sleight [slaɪt] *n*: **~ of hand** gioco di destrezza.
slender ['slɛndə*] *a* snello(a), sottile; (*not enough*) scarso(a), esiguo(a).
slept [slɛpt] *pt,pp of* **sleep**.
slice [slaɪs] *n* fetta // *vt* affettare, tagliare a fette.
slick [slɪk] *a* (*clever*) brillante; (*insincere*) untuoso(a), falso(a) // *n* (*also*: **oil ~**) chiazza di petrolio.
slid [slɪd] *pt,pp of* **slide**.
slide [slaɪd] *n* (*in playground*) scivolo; (PHOT) diapositiva; (*also*: **hair ~**) fermaglio (per capelli); (*in prices*) caduta // *vb* (*pt,pp* **slid** [slɪd]) *vt* far scivolare // *vi* scivolare; **~ rule** *n* regolo calcolatore; **sliding** *a* (*door*) scorrevole; **sliding scale** *n* scala mobile.
slight [slaɪt] *a* (*slim*) snello(a), sottile; (*frail*) delicato(a), fragile; (*trivial*) insignificante; (*small*) piccolo(a) // *n* offesa, affronto // *vt* (*offend*) offendere, fare un affronto a; **the ~est** il minimo (*or* la minima); **not in the ~est** affatto, neppure per sogno; **~ly** *ad* lievemente, un po'.
slim [slɪm] *a* magro(a), snello(a) // *vi* dimagrire; fare (*or* seguire) una dieta dimagrante.
slime [slaɪm] *n* limo, melma; viscidume *m*.
sling [slɪŋ] *n* (MED) benda al collo // *vt* (*pt,pp* **slung** [slʌŋ]) lanciare, tirare.
slip [slɪp] *n* scivolata, scivolone *m*; (*mistake*) errore *m*, sbaglio; (*underskirt*) sottoveste *f*; (*of paper*) striscia di carta; tagliando, scontrino // *vt* (*slide*) far scivolare // *vi* (*slide*) scivolare; (*move smoothly*): **to ~ into/out of** scivolare in/via da; (*decline*) declinare; **to give sb the ~** sfuggire qd; **a ~ of the tongue** un lapsus linguae; **to ~ away** *vi* svignarsela; **to ~ in** *vt* introdurre casualmente; **to ~ out** *vi* uscire furtivamente; **~ped disc** *n* spostamento delle vertebre.
slipper ['slɪpə*] *n* pantofola.
slippery ['slɪpərɪ] *a* scivoloso(a).
slip road ['slɪprəud] *n* (*to motorway*) rampa di accesso.
slipshod ['slɪpʃɔd] *a* sciatto(a), trasandato(a).
slip-up ['slɪpʌp] *n* granchio.
slipway ['slɪpweɪ] *n* scalo di costruzione.
slit [slɪt] *n* fessura, fenditura; (*cut*) taglio; (*tear*) squarcio; strappo // *vt* (*pt,pp* **slit**) tagliare; (*make a slit*) squarciare; strappare.
slither ['slɪðə*] *vi* scivolare, sdrucciolare.
slog [slɔg] *n* faticata // *vi* lavorare con accanimento, sgobbare.
slogan ['sləugən] *n* motto, slogan *m inv*.
slop [slɔp] *vi* (*also*: **~ over**) traboccare; versarsi // *vt* spandere; versare; **~s** *npl* acqua sporca; sbobba.
slope [sləup] *n* pendio; (*side of mountain*) versante *m*; (*of roof*) pendenza; (*of floor*) inclinazione *f* // *vi*: **to ~ down** declinare; **to ~ up** essere in salita.
sloppy ['slɔpɪ] *a* (*work*) tirato(a) via; (*appearance*) sciatto(a); (*film etc*) sdolcinato(a).
slot [slɔt] *n* fessura // *vt*: **to ~ into** introdurre in una fessura; **~ machine** *n* distributore *m* automatico.
slouch [slautʃ] *vi* ciondolare.
slovenly ['slʌvənlɪ] *a* sciatto(a), trasandato(a).
slow [sləu] *a* lento(a); (*watch*): **to be ~** essere indietro // *ad* lentamente // *vt,vi* (*also*: **~ down, ~ up**) rallentare; '**~**' (*road sign*) 'rallentare'; **~ly** *ad* lentamente; **in ~ motion** al rallentatore.
sludge [slʌdʒ] *n* fanghiglia.
slug [slʌg] *n* lumaca; (*bullet*) pallottola; **~gish** *a* lento(a).
sluice [slu:s] *n* chiusa.
slum [slʌm] *n* catapecchia.
slumber ['slʌmbə*] *n* sonno.
slump [slʌmp] *n* crollo, caduta; depressione *f*, crisi *f inv* // *vi* crollare.
slung [slʌŋ] *pt,pp of* **sling**.
slur [slə:*] *n* pronuncia indistinta; (*stigma*) diffamazione *f*, calunnia; (*smear*): **~ (on)** macchia (su); (MUS) legatura // *vt* pronunciare in modo indistinto.
slush [slʌʃ] *n* neve mista a fango.
slut [slʌt] *n* donna trasandata, sciattona.
sly [slaɪ] *a* furbo(a), scaltro(a); **on the ~** di soppiatto.
smack [smæk] *n* (*slap*) pacca; (*on face*) schiaffo // *vt* schiaffeggiare; (*child*) picchiare // *vi*: **to ~ of** puzzare di; **to ~ one's lips** fare uno schiocco con le labbra.
small [smɔ:l] *a* piccolo(a); **~ ads** *npl* piccola pubblicità; **in the ~ hours** alle ore piccole; **~pox** *n* vaiolo; **~ talk** *n* chiacchiere *fpl*.
smarmy ['smɑ:mɪ] *a* (*col*) untuoso(a), strisciante.
smart [smɑ:t] *a* elegante; (*clever*) intelligente; (*quick*) sveglio(a) // *vi* bruciare; **to ~en up** *vi* farsi bello(a) // *vt* (*people*) fare bello(a); (*things*) abbellire.
smash [smæʃ] *n* (*also*: **~-up**) scontro, collisione *f* // *vt* frantumare, fracassare; (*opponent*) annientare, schiacciare; (*hopes*) distruggere; (SPORT: *record*) battere // *vi* frantumarsi, andare in pezzi; **~ing** *a* (*col*) favoloso(a), formidabile.
smattering ['smætərɪŋ] *n*: **a ~ of** un'infarinatura di.
smear [smɪə*] *n* macchia; (MED) striscio // *vt* ungere; (*fig*) denigrare, diffamare.
smell [smɛl] *n* odore *m*; (*sense*) olfatto, odorato // *vb* (*pt,pp* **smelt** *or* **smelled** [smɛlt, smɛld]) *vt* sentire (l')odore di // *vi* (*food etc*): **to ~ (of)** avere odore (di); (*pej*) puzzare, avere un cattivo odore; **~y** *a* puzzolente.
smile [smaɪl] *n* sorriso // *vi* sorridere.
smirk [smə:k] *n* sorriso furbo; sorriso compiaciuto.

smith [smɪθ] *n* fabbro; **~y** *n* fucina.
smitten ['smɪtn] *a*: **~ with** colpito(a) da.
smock [smɔk] *n* grembiule *m*, camice *m*.
smog [smɔg] *n* smog *m*.
smoke [sməuk] *n* fumo // *vt*, *vi* fumare; **to have a ~** fumarsi una sigaretta; **~d** *a* (*bacon*, *glass*) affumicato(a); **~r** *n* (*person*) fumatore/trice; (*RAIL*) carrozza per fumatori; **smoking** *n*: **'no smoking'** (*sign*) 'vietato fumare'; **smoky** *a* fumoso(a); (*surface*) affumicato(a).
smooth [smu:ð] *a* liscio(a); (*sauce*) omogeneo(a); (*flavour*, *whisky*) amabile; (*movement*) regolare; (*person*) mellifluo(a) // *vt* lisciare, spianare; (*also*: **~ out**: *difficulties*) appianare.
smother ['smʌðə*] *vt* soffocare.
smoulder ['sməuldə*] *vi* covare sotto la cenere.
smudge [smʌdʒ] *n* macchia; sbavatura // *vt* imbrattare, sporcare.
smug [smʌg] *a* soddisfatto(a), compiaciuto(a).
smuggle ['smʌgl] *vt* contrabbandare **~r** *n* contrabbandiere/a; **smuggling** *n* contrabbando.
smutty ['smʌtɪ] *a* (*fig*) osceno(a), indecente.
snack [snæk] *n* spuntino; **~ bar** *n* tavola calda, snack bar *m inv*.
snag [snæg] *n* intoppo, ostacolo imprevisto.
snail [sneɪl] *n* chiocciola.
snake [sneɪk] *n* serpente *m*.
snap [snæp] *n* (*sound*) schianto, colpo secco; (*photograph*) istantanea; (*game*) rubamazzo // *a* improvviso(a) // *vt* (far) schioccare; (*break*) spezzare di netto; (*photograph*) scattare un'istantanea di // *vi* spezzarsi con un rumore secco; **to ~ open/shut** aprirsi/chiudersi di scatto; **to ~ at** *vt fus* (*subj*: *dog*) cercare di mordere; **to ~ off** *vt* (*break*) schiantare; **to ~ up** *vt* afferrare; **~py** *a* rapido(a); **~shot** *n* istantanea.
snare [snɛə*] *n* trappola.
snarl [snɑ:l] *vi* ringhiare.
snatch [snætʃ] *n* (*fig*) furto con strappo, scippo; (*small amount*): **~es of** frammenti *mpl* di // *vt* strappare (con violenza); (*steal*) rubare.
sneak [sni:k] *vi*: **to ~ in/out** entrare/uscire di nascosto; **~y** *a* falso(a), disonesto(a).
sneer [snɪə*] *n* ghigno, sogghigno // *vi* ghignare, sogghignare.
sneeze [sni:z] *n* starnuto // *vi* starnutire.
snide [snaɪd] *a* maligno(a).
sniff [snɪf] *n* fiutata, annusata // *vi* fiutare, annusare; tirare su col naso; (*in contempt*) arricciare il naso // *vt* fiutare, annusare.
snigger ['snɪgə*] *n* riso represso // *vi* ridacchiare, ridere sotto i baffi.
snip [snɪp] *n* pezzetto; (*bargain*) (buon) affare *m*, occasione *f* // *vt* tagliare.
sniper ['snaɪpə*] *n* (*marksman*) franco tiratore *m*, cecchino.
snippet ['snɪpɪt] *n* frammento.
snivelling ['snɪvlɪŋ] *a* (*whimpering*) piagnucoloso(a).
snob [snɔb] *n* snob *m/f inv*; **~bery** *n* snobismo; **~bish** *a* snob *inv*.
snooker ['snu:kə*] *n tipo di gioco del biliardo*.
snoop ['snu:p] *vi*: **to ~ on sb** spiare qd.
snooty ['snu:tɪ] *a* borioso(a), snob *inv*.
snooze [snu:z] *n* sonnellino, pisolino // *vi* fare un sonnellino.
snore [snɔ:*] *vi* russare.
snorkel ['snɔ:kl] *n* (*of swimmer*) respiratore *m* a tubo.
snort [snɔ:t] *n* sbuffo // *vi* sbuffare.
snout [snaut] *n* muso.
snow [snəu] *n* neve *f* // *vi* nevicare; **~ball** *n* palla di neve; **~bound** *a* bloccato(a) dalla neve; **~drift** *n* cumulo di neve (ammucchiato dal vento); **~drop** *n* bucaneve *m inv*; **~fall** *n* nevicata; **~flake** *n* fiocco di neve; **~man** *n* pupazzo di neve; **~plough** *n* spazzaneve *m inv*; **~storm** *n* tormenta.
snub [snʌb] *vt* snobbare // *n* offesa, affronto; **~-nosed** *a* dal naso camuso.
snuff [snʌf] *n* tabacco da fiuto.
snug [snʌg] *a* comodo(a); (*room*, *house*) accogliente, comodo(a).
so [səu] *ad* (*degree*) così, tanto; (*manner*: *thus*) così, in questo modo // *cj* perciò; **~ as to do** in modo da *or* così da fare; **~ that** (*purpose*) affinché + *sub*; (*result*) così che; **~ do I, ~ am I** *etc* anch'io *etc*; **if ~** se è così; **I hope ~** spero di sì; **10 or ~** circa 10; **~ far** fin qui, finora; (*in past*) fino ad allora; **~ long!** arrivederci!; **~ many** tanti(e); **~ much** *ad* tanto // *det* tanto(a); **~ and ~** *n* tale *m/f* dei tali.
soak [səuk] *vt* inzuppare; (*clothes*) mettere a mollo // *vi* inzupparsi; (*clothes*) essere a mollo; **to be ~ed through** essere fradicio; **to ~ in** *vi* penetrare; **to ~ up** *vt* assorbire.
soap [səup] *n* sapone *m*; **~ powder** *n* detersivo; **~y** *a* insaponato(a).
soar [sɔ:*] *vi* volare in alto.
sob [sɔb] *n* singhiozzo // *vi* singhiozzare.
sober ['səubə*] *a* non ubriaco(a); (*sedate*) serio(a); (*moderate*) moderato(a); (*colour*, *style*) sobrio(a); **to ~ up** *vt* far passare la sbornia a // *vi* farsi passare la sbornia.
Soc. *abbr of* **society**.
so-called ['səu'kɔ:ld] *a* cosiddetto(a).
soccer ['sɔkə*] *n* calcio.
sociable ['səuʃəbl] *a* socievole.
social ['səuʃl] *a* sociale // *n* festa, serata; **~ club** *n* club *m inv* sociale; **~ism** *n* socialismo; **~ist** *a,n* socialista (*m/f*); **~ science** *n* scienze *fpl* sociali; **~ security** *n* previdenza sociale; **~ welfare** *n* assistenza sociale; **~ work** *n* servizio sociale; **~ worker** *n* assistente *m/f* sociale.
society [sə'saɪətɪ] *n* società *f inv*; (*club*) società, associazione *f*; (*also*: **high ~**) alta società.
sociology [səusɪ'ɔlədʒɪ] *n* sociologia.

sock [sɔk] *n* calzino // *vt* (*hit*) dare un pugno a.
socket ['sɔkɪt] *n* cavità *f inv*; (*of eye*) orbita; (*ELEC*: *also*: **wall** ~) presa di corrente; (: *for light bulb*) portalampada *m inv*.
sod [sɔd] *n* (*of earth*) zolla erbosa; (*col!*) bastardo/a (!).
soda ['səudə] *n* (*CHEM*) soda; (*also*: ~ **water**) acqua di seltz.
sodden ['sɔdn] *a* fradicio(a).
sodium ['səudɪəm] *n* sodio.
sofa ['səufə] *n* sofà *m inv*.
soft [sɔft] *a* (*not rough*) morbido(a); (*not hard*) soffice; (*not loud*) sommesso(a); (*kind*) gentile; (*weak*) debole; (*stupid*) stupido(a); ~ **drink** *n* analcolico; ~**en** ['sɔfn] *vt* ammorbidire; addolcire; attenuare // *vi* ammorbidirsi; addolcirsi; attenuarsi; ~**-hearted** *a* sensibile; ~**ly** *ad* dolcemente; morbidamente; ~**ness** *n* dolcezza; morbidezza; ~**ware** *n* software *m*.
soggy ['sɔgɪ] *a* inzuppato(a).
soil [sɔɪl] *n* (*earth*) terreno, suolo // *vt* sporcare; (*fig*) macchiare.
solar ['səulə*] *a* solare.
sold [səuld] *pt,pp of* **sell**; ~ **out** *a* (*COMM*) esaurito(a).
solder ['səuldə*] *vt* saldare // *n* saldatura.
soldier ['səuldʒə*] *n* soldato, militare *m*.
sole [səul] *n* (*of foot*) pianta (del piede); (*of shoe*) suola; (*fish*: *pl inv*) sogliola // *a* solo(a), unico(a).
solemn ['sɔləm] *a* solenne; grave; serio(a).
solicitor [sə'lɪsɪtə*] *n* (*for wills etc*) ≈ notaio; (*in court*) ≈ avvocato.
solid ['sɔlɪd] *a* (*not hollow*) pieno(a); (*strong, sound, reliable, not liquid*) solido(a); (*meal*) sostanzioso(a) // *n* solido.
solidarity [sɔlɪ'dærɪtɪ] *n* solidarietà.
solidify [sə'lɪdɪfaɪ] *vi* solidificarsi // *vt* solidificare.
solitaire [sɔlɪ'tɛə*] *n* (*game, gem*) solitario.
solitary ['sɔlɪtərɪ] *a* solitario(a).
solitude ['sɔlɪtju:d] *n* solitudine *f*.
solo ['səuləu] *n* assolo; ~**ist** *n* solista *m/f*.
solstice ['sɔlstɪs] *n* solstizio.
soluble ['sɔljubl] *a* solubile.
solution [sə'lu:ʃən] *n* soluzione *f*.
solve [sɔlv] *vt* risolvere.
solvent ['sɔlvənt] *a* (*COMM*) solvibile // *n* (*CHEM*) solvente *m*.
sombre ['sɔmbə*] *a* scuro(a); (*mood, person*) triste.
some [sʌm] *det* (*a few*) alcuni(e), qualche; (*certain*) certi(e); (*a certain number or amount*) *see phrases below*; (*unspecified*) un(a)... qualunque // *pronoun* alcuni(e); un po' // *ad*: ~ **10 people** circa 10 persone; **I have ~ books** ho qualche libro *o* alcuni libri; **have ~ tea/ice-cream/water** prendi un po' di tè/gelato/acqua; **there's ~ milk in the fridge** c'è un po' di latte nel frigo; ~ **(of it) was left** ne è rimasto un po'; **I've got ~** (*i.e. books etc*) ne ho alcuni; (*i.e. milk, money etc*) ne ho un po'; ~**body** *pronoun* qualcuno; ~ **day** *ad* uno di questi giorni, un giorno o l'altro; ~**how** *ad* in un modo o nell'altro, in qualche modo; (*for some reason*) per qualche ragione; ~**one** *pronoun* = **somebody**; ~**place** *ad* (*US*) = **somewhere**.
somersault ['sʌməsɔ:lt] *n* capriola; salto mortale // *vi* fare una capriola (*or* un salto mortale); (*car*) cappottare.
something ['sʌmθɪŋ] *pronoun* qualcosa; ~ **interesting** qualcosa di interessante.
sometime ['sʌmtaɪm] *ad* (*in future*) una volta o l'altra; (*in past*): ~ **last month** durante il mese scorso.
sometimes ['sʌmtaɪmz] *ad* qualche volta.
somewhat ['sʌmwɔt] *ad* piuttosto.
somewhere ['sʌmwɛə*] *ad* in *or* da qualche parte.
son [sʌn] *n* figlio.
song [sɔŋ] *n* canzone *f*; ~**book** *n* canzoniere *m*.
sonic ['sɔnɪk] *a* (*boom*) sonico(a).
son-in-law ['sʌnɪnlɔ:] *n* genero.
sonnet ['sɔnɪt] *n* sonetto.
sonny ['sʌnɪ] *n* (*col*) ragazzo mio.
soon [su:n] *ad* presto, fra poco; (*early*) presto; ~ **afterwards** subito dopo; *see also* **as**; ~**er** *ad* (*time*) prima; (*preference*): **I would ~er do** preferirei fare; ~**er or later** prima o poi.
soot [sut] *n* fuliggine *f*.
soothe [su:ð] *vt* calmare.
sop [sɔp] *n*: **that's only a ~** è soltanto un'offa.
sophisticated [sə'fɪstɪkeɪtɪd] *a* sofisticato(a); raffinato(a); altamente perfezionato(a); complesso(a).
sopping ['sɔpɪŋ] *a* (*also*: ~ **wet**) bagnato(a) fradicio(a).
soppy ['sɔpɪ] *a* (*pej*) sentimentale.
soprano [sə'prɑ:nəu] *n* (*voice*) soprano *m*; (*singer*) soprano *m/f*.
sorcerer ['sɔ:sərə*] *n* stregone *m*, mago.
sordid ['sɔ:dɪd] *a* sordido(a).
sore [sɔ:*] *a* (*painful*) dolorante; (*col*: *offended*) offeso(a) // *n* piaga; ~**ly** *ad* (*tempted*) fortemente.
sorrow ['sɔrəu] *n* dolore *m*; ~**ful** *a* triste.
sorry ['sɔrɪ] *a* spiacente; (*condition, excuse*) misero(a); ~**!** scusa! (*or* scusi! *or* scusate!); **to feel ~ for sb** rincrescersi per qd.
sort [sɔ:t] *n* specie *f*, genere *m* // *vt* (*also*: ~ **out**: *papers*) classificare; ordinare; (: *letters etc*) smistare; (: *problems*) risolvere; ~**ing office** *n* ufficio *m* smistamento *inv*.
SOS *n* (*abbr of save our souls*) S.O.S. *m inv*.
so-so ['səusəu] *ad* così così.
soufflé ['su:fleɪ] *n* soufflé *m inv*.
sought [sɔ:t] *pt,pp of* **seek**.
soul [səul] *n* anima; ~**-destroying** *a* demoralizzante; ~**ful** *a* pieno(a) di sentimento.
sound [saund] *a* (*healthy*) sano(a); (*safe, not damaged*) solido(a), in buono stato; (*reliable, not superficial*) solido(a); (*sensible*) giudizioso(a), di buon senso //

ad: ~ **asleep** profondamente addormentato // *n* (*noise*) suono; rumore *m*; (GEO) stretto // *vt* (*alarm*) suonare; (*also*: ~ **out**: *opinions*) sondare // *vi* suonare; (*fig*: *seem*) sembrare; **to ~ like** rassomigliare a; ~ **barrier** *n* muro del suono; **~ing** *n* (NAUT *etc*) scandagliamento; **~ly** *ad* (*sleep*) profondamente; (*beat*) duramente; **~proof** *vt* insonorizzare, isolare acusticamente // *a* insonorizzato(a), isolato(a) acusticamente; **~track** *n* (*of film*) colonna sonora.

soup [su:p] *n* minestra; brodo; zuppa; **in the ~** (*fig*) nei guai; **~spoon** *n* cucchiaio da minestra.

sour ['sauə*] *a* aspro(a); (*fruit*) acerbo(a); (*milk*) acido(a), fermentato(a); (*fig*) arcigno(a); acido(a); **it's ~ grapes** è soltanto invidia.

source [sɔ:s] *n* fonte *f*, sorgente *f*; (*fig*) fonte.

south [sauθ] *n* sud *m*, meridione *m*, mezzogiorno // *a* del sud, sud *inv*, meridionale // *ad* verso sud; **S~ Africa** *n* Sudafrica *m*; **S~ African** *a*, *n* sudafricano(a); **S~ America** *n* Sudamerica, America del sud; **S~ American** *a*, *n* sudamericano(a); **~-east** *n* sud-est *m*; **~erly** ['sʌðəlɪ] *a* dal sud, meridionale; **~ern** ['sʌðən] *a* del sud, meridionale; esposto(a) a sud; **S~ Pole** *n* Polo Sud; **~ward(s)** *ad* verso sud; **~-west** *n* sud-ovest *m*.

souvenir [su:və'nɪə*] *n* ricordo, souvenir *m inv*.

sovereign ['sɔvrɪn] *a*,*n* sovrano(a); **~ty** *n* sovranità.

soviet ['səuvɪət] *a* sovietico(a); **the S~ Union** l'Unione *f* Sovietica.

sow *n* [sau] scrofa // *vt* [səu] (*pt* **~ed**, *pp* **sown** [səun]) seminare.

soya bean ['sɔɪəbi:n] *n* seme *m* di soia.

spa [spɑ:] *n* (*resort*) stazione *f* termale.

space [speɪs] *n* spazio; (*room*) posto; spazio; (*length of time*) intervallo // *cpd* spaziale // *vt* (*also*: ~ **out**) distanziare; **~craft** *n* veicolo spaziale; **~man/woman** *n* astronauta *m/f*, cosmonauta *m/f*; **spacing** *n* spaziatura.

spacious ['speɪʃəs] *a* spazioso(a), ampio(a).

spade [speɪd] *n* (*tool*) vanga; pala; (*child's*) paletta; **~s** *npl* (CARDS) picche *fpl*; **~work** *n* (*fig*) duro lavoro preparatorio.

Spain [speɪn] *n* Spagna.

span [spæn] *pt of* **spin** // *n* (*of bird, plane*) apertura alare; (*of arch*) campata; (*in time*) periodo; durata // *vt* attraversare; (*fig*) abbracciare.

Spaniard ['spænjəd] *n* spagnolo/a.

spaniel ['spænjəl] *n* spaniel *m inv*.

Spanish ['spænɪʃ] *a* spagnolo(a) // *n* (LING) spagnolo.

spank [spæŋk] *vt* sculacciare.

spanner ['spænə*] *n* chiave *f* inglese.

spare [spɛə*] *a* di riserva, di scorta; (*surplus*) in più, d'avanzo // *n* (*part*) pezzo di ricambio // *vt* (*do without*) fare a meno di; (*afford to give*) concedere; (*refrain from hurting, using*) risparmiare; **to ~** (*surplus*) d'avanzo; ~ **part** *n* pezzo di ricambio; ~ **time** *n* tempo libero.

sparing ['spɛərɪŋ] *a* (*amount*) scarso(a); (*use*) parsimonioso(a); ~ **of words** che risparmia le proprie parole; **~ly** *ad* moderatamente.

spark [spɑ:k] *n* scintilla; **~(ing) plug** *n* candela.

sparkle ['spɑ:kl] *n* scintillio, sfavillio // *vi* scintillare, sfavillare; (*bubble*) spumeggiare, frizzare; **sparkling** *a* scintillante, sfavillante; (*wine*) spumante.

sparrow ['spærəu] *n* passero.

sparse [spɑ:s] *a* sparso(a), rado(a).

spasm ['spæzəm] *n* (MED) spasmo; (*fig*) accesso, attacco; **~odic** [spæz'mɔdɪk] *a* spasmodico(a); (*fig*) intermittente.

spastic ['spæstɪk] *n* spastico/a.

spat [spæt] *pt,pp of* **spit**.

spate [speɪt] *n* (*fig*): ~ **of** diluvio *or* fiume *m* di; **in ~** (*river*) in piena.

spatter ['spætə*] *vt, vi* schizzare.

spatula ['spætjulə] *n* spatola.

spawn [spɔ:n] *vt* deporre // *vi* deporre le uova // *n* uova *fpl*.

speak, *pt* spoke, *pp* spoken [spi:k, spəuk, 'spəukn] *vt* (*language*) parlare; (*truth*) dire // *vi* parlare; **to ~ to sb/of *or* about sth** parlare a qd/di qc; ~ **up!** parla più forte!; **~er** *n* (*in public*) oratore/trice; (*also*: **loud~er**) altoparlante *m*; (POL): **the S~er** *il presidente della Camera dei Comuni*; **to be on ~ing terms** parlarsi.

spear [spɪə*] *n* lancia.

spec [spɛk] *n* (*col*): **on ~** sperando bene.

special ['spɛʃl] *a* speciale; **take ~ care** siate particolarmente prudenti; **~ist** *n* specialista *m/f*; **~ity** [spɛʃɪ'ælɪtɪ] *n* specialità *f inv*; **~ize** *vi*: **to ~ize (in)** specializzarsi (in); **~ly** *ad* specialmente, particolarmente.

species ['spi:ʃi:z] *n, pl inv* specie *f inv*.

specific [spə'sɪfɪk] *a* specifico(a); preciso(a); **~ation** [spɛsɪfɪ'keɪʃən] *n* specificazione *f*.

specify ['spɛsɪfaɪ] *vt* specificare, precisare.

specimen ['spɛsɪmən] *n* esemplare *m*, modello; (MED) campione *m*.

speck [spɛk] *n* puntino, macchiolina; (*particle*) granello.

speckled ['spɛkld] *a* macchiettato(a).

specs [spɛks] *npl* (*col*) occhiali *mpl*.

spectacle ['spɛktəkl] *n* spettacolo; **~s** *npl* occhiali *mpl*; **spectacular** [-'tækjulə*] *a* spettacolare // *n* (CINEMA *etc*) film *m inv etc* spettacolare.

spectator [spɛk'teɪtə*] *n* spettatore *m*.

spectre ['spɛktə*] *n* spettro.

spectrum, *pl* spectra ['spɛktrəm, -rə] *n* spettro; (*fig*) gamma.

speculate ['spɛkjuleɪt] *vi* speculare; (*try to guess*): **to ~ about** fare ipotesi su; **speculation** [-'leɪʃən] *n* speculazione *f*;

congettura; **speculative** [-lətıv] *a* speculativo(a).

speech [spi:tʃ] *n* (*faculty*) parola; (*talk*) discorso; (*manner of speaking*) parlata; (*enunciation*) elocuzione *f*; **~less** *a* ammutolito(a), muto(a); **~ therapy** *n* cura dei disturbi del linguaggio.

speed [spi:d] *n* velocità *f inv*; (*promptness*) prontezza; **at full** *or* **top ~** a tutta velocità; **to ~ up** *vi, vt* accelerare; **~boat** *n* motoscafo; fuoribordo *m inv*; **~ily** *ad* velocemente; prontamente; **~ing** *n* (AUT) eccesso di velocità; **~ limit** *n* limite *m* di velocità; **~ometer** [spı'dɔmıtə*] *n* tachimetro; **~way** *n* (SPORT) pista per motociclismo; **~y** *a* veloce, rapido(a); pronto(a).

spell [spɛl] *n* (*also*: **magic ~**) incantesimo; (*period of time*) (breve) periodo // *vt* (*pt,pp* **spelt** *or* **~ed** [spɛlt, spɛld]) (*in writing*) scrivere (lettera per lettera); (*aloud*) dire il nome delle lettere di; (*fig*) significare; **to cast a ~ on sb** fare un incantesimo a qd; **he can't ~** lui fa errori di ortografia; **~bound** *a* incantato(a); affascinato(a); **~ing** *n* ortografia.

spelt [spɛlt] *pt,pp of* **spell**.

spend, *pt,pp* **spent** [spɛnd, spɛnt] *vt* (*money*) spendere; (*time, life*) passare; **~ing money** *n* denaro per le piccole spese; **~thrift** *n* spendaccione/a.

spent [spɛnt] *pt,pp of* **spend** // *a* (*patience*) esaurito(a).

sperm [spɔ:m] *n* spermatozoo; (*semen*) sperma *m*; **~ whale** *n* capodoglio.

spew [spju:] *vt* vomitare.

sphere [sfıə*] *n* sfera.

spice [spaıs] *n* spezia // *vt* aromatizzare.

spick-and-span ['spıkən'spæn] *a* impeccabile.

spicy ['spaısı] *a* piccante.

spider ['spaıdə*] *n* ragno.

spike [spaık] *n* punta.

spill, *pt,pp* **spilt** *or* **~ed** [spıl, -t, -d] *vt* versare, rovesciare // *vi* versarsi, rovesciarsi.

spin [spın] *n* (*revolution of wheel*) rotazione *f*; (AVIAT) avvitamento; (*trip in car*) giretto // *vb* (*pt* **spun, span,** *pp* **spun** [spʌn, spæn]) *vt* (*wool etc*) filare; (*wheel*) far girare // *vi* girare; **to ~ a yarn** raccontare una storia; **to ~ out** *vt* far durare.

spinach ['spınıtʃ] *n* spinacio; (*as food*) spinaci *mpl*.

spinal ['spaınl] *a* spinale; **~ cord** *n* midollo spinale.

spindly ['spındlı] *a* lungo(a) e sottile, filiforme.

spin-drier [spın'draıə*] *n* centrifuga.

spine [spaın] *n* spina dorsale; (*thorn*) spina; **~less** *a* invertebrato(a), senza spina dorsale; (*fig*) smidollato(a).

spinning ['spınıŋ] *n* filatura; **~ top** *n* trottola; **~ wheel** *n* filatoio.

spinster ['spınstə*] *n* nubile *f*; zitella.

spiral ['spaıərl] *n* spirale *f* // *a* a spirale // *vi* (*fig*) salire a spirale; **~ staircase** *n* scala a chiocciola.

spire ['spaıə*] *n* guglia.

spirit ['spırıt] *n* (*soul*) spirito, anima; (*ghost*) spirito, fantasma *m*; (*mood*) stato d'animo, umore *m*; (*courage*) coraggio; **~s** *npl* (*drink*) alcolici *mpl*; **in good ~s** di buon umore; **in low ~s** triste, abbattuto(a); **~ed** *a* vivace, vigoroso(a); (*horse*) focoso(a); **~ level** *n* livella a bolla (d'aria).

spiritual ['spırıtjuəl] *a* spirituale // *n* (*also*: **Negro ~**) spiritual *m inv*; **~ism** *n* spiritismo.

spit [spıt] *n* (*for roasting*) spiedo // *vi* (*pt, pp* **spat** [spæt]) sputare; (*fire, fat*) scoppiettare.

spite [spaıt] *n* dispetto // *vt* contrariare, far dispetto a; **in ~ of** nonostante, malgrado; **~ful** *a* dispettoso(a).

spittle ['spıtl] *n* saliva; sputo.

splash [splæʃ] *n* spruzzo; (*sound*) ciac *m inv*; (*of colour*) schizzo // *vt* spruzzare // *vi* (*also*: **~ about**) sguazzare.

spleen [spli:n] *n* (ANAT) milza.

splendid ['splɛndıd] *a* splendido(a), magnifico(a).

splendour ['splɛndə*] *n* splendore *m*.

splice [splaıs] *vt* (*rope*) impiombare; (*wood*) calettare.

splint [splınt] *n* (MED) stecca.

splinter ['splıntə*] *n* scheggia // *vi* scheggiarsi.

split [splıt] *n* spaccatura; (*fig*: POL) scissione *f* // *vb* (*pt, pp* **split**) *vt* spaccare; (*party*) dividere; (*work, profits*) spartire, ripartire // *vi* (*divide*) dividersi; **to ~ up** *vi* (*couple*) separarsi, rompere; (*meeting*) sciogliersi; **~ting headache** *n* mal *m* di testa da impazzire.

splutter ['splʌtə*] *vi* farfugliare; sputacchiare.

spoil, *pt,pp* **spoilt** *or* **~ed** [spɔıl, -t, -d] *vt* (*damage*) rovinare, guastare; (*mar*) sciupare; (*child*) viziare; **~s** *npl* bottino; **~sport** *n* guastafeste *m/f inv*.

spoke [spəuk] *pt of* **speak** // *n* raggio.

spoken ['spəukn] *pp of* **speak**.

spokesman ['spəuksmən] *n* portavoce *m inv*.

sponge [spʌndʒ] *n* spugna // *vt* spugnare, pulire con una spugna // *vi*: **to ~ on** scroccare a; **~ cake** *n* pan *m* di Spagna; **~r** *n* (*pej*) parassita *m/f*, scroccone/a; **spongy** *a* spugnoso(a).

sponsor ['spɔnsə*] *n* (RADIO, TV) finanziatore/trice (a scopo pubblicitario) // *vt* sostenere; patrocinare; **~ship** *n* finanziamento (a scopo pubblicitario); patrocinio.

spontaneous [spɔn'teınıəs] *a* spontaneo(a).

spooky ['spu:kı] *a* che fa accapponare la pelle.

spool [spu:l] *n* bobina.

spoon [spu:n] *n* cucchiaio; **~-feed** *vt* nutrire con il cucchiaio; (*fig*) imboccare; **~ful** *n* cucchiaiata.

sporadic [spə'rædɪk] *a* sporadico(a).
sport [spɔ:t] *n* sport *m inv*; (*person*) sportivo/a // *vt* sfoggiare; **~ing** *a* sportivo(a); **to give sb a ~ing chance** dare a qd una possibilità (di vincere); **~s car** *n* automobile *f* sportiva; **~s jacket** *n* giacca sportiva; **~sman** *n* sportivo; **~smanship** *n* spirito sportivo; **~s page** *n* pagina sportiva; **~swear** *n* abiti *mpl* sportivi; **~swoman** *n* sportiva; **~y** *a* sportivo(a).
spot [spɔt] *n* punto; (*mark*) macchia; (*dot: on pattern*) pallino; (*pimple*) foruncolo; (*place*) posto; (*small amount*): **a ~ of** un po' di // *vt* (*notice*) individuare, distinguere; **on the ~** sul posto; su due piedi; **~ check** *n* controllo senza preavviso; **~less** *a* immacolato(a); **~light** *n* proiettore *m*; (AUT) faro ausiliario; **~ted** *a* macchiato(a); a puntini, a pallini; **~ted with** punteggiato(a) di; **~ty** *a* (*face*) foruncoloso(a).
spouse [spauz] *n* sposo/a.
spout [spaut] *n* (*of jug*) beccuccio; (*of liquid*) zampillo, getto // *vi* zampillare.
sprain [spreɪn] *n* storta, distorsione *f* // *vt*: **to ~ one's ankle** storcersi una caviglia.
sprang [spræŋ] *pt of* **spring**.
sprawl [sprɔ:l] *vi* sdraiarsi (in modo scomposto).
spray [spreɪ] *n* spruzzo; (*container*) nebulizzatore *m*, spray *m inv*; (*of flowers*) mazzetto // *vt* spruzzare; (*crops*) irrorare.
spread [sprɛd] *n* diffusione *f*; (*distribution*) distribuzione *f*; (CULIN) pasta (da spalmare) // *vb* (*pt,pp* **spread**) *vt* (*cloth*) stendere, distendere; (*butter etc*) spalmare; (*disease, knowledge*) propagare, diffondere // *vi* stendersi, distendersi; spalmarsi; propagarsi, diffondersi.
spree [spri:] *n*: **to go on a ~** fare baldoria.
sprig [sprɪg] *n* ramoscello.
sprightly ['spraɪtlɪ] *a* vivace.
spring [sprɪŋ] *n* (*leap*) salto, balzo; (*coiled metal*) molla; (*season*) primavera; (*of water*) sorgente *f* // *vi* (*pt* **sprang**, *pp* **sprung** [spræŋ, sprʌŋ]) saltare, balzare; **to ~ from** provenire da; **to ~ up** *vi* (*problem*) presentarsi; **~board** *n* trampolino; **~-clean** *n* (*also*: **~-cleaning**) grandi pulizie *fpl* di primavera; **~time** *n* primavera; **~y** *a* elastico(a).
sprinkle ['sprɪŋkl] *vt* spruzzare; spargere; **to ~ water** *etc* **on, ~ with water** *etc* spruzzare dell'acqua *etc* su; **to ~ sugar** *etc* **on, ~ with sugar** *etc* spolverizzare di zucchero *etc*; **~d with** (*fig*) cosparso(a) di.
sprint [sprɪnt] *n* volata, scatto // *vi* correre di volata, scattare; **~er** *n* velocista *m/f*.
sprite [spraɪt] *n* elfo, folletto.
sprout [spraut] *vi* germogliare; **(Brussels) ~s** *npl* cavolini *mpl* di Bruxelles.
spruce [spru:s] *n* abete *m* rosso // *a* lindo(a); azzimato(a).
sprung [sprʌŋ] *pp of* **spring**.
spry [spraɪ] *a* arzillo(a), sveglio(a).
spun [spʌn] *pt, pp of* **spin**.
spur [spə:*] *n* sperone *m*; (*fig*) sprone *m*, incentivo // *vt* (*also*: **~ on**) spronare; **on the ~ of the moment** lì per lì.
spurious ['spjuərɪəs] *a* falso(a).
spurn [spə:n] *vt* rifiutare con disprezzo, sdegnare.
spurt [spə:t] *n* getto; (*of energy*) esplosione *f* // *vi* sgorgare; zampillare.
spy [spaɪ] *n* spia // *vi*: **to ~ on** spiare // *vt* (*see*) scorgere; **~ing** *n* spionaggio.
sq. (MATH), **Sq.** (*in address*) *abbr of* **square**.
squabble ['skwɔbl] *vi* bisticciarsi.
squad [skwɔd] *n* (MIL) plotone *m*; (POLICE) squadra.
squadron ['skwɔdrn] *n* (MIL) squadrone *m*; (AVIAT, NAUT) squadriglia.
squalid ['skwɔlɪd] *a* sordido(a).
squall [skwɔ:l] *n* raffica; burrasca.
squalor ['skwɔlə*] *n* squallore *m*.
squander ['skwɔndə*] *vt* dissipare.
square [skwɛə*] *n* quadrato; (*in town*) piazza; (*instrument*) squadra // *a* quadrato(a); (*honest*) onesto(a); (*col: ideas, tastes*) di vecchio stampo // *vt* (*arrange*) regolare; (MATH) elevare al quadrato // *vi* (*agree*) accordarsi; **all ~** pari; **a ~ meal** un pasto abbondante; **2 metres ~** di 2 metri per 2; **1 ~ metre** 1 metro quadrato; **~ly** *ad* diritto; fermamente.
squash [skwɔʃ] *n* (*drink*): **lemon/orange ~** sciroppo di limone/arancia; (SPORT) squash *m* // *vt* schiacciare.
squat [skwɔt] *a* tarchiato(a), tozzo(a) // *vi* accovacciarsi; **~ter** *n* occupante *m/f* abusivo(a).
squawk [skwɔ:k] *vi* emettere strida rauche.
squeak [skwi:k] *vi* squittire.
squeal [skwi:l] *vi* strillare.
squeamish ['skwi:mɪʃ] *a* schizzinoso(a); disgustato(a).
squeeze [skwi:z] *n* pressione *f*; (*also* ECON) stretta // *vt* premere; (*hand, arm*) stringere; **to ~ out** *vt* spremere.
squelch [skwɛltʃ] *vi* fare ciac; sguazzare.
squib [skwɪb] *n* petardo.
squid [skwɪd] *n* calamaro.
squint [skwɪnt] *vi* essere strabico(a) // *n*: **he has a ~** è strabico.
squire ['skwaɪə*] *n* proprietario terriero.
squirm [skwə:m] *vi* contorcersi.
squirrel ['skwɪrəl] *n* scoiattolo.
squirt [skwə:t] *n* schizzo // *vi* schizzare; zampillare.
Sr *abbr of* **senior**.
St *abbr of* **saint, street**.
stab [stæb] *n* (*with knife etc*) pugnalata; (*col: try*): **to have a ~ at (doing) sth** provare a fare qc // *vt* pugnalare.
stability [stə'bɪlɪtɪ] *n* stabilità.
stabilize ['steɪbəlaɪz] *vt* stabilizzare.

stable ['steɪbl] *n* (*for horses*) scuderia; (*for cattle*) stalla // *a* stabile.
stack [stæk] *n* catasta, pila // *vt* accatastare, ammucchiare.
stadium ['steɪdɪəm] *n* stadio.
staff [stɑ:f] *n* (*work force*) personale *m*; (: SCOL) personale insegnante; (: *servants*) personale di servizio; (MIL) stato maggiore; (*stick*) bastone *m* // *vt* fornire di personale.
stag [stæg] *n* cervo.
stage [steɪdʒ] *n* palcoscenico; (*profession*): **the ~** il teatro, la scena; (*point*) punto; (*platform*) palco // *vt* (*play*) allestire, mettere in scena; (*demonstration*) organizzare; (*fig*: *perform*: *recovery etc*) effettuare; **in ~s** per gradi; a tappe; **~coach** *n* diligenza; **~ door** *n* ingresso degli artisti; **~ fright** *n* paura del pubblico; **~ manager** *n* direttore *m* di scena.
stagger ['stægə*] *vi* barcollare // *vt* (*person*) sbalordire; (*hours, holidays*) scaglionare; **~ing** *a* (*amazing*) incredibile, sbalorditivo(a).
stagnant ['stægnənt] *a* stagnante.
stagnate [stæg'neɪt] *vi* stagnare.
stag party ['stægpɑ:tɪ] *n* festa di addio al celibato.
staid [steɪd] *a* posato(a), serio(a).
stain [steɪn] *n* macchia; (*colouring*) colorante *m* // *vt* macchiare; (*wood*) tingere; **~ed glass window** *n* vetrata; **~less** *a* (*steel*) inossidabile; **~ remover** *n* smacchiatore *m*.
stair [stɛə*] *n* (*step*) gradino; **~s** *npl* scale *fpl*, scala; **on the ~s** sulle scale; **~case, ~way** *n* scale *fpl*, scala.
stake [steɪk] *n* palo, piolo; (BETTING) puntata, scommessa // *vt* (*bet*) scommettere; (*risk*) rischiare; **to be at ~** essere in gioco.
stalactite ['stæləktaɪt] *n* stalattite *f*.
stalagmite ['stæləgmaɪt] *n* stalagmite *f*.
stale [steɪl] *a* (*bread*) raffermo(a), stantio(a); (*beer*) svaporato(a); (*smell*) di chiuso.
stalemate ['steɪlmeɪt] *n* stallo; (*fig*) punto morto.
stalk [stɔ:k] *n* gambo, stelo // *vt* inseguire // *vi* camminare con sussiego.
stall [stɔ:l] *n* bancarella; (*in stable*) box *m inv* di stalla // *vt* (AUT) far spegnere // *vi* (AUT) spegnersi, fermarsi; (*fig*) temporeggiare; **~s** *npl* (*in cinema, theatre*) platea.
stalwart ['stɔ:lwət] *n* membro fidato.
stamina ['stæmɪnə] *n* vigore *m*, resistenza.
stammer ['stæmə*] *n* balbuzie *f* // *vi* balbettare.
stamp [stæmp] *n* (*postage ~*) francobollo; (*implement*) timbro; (*mark, also fig*) marchio, impronta; (*on document*) bollo; timbro // *vi* battere il piede // *vt* battere; (*letter*) affrancare; (*mark with a ~*) timbrare; **~ album** *n* album *m inv* per francobolli; **~ collecting** *n* filatelia.
stampede [stæm'pi:d] *n* fuggi fuggi *m inv*.
stance [stæns] *n* posizione *f*.
stand [stænd] *n* (*position*) posizione *f*; (MIL) resistenza; (*structure*) supporto, sostegno; (*at exhibition*) stand *m inv*; (*in shop*) banco; (*at market*) bancarella; (*booth*) chiosco; (SPORT) tribuna // *vb* (*pt,pp* **stood** [stud]) *vi* stare in piedi; (*rise*) alzarsi in piedi; (*be placed*) trovarsi // *vt* (*place*) mettere, porre; (*tolerate, withstand*) resistere, sopportare; **to make a ~** prendere posizione; **to ~ for parliament** presentarsi come candidato (per il parlamento); **it ~s to reason** è logico; **to ~ by** *vi* (*be ready*) tenersi pronto // *vt fus* (*opinion*) sostenere; **to ~ for** *vt fus* (*signify*) rappresentare, significare; (*tolerate*) sopportare, tollerare; **to ~ in for** *vt fus* sostituire; **to ~ out** *vi* (*be prominent*) spiccare; **to ~ up** *vi* (*rise*) alzarsi in piedi; **to ~ up for** *vt fus* difendere; **to ~ up to** *vt fus* tener testa a, resistere a.
standard ['stændəd] *n* modello, standard *m inv*; (*level*) livello; (*flag*) stendardo // *a* (*size etc*) normale, standard *inv*; **~s** *npl* (*morals*) principi *mpl*, valori *mpl*; **~ize** *vt* normalizzare, standardizzare; **~ lamp** *n* lampada a stelo; **~ of living** *n* livello di vita.
stand-by ['stændbaɪ] *n* riserva, sostituto; **~ ticket** *n* (AVIAT) biglietto senza garanzia.
stand-in ['stændɪn] *n* sostituto/a; (CINEMA) controfigura.
standing ['stændɪŋ] *a* diritto(a), in piedi // *n* rango, condizione *f*, posizione *f*; **of many years' ~** che esiste da molti anni; **~ committee** *n* commissione *f* permanente; **~ order** *n* (*at bank*) ordine *m* permanente (di pagamento periodico); **~ orders** *npl* (MIL) regolamento; **~ room** *n* posto all'impiedi.
stand-offish [stænd'ɔfɪʃ] *a* scostante, freddo(a).
standpoint ['stændpɔɪnt] *n* punto di vista.
standstill ['stændstɪl] *n*: **at a ~** alla fermata; (*fig*) a un punto morto; **to come to a ~** fermarsi; giungere a un punto morto.
stank [stæŋk] *pt of* **stink**.
staple ['steɪpl] *n* (*for papers*) graffetta // *a* (*food etc*) di base // *vt* cucire; **~r** *n* cucitrice *f*.
star [stɑ:*] *n* stella; (*celebrity*) divo/a; (*principal actor*) vedette *f inv* // *vi*: **to ~ (in)** essere il (*or* la) protagonista (di) // *vt* (CINEMA) essere interpretato(a) da.
starboard ['stɑ:bəd] *n* dritta; **to ~** a dritta.
starch [stɑ:tʃ] *n* amido; **~ed** *a* (*collar*) inamidato(a).
stardom ['stɑ:dəm] *n* celebrità.
stare [stɛə*] *n* sguardo fisso // *vi*: **to ~ at** fissare.
starfish ['stɑ:fɪʃ] *n* stella di mare.
stark [stɑ:k] *a* (*bleak*) desolato(a) // *ad*: **~ naked** completamente nudo(a).
starling ['stɑ:lɪŋ] *n* storno.

start [stɑ:t] *n* inizio; (*of race*) partenza; (*sudden movement*) sobbalzo // *vt* cominciare, iniziare // *vi* partire, mettersi in viaggio; (*jump*) sobbalzare; **to ~ doing sth** (in)cominciare a fare qc; **to ~ off** *vi* cominciare; (*leave*) partire; **to ~ up** *vi* cominciare; (*car*) avviarsi // *vt* iniziare; (*car*) avviare; **~er** *n* (AUT) motorino d'avviamento; (SPORT: *official*) starter *m inv*; (: *runner, horse*) partente *m/f*; (CULIN) primo piatto; **~ing point** *n* punto di partenza.

startle ['stɑ:tl] *vt* far trasalire; **startling** *a* sorprendente, sbalorditivo(a).

starvation [stɑ:'veɪʃən] *n* fame *f*, inedia.

starve [stɑ:v] *vi* morire di fame; soffrire la fame // *vt* far morire di fame, affamare; **I'm starving** muoio di fame.

state [steɪt] *n* stato // *vt* dichiarare, affermare; annunciare; **the S~s** gli Stati Uniti; **to be in a ~** essere agitato(a); **~d** *a* fissato(a), stabilito(a); **~ly** *a* maestoso(a), imponente; **~ment** *n* dichiarazione *f*; (LAW) deposizione *f*; **~sman** *n* statista *m*.

static ['stætɪk] *n* (RADIO) scariche *fpl* // *a* statico(a); **~ electricity** *n* elettricità statica.

station ['steɪʃən] *n* stazione *f*; (*rank*) rango, condizione *f* // *vt* collocare, disporre.

stationary ['steɪʃənərɪ] *a* fermo(a), immobile.

stationer ['steɪʃənə*] *n* cartolaio/a; **~'s (shop)** *n* cartoleria; **~y** *n* articoli *mpl* di cancelleria.

station master ['steɪʃənmɑ:stə*] *n* (RAIL) capostazione *m*.

station wagon ['steɪʃənwægən] *n* (US) giardinetta.

statistic [stə'tɪstɪk] *n* statistica; **~s** *npl* (*science*) statistica; **~al** *a* statistico(a).

statue ['stætju:] *n* statua.

stature ['stætʃə*] *n* statura.

status ['steɪtəs] *n* posizione *f*, condizione *f* sociale; prestigio; stato; **the ~ quo** lo statu quo; **~ symbol** *n* simbolo di prestigio.

statute ['stætju:t] *n* legge *f*; **~s** *npl* (*of club etc*) statuto; **statutory** *a* stabilito(a) dalla legge, statutario(a).

staunch [stɔ:ntʃ] *a* fidato(a), leale.

stave [steɪv] *n* (MUS) rigo // *vt*: **to ~ off** (*attack*) respingere; (*threat*) evitare.

stay [steɪ] *n* (*period of time*) soggiorno, permanenza // *vi* rimanere; (*reside*) alloggiare, stare; (*spend some time*) trattenersi, soggiornare; **to ~ put** non muoversi; **to ~ with friends** stare presso amici; **to ~ the night** passare la notte; **to ~ behind** *vi* restare indietro; **to ~ in** *vi* (*at home*) stare in casa; **to ~ on** *vi* restare, rimanere; **to ~ out** *vi* (*of house*) rimanere fuori (di casa); **to ~ up** *vi* (*at night*) rimanere alzato(a).

STD *n* (*abbr of Subscriber Trunk Dialling*) teleselezione *f*.

steadfast ['stɛdfɑ:st] *a* fermo(a), risoluto(a).

steadily ['stɛdɪlɪ] *ad* continuamente; (*walk*) con passo sicuro.

steady ['stɛdɪ] *a* stabile, solido(a), fermo(a); (*regular*) costante; (*person*) calmo(a), tranquillo(a) // *vt* stabilizzare; calmare; **to ~ oneself** ritrovare l'equilibrio.

steak [steɪk] *n* (*meat*) bistecca; (*fish*) trancia.

steal, *pt* **stole**, *pp* **stolen** [sti:l, stəul, 'stəuln] rubare.

stealth [stɛlθ] *n*: **by ~** furtivamente; **~y** *a* furtivo(a).

steam [sti:m] *n* vapore *m* // *vt* trattare con vapore; (CULIN) cuocere a vapore // *vi* fumare; (*ship*): **to ~ along** filare; **~ engine** *n* macchina a vapore; (RAIL) locomotiva a vapore; **~er** *n* piroscafo, vapore *m*; **~roller** *n* rullo compressore.

steel [sti:l] *n* acciaio // *cpd* di acciaio; **~works** *n* acciaieria.

steep [sti:p] *a* ripido(a), scosceso(a); (*price*) eccessivo(a) // *vt* inzuppare; (*washing*) mettere a mollo.

steeple ['sti:pl] *n* campanile *m*; **~chase** *n* corsa a ostacoli, steeplechase *m inv*.

steer [stɪə*] *n* manzo // *vt* (*ship*) governare; (*car*) guidare // *vi* (NAUT: *person*) governare; (: *ship*) rispondere al timone; (*car*) guidarsi; **~ing** *n* (AUT) sterzo; **~ing column** *n* piantone *m* dello sterzo; **~ing wheel** *n* volante *m*.

stem [stɛm] *n* (*of flower, plant*) stelo; (*of tree*) fusto; (*of glass*) gambo; (*of fruit, leaf*) picciolo; (NAUT) prua, prora // *vt* contenere, arginare; **to ~ from** *vt fus* provenire da, derivare da.

stench [stɛntʃ] *n* puzzo, fetore *m*.

stencil ['stɛnsl] *n* (*of metal, cardboard*) stampino, mascherina; (*in typing*) matrice *f*.

step [stɛp] *n* passo; (*stair*) gradino, scalino; (*action*) mossa, azione *f* // *vi*: **to ~ forward** fare un passo avanti; **~s** *npl* = **stepladder**; **to ~ down** *vi* (*fig*) ritirarsi; **to ~ off** *vt fus* scendere da; **to ~ up** *vt* aumentare; intensificare; **~brother** *n* fratellastro; **~child** *n* figliastro/a; **~father** *n* patrigno; **~ladder** *n* scala a libretto; **~mother** *n* matrigna; **stepping stone** *n* pietra di un guado; (*fig*) trampolino; **~sister** *n* sorellastra.

stereo ['stɛrɪəu] *n* (*system*) sistema *m* stereofonico; (*record player*) stereo *m inv* // *a* (*also*: **~phonic**) stereofonico(a).

stereotype ['stɪərɪətaɪp] *n* stereotipo.

sterile ['stɛraɪl] *a* sterile; **sterilize** ['stɛrɪlaɪz] *vt* sterilizzare.

sterling ['stə:lɪŋ] *a* (*gold, silver*) di buona lega; (*fig*) autentico(a), genuino(a) // *n* (ECON) (lira) sterlina; **a pound ~** una lira sterlina.

stern [stə:n] *a* severo(a) // *n* (NAUT) poppa.

stethoscope ['stɛθəskəup] *n* stetoscopio.

stew [stju:] *n* stufato // *vt*, *vi* cuocere in umido.

steward ['stju:əd] *n* (AVIAT, NAUT, RAIL)

steward *m inv*; (*in club etc*) dispensiere *m*; **~ess** *n* assistente *f* di volo, hostess *f inv*.

stick [stɪk] *n* stecco; bastone *m* // *vb* (*pt, pp* **stuck** [stʌk]) *vt* (*glue*) attaccare; (*thrust*): **to ~ sth into** conficcare *or* piantare *or* infiggere qc in; (*col*: *put*) ficcare; (*col*: *tolerate*) sopportare // *vi* conficcarsi; tenere; (*remain*) restare, rimanere; **to ~ out, to ~ up** *vi* sporgere, spuntare; **to ~ up for** *vt fus* difendere; **~er** *n* cartellino adesivo.

stickler ['stɪklə*] *n*: **to be a ~ for** essere pignolo(a) su, tenere molto a.

sticky ['stɪkɪ] *a* attaccaticcio(a), vischioso(a); (*label*) adesivo(a).

stiff [stɪf] *a* rigido(a), duro(a); (*muscle*) legato(a), indolenzito(a); (*difficult*) difficile, arduo(a); (*cold*) freddo(a), formale; (*strong*) forte; (*high*: *price*) molto alto(a); **~en** *vt* irrigidire; rinforzare // *vi* irrigidirsi; indurirsi; **~ neck** *n* torcicollo.

stifle ['staɪfl] *vt* soffocare; **stifling** *a* (*heat*) soffocante.

stigma ['stɪgmə] *n* (BOT, *fig*) stigma *m*; **~ta** [stig'mɑːtə] *npl* (REL) stigmate *fpl*.

stile [staɪl] *n* cavalcasiepe *m*; cavalcasteccato.

stiletto [stɪ'lɛtəu] *n* (*also*: **~ heel**) tacco a spillo.

still [stɪl] *a* fermo(a); silenzioso(a) // *ad* (*up to this time, even*) ancora; (*nonetheless*) tuttavia, ciò nonostante; **~born** *a* nato(a) morto(a); **~ life** *n* natura morta.

stilt [stɪlt] *n* trampolo; (*pile*) palo.

stilted ['stɪltɪd] *a* freddo(a), formale; artificiale.

stimulate ['stɪmjuleɪt] *vt* stimolare; **stimulating** *a* stimolante.

stimulus, *pl* **stimuli** ['stɪmjuləs, 'stɪmjulaɪ] *n* stimolo.

sting [stɪŋ] *n* puntura; (*organ*) pungiglione *m* // *vt* (*pt, pp* **stung** [stʌŋ]) pungere.

stingy ['stɪndʒɪ] *a* spilorcio(a), tirchio(a).

stink [stɪŋk] *n* fetore *m*, puzzo // *vi* (*pt* **stank**, *pp* **stunk** [stæŋk, stʌŋk]) puzzare; **~er** *n* (*col*) porcheria; fetente *m/f*; **~ing** *a* (*col*): **a ~ing...** uno schifo di..., un(a) maledetto(a)... .

stint [stɪnt] *n* lavoro, compito // *vi*: **to ~ on** lesinare su.

stipulate ['stɪpjuleɪt] *vt* stipulare.

stir [stəː*] *n* agitazione *f*, clamore *m* // *vt* rimescolare; (*move*) smuovere, agitare // *vi* muoversi; **to ~ up** *vt* provocare, suscitare; **~ring** *a* eccitante; commovente.

stirrup ['stɪrəp] *n* staffa.

stitch [stɪtʃ] *n* (SEWING) punto; (KNITTING) maglia; (MED) punto (di sutura); (*pain*) fitta // *vt* cucire, attaccare; suturare.

stoat [stəut] *n* ermellino.

stock [stɔk] *n* riserva, provvista; (COMM) giacenza, stock *m inv*; (AGR) bestiame *m*; (CULIN) brodo; (FINANCE) titoli *mpl*, azioni *fpl* // *a* (*fig*: *reply etc*) consueto(a); classico(a) // *vt* (*have in stock*) avere, vendere; **well-~ed** ben fornito(a); **to take ~** (*fig*) fare il punto; **to ~ up with** *vt fus* fare provvista di.

stockade [stɔ'keɪd] *n* palizzata.

stockbroker ['stɔkbrəukə*] *n* agente *m* di cambio.

stock exchange ['stɔkɪkstʃeɪndʒ] *n* Borsa (Valori).

stocking ['stɔkɪŋ] *n* calza.

stockist ['stɔkɪst] *n* fornitore *m*.

stock market ['stɔkmɑːkɪt] *n* Borsa, mercato finanziario.

stock phrase ['stɔk'freɪz] *n* cliché *m inv*.

stockpile ['stɔkpaɪl] *n* riserva // *vt* accumulare riserve.

stocktaking ['stɔkteɪkɪŋ] *n* (COMM) inventario.

stocky ['stɔkɪ] *a* tarchiato(a), tozzo(a).

stodgy ['stɔdʒɪ] *a* pesante, indigesto(a).

stoical ['stəuɪkəl] *a* stoico(a).

stoke [stəuk] *vt* alimentare; **~r** *n* fochista *m*.

stole [stəul] *pt of* **steal** // *n* stola.

stolen ['stəuln] *pp of* **steal**.

stolid ['stɔlɪd] *a* impassibile.

stomach ['stʌmək] *n* stomaco; (*abdomen*) ventre *m* // *vt* sopportare, digerire; **~ ache** *n* mal *m* di stomaco.

stone [stəun] *n* pietra; (*pebble*) sasso, ciottolo; (*in fruit*) nocciolo; (MED) calcolo; (*weight*) *misura di peso = 6.348 kg.; 14 libbre* // *cpd* di pietra // *vt* lapidare; **~-cold** *a* gelido(a); **~-deaf** *a* sordo(a) come una campana; **~work** *n* muratura; **stony** *a* pietroso(a), sassoso(a).

stood [stud] *pt,pp of* **stand.**

stool [stuːl] *n* sgabello.

stoop [stuːp] *vi* (*also*: **have a ~**) avere una curvatura; (*bend*) chinarsi, curvarsi.

stop [stɔp] *n* arresto; (*stopping place*) fermata; (*in punctuation*) punto // *vt* arrestare, fermare; (*break off*) interrompere; (*also*: **put a ~ to**) porre fine a // *vi* fermarsi; (*rain, noise etc*) cessare, finire; **to ~ doing sth** cessare *or* finire di fare qc; **to ~ dead** fermarsi di colpo; **to ~ off** *vi* sostare brevemente; **to ~ up** *vt* (*hole*) chiudere, turare; **~lights** *npl* (AUT) stop *mpl*; **~over** *n* breve sosta; (AVIAT) scalo.

stoppage ['stɔpɪdʒ] *n* arresto, fermata; (*of pay*) trattenuta; (*strike*) interruzione *f* del lavoro.

stopper ['stɔpə*] *n* tappo.

stop-press ['stɔp'prɛs] *n* ultimissime *fpl*.

stopwatch ['stɔpwɔtʃ] *n* cronometro.

storage ['stɔːrɪdʒ] *n* immagazzinamento; (COMPUTERS) memoria.

store [stɔː*] *n* provvista, riserva; (*depot*) deposito; (*large shop*) grande magazzino // *vt* immagazzinare; **to ~ up** *vt* mettere in serbo, conservare; **~room** *n* dispensa.

storey ['stɔːrɪ] *n* piano.

stork [stɔːk] *n* cicogna.

storm [stɔːm] *n* tempesta, temporale *m*, burrasca; uragano // *vi* (*fig*) infuriarsi // *vt* prendere d'assalto; **~y** *a* tempestoso(a), burrascoso(a).

story ['stɔ:rɪ] *n* storia; favola; racconto; (*US*) = **storey; ~book** *n* libro di racconti.

stout [staut] *a* solido(a), robusto(a); (*brave*) coraggioso(a); (*fat*) corpulento(a), grasso(a) // *n* birra scura.

stove [stəuv] *n* (*for cooking*) fornello; (: *small*) fornelletto; (*for heating*) stufa.

stow [stəu] *vt* mettere via; **~away** *n* passeggero(a) clandestino(a).

straddle ['strædl] *vt* stare a cavalcioni di.

strafe [strɑ:f] *vt* mitragliare.

straggle ['strægl] *vi* crescere (*or* estendersi) disordinatamente; trascinarsi; rimanere indietro; **~d along the coast** disseminati(e) lungo la costa; **~r** *n* sbandato/a; **straggling, straggly** *a* (*hair*) in disordine.

straight [streɪt] *a* dritto(a); (*frank*) onesto(a), franco(a) // *ad* diritto; (*drink*) liscio // *n*: **the ~** la linea retta; (RAIL) il rettilineo; (SPORT) la dirittura d'arrivo; **to put** *or* **get ~** mettere in ordine, mettere ordine in; **~ away, ~off** (*at once*) immediatamente; **~ off, ~ out** senza esitare; **~en** *vt* (*also*: **~en out**) raddrizzare; **~forward** *a* semplice; onesto(a), franco(a).

strain [streɪn] *n* (TECH) sollecitazione *f*; (*physical*) sforzo; (*mental*) tensione *f*; (MED) strappo; distorsione *f*; (*streak, trace*) tendenza; elemento // *vt* tendere; (*muscle*) sforzare; (*ankle*) storcere; (*friendship, marriage*) mettere a dura prova; (*filter*) colare, filtrare // *vi* sforzarsi; **~s** *npl* (MUS) motivo; **~ed** *a* (*laugh etc*) forzato(a); (*relations*) teso(a); **~er** *n* passino, colino.

strait [streɪt] *n* (GEO) stretto; **~ jacket** *n* camicia di forza; **~-laced** *a* bacchettone(a).

strand [strænd] *n* (*of thread*) filo; **~ed** *a* nei guai; senza mezzi di trasporto.

strange [streɪndʒ] *a* (*not known*) sconosciuto(a); (*odd*) strano(a), bizzarro(a); **~r** *n* sconosciuto/a; estraneo/a.

strangle ['stræŋgl] *vt* strangolare; **~hold** *n* (*fig*) stretta (mortale).

strap [stræp] *n* cinghia; (*of slip, dress*) spallina, bretella // *vt* legare con una cinghia; (*child etc*) punire (con una cinghia).

strapping ['stræpɪŋ] *a* ben piantato(a).

strata ['strɑ:tə] *npl of* **stratum**.

strategic [strə'ti:dʒɪk] *a* strategico(a).

strategy ['strætɪdʒɪ] *n* strategia.

stratum, *pl* **strata** ['strɑ:təm, 'strɑ:tə] *n* strato.

straw [strɔ:] *n* paglia.

strawberry ['strɔ:bərɪ] *n* fragola.

stray [streɪ] *a* (*animal*) randagio(a) // *vi* perdersi; **~ bullet** *n* proiettile *m* vagante.

streak [stri:k] *n* striscia; (*fig*: *of madness etc*): **a ~ of** una vena di // *vt* striare, screziare // *vi*: **to ~ past** passare vicino(a) come un fulmine; **~y** *a* screziato(a), striato(a); **~y bacon** *n* ≈ pancetta.

stream [stri:m] *n* ruscello; corrente *f*; (*of people*) fiume *m* // *vt* (SCOL) dividere in livelli di rendimento // *vi* scorrere; **to ~ in/out** entrare/uscire a fiotti.

streamer ['stri:mə*] *n* (*flag*) fiamma; (*of paper*) stella filante.

streamlined ['stri:mlaɪnd] *a* aerodinamico(a), affusolato(a); (*fig*) razionalizzato(a).

street [stri:t] *n* strada, via; **~car** *n* (*US*) tram *m inv*; **~ lamp** *n* lampione *m*.

strength [strɛŋθ] *n* forza; (*of girder, knot etc*) resistenza, solidità; **~en** *vt* rinforzare; fortificare; consolidare.

strenuous ['strɛnjuəs] *a* vigoroso(a), energico(a); (*tiring*) duro(a), pesante.

stress [strɛs] *n* (*force, pressure*) pressione *f*; (*mental strain*) tensione *f*; (*accent*) accento // *vt* insistere su, sottolineare.

stretch [strɛtʃ] *n* (*of sand etc*) distesa // *vi* stirarsi; (*extend*): **to ~ to/as far as** estendersi fino a // *vt* tendere, allungare; (*spread*) distendere; (*fig*) spingere (al massimo); **at a ~** ininterrottamente; **to ~ out** *vi* allungarsi, estendersi // *vt* (*arm etc*) allungare, tendere; (*to spread*) distendere; **to ~ out for sth** allungare la mano per prendere qc.

stretcher ['strɛtʃə*] *n* barella, lettiga.

strewn [stru:n] *a*: **~ with** cosparso(a) di.

stricken ['strɪkən] *a* provato(a); affranto(a); **~ with** colpito(a) da.

strict [strɪkt] *a* (*severe*) rigido(a), severo(a); (*precise*) preciso(a), stretto(a); **~ly** *ad* severamente; strettamente, assolutamente.

stride [straɪd] *n* passo lungo // *vi* (*pt* **strode,** *pp* **stridden** [strəud, 'strɪdn]) camminare a grandi passi.

strident ['straɪdnt] *a* stridente.

strife [straɪf] *n* conflitto; litigi *mpl*.

strike [straɪk] *n* sciopero; (*of oil etc*) scoperta; (*attack*) attacco // *vb* (*pt,pp* **struck** [strʌk]) *vt* colpire; (*oil etc*) scoprire, trovare // *vi* far sciopero, scioperare; (*attack*) attaccare; (*clock*) suonare; **to ~ a match** accendere un fiammifero; **to ~ down** *vt* (*fig*) atterrare; **to ~ out** *vt* depennare; **to ~ up** *vt* (MUS) attaccare; **to ~ up a friendship with** fare amicizia con; **~breaker** *n* crumiro/a; **~r** *n* scioperante *m/f*; (SPORT) attaccante *m*; **striking** *a* impressionante.

string [strɪŋ] *n* spago; (*row*) fila; sequenza; catena; (MUS) corda // *vt* (*pt,pp* **strung** [strʌŋ]): **to ~ out** disporre di fianco; **the ~s** *npl* (MUS) gli archi; **~ bean** *n* fagiolino; **~(ed) instrument** *n* (MUS) strumento a corda; **~ of pearls** filo di perle.

stringent ['strɪndʒənt] *a* rigoroso(a); (*need*) stringente, impellente.

strip [strɪp] *n* striscia // *vt* spogliare; (*also*: **~ down**: *machine*) smontare // *vi* spogliarsi; **~ cartoon** *n* fumetto.

stripe [straɪp] *n* striscia, riga; **~d** *a* a strisce *or* righe.
strip light ['strɪplaɪt] *n* tubo al neon.
stripper ['strɪpə*] *n* spogliarellista.
striptease ['strɪpti:z] *n* spogliarello.
strive, *pt* **strove,** *pp* **striven** [straɪv, strəuv, 'strɪvn] *vi*: **to ~ to do** sforzarsi di fare.
strode [strəud] *pt of* **stride.**
stroke [strəuk] *n* colpo; (*MED*) colpo apoplettico; (*caress*) carezza // *vt* accarezzare; **at a ~** in un attimo; **on the ~ of 5** alle 5 in punto, allo scoccare delle 5.
stroll [strəul] *n* giretto, passeggiatina // *vi* andare a spasso.
strong [strɔŋ] *a* forte; vigoroso(a); solido(a); vivo(a); **they are 50 ~** sono in 50; **~hold** *n* fortezza, roccaforte *f*; **~ly** *ad* fortemente, con forza; energicamente; vivamente; **~room** *n* camera di sicurezza.
strove [strəuv] *pt of* **strive**.
struck [strʌk] *pt,pp of* **strike**.
structural ['strʌktʃərəl] *a* strutturale; (*CONSTR*) di costruzione; di struttura.
structure ['strʌktʃə*] *n* struttura; (*building*) costruzione *f*, fabbricato.
struggle ['strʌgl] *n* lotta // *vi* lottare.
strum [strʌm] *vt* (*guitar*) strimpellare.
strung [strʌŋ] *pt,pp of* **string**.
strut [strʌt] *n* sostegno, supporto // *vi* pavoneggiarsi.
stub [stʌb] *n* mozzicone *m*; (*of ticket etc*) matrice *f*, talloncino; **to ~ out** *vt* schiacciare.
stubble ['stʌbl] *n* stoppia; (*on chin*) barba ispida.
stubborn ['stʌbən] *a* testardo(a), ostinato(a).
stuck [stʌk] *pt,pp of* **stick** // *a* (*jammed*) bloccato(a); **~-up** *a* presuntuoso(a).
stud [stʌd] *n* bottoncino; borchia; (*of horses*) scuderia, allevamento di cavalli; (*also*: **~ horse**) stallone *m* // *vt* (*fig*): **~ded with** tempestato(a) di.
student ['stju:dənt] *n* studente/essa // *cpd* studentesco(a); universitario(a); degli studenti.
studied ['stʌdɪd] *a* studiato(a), calcolato(a).
studio ['stju:dɪəu] *n* studio.
studious ['stju:dɪəs] *a* studioso(a); (*studied*) studiato(a), voluto(a); **~ly** *ad* (*carefully*) deliberatamente, di proposito.
study ['stʌdɪ] *n* studio // *vt* studiare; esaminare // *vi* studiare.
stuff [stʌf] *n* cosa, roba; (*belongings*) cose *fpl*, roba; (*substance*) sostanza, materiale *m* // *vt* imbottire; (*CULIN*) farcire; **~ing** *n* imbottitura; (*CULIN*) ripieno; **~y** *a* (*room*) mal ventilato(a), senz'aria; (*ideas*) antiquato(a).
stumble ['stʌmbl] *vi* inciampare; **to ~ across** (*fig*) imbattersi in; **stumbling block** *n* ostacolo, scoglio.
stump [stʌmp] *n* ceppo; (*of limb*) moncone *m*.
stun [stʌn] *vt* stordire; sbalordire.
stung [stʌŋ] *pt, pp of* **sting**.
stunk [stʌŋk] *pp of* **stink**.
stunning ['stʌnɪŋ] *a* (*piece of news etc*) sbalorditivo(a); (*girl, dress*) favoloso(a), stupendo(a).
stunt [stʌnt] *n* bravata; trucco pubblicitario; (*AVIAT*) acrobazia // *vt* arrestare; **~ed** *a* stentato(a), rachitico(a); **~man** *n* cascatore *m*.
stupefy ['stju:pɪfaɪ] *vt* stordire; intontire; (*fig*) stupire.
stupendous [stju:'pɛndəs] *a* stupendo(a), meraviglioso(a).
stupid ['stju:pɪd] *a* stupido(a); **~ity** [-'pɪdɪtɪ] *n* stupidità *f inv*, stupidaggine *f*.
stupor ['stju:pə*] *n* torpore *m*.
sturdy ['stə:dɪ] *a* robusto(a), vigoroso(a); solido(a).
sturgeon ['stə:dʒən] *n* storione *m*.
stutter ['stʌtə*] *n* balbuzie *f* // *vi* balbettare.
sty [staɪ] *n* (*of pigs*) porcile *m*.
stye [staɪ] *n* (*MED*) orzaiolo.
style [staɪl] *n* stile *m*; (*distinction*) eleganza, classe *f*; **stylish** *a* elegante.
stylized ['staɪlaɪzd] *a* stilizzato(a).
stylus ['staɪləs] *n* (*of record player*) puntina.
suave [swɑ:v] *a* untuoso(a).
sub... [sʌb] *prefix* sub..., sotto...; **subconscious** *a, n* subcosciente (*m*); **subdivide** *vt* suddividere.
subdue [səb'dju:] *vt* sottomettere, soggiogare; **~d** *a* pacato(a); (*light*) attenuato(a); (*person*) poco esuberante.
subject *n* ['sʌbdʒɪkt] soggetto; (*citizen etc*) cittadino/a; (*SCOL*) materia // *vt* [səb'dʒɛkt]: **to ~ to** sottomettere a; esporre a; **to be ~ to** (*law*) essere sottomesso(a) a; (*disease*) essere soggetto(a) a; **~ive** *a* soggettivo(a); **~ matter** *n* argomento; contenuto.
subjunctive [səb'dʒʌŋktɪv] *a* congiuntivo(a) // *n* congiuntivo.
sublime [sə'blaɪm] *a* sublime.
submachine gun ['sʌbmə'ʃi:ngʌn] *n* mitra *m inv*.
submarine [sʌbmə'ri:n] *n* sommergibile *m*.
submerge [səb'mə:dʒ] *vt* sommergere; immergere // *vi* immergersi.
submission [səb'mɪʃən] *n* sottomissione *f*.
submissive [səb'mɪsɪv] *a* remissivo(a).
submit [səb'mɪt] *vt* sottomettere // *vi* sottomettersi.
subordinate [sə'bɔ:dɪnət] *a,n* subordinato(a).
subscribe [səb'skraɪb] *vi* contribuire; **to ~ to** (*opinion*) approvare, condividere; (*fund*) sottoscrivere; (*newspaper*) abbonarsi a; essere abbonato(a) a; **~r** *n* (*to periodical, telephone*) abbonato/a.
subscription [səb'skrɪpʃən] *n* sottoscrizione *f*; abbonamento.
subsequent ['sʌbsɪkwənt] *a* successivo(a),

seguente; conseguente; ~**ly** *ad* in seguito, successivamente.

subside [səb'saɪd] *vi* cedere, abbassarsi; (*flood*) decrescere; (*wind*) calmarsi; ~**nce** [-'saɪdns] *n* cedimento, abbassamento.

subsidiary [səb'sɪdɪərɪ] *a* sussidiario(a); accessorio(a) // *n* filiale *f*.

subsidize ['sʌbsɪdaɪz] *vt* sovvenzionare.

subsidy ['sʌbsɪdɪ] *n* sovvenzione *f*.

subsistence [səb'sɪstəns] *n* esistenza; mezzi *mpl* di sostentamento.

substance ['sʌbstəns] *n* sostanza; (*fig*) essenza.

substantial [səb'stænʃl] *a* solido(a); (*amount, progress etc*) notevole; (*meal*) sostanzioso(a).

substantiate [səb'stænʃɪeɪt] *vt* comprovare.

substitute ['sʌbstɪtju:t] *n* (*person*) sostituto/a; (*thing*) succedaneo, surrogato // *vt*: **to ~ sth/sb for** sostituire qc/qd con; **substitution** [-'tju:ʃən] *n* sostituzione *f*.

subtitle ['sʌbtaɪtl] *n* (CINEMA) sottotitolo.

subtle ['sʌtl] *a* sottile; ~**ty** *n* sottigliezza.

subtract [səb'trækt] *vt* sottrarre; ~**ion** [-'trækʃən] *n* sottrazione *f*.

suburb ['sʌbə:b] *n* sobborgo; **the ~s** la periferia; ~**an** [sə'bə:bən] *a* suburbano(a).

subversive [səb'və:sɪv] *a* sovversivo(a).

subway ['sʌbweɪ] *n* (*US*) metropolitana; (*Brit*) sottopassaggio.

succeed [sək'si:d] *vi* riuscire; avere successo // *vt* succedere a; **to ~ in doing** riuscire a fare; ~**ing** *a* (*following*) successivo(a).

success [sək'sɛs] *n* successo; ~**ful** *a* (*venture*) coronato(a) da successo, riuscito(a); **to be ~ful (in doing)** riuscire (a fare).

succession [sək'sɛʃən] *n* successione *f*.

successive [sək'sɛsɪv] *a* successivo(a); consecutivo(a).

successor [sək'sɛsə*] *n* successore *m*.

succinct [sək'sɪŋkt] *a* succinto(a), breve.

succulent ['sʌkjulənt] *a* succulento(a).

succumb [sə'kʌm] *vi* soccombere.

such [sʌtʃ] *a, det* tale; (*of that kind*): **~ a book** un tale libro, un libro del genere; **~ books** tali libri, libri del genere; (*so much*): **~ courage** tanto coraggio; **~ a long trip** un viaggio così lungo; **~ good books** libri così buoni; **~ a lot of** talmente *or* così tanto(a); **making ~ a noise that** facendo un rumore tale che; **~ as** (*like*) come; **a noise ~ as to** un rumore tale da; **as ~** *ad* come *or* in quanto tale; **~-and-~** *det* tale (*after noun*).

suck [sʌk] *vt* succhiare; (*breast, bottle*) poppare; ~**er** *n* (ZOOL, TECH) ventosa; (BOT) pollone *m*; (*col*) gonzo/a, babbeo/a.

suckle ['sʌkl] *vt* allattare.

suction ['sʌkʃən] *n* succhiamento; (TECH) aspirazione *f*.

sudden ['sʌdn] *a* improvviso(a); **all of a ~** improvvisamente, all'improvviso; ~**ly** *ad* bruscamente, improvvisamente, di colpo.

suds [sʌdz] *npl* schiuma (di sapone).

sue [su:] *vt* citare in giudizio.

suede [sweɪd] *n* pelle *f* scamosciata // *cpd* scamosciato(a).

suet ['suɪt] *n* grasso di rognone.

suffer ['sʌfə*] *vt* soffrire, patire; (*bear*) sopportare, tollerare // *vi* soffrire; ~**ing** *n* sofferenza.

suffice [sə'faɪs] *vi* essere sufficiente, bastare.

sufficient [sə'fɪʃənt] *a* sufficiente; **~ money** abbastanza soldi; ~**ly** *ad* sufficientemente, abbastanza.

suffix ['sʌfɪks] *n* suffisso.

suffocate ['sʌfəkeɪt] *vi* (*have difficulty breathing*) soffocare; (*die through lack of air*) asfissiare; **suffocation** [-'keɪʃən] *n* soffocamento; (MED) asfissia.

sugar ['ʃugə*] *n* zucchero // *vt* zuccherare; **~ beet** *n* barbabietola da zucchero; **~ cane** *n* canna da zucchero; ~**y** *a* zuccherino(a), dolce; (*fig*) sdolcinato(a).

suggest [sə'dʒɛst] *vt* proporre, suggerire; indicare; ~**ion** [-'dʒɛstʃən] *n* suggerimento, proposta; ~**ive** *a* suggestivo(a).

suicide ['suɪsaɪd] *n* (*person*) suicida *m/f*; (*act*) suicidio.

suit [su:t] *n* (*man's*) vestito; (*woman's*) completo, tailleur *m inv*; (CARDS) seme *m*, colore *m* // *vt* andar bene a *or* per; essere adatto(a) a *or* per; (*adapt*): **to ~ sth to** adattare qc a; ~**able** *a* adatto(a); appropriato(a).

suitcase ['su:tkeɪs] *n* valigia.

suite [swi:t] *n* (*of rooms*) appartamento; (MUS) suite *f inv*; (*furniture*): **bedroom/dining room ~** arredo *or* mobilia per la camera da letto/sala da pranzo.

sulk [sʌlk] *vi* fare il broncio; ~**y** *a* imbronciato(a).

sullen ['sʌlən] *a* scontroso(a); cupo(a).

sulphur ['sʌlfə*] *n* zolfo; ~**ic** [-'fjuərɪk] *a*: **~ic acid** acido solforico.

sultana [sʌl'tɑ:nə] *n* (*fruit*) uva (secca) sultanina.

sultry ['sʌltrɪ] *a* afoso(a).

sum [sʌm] *n* somma; (SCOL *etc*) addizione *f*; **to ~ up** *vt,vi* ricapitolare.

summarize ['sʌməraɪz] *vt* riassumere, riepilogare.

summary ['sʌmərɪ] *n* riassunto // *a* (*justice*) sommario(a).

summer ['sʌmə*] *n* estate *f* // *cpd* d'estate, estivo(a); ~**house** *n* (*in garden*) padiglione *m*; ~**time** *n* (*season*) estate *f*; **~ time** *n* (*by clock*) ora legale (estiva).

summit ['sʌmɪt] *n* cima, sommità; vertice *m*; **~ (conference)** *n* (conferenza al) vertice.

summon ['sʌmən] *vt* chiamare, convocare; **to ~ up** *vt* raccogliere, fare appello a; ~**s** *n* ordine *m* di comparizione // *vt* citare.

sump [sʌmp] *n* (AUT) coppa dell'olio.

sumptuous ['sʌmptjuəs] *a* sontuoso(a).
sun [sʌn] *n* sole *m*; **in the ~** al sole; **~bathe** *vi* prendere un bagno di sole; **~burnt** *a* abbronzato(a); (*painfully*) scottato(a) dal sole; **~ cream** *n* crema solare.
Sunday ['sʌndɪ] *n* domenica.
sundial ['sʌndaɪəl] *n* meridiana.
sundry ['sʌndrɪ] *a* vari(e), diversi(e); **all and ~** tutti quanti; **sundries** *npl* articoli diversi, cose diverse.
sunflower ['sʌnflauə*] *n* girasole *m*.
sung [sʌŋ] *pp of* **sing**.
sunglasses ['sʌnglɑ:sɪz] *npl* occhiali *mpl* da sole.
sunk [sʌŋk] *pp of* **sink; ~en** *a* sommerso(a); infossato(a).
sun: **~light** *n* (luce *f* del) sole *m*; **~lit** *a* assolato(a), soleggiato(a); **~ny** *a* assolato(a), soleggiato(a); (*fig*) allegro(a), felice; **~rise** *n* levata del sole, alba; **~set** *n* tramonto; **~shade** *n* parasole *m*; **~shine** *n* (luce *f* del) sole *m*; **~stroke** *n* insolazione *f*, colpo di sole; **~tan** *n* abbronzatura; **~tan oil** *n* olio solare; **~trap** *n* luogo molto assolato, angolo pieno di sole.
super ['su:pə*] *a* (*col*) fantastico(a).
superannuation [su:pərænju'eɪʃən] *n* contributi *mpl* pensionistici; pensione *f*.
superb [su:'pə:b] *a* magnifico(a).
supercilious [su:pə'sɪlɪəs] *a* sprezzante, sdegnoso(a).
superficial [su:pə'fɪʃəl] *a* superficiale.
superfluous [su'pə:fluəs] *a* superfluo(a).
superhuman [su:pə'hju:mən] *a* sovrumano(a).
superimpose ['su:pərɪm'pəuz] *vt* sovrapporre.
superintendent [su:pərɪn'tɛndənt] *n* direttore/trice; (POLICE) ≈ commissario (capo).
superior [su'pɪərɪə*] *a,n* superiore (*m/f*); **~ity** [-'ɔrɪtɪ] *n* superiorità.
superlative [su'pə:lətɪv] *a* superlativo(a), supremo(a) // *n* (LING) superlativo.
superman ['su:pəmæn] *n* superuomo.
supermarket ['su:pəmɑ:kɪt] *n* supermercato.
supernatural [su:pə'nætʃərəl] *a* soprannaturale.
superpower ['su:pəpauə*] *n* (POL) superpotenza.
supersede [su:pə'si:d] *vt* sostituire, soppiantare.
supersonic ['su:pə'sɔnɪk] *a* supersonico(a).
superstition [su:pə'stɪʃən] *n* superstizione *f*.
superstitious [su:pə'stɪʃəs] *a* superstizioso(a).
supervise ['su:pəvaɪz] *vt* (*person etc*) sorvegliare; (*organization*) soprintendere a; **supervision** [-'vɪʒən] *n* sorveglianza; supervisione *f*; **supervisor** *n* sorvegliante *m/f*; soprintendente *m/f*; (*in shop*) capocommesso/a.
supper ['sʌpə*] *n* cena.
supple ['sʌpl] *a* flessibile; agile.
supplement *n* ['sʌplɪmənt] supplemento // *vt* [sʌplɪ'mɛnt] completare, integrare; **~ary** [-'mɛntərɪ] *a* supplementare.
supplier [sə'plaɪə*] *n* fornitore *m*.
supply [sə'plaɪ] *vt* (*provide*) fornire; (*equip*): **to ~ (with)** approvvigionare (di); attrezzare (con) // *n* riserva, provvista; (*supplying*) approvvigionamento; (TECH) alimentazione *f* // *cpd* (*teacher etc*) supplente; **supplies** *npl* (*food*) viveri *mpl*; (MIL) sussistenza; **~ and demand** la domanda e l'offerta.
support [sə'pɔ:t] *n* (*moral, financial etc*) sostegno, appoggio; (TECH) supporto // *vt* sostenere; (*financially*) mantenere; (*uphold*) sostenere, difendere; **~er** *n* (POL *etc*) sostenitore/trice, fautore/ trice; (SPORT) tifoso/a.
suppose [sə'pəuz] *vt, vi* supporre; immaginare; **to be ~d to do** essere tenuto(a) a fare; **~dly** [sə'pəuzɪdlɪ] *ad* presumibilmente; (*seemingly*) apparentemente; **supposing** *cj* se, ammesso che + *sub*; **supposition** [sʌpə'zɪʃən] *n* supposizione *f*, ipotesi *f inv*.
suppress [sə'prɛs] *vt* reprimere; sopprimere; tenere segreto(a); **~ion** [sə'prɛʃən] *n* repressione *f*; soppressione *f*; **~or** *n* (ELEC *etc*) soppressore *m*.
supremacy [su'prɛməsɪ] *n* supremazia.
supreme [su'pri:m] *a* supremo(a).
surcharge ['sə:tʃɑ:dʒ] *n* supplemento; (*extra tax*) soprattassa.
sure [ʃuə*] *a* sicuro(a); (*definite, convinced*) sicuro(a), certo(a); **~!** (*of course*) senz'altro!, certo!; **~ enough** infatti; **to make ~ of** assicurarsi di; **~-footed** *a* dal passo sicuro; **~ly** *ad* sicuramente; certamente.
surety ['ʃuərətɪ] *n* garanzia.
surf [sə:f] *n* risacca; cresta dell'onda; frangenti *mpl*.
surface ['sə:fɪs] *n* superficie *f* // *vt* (*road*) asfaltare // *vi* risalire alla superficie; (*fig*: *person*) venire a galla, farsi vivo(a); **~ mail** *n* posta ordinaria.
surfboard ['sə:fbɔ:d] *n* tavola per surfing.
surfeit ['sə:fɪt] *n*: **a ~ of** un eccesso di; un'indigestione di.
surfing ['sə:fɪŋ] *n* surfing *m*.
surge [sə:dʒ] *n* (*strong movement*) ondata; (*of feeling*) impeto // *vi* (*waves*) gonfiarsi; (ELEC: *power*) aumentare improvvisamente; (*fig*) sollevarsi.
surgeon ['sə:dʒən] *n* chirurgo.
surgery ['sə:dʒərɪ] *n* chirurgia; (*room*) studio *or* gabinetto medico, ambulatorio; **~ hours** *npl* orario delle visite *or* di consultazione.
surgical ['sə:dʒɪkl] *a* chirurgico(a); **~ spirit** *n* alcool denaturato.
surly ['sə:lɪ] *a* scontroso(a), burbero(a).
surmise [sə:'maɪz] *vt* supporre, congetturare.
surmount [sə:'maunt] *vt* sormontare.
surname ['sə:neɪm] *n* cognome *m*.
surpass [sə:'pɑ:s] *vt* superare.

surplus ['sə:pləs] *n* eccedenza; (*ECON*) surplus *m inv* // *a* eccedente, d'avanzo.
surprise [sə'praɪz] *n* sorpresa; (*astonishment*) stupore *m* // *vt* sorprendere; stupire; **surprising** *a* sorprendente, stupefacente.
surrender [sə'rɛndə*] *n* resa, capitolazione *f* // *vi* arrendersi.
surreptitious [sʌrəp'tɪʃəs] *a* furtivo(a).
surround [sə'raund] *vt* circondare; (*MIL etc*) accerchiare; ~**ing** *a* circostante; ~**ings** *npl* dintorni *mpl*; (*fig*) ambiente *m*.
surveillance [sə:'veɪləns] *n* sorveglianza, controllo.
survey *n* ['sə:veɪ] vista; (*study*) esame *m*; (*in housebuying etc*) perizia; (*of land*) rilevamento, rilievo topografico // *vt* [sə:'veɪ] osservare; esaminare; valutare; rilevare; ~**ing** *n* (*of land*) agrimensura; ~**or** *n* perito; geometra *m*; (*of land*) agrimensore *m*.
survival [sə'vaɪvl] *n* sopravvivenza; (*relic*) reliquia, vestigio.
survive [sə'vaɪv] *vi* sopravvivere // *vt* sopravvivere a; **survivor** *n* superstite *m/f*, sopravvissuto/a.
susceptible [sə'sɛptəbl] *a*: ~ **(to)** sensibile (a); (*disease*) predisposto(a) (a).
suspect *a*, *n* ['sʌspɛkt] *a* sospetto(a) // *n* persona sospetta // *vt* [səs'pɛkt] sospettare; (*think likely*) supporre; (*doubt*) dubitare.
suspend [səs'pɛnd] *vt* sospendere; ~**ed sentence** *n* condanna con la condizionale; ~**er belt** *n* reggicalze *m inv*; ~**ers** *npl* giarrettiere *fpl*; (*US*) bretelle *fpl*.
suspense [səs'pɛns] *n* apprensione *f*; (*in film etc*) suspense *m*.
suspension [səs'pɛnʃən] *n* (*gen AUT*) sospensione *f*; (*of driving licence*) ritiro temporaneo; ~ **bridge** *n* ponte *m* sospeso.
suspicion [səs'pɪʃən] *n* sospetto.
suspicious [səs'pɪʃəs] *a* (*suspecting*) sospettoso(a); (*causing suspicion*) sospetto(a).
sustain [səs'teɪn] *vt* sostenere; sopportare; (*LAW*: *charge*) confermare; (*suffer*) subire; ~**ed** *a* (*effort*) prolungato(a).
sustenance ['sʌstɪnəns] *n* nutrimento; mezzi *mpl* di sostentamento.
swab [swɔb] *n* (*MED*) tampone *m*.
swagger ['swægə*] *vi* pavoneggiarsi.
swallow ['swɔləu] *n* (*bird*) rondine *f* // *vt* inghiottire; (*fig*: *story*) bere; **to** ~ **up** *vt* inghiottire.
swam [swæm] *pt of* **swim**.
swamp [swɔmp] *n* palude *f* // *vt* sommergere.
swan [swɔn] *n* cigno.
swap [swɔp] *n* scambio // *vt*: **to** ~ **(for)** scambiare (con).
swarm [swɔ:m] *n* sciame *m* // *vi* formicolare; (*bees*) sciamare.
swarthy ['swɔ:ðɪ] *a* di carnagione scura.
swastika ['swɔstɪkə] *n* croce *f* uncinata, svastica.
swat [swɔt] *vt* schiacciare.
sway [sweɪ] *vi* (*building*) oscillare; (*tree*) ondeggiare; (*person*) barcollare // *vt* (*influence*) influenzare, dominare.
swear, *pt* **swore**, *pp* **sworn** [swɛə*, swɔ:*, swɔ:n] *vi* (*witness etc*) giurare; (*curse*) bestemmiare, imprecare; **to** ~ **to sth** giurare qc; ~**word** *n* parolaccia.
sweat [swɛt] *n* sudore *m*, traspirazione *f* // *vi* sudare; **in a** ~ in un bagno di sudore.
sweater ['swɛtə*] *n* maglione *m*.
sweaty ['swɛtɪ] *a* sudato(a); bagnato(a) di sudore.
swede [swi:d] *n* rapa svedese.
Swede [swi:d] *n* svedese *m/f*.
Sweden ['swi:dn] *n* Svezia.
Swedish ['swi:dɪʃ] *a* svedese // *n* (*LING*) svedese *m*.
sweep [swi:p] *n* spazzata; (*curve*) curva; (*expanse*) distesa; (*range*) portata; (*also*: **chimney** ~) spazzacamino // *vb* (*pt*, *pp* **swept** [swɛpt]) *vt* spazzare, scopare // *vi* camminare maestosamente; precipitarsi, lanciarsi; (e)stendersi; **to** ~ **away** *vt* spazzare via; trascinare via; **to** ~ **past** *vi* sfrecciare accanto; passare accanto maestosamente; **to** ~ **up** *vt*, *vi* spazzare; ~**ing** *a* (*gesture*) largo(a); circolare; **a** ~**ing statement** una affermazione generica.
sweet [swi:t] *n* dolce *m*; (*candy*) caramella // *a* dolce; (*fresh*) fresco(a); (*fig*) piacevole; delicato(a), grazioso(a); gentile; ~**bread** *n* animella; ~**corn** *n* granturco dolce; ~**en** *vt* addolcire; zuccherare; ~**heart** *n* innamorato/a; ~**ness** *n* sapore *m* dolce; dolcezza; ~ **pea** *n* pisello odoroso; **to have a** ~ **tooth** avere un debole per i dolci.
swell [swɛl] *n* (*of sea*) mare *m* lungo // *a* (*col*: *excellent*) favoloso(a) // *vb* (*pt* ~**ed**, *pp* **swollen**, ~**ed** ['swəulən]) *vt* gonfiare, ingrossare; aumentare // *vi* gonfiarsi, ingrossarsi; (*sound*) crescere; (*MED*) gonfiarsi; ~**ing** *n* (*MED*) tumefazione *f*, gonfiore *m*.
sweltering ['swɛltərɪŋ] *a* soffocante.
swept [swɛpt] *pt,pp of* **sweep**.
swerve [swə:v] *vi* deviare; (*driver*) sterzare; (*boxer*) scartare.
swift [swɪft] *n* (*bird*) rondone *m* // *a* rapido(a), veloce.
swig [swɪg] *n* (*col*: *drink*) sorsata.
swill [swɪl] *n* broda // *vt* (*also*: ~ **out**, ~ **down**) risciacquare.
swim [swɪm] *n*: **to go for a** ~ andare a fare una nuotata // *vb* (*pt* **swam**, *pp* **swum** [swæm, swʌm]) *vi* nuotare; (*SPORT*) fare del nuoto; (*head*, *room*) girare // *vt* (*river*, *channel*) attraversare *or* percorrere a nuoto; (*length*) nuotare; ~**mer** *n* nuotatore/trice; ~**ming** *n* nuoto; ~**ming baths** *npl* piscina; ~**ming cap** *n* cuffia; ~**ming costume** *n* costume *m* da bagno; ~**ming pool** *n* piscina; ~**suit** *n* costume *m* da bagno.
swindle ['swɪndl] *n* truffa // *vt* truffare; ~**r** *n* truffatore/trice.

swine [swaɪn] *n, pl inv* maiale *m*, porco; (*col!*) porco.
swing [swɪŋ] *n* altalena; (*movement*) oscillazione *f*; (MUS) ritmo; swing *m* // *vb* (*pt, pp* **swung** [swʌŋ]) *vt* dondolare, far oscillare; (*also*: ~ **round**) far girare // *vi* oscillare, dondolare; (*also*: ~ **round**) (*object*) roteare; (*person*) girarsi, voltarsi; **to be in full** ~ (*activity*) essere in piena attività; (*party etc*) essere nel pieno; ~ **bridge** *n* ponte *m* girevole; ~ **door** *n* porta battente.
swingeing ['swɪndʒɪŋ] *a* (*defeat*) violento(a); (*price increase*) enorme.
swinging ['swɪŋɪŋ] *a* (*step*) cadenzato(a), ritmico(a); (*rhythm, music*) trascinante.
swipe [swaɪp] *n* forte colpo; schiaffo // *vt* (*hit*) colpire con forza; dare uno schiaffo a; (*col*: *steal*) sgraffignare.
swirl [swə:l] *n* turbine *m*, mulinello // *vi* turbinare, far mulinello.
swish [swɪʃ] *a* (*col*: *smart*) all'ultimo grido, alla moda // *vi* sibilare.
Swiss [swɪs] *a, n, pl inv* svizzero(a); ~ **German** *a* svizzero(a) tedesco(a).
switch [swɪtʃ] *n* (*for light, radio etc*) interruttore *m*; (*change*) cambiamento // *vt* (*change*) cambiare; scambiare; **to** ~ **off** *vt* spegnere; **to** ~ **on** *vt* accendere; (*engine, machine*) mettere in moto, avviare; ~**back** *n* montagne *fpl* russe; ~**board** *n* (TEL) centralino; ~**board operator** centralinista *m/f*.
Switzerland ['swɪtsələnd] *n* Svizzera.
swivel ['swɪvl] *vi* (*also*: ~ **round**) girare.
swollen ['swəulən] *pp of* **swell** // *a* (*ankle etc*) gonfio(a).
swoon [swu:n] *vi* svenire.
swoop [swu:p] *n* (*by police etc*) incursione *f* // *vi* (*also*: ~ **down**) scendere in picchiata, piombare.
swop [swɔp] *n, vt* = **swap**.
sword [sɔ:d] *n* spada; ~**fish** *n* pesce *m* spada *inv*.
swore [swɔ:*] *pt of* **swear**.
sworn [swɔ:n] *pp of* **swear**.
swot [swɔt] *vt* sgobbare su // *vi* sgobbare.
swum [swʌm] *pp of* **swim**.
swung [swʌŋ] *pt, pp of* **swing**.
sycamore ['sɪkəmɔ:*] *n* sicomoro.
syllable ['sɪləbl] *n* sillaba.
syllabus ['sɪləbəs] *n* programma *m*.
symbol ['sɪmbl] *n* simbolo; ~**ic(al)** [-'bɔlɪk(l)] *a* simbolico(a); ~**ism** *n* simbolismo; ~**ize** *vt* simbolizzare.
symmetrical [sɪ'mɛtrɪkl] *a* simmetrico(a).
symmetry ['sɪmɪtrɪ] *n* simmetria.
sympathetic [sɪmpə'θɛtɪk] *a* (*showing pity*) compassionevole; (*kind*) comprensivo(a); ~ **towards** ben disposto(a) verso.
sympathize ['sɪmpəθaɪz] *vi*: **to** ~ **with sb** compatire qd; partecipare al dolore di qd; ~**r** *n* (POL) simpatizzante *m/f*.
sympathy ['sɪmpəθɪ] *n* compassione *f*; **in** ~ **with** d'accordo con; (*strike*) per solidarietà con; **with our deepest** ~ con le nostre più sincere condoglianze.
symphony ['sɪmfənɪ] *n* sinfonia.
symposium [sɪm'pəuzɪəm] *n* simposio.
symptom ['sɪmptəm] *n* sintomo; indizio.
synagogue ['sɪnəgɔg] *n* sinagoga.
synchronize ['sɪŋkrənaɪz] *vt* sincronizzare // *vi*: **to** ~ **with** essere contemporaneo(a) a.
syncopated ['sɪŋkəpeɪtɪd] *a* sincopato(a).
syndicate ['sɪndɪkɪt] *n* sindacato.
syndrome ['sɪndrəum] *n* sindrome *f*.
synonym ['sɪnənɪm] *n* sinonimo; ~**ous** [sɪ'nɔnɪməs] *a*: ~**ous (with)** sinonimo(a) (di).
synopsis, *pl* **synopses** [sɪ'nɔpsɪs, -si:z] *n* sommario, sinossi *f inv*.
syntax ['sɪntæks] *n* sintassi *f inv*.
synthesis, *pl* **syntheses** ['sɪnθəsɪs, -si:z] *n* sintesi *f inv*.
synthetic [sɪn'θɛtɪk] *a* sintetico(a).
syphilis ['sɪfɪlɪs] *n* sifilide *f*.
syphon ['saɪfən] *n, vb* = **siphon**.
Syria ['sɪrɪə] *n* Siria; ~**n** *a, n* siriano(a).
syringe [sɪ'rɪndʒ] *n* siringa.
syrup ['sɪrəp] *n* sciroppo; (*also*: **golden** ~) melassa raffinata.
system ['sɪstəm] *n* sistema *m*; (*order*) metodo; (ANAT) organismo; ~**atic** [-'mætɪk] *a* sistematico(a); metodico(a); ~**s analyst** *n* analista programmatore *m*.

T

ta [tɑ:] *excl* (*Brit*: *col*) grazie!
tab [tæb] *n* (*loop on coat etc*) laccetto; (*label*) etichetta; **to keep** ~**s on** (*fig*) tenere d'occhio.
tabby ['tæbɪ] *n* (*also*: ~ **cat**) (gatto) soriano, gatto tigrato.
table ['teɪbl] *n* tavolo, tavola // *vt* (*motion etc*) presentare; **to lay** *or* **set the** ~ apparecchiare *or* preparare la tavola; ~ **of contents** *n* indice *m*; ~**cloth** *n* tovaglia; ~ **d'hôte** [ta:bl'dəut] *a* (*meal*) a prezzo fisso; ~ **lamp** *n* lampada da tavolo; ~**mat** *n* sottopiatto; ~ **salt** *n* sale *m* fino *or* da tavola; ~**spoon** *n* cucchiaio da tavola; (*also*: ~**spoonful**: *as measurement*) cucchiaiata.
tablet ['tæblɪt] *n* (MED) compressa; (: *for sucking*) pastiglia; (*for writing*) blocco; (*of stone*) targa.
table: ~ **tennis** *n* tennis *m* da tavolo, ping-pong *m* ®; ~ **wine** *n* vino da tavola.
taboo [tə'bu:] *a, n* tabù (*m inv*).
tabulate ['tæbjuleɪt] *vt* (*data, figures*) tabulare, disporre in tabelle.
tacit ['tæsɪt] *a* tacito(a).
taciturn ['tæsɪtə:n] *a* taciturno(a).
tack [tæk] *n* (*nail*) bulletta; (*stitch*) punto d'imbastitura; (NAUT) bordo, bordata // *vt* imbullettare; imbastire // *vi* bordeggiare; **to change** ~ virare di bordo; **on the wrong** ~ (*fig*) sulla strada sbagliata.
tackle ['tækl] *n* attrezzatura, equipaggiamento; (*for lifting*) paranco; (RUGBY) placcaggio // *vt* (*difficulty*)

affrontare; (*RUGBY*) placcare.
tacky ['tækı] *a* colloso(a), appiccicaticcio(a); ancora bagnato(a).
tact [tækt] *n* tatto; **~ful** *a* delicato(a), discreto(a).
tactical ['tæktıkl] *a* tattico(a).
tactics ['tæktıks] *n,npl* tattica.
tactless ['tæktlıs] *a* che manca di tatto.
tadpole ['tædpəul] *n* girino.
tag [tæg] *n* etichetta; **to ~ along** *vi* seguire.
tail [teıl] *n* coda; (*of shirt*) falda // *vt* (*follow*) seguire, pedinare; **to ~ away, ~ off** *vi* (*in size, quality etc*) diminuire gradatamente; **~back** *n* ingorgo; **~ coat** *n* marsina; **~ end** *n* (*of train, procession etc*) coda; (*of meeting etc*) fine *f*.
tailor ['teılə*] *n* sarto; **~ing** *n* (*cut*) stile *m*; **~-made** *a* (*also fig*) fatto(a) su misura.
tailwind ['teılwınd] *n* vento di coda.
tainted ['teıntıd] *a* (*food*) guasto(a); (*water, air*) infetto(a); (*fig*) corrotto(a).
take, *pt* **took,** *pp* **taken** [teık, tuk, 'teıkn] *vt* prendere; (*gain*: *prize*) ottenere, vincere; (*require*: *effort, courage*) occorrere, volerci; (*tolerate*) accettare, sopportare; (*hold*: *passengers etc*) contenere; (*accompany*) accompagnare; (*bring, carry*) portare; (*exam*) sostenere, presentarsi a; **it ~s a lot of time/courage** occorre *or* ci vuole molto tempo/coraggio; **I ~ it that** suppongo che; **to ~ for a walk** (*child, dog*) portare a fare una passeggiata; **to ~ after** *vt fus* assomigliare a; **to ~ apart** *vt* smontare; **to ~ away** *vt* portare via; togliere; **to ~ back** *vt* (*return*) restituire; riportare; (*one's words*) ritirare; **to ~ down** *vt* (*building*) demolire; (*letter etc*) scrivere; **to ~ in** *vt* (*deceive*) imbrogliare, abbindolare; (*understand*) capire; (*include*) comprendere, includere; (*lodger*) prendere, ospitare; **to ~ off** *vi* (*AVIAT*) decollare // *vt* (*remove*) togliere; (*imitate*) imitare; **to ~ on** *vt* (*work*) accettare, intraprendere; (*employee*) assumere; prendere; (*opponent*) sfidare, affrontare; **to ~ out** *vt* portare fuori; (*remove*) togliere; (*licence*) prendere, ottenere; **to ~ sth out of** tirare qc fuori da; estrarre qc da; **to ~ over** *vt* (*business*) rilevare // *vi*: **to ~ over from sb** prendere le consegne *or* il controllo da qd; **to ~ to** *vt fus* (*person*) prendere in simpatia; (*activity*) prendere gusto a; **to ~ up** *vt* (*one's story*) riprendere; (*dress*) accorciare; (*occupy*: *time, space*) occupare; (*engage in*: *hobby etc*) mettersi a; **~away** *a* (*food*) da portar via; **~-home pay** *n* stipendio netto; **~off** *n* (*AVIAT*) decollo; **~over** *n* (*COMM*) rilevamento.
takings ['teıkıŋz] *npl* (*COMM*) incasso.
talc [tælk] *n* (*also*: **~um powder**) talco.
tale [teıl] *n* racconto, storia; (*pej*) fandonia.
talent ['tælnt] *n* talento.
talk [tɔ:k] *n* discorso; (*gossip*) chiacchiere *fpl*; (*conversation*) conversazione *f*; (*interview*) discussione *f* // *vi* (*chatter*) chiacchierare; **to ~ about** parlare di; (*converse*) discorrere *or* conversare su; **to ~ sb out of/into doing** dissuadere qd da/convincere qd a fare; **to ~ shop** parlare del lavoro *or* degli affari; **to ~ over** *vt* discutere; **~ative** *a* loquace, ciarliero(a).
tall [tɔ:l] *a* alto(a); **to be 6 feet ~** ≈ essere alto 1 metro e 80; **~boy** *n* cassettone *m* alto; **~ story** *n* panzana, frottola.
tally ['tælı] *n* conto, conteggio // *vi*: **to ~ (with)** corrispondere (con).
tambourine [tæmbə'ri:n] *n* tamburello.
tame [teım] *a* addomesticato(a); (*fig*: *story, style*) insipido(a), scialbo(a).
tamper ['tæmpə*] *vi*: **to ~ with** manomettere.
tampon ['tæmpɔn] *n* assorbente *m* interno.
tan [tæn] *n* (*also*: **sun~**) abbronzatura // *vt* abbronzare // *vi* abbronzarsi // *a* (*colour*) marrone rossiccio *inv*.
tandem ['tændəm] *n* tandem *m inv*.
tang [tæŋ] *n* odore *m* penetrante; sapore *m* piccante.
tangent ['tændʒənt] *n* (*MATH*) tangente *f*.
tangerine [tændʒə'ri:n] *n* mandarino.
tangible ['tændʒəbl] *a* tangibile.
tangle ['tæŋgl] *n* groviglio // *vt* aggrovigliare; **to get in(to) a ~** finire in un groviglio.
tango ['tæŋgəu] *n* tango.
tank [tæŋk] *n* serbatoio; (*for processing*) vasca; (*for fish*) acquario; (*MIL*) carro armato.
tankard ['tæŋkəd] *n* boccale *m*.
tanker ['tæŋkə*] *n* (*ship*) nave *f* cisterna *inv*; (*truck*) autobotte *f*, autocisterna.
tantalizing ['tæntəlaızıŋ] *a* allettante.
tantamount ['tæntəmaunt] *a*: **~ to** equivalente a.
tantrum ['tæntrəm] *n* accesso di collera.
tap [tæp] *n* (*on sink etc*) rubinetto; (*gentle blow*) colpetto // *vt* dare un colpetto a; (*resources*) sfruttare, utilizzare; **~-dancing** *n* tip tap *m*.
tape [teıp] *n* nastro; (*also*: **magnetic ~**) nastro (magnetico) // *vt* (*record*) registrare (su nastro); **~ measure** *n* metro a nastro.
taper ['teıpə*] *n* candelina // *vi* assottigliarsi.
tape recorder ['teıprıkɔ:də*] *n* registratore *m* (a nastro).
tapestry ['tæpıstrı] *n* arazzo; tappezzeria.
tapioca [tæpı'əukə] *n* tapioca.
tar [tɑ:] *n* catrame *m*.
tarantula [tə'ræntjulə] *n* tarantola.
tardy ['tɑ:dı] *a* tardo(a); tardivo(a).
target ['tɑ:gıt] *n* bersaglio; (*fig*: *objective*) obiettivo; **~ practice** *n* tiro al bersaglio.
tariff ['tærıf] *n* (*COMM*) tariffa; (*taxes*) tariffe *fpl* doganali.
tarmac ['tɑ:mæk] *n* macadam *m* al catrame; (*AVIAT*) pista di decollo.
tarnish ['tɑ:nıʃ] *vt* offuscare, annerire; (*fig*) macchiare.

tarpaulin [tɑ:'pɔ:lɪn] *n* tela incatramata.
tart [tɑ:t] *n* (CULIN) crostata; (*col*: *pej*: *woman*) sgualdrina // *a* (*flavour*) aspro(a), agro(a).
tartan ['tɑ:tn] *n* tartan *m inv*.
tartar ['tɑ:tə*] *n* (*on teeth*) tartaro; ~ **sauce** *n* salsa tartara.
task [tɑ:sk] *n* compito; **to take to ~** rimproverare; ~ **force** *n* (MIL, POLICE) unità operativa.
Tasmania [tæz'meɪnɪə] *n* Tasmania.
tassel ['tæsl] *n* fiocco.
taste [teɪst] *n* gusto; (*flavour*) sapore *m*, gusto; (*fig*: *glimpse, idea*) idea // *vt* gustare; (*sample*) assaggiare // *vi*: **to ~ of** (*fish etc*) sapere *or* avere sapore di; **it ~s like fish** sa di pesce; **can I have a ~ of this wine?** posso assaggiare un po' di questo vino?; **to have a ~ of sth** assaggiare qc; **to have a ~ for sth** avere un'inclinazione per qc; **~ful** *a* di buon gusto; **~less** *a* (*food*) insipido(a); (*remark*) di cattivo gusto; **tasty** *a* saporito(a), gustoso(a).
tatters ['tætəz] *npl*: **in ~** (*also*: **tattered**) a brandelli, sbrindellato(a).
tattoo [tə'tu:] *n* tatuaggio; (*spectacle*) parata militare // *vt* tatuare.
tatty ['tætɪ] *a* (*col*) malandato(a).
taught [tɔ:t] *pt,pp of* **teach**.
taunt [tɔ:nt] *n* scherno // *vt* schernire.
Taurus ['tɔ:rəs] *n* Toro.
taut [tɔ:t] *a* teso(a).
tavern ['tævən] *n* taverna.
tawdry ['tɔ:drɪ] *a* pacchiano(a).
tawny ['tɔ:nɪ] *a* fulvo(a).
tax [tæks] *n* (*on goods*) imposta; (*on services*) tassa; (*on income*) imposte *fpl*, tasse *fpl* // *vt* tassare; (*fig*: *strain*: *patience etc*) mettere alla prova; **~ation** [-'seɪʃən] *n* tassazione *f*; tasse *fpl*, imposte *fpl*; ~ **avoidance** *n l'evitare legalmente il pagamento di imposte*; ~ **collector** *n* esattore *m* delle imposte; ~ **evasion** *n* evasione *f* fiscale; ~ **exile** *n chi ripara all'estero per evadere le imposte*; **~-free** *a* esente da imposte.
taxi ['tæksɪ] *n* taxi *m inv* // *vi* (AVIAT) rullare; ~ **driver** *n* tassista *m/f*; ~ **rank**, ~ **stand** *n* posteggio dei taxi.
tax: ~ **payer** *n* contribuente *m/f*; ~ **return** *n* dichiarazione *f* dei redditi.
TB *abbr of* **tuberculosis**.
tea [ti:] *n* tè *m inv*; (*snack*: *for children*) merenda; **high ~** cena leggera (*presa nel tardo pomeriggio*); ~ **bag** *n* bustina di tè; ~ **break** *n* intervallo per il tè.
teach, *pt, pp* **taught** [ti:tʃ, tɔ:t] *vt*: **to ~ sb sth, ~ sth to sb** insegnare qc a qd // *vi* insegnare; **~er** *n* insegnante *m/f*; (*in secondary school*) professore/essa; (*in primary school*) maestro/a; **~ing** *n* insegnamento; **~ing staff** *n* insegnanti *mpl*, personale *m* insegnante.
tea cosy ['ti:kəuzɪ] *n* copriteiera *m inv*.
teacup ['ti:kʌp] *n* tazza da tè.
teak [ti:k] *n* teak *m*.
tea leaves ['ti:li:vz] *npl* foglie *fpl* di tè.
team [ti:m] *n* squadra; (*of animals*) tiro; ~ **games/work** giochi *mpl*/lavoro di squadra.
tea party ['ti:pɑ:tɪ] *n* tè *m inv* (*ricevimento*).
teapot ['ti:pɔt] *n* teiera.
tear *n* [tɛə*] strappo; [tɪə*] lacrima // *vb* [tɛə*] (*pt* **tore**, *pp* **torn** [tɔ:*, tɔ:n]) *vt* strappare // *vi* strapparsi; **in ~s** in lacrime; **to burst into ~s** scoppiare in lacrime; **to ~ along** *vi* (*rush*) correre all'impazzata; **~ful** *a* piangente, lacrimoso(a); ~ **gas** *n* gas *m* lacrimogeno.
tearoom ['ti:ru:m] *n* sala da tè.
tease [ti:z] *vt* canzonare; (*unkindly*) tormentare.
tea set ['ti:sɛt] *n* servizio da tè.
teaspoon ['ti:spu:n] *n* cucchiaino da tè; (*also*: **~ful**: *as measurement*) cucchiaino.
tea strainer ['ti:streɪnə*] *n* colino da tè.
teat [ti:t] *n* capezzolo.
teatime ['ti:taɪm] *n* l'ora del tè.
tea towel ['ti:tauəl] *n* strofinaccio (per i piatti).
technical ['tɛknɪkl] *a* tecnico(a); **~ity** [-'kælɪtɪ] *n* tecnicità; (*detail*) dettaglio tecnico.
technician [tɛk'nɪʃən] *n* tecnico/a.
technique [tɛk'ni:k] *n* tecnica.
technological [tɛknə'lɔdʒɪkl] *a* tecnologico(a).
technology [tɛk'nɔlədʒɪ] *n* tecnologia.
teddy (bear) ['tɛdɪ(bɛə*)] *n* orsacchiotto.
tedious ['ti:dɪəs] *a* noioso(a), tedioso(a).
tedium ['ti:dɪəm] *n* noia, tedio.
tee [ti:] *n* (GOLF) tee *m inv*.
teem [ti:m] *vi* abbondare, brulicare; **to ~ with** brulicare di; **it is ~ing (with rain)** piove a dirotto.
teenage ['ti:neɪdʒ] *a* (*fashions etc*) per giovani, per adolescenti; **~r** *n* adolescente *m/f*.
teens [ti:nz] *npl*: **to be in one's ~** essere adolescente.
tee-shirt ['ti:ʃə:t] *n* = **T-shirt**.
teeter ['ti:tə*] *vi* barcollare, vacillare.
teeth [ti:θ] *npl of* **tooth**.
teethe [ti:ð] *vi* mettere i denti.
teething ['ti:ðɪŋ] *a*: ~ **ring** *n* dentaruolo; ~ **troubles** *npl* (*fig*) difficoltà *fpl* iniziali.
teetotal ['ti:'təutl] *a* astemio(a).
telecommunications ['tɛlɪkəmju:nɪ'keɪʃənz] *n* telecomunicazioni *fpl*.
telegram ['tɛlɪgræm] *n* telegramma *m*.
telegraph ['tɛlɪgrɑ:f] *n* telegrafo; **~ic** [-'græfɪk] *a* telegrafico(a); ~ **pole** *n* palo del telegrafo.
telepathy [tə'lɛpəθɪ] *n* telepatia.
telephone ['tɛlɪfəun] *n* telefono // *vt* (*person*) telefonare a; (*message*) telefonare; ~ **booth**, ~ **box** *n* cabina telefonica; ~ **call** *n* telefonata; ~ **directory** *n* elenco telefonico; ~ **exchange** *n* centralino telefonico; ~ **number** *n* numero di telefono;

telephonist [tə'lɛfənɪst] *n* telefonista *m/f.*
telephoto ['tɛlɪ'fəutəu] *a*: ~ **lens** *n* teleobiettivo.
teleprinter ['tɛlɪprɪntə*] *n* telescrivente *f.*
telescope ['tɛlɪskəup] *n* telescopio // *vt* incastrare a cannocchiale.
televise ['tɛlɪvaɪz] *vt* teletrasmettere.
television ['tɛlɪvɪʒən] *n* televisione *f*; ~ **programme** *n* programma *m* televisivo; ~ **set** *n* televisore *m.*
tell, *pt, pp* **told** [tɛl, təuld] *vt* dire; (*relate*: *story*) raccontare; (*distinguish*): **to ~ sth from** distinguere qc da // *vi* (*have effect*) farsi sentire, avere effetto; **to ~ sb to do** dire a qd di fare; **to ~ on** *vt fus* (*inform against*) denunciare; **to ~ off** *vt* rimproverare, sgridare; **~er** *n* (*in bank*) cassiere/a; **~ing** *a* (*remark, detail*) rivelatore(trice); **~tale** *a* (*sign*) significativo(a) // *n* malalingua, pettegolo/a.
telly ['tɛlɪ] *n* (*col*: *abbr of* **television**) tivù *f inv.*
temerity [tə'mɛrɪtɪ] *n* temerarietà.
temp [tɛmp] *n* (*abbr of* **temporary**) segretaria temporanea.
temper ['tɛmpə*] *n* (*nature*) carattere *m*; (*mood*) umore *m*; (*fit of anger*) collera // *vt* (*moderate*) temperare, moderare; **to be in a ~** essere in collera; **to lose one's ~** andare in collera.
temperament ['tɛmprəmənt] *n* (*nature*) temperamento; **~al** [-'mɛntl] *a* capriccioso(a).
temperance ['tɛmpərns] *n* moderazione *f*; (*in drinking*) temperanza nel bere.
temperate ['tɛmprət] *a* moderato(a); (*climate*) temperato(a).
temperature ['tɛmprətʃə*] *n* temperatura; **to have** *or* **run a ~** avere la febbre.
tempered ['tɛmpəd] *a* (*steel*) temprato(a).
tempest ['tɛmpɪst] *n* tempesta.
tempi ['tɛmpi:] *npl of* **tempo.**
template ['tɛmplɪt] *n* sagoma.
temple ['tɛmpl] *n* (*building*) tempio; (ANAT) tempia.
tempo, ~s *or* **tempi** ['tɛmpəu, 'tɛmpi:] *n* tempo; (*fig*: *of life etc*) ritmo.
temporal ['tɛmpərl] *a* temporale.
temporary ['tɛmpərərɪ] *a* temporaneo(a); (*job, worker*) avventizio(a), temporaneo(a); ~ **secretary** *n* segretaria temporanea.
tempt [tɛmpt] *vt* tentare; **to ~ sb into doing** indurre qd a fare; **~ation** [-'teɪʃən] *n* tentazione *f*; **~ing** *a* allettante, seducente.
ten [tɛn] *num* dieci.
tenacious [tə'neɪʃəs] *a* tenace.
tenacity [tə'næsɪtɪ] *n* tenacia.
tenancy ['tɛnənsɪ] *n* affitto; condizione *f* di inquilino.
tenant ['tɛnənt] *n* inquilino/a.
tend [tɛnd] *vt* badare a, occuparsi di // *vi*: **to ~ to do** tendere a fare; (*colour*): **to ~ to** tendere a.
tendency ['tɛndənsɪ] *n* tendenza.
tender ['tɛndə*] *a* tenero(a); (*delicate*) fragile; (*sore*) dolorante; (*affectionate*) affettuoso(a) // *n* (COMM: *offer*) offerta; (*money*): **legal ~** valuta (a corso legale) // *vt* offrire; **~ize** *vt* (CULIN) far intenerire.
tendon ['tɛndən] *n* tendine *m.*
tenement ['tɛnəmənt] *n* casamento.
tenet ['tɛnət] *n* principio.
tennis ['tɛnɪs] *n* tennis *m*; ~ **ball** *n* palla da tennis; ~ **court** *n* campo da tennis; ~ **racket** *n* racchetta da tennis.
tenor ['tɛnə*] *n* (MUS, *of speech etc*) tenore *m.*
tense [tɛns] *a* teso(a) // *n* (LING) tempo.
tension ['tɛnʃən] *n* tensione *f.*
tent [tɛnt] *n* tenda.
tentacle ['tɛntəkl] *n* tentacolo.
tentative ['tɛntətɪv] *a* esitante, incerto(a); (*conclusion*) provvisorio(a).
tenterhooks ['tɛntəhuks] *npl*: **on ~** sulle spine.
tenth [tɛnθ] *num* decimo(a).
tent: ~ **peg** *n* picchetto da tenda; ~ **pole** *n* palo da tenda, montante *m.*
tenuous ['tɛnjuəs] *a* tenue.
tenure ['tɛnjuə*] *n* (*of property*) possesso; (*of job*) permanenza; titolarità.
tepid ['tɛpɪd] *a* tiepido(a).
term [tə:m] *n* (*limit*) termine *m*; (*word*) vocabolo, termine; (SCOL) trimestre *m*; (LAW) sessione *f* // *vt* chiamare, definire; **~s** *npl* (*conditions*) condizioni *fpl*; (COMM) prezzi *mpl*, tariffe *fpl*; ~ **of imprisonment** periodo di prigionia; **in the short/long ~** a breve/lunga scadenza; **to be on good ~s with** essere in buoni rapporti con; **to come to ~s with** (*person*) arrivare a un accordo con; (*problem*) affrontare.
terminal ['tə:mɪnl] *a* finale, terminale; (*disease*) nella fase terminale // *n* (ELEC) morsetto; (*for oil, ore etc*) terminal *m inv*; (*also*: **air ~**) aerostazione *f*; (*also*: **coach ~**) capolinea *m.*
terminate ['tə:mɪneɪt] *vt* mettere fine a // *vi*: **to ~ in** finire in *or* con.
terminology [tə:mɪ'nɔlədʒɪ] *n* terminologia.
terminus, *pl* **termini** ['tə:mɪnəs, 'tə:mɪnaɪ] *n* (*for buses*) capolinea *m*; (*for trains*) stazione *f* terminale.
termite ['tə:maɪt] *n* termite *f.*
terrace ['tɛrəs] *n* terrazza; (*row of houses*) fila di case (*unite*); **the ~s** (SPORT) le gradinate; **~d** *a* (*garden*) a terrazze.
terrain [tɛ'reɪn] *n* terreno.
terrible ['tɛrɪbl] *a* terribile; (*weather*) bruttissimo(a); (*work*) orribile; **terribly** *ad* terribilmente; (*very badly*) spaventosamente male.
terrier ['tɛrɪə*] *n* terrier *m inv.*
terrific [tə'rɪfɪk] *a* incredibile, fantastico(a); (*wonderful*) formidabile, eccezionale.
terrify ['tɛrɪfaɪ] *vt* terrorizzare.
territory ['tɛrɪtərɪ] *n* territorio.

terror ['tɛrə*] *n* terrore *m*; **~ism** *n* terrorismo; **~ist** *n* terrorista *m/f*; **~ize** *vt* terrorizzare.

terse [tə:s] *a* (*style*) conciso(a); (*reply*) laconico(a).

test [tɛst] *n* (*trial, check, of courage etc*) prova; (: *of goods in factory*) controllo, collaudo; (MED) esame *m*; (CHEM) analisi *f inv*; (*exam: of intelligence etc*) test *m inv*; (: *in school*) saggio; (*also*: **driving ~**) esame *m* di guida // *vt* provare; controllare, collaudare; esaminare; analizzare; saggiare; sottoporre ad esame.

testament ['tɛstəmənt] *n* testamento; **the Old/New T~** il Vecchio/Nuovo testamento.

test: **~ case** *n* (LAW, *fig*) caso da annali *or* che farà testo; **~ flight** *n* volo di prova.

testicle ['tɛstɪkl] *n* testicolo.

testify ['tɛstɪfaɪ] *vi* (LAW) testimoniare, deporre.

testimonial [tɛstɪ'məunɪəl] *n* (*reference*) benservito; (*gift*) testimonianza di stima.

testimony ['tɛstɪmənɪ] *n* (LAW) testimonianza, deposizione *f*.

test: **~ match** *n* (CRICKET, RUGBY) partita internazionale; **~ paper** *n* (SCOL) interrogazione *f* scritta; **~ pilot** *n* pilota *m* collaudatore; **~ tube** *n* provetta.

testy ['tɛstɪ] *a* irritabile.

tetanus ['tɛtənəs] *n* tetano.

tether ['tɛðə*] *vt* legare, impastoiare // *n*: **at the end of one's ~** al limite (della pazienza).

text [tɛkst] *n* testo; **~book** *n* libro di testo.

textile ['tɛkstaɪl] *n* tessile *m*.

texture ['tɛkstʃə*] *n* tessitura; (*of skin, paper etc*) struttura.

Thai [taɪ] *a* tailandese // *n* tailandese *m/f*; (LING) tailandese *m*; **~land** *n* Tailandia.

Thames [tɛmz] *n*: **the ~** il Tamigi.

than [ðæn, ðən] *cj* che; (*with numerals, pronouns, proper names*): **more ~ 10/me/Maria** più di 10/me/Maria; **you know her better ~ I do** la conosce meglio di me *or* di quanto non la conosca io; **she has more apples ~ pears** ha più mele che pere.

thank [θæŋk] *vt* ringraziare; **~ you (very much)** grazie (tante); **~s** *npl* ringraziamenti *mpl*, grazie *fpl* // *excl* grazie!; **~s to** *prep* grazie a; **~ful** *a*: **~ful (for)** riconoscente (per); **~less** *a* ingrato(a); **T~sgiving (Day)** *n* giorno del ringraziamento.

that [ðæt, ðət] *cj* che // *det* quel (quell', quello) *m*; quella(quell') *f* // *pronoun* ciò; (*the one, not 'this one'*) quello(a); (*relative*) che; *prep* + il(la) quale; (*with time*): **on the day ~ he came** il giorno in cui *or* quando venne // *ad*: **~ high** così alto; alto così; **~ one** quello(a) (là); **what's ~?** cos'è?; **who's ~?** chi è?; **is ~ you?** sei tu?; **~'s what he said** questo è *or* ecco quello che ha detto; **~ is...** cio è..., vale a dire...; **I can't work ~ much** non posso lavorare così tanto.

thatched [θætʃt] *a* (*roof*) di paglia; **~ cottage** *n* cottage *m inv* col tetto di paglia.

thaw [θɔ:] *n* disgelo // *vi* (*ice*) sciogliersi; (*food*) scongelarsi // *vt* (*food*) (fare) scongelare; **it's ~ing** (*weather*) sta sgelando.

the [ði:, ðə] *det* il(lo, l') *m*; la(l') *f*; i(gli) *mpl*; le *fpl*.

theatre ['θɪətə*] *n* teatro; **~-goer** *n* frequentatore/trice di teatri.

theatrical [θɪ'ætrɪkl] *a* teatrale.

theft [θɛft] *n* furto.

their [ðɛə*] *a* il(la) loro, *pl* i(le) loro; **~s** *pronoun* il(la) loro, *pl* i(le) loro; **it is ~s** è loro; **a friend of ~s** un loro amico.

them [ðɛm, ðəm] *pronoun* (*direct*) li(le); (*indirect*) gli, loro (*after vb*); (*stressed, after prep: people*) loro; (: *people, things*) essi(e); **I see ~** li vedo; **give ~ the book** dà loro *or* dagli il libro.

theme [θi:m] *n* tema *m*; **~ song/tune** *n* tema musicale.

themselves [ðəm'sɛlvz] *pl pronoun* (*reflexive*) si; (*emphatic*) loro stessi(e); (*after prep*) se stessi(e); **between ~** tra (di) loro.

then [ðɛn] *ad* (*at that time*) allora; (*next*) poi, dopo; (*and also*) e poi // *cj* (*therefore*) perciò, dunque, quindi // *a*: **the ~ president** il presidente di allora; **from ~ on** da allora in poi.

theologian [θɪə'ləudʒən] *n* teologo/a.

theology [θɪ'ɔlədʒɪ] *n* teologia.

theorem ['θɪərəm] *n* teorema *m*.

theoretical [θɪə'rɛtɪkl] *a* teorico(a).

theorize ['θɪəraɪz] *vi* teorizzare.

theory ['θɪərɪ] *n* teoria.

therapeutic(al) [θɛrə'pju:tɪk(l)] *a* terapeutico(a).

therapy ['θɛrəpɪ] *n* terapia.

there [ðɛə*] *ad* là, lì; **~, ~!** su, su!; **it's ~** è lì; **he went ~** ci è andato; **~ is** c'è; **~ are** ci sono; **~ he is** eccolo; **~ has been** c'è stato; **on/in ~** lassù/lì dentro; **to go ~ and back** andarci e ritornare; **~abouts** *ad* (*place*) nei pressi, da quelle parti; (*amount*) giù di lì, all'incirca; **~after** *ad* da allora in poi; **~fore** *ad* perciò, quindi.

thermal ['θə:ml] *a* termico(a).

thermometer [θə'mɔmɪtə*] *n* termometro.

thermonuclear ['θə:məu'nju:klɪə*] *a* termonucleare.

Thermos ['θə:məs] *n* ® (*also*: **~ flask**) thermos *m inv* ®.

thermostat ['θə:məstæt] *n* termostato.

thesaurus [θɪ'sɔ:rəs] *n* dizionario dei sinonimi.

these [ði:z] *pl pronoun, det* questi(e).

thesis, *pl* **theses** ['θi:sɪs, 'θi:si:z] *n* tesi *f inv*.

they [ðeɪ] *pl pronoun* essi(esse); (*people only*) loro; **~ say that...** (*it is said that*) si dice che... .

thick [θɪk] *a* spesso(a); (*crowd*) compatto(a); (*stupid*) ottuso(a), lento(a) // *n*: **in the ~ of** nel folto di; **it's 20 cm ~** ha uno spessore di 20 cm; **~en** *vi* ispessire // *vt* (*sauce etc*) ispessire, rendere più

denso(a); ~**ness** *n* spessore *m*; ~**set** *a* tarchiato(a), tozzo(a); ~**skinned** *a* (*fig*) insensibile.
thief, thieves [θi:f, θi:vz] *n* ladro/a.
thigh [θaɪ] *n* coscia; ~**bone** *n* femore *m*.
thimble ['θɪmbl] *n* ditale *m*.
thin [θɪn] *a* sottile; (*person*) magro(a); (*soup*) brodoso(a); (*hair, crowd*) rado(a); (*fog*) leggero(a) // *vt* (*hair*) sfoltire; **to ~ (down)** (*sauce, paint*) diluire.
thing [θɪŋ] *n* cosa; (*object*) oggetto; (*contraption*) aggeggio; ~**s** *npl* (*belongings*) cose *fpl*; **for one ~** tanto per cominciare; **the best ~ would be to** la cosa migliore sarebbe di; **how are ~s?** come va?
think, *pt, pp* **thought** [θɪŋk, θɔ:t] *vi* pensare, riflettere // *vt* pensare, credere; (*imagine*) immaginare; **to ~ of** pensare a; **what did you ~ of them?** cosa ne ha pensato?; **to ~ about sth/sb** pensare a qc/qd; **I'll ~ about it** ci penserò; **to ~ of doing** pensare di fare; **I ~ so** penso di sì; **to ~ well of** avere una buona opinione di; **to ~ over** *vt* riflettere su; **to ~ up** *vt* ideare.
third [θə:d] *num* terzo(a) // *n* terzo/a; (*fraction*) terzo, terza parte *f*; (SCOL: *degree*) ≈ laurea col minimo dei voti; ~**ly** *ad* in terzo luogo; ~ **party insurance** *n* assicurazione *f* contro terzi; ~**-rate** *a* di qualità scadente; **the T~ World** *n* il Terzo Mondo.
thirst [θə:st] *n* sete *f*; ~**y** *a* (*person*) assetato(a), che ha sete.
thirteen ['θə:'ti:n] *num* tredici.
thirty ['θə:tɪ] *num* trenta.
this [ðɪs] *det, pronoun* questo(a); ~ **one** questo(a) (qui); ~ **is what he said** questo è quello *or* ciò che ha detto.
thistle ['θɪsl] *n* cardo.
thong [θɔŋ] *n* cinghia.
thorn [θɔ:n] *n* spina; ~**y** *a* spinoso(a).
thorough ['θʌrə] *a* (*search*) minuzioso(a); (*knowledge, research*) approfondito(a), profondo(a); coscienzioso(a); (*cleaning*) a fondo; ~**bred** *n* (*horse*) purosangue *m/f inv*; ~**fare** *n* strada transitabile; **'no ~fare'** 'divieto di transito'; ~**ly** *ad* minuziosamente; in profondità; a fondo; **he ~ly agreed** fu completamente d'accordo.
those [ðəuz] *pl pronoun* quelli(e) // *pl det* quei(quegli) *mpl*; quelle *fpl*.
though [ðəu] *cj* benché, sebbene // *ad* comunque.
thought [θɔ:t] *pt, pp of* **think** // *n* pensiero; (*opinion*) opinione *f*; (*intention*) intenzione *f*; ~**ful** *a* pensieroso(a), pensoso(a); ponderato(a); (*considerate*) premuroso(a); ~**less** *a* irriguardoso(a).
thousand ['θauzənd] *num* mille; ~**th** *num* millesimo(a); **one ~** mille; ~**s of** migliaia di.
thrash [θræʃ] *vt* picchiare; bastonare; (*defeat*) battere; **to ~ about** *vi* dibattersi; **to ~ out** *vt* dibattere, sviscerare.
thread [θrɛd] *n* filo; (*of screw*) filetto // *vt* (*needle*) infilare; **to ~ one's way between** infilarsi tra; ~**bare** *a* consumato(a), logoro(a).
threat [θrɛt] *n* minaccia; ~**en** *vi* (*storm*) minacciare // *vt*: **to ~en sb with sth/to do** minacciare qd con qc/di fare.
three [θri:] *num* tre; ~**-dimensional** *a* tridimensionale; (*film*) stereoscopico(a); ~**-piece suit** *n* completo (con gilè); ~**-piece suite** *n* salotto comprendente un divano e due poltrone; ~**-ply** *a* (*wood*) a tre strati; (*wool*) a tre fili; ~**-wheeler** *n* (*car*) veicolo a tre ruote.
thresh [θrɛʃ] *vt* (AGR) trebbiare; ~**ing machine** *n* trebbiatrice *f*.
threshold ['θrɛʃhəuld] *n* soglia.
threw [θru:] *pt of* **throw**.
thrifty ['θrɪftɪ] *a* economico(a).
thrill [θrɪl] *n* brivido // *vi* eccitarsi, tremare // *vt* (*audience*) elettrizzare; **to be ~ed** (*with gift etc*) essere commosso(a); ~**er** *n* film *m inv* (*or* dramma *m or* libro) del brivido.
thrive, *pt* **thrived, throve** *pp* **thrived, thriven** [θraɪv, θrəuv, 'θrɪvn] *vi* crescere *or* svilupparsi bene; (*business*) prosperare; **he ~s on it** gli fa bene, ne gode.
throat [θrəut] *n* gola; **to have a sore ~** avere (un *or* il) mal di gola.
throb [θrɔb] *n* (*of heart*) battito; (*of engine*) vibrazione *f*; (*of pain*) fitta // *vi* (*heart*) palpitare; (*engine*) vibrare; (*with pain*) pulsare.
throes [θrəuz] *npl*: **in the ~ of** alle prese con; in preda a; **in the ~ of death** in agonia.
thrombosis [θrɔm'bəusɪs] *n* trombosi *f*.
throne [θrəun] *n* trono.
throttle ['θrɔtl] *n* (AUT) valvola a farfalla // *vt* strangolare.
through [θru:] *prep* attraverso; (*time*) per, durante; (*by means of*) per mezzo di; (*owing to*) a causa di // *a* (*ticket, train, passage*) diretto(a) // *ad* attraverso; **to put sb ~ to sb** (TEL) passare qd a qd; **to be ~** (TEL) ottenere la comunicazione; (*have finished*) avere finito; **'no ~ way'** 'strada senza sbocco'; ~**out** *prep* (*place*) dappertutto in; (*time*) per *or* durante tutto(a) // *ad* dappertutto; sempre.
throve [θrəuv] *pt of* **thrive**.
throw [θrəu] *n* tiro, getto; (SPORT) lancio // *vt* (*pt* **threw,** *pp* **thrown** [θru:, θrəun]) tirare, gettare; (SPORT) lanciare; (*rider*) disarcionare; (*fig*) confondere; (*pottery*) formare al tornio; **to ~ a party** dare una festa; **to ~ away** *vt* gettare *or* buttare via; **to ~ off** *vt* sbarazzarsi di; **to ~ out** *vt* buttare fuori; (*reject*) respingere; **to ~ up** *vi* vomitare; ~**away** *a* da buttare; ~**-in** *n* (SPORT) rimessa in gioco.
thru [θru:] *prep, a, ad* (*US*) = **through.**
thrush [θrʌʃ] *n* tordo.
thrust [θrʌst] *n* (TECH) spinta // *vt* (*pt, pp* **thrust**) spingere con forza; (*push in*) conficcare.
thud [θʌd] *n* tonfo.
thug [θʌg] *n* delinquente *m*.

thumb [θʌm] *n* (ANAT) pollice *m* // *vt* (*book*) sfogliare; **to ~ a lift** fare l'autostop; **~ index** *n* indice *m* a rubrica; **~tack** *n* (*US*) puntina da disegno.
thump [θʌmp] *n* colpo forte; (*sound*) tonfo // *vt* battere su // *vi* picchiare, battere.
thunder ['θʌndə*] *n* tuono // *vi* tuonare; (*train etc*): **to ~ past** passare con un rombo; **~clap** *n* rombo di tuono; **~ous** *a* fragoroso(a); **~storm** *n* temporale *m*; **~y** *a* temporalesco(a).
Thursday ['θə:zdɪ] *n* giovedì *m inv*.
thus [ðʌs] *ad* così.
thwart [θwɔ:t] *vt* contrastare.
thyme [taɪm] *n* timo.
thyroid ['θaɪrɔɪd] *n* tiroide *f*.
tiara [tɪ'ɑ:rə] *n* (*woman's*) diadema *m*.
Tiber ['taɪbə*] *n*: **the ~** il Tevere.
tic [tɪk] *n* tic *m inv*.
tick [tɪk] *n* (*sound*: *of clock*) tic tac *m inv*; (*mark*) segno; spunta; (ZOOL) zecca; (*col*): **in a ~** in un attimo // *vi* fare tic tac // *vt* spuntare; **to ~ off** *vt* spuntare; (*person*) sgridare.
ticket ['tɪkɪt] *n* biglietto; (*in shop*: *on goods*) etichetta; (: *from cash register*) scontrino; (*for library*) scheda; **~ collector** *n* bigliettaio; **~ holder** *n* persona munita di biglietto; **~ office** *n* biglietteria.
tickle ['tɪkl] *n* solletico // *vt* fare il solletico a, solleticare; (*fig*) stuzzicare; piacere a; far ridere; **ticklish** *a* che soffre il solletico.
tidal ['taɪdl] *a* di marea.
tiddlywinks ['tɪdlɪwɪŋks] *n* gioco della pulce.
tide [taɪd] *n* marea; (*fig*: *of events*) corso.
tidy ['taɪdɪ] *a* (*room*) ordinato(a), lindo(a); (*dress, work*) curato(a), in ordine; (*person*) ordinato(a) // *vt* (*also*: **~ up**) riordinare, mettere in ordine; **to ~ o.s. up** rassettarsi.
tie [taɪ] *n* (*string etc*) legaccio; (*also*: **neck~**) cravatta; (*fig*: *link*) legame *m*; (SPORT: *draw*) pareggio // *vt* (*parcel*) legare; (*ribbon*) annodare // *vi* (SPORT) pareggiare; **'black/white ~'** 'smoking/abito di rigore'; **to ~ sth in a bow** annodare qc; **to ~ a knot in sth** fare un nodo a qc; **to ~ down** *vt* fissare con una corda; (*fig*): **to ~ sb down to** costringere qd a accettare; **to ~ up** *vt* (*parcel, dog*) legare; (*boat*) ormeggiare; (*arrangements*) concludere; **to be ~d up** (*busy*) essere occupato *or* preso.
tier [tɪə*] *n* fila; (*of cake*) piano, strato.
tiff [tɪf] *n* battibecco.
tiger ['taɪgə*] *n* tigre *f*.
tight [taɪt] *a* (*rope*) teso(a), tirato(a); (*clothes*) stretto(a); (*budget, programme, bend*) stretto(a); (*control*) severo(a), fermo(a); (*col*: *drunk*) sbronzo(a) // *ad* (*squeeze*) fortemente; (*shut*) ermeticamente; **~s** *npl* collant *m inv*; **~en** *vt* (*rope*) tendere; (*screw*) stringere; (*control*) rinforzare // *vi* tendersi; stringersi; **~-fisted** *a* avaro(a); **~ly** *ad* (*grasp*) bene, saldamente; **~-rope** *n* corda (da acrobata).
tile [taɪl] *n* (*on roof*) tegola; (*on wall or floor*) piastrella, mattonella.
till [tɪl] *n* registratore *m* di cassa // *vt* (*land*) coltivare // *prep, cj* = **until**.
tiller ['tɪlə*] *n* (NAUT) barra del timone.
tilt [tɪlt] *vt* inclinare, far pendere // *vi* inclinarsi, pendere.
timber [tɪmbə*] *n* (*material*) legname *m*; (*trees*) alberi *mpl* da legname.
time [taɪm] *n* tempo; (*epoch*: *often pl*) epoca, tempo; (*by clock*) ora; (*moment*) momento; (*occasion, also* MATH) volta; (MUS) tempo // *vt* (*race*) cronometrare; (*programme*) calcolare la durata di; (*remark etc*) dire (*or* fare) al momento giusto; **a long ~** molto tempo; **for the ~ being** per il momento; **from ~ to ~** ogni tanto; **in ~** (*soon enough*) in tempo; (*after some time*) col tempo; (MUS) a tempo; **in a week's ~** fra una settimana; **on ~** puntualmente; **5 ~s 5** 5 volte *or* per 5; **what ~ is it?** che ora è?, che ore sono?; **to have a good ~** divertirsi; **~'s up!** è (l')ora!; **~ bomb** *n* bomba a orologeria; **~keeper** *n* (SPORT) cronometrista *m/f*; **~ lag** *n* intervallo, ritardo; (*in travel*) differenza di fuso orario; **~less** *a* eterno(a); **~ limit** *n* limite *m* di tempo; **~ly** *a* opportuno(a); **~ off** *n* tempo libero; **~r** *n* (*in kitchen*) contaminuti *m inv*; **~-saving** *a* che fa risparmiare tempo; **~ switch** *n* interruttore *m* a tempo; **~table** *n* orario; **~ zone** *n* fuso orario.
timid ['tɪmɪd] *a* timido(a); (*easily scared*) pauroso(a).
timing ['taɪmɪŋ] *n* sincronizzazione *f*; (*fig*) scelta del momento opportuno, tempismo; (SPORT) cronometraggio.
timpani ['tɪmpənɪ] *npl* timpani *mpl*.
tin [tɪn] *n* stagno; (*also*: **~ plate**) latta; (*can*) barattolo (di latta), lattina, scatola; (*for baking*) teglia; **~ foil** *n* stagnola.
tinge [tɪndʒ] *n* sfumatura // *vt*: **~d with** tinto(a) di.
tingle ['tɪŋgl] *vi* pizzicare.
tinker ['tɪŋkə*] *n* calderaio ambulante; (*gipsy*) zingaro/a; **to ~ with** *vt fus* armeggiare intorno a; cercare di riparare.
tinkle ['tɪŋkl] *vi* tintinnare.
tinned [tɪnd] *a* (*food*) in scatola.
tinny ['tɪnɪ] *a* metallico(a).
tin opener ['tɪnəupnə*] *n* apriscatole *m inv*.
tinsel ['tɪnsl] *n* decorazioni *fpl* natalizie (*argentate*).
tint [tɪnt] *n* tinta.
tiny ['taɪnɪ] *a* minuscolo(a).
tip [tɪp] *n* (*end*) punta; (*protective*: *on umbrella etc*) puntale *m*; (*gratuity*) mancia; (*for coal*) discarica; (*for rubbish*) immondezzaio; (*advice*) suggerimento // *vt* (*waiter*) dare la mancia a; (*tilt*) inclinare; (*overturn*: *also*: **~ over**) capovolgere; (*empty*: *also*: **~ out**) scaricare; **~-off** *n* (*hint*) soffiata; **~ped** *a* (*cigarette*) col

filtro; **steel-~ped** con la punta d'acciaio.
tipple ['tɪpl] *vi* sbevazzare // *n*: **to have a ~** prendere un bicchierino.
tipsy ['tɪpsɪ] *a* brillo(a).
tiptoe ['tɪptəu] *n*: **on ~** in punta di piedi.
tiptop ['tɪp'tɔp] *a*: **in ~ condition** in ottime condizioni.
tire ['taɪə*] *vt* stancare // *vi* stancarsi; **~d** *a* stanco(a); **to be ~d of** essere stanco *or* stufo di; **~less** *a* instancabile; **~some** *a* noioso(a); **tiring** *a* faticoso(a).
tissue ['tɪʃu:] *n* tessuto; (*paper handkerchief*) fazzoletto di carta; **~ paper** *n* carta velina.
tit [tɪt] *n* (*bird*) cinciallegra; **to give ~ for tat** rendere pan per focaccia.
titbit ['tɪtbɪt] *n* (*food*) leccornia; (*news*) notizia ghiotta.
titillate ['tɪtɪleɪt] *vt* titillare.
titivate ['tɪtɪveɪt] *vt* agghindare.
title ['taɪtl] *n* titolo; **~ deed** *n* (LAW) titolo di proprietà; **~ role** *n* ruolo *or* parte *f* principale.
titter ['tɪtə*] *vi* ridere scioccamente.
tittle-tattle ['tɪtltætl] *n* chiacchiere *fpl*, pettegolezzi *mpl*.
tizzy ['tɪzɪ] *n*: **to be in a ~** essere in agitazione.
to [tu:, tə] *prep* a; (*towards*) verso; **give it ~ me** dammelo; **the key ~ the front door** la chiave della porta d'ingresso; **the main thing is ~...** l'importante è di...; **to go ~ France/Portugal** andare in Francia/Portogallo; **I went ~ Claudia's** sono andato da Claudia; **to go ~ town/school** andare in città/a scuola; **to pull/push the door ~** tirare/spingere la porta; **to go ~ and fro** andare e tornare.
toad [təud] *n* rospo; **~stool** *n* fungo (velenoso); **~y** *vi* adulare.
toast [təust] *n* (CULIN) toast *m*, pane *m* abbrustolito; (*drink, speech*) brindisi *m inv* // *vt* (CULIN) abbrustolire; (*drink to*) brindare a; **a piece** *or* **slice of ~** una fetta di pane abbrustolito; **~er** *n* tostapane *m inv*; **~master** *n* direttore *m* dei brindisi.
tobacco [tə'bækəu] *n* tabacco; **~nist** *n* tabaccaio/a; **~nist's (shop)** *n* tabaccheria.
toboggan [tə'bɔgən] *n* toboga *m inv*; (*child's*) slitta.
today [tə'deɪ] *ad,n* (*also fig*) oggi (*m*).
toddler ['tɔdlə*] *n* bambino/a che impara a camminare.
toddy ['tɔdɪ] *n* grog *m inv*.
to-do [tə'du:] *n* (*fuss*) storie *fpl*.
toe [təu] *n* dito del piede; (*of shoe*) punta; **to ~ the line** (*fig*) stare in riga, conformarsi; **~nail** *n* unghia del piede.
toffee ['tɔfɪ] *n* caramella.
toga ['təugə] *n* toga.
together [tə'geðə*] *ad* insieme; (*at same time*) allo stesso tempo; **~ with** *prep* insieme a; **~ness** *n* solidarietà; intimità.
toil [tɔɪl] *n* travaglio, fatica // *vi* affannarsi; sgobbare.
toilet ['tɔɪlət] *n* (*lavatory*) gabinetto // *cpd* (*bag, soap etc*) da toletta; **~ bowl** *n* vaso *or* tazza del gabinetto; **~ paper** *n* carta igienica; **~ries** *npl* articoli *mpl* da toletta; **~ roll** *n* rotolo di carta igienica; **~ water** *n* colonia.
token ['təukən] *n* (*sign*) segno; (*voucher*) buono; **book/record ~** *n* buono-libro/disco.
told [təuld] *pt, pp of* **tell.**
tolerable ['tɔlərəbl] *a* (*bearable*) tollerabile; (*fairly good*) passabile.
tolerance ['tɔlərns] *n* (*also*: TECH) tolleranza.
tolerant ['tɔlərnt] *a*: **~ (of)** tollerante (nei confronti di).
tolerate ['tɔləreɪt] *vt* sopportare; (MED, TECH) tollerare; **toleration** [-'reɪʃən] *n* tolleranza.
toll [təul] *n* (*tax, charge*) pedaggio // *vi* (*bell*) suonare; **the accident ~ on the roads** il numero delle vittime della strada; **~bridge** *n* ponte *m* a pedaggio.
tomato, ~es [tə'mɑ:təu] *n* pomodoro.
tomb [tu:m] *n* tomba.
tombola [tɔm'bəulə] *n* tombola.
tomboy ['tɔmbɔɪ] *n* maschiaccio.
tombstone ['tu:mstəun] *n* pietra tombale.
tomcat ['tɔmkæt] *n* gatto.
tomorrow [tə'mɔrəu] *ad,n* (*also fig*) domani (*m inv*); **the day after ~** dopodomani; **~ morning** domani mattina.
ton [tʌn] *n* tonnellata (*=1016 kg; 20 cwt*); (NAUT: *also*: **register ~**) tonnellata di stazza (*=2.83 cu.m; 100 cu. ft*); **~s of** (*col*) un mucchio *or* sacco di.
tone [təun] *n* tono // *vi* intonarsi; **to ~ down** *vt* (*colour, criticism, sound*) attenuare; **to ~ up** *vt* (*muscles*) tonificare; **~-deaf** *a* che non ha orecchio (musicale).
tongs [tɔŋz] *npl* tenaglie *fpl*; (*for coal*) molle *fpl*; (*for hair*) arricciacapelli *m inv*.
tongue [tʌŋ] *n* lingua; **~ in cheek** *ad* ironicamente; **~-tied** *a* (*fig*) muto(a); **~-twister** *n* scioglilingua *m inv*.
tonic ['tɔnɪk] *n* (MED) tonico; (MUS) nota tonica; (*also*: **~ water**) acqua tonica.
tonight [tə'naɪt] *ad* stanotte; (*this evening*) stasera // *n* questa notte; questa sera.
tonnage ['tʌnɪdʒ] *n* (NAUT) tonnellaggio, stazza.
tonne [tʌn] *n* (*metric ton*) tonnellata.
tonsil ['tɔnsl] *n* tonsilla; **~litis** [-'laɪtɪs] *n* tonsillite *f*.
too [tu:] *ad* (*excessively*) troppo; (*also*) anche; **~ much** *ad* troppo // *det* troppo(a); **~ many** *det* troppi(e); **~ bad!** tanto peggio!, peggio così!
took [tuk] *pt of* **take.**
tool [tu:l] *n* utensile *m*, attrezzo // *vt* lavorare con un attrezzo; **~ box/kit** *n* cassetta *f* portautensili/attrezzi *inv*.
toot [tu:t] *vi* suonare; (*with car-horn*) suonare il clacson.
tooth, *pl* teeth [tu:θ, ti:θ] *n* (ANAT, TECH) dente *m*; **~ache** *n* mal *m* di denti; **~brush** *n* spazzolino da denti; **~paste** *n*

dentifricio (in pasta); **~pick** *n* stuzzicadenti *m inv.*

top [tɔp] *n* (*of mountain, page, ladder*) cima; (*of box, cupboard, table*) sopra *m inv*, parte *f* superiore; (*lid*: *of box, jar*) coperchio; (: *of bottle*) tappo; (*toy*) trottola // *a* più alto(a); (*in rank*) primo(a); (*best*) migliore // *vt* (*exceed*) superare; (*be first in*) essere in testa a; **on ~ of** sopra, in cima a; (*in addition to*) oltre a; **from ~ to toe** dalla testa ai piedi; **to ~ up** *vt* riempire; **~ floor** *n* ultimo piano; **~ hat** *n* cilindro; **~-heavy** *a* (*object*) con la parte superiore troppo pesante.

topic ['tɔpɪk] *n* argomento; **~al** *a* d'attualità.

top: **~less** *a* (*bather etc*) col seno scoperto; **~less swimsuit** *n* topless *m inv*; **~-level** *a* (*talks*) ad alto livello; **~most** *a* il(la) più alto(a).

topple ['tɔpl] *vt* rovesciare, far cadere // *vi* cadere; traballare.

topsy-turvy ['tɔpsɪ'tə:vɪ] *a,ad* sottosopra.

torch [tɔ:tʃ] *n* torcia; (*electric*) lampadina tascabile.

tore [tɔ:*] *pt of* **tear.**

torment *n* ['tɔ:mɛnt] tormento // *vt* [tɔ:'mɛnt] tormentare; (*fig*: *annoy*) infastidire.

torn [tɔ:n] *pp of* **tear** // *a*: **~ between** (*fig*) combattuto(a) tra.

tornado, ~es [tɔ:'neɪdəu] *n* tornado.

torpedo, ~es [tɔ:'pi:dəu] *n* siluro.

torpor ['tɔ:pə*] *n* torpore *m.*

torque [tɔ:k] *n* coppia di torsione.

torrent ['tɔrnt] *n* torrente *m*; **~ial** [-'rɛnʃl] *a* torrenziale.

torso ['tɔ:səu] *n* torso.

tortoise ['tɔ:təs] *n* tartaruga; **~shell** ['tɔ:təʃɛl] *a* di tartaruga.

tortuous ['tɔ:tjuəs] *a* tortuoso(a).

torture ['tɔ:tʃə*] *n* tortura // *vt* torturare.

Tory ['tɔ:rɪ] *a* dei tories, conservatore(trice) // *n* tory *m inv*, conservatore/trice.

toss [tɔs] *vt* gettare, lanciare; (*pancake*) far saltare; (*head*) scuotere; **to ~ a coin** fare a testa o croce; **to ~ up for sth** fare a testa o croce per qc; **to ~ and turn** (*in bed*) girarsi e rigirarsi.

tot [tɔt] *n* (*drink*) bicchierino; (*child*) bimbo/a.

total ['təutl] *a* totale // *n* totale *m* // *vt* (*add up*) sommare; (*amount to*) ammontare a.

totalitarian [təutælɪ'tɛərɪən] *a* totalitario(a).

totem pole ['təutəmpəul] *n* totem *m inv.*

totter ['tɔtə*] *vi* barcollare.

touch [tʌtʃ] *n* tocco; (*sense*) tatto; (*contact*) contatto; (FOOTBALL) fuori gioco *m* // *vt* toccare; **a ~ of** (*fig*) un tocco di; un pizzico di; **in ~ with** in contatto con; **to get in ~ with** mettersi in contatto con; **to lose ~** (*friends*) perdersi di vista; **to ~ on** *vt fus* (*topic*) sfiorare, accennare a; **to ~ up** *vt* (*paint*) ritoccare; **~-and-go** *a* incerto(a); **it was ~-and-go whether we did it** c'è mancato poco che non lo facessimo; **~down** *n* atterraggio; (*on sea*) ammaraggio; **~ed** *a* commosso(a); (*col*) tocco(a), toccato(a); **~ing** *a* commovente; **~line** *n* (SPORT) linea laterale; **~y** *a* (*person*) suscettibile.

tough [tʌf] *a* duro(a); (*resistant*) resistente; (*meat*) duro(a), tiglioso(a); **~ luck!** che disdetta!; peggio per me (*or* te *etc*)!; **~en** *vt* indurire, rendere più resistente.

toupee ['tu:peɪ] *n* parrucchino.

tour ['tuə*] *n* viaggio; (*also*: **package ~**) viaggio organizzato *or* tutto compreso; (*of town, museum*) visita; (*by artist*) tournée *f inv* // *vt* visitare; **~ing** *n* turismo.

tourism ['tuərɪzəm] *n* turismo.

tourist ['tuərɪst] *n* turista *m/f* // *ad* (*travel*) in classe turistica // *cpd* turistico(a); **~ office** *n* pro loco *f inv.*

tournament ['tuənəmənt] *n* torneo.

tousled ['tauzld] *a* (*hair*) arruffato(a).

tout [taut] *vi*: **to ~ for** procacciare, raccogliere; cercare clienti per; **to ~ sth (around)** cercare di (ri)vendere qc.

tow [təu] *vt* rimorchiare; **'on ~'** (AUT) 'veicolo rimorchiato'.

toward(s) [tə'wɔ:d(z)] *prep* verso; (*of attitude*) nei confronti di; (*of purpose*) per.

towel ['tauəl] *n* asciugamano; (*also*: **tea ~**) strofinaccio; **~ling** *n* (*fabric*) spugna; **~ rail** *n* portasciugamano.

tower ['tauə*] *n* torre *f*; **~ block** *n* palazzone *m*; **~ing** *a* altissimo(a), imponente.

town [taun] *n* città *f inv*; **to go to ~** andare in città; (*fig*) mettercela tutta; **~ clerk** *n* segretario comunale; **~ council** *n* consiglio comunale; **~ hall** *n* ≈ municipio; **~ planner** *n* urbanista *m/f*; **~ planning** *n* urbanistica.

towpath ['təupɑ:θ] *n* alzaia.

towrope ['təurəup] *n* (cavo da) rimorchio.

toxic ['tɔksɪk] *a* tossico(a).

toy [tɔɪ] *n* giocattolo; **to ~ with** *vt fus* giocare con; (*idea*) accarezzare, trastullarsi con; **~shop** *n* negozio di giocattoli.

trace [treɪs] *n* traccia // *vt* (*draw*) tracciare; (*follow*) seguire; (*locate*) rintracciare.

track [træk] *n* (*mark*) traccia; (*on tape*, SPORT, *path*: *gen*) pista; (: *of bullet etc*) traiettoria; (: *of suspect, animal*) pista, tracce *fpl*; (RAIL) binario, rotaie *fpl* // *vt* seguire le tracce di; **to keep ~ of** seguire; **to ~ down** *vt* (*prey*) scovare; snidare; (*sth lost*) rintracciare; **~er dog** *n* cane *m* poliziotto *inv*; **~ suit** *n* tuta sportiva.

tract [trækt] *n* (GEO) tratto, estensione *f*; (*pamphlet*) opuscolo, libretto; **respiratory ~** (ANAT) apparato respiratorio.

tractor ['træktə*] *n* trattore *m.*

trade [treɪd] *n* commercio; (*skill, job*) mestiere *m* // *vi* commerciare; **to ~ with/in** commerciare con/in; **to ~ in** *vt* (*old car etc*) dare come pagamento parziale; **~mark** *n* marchio di fabbrica;

~**name** *n* marca, nome *m* depositato; ~**r** *n* commerciante *m/f*; ~**sman** *n* (*shopkeeper*) negoziante *m*; ~ **union** *n* sindacato; ~ **unionist** sindacalista *m/f*; **trading** *n* commercio; **trading estate** *n* zona industriale.

tradition [trə'dıʃən] *n* tradizione *f*; ~**s** *npl* tradizioni, usanze *fpl*; ~**al** *a* tradizionale.

traffic ['træfık] *n* traffico // *vi*: **to ~ in** (*pej*: *liquor, drugs*) trafficare in; ~ **circle** *n* (*US*) isola rotatoria; ~ **jam** *n* ingorgo (del traffico); ~ **lights** *npl* semaforo; ~ **warden** *n* addetto/a al controllo del traffico e del parcheggio.

tragedy ['trædʒədı] *n* tragedia.

tragic ['trædʒık] *a* tragico(a).

trail [treıl] *n* (*tracks*) tracce *fpl*, pista; (*path*) sentiero; (*of smoke etc*) scia // *vt* trascinare, strascicare; (*follow*) seguire // *vi* essere al traino; (*dress etc*) strusciare; (*plant*) arrampicarsi; strisciare; **to ~ behind** *vi* essere al traino; ~**er** *n* (AUT) rimorchio; (*US*) roulotte *f inv*; (CINEMA) prossimamente *m inv*.

train [treın] *n* treno; (*of dress*) coda, strascico // *vt* (*apprentice, doctor etc*) formare; (*sportsman*) allenare; (*dog*) addestrare; (*memory*) esercitare; (*point*: *gun etc*): **to ~ sth on** puntare qc contro // *vi* formarsi; allenarsi; **one's ~ of thought** il filo dei propri pensieri; ~**ed** *a* qualificato(a); allenato(a); addestrato(a); ~**ee** [treı'ni:] *n* allievo/a; (*in trade*) apprendista *m/f*; ~**er** *n* (SPORT) allenatore/trice; (*of dogs etc*) addestratore/trice; ~**ing** *n* formazione *f*; allenamento; addestramento; **in ~ing** (SPORT) in allenamento; (*fit*) in forma; ~**ing college** *n* istituto professionale; (*for teachers*) ≈ istituto magistrale.

traipse [treıps] *vi* girovagare, andare a zonzo.

trait [treıt] *n* tratto.

traitor ['treıtə*] *n* traditore *m*.

tram [træm] *n* (*also*: ~**car**) tram *m inv*; ~**line** *n* linea tranviaria.

tramp [træmp] *n* (*person*) vagabondo/a // *vi* camminare con passo pesante // *vt* (*walk through*: *town, streets*) percorrere a piedi.

trample ['træmpl] *vt*: **to ~ (underfoot)** calpestare.

trampoline ['træmpəli:n] *n* trampolino.

trance [trɑ:ns] *n* trance *f inv*; (MED) catalessi *f inv*.

tranquil ['træŋkwıl] *a* tranquillo(a); ~**lity** *n* tranquillità; ~**lizer** *n* (MED) tranquillante *m*.

transact [træn'zækt] *vt* (*business*) trattare; ~**ion** [-'zækʃən] *n* transazione *f*; ~**ions** *npl* (*minutes*) atti *mpl*.

transatlantic ['trænzət'læntık] *a* transatlantico(a).

transcend [træn'sɛnd] *vt* trascendere; (*excel over*) superare.

transcript ['trænskrıpt] *n* trascrizione *f*; ~**ion** [-'skrıpʃən] *n* trascrizione *f*.

transept ['trænsɛpt] *n* transetto.

transfer *n* ['trænsfə*] (*gen, also* SPORT) trasferimento; (POL: *of power*) passaggio; (*picture, design*) decalcomania; (: *stick-on*) autoadesivo // *vt* [træns'fə:*] trasferire; passare; decalcare; **to ~ the charges** (TEL) telefonare con addebito al ricevente; ~**able** [-'fə:rəbl] *a* trasferibile.

transform [træns'fɔ:m] *vt* trasformare; ~**ation** [-'meıʃən] *n* trasformazione *f*; ~**er** *n* (ELEC) trasformatore *m*.

transfusion [træns'fju:ʒən] *n* trasfusione *f*.

transient ['trænzıənt] *a* transitorio(a), fugace.

transistor [træn'zıstə*] *n* (ELEC) transistor *m inv*; (*also*: ~ **radio**) radio *f inv* a transistor.

transit ['trænzıt] *n*: **in ~** in transito; ~ **lounge** *n* sala di transito.

transition [træn'zıʃən] *n* passaggio, transizione *f*; ~**al** *a* di transizione.

transitive ['trænzıtıv] *a* (LING) transitivo(a).

transitory ['trænzıtərı] *a* transitorio(a).

translate [trænz'leıt] *vt* tradurre; **translation** [-'leıʃən] *n* traduzione *f*; (SCOL: *as opposed to prose*) versione *f*; **translator** *n* traduttore/trice.

transmission [trænz'mıʃən] *n* trasmissione *f*.

transmit [trænz'mıt] *vt* trasmettere; ~**ter** *n* trasmettitore *m*.

transparency [træns'pɛərnsı] *n* (PHOT) diapositiva.

transparent [træns'pærnt] *a* trasparente.

transplant *vt* [træns'plɑ:nt] trapiantare // *n* ['trænsplɑ:nt] (MED) trapianto.

transport *n* ['trænspɔ:t] trasporto // *vt* [træns'pɔ:t] trasportare; ~**ation** [-'teıʃən] *n* (mezzo di) trasporto; (*of prisoners*) deportazione *f*; ~ **café** *n* trattoria per camionisti.

transvestite [trænz'vɛstaıt] *n* travestito/a.

trap [træp] *n* (*snare, trick*) trappola; (*carriage*) calesse *m* // *vt* prendere in trappola, intrappolare; (*immobilize*) bloccare; (*jam*) chiudere, schiacciare; ~ **door** *n* botola.

trapeze [trə'pi:z] *n* trapezio.

trapper ['træpə*] *n* cacciatore *m* di animali da pelliccia.

trappings ['træpıŋz] *npl* ornamenti *mpl*; indoratura, sfarzo.

trash [træʃ] *n* (*pej*: *goods*) ciarpame *m*; (: *nonsense*) sciocchezze *fpl*; ~ **can** *n* (*US*) secchio della spazzatura.

trauma ['trɔ:mə] *n* trauma *m*; ~**tic** [-'mætık] *a* traumatico(a).

travel ['trævl] *n* viaggio; viaggi *mpl*; // *vi* viaggiare; (*move*) andare, spostarsi // *vt* (*distance*) percorrere; ~**ler** *n* viaggiatore/trice; ~**ler's cheque** *n* assegno turistico; ~**ling** *n* viaggi *mpl* // *cpd* (*bag, clock*) da viaggio; (*expenses*) di viaggio; ~ **sickness** *n* mal *m* d'auto (*or* di mare *or* d'aria).

travesty ['trævəstı] *n* parodia.

trawler ['trɔ:lə*] *n* peschereccio (a strascico).
tray [treɪ] *n* (*for carrying*) vassoio; (*on desk*) vaschetta.
treacherous ['trɛtʃərəs] *a* traditore(trice).
treachery ['trɛtʃərɪ] *n* tradimento.
treacle ['tri:kl] *n* melassa.
tread [trɛd] *n* passo; (*sound*) rumore *m* di passi; (*of tyre*) battistrada *m inv* // *vi* (*pt* **trod,** *pp* **trodden** [trɔd, 'trɔdn]) camminare; **to ~ on** *vt fus* calpestare.
treason ['tri:zn] *n* tradimento.
treasure ['trɛʒə*] *n* tesoro // *vt* (*value*) tenere in gran conto, apprezzare molto; (*store*) custodire gelosamente.
treasurer ['trɛʒərə*] *n* tesoriere/a.
treasury ['trɛʒərɪ] *n* tesoreria; **the T~** (POL) il ministero del tesoro.
treat [tri:t] *n* regalo // *vt* trattare; (MED) curare; **it was a ~** mi (*or* ci *etc*) ha fatto veramente piacere; **to ~ sb to sth** offrire qc a qd.
treatise ['tri:tɪz] *n* trattato.
treatment ['tri:tmənt] *n* trattamento.
treaty ['tri:tɪ] *n* patto, trattato.
treble ['trɛbl] *a* triplo(a), triplice // *n* (MUS) soprano *m/f* // *vt* triplicare // *vi* triplicarsi; **~ clef** *n* chiave *f* di violino.
tree [tri:] *n* albero; **~ trunk** *n* tronco d'albero.
trek [trɛk] *n* viaggio; camminata; (*tiring walk*) tirata a piedi // *vi* (*as holiday*) fare dell'escursionismo.
trellis ['trɛlɪs] *n* graticcio, pergola.
tremble ['trɛmbl] *vi* tremare; (*machine*) vibrare.
tremendous [trɪ'mɛndəs] *a* (*enormous*) enorme; (*excellent*) meraviglioso(a), formidabile.
tremor ['trɛmə*] *n* tremore *m*, tremito; (*also*: **earth ~**) scossa sismica.
trench [trɛntʃ] *n* trincea.
trend [trɛnd] *n* (*tendency*) tendenza; (*of events*) corso; (*fashion*) moda; **~y** *a* (*idea*) di moda; (*clothes*) all'ultima moda.
trepidation [trɛpɪ'deɪʃən] *n* trepidazione *f*, agitazione *f*.
trespass ['trɛspəs] *vi*: **to ~ on** entrare abusivamente in; (*fig*) abusare di; **'no ~ing'** 'proprietà privata', 'vietato l'accesso'.
trestle ['trɛsl] *n* cavalletto; **~ table** *n* tavolo su cavalletti.
trial ['traɪəl] *n* (LAW) processo; (*test*: *of machine etc*) collaudo; (*hardship*) prova, difficoltà *f inv*; (*worry*) cruccio; **to be on ~** essere sotto processo; **by ~ and error** a tentoni.
triangle ['traɪæŋgl] *n* (MATH, MUS) triangolo.
tribe [traɪb] *n* tribù *f inv*; **~sman** *n* membro della tribù.
tribulation [trɪbju'leɪʃən] *n* tribolazione *f*.
tribunal [traɪ'bju:nl] *n* tribunale *m*.
tributary ['trɪbju:tərɪ] *n* (*river*) tributario, affluente *m*.
tribute ['trɪbju:t] *n* tributo, omaggio; **to pay ~ to** rendere omaggio a.
trice [traɪs] *n*: **in a ~** in un attimo.
trick [trɪk] *n* trucco; (*clever act*) stratagemma *m*; (*joke*) tiro; (CARDS) presa // *vt* imbrogliare, ingannare; **to play a ~ on sb** giocare un tiro a qd; **~ery** *n* inganno.
trickle ['trɪkl] *n* (*of water etc*) rivolo; gocciolio // *vi* gocciolare; **to ~ in/out** (*people*) entrare/uscire alla spicciolata.
tricky ['trɪkɪ] *a* difficile, delicato(a).
tricycle ['traɪsɪkl] *n* triciclo.
trifle ['traɪfl] *n* sciocchezza; (CULIN) ≈ zuppa inglese // *ad*: **a ~ long** un po' lungo; **trifling** *a* insignificante.
trigger ['trɪgə*] *n* (*of gun*) grilletto; **to ~ off** *vt* dare l'avvio a.
trigonometry [trɪgə'nɔmətrɪ] *n* trigonometria.
trim [trɪm] *a* ordinato(a); (*house, garden*) ben tenuto(a); (*figure*) snello(a) // *n* (*haircut etc*) spuntata, regolata; (*embellishment*) finiture *fpl*; (*on car*) guarnizioni *fpl* // *vt* spuntare; (*decorate*): **to ~ (with)** decorare (con); (NAUT: *a sail*) orientare; **~mings** *npl* decorazioni *fpl*; (*extras*: *gen* CULIN) guarnizione *f*.
Trinity ['trɪnɪtɪ] *n*: **the ~** la Trinità.
trinket ['trɪŋkɪt] *n* gingillo; (*piece of jewellery*) ciondolo.
trio ['tri:əu] *n* trio.
trip [trɪp] *n* viaggio; (*excursion*) gita, escursione *f*; (*stumble*) passo falso // *vi* inciampare; (*go lightly*) camminare con passo leggero; **on a ~** in viaggio; **to ~ up** *vi* inciampare // *vt* fare lo sgambetto a.
tripe [traɪp] *n* (CULIN) trippa; (*pej*: *rubbish*) sciocchezze *fpl*, fesserie *fpl*.
triple ['trɪpl] *a* triplo(a).
triplets ['trɪplɪts] *npl* bambini(e) trigemini(e).
triplicate ['trɪplɪkət] *n*: **in ~** in triplice copia.
tripod ['traɪpɔd] *n* treppiede *m*.
trite [traɪt] *a* banale, trito(a).
triumph ['traɪʌmf] *n* trionfo // *vi*: **to ~ (over)** trionfare (su); **~al** [-'ʌmfl] *a* trionfale; **~ant** [-'ʌmfənt] *a* trionfante.
trivia ['trɪvɪə] *npl* banalità *fpl*.
trivial ['trɪvɪəl] *a* insignificante; (*commonplace*) banale.
trod [trɔd] *pt of* **tread**; **~den** *pp of* **tread.**
trolley ['trɔlɪ] *n* carrello; **~ bus** *n* filobus *m inv*.
trollop ['trɔləp] *n* prostituta.
trombone [trɔm'bəun] *n* trombone *m*.
troop [tru:p] *n* gruppo, truppa; **~s** *npl* (MIL) truppe *fpl*; **to ~ in/out** *vi* entrare/uscire a frotte; **~er** *n* (MIL) soldato di cavalleria; **~ing the colour** (*ceremony*) sfilata della bandiera.
trophy ['trəufɪ] *n* trofeo.
tropic ['trɔpɪk] *n* tropico; **in the ~s** ai tropici; **T~ of Cancer/Capricorn** *n* tropico del Cancro/Capricorno; **~al** *a* tropicale.
trot [trɔt] *n* trotto // *vi* trottare; **on the ~**

(*fig*: *col*) di fila, uno(a) dopo l'altro(a).

trouble ['trʌbl] *n* difficoltà *f inv*, problema *m*; difficoltà *fpl*, problemi; (*worry*) preoccupazione *f*; (*bother, effort*) sforzo; (*POL*) conflitti *mpl*, disordine *m*; (*MED*): **stomach** *etc* ~ disturbi *mpl* gastrici *etc* // *vt* disturbare; (*worry*) preoccupare // *vi*: **to ~ to do** disturbarsi a fare; **~s** *npl* (*POL etc*) disordini *mpl*; **to be in ~** avere dei problemi; **to go to the ~ of doing** darsi la pena di fare; **it's no ~!** di niente!; **what's the ~?** cosa c'è che non va?; **~d** *a* (*person*) preoccupato(a), inquieto(a); (*epoch, life*) agitato(a), difficile; **~-free** *a* senza problemi; **~maker** *n* elemento disturbatore, agitatore/trice; **~shooter** *n* (*in conflict*) conciliatore *m*; **~some** *a* fastidioso(a), seccante.

trough [trɔf] *n* (*also*: **drinking ~**) abbeveratoio; (*also*: **feeding ~**) trogolo, mangiatoia; (*channel*) canale *m*; **~ of low pressure** *n* (*GEO*) depressione *f*.

trounce [trauns] *vt* (*defeat*) sgominare.

troupe [tru:p] *n* troupe *f inv*.

trousers ['trauzəz] *npl* pantaloni *mpl*, calzoni *mpl*; **short ~** *npl* calzoncini *mpl*.

trousseau, *pl* **~x** *or* **~s** ['tru:səu, -z] *n* corredo da sposa.

trout [traut] *n, pl inv* trota.

trowel ['trauəl] *n* cazzuola.

truant ['truənt] *n*: **to play ~** marinare la scuola.

truce [tru:s] *n* tregua.

truck [trʌk] *n* autocarro, camion *m inv*; (*RAIL*) carro merci aperto; (*for luggage*) carrello *m* portabagagli *inv*; **~ driver** *n* camionista *m/f*.

trudge [trʌdʒ] *vi* arrancare.

true [tru:] *a* vero(a); (*accurate*) accurato(a), esatto(a); (*genuine*) reale; (*faithful*) fedele.

truffle ['trʌfl] *n* tartufo.

truly ['tru:lı] *ad* veramente; (*truthfully*) sinceramente; (*faithfully*) fedelmente.

trump [trʌmp] *n* briscola; **~ed-up** *a* inventato(a).

trumpet ['trʌmpıt] *n* tromba.

truncated [trʌŋ'keıtıd] *a* tronco(a).

truncheon ['trʌntʃən] *n* sfollagente *m inv*.

trundle ['trʌndl] *vt, vi*: **to ~ along** rotolare rumorosamente.

trunk [trʌŋk] *n* (*of tree, person*) tronco; (*of elephant*) proboscide *f*; (*case*) baule *m*; **~s** *npl* (*also*: **swimming ~s**) calzoncini *mpl* da bagno; **~ call** *n* (*TEL*) (telefonata) interurbana.

truss [trʌs] *n* (*MED*) cinto erniario; **to ~ (up)** *vt* (*CULIN*) legare.

trust [trʌst] *n* fiducia; (*LAW*) amministrazione *f* fiduciaria; (*COMM*) trust *m inv* // *vt* (*rely on*) contare su; (*entrust*): **to ~ sth to sb** affidare qc a qd; **~ed** *a* fidato(a); **~ee** [trʌs'ti:] *n* (*LAW*) amministratore(trice) fiduciario(a); (*of school etc*) amministratore/trice; **~ful, ~ing** *a* fiducioso(a); **~worthy** *a* fidato(a), degno(a) di fiducia; **~y** *a* fidato(a).

truth, ~s [tru:θ, tru:ðz] *n* verità *f inv*; **~ful** *a* (*person*) sincero(a); (*description*) veritiero(a), esatto(a).

try [traı] *n* prova, tentativo; (*RUGBY*) meta // *vt* (*LAW*) giudicare; (*test*: *sth new*) provare; (*strain*) mettere alla prova // *vi* provare; **to ~ to do** provare a fare; (*seek*) cercare di fare; **to ~ on** *vt* (*clothes*) provare; **to ~ it on (with sb)** (*fig*) cercare di farla (a qd); **to ~ out** *vt* provare, mettere alla prova; **~ing** *a* (*day, experience*) logorante, pesante; (*child*) difficile, insopportabile.

tsar [zɑ:*] *n* zar *m inv*.

T-shirt ['ti:ʃə:t] *n* maglietta.

T-square ['ti:skwεə*] *n* riga a T.

tub [tʌb] *n* tinozza; mastello; (*bath*) bagno.

tuba ['tju:bə] *n* tuba.

tubby ['tʌbı] *a* grassoccio(a).

tube [tju:b] *n* tubo; (*underground*) metropolitana; (*for tyre*) camera d'aria.

tuberculosis [tjubə:kju'ləusıs] *n* tubercolosi *f*.

tubing ['tju:bıŋ] *n* tubazione *f*; **a piece of ~** un tubo.

tubular ['tju:bjulə*] *a* tubolare.

TUC *n* (*abbr of Trades Union Congress*) confederazione *f* dei sindacati britannici.

tuck [tʌk] *n* (*SEWING*) piega // *vt* (*put*) mettere; **to ~ away** *vt* riporre; **to ~ in** *vt* mettere dentro; (*child*) rimboccare // *vi* (*eat*) mangiare di buon appetito; abbuffarsi; **to ~ up** *vt* (*child*) rimboccare; **~ shop** *n* negozio di pasticceria (*in una scuola*).

Tuesday ['tju:zdı] *n* martedì *m inv*.

tuft [tʌft] *n* ciuffo.

tug [tʌg] *n* (*ship*) rimorchiatore *m* // *vt* tirare con forza; **~-of-war** *n* tiro alla fune.

tuition [tju:'ıʃən] *n* lezioni *fpl*.

tulip ['tju:lıp] *n* tulipano.

tumble ['tʌmbl] *n* (*fall*) capitombolo // *vi* capitombolare, ruzzolare; (*somersault*) fare capriole // *vt* far cadere; **~down** *a* cadente, diroccato(a); **~ dryer** *n* asciugatrice *f*.

tumbler ['tʌmblə*] *n* bicchiere *m* (senza piede); acrobata *m/f*.

tummy ['tʌmı] *n* (*col*) pancia.

tumour ['tju:mə*] *n* tumore *m*.

tumult ['tju:mʌlt] *n* tumulto; **~uous** [-'mʌltjuəs] *a* tumultuoso(a).

tuna ['tju:nə] *n, pl inv* (*also*: **~ fish**) tonno.

tune [tju:n] *n* (*melody*) melodia, aria // *vt* (*MUS*) accordare; (*RADIO, TV, AUT*) regolare, mettere a punto; **to be in/out of ~** (*instrument*) essere accordato(a)/scordato(a); (*singer*) essere intonato(a)/stonato(a); **to ~ in (to)** (*RADIO, TV*) sintonizzarsi (su); **to ~ up** *vi* (*musician*) accordare lo strumento; **~ful** *a* melodioso(a); **~r** *n* (*radio set*) sintonizzatore *m*; **piano ~r** accordatore/trice di pianoforte.

tungsten ['tʌŋstn] *n* tungsteno.

tunic ['tju:nık] *n* tunica.

tuning ['tju:nɪŋ] *n* messa a punto; ~ **fork** *n* diapason *m inv.*
Tunisia [tju:'nɪzɪə] *n* Tunisia.
tunnel ['tʌnl] *n* galleria // *vi* scavare una galleria.
tunny ['tʌnɪ] *n* tonno.
turban ['tə:bən] *n* turbante *m.*
turbine ['tə:baɪn] *n* turbina.
turbojet ['tə:bəu'dʒɛt] *n* turboreattore *m.*
turbot ['tə:bət] *n, pl inv* rombo gigante.
turbulence ['tə:bjuləns] *n* (AVIAT) turbolenza.
turbulent ['tə:bjulənt] *a* turbolento(a); (*sea*) agitato(a).
tureen [tə'ri:n] *n* zuppiera.
turf [tə:f] *n* terreno erboso; (*clod*) zolla // *vt* coprire di zolle erbose; **the T~** *n* l'ippodromo; **to ~ out** *vt* (*col*) buttar fuori.
turgid ['tə:dʒɪd] *a* (*speech*) ampolloso(a), pomposo(a).
Turk [tə:k] *n* turco/a.
turkey ['tə:kɪ] *n* tacchino.
Turkey ['tə:kɪ] *n* Turchia.
Turkish ['tə:kɪʃ] *a* turco(a) // *n* (LING) turco; ~ **bath** *n* bagno turco.
turmoil ['tə:mɔɪl] *n* confusione *f,* tumulto.
turn [tə:n] *n* giro; (*in road*) curva; (*tendency: of mind, events*) tendenza; (*performance*) numero; (MED) crisi *f inv,* attacco // *vt* girare, voltare; (*milk*) far andare a male; (*change*): **to ~ sth into** trasformare qc in // *vi* girare; (*person: look back*) girarsi, voltarsi; (*reverse direction*) girarsi indietro; (*change*) cambiare; (*become*) diventare; **to ~ into** trasformarsi in; **a good ~** un buon servizio; **a bad ~** un brutto tiro; **it gave me quite a ~** mi ha fatto prendere un bello spavento; **'no left ~'** (AUT) 'divieto di svolta a sinistra'; **it's your ~** tocca a lei; **in ~** a sua volta; a turno; **to take ~s (at sth)** fare (qc) a turno; **to ~ about** *vi* girarsi indietro; **to ~ away** *vi* girarsi (dall'altra parte); **to ~ back** *vi* ritornare, tornare indietro; **to ~ down** *vt* (*refuse*) rifiutare; (*reduce*) abbassare; (*fold*) ripiegare; **to ~ in** *vi* (*col: go to bed*) andare a letto // *vt* (*fold*) voltare in dentro; **to ~ off** *vi* (*from road*) girare, voltare // *vt* (*light, radio, engine etc*) spegnere; **to ~ on** *vt* (*light, radio etc*) accendere; (*engine*) avviare; **to ~ out** *vt* (*light, gas*) chiudere, spegnere // *vi*: **to ~ out to be...** rivelarsi ..., risultare ...; **to ~ up** *vi* (*person*) arrivare, presentarsi; (*lost object*) saltar fuori // *vt* (*collar, sound*) alzare; **~ed-up** *a* (*nose*) all'insù; **~ing** *n* (*in road*) curva; **~ing point** *n* (*fig*) svolta decisiva.
turnip ['tə:nɪp] *n* rapa.
turnout ['tə:naut] *n* presenza, affluenza.
turnover ['tə:nəuvə*] *n* (COMM) giro di affari.
turnpike ['tə:npaɪk] *n* (*US*) autostrada a pedaggio.
turnstile ['tə:nstaɪl] *n* tornella.
turntable ['tə:nteɪbl] *n* (*on record player*) piatto.
turn-up ['tə:nʌp] *n* (*on trousers*) risvolto.
turpentine ['tə:pəntaɪn] *n* (*also*: **turps**) acqua ragia.
turquoise ['tə:kwɔɪz] *n* (*stone*) turchese *m* // *a* color turchese; di turchese.
turret ['tʌrɪt] *n* torretta.
turtle ['tə:tl] *n* testuggine *f;* **~neck (sweater)** *n* maglione *m* con il collo alto.
tusk [tʌsk] *n* zanna.
tussle ['tʌsl] *n* baruffa, mischia.
tutor ['tju:tə*] *n* (*in college*) docente *m/f* (responsabile di un gruppo di studenti); (*private teacher*) precettore *m;* **~ial** [-'tɔ:rɪəl] *n* (SCOL) lezione *f* con discussione (*a un gruppo limitato*).
tuxedo [tʌk'si:dəu] *n* (*US*) smoking *m inv.*
T.V. [ti:'vi:] *n* (*abbr of* **television**) tivù *f inv.*
twang [twæŋ] *n* (*of instrument*) suono vibrante; (*of voice*) accento nasale.
tweed [twi:d] *n* tweed *m inv.*
tweezers ['twi:zəz] *npl* pinzette *fpl.*
twelfth [twɛlfθ] *num* dodicesimo(a).
twelve [twɛlv] *num* dodici; **at ~** alle dodici, a mezzogiorno; (*midnight*) a mezzanotte.
twentieth ['twɛntɪɪθ] *num* ventesimo(a).
twenty ['twɛntɪ] *num* venti.
twice [twaɪs] *ad* due volte; **~ as much** due volte tanto.
twig [twɪg] *n* ramoscello // *vt, vi* (*col*) capire.
twilight ['twaɪlaɪt] *n* crepuscolo.
twill [twɪl] *n* spigato.
twin [twɪn] *a,n* gemello(a).
twine [twaɪn] *n* spago, cordicella // *vi* (*plant*) attorcigliarsi; (*road*) serpeggiare.
twinge [twɪndʒ] *n* (*of pain*) fitta; **a ~ of conscience/regret** un rimorso/rimpianto.
twinkle ['twɪŋkl] *n* scintillio; guizzo // *vi* scintillare; (*eyes*) brillare.
twirl [twə:l] *n* mulinello; piroetta // *vt* mulinare // *vi* roteare.
twist [twɪst] *n* torsione *f;* (*in wire, flex*) storta; (*in story*) colpo di scena // *vt* attorcigliare; (*weave*) intrecciare; (*roll around*) arrotolare; (*fig*) deformare // *vi* attorcigliarsi; arrotolarsi; (*road*) serpeggiare.
twit [twɪt] *n* (*col*) minchione/a.
twitch [twɪtʃ] *n* strattone *m;* (*nervous*) tic *m inv* // *vi* contrarsi; avere un tic.
two [tu:] *num* due; **to put ~ and ~ together** (*fig*) trarre le conclusioni; **~-door** *a* (AUT) a due porte; **~-faced** *a* (*pej: person*) falso(a); **~-piece (suit)** *n* due pezzi *m inv;* **~-piece (swimsuit)** *n* (costume *m* da bagno a) due pezzi *m inv;* **~-seater** *n* (*plane*) biposto; (*car*) macchina a due posti; **~some** *n* (*people*) coppia; **~-way** *a* (*traffic*) a due sensi.
tycoon [taɪ'ku:n] *n*: **(business) ~** magnate *m.*
type [taɪp] *n* (*category*) genere *m;* (*model*) modello; (*example*) tipo; (TYP) tipo,

carattere *m* // *vt* (*letter etc*) battere (a macchina), dattilografare; **~-cast** *a* (*actor*) a ruolo fisso; **~script** *n* dattiloscritto; **~writer** *n* macchina da scrivere.
typhoid ['taɪfɔɪd] *n* tifoidea.
typhoon [taɪ'fu:n] *n* tifone *m*.
typhus ['taɪfəs] *n* tifo.
typical ['tɪpɪkl] *a* tipico(a).
typify ['tɪpɪfaɪ] *vt* essere tipico(a) di.
typing ['taɪpɪŋ] *n* dattilografia.
typist ['taɪpɪst] *n* dattilografo/a.
tyranny ['tɪrənɪ] *n* tirannia.
tyrant ['taɪərnt] *n* tiranno.
tyre ['taɪə*] *n* pneumatico, gomma; **~ pressure** *n* pressione *f* (delle gomme).
tzar [zɑ:*] *n* = **tsar**.

U

ubiquitous [ju:'bɪkwɪtəs] *a* onnipresente.
udder ['ʌdə*] *n* mammella.
UFO ['ju:fəu] *n* (*abbr of unidentified flying object*) UFO *m inv*.
ugh [ə:h] *excl* puah!
ugliness ['ʌglɪnɪs] *n* bruttezza.
ugly ['ʌglɪ] *a* brutto(a).
UHF *abbr of ultra-high frequency*.
U.K. *n abbr see* **united**.
ulcer ['ʌlsə*] *n* ulcera.
Ulster ['ʌlstə*] *n* Ulster *m*.
ulterior [ʌl'tɪərɪə*] *a* ulteriore; **~ motive** *n* secondo fine *m*.
ultimate ['ʌltɪmət] *a* ultimo(a), finale; (*authority*) massimo(a), supremo(a); **~ly** *ad* alla fine; in definitiva, in fin dei conti.
ultimatum [ʌltɪ'meɪtəm] *n* ultimatum *m inv*.
ultraviolet ['ʌltrə'vaɪəlɪt] *a* ultravioletto(a).
umbilical [ʌm'bɪlɪkl] *a*: **~ cord** cordone *m* ombelicale.
umbrage ['ʌmbrɪdʒ] *n*: **to take ~** offendersi, impermalirsi.
umbrella [ʌm'brɛlə] *n* ombrello.
umpire ['ʌmpaɪə*] *n* arbitro.
umpteen [ʌmp'ti:n] *a* non so quanti(e); **for the ~th time** per l'ennesima volta.
UN, UNO *abbr see* **united**.
unabashed [ʌnə'bæʃt] *a* imperturbato(a).
unabated [ʌnə'beɪtɪd] *a* non diminuito(a).
unable [ʌn'eɪbl] *a*: **to be ~ to** non potere, essere nell'impossibilità di; essere incapace di.
unaccompanied [ʌnə'kʌmpənɪd] *a* (*child, lady*) non accompagnato(a).
unaccountably [ʌnə'kauntəblɪ] *ad* inesplicabilmente.
unaccustomed [ʌnə'kʌstəmd] *a* insolito(a); **to be ~ to sth** non essere abituato a qc.
unanimity [ju:nə'nɪmɪtɪ] *n* unanimità.
unanimous [ju:'nænɪməs] *a* unanime; **~ly** *ad* all'unanimità.
unashamed [ʌnə'ʃeɪmd] *a* sfacciato(a); senza vergogna.
unassuming [ʌnə'sju:mɪŋ] *a* modesto(a), senza pretese.
unattached [ʌnə'tætʃt] *a* senza legami, libero(a).
unattended [ʌnə'tɛndɪd] *a* (*car, child, luggage*) incustodito(a).
unattractive [ʌnə'træktɪv] *a* privo(a) di attrattiva, poco attraente.
unauthorized [ʌn'ɔ:θəraɪzd] *a* non autorizzato(a).
unavoidable [ʌnə'vɔɪdəbl] *a* inevitabile.
unaware [ʌnə'wɛə*] *a*: **to be ~ of** non sapere, ignorare; **~s** *ad* di sorpresa, alla sprovvista.
unbalanced [ʌn'bælənst] *a* squilibrato(a).
unbearable [ʌn'bɛərəbl] *a* insopportabile.
unbeatable [ʌn'bi:təbl] *a* imbattibile.
unbeknown(st) [ʌnbɪ'nəun(st)] *ad*: **~ to** all'insaputa di.
unbelievable [ʌnbɪ'li:vəbl] *a* incredibile.
unbend [ʌn'bɛnd] *vb (irg) vi* distendersi // *vt* (*wire*) raddrizzare.
unbreakable [ʌn'breɪkəbl] *a* infrangibile.
unbridled [ʌn'braɪdld] *a* sbrigliato(a).
unbroken [ʌn'brəukən] *a* intero(a); continuo(a).
unburden [ʌn'bə:dn] *vt*: **to ~ o.s.** sfogarsi.
unbutton [ʌn'bʌtn] *vt* sbottonare.
uncalled-for [ʌn'kɔ:ldfɔ:*] *a* (*remark*) fuori luogo *inv*; (*action*) ingiustificato(a).
uncanny [ʌn'kænɪ] *a* misterioso(a), strano(a).
unceasing [ʌn'si:sɪŋ] *a* incessante.
uncertain [ʌn'sə:tn] *a* incerto(a); dubbio(a); **~ty** *n* incertezza.
unchanged [ʌn'tʃeɪndʒd] *a* immutato(a).
uncharitable [ʌn'tʃærɪtəbl] *a* duro(a), severo(a).
uncharted [ʌn'tʃɑ:tɪd] *a* inesplorato(a).
unchecked [ʌn'tʃɛkt] *a* incontrollato(a).
uncle ['ʌŋkl] *n* zio.
uncomfortable [ʌn'kʌmfətəbl] *a* scomodo(a); (*uneasy*) a disagio, agitato(a); fastidioso(a).
uncommon [ʌn'kɔmən] *a* raro(a), insolito(a), non comune.
uncompromising [ʌn'kɔmprəmaɪzɪŋ] *a* intransigente, inflessibile.
unconditional [ʌnkən'dɪʃənl] *a* incondizionato(a), senza condizioni.
unconscious [ʌn'kɔnʃəs] *a* privo(a) di sensi, svenuto(a); (*unaware*) inconsapevole, inconscio(a) // *n*: **the ~** l'inconscio; **~ly** *ad* inconsciamente.
uncontrollable [ʌnkən'trəuləbl] *a* incontrollabile; indisciplinato(a).
uncouth [ʌn'ku:θ] *a* maleducato(a), grossolano(a).
uncover [ʌn'kʌvə*] *vt* scoprire.
unctuous ['ʌŋktjuəs] *a* untuoso(a).
undaunted [ʌn'dɔ:ntɪd] *a* intrepido(a).
undecided [ʌndɪ'saɪdɪd] *a* indeciso(a).
undeniable [ʌndɪ'naɪəbl] *a* innegabile, indiscutibile.
under ['ʌndə*] *prep* sotto; (*less than*) meno di; al disotto di; (*according to*) secondo, in

conformità a // *ad* (al) disotto; **from ~ sth** da sotto a *or* dal disotto di qc; **~ there** là sotto; **~ repair** in riparazione.

under... ['ʌndə*] *prefix* sotto..., sub...; **~-age** *a* minorenne; **~carriage** *n* carrello (d'atterraggio); **~clothes** *npl* biancheria (intima); **~coat** *n* (*paint*) mano *f* di fondo; **~cover** *a* segreto(a), clandestino(a); **~current** *n* corrente *f* sottomarina; **~cut** *vt irg* vendere a prezzo minore di; **~developed** *a* sottosviluppato(a); **~dog** *n* oppresso/a; **~done** *a* (CULIN) al sangue; (*pej*) poco cotto(a); **~estimate** *vt* sottovalutare; **~exposed** *a* (PHOT) sottoesposto(a); **~fed** *a* denutrito(a); **~foot** *ad* sotto i piedi; **~go** *vt irg* subire; (*treatment*) sottoporsi a; **~graduate** *n* studente(essa) universitario(a); **~ground** *n* metropolitana; (POL) movimento clandestino // *ad* sottoterra; clandestinamente; **~growth** *n* sottobosco; **~hand(ed)** *a* (*fig*) furtivo(a), subdolo(a); **~lie** *vt irg* essere alla base di; **~line** *vt* sottolineare; **~ling** ['ʌndəlıŋ] *n* (*pej*) subalterno/a, tirapiedi *m/f inv*; **~mine** *vt* minare; **~neath** [ʌndə'ni:θ] *ad* sotto, disotto // *prep* sotto, al di sotto di; **~paid** *a* mal pagato(a); **~pants** *npl* (*Brit*) mutande *fpl*, slip *m inv*; **~pass** *n* sottopassaggio; **~play** *vt* minimizzare; **~privileged** *a* non abbiente; meno favorito(a); **~rate** *vt* sottovalutare; **~shirt** *n* (*US*) maglietta; **~shorts** *npl* (*US*) mutande *fpl*, slip *m inv*; **~side** *n* disotto; **~skirt** *n* sottoveste *f*.

understand [ʌndə'stænd] *vb* (*irg*: *like* **stand**) *vt, vi* capire, comprendere; **I ~ that...** sento che...; credo di capire che...; **~able** *a* comprensibile; **~ing** *a* comprensivo(a) // *n* comprensione *f*; (*agreement*) accordo.

understatement [ʌndə'steıtmənt] *n*: **that's an ~!** a dire poco!

understood [ʌndə'stud] *pt, pp of* **understand** // *a* inteso(a); (*implied*) sottinteso(a); **to make o.s. ~** farsi capire.

understudy ['ʌndəstʌdı] *n* sostituto/a, attore/trice supplente.

undertake [ʌndə'teık] *vt irg* intraprendere; impegnarsi a.

undertaker ['ʌndəteıkə*] *n* impresario di pompe funebri.

undertaking [ʌndə'teıkıŋ] *n* impresa; (*promise*) promessa.

underwater [ʌndə'wɔ:tə*] *ad* sott'acqua // *a* subacqueo(a).

underwear ['ʌndəwɛə*] *n* biancheria (intima).

underworld ['ʌndəwə:ld] *n* (*of crime*) malavita.

underwriter ['ʌndəraıtə*] *n* (INSURANCE) sottoscrittore/trice.

undesirable [ʌndı'zaıərəbl] *a* indesiderabile; sgradito(a).

undies ['ʌndız] *npl* (*col*) robina, biancheria intima da donna.

undisputed [ʌndıs'pju:tıd] *a* indiscusso(a).

undistinguished [ʌndıs'tıŋgwıʃt] *a* mediocre, qualunque.

undo [ʌn'du:] *vt irg* disfare; **~ing** *n* rovina, perdita.

undoubted [ʌn'dautıd] *a* sicuro(a), certo(a); **~ly** *ad* senza alcun dubbio.

undress [ʌn'drɛs] *vi* spogliarsi.

undue [ʌn'dju:] *a* eccessivo(a).

undulating ['ʌndjuleıtıŋ] *a* ondeggiante; ondulato(a).

unduly [ʌn'dju:lı] *ad* eccessivamente.

unearth [ʌn'ə:θ] *vt* dissotterrare; (*fig*) scoprire.

unearthly [ʌn'ə:θlı] *a* soprannaturale; (*hour*) impossibile.

uneasy [ʌn'i:zı] *a* a disagio; (*worried*) preoccupato(a).

uneconomic(al) ['ʌni:kə'nɔmık(l)] *a* non economico(a); antieconomico(a).

unemployed [ʌnım'plɔıd] *a* disoccupato(a) // *n*: **the ~** i disoccupati.

unemployment [ʌnım'plɔımənt] *n* disoccupazione *f*.

unending [ʌn'ɛndıŋ] *a* senza fine.

unerring [ʌn'ə:rıŋ] *a* infallibile.

uneven [ʌn'i:vn] *a* ineguale; irregolare.

unexpected [ʌnık'spɛktıd] *a* inatteso(a), imprevisto(a).

unfailing [ʌn'feılıŋ] *a* inesauribile; infallibile.

unfair [ʌn'fɛə*] *a*: **~ (to)** ingiusto(a) (nei confronti di).

unfaithful [ʌn'feıθful] *a* infedele.

unfamiliar [ʌnfə'mılıə*] *a* sconosciuto(a), strano(a).

unfasten [ʌn'fɑ:sn] *vt* slacciare; sciogliere.

unfavourable [ʌn'feıvərəbl] *a* sfavorevole.

unfeeling [ʌn'fi:lıŋ] *a* insensibile, duro(a).

unfinished [ʌn'fınıʃt] *a* incompiuto(a).

unfit [ʌn'fıt] *a* inadatto(a); (*ill*) malato(a), in cattiva salute; (*incompetent*): **~ (for)** incompetente (in); (: *work, service*) inabile (a); **~ for habitation** inabitabile.

unflagging [ʌn'flægıŋ] *a* instancabile.

unflappable [ʌn'flæpəbl] *a* calmo(a), composto(a).

unflinching [ʌn'flıntʃıŋ] *a* che non indietreggia, risoluto(a).

unfold [ʌn'fəuld] *vt* spiegare; (*fig*) rivelare // *vi* (*view, countryside*) distendersi; (*story, plot*) svelarsi.

unforeseen ['ʌnfɔ:'si:n] *a* imprevisto(a).

unforgivable [ʌnfə'gıvəbl] *a* imperdonabile.

unfortunate [ʌn'fɔ:tʃnət] *a* sfortunato(a); (*event, remark*) infelice; **~ly** *ad* sfortunatamente, purtroppo.

unfounded [ʌn'faundıd] *a* infondato(a).

unfriendly [ʌn'frɛndlı] *a* poco amichevole, freddo(a).

ungainly [ʌn'geınlı] *a* goffo(a), impacciato(a).

ungodly [ʌn'gɔdlı] *a* empio(a); **at an ~ hour** a un'ora impossibile.

unguarded [ʌn'gɑ:dıd] *a*: **~ moment** *n*

momento di distrazione *or* di disattenzione.

unhappiness [ʌn'hæpɪnɪs] *n* infelicità.

unhappy [ʌn'hæpɪ] *a* infelice; ~ **with** (*arrangements etc*) insoddisfatto(a) di.

unharmed [ʌn'hɑ:md] *a* incolume, sano(a) e salvo(a).

unhealthy [ʌn'hɛlθɪ] *a* (*gen*) malsano(a); (*person*) malaticcio(a).

unheard-of [ʌn'hə:dɔv] *a* inaudito(a), senza precedenti.

unhook [ʌn'huk] *vt* sganciare; sfibbiare.

unhurt [ʌn'hə:t] *a* incolume, sano(a) e salvo(a).

unicorn ['ju:nɪkɔ:n] *n* unicorno.

unidentified [ʌnaɪ'dɛntɪfaɪd] *a* non identificato(a).

uniform ['ju:nɪfɔ:m] *n* uniforme *f*, divisa // *a* uniforme; ~**ity** [-'fɔ:mɪtɪ] *n* uniformità.

unify ['ju:nɪfaɪ] *vt* unificare.

unilateral [ju:nɪ'lætərəl] *a* unilaterale.

unimaginable [ʌnɪ'mædʒɪnəbl] *a* inimmaginabile, inconcepibile.

uninhibited [ʌnɪn'hɪbɪtɪd] *a* senza inibizioni; senza ritegno.

unintentional [ʌnɪn'tɛnʃənəl] *a* involontario(a).

union ['ju:njən] *n* unione *f*; (*also*: **trade** ~) sindacato // *cpd* sindacale, dei sindacati; **U~ Jack** *n bandiera nazionale britannica.*

unique [ju:'ni:k] *a* unico(a).

unison ['ju:nɪsn] *n*: **in** ~ all'unisono.

unit ['ju:nɪt] *n* unità *f inv*; (*section*: *of furniture etc*) elemento; (*team, squad*) reparto, squadra.

unite [ju:'naɪt] *vt* unire // *vi* unirsi; ~**d** *a* unito(a); unificato(a); (*efforts*) congiunto(a); **U~d Kingdom (U.K.)** *n* Regno Unito; **U~d Nations (Organization) (UN, UNO)** *n* (Organizzazione *f* delle) Nazioni Unite (O.N.U.); **U~d States (of America) (US, USA)** *n* Stati *mpl* Uniti (d'America) (USA).

unit trust ['ju:nɪttrʌst] *n* (*Brit*) fondo d'investimento.

unity ['ju:nɪtɪ] *n* unità.

universal [ju:nɪ'və:sl] *a* universale.

universe ['ju:nɪvə:s] *n* universo.

university [ju:nɪ'və:sɪtɪ] *n* università *f inv.*

unjust [ʌn'dʒʌst] *a* ingiusto(a).

unkempt [ʌn'kɛmpt] *a* trasandato(a); spettinato(a).

unkind [ʌn'kaɪnd] *a* scortese; crudele.

unknown [ʌn'nəun] *a* sconosciuto(a).

unladen [ʌn'leɪdn] *a* (*ship, weight*) a vuoto.

unlawful [ʌn'lɔ:ful] *a* illecito(a), illegale.

unleash [ʌn'li:ʃ] *vt* sguinzagliare; (*fig*) scatenare.

unleavened [ʌn'lɛvnd] *a* non lievitato(a), azzimo(a).

unless [ʌn'lɛs] *cj* a meno che (non) + *sub*; ~ **otherwise stated** salvo indicazione contraria.

unlicensed [ʌn'laɪsənst] *a* senza licenza per la vendita di alcolici.

unlike [ʌn'laɪk] *a* diverso(a) // *prep* a differenza di, contrariamente a.

unlikely [ʌn'laɪklɪ] *a* improbabile; inverosimile.

unlimited [ʌn'lɪmɪtɪd] *a* illimitato(a).

unload [ʌn'ləud] *vt* scaricare.

unlock [ʌn'lɔk] *vt* aprire.

unlucky [ʌn'lʌkɪ] *a* sfortunato(a); (*object, number*) che porta sfortuna, di malaugurio.

unmarried [ʌn'mærɪd] *a* non sposato(a); (*man only*) scapolo, celibe; (*woman only*) nubile; ~ **mother** *n* ragazza *f* madre *inv.*

unmask [ʌn'mɑ:sk] *vt* smascherare.

unmistakable [ʌnmɪs'teɪkəbl] *a* indubbio(a); facilmente riconoscibile.

unmitigated [ʌn'mɪtɪgeɪtɪd] *a* non mitigato(a), assoluto(a), vero(a) e proprio(a).

unnatural [ʌn'nætʃrəl] *a* innaturale; contro natura.

unnecessary [ʌn'nɛsəsərɪ] *a* inutile, superfluo(a).

unobtainable [ʌnəb'teɪnəbl] *a* (TEL) non ottenibile.

unofficial [ʌnə'fɪʃl] *a* non ufficiale; (*strike*) non dichiarato(a) dal sindacato.

unorthodox [ʌn'ɔ:θədɔks] *a* non ortodosso(a).

unpack [ʌn'pæk] *vi* disfare la valigia (*or* le valigie).

unpalatable [ʌn'pælətəbl] *a* (*truth*) sgradevole.

unparalleled [ʌn'pærəlɛld] *a* incomparabile, impareggiabile.

unpleasant [ʌn'plɛznt] *a* spiacevole.

unplug [ʌn'plʌg] *vt* staccare.

unpopular [ʌn'pɔpjulə*] *a* impopolare.

unprecedented [ʌn'prɛsɪdəntɪd] *a* senza precedenti.

unpredictable [ʌnprɪ'dɪktəbl] *a* imprevedibile.

unpretentious [ʌnprɪ'tɛnʃəs] *a* senza pretese.

unqualified [ʌn'kwɔlɪfaɪd] *a* (*teacher*) non abilitato(a); (*success*) assoluto(a), senza riserve.

unravel [ʌn'rævl] *vt* dipanare, districare.

unreal [ʌn'rɪəl] *a* irreale.

unreasonable [ʌn'ri:znəbl] *a* irragionevole.

unrelated [ʌnrɪ'leɪtɪd] *a*: ~ **(to)** senza rapporto (con); non imparentato(a) (con).

unrelenting [ʌnrɪ'lɛntɪŋ] *a* implacabile; accanito(a).

unreliable [ʌnrɪ'laɪəbl] *a* (*person, machine*) che non dà affidamento; (*news, source of information*) inattendibile.

unrelieved [ʌnrɪ'li:vd] *a* (*monotony*) uniforme.

unremitting [ʌnrɪ'mɪtɪŋ] *a* incessante, infaticabile.

unrepentant [ʌnrɪ'pɛntənt] *a* impenitente.

unrest [ʌn'rɛst] *n* agitazione *f.*

unroll [ʌn'rəul] *vt* srotolare.

unruly [ʌn'ru:lɪ] *a* indisciplinato(a).

unsafe [ʌn'seɪf] *a* pericoloso(a), rischioso(a).

unsaid [ʌn'sɛd] *a*: **to leave sth ~** passare qc sotto silenzio.
unsatisfactory ['ʌnsætɪs'fæktərɪ] *a* che lascia a desiderare, insufficiente.
unsavoury [ʌn'seɪvərɪ] *a* (*fig*: *person*) losco(a); (: *reputation, subject*) disgustoso(a), ripugnante.
unscathed [ʌn'skeɪðd] *a* incolume.
unscrew [ʌn'skru:] *vt* svitare.
unscrupulous [ʌn'skru:pjuləs] *a* senza scrupoli.
unseemly [ʌn'si:mlɪ] *a* sconveniente.
unsettled [ʌn'sɛtld] *a* turbato(a); instabile; indeciso(a).
unsightly [ʌn'saɪtlɪ] *a* brutto(a), sgradevole a vedersi.
unskilled [ʌn'skɪld] *a*: **~ worker** *n* manovale *m*.
unsophisticated [ʌnsə'fɪstɪkeɪtɪd] *a* semplice, naturale.
unspeakable [ʌn'spi:kəbl] *a* (*bad*) abominevole.
unsteady [ʌn'stɛdɪ] *a* instabile, malsicuro(a).
unstuck [ʌn'stʌk] *a*: **to come ~** scollarsi; (*fig*) fare fiasco.
unsuccessful [ʌnsək'sɛsful] *a* (*writer, proposal*) che non ha successo; (*marriage, attempt*) mal riuscito(a), fallito(a); **to be ~** (*in attempting sth*) non riuscire; non avere successo; (*application*) non essere considerato(a); **~ly** *ad* senza successo.
unsuitable [ʌn'su:təbl] *a* inadatto(a); inopportuno(a); sconveniente.
unsuspecting [ʌnsə'spɛktɪŋ] *a* che non sospetta niente.
unswerving [ʌn'swə:vɪŋ] *a* fermo(a).
untangle [ʌn'tæŋgl] *vt* sbrogliare.
untapped [ʌn'tæpt] *a* (*resources*) non sfruttato(a).
unthinkable [ʌn'θɪŋkəbl] *a* impensabile, inconcepibile.
untidy [ʌn'taɪdɪ] *a* (*room*) in disordine; (*appearance, work*) trascurato(a); (*person, writing*) disordinato(a).
untie [ʌn'taɪ] *vt* (*knot, parcel*) disfare; (*prisoner, dog*) slegare.
until [ən'tɪl] *prep* fino a; (*after negative*) prima di // *cj* finché, fino a quando; (*in past, after negative*) prima che + *sub*, prima di + *infinitive*.
untimely [ʌn'taɪmlɪ] *a* intempestivo(a), inopportuno(a); (*death*) prematuro(a).
untold [ʌn'təuld] *a* incalcolabile; indescrivibile.
untoward [ʌntə'wɔ:d] *a* sfortunato(a), sconveniente.
unused [ʌn'ju:zd] *a* nuovo(a).
unusual [ʌn'ju:ʒuəl] *a* insolito(a), eccezionale, raro(a).
unveil [ʌn'veɪl] *vt* scoprire; svelare.
unwavering [ʌn'weɪvərɪŋ] *a* fermo(a), incrollabile.
unwell [ʌn'wɛl] *a* indisposto(a).
unwieldy [ʌn'wi:ldɪ] *a* poco maneggevole.
unwilling [ʌn'wɪlɪŋ] *a*: **to be ~ to do** non voler fare; **~ly** *ad* malvolentieri.
unwind [ʌn'waɪnd] *vb* (*irg*) *vt* svolgere, srotolare // *vi* (*relax*) rilassarsi.
unwitting [ʌn'wɪtɪŋ] *a* involontario(a).
unworthy [ʌn'wə:ðɪ] *a* indegno(a).
unwrap [ʌn'ræp] *vt* disfare; aprire.
unwritten [ʌn'rɪtn] *a* (*agreement*) tacito(a).
up [ʌp] *prep*: **to go/be ~ sth** salire/essere su qc // *ad* su, (di) sopra; in alto; **~ there** lassù; **~ above** al di sopra; **~ to** fino a; **to be ~** (*out of bed*) essere alzato(a) *or* in piedi; **it is ~ to you** tocca a lei decidere; **what is he ~ to?** cosa sta tramando?; **he is not ~ to it** non ne è capace; **~-and-coming** *a* pieno(a) di promesse, promettente; **~s and downs** *npl* (*fig*) alti e bassi *mpl*.
upbringing ['ʌpbrɪŋɪŋ] *n* educazione *f*.
update [ʌp'deɪt] *vt* aggiornare.
upgrade [ʌp'greɪd] *vt* promuovere; (*job*) rivalutare.
upheaval [ʌp'hi:vl] *n* sconvolgimento; tumulto.
uphill [ʌp'hɪl] *a* in salita; (*fig: task*) difficile // *ad*: **to go ~** andare in salita, salire.
uphold [ʌp'həuld] *vt irg* approvare; sostenere.
upholstery [ʌp'həulstərɪ] *n* tappezzeria.
upkeep ['ʌpki:p] *n* manutenzione *f*.
upon [ə'pɔn] *prep* su.
upper ['ʌpə*] *a* superiore // *n* (*of shoe*) tomaia; **the ~ class** ≈ l'alta borghesia; **~-class** *a* dell'alta borghesia; **~most** *a* il(la) più alto(a); predominante.
upright ['ʌpraɪt] *a* diritto(a); verticale; (*fig*) diritto(a), onesto(a) // *n* montante *m*.
uprising ['ʌpraɪzɪŋ] *n* insurrezione *f*, rivolta.
uproar ['ʌprɔ:*] *n* tumulto, clamore *m*.
uproot [ʌp'ru:t] *vt* sradicare.
upset *n* ['ʌpsɛt] turbamento // *vt* [ʌp'sɛt] (*irg*: *like* **set**) (*glass etc*) rovesciare; (*plan, stomach*) scombussolare; (*person: offend*) contrariare; (*: grieve*) addolorare; sconvolgere // *a* [ʌp'sɛt] contrariato(a); addolorato(a); (*stomach*) scombussolato(a), disturbato(a).
upshot ['ʌpʃɔt] *n* risultato.
upside ['ʌpsaɪd]: **~-down** *ad* sottosopra; **to turn ~-down** capovolgere; (*fig*) mettere sottosopra.
upstairs [ʌp'stɛəz] *ad, a* di sopra, al piano superiore.
upstart ['ʌpstɑ:t] *n* nuovo(a) ricco(a).
upstream [ʌp'stri:m] *ad* a monte.
uptake ['ʌpteɪk] *n*: **he is quick/slow on the ~** è pronto/lento di comprendonio.
up-to-date ['ʌptə'deɪt] *a* moderno(a); aggiornato(a).
upturn ['ʌptə:n] *n* (*in luck*) svolta favorevole.
upward ['ʌpwəd] *a* ascendente; verso l'alto; **~(s)** *ad* in su, verso l'alto.
uranium [juə'reɪnɪəm] *n* uranio.
urban ['ə:bən] *a* urbano(a).
urbane [ə:'beɪn] *a* civile, urbano(a), educato(a).

urchin ['ɜːtʃɪn] *n* monello; **sea ~** *n* riccio di mare.
urge [ɜːdʒ] *n* impulso; stimolo; forte desiderio // *vt*: **to ~ sb to do** esortare qd a fare, spingere qd a fare; raccomandare a qd di fare; **to ~ on** *vt* spronare.
urgency ['ɜːdʒənsɪ] *n* urgenza; (*of tone*) insistenza.
urgent ['ɜːdʒənt] *a* urgente.
urinate ['juərɪneɪt] *vi* orinare.
urn [ɜːn] *n* urna; (*also*: **tea ~**) bollitore *m* per il tè.
us [ʌs] *pronoun* ci; (*stressed, after prep*) noi.
US, USA *n abbr see* **united**.
usage ['juːzɪdʒ] *n* uso.
use *n* [juːs] uso; impiego, utilizzazione *f* // *vt* [juːz] usare, utilizzare, servirsi di; **she ~d to do it** lo faceva (una volta), era solita farlo; **in ~** in uso; **out of ~** fuori uso; **it's no ~** non serve, è inutile; **to be ~d to** avere l'abitudine di; **to ~ up** *vt* consumare; esaurire; **~d** *a* (*car*) d'occasione; **~ful** *a* utile; **~fulness** *n* utilità; **~less** *a* inutile; **~r** *n* utente *m/f*.
usher ['ʌʃə*] *n* usciere *m*; (*in cinema*) maschera; **~ette** [-'rɛt] *n* (*in cinema*) maschera.
USSR *n*: **the ~** l'URSS *f*.
usual ['juːʒuəl] *a* solito(a); **~ly** *ad* di solito.
usurer ['juːʒərə*] *n* usuraio/a.
usurp [juː'zɔːp] *vt* usurpare.
utensil [juː'tɛnsl] *n* utensile *m*.
uterus ['juːtərəs] *n* utero.
utilitarian [juːtɪlɪ'tɛərɪən] *a* utilitario(a).
utility [juː'tɪlɪtɪ] *n* utilità; (*also*: **public ~**) servizio pubblico.
utilization [juːtɪlaɪ'zeɪʃən] *n* utilizzazione *f*.
utilize ['juːtɪlaɪz] *vt* utilizzare; sfruttare.
utmost ['ʌtməust] *a* estremo(a) // *n*: **to do one's ~** fare il possibile *or* di tutto.
utter ['ʌtə*] *a* assoluto(a), totale // *vt* pronunciare, proferire; emettere; **~ance** *n* espressione *f*; parole *fpl*.
U-turn ['juː'tɔːn] *n* inversione *f* a U.

V

v. *abbr of* **verse**, **versus**, **volt**; (*abbr of vide*) vedi, vedere.
vacancy ['veɪkənsɪ] *n* (*job*) posto libero; (*room*) stanza libera; **'no vacancies'** 'completo'.
vacant ['veɪkənt] *a* (*job, seat etc*) libero(a); (*expression*) assente.
vacate [və'keɪt] *vt* lasciare libero(a).
vacation [və'keɪʃən] *n* vacanze *fpl*; **~ course** *n* corso estivo.
vaccinate ['væksɪneɪt] *vt* vaccinare; **vaccination** [-'neɪʃən] *n* vaccinazione *f*.
vaccine ['væksiːn] *n* vaccino.
vacuum ['vækjum] *n* vuoto; **~ cleaner** *n* aspirapolvere *m inv*; **~ flask** *n* thermos *m inv* ®.
vagina [və'dʒaɪnə] *n* vagina.
vagrant ['veɪgrnt] *n* vagabondo/a.
vague [veɪg] *a* vago(a); (*blurred*: *photo, memory*) sfocato(a); **~ly** *ad* vagamente.
vain [veɪn] *a* (*useless*) inutile, vano(a); (*conceited*) vanitoso(a); **in ~** inutilmente, invano.
valentine ['væləntaɪn] *n* (*also*: **~ card**) cartolina *or* biglietto di San Valentino.
valiant ['vælɪənt] *a* valoroso(a), coraggioso(a).
valid ['vælɪd] *a* valido(a), valevole; (*excuse*) valido(a); **~ity** [-'lɪdɪtɪ] *n* validità.
valley ['vælɪ] *n* valle *f*.
valuable ['væljuəbl] *a* (*jewel*) di (grande) valore; (*time*) prezioso(a); **~s** *npl* oggetti *mpl* di valore.
valuation [vælju'eɪʃən] *n* valutazione *f*, stima.
value ['væljuː] *n* valore *m* // *vt* (*fix price*) valutare, dare un prezzo a; (*cherish*) apprezzare, tenere a; **~ added tax (VAT)** *n* imposta sul valore aggiunto (I.V.A.); **~d** *a* (*appreciated*) stimato(a), apprezzato(a).
valve [vælv] *n* valvola.
van [væn] *n* (AUT) furgone *m*; (RAIL) vagone *m*.
vandal ['vændl] *n* vandalo/a; **~ism** *n* vandalismo.
vanguard ['vængɑːd] *n* avanguardia.
vanilla [və'nɪlə] *n* vaniglia // *cpd* (*ice cream*) alla vaniglia.
vanish ['vænɪʃ] *vi* svanire, scomparire.
vanity ['vænɪtɪ] *n* vanità; **~ case** *n* valigetta per cosmetici.
vantage ['vaːntɪdʒ] *n*: **~ point** *n* posizione *f or* punto di osservazione; (*fig*) posizione vantaggiosa.
vapour ['veɪpə*] *n* vapore *m*.
variable ['vɛərɪəbl] *a* variabile; (*mood*) mutevole.
variance ['vɛərɪəns] *n*: **to be at ~ (with)** essere in disaccordo (con); (*facts*) essere in contraddizione (con).
variant ['vɛərɪənt] *n* variante *f*.
variation [vɛərɪ'eɪʃən] *n* variazione *f*; (*in opinion*) cambiamento.
varicose ['værɪkəus] *a*: **~ veins** *npl* varici *fpl*.
varied ['vɛərɪd] *a* vario(a), diverso(a).
variety [və'raɪətɪ] *n* varietà *f inv*; (*quantity*) quantità, numero; **~ show** *n* varietà *m inv*.
various ['vɛərɪəs] *a* vario(a), diverso(a); (*several*) parecchi(e), molti(e).
varnish ['vɑːnɪʃ] *n* vernice *f* // *vt* verniciare.
vary ['vɛərɪ] *vt, vi* variare, mutare; **~ing** *a* variabile
vase [vɑːz] *n* vaso.
vast [vɑːst] *a* vasto(a); (*amount, success*) enorme; **~ly** *ad* enormemente.
vat [væt] *n* tino.
VAT [væt] *n abbr see* **value**.
Vatican ['vætɪkən] *n*: **the ~** il Vaticano.
vault [vɔːlt] *n* (*of roof*) volta; (*tomb*) tomba; (*in bank*) camera blindata; (*jump*) salto // *vt* (*also*: **~ over**) saltare (d'un balzo).

vaunted ['vɔːntɪd] *a*: **much-~** tanto celebrato(a).
VD *n abbr see* **venereal**.
veal [viːl] *n* vitello.
veer [vɪə*] *vi* girare; virare.
vegetable ['vɛdʒtəbl] *n* verdura, ortaggio // *a* vegetale.
vegetarian [vɛdʒɪ'tɛərɪən] *a, n* vegetariano(a).
vegetate ['vɛdʒɪteɪt] *vi* vegetare.
vegetation [vɛdʒɪ'teɪʃən] *n* vegetazione *f*.
vehemence ['viːɪməns] *n* veemenza, violenza.
vehicle ['viːɪkl] *n* veicolo.
veil [veɪl] *n* velo // *vt* velare.
vein [veɪn] *n* vena; (*on leaf*) nervatura; (*fig*: *mood*) vena, umore *m*.
velocity [vɪ'lɔsɪtɪ] *n* velocità.
velvet ['vɛlvɪt] *n* velluto.
vending machine ['vɛndɪŋməʃiːn] *n* distributore *m* automatico.
vendor ['vɛndə*] *n* venditore/trice.
veneer [və'nɪə*] *n* impiallacciatura; (*fig*) vernice *f*.
venerable ['vɛnərəbl] *a* venerabile.
venereal [vɪ'nɪərɪəl] *a*: **~ disease (VD)** *n* malattia venerea.
Venetian [vɪ'niːʃən] *a* veneziano(a); **~ blind** *n* (tenda alla) veneziana.
Venezuela [vɛnɛ'zweɪlə] *n* Venezuela *m*; **~n** *a, n* venezuelano(a).
vengeance ['vɛndʒəns] *n* vendetta; **with a ~** (*fig*) davvero; furiosamente.
Venice ['vɛnɪs] *n* Venezia.
venison ['vɛnɪsn] *n* carne *f* di cervo.
venom ['vɛnəm] *n* veleno; **~ous** *a* velenoso(a).
vent [vɛnt] *n* foro, apertura; (*in dress, jacket*) spacco // *vt* (*fig*: *one's feelings*) sfogare, dare sfogo a.
ventilate ['vɛntɪleɪt] *vt* (*room*) dare aria a, arieggiare; **ventilation** [-'leɪʃən] *n* ventilazione *f*; **ventilator** *n* ventilatore *m*.
ventriloquist [vɛn'trɪləkwɪst] *n* ventriloquo/a.
venture ['vɛntʃə*] *n* impresa (rischiosa) // *vt* rischiare, azzardare // *vi* arrischiarsi, azzardarsi.
venue ['vɛnjuː] *n* luogo di incontro; (*SPORT*) luogo (designato) per l'incontro.
veranda(h) [və'rændə] *n* veranda.
verb [vəːb] *n* verbo; **~al** *a* verbale; (*translation*) letterale.
verbose [vəː'bəus] *a* verboso(a).
verdict ['vəːdɪkt] *n* verdetto.
verge [vəːdʒ] *n* bordo, orlo; **on the ~ of doing** sul punto di fare; **to ~ on** *vt fus* rasentare.
verger ['vəːdʒə*] *n* (*REL*) sagrestano.
verification [vɛrɪfɪ'keɪʃən] *n* verifica.
verify ['vɛrɪfaɪ] *vt* verificare.
vermin ['vəːmɪn] *npl* animali *mpl* nocivi; (*insects*) insetti *mpl* parassiti.
vermouth ['vəːməθ] *n* vermut *m inv*.
vernacular [və'nækjulə*] *n* vernacolo.
versatile ['vəːsətaɪl] *a* (*person*) versatile; (*machine, tool etc*) (che si presta) a molti usi.
verse [vəːs] *n* versi *mpl*; (*stanza*) stanza, strofa; (*in bible*) versetto.
versed [vəːst] *a*: **(well-)~ in** versato(a) in.
version ['vəːʃən] *n* versione *f*.
versus ['vəːsəs] *prep* contro.
vertebra, *pl* **~e** ['vəːtɪbrə, -briː] *n* vertebra.
vertebrate ['vəːtɪbrɪt] *n* vertebrato.
vertical ['vəːtɪkl] *a, n* verticale (*m*); **~ly** *ad* verticalmente.
vertigo ['vəːtɪgəu] *n* vertigine *f*.
verve [vəːv] *n* brio; entusiasmo.
very ['vɛrɪ] *ad* molto // *a*: **the ~ book which** proprio il libro che; **at the ~ end** proprio alla fine; **the ~ last** proprio l'ultimo; **at the ~ least** almeno; **~ much** moltissimo.
vespers ['vɛspəz] *npl* vespro.
vessel ['vɛsl] *n* (*ANAT*) vaso; (*NAUT*) nave *f*; (*container*) recipiente *m*.
vest [vɛst] *n* maglia; (*sleeveless*) canottiera; (*US*: *waistcoat*) gilè *m inv* // *vt*: **to ~ sb with sth, to ~ sth in sb** conferire qc a qd; **~ed interests** *npl* (*COMM*) diritti *mpl* acquisiti.
vestibule ['vɛstɪbjuːl] *n* vestibolo.
vestige ['vɛstɪdʒ] *n* vestigio.
vestment ['vɛstmənt] *n* (*REL*) paramento liturgico.
vestry ['vɛstrɪ] *n* sagrestia.
vet [vɛt] *n* (*abbr of* **veterinary surgeon**) veterinario // *vt* esaminare minuziosamente; (*text*) rivedere.
veteran ['vɛtərn] *n* veterano; (*also*: **war ~**) reduce *m*; **~ car** *n* auto *f inv* d'epoca.
veterinary ['vɛtrɪnərɪ] *a* veterinario(a); **~ surgeon** *n* veterinario.
veto ['viːtəu] *n, pl* **~es** veto // *vt* opporre il veto a.
vex [vɛks] *vt* irritare, contrariare; **~ed** *a* (*question*) controverso(a), dibattuto(a).
VHF *abbr of very high frequency*.
via ['vaɪə] *prep* (*by way of*) via; (*by means of*) tramite.
viable ['vaɪəbl] *a* attuabile; vitale.
viaduct ['vaɪədʌkt] *n* viadotto.
vibrate [vaɪ'breɪt] *vi*: **to ~ (with)** vibrare (di); (*resound*) risonare (di); **vibration** [-'breɪʃən] *n* vibrazione *f*.
vicar ['vɪkə*] *n* pastore *m*; **~age** *n* presbiterio.
vice [vaɪs] *n* (*evil*) vizio; (*TECH*) morsa.
vice- [vaɪs] *prefix* vice...; **~chairman** *n* vicepresidente *m*.
vice squad ['vaɪsskwɔd] *n* (squadra del) buon costume *f*.
vice versa ['vaɪsɪ'vəːsə] *ad* viceversa.
vicinity [vɪ'sɪnɪtɪ] *n* vicinanze *fpl*.
vicious ['vɪʃəs] *a* (*remark*) maligno(a), cattivo(a); (*blow*) violento(a); **~ness** *n* malignità, cattiveria; ferocia.
vicissitudes [vɪ'sɪsɪtjuːdz] *npl* vicissitudini *fpl*.
victim ['vɪktɪm] *n* vittima; **~ization**

[-aɪzeɪʃən] *n* persecuzione *f*; rappresaglie *fpl*; ~**ize** *vt* perseguitare; compiere delle rappresaglie contro.
victor ['vɪktə*] *n* vincitore *m*.
Victorian [vɪk'tɔːrɪən] *a* vittoriano(a).
victorious [vɪk'tɔːrɪəs] *a* vittorioso(a).
victory ['vɪktərɪ] *n* vittoria.
video ['vɪdɪəu] *cpd* video...; ~**(-tape) recorder** *n* videoregistratore *m*.
vie [vaɪ] *vi*: **to ~ with** competere con, rivaleggiare con.
Vienna [vɪ'ɛnə] *n* Vienna.
view [vjuː] *n* vista, veduta; (*opinion*) opinione *f* // *vt* (*situation*) considerare; (*house*) visitare; **on ~** (*in museum etc*) esposto(a); **in my ~** a mio avviso, secondo me; **in ~ of the fact that** considerato che; ~**er** *n* (*viewfinder*) mirino; (*small projector*) visore *m*; (TV) telespettatore/trice; ~**finder** *n* mirino; ~**point** *n* punto di vista.
vigil ['vɪdʒɪl] *n* veglia; ~**ance** *n* vigilanza; ~**ant** *a* vigile.
vigorous ['vɪgərəs] *a* vigoroso(a).
vigour ['vɪgə*] *n* vigore *m*.
vile [vaɪl] *a* (*action*) vile; (*smell*) disgustoso(a), nauseante; (*temper*) pessimo(a).
villa ['vɪlə] *n* villa.
village ['vɪlɪdʒ] *n* villaggio; ~**r** *n* abitante *m/f* di villaggio.
villain ['vɪlən] *n* (*scoundrel*) canaglia; (*criminal*) criminale *m*; (*in novel etc*) cattivo.
vindicate ['vɪndɪkeɪt] *vt* comprovare; giustificare.
vindictive [vɪn'dɪktɪv] *a* vendicativo(a).
vine [vaɪn] *n* vite *f*; (*climbing plant*) rampicante *m*.
vinegar ['vɪnɪgə*] *n* aceto.
vineyard ['vɪnjɑːd] *n* vigna, vigneto.
vintage ['vɪntɪdʒ] *n* (*year*) annata, produzione *f*; ~ **wine** *n* vino d'annata.
vinyl ['vaɪnl] *n* vinile *m*.
viola [vɪ'əulə] *n* viola.
violate ['vaɪəleɪt] *vt* violare; **violation** [-'leɪʃən] *n* violazione *f*.
violence ['vaɪələns] *n* violenza; (POL *etc*) incidenti *mpl* violenti.
violent ['vaɪələnt] *a* violento(a); ~**ly** *ad* violentemente; estremamente.
violet ['vaɪələt] *a* (*colour*) viola *inv*, violetto(a) // *n* (*plant*) violetta.
violin [vaɪə'lɪn] *n* violino; ~**ist** *n* violinista *m/f*.
VIP *n* (*abbr of very important person*) V.I.P. *m/f inv*.
viper ['vaɪpə*] *n* vipera.
virgin ['vəːdʒɪn] *n* vergine *f* // *a* vergine; **the Blessed V~** la Beatissima Vergine; ~**ity** [-'dʒɪnɪtɪ] *n* verginità.
Virgo ['vəːgəu] *n* (*sign*) Vergine *f*.
virile ['vɪraɪl] *a* virile.
virility [vɪ'rɪlɪtɪ] *n* virilità.
virtually ['vəːtjuəlɪ] *ad* (*almost*) praticamente.
virtue ['vəːtjuː] *n* virtù *f inv*; (*advantage*) pregio, vantaggio; **by ~ of** grazie a.
virtuoso [vəːtju'əuzəu] *n* virtuoso.
virtuous ['vəːtjuəs] *a* virtuoso(a).
virus ['vaɪərəs] *n* virus *m inv*.
visa ['viːzə] *n* visto.
vis-à-vis [viːzə'viː] *prep* rispetto a, nei riguardi di.
viscount ['vaɪkaunt] *n* visconte *m*.
visibility [vɪzɪ'bɪlɪtɪ] *n* visibilità.
visible ['vɪzəbl] *a* visibile.
vision ['vɪʒən] *n* (*sight*) vista; (*foresight, in dream*) visione *f*; ~**ary** *n* visionario/a.
visit ['vɪzɪt] *n* visita; (*stay*) soggiorno // *vt* (*person*) andare a trovare; (*place*) visitare; ~**ing card** *n* biglietto da visita; ~**or** *n* visitatore/trice; (*guest*) ospite *m/f*; (*in hotel*) cliente *m/f*; ~**ors' book** *n* libro d'oro; (*in hotel*) registro.
visor ['vaɪzə*] *n* visiera.
vista ['vɪstə] *n* vista, prospettiva.
visual ['vɪzjuəl] *a* visivo(a); visuale; ottico(a); ~ **aid** *n* sussidio visivo.
visualize ['vɪzjuəlaɪz] *vt* immaginare, figurarsi; (*foresee*) prevedere.
vital ['vaɪtl] *a* vitale; ~**ity** [-'tælɪtɪ] *n* vitalità; ~**ly** *ad* estremamente; ~ **statistics** *npl* (*fig*) misure *fpl*.
vitamin ['vɪtəmɪn] *n* vitamina.
vivacious [vɪ'veɪʃəs] *a* vivace.
vivacity [vɪ'væsɪtɪ] *n* vivacità.
vivid ['vɪvɪd] *a* vivido(a); ~**ly** *ad* (*describe*) vividamente; (*remember*) con precisione.
vivisection [vɪvɪ'sɛkʃən] *n* vivisezione *f*.
vocabulary [vəu'kæbjulərɪ] *n* vocabolario.
vocal ['vəukl] *a* (MUS) vocale; (*communication*) verbale; (*noisy*) rumoroso(a); ~**ist** *n* cantante *m/f* di musica vocale, vocalist *m/f inv*.
vocation [vəu'keɪʃən] *n* vocazione *f*; ~**al** *a* professionale.
vociferous [və'sɪfərəs] *a* rumoroso(a).
vodka ['vɔdkə] *n* vodka *f inv*.
vogue [vəug] *n* moda; (*popularity*) popolarità, voga.
voice [vɔɪs] *n* voce *f* // *vt* (*opinion*) esprimere.
void [vɔɪd] *n* vuoto // *a*: ~ **of** privo(a) di.
volatile ['vɔlətaɪl] *a* volatile; (*fig*) volubile.
volcanic [vɔl'kænɪk] *a* vulcanico(a).
volcano, ~es [vɔl'keɪnəu] *n* vulcano.
volition [və'lɪʃən] *n*: **of one's own ~** di sua volontà.
volley ['vɔlɪ] *n* (*of gunfire*) salva; (*of stones etc*) raffica, gragnola; (TENNIS *etc*) volata; ~**ball** *n* pallavolo *f*.
volt [vəult] *n* volt *m inv*; ~**age** *n* tensione *f*, voltaggio.
voluble ['vɔljubl] *a* loquace, ciarliero(a).
volume ['vɔljuːm] *n* volume *m*; ~ **control** *n* (RADIO, TV) regolatore *m or* manopola del volume.
voluntarily ['vɔləntrɪlɪ] *ad* volontariamente; gratuitamente.
voluntary ['vɔləntərɪ] *a* volontario(a); (*unpaid*) gratuito(a), non retribuito(a).
volunteer [vɔlən'tɪə*] *n* volontario/a // *vi*

(*MIL*) arruolarsi volontario; **to ~ to do** offrire (volontariamente) di fare.
voluptuous [və'lʌptjuəs] *a* voluttuoso(a).
vomit ['vɔmɪt] *n* vomito // *vt, vi* vomitare.
vote [vəut] *n* voto, suffragio; (*cast*) voto; (*franchise*) diritto di voto // *vi* votare; **~ of thanks** *n* discorso di ringraziamento; **~r** *n* elettore/trice; **voting** *n* scrutinio.
vouch [vautʃ]: **to ~ for** *vt* farsi garante di.
voucher ['vautʃə*] *n* (*for meal, petrol*) buono; (*receipt*) ricevuta.
vow [vau] *n* voto, promessa solenne // *vi* giurare.
vowel ['vauəl] *n* vocale *f*.
voyage ['vɔɪɪdʒ] *n* viaggio per mare, traversata.
vulgar ['vʌlgə*] *a* volgare; **~ity** [-'gærɪtɪ] *n* volgarità.
vulnerable ['vʌlnərəbl] *a* vulnerabile.
vulture ['vʌltʃə*] *n* avvoltoio.

W

wad [wɔd] *n* (*of cotton wool, paper*) tampone *m*; (*of banknotes etc*) fascio.
wade [weɪd] *vi*: **to ~ through** camminare a stento in // *vt* guadare.
wafer ['weɪfə*] *n* (*CULIN*) cialda; (*REL*) ostia.
waffle ['wɔfl] *n* (*CULIN*) cialda; (*col*) ciance *fpl*; riempitivo // *vi* cianciare; parlare a vuoto.
waft [wɔft] *vt* portare // *vi* diffondersi.
wag [wæg] *vt* agitare, muovere // *vi* agitarsi.
wage [weɪdʒ] *n* salario, paga // *vt*: **to ~ war** fare la guerra; **~s** *npl* salario, paga.
wager ['weɪdʒə*] *n* scommessa.
waggle ['wægl] *vt* dimenare, agitare // *vi* dimenarsi, agitarsi.
wag(g)on ['wægən] *n* (*horse-drawn*) carro; (*truck*) furgone *m*; (*RAIL*) vagone *m* (merci).
wail [weɪl] *n* gemito; (*of siren*) urlo // *vi* gemere; urlare.
waist [weɪst] *n* vita, cintola; **~coat** *n* panciotto, gilè *m inv*; **~line** *n* (giro di) vita.
wait [weɪt] *n* attesa // *vi* aspettare, attendere; **to lie in ~ for** stare in agguato a; **I can't ~ to** (*fig*) non vedo l'ora di; **to ~ behind** *vi* rimanere (ad aspettare); **to ~ for** aspettare; **to ~ on** *vt fus* servire; **~er** *n* cameriere *m*; **'no ~ing'** (*AUT*) 'divieto di sosta'; **~ing list** *n* lista di attesa; **~ing room** *n* sala d'aspetto *or* d'attesa; **~ress** *n* cameriera.
waive [weɪv] *vt* rinunciare a, abbandonare.
wake [weɪk] *vb* (*pt* **woke, ~d,** *pp* **woken, ~d** [wəuk, 'wəukn]) *vt* (*also*: **~ up**) svegliare // *vi* (*also*: **~ up**) svegliarsi // *n* (*for dead person*) veglia funebre; (*NAUT*) scia; **~n** *vt, vi* = **wake**.
Wales [weɪlz] *n* Galles *m*.
walk [wɔ:k] *n* passeggiata; (*short*) giretto; (*gait*) passo, andatura; (*path*) sentiero; (*in park etc*) sentiero, vialetto // *vi* camminare; (*for pleasure, exercise*) passeggiare // *vt* (*distance*) fare *or* percorrere a piedi; (*dog*) accompagnare, portare a passeggiare; **10 minutes' ~ from** 10 minuti di cammino *or* a piedi da; **from all ~s of life** di tutte le condizioni sociali; **~er** *n* (*person*) camminatore/trice; **~ie-talkie** ['wɔ:kɪ'tɔ:kɪ] *n* radiotelefono portatile; **~ing** *n* camminare *m*; **~ing stick** *n* bastone *m* da passeggio; **~out** *n* (*of workers*) sciopero senza preavviso *or* a sorpresa; **~over** *n* (*col*) vittoria facile, gioco da ragazzi.
wall [wɔ:l] *n* muro; (*internal, of tunnel, cave*) parete *f*; **~ed** *a* (*city*) fortificato(a).
wallet ['wɔlɪt] *n* portafoglio.
wallflower ['wɔ:lflauə*] *n* violacciocca; **to be a ~** (*fig*) fare da tappezzeria.
wallop ['wɔləp] *vt* (*col*) pestare.
wallow ['wɔləu] *vi* sguazzare, voltolarsi.
wallpaper ['wɔ:lpeɪpə*] *n* carta da parati.
walnut ['wɔ:lnʌt] *n* noce *f*; (*tree*) noce *m*.
walrus, *pl* **~** *or* **~es** ['wɔ:lrəs] *n* tricheco.
waltz [wɔ:lts] *n* valzer *m inv* // *vi* ballare il valzer.
wan [wɔn] *a* pallido(a), smorto(a); triste.
wand [wɔnd] *n* (*also*: **magic ~**) bacchetta (magica).
wander ['wɔndə*] *vi* (*person*) girare senza meta, girovagare; (*thoughts*) vagare; (*river*) serpeggiare; **~er** *n* vagabondo/a.
wane [weɪn] *vi* (*moon*) calare; (*reputation*) declinare.
want [wɔnt] *vt* volere; (*need*) aver bisogno di; (*lack*) mancare di // *n*: **for ~ of** per mancanza di; **~s** *npl* (*needs*) bisogni *mpl*; **to ~ to do** volere fare; **to ~ sb to do** volere che qd faccia; **to be found ~ing** non risultare all'altezza.
wanton ['wɔntn] *a* sfrenato(a); senza motivo.
war [wɔ:*] *n* guerra; **to go to ~** entrare in guerra.
ward [wɔ:d] *n* (*in hospital*: *room*) corsia; (: *section*) reparto; (*POL*) circoscrizione *f*; (*LAW*: *child*) pupillo/a; **to ~ off** *vt* parare, schivare.
warden ['wɔ:dn] *n* (*of institution*) direttore/trice; (*of park, game reserve*) guardiano/a; (*also*: **traffic ~**) addetto/a al controllo del traffico e del parcheggio.
warder ['wɔ:də*] *n* guardia carceraria.
wardrobe ['wɔ:drəub] *n* (*cupboard*) guardaroba *m inv*, armadio; (*clothes*) guardaroba; (*THEATRE*) costumi *mpl*.
warehouse ['wɛəhaus] *n* magazzino.
wares [wɛəz] *npl* merci *fpl*.
warfare ['wɔ:fɛə*] *n* guerra.
warhead ['wɔ:hɛd] *n* (*MIL*) testata, ogiva.
warily ['wɛərɪlɪ] *ad* cautamente, con prudenza.
warlike ['wɔ:laɪk] *a* guerriero(a).
warm [wɔ:m] *a* caldo(a); (*thanks, welcome, applause*) caloroso(a); **it's ~** fa caldo; **I'm ~** ho caldo; **to ~ up** *vi* scaldarsi, riscaldarsi; (*athlete, discussion*) riscaldarsi

// *vt* scaldare, riscaldare; (*engine*) far scaldare; ~**-hearted** *a* affettuoso(a); ~**ly** *ad* caldamente; calorosamente; vivamente; ~**th** *n* calore *m*.
warn [wɔ:n] *vt* avvertire, avvisare; ~**ing** *n* avvertimento; (*notice*) avviso; ~**ing light** *n* spia luminosa.
warp [wɔ:p] *vi* deformarsi // *vt* deformare; (*fig*) corrompere.
warrant ['wɔrnt] *n* (LAW: *to arrest*) mandato di cattura; (: *to search*) mandato di perquisizione.
warranty ['wɔrəntɪ] *n* garanzia.
warrior ['wɔrɪə*] *n* guerriero/a.
warship ['wɔ:ʃɪp] *n* nave *f* da guerra.
wart [wɔ:t] *n* verruca.
wartime ['wɔ:taɪm] *n*: **in** ~ in tempo di guerra.
wary ['wɛərɪ] *a* prudente.
was [wɔz] *pt of* **be**.
wash [wɔʃ] *vt* lavare // *vi* lavarsi // *n*: **to give sth a** ~ lavare qc, dare una lavata a qc; **to have a** ~ lavarsi; **to** ~ **away** *vt* (*stain*) togliere lavando; (*subj*: *river etc*) trascinare via; **to** ~ **down** *vt* lavare; **to** ~ **off** *vi* andare via con il lavaggio; **to** ~ **up** *vi* lavare i piatti; ~**basin** *n* lavabo; ~**er** *n* (TECH) rondella; ~**ing** *n* (*linen etc*) bucato; ~**ing machine** *n* lavatrice *f*; ~**ing powder** *n* detersivo (in polvere); ~**ing-up** *n* rigovernatura, lavatura dei piatti; ~**-out** *n* (*col*) disastro; ~**room** *n* gabinetto.
wasn't ['wɔznt] = **was not**.
wasp [wɔsp] *n* vespa.
wastage ['weɪstɪdʒ] *n* spreco; (*in manufacturing*) scarti *mpl*.
waste [weɪst] *n* spreco; (*of time*) perdita; (*rubbish*) rifiuti *mpl* // *a* (*material*) di scarto; (*food*) avanzato(a) // *vt* sprecare; (*time, opportunity*) perdere; ~**s** *npl* distesa desolata; **to** ~ **away** *vi* deperire; ~**bin** *n* bidone *m or* secchio della spazzatura; ~ **disposal unit** *n* eliminatore *m* di rifiuti; ~**ful** *a* sprecone(a); (*process*) dispendioso(a); ~ **ground** *n* terreno incolto *or* abbandonato; ~**paper basket** *n* cestino per la carta straccia.
watch [wɔtʃ] *n* orologio; (*act of watching*) sorveglianza; (*guard*: MIL, NAUT) guardia; (NAUT: *spell of duty*) quarto // *vt* (*look at*) osservare; (: *match, programme*) guardare; (*spy on, guard*) sorvegliare, tenere d'occhio; (*be careful of*) fare attenzione a // *vi* osservare, guardare; (*keep guard*) fare *or* montare la guardia; **to** ~ **out** *vi* fare attenzione; ~**dog** *n* cane *m* da guardia; ~**ful** *a* attento(a), vigile; ~**maker** *n* orologiaio/a; ~**man** *n* guardiano; (*also*: **night** ~**man**) guardiano notturno; ~ **strap** *n* cinturino da orologio.
water ['wɔ:tə*] *n* acqua // *vt* (*plant*) annaffiare; **in British** ~**s** nelle acque territoriali britanniche; **to** ~ **down** *vt* (*milk*) diluire; (*fig*: *story*) edulcorare; ~ **closet** *n* W.C. *m inv*, gabinetto; ~**colours** *npl* colori *mpl* per acquarello; ~**cress** *n* crescione *m*; ~**fall** *n* cascata; ~**ing can** *n* annaffiatoio; ~ **level** *n* livello dell'acqua; (*of flood*) livello delle acque; ~ **lily** *n* ninfea; ~**line** *n* (NAUT) linea di galleggiamento; ~**logged** *a* saturo(a) d'acqua; imbevuto(a) d'acqua; (*football pitch etc*) allagato(a); ~ **main** *n* conduttura dell'acqua; ~**mark** *n* (*on paper*) filigrana; ~**melon** *n* anguria, cocomero; ~ **polo** *n* pallanuoto *f*; ~**proof** *a* impermeabile; ~**shed** *n* (GEO, *fig*) spartiacque *m*; ~**-skiing** *n* sci *m acquatico;* ~**tight** *a* stagno(a); ~**works** *npl* impianto idrico; ~**y** *a* (*colour*) slavato(a); (*coffee*) acquoso(a).
watt [wɔt] *n* watt *m inv*.
wave [weɪv] *n* onda; (*of hand*) gesto, segno; (*in hair*) ondulazione *f* // *vi* fare un cenno con la mano; (*flag*) sventolare // *vt* (*handkerchief*) sventolare; (*stick*) brandire; (*hair*) ondulare; ~**length** *n* lunghezza d'onda.
waver ['weɪvə*] *vi* vacillare; (*voice*) tremolare.
wavy ['weɪvɪ] *a* ondulato(a); ondeggiante.
wax [wæks] *n* cera // *vt* dare la cera a; (*car*) lucidare // *vi* (*moon*) crescere; ~**works** *npl* cere *fpl*; museo delle cere.
way [weɪ] *n* via, strada; (*path, access*) passaggio; (*distance*) distanza; (*direction*) parte *f*, direzione *f*; (*manner*) modo, stile *m*; (*habit*) abitudine *f*; (*condition*) condizione *f*; **which** ~**?** — **this** ~ da che parte *or* in quale direzione? — da questa parte, per di qua; **to be on one's** ~ essere in cammino *or* sulla strada; **to be in the** ~ bloccare il passaggio; (*fig*) essere tra i piedi *or* d'impiccio; **to go out of one's** ~ **to do** (*fig*) mettercela tutta *or* fare di tutto per fare; **in a** ~ in un certo senso; **in some** ~**s** sotto certi aspetti; **'**~ **in'** 'entrata', 'ingresso'; **'**~ **out'** 'uscita'; **the** ~ **back** la via del ritorno.
waylay [weɪ'leɪ] *vt irg* tendere un agguato a; attendere al passaggio.
wayward ['weɪwəd] *a* capriccioso(a); testardo(a).
W.C. ['dʌblju'si:] *n* W.C. *m inv*, gabinetto.
we [wi:] *pl pronoun* noi.
weak [wi:k] *a* debole; (*health*) precario(a); (*beam etc*) fragile; ~**en** *vi* indebolirsi // *vt* indebolire; ~**ling** ['wi:klɪŋ] *n* smidollato/a; debole *m/f*; ~**ness** *n* debolezza; (*fault*) punto debole, difetto.
wealth [wɛlθ] *n* (*money, resources*) ricchezza, ricchezze *fpl*; (*of details*) abbondanza, profusione *f*; ~**y** *a* ricco(a).
wean [wi:n] *vt* svezzare.
weapon ['wɛpən] *n* arma.
wear [wɛə*] *n* (*use*) uso; (*deterioration through use*) logorio, usura; (*clothing*): **sports/baby**~ abbigliamento sportivo/per neonati // *vb* (*pt* **wore**, *pp* **worn** [wɔ:*, wɔ:n]) *vt* (*clothes*) portare; mettersi; (*damage*: *through use*) consumare // *vi* (*last*) durare; (*rub etc through*) consumarsi; **town/evening** ~ *n* abiti *mpl or* tenuta da città/sera; ~ **and tear** *n* usura, consumo; **to** ~ **away** *vt*

consumare; erodere // *vi* consumarsi; essere eroso(a); **to ~ down** *vt* consumare; (*strength*) esaurire; **to ~ off** *vi* sparire lentamente; **to ~ on** *vi* passare; **to ~ out** *vt* consumare; (*person, strength*) esaurire.
weariness ['wɪərɪnɪs] *n* stanchezza.
weary ['wɪərɪ] *a* stanco(a); (*tiring*) faticoso(a) // *vi*: **to ~ of** stancarsi di.
weasel ['wi:zl] *n* (ZOOL) donnola.
weather ['wɛðə*] *n* tempo // *vt* (*wood*) stagionare; (*storm, crisis*) superare; **~-beaten** *a* (*person*) segnato(a) dalle intemperie; (*building*) logorato(a) dalle intemperie; **~ cock** *n* banderuola; **~ forecast** *n* previsioni *fpl* del tempo, bollettino meteorologico.
weave, *pt* wove, *pp* woven [wi:v, wəuv, 'wəuvn] *vt* (*cloth*) tessere; (*basket*) intrecciare; **~r** *n* tessitore/trice; **weaving** *n* tessitura.
web [wɛb] *n* (*of spider*) ragnatela; (*on foot*) palma; (*fabric, also fig*) tessuto; **~bed** *a* (*foot*) palmato(a).
wed [wɛd] *vt* (*pt, pp* **wedded**) sposare // *n*: **the newly-~s** gli sposi novelli.
we'd [wi:d] = **we had, we would**.
wedding [wɛdɪŋ] *n* matrimonio; **silver/golden ~** *n* nozze *fpl* d'argento/d'oro; **~ day** *n* giorno delle nozze *or* del matrimonio; **~ dress** *n* abito nuziale; **~ present** *n* regalo di nozze; **~ ring** *n* fede *f*.
wedge [wɛdʒ] *n* (*of wood etc*) cuneo; (*under door etc*) zeppa; (*of cake*) spicchio, fetta // *vt* (*fix*) fissare con zeppe; (*push*) incuneare.
wedlock ['wɛdlɔk] *n* vincolo matrimoniale.
Wednesday ['wɛdnzdɪ] *n* mercole-dì *m inv*.
wee [wi:] *a* (*Scottish*) piccolo(a); piccolissimo(a).
weed [wi:d] *n* erbaccia // *vt* diserbare; **~-killer** *n* diserbante *m*.
week [wi:k] *n* settimana; **~day** *n* giorno feriale; (COMM) giornata lavorativa; **~end** *n* fine settimana *m or f inv*, weekend *m inv*; **~ly** *ad* ogni settimana, settimanalmente // *a,n* settimanale (*m*).
weep, *pt, pp* wept [wi:p, wɛpt] *vi* (*person*) piangere; **~ing willow** *n* salice *m* piangente.
weigh [weɪ] *vt,vi* pesare; **to ~ anchor** salpare *or* levare l'ancora; **to ~ down** *vt* (*branch*) piegare; (*fig*: *with worry*) opprimere, caricare; **to ~ up** *vt* valutare.
weight [weɪt] *n* peso; **sold by ~** venduto(a) a peso; **~lessness** *n* mancanza di peso; **~ lifter** *n* pesista *m*; **~y** *a* pesante; (*fig*) importante, grave.
weir [wɪə*] *n* diga.
weird [wɪəd] *a* strano(a), bizzarro(a); (*eerie*) soprannaturale.
welcome ['wɛlkəm] *a* benvenuto(a) // *n* accoglienza, benvenuto // *vt* accogliere cordialmente; (*also*: **bid ~**) dare il benvenuto a; (*be glad of*) rallegrarsi di; **to be ~** essere il(la) benvenuto(a); **welcoming** *a* accogliente.
weld [wɛld] *n* saldatura // *vt* saldare; **~er** *n* (*person*) saldatore *m*; **~ing** *n* saldatura (autogena).
welfare ['wɛlfɛə*] *n* benessere *m*; **~ state** *n* stato assistenziale; **~ work** *n* assistenza sociale.
well [wɛl] *n* pozzo // *ad* bene // *a*: **to be ~** andare bene; (*person*) stare bene // *excl* allora!; ma!; ebbene!; **~ done!** bravo(a)!; **get ~ soon!** guarisci presto!; **to do ~ in sth** riuscire in qc.
we'll [wi:l] = **we will, we shall**.
well: **~-behaved** *a* ubbidiente; **~-being** *n* benessere *m*; **~-built** *a* (*person*) ben fatto(a); **~-developed** *a* (*girl*) sviluppata; **~-earned** *a* (*rest*) meritato(a); **~-groomed** *a* curato(a), azzimato(a); **~-heeled** *a* (*col*: *wealthy*) agiato(a), facoltoso(a).
wellingtons ['wɛlɪŋtənz] *npl* (*also*: **wellington boots**) stivali *mpl* di gomma.
well: **~-known** *a* (*person*) ben noto(a); (: *famous*) famoso(a); **~-meaning** *a* ben intenzionato(a); **~-off** *a* benestante, danaroso(a); **~-read** *a* colto(a); **~-to-do** *a* abbiente, benestante.
Welsh [wɛlʃ] *a* gallese // *n* (LING) gallese *m*; **~man/woman** *n* gallese *m/f*; **~ rarebit** *n* crostino al formaggio.
went [wɛnt] *pt of* **go**.
wept [wɛpt] *pt, pp of* **weep**.
were [wə:*] *pt of* **be**.
we're [wɪə*] = **we are**.
weren't [wə:nt] = **were not**.
west [wɛst] *n* ovest *m*, occidente *m*, ponente *m* // *a* (a) ovest *inv*, occidentale // *ad* verso ovest; **the W~** *n* l'Occidente *m*; **the W~ Country** *n* il sud-ovest dell'Inghilterra; **~erly** *a* (*wind*) occidentale, da ovest; **~ern** *a* occidentale, dell'ovest // *n* (CINEMA) western *m inv*; **W~ Germany** *n* Germania occidentale *or* ovest; **W~ Indies** *npl* Indie *fpl* occidentali; **~ward(s)** *ad* verso ovest.
wet [wɛt] *a* umido(a), bagnato(a); (*soaked*) fradicio(a); (*rainy*) piovoso(a); **to get ~** bagnarsi; **~ blanket** *n* (*fig*) guastafeste *m/f*; **'~ paint'** 'vernice fresca'; **~ suit** *n* tuta da sub.
we've [wi:v] = **we have**.
whack [wæk] *vt* picchiare, battere; **~ed** *a* (*col*: *tired*) sfinito(a), a pezzi.
whale [weɪl] *n* (ZOOL) balena.
wharf, wharves [wɔ:f, wɔ:vz] *n* banchina.
what [wɔt] *excl* cosa!, come! // *det* quale // *pronoun* (*interrogative*) che cosa, cosa, che; (*relative*) quello che, ciò che; **~ a mess!** che disordine!; **~ is it called?** come si chiama?; **~ about doing ...?** cosa ne diresti di fare ...?; **~ about me?** e io?; **~ever** *det*: **~ever book** qualunque *or* qualsiasi libro + *sub* // *pronoun*: **do ~ever is necessary/you want** faccia qualunque *or* qualsiasi cosa sia necessaria/lei voglia; **~ever happens**

qualunque cosa accada; **no reason ~ever** *or* **~soever** nessuna ragione affatto *or* al mondo.

wheat [wi:t] *n* grano, frumento.

wheel [wi:l] *n* ruota; (*AUT*: *also*: **steering ~**) volante *m*; (*NAUT*) (ruota del) timone *m* // *vt* spingere // *vi* (*also*: **~ round**) girare; **~barrow** *n* carriola; **~chair** *n* sedia a rotelle.

wheeze [wi:z] *n* respiro affannoso // *vi* ansimare.

when [wɛn] *ad* quando // *cj* quando, nel momento in cui; (*whereas*) mentre; **~ever** *ad* quando mai // *cj* quando; (*every time that*) ogni volta che.

where [wɛə*] *ad,cj* dove; **this is ~** è qui che; **~abouts** *ad* dove // *n*: **sb's ~abouts** luogo dove qd si trova; **~as** *cj* mentre; **~ver** [-'ɛvə*] *ad* dove mai // *cj* dovunque + *sub*.

whet [wɛt] *vt* (*tool*) affilare; (*appetite etc*) stimolare.

whether ['wɛðə*] *cj* se; **I don't know ~ to accept or not** non so se accettare o no; **it's doubtful ~** è poco probabile che; **~ you go or not** che lei vada o no.

which [wɪtʃ] *det* (*interrogative*) che, quale; **~ one of you?** chi di voi?; **tell me ~ one you want** mi dica quale vuole // *pronoun* (*interrogative, indirect*) quale; (*relative*: *subject*) che; (: *object*) che, *prep* + cui, il(la) quale; **I don't mind ~** non mi importa quale; **the apple ~ you ate/~ is on the table** la mela che ha mangiato/che è sul tavolo; **the chair on ~** la sedia sulla quale *or* su cui; **the book of ~** il libro del quale *or* di cui; **he said he knew, ~ is true/I feared** disse che lo sapeva, il che è vero/ciò che temevo; **after ~** dopo di che; **in ~ case** nel qual caso; **~ever** *det*: **take ~ever book you prefer** prenda qualsiasi libro che preferisce; **~ever book you take** qualsiasi libro prenda.

whiff [wɪf] *n* soffio; sbuffo; odore *m*.

while [waɪl] *n* momento // *cj* mentre; (*as long as*) finché; (*although*) sebbene + *sub*; per quanto + *sub*; **for a ~** per un po'.

whim [wɪm] *n* capriccio.

whimper ['wɪmpə*] *n* piagnucolio // *vi* piagnucolare.

whimsical ['wɪmzɪkl] *a* (*person*) capriccioso(a); (*look*) strano(a).

whine [waɪn] *n* gemito // *vi* gemere; uggiolare; piagnucolare.

whip [wɪp] *n* frusta; (*for riding*) frustino; (*Brit*: *POL*: *person*) capogruppo (*che sovrintende alla disciplina dei colleghi di partito*) // *vt* frustare; (*snatch*) sollevare (*or* estrarre) bruscamente; **~ped cream** *n* panna montata; **~-round** *n* colletta.

whirl [wə:l] *n* turbine *m* // *vt* (far) girare rapidamente; (far) turbinare // *vi* turbinare; **~pool** *n* mulinello; **~wind** *n* turbine *m*.

whirr [wə:*] *vi* ronzare; rombare; frullare.

whisk [wɪsk] *n* (*CULIN*) frusta; frullino // *vt* sbattere, frullare; **to ~ sb away** *or* **off** portar via qd a tutta velocità.

whisker ['wɪskə*] *n*: **~s** *npl* (*of animal*) baffi *mpl*; (*of man*) favoriti *mpl*.

whisk(e)y ['wɪskɪ] *n* whisky *m inv*.

whisper ['wɪspə*] *n* sussurro; (*rumour*) voce *f* // *vt,vi* sussurrare.

whist [wɪst] *n* whist *m*.

whistle ['wɪsl] *n* (*sound*) fischio; (*object*) fischietto // *vi* fischiare.

white [waɪt] *a* bianco(a); (*with fear*) pallido(a) // *n* bianco; (*person*) bianco/a; **~-collar worker** *n* impiegato; **~ lie** *n* bugia pietosa; **~ness** *n* bianchezza; **~wash** *n* (*paint*) bianco di calce // *vt* imbiancare; (*fig*) coprire.

Whitsun ['wɪtsn] *n* la Pentecoste.

whittle ['wɪtl] *vt*: **to ~ away, ~ down** ridurre, tagliare.

whizz [wɪz] *vi* sfrecciare; **~ kid** *n* (*col*) ragazzo/a prodigio.

WHO *n* (*abbr of World Health Organization*) O.M.S. *f* (Organizzazione mondiale della sanità).

who [hu:] *pronoun* (*interrogative*) chi; (*relative*) che; **~dunit** [hu:'dʌnɪt] *n* (*col*) giallo; **~ever** *pronoun*: **~ever finds it** chiunque lo trovi; **ask ~ever you like** lo chieda a chiunque vuole; **~ever told you that?** chi mai gliel'ha detto?

whole [həul] *a* (*complete*) tutto(a), completo(a); (*not broken*) intero(a), intatto(a) // *n* (*total*) totale *m*; (*sth not broken*) tutto; **the ~ of the time** tutto il tempo; **on the ~, as a ~** nel complesso, nell'insieme; **~hearted** *a* sincero(a); **~sale** *n* commercio *or* vendita all'ingrosso // *a* all'ingrosso; (*destruction*) totale; **~saler** *n* grossista *m/f*; **~some** *a* sano(a); salutare; **wholly** *ad* completamente, del tutto.

whom [hu:m] *pronoun* che, *prep* + il(la) quale; (*interrogative*) chi.

whooping cough ['hu:pɪŋkɔf] *n* pertosse *f*.

whopping ['wɔpɪŋ] *a* (*col*: *big*) enorme.

whore [hɔ:*] *n* (*pej*) puttana.

whose [hu:z] *det*: **~ book is this?** di chi è questo libro?; **~ pencil have you taken?** di chi è la matita che ha preso?; **the man ~ son you rescued** l'uomo di cui *or* del quale ha salvato il figlio; **the girl ~ sister you were speaking to** la ragazza alla sorella di cui *or* della quale stava parlando // *pronoun*: **~ is this?** di chi è questo?; **I know ~ it is** so di chi è.

why [waɪ] *ad* perché // *excl* oh!; ma come!; **the reason ~** la ragione perché *or* per la quale; **~ever** *ad* perché mai.

wick [wɪk] *n* lucignolo, stoppino.

wicked ['wɪkɪd] *a* cattivo(a), malvagio(a); maligno(a); perfido(a); (*mischievous*) malizioso(a).

wicker ['wɪkə*] *n* vimine *m*; (*also*: **~work**) articoli *mpl* di vimini.

wicket ['wɪkɪt] *n* (*CRICKET*) porta; area tra le due porte.

wide [waɪd] *a* largo(a); (*region, knowledge*) vasto(a); (*choice*) ampio(a) // *ad*: **to open ~** spalancare; **to shoot ~** tirare a vuoto *or* fuori bersaglio; **~-angle lens** *n* grandangolare *m*; **~-awake** *a* completamente sveglio(a); **~ly** *ad* (*different*) molto, completamente; (*believed*) generalmente; **~ly spaced** molto distanziati(e); **~n** *vt* allargare, ampliare; **~ open** *a* spalancato(a); **~spread** *a* (*belief etc*) molto *or* assai diffuso(a).

widow ['wɪdəu] *n* vedova; **~ed** *a* (che è rimasto(a)) vedovo(a); **~er** *n* vedovo.

width [wɪdθ] *n* larghezza.

wield [wi:ld] *vt* (*sword*) maneggiare; (*power*) esercitare.

wife, wives [waɪf, waɪvz] *n* moglie *f*.

wig [wɪg] *n* parrucca.

wiggle ['wɪgl] *vt* dimenare, agitare // *vi* (*loose screw etc*) traballare; (*worm*) torcersi.

wild [waɪld] *a* selvatico(a); selvaggio(a); (*sea*) tempestoso(a); (*idea, life*) folle; stravagante; **~s** *npl* regione *f* selvaggia; **~erness** ['wɪldənɪs] *n* deserto; **~-goose chase** *n* (*fig*) pista falsa; **~life** *n* natura; **~ly** *ad* (*applaud*) freneticamente; (*hit, guess*) a casaccio; (*happy*) follemente.

wilful ['wɪlful] *a* (*person*) testardo(a), ostinato(a); (*action*) intenzionale; (*crime*) premeditato(a).

will [wɪl] *auxiliary vb*: **he ~ come** verrà // *vt* (*pt, pp* **~ed**): **to ~ sb to do** volere che qd faccia; **he ~ed himself to go on** continuò grazie a un grande sforzo di volontà // *n* volontà; testamento; **~ing** *a* volonteroso(a); **~ing to do** disposto(a) a fare; **~ingly** *ad* volentieri; **~ingness** *n* buona volontà.

willow ['wɪləu] *n* salice *m*.

will power ['wɪlpauə*] *n* forza di volontà.

wilt [wɪlt] *vi* appassire.

wily ['waɪlɪ] *a* furbo(a).

win [wɪn] *n* (*in sports etc*) vittoria // *vb* (*pt, pp* **won** [wʌn]) *vt* (*battle, prize*) vincere; (*money*) guadagnare; (*popularity*) conquistare // *vi* vincere; **to ~ over, ~ round** *vt* convincere.

wince [wɪns] *n* trasalimento, sussulto // *vi* trasalire.

winch [wɪntʃ] *n* verricello, argano.

wind *n* [wɪnd] vento; (MED) flatulenza, ventosità // *vb* [waɪnd] (*pt, pp* **wound** [waund]) *vt* attorcigliare; (*wrap*) avvolgere; (*clock, toy*) caricare; (*take breath away*: [wɪnd]) far restare senza fiato // *vi* (*road, river*) serpeggiare; **to ~ up** *vt* (*clock*) caricare; (*debate*) concludere; **~break** *n* frangivento; **~fall** *n* colpo di fortuna; **~ing** ['waɪndɪŋ] *a* (*road*) serpeggiante; (*staircase*) a chiocciola; **~ instrument** *n* (MUS) strumento a fiato; **~mill** *n* mulino a vento.

window ['wɪndəu] *n* finestra; (*in car, train*) finestrino; (*in shop etc*) vetrina; (*also*: **~ pane**) vetro; **~ box** *n* cassetta da fiori; **~ cleaner** *n* (*person*) pulitore *m* di finestre; **~ ledge** *n* davanzale *m*; **~ pane** *n* vetro; **~sill** *n* davanzale *m*.

windpipe ['wɪndpaɪp] *n* trachea.

windscreen, windshield (*US*) ['wɪndskri:n, 'wɪndʃi:ld] *n* parabrezza *m inv*; **~ washer** *n* lavacristallo; **~ wiper** *n* tergicristallo.

windswept ['wɪndswɛpt] *a* spazzato(a) dal vento.

windy ['wɪndɪ] *a* ventoso(a); **it's ~** c'è vento.

wine [waɪn] *n* vino; **~ cellar** *n* cantina; **~ glass** *n* bicchiere *m* da vino; **~ list** *n* lista dei vini; **~ tasting** *n* degustazione *f* dei vini; **~ waiter** *n* sommelier *m inv*.

wing [wɪŋ] *n* ala; **~s** *npl* (THEATRE) quinte *fpl*; **~er** *n* (SPORT) ala.

wink [wɪŋk] *n* ammiccamento // *vi* ammiccare, fare l'occhiolino.

winner ['wɪnə*] *n* vincitore/trice.

winning ['wɪnɪŋ] *a* (*team*) vincente; (*goal*) decisivo(a); **~s** *npl* vincite *fpl*; **~ post** *n* traguardo.

winter ['wɪntə*] *n* inverno; **~ sports** *npl* sport *mpl* invernali.

wintry ['wɪntrɪ] *a* invernale.

wipe [waɪp] *n* pulita, passata // *vt* pulire (strofinando); (*dishes*) asciugare; **to ~ off** *vt* cancellare; (*stains*) togliere strofinando; **to ~ out** *vt* (*debt*) pagare, liquidare; (*memory*) cancellare; (*destroy*) annientare; **to ~ up** *vt* asciugare.

wire ['waɪə*] *n* filo; (ELEC) filo elettrico; (TEL) telegramma *m*.

wireless ['waɪəlɪs] *n* telegrafia senza fili; (*set*) (apparecchio *m*) radio *f inv*.

wiry ['waɪərɪ] *a* magro(a) e nerboruto(a).

wisdom ['wɪzdəm] *n* saggezza; (*of action*) prudenza; **~ tooth** *n* dente *m* del giudizio.

wise [waɪz] *a* saggio(a); prudente; giudizioso(a).

...wise [waɪz] *suffix*: **time~** per quanto riguarda il tempo, in termini di tempo.

wisecrack ['waɪzkræk] *n* battuta spiritosa.

wish [wɪʃ] *n* (*desire*) desiderio; (*specific desire*) richiesta // *vt* desiderare, volere; **best ~es** (*on birthday etc*) i migliori auguri; **with best ~es** (*in letter*) cordiali saluti, con i migliori saluti; **to ~ sb goodbye** dire arrivederci a qd; **he ~ed me well** mi augurò di riuscire; **to ~ to do/sb to do** desiderare *or* volere fare/che qd faccia; **to ~ for** desiderare; **it's ~ful thinking** è prendere i desideri per realtà.

wisp [wɪsp] *n* ciuffo, ciocca; (*of smoke, straw*) filo.

wistful ['wɪstful] *a* malinconico(a).

wit [wɪt] *n* (*gen pl*) intelligenza; presenza di spirito; (*wittiness*) spirito, arguzia; (*person*) bello spirito; **to be at one's ~s' end** (*fig*) non sapere più cosa fare; **to ~** *ad* cioè.

witch [wɪtʃ] *n* strega; **~craft** *n* stregoneria.

with [wɪð, wɪθ] *prep* con; **red ~ anger** rosso dalla *or* per la rabbia; **covered ~ snow** coperto di neve; **the man ~ the grey hat** l'uomo dal cappello grigio; **to be ~ it** (*fig*) essere al corrente; essere

sveglio(a); **I am ~ you** (*I understand*) la seguo.
withdraw [wɪθ'drɔ:] *vb* (*irg*) *vt* ritirare; (*money from bank*) ritirare; prelevare // *vi* ritirarsi; (*go back on promise*) ritrattarsi; **~al** *n* ritiro; prelievo; (*of army*) ritirata; (*MED*) stato di privazione.
wither ['wɪðə*] *vi* appassire; **~ed** *a* appassito(a); (*limb*) atrofizzato(a).
withhold [wɪθ'həuld] *vt irg* (*money*) trattenere; (*decision*) rimettere, rimandare; (*permission*): **to ~ (from)** rifiutare (a); (*information*): **to ~ (from)** nascondere (a).
within [wɪð'ɪn] *prep* all'interno; (*in time, distances*) entro // *ad* all'interno, dentro; **~ sight of** in vista di; **~ a mile of** entro un miglio da; **~ the week** prima della fine della settimana.
without [wɪð'aut] *prep* senza.
withstand [wɪθ'stænd] *vt irg* resistere a.
witness ['wɪtnɪs] *n* (*person*) testimone *m/f* // *vt* (*event*) essere testimone di; (*document*) attestare l'autenticità di; **to bear ~ to sth** testimoniare qc; **~ box, ~ stand** (*US*) *n* banco dei testimoni.
witticism ['wɪtɪsɪzm] *n* spiritosaggine *f*.
witty ['wɪtɪ] *a* spiritoso(a).
wives [waɪvz] *npl of* **wife**.
wizard ['wɪzəd] *n* mago.
wk *abbr of* **week**.
wobble ['wɔbl] *vi* tremare; (*chair*) traballare.
woe [wəu] *n* dolore *m*; disgrazia.
woke [wəuk] *pt of* **wake**; **~n** *pp of* **wake**.
wolf, wolves [wulf, wulvz] *n* lupo.
woman, *pl* **women** ['wumən, 'wɪmɪn] *n* donna; **~ doctor** *n* dottoressa; **~ly** *a* femminile.
womb [wu:m] *n* (*ANAT*) utero.
women ['wɪmɪn] *npl of* **woman**.
won [wʌn] *pt,pp of* **win**.
wonder ['wʌndə*] *n* meraviglia // *vi*: **to ~ whether** domandarsi se; **to ~ at** essere sorpreso(a) di; meravigliarsi di; **to ~ about** domandarsi di; pensare a; **it's no ~ that** c'è poco *or* non c'è da meravigliarsi che + *sub*; **~ful** *a* meraviglioso(a); **~fully** *ad* (+ *adjective*) meravigliosamente; (+ *vb*) a meraviglia.
wonky ['wɔŋkɪ] *a* (*col*) traballante.
won't [wəunt] = **will not**.
woo [wu:] *vt* (*woman*) fare la corte a.
wood [wud] *n* legno; (*timber*) legname *m*; (*forest*) bosco; **~ carving** *n* scultura in legno, intaglio; **~ed** *a* boschivo(a); boscoso(a); **~en** *a* di legno; (*fig*) rigido(a); inespressivo(a); **~pecker** *n* picchio; **~wind** *n* (*MUS*) strumento a fiato in legno; **the ~wind** (*MUS*) i legni; **~work** *n* parti *fpl* in legno; (*craft, subject*) falegnameria; **~worm** *n* tarlo del legno.
wool [wul] *n* lana; **to pull the ~ over sb's eyes** (*fig*) imbrogliare qd; **~len** *a* di lana; **~lens** *npl* indumenti *mpl* di lana; **~ly** *a* lanoso(a); (*fig: ideas*) confuso(a).
word [wə:d] *n* parola; (*news*) notizie *fpl* // *vt* esprimere, formulare; **in other ~s** in altre parole; **to break/keep one's ~** non mantenere/mantenere la propria parola; **I'll take your ~ for it** la crederò sulla parola; **~ing** *n* formulazione *f*; **~y** *a* verboso(a).
wore [wɔ:*] *pt of* **wear**.
work [wə:k] *n* lavoro; (*ART, LITERATURE*) opera // *vi* lavorare; (*mechanism, plan etc*) funzionare; (*medicine*) essere efficace // *vt* (*clay, wood etc*) lavorare; (*mine etc*) sfruttare; (*machine*) far funzionare; **to be out of ~** essere disoccupato(a); **~s** *n* (*factory*) fabbrica // *npl* (*of clock, machine*) meccanismo; **to ~ loose** *vi* allentarsi; **to ~ on** *vt fus* lavorare a; (*principle*) basarsi su; **to ~ out** *vi* (*plans etc*) riuscire, andare bene // *vt* (*problem*) risolvere; (*plan*) elaborare; **it ~s out at £100** fa 100 sterline; **to get ~ed up** andare su tutte le furie; eccitarsi; **~able** *a* (*solution*) realizzabile; **~er** *n* lavoratore/trice, operaio/a; **~ing class** *n* classe *f* operaia *or* lavoratrice; **~ing-class** *a* operaio(a); **~ing man** *n* lavoratore *m*; **in ~ing order** funzionante; **~man** *n* operaio; **~manship** *n* abilità; lavoro; fattura; **~shop** *n* officina; **~-to-rule** *n* sciopero bianco.
world [wə:ld] *n* mondo // *cpd* (*champion*) del mondo; (*power, war*) mondiale; **to think the ~ of sb** (*fig*) pensare un gran bene di qd; **out of this ~** *a* formidabile; **~ly** *a* di questo mondo; **~-wide** *a* universale.
worm [wə:m] *n* verme *m*.
worn [wɔ:n] *pp of* **wear** // *a* usato(a); **~-out** *a* (*object*) consumato(a), logoro(a); (*person*) sfinito(a).
worried ['wʌrɪd] *a* preoccupato(a).
worrier ['wʌrɪə*] *n* ansioso/a.
worry ['wʌrɪ] *n* preoccupazione *f* // *vt* preoccupare // *vi* preoccuparsi; **~ing** *a* preoccupante.
worse [wə:s] *a* peggiore // *ad, n* peggio; **a change for the ~** un peggioramento; **~n** *vt, vi* peggiorare; **~ off** *a* in condizioni (economiche) peggiori.
worship ['wə:ʃɪp] *n* culto // *vt* (*God*) adorare, venerare; (*person*) adorare; **Your W~** (*to mayor*) signor sindaco; (*to judge*) signor giudice; **~per** *n* adoratore/trice; (*in church*) fedele *m/f*, devoto/a.
worst [wə:st] *a* il(la) peggiore // *ad, n* peggio; **at ~** al peggio, per male che vada.
worsted ['wustɪd] *n*: **(wool) ~** lana pettinata.
worth [wə:θ] *n* valore *m* // *a*: **to be ~** valere; **it's ~ it** ne vale la pena; **50 pence ~ of apples** 50 pence di mele; **~less** *a* di nessun valore; **~while** *a* (*activity*) utile; (*cause*) lodevole; **a ~while book** un libro che vale la pena leggere.
worthy ['wə:ðɪ] *a* (*person*) degno(a); (*motive*) lodevole; **~ of** degno di.

would [wud] *auxiliary vb*: **she ~ come** verrebbe; **he ~ have come** sarebbe venuto; **~ you like a biscuit?** vuole *or* vorrebbe un biscotto?; **he ~ go there on Mondays** ci andava il lunedì; **~-be** *a* (*pej*) sedicente.

wound *vb* [waund] *pt, pp of* **wind** // *n,vt* [wu:nd] *n* ferita // *vt* ferire; **~ed in the leg** ferito(a) alla gamba.

wove [wəuv] *pt of* **weave**; **~n** *pp of* **weave.**

wrangle ['ræŋgl] *n* litigio // *vi* litigare.

wrap [ræp] *n* (*stole*) scialle *m*; (*cape*) mantellina // *vt* (*also*: **~ up**) avvolgere; (*parcel*) incartare; **~per** *n* (*of book*) copertina; **~ping paper** *n* carta da pacchi; (*for gift*) carta da regali.

wrath [rɔθ] *n* collera, ira.

wreath, ~s [ri:θ, ri:ðz] *n* corona.

wreck [rɛk] *n* (*sea disaster*) naufragio; (*ship*) relitto; (*pej*: *person*) rottame *m* // *vt* demolire; (*ship*) far naufragare; (*fig*) rovinare; **~age** *n* rottami *mpl*; (*of building*) macerie *fpl*; (*of ship*) relitti *mpl*.

wren [rɛn] *n* (ZOOL) scricciolo.

wrench [rɛntʃ] *n* (TECH) chiave *f*; (*tug*) torsione *f* brusca; (*fig*) strazio // *vt* strappare; storcere; **to ~ sth from** strappare qc a *or* da.

wrestle ['rɛsl] *vi*: **to ~ (with sb)** lottare (con qd); **to ~ with** (*fig*) combattere *or* lottare contro; **~r** *n* lottatore/trice; **wrestling** *n* lotta; (*also*: **all-in wrestling**) catch *m*, lotta libera.

wretched ['rɛtʃɪd] *a* disgraziato(a); (*col*: *weather, holiday*) orrendo(a), orribile; (: *child, dog*) pestifero(a).

wriggle ['rɪgl] *n* contorsione *f* // *vi* dimenarsi; (*snake, worm*) serpeggiare, muoversi serpeggiando.

wring, *pt, pp* **wrung** [rɪŋ, rʌŋ] *vt* torcere; (*wet clothes*) strizzare; (*fig*): **to ~ sth out of** strappare qc a.

wrinkle ['rɪŋkl] *n* (*on skin*) ruga; (*on paper etc*) grinza // *vt* corrugare; raggrinzire // *vi* corrugarsi; raggrinzirsi.

wrist [rɪst] *n* polso; **~ watch** *n* orologio da polso.

writ [rɪt] *n* ordine *m*; mandato.

write, *pt* **wrote,** *pp* **written** [raɪt, rəut, 'rɪtn] *vt, vi* scrivere; **to ~ down** *vt* annotare; (*put in writing*) mettere per iscritto; **to ~ off** *vt* (*debt*) cancellare; (*depreciate*) deprezzare; **to ~ out** *vt* scrivere; (*copy*) ricopiare; **to ~ up** *vt* redigere; **~-off** *n* perdita completa; **the car is a ~-off** la macchina va bene per il demolitore; **~r** *n* autore/trice, scrittore/trice.

writhe [raɪð] *vi* contorcersi.

writing ['raɪtɪŋ] *n* scrittura; (*of author*) scritto, opera; **in ~** per iscritto; **~ paper** *n* carta da scrivere.

written ['rɪtn] *pp of* **write.**

wrong [rɔŋ] *a* sbagliato(a); (*not suitable*) inadatto(a); (*wicked*) cattivo(a); (*unfair*) ingiusto(a) // *ad* in modo sbagliato, erroneamente // *n* (*evil*) male *m*; (*injustice*) torto // *vt* fare torto a; **you are ~ to do it** ha torto a farlo; **you are ~ about that** si sbaglia; **to be in the ~** avere torto; **what's ~?** cosa c'è che non va?; **to go ~** (*person*) sbagliarsi; (*plan*) fallire, non riuscire; (*machine*) guastarsi; **~ful** *a* illegittimo(a); ingiusto(a); **~ly** *ad* a torto.

wrote [rəut] *pt of* **write.**

wrought [rɔ:t] *a*: **~ iron** ferro battuto.

wrung [rʌŋ] *pt, pp of* **wring.**

wry [raɪ] *a* storto(a).

wt. *abbr of* **weight.**

X Y Z

Xmas ['ɛksməs] *n abbr of* **Christmas.**

X-ray ['ɛks'reɪ] *n* raggio X; (*photograph*) radiografia // *vt* radiografare.

xylophone ['zaɪləfəun] *n* xilofono.

yacht [jɔt] *n* panfilo, yacht *m inv*; **~ing** *n* yachting *m*, sport *m* della vela; **~sman** *n* yachtsman *m inv*.

Yank [jæŋk] *n* (*pej*) yankee *m/f inv*.

yap [jæp] *vi* (*dog*) guaire, abbaiare.

yard [jɑ:d] *n* (*of house etc*) cortile *m*; (*measure*) iarda (= *914 mm*; *3 feet*); **~stick** *n* (*fig*) misura, criterio.

yarn [jɑ:n] *n* filato; (*tale*) lunga storia.

yawn [jɔ:n] *n* sbadiglio // *vi* sbadigliare; **~ing** *a* (*gap*) spalancato(a).

yd. *abbr of* **yard(s).**

year [jɪə*] *n* anno; (*referring to harvest, wine etc*) annata; **~ly** *a* annuale // *ad* annualmente.

yearn [jə:n] *vi*: **to ~ for sth/to do** desiderare ardentemente qc/di fare; **~ing** *n* desiderio intenso.

yeast [ji:st] *n* lievito.

yell [jɛl] *n* urlo // *vi* urlare.

yellow ['jɛləu] *a* giallo(a).

yelp [jɛlp] *n* guaito, uggiolio // *vi* guaire, uggiolare.

yes [jɛs] *ad, n* sì (*m inv*).

yesterday ['jɛstədɪ] *ad,n* ieri (*m inv*).

yet [jɛt] *ad* ancora; già // *cj* ma, tuttavia; **it is not finished ~** non è ancora finito; **the best ~** finora il migliore; **as ~** finora.

yew [ju:] *n* tasso.

Yiddish ['jɪdɪʃ] *n* yiddish *m*.

yield [ji:ld] *n* produzione *f*, resa; reddito // *vt* produrre, rendere; (*surrender*) cedere // *vi* cedere.

yodel ['jəudl] *vi* cantare lo jodel *or* alla tirolese.

yoga ['jəugə] *n* yoga *m*.

yog(h)ourt, yog(h)urt ['jəugət] *n* iogurt *m inv*.

yoke [jəuk] *n* giogo.

yolk [jəuk] *n* tuorlo, rosso d'uovo.

yonder ['jɔndə*] *ad* là.

you [ju:] *pronoun* tu; (*polite form*) lei; (*pl*) voi; (: *very formal*) loro; (*complement*: *direct*) ti; la; vi; li; (: *indirect*) ti; le; vi; gli; (*stressed*) te; lei; voi; loro; (*one*): **fresh air**

does ~ good l'aria fresca fa bene; ~ **never know** non si sa mai.
you'd [ju:d] = **you had; you would**.
you'll [ju:l] = **you will; you shall**.
young [jʌŋ] *a* giovane // *npl* (*of animal*) piccoli *mpl*; (*people*): **the** ~ i giovani, la gioventù; ~**ster** *n* giovanotto, ragazzo; (*child*) bambino/a.
your [jɔ:*] *a* il(la) tuo(a), *pl* i(le) tuoi(tue); il(la) suo(a), *pl* i(le) suoi(sue); il(la) vostro(a), *pl* i(le) vostri(e); il(la) loro, *pl* i(le) loro.
you're [juə*] = **you are**.
yours [jɔ:z] *pronoun* il(la) tuo(a), *pl* i(le) tuoi(tue); (*polite form*) il(la) suo(a), *pl* i(le) suoi(sue); (*pl*) il(la) vostro(a), *pl* i(le) vostri(e); (: *very formal*) il(la) loro, *pl* i(le) loro; ~ **sincerely/faithfully** cordiali/distinti saluti.
yourself [jɔ:'sɛlf] *pronoun* (*reflexive*) ti; si; (*after prep*) te; sé; (*emphatic*) tu stesso(a); lei stesso(a); **yourselves** *pl pronoun* (*reflexive*) vi; si; (*after prep*) voi; loro; (*emphatic*) voi stessi(e); loro stessi(e).
youth [ju:θ] *n* gioventù *f*; (*young man*: *pl* ~**s** [ju:ðz]) giovane *m*, ragazzo; ~**ful** *a* giovane; da giovane; giovanile; ~ **hostel** *n* ostello della gioventù.
you've [ju:v] = **you have**.
Yugoslav ['ju:gəu'slɑ:v] *a, n* jugoslavo(a).
Yugoslavia ['ju:gəu'sla:vɪə] *n* Jugoslavia.
zany ['zeɪnɪ] *a* un po' pazzo(a).
zeal [zi:l] *n* zelo; entusiasmo; ~**ous** ['zɛləs] *a* zelante; premuroso(a).
zebra ['zi:brə] *n* zebra; ~ **crossing** *n* (passaggio pedonale a) strisce *fpl*, zebre *fpl*.
zero ['zɪərəu] *n* zero; ~ **hour** *n* l'ora zero.
zest [zɛst] *n* gusto; (CULIN) buccia.
zigzag ['zɪgzæg] *n* zigzag *m inv* // *vi* zigzagare.
zinc [zɪŋk] *n* zinco.
zip [zɪp] *n* (*also*: ~ **fastener**, ~**per**) chiusura *f or* cerniera *f* lampo *inv* // *vt* (*also*: ~ **up**) chiudere con una cerniera lampo.
zither ['zɪðə*] *n* cetra.
zodiac ['zəudɪæk] *n* zodiaco.
zombie ['zɔmbɪ] *n* (*fig*): **like a** ~ come un morto che cammina.
zone [zəun] *n* zona; (*subdivision of town*) quartiere *m*.
zoo [zu:] *n* zoo *m inv*.
zoologist [zu:'ɔlədʒɪst] *n* zoologo/a.
zoology [zu:'ɔlədʒɪ] *n* zoologia.
zoom [zu:m] *vi*: **to** ~ **past** sfrecciare; ~ **lens** *n* zoom *m inv*, obiettivo a focale variabile.

ITALIAN VERBS

1 Gerundio *2* Participio passato *3* Presente *4* Imperfetto *5* Passato remoto *6* Futuro *7* Condizionale *8* Congiuntivo presente *9* Congiuntivo passato *10* Imperativo

andare *3* vado, vai, va, andiamo, andate, vanno *6* andrò *etc* *8* vada *10* va'!, vada!, andate!, vadano!

apparire *2* apparso *3* appaio, appari *o* apparisci, appare *o* apparisce, appaiono *o* appariscono *5* apparvi *o* apparsi, apparisti, apparve *o* apparì *o* apparse, apparvero *o* apparirono *o* apparsero *8* appaia *o* apparisca

aprire *2* aperto *3* apro *5* aprii *o* apersi, apristi *8* apra

AVERE *3* ho, hai, ha, abbiamo, avete, hanno *5* ebbi, avesti, ebbe, avemmo, aveste, ebbero *6* avrò *etc* *8* abbia *etc* *10* abbi!, abbia!, abbiate!, abbiano!

bere *1* bevendo *2* bevuto *3* bevo *etc* *4* bevevo *etc* *5* bevvi *o* bevetti, bevesti *6* berrò *etc* *8* beva *etc* *9* bevessi *etc*

cadere *5* caddi, cadesti *6* cadrò *etc*

cogliere *2* colto *3* colgo, colgono *5* colsi, cogliesti *8* colga

correre *2* corso *5* corsi, corresti

cuocere *2* cotto *3* cuocio, cociamo, cuociono *5* cossi, cocesti

dare *3* do, dai, da, diamo, date, danno *5* diedi *o* detti, desti *6* darò *etc* *8* dia *etc* *9* dessi *etc* *10* da'!, dia!, date!, diano!

dire *1* dicendo *2* detto *3* dico, dici, dice, diciamo, dite, dicono *4* dicevo *etc* *5* dissi, dicesti *6* dirò *etc* *8* dica, diciamo, diciate, dicano *9* dicessi *etc* *10* di'!, dica!, dite!, dicano!

dolere *3* dolgo, duoli, duole, dolgono *5* dolsi, dolesti *6* dorrò *etc* *8* dolga

dovere *3* devo *o* debbo, devi, deve, dobbiamo, dovete, devono *o* debbono *6* dovrò *etc* *8* debba, dobbiamo, dobbiate, devano *o* debbano

ESSERE *2* stato *3* sono, sei, è, siamo, siete, sono *4* ero, eri, era, eravamo, eravate, erano *5* fui, fosti, fu, fummo, foste, furono *6* sarò *etc* *8* sia *etc* *9* fossi, fossi, fosse, fossimo, foste, fossero *10* sii!, sia!, siate!, siano!

fare *1* facendo *2* fatto *3* faccio, fai, fa, facciamo, fate, fanno *4* facevo *etc* *5* feci, facesti *6* farò *etc* *8* faccia *etc* *9* facessi *etc* *10* fa'!, faccia!, fate!, facciano!

FINIRE *1* finendo *2* finito *3* finisco, finisci, finisce, finiamo, finite, finiscono *4* finivo, finivi, finiva, finivamo, finivate, finivano *5* finii, finisti, finì, finimmo, finiste, finirono *6* finirò, finirai, finirà, finiremo, finirete, finiranno *7* finirei, finiresti, finirebbe, finiremmo, finireste, finirebbero *8* finisca, finisca, finisca, finiamo, finiate, finiscano *9* finissi, finissi, finisse, finissimo, finiste, finissero *10* finisci!, finisca!, finite!, finiscano!

giungere *2* giunto *5* giunsi, giungesti

leggere *2* letto *5* lessi, leggesti

mettere *2* messo *5* misi, mettesti

morire *2* morto *3* muoio, muori, muore, moriamo, morite, muoiono *6* morirò *o* morrò *etc* *8* muoia

muovere *2* mosso *5* mossi, movesti

nascere *2* nato *5* nacqui, nascesti

nuocere *2* nuociuto *3* nuoccio, nuoci, nuoce, nociamo *o* nuociamo, nuocete, nuocciono *4* nuocevo *etc* *5* nocqui, nuocesti *6* nuocerò *etc* *7* nuoccia

offrire *2* offerto *3* offro *5* offersi *o* offrii, offristi *8* offra

parere *2* parso *3* paio, paiamo, paiono *5* parvi *o* parsi, paresti *6* parrò *etc* *8* paia, paiamo, pariate, paiano

PARLARE *1* parlando *2* parlato *3* parlo, parli, parla, parliamo, parlate, parlano *4* parlavo, parlavi, parlava, parlavamo, parlavate, parlavano *5* parlai, parlasti, parlò, parlammo, parlaste, parlarono *6* parlerò, parlerai, parlerà, parleremo, parlerete, parleranno *7* parlerei, parleresti, parlerebbe, parleremmo, parlereste, parlerebbero *8* parli, parli, parli, parliamo, parliate, parlino *9* parlassi, parlassi, parlasse, parlassimo, parlaste, parlassero *10* parla!, parli!, parlate!, parlino!

piacere *2* piaciuto *3* piaccio, piacciamo, piacciono *5* piacqui, piacesti *8* piaccia *etc*

porre *1* ponendo *2* posto *3* pongo, poni, pone, poniamo, ponete, pongono *4* ponevo *etc* *5* posi, ponesti *6* porrò *etc* *8* ponga, poniamo, poniate, pongano *9* ponessi *etc*

potere *3* posso, puoi, può, possiamo, potete, possono *6* potrò *etc* *8* possa, possiamo, possiate, possano

prendere *2* preso *5* presi, prendesti

ridurre *1* riducendo *2* ridotto *3* riduco *etc* *4* riducevo *etc* *5* ridussi, riducesti *6* ridurrò *etc* *8* riduca *etc* *9* riducessi *etc*

riempire *1* riempiendo *3* riempio, riempi, riempie, riempiono

rimanere *2* rimasto *3* rimango, rimangono *5* rimasi, rimanesti *6* rimarrò *etc* *8* rimanga

rispondere *2* risposto *5* risposi, rispondesti

salire *3* salgo, sali, salgono *8* salga

sapere *3* so, sai, sa, sappiamo, sapete, sanno *5* seppi, sapesti *6* saprò *etc* *8* sappia *etc* *10* sappi!, sappia!, sappiate!, sappiano!

scrivere *2* scritto *5* scrissi, scrivesti

sedere *3* siedo, siedi, siede, siedono *8* sieda

spegnere *2* spento *3* spengo, spengono *5* spensi, spegnesti *8* spenga

stare *2* stato *3* sto, stai, sta, stiamo, state, stanno *5* stetti, stesti *6* starò *etc* *8* stia *etc* *9* stessi *etc* *10* sta'!, stia!, state!, stiano!

tacere *2* taciuto *3* taccio, tacciono *5* tacqui, tacesti *8* taccia

tenere *3* tengo, tieni, tiene, tengono *5* tenni, tenesti *6* terrò *etc* *8* tenga

trarre *1* traendo *2* tratto *3* traggo, trai, trae, traiamo, traete, traggono *4* traevo *etc* *5* trassi, traesti *6* trarrò *etc* *8* tragga *9* traessi *etc*

udire *3* odo, odi, ode, odono *8* oda

uscire *3* esco, esci, esce, escono *8* esca

valere *2* valso *3* valgo, valgono *5* valsi, valesti *6* varrò *etc* *8* valga

vedere *2* visto *o* veduto *5* vidi, vedesti *6* vedrò *etc*

VENDERE *1* vendendo *2* venduto *3* vendo, vendi, vende, vendiamo, vendete, vendono *4* vendevo, vendevi, vendeva, vendevamo, vendevate, vendevano *5* vendei *o* vendetti, vendesti, vendé *o* vendette, vendemmo, vendeste, venderono *o* vendettero *6* venderò, venderai, venderà, venderemo, venderete, venderanno *7* venderei, venderesti, venderebbe, venderemmo, vendereste, venderebbero *8* venda, venda, venda, vendiamo, vendiate, vendano *9* vendessi, vendessi, vendesse, vendessimo, vendeste, vendessero *10* vendi!, venda!, vendete!, vendano!

venire *2* venuto *3* vengo, vieni, viene, vengono *5* venni, venisti *6* verrò *etc* *8* venga

vivere *2* vissuto *5* vissi, vivesti

volere *3* voglio, vuoi, vuole, vogliamo, volete, vogliono *5* volli, volesti *6* vorrò *etc* *8* voglia *etc* *10* vogli!, voglia!, vogliate!, vogliano!

VERBI INGLESI

present	pt	pp
arise	arose	arisen
awake	awoke	awaked
be (am, is, are; being)	was, were	been
bear	bore	born(e)
beat	beat	beaten
become	became	become
befall	befell	befallen
begin	began	begun
behold	beheld	beheld
bend	bent	bent
beset	beset	beset
bet	bet, betted	bet, betted
bid	bid	bid
bind	bound	bound
bite	bit	bitten
bleed	bled	bled
blow	blew	blown
break	broke	broken
breed	bred	bred
bring	brought	brought
build	built	built
burn	burnt, burned	burnt, burned
burst	burst	burst
buy	bought	bought
can	could	(been able)
cast	cast	cast
catch	caught	caught
choose	chose	chosen
cling	clung	clung
come	came	come
cost	cost	cost
creep	crept	crept
cut	cut	cut
deal	dealt	dealt
dig	dug	dug
do (3rd person; he/she/it/does)	did	done
draw	drew	drawn
dream	dreamed, dreamt	dreamed, dreamt
drink	drank	drunk
drive	drove	driven
dwell	dwelt	dwelt
eat	ate	eaten
fall	fell	fallen
feed	fed	fed
feel	felt	felt
fight	fought	fought
find	found	found
flee	fled	fled
fling	flung	flung
fly	flew	flown
forbid	forbade	forbidden
forecast	forecast	forecast
forget	forgot	forgotten
forgive	forgave	forgiven
forsake	forsook	forsaken
freeze	froze	frozen
get	got	got, (*US*) gotten
give	gave	given
go (goes)	went	gone
grind	ground	ground
grow	grew	grown
hang	hung, hanged	hung, hanged
have	had	had
hear	heard	heard
hide	hid	hidden
hit	hit	hit
hold	held	held
hurt	hurt	hurt
keep	kept	kept
kneel	knelt, kneeled	knelt, kneeled
know	knew	known
lay	laid	laid
lead	led	led
lean	leant, leaned	leant, leaned
leap	leapt, leaped	leapt, leaped
learn	learnt, learned	learnt, learned
leave	left	left
lend	lent	lent
let	let	let
lie (lying)	lay	lain
light	lit, lighted	lit, lighted

present	pt	pp
lose	lost	lost
make	made	made
may	might	—
mean	meant	meant
meet	met	met
mistake	mistook	mistaken
mow	mowed	mown, mowed
must	(had to)	(had to)
pay	paid	paid
put	put	put
quit	quit, quitted	quit, quitted
read	read	read
rend	rent	rent
rid	rid	rid
ride	rode	ridden
ring	rang	rung
rise	rose	risen
run	ran	run
saw	sawed	sawn
say	said	said
see	saw	seen
seek	sought	sought
sell	sold	sold
send	sent	sent
set	set	set
shake	shook	shaken
shall	should	—
shear	sheared	shorn, sheared
shed	shed	shed
shine	shone	shone
shoot	shot	shot
show	showed	shown
shrink	shrank	shrunk
shut	shut	shut
sing	sang	sung
sink	sank	sunk
sit	sat	sat
slay	slew	slain
sleep	slept	slept
slide	slid	slid
sling	slung	slung
slit	slit	slit
smell	smelt, smelled	smelt, smelled
sow	sowed	sown, sowed
speak	spoke	spoken
speed	sped, speeded	sped, speeded
spell	spelt, spelled	spelt, spelled
spend	spent	spent
spill	spilt, spilled	spilt, spilled
spin	spun	spun
spit	spat	spat
split	split	split
spoil	spoiled, spoilt	spoiled, spoilt
spread	spread	spread
spring	sprang	sprung
stand	stood	stood
steal	stole	stolen
stick	stuck	stuck
sting	stung	stung
stink	stank	stunk
stride	strode	strode
strike	struck	struck, stricken
strive	strove	striven
swear	swore	sworn
sweep	swept	swept
swell	swelled	swollen, swelled
swim	swam	swum
swing	swung	swung
take	took	taken
teach	taught	taught
tear	tore	torn
tell	told	told
think	thought	thought
throw	threw	thrown
thrust	thrust	thrust
tread	trod	trodden
wake	woke, waked	woken, waked
wear	wore	worn
weave	wove, weaved	woven, weaved
wed	wedded, wed	wedded, wed
weep	wept	wept
win	won	won
wind	wound	wound
wring	wrung	wrung
write	wrote	written

NOTES TO THE USER OF THIS DICTIONARY

I. **Using the dictionary**

In using this book, you will either want to check the meaning of an Italian word you don't know, or find the Italian for an English word. These two operations are quite different, and so are the problems you may face when using one side of the dictionary or the other. In order to help you, we have tried to explain below the main features of this book.

The 'wordlist' is the alphabetical list of all the items in large bold type, i.e. all the 'headwords'. Each 'entry', or article, is introduced by a headword, and may contain additional 'references' in smaller bold type, such as phrases, derivatives, and compound words. Section 1. below deals with the way references are listed.

The typography distinguishes between three broad categories of text within the dictionary. All items in bold type, large or smaller, are 'source language' references, for which an equivalent in the other language is provided. All items in standard type are translations. Items in italics are information about the words being translated, i.e. either labels, or 'signposts' pinpointing the appropriate translation, or explanations.

1. *Where to look for a word*

1.1 Derivatives

In order to save space, a number of derivatives have been listed within entries, provided this does not break alphabetical order. Thus, **borsellino** and **borsista** are listed under the entry for **borsa,** and **caller** and **calling** under **call.** You must remember this when looking for a word you don't find listed as a headword. These derivatives are always listed last within an entry (see also I.2 on entry layout).

1.2 Homographs

Homographs are words which are spelt in exactly the same way, like Italian **fine** (thin, fine) and **fine** (end), or English **fine** (nice etc.) and **fine** (penalty). As a rule, in order to save space, such words have been treated as one headword only.

1.3 Phrases

Because of the constraints of space, there can be only a limited number of idiomatic phrases in a pocket dictionary like this one. Particular emphasis is given to verbal phrases like **mettersi al lavoro, mettere via, prendere fuoco, andare via, farsi avanti,** etc., and also to basic constructions (see for instance the entries for **apply, agree**). Verbal phrases with the ten or so basic verbs (like *fare*, *mettere*, *prendere*, or English *set*, *do*, *get*, etc.) are listed under the noun. Other phrases and idioms are listed under the first key word (i.e. not a preposition), for instance **filare diritto** under **filare.**

1.4 Abbreviations and proper names

For easier reference, abbreviations, acronyms and proper names have been listed alphabetically in the wordlist, as opposed to being relegated to the appendices. **M.O.T.** is used in every way like **certificate** or **permit, I.V.A.** like **imposta,** and these words are treated like other nouns.

1.5 Compounds

Housewife, smoke screen, terremoto and **doposcuola** are all compounds. One-word compounds like 'housewife' are not a problem when consulting the dictionary, since they can appear only in one place and in strict alphabetical order. When it comes to other compounds, however – hyphenated compounds and compounds made up of separate words – each language presents its own peculiar problems.

1.5.1 Italian compounds

Most compounds in Italian are of the solid variety, e.g.: 'doposcuola', 'portacenere'. There are also compounds made up of two juxtaposed words in Italian. Some are not hyphenated but are two separate words, e.g.: 'vagone ristorante', 'verde bottiglia'. Others, chiefly political and technical compounds, are hyphenated, e.g.: 'radico-socialista', 'vegeto-minerale'. Compounds made up of two separate words are listed under the first word, i.e. 'vagone ristorante' under 'vagone'.

1.5.2 Italian pronominal verbs

Verbs like 'svegliarsi', 'sbagliarsi', 'ricordarsi' are called 'pronominal' because they are used with a personal pronoun: 'mi sono svegliato alle otto' etc. They must be distinguished from truly reflexive or reciprocal uses like 'egli si guarda nello specchio' (he is looking at himself in the mirror) and 'si parlano ogni giorno' (they talk to each other every day). They are intransitive or transitive verbs in their own right.

There are no such verbs in English (which has another type of 'compound verb', the phrasal verb, see 1.5.4), where a verb used with 'oneself' is, as a rule, truly reflexive. Compare for instance the translations for 'annegarsi' (accidentalmente) and 'annegarsi' (deliberatamente). These verbs have been listed as phrases under the entry for the key word. See for instance the entries for 'svegliare', 'sbagliare', 'ricordare'.

1.5.3 English compounds

Here there is a problem of where to find a compound because of less predictable spelling than is the case with Italian: is it **airgun, air-gun** or **air gun**? This is why we choose to list them according to strict alphabetical order. Thus **coal face** and **coalman** are separated by **coalition.** The entries between **tax** and **technical** will provide a good illustration of the system of listing. It has drawbacks, for instance in that **tax-free** and **taxpayer** are separated by **taxi,** and three 'taxi' compounds. However, in a short dictionary used by beginners, it has the merit of simplicity and consistency.

1.5.4 English 'phrasal verbs'

'Phrasal verbs' are verbs like **go off, blow up, cut down** etc. Here you have the advantage of knowing that these words belong together, whereas it will take the foreign user some time before he can identify these verbs immediately. They have been listed under the entry for the basic verb (e.g. **go, blow, cut**), grouped alphabetically before any other derivative or compound. Thus, **pull up** comes before **pulley.** See also **to back out, to look up** (a word), **to look out.**

1.6 Irregular forms

When looking up an Italian word, you may not immediately find the form you are looking for, although the word in question has been duly entered in the dictionary. This is possibly because you are looking up an irregular noun or verb form, and these are not always given as entries in their own right.

We have assumed that you know basic Italian grammar. Thus you will be expected to know that 'cantano' is a form of the verb **cantare** and so on. However, in order to help you, we have included some of the main irregular forms as entries in their own right, with a cross-reference to the basic form. Thus, if you come across the word 'esce' and attempt to look up a verb 'escere', you won't find it, but what you will find under 'esce', between 'escandescenza' and 'esclamare', is the entry '**esce, esci** *forme del vb* **uscire**'. Similarly, **faccio** etc.

With past participles, it sometimes happens that in addition to the purely verbal form there is an adjectival or noun use, for instance **conosciuto.** These usages are translated as autonomous words, but they are also cross-referred to the verb whenever appropriate (see for instance entry for **coperto**).

2. *Entry layout*

All entries, however long or complex, are arranged in a systematic way. But it may be a little difficult at first to find one's way through an entry like Italian **passare,** or English **back, round** or **run** because the text is run on without any breakdown into paragraphs, in order to save space. Ease of reference comes with practice, but the guidelines below will make it easier for you.

2.1 'Signposting'

If you look up an Italian word and find a string of quite different English translations, you are unlikely to have much trouble finding out which is the relevant one for your context, because you know what the English words mean, and the context will almost automatically rule out unsuitable translations. It is quite a different matter when you want to find the Italian for, say, **lock,** in the context 'we got to the lock around lunchtime', and are faced with an entry that reads 'lock: serratura; chiusa; ciocca, riccio'. You can of course go to the other side and check what each translation means. But this is time-consuming, and it doesn't always work. This is why we have provided the user with signposts which pinpoint the relevant translation. For instance with **lock,** the entry reads: '... (*of door, box*) serratura; (*of canal*) chiusa; (*of hair*) ciocca, riccio ...'. For the context suggested above, it is now clear that 'chiusa' is the right word.

2.2 Grammatical categories and meaning categories

Complex entries are first broken down into grammatical categories, e.g.: **lock** *n // vt // vi*. Be prepared to go through entries like **run** or **back** carefully and you will find how useful all these 'signposts' are. Each grammatical category is then split where appropriate into the various meanings, e.g.:

> **lock** *n* (*of door, box*) serratura; (*of canal*) chiusa; (*of hair*) ciocca, riccio // *vt* (*with key*) chiudere a chiave;

(*immobilize*) bloccare // *vi* (*door etc*) chiudersi a chiave; (*wheels*) bloccarsi, incepparsi.

3. *Using the translations*

3.1 Gender

All feminine endings for Italian adjectives have been given on the English-Italian side of the dictionary. This may appear to duplicate information given on the other side, but we feel it is a useful reminder where and when it matters. The feminine version is given as a translation of words like **driver, teacher, researcher** etc., where appropriate. Remember that the Italian equivalents of **his, her, its** or **the** do not behave like their English counterparts: see section II for more information.

3.2 Plurals

We have assumed knowledge on the part of the user of plural formation in Italian (see section II), including the plural of compounds. Irregular plural forms are shown only on the Italian-English side of the dictionary.

3.3 Verb forms

Irregular Italian verbs appearing as translations have not been marked as such, and the user should refer to the Italian verb tables when in doubt (pp. 402–403).

3.4 Colloquial language

You should as a rule proceed with great caution when handling foreign language which has a degree of informality. When an English word or phrase has been labelled (*col*), i.e. colloquial, you must assume that the translation belongs to a similar level of informality. If the translation is followed by (!) you should use it with extreme care, or better still avoid it unless you are with close friends!

3.5 'Grammatical words'

It is exceedingly difficult to give adequate treatment to words like **for, away, whose, off,** or Italian **quale** etc. in a short dictionary such as this one. We have tried to go some way towards providing as much relevant information as possible about the most frequent uses of these words. However, for further information use a good monolingual dictionary of Italian and a good modern Italian grammar.

3.6 'Approximate' translations and cultural equivalents

It is not always possible to give a genuine translation, when for instance an English word denotes a thing or institution which either doesn't exist in Italy, or is quite different. Therefore, only an approximate equivalent can be given, or else an explanation. See for instance **whip, comprehensive school,** and on the Italian-English side **A.C.I.**

3.7 Alternative translations

As a rule, translations separated by commas can be regarded as broadly interchangeable for the meaning indicated. Translations separated by a semi-colon are not interchangeable and when in doubt you should consult either a larger bilingual dictionary or a good monolingual Italian dictionary. You will find however that there are very few cases of translations separated by a semi-colon without an intervening 'signpost'.

II. Notes on Italian grammar

When you are first confronted with Italian at school, or if you happen to be at a business meeting where you are the only one speaking little or no Italian, it may seem to you that Italian is very different from English. On the other hand, if you stand back and consider a wider range of related and unrelated languages, Italian can come to look very close to English.

We have tried here to show some of the main differences, especially with the beginner and the dictionary user in mind, without dwelling on subtleties or aspects of Italian that are broadly similar to English. Among the greatest obstacles for the beginner are gender, verb forms and tenses, the position of adjectives, the use of prepositions and of course the sounds of Italian.

1. *Nouns and 'satellite' words (articles, adjectives)*

1.1 Gender

One basic difference: 'the knife and the fork' but '*il* coltello e *la* forchetta'. Gender must be learned as a feature to be remembered with each new word. However, words ending in -o are almost always masculine and words ending in -a are almost always feminine, whereas words ending in -e can be either. It is most important to get the article right, and of course the agreement of adjectives and past participles: '**la** vecchi**a** cas**a** ed **il** vecchi**o** palazz**o**'.

See also 1.4 (possessive adjectives)

1.2 Articles: *il, lo, la, un, del, dei* etc.

Apart from the problem of gender, there is the question of whether the article is used or not, and the Italian does not always follow the English pattern. For instance you say 'I like wine' but the Italians say 'mi piace **il** vino'. Conversely, 'my father is **a** teacher' but 'mio padre è professore'.

1.2.1 *il, l', lo, la, i, gli, le*

(a) The definite article is used more often in Italian than in English.

For instance:

apples are good for you	**le** mele fanno bene
meat is expensive	**la** carne è cara
love is not enough	**l'**amore non basta
he likes ice-cream	gli piace **il** gelato
France is beautiful	**la** Francia è bella

Note that no article is used with the names of towns or small islands.

(b) Use of *il/la* with parts of the body

Where the possessive is used in English, 'il/la' tends to be used in Italian, (sometimes together with an additional pronoun):

I broke **my** leg	**mi** sono rotto **la** gamba
put up **your** hand	alza **la** mano
he trod on **my** foot	**mi** ha calpestato **il** piede

(c) 'il' and 'i' are used before all masculine nouns beginning with a consonant

'lo' and 'gli' are used before 'z', 'gn', 'ps', 'x', 's' impure (i.e. 's' plus a consonant, as in 'sbagliare') and the semi-vowel 'i'

'l'' and 'gli' are used with all masculine nouns beginning with a vowel

'la' and 'le' are used with feminine nouns beginning with a consonant

'la' becomes 'l'' before feminine nouns beginning with a vowel, whereas 'le' is used in the plural for all feminine nouns

	singular	plural
masculine	**il** libro	**i** libri
	lo sportello	**gli** sportelli
	lo gnomo	**gli** gnomi
	lo psicologo	**gli** psicologi
	l'uomo	**gli** uomini
feminine	**la** scuola	**le** scuole
	l'entrata	**le** entrate

(d) *a + il, di + il, da + il, in + il, su + il*

Remember the articulated forms with prepositions (shown under the appropriate entries). For instance: 'vado al cinema', 'la porta della casa' etc.

1.2.2 *Un(o), una*

(a) In structures of the type 'with incredible strength', the article 'un(o), una' is used in Italian:

he has incredible courage   lui ha **un** coraggio incredibile
a building of frightening size   un palazzo di **una** grandezza paurosa

(b) On the other hand this article is not used in Italian in structures equivalent to:

my father is **a** teacher   mio padre è professore
my sister is **a** nurse   mia sorella è infermiera

But this only applies with names of professions and crafts:

his brother is an idiot!   suo fratello è un idiota!
my sister is a very liberated young lady   mia sorella è una ragazza molto emancipata

(c) without a pen, without bread: no article in Italian

Where the English uses the article with a so-called 'countable noun' (like 'hat' as opposed to 'milk' or 'water' or 'bread'), the Italian doesn't: 'senza penna, non si può scrivere'.

1.2.3 *di, del, dello, della, dei, degli, delle* = some, any

Remember not to confuse 'del' as in 'il titolo del libro' and 'del' as in 'mi piacerebbe del pane' (see entry **di**). Where there is 'some' or 'any' or sometimes nothing in English, the Italian uses 'del' etc., as shown below:

voglio del pane   I want some bread
vuoi del pane/della minestra/delle sigarette?   would you like any bread/soup/cigarettes?

BUT: non voglio pane   I don't want (any) bread

1.3 Adjectives

Apart from the question of gender agreement, the main difficulty is the position of adjectives. As a general rule, the adjectives follow the noun they qualify when they have a distinguishing function e.g.: 'egli portava una sciarpa vecchia' he was wearing an old scarf (a particular old scarf compared to one that wasn't old).

Adjectives precede the noun when they have a purely descriptive function e.g. 'egli portava una vecchia sciarpa' he was wearing an old scarf (any scarf which was old).

Among adjectives usually found before the noun are cardinal numbers, ordinal numbers, possessives, indefinites, 'ultimo', 'unico'. Among adjectives usually following the noun are adjectives of nationality, past participles used as adjectives, and restrictive adjectives.

1.4 Possessives

1.4.1 *il suo, la sua/i suoi, le sue, il mio, la mia/i miei, le mie, il tuo, la tua/i tuoi, le tue* etc. *vs* his/her/its, my, your.

Unlike English, the possessive varies in Italian according to the gender and number of the noun it qualifies. Whether the owner is male or female it is:

la sua valigia ed il suo ombrello his(her) suitcase and his(her) umbrella
le sue valigie ed i suoi ombrelli his(her) suitcases and his(her) umbrellas

1.4.2 *il mio, la mia, i miei, le mie* etc. *vs* mine etc.

Here again, watch the variation depending on gender and number of the qualified noun.

1.5 Demonstratives: *questo, questa, questi, queste/quel, quello, quella, quei, quegli, quelle*

For the purpose of this book the 'questo' form corresponds broadly to 'this', the 'quello' form corresponds broadly to 'that'.

1.6 Comparative and superlative: *più ... che* etc.

There is no form in Italian similar to '-er' or '-est' as in 'bigger/biggest'. Always use 'più' + *adjective* or 'il più' + *adjective*.

2. *Verbs*

This is one of the main areas of difficulty for English-speaking learners.

There are three major problems. First the variety of endings (io vedo, noi vediamo etc.) and the number of irregular or semi-irregular forms. Second the difference in the formation of negative or interrogative phrases (no equivalent of 'do' as in 'I didn't go, did you?'). Third the use of 'avere' and 'essere' in compound tenses.

2.1 Verb forms

The verb tables on pp. 424 and 425 will give you ending patterns for the main verb groups; irregular verbs are shown on page 402. There is no substitute for practice in this, but try not to look on these forms as a great number of separate and very different forms: there are two basic combining patterns, one relating to the person (a 'noi' form *vs* a 'voi' form etc.), one relating to the tense ('ved-' or 'vedr-' etc. + *ending*). Also don't learn and practise too many different tenses at once, parrot-fashion. The present tense, the imperfect, the future and conditional, the 'passato prossimo' will cater for most of your needs as a beginner when it comes to expressing yourself in Italian.

2.2 Negatives and questions

(*Personal pronoun* +) 'non' + *verb form* (+ *past participle*) is the basic pattern of negative verb phrases. 'Io non credo (veramente) che', 'egli non è andato (subito)', 'egli non ha risposto (subito)'. In sentences of this type the adverb cannot fit between the noun and the verb form.

Interrogatives in Italian are conveyed by the use of intonation (voice raised on the last syllable), or by verb-subject inversion:

e.g.: è partito   he has gone
è partito?   has he gone?
Luisa è partita   Luisa has gone
è partita Luisa? *or* Luisa è partita?   has Luisa gone?

except where there is an interrogative word:
e.g.: chi viene?   who is coming?

2.3 Tenses

2.3.1 When the English has the sense of 'to be in the process of doing ...' there is an equivalent in Italian of the 'progressive' '-ing' form e.g.: 'sto leggendo un libro'   I am reading a book. In other cases the present tense or the 'imperfetto' will do:

lavoravo per il governo   I was working for the Government
lo vediamo domani   we are seeing him tomorrow

2.3.2 The two tenses of the past in English (I went there, he has taken it) do not correspond closely to the Italian. Of the 'imperfetto' (abitavo), the 'passato prossimo' (ho risposto) and the 'passato remoto' (io partii), the last is used in the south of Italy and is the literary tense. The 'passato prossimo' is used much more widely than its counterpart in English and tends to be a substitute for the 'passato remoto' in spoken Italian except in the South. It can be used in many cases when the English would use the preterite (I went, he gave etc.).

2.3.3 The 'passato prossimo'

The use of 'avere' as an auxiliary verb is by far the most common, hence it is convenient to concentrate on the few verbs which use 'essere'. They are all intransitive and are verbs expressing movement or becoming, like 'andare', 'venire', 'partire', 'arrivare', '(ri)tornare', 'entrare', 'uscire', 'nascere', 'morire', 'diventare'.

The second thing to remember is that the past participle will occasionally take the marks of gender or plural. Two basic rules should enable you to cope with most problems. The past participle remains in the form of the masculine singular (io ho risposto, egli è andato) unless:

(a) with a verb used transitively a direct object pronoun precedes the verb:

l'ho comprat**a** (where 'l'' stands for la casa, la sciarpa etc.)

(b) The auxiliary 'essere' is used:

lei è partit**a** ieri she left yesterday

There are exceptions, but these rules should suffice on most occasions.

2.3.4 The 'imperfetto'

This is used for an action or state without definite limits in time. Compare for instance:

He lived in London during the war egli abitava a Londra durante la guerra
He stood near the window stava vicino alla finestra

with:

they lived here from '64 to '68 sono vissuti qui dal '64 al '68.

2.3.5 The 'congiuntivo'

It is not possible to give here a single rule showing when the subjunctive ('congiuntivo') should be used. The dictionary will occasionally show you when a particular construction requires the use of the subjunctive (see for instance under **may**). It generally follows a *verb* + 'che' construction where the sentence expresses doubt, a hypothesis rather than a fact, a question, an interdiction. It is always used after certain conjunctions e.g.: 'affinché', 'benché', 'prima che', and certain impersonal expressions e.g.: 'è meglio che', 'bisogna che', 'è inutile che'.

III. **Italian verb conjugations**

1. The table of irregular verbs on p. 402 is self-explanatory. Unless stated otherwise, if one form only is given, it is that of the first person singular; if two forms are given, they are the first and second person singular; if four forms are shown, they are the first, second and third person singular and third person plural. If not shown, the first and second person plural are regularly formed on the stem of the infinitive.

2. Note that verbs in '-ire' fall into two distinct categories:

   (a) those which add '-isc-' to the stem and follow the pattern of 'finire', shown in the tables;

   (b) those which follow the pattern of 'dormire' (see model conjugation table B).

3. Verbs in '-durre' follow the pattern of 'ridurre', shown in the tables.

4. Verbs in '-scere' follow the pattern of 'conoscere', shown in the tables.

5. Do not forget to use the appropriate pronoun with pronominal verbs: *mi* lavo, *si* lava, *vi* siete sbagliati.

6. 'Semi-irregular' verbs

   Some verbs are only irregular in a few predictable ways:

   6.1 A 'c' will change to a 'ch' before 'e' or 'i' (the corresponding sound remaining [k]): **cercare** – tu cer**chi**, noi cer**chi**amo, io cer**che**rò.

   6.2 A 'g' will change to a 'gh' before 'e' or 'i' (the corresponding sound remaining [g]): **pagare** – tu pa**ghi**, noi pa**ghi**amo, io pa**ghe**rò.

6.3 Verbs of the first conjugation ending in '-ciare' drop the 'i' whenever it precedes 'e' or 'i': **cominciare** – tu cominci, io comincerò, noi cominceremmo; **baciare** – tu baci, io bacerò, noi baceremmo.

6.4 Verbs of the first conjugation ending in '-giare' drop the 'i' whenever it precedes 'i' or 'e': **mangiare** – tu mangi, io mangerò, noi mangeremmo; **assegiare** – tu assa**gg**i, io assa**gg**erò, noi assa**gg**eremmo.

7. Compound tenses ('tempi composti') are formed as follows:

7.1 Perfect ('passato prossimo'): with 'essere' – sono partito, sei partito etc. (see *essere*); with 'avere' – ho finito, hai finito etc. (see *avere*).

7.2 Pluperfect ('piucchepperfetto'): ero partito etc.; avevo finito etc.

7.3 Future anterior ('future anteriore'): sarò partito etc.; avrò finito etc.

7.4 Past conditional ('condizionale passato'): sarei partito etc.; avrei finito etc.

7.5 Past anterior ('trapassato remoto'): ebbi finito etc. This tense is rarely used.

A. A regular '-are' verb: 'parl*are*'

PRESENT: Indicative		Subjunctive	
parl	o i a iamo ate ano	parl	i i i iamo iate ino
IMPERFECT: Indicative		**Subjunctive**	
parl	avo avi ava avamo avate avano	parl	assi assi asse assimo aste assero
PRETERITE			
parl	ai asti ò ammo aste arono		
FUTURE		**CONDITIONAL**	
parler	ò ai à emo ete anno	parler	ei esti ebbe emmo este ebbero
IMPERATIVE: parla, parli, parlate			
PAST PARTICIPLE: parlato			
GERUND: parlando			

B. A regular '-ire' verb: 'dorm*ire*'

PRESENT: Indicative		Subjunctive	
dorm	o i e iamo ite ono	dorm	a a a iamo iate ano
IMPERFECT: Indicative		**Subjunctive**	
dorm	ivo ivi iva ivamo ivate ivano	dorm	issi issi isse issimo iste issero
PRETERITE			
dorm	ii isti ì immo iste irono		
FUTURE		**CONDITIONAL**	
dormir	ò ai à emo ete anno	dormir	ei esti ebbe emmo este ebbero
IMPERATIVE: dormi, dorma, dormite			
PAST PARTICIPLE: dormito			
GERUND: dormendo			

IV. **The sounds of Italian**

1. *General remarks*. Unlike English, Italian is to all intents and purposes a phonetic language. In other words there is a direct and regular connection between written and spoken Italian. This means, in practical terms, that once you have learned the pronunciation of a letter or combination of letters in Italian, you can apply that pronunciation confidently to any word – even one you are unfamiliar with. For instance, having learned that the Italian group of letters 'azione' is pronounced [atsˈjone], we can be sure of the pronunciation of 'conversazione' (conversation) and 'relazione' (report). English provides no such certainty: the group '-ough' has, for example, at least five distinct pronunciations, as in 'rough', 'though', 'through', 'trough', 'plough'. Learning and applying the sounds of Italian is therefore a relatively straightforward matter.

In the following account, the phonetic symbols employed are those of the International Phonetic Association.

2. *Stress*. In Italian, as in English, one syllable of any given word is always pronounced with greater force than the others. We say that the stress falls on that particular syllable. Both Italian and English are called free-stress languages since it is not possible to predict with certainty which syllable of a word will be stressed. In English, the word p*o*litics, for example, is stressed on the first syllable, whereas pol*i*ce has the stress on the second syllable. Similarly in the equivalent Italian words, the stress falls on the second syllable of pol*i*tica and the third syllable of poliz*i*a.

Knowing where stress falls in a word is vital in Italian as well as in English. In '*e*scort bureau' the noun is stressed on the first syllable; in 'may I es*cort* you', stress on the second syllable has turned 'escort' into a verb. The meaning of a word can be altered entirely by a change in stress: '*a*ncora' in Italian means anchor, but 'anc*o*ra' means again.

Although we cannot predict with certainty where the stress will fall on an Italian word, there are some useful guidelines:

1. Most Italian words are stressed on the last but one syllable, for example 'am*i*co' (friend), 'cioccol*a*ta' (chocolate), 'cuc*i*na' (kitchen), 'arriv*a*re' (to arrive).

2. The next most common pattern is for the stress to fall on the final syllable, for example 'verit*à*' (truth), 'citt*à*' (city), 'giovent*ù*' (youth), 'caff*è*' (coffee). Only in words stressed on the final syllable, will you find the stress indicated by a written accent. As stress alone (not pronunciation) is indicated by the written accent, the type of written accent employed is not important (as it is in French). In Italian the grave accent (`) is most generally used.

3. Less commonly, stress may fall on the third-last syllable, for example 'p*o*polo' (people) or even more rarely on the fourth-last syllable, for example 'cont*i*nuano' (they continue).

4. The stress is as follows on these common word-endings: -*a*stro ('verdastro' greenish); -*o*ne ('portone' main door); -*a*ccio ('tempaccio' bad weather); -*i*no ('gattino' kitten); -*e*llo ('coltello' knife); -*o*so ('famoso' famous); -*e*tto ('berretto' beret); -azi*o*ne ('conversazione' conversation).

3. *Quality of pronunciation.* Each syllable in an Italian word – irrespective of whether it is stressed or not – is pronounced clearly and distinctly; each vowel, especially, must be given its full value. All vowels in words such as cioccolata (chocolate) and lattuga (lettuce) are enunciated vigorously to give [tʃokkoˈlata] and [latˈtuga]. The lip-tension and energetic delivery characteristic of Italian are much less important in English; thus in 'chocolate' and 'lettuce' only the initial, stressed vowels receive their full value, while all others are slurred – giving the typical pronunciations [ˈtʃɔklɪt], [ˈlɛtɪs]. Italians tend to give themselves away when speaking English by the clarity they try to restore to such slurred vowels.

4. *The pronunciation of Italian letters*

(a) *Vowels.* Particular attention should be paid to the pronunciation of Italian vowels. They differ considerably from their English counterparts.

A This letter always represents the sound [a] in Italian, whether in a stressed or unstressed syllable. It resembles the a in 'cat' but is shorter and purer, with the lips not drawn so far back – rather like the Northern English a. Its pronunciation is never modified, for example in combination with any other letter e.g. 'camera' (bedroom); 'caro' (dear); 'aiuto' (help); 'aereo' (aeroplane).

E This letter is always pronounced in Italian. There is no 'silent' e as in English 'mate'. The Italian vowel has two sounds: either [ɛ] similar to the sound in 'end', or [e] like the French é (e.g. rosé). If the vowel is unstressed it always has the [e] sound. If stressed, there is no way of predicting which sound applies. (Italians themselves vary in which sound they use, according to their region of origin). However, comprehension is rarely affected. The following are usually pronounced [ɛ]: 'bello' (beautiful); 'c'è' (there is); 'era' (he/she/it was); 'finestra' (window). The [e] is generally used in 'mentre' (while), 'nero' (black), 'mela' (apple).

I This vowel is pronounced [i] – rather like the vowel sound in English 'meal, wheel, feel'. The Italian sound is purer, however, with no glide; the lips are tenser in Italian and the sound is produced more energetically e.g. 'vino' (wine), 'dormire' (to sleep), 'Fellini'.

O Basically, the letter O represents two sounds in English: open and pure as in 'chop', closed and diphthongized as in 'hope'. Italian makes a similar distinction. On the one hand there is the open sound [ɔ] similar to 'ch*o*p', but pronounced with greater lip-tension and energy e.g. 'oggi' (today), 'ogni' (every), 'ho' (I have). On the other hand there is the closed sound [o] like the vowel sound in the Scots English pronunciation of 'home', French 'hôte' or German 'Brot', e.g. 'sole' (sun), 'come' (how), 'amore' (love). This closed sound is always employed if the vowel is unstressed. If stressed, the observations made about the two sounds of E also apply to O.

U This letter has only one pronunciation in Italian: [u]. The vowel sound of 'moon' is close to it, but the Italian vowel is pronounced with lips more rounded and pushed forward (cf. French, 'vous' or German, 'Ruhr') e.g. 'uno' (one), 'luna' (moon), 'nessuno' (nobody).

(b) *Diphthongs.* When two vowels come together in a syllable, we have what is called a diphthong, i.e. a sound like most English vowels, as opposed to the 'purer' Italian single vowels. There are two basic combinations between so-called hard vowels (A, E, O) and soft vowels (U, I):

1.1 'i' not accented and followed by a vowel, where 'i' becomes the semi-vowel [j]:
p*ia*no (slowly) ['pjano]; p*ie*no (full) ['pjɛno]; f*io*re (flower) ['fjore]

1.2 'u' not accented and followed by a vowel, where 'u' becomes the semi-vowel [w]:
g*ua*rdare (to look) [gwar'dare]; g*ue*rra (war) ['gwɛrra]; *uo*mo (man) ['wɔmo]

AND:

2.1 an accented vowel followed by 'i' or 'u' produces the following diphthongs:
m*ai* (never) [maj]; s*ei* (six) [sej]; p*oi* (then) [poj]; *au*tostrada (motorway) [autos'trada]; *Eu*ropa (Europe) [eu'ropa]

NOTE:

3. 'i' accented followed by a vowel gives two separate vowels and two syllables:
mio (mine) ['mio]

(c) *Consonants.* Italian consonants and consonantal groups are pronounced like their English equivalents except in the following instances:

C and G Normally C and G have the sound of English 'cat' and 'gone'. If they are followed by the vowels I or E, however, they are softer ('palatalized') and become the sounds [tʃ] and [dʒ] respectively – as in the English 'cheese' and 'jeer', e.g. Botti*c*elli, da Vin*c*i, violon*c*ello, con*c*erto, *g*enerale (general), *g*elato (ice-cream), *g*iro (turn).

In order to make C or G soft when they occur in front of the vowels A, O, U, the vowel I is placed after them: thus '*ci*ao' (hello) pronounced ['tʃao] and 'ada*gi*o' (softly) pronounced [a'dadʒo]. Notice that in these cases, the I itself is *not* pronounced.

On the other hand, if the hard [k] sound or [g] sound is required for C or G when they occur before I or E, the hardening is achieved by adding H, e.g. Ma*ch*iavelli, Mi*ch*elangelo, spa*gh*etti, *gh*etto.

GL Normally the group GL is followed by the vowels I or E. It is pronounced [ʎ], rather like the L sound in the English 'million', e.g. famiglia (family), figlia (daughter).

GN This group is pronounced [ɲ] – the sound of French 'montagne', e.g. montagna (mountain), lasagne, gnocchi.

H This consonant is not pronounced in Italian. Its usual function is to 'harden' C and G (cf. above).

R The Italian R is strongly trilled, rather like the Scottish R, e.g. Roma, raro (rare). It is always pronounced, even in combination with a vowel, e.g. mercato (market), pronounced [mɛr'kato].

SC This group usually has the sound of English 'scan'. If followed by I or E, it is pronounced [ʃ] as in English 'ship', e.g. Fascismo (Fascism), scendere (to go down).

Z or ZZ Single or double Z never has the characteristic English Z sound. It is pronounced either [dz] as in English 'be*ds*', e.g. zero or mezzo (half) or [ts] as in English 'hi*ts*', e.g. forza (strength) or pezzo (piece). There is no rule about which of the two sounds to employ; the pronunciation of each word has to be learned individually.

(d) *Double Consonants.* Most Italian consonants can be doubled, greatly affecting pronunciation and also meaning. In English, double consonants do not differ in pronunciation from single ones, e.g. there is no difference in the quality of the single p in 'paper' and the double p in 'pepper'. In Italian there is a marked difference between 'nono' (ninth) and 'nonno' (grandfather) or between 'pala' (shovel) and 'palla' (ball). To gain some idea of this difference try pronouncing 'I gave *it*/I gave *it to* him' or 'go u*p*/go u*p p*lease'.

The following points should be noted. Doubling does not affect Z which has the same pronunciation whether it is single or double. The group QU is doubled by placing C before it, e.g. the sound is single in 'liquore' (liqueur) but double in 'acqua' (water); likewise CH is doubled by placing C in front of it, e.g. 'dichiarare' (to declare) *vs* 'acchiappare' (to grab), while GH is doubled by placing G in front of it, e.g. 'aghi' (needles) *vs* 'mugghiare' (to bellow).

V. **The time**

what time is it?	che ora è?, che ore sono?
it is ...	è ..., sono ...
at what time?	a che ora?
at ...	a ...
at midnight	a mezzanotte
at one p.m.	alle tredici, all'una, al tocco
00.00	mezzanotte
00.10	mezzanotte e dieci
00.15	mezzanotte e un quarto, mezzanotte e quindici
00.30	mezzanotte e mezzo
00.45	l'una meno un quarto, un quarto all'una
01.00	l'una (della mattina)
01.10	l'una e dieci
01.15	l'una e un quarto, l'una e quindici
01.30	l'una e mezzo
01.45	l'una e quarantacinque, un quarto alle due, le due meno un quarto
01.50	l'una e cinquanta, le due meno dieci
12.00	mezzogiorno
12.30	mezzogiorno e mezzo
13.00	le tredici, l'una, il tocco
01.30	l'una e mezzo
19.00	le diciannove, le sette (di sera)
19.30	le diciannove e mezzo, le sette e mezzo
23.00	le ventitré
23.45	le ventitré e quarantacinque, mezzanotte meno un quarto
in 20 minutes	fra venti minuti
20 minutes ago	venti minuti fa
wake me up at 7	svegliami alle sette
20 kmph	venti chilometri all'ora, 20 km/o

Dates and numbers

1. The date

what's the date today?	quanti ne abbiamo oggi?, che giorno è oggi?
it's the ...	è il ...
1st of February	primo febbraio
2nd of February	due febbraio
28th of February	ventotto febbraio
he's coming on the 7th of May	viene il sette (di) maggio

NB: use cardinal numbers except for the first day of the month

I was born in 1945
io sono nato nel millenovecentoquarantacinque

I was born on the 15th of July 19...
io sono nato il quindici luglio millenovecento...

during the sixties	negli anni sessanta
in the twentieth century	nel ventesimo secolo, nel Novecento
in May	in maggio
on Monday (the 15th)	lunedì (il quindici)
on Mondays	il lunedì
next/last Monday	lunedì prossimo/scorso
in 10 days' time	fra dieci giorni

2. Telephone numbers

I would like Florence 24 35 56
mi dia Firenze ventiquattro / trentacinque / cinquantasei

could you get me Rome 22 00 79, extension 2233
mi chiami Roma ventidue / zero zero / settanta nove interno ventidue / trentatré

the Milan prefix is 02
il prefisso per Milano è zero due

3. Using numbers

he lives at number 10	abita al numero dieci
it's in chapter 7, on page 7	si trova nel capitolo sette, a pagina sette
he lives on the 3rd floor	abita al terzo piano
he came in 4th	arrivò quarto
a share of one seventh	una parte di un settimo
scale 1:25,000	scala uno a venticinquemila

Numbers

1	uno(una)
2	due
3	tre
4	quattro
5	cinque
6	sei
7	sette
8	otto
9	nove
10	dieci
11	undici
12	dodici
13	tredici
14	quattordici
15	quindici
16	sedici
17	diciasette
18	diciotto
19	diciannove
20	venti
21	ventuno
22	ventidue
23	ventitré
30	trenta
31	trentuno
32	trentadue
40	quaranta
50	cinquanta
60	sessanta
70	settanta
80	ottanta
90	novanta
100	cento
101	cento uno
300	trecento
1,000	mille
1,001	mille uno
1,202	milleduecentodue
5,000	cinquemila

1,000,000 un milione

2 + 2 =	due più due sono
2 × 2	due per due
2 − 2	due meno due
2 ÷ 2	due diviso per due

$\mathbf{6^2}$ sei quadrato $\mathbf{6^3}$ sei al cubo, sei alla terza potenza

$\mathbf{20\ m^2}$ venti metri quadrati $\mathbf{20\ m^3}$ venti metri cubi

0	zero
0.5	zero virgola cinque (0,5)
5.2	cinque virgola due (5,2)

Numbers (*cont.*)

1st	primo(a)
2nd	secondo(a)
3rd	terzo(a)
4th	quarto(a)
5th	quinto(a)
6th	sesto(a)
7th	settimo(a)
8th	ottavo(a)
9th	nono(a)
10th	decimo(a)
11th	undicesimo(a)
12th	dodicesimo(a)
13th	tredicesimo(a)
14th	quattordicesimo(a)
15th	quindicesimo(a)
16th	sedicesimo(a)
17th	diciasettesimo(a)
18th	diciottesimo(a)
19th	diciannovesimo(a)
20th	ventesimo(a)
21st	ventunesimo(a)
22nd	ventiduesimo(a)
23rd	ventitreesimo(a)
30th	trentesimo(a)
31st	trentunesimo(a)
32nd	trentaduesimo(a)
100th	centesimo(a)

1/2	mezzo	**1/5**	quinto
1/3	terzo	**2 1/3**	due e un terzo
1/4	quarto	**5 1/2**	cinque e mezzo
10%	dieci per cento	**100%**	cento per cento